新訂7版

民事訴訟法

宋相現 / 朴益煥

博 英 社

The Law of Civil Procedures in Korea

(Eleventh Edition)

BY

SANG-HYUN SONG
(President, International Criminal Court)

ICK-WHAN PARK
(Professor of Law, Kyunghee University)

Parkyoung Publishing&Company

新訂 7 版(제11판) 머리말

세계화를 통하여 좁아진 지구촌이 지구상 모든 인구의 공통된 활동무대가 되고 있다. 국제사회에서 우리나라의 역할과 위상이 점차 제고된다. 지구촌은 서로 의존적이므로 다른 나라의 법제도를 도외시할 수 없다. 서로간의 수많은 차이점을 극복하기 위하여 결국 법의 지배에 따른 질서와 절차에 의존할 수밖에 없다. 이 과정에서 민사소송절차는 매우 중요한, 종국적인 위치에 있다. 실제로 처음부터 민사소송을 염두에 두고 모든 일이 진행되는 핵심적인 역할을 수행한다. 절차적 정의도 국제화의 예외가 아니다. 급격하게 변화하는 지구촌의 법규범질서를 경험하고 국제적 감각을 익힐 필요가 느껴진다. 절차법 분야에서도 점차 대륙법과 영미법의 차이가 무디어지고 증거법상의 원칙도 형사절차와 민사절차가 닮아가면서 서로 의존하는 경향을 발견한다. 가깝게는 이제까지 20개가 넘는 칸톤들마다 제각기 저마다의 민사소송법을 가지고 있다가 연방단위로는 2011년 1월 1일에서야 민사소송법이 시행된 스위스의 경우가 시사하는 바 적지 않다. 나아가 우리나라에서 "헌법과 절차"라는 주제로 2014년 가을에 개최될 예정인 세계민사소송법학회(International Association of Procedural Law) 총회세미나에서 다루어질 각 나라에서 절차적 정의의 경험이 자못 기대된다.

바야흐로 봄이 오는 것 같다. 민사소송법도 학계, 실무계 공히, 그 동안의 긴 잠으로부터 활기찬 봄기운이 완연히 느껴지기를 앙망한다. 몇 년 전 시작한 법학전문대학원제도는 예정된 계획으로부터 한참 벗어나서 운영되고 있다. 교수들도 학생들도 민사소송의 전반적 체계를 파악하기보다는 부분적 지식을 해석법학적 틀 안에서 암기하는 데 주력하는 인상을 지울 수 없다. 기본법영역에서는 엄청난 분량의 지식을 암기하고, 이를 엄격하게 검증, 시험하는 안타까운 상황이 재현되고 있다. 전문법영역의 강좌는 개설조차 쉽지 않다. 아마도 주된 원인은 제도의 변경을 좀처럼 인정하지 않으려는 데에 있을 것이다. 힘든 과제는 법학전문대학원체제에 대한 기성법조계의 잘못된 인식을 바꾸는 작업일 것이다. 원래의 정상적인 궤도로 돌아오는 봄의 왈츠가 우리에게 울려 퍼지기를 바란다.

이번 개정판은 이제까지의 개정작업과 마찬가지로 2013년 12월 31일까지의 입법, 판례 및 여타 연구업적을 반영하였다. 또한 기존 내용 중 부적절한 부분을 바로잡으려 하였다. 서술의 원칙은 지나치게 기술적인 세부사항을 논하는 것을 지양하고 기본적인 논점을 균형있게 설명하고자 노력하였다. 부족한 것이 많지만 새로이 민사소송법을 배우는 학생들의 기본교재로서의 기능을 충실히 하고자 하였으며, 분량이 두꺼워지지 않도록 배려하였다. 개정시마다 느끼는 것이지만 쉽고도 간단하게 쓰는 어려움을 자백한다. 이번 개정판을 준비하는 작업에는 법관으로서 새로운 길을 걷게 된 서재민 예비법조인의 도움을 많이 받았다. 이 자리에 감사의 뜻을 전한다. 아울러 힘든 시장상황임에도 본서의 개정에 적극 협조해 주신 박영사 관계자들에게도 감사드린다.

2014년 3월

공저자 드림

新訂 6 版(제10판) 머리말

신정 5 판(제 9 판)을 간행한 지 벌써 3년이 지나갔다.

우리나라의 법학교육에 법학전문대학원제도가 도입되어 3년이 되고 있다. 민사소송법도 강의되고 있지만, 강의교재에 있어서도, 강의내용에 있어서도 근본적인 변화는 감지되지 않는다. 새로운 도입과정에서 무엇을 어떻게 가르칠 것에 관한 논의가 제대로 되지 않은 것에서 비롯된다. 다만, 다른 과목들도 마찬가지이지만 더 적은 시간에 많은 내용을 강의해야 하므로, 강의내용에 완급을 조절하는 중요성이 한층 중요해졌다.

법학전문대학원체제의 장점은 법조인으로서 시작단계에서는 기존의 사법시험제도를 거친 법조인보다 떨어지겠지만, 법조인들간에 지속적인 노력을 기울여 일정한 시점을 지나게 되면 경쟁력이 제고되는 점에 있다. 종전의 시작하는 법조인에 비추어 법률서비스에 있어서 조금도 떨어지지 않는 자격이 필요하다는 일부 주장도 있지만, 이 같은 능력은 수학연한이나 커리큐럼에 비추어 새로운 체제에서는 불가능할 것이다. 다만, 열심히 노력해야 된다는 것으로 이해될 수 있을 뿐이다. 변호사시험이나 사법시험을 준비한다고 하여도 시험의 기본목적은 민사소송법을 공부한 사람이 절차법의 기초를 제대로 이해하고 있는지를 검정하는 것이지 전문적 논의를 요구하는 것이 아니다. 요점은 기본적인 법리를 얼마나 충실하게 이해하고 있는지에 있을 것이다. 강의도, 시험도 이러한 시각에서 운영되어야 한다. 선택형 문제도, 논술형 문제도 이해와 사고과정의 검증이 바람직하다. 기계적인 암기는 한계가 있으며, 결코 바람직하지 않은 공부방식이므로 주변적인 전문지식을 묻는 시험으로부터 과감히 탈피될 것이 요망된다.

새로운 판을 출간하면서 그러하였듯이 기존의 내용은 그 골격을 유지하고, 그 동안 새로 나온 판례들을 선택하여 추가하였으며, 관련 입법 및 연구의 결과물들을 참조하였다. 판례와 법령의 경우 2010년 12월까지의 것들이, 문헌의 경우 2010년 상반기까지의 자료들을 반영하였다. 최근에 와서 민사소송법학계에도 신진연구자들의 연구업적이 늘어나고 있다. 이번 개정판에 사정상 반영되지 않았지만, 다음에는 반영하게 될 것이다.

법학전문대학원 혹은 법과대학에서 민사소송법을 배우는 학생들의 기본교재로서의 기능을 충실히 하고자 하였고, 그 분량을 가급적 늘리지 않도록 유의하였다. 요즈음의 학생들이 한자에 익숙하지 않은 것으로 여겨져 본문은 한글로 하는 것을 원칙으로 하되, 한글로 한다면 문맥의 전달에 문제가 있는 예외적인 경우는 한자로 표시하였다.

본 교재의 내용을 조금 더 충실하게 보강하려고 노력하였지만 미흡한 점이 적지 않다. 이 같은 요소는 다음 개정의 기회에 보완드릴 것을 약속드린다. 끝으로 점점 열악해지는 법률교재의 출판시장상황임에도 불구하고 많은 협조를 해주신 박영사의 관계자 여러분께 깊이 감사드린다.

2011년 2월

공저자 드림

新訂 5 版(제 9 판) 머리말

신정 4 판이 나온 지 어언 4년이 훌쩍 지나갔다. 위 기간동안 법학계에서 일어난 변화 중에 가장 중요한 것은 무엇보다도 법학전문대학원제도가 우리나라에 도입된 일이다. 도입여부에 관하여 논란도 많았지만 어쨌든 지금의 상황에서는 순조롭게 작업이 진행되어 좋은 결과가 있기를 간절히 바랄 뿐이다. 법학교육에서 새로운 시스템의 도입은 강의시간에 사용될 교과서의 내용에도 큰 영향을 끼치게 되고 민사소송법교과서의 경우도 마찬가지로 준비를 해야 할 것이다. 로스쿨이 도입된 후에 쓰고 가르쳐야 할 법률교과서는 원래 기본 이론만 쉽게 정리한 간단한 이론교재와 그에 짝지어서 사용가능한 사례집으로 구성되어야 한다. 일본에서 로스쿨이 시작되어 교과서가 어떻게 변했는지 관찰해 보면 어느 정도 우리가 해야 할 일을 보여 준다. 민사소송법을 포함하여 우리의 법학교재들은 한결같이 두께경쟁을 하여 왔다. 계속 나오는 판례들을 요약삽입하고 외국의 예들을 계속 소개하면 교과서는 두꺼워질 수밖에 없다. 저자들의 입장에서도 이를 어느 정도 자랑으로 생각한 것이 사실이다. 학생들도 한두 권의 교과서 속에서 모든 것을 해결하려는 데 익숙해져 있다. 그러나 이러한 재래의 집필방식과 교재활용방식은 탈피되어야 할 것이다. 먼저 로스쿨의 커리큘럼상 과거와 같은 자세한 강의방식은 불가능하거니와 입문과정의 학생에게는 부적절한 측면도 있다. 이제는 인터넷 등을 이용하여 손쉽게 교과서의 참고부분이나 각주에서 언급되는 판례 혹은 관련문헌을 찾을 수 있기 때문이다. 법리 설명은 기본적인 내용으로 편성하고 사례중심의 설명방식이 불가피하다. 교과서의 두께는 줄어들 것으로 예상된다. 그렇다고 부실한 내용이 되어서는 곤란하다. 이번 개정판은 그동안 내려진 주요판결들과 입법결과를 2008년 1월 1일을 기준으로 반영하고, 이제까지의 판에서 사용된 한자나 어려운 표현들을 보다 읽기 쉽게 하였으며, 두께도 줄여보느라고 노력하였지만 아쉬움이 많다. 앞에서의 바람직한 서술방향이 짧은 기간내에 완성되기는 힘들지만, 다음 판부터는 그렇게 전개될 것임을 약속드린다.

원저자 송상현은 신설된 국제형사재판소의 초대재판관으로 선임되어 헤이그에서 근무하고 있고 정년을 맞이한 바 있다. 따라서 그의 수제자 중의 한 사람인 박익환이 그 뒤를 이어받아 본교재를 보강하였다. 외국의 오래된 학문적 전통에서 볼 수 있다시피 원저자가 남긴 저작을 훌륭한 제자가 새로운 안목으로 보완하여 학맥을 이어가는 전통을 세우고 싶은 의도에서 사제간 두 사람의 공저로서 금번에 이 교재를 출간한 것이다. 장래에는 박익환의 후속세대가 학문적 협동을 통하여 또다시 계승발전해간다면 민사소송법학은 한층 더 비옥해지고 업그레이드될 것으로 확신한다.

법학의 환경이 급변하고 출판계의 사정이 열악함에도 불구하고 본서의 출판에 성의를 다해준 박영사에 감사한다.

2008년 3월

두 저자 드림

新訂版 序文

재전정판을 낸 지 2년 만에 신정판을 출간함에 있어서는 다음과 같은 점을 고려하였다.

첫째, 그 동안 새로 생산된 판례의 동향이나 국제적 변화를 체계적으로 반영하였다. 민사소송법 분야는 가끔 기본법률과 연관절차법에 손질이 가해지기도 하지만 대법원규칙의 개정과 사법부의 끊임없는 판례생산으로 인하여 민사소송의 제도적 모습과 실무적 운영이 꾸준하게 변화되어 가고 있다. 이제는 수많은 판례가 컴퓨터를 매개로 한 데이터 베이스에 수록되어 있으므로 새로 나온 판례를 골라 기계적으로 교과서에 삽입하여 책을 개정하는 것은 큰 의미가 없다. 따라서 이번에는 가능한 한 새로 나온 의미있는 판결들을 신중하게 선정하여 추가하면서도 또한 과거의 판례의 동향과 연결시키고 비교분석하여 그 의미와 전체적 흐름에 대한 이해가 용이하도록 대폭 손질하였다.

둘째, 평소에 손을 대지 못했던 몇 가지 내용에 관하여 강의와 토론과정에서 정리한 논점을 반영한 곳이 여러 군데 있다. 나아가서 교과서의 체제를 필요한 일정한 범위 내에서 손질하는 일방 내용상으로도 교과서 서술의 흐름을 바꾸거나 표현을 좀더 명확하게 다듬어서 독자의 이해 및 사고과정이 자연스럽게 물흐르듯 흘러갈 수 있도록 많이 배려하였다.

셋째, 대학교재는 그 분야를 처음 공부하는 학생들에게 기초적인 지식과 틀을 깨우쳐 주는 데 사용되는 기본적 수단임에도 불구하고 그 동안 자세하게 서술하여 남보다 두꺼운 책내기 경쟁을 해 온 감이 없지 않다. 대학교재가 법률전문가들이 참조하는 전문서가 아닐진대 대학에서 공부하고 국가시험을 준비하는 사람이 사용함에 적정한 내용과 분량을 가진 표준적 민사소송법 교과서를 꾸미기에 노력하였다. 또한 판형을 크라운판으로 조금 키워 새로 단장을 하였으므로 우선 책의 두께와 면수가 독자를 압도하는 일이 없을 것이다. 본 교재는 이보다 훨씬 알기 쉽고 간결하게 집필한 한국방송통신대학 교재 민사소송법의 기본 토대가 되었으므로 민사소송법의 줄거리를 간편하게 이해하고자 하는 경우에는 방송통신대 교재가 참고가 될 것이다.

신정판을 준비하는 동안 갑자기 서울법대의 학장이라는 중책을 맡게 되어 주로 주말에 작업을 하였음에도 불구하고 개정작업을 하는 동안 우선 바쁜 시간을 쪼개어 도와 준 군산지원의 문일봉 판사와 사법연수원에 입소하기 전에 교정과 연락의 수고를 아끼지 아니한 김동완 석사에게도 고마움을 전한다. 끝으로 새 학기에 맞추도록 신속한 협조를 해 준 박영사에 사의를 표한다.

1997. 2. 20.

서울법대 학장실에서

지은이 드림

再全訂版 序文

전정판을 낸 지 불과 2년 만에 다시 교과서를 고치게 된 이유는 그간 우리 나라의 사법사에 큰 획을 긋는 개혁이 있었기 때문이다.

다 아시는 바와 같이 1993년이 저물어 갈 즈음 사법부의 발의로 출범한 사법제도발전위원회가 각계 각층의 중지를 모아서 아마도 우리 나라 사법부가 탄생한 이래 최대의 개혁을 건의한 바 있고 그 대부분의 아이디어가 1994년중에 국회에서 입법되어 결실을 보게 되었다. 그 요점은 법원조직과 운영을 시대변화에 맞게 대폭 개편함과 동시에 재판제도의 적정과 능률을 제고하여 좀더 국민에게 친절하고 신뢰를 받는 사법부를 만들고자 하는 것이었다. 저자도 사법제도발전위원회에 재판제도의 개선을 담당하는 제3분과위원회 위원장으로서 미력이나마 봉사한 바 있다. 마침 이 위원회가 막바지 중요한 고비에 도달한 시점에서는 뉴욕대 법대의 석좌교수에 임명됨으로 인하여 뉴욕에 체재하면서 당일치기로 서울과 뉴욕을 왕복한 일도 있었다.

이번의 고침은 사법개혁의 결과를 내부참여자의 입장에서 상세히 통찰하여 고치고 이러한 개혁들이 앞으로 우리 나라 사법제도와 재판제도에 어떤 심대한 영향을 미칠 것인지를 논하였다. 각종 법원의 통폐합과 신설의 의미와 적절성, 상고심리불속행제도의 취지와 현명한 운영방향, 그리고 이러한 개혁조치를 다루면서 우리 나라 사법부의 나아갈 방향 등에 대하여도 입론한 것이 그 큰 줄거리라고 할 수 있다. 물론 이번의 개혁조치를 이루어 내는 과정에서 법조인과 비법조인간의 시각차이, 재야법조계와 재조법조계의 의견차이, 여론에 호소하는 경우에 나타난 전문가그룹과 비전문가그룹의 왜곡된 여론조성방법, 지나치게 집단적 이해관계를 과격하게 주장하는 경우 등을 충분하게 수렴하거나 조정하여 완벽한 개혁을 성취했다고 보기는 어렵다. 그러나 이번의 결실은 우리가 건국 초기부터 마련하여 운영해 온 기존의 틀을 유지하는 범위 내에서 취한 역사상 가장 광범위한 제도적·절차적 개혁이라고 할 수 있다. 이번에 고쳐 쓸 때에는 그 점을 염두에 두고 운영정책 방향도 서술하였다. 이제 남은 과제는 이와 같은 제도와 절차를 운영하는 사람의 교육과 훈련, 자격 그리고 인사관리 등에 대하여 진지한 검토를 시작하는 것이다. 물론 법관의 임용 등 인사문제에 대하여는 사법제도발전위원회에서도 몇 가지 개선점을 건의하여 채택된 바 있으나 좀더 근본적인 교육, 고시, 훈련 등에 관한 개혁을 시급하게 병행하여야만 사법부의 개혁이 하드웨어와 소프트웨어의 양면에서 완성될 수 있을 것이다.

본 교재를 다시 고침에 있어서는 위에 언급한 사법개혁의 여러 제도를 분석평가하여 소개하였고, 아울러 이해하기 어렵거나 불명확한 부분을 바로잡았으며, 그 동안 생산된 판례와 이론을 모두 정리하여 반영하였다.

본서를 고쳐 펴내는 데에는 처음부터 도와 주신 울산대 이상정 교수, 서울법대 박사과정의 이제원 군, 판례를 찾아서 정리해 준 문일봉 판사 등의 도움과 조언의 덕을 톡톡히 받았기에 이 자리를 빌어 감사의 뜻을 표한다. 특히 이 분들은 저자가 1995년 봄학기중 하바드대 법대와 뉴욕대 법대의 교수로 이중임명을 받아 그 곳에서 가르치느라고 바쁜중에 뒷일을 모두 깔끔하게 처리해 주었고, 조정희 씨의 능률적인 사무협조가 필수불가결하였음을 감사의 마음과 함께 지적하고자 한다. 끝으로 시종일관 이해와 인내와 협조를 통하여 이 책이 나오도록 해 준 박영사에도 감사의 뜻을 전한다.

1995. 2. 20.

하바드대 법대 연구실에서

지은이 드림

全訂版 序文

만원버스와 같이 꽉 짜인 법과대학의 교과과정을 운영하는 틀 속에서 민사소송법 과목의 기본적 중요성과 필요성을 학생들에게 이해시키는 것은 쉬운 일이 아니다. 더구나 학생들이 이를 어렵다고 생각하는 한 더욱 그러하다. 그러나 민사소송법의 기본적 지식은 민·상법 등 실체사법 전반에서 인정하는 각종 권리의무를 실현하는 필수적 도구임은 물론 가사소송법, 행정소송법, 회사정리법 등 중요한 절차법의 이해에 없어서는 아니되는 기본법이다. 뿐만 아니라 더 나아가서 민사소송법이 담고 있는 지도원리와 각종 이념은 모든 국민들이 민주시민으로서 평화로운 사회의 유지를 위하여 따라야 하는 행동규범이 되기도 한다.

다년간 민사소송법을 가르치면서 느끼는 점은 학생들이 민사소송의 살아 움직이는 절차적 특성을 파악하기보다는 부분적 지식을 해석법학적 틀 속에서 암기하는 데 주력하는 듯한 인상을 받아 왔다. 그런데 최근 종래의 이와 같은 타성을 극복하기 위한 변화가 있었다. 서울대학교 법과대학에서는 민사소송법연습과목을 신설하였고, 사법시험 등에서도 사례가 출제되는 경향이 계속 두드러졌다. 따라서 첫째, 본전정판은 기본적 대학교재의 위치를 충실히 지키면서도 이 같은 변화에 부응하는 교과서로서 탈바꿈하고자 판례의 사실관계를 토대로 사례를 보강하고 전반적 체계를 수험생의 편의에 맞게 대폭 개편하면서 많은 부분을 고쳐 썼다. 그와 관련하여 언제나 기본적이고 기초적인 논점들을 새로운 체계에 맞추어 균형있게 서술하면서도 지나치게 기술적 세부사항에 관하여 편중하여 논하는 것을 지양하고자 하였다. 소송의 일생에 비추어 볼 때 민사소송법은 법원의 주관하에 대립당사자가 펼쳐 가는 진실발견의 공방전에 적용되는 경기규칙(Rules of Game)을 제공하는 것이므로 학생들로 하여금 우선 절차적 흐름에 대한 거시적 그림을 파악한 다음에 기술적 문제점의 공부로 넘어갈 수 있도록 다듬었다고 하겠다. 둘째, 오늘날 급속하게 이룩되어 가는 정보화 및 국제화시대에 발맞추어 민사소송법도 빠른 변화를 경험하고 있으므로 이에 따라 민사소송법이 직면하게 될 여러 가지 새로운 문제점을 폭넓게 다루었다. 셋째, 본서는 개정 민사소송법 시행 이후 그에 따른 관련법규의 개폐와 국내외 새로운 소송법의 동향을 반영하였고 국내의 학설과 판례를 바로 최근의 것까지 충실하게 다루었으며 저자의 판례교재 및 방송통신대학 민사소송법교재와도 유기적으로 연결되도록 배려하였다.

본서의 출간에는 귀중한 의견과 함께 부분적으로 가필을 해 준 서울법대 호문혁 교수와 울산대 이상정 교수, 그리고 판례와 문헌대조 및 교정을 헌신적으로 도와 준 본교 박사과정의 김상일, 이제원 양 군의 노력에 힘입은 바 컸고, 미국에서 본서를 고쳐 쓰는 동안 시종일관 미국과 서울간의 연락과 사무적 뒷처리를 완벽하게 감당해 준 연구실 살림꾼 조정희 씨에게 감사한다. 또한 주한 캐나다 대사관 상무관 김종훈 박사가 책의 제자를 쾌히 써 준 것은 망외의 소득으로서 특히 고맙게 생각한다.

끝으로 어려운 여건임에도 불구하고 전정판의 출간을 쾌락해 준 박영사 여러분에게 감사한다.

1993. 9. 1.

뉴욕대 법대 연구실에서

지은이 드림

序　文

한 나라의 법률문화의 올바른 발전을 위하여서는 소송제도와 절차법의 역할이 가장 중요하다. 그럼에도 불구하고 공부하는 사람의 입장에서는 민사소송법이란 지극히 합리적이고 기술적인 법체계에서 한 나라 국민의 윤리의식이나 도덕규범과 동떨어진 채 존재할 수 있기 때문에 일응 무미건조하게 느껴진다. 또한 민사소송절차는 소의 제기로부터 판결의 확정과 집행에 이르기까지 살아 움직이는 연쇄과정이므로 일정한 법칙에 따라 진행되는 전과정이 거시적으로 파악될 때까지는 이것의 완전한 이해란 거의 불가능하다. 민사소송법의 이러한 특징은 많은 법학도로 하여금 이 분야가 어렵다고 생각하여 그 중요성에도 불구하고 그에 대한 연구를 기피하게 한다. 본서는 그것이 지닌 여러 가지 미비점에도 불구하고 우선 그러한 그릇된 신화를 깨뜨리는 데 이바지할 수 있기를 희망한다.

원래 교수가 교과서를 집필하는 일은 일반의 인식과는 달리 학문적 업적이 된다고 볼 수 없다. 그야말로 수강하는 학생들에게 필기의 수고를 덜어 주기 위하여 강의 노트를 상재하는 것일 뿐이다. 그렇다면 기본적 대학교재는 기초적 지식을 간결하게 전할 수 있는 수단이면 족할 것이다. 그러나 우리의 현실은 교과서를 두껍게 만들기 경쟁이라도 하는 듯한 느낌이다. 아직 우리의 현실이 기본교재와 전문참고서가 분리 출판될 수 있을 만큼 현실적 수요나 채산성이 없으므로 한번 교재를 출간하여 두 가지 목적을 동시에 달성하려고 하기 때문일 것이다.

본서는 기본 대학교재의 자리를 충실히 지키면서 그 동안 오래 미루어 왔던 구저를 대폭적으로 수정보완한 것이다. 다만 민사분쟁해결의 절차를 기술적으로만 해설하는 것에 그치지 아니하고 이념적 배경, 역사적 발달 및 외국의 입법례를 조명하여 종합적 이해를 도모하고자 하였다. 이 같은 작업은 저자가 수 년간 법무부 민사소송법개정심의위원회의 한 위원으로서 배운 바를 반영하고, 독일에서 민사소송법을 전공하여 박사학위를 받은 후 서울법대로 복귀한 신진기예 호문혁 교수의 전폭적인 도움을 얻어 새롭게 이루어진 것이다.

본서의 출간에 교정과 문헌대조는 물론 여러 가지 사무적으로 어려운 일을 헌신적으로 담당하여 준 본교 박사과정의 윤영신 법학석사와 이상정 법학석사 및 사법연수원에 곧 입학할 김용표 법학석사 등의 노력에 감사하고 출판을 담당한 박영사의 번영을 기원한다.

1989. 12. 1.

서울대학교 법과대학 연구실에서

지은이 드림

目　　次

제 1 편　民事訴訟과 民事訴訟法

제 1 장　民事訴訟制度 序說

제 1 절　紛爭解決方式으로서의 民事訴訟

제 2 절　民事訴訟制度의 目的

제 3 절　民事訴訟制度의 理想

제 2 장 節次로서의 民事訴訟

제 1 절 民事訴訟의 본질

제 2 절 民事訴訟節次의 종류

제 3 장 民事訴訟法

제 1 절 民事訴訟法의 개념과 성격

제 2 절 民事訴訟法規의 해석과 종류

제 3 절 民事訴訟法 適用의 때와 장소

제 4 절 우리 나라 民事訴訟法의 연혁과 장래

제 2 편 訴訟法律關係의 主體

제 1 장 法 院

제 1 절 法院의 裁判權

제 2 절 法院의 概念 및 構成

제 3 절 法院의 管轄

제 2 장 當 事 者

제 1 절 當事者의 개념

제 2 절 當事者의 確定

제 3 절 當事者能力

제 4 절　當事者適格(正當한 當事者)

제 5 절　訴訟能力

제 6 절　辯論能力

제 7 절 訴訟上의 代理人

제 1 관 概 觀

제 2 관 法定代理人

제 3 관 任意代理人

제 8 절 選定當事者

제 3 편　第 1 審의 訴訟節次

제 1 장　訴訟上의 請求와 權利保護

제 1 절　訴의 개념

제 2 절　訴의 種類

제 3 절 訴訟要件

제 4 절 訴權的 利益

제 5 절 訴 訟 物

제 2 장 訴訟節次의 開始

제 1 절 當事者에 의한 訴의 제기

제 2 절 訴提起에 대한 法院의 措置

제 3 절　訴提起의 效果

제 3 장　訴訟審理의 過程

제 1 절　法院과 當事者의 役割分擔

제 2 절　法院의 訴訟指揮權

제 3 절　當事者의 辯論

제 1 관　辯論의 意義와 種類

제 2 관　辯論의 準備

제3관　辯論의 內容

제4관　辯論의 實施

제5관　辯論期日의 懈怠(當事者의 缺席)

제6관 辯論節次에 있어서의 審理原則

제 4 절　訴訟節次의 停止

제 4 장　訴訟節次의 終了

제 1 절　終了原因 總說

제 2 절　終局判決

제 1 관　裁判에 관한 總說

제 2 관　判　　決

제 3 절　訴의 取下

제 4 절　請求의 抛棄 및 認諾

제 2 장　自由心證主義

제 3 장　證明의 對象

제 4 장　立證責任(證明責任)

제 5 장　證據調査節次

제 1 절　總　　說

제 2 절　證人訊問

제3절 鑑　定

제4절 書　證

제5절 檢　證

제 6 절 當事者訊問

제 7 절 그 밖의 증거

제 5 편 複合訴訟

제 1 절 訴訟係屬中의 訴(倂合訴訟)

제 2 절 共同訴訟

제 3 절　訴訟參加

제 1 관　訴訟參加의 總說

제 2 관　補助參加

제 4 관 當事者의 變更

제 5 관 共同訴訟參加

제6관 訴訟告知

제7관 各種 訴訟參加形態間의 轉換

제6편 上訴審節次

제1장 上訴에 관한 總說

제2장 抗訴審節次

제1절 抗訴의 槪念

제2절 上告理由

제3절 上告의 提起

제 4 절　上告法院의 審理

제 4 장　抗告節次

제 1 절　抗告의 意義와 種類

제 2 절　抗告의 對象

제 3 절　抗告提起의 方式과 效力

제 4 절　再 抗 告

제 5 절　特別抗告

제 7 편　再審節次

제 1 절　再審의 意義 및 性質

제 2 절　再審의 訴의 要件

제 3 절　再審事由

제 4 절　再審訴訟節次

제5절　準 再 審

제 8 편　簡易訴訟節次

제 1 장　少額事件審判節次

제 2 장　督促節次

제 1 절　督促節次의 제도적 의의

제 2 절　支給命令의 申請

제 3 절　支給命令에 대한 債務者의 異議

제 4 절 電子督促節次

제 5 절 電子訴訟節次

제 3 장 刑事賠償命令節次

제 9 편 公示催告節次

제 1 절 公示催告節次의 意義 및 性質

제 2 절 公示催告節次와 裁判

제 3 절 證券의 無效宣告를 위한 公示催告의 特則

參考文獻

[國內資料書]

강현중, 제 6 판 民事訴訟法, 博英社, 2004
金洪奎/姜泰源, 民事訴訟法(第 2 版), 三英社, 2010
김홍엽, 민사소송법(제 4 판), 박영사, 2013.
方順元, 全訂改版 民事訴訟法(上), 韓國司法行政學會, 1987
宋相現, 判例教材 民事訴訟法 [第二全訂版], 法文社, 1982
李時潤, 제 7 판 新民事訴訟法, 博英社, 2013
李英燮, 第七改訂版 新民事訴訟法(上), 博英社, 1972
田炳西, 제 4 판 民事訴訟法講義, 法文社, 2002
鄭東潤/庾炳賢, 民事訴訟法 [第 3 版], 法文社, 2009
정영환, 신민사소송법, 세창출판사, 2009
호문혁, 제11판 민사소송법, 法文社, 2013
金祥源 外, 註釋民事訴訟法(I-Ⅶ), 韓國司法行政學會, 2004

[獨 逸 書]

Arens, Zivilprozeßrecht, 4. Aufl., München, 1988
Baumbach/Lauterbach/Albers/Hartmann, Zivilprozeßordnung, 68. Aufl., München, 2010
Blomeyer, Zivilprozeßrecht: Erkenntnisverfahren, 2. Aufl., Berlin, 1985
Bruns, Zivilprozeßrecht, 2. Aufl., München, 1979
Grunsky, Grundlagen des Verfahrensrechts, 2. Aufl., Bielefeld, 1974
Jauernig/Hess, Zivilprozeßrechet, 30. Aufl., München, 2011
Musielak, Kommentar zur Zivilprozessordnung, 8. Aufl., München, 2011
Münchener Kommentar zur Zivilprozeßordnung(herausgegeben von Lüke und Wax), München, 2000-2001
Rosenberg/Schwab/Gottwald, Zivilprozeßrecht, 17. Aufl., München, 2010
Lüke, Zivilprozeßrecht, 8. Aufl., München, 2003
Schellhammer, Zivilprozeß, 13. Aufl., Heidelberg, 2010
Schlosser, Ziviprozeßrecht I, Erkenntnisverfahren, München, 1983
Stein/Jonas, Kommentar zur Zivilprozeßordnung, 22. Aufl., Tübingen, 2003-(bearbeitet von Berger, Bork, Brehm, Grunsky, Leipold, Münzberg, Roth, Schlosser, Wagner)
Thomas/Putzo, Zivilprozeßordnung, 29. Aufl., München, 2008
Zeiss/Schreiber, Zivilprozeßrecht, 11. Aufl., Tübingen, 2009
Zimmermann, Zivilprozeßordnung, 8. Aufl., Münster, 2008
Zöller, Zivilprozeßordnung mit GVG und Nebengesetzen, 26. Aufl., Köln, 2007(bearbeitet von Reinhold Geimer et al.)

[英 美 書]

Brousseau, Civil Procedure, 1982
Casad, Fink & Simon, Civil Procedure, 2nd ed., 1989
Carp, The Federal Courts, 2nd ed., 1991
Carrington & Babcock, Civil Procedure, 3rd ed., 1983
Chemerinsky, Federal Jurisdiction, 1989
Cound, Friedenthal, Miller, Sexton, Civil Procedure: Cases and Materials, 8th ed., 2001
Currie, Federal Courts Cases and Materials, 4th ed., 1990
Field, Kaplan & Clermont, Materials for a Basic Course in Civil Procedure, 4th ed., 1990
Forrester, Currier & Moye, Federal Jurisdiction, 3rd ed., 1980
Friedenthal, Kane & Miller, Civil Procedure, 2nd ed., 1993
Glamon, Civil Proceure: Examples and Explanations, 2nd ed., 1992
Green, Basic Civil Procedure, 1979
Green & Nesson, Federal Rules of Evidence, 1988
James, Civil Procedure, 3rd ed., 1985
James, Hazard & Leubsdorf, Civil Procedure, 4th ed., 1992
Lawson, Remedies of English Law, 2nd ed., 1980
Levin, Shuchman & Yablon, Cases and Materials on Civil Procedure, 1992
Marcus, Redish & Sherman, Civil Procedure: A Modern Approach, 1989
von Mehren & Gordley, The Civil Law System, 2nd ed., 1977
Posner, The Federal Courts: Crisis and Reform, 1985
Redish, Federal Jurisdiction, 1990
Siegel, New York Practice, 2nd ed., 1991
Strong, McCormick on Evidence, 1992
Wachtell, New York Practice under the CPLR, 6th ed., 1986
Wright, Federal Courts, 3rd ed., 1980
Yeazell, Landers & Martin, Civil Procedure, 7th ed., 2008

[스위스書]

Berger, Zivilprozessrecht, Bern, 2007
Spühler/Tenchio/Infanger, Schweizerische Zivilprozessordnung, Zürich, 2010
Habscheid, Schweizerisches Zivilprozess- und Gerichtsorganisationsrecht, 2. Aufl., Basel, 1990

[오스트리아書]

Rechberger-Simotta, Grundriss des österreischen Zivilprozessrechts, 7. Aufl., Wien, 2009
Stohanzl, Jurisdiktionsnorm und Zivilproseßordnung, Wien, 2002
Fasching, Lehrbuch des Österreichischen Zivilprozessrechts, 2. Aufl., Wien, 1990

略 語 表

參考文獻略語

姜　　姜玹中 …… 제 6 판 民事訴訟法(博英社, 2004)
김홍　　김홍엽 …… 민사소송법(제 4 판)(박영사, 2013)
金/姜　　金洪奎/姜泰源 …… 民事訴訟法(第 2 版)(三英社, 2010)
方　　方順元 …… 全訂改版 民事訴訟法(上)(韓國司法行政學會, 1987)
李時　　李時潤 …… 제 5 판 新民事訴訟法(博英社, 2006)
李英　　李英燮 …… 新民事訴訟法(上)(博英社, 1972)
田　　田炳西 …… 제 4 판 民事訴訟法講義(法文社, 2004)
鄭/庾　　鄭東潤/庾炳賢 …… 民事訴訟法[제 3 판](法文社, 2009)
정영　　정영환 …… 신민사소송법(세창출판사, 2009)
胡　　胡文赫 …… 제 7 판 민사소송법(法文社, 2005)

法令의 略語

가소 …… 家事訴訟法
가소규 …… 家事訴訟規則
가족 …… 가족관계의등록등에관한법률
간이절차에의한민사분쟁사건처리특례법
건설 …… 建設産業基本法
고용평등 …… 男女雇傭平等法
공노 …… 公認勞務士法
공인회계 …… 公認會計士法
공선법 …… 公職選擧및選擧不正防止法
공증 …… 公證人法
관할규칙 …… 民事및家事訴訟의事物管轄에관한規則
광 …… 鑛業法
광등령 …… 鑛業登錄令
교육자치법 …… 地方教育自治에관한法律
국배법 …… 國家賠償法
국소 …… 國家를當事者로하는訴訟에관한法律
국소규 …… 國家를當事者로하는訴訟에관한法律施行規則
금융연체법
금융연체특조법 …… 金融機關의延滯貸出金에대한特別措置法
근기 …… 勤勞基準法
낙농 …… 酪農振興法

대법원규칙
대한변협의 변호사보수기준
디자인 …… 디자인보호법
무역 …… 對外貿易法
무역관리규 …… 貿易管理規程
민 …… 民法
민소 …… 民事訴訟法
민비 …… 民事訴訟費用法
민비규 …… 民事訴訟費用規則
민소규 …… 民事訴訟規則
민인 …… 民事訴訟印紙法
민인규 …… 民事訴訟등印紙規則
민조 …… 民事調停法
민조규 …… 民事調停規則
민집 …… 民事執行法
법조 …… 法院組織法
변리 …… 辨理士法
변 …… 辯護士法
변비규 …… 辯護士費用의訴訟費用算入에관한規則
보험 …… 保險業法
부등 …… 不動產登記法
비송 …… 非訟事件節次法
사법공 …… 國際民事司法共助法
상 …… 商法
상표 …… 商標法
상표등령 …… 商標登錄令
선박등 …… 船舶登記法
선주책 …… 船舶所有者등의責任制限節次에관한法律
소비자기본법 …… 消費者基本法
소액 …… 少額事件審判法
소액규 …… 少額事件審判規則
수산 …… 水產業法
수표 …… 水票法
신탁 …… 信託法
실용 …… 實用新案法
실용등령 …… 實用新案登錄令
어음 …… 어음法
어등령 …… 漁業登錄令
일민소 …… 日本民事訴訟法

의료 …… 醫療法
자배 …… 自動車損害賠償保障法
저작 …… 著作權法
전자 …… 민사소송에서의전자문서이용등에관한법률
전자독촉 …… 독촉절차에서의전자문서이용등에관한법률
정간물등 …… 定期刊行物의登錄등에관한法律
정정규 …… 訂正報道등請求事件審規則
중재 …… 仲裁法
중재규 …… 商事仲裁規則
증권집단소송법 …… 증권관련집단소송법
증권거 …… 證券去來法
집행 …… 執行官法
통도 …… 債務者回生및破産에관한법률
특례규 …… 訴訟促進등에관한特例法施行規則
특허 …… 特許法
특례법 …… 訴訟促進등에관한特例法
특허등령 …… 特許登錄令
하도급 …… 下都給去來公正化에관한法律
해양오 …… 海洋汚染防止法
행소 …… 行政訴訟法
헌 …… 憲法
형 …… 刑法
형소 …… 刑事訴訟法
환경피해조정 …… 環境汚染被害紛爭調停法
FRCP …… Federal Rules of Civil Procedure
ZPO …… Zivilprozessordnung

제 1 편

民事訴訟과 民事訴訟法

제 1 장 民事訴訟制度 序說

제 1 절 紛爭解決方式으로서의 民事訴訟

I. 民事訴訟制度의 生成

1. 民事訴訟의 一生

일반적으로 민사소송의 일생은 원고가 관할권 있는 법원에 소를 제기하고 소장을 송달받은 피고가 이에 응소함으로써 시작된다. 이리하여 재판할 법원과 대립당사자가 특정되고 심판대상인 소송상 청구가 절차에 계속하게 된다. 당사자들은 일정한 경기규칙(the Rules of Game)에 따라 다툼 있는 권리나 법률관계에 관하여 대립되는 주장과 입증을 하는 등 일련의 소송과정(process)이 전개된다. 즉 이 절차는 당사자의 변론을 중심으로 한 소송활동과 증거조사를 중심으로 한 입증활동으로 구성된다. 그리하여 실체적 진실이 명백히 드러나게 된 때에는 법원이 해당 법률을 적용하여 권리 있는 자를 승소시키고 권리 없는 자를 패소시키는 획일적 판단(판결)을 내리고 그에 따른 권리실현을 해 줌으로써 끝맺게 된다. 물론 불복하는 당사자는 법이 허용하는 상소의 길을 모두 이용함으로써 민사소송을 통한 분쟁의 처리는 최종적으로 확정되고 만다. 다만 예외적으로 비상구제절차인 재심제도가 있어서 확정판결을 취소하는 수가 있다.

2. 自力救濟에서 國家救濟로

인류문화가 발달되지 아니하고 국가조직이 짜여지지 아니했던 옛날에는 권리침해가 있더라도 권리자 자신의 자력구제에 의존할 수밖에 없었을 것이다. 로마시대의 끔찍한 자력구제방법은 이미 잘 알려진 역사적 실례라 하겠다. 그러나 이러한 방식은 강자에게만 편리하여 약육강식의 결과를 초래하므로 사회적 중심세력이 형성되고 국가조직이 정비되자 국가기관인 법원에 의한 권리구제시대로 접어들게 되었다. 처음에는 민사소송과 형사소송 등이 확연히 구별되지도 못하였고, 민사소송만이 개인 간의 분쟁을 해결하기 위한 유일한 방식도 아니었다.

3. 民事訴訟의 성격과 기능

민사소송은 사적 분쟁해결을 위한 여러 가지 방법 중의 하나에 불과하므로 형사소송과 달리 독점적 성격을 가지지 아니하며, 따라서 민사소송의 이용도는 때와 장소, 또는 한 나라의 국민의 법의식에 따라 달라지곤 한다. 민사분쟁의 해결을 위하여 소송 대신에 알선·조정·중재·화해 등 당사자간의 직접적·자주적 교섭을 통한 자치적 해결방식이 많이 이용되기도 하나 이러한 방식은 그 전후단계에서 인정되는 당사자의 자주성으로 말미암아 무력해질 때가 있다. 따라서 당사자의 자의가 전혀 인정되지 아니하는 진정한 의미의 강행적 분쟁해결제도를 설치하여 이를 뒷받침할 필요가 있게 된다. 이러한 요청에 따른 분쟁의 공권적 해결방식이 민사소송이다. 개인 간의 다툼이라고 하더라도 이를 언제까지나 미해결로 방치함은 전체 사회의 평화를 위해서 바람직하지 못하다. 그러므로 이를 해결하기 위하여 민사소송제도를 운영하는 것은 국민에 대한 국가의 은혜적 서비스가 아니라 국가의 고유한 임무가 되는 것이다. 뿐만 아니라 국가제도로서 민사소송의 길을 열어 놓은 이상 국가권력에 복종하면서 이를 이용하려고 하는 자에게는 누구나 법에 의한 분쟁해결 서비스를 일반적으로 제공해야 한다. 민사소송은 이처럼 일반적·강제적·공권적 해결방식이라는 점에서 사적 자치에 따른 개별적·임의적 해결방식인 알선·조정·중재·화해 등과 다르지만 이들과 더불어 분쟁해결기능을 발휘하는 것이다. 그러나 이러한 여러 방식 중 어느 한가지를 선택하거나 운영함에 있어서 근본적인 뒷받침과 질서를 부여하고 있는 것은 민사소송제도이며, 결국 최후에는 소송에 의존할 수밖에 없으므로 민사소송은 분쟁해결의 핵심적 기능을 수행하게 된다.

Ⅱ. 새로운 紛爭類型의 등장과 民事訴訟의 대응

민사소송은 사적 분쟁을 심리하여 권리가 있는 자와 없는 자를 선명하게 가려 주는 엄격한 법기술적 절차인데, 소송에서 해결되는 다툼이란 그 성질·규모 또는 모습에 따라 매우 다양하므로 이들을 무조건 소송절차를 통하여 해결하는 것이 적절치 못한 경우가 있다. 이러한 경우 일률적으로 재판만을 고집한다면 융통성이 없는 결과 여러 가지 불합리가 생기거나 사건의 개성이나 뉘앙스가 말살되는 등 결국 소송이 적절한 해결책이 못되는 수가 있으므로 소송제도로부터 도피하는 원인이 되기도 한다. 그러므로 민사소송도 그 본래적 분쟁해결기능에 충실하기 위하여 스스로를 분화시키면서 가능한 한 사건의 특수성에 부응하는 개별적 처리요청을 받아들이려는 노력을 하여왔다. 더구나 사회가 발전함에 따라 오늘날의 분쟁의 성격은 점점 다양화·복잡화·대형화·대량화되므로 어떻게 하면 이 같은 분쟁을 모두 포용하여 민사소송제도를 활성화시킬 것인가는 시급한 연구과제이다. 이러한 관점에서 민사소송절차는 그 동안 대체로 다음과 같은 변화의 노력을 기울여 왔다.

1. 特別訴訟節次의 등장

민사분쟁을 그 성질에 따라 크게 나누어 보면 재산법적 분쟁과 신분법적 분쟁으로 구별할 수 있다. 물론 이 두 가지가 모두 강행적 해결이 필요하지만 예컨대 친족간의 미묘한 다툼을 그 배후에 있는 심리적·사회적 동기나 맥락을 무시한 채 겉으로 나타난 현상만 보고 획일적으로 그에 대한 당부를 판단하는 것이 과연 타당한가는 의문이다. 예컨대 금전대차에 관한 다툼과 가족간의 반목은 성격이 다른 분쟁인 만큼 그 해결방법에도 분쟁의 성격에 따른 특유한 요청이 받아들여져야 한다. 따라서 가사분쟁은 별도의 절차와 아울러 별도의 법원을 두는 경우가 많다. 우리는 가사소송법이 따로 있어서 가사분쟁에 대한 심리와 재판을 가정법원의 전속관할로 하고 있다. 또한 순수한 재산관계의 다툼 중에도 상사분쟁은 상거래에서 생겨나는 법기술이나 그 분야에서 발달된 독특한 관습이 적용될 수 있으므로 일반민사분쟁과 별도의 취급을 하는 수도 있다.

분쟁의 형태나 규모에 따른 절차의 분화가 법원의 형태까지 별도의 것으로서 요구하게 되면 그것이 곧 특별법원이다. 특별법원은 법원의 구성이나 법관의 임용자격 등에 대하여 통상의 법원과 의도적으로 다르게 함으로써 분쟁해결의 구체적·개별적 요청을 만족시키고자 한다. 예컨대 프랑스 상사법원은 상인만으로써 구성된 법원이다. 이외에도 자본주의의 발달에 따라 노동법분야가 독립되자 노사분쟁의 특수성에 비추어 별도의 절차를 베풀고 있는 선진국도 많다. 또한 조세법, 독점규제법 또는 사회보장법의 영역에서도 특별절차의 창설을 위한 움직임이 높아간다.

국제물품매매거래와 신용장거래를 비롯한 전통적 국제거래에 있어서는 물론 각종 국제서비스거래나 인터넷을 통한 전자상거래활동의 등장과 관할배분에 있어서의 소비자보호의 요청 등이 새롭게 제기되어 민사소송제도에 심대한 영향을 주고 있다. 이에 대하여 새로운 규범과 절차를 창설하여 대응하는 방법과 기존의 법원칙과 절차를 해석을 통하여 새롭게 적용하려는 움직임이 대두되고

있다.[1)]

2. 少額事件의 심리

민사소송절차는 분쟁의 유형과 특성에 따라 스스로 개별화되어 갈 뿐만 아니라, 가장 전형적인 민사소송사건 중에서도 그 규모에 따라 절차를 분화하지 않을 수 없는 것이 있다. 예컨대 소액사건을 중액 또는 고액의 사건과 똑같은 절차에서 심리하는 경우에는 낭비와 비능률이 초래되는 것은 자명한 일이다. 이러한 소액사건을 위해서는 절차의 탄력화 및 신속·저렴의 요청에 맞는 별도의 절차를 마련하는 것이 실질적 정의에 합치할 것이다. 여기에 소액사건을 별도로 취급하는 이유가 있다. 소액사건에 대한 취급은 국가와 시대에 따라 다르다. 대체로 별도의 법원을 두는 경우와 통상법원의 하급심에 맡기는 경우가 있으나 모두 절차를 대폭 생략하고 불복신청의 점에서도 통상의 절차와는 차이를 인정하며 '법에 의한 재판'의 요청을 넘어서 '형평에 의한 재판'을 어느 정도 허용하는 것은 공통적이라고 할 수 있다. 소액사건심판법이 따로 있어 민사소송법에 우선하여 그 절차에 적용된다.

3. 略式訴訟 形態의 併設

민사소송은 통상의 소송형태를 예정하고 있으면서도 주된 절차에서 부수적으로 파생되는 분쟁의 해결을 위해서 좀더 단순화된 절차를 마련하는 경우가 있다.

첫째, 본래의 소송절차에 의하여 해결될 때까지 임시규제를 목적으로 통상절차에 비해서 대폭 간소화된 절차를 인정하는 경우이다. 가압류·가처분 등 保全訴訟(민사집행법 제 4 편)이 좋은 예이다.

둘째, 불복이 있으면 통상의 소송절차에로 이행함을 전제로 하지만 불복이 없는 한 재판절차를 생략하면서도 동일효과를 내려는 절차가 있다. 예컨대 지급명령을 얻기 위한 督促節次(민사소송법 제 5 편)가 그것이다.

그러나 이와 같은 절차는 엄격한 법률판단이 요구되기보다는 법관의 재량적 판단이 요구된다는 점에서 소송이라기보다는 뒤에 고찰하는 비송이고, 이러한 비

1) 후자의 태도를 보이는 경우는 Geneva Roundtable on Electronic Commerce and Private International Law(1999). 그 외에 OECD Guidelines for Consumer Protection in the Context of Electronic Commerce 참조.

송이 민사소송절차에 포함된 것은 역사적 우연에 불과하다.

Ⅲ. 민사소송에 갈음하는 裁判外 紛爭解決方式(ADR)

1. 總　說

인간생활에서 마찰과 분쟁은 필연적인 것이고 이를 다루는 방식도 오랫동안 다양하게 발전되어 왔다. 그 해결방식은 첫째, 일방적 결정, 둘째, 쌍방의 협의, 셋째, 제 3 자의 관여로 분류할 수 있다.

1) 일방적 결정방식은 두 가지가 있는데 ① 분쟁당사자가 그의 자존심을 억누르고 문제를 잊는 경우, 이른바 심리학적인 도피(Flight)와 ② 문제를 일으킨다고 생각되는 자에게 직접적·일방적 행동을 결정하는 경우, 이른바 투쟁(Fight)이 있다.

2) 쌍방적 협의방식은 불만이 있는 일방이 직접 상대방과 부딪혀서 분쟁해결을 협의하는 것이다. 이 방식은 노사관계 또는 부부관계와 같이 분쟁당사자간에 일정한 관계가 유지되고 있을 때 잘 이용된다. 주로 당사자가 마주앉아 협상(Negotiation)으로 해결한다.

3) 제 3 자의 관여방식은 제 3 자, 즉 주선인·알선인·조정인·중개인·중재인·hot-line·Ombudsman·고충처리기구 또는 법원 등이 제 3 자로서 개입하여 분쟁을 해결하는 방식이다. 이 중에서 소송에 갈음하여 당사자 쌍방의 자율적 의사합치를 토대로 한 자주적 해결방식으로는 알선·조정·중재·화해 등이 있다.

이는 원래 미국에서 모든 분쟁이 법원으로 몰려들어(Judicialization) 사법부의 부담이 과중해지고 재판과정이 지나치게 법률전문가에 의한 법기술적 절차(Legalistic process)로 변해 가는 경향에 대한 우려에서 논의되기 시작한 실무적 배경이 있다. 그리하여 엄격한 형식과 절차를 지양하고 법보다 조리에 의하며 시민의 참여를 통하여 융통성 있는 분쟁처리절차로서 재판절차를 갈음하고자 하는 것이다. 재판에 갈음하는 다양한 분쟁해결방식은 법의 토착화수단으로서 또는 문화인류학적 메커니즘으로서 또는 사법적 구제의 전제조건으로서 나라마다 적당한 모습으로 활용되고 있다. 이러한 방식들은 오늘날 주로 선진국에서 공식적 분쟁해결방식인 소송제도에 대한 불만, 즉 재판지연, 과다한 비용, 재판과정의 기술적 난해성 및 경미하거나 특수한 분쟁에 대한 소송절차의 부적합성 때문에 소송제도에 대한 대안(Alternative Dispute Resolution: ADR)을 모색하는 차원에서 새로운 각

광을 받고 있다.[1)]

2. 斡旋 및 周旋(Mediation)

알선 및 주선은 분쟁당사자들이 스스로 합의 또는 양해에 도달하여 분쟁을 해소할 수 있도록 중립적인 제3자가 직접적 또는 간접적으로 교섭·협상·고무·촉진(Facilitation)·중개·주선·조회 등의 모든 노력을 행하는 과정이다. 예컨대 의사소통을 용이하게 해 주던가, 장소를 제공하던가 또는 해결의 용기를 북돋아 주거나 화해적 분위기를 조성하는 행위 등이 그것이다.

이는 재판 외의 분쟁해결방식 중 가장 비법률적이어서 어떤 규범을 적용하거나 결정을 내리는 경우에 이르지 아니한다. 또한 제3자가 있는 경우에도 그는 어떤 해답을 제시하기보다는 당사자들이 합의에 도달하도록 돕기 위해서 있는 것이다. 알선의 실제를 보면 당사자간의 직접적·자주적 교섭에 의하여 의견차이를 해소해 가는 협상(Negotiation)의 경우와 제3자의 전문적 감정의견을 받아 이를 토대로 합의에 도달하는 경우를 볼 수 있다. 또한 복잡한 다수 당사자간의 분쟁의 경우에는 당사자들의 감정이나 분위기를 절제시키고 쌍방주장의 요점을 확인하며 해결의 방향을 촉진하는 제3자가 등장하기도 한다. 環境紛爭調整法(제27조 이하)에는 알선제도를 채택하고 있다.

3. 調 停(Conciliation)

1) 概 念 조정은 제3자(법관 또는 조정위원회)가 독자적으로 분쟁해결을 위한 타협방안(조정안)을 마련하여 당사자의 수락을 권고하는 방식이다. 당사자가 조정안을 수락하면 조정은 성립되었다고 하고, 거부하면 조정불성립으로 끝맺는다. 따라서 이는 해결방안에 대한 거부의 자유가 최종단계에서 인정되는 자주적 해결방식이다. 이때 조정안을 마련하는 제3자는 법관이거나 비법률가도 참여하는 조정위원회인 것이 대부분이다. 조정이 성립되어 조정조서가 작성되면 재판상 화해와 동일한 효력이 생기며 그 효력은 준재심절차에 의해서만 다툴 수 있다.[2)]

---

1) ADR에 관하여 가장 잘 다루고 있는 교과서로는 Goldberg, Sander, Rogers and Cole, Dispute Resolution(4th ed.), Aspen Pub., 2003 참조.

2) 대판 2012. 9. 13. 2010 다 97846. 확정판결을 취소한다는 내용으로 성립된 조정은 그 법률관계의 성질상 당사자가 임의로 처분할 수 없는 사항이므로 조정이나 재판상 화해가 성립되었다고 하여도 효력이 없어 당연무효이다.

2) **種　類**　　조정을 담당하는 기관이 누구인가에 따라 법원조정·행정조정·민간조정으로 나눌 수 있다.

가) 法院調停

(i) 沿　革　　법원조정은 1987년 초 대법원이 조정제도 활용을 위한 예규를 제정하면서 시작되었다고 해도 과언이 아니다. 그 후 조정의 활성화를 위한 근본대책으로서 1990년 9월 1일에는 민사조정법이 발효되어 그간의 차지차가조정법·소액사건심판법과 간이절차에의한민사분쟁사건처리특례법 등 3법상의 조정규정을 통합하였다. 따라서 법원조정이라 함은 민사조정법에 따라 민사 및 소액사건에 관하여 법원에 제소하기 전에 또는 사건이 법원에 계속중에 신청하는 조정을 말한다. 그 외에 가사소송법상 가사조정(가소 제49조 이하)도 민사조정법을 준용하고 있으므로 법원조정의 하나이다.

(ii) 民事調停法의 내용　　a) 민사조정제도의 활성화를 위하여 소송당사자의 의사와 관계없이 수소법원이 사실심변론종결시까지 직권으로 조정에 회부할 수 있게 한 점(제6조), b) 일정 법무실무경력을 갖춘 이들 중에서 위촉되는 상임조정위원이 조정담당판사와 동일한 권한을 갖고 조정업무를 수행하게 된 점(제7조), c) 강제조정(제30조), 즉 조정불성립의 경우, 또는 성립된 합의내용이 상당하지 아니한 경우나, 피신청인이 불출석한 경우(제32조) 담당판사의 직권으로 조정에 갈음하는 결정을 할 수 있게 한 점, d) 법원장이 위촉하는 조정위원(제10조)과 당사자의 합의에 의하여 선임되거나 조정장인 판사가 지정하여 조정위원회를 구성하는 조정위원(제10조의 2)의 구별, e) 창구식 조정의 도입(제15조 Ⅲ), f) 대표당사자 선임을 통한 집단분쟁의 조정(제18조), g) 조정의 제한적 공개주의(제20조), h) 신청에 의한 조정사건이 목적을 달성하지 못한 각 경우에 조정신청의 소제기의제(제36조) 등 매우 의욕적인 입법이다.

(iii) 批　判　　민사조정법은 조정의 본질을 훼손한 채 너무 법기술적인 틀에 묶어 놓은 감이 있고, 분쟁당사자를 민사조정으로 유도하여 그들이 부담 없이 조정에 적극적으로 참여할 수 있는 길을 열었다기보다는 법원의 필요에 의한 강제적 규정들로 일관되어 있다. 그러나 조정 등 재판에 갈음하는 분쟁해결방식은 원래 자율적이고 자치적인 것이므로 이러한 방식을 택하는 것이 ① 소송의 경우보다 편리하고, ② 자유로운 분위기에서 격식에 구애되지 아니하고, ③ 분쟁해결 담당자를 신뢰하고 존경할 수 있고, ④ 분쟁의 특성을 살린 해결이 가능하고, ⑤ 비밀을 유지할 수 있고, ⑥ 신속·저렴하고, ⑦ 분쟁해결이 양당사자의 관계를

다시 회복하는 데 도움이 된다고 당사자들이 믿어야만 활성화될 것이다. 상임조정위원의 활동으로 민사조정제도가 활성화되기를 희망한다.

나) 家事調停 가사소송법상 나류·다류 가사소송사건과 마류 가사비송사건의 경우 조정전치주의를 규정하고 있다(동법 제50조). 가사조정은 미묘한 인륜관계의 분쟁에 법조인 이외에 정신과 의사, 사회사업가, 심리학자 등 관련전문가를 참여시켜 탄력적 해결을 해보려는 이상적인 제도이나 절차적 측면은 민사조정과 유사하다. 그러나 조정장인 법관의 잦은 인사이동으로 인하여 심리학적 통찰력을 갖춘 가사전문법관의 출현이 어렵고 사법보좌관의 전문성 결여를 보충하는 훈련 프로그램도 없으므로 가사조정이 본래의 취지대로 운영되는지 걱정이다.

다) 行政調停 행정조정은 여러 법률에서 관할행정기관이 강제적 또는 임의적 조정기구를 구성하여 운영하도록 규정하고 있는 경우이다. 현재 노동조합및노동관계조정법·남녀고용평등법·해양오염방지법·환경분쟁조정법·의료법·저작권법·소비자보호법·은행법·보험업법·증권거래법·건설산업기본법·하도급거래공정화에관한법률·광업법·수산업법·낙농진흥법 등에서 조정제도를 도입하고 있다. 이외에도 국가배상법상의 배상결정과 정기간행물의등록등에관한법률에서 규정하는 언론중재도 실질적으로 조정이다. 이 같은 조정은 소송절차로 가기 전에 필수적으로 경유하여야 하는 경우도 있으나 대부분 임의적이다. 조정이 아주 활발하게 이용됨과 동시에 감독관청의 사실상 영향력을 감안하여 조정성립 및 이행의 비율이 높은 부처도 있으나 조정사건이 거의 없는 경우도 적지 아니하다.

라) 民間調停 민간조정은 각종 NGO, YWCA나 민간소비자단체, 기타 사회적으로 공신력이나 영향력 있는 단체에 의한 조정과 같은 것을 뜻하나 우리나라의 경우에는 활발한 편이 못된다.

3) 展　望

가) 민사조정법은 우리나라 민사분쟁의 조정에 관한 한 통일된 원형을 제시하고 있으므로 분쟁당사자는 소송과 더불어 법관이 관장하는 조정을 이용할 수 있게 되었다. 현재와 같이 각종 행정조정과 법원조정이 병설되어 있는 경우 국민의 입장에서는 이를 선택적으로 이용할 수 있다. 다만 행정조정을 이용하는 경우에는 그 분야의 전문가에 의한 합목적적 판단을 좀더 기대할 수 있음에 비하여 법원조정의 경우에는 조정장인 법관에 의한 공정한 절차 보장과 합법적 판단을 기대할 수 있을 것이다.

나) 행정조정을 일반화한다든가 성립된 행정조정결과에 재판상 화해와 동일한 효력을 부여하는 것은 사법부의 고유한 법적 분쟁해결기능을 행정부가 잠식하는 결과가 되어 3권분립에 어긋난다거나 국민의 헌법상 재판받을 권리를 침해한다는 비난도 있다.[1)] 그러나 이 문제는 그처럼 형식논리로 대응할 것이 아니라 사법부가 국민의 신뢰를 확보하고 개개의 법관이 절차의 공정성을 보장하면서도 법기술적 심리를 초월하여 신축성 있고 합목적적 결론을 유도해 낼 수 있는 충분한 기량을 보일 때 저절로 해결될 수 있다고 하겠다.

다) 조정은 우리나라에서도 전통적으로 지역사회나 혈연집단 내에서 이웃간이나 친족간의 각종 분쟁을 자율적으로 해결하는 방식으로서 오랜 동안 기능을 발휘하여 왔다. 따라서 이제 근대적 분쟁해결제도의 하나로서 새로 꾸며진 조정은 서구에서 계수된 소송제도와 우리 국민의 현실적 법률생활간의 괴리를 메워주는 역할을 담당할 수 있도록 운영해야 한다. 또한 아직도 기능주의보다는 인본주의가 지배하는 우리 사회에서 조정의 효용성은 크다고 생각하나 모든 분쟁이 점차 법원으로 몰리는 현상에 비추어 법원조정을 활성화시켜야 할 1차적 책임은 법원에 있다고 하겠다.

4. 和 解(Compromise, Settlement)

화해는 당사자간의 직접적·자주적 교섭을 통한 호양으로 분쟁을 해결하는 방식이다. 물론 상호양보를 권고하는 제 3 자의 존재가 있을 수 있으나 당사자의 호양이 그 요소가 된다. 화해는 재판 외에서는 민법상(제731조 이하) 화해계약의 형태로 인정되지만(실무상 합의서), 재판상 화해로는 민사소송법상 제소 전 화해와 소송상 화해가 있다.

제소 전 화해(제385조)는 당사자 일방이 지방법원 단독판사에게 화해신청을 함으로써 개시되는데 화해가 이루어지면 소송상 화해와 효력이 동일하다. 다만 그 제도적 취지에 어긋나게 남용되는 실정을 방지하는 것이 중요하다.

소송상 화해는 소송계속중 소송물인 권리관계에 대하여 당사자 쌍방의 양보를 토대로 법원에 일치된 진술을 하면 화해조서를 작성하고 소송을 종료시키는 방식이다. 화해조서는 확정판결과 같은 효력이 있다(제220조).

민사소송의 변론절차를 집중심리방식으로 전환하였고 또한 화해권고결정제

1) 李時 20면 참조. 헌법재판소는 신청인의 동의가 있으면 국가배상심의회의 배상결정을 재판상 화해로 보는 國賠法 제18조에 대하여 위헌결정을 하였다. 헌재(전) 1995. 5. 25. 91 헌가 7.

도(제225~232조)도 도입되어 있으므로 이것이 성공적으로 운영되는 경우에는 미리 정리된 사실상 및 법률상 쟁점을 토대로 화해가 성립되는 비율이 높아지리라고 본다. 다만 법관이 사건관리자로서 화해제도의 취지를 숙지하고 노련한 사실심 운영기술을 발휘하여 적극적으로 화해를 유도하는 것이 필요하다.

형사피고사건의 피고인과 피해자 사이에 해당 피고사건과 관련된 피해에 관한 다툼을 포함한 민사상 다툼에 관하여 합의한 경우, 해당 사건이 계속중인 제1심 또는 제2심 법원에 변론종결시까지 공판기일에 출석하여 공동으로 그 합의를 공판조서에 기재하여 줄 것을 신청할 수 있다(특례법 제36조 I, III). 위와 같은 합의가 기재된 공판조서는 확정판결과 같은 효력이 있다(특례법 제36조 V, 법 제220조).

5. 仲　裁(Arbitration)

1) 槪　念　중재는 사건마다 분쟁당사자가 재정을 맡길 제3자를 합의하여 정하고 그의 판정에 반드시 복종하게 하는 개별적·강행적 해결방식이다. 사안의 성질에 따라 상사중재(중재법)·노동중재(노동조합및노동관계조정법 제5장 제3절)·해사중재(프랑스·일본·러시아 등의 경우)·언론중재(이것이 성질상 조정임은 이미 언급했음) 등 여러 가지가 있을 수 있으나 반드시 중재합의(arbitration clause)가 있어야 소송에 갈음하여 중재에 의한 분쟁해결을 할 수 있다.[1] 그러므로 유효한 중재합의가 있는 사건을 법원에 제소하면 소의 이익이 없는 것으로 각하되고 만다(중재 제9조).

조정이나 화해는 제시된 해결방안에 대한 거부의 자유가 최종적 단계에서 인정되나 중재는 애당초 사건을 중재에 회부할 것인가 여부를 결정함에 있어서는 사적 자치의 요소가 남아 있지만 일단 중재판정(award)이 내려지면 그에 복종해야 하는 점이 서로 다르다.

2) 根　據　우리나라에서는 중재라고 하면 대한상사중재원(The Korean Commercial Arbitration Board: KCAB)에 의한 상사중재를 가리키는 것으로 일반적으로 이해되고 있다. 이를 위하여 중재법과 상사중재규칙이 있고, 우리나라가 가입한 1958년의 외국중재판정의 승인과 집행에 관한 유엔협약(일명 뉴욕협약)[2]도

---

1) 중재합의는 분쟁을 중재에 의하여 해결한다는 서면에 의한 합의로서 족하고 중재장소, 중재기관, 준거법까지 명시할 필요는 없다. 대판 1990. 4. 10. 89 다카 20252 참조.

2) 뉴욕협약 가입국에서 이루어진 상사중재판정의 승인 및 집행에 있어서는 뉴욕협약이 국내법에 우선하여 적용된다. 대판 1990. 4. 10. 89 다카 20252 참조. 나아가 대판 2007. 5. 31. 2005 다 74344는 중재합의가 인정되면 달리 특별한 사정이 없는 한 당사자들 사이의 특정한 법률관계에서 비롯되는 모든 분쟁을 중재에 의하여 해결하기로 정한 것으로 봄이 상당

적용된다. 한편 서울변호사회는 2006년 12월 21일부터 2000만원 이하의 민사소액사건을 신속하게 해결할 수 있는 서민을 위한 중재센터를 운영한다. 위 제도는 현행 중재법을 바탕으로, 변호사법 제64조(지방변호사회의 목적 및 설립 조항) 및 제84조(법률구조기구 조항) 등에 근거하였다고 알려진다. 분쟁당사자들이 중재제도를 통하여 분쟁을 해결하기로 합의가 있고, 서울변호사회의 중재센터를 이용하기로 선택하였다면 위 중재센터에 의한 중재절차가 진행될 수 있다. 정부도 국내외 상사분쟁의 신속한 해결을 위하여 대외무역법 제41조와 동시행령에 외국무역업에 종사하는 자가 정당한 이유 없이 분쟁해결을 지연시킬 수 없고, 이 경우 산업자원부장관은 분쟁당사자에게 의견진술이나 서류제출을 요구할 수 있고, 필요하면 분쟁사실을 조사하여 중재계약체결권고 등 분쟁해결을 위한 권고, 의견조정, 알선 등을 할 수 있다.

전세계적으로는 국제적 분쟁을 해결함에 있어서 타국의 재판권에 복종하기보다도 중재방식을 선호하고, 국제상공회의소 중재규칙(The International Chamber of Commerce(ICC) Rules of Arbitration)에 의한 상사중재가 많이 활용되고 있으며, 그밖에도 미국·영국·스웨덴·말레이시아·캐나다·호주 등 대부분의 국가가 독자적 중재규칙에 의한 국제상사중재제도를 운영하고 있다. 이와 같은 각 국제상사중재규칙의 통일을 위하여 유엔은 UNCITRAL 표준중재규칙을 제정하여 그 시행을 권고하고 있다.

3) 展　望　우리나라는 상사중재제도가 비교적 활발하게 이용되는 나라이나 아직도 분쟁사건의 중재적합성(Arbitrability), 중재합의의 유효성,[1] 실체법과 절차법의 선택, 중재인의 선임방법과 그 지위, 절차진행방식, 당사자자치의 허용범위, 중재판정의 집행 등 연구해야 할 문제가 많다. 중재판정이 내려지면 법원으로부터 집행판결을 받아 강제집행할 수 있고(중재 제37조), 외국중재판정이 국내에서 집행력을 가지려면 외국판결의 승인과 집행에 관한 절차(제217조, 민집 제26조, 제27조)를 거쳐야 한다.

중재는 법적 형식성과 기술성을 배제하고 사적 자치의 원칙에 입각하여 신속하고도 합목적적인 판단을 이끌어내는 분쟁해결방식이다. 그러나 저자가 관찰한 바에 의하면 우리나라의 중재심판은 대부분 누가 중재인으로 선임되었는가에 따라

하다고 한다.

1) 분쟁해결은 중재 혹은 소송에 의한다는 선택적 중재합의의 유효성과 관련하여 판례는 상대방이 이의 없이 중재절차에 임하였을 경우 그 효력을 인정한다. 대판 2004. 11. 11. 선고 2004 다 42166.

그 절차진행이 달라지는 감이 있다. 법률가가 중재인이 되면 소송절차와 거의 동일하게 이끌어 가고, 반면에 분쟁당사자와 동일한 업계의 원로사업가가 중재인이 되면 거래관계의 유지에 신경을 쓰는 나머지 자꾸만 양보를 강요하는 경향이 있다.

6. 結 論

공식적 분쟁해결방식인 소송과 소송에 갈음하는 각종 분쟁해결방식(ADR)은 때로는 독자적으로 때로는 상호보완적으로 사회적 분쟁해결에 기여한다. 그리고 이 같은 방식을 이용하는 주된 이유나 활용 정도는 나라마다 다르다. 법원의 사건부담을 덜어주기 위하여, 또는 특수한 분쟁유형을 보다 적절하게 해결하거나 국제적 분쟁의 해결수단으로서 이용되고 있다.

중재방식의 편리한 점은 i) 당사자의 비밀유지 외에 ii) 한 나라의 법원의 재판권에 복종하기보다 국제적 자치적 분쟁해결방식으로서 의미가 있고, iii) 사안의 특수성이나 업계의 실정을 고려한 합목적적 판단을 기대할 수 있다는 것 등을 들 수 있다. 앞으로의 과제는 중재에 관하여 좀더 법학과 인접 사회과학 각 분야간의 공동연구가 필요하고, 이 같은 분쟁해결방식을 제대로 운영할 수 있도록 법관과 기타 관계자를 훈련시켜야 한다는 것이다.

제 2 절 民事訴訟制度의 目的

예링(Rudolf von Jhering)의 말과 같이 "목적은 모든 법의 창조자"라고 한다면 민사소송제도는 어떤 목적을 달성하기 위하여 존재하는가. 이 문제는 실정법의 해석론으로서는 해결될 문제가 아니고 널리 법과 권리의무의 본질, 재판의 실태, 심지어는 국가의 존재이유 등에까지 관련시켜서 검토되어야 할 법철학적·법사학적 문제로서 오랜 세월 동안 다투어져 왔다. 즉 민사소송제도의 목적이 *私權保護*에 있다고 볼 것인가, 또는 *私法秩序維持*에 있다고 볼 것인가 하는 논의가 바로 그것이다.

민사소송은 국가기관인 법원이 개인 간의 사법적 생활관계에 관한 분쟁사건에 대하여 법을 적용하여 재판·집행하는 법률적 절차이므로 공법적 제도이면서도 사법적 실질을 가지고 있다. 민사소송제도의 성격이 이와 같으므로 어느 한 측면만을 강조하여 개인의 권리보호의 목적만을 내세우거나(사권보호설), 아니면 사법질서유지(사법질서유지설)만을 주장하여서는 결론이 나지 아니한다. 소위 사권보호설이 국가절대권력으로부터의 자유를 부르짖고 사적 자치의 원칙이 지배하던 시대의 소산이라면, 사법질서유지설은 20세기 초 전체주의 사조가 잠시 득세하였을 때에 풍미하던 입장이다. 오늘날에는 개인의 권리를 보호하기 위하여 다툼을 해결하면 자연히 사법질서도 유지되는 것이라고 받아들여지고 있다(사권보호 및 사법질서유지설). 이외에 민사분쟁의 해결을 목적으로 설치된 제도가 곧 민사소송이라고 파악하는 기능적 입장도 있고(분쟁해결설), 최근에는 소송의 목적을 공정한 절차보장에 중점을 두는 견해도 대두되었다(절차보장설).

인간사회의 법적 제도인 소송제도도 자력구제의 금지에서 출발하여 만인의 만인에 대한 투쟁상태를 그 사회의 최고권력으로써 강제적으로 해결하려는 사회적 요청에서 생겨났다. 이렇게 보면, 민사소송은 국가권력에 의하여 개인 간의 이해 충돌을 강제적으로 해결·조정하며, 동시에 이를 통하여 당대사회의 가치이념의 구체적 실현을 도모하는 복합적 목적을 가지고 있다고 할 것이다.

그런데 근대사회가 그 역사적 요청으로 말미암아 자유주의, 개인주의 및 권리본위의 법질서를 건설한 이래 오늘날과 같은 정보화시대에는 정치·경제·사회 각 분야의 눈부신 발달과 과학기술의 진보로 말미암아 국가제도로서의 민사소송의 이념도 사회공공의 필요와 현대복지국가적 기능의 수행상 새로이 정립되어 간다고 할 것이다.

오늘날 소송은 결코 단순한 하나의 형식적·법적 사무에 그치는 것이 아니고 사회적 현상으로서 달성해야 할 과제를 가지고 있는 만큼 시대정신의 변화에 대하여 무관심할 수는 없다. 그러므로 개념법학적 추상론에 안주하는 소송의 목적론에서 벗어나서 소송을 발전적이고 기능적인 면에서 고찰하여 그 본질적 목적을 파악하는 거시적이고 동태적인 노력도 필요하다. 그리하여 사법의 공법화 경향이 나타나는 오늘날에는 소송에 있어서도 개인주의적 민사소송에서 사회정의적 민사소송으로 수정과정을 밟고 있다고 할 수 있으므로 민사소송의 목적을 재정립하기 위한 많은 논의가 있어야 할 것이다.

제3절 民事訴訟制度의 理想

I. 民事訴訟의 4대 理想

대체로 한 나라의 민사소송제도가 지향하는 이상은 그 나라의 전통, 국민의

식, 그리고 경제적 여건, 기타 여러 가지 사정을 고려하여 알맞은 것이 우러나와야 한다. 따라서 한 나라의 민사소송제도를 어디에 중점을 두고 마련할 것인가는 정책적 문제로서 그 나라의 모든 실정을 참작하여 구심점을 찾아야 하는 것이다. 그런데 동서고금을 막론하고 민사소송제도는 공정하고 신속한 재판을 보장함을 이상으로 삼아온 것이 사실이다. 그리하여 민사소송절차는 적정·공평한 재판인 동시에 신속하고 비용이 절약되는 재판을 보장하는 각종 제도들로써 구성되어야 한다는 것이다. 이러한 이상을 나타내기 위하여 각국의 헌법이 모두 신속한 공개재판을 받을 것을 국민의 권리로서 규정하는 외에 미국연방민사소송규칙(Federal Rules of Civil Procedure)도 첫머리에서 "이 규칙은 모든 소송의 공정하고 신속하며 또한 저렴한 처리를 확보하도록 해석되어야 한다([The Rules] shall be construed to secure the just, speedy and inexpensive determination of every action)"라고 규정하고 있다. 또한 민사소송은 법원과 당사자 기타 소송관계인들의 역할분담과 협력을 통하여 그 존재목적을 달성하는 것이므로 이들은 신의성실의 원칙에 좇아 소송을 수행해야 한다.

민사소송법은 제1조에서 적정·공평·신속·경제의 4대 이상을 규정하는 동시에 당사자와 관계인에게 요구되는 행동원리로서 신의칙을 규정하고 있다. 대륙법계 민사소송법들은 명문으로 이러한 슬로건을 선언하고 있지 아니하나 민사소송제도가 이와 같은 이상을 구현하고자 한다는 점에는 이론이 없다.

1. 適正理想(Justice)

이는 재판의 내용상 사실인정(Fact-finding)의 정확성을 기하여 실체적 진실을 발견하고, 인정된 사실에 타당한 법률적용을 통하여 권리 있는 자는 반드시 승소하고 권리 없이 부당한 제소를 하는 자는 꼭 패소한다는 결과를 확보하자는 이상이다. 오판이 없는 적정한 재판이야말로 소송제도의 요체인 동시에 기어코 달성되어야 하는 이상이다.[1] 재판의 내용에 잘못이 없어야 국민이 믿고 승복하기 때문이다. 적정이상을 구현하기 위한 제도들을 간추려 보면 변호사대리의 원칙(제87조), 심급제도 및 재심제도 등 불복신청제도, 구술주의(제134조)와 직접주의(제204조), 석명권, 구문권행사(제136조), 직권증거조사(제292조), 교호신문제도(제327조), 전속관할(제31조), 행정법원과 특허법원의 신설, 예비판사제도의 도입과 판사의 직무권한제한 기타 법관의

1) 適正理想이 다른 어느 것보다도 우위에 놓여져야 함을 강조한 글로는 Bettermann, Hundert Jahre Zivilprozeßordnung-Das Schicksal einer liberalen Kodifikation, ZZP 91, 365ff.

자격과 신분보장제도 등을 들 수 있다.

2. 公平理想(Fairness)

재판의 적정성을 기하기 위하여서는 소송을 심리하는 동안 양당사자를 공평하게 취급하여야 한다. 공평이란 원래 법이 지향하는 목표이지만, 특히 민사소송에 있어서는 상호 대립하는 당사자의 분쟁을 해결하는 것인 만큼 재판이 어느 한쪽에 치우침이 없이 절차 내에서 소송관계인을 동등하게 대우하고 기회균등을 보장하여 주어야 한다. 양당사자에게 사실자료 및 증거자료 등을 제출할 기회가 동등하게 부여되어야 하며, 상대방의 방어권을 봉쇄한 채 당사자 한쪽의 주장과 입증만으로 불의타를 가하는 것을 방지해야 한다. 즉 절차보장을 통하여 재판에 대한 일반적 신뢰감을 부여하고자 하는 것이다. 법관의 불편부당성이나 당사자간의 무기평등의 원칙 등이 강조되는 이유는 여기에 있다. 그러므로 민사소송심리에 있어서의 공평성의 유지는 재판의 적정의 이상을 달성하기 위한 수단이라고도 볼 수 있다.

이러한 이상을 구현하기 위하여 민사소송법은 심리의 공개, 법관에 대한 제척·기피·회피 제도, 쌍방심문주의, 소송절차의 중단·중지, 제 3 자의 소송참가 등의 제도를 베풀고 있다.

3. 迅速理想(Speediness)

적정하고 공평한 재판을 한다고 하더라도 권리실현이 늦어지면 실효성이 없어져서 결국 그 권리를 부정한 것과 다름없는 결과로 된다(Justice delayed is justice denied). 헌법상 신속한 재판을 받을 권리(동법 제27조 Ⅲ)가 보장되어 있음은 물론 민사소송법은 종국판결선고기간을 두어 제 1 심의 경우 제소일로부터 5월 이내에, 항소심 및 상고심의 경우 기록을 송부받은 날로부터 각각 5월 이내에 사건처리를 끝내도록 훈시규정을 두고 있다(제199조). 우리나라의 현실을 보면 제 1 심의 경우에는 취하·포기·인락·화해 등으로 종결되는 사건도 많아서 전체 사건의 대부분이 법정기간 내에 처리되고 있으나 상급심의 경우에는 사정이 크게 악화되어, 특히 대법원의 경우에는 반대로 대부분의 사건이 법정기간 내에 처리되지 못하고 있다. 소송지연의 이유는 법관부족 외에도 사안복잡, 송부촉탁기록의 미도착, 당사자의 비협조 내지 지연책동, 화해진행중, 남상소 기타 관련사건의 대법원판례대기 등 다양하게 분석되지만, 언제나 소송절차의 개혁, 법관의 증원, 시설장비의 보강,

그리고 당사자의 협조가 이루어져야만 권리실현의 지연이 실효성 있게 방지될 것이다.

민사소송법이 신속이상을 달성하기 위하여 베푼 제도로는 독촉절차, 제소 전 화해절차, 소송지휘권에 의한 절차의 직권진행, 기일연장의 제한, 실기한 소송자료불조사, 직권에 의한 가집행선고, 쌍불취하제도, 기일해태로 인한 의제자백, 상하급심간의 기록송부기간 및 선고기간, 원심재판장의 상소장 심사제도 등을 들 수 있다. 또한 별도로 마련된 상고심절차에관한특례법에 규정된 심리不속행 등의 제도, 소액사건심판법에 도입된 간이신속한 여러 절차, 소송촉진등에관한특례법상 소구한 청구권의 지연손해금에 대한 연 20%의 높은 법정이율 도입 등도 주로 신속 이상을 관철하기 위한 제도라고 볼 수 있다.

4. 經濟理想(Inexpensiveness)

소송을 수행함에 있어서 소송관계인이 들이는 시간을 단축하자는 것이 신속이상이라면 경제이상은 이들이 들이는 비용과 노력을 최소한도에 그치게 함을 목적으로 한다. 무자력자라고 하여 소송을 할 수 없어서도 안 되고, 소송에 의한 해결을 통하여 얻는 이익보다 이에 필요한 비용부담이 더 커서도 소송제도는 무의미하여질 것이다. 소액사건에서의 구술제소, 소송이송, 소의 병합, 변호사비용의 소송비용산입, 지급보증위임계약서에 의한 담보제공, 소송구조 등은 경제이상을 구현하고자 마련된 제도라고 하겠다.

5. 批　判

어느 시대 어느 나라의 소송제도일지라도 재판의 적정공평과 신속경제를 목표로 하지 않는 것이 없으나, 특히 재판의 적정과 신속한 심리는 숙명적으로 상충되는 생리를 지니고 있고, 이상과 현실의 괴리는 우려할 만한 단계에 와 있다고 하겠다. 현실은 재판업무의 폭주와 비용의 과중함 그리고 소송관계자의 비협조 등을 부인할 수 없는데, 이는 자유국가 여러 나라에 공통되는 문제이다.

소송촉진을 위하여 재판의 적정을 희생해도 좋다는 논리는 성립되지 아니하지만, 우리 민사소송법의 역사는 그 동안의 개정과 여러 특별법의 제정에 비추어 볼 때 비교적 소송촉진의 방향으로 힘써 온 듯한 인상을 받게 된다. 그러나 이제는 재판의 부실화를 방지하기 위하여 적정·공평에 힘써야 할 시기가 왔다고 생각한다. 따라서 4대 이상을 달성하기 위한 끊임 없는 연구를 통하여 합리적 제도의 도입과 운영의 개선이 요구된다. 뿐만 아니라 법관의 증원, 전문성 제고, 자질향상 및 대우개선, 물적 시설의 확충 등 과감한 사법투자, 빈번한 법관의 인사교류의 지양, 집중심리제의 확대, 제1심 중심의 재판운영, 당사자의 철저한 절차준수와 소송지휘권의 엄격한 행사, 노련한 사실심 운영 등을 통하여 소송지연을 억제할 수 있을 것이다.

Ⅱ. 민사소송의 理想과 信義誠實의 原則

1. 信義誠實의 원칙을 규정한 이유

법 제1조를 보면 법원은 소송절차가 위에 말한 4대 이상에 맞게 진행되도록 노력하여야 하고(제1조 Ⅰ), 당사자와 관계인은 신의에 좇아 성실하게 소송을 수행하도록 규정하고 있다(제1조 Ⅱ). 종전에는 당사자가 법원의 소송수행에 협력할 의무를 부담하는 것으로 규정되어서 변론주의와 절차적 기본권을 보장하고 있는 헌법상 이념에 어긋난다는 논의가 있었으므로 이를 당사자의 성실한 소송수행의무로 바꾸어 일반적 근본이념으로 규정하였다. 이는 변론권 등 당사자의 절차적 기본권의 개념을 명확하게 한 다음 그 권리의 행사가 상대방의 보호 및 사법기능의 확보를 위하여 신의칙에 의하여 규제된다는 뜻이다.

원래 신의성실의 원칙은 사회공동체의 구성원으로서 상대방의 신뢰를 헛되게 하지 아니하도록 성실하게 행동해야 한다는 원칙이므로 권리행사이거나 의무이행이거나를 막론하고 신의에 좇아 성실하게 해야 한다는 것이다(민 제2조 Ⅰ). 종래에는 민법상의 신의칙을 명문의 규정이 없더라도 민사소송에 유추적용하여 신의칙에 반한 소를 권리보호이익이 흠결된 것으로 처리할 것인지 여부가 논의되었다. 그리하여 민사소송법이 투쟁법임을 전제로 신의칙이 적용되지 않는다는 설, 신의칙과 같은 불확정개념을 도입하면 소송절차가 요구하는 법적 안정성을 해친다는 설, 또는 반대로 이 같은 원칙은 명문의 규정이 없더라도 당연히 적용되는 것이므로 구태여 조문화할 필요가 없다는 설 등 논란이 있었다. 오늘날 실체법상의 권리행사와 의무이행이 신의칙에 의하여야 함은 물론 나아가서는 민사소송에도 이 원칙이 적용되어 신의칙에 반하는 소권의 행사도 허용될 수 없다는 점에 이론이 없다. 다만, 민사소송법상 신의칙을 적용함에는 민법 등 실체법상 신의칙이 적용되는 경우와 구별되어야 하며, 또한 개별 법제도를 통하여 신의칙의 법리가 구체화된 경우라면 굳이 신의칙을 적용할 것이 아니라 그 개별 법제도를 적용해야 할 것이다.

2. 訴訟上 信義則 違背의 구체적 모습

1) 訴訟狀態를 부당하게 꾸며대는 행위 당사자의 일방이 간계를 써서 소송상태를 소송법상의 요건에 맞도록 만들거나 상대방의 행위를 요건흠결상태로 만들어서 부당하게 소송을 자기에게 유리하게 만드는 행위를 말한다.[1)] 각종 관할원인의 부당취득(예컨대 채권을 여럿으로 분할하여 소액사건으로 만드는 경우, 소액 제5조의 2 참조), 허위로 공시송달의 요건을 만들어 내는 행위 등은 그 예이다.

2) 先行行爲와 모순되는 거동

가) 意 義 당사자는 변론의 전 과정을 자기에게 유리하게 일정한 방향으로 이끌어 나가기 위하여 때로는 절차 내에서 태도를 변경하거나 종전의 주장과 상반되는 새로운 진술을 할 수도 있다. 그러나 일방 당사자가 소송절차에서 보여준 일정한 태도를 상대방이 신뢰하고 그것을 토대로 방어를 하는 등 자기의 소송상 지위를 마련하자, 갑자기 종전의 태도와 모순되는 거동을 하여 상대방의 소송상 지위를 부당하게 무너뜨리는 결과를 초래함은 방치할 수 없는 것이다.[2)] 예컨대 원심에서 피고의 추완항소를 받아들여 본안을 심리한 결과 피고의 항소가 이유없다고 기각하자 피고 자신이 상고하면서 상고이유에서 그 부적법을 스스로 주장하는 경우,[3)] 부제소합의를 무시하고 소를 제기하거나 소취하계약에 반하여 소송을 계속 유지하는 경우,[4)] 또는 소송에서 어떤 사실을 주장한 자가 후일 그 사실을 토대로 하여 별소를 제기당하자 태도를 바꾸어 그 사실을 부인하는 경우 등이다.[5)]

나) 問 題 點 이는 영미법상의 금반언원칙(estoppel)이 소송법에 반영된 결과이나 아직도 이론상 검토의 여지가 많다. 첫째, 많은 경우에 신의칙을 동원하지 아니하더라도 소송계약의 구속력이나 소송행위의 불가취소성에 의하여 해결될 수 있고,[6)] 둘째, 법이 선행행위와 불일치하는 거동을 배제 또는 제한하는 경우도 없지 아니하다(제149조 I, 제151조, 제266조 II, 제286조, 제288조 단). 셋째, 선행행위와 불일치하는 거동이 오히려 실체적 진실에 합치되는 경우에 신의칙에 의하여 이를 배제하기 어려운 경우

---

1) 대판 1989. 9. 12. 89 다카 678.

2) 대판 1989. 9. 29. 88 다카 1980; 대판 1992. 7. 28. 92 다 7726.

3) 대판 1995. 1. 24. 93 다 25875.

4) 대판 1993. 5. 14. 92 다 21760.

5) 대판 1992. 10. 27. 91 다 20876은 전소송과 당사자가 다른 후소송에서 전소송에서의 법원판단에 따라 관리자금의 법적 성질을 변경하는 것은 쟁점효 내지 신의칙에 반하지 아니한다고 한다.

6) 同旨 胡 52면.

도 있을 것이다.[1)]

3) 訴訟上 權能의 濫用　　법이 부여한 소송상 권능이라 하더라도 본래의 취지에 반하여 남용하는 것은 허용되지 아니한다. 권리남용금지도 신의칙의 한 모습으로 보아 민사소송에 적용하려는 취지이다. 예컨대 소송이나 강제집행을 지연시킬 목적으로 소권을 행사하는 경우,[2)] 탈법의 수단이나 재산상 이득을 목적으로 행사하는 경우, 법의 목적에 어긋나게 행사하는 경우, 특별한 법적 금지를 회피하기 위하여 행사하는 경우, 쓸데없이 소권, 상소권 또는 기피신청권(제43조 I)을 남용하는 경우 등을 들 수 있다.[3)]

4) 失效된 訴訟上 權能의 행사　　당사자가 소송상 권능을 오랫동안 행사하지 않고 방치하면 상대방이나 법원에게는 그 행위를 안할 것이라는 정당한 기대가 생기며 그러한 기대에 입각하여 절차가 진행되고 나면 더 이상 그 권능을 행사할 수 없게 되는 수가 있다.[4)] 이를 소송상 권능의 失效(laches, Verwirkung)라고 하며 후일 이 같은 권능을 새삼스럽게 행사하면 신의칙에 위배된 것으로 본다.[5)]

소송상 권능의 남용은 유효하게 존속하는 권능의 남용을 금지하는 취지임에 비하여, 실효는 오랫동안 불행사로 인하여 권능이 실효되어 버린 경우이다. 실효한 것으로 보이는 외관 및 기대를 신뢰한 상대방의 보호에 그 뜻이 있다. 실효이론은 기간이 정하여진 소송행위에는 적용될 여지가 없고 기간의 정함이 없는 각종 신청(예컨대 통상항고, 가압류·가처분결정에 대한 이의신청, 판결경정신청 등)이나 형성소권에 적용될 수 있을 것이다. 그러나 항소권의 실효를 널리 인정할 경우 재판청구권 침해의 문제가 발생할 수 있으므로 실효의 원칙은 신중한 적용을 요한다.[6)] 또한, 소권은 독립하여 실효하는 것이 아니고 오직 소송대상인 실체법상의 권리 자체가 실효되면 이를 소송상으로 주장함을 허용하지 아니할 뿐이다.[7)]

---

1) 同旨 李時 32면, 鄭/庾 31면. 신의칙에 어긋나지 아니한다는 판례로는 대판 1984. 10. 23. 84 다카 855(별소제기의 경우); 대판 1991. 3. 12. 90 다 17507(증언내용과 다른 사실을 토대로 소를 제기한 경우).

2) 대판 1989. 9. 12. 89 다카 678(선박의 편의치적을 위하여 별도로 형식상의 회사를 설립한 것이 채무면탈의 목적인 경우).

3) 최종심인 대법원에서 수회에 걸쳐 같은 이유를 들어 재심청구를 기각하였음에도 다시 같은 이유를 들어 최종 재심판결에 대해 재심을 청구하는 것도 소권의 남용에 해당한다고 한 것으로 대판 1997. 12. 23. 96 재다 226; 대판 1999. 5. 28. 98 재다 275.

4) 대판 2000. 4. 25. 99 다 34475.

5) 대판 1992. 1. 21. 91 다 32961, 32978; 대판 1996. 7. 30. 94 다 51840(항소권).

6) 同旨 김홍 29면.

7) 同旨 鄭/庾 32면, 姜 46면, 胡 50면. 이에 대하여 청구를 소로써 하는 경우에는 민사소송

3. 信義則 違背의 효과

신의칙에 반하는 여부는 법원이 그 위배 여부를 직권으로 조사하여[1] 판단하여야 한다. 신의칙에 반하여 제기된 소는 권리보호이익이 없으므로 각하되어야 하고, 신의칙에 반하는 행위는 무효로 되어 그 행위가 갖는 소송법상 효과가 부정된다.[2] 민사소송을 제기한 사람이 패소판결을 받아 확정되었음에도 같은 내용으로 제소한 행위가 부당제소로 인한 불법행위에 해당되기 위하여는 당해 소송에 있어서 제소자가 주장한 권리 또는 법률관계가 사실적·법률적 근거가 없고. 제소자가 그와 같은 점을 알면서, 혹은 통상인이라면 그 점을 용이하게 알 수 있음에도 불구하고 소를 제기하는 등 소의 제기가 재판제도의 취지와 목적에 비추어 현저하게 상당성을 잃었다고 인정되는 경우라고 한다.[3][4]

4. 民事訴訟의 4대 理想과 信義則과의 관계

적정·공평·신속·경제는 민사소송제도 자체가 추구하는 이상이지만 신의칙은 이러한 이상을 달성하기 위하여 소송관계인 모두에게 부과된 행동원리라고 볼 수 있다. 그러므로 당사자에게 신의칙에 맞는 소송수행을 하도록 요구하여 그가 그렇게 행동하면 4대 이상을 달성함에 도움이 될지언정 신의칙 자체가 민사소송의 이상은 아니다.[5]

법상 신의칙이 적용되고, 그 적용영역을 협소하게 볼 근거가 없기 때문에 이 경우에도 청구기각판결이 아니라 소각하판결을 해야 한다는 견해도 있다(김홍 27면). 한편, 판례는 신의칙 내지 금반언의 원칙에 반하는 소를 부적법하다고 보아 소각하판결을 하고 있다(대판 2005. 10. 28. 2005 다 45827).

1) 대판 1989. 9. 29. 88 다카 17181. 한편, 직권으로 판단하는 것이지 직권조사사항이 아니라는 견해도 있다(胡 53면).

2) 이와 같이 신의칙을 소송요건의 문제로 다루는 견해에 대하여 신의칙은 특별한 사유가 있는 경우에만 그 위반여부를 검토하게 되는 보충적인 지위에 있는 특성을 지적하며 본안판결전에 소의 적법성을 확정하기 위해 항상 심리해야 하는 소송요건과는 어울릴 수 없다는 견해도 주장된다(胡 52면). 동 견해에 의하면 신의칙 위배의 소송행위는 부적법한 것으로 그 행위의 종류에 따라 무효가 되거나 무시되며, 법원의 판단이 필요한 경우에는 각하되어야 한다는 것이다.

3) 대판 2010. 6. 10. 2010 다 15363.

4) 실체법상의 신의칙 위반과 민사소송법상의 신의칙 위반이 동시에 문제되는 경우에는 형식적 권리판단을 실체적 권리판단에 우선하여야 하므로 민사소송법상의 신의칙을 적용하여 소를 각하해야 한다는 견해도 있다(정영, 113면).

5) 同旨 胡 43면 각주 1).

제 2 장 節次로서의 民事訴訟

제 1 절 民事訴訟의 본질

I. 民事訴訟의 의의

민사소송은 법원이 개인 간에 사법적 생활관계로부터 생겨나는 분쟁에 관하여 대립하는 이해관계인이 당사자로서 하는 신청에 법을 적용하여 재판하는 절차이다. 민사소송은 법원에 의한 일반적·강제적·공권적 분쟁해결제도이나, 그 대상은 민·상법 등 사법체계가 규율하는 대등한 개인 간의 경제상 또는 신분상의 구체적 생활관계에서 생겨나는 사법상의 권리나 법률관계이다. 민사소송은 이처럼 민사법규의 구체적 실현을 목적으로 사권의 존재를 확정·보전·실현하여 이를 보호하고 사법질서의 유지를 도모한다.

II. 民事訴訟의 절차적 성격

민사소송은 소를 제기하여 판결확정에 이르기까지 법원·당사자·제3자 등의 행위가 시간적 선후에 따라 서로 연쇄적으로 결합되어 진전해 가는 법률상 절차이다. 그러므로 판결에 이르기까지의 모든 절차는 일정한 규칙에 따라 실체적 진실을 발견하여 권리존부를 밝혀 내는 과정이라고 할 수 있다. 과거에는 소송관계인들의 행위로써 구성되는 소송절차를 총체적 법률현상으로 관찰함에 있어서 이를 정태적으로 고찰하여 소송주체 상호간의 관계를 하나의 권리의무로 구성되는 법률관계로 볼 것인가, 아니면 동태적인 관점에서 당사자의 투쟁에 의존한 승패가능성의 부담관계로 볼 것인가에 따라 두 가지 견해가 대립되어 왔다.

1. 訴訟法律關係說

소송절차를 법률적으로 소송주체인 법원과 당사자들간에 성립되는 법률관계라고 보는 입장이다. 이와 같은 법률관계는 심판대상인 사법상의 권리의무와는 별도로 원고가 소송을 제기하면 원고와 법원간에 성립하고 소장이 피고에게 송달된 후에는 양당사자와 법원간에 3면적으로 성립하는 것으로 본다. 그리하여 소송의 전과정은 이와 같은 소송주체간의 법률관계가 끊임 없이 발생·변경·소멸함으로써 판결을 지향한다고 볼 수 있다.[1)]

이 견해는 당사자의 소권과 법원의 재판권 행사와의 관계를 정태적으로 보는 입장인데, 소송법률관계를 국가제도로서의 소송의 이용을 둘러싸고 생기는 소송주체들의 협동관계에 관한 규제라고 파악하는 데에 그 특징이 있다.

2. 訴訟法律狀態說

소송이란 당사자간의 분쟁해결과정이라는 목적론적 입장에서 소송현상을 동태적으로 파악하는 입장이다. 그리하여 소송을 절차의 개시로부터 그 종결에 이르기까지 각 단계마다 당사자간의 권리 다툼으로 보고 이들을 법률적으로 구속하면서 발전해 가는 법률상태라고 본다. 즉 소송의 개시단계에서는 당사자의 일방적 주장에 불과한 권리나 법률관계의 존부가 소송이 진전됨에 따라 점차 객관적으로 명백한 상태로 되어 판결이 확정되면 기판력의 효과로써 당사자간의 객관적인 권리 또는 법률관계의 존부가 확정된다. 그러므로 당사자가 효과적으로 투쟁하면 승소할 수 있는 것이므로 소송관계는 승소가망과 패소부담의 가능성이 교차되는 부동상태라고 보는 것이다.[2)]

3. 批　判

소송법률관계설은 법원과 당사자간의 소송관계를 실체법상의 권리의무의 관계에 빗대어 설명함으로써 소송의 발전적 성격을 명백히 부각시키지 못한 점이 있고, 소송법률상태설은 당사자간의 이기적 권리다툼의 과정을 지나치게 강조하여 실체적 진실발견을 위하여 공동으로 역할을 분담하는 측면을 소홀히 하고 있다. 결국 오늘날에는 민사소송절차가 두 가지 성격을 부분적으로 같이 가지고 있다고 보나 이 논의는 소송의 목적론과 함께 한 나라의 소송제도의 구조와 운영방향을 가늠하는 관점에 대한 것이라고 할 것이다.

Ⅲ. 民事訴訟과 다른 訴訟節次와의 구별

민사소송은 다른 소송절차와 여러 가지 기준에서 구별되므로 이들과 비교함으로써 민사소송의 의의와 한계를 명백히 하고자 한다.

1) Bülow, Die Lehre von den Prozeßeinreden und die Prozeßvoraussetzungen, 1868에서 이 견해가 대표적으로 피력된다.
2) 이 견해는 Goldschmidt, Der Prozeß als Rechtslage, 1925에서 잘 나타나 있다.

1. 民事訴訟과 刑事訴訟

1) 형사소송은 국가기관인 검사가 공소제기권자로서 청구한 사인(피고인)에 대한 형벌권의 존부를 심판하는 절차이다. 따라서 형사소송은 공익에 관한 절차이므로 소송의 개시· 진행·종료에 관하여 직권주의가 지배하지만, 민사소송에 있어서는 변론주의 및 당사자처분권주의에 따른다. 이러한 차이는 민사소송이 개인이 처분할 수 있는 사권의 실현을 목적으로 함에 대하여 형사소송은 국가가 독점하는 국가형벌권의 실현을 목적으로 함에 기인한다.

2) 양자는 이처럼 그 대상과 절차를 달리하므로 어느 한 소송절차에서 내린 사실인정, 증거판단 또는 결론이 다른 절차를 꼭 기속하는 것은 아니고, 한 법원의 판결은 다른 법원에 유력한 증거자료로 됨에 불과하다. 다만 판례는 관련 형사판결에서 인정된 사실은 민사소송이나 행정소송에서 유력한 증거자료가 되므로 특별한 사정이 없는 한 경험칙상 이와 반대되는 사실을 인정하여서는 안 된다고 하나[1] 현재 경찰 및 검찰에서 작성된 신문조서의 증거능력을 거의 그대로 받아들이는 법원의 방만한 형사재판실무에 비추어 그 타당성은 다소 의문이다. 그러나 민사재판에서 제출된 다른 증거내용에 비추어 형사판결의 사실판단을 채용하기 어렵다고 인정될 경우에는 이를 배척할 수 있다.[2]

3) 형사소송절차 내에서 일정한 경우 피고인에게 피해자에 대한 배상명령제도(특례법 제5장)는 독일과 영국의 입법례에서 발견되고 구 일본형사소송법에서 인정했었던 附帶私訴에서 유래하는 것이지만 민사소송과 형사소송의 한계를 흐리게 하는 감이 있다. 현재 단순한 채무불이행마저도 사기죄로 고소 또는 고발하는 현실에 비추어 민사사건이 부당하게 형사사건화되지 아니하도록 절차를 운영하여야 할 것이다.

2. 民事訴訟과 行政訴訟[3]

1) 行政訴訟事件의 범위　　민사소송의 보호대상은 사법상의 권리관계,

---

1) 대판 1983. 9. 13. 81 다 1166; 대판 1983. 9. 13. 81 누 324 각 참조.

2) 대판 1989. 9. 26. 88 다카 32371; 대판 1992. 10. 13. 92 다 27034.

3) 개정된 행정소송법이 발효된 1998. 3. 1.부터는 행정법원이 신설되어서 행정소송의 제1심은 지방법원급의 행정법원이 관할하며 행정심판은 다른 법률에 필요적 전치를 규정한 경우가 아닌 한 임의적 전치절차로 되었다. 종래의 행정심판의 필요적 전치주의 및 고등법원과 대법원의 2심제를 폐지하고 행정법원을 신설하여(법조 제3조 I 6호) 행정소송의 3심제를 도입한 것은 그 동안의 실무에 비추어 볼 때 행정청에 의한 자기심판은 재결기관의 제3자성이 미흡하고 책임을 회피하기 위하여 심판청구의 인용률이 낮은 데다가 확대일로에 있는 현대복지국가의 행정작용에 대한 법적 통제의 필요성과 국민의 적정하고도 신속

즉 개인 간의 대등한 생활관계의 분쟁임에 대하여 행정소송의 보호대상은 공법상의 권리관계, 즉 일방이 타방을 공권력에 기하여 지배 및 복종하는 생활관계의 분쟁이라고 일응 말할 수 있다. 그러나 양자의 구별은 사건의 성질에 따라 가릴 수 밖에 없는 경우도 있다. 이를 구별하는 실익은 어떤 재판권을 가진 법원에서 어떤 권리구제절차에 따를 것인가를 가리는 데에 있다.

행정소송법 제 1 조의 「공법상 권리관계」가 무엇을 의미하는지 판례를 보자.

판례는 국유재산처분의 경우는 민사사건이고,[1] 귀속재산처분은 행정사건이라고 하며,[2] 농지사건에 관한 판례의 주류는 민사사건이라고 하지만[3] 개중에는 행정소송사항으로 판단하였거나[4] 농지분배행위에 공정력을 인정하는 것도 많다.[5] 또한 판례는 공법상 적법행위인 토지수용행위와 수용으로 인한 보상금청구는 이를 구별하여 손실보상금청구는 민사사건이라 하며,[6] 징발보상금청구나[7] 공법인직원의 퇴직금청구 등도[8] 민사사건으로 처리한다. 다만 공무원연금법상의 유족부조금청구권의 존부는 행정사건이라고 한다.[9] 사립학교 교직원의 근로관계나[10] 해임처분,[11] 서울시 지하철공사의 직원에 대한 징계처분 불복,[12] 공설시장 점포나[13] 행정관청이 관리하는 건물의 임대차에 관한 분쟁사건은[14] 민사사건으로 보는 것이 판례이다.

2) 行政訴訟事件의 특례 행정소송법은 행정사건을 행정청의 위법한 처분, 그 밖에 공권력의 행사·불행사 등으로 인한 국민의 권익침해의 구제를 청구하는 소송이나 기타 공법상의 권리관계 또는 법적용에 관한 다툼이라고 정의한다

한 사법구제를 위하여 적절한 개정이다.

1) 대판 1970. 6. 30. 70 다 708; 대판 1991. 11. 8. 90 누 9391.
2) 예컨대 대판 1991. 6. 25. 91 다 10435.
3) 대판 1962. 5. 10. 61 행상 51.
4) 대판 1960. 11. 7. 59 행상 1.
5) 대판 1955. 2. 3. 55 민상 122.
6) 대판 1969. 5. 19. 67 다 2038; 대판 1992. 10. 9. 92 다 25533.
7) 대판 1970. 3. 24. 69 다 1561.
8) 대판 1967. 1. 31. 66 다 2270.
9) 대판 1970. 10. 30. 70 다 833.
10) 대판 1962. 5. 3. 61 민상 970.
11) 대판 1993. 2. 12. 92 누 10654.
12) 대판 1989. 9. 12. 89 누 2103. 다만 청원경찰의 징계처분의 시정을 구하는 소는 그 근무관계를 사법상의 고용관계로 보기 어려우므로 행정소송의 대상이라고 하는 대판 1993. 7. 13. 92 다 47564 참조.
13) 대판 1962. 2. 22. 61 행상 175.
14) 대판 1977. 11. 22. 76 누 21.

(동법 제1조). 그리하여 3심제를 취하면서도 민사사건과 구별하여 행정심판의 임의적 전치주의를 취한 점(동법 제18조), 피고를 국가로 하지 아니하고 처분행정청으로 제한하는 피고적격의 특례(동법 제13조), 관련청구의 병합(동법 제10조), 제소기간의 제한(동법 제20조), 직권탐지주의(동법 제26조), 가처분과의 관계에 집행정지결정에 대한 특례(동법 제23조), 이유 있는 청구도 재량기각할 수 있는 事情判決(동법 제28조) 및 확정판결의 기속력(동법 제30조)을 베풀고 있다. 이것은 모두 행정주체로서의 행정기관과 국민간의 관계가 국민상호간의 관계와는 성질상 차이가 있음을 나타내는 것이다. 행정관청이 공권력의 주체로서, 즉 우월적인 의사주체로서 국민을 대하는 경우는 물론, 단순한 경제활동의 주체로서 대하는 경우라 하더라도 그것이 공공적 성질을 지니고 공공복지와 밀접한 관계를 가질 때에는 이를 사사로운 국민상호간의 관계와 동일시 할 수는 없다. 따라서 대등한 국민상호간의 경제적 이해를 조정함을 목적으로 하는 사법이 그대로 적용될 수 없고, 국가이익의 실현을 우선적으로 하는 특수한 법규나 법원칙이 인정되어야 할 것이다. 소송에 있어서도 행정사건을 일반민사사건과 구별하여 특수하게 취급하는 이유가 여기에 있다. 그러나 행정주체가 영위하는 경제활동이 공적 행위로서가 아니라 개인 상호간의 경제적 활동과 차이가 없는 때에는 그 성질상 사법이 전면적으로 적용되어야 할 것이다.

3) **民事訴訟과 行政訴訟과의 關係** 민사절차에서 행정처분의 존부나 효력이 민사소송의 先決問題로 된 때에는 따로 행정소송절차에 의하지 아니하고도 민사소송의 수소법원이 이를 심리판단할 수 있다(行訴 제11조 I). 따라서 행정처분이 당연무효임을 전제로 부당이득반환이나 손해배상청구를 민사소송으로 제기할 수 있다. 다만 민사소송의 수소법원은 이처럼 행정행위를 포함한 공법상의 선결문제를 스스로 심리할 수 있으나 그 심리권은 원칙적으로 행정행위의 존부와 유무효문제에만 미치고, 선결문제로 된 행정행위가 무효가 아닌 단순한 위법에 불과할 때에는 이러한 행위는 취소될 때까지 유효하므로(行政行爲의 公定力) 민사소송의 수소법원은 이를 그대로 판단의 기초로 삼아야 한다는 것이 종래의 견해이다.[1)]

그런데 최근 이러한 종래의 태도와는 달리 행정처분의 위법을 이유로 민사소송에 의한 손해배상청구가 가능하다는 견해가 있다.[2)] 한편 선결문제에 대한 민사법원의 심판권의 문제를 공정력이나 구성요건적 효력에 의해 기계적으로 해결할

1) 그러나 항고소송의 배타성의 정도 내지 공정력의 내용적 범위에 대하여는 충분한 이론정립이 없는 듯하다.
2) 대판(전) 1975. 4. 22. 74 다 1548. 金東熙, 「행정법 I」, 756면(2007, 박영사).

것이 아니라 법원의 관할권 분배의 문제로 파악하기도 한다.[1] 행정소송법은 이 경우에 위법한 행정처분의 취소소송이 그와 관련되는 손해배상·부당이득반환·원상회복 등의 민사소송과 각각 다른 법원에 계속중인 경우에는 관련민사소송을 행정법원에 이송 및 병합하여 심리할 수 있도록 규정하고 있다(동법 제10조).

4) 管轄違反에 따른 移送 종래에 민사소송의 대상인 사건을 당사자가 행정사건으로 혼동하여 행정소송절차에 따라 행정법원에 제소하였을 경우 과거의 판례는 재판권이라는 소송요건의 흠결을 이유로 한 부적법각하로 일관하면서 소제기는 관할법원에 소장이 접수되어야 효력이 생기는 것인데, 이러한 경우에는 그렇지 아니하므로 이송도 할 수 없다고 하였다.[2] 그러나 사법국가주의하에서는 제소받은 법원의 재판권 흠결이라는 문제는 생길 여지가 없고, 위와 같은 경우에는 오직 관할위반이나 국가가 아닌 처분행정청의 적격흠결문제만 생기게 되므로 관할위반은 이송으로, 당사자적격 흠결은 보정의 방법으로 해결하여 소송경제와 당사자의 이익(인지·기간준수·시효중단 등)을 도모하여 줌이 국민을 위한 재판이 될 것이다. 이 점과 관련하여 행정소송법 제 7 조는 민사소송법 제34조 1항의 규정을 적용하여 잘못 제기된 사건을 관할법원으로 이송할 수 있도록 입법적으로 해결하였다. 앞으로 이 규정은 제 1 심에서 지방법원과 행정법원간에 잘못 제기된 사건의 상호 이송을 위한 근거규정으로 활용될 것이다.

판례는 항고소송으로 제기하였어야 할 소를 민사소송으로 제기하였다 하더라도 항고소송에 대한 관할을 가진 법원은 당사자 권리구제나 소송경제의 측면에서 항고소송에 대한 제 1 심 사건을 심리·판단하여야 한다고 한다.[3]

3. 民事訴訟과 家事訴訟

1) 家事關係事件의 범위 가사소송법에 의하면 가사관계사건을 가사소송사건과 가사비송사건으로 나누어서 전자에는 민사소송법을 적용하여(가소 제12조) 판결로써 답하고, 후자에 대해서는 비송사건절차법을 준용하여(가소 제34조) 심판으로 답한다. 이러한 분류에 따라 과거에 소송으로 다루어졌던 많은 사건이 비송화되었다(예컨대 가사비송사건 마류, 재산분할청구, 기여분사건 등). 가사소송법 제 2 조에서는 가사소송사건을 가류·나류·다류로, 그리고 가사비송사건을 라류 및 마류로

1) 朴均省, 「행정법론 (상)」, 131면(2010, 박영사).
2) 대판 1969. 3. 18. 64 누 51.
3) 대판 1996. 2. 15. 94 다 31235.

나누어 열거하고 있다. 이 중 다類 소송사건은 손해배상청구나 원상회복청구와 같은 민사사건을 이 같은 청구의 원인이 되는 가사분쟁(약혼해제, 각종 혼인관계해소, 파양 등)과 함께 가사소송사건의 범위에 새로 포함시킨 것이다.

2) **家事訴訟事件의 특례** 가사소송사건의 특례를 보면 가정법원의 전속관할(가소 제 2 조 I), 조정전치주의(동법 제50조), 본인출석주의(동법 제 7 조), 그리고 위헌논의까지 있던 가사사건의 비공개심리원칙을 폐지하되 보도금지원칙을 채택한 점(동법 제10조) 등을 들 수 있다. 다만 서울에만 가정법원을 설치한 것은 재고되어야 한다.

3) **家事訴訟事件과 民事訴訟事件과의 관계** 가정법원은 가사소송법 제 2 조에서 열거한 사건과 다른 법률 또는 대법원규칙에서 가정법원의 권한에 속하게 한 사항에 대하여서만 심판하는 전문법원이므로(열거주의) 그 나머지 사건, 예컨대 재산상속이나 유언분쟁의 대부분은 결국 일반민사사건으로 볼 수밖에 없다. 지방법원과 가정법원간에 관할이 불명한 경우에는 관계법원간에 공통되는 고등법원이 민사소송법 제28조의 규정을 준용하여 관할법원을 지정한다(가소 제 3 조 I, II). 이 같은 관할지정을 통하여 가사사건은 가정법원에서, 민사사건은 지방법원에서 각각 심판한다. 그러나 대법원규칙으로 가정법원의 관할사건을 추가할 수 있다.

4. 民事訴訟과 非訟[1)]

1) **非訟事件의 의의** 개인의 사법적 법률관계는 대부분 사적 자치의 원칙에 의하여 처리되지만 아무리 개인의 권리에 관한 문제라고 하더라도 국민 각 개인의 생활관계와 밀접한 관계를 맺고 있기 때문에 사법질서 유지상 국가(법원)가 후견적 입장에서 정책적으로 간섭해야 될 경우가 있다. 이처럼 법원이 사권의 발생·변경·소멸에 관하여 관여적 임무를 수행하는 절차를 비송사건절차라 한다. 형식적으로는 비송사건절차법에서 정해진 사건 및 동법 총칙의 적용 또는 준용을 받는 사건을 가리킨다.

2) **非訟事件의 범위**

가) 비송사건절차법상의 비송사건으로는 민사비송사건(동법 제 2 편의 법인, 신탁, 재판상 대위, 보존·공탁·보관과 감정, 법인등기 및 부부재산약정등기), 상사비송사건(동법 제 3 편의 회사와 경매, 사채, 회사의 청산, 상업등기) 그리고 과태료사건(동법 제 4 편)이 있다. 그 외에 등기공무원의 처분에 관한 이의(부등 제183조) 등도 비송이다.

1) 소송과 비송에 대하여 자세한 것은 宋相現, 「민사소송과 비송사건」, 법학(서울대학교) 제18권 1호 참조.

나) 소송적 요소와 비송적 요소를 겸유한 분야로는 독촉절차, 가압류·가처분소송, 그리고 특별절차로 되어 있는 가사비송(가소 제2조 1항 나호) 등이 있다.

다) 실질적으로는 비송이지만 형식상 소송절차에 의하여 처리되는 형식적 형성소송(예컨대 경계확정의 소,[1] 공유물분할의 소 등)이나 공시최고절차 등은 성질상 비송사건이면서도 입법상 편의에 따라 민사소송법에 포함되어 있다.

라) 강제집행절차도 권리침해와 같이 법률의 기대에 반하는 사실관계의 회복 또는 변경을 목적으로 하지 아니하고 확정된 채권의 내용을 실현하거나 기존의 사실관계에 기하여 질권·저당권 등의 실행, 기타 민·상법이 규정한 경매의 시행을 완결시키고자 법원 또는 집행관을 관여시키는 것이므로 성질상 비송사건에 속한다.

마) 파산절차 등 도산절차는 집단적 채무처리의 파급효과가 광범하고 시기(timing)가 적절해야 하며, 신청인과 피신청인간에 1대 1의 분쟁으로 분해할 수 없는 면이 있고 합목적적 재량판단이 요청되므로 절차의 전체적 구조나 지배원리가 상당히 비송사건의 그것으로 접근한다.

바) 각종 조정이나 중재도 엄격한 합법성 판단보다 합목적성 판단을 추구하는 절차이므로 비송사건이라고 할 것이다.

3) 兩者의 節次的 差異 우선 소송사건과 비송사건의 절차적 차이를 보자.[2] 첫째, 소송의 경우에는 분쟁이 존재하고, 소라는 행위에 의하여 당사자가 제시한 소송물을 놓고 법원의 공권적 법적용을 통한 판단이 이루어지며, 판결절차라는 가장 신중한 재판형식을 취한다. 그러나 비송사건은 신청 없이 개시되는 경우도 많고 대립당사자구조가 아니라 편면구조를 전제로 하는 수도 많다. 결정으로 재판하고(비송 제17조) 기판력도 없으며(비송 제19조) 불복도 항고방식에 의한다(비송 제20조). 둘째,

1) 원고의 토지경계확정주장은 권리주장이 아니고 법원의 판단자료에 제공되는 사정의 진술에 불과하며, 당사자들의 관계는 정면대립관계가 아니고 서로 경계를 명확히 하겠다는 공동이해관계이므로 법원의 임무는 불분명한 경계선을 분명히 해 주는 것이다. 그러므로 소유권의 범위 내지 귀속의 확정을 목적으로 하는 통상의 확인소송이 아니고 기판력도 발생하지 아니하며 패소원고가 항소하여도 민사소송법 제203조의 당사자처분권주의원칙에 저촉되지 아니한다. 따라서 이를 형성소송으로 보게 되지만 형성소송은 法에 규정이 있을 때에만 제기할 수 있는데, 경계확정의 소의 경우에는 형성의 기준으로 삼아야 할 법규가 없으므로 법률적 주장으로서의 청구는 없는 것이고 법원이 재량으로 경계를 설정할 수밖에 없다. 즉 원고의 토지경계확정의 청구는 권리주장이 아니라 어디가 적당한 경계선인가의 판단에 대한 참고의견에 불과하고 따라서 법원의 임무도 불분명한 경계선을 밝혀 주는 것이다. 이것이 경계확정소송을 형식적 형성소송이라고 하는 까닭이다.

2) 민사소송과 비송의 실질적 차이에 관하여는 불강제설·사권형성설·침해예방설 및 법규설이 있으나, 모두 양자를 정확히 구별하는 표준은 되지 못한다.

소송의 경우 공개주의는 헌법적 요청이고 구술주의가 지배함에 대하여 비송의 경우에는 심문이 비공개로 되고(비송 제13조) 서면주의가 현저하게 나타난다. 셋째, 소송절차에 있어서는 소송물의 제시가 당사자의 책임이고 판결은 이에 대한 판단을 증거에 의하여 내리는 것이므로 다툼이 있는 주요사실에 대해서는 엄격한 증명(증거방법의 한정과 증거조사방식의 법정)을 요구한다. 그러나 비송절차는 각 단계에서 당사자주의·변론주의·처분권주의가 후퇴하고 직권탐지주의(비송 제11조)가 앞에 나타나며, 엄격한 증명보다는 자유로운 증명에 의한다. 이렇게 보면 소송절차는 형식주의적이고 신중하며, 비송절차는 탄력적이고 간이·신속한 절차적 특징을 지닌다고 할 수 있다.

이와 같이 절차적 규정이 서로 다름에도 불구하고 비송사건을 민사소송절차에 따라 제소하였거나 그 반대의 경우에는 어떻게 할 것인가. 판례는 각하설을 취하나[1] 역시 이송하여야 할 것이다.[2]

4) 性質上 差異 소송절차는 이미 침해되었거나 장래에 침해되려고 하는 사권을 보호하고자 함에 대하여 비송절차는 기존 사실관계에 기하여 사권의 창설·보존·변경·소멸·실행 등에 관여한다. 소송절차는 법률의 기대에 반하는 사실관계를 그 기대하는 관계에로 회복시킴을 목적으로 하나, 비송절차는 기존 사실관계 그대로는 법률의 요구를 충족시키지 못하므로 법원 기타 행정기관을 후견적으로 간섭시켜 그 요구를 충족하기 위한 것이고 반드시 권리침해나 그 회복을 전제로 하지 아니한다. 비송의 경우에는 대립하는 이해관계를 각자의 권리주장이라는 형식으로 파악하여 그 시비를 제3자적 입장에서 판정해야 하는 분쟁성의 요소는 희박하므로 분쟁해결작용을 사법작용과 같게 보는 입장에서는 법원의 비송간여는 민사사법작용이 아니고, 민사행정작용(처분)이라고 본다. 따라서 이 같은 민사행정처분은 창설적 내용을 가짐과 동시에 영속적·장래적·형성적·대세적 효력을 가진다는 점에서 민사소송이 1회적·회고적·최종적·고립적인 점과 기능을 달리한다. 즉, 민사행정처분의 요부나 태양을 결정함은 구체적 사정하에서 타당한 목적지향을 수반한 전망적·결단적 평가작용이지만, 이는 소송처럼 과거에 발생했다고 주장된 요건사실이 과연 진실로 존재하였는가의 여부를 인정하는 과거사실의 회고적·모사적 재현작용과는 다른 판단작용이다.

---

1) 대판 1963. 12. 12. 63 다 449.
2) 李時 15면, 胡 63면 등.

5) 訴訟의 非訟化와 그 限界 중세에는 확립된 재판절차도 없이 봉건영주에 의하여 임명된 무자격 법관의 횡포가 심했다. 근대민사소송법의 성립과정에서는 이를 반복하지 않기 위하여 쟁송성이 희박함에도 불구하고 무리하게 소송의 범위에 편입시켰던 비송사건들이 많이 있는데 이들이 점차 분리 독립하고 있다. 이를 소송의 비송화경향이라고 한다. 한편 오늘날에는 분쟁의 처리가 간이신속성·탄력성·경제성을 추구하는 방향으로 나가지 아니할 수 없으므로 비송의 타당영역은 점차 확대되어 갈 것이다. 또한 법관을 신뢰하고 사건판단을 그의 재량에 맡기는 법적 근거규정이 증가하고 있으므로(예컨대 상법 제189조, 제379조의 재량기각판결이나 행정소송법 제28조의 사정판결, 또는 직권에 의한 과실상계 등) 소송사건의 비송적 처리도 늘어날 것이다. 그러나 다른 한편 헌법 제27조는 국민의 재판받을 권리를 규정함과 동시에 제109조에서는 재판공개의 원칙을 선언하고 있는데 소송의 비송화가 증가하면 그만큼 공정하고 신중한 절차에 의하여 공개적으로 재판받을 국민의 권리가 제약을 받을 수밖에 없다. 헌법에서 말하는 재판이란 소송사건만을 의미하기 때문이다. 따라서 소송의 비송화경향은 이에 따른 일정한 한계가 있다. 그러나 사법부의 독립성과 법관에 대한 신뢰가 높아질수록 법기술적이고 엄격한 절차에 얽매이는 소송절차보다는 좀더 융통성 있고 저렴한 방식과 절차에서 재량판단을 하도록 법관에게 맡길 수 있으므로 앞으로 분쟁의 비송적 해결이 늘어날 것으로 예상된다.

제 2 절 民事訴訟節次의 종류

민사소송절차는 권리확정을 목적으로 하는 판결절차와 권리실현을 목적으로 하는 강제집행절차, 그리고 권리보전을 목적으로 하는 보전절차를 근간으로 구성되어 있다. 이론상으로는 각 절차마다 독자적 입법을 할 수도 있으나 우리나라는 판결절차에 관한 민사소송법과 강제집행절차와 집행보전절차를 묶어 민사집행법으로 나누어 법을 제정하였다.

I. 通常訴訟節次

1. 判決節次

이는 재판에 의하여 사법상 권리관계를 확정하여 분쟁을 관념적으로 해결함을 목적으로 하는 절차이다. 원고의 소제기에 의하여 개시되고 변론을 거쳐 심리되어서 종국판결에 의하여 종료되는데 이 절차에는 제1심·항소심 및 상고심의 3심구조가 있다. 고유한 의미의 민사소송이라 함은 이 절차를 뜻한다. 제1심 절차는 소송물가액에 따라(1억원 기준) 지방법원 합의부에 의한 절차와 지방법원 단독판사에 의한 절차로 나누어진다. 그리고 소가 2,000만 원 이하의 소액사건은 소액사건심판법의 절차에 의한다.

2. 强制執行節次

강제집행절차는 채권자의 신청에 의하여 국가의 집행기관이 채무자에 대하여 강제력을 행사함으로써 집행권원에 표시된 이행청구권의 실현을 도모하는 절차이다. 원래 원고가 소를 제기함으로써 판결절차에 의하여 우선 사법상의 권리 또는 법률관계가 확정되고, 그렇게 확정된 권리나 법률관계에 기하여 강제집행절차를 취함이 순서이다.

이 절차는 판결절차와 함께 넓은 의미의 민사소송을 형성하고 형식적으로도 같은 민사소송법전에 규정되어 있었다. 그러나 양절차는 원래 그 목적·취급기관·기술적 처리절차에 있어서 서로 다르다. 또한 모든 소송이 강제집행을 수반하는 것도 아니고 모든 강제집행에 판결절차가 반드시 선행하는 것도 아니다. 따라서 강제집행절차는 판결절차의 부수적 내지 보조적 수단이 아니다. 이 같은 양절차의 차이에 따라 판결절차와 강제집행절차를 각각 별도의 법으로 제정한 입법례[1)]도 있다. 우리도 민사집행법을 따로 제정하여 강제집행절차를 규율한다.

Ⅱ. 附隨節次

판결절차나 강제집행절차에 부수하여 이들 절차의 기능발휘를 돕는 절차이다.

1. 證據保全節次

이는 판결절차에서 정식의 증거조사의 시기까지 기다려서는 어떤 증거의 이용이 불가능하거나 곤란하게 될 염려가 있는 경우에 미리 그 증거를 조사하여서 그 결과를 보전해 두기 위한 절차이다(제375조~제384조).

1) 일본에서는 판결절차를 규정한 민사소송법, 강제집행절차를 규정한 민사집행법 그리고 가압류·가처분절차에 관한 민사보전법으로 나누어져 있다.

2. 執行保全節次(假押留·假處分節次)

이는 현상을 방치하면 장래의 강제집행이 불가능하여지거나 현저히 곤란하게 될 염려가 있는 경우에 현상의 변경을 금하는 절차를 일컫는다.

가압류(민집 제279조 이하)는 금전채권이나 금전으로 환산할 수 있는 채권에 대하여 후일 동산 또는 부동산에 대한 강제집행을 보전하는 절차이다.

가처분(민집 제303조 이하)은 물건을 대상으로 청구권의 집행을 보전하거나(계쟁물에 관한 가처분) 또는 가지위를 정하여 후일 법률관계가 확정될 때까지 잠정적 법률상태를 정하는(임시지위를 정하는 가처분) 절차이다.

가처분절차 중에서 피보전권리의 존재의 인정은 실체적 권리를 인정하는 절차와 대응하여 설명할 수 있고, 보전의 필요성의 판단은 권리보호이익의 판정과 대비하여 이해할 수 있다. 다만 필요적 변론이 아닌 임의적 변론에 의하고, 다툼이 있는 사실에 대하여 증명에 의하지 아니하고 소명에 의하며, 어떤 보전조치가 취해져야 할 것인가의 선택은 법관의 목적지향적인 재량판단에 속하므로 전형적 소송처리의 원칙은 다소 후퇴한다. 강제집행의 보전을 하는 절차이므로 보전소송이라고 한다.

가압류·가처분절차는 신속한 결정이 필수적임에도 불구하고 종래 이에 대한 상소의 길이 널리 열려 있던 것을 상고심절차에관한특례법에서 이를 엄격히 제한하였다(동법 제4조 Ⅱ).

3. 기타 派生節次

이외에 판결절차에 부수하는 절차로서 소송비용액확정절차(제98조 이하)와 강제집행절차에 부수하는 집행문부여절차(민집 제29조 이하) 등을 들 수 있다.

Ⅲ. 特別訴訟節次

기본적 민사소송절차인 판결절차와 강제집행절차 외에 사건의 특수한 성질이나 가액에 따라 일부 특수민사사건에 한하여 적용되는 특별소송절차로서는 다음과 같은 것이 있다.

1. 少額事件審判節次

이는 소송물가액이 2,000만원을 초과하지 아니하는 금전, 그 밖에 대체물이나 유가증권의 일정한 수량의 지급을 목적으로 하는 민사사건에 관하여 전형적인 민사소송절차에 적용되는 신중한 원칙들의 적용을 생략함으로써 소송의 신속하고 경제적인 해결을 도모하고자 인정된 절차이다(소액규 제1조의 2). 소액사건의 범위가 이처럼 변경되면 유사한 독촉절차의 활용이 상대적으로 줄어들 것이다.

구술에 의한 소제기(소액 제4조), 당사자 쌍방의 임의출석에 의한 소제기(동법 제5조), 공휴일 또는 야간개정(동법 제7조의 2) 등이 인정되고, 당사자와 일정한 범위 내의 친족은 당연히 소송대리를 할 수 있으며(동법 제8조), 되도록 1회의 변론기일로 심리를 종결하도록 하였다(동법 제7조). 본안심리를 하는 경우에도 심리절차·증거조사·판결에 관하여 상당한 특례(동법 제9조, 제10조, 제11조, 제11조의 2)가 인정되고 있다.

2. 督促節次(제463조 이하)

독촉절차는 금전, 그 밖에 대체물 또는 유가증권의 일정한 수량의 지급을 목적으로 하는 청구권에 관하여 인정되는 절차이다. 채권자의 일방적 신청에 따라 채무자의 지급을 명하는 지급명령을 발하고 채무자가 일정한 기일 내에 이의신청을 하지 아니하면 확정되어 집행권원이 된다. 채무자의 이의신청이 있으면 판결절차로 옮아가므로 이의신청이 남용되면 처음부터 소를 제기하는 것보다 절차가 지연되고 만다. 이 절차는 정식의 일반민사소송절차를 경유할 수 있음을 조건으로 하여 그 원칙의 일부를 생략한 것이다. 2006년 10월 27일부터 시행되는 독촉절차에서의전자문서이용등에관한법률에 의하면 위 독촉절차에 필요한 문서를 작성·제출·송달함에 있어서 정보처리능력을 갖춘 전자적 장치 또는 체계에 의하여 행해지는 것을 허용함으로써 독촉절차는 한층 신속하고도 편리하게 이용될 것이 기대되고 있다.

3. 倒産節次

1) 債務者 回生 및 破産에 관한 법률(*統合倒産法*)[1] 도산이란 채무자의 자력이 불충분하여 총채권자에게 채권만족을 주지 못할 상태에 이른 경우를 일컫는다. 종전에는 도산처리에 관한 사항이 회사정리법, 화의법 및 파산법 등에 분산되어 있어서 각 법률마다 적용대상이 다를 뿐만 아니라, 특히 회생절차의 경우 회사정리절차와 화의절차로 이원화되어 있어 그 효율성이 떨어지므로 상시적인 기업의 회생·퇴출체계로는 미흡하다는 지적이 있었다. 채무자회생및파산에관한법률은 재정적 어려움으로 인하여 파탄에 직면해 있는 채무자에 대하여 채권자·주

---

1) 2005년 3월 31일 법률 제7428호로 제정됨.

주·지분권자 등 이해관계인의 법률관계를 조정하여 채무자 또는 그 사업의 효율적인 회생을 도모하거나, 회생이 어려운 채무자의 재산을 공정하게 환가·배당하는 것을 목적으로 한다(통도 제1조). 이 법은 기존의 회사정리법, 화의법 및 파산법을 하나의 법률로 통합하여 채무자의 회생 및 파산에 관한 법률의 체계를 일원화하는 한편, 기존의 회생절차 중 화의절차를 폐지함과 아울러 회사정리절차를 개선·보완하고, 정기적 수입이 있는 개인채무자에 대하여는 파산절차에 의하지 아니하고도 채무를 조정할 수 있는 개인회생제도를 도입하여 파산선고로 인한 사회적·경제적 불이익을 입게 되는 사례를 줄이며, 국제화시대에 부응하여 국제도산절차에 관한 규정을 두고 있다. 통합도산법은 2006년 4월 1일부터 시행되었으며, 기존의 파산법, 화의법, 회사정리법 및 개인채무자회생법은 폐지되었다.

2) 破産節次 파산절차는 도산상태에 이른 경우 채권자들의 개별적인 소송이나 강제집행을 배제하고 강제적으로 채무자의 전재산을 관리·환가하여 총채권자에게 채권비율에 따라 공평한 금전적 배당을 할 것을 목적으로 행하는 재판상의 절차이다. 그러므로 강제집행을 개별집행이라 함에 대하여 파산절차를 일반집행이라고도 한다. 통합도산법 제3편에서 파산절차를 규율한다. 구체적으로는 법원의 파산선고에 의하여 채무자로부터 그 재산의 관리처분권을 빼앗고, 파산관재인에게 파산재단의 관리·환가를 맡겨서 배당자금을 마련하고, 일반채권자에게 채권의 개별행사를 금지하면서 채권의 신고·조사에 의하여 그 채권을 확정하고, 채권액에 따라서 공평하게 배당하는 절차가 파산절차이다.[1] 개인인 채무자의 경우, 파산절차에 의하여 배당되지 아니한 잔여 채무에 관하여 법원의 면책허가결정에 의하여 그 개인채무자의 책임은 면제된다.

3) 回生節次 파산절차가 청산형 도산처리임에 반하여 회생절차는 사업의 효율적 회생을 목적으로 하는 재건형 절차로 종전의 회사정리절차를 실질적으로 답습하였다고 하나, 그 적용대상은 주식회사 이외에도 자연인이나 법인에게 일반적으로 확대되었다. 통합도산법 제2편에서 회생절차를 규율한다. 이 절차는 채무자가 재정적 파탄에 직면하였으나 갱생의 가능성이 있는 경우에 그 채무자의 채권자 등 이해관계인의 이해관계를 조정하고, 또한 사업의 정리재건을 도모하기 위한 절차이다. 이러한 제도는 미국의 형평법상의 관리제도(equity receivership)에서 발달한 것이다. 재정적 파탄에 처하였지만 회생의 가망이 보이면 법원의 감독

1) 전병서, 도산법, 법문사, 2006, 6-7면.

하에 채무감면, 이해관계인의 권리변경 등 강력한 사법적 구체수단에 의하여 채무자의 재건을 도모하는 절차이다. 회생에 관한 판단을 함에는 법관의 합목적적인 재량판단이 필요하므로 이 절차는 비송적 성격이 강하다. 엄격한 기준에 따른 자산상태의 정확한 파악, 회생가능성에 대한 법원의 고도의 목적지향적 판단, 합리적 회생계획의 작성과 집행, 유능하고 정직한 관리인의 선임 및 감독 등을 통하여 제도의 악용을 방지할 것이 요망된다. 최근에는 다국적기업그룹의 전세계적 파산 내지 회생이 국제경제사회의 새로운 문제점으로 등장하고 있으니(예컨대 BCCI 은행의 파산) 이것이 국제도산(Transborder Bankruptcy)의 문제이다.[1] 통합도산법 제 5 편에서는 국제도산을 별도로 신설하여, 국내도산절차와 외국도산절차가 조화를 이룰 수 있도록 외국법원에서 신청된 도산절차와 관련하여 우리나라 법원에서 승인이나 지원을 구하는 등 보편주의적 입장을 일부 수용하였다.[2]

4) 個人回生節次 통합도산법 제 4 편에서 규정된 개인회생절차는, 파산의 원인인 사실이 있거나 그러한 사실이 생길 염려가 있는 개인채무자로서, 총채무액이 담보부채무인 경우에는 10억원 이하, 무담보채무의 경우에는 5억원 이하의 채무를 부담하는 급여소득자 또는 영업소득자에 해당하는 사람이, 5년간 일정한 금액을 변제하면, 잔여채무의 면책을 받을 수 있는 절차이다. 개인채무자도 위에서 논한 회생절차를 이용할 수 있으나, 비용이나 절차의 복잡성 측면에서 채무액이 일정 규모 이하인 개인채무자가 이용하기에는 적절치 않다. 개인회생절차는 종전의 개인채무자회생법을 이어 받은 것으로 재정적 어려움으로 인하여 파탄에 직면하고 있는 개인채무자로서 장래 계속적으로 또는 반복하여 수입을 얻을 가능성이 있는 사람에 대하여 채권자 등 이해관계인의 법률관계를 조정함으로써 채무자의 효율적 회생과 채권자의 이익을 도모함을 목적으로 한다.[3]

1) 이에 관하여 잘 정리된 종합적 논문으로는 Donald T. Trautman, Jay Lawrence Westbrook and Emmanuel Gailard, Four Models for International Bankruptcy, 41 American Journal of Comparative Law, 573 (1993).

2) 국제도산에 관하여는 임치용, 파산법연구, 박영사, 2004, 485면 이하 참조.

3) 전병서, 앞의 책, 456면 참조.

제 3 장 民事訴訟法

제 1 절 民事訴訟法의 개념과 성격

I. 民事訴訟法의 개념

형식적 의의의 민사소송법은 민사소송법이라는 이름을 가진 법전을 가리키며, 실질적 의의의 민사소송법은 민사소송제도의 조직 및 작용을 규율하는 법규체계를 총칭한다. 그러므로 민사소송을 처리하는 국가기관인 법원의 구성과 권한, 소송관계인의 능력과 자격, 그리고 재판과 강제집행의 요건·절차·효과 등에 관한 법규가 포함된다. 실질적 의의의 민사소송법의 범주에는 기본적인 민사소송법과 민사집행법 이외에 각종 법률과 대법원규칙이 있다. 법률 중에는 법원조직법, 변호사법, 집행관법, 상고심절차에관한특례법, 소송촉진등에관한특례법, 행정소송법, 가사소송법, 소액사건심판법, 민사소송비용법, 민사소송인지법, 국제민사사법공조법, 중재법, 통합도산법, 국가를당사자로하는소송에관한법률, 선박소유자등의책임제한절차에관한법률, 민사조정법 등과 대한민국과미합중국간의우호·통상및항해조약, 외국중재판정의승인과집행에관한유엔협약(뉴욕협약) 등의 조약, 그리고 민·상법 중에 산재한 각종 소송절차에 관한 규정, 추정규정 및 입증책임분배에 관한 규정 등이 포함된다.

대법원 규칙으로는 민사소송규칙, 가사소송규칙, 소액사건심판규칙, 소송촉진등에관한특례법시행규칙 및 동법 제3조1항의법정이율에관한규정, 민사및가사소송의사물관할에관한규칙, 국가를당사자로하는소송에관한법률시행규칙, 민사소송등인지규칙, 민사소송비용규칙, 변호사비용의소송비용산입에관한규칙, 민사조정규칙, 상사중재규칙, 정정보도등청구사건심판규칙 등이 있다.

한편 이제는 무엇보다도 민사재판의 헌법화라고 할 만큼 민사재판도 헌법에서 선언하고 있는 민주주의적 소송원칙에 따라 절차적 기본권이 보장되는 절차로 거듭나야 하므로 헌법도 실질적 의미의 민사소송법의 범주에 포함시켜야 할 것이다.

Ⅱ. 民事訴訟法의 성격

1. 公法的 性格과 民事法的 性格

민사소송법은 형식적으로는 공권력의 주체인 국가와 국민간의 재판권행사관계를 규율하므로 성질상 공법에 속한다. 그러나 한편 민사소송의 대상은 사법상의 법률관계이므로 민사소송법은 대등한 개인 간의 생활관계상의 분쟁을 해결하기 위하여 그 절차를 규정한 규범으로서 기능적으로는 민·상법 등 사법과 제휴하여 민사법의 일부문을 형성한다.[1)]

2. 節次法的 性格

법을 실체법과 절차법으로 구별한다면 민법·상법 등은 실체법에 속하고, 민사소송법은 절차법에 속한다. 법을 이처럼 분류함은 극히 상대적인 체계상의 것일 뿐 절차법 속에 실체법적 규정이 있거나 그 반대의 경우도 있다. 민사소송법은 재판절차에 관한 자족적 기본법이므로 다른 절차에도 그 성질에 반하지 않는 한 적용 또는 준용된다(행소 제 8 조 Ⅱ; 가소 제12조; 비송 제10조; 헌재 제40조; 특허 제12조; 회정 제 8 조; 파 제99조; 화 제11조; 선책 제 4 조).

실체법은 법률행위주체간의 관계 그 자체를 규율하는 법체계, 즉 권리의무의 내용·발생·변경·소멸에 관한 법체계이고, 소송법은 권리의무의 실현방법과 절차에 관한 법체계라고 볼 수 있다. 이렇게 보면 실체법은 목적이고, 소송법은 이를 위한 수단의 관계에 서지만 인문현상에 있어서의 수단과 목적은 자연현상과 달리 매우 복잡하여 종합적 관련성이 요청되는 관계상 가볍게 주종관계를 말할 수는 없을 것이다. 또한 실체법은 실체형성, 따라서 그 종점으로서의 실체재판의 내용을 규제하는 것이며, 소송법은 절차형성, 즉 실체형성을 위한 방법 및 수단을 규제하는 것이다. 이러한 견지에서 보면 실체법은 대상의 이론이며, 소송법은 방법의 이론이라고도 할 수 있다. 법의 이념이 정의에 있다면 실체법은 그것이 실현됨으로써 정의가 달성되는 것이며, 소송법은 실체법이 실현되는 과정에 있어서의 정의를 기하고자 한다. 물론 소송법도 경우에 따라서는 실체적 정의에 봉사하고, 또한 실체법도 절차적 정의에 봉사하는 일이 많으나 대체로 보아 실체법은 '司法에 의한 정의'를, 소송법은 '司法에 있어서의 정의'를 목적으로 한다고 말할 수 있다. 실체법과 절차법을 구별하는 실익은 첫째, 법개정시 실체법은 법률불소급원칙

1) 그러므로 점차 공사법의 구별이 퇴색되어 가는 오늘날의 경향에 비추어 볼 때 민사소송법을 공법으로 분류함은 별로 큰 의미가 없다. 그리고 민사소송법은 그 대상이 민사사건이므로 공사법의 구별은 한층 의미가 없다.

이 지배함에 비하여 절차법의 경우 대체로 개정법이 소급적용되고, 둘째, 섭외사건의 경우에 실체법에 관한 한 본국법을 적용하나 절차법에 있어서는 법정지법(lex fori)을 적용한다는 점이다.

제2절 民事訴訟法規의 해석과 종류

I. 訴訟法規의 解釋原則

소송법도 법인 만큼 법의 해석에 관한 일반원칙에 의할 것이고, 소송행위도 역시 법률행위의 일종이므로 법률행위해석에 관한 원칙들이 적용되어야 할 것이다. 그러므로 문리해석, 논리해석, 합목적적 해석, 합의적 해석 등의 원칙에 따라야 하고 의심스러운 때에는 권리의 실현에 보다 유리한 해석을 해야 한다.

다만 실체법규를 해석함에 있어서는 구체적 타당성이 중요시됨에 반하여 소송법규의 해석과 운용에 있어서는 절차적 안정성과 획일성을 고려하여야 한다. 왜냐하면 소송절차는 수많은 소송행위가 연쇄적으로 원인과 결과관계를 이루면서 짜여져 있는 만큼 개별적으로 어느 한 소송행위의 유무효만을 따지는 것은 전체적인 절차의 확실성을 위하여 극히 제한되는 경우가 대부분이기 때문이다. 소송법규의 해석에 있어서는 법 제1조에서 선언하고 있는 4대 이상에 충실하고 모든 소송관계인의 입장을 고려하여야 하므로 법원의 입장뿐만 아니라 당사자의 입장에 관하여도 충분한 배려를 하여야 한다. 다만 이와 관련하여 공익적 요건과 사익적 요건이 충돌되는 경우가 많을 것이다.

II. 訴訟法規의 분류

1. 效力規定과 訓示規定

효력규정이란 이를 위반하였을 경우에 그 위반행위나 절차의 효력에 영향을 미치는 규정이다. 훈시규정은 이를 위반하더라도 소송법상의 행위나 절차에 영향을 미치지 않는 규정을 가리킨다. 예컨대 판결의 선고기일(제207조 I), 판결송달기일(제210조), 항소기록송부기일(제400조) 등은 법원의 직무수행기간을 정한 훈시규정이다.

2. 强行規定과 任意規定

강행규정은 소송절차의 안정을 확보하기 위한 고도의 공익적 요구 때문에 반드시 지켜져야 할 규정이다. 강행규정은 법원이나 당사자의 의사에 의하여 그 구속을 배제할 수 없고, 이에 위반한 행위나 절차는 무효이다. 법원은 이러한 위반의 점에 관하여 직권으로 조사하여야 한다. 이를 간과하고 판결을 내린 경우에는 상소나 재심에 의하여 강행규정위반의 점을 공격할 수 있을 것이다. 법원의 구성, 법관의 제척, 전속관할, 당사자능력, 소송능력, 심판의 공개 등에 관한 규정은 강행규정의 예라고 볼 수 있다.

임의규정은 소송법규 중 주로 당사자의 소송진행상의 편의를 도모하고 그 이익보호를 목적으로 하는 규정이다. 당사자의 소송행위의 방식, 당사자의 소환·송달·증거조사의 방식 등에 관한 규정의 대부분은 임의규정의 예이다.

임의규정은 대체로 두 가지 경우에 당사자의 의사나 태도에 의하여 그 적용을 완화할 수 있다. 첫째, 사전에 당사자가 임의규정과 다른 합의를 하는 경우이다. 원래 소송법에서는 절차의 안정을 위하여 계약자유의 원칙이 거의 인정되지 아니하고, 당사자가 마음대로 소송절차를 변경하는 이른바 편의소송도 금지되고 있는 형편이다. 따라서 법률이 정한 명문의 예외(제29조 I 단, 제390조 II)를 제외하고는 당사자가 마음대로 소송절차를 변경함은 허용되지 아니하므로 불제소의 특약, 소취하의 합의, 증거계약, 집행계약 등이 허용되느냐는 뒤에 보는 바와 같이 다툼이 있다.[1] 둘째, 소송법규정과 다른 합의를 할 수는 없으나 행위방식에 관한 위반이 있더라도 이로 인하여 불이익을 입는 당사자가 이의를 제기하지 아니하면 그 하자가 치유되는 경우가 있는데, 절차에 관한 이의권의 포기 또는 상실(제151조)이 그것이다.

제 3 절 民事訴訟法 適用의 때와 장소

I. 時的 適用範圍(時際法)

민사소송법의 시적 적용범위라 함은 민사소송법이 개폐된 경우에 신·구법을 어떻게 적용할 것이냐의 문제이다. 실체법의 경우에는 구법시의 사안에 대하여 신법을 적용하여 판단하면 법적 생활관계의 안정을 해치리라는 견지에서 법률불소급원칙을 취하고 있다. 그러나 소송법의 경우에는 신법시행 이후에 계속된 사건에 모두 적용될 뿐만 아니라, 구법시부터 계속되어 온 사건에 대하여도 구법 이

---

1) 제 4 편 제 2 장 Ⅳ. 자유심증과 증거계약 참조.

후에 거치는 절차에는 신법을 적용하여 안정을 도모한다(부칙 제3조). 그리고 구법하에서 경유된 소송행위는 그대로 유효함이 원칙이다.

Ⅱ. 地域的 適用範圍(法廷地法)

소송은 원래 법원소재지에서 이루어지므로 소송법에 있어서는 법정지법(lex fori)을 적용함이 원칙이다. 국내법원이 심리하는 소송은 당사자나 소송물이나 준거법의 여하를 막론하고[1] 우리 민사소송법에 의한다.[2] 다만 외국의 소송법규는 국내의 민사소송에 적용될 수 없으나, 소송법규가 그 규정내용을 실체법규에 맡기고 있는 경우, 예컨대 법 제51조나 제57조, 또는 국제사법 제6조의 경우에는 국제사법의 준거법조항에 의하여 외국법이 간접적으로 적용될 경우도 있다.

외국에 있어서의 소송행위는 그 법정지법에 따라야 하나 그 행위의 국내에 있어서의 효력은 우리나라 소송법에 따라 판단된다. 외국법원이 우리 법원의 촉탁을 받고 송달·증거조사 등의 소송행위를 한 경우에는 그 시행국의 민사소송법에 따라 결정한다. 다만 이 경우에 외국에서 시행한 증거조사가 그 나라의 법률에 위배하여 효력이 없다 하더라도 우리 민사소송법에 비추어 위배되지 아니하면 유효한 것으로 본다(제296조 Ⅱ). 외국에서 시행할 증거조사는 그 곳에 주재하는 우리나라 외교관에게 촉탁하여 실시하는 경우도 있는데(제296조 Ⅰ), 이 때에는 그 곳에 거주하는 한국인에게 소송행위를 시행하는 것인 만큼 우리 민사소송법에 의한다. 또 외국법원이 내린 민사판결은 그 법정지법에 따라 내려진 것이지만, 이것이 우리나라에서 집행력을 가지려면 우리 민사소송법 규정에 비추어 그 승인과 집행 여부가 검토되어야 한다(제217조, 민집 제26조, 제27조).

제4절 우리나라 民事訴訟法의 연혁과 장래

우리나라의 소송제도도 삼국시대 이래로 자력구제에서부터 국가에 의한 권리구제시대로 진행된 발달과정을 그대로 따랐을 것으로 추측된다. 조선시대만 해도 자력구제가 완전 금지된 것은 아니나, 재판기능은 민사와 형사가 완전 분화되지 못한 채 국가가 담당하였고, 소송절차에 관하여는 일관된 법규정이 없었으므

1) 대판 1988. 12. 13. 87 다카 1112(준거법이 요르단국법인 경우).
2) 대판 1992. 7. 28. 91 다 41897.

로 대개 조리와 관습에 따라 처리되었다. 재판은 일응 獄訟(형사재판)과 詞訟으로 구별되었고, 사송은 사인간의 생활관계인 민사상의 분쟁을 다루는 재판을 뜻하였으니 이것이 바로 오늘날의 민사소송에 해당한다고 하겠다. 당시는 토지와 노비 중심의 경제사회이었으므로 주로 상속·부동산·노비·소비대차에 관한 소송인 田土訟·田宅訟·奴婢訟·債訟 등이 詞訟의 중심을 이루었다.[1] 비록 재판의 기능, 관리의 처결태도, 그리고 국민의 권리의식과 준법정신은 미흡한 상태에 있었으나 사송은 엄청나게 많은 수가 제기되었고 오늘날에 견주어 보아도 별로 손색이 없을 만큼 여러 절차에 의하여 질서 있게 운용되었음이 현존한 판결문들로부터 알 수 있다.[2]

그러나 이러한 고유한 소송제도는 20세기로 접어들 무렵 외세의 물결 속에서 타방에 의하여 서구의 법제도를 급히 도입하게 됨으로써 오늘날에까지 계승·발전되지 못하고 말았다. 이처럼 우리나라의 소송제도는 근대화과정에 있어서 매우 무리한 계수를 하고도 갑오경장 당시 裁判所構成法(1894. 3. 25.)의 제정·공포 이후 일제를 거쳐 여러 가지 우여곡절을 겪으면서 그 나름대로 발전하여 왔던 것이다. 다만 유감스럽게도 우리나라 법제사상 구한국에 이르기까지 근대적 민사소송법전의 편찬작업은 없었다. 오직 한일합방 이후 1912. 3. 18. 制令 제7호 朝鮮民事令 제1조, 제16조 내지 제72조에 의하여 일본 민사소송법이 부분적으로 수정되어 시행되어 오다가 미군정시대에는 미군정법令 제21호로써 그대로 유효한 법으로 확인되었으며, 그것이 대한민국헌법 공포와 동시에 동법 제100조에 의하여 효력을 지속하였던 依用民事訴訟法이었다. 이는 1887년 프로이센의 Techow가 독일통일민사소송법전(ZPO)을 번역하다시피 하여 기초한 것이다. 한편, 우리의 독자적인 민사소송법 제정을 위한 노력은 건국 초기부터 계속되어 1948. 9. 15. 대통령령 제4호로써 법전편찬위원회직제를 공포하고, 동위원회에서는 의용민사소송법을 토대로 민사소송법의 기초를 완료하여 1953. 1. 13. 국회에 제출하였으나, 전후 5회에 걸쳐 폐기되었다가 1959. 2. 23. 정부에서 여섯 번째로 제출한 것이 동년 12월 28일 국회를 통과, 1960년 4월에 공포(법률 제547호 본문 제723조 부칙 제10조)되어 동년 7월 1일부터 시행된 것이 우리나라의 민사소송법이다. 이는 군사혁명 이후 주로 소송촉진을 위한 관점에서 특별법 제정을 통하여 몇 차례 보완되었으니 민사소송에관한임시조치법(1961), 간이절차에의한민사분쟁사건처리특례법(1970), 소액사건심판법(1973),

1) 朴秉濠, 한국법제사고, 249면(1983, 법문사) 이하.
2) 任相赫, "조선전기의 민사소송제도에 관한 연구"(서울대학교 박사학위논문, 2000) 참조.

소송촉진등에관한특례법(1981), 상고심절차에관한특례법(1994) 등이 그것이다. 뿐만 아니라 1983. 9. 1.부터 시행하게 된 민사소송규칙도 여러 가지 주목할 만한 규정을 가지고 있으며 소송법을 상세히 보완하고 있다. 1984년부터 법무부 민사소송법개정특별심의위원회가 발족하여 4년여에 걸쳐 획기적인 개정안을 마련하였는데 이것이 1989년 말 국회를 수정 통과된 민사소송법이다. 또한 1993년 10월에 발족된 대법원의 사법제도발전위원회는 법원조직, 법관인사 그리고 상고심의 개혁을 포함한 재판제도 등 전반적인 사법개혁을 입법화하였다. 이는 산업화, 도시화, 전문화 및 국제화에 따른 국민의식과 사회여건의 변화에 적절하게 대응하고 사법서비스의 양과 질을 획기적으로 확대개선하며 인권보장과 사법권의 독립을 위한 것이었다. 그 내용을 보면 행정법원·특허법원의 신설과 기술심리관제도의 도입, 시·군법원의 설치, 민형사법원의 구분폐지, 고등법원의 지부 설치, 예비판사제도의 신설, 경력이 7년 미만인 판사의 직무권한제한, 판사직급의 폐지, 법원의 입법의견제출과 예산독립존중, 판사회의 및 법관인사위원회의 설치, 판사근무평정제도 도입, 사법보좌관제도의 도입, 판사의 정년조정 등 건국 이래 가장 광범위한 제도개혁을 단행하였다. 2000년에는 법무부가 다시 민사소송법개정심의위원회를 발족하였다. 이 곳에서는 대법원이 수년간에 걸쳐 완성한 민사소송법개정안을 토대로 집중심리제를 도입하고 적시제출주의를 강화하였으며 민사소송법전을 분리하여 민사소송법안과 민사집행법안을 완성하였는데 이것이 2001. 12. 국회를 통과하여 2002. 7. 1.부터 시행되고 있다. 이 법이 2007년에 전문심리위원제도의 신설, 소송기록열람제도의 개선 등과 관련하여 개정이 된 모습이 현재의 민사소송법이다.

이제 외국법전의 강요된 계수 이래 오랜 세월이 지난 오늘날 우리나라 민사소송법이 걸어온 길을 돌아보고 장래의 방향을 모색할 때가 왔다. 첫째, 일본을 거쳐 우리 법의 모체가 된 1877년의 독일 민사소송법이 탄생될 즈음의 시대배경을 보면 정치적으로는 계몽자유주의하에서 개인의 자유보장을 최고이념으로 하고, 형식적 평등을 달성하기 위한 법치주의, 경제적으로는 자유방임주의, 그리고 사상적으로는 합리주의적 사고방식이 풍미하던 시대였다. 국가는 개인의 활동에 간섭함이 없이 야경국가적 임무만을 수행하고 개인은 법률에 의하여 보장된 자유와 평등을 최대한 이용하여 자기의 권리와 책임하에 독립된 인격주체로서 행동할 것이 기대되는 시기였다. 소송법도 대심구조의 소송절차를 마련하여 국민들로 하여금 이러한 절차를 이용할 수 있도록 형식적 접근권을 보장하는 방향에서 제정되었다. 약 200여 년 전에 계몽자유사상의 영향을 담뿍 받고, 시민의 권리본위로 건설된 소송법체계가 과연 아직도 오늘날의 복지국가적 시대이념에 그대로 타당할 것인가가 이제 조심스럽게 검토되어야 한다. 오늘날 소송절차에 있어서 당사자와 법원의 역할에 대하여 재고할 필요가 있을 뿐만 아니라 전세기의 시대사조의 반영인 소송법상의 제원칙만을 금과옥조로 삼는 것은 현실에 맞지 않기 때문이다. 물론 자유주의·개인주의에 바탕을 둔 독일법은 도입 후의 관권적 실무운영으로 말미암아 그것이 원래 함유하고 있던 시대사조가 제대로 전달되지 못하고 있음을 부인할 수 없으나, 오늘날에 와서는 민사소송법의 이념을 새로 정립하고, 그에 따른 새로운 이념체계에 대한 탐구가 있어야 될 것이다. 따라서 좀더 복지국가적 이념에 맞고 인간적 면모를 가진 사법서비스 제공을 위한 논의를 주목할 필요가 있다. 예컨대 전국에 배치되는 시·군판사는 그들이 전국 방방곡곡에서 국민과 최일선에서 항시 부딪히는 사법기관이므로 이 제도의 성패와 사법부에 대한 전국민의 인상은 이들에 의해서 좌우되는 바가 크다고 생각한다.

둘째, 사회가 복잡해지고 급격한 변화를 경험하고 있음에도 사법부가 이에 민감하게 부응하지 못함으로써 민사재판제도에 대한 욕구불만이 증대되고 있다. 그러므로 19세기에 확립된 전통적인 민사소송의 여러 원칙에 대한 일반적 반성과 아울러 분쟁의 개별적 해결의 원칙이 오늘날의 복잡다양화된 분쟁유형에 아직도 맞는 것인가를 고려하여야 한다. 이는 국민의 재판받을 권리를 실질적으로 보장하기 위한 당사자주의의 재검토와 특별소송절차의 창설을 통한 사건의 개별적 처리요청에 관한 문제이다. 소송절차를 지배하는 원칙의 헌법적 고양과 소송과정에서의 당사자의 행위책임 강조와 함께 소위 신당사자주의 또는 당사자권에 관한 논의도 이러한 맥락에서 이해하여야 한다. 즉 소송결과지향적인(Result-oriented) 민사재판 운영방식으로부터 헌법상의 절차보장에 따라 당사자에게 좀더 절차상의 권한과 책임을 부여할 필요가 있다. 당사자에게 법원에 접근할 기본적·절차적 권리를 보장하되, 한풀이식 소제기나 무분별한 남상소, 또는 소송계속 중 당사자나 대리인의 무책임한 소송진행은 이제 지양되어야 한다. 또한 신설된 행정법원이나 특허법원은 확대되는 행정작용이나 전문적 성격의 사건에 대한 사법적 통제를 강화하여 국민에게 이익이 되도록 운영되어야 한다.

셋째, 소송법학이 폐쇄적이고 회고적인 해석법학으로 머무르는 한 발전하는 현실에 적응하지 못할 것이다. 그러므로 이제 현상을 설명하기 위한 수동적 학문체계와 개념법학적 편향을 지양하고, 좀더 현상에 대처하고 이를 선도할 수 있는 능동적 체계로의 전환을 모색하여야 한다. 이와 더불어 독·일 민사소송법학에의 철저한 속박에서 벗어나야 할 것이다. 이러한 종속성은 지금까지 이러한 독·일 민사소송법제도를 전체로서 객관적 시야에서 포착하기보다 편리한 한도에서 자의적이고 단편적인 모방 내지 연구에 머무르게 하였고, 타국의 제도와 법에 대한 종합적 연구를 외면하는 결과를 초래하였다. 따라서 이제 비교법적 시야를 확대하여 신선한 소재를 끊임없이 연구하고, 세계의 민사소송제도의 발전에 공동보조를 취할 수 있는 국민의 사법으로 성장하여야 할 것이다. 민사소송법은 고도의 합목적성을 토대로 한 비윤리적 기술법규이므로 외국법규의 계승이나 비교연구가 비교적 용이한 만큼 세계적인 안목에서 우리 민사소송법학의 전환점을 모색하여야 한다. 예컨대 소송지연의 타개와 효율적인 소송운영을 위하여 도입된 집중심리제도의 모델인 미국의 discovery와 pre-trial conference, 남상고방지를 위한 미국의 certiorari, 소액절차를 위한 small claims court, ADR 등의 연구논의는 대단히 고무적이라고 할 수 있다.

넷째, 민사소송은 항상 새로운 시대적 과제를 받아들여서 과거의 모습으로부터 탈피하고 급변하는 사회에서 새로운 타당성이나 존재이유를 찾으면서 유지돼 나가야 한다. 인구의 증가와 집중, 경제규모의 확대, 정보화사회로 이행하면서 변화해가는 사회구조, 권리의식의 강화 등으로 인하여 환경소송, 소비자보호소송, 의료과오소송, 생물공학적 분쟁, 제조물책임소송, 항공기 추락사고소송 등 소위 현대형 소송의 대두와 요즘 새로이 관심을 끄는 지적재산권분쟁 등의 증가에 대비하여 이들 분쟁을 좀더 효과적으로 해결하기 위한 절차적 방안에 대한 연구가 필요하다. 특허법원의 설치와 영미의 Class Action(집단소송)이나 Citizen's Suit(민중소송), 독일의 단체소송에 대한 논의가 그것이다.

다섯째, 컴퓨터와 인터넷 등 새로운 과학기술의 진보 등도 민사소송제도의 발전에 큰 영향을 주는 요인이라고 할 수 있다. 따라서 이러한 현상이 민사소송제도와 소송법학에 어떠한 충격을 가져올 것인가를 고려하여야 한다. 특히 컴퓨터를 이용한 문서·장부의 관리로 말미암아 증거법분야는 전대미문의 변화를 경험하게 될 것이 예상되며, 손해배상 기타 정형화된 이행소송의 판결에 컴퓨터가 개입할 것이므로 소송법학도 이러한 문제에 대하여 시급하게 대처할 것이 요청된다.[1)]

여섯째, 세계화시대를 맞아 급속하게 국경이 무의미해지고 있으므로(border-

1) 이 점에 관하여는 宋相現, "컴퓨터 기술의 활용이 법학 각분야에 미치는 영향에 관한 소고," 법학(서울대학교) 제13권 1호 참조.

less society) 국제민사소송의 영역인 사법공조, 국제관할권, 외국에서의 송달과 증거조사, 외국판결의 승인과 집행 등에 관하여 깊은 연구가 필요하고, ADR방식을 국제분쟁에 활용하도록 하며, 국제통상규범(WTO, TRIPS 등)에 규정되어 있는 특수한 분쟁해결방식에 대한 연구가 수반되어야 한다.

일곱째, 이 모든 개혁과 연구는 무엇보다도 사법부의 독립(Judicial Independence)을 회복하여 이를 굳게 지키는 데에서 가능하다. 이를 위해서는 3권분립의 본래적 취지에 비추어 논란이 없는 것은 아니나 사법부의 독자적인 예산요구권과 법률안제안권이 확보되어야만 한다. 다만 헌법상의 제약(헌법 제52조 및 제54조)이 있고 이러한 상황하에서도 법원의 입법의견제출(법조 제9조 Ⅲ)과 사법예산독립존중(동 제82조 Ⅱ)의 길이라도 열어 놓은 것은 사법부의 독립에 다소 기여할 것으로 본다.

제2편

訴訟法律關係의 主體

소송법률관계의 주체는 기본적으로 국가기관인 법원과 원·피고의 양당사자이다. 이들 소송주체간의 소송법률관계가 어떻게 성립되는가에 관하여는 학설이 대립되어 왔다. 예컨대 법원과의 관계에서는 성립하지 아니하고 원·피고간에서만 성립된다고 하거나, 법원과 각 당사자간에서만 설정된다고 하거나, 또는 법원과 원고·피고간에 3면적으로 이루어진다고 하는 것 등이 그것이다. 그러나 결국 전체적인 소송과정은 소송법률관계의 주체인 법원과 당사자간에도 이루어짐과 동시에 당사자 상호간의 법률관계이기도 하다.

본편에서는 민사소송법상의 법률관계가 소송주체로서의 법원과 당사자간에 전개되어 감에 착안하여 소송법률관계의 주체를 법원과 당사자로 나누고, 다른 소송관계인들도 당사자와 함께 고찰하기로 한다.

제 1 장 法　　院

제 1 절　法院의 裁判權

I. 民事裁判權의 의의

국가권력은 3권으로 분립되고 그 중에서 司法權은 법관으로 구성된 법원에 속한다(헌 제101조 I). 사법권은 재판권과 사법행정권을 그 내용으로 한다. 재판권은 재판에 의하여 법적 쟁송을 처리하는 국가권력을 가리키고, 사법행정권은 재판사무 이외의 행정지원이나 감독적인 사무처리권능이다. 등기·호적·공탁·집행관이나 법무사에 관한 사무는 중요한 사법행정사무의 예이다. 재판권에 관하여 법원조직법은 "법원은 헌법에 특별한 규정이 있는 경우를 제외한 일체의 법률상 쟁송을 심판하고, 이 법과 다른 법률에 의하여 법원에 속하는 권한을 가진다"라고 규정하고 있다(법조 제 2 조 I).

재판권 중에서도 민사재판권은 민사분쟁을 처리하는 권능을 가리키며, 다툼이 있는 일정한 사법상 권리 또는 법률관계에 관한 판결 및 강제집행권능의 행사가 그 핵심을 이룬다. 물론 여기에는 이외에도 송달·공증·소송지휘와 법정경찰, 소송진행상 필요한 강제조치와 이에 불응시의 제재, 기타 이 같은 주된 권능행사를 위하여 필요한 부수적 권능을 포함한다. 이러한 점에서 형사재판권이나 헌법재판권과 구별되는데 헌법재판권은 헌법재판소의 관할에 속한다(헌 제 6 장). 특수사건의 신속한 전문적 처리를 목적으로 법률이 전심절차(헌 107조 III, 법조 제 2 조 II)를 행정부 내에 설치함을 규정하고 있는 수가 있는데(예컨대 노동·특허·국세·해난심판 등) 이러한 준사법기관의 심판결과가 법원의 최종적 심사에 복종하게 되어 있는 경우에는 헌법과 법률이 정한 법관에 의하여 법률에 의한 재판을 받을 국민의 권리를 침해한 것이 아니므로 위헌이 아니다(헌 제27조 I). 이는 우리 헌법이 대법원을 최고법원으로 하고 특별법원을 인정하지 아니하는 미국식 司法國家主義를 취하고 있는 결과이다(헌 제101조 II). 따라서 민사재판권에는 통상의 민사재판을 비롯하여 특별민사재판권에 속하는 것으로서 행정소송, 가사소송, 특허소송, 해난심판소송에 관한 재판권을 포함하는 것으로 이해된다.

Ⅱ. 民事裁判權의 한계

민사재판권은 국민주권 중 사법권의 핵심권능이다. 그런데 우리나라 법원이 민사재판권을 행사함에 있어서는 그 대상이 되는 사람(당사자)과 사건(소송물)을 둘러싸고 외국법원의 재판권과의 관계에서 일정한 한계가 있고 또한 사법의 본질에 따른 내재적 한계가 있다.

1. 民事裁判權行使의 對人的 限界

우리나라 법원의 민사재판권은 국적을 불문하고 우리나라에 거주하는 모든 사람에게 미친다. 다만 국제법상 원칙에 의하여 免責特權이 인정되는 자(치외법권자)에게는 우리나라 법원의 재판권이 미치지 아니한다.

1) 外 國 — 主權免責

가) 一般原則 우리나라 법원이 다른 주권국가에 대하여 민사재판권을 행사할 수 없다고 하는 것이 일반원칙이다. 그러나 외국이 스스로 재판권의 면제를 포기하는 경우에는 그러하지 아니하다. 다만 이 경우도 외국이 재판받을 의사를 표시하였다고 하여 강제집행도 동시에 허용한다는 취지는 아니므로 주의를 요한다. 그러나 오늘날 세계가 점차 축소되고, 국가간의 협력이 긴밀하게 되는 현실에 비추어 이러한 전통적 입장에 의문이 제기된다. 최근에는 외국의 비국권적 활동에 관하여는 국내민사재판권이 미쳐야 한다는 논의가 활발한데 이것이 제한적 주권면책이론의 문제이다.

나) 主權免責의 概念과 沿革 일정한 경우 주권국가가 다른 나라 법원의 재판권과 집행권으로부터 면책될 수 있는 특권을 주권면책(Sovereign or State Immunity)이라고 한다. 이 특권은 한 개인이 외국과 거래하는 과정에서 분쟁이 발생하였을 때 거래당사자인 그 국가를 상대로 손해배상이나 계약이행을 소구하려는 사인에게 여러 가지 어려운 문제점을 제공한다. 가장 큰 문제점은 국제법상 확립된 원칙이 없어서 주권면책의 범위나 요건이 나라마다 다르다는 점에 있다.

(i) 이 원칙은 19세기에 들어서서 비로소 주권국가의 독립, 평등사상과 국제예양(courtoisie internationale; international comity)의 법적 표현을 확장시켜 일부 선진국의 판례법에서 발전되었다. 그리하여 이 당시에는 한 나라의 활동은 그것이 어떠한 행위라도 타국법원의 간섭을 받지 않는다는 절대적 주권면책원칙(absolute immunity)이 확립되었다. 그러나 정부가 일반상거래분야에도 활발히 관여하게 되자 주권국가에게 부여했던 면책특권이론이 국가가 공공목적을 위해서가 아니라 사인과 대등한 지위에서 단순히 영리를 목적으로 활동한 경우에도 예외 없이 적용되어야 할 것인가에 관하여 의문이 제기되었다.

두 차례의 세계대전이 끝난 후 세계경제의 발전에 따라 주권면책의 원칙은 큰 변화를 맞이하게 되었는데, 제한적 주권면책이론(restrictive immunity)의 등장이 그것이다. 즉 이러한 특권을 외국의 어떠한 일정한 행위에만 제한적으로 적용하여야 된다는 원칙이다. 그러나 나라마다 이 특권의 적용기준이 모두 달라서 상당한 혼미를 거듭하고 있는 실정이다.

(ii) 주권면책이론은 이처럼 크게 두 가지로 절대적 주권면책원칙과 제한적 주권면책원칙으로 나뉜다. 전자는 주권국가는 다른 국가의 모든 사법작용으로부터 완전히 자유롭다는 견해이고, 후자는 주권국가의 행위라도 상거래적 성격(commercial activity)을 띤 경우에는 외국의 사법권에 복종해야 하나, 주권의 행사에서 나온 행위인 경우에는 외국의 사법권으로부터 자유롭다는 견해이다. 따라서 제한적 주권면책원칙을 정확히 적용하기 위해서는 그 국가의 문제된 행위가 상거래적 성격을 띠는 행위(acta gestionis)인가 아니면 주권행사와 관련된 행위(acta imperii)인가를 구별하는 것이 중요하다. 뿐만 아니라 제한적 주권면책이론에 모두 찬성한다고 하더라도 그 이론의 구체적 적용에 있어서는 나라마다 다른 결과를 낳았다. 예컨대 군화의 구매행위를 미국법원은 주권행위라고 했는가 하면 이탈리아법원은 아니라고 한 바 있다.

(iii) 주권면책이론에 큰 영향을 준 국제조약은 The Brussels Convention for the Unification of Certain Rules Concerning the Immunity of State Owned Ships (1926)과 The European Convention on State Immunity(1972)이다. 이 1926년의 브뤼셀협약에 의하여 처음으로 상거래목적에 사용되는 국유선은 기국은 물론 외국의 재판권에도 복종하게 되었다고 할 수 있다. 이 협약은 그 적용범위가 제한되어 있기는 하나, 처음으로 제한적 주권면책원칙을 국제적으로 인정한 경우이다. 1972년의 유럽협약은 국가가 외국법원에 대하여 주권면책을 주장할 수 있는 경우를 명시하고 있다. 특히 주권면책이 인정되는 주권행위의 경우로서 재판관할권을 가진 국가 내에 위치한 체약국의 사무소, 기관 또는 시설에 의하여 수행된 산업적, 상업적 또는 재정적 활동과 관련된 절차에서는 면책된다고 규정한다.

다) 主權免責의 범위　제한적 주권면책이론에 따를 경우, 주권면책의

범위는 크게 재판권으로부터의 면책과 집행권으로부터의 면책으로 나누어 볼 수 있다. 그리고 외국에서 받은 판결이 집행되지 않는 경우에는 이는 단순한 법률의견에 불과한 지위만을 갖는다고 볼 것이다.

(i) 裁判權으로부터의 免責

a) 免責特權의 主體는 外國國家이다

b) 主權行爲(acta jure imperii)와 去來行爲(acta jure gestionis) 어떠한 행위에 주권면책이 적용될 수 있는가가 문제인데, 행위의 목적이 아니라 행위 자체의 성질(ratione materiae)에 따라 국가행위를 주권행사로서의 공적 행위와 상거래적인 행위로 나눈다. 이러한 구별은 국가가 사적 거래의 상대방과 동등하게 상업적 거래행위에 관련된 경우에는 특권적 지위를 누릴 수 없다는 논리에 입각해 있다.

c) 19세기 말에 주창된 이 같은 행위의 성질에 따른 구별론에 의하면 결정적인 기준은 어떤 거래가 개인에 의해서도 행해질 수 있는가의 여부에 있다. 따라서 계약은 사인도 체결할 수 있는 것이므로, 예컨대 군화나 기관총을 구입하는 계약이라도 사적 거래행위여서 면책특권을 허용할 수 없다고 한다.

이에 대하여 주권면책이 허용되는 것이 원칙이라고 선언하고, 그것이 부정되는 예외적인 경우(negative list)를 열거하는 접근방법도 있는데 이는 유럽협약(1972)과 영국의 주권면책법(1978)에서 채택되었다.

d) 特權의 抛棄 면책특권의 명시적 포기는 별론으로 하고 주권면책특권은 사전동의(prior consent) 또는 묵시적인 특권포기라고 해석될 수 있는 일정한 범위 내의 행위에 의하여 포기될 수 있다. 또한 단지 외국과 거래를 하는 것만으로도 면책특권을 묵시적으로 포기한 것이라고 볼 수 있는 경우가 있다.

(ii) 國家行爲理論(Act of State Doctrine) 주권면책이론과 구별해야 할 것에 국가행위이론이 있다. 양자는 물론 주권국가의 영토관할권행사와 관련된 이론이다. 그러나 주권면책이론은 국내법원이 외국에 대하여 재판권을 행사할 수 있는가의 문제임에 대하여, 국가행위이론은 국내법원에 계속된 소송에서 외국의 행위의 효력이 본안판단의 대상 또는 전제가 되는 경우에 그 행위가 그 외국의 국내재판권이 미치는 범위 내에서의 효력발생만을 목적으로 하는 동시에 국제법에 위반되지 않는 한 국내법원은 그 행위의 효력을 판단할 수 없다는 원칙이다. 미국에서 발달된 이론으로서 주권면책이론에 커다란 영향을 주고 있다.

(iii) 執行權으로부터의 免責 외국이 강제집행으로부터 면책될 수 있다는

특권을 주장하는 것을 막을 일반적인 원칙은 없다. 대부분의 국가는 국민에게 법률적 구제수단을 보장해야 하는 측면과 국제정치적 곤경을 회피해야 하는 현실적 고려의 사이에서 균형점을 찾아야 하기 때문에 외국에 대하여 확정된 권리를 강제적으로 집행하는 것을 주저하게 된다. 그러므로 집행권으로부터의 면책에 관하여는 다음 세 가지 점을 주로 고려하여야 한다.

a) 사전포기에 의하여 집행권으로부터의 불면책이 확정될 수 있는 것으로 판단되는 사정이 있는지를 검토하여야 한다.

b) 비엔나협약에 의해서 규정되는 외교·영사용 목적재산은 강제집행으로부터 제외된다고 일반적으로 인정되나,[1] 그 나머지 집행재산의 범위에 관하여 확립된 원칙은 없다.

c) 강제집행 전에 외국에 재산을 도피시킬 것을 방지하기 위하여 재판확정 전에 외국재산에 대하여 가압류 등과 같은 보전절차를 취할 수 있는가는 다투어진다. 그러나 강제집행을 할 수 없는 경우에는 강제집행의 보전을 위한 가압류 등도 할 수 없다고 할 것이다. 다만 외국국가를 제3채무자로 하는 가압류 등은 허용되어야 할 것이다.[2] 왜냐하면 이 경우에 외국국가가 가압류명령에 의하여 지게 되는 부담은 기존채무의 이행을 일시 유예하여야 한다는 것일 뿐 그 나라의 주권침해가 아니기 때문이다.

라) 結　論

(i) 각국의 판례법 및 최근의 입법적 경향을 보면 절대적 주권면책이론이 점차 완화되어서 오늘날에는 모두 제한적 주권면책이론을 채택하고 있음을 알 수 있다. 다만 제한적 주권면책이론을 채택한다고 하더라도 나라마다 국내법원이 외국에 대한 재판권을 행사할 수 있는 기준과 범위는 다양하다.

(ii) 대법원(전) 1998. 12. 17. 선고 97 다 39216 판결은 국제관습법에 의하면 국가의 주권적 행위는 다른 국가의 재판권으로부터 면제되는 것이 원칙이나 국가의 私法的 行爲까지 다른 국가의 재판권으로부터 면제된다는 것이 오늘날의 국제법이나 국제관례라고 할 수 없고, 따라서 우리나라의 영토 내에서 행하여진 외국의 사법적 행위가 주권적 활동에 속하는 것이거나 이와 밀접한 관련이 있어서 이에 대한 재판권의 행사가 외국의 주권적 활동에 대한 부당한 간섭이 될 우려가

---

1) 협약에 의하여 강제집행을 못하게 됨으로써 발생한 손해에 대하여 국가배상책임이 없다는 대판 1997. 4. 25. 96 다 16940 참조.

2) 허용한 판결로는 서울민지법 1990. 11. 16. 90 카 95984 참조.

있다는 등의 특별한 사정이 없는 한, 외국의 사법적 행위에 대하여는 당해 국가를 피고로 하여 우리나라의 법원이 재판권을 행사할 수 있다고 판시하여 제한적 주권면책이론을 채택하기에 이르렀다.

(iii) 특히 국제사회에서 한국정부 또는 국책은행(한은·산은·예금보험공사 등)들이 차관, 지급보증 기타 채권채무부담행위를 하고 있는바, 이는 명백히 외국재판권이 미치는 상행위라고 해석하여 국제금융의 원활한 조달을 방해하지 않도록 사법적 측면에서 지원하여야 한다. 그리고 특히 국책은행이나 국영기업체는 정부와 별개로 취급됨으로써 미국 헌법상 이른바 정부의 Full Faith and Credit[1])를 받고 있지 아니하므로 중앙은행이나 국영기업 등의 행위에 대하여는 정부와의 연관성을 고려하지 아니하고 그 기관의 신용 및 그 행위의 성질만을 따져서 재판권이 미치는 여부를 융통성 있게 가려야 할 것이다.

2) 外國의 元首 및 外交使節

가) 우리나라에 주재하는 외교관과 그 가족은 우리나라가 1971년 가입한 외교관계에 관한 비엔나협약(1961)에 따라 광범위한 면책특권을 향유한다. 이는 외교관이 주재국에서 누리는 특권이지만 자신의 본국법에 의하여 재판관할권이 인정되면 본국에서 제소될 수도 있다.

나) 외교관은 본국정부가 명시적 의사표시로써 면책특권을 포기하지 않는 한 외국법원 기타 일체의 사법기관의 재판권과 강제집행권으로부터 면제되고 증인이나 감정인으로서의 의무도 없다. 다만 위 협약 제31조 1항에는 외교관의 개인부동산에 관한 소송 등을 제외하는 등 예외가 있다. 그리고 외교사절단의 구성원 중 내국인이 아닌 사무직 및 기술직과 그들의 가족, 그 밖의 서비스직원은 직무상의 면제권만 갖는다.

다) 영사관원과 그 사무직원은 우리나라가 가입한 영사관계에 관한 비엔나협약(1963)에 따라 그 직무수행중의 행위에 대하여 면책특권을 누린다. 다만 동협약 제43조 2항에 예외가 있다.

---

1) Full Faith and Credit은 미국 헌법상 원칙으로서 정부 산하기관(governmental entities)의 차입은 정부 자신의 신용에 의하여 뒷받침된다는 이론이다. 명확한 정의는 없지만 정부 산하기관의 채무는 정부의 일반적 과세권에 의해서 지지되는 정부의 일반채무라는 점과 채권자는 그들의 채권만족을 위해서는 정부 산하기관을 넘어서 정부 자신에게까지 미칠 수 있다는 점 등 두 가지를 내용으로 한다(U.S. Attorney General's Opinion No. 30, 1966). 기타 자세한 것은 宋相現, Introduction to the Law and Legal System of Korea(1983), 476면 이하 참조.

3) 外 國 人 외국인이라도 국내에 주소 또는 거소를 두고 법률행위를 하는 경우에는 우리나라의 민사재판권이 미친다. 그러나 국내에 주소를 둔 외국인이 국적과 주소가 외국에 있는 사람을 상대로 하여 제기하는 사건(예컨대 본국의 부인을 상대로 이혼소송을 제기한 경우)에 관하여는 우리나라 법원이 재판관할권을 가지지 아니한다. 판례도 피고의 주소가 국내에 없으면 재판관할권이 원칙적으로 인정될 수 없다는 피고주소지주의를 취한다.[1] 다만 외국인이 우리 법원에 보전명령신청이나 경매신청을 하는 등 우리나라 재판권에 복종할 의사를 나타낸 때에는 재판권이 있다.[2]

우리나라의 민사재판권이 미치지 아니하는 자에 대하여는 소장조차도 송달할 수 없는 것이므로 이를 각하할 수밖에 없으며, 이를 간과하고 내려진 판결은 당연 무효이다.

4) 駐韓美軍 외국군대가 주재국 법원의 재판권으로부터 면제되는지 여부는 국제관례에 따르기보다 관계당사국간의 협정에 의하여 해결된다. 주한 UN군에는 1952년의 대전협정(속칭 Meyer 협정)에 비추어 재판권이 미치지 아니한다. 주한미군(KATUSA포함)의 법적 지위에 관하여는 1967년의 한미행정협정(Status of Forces Agreement between R.O.K. and U.S.A. 약칭 SOFA Agreement)에 따르게 되어 있으나 그들이 우리 재판권에 복종한다는 규정이 없다. 즉 동협정 제23조에 따르면 공무집행중의 미군구성원 및 고용원[3]의 불법행위에는 국내재판권이 미치지 않고 오직 대한민국정부에게 손해배상청구를 하게 되어 있으며, 공무집행과 관련없는 불법행위에는 국내민사재판권이 미치지만 이것도 사전절차에서 합의가 이루어지지 아니한 예외적인 경우에 한한다.

5) 國際機構 국제기구 및 그 구성원은 원칙적으로 국가에 준하여 우리나라 법원의 재판권에 복종하지 아니한다. UN 기타 각종 국제전문기구의 특권과 면제에 관하여 각각 협약상 직무상 면제권을 가진다.

---

1) 대판 1975. 7. 22. 74 므 22(외국인간의 이혼심판청구).
2) 대판 1989. 12. 26. 88 다카 3991.
3) 본 협정상 고용원의 의미에 관하여는 대판 1973. 6. 26. 72 다 729 참조. 주한미군과 수송하도급계약을 맺은 초청계약자의 차량을 사고 당시 운행한 사람은 미군의 고용원이 아니라고 한다.

2. 民事裁判權行使의 對物的 限界 —— 國際裁判管轄權

1) 이는 우리나라의 민사재판권이 어떠한 민사사건에 대하여 행사될 수 있느냐 하는 문제이다. 물론 우리나라에 재판적이 인정되는 민사사건은 우리나라의 민사재판권에 복종할 것이고 그렇지 아니한 섭외적 사건에는 우리나라의 재판권이 미치지 아니함이 원칙이다. 그런데 각 국가는 그 영토주권 및 대인주권의 범위 내에서 민사재판권을 행사할 수 있으므로 이 문제는 결국 섭외적 사건에 대하여 우리나라 법원이 행사할 수 있는 재판권의 한계의 문제이기도 하고, 국가간의 재판업무의 분담문제로 볼 수도 있다.

당사자가 어느 국가의 법원에 소를 제기하면 그 법원은 사건의 본안심리에 들어가기에 앞서 당해 국가가 국제재판관할을 가지는가를 우선 판단하고 이를 흠결한 경우에는 심리를 거부한다. 우리나라의 경우에도 국제재판관할권의 존재는 소송요건으로 되며, 당사자는 재판권이 있음을 전제로 어느 국가의 법원이 국제재판관할을 가지는가를 검토하여 그 곳에 소를 제기하거나 그런 법원이 여럿이면 외국법정고르기(Forum Shopping)를 하여 그 중 가장 유리하다고 생각되는 법원에 소를 제기한다.

2) 사건이 어느 나라의 민사재판권에 전속하는지 여부는 일률적으로 말하기 어렵다. 예컨대 부동산에 관한 소는 그 소재지법원에 제기할 수 있지만(제20조, 행소 제9조 Ⅱ) 이처럼 임의적 재판적이 인정되고 있다고 하여 이러한 소송에 외국의 재판권이 미칠 여지가 있는 것으로 해석할 수는 없다. 즉 부동산에 관한 소는 외국인의 치외법권보다는 영토주권이 우선한다는 대륙법의 일반원칙 때문에 그 소재지국의 재판권에 전속하는 것이다. 이 문제는 법에 명문의 규정도 없고 국제법상 확립된 원칙도 없으므로 장래의 숙제이다.[1] 국제민사소송법 분야에서 논의가 많은 국제재판관할(internationale Zuständigkeit, competence internationale)의 문제가[2] 바로 이것이다.[3]

1) 상세한 연구로는 石光現, 국제재판관할에 관한 연구 —— 민사 및 상사사건에 있어서의 국제재판관할의 기초이론과 일반관할을 중심으로(서울대 법학박사학위논문, 2000년 2월) 참조.

2) 국제재판관할문제에 관하여서는 민사 및 상사사건의 재판관할과 재판의 집행에 관한 유럽공동체협약(브뤼셀협약, 1968), 민사 및 상사사건의 외국재판의 승인 및 집행에 관한 협약(헤이그 협약, 1971), 루가노협약(1988), 헤이그신협약(1992년 미국의 제안에 따라 헤이그국제사법회의에서 작업중이며 헤이그신협약의 예비초안이 작성된 바 있다) 등 국제규범이 참고가 된다.

3) 石光現, 국제민사소송법, 32면(박영사, 2012)에서는 민사재판권의 대물적 한계의 문제와 국제재판관할의 문제를 개념상 구분해야 한다는 견해이다.

3) 국제재판관할은 소가 제기된 경우에 우리나라 법원이 그 섭외적 사건에 관하여 국제관할, 즉 직접적·일반적 심리관할(심리관할)이 있느냐 하는 문제와 외국판결의 승인의 경우에 그 외국법원이 우리나라 법에 의하여 국제관할, 즉 간접적·일반적 승인관할(승인관할)이 있느냐 하는 문제를 포함한다.

국제소송이 제기된 경우 우리 법원은 우리나라가 직접관할을 가지는가를 심리하여 이것이 부존재하는 경우에는 소를 각하하여야 하는데, 이 경우 우리 법원이 어떠한 국제재판관할규범에 의하여 그 관할의 유무를 결정할 것인가가 문제로 된다. 국제재판관할의 결정에 필요한 해석상 준칙에 관하여는 종래 여러 가지 입장이 있어왔다. 즉 국제재판관할을 결정함에 있어서 국제적 배려를 하지 아니하고 자국과 자국민의 이익만을 고려하는 국가주의, 국제재판관할을 국가주권(대인주권과 영토주권)간의 충돌 문제로 보아 국제법상 일반원칙에 따라 결정하려는 국제주의, 그리고 국내법원의 국제재판관할은 국제사회질서의 전체적 관점에서 보아 특정한 섭외사건을 어느 나라 법원이 재판하는 것이 가장 적절한지를 고려하여 재판기능을 배분한 결과 가지게 되는 것이라고 보는 보편주의의 입장이 그것이다.

4) 우리나라의 경우　　보편주의를 전제로 어떻게 국제재판관할을 결정할 것인가를 둘러싸고 견해 대립이 있다.

(i) 逆推知說(土地管轄規定類推適用說)　　섭외적 사건에 관하여 우리나라 민사소송법상 재판적이 우리나라 법원에 있으면 국제재판관할도 있다는 전제하에서 재판적에 관한 규정으로부터 거꾸로 국제재판관할의 존재를 추지해 낸다는 견해로서 판례[1]의 기본입장이다. 즉 당해사건에 대하여 우리 민사소송법의 규정상 토지관할권이 국내에 존재하는 경우(예컨대 주소, 사무소, 재산소재지, 불법행위지 등이 국내인 경우)에는 국내법원에 국제재판관할권도 존재한다고 보는 것이다.

이 학설은 국제재판관할의 결정이 각국의 민사소송법상의 토지관할의 규정에 따라 좌우되므로 관할의 결정이나 사건의 적정한 해결에 도움을 주지 못한다. 또한 이 견해가 너무 기계적으로 토지관할규정과 국제재판관할규칙을 동일시한다면 이는 국제소송과 국내소송과의 질적 차이를 간과하는 것이기도 하다.

---

1) 대판 1972.4.20. 72 다 248(의무이행지); 대판 1975.7.22. 74 므 22(피고주소지); 대판 1988.10.25. 87 다카 1728(재산소재지); 대판 1992.1.21. 91 다 14994(불법행위지); 대판 1992.7.28. 91 다 41897(사무소소재지). 역추지설을 취하면서 '특별한 사정'을 고려한 것으로 대판 1995.11.21. 93 다 39607; 대판 2000.6.9. 98 다 35037.

(ii) 管轄配分說(國際民事訴訟法獨自基準說·條理說) 국제재판관할과 국내토지관할(재판적)의 존부를 자동적으로 연결시킬 것이 아니라 국제적·거시적 관점에서 섭외사건에 관하여 어느 나라 법원이 재판하는 것이 적정성·공평성·효율성을 기할 수 있는지 또는 조리에 맞는지[1])를 고려하여 재판관할의 배분을 결정하자는 입장이다. 우리나라의 유력설이고[2]) 이혼사건과 같은 신분사건에 관한 판례의 태도가[3]) 아닌가 싶다.

이 학설은 조리라는 불확정개념에 의존하므로 예측가능성과 법적 안정성을 저해할 우려가 있다.

(iii) 修正逆推知說 기본적으로 역추지설에 따르되 그 결과 우리나라에서 국제재판관할을 인정함이 재판의 적정, 공평, 신속, 경제 등의 기본이념에 반한다고 하는 특단의 사정이 있을 때에는 국제재판관할을 부정할 수 있다는 견해이다.[4]) 이 견해는 역추지설의 경직된 입장을 완화하는데 기여할 수는 있으나 역시 특단의 사정이 무엇인지 불분명하다.

(iv) 結　語 생각건대 이 같은 학설의 대립은 결국 적정, 공평, 신속 및 효율 등의 이상을 구체화하는 방법론상의 대립이라고 여겨진다.

우리 민사소송법은 동법의 토지관할에 관한 규정에 따라 피고주소지주의를 채택하고 다만 의무이행지, 재산소재지 및 불법행위지 등의 특별재판적을 인정하며 이러한 모든 경우에도 언제나 합의나 응소에 의한 관할결정의 여지를 남겨두고 있다. 이러한 원칙은 대체로 국제재판관할을 결정하는 데에도 그대로 타당하다. 다만 국제적 차원에서는 정의와 형평 기타 여러 가지 고려에서 부적절한 법정(Forum non conveniens)의 법리와 보충관할권의 법리가 발달되어서 그 불합리를 보완하고자 한다. 전자의 법리는 관할이 인정됨에도 불구하고 증거조사, 소환 등의 난이 기타 현실적 고려에 비추어 부적절한 법정을 배척하는 경우이고, 후자의 법리는 토지관할이 없음에도 불구하고 일정한 경우 국제재판관할을 보충적으로 인정하는 경우이다(외국의 어느 법원에서도 사법적 구제를 받을 수 없는 경우에는 우리나라 법원의 국제재판관할을 인정할 것이다). 역추지설에 따르더라도 필요한 경우에

1) 대판 1989. 12. 26. 88 다카 3991 참조.
2) 姜 813면; 鄭/庾 107면; 崔公雄, "국제소송에서의 재판관할권," 현대비교법의 제문제(金辰博士 회갑기념논문집), 9면(1987); 姜秉燮, "국제재판관할," 섭외사건의 제문제(하), 365면(1986).
3) 대판 1975. 7. 22. 74 므 22; 대판 1988. 4. 12. 85 므 71.
4) 李時 58면; 田 61면.

는 당사자의 이익 등 관련이익을 비교교량하는 동시에 부적절한 법정의 이론과 보충관할권의 이론을 적용하여 국제화의 시대적 흐름에 맞게 관할을 합리적으로 결정해야 한다. 우리 국제사법 제2조 1항에서는 법원은 당사자 또는 분쟁이 된 사안이 대한민국과 실질적 관련이 있는 경우에 국제재판관할을 갖는다고 하며, 이 경우 법원은 실질적 관련의 유무를 판단함에 있어 국제재판관할 배분의 이념에 부합하는 합리적인 원칙에 따라야 한다고 규정한다. 위 같은 조 2항에서는 법원은 국내법의 관할 규정을 참작하여 국제재판관할권의 유무를 판단하되,[1] 1항의 규정의 취지에 비추어 국제재판관할의 특수성을 충분히 고려해야 한다는 것이다.[2] 이 같은 국제사법의 태도는 여러 해석이 가능하다. 국제재판관할을 판단함에 있어서 기본적으로 역추지설에 입각하되, 실질적 관련성이 고려되어야 하는 수정된 역추지설의 입장으로 이해될 수 있다.

3. 民事裁判權의 場所的 限界

우리 법원의 민사재판권은 영토주권의 원칙상 우리나라에만 미친다. 따라서 송달, 증거조사, 집행 등을 외국에서 실시할 수 없다. 우리 법원의 이 같은 재판권 행사가 외국에서 가능하려면 우리나라가 사법공조에 관한 쌍무협정이나 조약에 가입하고 있어야 한다. 국제적으로는 민사소송절차에 관한 헤이그조약(1954), 민상사에 관한 재판상 및 재판외 문서의 외국에 있어서의 송달 및 고지에 관한 헤이그조약(1965) 및 민상사에 관한 외국에서의 증거조사에 관한 조약(1970)이 있으나 우리나라는 첫번째 조약에 가입한 바 없다. 따라서 현재로는 우리나라가 가입

1) 대판 2005. 10. 27. 2002 다 59788에서는 국제재판관할의 판단기준으로 구체적으로는 소송당사자들의 공평, 편의, 그리고 예측가능성과 같은 개인적인 이익뿐만 아니라 재판의 적정, 신속, 효율 및 판결의 실효성 등과 같은 법원 내지 국가의 이익도 함께 고려하여야 할 것이며, 이러한 다양한 이익 중 어떠한 이익을 보호할 필요가 있을지 여부는 개별 사건에서 법정지와 당사자와의 실질적 관련성 및 법정지와 분쟁이 된 사안과의 실질적 관련성을 객관적인 기준으로 삼아 합리적으로 판단하여야 할 것이고 판시한 바 있다.

2) 미국국적의 원고가 대한민국 국적의 피고와 대한민국에서 혼인 후 미국국적을 취득한 피고와 대한민국에서 거주하다가 이혼, 친권자 및 양육자지정 등을 청구한 사안에서, 원·피고 모두 대한민국에 상거소(常居所)를 가지고 있고, 혼인이 대한민국에서 성립되었으며, 그 혼인생활의 대부분이 대한민국에서 형성된 점 등을 고려하면 대한민국과 실질적 관련이 있어 우리 법원이 재판관할권을 가진다고 할 수 있으며, 원, 피고가 선택에 의한 주소(domicile of choice)를 대한민국에 형성했고, 피고가 소장 부본을 적법하게 송달받고 적극적으로 응소한 점까지 고려하면 국제사법 제2조 2항에 규정된 국제재판관할의 특수성을 고려하더라도 우리 법원의 재판관할권행사에 문제가 없다고 본 판결이 있다(대판 2006. 5. 26. 2005 므 884).

한 조약에 의하거나, 외국이 우리나라의 촉탁에 불응하면 국제적으로 공시송달방법에 의할 수밖에 없다(제194조 I). 다만 호주, 중국 및 몽골과는 쌍무협정을 체결하였고, 미국은 1976.2.3. 비조약국에 대한 사법공조에 응할 의사를 표명한 바 있으므로 이들 국가와는 송달이나 증거조사 등에 대한 사법공조가 가능하다. 국내적으로는 국제민사사법공조법을 제정하였고 대법원은 그에 따라 송달과 증거조사에 관한 상호간의 처리절차를 시행하고 있다. 그리하여 송달이나 증인신문을 받을 자가 영사관계에 관한 비엔나협약에 가입한 외국에 거주하는 한국인의 경우에는 그 나라에 주재하는 우리나라의 대사·공사·영사에게 촉탁할 수 있다(동법 제5조 II).

Ⅲ. 民事裁判權의 欠缺의 效果

재판권의 존부는 소송요건이므로 법원이 직권으로 조사하여야 할 사항이다. 조사결과 재판권 흠결이 드러나면 바로 명령으로 소장을 각하하여야 한다는 것이 판례이다.[1] 그러나 재판권면제를 포기할 수도 있으므로 이 점을 조사하여 재판권의 부존재가 명백하여지면 소를 각하하여야 한다. 재판권의 부존재를 간과하여 내려진 판결은 상소로써 다툴 수 있으나 확정되면 재심의 길은 없다. 다만 재판권에 복종하지 않는 자에 대하여서는 판결의 효력이 미치지 아니하므로 그런 의미에서 그 판결은 당연무효이다.

제2절 法院의 槪念 및 構成

I. 法院의 意義

3권분립 중 사법작용을 담당하는 국가기관을 법원이라고 할 수 있다. 넓은 의미의 법원은 법관과 법원직원 및 집행관 등을 포괄하는 전체적인 사법관서를 뜻하고, 좁은 의미로는 법관만으로 이루어진 재판기관, 즉 단독판사 또는 합의부를 가리킨다. 소송법상 법원이라고 하면 보통 좁은 의미로 쓰여지고 넓은 의미의 법원의 개념은 법원조직법에서 많이 볼 수 있다.

1) 대결 1975.5.23. 74 마 281. 이 같은 경우는 민사재판권이 인정되지 않아 소장의 송달조차 적법하게 허용되지 않아 소장각하명령의 대상이다(제255조 2항).

Ⅱ. 法院의 種類

1. 法院의 種類

법원의 종류·명칭·구성은 나라마다 독자적으로 발전해 왔으므로 각각 다르다. 우리 법제상 사법권을 행사하는 국가기관은 통상법원과 특별법원으로 나눌 수 있다.

1) 헌법상 특별법원으로는 위헌법률심사, 헌법소원, 정당해산심판, 탄핵심판, 기관간 권한쟁의 등을 관장하는 헌법재판소(헌 제111조)와 군인, 군무원에 대한 형사사건을 관장하는 군사법원(헌 제110조)[1]이 있다.

2) 통상법원은 헌법에 특별한 규정이 있는 경우를 제외한 일체의 법률상의 쟁송을 심판하면서 기타 권한을 가지는 법원인데, 3심제도를 도입한 결과 대법원을 정점으로 그 밑에 고등법원과 지방법원을 둔다. 다만 고등법원과 병행하여 특허법원을 두어 산업재산권사건을 심판하게 하고, 지방법원과 병행하여 가정법원을 두어 가사소송법 제2조에 규정된 가사소송사건을 관할하게 하는 동시에 행정법원을 두어 행정소송법 제3조에 규정된 행정소송사건을 관할하도록 한다(법조 제3조 Ⅰ).

3) 市·郡法院의 설치

가) 시·군법원(법조 제3조 Ⅱ, 제7조 Ⅳ, 제29조 Ⅲ)은 지방법원의 일부로서 배타적 관할구역을 가지며 소액사건, 화해·독촉 및 조정사건, 20만원 이하의 벌금 또는 구류나 과료에 처할 범죄사건, 협의이혼의 확인(호 제79조의 2)을 관장한다(법조 제34조 Ⅰ). 시·군법원은 종래의 순회심판소와 다르다. 과거의 순회심판소는 지방법원 또는 그 지원에 불복할 수 있음을 전제로 일정한 사건을 관할하는 간이심판조직으로서 관할지방법원장의 순회명령을 받은 판사가 직무를 수행하는 것이므로 지방법원과 별개의 법원은 아니었다. 지방법원이나 그 지원을 전국적으로 설치·운영하기 어려운 실정에 비추어 볼 때 월 1회 정도 열리는 순회심판소 대신 지역적으로 세분화된 시·군법원이 설치되어 그 곳에 상주하는 시·군판사가 작은 사건을 신속하고 편리하게 처리할 수 있게 되었다.

---

1) 대판 1992.11.24. 92 누 8767은 법무사 자격취득요건에 관하여 규정한 법무사법 제4조 1항 1호 소정의 '법원'에 군사법원법 소정의 '군사법원'은 포함되지 아니한다고 한다.

나) 대법원장은 지방법원 또는 그 지원소속 판사 중에서 그 관할구역 안에 위치한 시·군법원의 판사를 지명하여 그 관할사건을 심판하게 한다(법조 제33조 I).

다) 시·군법원은 지명된 판사에 의하여 운영되는 것이 특색이나 영미국가의 각종 간이법원(Magistrates' Court, Summary Court, Municipal Court, County Court)에서 근무하는 치안재판관(Magistrate, Justice of Peace) 제도와 독일과 프랑스에서 운영되고 있는 구법원(Amtsgericht)과 유사한 취지의 제도이다. 지명받은 시·군판사들이 얼마나 최일선에서 그 지역주민에게 친절·신속하고도 인간적인 서비스를 제공하느냐가 사법부 신뢰의 관건이 될 것이다.

2. 專門法院 設置의 妥當性 與否

조세·노동·행정·특허·사회복지 등 여러 분야에서 전문법원 설치의 주장이 거세다. 그런데 주장하는 사람에 따라 전문법원의 개념과 내용이 다르기도 하고, 행정부가 그 권한강화의 일환으로 전문법원의 신설을 주장하는 점을 간과한 채 피상적으로 재판업무의 전문화·신속화 및 능률화를 내세워 찬성하는 입장도 있다. 그러나 전문법원을 설치할 경우 ① 전문법원과 일반법원간의 관할권 다툼이나 국민의 혼란이 생기고, ② 계속적 순환근무로 인하여 법관을 어느 한 분야의 전문가로 양성하지도 못하면서 오히려 그들을 동일유형의 사건을 반복함으로써 싫증나게 만들며, ③ 무엇보다도 전문법원은 관계행정관청, 압력단체 기타 이해관계자들의 좋은 표적이 되어 그 공격과 압력을 극복하기 어렵다는 등의 문제점이 생긴다. 각종 전문법원이 가장 잘 발달한 프랑스의 경우는 전문법원이 애당초부터 사법부에 대한 불신에서 행정부 주도로 창설된 것이고, 각 전문법원에 행정공무원이나 기타 법관 아닌 전문가가 많이 관여하고 있으면서도 전문화·능률화·신속화를 달성하지 못하여 이제는 마침내 전문법원의 폐지 주장이 강하게 제기되고 있다. 따라서 사법국가주의적인 사법부 체제 내에서는 신청부·교통사고부·노동부·산재부 등 전담재판부를 두는 것이 가장 현실에 맞는 해결책일 것이다. 새로 도입된 특허법원과 행정법원은 심급상의 문제점을 해결하기 위하여 도입된 것으로 보나 궁극적으로는 고등법원과 지방법원에 각각 통합되어야 할 것이다.

3. 審級制度

1) 沿 革 문명국가에서는 일반적으로 모두 3심제를 채택하고 있으

나 이는 오랜 운영의 결과일 뿐이다. 애당초에는 사실심에 의한 1회의 재판과 법률심에 의한 1회의 재판의 2심제로 운영되어 왔기 때문에 중간항소심으로서의 고등법원은 가장 나중에 생겨났다. 미국의 경우에도 연방사법조직이 형성되어 가던 19세기까지에는 2심제를 근간으로 운영되다가 대법관과 지법판사가 한 팀이 되어 순회하던 법원(Circuit Court)이 항소심으로 정착한 것은 20세기에 들어와서의 일이다. 최근에는 상고를 엄격히 제한한 결과 결론이 서로 다른 항소법원들의 판례가 쌓이는 것을 통일하기 위하여 미국에서는 대법원밑에 항소심 법원의 엇갈린 판결을 통일하는 법원을 설치하자는 4심제의 도입에 관한 논의도 활발하다.

2) 4級 3審制　　우리의 3심구조를 보면 합의사건의 경우에는 지방법원을 제 1 심으로 하고 고등법원을 거쳐 대법원에 상고하게 되어 있으나 단독사건의 경우에는 지방법원 단독판사를 거쳐 지방법원이나 지원 항소부에 항소를 한 다음 대법원에 상고하도록 구성되어 있다.

	제 1 심		항소심	상고심
단독사건 ——	지법단독판사	⟶	지법(가법)본원합의부	⟶ 대법
합의사건 ——	지법(가법)합의부	⟶	고법	

3) 抗訴審의 운영방향　　우리나라 헌법 제101조 2항은 법원은 최고법원인 대법원과 각급법원으로 조직된다고 하고 있으므로 반드시 고등법원이 있어야 되는 것은 아니나 법원조직법이 3심제 법원구조를 명문화하고 있다. 또한 제 1 심이 사실심으로서의 기능을 충분히 발휘하여 국민의 신뢰를 얻는다면 항소심으로서의 고등법원은 불필요할 수도 있다. 현재의 3심제도하에서는 제 1 심이 철저한 사실심으로, 그리고 항소심이 법률심으로서 기본적 재판기능을 담당하고 대법원은 법률적으로 극히 중요하고 예외적인 사건만을 선별적으로 재판하는 방향으로 이끌어 나가야 할 것이다. 이러한 방향에서 고등법원의 항소심으로서의 기능 및 위상정립에 대한 새로운 검토가 필요하다.[1)] 소액사건의 경우에는 상고이유를 대폭 제한하고 있으므로 사실상 2심제라고 볼 수 있다.

---

1) 대법원 기능의 강화와 심리충실화 제고를 위하여 대법원의 심리부담을 줄여준다는 취지하에 대법원에 직접 상고할 수 있는 사건을 민사의 경우 1심 합의사건 중 소가 5억 이상으로 제한하고 그 이외의 나머지 사건은 원칙적으로 고등법원 상고부가 상고심의 역할을 담당하는 민사소송법개정안이 논의되었으나 아직 국회를 통과하지 못했다.

〈各國 法院의 種類와 數〉

(괄호 안은 법관수)

일 본	독 일		프 랑 스		미 국	
	연방법원	란트법원			연방법원	주 법 원
최고재판소 1(15) 〔지부 6〕	Bundesgerichtshof 1(95) 기타 Verfassunsgericht Bundesarbeitsgericht 1(14) Bundesverwaltungsgericht 1(41) Bundesfinanzhof 1(37) Bundessozialgericht 1(35) Dienstgericht		Cour de cassation 1(120)		Supreme Court of the United States 1(9)	〔Supreme Court: 州最高法院〕 Supreme Court, Supreme Court of Errors, Supreme Judicial Court, Court of Appelas, Supreme Court of Appeals 등 州마다 명칭이 다름
고등재판소 8		Oberlandesgericht 24 기타 Oberverwaltungsgericht 15 Landessozialgericht 14 Landesarberitsgericht 18	Cour d'appel 35		United States Court of Appeals 13	〔Intermediate Court of Appeals: 州抗訴法院〕 Court of Appeals, Distirct Court of Appeals, Appellate Court, Superior Court, Court of Civil Appeals, Supreme Court Appellate Division 등
지방재판소 49 〔갑호지부 81 을호지부 159〕		Landgericht 93 기타 Verwaltungsgericht 51 Finanzgericht 18 Sozialgericht 69 Arbeitsgericht 119	Tribunal de grande instance 158	기타 Tribunal de commerce, Commission de première instance de contentieux de Sécurité sociale, Conseil de prud'homme, Tribunal paritaire de baux ruraux	United States District Court 90 (Courts of the Territories 를 포함)	〔Trial Court of Superior Jurisdiction: 第一審法院〕 Circuit Court, District Court, Superior Court, Court of Common Pleas 등
간이재판소 570		Amtsgericht 661	Tribunal d'instance 297			〔Trial Court of Inferior Jurisdiction: 制限的 管轄權을 가진 第一審法院〕 Justice of the Peace, County Court, Municipal Court 등
가정재판소 49 〔갑호지부 81 을호지부 159〕						〔Domestic Relations Court: 家庭法院〕 Family Court, Juvenile Court, Domestic Relations Court

4) 研究의 관점 각급 법원 중에서 최일선에서 국민과 가장 빈번하게 접촉하는 곳은 지방법원이므로 이는 국민의 사법부에 대한 인상과 신뢰도를 좌우하는 가장 중요한 곳이라고 할 수 있다. 따라서 사법조직의 개혁은 언제나 1심법원의 관할·조직·권한 등에 대한 깊은 연구로부터 시작되어야 한다. 연구의 관점은 대체로 세 가지이다. 첫째, 제1심급은 우수하고 경험 많은 법관을 배치하여 강화하여야 한다. 제1심에서 재판절차를 능숙하게 진행하고 사실인정과 법률적용을 제대로 해야만 사법부가 신뢰를 얻게 되기 때문이다. 또한 이렇게 되어야만 남상소를 걸러 내는 장치를 도입할 수 있는 명분을 강화시켜 줄 것이고 궁극적으로 상소가 줄어들 것이다. 둘째, 최일선법원은 국민들에게 친근하게 파고 들어서 인간적인 사법서비스를 제공할 수 있도록 조직·운영되어야 한다. 셋째, 우리의 경우에 민·형사법원을 나누는 것은 별로 타당성이 없으므로 폐지한 것은 잘한 일이다. 가정법원과 행정법원도 본래적 기능을 발휘하기를 기대한다.

Ⅲ. 法院의 구성

1. 大 法 院

1) 大法院의 구성 대법원은 대법원장 이외에 대법관 13인으로 구성된다(헌 제102조; 법조 제4조 Ⅱ). 대법원장과 대법관은 15년 이상 법원조직법 제42조 제1항 각호에서 규정한 職에 있었던 40세 이상의 자 중에서, 대법원장은 대통령이 국회의 동의를 얻어 임명하며, 그 외의 대법관은 대법원장의 제청에 의하여 국회의 동의를 얻어 대통령이 임명한다(헌 제104조). 국회의 동의과정에서 대법관 지명자를 상대로 한 청문회를 거치게 되었다. 대법관이 아닌 법관은 대법관회의의 동의를 얻어 대법원장이 임명한다. 대법원장의 임기는 6년 단임제이고, 대법관의 임기는 6년이되 연임할 수 있으며, 판사의 임기는 10년이되 법률의 정하는 바에 따라 연임된다(법조 제45조 Ⅰ, Ⅱ, Ⅲ).

2) 大法院의 심판 대법원의 심판권은 원칙적으로 대법관전원의 3분의 2이상의 합의체(전원합의부)에서 행사하고 대법원장이 재판장이 된다. 그러나 대법관 3인 이상으로써 구성된 部(小部)에서 심판할 수도 있다(법조 제7조 Ⅰ단). 우리나라 대법원은 미국식 전원합의체의 운영을 염두에 두고 소수의 대법관으로 조직된 사법국가형 최고법원임에도 불구하고 그 기본적 운영은 대륙식 소부(petty bench)에 의하므로 결국 절충적인 2원적 심판기구라고 하겠다.

대법원은 i) 고등법원 또는 항소법원·특허법원의 판결에 대한 상고사건, ii) 항고법원·고등법원 또는 항소법원·특허법원의 결정·명령에 대한 재항고사건 그리고 iii) 법률에 의하여 대법원의 권한에 속하는 사건을 종심으로 심판한다(법조 제14조).

전원합의체는 i) 명령 또는 규칙이 헌법에 위반함을 인정하는 경우, ii) 명령 또는 규칙이 법률에 위반함을 인정하는 경우, iii) 종전에 대법원에서 판시한 헌법·법률·명령·규칙의 해석적용에 관한 의견을 변경할 필요가 있음을 인정하는 경우, iv) 부에서 재판함이 적당하지 아니함을 인정하는 경우에 심판하고, 그 나머지 경우에는 대법원의 부에서 이와 같은 전체부에서 재판할 사항 이외의 모든 상고사건을 먼저 재판한다(법조 제7조 I). 대법원에는 행정·조세·노동·군사·특허 등을 전담하는 부를 둘 수 있으나(헌 제102조 I, 법조 제7조 II) 시행되고 있지 아니하다.

대법원의 부의 심판은 관여한 3인 이상의 대법관전원의 의견일치에 의하여 진행되므로 부에서 의견이 일치되지 아니하면 사건은 전원합의부로 넘어간다. 합의심판은 헌법 및 법률에 다른 규정이 없으면 대법관의 과반수로써 결정한다.[1)] 다만 법원조직법 제7조 1항에 의한 과반수결정사항에 관하여 2설이 분립되어 각 설이 과반수에 이르지 못한 때에는 원심판결을 변경할 수 없다(법조 제66조 III).

대법원의 재판서에는 합의에 관여한 모든 대법관의 의견을 표시하여야 한다(법조 제15조). 이 때 판단의 결론으로 된 의견을 다수의견(Majority Opinion)이라고 하고 그에 반대되는 의견을 소수의견(Dissenting Opinion)이라고 한다. 이외에 다수의견과 결론을 같이 하면서 그 이유를 달리하는 개별의견, 다수의견에 동조한 법관이 따로 의견을 보태는 보충의견(Concurring Opinion)이 있다. 소수의견은 법관의 양심을 지키게 하며 사법과 학문의 발전에 이바지하는 바가 크다고 할 수 있다.

3) 裁判硏究官 대법원에 사건의 심리 및 재판에 관한 조사연구를 하고, 그 자료를 대법원의 재판사무처리에도 이용하기 위하여 판사로서 補하는 재판연구관을 둔다(법조 제24조). 이는 중견판사로서 보한다는 점에서 일류 법대를 갓 나온 최우수졸업자로서 충원하는 미국 연방대법관의 law clerk와 다르나 양자가 수행하는 재판조사·연구기능은 유사한 점이 많다.

---

1) 구 법원조직법 제59조 1항 단서에서 전원합의체의 정족수를 대법원판사전원의 3분의 2 이상의 출석과 출석인원의 3분의 2 이상의 찬성으로 결정한다고 규정한 것은 위헌이라는 판례가 나왔다. 대판 1971. 6. 22. 70 다 1010.

2. 高等法院

1) 組織과 構成 고등법원은 종래에 내부적 사무분장으로 두었던 민사부, 형사부 및 특별부의 구별을 폐지하고, 고등법원에 部를 두며 고등법원장과 각부의 부장 및 판사로써 이루어진다(법조 제26, 27조). 고등법원장 및 고등법원 부장판사는 15년 이상 법원조직법 제42조 1항 각호의 직에 있던 판사 중에서 補한다(법조 제44조 II).[1] 고등법원 판사는 상당한 법조경력이 있는 사람 중에서 지원을 받아 補한다(법관인사규칙 제10조). 종전에 고등법원의 재판부는 고등법원 부장판사와 2명의 고등법원 판사(배석)로 구성되었었다. 그러나 최근 고등법원의 재판부는 3인의 고등법원 판사로 구성된 대등 재판부로 대체되고 있다.

대법원장은 재판업무수행상의 필요에 따라 고등법원의 部로 하여금 그 관할구역 내의 지방법원이 있는 곳에서 근무할 수 있게 함으로써 고등법원의 지부를 둘 수 있게 되었다(법조 제27조 IV).

2) 管 轄 고등법원은 i) 지방법원(가정법원)합의부 또는 행정법원의 제1심 판결에 대한 항소사건, ii) 지방법원(가정법원)합의부 또는 행정법원의 제1심 심판·결정·명령에 대한 항고사건, 그리고 iii) 법률에 의하여 고등법원의 권한에 속하는 사건을 심판한다(법조 제28조). 고등법원의 사건은 언제나 판사 3인으로 이루어진 합의부에서 재판한다(법조 제7조 III).

3. 特許法院

1) 組織과 構成 산업화·전문화·국제화에 따른 국민의식과 경제사회여건의 변화에 적절히 대처하기 위하여 판사로 충원하는 고등법원급의 특허법원을 설치하고(법조 제28조의 2) 部를 두어 재판하며(동 제28조의 3) 기술심리관의 보조를 받는다(동 제54조의 2). 기술심리관은 심리관여, 질문, 합의에서의 의견진술을 할 수 있다. 특허법원장과 특허법원의 부장판사는 통산법조경력 10년 이상인 판사 중에서 補한다.

---

1) 고등법원에 상고부를 설치한다는 법원조직법개정안등이 국회에 논의된 바 있다. 동 논의에 의하면 대법원에 직접 상고할 수 있는 사건을 민사의 경우 1심 합의사건 중 소가 5억 이상으로 제한하고 그 이외의 사건은 새로이 설치되는 고법 상고부가 담당하여 원칙적인 상고심의 역할을 수행하게 된다. 그러나 고법 상고부의 직권적인 이송결정, 대법원의 직권 또는 당사자의 이송신청에 따른 이송결정 등 이송제도를 통하여 대법원이 상고심으로 중요사건을 담당할 수 있다는 것이다. 고법 상고부의 종국판결에 헌법위반이 있거나, 그 판단의 전제가 된 명령·규칙·처분의 헌법 또는 법률 위반여부에 대한 판단이 부당한 때, 대법원판례와 상반된 판단을 한 사유가 있고, 이로 인하여 판결에 영향을 미친 경우에 대법원에 특별상고를 할 수 있도록 인정하고 있었다.

2) 管 轄 특허법원은 i) 특허법 제186조 1항, 실용신안법 제56조, 디자인보호법 제75조 및 상표법 제86조 2항이 정하는 제1심사건 그리고 ii) 다른 법률에 의하여 특허법원의 권한에 속하는 사건을 심판한다(법조 제28조의 4). 특허법원의 심판권은 합의부에 의하여 행사된다.

3) 종래 특허사건은 특허청 내에 설치되어있는 2개 심급을 거친 후 법률문제에 한하여 대법원의 단심만 인정되고 있어 위헌 논의가 있어 왔는데, 특허법원을 거쳐서 대법원으로 상고할 수 있도록 심급구조를 조정하여 이 문제를 해결하였다.

4. 地方法院

1) 組織과 構成 지방법원은 종래의 민사부와 형사부 또는 민사지방법원과 형사지방법원 등의 구분을 폐지하고, 지방법원에 부를 둔다(법조 제30조 I). 지방법원은 그 법원과 소속지원, 시·군법원 및 등기소로 구성된다(법조 제29조 Ⅲ, 제31조 Ⅲ, 제36조 Ⅲ). 지방법원장은 10년 이상 법원조직법 제42조 1항 각호의 직에 있던 판사 중에서 보한다.

2) 管 轄

가) 지방법원과 그 지원은 단독판사에 의한 재판을 원칙으로 하고(법조 제7조 Ⅳ), 일정한 범위의 사건에 한하여 3인의 판사로 구성된 합의부에서 재판권을 행사하도록 사물관할이 정하여져 있다.

나) 合議部의 운영

(i) 裁 判 長 합의부에서는 법관 중의 1인이 재판장이 되며 나머지 2인은 합의부원, 즉 배석판사가 된다. 통산법조경력 7년 미만인 판사는 재판장이 될 수 없다(법조 제42조의 3 Ⅱ). 재판장은 합의부를 대표해서 소송지휘권, 법정경찰권, 석명권을 행사하고, 판결을 선고(제206조)하며 합의를 주재한다. 재판장의 명령 또는 조치에 대하여 당사자가 이의를 하는 때에는 합의체가 즉시 결정으로 재판한다. 합의부원 전원의 관여가 불필요한 간단한 사항 및 급박한 사항, 예컨대 수명법관의 지명, 법원이 하는 촉탁, 소장심사 및 각하명령, 기일지정, 공시송달명령, 집행법상의 여러 조치 등은 재판장이 단독으로 행사한다. 이러한 재판장의 조치에 대한 불복은 즉시항고로서 할 수 있다.

(ii) 受命法官 합의부의 일원으로서 재판장의 지정을 받아 합의부를 대표하여 일정한 위임사항을 처리하는 법관이다. 변론준비절차를 하거나(제280조), 화해를 권고하거나 법원 밖에서 증거조사를 한다. 합의부를 신속하고 체계적으로 운

영하기 위한 배려인데 직접심리주의의 원칙상 한계가 있다.

(iii) 受託判事　　합의부원은 아니나 수소법원으로부터 위임을 받아 일정한 사항(예컨대 원거리에 사는 증인에 대한 신문촉탁)을 처리하는 다른 법원의 단독판사를 수탁판사라고 한다. 수탁판사는 수소법원을 구성하는 법관은 아니고, 다른 법원이 촉탁한 사항을 처리하는 지방법원판사이지만, 그의 처분 또는 재판은 소송법상 재판장이나 수명법관이 한 것과 동일하게 취급된다. 수명법관이나 수탁판사의 재판에 불복이 있으면 수소법원에 이의할 수 있다. 수탁판사제도는 교통통신의 발달로 인하여 거의 활용되지 아니한다.

(iv) 合　　議　　합의부사건의 경우에는 합의부원 중 1인을 주심으로 정하여 기록의 철저한 검토, 합의의 준비, 판결문작성 등을 맡긴다. 그러나 합의부가 재판을 함에는 법관 전원의 합의를 경유하여야 하며, 합의심판은 헌법 및 법률에 다른 규정이 없으면 과반수의 의견에 의한다(법조 제66조 I). 과반수의 의견에 의하여 재판할 때에 3설 이상 분립하고, 그 설이 각각 과반수에 이르지 못한 때에는 수액에 있어서는 과반수에 달하기까지 최다액의 의견의 수에 순차 소액의 의견의 수를 더하여 그 중 최소액의 의견에 따른다(법조 제66조 II [1]).

다) 단독제는 사건을 법관의 소신에 따라 간이·신속하게 처리할 수 있는 장점이 있는 데 비하여, 합의제는 법관 3인이 사실관계를 다각도로 검토하여 재판의 적정·공평을 보다 더 도모할 수 있고, 배석판사들을 위한 현장학습과정(on the job training) 내지 경험축적과정이 되는 이점이 있다. 따라서 제1심에서는 분쟁의 신속한 처리를 위하여 단독제를 원칙으로 채택하고, 그 이외에 지법 항소부를 비롯하여 상급심에서는 보다 신중한 심판을 위하여 합의제를 원칙으로 한다.

라) 현실을 보면 단독제는 경험이 적고 연소한 법관에 의하여 운영됨으로써 국민의 신뢰를 받지 못하고 있고, 합의제는 사건의 폭주 등의 이유로 말미암아 본래의 기능을 발휘하지 못하고 있으므로 제1심은 중견법관을 배치하는 단독제로 일원화함이 장래의 숙제라고 할 것이다. 우선 통산법조경력(법조 제42조 I) 7년 미만인 판사는 합의부의 재판장이 되거나 변론을 열어 판결하는 사건을 단독으로 재판할 수 없도록 한 것(법조 제42조의 3)은 일정한 경력 이상의 판사가 단독재판을 담당하게 하여 법원의 재판에 대한 국민의 신뢰를 높이려는 노력의 표현이다.

5. 家庭法院

가정법원은 가사사건, 소년보호 및 호적에 관한 사무를 관장한다(법조 제37조). 가정법원은 또한 이에 관련된 조정조서에 관한 청구이의의 소, 집행문부여의 소 등을 심판한다. 가정법원장은 통산법조경력 10년 이상의 판사 중에서 보한다. 가정법원에 部를 두지만, 지방법원과 마찬가지로 단독제가 원칙이고 합의제를 예외로 한다.

6. 行政法院

행정법원을 설치하여(법조 제40조의 2) 행정소송법에서 정한 행정사건과 다른 법률에 의하여 행정법원의 권한에 속하는 사건을 제1심으로 심판한다(동 제40조의 4). 행정법원에 부를 두어(동 제40조의 3) 행정사건은 합의부에서 관할한다(동 제7조 Ⅲ). 행정법원장은 통산법조경력 10년 이상의 판사로 보한다. 행정작용의 사법통제를 통한 국민의 권리보호를 위하여 행정심판 대신 법원의 심판을 받도록 한 것이다.

7. 法官 및 法官 이외의 法院職員

1) 法　　官

가) 법관에는 대법원장과 대법관, 그리고 판사의 직급만을 인정하고 종래에 있었던 별도의 임용자격기준을 삭제하여 계급을 단순화하였다(법조 제42조). 대법원장과 대법관의 임용자격은 법에 정해져 있다(법조 제42조 Ⅰ). 판사는 사법시험에 합격하여 사법연수원에서 소정의 과정을 마친 자, 그리고 변호사의 자격이 있는 자 중에서 임명한다(법조 제42조 Ⅱ).

나) 대법원장은 판사에 대한 근무성적을 대법원규칙에 따라 평정하여 인사관리에 반영할 수 있다(법조 제44조의 2). 이는 법관을 승진 및 전보와 무관하게 일생 동안 법과 양심에 따라 독립하여 재판하는 전문직업법관으로 보는 영미법적 관점을 버리고 또 하나의 관료집단으로 보는 대륙법적 시각에서 유래한 것이다. 근무평정은 적정한 인사관리와 성실근무를 다소 유도할 수 있겠으나 법관의 물적 독립(헌 제103조)과 인적 독립(헌 제106조 Ⅰ)에 위협적 요소가 될 수 있다. 물적 독립은 법관이 재판을 함에 있어서 헌법과 법률 그리고 양심에 구속될 뿐 제3자의 간섭을 배제한다는 의미이고, 인적 독립은 탄핵 또는 금고이상의 형의 선고에 의하지 아니하고는 파면되지 아니하며 징계처분에 의하지 않고는 정직, 감봉, 불리한 처분을 받지 아니한다는 뜻이다.

다) 법관이 재판을 함에 있어서 선례, 특히 최고법원의 판례에 구속을 받는가. 우리는 헌법과 법률 그리고 양심에 따라서만 재판을 하기 때문에 대법원판례

에 구속받지 않으며 이것이 물적 독립의 한 내용을 이룬다는 견해가 있다. 이 문제는 헌법상 보장된 법관의 독립과 결부시켜 논할 문제가 아니라 심급제도의 본질에 따라 이해해야 할 것이다. 법원조직법은 상급법원의 재판에 있어서의 판단은 당해 사건에 관하여 하급심을 기속한다고 규정하였다(동법 제8조). 영미의 경우 판례법상 발달된 先例羈束의 原則(Stare decis principle)은 하급심법관이 최고법원의 판례를 추종해야 된다는 뜻보다는 법적 안정성을 위하여 최고법원이 자신이 내린 선례를 함부로 뒤집지 못하게 한다는 원칙으로 이해되고 있으나 미국과 영국은 1971년 이 원칙을 공식적으로 폐기한 바 있다.

라) 대륙법계의 1심법원 중에는 프랑스의 상사법원처럼 비법관만으로 구성되거나 독일의 지법 상사부처럼 법관 1인과 비법관인 참심원 2인으로 구성되는 예가 있다. 이러한 구성은 전문가의 전문적 또는 합목적적 판단을 도입한다는 취지이고, 또한 대륙법 국가에서 비법관의 재판참여는 근대재판제도가 성립되던 때에 그렸던 만능적·전인격적 법관상이 무너지고 법관을 불신하게 된 결과이기도 하다. 영미의 지방법원은 법관 1인과 배심원으로 재판부를 구성하여 배심은 사실인정기능을, 그리고 법관은 법률적용기능을 분담하고 있다. 이러한 구성은 지역사회의 상식적 판단을 가미한다는 뜻이 담겨 있다. 이 문제는 결국 법관에 의한 절차적 공정성과 비직업법관에 의한 전문성 중에서 어느 것을 선택하느냐의 문제로 귀착된다. 그러나 분쟁해결의 목적은 본질상 권리존부를 가려 주는 법기술적인 것이고 법관 아닌 자의 전문성도 기대하기 어려운 경우가 많으며(예컨대 전자기술자가 섬유기술에 문외한인 경우) 기술적 평가는 감정 등의 제도를 통하여 재판에 반영되고 있으므로 직업법관에 의한 절차적 공정성의 담보가 국민을 위하여 더 중요하다고 하겠다.

마) 법관은 그 재판내용 때문에 원칙적으로 형사상의 책임을 지거나 징계를 받지 아니한다. 그런데 법관이 고의 또는 과실로 잘못 재판하여 당사자에게 손해를 입힌 경우에 국가가 배상책임을 지는가. 무조건 국가배상법이 적용된다는 무제한설도 있으나 악의 또는 중과실로 사실인정이나 법령해석을 왜곡한 경우에만 책임을 추궁하는 제한설이 타당할 것이다.[1] 그러나 사법권독립을 해치지 않는 범위 내에서 독일기본법 제34조와 독일민법 제839조 2항과 같이 입법적으로 해결함이 옳을 것이다.

1) 대법원 1983. 10. 11. 83 다카 1556; 헌재 1989. 7. 14. 88 헌가 5·8.

2) **法院書記官, 法院事務官 및 法院主事 등**('法院事務官 등') 이는 법원에 배치된 단독제의 관청으로서 심판에의 참여, 변론조서의 작성(제152조 Ⅰ, 제160조) 및 송달(제175조 Ⅰ), 재판기록 기타 소송기록의 정·등본의 작성과 인증(제162조), 소송기록의 보관과 송부(제400조, 제421조, 제438조), 판결확정증명작성·부여(제499조), 집행문부여(민집 제29조) 등 재판권 행사에 있어서의 부수적 사무를 담당한다. 이들은 직무집행에 관하여 법관의 명령을 준수하여야 하나 어디까지나 자기의 법적 권한을 독립하여 행사하는 것이다. 따라서 법원사무관 등의 처분(예컨대 제162조 또는 제499조)에 불복하는 자는 그가 속하는 법원에 이의를 신청할 수 있고, 법원은 이에 대하여 결정으로 재판하여야 한다(제223조).

법원사무관 등은 이 같은 재판의 부수업무 이외에도 등기, 공탁, 호적사무를 관장한다.

3) **司法補佐官**

가) 任 務 대법원과 각급법원에는 법원의 일반직 공무원 중에서 일정한 자격을 갖춘 자나 다른 국가기관으로부터 파견된 자를 사법보좌관으로 임명할 수 있다(법조 제54조). 이들은 대법원과 각급 법원에 배치되어, 대법원규칙이 정하는 바에 따라 민사소송법상의 소송비용 등의 확정절차, 공시최고절차, 독촉절차 등의 사무를 담당하고, 민사집행법상의 집행문부여절차, 재산조회절차, 부동산 등의 강제경매절차, 담보권실행 등을 위한 경매절차, 제소명령절차, 가압류·가처분의 집행취소절차에서의 법원의 사무 등을 담당한다(법조 제54조 Ⅰ, Ⅱ). 사법보좌관은 법원사무관 등으로 5년 이상 근무한 사람, 법원주사보 등으로 10년 이상 근무한 사람 가운데에서 대법원규칙이 정하는 사람이 된다(법조 제54조 Ⅳ).

나) 問 題 點 종래 법원의 재판사무를 실질적으로 보조하여 법관의 업무부담을 덜어 줄 수 있는 제도적 장치가 없었는데 독일의 사법보좌관(Rechtspfleger)제도 또는 영국의 사무장(Master, Registrar) 제도를 모방하여 종래의 법원조사관을 흡수한 것이다. 법관과 법원사무관의 중간적 공무원이다. 일본처럼 따로 이러한 공무원을 두지 아니하고 필요에 따라 법원사무관의 권한을 강화하여 이에 대신하는 입법례도 있다. 사법인력활용과 사건처리의 효율성이 기대되나 그에 앞서 이들의 자질향상과 교육훈련을 통하여 전문성을 높여야 하고, 법관의 과감한 업무위임이 있어야 할 것이다. 그리하여 예컨대 단순한 계산은 물론 쟁점정리 등은 사법보좌관이 주재할 수 있도록 전문성이 갖추어져야 할 것이다. 국민의 헌법과 법률이 정한 법률에 의한 재판을 받을 권리를 보장하기 위하여, 사법보좌관은

법관의 감독을 받아 업무를 수행하도록 하며, 사법보좌관의 처분에 관하여는 대법원규칙이 정하는 바에 따라 법관에 대하여 이의신청을 할 수 있도록 하고 있다(법조 제54조 Ⅲ).

4) **技術審理官** 특허법원에 기술심리관을 두어 필요하다고 인정하는 경우 결정으로 특허소송의 심리에 참여하게 할 수 있다. 이 경우 기술심리관은 재판장의 허가를 얻어 기술적인 사항에 관하여 소송관계인에게 질문할 수 있고 재판의 합의에서 의견을 진술할 수 있다(법조 제54조의 2).

5) **專門審理委員** 첨단산업분야, 지적재산권, 국제금융 기타 전문적인 지식이 요구되는 사건에서 당사자의 신청 또는 직권에 의하여 법원외부의 관련분야 전문가를 소송절차에 참여시켜 재판의 전문성을 보완함으로써 재판절차를 충실하게 하려는 취지에서 2007년 개정민사소송법은 전문심리위원제도를 도입하였다(제164조의 2-제164조의 8).[1] 전문심리위원은 전문적인 지식을 필요로 하는 소송절차에서 설명 또는 의견을 기재한 서면을 제출하거나 기일에 출석하여 설명이나 의견을 진술할 수 있지만, 재판의 합의에는 참여할 수 없다(제164조의 2 Ⅱ). 전문심리위원은 기일에서 재판장의 허가를 받아 당사자, 증인 또는 감정인 등 소송관계인에게 직접 질문할 수 있다(제164조의 2 Ⅲ). 법원은 전문심리위원이 제출한 서면이나 전문심리위원의 설명 또는 의견의 진술에 관하여 당사자에게 구술 또는 서면에 의한 의견진술의 기회를 주어야 한다(제174조의 2 Ⅳ).

6) **執 行 官** 이들은 법률의 정하는 바에 의하여 재판집행, 서류송달, 기타 법령에 의한 사무를 행하는 독립한 단독제의 사법기관으로서, 국가의 강제집행권을 행사하는 국가공무원의 성격을 가진다. 집행관은 지방법원 및 동지원에 두되, 법원·검찰 또는 마약수사주사보 이상의 직에 10년 이상 있던 자 중에서 소속 지방법원장이 3년 임기로 임면한다(법조 제55조). 집행관의 처분에 대해서는 집행법원에 집행에 관한 이의를 신청할 수 있다. 집행관법에 따른 집행관의 지위와 성격에 비추어 이들의 불법행위로 인한 손해에 대하여 국가가 배상책임을 지는지에 관하여 논의가 있었다. 판례는 종전부터 집행관을 국가배상법상의 공무원으로 보고 국가의 배상책임을 인정하고 있다.[2]

1) 민사소송법상 전문심리위원제도에 관하여는 임채웅, "민사소송법의 전문심리위원제도에 관한 연구," 민사소송(제11권 제2호), 2007, 176면 참조.

2) 대판 1968. 5. 7. 68 다 326.

7) **法廷警衛** 법정경위는 법관의 명에 의하여 소송관계인의 인도, 법정의 정돈 기타 소송진행에 필요한 사무를 집행하는 법원직원이다(법조 제64조 Ⅱ).

만약 집행관을 이용하기 어려운 경우에는 법정경위가 소송서류를 송달하는 수도 있다(법조 제64조 Ⅲ). 그러나 집행관이나 법정경위에 의한 소송상 서류의 송달은 야간·휴일송달의 경우에 이용된다.

Ⅳ. 기타 法院業務 關與者

소위 법조3륜이라고 하면서 판사·검사 및 변호사 등 이 세 바퀴가 모두 건전하게 굴러가야만 법조계의 원활한 운영을 기대할 수 있다고 한다. 그러나 법학교육의 현장을 지키면서 법조인의 양성을 담당하는 법학교수를 포함하여 법조4륜의 협력이 요구된다. 우선 변호사와 검사가 민사재판절차에 제도적으로 얼마만큼 관여할 수 있는가는 사법제도 운영상 대단히 중요한 문제이다.

1. 辯 護 士

변호사는 단순히 당사자의 수임인[1] 내지 고용인인 지위를 넘어서 기본적 인권을 옹호하고 사회정의를 실현하는 임무를 가진 독립적 전문가이므로 이를 사법기관으로 보아(독변 제1조 참조) 그 법률적·사회적·윤리적 위상의 정립이 필요하다.

우리나라의 경우 비변호사대리가 가능한 경우가 광범위하게 인정되어 있으나(소액 제8조, 특례법 제27조, 변 제8조, 해심 제27조, 국세기 제59조 Ⅰ 등) 변호사 임무의 공공성에 비추어 민사재판에 있어서 변호사강제주의를 도입함이 시급하다. 반면 변호사는 급격한 국내외 환경변화에 따라 끊임없이 생성되는 새로운 법률적 도전에 대응할 능력과 창조성을 배양하여 직역을 확대하고 사회정의를 위하여 좀더 적극적으로 봉사해야 한다. 대륙법계에서는 변호사의 지위나 업무의 공공성을 강조하는 경향이 있고 이들이 사법부와 함께 정의수호와 법조발전에 힘써야 하는 것으로 이해하고 있다. 영미법계의 경우에는 변호사는 민간이해관계의 강력한 옹호자(Advocate for private interest)로서 끊임없이 창의적인 아이디어를 개발하여 사회의 변화와 법의 지배(Rule of Law)를 선도하고 있다고 하겠다.

그 동안 우리나라에서는 오랫동안 법률업무가 소수의 법조인에 의하여 독점되었기 때문에(Legal monopoly) 이들이 담당하지 못하였던 각종 법률 서비스에 대

1) 판례는 변호사와 당사자간의 관계를 위임으로 본다. 예컨대 대판 1970. 8. 31. 70 다 1069. 이 점이 양자의 관계를 고용으로 보는 독일법과 다르다.

한 수요에 대처하기 위하여 많은 유사법률직종이 창설되어 이들과 사이에 때때로 그 직역간의 다툼이 치열하다.

2. 檢 事

검사가 민사소송에 관여할 수 있는 경우는 국가소송수행자로서 지정받은 경우(국소 제3조)와 가사소송에서 공익을 대표하여 직무상 당사자로서 관여하는 경우이다(가소 제24조 Ⅲ, 제28조, 제31조, 제33조). 이 두 경우에도 검사의 관여는 만족스럽다고 보기 어려우나, 앞으로 공익성이 높거나 기술적으로 필요한 새로운 유형의 민사사건이나 독점금지, 이민 등의 경우에 검사를 당사자로 참여시키는 범위를 확대하여야 할 것이다.

V. 法院構成員의 欠缺

1. 總 說

헌법과 법률이 재판의 공정을 보장하기 위하여 추상적으로 규정한 취지를 구체적으로 실현시키고자 마련된 제도 중의 하나가 법관에 대한 제척·기피·회피(제41조 이하)이다.

1) 제척은 구체적 사건에 있어서 법관이 사건 자체 또는 사건의 당사자와 특수한 관계를 가진 경우에 그를 당연히 직무집행으로부터 제외시키는 제도이다.

2) 기피는 이처럼 획일적인 제척제도를 보충하기 위하여 법관의 공정한 직무집행이 의심받게 될 사정이 있는 경우에 당사자가 신청을 하여 기피결정이 내려지면 그 때 비로소 직무집행으로부터 물러나는 것을 말한다.

3) 회피는 당해법관이 이러한 사정이 있는 경우에 스스로 그 직무집행에서 떠날 수 있는 제도이다.

법원의 일반직원에 대한 것은 법 제50조에서 준용되고, 전문심리위원에 대한 경우 법 제164조의 5에서 준용되며, 집행관의 제척에 관하여는 집행관법 제13조, 가사조정장·조정위원·사법보좌관에게는 가사소송법 제4조, 비송사건에 있어서 법원직원의 제척에 관하여는 비송사건절차법 제5조, 중재인의 경우에는 중재법 제6조에서 각각 준용되어 있다. 감정인에게도 기피제도가 있다(제336조).

2. 法官의 除斥

1) 除斥의 이유(제41조)

제1호: 법관 또는 그 배우자나 배우자였던 자가 사건의 당사자가 되거나,

사건의 당사자와 공동권리자·공동의무자·상환의무자의 관계에 있는 때

가) 법 제41조에서 당사자라고 함은 제척제도의 본질상 넓은 의미로 각종 소송참가인, 선정당사자(제53조), 탈퇴한 당사자(제80조, 제82조), 파산관재인이 당사자인 경우의 파산자 본인 등과 같이 제 3 자의 소송담당시의 본인(제218조 Ⅲ) 등 분쟁의 해결에 관하여 실질적 이해관계가 있어 기판력이나 집행력이 미치는 자를 포함한다.

나) 법 제41조에서 사건이라고 함은 현재 계속중인 당해사건만을 가리킨다.[1)]

다) 공동권리자·공동의무자 또는 상환의무자의 관계에 있다고 하는 뜻은 공유자, 연대채무자, 어음법 제47조의 소구의무자, 주채무자와 보증인 등과 같이 그 사건의 판결에 의하여 확정되는 법률관계의 존부로 말미암아 법률상 영향을 받을 지위에 있음을 말하고, 주식회사인 당사자의 주주나 채권자인 경우와 같이 사실상 경제적·간접적 영향을 받을 경우는 제외한다.[2)]

제 2 호: 법관이 당사자와 친족, 호주, 가족의 관계에 있거나 이러한 관계가 있었을 때

이 경우의 친족·호주·가족의 개념은 민법상의 개념에 따른다(민 제767조, 제777조, 제778조, 제779조 참조).

제 3 호: 법관이 사건에 관하여 증언이나 감정을 하였을 때

제 4 호: 법관이 사건당사자의 대리인이었거나 대리인이 된 때. 이 곳에서의 대리인은 임의대리인과 법정대리인을 포함한다.

제 5 호: 법관이 불복사건의 이전심급의 재판에 관여하였을 때. 다만 다른 법원의 촉탁에 따라 그 직무를 수행한 경우에는 그러하지 아니하다.

본호에 있어서 前審關與의 취지는 재판의 공정성과 심급제도의 유지에 있으므로 하급심의 종국판결 또는 상급심의 판단을 받을 중간판결[3)]의 합의와 재판서 작성에 관여한 것을 뜻한다.[4)] 그러므로 단지 최종변론전의 변론, 검증, 증거조사 또는 증거결정, 판결선고 등에만 관여한 경우에는 제척이유가 되지 아니한다.

재심소송에 있어서 그 대상이 되고 있는 원확정재판[5)]에 관여하였다거나, 본안사건에 관여한 법관이 그 집행문부여에 대한 이의의 소나 강제집행정지신청

---

1) 대판 1965. 8. 31. 65 다 1102.

2) 方 145면, 李時 79면, 鄭/庾 94면. 한편 대판 2010. 5. 13. 2009 다 102254는 종중소송에서 재판부의 구성법관이 종중의 구성원이면 당사자와 공동권리자·공동의무자의 관계에 있어 제척이유가 된다고 보았다. 이에 대하여 판례의 법리를 일반화할 경우 제척이유의 범위가 지나치게 확대된다고 비판하는 견해로 이동률, "법관의 제척", 중앙법학 13집 1호(2011. 3.), 67면 참조.

3) 대판 1997. 6. 13. 96 다 56115.

4) 대판 1994. 8. 12. 92 다 23537; 대판 1997. 6. 13. 96 다 56115.

5) 대결 1978. 7. 6. 78 마 147; 대판 1988. 5. 10. 87 다카 1979.

사건에 관여하거나, 법정화해에 관여한 법관이 화해내용에 따른 목적물의 인도 소송에 관여하였거나, 원심명령을 한 재판장이 제1심 경매절차에서 경매명령과 價格低減節次에 관여하거나, 본안사건의 재판장에 대한 기피신청사건의 재판에 관여한 법관이 다시 위 본안사건에 관여한 경우[1] 등은 모두 전심관여에 해당하지 아니하고 따라서 제척이유로 되지 아니한다. 뿐만 아니라 청구이의의 소(민집 제44조)에 있어서의 집행권원인 판결, 환송·이송 후의 절차에 있어서의 동심급의 원판결(제418조, 제419조, 제436조 참조), 이의신청 후의 소송절차에 있어서의 지급명령절차(제472조), 본안절차에 대한 가압류·가처분명령(민집 제276조 이하) 등도 제41조에서 말하는 전심재판에 해당하지 아니한다. 그리고 법관이 동일내용의 다른 사건에 관여한 경우에는 제척은 물론 기피사유가 있다고 할 수 없다.[2]

2) 除斥의 효과 　제척이유가 있는 법관은 법원의 구성원으로서의 결격사유가 있으므로 당연히 모든 재판사무의 집행으로부터 제외된다. 즉, 재판의 평결에 관여할 수 없음은 물론 기타 변론준비절차, 증거조사 및 소송지휘 등 일체의 직무행위를 할 수 없게 된다. 다만 수탁판사로서의 직무수행은 할 수 있다(제41조 5호 단).

소송절차를 개시한 후에 당사자의 신청이나 직권으로 제척의 재판을 하더라도 이는 확인적 효력이 있음에 불과하다. 왜냐하면 제척이유가 있으면 자동적으로 당해사건의 직무집행으로부터 배제되기 때문이다.

제척이유가 있는 법관이 관여한 재판이나 소송행위는 위법하고 당연히 상고(제424조 I (2))나 재심사유(제451조 I (2))가 된다.

3. 法官의 忌避

1) 忌避理由

가) 법관에게 공정한 재판을 기대하기 어려운 객관적 사정이 있는 경우에는 당사자는 기피신청을 할 수 있다(제43조 I). 즉 법관과 구체적 사건과의 관계로 보아 불공정한 재판을 하리라는 염려를 일으킬 수 있다고 인정되는 객관적 사정이 있음을 요한다.[3] 따라서 당사자의 주관적, 일방적 의혹만으로는 기피사유가 되지 아니한다. 법관이 다른 당사자 사이의 동일한 내용의 다른 사건에서 당사자에게

---

1) 대결 1991. 12. 27. 91 마 631.

2) 대판 1984. 5. 15. 83 다카 2009.

3) 대결 1966. 4. 4. 64 마 830; 대결 1967. 3. 28. 67 마 89. 그리고 재판의 공정을 기대하기 어려운 사정이 있다고 할 수 없는 구체적 예로는 대결 1968. 9. 3. 68 마 951; 대결 1993. 8. 19. 93 주 21 각 참조.

불리한 의견을 표시하였다는 사정은 기피이유가 되지 아니한다.[1)]

나) 기피는 제척제도를 보충하여 공정한 재판을 확보하려는 제도이므로 제척이유에 해당되지 아니하더라도 우리나라의 정서와 풍토상 법관이 당사자 또는 대리인과 사실상 일정한 친소관계가 있을 때에는 과감하게 기피사유를 인정하여야 한다.

2) 除斥·忌避의 節次

가) 申請方式

(i) 제척이유가 있는 법관은 당연히 직무집행으로부터 배제되지만 제척이유의 유무에 관하여 다툼이 있을 경우에는 법원은 직권 또는 당사자의 신청에 의하여 제척의 재판을 한다(제42조). 그러나 기피이유가 있다고 생각되는 경우에는 당사자의 신청에 의하여서만 참작된다(제43조).

(ii) 합의부의 법관에 대한 제척·기피는 그 합의부에, 수명법관·수탁판사·단독판사에 대한 경우에는 그 법관에게 그 이유를 밝혀 신청하여야 한다(제44조 I). 제척 및 기피이유와 소명방법은 신청일로부터 3일 내에 서면으로 제출하게 함으로써 그 남용을 방지하고자 한다(제44조 II).

(iii) 또한 대법원의 경우에는 바로 위 상급법원이 없으므로 대법관 전원에 대하여 기피신청을 하거나[2)] 법원조직법 제7조 1항 본문으로 정한 합의체를 구성할 수 없는 수의 대법관을 동시에 제척·기피신청함은 법률상 허용되지 아니한다.[3)]

(iv) 당사자가 기피이유가 있음을 알고도 본안에 관하여 변론하거나 변론준비기일에서 진술한 때에는 기피신청을 하지 못한다(제43조 II).

나) 裁　判

(i) 신청을 받은 법원 또는 법관은 그 신청이 法 제44조의 방식규정에 위배된 경우(예컨대 기피이유 불명 또는 소명방법 미제출 등) 또는 소송지연의 목적으로 함이 명백한 경우에는[4)] 결정으로 각하한다(제45조 I).

(ii) 재판은 제척 또는 기피당한 법관의 소속법원의 다른 합의부가 결정으로 한다(제46조 I, 법조 제32조 I [5]). 이 경우에 그 법관 자신은 결정에 관여할 수 없고 의견만 진술할 수 있다(제46조 II). 제척 또는 기피당한 법관의 소속법원이 합의부를 구성하지 못

1) 대판 1993. 6. 22. 93 재누 97.
2) 대결 1966. 3. 15. 64 주 1.
3) 대결 1966. 6. 2. 64 주 2.
4) 대결 1991. 6. 14. 90 두 21(이미 한 기피신청과 같은 내용으로 다시 한 기피신청의 각하).

하는 경우에는 바로 위의 상급법원이 결정한다(제46조 III).

(iii) 어떠한 이유이든 기피당한 법관이 그 사건에 관하여 직무를 집행할 수 없게 된 때에는 기피신청은 그 목적을 잃어 이를 유지할 이익이 없게 된다.[1] 그러나 이러한 경우가 아니면 제척 또는 기피당한 법관은 바로 그 신청에 대한 의견서를 제출하여야 한다(제45조 II). 이 경우 판례는 기피당한 법관의 의견서에 대하여 판단하지 아니하였거나 그 법관의 의견진술절차를 거치지 아니하여도 심리미진이 아니라고 한다.[2]

(iv) 제척·기피가 이유 있다고 하는 결정에 대하여는 불복하지 못하나(제47조 I), 법 제44조의 방식에 위배되거나 소송지연을 목적으로 한 신청을 각하한 결정, 또는 제척·기피가 이유 없다는 결정에 대해서는 즉시항고를 할 수 있다(제47조 II). 그러나 제45조 1항의 각하결정에 대한 즉시항고는 집행정지의 효력이 없다(제47조 III).

(v) 기피재판은 제척재판과 달라 그 재판이 확정되어야 비로소 그 법관이 직무집행에서 배제되므로 이 재판의 성질은 형성적 재판이다. 기피재판을 받은 법관이 관여한 재판은 위법이고, 상고나 재심으로 다툴 수 있음은 제척의 경우와 같다.

3) 效 果 — 本案節次의 停止

가) 제척·기피신청이 있으면 그 재판이 확정될 때까지 소송절차를 정지하여야 한다(제48조 본). 그러나 그 신청이 각하된 경우, 또는 종국판결의 선고나 긴급을 요하는 행위(예컨대 가압류·가처분명령이나 멸실의 염려가 있는 증거조사)는 이를 실시할 수 있다(제48조 단).

나) 법 제45조 1항에 의하여 신청방식에 위배하였거나 소송지연을 목적으로 한 제척· 기피신청이 각하된 경우에도 소송절차는 정지되지 아니한다. 이는 소송지연을 위한 기피신청권의 남용을 방지하려는 뜻이다. 그러므로 제 1 심 변론종결 후에 기피신청을 한 경우 소송절차를 정지하지 아니하고 제 1 심의 종국판결을 선고하더라도 위법이 아니며[3] 그처럼 종국판결이 선고되면(제48조 단) 기피신청의 목적은 소멸하므로 그 신청에 대한 재판을 할 이익이 없어진다.[4]

다) 절차의 정지중에 판결선고나 긴급을 요하는 행위 이외의 소송행위를 한

1) 대결 1992. 9. 28. 92 두 24(사건이 재배당된 경우).
2) 대결 1992. 12. 30. 92 마 783.
3) 대판 1993. 11. 9. 93 다 39553; 대판 1996. 1. 23. 94 누 5526.
4) 대결 1991. 6. 14. 90 두 21; 대결 2008. 5. 2.자 2008 마 427.

경우 기피결정이 확정되면 그 행위가 위법한 것으로 되어 상고나 재심사유로 되지만 후일 기피신청이 각하 또는 기각으로 확정된 때에는 그 소송행위의 위법은 치유된다.[1)]

4. 法官의 回避

제척 또는 기피이유가 있다고 자인하는 법관은 직접 감독권이 있는 법원(각 원장, 지원장 또는 부장)의 허가를 받아 스스로 직무집행을 회피할 수 있다(제49조). 회피의 허가는 재판이 아니고 사법행정상의 행위에 불과하므로 제척 또는 기피이유가 있다고 생각하는 법관이 회피 후 그 사건에 관하여 직무를 행하였다 하더라도 기피재판이 있기 전까지는 위법으로 되는 것은 아니다.

제3절 法院의 管轄

I. 總 說

1. 管轄의 의의

관할(Jurisdiction)이라 함은 사건에 우리나라 법원의 재판권이 미침을 전제로 하여 국내의 각종, 각급, 다수의 법원 중 어느 법원이 특정사건을 관장하느냐에 관한 소송사건 분배범위를 뜻한다. 관할은 당사자의 입장에서 보면 어느 법원에 소를 제기하거나 응소를 해야 하는가의 문제이고, 법원의 입장에서는 그가 행사할 수 있는 재판권의 범위의 문제이다.

관할권은 재판권과 다르다. 3권분립에서 사법권의 핵심이 되는 재판권이란 법원의 일반적인 분쟁심판권능을 가리키는 데 대하여, 관할은 재판권의 존재를 전제로 하여 어느 법원이 심판할 것인가의 문제이다. 재판권 흠결의 경우에는 각하로, 관할흠결의 경우에는 이송으로 처리한다.

관할은 또한 법원상호간의 직무범위를 뜻하므로 동일법원 내의 사무분장과 구별하여야 한다.

1) 대판 1978. 10. 31. 78 다 1242. 동지 姜 79면. 반대설은 方 151면, 田 115면(소송절차의 정지를 규정하는 법의 취지에 반한다는 주장이다). 그리고 당사자의 소송상 이익을 해하지 않는 경우에 한하여 치유된다는 절충설은 李時 85면, 鄭/庾 98면, 김홍 63면, 정영 200면. 절충설에 부합하는 대판 2010. 2. 11. 2009 다 78467, 78474는 기피신청을 각하하는 결정이 확정되는 사정만으로는 민사소송법 제48조의 규정을 위반하여 쌍방불출석의 효과를 발생시킨 절차위반의 흠결이 치유되지 않는다고 보았다.

2. 管轄의 종류

관할은 여러 가지 기준에 따라 나눌 수 있다.

관할이 결정되는 근거에 따라 그 근거가 법률의 규정이면 법정관할, 법원의 결정이면 지정관할, 당사자의 합의이면 합의관할, 그리고 피고의 응소이면 변론관할이 된다. 법정관할에는 재판권의 작용이 다름에 따라 직무관할, 법원의 재판권 행사의 지역적 한계에 따른 토지관할 및 소송목적의 값에 따른 사물관할이 있다.

또한 공익상 필요에 의하여 어느 특정법원에만 관할이 있음을 특정한 경우를 전속관할이라고 하고, 반대로 당사자의 편의와 공평을 위하여 정해진 관할을 임의관할이라고 하는데 소송법상 효과에 있어서 차이가 있다.

관할이 경합하는 경우에 당사자가 그 중 하나를 선택하면 선택관할이라 하고, 당사자의 선택에 의하여 비로소 특정되는 관할을 우선관할이라고 한다.

3. 管轄決定의 표준시기

법원의 관할은 소를 제기한 때를 표준으로 하여 결정되고(제33조), 그 후의 사정변경에 따라 변동되지 아니한다.[1] 본래 모든 민사소송상의 소송요건은 사실심변론종결시까지를 기준으로 하여 결정함이 원칙임에도 불구하고 관할권의 존부라는 소송요건만은 특히 소를 제기한 때를 표준으로 하여 결정하는 이유는 관할의 동요를 방지하여 이를 恒定하려는 취지이다. 소를 제기한 때라 함은 소장(제248조) 또는 기타 소장에 준하는 서면(제79조, 제83조, 제262조, 제264조, 제269조, 제388조)을 법원에 제출한 때, 그리고 소액사건의 경우에는 구술에 의한 소를 제기한 때(소액 제4조), 그리고 법 제388조 및 제472조의 경우에는 화해신청 내지 지급명령신청을 한 때, 민사조정법 제36조의 경우에는 조정신청을 한 때를 가리킨다.

또한 소송계속중 토지관할의 원인사유의 변경(예컨대 피고의 주소변동), 소의 일부취하, 소송참가, 일부판결 또는 법원에 의한 변론의 분리나 병합이 있더라도 토지 또는 사물관할에 변동을 가져오지 아니한다.[2]

---

1) 대판 1966. 5. 24. 66 다 517.

2) 나중의 사정 변경이 사물관할에 변경을 초래하지 않는다는 판례는 대결 1966. 6. 18. 66 마 323; 대판 1970. 6. 30. 70 다 743. 토지관할에 영향이 없다는 판례는 대결 1970. 1. 8. 69 마 1067. 그리고 본안사건이 계속된 법원에 적법하게 계속중인 보전신청은 그 뒤의 본안사건에 대한 소송계속존부에 영향이 없다는 판례로는 대판 1963. 12. 12. 60 민상 824. 소액사건에의 해당 여부는 제소당시를 기준으로 정해지므로 병합심리로 인해 그 소가합산액이 소액사건의 소가를 초과하였더라도 소액사건임에는 변함이 없으므로 상고제한에 관한 동법 제3조의 적용을 받는다는 대판 1991. 9. 10. 91 다 20579, 20586 각각 참조.

다만 소를 제기한 때에 관할이 없다 하더라도 소송절차 진행중에 관할원인(당사자의 응소나 관할의 합의, 소송물가액의 변동 등)이 발생하면 그 흠결은 치유된다고 본다.

4. 管轄에 관한 職權調査

1) 職權調査 소의 제기를 받은 법원이 관할권을 가져야 함은 본안판결을 하기 위하여 갖추어야 할 전제요건(소송요건)이므로 관할권의 유무는 직권조사사항이고(제32조), 당사자에게 이송신청권이 있는 것이 아니다.[1] 그러나 전속관할이 아닌 경우에는 변론관할이 생길 수도 있으므로 법원은 일단 변론준비절차 또는 변론을 열어서 피고의 응소 여부 등을 심사한 뒤에 관할유무를 결정함이 옳다고 본다. 법원이 관할에 관한 사항을 직권으로 조사해야 하는 대부분의 경우는 전속관할의 규정이 있는 경우와 임의관할에 관하여는 당사자간에 관할의 유무에 관한 다툼이 있는 경우이다.

2) 調査의 정도 관할에 관한 조사는 관할을 정하기 위하여 필요한 한도 내에서 한다. 관할권의 유무는 소장에 표시된 원고의 청구원인사실을 기준으로 하여야 하므로[2] 관할이 소송물의 종류, 성질 및 가액에 의하여 결정되는 때에는 청구취지와 청구원인에서 원고가 주장하는 사실관계를 토대로 판단한다. 만일 관할이 소송물의 성질 등과는 관계 없고, 피고의 보통재판적을 정하는 원인인 주소(제3조)나 재산이 있는 곳(제11조) 등에 의하여 결정될 때에는 관할의 원인사실의 존부를 조사하여 이를 기준으로 정한다.

또한 관할원인이 되는 사항이 본안내용과 관계가 있는 경우에도 그러한 조사를 할 수 있으나 관할을 정하기 위하여 필요한 한도에 그쳐야 할 것이다.[3]

3) 調査의 결과 관할유무에 관하여 다툼이 있는 때에는 중간판결(제201조)이나 종국판결의 이유 중에서 판단하여야 한다. 관할권을 부정할 경우에는 결정으로 관할법원에 이송하여야 한다(제34조). 관할권이 없으면 본안판결을 할 수는 없으나 소제기방식위반, 대리권흠결 또는 소송능력흠결 등을 이유로 한 소의 부적법 각하판결은 할 수 있다. 관할권 없는 법원이 이를 간과하고 본안판결을 하더라

1) 대결 1986. 6. 17. 86 마 344.
2) 대결 1966. 1. 5. 65 마 998 참조.
3) 方 133면.

도 상소심에서는 그것이 전속관할위반이 아닌 한 문제되지 아니한다.[1] 즉, 임의관할의 흠결은 제1심 판결로써 치유된다(제411조). 그러나 전속관할위반은 상소할 수 있고, 제1심 판결의 취소이유가 되며, 사건은 관할법원으로 이송된다(제419조). 다만 전속관할위반은 절대적 상고이유이나(제424조 I [3]), 재심사유가 아니므로 판결이 확정된 후에는 더 이상 다투지 못하고 그 흠결은 치유된다.

Ⅱ. 職務管轄(職分管轄)

1. 意 義

직무관할이란 어느 법원에 어떤 재판권의 작용을 배분시킬 것인가의 문제이다. 이는 동일사건이라도 판결절차·제소전 화해절차·독촉절차·강제집행절차 등 성질이 다른 재판권이 행사될 수 있고, 동일재판절차에서도 심급마다 각각 재판권의 작용도 달라지기 때문이다.

2. 審級管轄

심급이라 함은 동일사건을 기능이 다른 법원에서 되풀이하여 심판하게 하는 경우에 각 심급의 심판절차 또는 각급법원이 가지는 재판권의 한계를 말한다. 즉 1, 2, 3심급 중 어떤 심급의 재판을 분담할 것인가의 문제이다. 3심제도를 두는 이유는 재판의 적정과 법령해석의 통일을 기함에 있다.

심급관할은 원래 전속적인 것이지만 不抗訴合意(제390조 I 단)가 인정되는 한도 내에서는 임의관할이 인정된다고 볼 수 있다.

3. 受訴法院과 執行法院의 직무관할

민사소송절차는 판결작용과 강제집행작용으로 크게 구별되기 때문에 이러한 작용을 수행하는 법원도 다르게 하기 위하여 생긴 관할이다.

수소법원이라 함은 과거에 재판절차가 계속되었거나, 현재 계속중이거나, 장래에 계속될 법원을 가리키는바, 판결절차를 실시함이 본연의 직무이다. 다만 증거보전절차(제375조 이하), 재산명시절차 및 채무불이행자등재절차(민집 제61조 이하), 가압류·가처분절차(민집 제4편) 등을 취함도 수소법원의 직무에 속한다.

집행법원은 수소법원이 내린 최종적 판단을 당사자에게 적용해서 강제집행을 하는 직분을 가진 법원이다. 일반적으로 민사집행법에서 규정한 집행행위에

1) 대판 1969. 7. 8. 69 다 722; 대판 1987. 11. 24. 87 다카 257.

관한 법원의 처분이나 그 행위에 관한 법원의 협력사항을 관할하는 데 원칙으로 집행법원은 집행절차를 실시할 곳이나 실시한 곳을 관할하는 지방법원이 된다(민집 제 3 조). 원칙적으로 집행법원은 지방법원단독판사이다.

Ⅲ. 事物管轄

1. 事物管轄의 의의

법원조직법은 제 1 심에 있어서는 사건의 신속하고 저렴한 해결을 위하여 단독제를 원칙으로 하고(제 7 조 Ⅳ), 소송목적의 값이 크거나 복잡성 또는 중요성을 가진 사건은 신중하게 처리한다는 취지에서 예외적으로 합의부의 관할로 하고 있다(제 7 조 Ⅴ).

사물관할은 이처럼 동일지방(가정)법원 및 지방법원지원의 단독판사와 합의부간의 제 1 심 사건분배의 표준을 말한다.[1] 원래 지방법원의 단독판사와 합의부는 조직상 별개의 법원은 아니나 소송상 별개의 법원으로 보며 따라서 이들간의 재판권 분담은 단순한 사무분담이 아니고 관할의 문제이다. 다만 대법원의 부나 시·군판사는 사물관할의 범위에 속하지 아니한다.

합의부와 단독판사간의 사물관할은 재정합의부의 결정, 관할합의(제29조), 변론관할(제30조) 및 이송재판(제34조) 등에 의하여 변경될 수 있다.

2. 事物管轄의 내용

1) 合議部의 심판사건(법조 제32조 Ⅰ, 사물관할규칙 제 2 조 및 제 3 조)

가) 裁定合議事件(법조 제32조 Ⅰ [1]) 소송물가액의 많고 적음에 관계 없이 합의부가 심판할 것으로 스스로 결정하면 합의사건이 된다. 이를 보통 재정합의사건이라고 한다. 각 지방법원 및 동지원에는 합의부에서 심판할 사건을 결정하기 위하여 재정합의부가 구성되어 있으므로 법관의사무분담및사건배당에관한예규 제 9 조의 2에 의하여 단독사건을 합의부에서 심판할 여부는 재정합의부에서 결정하여 배당한다. 이 경우에는 법관의 업무량, 사건내용의 복잡성이나 중요성을 고려하여 적절히 조절한다.

나) 訴訟目的의 값이 金 1억원을 초과하는 민사사건(사물관할규칙 제 2 조 본문) 법원조직법에서 관할이 소송목적의 값에 따라 정해지는 경우 그 값은 소로써 주장하는

---

1) 어떤 내용의 재판을 기준으로 지방법원합의부와 단독판사의 관할을 정하였다면 이는 직무(직분)관할의 문제이다.

이익에 따라 계산하여 정한다(제26조 I). 소송목적의 값이 1억원을 초과하여야 하므로 그 값이 정확히 1억원이면 단독사건이다.

다) 民事訴訟等印紙法 제2조 4항의 규정에 해당하는 민사사건 소송목적의 값을 계산할 수 없어 민사소송등인지법에 미루어진 경우는 두 가지인데, 재산권상의 소로서 소송목적의 값을 산정할 수 없는 경우와 비재산권상의 소의 경우이다.[1)]

(i) 재산권상의 소로서 소송목적의 값을 산출할 수 없는 경우는 예컨대 주주의 대표소송(상 제403조 이하), 이사의 위법행위유지청구의 소(상 제402조), 신주발행유지청구의 소(상 제424조), 상호사용금지의 소(상 제23조), 주주의 회사장부열람청구의 소(상 제466조), 지적재산권에 관한 소(민인규 제18조)의 경우이다.

(ii) 비재산권상의 소라 함은 대체로 신분과 인격에 관한 권리나 법률관계에 관한 소송으로서 그 자체가 경제적 이익을 내용으로 하지 않는 것을 뜻한다. 예컨대 여러 가지 인격권에 관한 소송(예컨대 성명권이나 초상권의 침해중지), 명예회복을 위하여 적당한 처분을 구하는 소(민인규 제14조), 회사관계소송(대표소송과 유지청구소송 등 제외)과 이에 준하는 회사 아닌 단체에 관한 소송(민인규 제15조 II, III), 해고무효확인의 소(민인규 제15조 IV) 등이 대표적인 것이다. 부양료청구나 명예침해로 인한 손해배상청구의 소는 경제적 이익을 토대로 하므로 비재산권상의 소가 아니다.

회사설립무효·취소의 소 또는 주주총회결의취소·무효확인의 소 등 회사법상의 소는 회사본점소재지의 지방법원의 관할에 전속한다(상 제186조). 지방법원의 심판권은 원칙적으로 단독판사가 행사하는 만큼 상법 조문의 형식상 이러한 소를 지방법원 단독판사의 관할에 전속시키는 듯하나 회사소송의 단체적 이해관계의 중대성에 비추어 지방법원합의부의 전속관할에 속하는 것으로 실무상 처리한다.

라) 牽聯請求事件 본소가 합의부의 관할에 속하는 경우에는 독립당사자참가, 중간확인의 소, 반소 등의 견련사건은 그 소송물 가액에 관계없이 본소와 함께 합의부의 관할에 속한다.

마) 家庭法院의 경우에도 單獨判事가 심판권을 행사함이 원칙이고, 合議部의 관할은 다음과 같다(법조 제40조 I; 사물관할규칙 제3조) i) 재정합의사건, ii) 소송목적의 값이 5천만원을 초과하는 다류 가사소송사건(재정단독사건 제외), iii) 마류 가사비송사건 중 家訴法 제2조 제1항 나(2)의 제6호, 제9호, 제10호 사건(재정단독사건 제외), iv) 가

---

1) 선박소유자 등의 책임제한절차개시 신청사건은 소가를 산출할 수 없는 재산권상의 신청에 해당한다. 대결 1998.4.9. 97 마 832.

정법원 판사에 대한 제척·기피사건, v) 다른 법률에 의하여 가정법원합의부의 권한에 속하는 사건만을 예외로 합의사건으로 하였다(법조 제40조 I [3]).

2) **單獨判事의 事物管轄** 제 1 심 민사사건 중 위에서 고찰한 합의부의 관할사건을 제외한 모든 민사사건은 단독판사가 심판한다.

가) 소송목적의 값이 1억원을 넘지 않는 사건, 또한 수표금·약속어음금 청구사건, 각종 금융기관의 대여금·구상금·보증금 청구사건, 자동차손해배상보장법에서 정한 자동차·원동기장치자전거·철도차량의 운행 및 근로자의 업무상 재해로 인한 손해배상 청구사건은 사안이 단순하므로 가액의 고하를 막론하고 신속한 유통증권상의 권리실현과 소송경제를 위하여 단독사건으로 하였다.

나) 재정합의부의 결정에 의하여 단독판사의 권한에 속하게 된 사건(재정단독사건)

다) 본소가 단독판사의 관할인 경우 이에 병합하여 제기되는 소송계속중의 소도 원칙적으로 단독판사의 관할에 속한다(예외는 제 269조 II). 또한 원래의 소송사건을 재판했던 수소법원이 단독판사이면 그에 따른 집행문부여의 소(민집 제33조), 청구에 관한 이의의 소(민집 제44조 I) 등의 부수소송은 단독사건이 된다.

3. 訴訟目的의 값 算定

1) **訴訟目的 또는 訴訟物의 의의** 소송물이란 소송의 목적, 즉 원고가 소를 제기하여 심판을 요구하는 특정한 사법상의 권리나 법률관계라고 일응 말할 수 있으며, 무엇이 소송물이 되느냐 하는 것은 원고의 소의 내용, 즉 소장에 표시된 청구취지와 청구원인에 의하여 결정된다.[1]

2) **訴訟目的의 값의 의의** 소송목적의 값, 즉 訴價란 원고가 소로써 주장하는 권리나 법률관계에 관하여 가지는 경제적 이익을 소를 제기한 때를 표준으로 객관적으로 평가하여 금액으로 표시한 것이다. 즉 기판력이 발생하는 소송물에 관한 이익이므로 심판의 난이도, 피고의 자력, 원고의 전매이익, 주관적 감정, 기존판결이나 반대채권의 유무 등에 의하여 좌우되지 아니한다. 소송목적의 값을 산정함은 첫째 사물관할을 정하는 표준이 되며, 둘째 소장 기타 소송상 신청서류에 붙일 인지액을 산출하는 근거가 된다(민인 제 2 조, 제 3 조). 인지대는 국가의 재판제도를 이용하는 수수료의 성질을 갖는다.

1) 후술 제 3 편 제 1 장 제 5 절 I. II. III. 참조.

3) 訴訟目的의 값의 산정방법 법원은 민사소송등인지규칙에 따라 소송목적의 값을 산정하며(제26조 I, 민인규 제6조), 필요하다고 인정하는 때에는 직권 또는 신청에 의하여 공무소 기타 상당하다고 인정되는 단체 또는 개인에게 사실조사 또는 감정을 촉탁하고 필요한 사항의 보고를 요구할 수 있다(민인규 제8조 III).

소송목적의 값은 기본적으로 원고가 청구취지로써 구하는 범위 내에서 그가 전부 승소할 경우에 직접 받는 경제적 이익을 기준으로 객관적으로 평가하여 산정한다. 재산권상의 소는 경제적 생활관계를 기초로 하고 있는 만큼 이론상 모두 소송목적의 값을 계산하여 정할 수 있을 것이나 그 산정이 심히 어려운 경우와 비재산권상의 소의 경우에는 민사소송등인지법에 의할 것이다(제26조 II).

4) 請求倂合한 경우의 訴訟目的의 값

가) 合算의 원칙 하나의 소로써 여러 개의 청구를 하는 때, 즉 원고에 의한 원시적 또는 후발적 청구병합(제253조)의 경우에는 원칙적으로 그 여러 청구의 값을 합산한다(제27조 I, 민인규 제19조). 여러 개의 비재산권상의 청구이거나(민인규 제22조) 또는 재산권상의 소와 비재산권상의 소의 병합이거나(민인규 제23조 I)간에 그 수개의 청구의 경제적 이익이 독립한 별개의 것이면 합산한다.

나) 例 外

(i) 청구가 형식상 두 개 이상 존재하더라도 이들이 경제상 독립된 경우가 아니고 1개의 청구가 다른 청구의 수단에 불과한 경우, 예컨대 건물철거와 대지인도를 청구하는 경우에는 건물철거청구는 대지인도청구의 수단에 불과하므로 소송목적의 값은 대지인도청구의 금액이다(민인규 제21조).

(ii) 각 청구에 대한 경제적 이익이 동일 또는 중복될 경우, 예컨대 선택적 병합, 예비적 병합, 代償請求의 병합, 수인의 연대채무자에 대한 청구 등의 경우에는 합산하지 아니하고 중복되는 범위 내에서 흡수되고 그 중 최대액인 청구가액을 청구목적의 값으로 한다. 또는 청구 중에 전속관할의 규정의 적용을 받는 청구가 있을 경우에도 마찬가지이다(민인규 제20조).

(iii) 附帶請求의 不算入 주된 청구 외에 과실, 손해배상, 위약금 또는 비용의 청구가 소의 부대목적이 되는 때에는 이들의 값은 청구목적의 값에 합산하지 아니한다(제27조 II). 이들은 별개의 소송물임에도 불구하고 이를 주된 청구와 함께 청구하면 소송목적의 값을 산정시에 배제하는데, 그 산정을 간편하게 하여 사물관할을 쉽게 확정하려는 취지이다.

과실은 천연과실과 법정과실을 가리키는데(민 제102조), 이자도 원본에 들어가면 이미 부대청구는 아니다. 손해배상은 주청구의 이행을 지체하였기 때문에 생기는 배상청구권을 뜻하고,[1] 전보배상을 의미하지 아니한다. 위약금(민 제398조 Ⅳ)도 약정된 지연손해금을 가리키고 해약시에 예정된 위약금을 포함하지 아니한다. 비용이란 주청구의 권리행사를 위한 비용, 예컨대 최고비용 등이다. 요컨대 부대목적이라 함은 다른 청구와 동일하게 소송의 목적이 되어 있으나 다른 청구에 대하여 그 발생에 있어서 종속적인 관계에 있는 종된 청구로서 주된 청구에 대하여 독립적으로 존재하는 것을 말한다.[2]

Ⅳ. 土地管轄

1. 土地管轄과 裁判籍의 개념

「각급법원의설치와관할구역에관한법률」에 의하여 전국적으로 많은 법원이 설치되어 있고, 각급법원의 관할구역은 법정되어 있다. 즉, 법원을 중심으로 그 재판권행사의 지역적 한계가 그어져 있다. 그러므로 전국의 많은 지방법원 중 어느 곳의 법원에 소를 제기할 것인가를 따지는 관할을 토지관할이라고 한다.

토지관할은 어느 법원의 관할구역 내에 당사자나 소송물이 일정한 관련지점(예컨대 피고의 주소지)을 가지고 있을 때에 정해지는데, 토지관할이 발생하는 근거가 되는 관련지점을 재판적이라고 부르는 수가 있다. 따라서 토지관할과 재판적은 보통 같은 의미로 쓰이지만 법원의 측면에서 보면 토지관할이라고 하고 당사자와 소송물의 측면에서 보면 재판적으로 부를 수 있다.

2. 裁判籍의 종류

1) 人的 裁判籍·物的 裁判籍 재판적 중 소송의 당사자 특히 피고와 토지와의 관계(예컨대 주소·영업소)에서 결정되는 것을 인적 재판적(속인적 재판적)이라 하고, 소송의 목적인 소송물과 토지와의 관계(예컨대 불법행위지, 목적물소재지)에서 결정되는 것을 물적 재판적(속물적 재판적)이라고 한다.

2) 普通裁判籍·特別裁判籍 일정한 법원이 소송물의 종류나 내용에 관

1) 대결 1962. 10. 18. 62 라 11 판결 중 지연손해금의 일부에 대하여 항소를 한 경우에 이를 독립된 소송물로 보고 인지액을 계산하라는 판례 참조. 또한 대결 1992. 1. 7. 91 마 692도 주된 청구의 이행을 지연하였기 때문에 생기는 지연배상이라고 보고 있다.
2) 方 108면.

계 없이 어느 피고에 대한 모든 소송사건에 대하여 일반적·원칙적으로 토지관할권을 가지는 경우에 이를 보통재판적이라고 하며, 당사자의 요소는 제외하고 일정한 범위나 종류의 사건에 대하여서만 인정되는 재판적을 특별재판적이라고 한다. 당사자를 중심으로 보통재판적을 따져서 관할법원을 결정하지 못할 바 아니로되 특별재판적을 또다시 인정하는 취지는 당사자의 편의와 공평, 그리고 법원의 적정 및 소송경제를 고려한 결과이다. 법은 관련재판적 이외에 여러 가지 특별재판적을 인정하여 보통재판적의 경우보다 원고에게 편의를 베풀고 있다. 보통재판적은 항상 인적 재판적이지만 특별재판적은 인적 재판적인 경우와 물적 재판적인 경우가 있다.

법 제2조가 「소는 피고의 보통재판적이 있는 곳의 법원이 관할한다」라고 규정한 것은 「원고는 피고의 법정에 따른다」(actor sequitur forum rei)라는 로마법 이래 대륙법의 일반원칙을 선언한 것이다. 왜냐하면 대체로 재산상의 신용을 남에게 준 사람은 그 신용이 있는 곳으로 찾아가서 제소함이 사회평화와 질서유지에 도움이 될 것이라고 보기 때문이다. 영미법의 경우에는 원래 일반관할의 근거를 피고의 현존(Presence) 또는 계속관계의 설정(Permanent establishment)에서 구하였으나, 오늘날 피고주소지의 재판관할을 일반적으로 인정함은 관할권확대의 필요라는 정책적 고려에 기인한 것이다.

3) 獨立裁判籍·關聯裁判籍　특별재판적에는 다시 다른 사건과 관계 없이 인정되는 독립재판적과 다른 사건이나 다른 절차와 관련하여 비로소 인정되는 관련재판적이 있다. 관련재판적에 관하여는 후술한다.[1)]

3. 普通裁判籍의 각 경우

1) 自然人인 被告의 보통재판적

가) 피고가 자연인인 때에는 그 사람의 주소에 의하여 보통재판적이 결정된다(제2조, 제3조 I). 주소는 생활근거가 되는 곳인바, 민법상의 개념에 따른다(민 제18조 I). 주소가 두 곳 이상 있는 경우(민 제18조 II)에는 그 주소지마다 보통재판적이 생긴다.

나) 보통재판적을 정하는 제2차적 표준은 거소인데(제3조 단전), 이는 대한민국에 주소가 없거나 이를 알 수 없는 경우에 한하여 보충적으로 인정된다.[2)]

다) 한국 내에서 주소와 거소를 알 수 없거나 또는 보통사람의 주의로서도

1) 제2편 제1장 제3절 Ⅳ. 5. 참조.
2) 서울고판 1972. 11. 22. 71 르 91 판결은 거소가 있었다고 볼 수 있다는 참고판례이다.

거소를 찾을 수 없는 경우에는 마지막 주소(the last known address)에 의한 보통재판적이 인정된다(제3조 단후). 이 경우에는 외국에 주소가 있고 없음은 고려할 여지가 없다. 따라서 최후주소지의 관할법원에 제소하는 경우에는 사실상 소송서류를 송달할 수 없으므로 공시송달(제194~196조)에 의할 경우가 많을 것이다.

라) 대사·공사 그 밖에 외국의 재판권행사대상에서 제외되는 한국인이 법 제3조에 의한 보통재판적이 없는 때에는 그 보통재판적은 대법원이 있는 곳으로 한다(제4조).

2) 法人, 기타 社團·財團의 보통재판적

가) 국가를 제외한 국내의 각종 법인, 지방자치단체, 그리고 법인격 없는 사단·재단으로서 대표자나 관리인이 있어서 법 제52조에 의하여 당사자능력이 인정되는 단체 등의 보통재판적은 제1차적으로는 그 주된 사무소 또는 영업소가 있는 곳에 따라 결정된다(제5조). 이는 실체법상의 본점소재지주의와 취지를 같이 하는 것으로서(민 제36조, 상 제171조 Ⅱ) 정관에 정하여져 있지 않거나 등기가 되어 있지 아니하더라도 사실상 주된 사무소이거나 영업소이면 족하다.

나) 법인 및 비법인사단·재단이 사무소나 영업소를 갖지 아니한 때에는 제2차적으로 주된 업무담당자의 주소에 의한다(제5조 Ⅰ 후).

다) 합명회사의 업무집행사원, 주식회사의 대표이사, 또는 비법인사단·재단의 대표자나 관리인 등의 주된 업무담당자가 주소를 갖지 아니한 경우에는 그들의 거소에 의한다.

라) 외국법인, 그 밖의 비법인사단·재단의 보통재판적은 국내에 있는 그 사무소, 영업소 또는 업무담당자의 주소에 따라 정한다(제5조 Ⅱ). 지점만 있는 경우에는 그 소재지에 의하여 결정된다. 그러나 본조는 제12조와의 관계에서 볼 때 제한적으로 운영해야 한다. 제12조와의 균형상 최소한 해석을 통하여서라도 외국법인의 한국 내 사무소 또는 영업소의 소재만으로는 불충분하며 충분한 내국관련이 있어야만 국제재판관할을 인정할 수 있다고 해야 할 것이다.

3) 국가의 普通裁判籍　　국가도 민사관계의 주체가 되어 민사소송법상 당사자능력을 가지는바, 국가의 보통재판적은 소송에 관하여 국가를 대표하는 관청 또는 대법원이 있는 곳으로 한다(제7조).[1)]「국가를당사자로하는소송에관한법률」에 의하면 국가를 대표하는 관청은 법무부장관이므로 그가 있는 곳이 국가의 보

1) 대결 1964. 3. 23. 63 마 28 참조.

통재판적 소재지의 하나가 된다(동법 제2조). 행정소송의 경우에는 국가가 아니라 처분행정청을 피고로 하여 피고가 있는 곳을 관할하는 행정법원의 전속관할로 된다.

4. 特別裁判籍의 각 발생원인

1) **勤務地** 사무소 또는 영업소에 계속하여 근무하는 사람에 대하여 재산권에 관한 소를 제기하는 경우에는 업무에 관련된 소송이 아니더라도 그 사무소 또는 영업소가 있는 곳을 관할하는 법원에 제기할 수 있다(제6조). 이는 소액사건의 경우에 인정되던 근무지의 특별재판적을 일반화하여 직장근무자의 편의를 도모한 규정이다.

2) **居所地** 재산권에 관한 소는 거소지의 법원에 제기할 수 있다(제8조 전). 법 제3조에서 보충적으로 규정하고 있는 보통재판적으로서의 거소지와는 달리, 특정한 생활목적을 위하여 주소지 이외의 곳에서 상당기간 체재하면서 법률관계를 설정한 경우에는(예컨대 객지 근무자, 유학생) 그러한 체재장소인 거소지의 특별재판적을 가진 법원에 제기할 수 있다. 그런데 재산권에 관한 소라 함은 성질상 금전적 가치나 경제적 이익을 기초로 한 권리나 법률관계에 관한 소를 가리키지만 그 범위는 대단히 광범위하기 때문에 본조의 특별재판적은 사실상 보통재판적과 거의 다름이 없다. 민법이 주소에 관하여 복수주의를 취하고 있으므로 거소지(habitual residence)의 특별재판적을 인정할 이유는 더욱 희박해져 간다고 볼 수 있다.

3) **義務履行地** 재산권상의 소는 의무이행지의 법원에 제기할 수 있다(제8조 후). 성질상 경제적 이익을 기초로 한 권리나 법률관계에 관한 소이기만 하면 소의 종류를 불문한다. 계약상의 청구권에만 국한하지 아니하고 물권적 청구권, 법률상 당연히 생기는 채권적 청구권, 기타 단독행위 등에 모두 적용이 있다. 또한 계약을 전제로 한 것이면 계약상의 채권청구는 물론 계약해제로 인한 원상회복과 손해배상청구, 위약금청구 등에도 적용된다고 본다.[1] 왜냐하면 의무이행지의 특별재판적은 연혁적으로 독법상의 계약재판적에서 출발하여 널리 재산권상의 청구권에까지 확장된 것이기 때문이다.

의무이행지는 당사자의 합의, 실체법상의 규정(민 제467조, 상 제56조), 또는 의무의 성질에 따라 결정된다. 다만 우리 민법은 특정물인도채무 이외의 경우에는 지참채무의 원칙을 취하기 때문에(민 제467조, 상 제56조) 채권자의 주소나 영업소가 의무이행지가 된

1) 대결 1963. 9. 26. 63 마 10은 반대.

다.[1] 따라서 채권자인 원고는 자기의 주소지 관할법원에 소를 제기할 수 있게 된다. 그러한 한도 내에서는 法 제8조 후단의 규정은 法 제2조가 채무자의 주소에 대하여 보통재판적을 인정하고 있는 데 대한 특칙이라고 새길 수밖에 없다.

4) 어음·수표 支給地 어음과 수표에 관한 소는 그 지급지의 법원에 제기할 수 있다(제9조).[2] 어음법과 수표법이 어음의 소지인에게 어음채무자에 대한 합동책임을 추궁할 수 있도록 한 것과 발맞추어(어 제47조, 수 제43조) 어음금지급청구이거나 상환청구이거나 간에 어음채무자들을 한데 묶어 지급지법원에 제소할 수 있는 길을 연 것이다. 원고의 편의, 재판저촉의 방지 및 소송경제를 위한 배려이다. 여기서 지급지라 함은 최소독립된 행정구역(시, 구, 읍, 면 등)으로서의 지역을 뜻한다. 지급지의 기재가 없는 등의 경우에는 어음법에 규정이 있다(어 제76조 Ⅲ, Ⅳ, 제2조 Ⅲ, 수 제2조 Ⅱ).

5) 船員·軍人·軍務員의 경우 선원에 대하여 재산권에 관한 소는 선적이 있는 곳의 법원에 제기할 수 있고(제10조 Ⅰ), 군인과 군무원에 대하여 재산권에 관한 소는 군사용 청사가 있는 곳 또는 군함선의 선적이 있는 곳의 법원에 제기할 수 있다(제10조 Ⅱ). 이는 법 제8조 전단의 거소지의 특별재판적에 대한 신분적 특수규정이다.

6) 財産이 있는 곳 국내에 주소가 없는 사람 또는 주소를 알 수 없는 사람에 대한 재산권에 관한 소는 청구의 목적 또는 담보의 목적이나 압류할 수 있는 피고의 재산이 있는 곳의 법원에 제기할 수 있다(제11조). 이러한 특별재판적을 둔 이유는 우리나라에 주소를 가지지 아니한 자에 대하여 권리실행을 쉽게 하기 위한 것이다. 영미법상의 소위 準對物管轄(quasi in rem jurisdiction)에 해당하는 것이다.[3] 여기서 말하는 청구나 담보의 목적은 특정물이어야 하나, 유체물 이외의 채권 기타 권리라도 좋고, 담보는 물적 담보 외에 인적 담보를 포함한다.

---

1) 대결 1969. 8. 2. 69 마 469는 금전지급채무는 채권자 주소지 관할법원에 소구할 수 있다는 판례임. 피전부채권의 지급을 구하는 경우에도 마찬가지라는 대결 1964. 12. 9. 64 마 936 참조.

2) 약속어음의 의무이행지는 그 어음에 표시된 지급지이지 채권자의 주소지가 아니라는 대결 1980. 7. 22. 80 마 208 참조.

3) 이는 Harris v. Balk, 198 U.S. 215(1905) 판결에서 확립된 개념이다. 금전지급청구소송과 같이 소송이 특정인을 상대로 한 것인 경우에 채무자의 주내 재산을 가압류함으로써 그 재산에 대해서만 대물적으로 생기는 재판관할권을 의미한다. 가압류재판적(forum arresti)과 유사한 개념이다. 그러나 원고의 소인과 관계 없는 피고 소유의 재산이 법정지 내에 소재하는 것만으로 관할을 인정함이 공평과 실질적 정의에 비추어 정당한가라는 의문이 있다.

재산소재지의 특별재판적은 피고가 내국인인지 외국인[1]인지의 여부, 또는 법인인 여부를 불문하고 한국 내에 주소 또는 주된 사무소나 영업소가 없으면 인정될 수 있으므로 법 제3조 단서에 의한 거소나 마지막 주소에 의한 보통재판적과 경합하여 생길 수도 있을 것이다. 그리고 피고의 재산이 유체물일 경우에는 그 소재지, 일반채권일 경우에는 그 채무자의 주소지, 영업소소재지 또는 책임재산소재지, 어음, 수표, 주식 등 유가증권인 경우에는 증권소재지가 관할 법원이 된다. 재외자의 특허권에 관한 소송에서 국내에 특허관리인(특 제5조)이 있는 때에는 그의 주소 또는 영업소를, 특허관리인이 없는 때에는 특허청 소재지를 민사소송법 제11조의 재산소재지로 본다(특 제13조).

7) 業務者에 대한 사무소·영업소가 있는 곳 法 제12조는 사업을 하는 자를 상대로 하는 업무상 소송에 관하여 그 업무의 중심지인 사무소 또는 영업소가 있는 곳의 재판적을 인정하려는 것이다. 영업소를 가진 자가 스스로 원고가 되어 소를 제기하는 경우에는 그 적용이 없다.[2]

업무란 영업보다 널리 자유직업 또는 행정사무 기타 공영·사영사업을 포함하며, 업무 자체에 관하여 생긴 거래행위는 물론 업무수행에 부수하여 생기는 모든 권리의무에 관한 소를 포함한다.[3]

사무소 또는 영업소란 법 제5조에서 말하는 정도일 필요는 없으나 어느 정도 계속적이고 독립된 업무의 전부나 일부가 경영되는 장소이다. 어느 지점의 업무에 관한 소는 그 소재지에 재판적이 생길 뿐이고, 본점이나 기타 다른 지점소재지에서는 제소하지 못한다. 반대로 업무의 성질상 본점만 취급할 수 있는 경우에는 지점에 재판적이 없다. 소는 그 사무소 또는 영업소의 업무와 관련이 있는 것으로서 업무경영에 부수적으로 발생한 불법행위, 부당이득청구 등도 업무에 포함된다.

8) 船籍이 있는 곳 선박 또는 항해에 관한 일로 선박소유자, 그 밖의 선박이용자에 대한 소는 선적이 있는 곳의 법원에 제기할 수 있다(제13조). 이는 선박을 하나의 경영단위로 보아 선박이용자에 대한 특별재판적을 인정한 것이다. 즉, 선박을 업무의 중심으로 보아 선적소재지를 그 선박이용업무의 사무소 또는 영업

1) 대판 1988. 10. 25. 87 다카 1728.

2) 대결 1980. 6. 12. 80 마 158.

3) 업무에 관한 소송이 아니어서 특별재판적이 없는 경우로는 대결 1967. 9. 20. 67 마 560 참조.

소와 같이 다루려는 취지이다. 따라서 선박에 기인한 권리관계나 선박을 항해에 제공함으로써 생기는 각종 법률관계에 관한 소는 선적이 있는 곳의 법원에 제기할 수 있다.

9) 船舶이 있는 곳 선박채권, 그 밖에 선박을 담보로 한 채권에 관한 소는 권리실행의 편의상 선박이 있는 곳의 법원에 제기할 수 있다(제14조). 선박채권이란 해상기업법률관계에서 발생한 채권 중 법률상 우선특권이 부여되어 있는 것을 가리키며(상 제861조), 선박으로 담보되는 채권이란 선박저당권(상 제871조) 또는 미등기 선박에 대한 질권(상 제873조)을 가진 채권을 뜻한다. 선박은 어느 곳에나 항해할 수 있으므로 선박우선특권을 가진 채권자는 본조에 의하여 선박을 발견한 곳에서 이를 압류한 후 소를 제기할 수 있게 된다.

10) 會社社員 등의 경우 회사, 그 밖의 사단·재단관계에 관하여 소를 제기하는 경우에는(회사→사원, 사원→사원 등) 회사, 그 밖의 사단·재단의 보통재판적이 있는 곳의 법원에 제기할 수 있다(제15조 I). 사단·재단의 보통재판적이 있는 곳은 법 제5조에 의하여 주된 사무소 또는 영업소가 있는 곳인데, 이러한 법원에서 그 사단·재단의 사원에 대한 사원된 자격에 기인한 소를 다루도록 한 것은 서증·인증 등 각종 증거자료에의 접근이 쉽고 동종의 사건을 한꺼번에 심판할 수 있기 때문이다.

출자청구·사원권부인청구·지분확인청구·상법상 경업금지청구사건 등에 적용이 있을 것이고, 법 제15조 2항에 의하여 사단·재단의 이사·감사·청산인 등 임원에 대한 소와 회사의 발기인 또는 검사인에 대한 소에 확장적용된다. 많은 경우에 회사법상의 소는 본점이 있는 곳의 지방법원에 전속하는바(상 제186조, 제403조), 본점이 있는 곳은 주된 영업소일 것이므로 결국 법 제15조의 특별재판적에 전속하게 된다.

11) 社團債權者의 社員에 대한 訴의 경우 회사, 그 밖의 사단의 채권자가 사원에 대하여 소를 제기하는 경우, 특히 인적 회사의 사원과 회사가 함께 책임을 지는 경우에 사원의 자격으로 말미암은 것이면 법 제15조의 특별재판적을 확장하여 적용할 수 있다(제16조). 그리고 법 제17조의 규정은 피고가 사원·임원·발기인 또는 검사인이었던 경우, 그리고 원고가 사원이었던 경우에도 법 제15조 및 제16조의 규정을 준용하자는 취지이다.

12) 不法行爲地 불법행위에 관한 소는 행위지의 법원에 제기할 수 있

다(제18조 I). 이는 피해자가 즉시 제소할 수 있게 하고 증거자료에의 손쉬운 접근(증인신문, 현장검증 등)과 소송경제를 도모하기 위하여 불법행위청구에 대하여 인정된 특별재판적이다.

불법행위에 관한 청구는 민법 제750조 및 제756조의 경우뿐만 아니라 널리 위법행위 또는 채무불이행[1]으로 인한 손해배상, 무과실배상책임, 특별법상의 손해배상책임의 경우를 모두 포함한다. 다만 제조물책임사건에 있어서 손해발생지의 국제재판관할을 결정함에 있어서는 가해자가 예측할 수 있는[2] 지역인가 등을 합리적으로 고려하여야 할 것이다.

이 곳에서 불법행위지라고 함은 행위지와 결과발생지를 모두 의미하는바, 불법행위의 요건사실의 전부 또는 일부가 발생한 곳이면 충분하고 피고가 거주하거나 책임재산이 있는 곳이어야 되는 것은 아니므로 동일불법행위에 대하여 여러 개의 불법행위지가 생길 수 있다.[3]

13) 海上 또는 航空事故에 기인한 訴에 관하여 最初到達地 선박 또는 항공기의 충돌이나 그 밖의 해상 또는 항공기사고로 말미암은 손해배상에 관한 소는 사고선박이나 항공기가 사고 후 맨 처음 도착한 우리나라의 지점을 관할하는 법원에 제기될 수 있다(제18조 II). 사고지점의 관할구역이 불분명하거나 입증과 증거조사의 어려움을 피하자는 의도이다. 다만 우리나라가 가입한 국제조약에서 규정한 바가 있으면(예컨대 1929년의 바르샤바조약과 1955년의 동 의정서 제28조 1항, 1969년의 유류오염손해에 대한 민사책임에 관한 국제협약 제9조 1항) 그에 따라야 할 것이다.

14) 海難救助地 해난구조에 관한 소는 구조된 곳 또는 구조받은 선박이 맨 처음 도달한 곳의 법원에 제기할 수 있다(제19조). 공해상에서 해난구조가 이루어진 경우에는 그 성질상 구조지의 재판적은 생길 수 없다. 또한 해난구조료채권에 관련된 소송뿐만 아니라 해상계약, 선박충돌, 기타 해사채권에 관련되는 소송들도 관련된 국제조약에서 모두 국제재판관할에 관한 규정을 베풀고 있으므로 만일 우리나라가 가입한 경우에는 그 조약의 관할규정이 우선적으로 적용될 것이다.

---

1) 채무불이행의 경우는 포함되지 않는다는 소극설은 李時 100면, 김홍 79면. 이 경우도 포함된다는 적극설은 姜 93면, 方 117면, 鄭/庾 129면.

2) 대판 1995.11.21. 93 다 39607 참조.

3) 대결 1973.9.26. 73 마 815.

15) **不動產이 있는 곳** 부동산에 관한 소는 부동산이 있는 곳의 법원에 제기할 수 있다. 로마법 이래 부동산에 관한 소를 제기하는 경우에는 그 부동산소재지에 물적 재판적을 인정하여 왔으므로 우리 법도 이를 받아들인 것이다(제20조). 부동산이 재산으로서 중요하고, 따라서 이를 둘러싼 법률관계도 복잡하므로 현물에 대한 증거조사는 현장에서 시행할 필요가 있기 때문에 인정되는 것이다.

부동산에 관한 소라 함은 직접 부동산 그 자체를 목적으로 하는 부동산상의 물권에 관한 소(예컨대 부동산의 소유권·점유권의 존부확인의 소 또는 이러한 권리에 기한 인도청구나 방해배제청구, 저당권이나 전세권 등에 관한 소)는 물론 간접적으로 부동산에 관한 채권의 소(계약에 기한 부동산이전등기 또는 인도청구 등)를 포함한다.

16) **登記·登錄地** 등기·등록에 관한 소는 등기 또는 등록할 공공기관이 있는 곳의 법원에 제기할 수 있다(제21조). 법 제21조의 등기·등록이란 공부상에 권리나 법률관계를 기재하는 것을 뜻하므로 부동산이나 선박의 소유권·저당권·전세권·임차권 등의 변동등기에 관한 소, 등기상 이해관계를 가지는 제3자에게 말소를 구하는 소(부등 제171조), 회사등기의 경우에 협력을 구해야 할 필요가 있는 비송사건절차법상의 경우, 또는 각종 지적재산권·광업권·어업권의 변동등록에 관한 소 등을 포함한다. 또한 호적부나 주민등록표에 기재하는 신분등록의 경우나 자동차 또는 항공기의 등록도 포함된다.

17) **相續·遺贈 등의 경우** 상속에 관한 소 또는 유증, 그 밖에 사망으로 효력이 생기는 행위에 관한 소는 상속이 시작된 때 피상속인의 보통재판적이 있는 곳의 법원에 제기할 수 있다(제22조). 상속이 시작된 때 피상속인의 보통재판적이 있는 곳은 상속관계의 중심지인 만큼 상속에 관한 소 또는 유증, 그 밖에 사망으로 인하여 효력이 생길 행위에 관한 소를 제기하는 경우에는 이 곳에 제기할 수 있다.

18) **相續債權** 기타 상속재산의 부담에 기인한 상속인에 대한 소송의 경우 상속채권, 그 밖의 상속재산에 대한 부담에 관한 것으로 제22조의 규정에 해당되지 아니하는 소는 상속재산의 전부 또는 일부가 제22조의 법원관할구역 안에 있으면 그 법원에 제기할 수 있다(제23조). 법 제23조는 확장된 상속재판적이라고도 하는데, 법 제22조의 재판적이 인적 재판적임에 대하여 이는 물적 재판적이다. 상속채권은 상속에 의하여 상속인이 승계할 피상속인의 채무를 뜻하며, 상속재산의

부담에 관한 소는 유산관리, 유언집행 또는 장례에 든 비용 등을 뜻한다.

19) **知識財產權과 國際去來事件의 경우** 지식재산권(지적재산권)과 국제거래에 관한 소는 법 제2조 내지 제23조의 규정에 따른 관할법원의 소재지를 관할하는 고등법원이 있는 곳의 지방법원에 제기할 수 있다(제24조). 이 특별재판적에 관한 규정은 이러한 분야의 분쟁을 통일적으로 해결함이 없이는 원활한 국제거래에 큰 장애요인이 될 수 있음을 감안하여 전문지식과 거래실무에 이해가 깊은 전문재판부에 소를 제기할 수 있게 하여 효율적으로 처리하기 위한 입법이다. 소송당사자의 일방이 우리나라 법원에 의한 분쟁해결에 친숙하지 아니한 외국인이 많을 것이므로 그러한 당사자의 편의와 섭외성이 높은 국제거래사건에 대한 전문적 판단의 필요성을 고려할 때 전문법관으로 구성된 전담부에 의한 분쟁해결이 요구된다. 본조는 지적재산권 등에 관한 소송의 이송에 관한 제36조와 종합하여 애당초의 입법취지를 충분히 살릴만큼 실효성 있게 운영되어야 할 것이다.

지적재산권사건이란 기술분쟁 및 그 밖의 지적재산권분쟁을 포함한다. 기술관련분쟁이란 특허권, 실용신안권, 디자인권, 반도체집적회로배치설계권, 컴퓨터프로그램저작권의 침해에 관한 소송을 말한다. 특허법원은 주로 일종의 행정법원적 기능을 하고 있으므로(예컨대 거절결정취소청구 등) 통상적인 지적재산권침해로 인한 민사소송은 본조에 의한 특별재판적을 인정함이 타당하다. 그 밖의 비기술관련분쟁은 부정경쟁행위, 영업비밀침해, 상표권이나 저작권침해사건 등을 일컫는바 이러한 사건에도 본조의 적용이 있을 것이다.

국제거래사건이란 국제사법의 적용을 받는 상거래를 말한다. 본조에는 해상 및 항공, 보험, 의료, 건설, 환경, 정보통신 등 섭외성이 높거나, 전문지식 또는 거래실무를 그 심리의 주요내용으로 하는 그 밖의 분야도 포함시킬 필요가 있다.

5. 關聯裁判籍(併合請求의 재판적)

1) **意 義** 관련재판적이란 원고가 하나의 소로써 여러 개의 청구를 할 때, 그 중 하나의 청구에 대하여 관할권이 있는 법원은 다른 모든 관할권 없는 청구에 대해서도 토지관할권을 행사할 수 있는 것을 뜻한다. 이는 병합청구의 재판적이라고도 하며, 당사자의 편의와 소송경제를 위하여 법 제25조에 명문화되어 있다.

2) **適用範圍** 하나의 소로써 여러 개의 청구를 하는 경우에는 법 제2조

내지 제24조의 규정에 따라 그 여러 개 가운데 하나의 청구에 대한 관할권이 있는 법원에 다른 청구를 병합하여 소를 제기할 수 있다(제25조). 제25조는 토지관할에 대하여 적용이 있고 청구를 병합하여 제기하는 경우의 사물관할에는 적용이 있을 수 없다.

3) 共同訴訟에의 적용 여부　　동일 원·피고간에 청구가 병합될 때, 즉 소의 객관적 병합(제253조)의 경우에 관련재판적이 인정된다는 점에는 이론이 없으나, 소의 주관적 병합, 즉 공동소송(제65조)의 경우에도 인정되는지에 관하여는 입법례나 학설이 대립된다. 즉 원고가 소를 제기한 법원이 어느 한 공동피고에 대하여 관할권이 있는 경우에 관할권이 없는 다른 공동피고에 대하여도 역시 관할권을 행사할 수 있는가의 문제이다.

가) 立法例　　독법은 병합청구의 특별재판적에 관한 일반적 규정이 없어서 관할지정으로 해결하고 있고(우리법 제28조 참조), 불법은 여러 명의 피고가 있을 때에는 원고의 선택으로 피고 중 1人의 주소지 관할법원에 제소할 수 있도록 하고 있다(불민소 제59조 Ⅳ).

나) 종전의 學說과 判例　　학설도 법 제65조의 공동소송요건만 구비되면 법 제25조의 적용이 있다고 보는 적극설과 관련재판적은 소의 객관적 병합의 경우에만 인정된다는 소극설, 그리고 각 피고에 대한 청구의 관련성의 정도를 기준으로 하여 법 제65조 전문의 경우에는 관련재판적을 인정하고 후문의 경우에는 인정하지 아니하는 절충설이 있었다. 법 제25조는 토지관할에 관한 규정인 만큼 피고 중 1인에 대하여 관할권을 가진 법원에 아무런 관계 없는 다른 피고들마저도 응소해야 한다면 원고의 편의에 치우쳐서 피고의 이익을 무시하는 결과가 된다는 점에서 종래의 통설과 판례[1)]는 소극설의 입장을 취해 왔다.

다) 現行法　　우리법은 소송목적이 되는 권리나 의무가 여러 사람에게 공통되거나 사실상 또는 법률상 같은 원인에서 생겨서 여러 사람이 공동소송인으로서 당사자가 되는 경우에 관련재판적을 인정하고 있다. 1990년의 개정에서 종래의 판례를 뒤엎고 절충설에 따라 법 제65조 전문에 해당하는 공동소송에 한하여 관련재판적을 인정한 것이다(제25조 Ⅱ).[2)] 그리하여 공동피고간에 실질적 견련관계가 있는 공동소송의 경우에는 어느 한 피고에 관하여 관할권이 있는 법원에 관할

1) 대결 1970.11.24. 70 마 646; 대결 1980.9.26. 80 마 403.

2) 토지수용법 제75조의 2 제2항에 의한 裁決廳과 起業者를 공동피고로 하는 필수적 공동소송에도 관련재판적이 인정된다. 대판 1994.1.25. 93 누 18655.

권이 없는 다른 피고에 대한 청구도 병합하여 소구할 수 있게 되었다. 그러나 관할만을 발생시킬 목적으로 본래 제소할 의사없는 청구를 병합한 것이 명백한 경우 관할선택권의 남용으로 신의칙에 위배되어 제25조의 적용은 배제된다.[1)]

V. 合意管轄

1. 合意管轄의 制度的 意義

관할제도는 원래 당사자의 편의와 법원간의 고른 사무분배를 위하여 법이 정한 것이다. 그러나 당사자가 합의에 의하여 법정관할법원과 다른 법원을 선택하는 경우에도 공익에 반하지 않는 한 이를 금지할 필요는 없다. 이처럼 당사자의 합의에 의하여 생긴 관할을 합의관할이라고 한다(제29조).

국내외 경제활동에서 당사자간에 계약서를 작성하거나 약관에 의존하는 경우가 빈번해지고 이 같은 계약이나 약관에는 준거법조항과 짝지어서 관할합의조항이 삽입되는 수가 많으므로 본조는 그 중요성을 더해가고 있다. 다만 실체법적으로 소비자보호 등을 위하여 관할합의조항의 효력이 제한되는 경우가 있을 수 있다. 예컨대 할부판매에관한법률 제18조에 의하면 할부판매에 관한 소송은 매수인의 주소지를 관할하는 지방법원의 전속관할에 속한다. 특히 각종 약관규정 중에 관할합의조항이 부동문자로 인쇄되어 있는 경우에는 경제적 강자가 일방적으로 지정한 법원에 약자가 따라 갈 수밖에 없는 경우가 많다. 이러한 경우에 소송법적 관점에서는 특단의 사유가 없는 한 무효로 할 필요는 없으나 이 문제는 약관규제의 차원에서 경제적 약자를 위하여 합의의 무효나 취소 또는 이송을 허용하는 문제가 검토되어야 한다(약관 제14조 참조).[2)] 국제적으로도 소비자 또는 근로자의 보호를 위하여 보호적 관할에 관한 규정을 두어야 한다는 논의는 국제사법에 반영된 바 있다.

---

1) 대결 2011. 9. 29.자 2011 마 62.

2) 대결 2009. 11. 13.자 2009 마 1482는 주택분양보증약관에서 분양보증회사의 관할 영업점 소재지 법원을 전속적 합의관할 법원으로 정한 사안에서, 위 회사의 내부적인 업무조정에 따라 위 약관조항에 의한 전속적 합의관할이 변경된다고 볼 경우에는 당사자 중 일방이 지정하는 법원에 관할권을 인정한다는 관할합의조항이나 다름없어 고객에게 부당하게 불이익을 주는 무효의 약관조항이라고 볼 수밖에 없으므로 '위 회사의 관할 영업점 소재지 법원'이라는 약관조항은 주택분양보증계약이 체결될 당시 이를 관할하던 위 회사의 영업점 소재지 법원을 의미한다고 보았다. 독일에서는 합의관할의 남용을 막기 위하여 1974년의 민사소송법 개정에서 이를 원칙적으로 부적법하다고 규정하고 폐단의 염려가 없는 몇 가지 경우에만 예외적으로 허용하고 있다(ZPO 제38조). 그러나 이러한 태도에 대하여 '권위주의적 사회정책'이라고 비판하는 소리도 높다고 한다. 또한 오스트리아 소비자보호법 제14조 3항 참조.

2. 合意의 性質

1) 관할의 합의는 법정관할과 다른 내용의 관할법원을 정하겠다는 당사자간 또는 당사자가 될 사람 사이의 소송법상의 합의이다. 대개 소제기 전에 합의를 하는 경우가 많겠지만 제기 후에도 할 수 있으며, 이러한 경우에는 소가 제기된 법정관할 또는 변론관할법원의 관할권을 배척하는 것이 아니고, 합의된 법원으로의 이송을 신청하는 전제가 될 뿐이다.

2) 관할의 합의는 사법상의 계약과 함께 이루어지더라도 이와 구별되어야 한다(Severability). 사법상 계약이 취소 또는 해제되더라도 관할의 합의는 그와 운명을 같이하는 것이 아니고 도리어 사법상 계약의 해제나 취소를 둘러싸고 일어날 분쟁에 대비한 합의관할이라고 볼 것이다.

3) 관할의 합의는 소송행위 즉 일종의 소송계약이므로 그 요건과 효과는 소송법에 의하여 정하여진다. 다만 소송법상 의사표시의 합치라고 하더라도 의사와 표시의 불일치 또는 하자 있는 의사표시의 경우에는 민법 제107조 내지 제110조를 유추하여 처리할 수밖에 없다. 관할의 합의는 법원의 관여하에 소송절차를 조성하는 행위가 아니므로 이러한 취소가 절차의 안정을 해치지 아니하기 때문이다.

3. 合意의 要件

1) **管轄의 합의는 제 1 심의 訴에 관하여 할 것**(제29조 I) 관할의 합의는 제 1 심 판결절차의 토지관할 및 사물관할에 한한다. 상급심법원의 관할을 변경하는 합의는 할 수 없다. 또 임의관할에 한하므로 독촉절차, 강제집행절차, 회사관계소송, 기타 전속관할이 법정되어 있는 사건에 있어서는 관할의 합의가 허용되지 아니한다. 다만 가압류·가처분절차 등 결정절차 또는 가사조정의 경우 관할의 합의를 허용한다(가소 제51조 I).

2) **管轄의 합의는 일정한 법률관계로 말미암은 訴에 관한 것일 것**(제29조 II 전) 장래에 당사자간에 일어나는 모든 분쟁에 관하여 포괄적으로 관할의 합의를 한다면 도대체 어떤 법률관계에 관한 합의인지 불명해질 뿐만 아니라 그 합의당사자간에는 관할제도를 완전 배제하는 결과가 되어 공익에 반하고 무효가 되므로 합의의 대상인 법률관계를 예측이 가능할 만큼 특정하여 합의하여야 한다. 다만 일정기간 동안의 물품계속공급계약 등과 같이 계속적이거나 포괄적 법률관계를 지정하여 법정관할과 다른 관할법원을 정하는 것은 무방하다.

3) 管轄合意의 書面性(제29조 Ⅱ 후)　서면성은 합의의 성립과 내용의 정확을 기하기 위한 고려이므로 청약과 승낙이 별개의 서면으로 되어 있더라도 괜찮다. 예컨대 어음 표면에 '재판관할은 어음소지인의 현주소지 관할법원에 합의한다'고 기재한 경우에는 발행인이 그 뒤에 어음을 취득하는 불특정의 제3자에 대하여 관할합의의 청약을 한 것으로 인정되고, 이 어음의 취득자가 소장에 위 청약에 응하여 제소한다고 기재하면 소장의 송달에 의하여 승낙한 것으로 되어 관할의 합의가 성립한다.

4) 管轄法院이 특정되었어야 한다　합의에 의한 관할법원은 지역을 기준으로 정하며 여럿일 수도 있으나 관할법원을 특정할 수 있어야 한다. 다만 국내의 모든 법원을 관할법원으로 한다는 합의나 모든 법정관할법원을 배제한다는 합의 또는 원고가 선택하는 법원에 관할권을 인정한다는 합의[1] 등은 관할제도 자체를 완전히 무의미하게 만들며 피고에게 일방적인 불이익을 강요하게 되므로 무효일 것이다. 관할은 넓은 의미의 법원에 대하여 정하는 것이므로 법원내 특정한 재판부의 재판을 받겠다는 합의는 관할합의도 아닐 뿐더러 당연히 무효이다.

4. 合意의 모습

1) 附加的 合意와 專屬的 合意　관할의 합의에도 법정관할과 다른 관할법원을 인정하는 부가적(경합적) 합의와 특정법원만을 관할법원으로 하고 그 외의 법원의 관할은 배제하려는 전속적(배타적) 합의의 두 가지가 있을 수 있다. 관할합의가 어느 편을 정한 것인지 불분명할 때에는 당사자의 의사를 합리적으로 해석하여 결정할 것이나, 법정관할법원 중의 하나를 관할법원으로 합의한 경우에는 전속적 합의로 해석할 수 있지만 대개의 경우에는 부가적 합의관할을 정한 것으로 볼 것이다(통설).[2]

2) 國際裁判管轄의 合意　외국법원을 관할법원으로 합의하는 경우이다. 이러한 합의가 부가적이면 무방하지만 외국법원을 전속적으로 하는 합의인 경우에는 문제이다. 당해 사건이 대한민국 법원의 전속관할에 속하지 아니하고, 지정된 외국법원이 그 외국법상 당해 사건에 대하여 관할권을 가져야 하는 외에, 당해 사건이 그 외국법원에 대하여 합리적 관련성을 가질 것이 요구된다고 할

1) 대결 1977. 11. 9. 77 마 284.
2) 대판 2008. 3. 13. 2006 다 68209. 반대 鄭/庾 133면.

것이고, 한편 전속적인 관할 합의가 현저하게 불합리하고 불공정한 경우에는 그 관할합의는 공서양속에 반하는 법률행위에 해당하는 점에서도 무효이다.[1] 다만 유효한 합의를 무시하고 국내법원에 소를 제기하면 부적법각하할 것이다. 판례도 전속적 국제관할에 관하여 당해 사건이 그 외국법원에 대하여 합리적 관련성을 가질 것을 요구한다.[2]

국제재판관할의 합의, 특히 유효한 전속적 관할합의를 하면 분쟁에 적용될 준거법의 예측에 관한 불확실성을 배제 또는 완화할 수 있고, 개별사안에서 일반적·추상적 규범에 근거한 경직된 관할원칙을 수정할 수 있으며, 관할원칙상의 이익을 자신에게 유리한 방향으로 변경할 수도 있다.

5. 管轄合意의 效力

1) 管轄의 변동 유효한 관할의 합의는 당사자에게 그 관할법원에 제소 또는 응소의무를 부여함에 그치는 것이 아니라 합의내용대로 직접 합의상의 관할을 발생하게 하는 관할변동의 효력이 생긴다. 다만 전속적 관할의 합의를 한 경우에도 법원은 손해나 지연을 피하기 위하여 이송할 수 있고(제35조), 관할법원 이외의 법원에도 변론관할이 생길 가능성이 있다(제30조). 이 점이 법정의 전속관할(제31조)과 다른 점이다.

2) 合意의 효력의 主觀的 範圍 관할합의는 당사자간의 소송상 합의이므로 그 효력은 당사자와 그 포괄승계인 이외에 제 3 자에게 미치지 아니한다. 그러므로 채권자와 연대채무자 중의 1人과 체결한 합의는 다른 채무자에게 미치지 아니하며, 주채무자와 채권자간의 합의는 보증인에게 효력을 미치지 아니한다.[3] 합의를 하게 된 소송물의 승계가 있는 경우에 이러한 합의의 효력도 승계되는가. 일반승계의 경우에는 효력이 미치지만 특정승계인에게도 미치는지에 관하여는 다툼이 있다.[4] 생각건대 소송의 목적인 권리관계가 당사자간에 그 내용을 자유로

1) 대판 2004. 3. 25. 2001 다 53349; 대판 2008. 3. 13. 2006 다 68209에서는 국가 내의 전속적 관할합의에 국제적 재판관할의 합의까지 포함되지 않는다고 한다.

2) 대판 1997. 9. 9. 96 다 20093. 이에 대하여 찬성하는 입장으로는 姜喜哲, "전속적인 국제재판관할합의의 유효요건," 인권과 정의 254호, 108면 이하. 반대하는 입장으로는 韓忠洙, "국제재판관할합의에 있어 내국관련성 문제," 법률신문 2648호(상), 15면. 2650호(하), 14-15면 각 참조.

3) 대판 1988. 10. 25. 87 다카 1728은 채권자와 보증인 간의 합의는 주채무자에게 그 효력이 미치지 않는다고 한다.

4) 특정승계인에게도 미친다는 견해는 方 126면.

정할 수 있는 성질의 것인 경우, 예컨대 기명채권의 경우에는 합의의 효력도 그것과 일체화되어 승계인에게 미칠 것이다. 그러나 그 내용이 법률상 정형화되어 당사자가 임의로 변경할 수 없는 경우, 예컨대 물권이나 어음채권의 경우에는 승계인은 합의에 구속되지 아니한다고 본다. 따라서 부동산 양수인이 근저당권이 설정된 소유권을 취득한 특정승계인인 경우에는 근저당권설정자와 근저당권자 사이에 이루어진 관할합의의 효력은 부동산 양수인에게 미치지 아니한다.[1] 또한 어음발행인과 수취인간에 어음금 청구에 대한 관할합의가 기재되어 있더라도 어음법상의 효력이 없는 것이므로 피배서인은 이에 구속되지 아니한다.

3) 管轄合議의 變動　　관할의 합의도 당사자가 해소하거나, 새로운 합의에 의하여 취소·변경할 수 있다. 다만 합의관할법원에 제소된 이상 그 후의 취소·변경의 합의는 사건의 관할에 영향을 미치지 아니한다. 관할은 소를 제기한 때를 표준으로 하기 때문이다(제33조).

VI. 辯論管轄

1. 辯論管轄의 의의

변론관할은 피고의 응소에 의하여 생겨나는 관할을 뜻한다(제30조). 원래 관할이 없는 법원에 원고가 제소하는 경우 피고는 그러한 법원의 관할권에 복종할 의무가 없으며, 의제자백이 성립하지도 아니한다. 그러나 피고가 이의 없이 자발적으로 관할권 없는 법원의 재판을 받으려는 태도를 보인 경우에는 관할위반을 문제삼지 않고 그 법원에 관할을 인정하더라도 소송경제나 당사자의 이익을 해치지 아니한다. 뿐만 아니라 소송이 어느 정도 진행된 뒤에 관할위반의 항변을 허용한다면 그 동안 이루어진 소송행위가 소용없이 될 것이므로 피고가 관할위반의 항변을 하지 아니하고 본안에 대하여 변론하거나 변론준비기일에서 진술한 때에는 관할합의와 동일한 효력이 생기게 하여 관할을 가지게 된다.

독법이 과거 이를 묵시의 관할합의(구 ZPO 제39조)라고 규정하는 것에서 알 수 있듯이 변론관할은 발생범위에 있어서 합의관할과 같다. 다만 변론관할은 현재 계속중인 소송에 관하여서만 발생할 수 있고, 소제기 전에는 이러한 관할이 발생할 여지가 없다.

---

1) 대결 1994. 5. 26. 94 마 536.

2. 辯論管轄의 要件

1) 原告가 土地管轄이나 事物管轄이 없는 제 1 심 법원에 訴를 제기하였을 것 제 1 심 법원 중 전속관할 위반의 경우에는 변론관할이 생기지 아니하고 임의관할을 어긴 경우에만 적용이 있음은 합의관할과 같다. 다만 전속적 합의관할의 경우에도 변론관할이 생길 여지가 있음은 이미 언급하였다.

2) 被告가 管轄違反이라고 항변하지 아니하고 本案辯論을 하거나 辯論準備期日에서 진술하였을 것 본안이란 원고의 청구 그 자체, 즉 소송물인 권리 또는 법률관계를 뜻한다. 본안에 관하여 변론 또는 진술한다는 것은 피고가 원고의 청구의 당부에 관하여 진술함을 의미한다. 변론기일에 상투적인 청구기각신청을 하는 것도 본안에 관한 진술이라고 볼 것이지만,[1] 불출석한 채 준비서면만 제출되어 그것이 진술된 것으로 간주되는 경우에는(제148조, 제286조) 현실적인 진술은 없으므로 본요건을 충족시키지 못한다.[2]

피고가 원고의 주장사실을 명백히 다투지 아니한 것으로 간주되어(제150조) 피고패소판결이 선고되었다고 하더라도 변론관할이 생기는 것은 아니다. 다만 피고는 전속관할이 아닌 한, 항소심에서 제 1 심 법원의 관할위반을 주장할 수 없으므로(제411조) 결과적으로 제 1 심 법원에 관할이 생긴 것과 같은 결과가 될 뿐이다. 물론 사건이 제 1 심으로 환송된 경우 또는 제 1 심 판결에 대한 재심의 소가 이유 있을 때에는 그러하지 아니하다.

3) 被告가 管轄違反이라고 항변하지 아니할 것 관할위반의 항변은 묵시적인 경우도 있을 수 있다. 피고가 본안에 관하여 변론을 하면서도 조건부로 그 법원에 관할이 있는 것을 전제로 삼았거나, 관할문제를 유보하였다면 관할위반의 항변을 한 것으로 볼 수 있다. 관할위반에는 토지관할위반과 사물관할위반[3]이 있을 수 있다.

3. 辯論管轄의 效果

피고의 변론 또는 진술로 당연히 그 법원에 관할이 생긴다. 일단 그 법원에 변론관할이 생긴 뒤라도 그 소가 취하 또는 각하된 후에 다시 제소하는 경우에는 피고는 본래의 관할위반의 항변을 제기할 수 있다. 변론관할은 오직 그 소에 관하

1) 同旨 方 83면, 鄭/庾 137면, 姜 105면. 반대 견해는 金/姜 116면.
2) 대결 1980. 9. 26. 80 마 403도 같은 취지이다.
3) 대판 1960. 5. 12. 59 민상 273.

여서만 생기기 때문이다.

Ⅶ. 指定管轄

1. 指定管轄의 概念

일률적으로 법정된 관할만으로는 구체적인 관할법원이 결정되지 아니할 경우에 상급법원이 보충적으로 이를 지정하는 제도가 관할의 지정제도이고, 이렇게 하여 생기는 관할을 지정관할이라고 한다(제28조). 관할의 지정에 관하여는 법이 재판권에 위임한 권한에 의한 것으로 보는 견해가 있으나, 이는 재판권의 작용이 아니고 사법행정작용인 처분행위라고 파악된다.[1] 활용된 예가 없다.

2. 管轄指定의 각 경우

1) 管轄法院이 裁判權을 법률상 또는 사실상 행사할 수 없는 때(제28조 I [1])

법률상 재판권을 행사할 수 없는 경우란 법관이 제척·기피·회피 등에 의하여 직무를 수행할 수 없게 된 때를 가리킨다. 사실상 재판권을 행사할 수 없는 때라 함은 법관의 病故 등으로 인한 경우이다. 관할법원은 토지관할·사물관할 또는 합의관할법원을 포함한다. 관할의 지정은 소제기 전에도 할 수 있으나, 소송계속 중 관할이 지정되면 지정된 법원으로 소송계속이 옮아간다.

2) 법원의 管轄區域이 분명하지 아니한 때(제28조 I [2])

이는 관할구역의 경계가 명확하지 아니한 경우 또는 관할구역은 분명하더라도 관할원인사실이 어느 구역에서 발생했는지 명백하지 아니한 경우 등을 가리킨다. 다만 관할의 표준이 되는 사실이 두 개 이상의 관할구역에 걸쳐 있을 경우에는 각 관할구역마다 관할원인이 생기므로 지정의 문제는 대두되지 아니한다.

3) 地方法院과 家庭法院간에 관할이 명백하지 아니한 때(가소 제3조)

3. 管轄指定의 절차

지정은 관계법원 또는 당사자의 신청에 의하여 한다. 지정신청은 소제기의 전후를 가리지 아니하고 관계된 법원과 공통되는 바로 위의 상급법원에 제출한다. 여기서 관계된 법원이라 함은 그 사건에 대하여 관할이 있는 것으로 생각되는 법원을 뜻한다. 소제기 후의 사건에 관하여 지정신청이 있는 경우에는 그 결정이

---

1) 同旨 方 130면.

있을 때까지 소송절차를 정지한다. 관할지정에 관한 재판은 결정의 형식으로 한다. 관할지정의 결정에 대하여는 불복할 수 없다(제28조 II).

4. 管轄指定의 효력

관할지정재판은 관계된 법원과 당사자는 물론 다른 법원도 구속한다. 그리하여 어느 법원에 관할권을 부여하거나 뺏는 효력이 있다.

VIII. 專屬管轄

1. 專屬管轄의 制度的 意義

전속관할이란 법이 재판의 적정 및 공평이라는 공익적 요구에 따라 특정법원에만 관할권을 인정하는 경우로서, 당사자의 태도나 의사에 의하여 관할의 변경이 인정되는 임의관할과 대립되는 개념이다(제31조). 심급관할,[1] 기타 직분관할은 원칙적으로 전속관할이지만, 토지관할[2] 및 사물관할[3]의 경우에는 법에 명문의 규정이 있는 경우에만 전속관할이 인정된다. 그리하여 전속관할의 규정이 있는 소에 관하여는 보통재판적, 특별재판적, 합의관할 또는 변론관할에 관한 규정이 적용되지 아니한다는 것이 법 제31조의 취지이다.

전속관할은 본래 당사자의 사회적 계급(예컨대 시민과 상인)이나 분쟁의 성격 등에 따라 고도의 전문적 취급을 필요로 하는 경우에 공익적 이유에서 인정하는 것이다. 그러나 우리나라와 같이 전국적으로 동일한 법원을 지역에 따라 여러 개 평면적으로 설치한 다음 동일한 자격을 가진 법관으로 충원하여 순환근무를 시키는 제도하에서는 전속관할의 의미는 거의 없어진 것이나 마찬가지라고 할 수 있다. 따라서 전속관할을 인정하는 범위는 축소되어야 하며 절대적 상고이유로 삼을 필요도 희박하다고 본다. 법이 전속관할임을 밝히고 있는 경우를 보면 중간확인의 소(제264조 I 단)와 반소(제269조 I 단)의 경우는 당연한 것을 규정한 것이고, 그 외에도 재심사건(제453조 I), 독촉절차(제463조), 공시최고절차(제476조), 강제집행상의 소(민집 제21조), 담보취소신청(민소규 제16조) 등 특정직무를 중시하여 정한 경우, 가사소송사건(가소 제2조), 회사설립무

1) 대결 1964. 10. 2. 61 민재항 445는 심급관할은 비약상고의 경우가 아니면 전속관할이라고 한다. 심급관할은 제1심법원의 존재에 의하여 결정되는 전속관할이어서 지법본원 합의부가 단독판사의 판결에 대한 항소사건을 심판하는 도중에 지법합의부의 관할에 속하는 소송이 새로 추가되거나 그러한 소송으로 변경된 경우라도 이미 정해진 항소심의 관할에는 영향이 없다. 대판 1992. 5. 12. 92 다 2066.

2) 대결 1964. 3. 25. 63 마 87.

3) 대결 1965. 2. 16. 64 마 907.

효·취소의 소(상 제186조), 주주총회결의무효·취소의 소(상 제376조 Ⅱ, 380조), 대표소송(상 제403조 Ⅴ) 등 다수인의 이해관계를 고려한 경우, 그리고 할부거래법 제16조, 방문판매법 제57조 등 부당한 합의관할을 막기 위한 경우 등이 있다.

2. 專屬管轄의 效果

전속관할이 있는 소는 다른 법원에 관할이 생기지 아니하므로 이송의 문제도 생기지 아니한다(제34조 Ⅳ, 제35조 단). 임의관할을 어긴 경우에는 항소심에서 불복사유가 되지 아니하나(제411조), 전속관할을 어긴 경우에는 불복사유가 될 뿐만 아니라(제411조 단), 절대적 상고이유로도 된다(제424조 Ⅰ [3]). 그러나 전속관할위배는 재심사유가 아니므로 판결이 확정되면 그 흠결은 치유된다.

Ⅸ. 訴訟의 移送

1. 訴訟移送의 制度的 趣旨

소송의 이송이란 한 법원에 소송이 계속중 그 법원의 결정에 의하여 그 소송계속을 다른 법원으로 옮기는 것을 뜻한다. 관할위반이 된 경우에 법원은 소를 각하함이 원칙이지만 그렇게 하면 관할법원을 오인한 원고는 다시 제소해야 하는 중복된 절차를 밟으면서 많은 시간과 비용을 빼앗긴다. 뿐만 아니라 경우에 따라서는 시효중단이나 법률상 기간준수의 이익도 상실하게 되어 신속과 소송경제의 이상에 반하고 공정한 재판제도의 정신에 어긋난다. 또한 피고로서는 관할권 있는 법원에서 심판을 받는 이익을 확보하게 함으로써 족하고 그 이상 원고의 소를 각하하면서까지 보호해야 할 이익을 갖지 아니한다. 따라서 피고의 관할이익을 해치지 아니하면서 소송을 관할법원에 이송할 수 있는 방법을 마련하게 된 것이다. 소송의 이송은 이러한 경우뿐만 아니라, 여러 개의 특별재판적이 인정되는 관계상 소가 제기된 법원에 비록 관할권이 있더라도 그 법원에서 심리하는 것이 불편한 경우에도 인정된다.

2. 移送의 原因

1) 管轄違反에 의한 이송(제34조 Ⅰ)

가) 제1심의 土地·事物管轄違反 원고가 토지관할이나 사물관할을 오인하여 관할권이 없는 제1심 법원에 제소하면 법원은 이를 각하할 것이 아니라 직권으로 관할법원에 이송하여야 한다. 이는 제1심의 관할위반의 경우에 적용

되는 이송이다. 가사소송사건이나(가소 제13조 Ⅲ) 민사조정사건의 경우에도(민조 제4조 Ⅰ 본) 동일하다.

나) 審級管轄違反 심급관할위반의 경우에는 어떠한가. 소 또는 상소가 관할권이 없는 상소법원에 제기된 때에는 소송계속의 효력이 생기지 아니할 뿐만 아니라 관할위반으로 인한 이송규정(제34조 Ⅰ)은 제 1 심의 토지·사물관할위반에만 적용되고 심급관할위반시에는 적용 또는 유추적용되지 아니하므로 이송은 있을 수 없다는 이송부정설이 있다.[1] 그러나 이송제도의 취지에 비추어 심급관할위반의 경우에도 제34조 1항 및 제40조 1항의 규정을 유추적용하여 이송함이 타당할 것이다.[2] 따라서 상소장원심법원제출주의(제397조 Ⅰ, 제425조)하에서도 상소장을 상소법원에 제출하였거나 상소법원의 표시를 잘못한 경우에는[3] 비록 소송계속의 효력이 발생하지 아니하더라도 이를 해당 원심법원으로 이송하여 당사자가 소급하여 상소기간을 준수할 수 있도록 배려하여야 할 것이다. 판례도 태도를 바꾸어 이송설을 취한다.[4]

다) 異種法院間의 移送 관할위반에 의한 이송규정은 이종법원간에도 적용되어야 할 것이다. 그러므로 i) 행정사건을 제 1 심으로 관할하는 행정법원과 민사사건의 제 1 심 법원인 지방법원 상호간에도 잘못 제기된 소송의 이송이 가능하다(행소 제 7 조).[5] ii) 비송사건에 해당함에도 불구하고 소송사건으로서 소의 형식으로 제기한 경우에는 부적법 각하한다는 것이 판례이나[6] 이 경우에도 이송이 허용되어야 한다. iii) 가정법원과 지방법원 사이에서도 이송이 허용된다.[7] iv) 소 이외의 집행신청이나 가압류·가처분신청, 또는 항고, 이의의 경우에도 제34조가 준용되어 이송이 있을 수 있으나 지급명령신청(제465조)의 경우에는 신청을 각하하여야 하고 이송규정은 적용되지 아니한다.

---

1) 方 137면. 이송부정설을 취하면서 상소추완에 의한 구제를 인정하는 견해로는 曺秀靜, "원심법원 이외의 법원에 상소장이 제출된 경우에 있어서의 상소제기시기," 민사판례연구 XX, 502면 이하.

2) 同旨 李時 110면, 金/姜 121면, 鄭/庾 144-145면, 姜 108면.

3) 대결 1966. 7. 26. 66 마 579 참조.

4) 대판(전) 1984. 2. 28. 83 다카 1981(재심). 그 후 이송부정설을 취한 것으로는 대결 1985. 5. 24. 85 마 178(항고); 대결 1992. 4. 15. 92 마 146(항소). 그런데 대결 1996. 10. 25. 96 마 1590은 상고인이 착오로 상고장을 고등법원과 동일 청사 내에 있는 지방법원에 잘못 접수시키고 담당 공무원도 간과하여 접수한 경우 상고장을 제출한 날을 기준으로 하여 상고제기기간 준수 여부를 가려야 한다고 하여 이송긍정설을 취하고 있다.

5) 대판(전) 1996. 2. 15. 94 다 31235; 대판 1999. 11. 26. 97 다 42250.

6) 대판 1956. 1. 2. 55 민상 126(법인의 가이사해임청구의 소).

7) 대결 1980. 11. 25. 80 마 445.

라) 一部移送 소송의 일부에 대하여서만 관할위반이 있는 경우, 예컨대 일부만이 다른 법원의 전속관할에 속할 때에는 그 부분만을 분리하여 이송하면 된다.

마) 職權移送 관할위반이 있으면 직권으로 반드시 이송하여야 하고(제34조 I) 당사자에게는 이송신청권이 없다.[1] 따라서 판례는 당사자가 이송신청을 하더라도 법원의 직권발동을 촉구하는 의미밖에 없으므로 이러한 신청에 대하여서는 재판을 할 필요가 없고 또 이송신청각하결정을 하여도 즉시항고가 허용될 수 없으며 만일 항고한 경우에는 항고심은 이를 각하해야 한다고 한다.[2] 이에 대하여 직권이송에 관한 제34조 1항의 규정은 피고의 관할이익을 보호하는 법원의 책무를 규정한 것으로 볼 것이지 이것이 피고의 이송신청권을 부정하는 취지가 아니며 법원이 일단 이송신청을 기각하는 재판을 하였으면 적어도 그에 대한 불복은 허용되어야 한다고 하는 반대설이 있다.[3] 관할권 있는 법원이 여러 개 경합시에는 그 중 당사자가 희망하는 법원으로 이송해 주어야 할 것이나 관할은 직권조사사항이므로 원칙적으로 판례에 찬성한다. 다만 예외로 지방법원합의부는 소송이 그 관할에 속하지 아니한 경우라도 상당하다고 인정할 때에는 직권 또는 신청에 의하여 소송의 전부 또는 일부를 스스로 심판할 수 있다(제34조 III). 왜냐하면 단독판사의 사물관할에 속하는 사건을 동일지방법원 합의부가 심판한다고 하여 당사자에게 불리할 것이 없기 때문이다.

2) 單獨判事의 재량에 의한 同一地方法院 合議部에의 이송(제34조 II) 지방법원단독판사는 소송이 그 관할에 속하는 경우라도 상당하다고 인정할 때에는 직권 또는 신청에 의하여 소송의 전부나 일부를 결정으로 같은 지방법원의 합의부에 이송할 수 있다. 소액사건도 마찬가지이다.[4] 단독판사보다도 더 신중한 합의부의 심판을 받을 수 있도록 하는 것이 당사자에게 불리하지 아니하리라는 취지이다. 그러나 실무상 재량이송을 하는 경우는 드물다. 이 경우에 상당성에 관한 판단은 법원의 자유재량에 속한다.[5] 다만 지방법원 단독판사에게 전속관할이 인정되는 단독판사의 판결에 대한 재심의 소(제453조), 집행문부여의 소(민집 제33조, 제21조), 집행

1) 대결 1970. 1. 21. 69 마 1191. 이 점이 제34조 2항, 제35조와 제269조 2항에 의한 이송의 경우와 다르다. 동지 胡 200면. 반대견해 李時 117면.
2) 대결 1987. 12. 30. 87 마 1010; 대결(전) 1993. 12. 6. 93 마 524.
3) 위 대결(전) 1993. 12. 6. 93 마 524의 소수의견 참조.
4) 대결 1974. 7. 23. 74 마 71.
5) 대결 1968. 8. 30. 66 마 324.

문부여에 대한 이의의 소(민집 제45조, 제33조), 소송상 화해 등에 대한 청구이의의 소(민집 제57조) 등의 경우에는 이송할 수 없다.

3) 현저한 損害 또는 遲延을 피하기 위한 이송(제35조)

가) 意　義　　원고가 관할권 있는 여러 개의 법원 중 한 곳을 선택하여 제소한 경우에 그 법원이 소송촉진과 경제의 면에서 볼 때 적당하지 못하다고 인정되는 때에는 그 법원이 재량에 의하여[1] 제소받은 사건을 다른 관할법원에 이송할 수 있다. 가사사건이나(가소 제13조 Ⅳ) 민사조정사건의 경우에도 같다(민조 제4조 Ⅱ).

나) 制度的 趣旨　　제35조는 영미법 판례상 국제민사소송에 있어서 인정되는 부적절한 법정의 원리(Forum Non Conveniens)를 인정하는 취지이다. 이 경우는 법원이 관할권을 가지고 있음에도 불구하고 그 행사가 현저히 불편 또는 부적당함을 이유로 하여 재량이송을 하거나 하지 아니할 권한이 있느냐의 문제이다. 따라서 이는 당사자의 권익과 사법행정에 영향을 미치는 문제이므로 판례를 통한 구체적인 이송기준의 설정이 요구된다.[2]

다) 移送基準　　법문에서 이송기준으로 규정하고 있는 손해라고 함은 당사자에게 소송수행상 부담이 생긴다는 뜻이고[3] 지연이란 법원의 소송처리가 늦어진다는 취지이다. 다만 실무에서는 우리 법원이 이와 같은 재량이송신청을 받아들인 일이 거의 없다.

보통재판적과 특별재판적이 경합하는 경우에 본안소송과 보전소송을 서로 다른 법원에서 심리한다고 하여 반드시 현저한 손해나 지연이 생긴다고 볼 수 없을 것이며,[4] 가처분신청사건에 대하여 이미 결정함에 충분한 단계에 이르렀다면 현저한 손해나 지연을 피하기 위한 이송은 할 수 없을 것이다.[5] 판례는 불법행위지와 피고·증인의 주소지가 다른 경우나[6] 소송에 관한 증거자료가 다른 곳에 있

1) 대결 1964. 3. 28. 63 마 32.
2) 영미의 Forum Non Conveniens 이론에 의하면 증거자료에 대한 접근의 난이도, 비협조적인 증인의 출석을 강제할 수 있는 절차의 이용가능 여부, 협조적인 증인의 출석비용의 다과, 검증비용의 다과 및 난이도 등 신속하고 경제적인 심판의 가능성에 중점을 둔다.
3) 대결 2010. 3. 22.자 2010 마 215는 수형자가 국가를 상대로 손해배상을 청구한 사안에서, 대한민국이 수형자의 관리주체로서 부담하는 '수형자의 민사소송을 위한 장거리 호송에 소요되는 상당한 인적·물적 비용은 행정적인 부담이지 소송상대방으로서 부담하는 것이 아니므로' 현저한 손해 또는 지연을 피하기 위하여 이송이 필요한 사정으로 보지 않았다.
4) 대결 1965. 3. 17. 65 마 51.
5) 대결 1956. 11. 23. 56 행항 2.
6) 대결 1963. 9. 27. 63 마 16. 약정금 청구사건에서 관련 증거의 대부분이 다른 법원의 관할지역에 있고, 피고들의 4분의 3 정도가 위 지역에 있는 경우에도 이송할 수 없다고 한 것으로는 대결 1998. 8. 14. 98 마 1301.

고 소송이 제기된 법원에서 재판함에 과다한 비용이 든다거나 관련사건이 다른 법원에서 따로 심리되므로 말미암아 결론을 달리하는 판결이 선고될 우려가 있다는 사정만으로는 이송할 수 없다는 엄격한 기준을 고집하나[1] 의문이다.

라) 專屬管轄로의 移送　제소된 법원에 전속관할이 있는 경우에는 본조는 적용이 없으며, 전속적 합의관할이 있는 경우에는 본조의 공익성을 내세워서 합의의 효력을 무시하고 이송할 수 있다고 해석하는 것이 다수설이다.[2]

4) 特別裁判籍으로의 移送(제36조)　지적재산권과 국제거래에 관한 소가 제기된 경우 법원은 직권 또는 당사자의 신청에 따른 결정으로 소송의 전부 또는 일부를 제24조의 규정에 따른 관할법원에 이송할 수 있다. 다만, 이로 인하여 소송절차가 크게 지연될 경우에는 그러하지 아니하다(동조 I). 물론 전속관할이 정해져 있는 소의 경우에는 이와 같은 이송규정을 적용하지 아니한다(동조 II). 신설된 제24조의 특별재판적 규정과 짝지어서 지적재산권과 국제거래에 관한 소를 그에 대한 전문법원에서 집중적으로 처리할 수 있도록 제35조의 재량이송제도 이외에 특별한 이송의 길을 연 것이다. 따라서 법원은 피고의 관할이익과 특별재판적의 취지를 감안하여 상당하다고 인정하는 경우에는 소의 전부나 일부를 특정유형의 소에 관한 특별재판적 있는 법원으로 이송할 수 있다. 이렇게 함으로써 실무에 대한 국제적, 전문적 지식을 갖춘 전문재판부에서 통일적 재판기준에 따라 능률적으로 처리할 수 있게 되었다.

5) 反訴提起에 의한 移送(제269조 II)　본소가 단독사건인 경우에 피고가 반소로써 합의사건에 속하는 청구를 한 때에는 법원은 직권 또는 당사자의 신청에 따른 결정으로 본소와 반소를 함께 합의부에 이송하여야 한다. 이는 반소의 소송물가액을 고려하여 관련사건인 본소와 반소를 지방법원합의부에서 함께 심판하도록 하려는 취지이다. 다만 반소에 관하여 변론관할이 생긴 경우에는 그러하지 아니하다(제269조 II 단). 이 단서의 신설은 실무상 피고가 소송지연의 목적으로 반소를 제기하고 원고는 합의부로의 이송을 원치 않는 사례가 많은 점을 감안하여 원고가 관할위반의 항변을 하는 경우에만 합의부로 이송하고 변론관할의 요건을 갖춘 경우에는 단독판사가 계속 재판하도록 한 것이다.

그리고 제269조 2항은 본소가 단독판사의 전속관할에 속하는 경우까지 모두

---

1) 대결 1980. 6. 23. 80 마 242; 대결 1990. 12. 4. 90 마 889.

2) 方 140면, 李英 68면, 金/姜 123면, 李時 119면, 鄭/庾 148면, 胡 203면.

합의부로 이송한다는 취지는 아니라고 본다. 따라서 이러한 경우에는 반소만을 분리하여 이송할 수밖에 없지 아니한가 생각한다.

6) 抗訴審의 管轄違反으로 인한 移送(제419조) 전속관할위반을 이유로 제1심 판결을 취소한 때에는 항소법원은 판결로 사건을 관할법원에 이송하여야 한다(제419조). 다만 법 제419조는 법 제411조와의 관계상 전속관할위반의 경우만을 규정한 것이고, 원판결을 취소하여 원법원으로 환송하지 아니하고, 직접 제1심의 전속관할법원으로 이송하도록 한 점에 의미가 있다.

7) 上告審의 還送에 갈음하는 移送(제436조 I) 상고법원은 상고에 정당한 이유가 있다고 인정할 때에는 원심판결을 파기하고 사건을 원심법원과 동등한 다른 법원에 이송하여야 한다. 법 제436조 1항은 상고법원이 원심판결을 파기하면 원심법원으로 환송함이 원칙이나 파기된 원판결에 관여한 법관은 환송 후의 심판에 관여할 수 없는 점에 비추어 원심법원의 법관수로서는 심판에 지장이 있을 때에 원심법원과 동등한 다른 법원에 이송하는 경우를 규정한 것이다.

8) 다른 法律이 규정한 移送 회생사건의 경우에는 회생법원이 회생절차개시 당시 각 법원에 계속중인 채무자의 재산에 관한 소송의 이송을 청구할 수 있다(통도 제60조 참조). 회생법원으로 하여금 소송사건을 일괄적으로 관할하게 하기 위한 배려이다.

선박소유자책임제한사건의 경우 현저한 손해나 지연을 피하기 위하여 직권으로 일정한 다른 관할법원으로 이송할 수 있다(선책 제3조).

비송사건의 경우에도 최초의 신청을 받은 법원 이외에 다른 적당한 법원으로 신청 또는 직권에 의하여 이송할 수 있다(비송 제3조).

3. 移送의 節次

1) 移送申請 이송은 직권 또는 당사자의 신청에 의하여야 하며 신청은 서면이나 구술로써 할 수 있다. 관할위반을 이유로 이송하는 경우에(제34조 I) 직권으로 하여야 함은 독법(독법조법 제17조)이 신청에 의하여 하는 것과 다르고, 그 외의 이송의 경우(제34조 II, 제35조, 제36조, 제269조 II)에 이송결정은 당사자의 신청이 없더라도 직권으로 할 수 있는 점이 신청에 의한 이송만을 허용하는 일본법(제274조)과 다르다.

2) 移送裁判 이송의 재판은 제1심에서는 결정형식에 의하고, 상급심

에서는 판결에 의하여(제419조, 제436조) 한다. 이송의 재판은 사건의 종국적 재판이므로 변론을 거쳐야 할 것이다(제134조 I).[1] 그리고 당사자가 이송신청을 한 경우에는 법원은 곧 그 신청에 대하여만 따로 재판을 하여야 법의 취지에 맞는다. 본안사건과 함께 이송신청각하재판을 하면 당사자의 기회를 박탈하는 결과가 되기 때문이다.

이송결정과 이송신청기각결정에 대하여서는 즉시항고를 할 수 있다(제39조, 가소 제13조 V). 당사자에게 이송신청권이 인정된 경우에는 이송신청기각결정에 대하여 즉시항고를 할 수 있으나, 그렇지 아니한 경우(제34조 I)에는 신청이 있더라도 법원의 직권발동을 촉구하는 의미뿐이므로 신청이 각하되더라도 즉시항고는 허용될 수 없을 것이다.[2]

4. 移送의 效力

1) 移送裁判의 기속력

가) 移送決定의 效力 이송재판이 확정되면 이송원인 및 이송받을 법원의 관할권에 관하여 이송받은 법원을 기속한다(제38조). 따라서 이송받은 법원은 다시 사건을 이송한 법원으로 반송하거나 다른 법원으로 재이송하지 못한다. 재이송을 허용하면 소송은 부동상태에 빠져서 심리지연과 당사자에게 끼치는 불이익이 적지 아니할 것이다. 다만 이송결정 후에 새로운 사유가 발생하면 이송받은 법원은 다시 다른 관할법원에 이송할 수 있다.

나) 專屬管轄에 위배된 移送決定 전속관할에 위배된 이송의 경우에는 전속관할규정의 공익성을 앞에 내세워서 이송받은 법원을 기속하지 아니한다는 설[3]과 법 제38조의 이송재판의 효력에 중점을 두어 다시 이송할 수 없다는 설[4]로 갈린다. 이송의 목적은 절차촉진과 비용절감에 있는 것이지 관할 있는 재판권의 최종적 결정을 위한 것이 아니라는 점과 관할위반주장이 항소심에서는 금지되지만 전속관할위반의 경우에는 그러하지 아니하고(제411조) 전속관할위반은 절대적 상고이유가 되는 점(제424조 I [3])에 비추어 볼 때 전속관할에 위반한 이송재판은 이송받은 법원을 기속하지 못하고 그 법원은 사건을 전속관할법원으로 다시 이송해야 한다고 본다. 판례는 이송결정의 효력은 원칙적으로 전속관할에 위배된 이송에도 미치고,

1) 方 141면, 金/姜 124면. 반대는 李時 120면, 鄭/庾 150면, 姜 111면.

2) 대결 1973.2.14. 72 마 1538. 특별항고도 부적법하다는 판례는 대결 1985.4.30. 84 그 24; 대결 1996.1.12. 95 그 59. 반대 입장은 金/姜 125면, 李時 112면.

3) 方 142면.

4) 李英 69면, 金/姜 125면, 李時 113면, 鄭/庾 151면, 姜 111면, 胡, 201면.

다만 심급관할을 위배한 이송결정의 효력은 이송받은 같은 심급의 법원과 하급심법원에만 미치고 상급심법원에는 미치지 않는다고 한다.[1)]

2) **訴訟係屬의 移轉** 이송의 효과로서 이송결정이 확정된 때에는 소송은 처음부터 이송받은 법원에 계속된 것으로 본다(제40조 I). 그러므로 시효중단이나 법률상 기간준수의 효력은 소송계속의 이전으로 인하여 영향을 받지 아니하고 그대로 유지된다. 다만 이송한 법원에서 이송재판시까지 한 소송행위나 절차는 이송 후에도 이송받은 법원에서 효력이 그대로 유지되는가. 소송경제를 도모한다는 뜻에서 이송 전의 소송행위의 효력을 모두 인정하자는 설[2)]도 있고, 이송한 법원에 관할권이 있었던 경우(제34조 II, 제35조)에는 그대로 인정하지만 관할권이 없었던 경우(제34조 I)에는 이송결정에 의하여 이송 전에 관할권없는 법원에서 수행한 소송행위는 실효된다는 설[3)]도 있다. 법 제37조 및 제40조 1항의 취지와 이송한 법원에서 이루어진 증인신문조서 등이 이송받은 법원에서 실제로 원용될 가능성 등을 고려하면 이송한 법원에서 이루어진 종전의 소송행위는 모두 효력이 유지되는 것으로 보아 절차상의 시간과 비용을 절약함이 옳다고 본다.

5. 移送決定確定 후의 조치—訴訟記錄送付

소송의 이송결정이 확정되면 법원사무관 등은 그 결정의 정본을 소송기록에 붙여 이송받을 법원에 보내야 한다(제40조 II). 이송결정이 확정된 뒤라도 소송기록이 이송법원에 있는 동안 급박한 사정이 있는 때에는 직권 또는 당사자의 신청에 의하여 필요한 처분을 할 수 있다(제37조). 소송기록이 이송받을 법원에 송부되기까지에는 상당한 기간이 걸릴 것이 예상되므로 급박한 사정이 있을 때에는 증거조사, 가압류, 가처분 등을 할 수 있게 함이 합리적이기 때문이다.

---

1) 대결 1995. 5. 15. 94 마 1059, 1060; 대판 1996. 2. 23. 95 누 8867, 8874. 이에 대하여 심급관할을 위반한 이송결정은 심급의 생략 또는 추가를 발생케 하므로 허용되지 않기에 상급심법원과 하급심법원 모두에게 구속력이 미치지 않는다는 견해로 김홍 109면. 趙寬行, "심급관할을 위반한 이송결정의 구속력," 민사재판의 제문제(하), 84면 등 참조.

2) 方 143면, 金/姜 126면, 李時 121면, 鄭/庾 151면, 姜 112면, 김홍 105면.

3) 李英 69면.

제 2 장 當 事 者

제 1 절 當事者의 개념

I. 當事者의 의의

1. 當事者의 뜻

당사자라 함은 법원에 대하여 자기명의로 판결이나 강제집행을 요구하는 자(적극적 당사자)와 그에 대립하는 상대방(소극적 당사자)을 뜻한다.

사실상 현실적으로 소송수행을 하더라도 타인명의로 하는 자는 당사자가 아니다. 미성년자의 법정대리인, 소송대리인 기타 법인의 대표자 등이 그 예이다. 또한 자기의 이름으로 소송에 관여하지만 자기명의로 판결을 요구하거나 이를 받을 상대방이 아니기 때문에 당사자와 구별되는 것에 보조참가인이 있다. 증인이나 감정인도 당사자가 아니다.

2. 當事者의 각종 명칭

당사자는 판결절차의 제 1 심에서는 원고·피고, 제 2 심에서는 항소인·피항소인, 그리고 제 3 심에서는 상고인·피상고인이라고 각각 부른다. 또한 강제집행절차와 독촉절차에서는 채권자·채무자라고 하며, 가압류·가처분절차에서는 채권자·채무자 또는 신청인·피신청인이라고 칭한다. 그 외에 제소전화해절차, 증거보전절차 및 소송비용확정절차에서는 신청인·상대방이라는 명칭을 쓴다. 이처럼 절차의 종류에 따라 명칭을 달리하고 있으나 법원에 대하여 자기 이름으로 권리보호를 요구하는 자 또는 그 상대방이라는 점은 동일하다.

3. 當事者概念의 형식성

보통 소송물의 실체법상의 주체가 당사자로 되는 것이 원칙이지만 법이 실체법상 제 3 자의 지위에 있는 자에게 소송수행권을 부여하였기 때문에 그가 소송상 당사자로 등장하는 경우도 있다. 소송법상 당사자의 개념은 이처럼 실체법과 관계없는 형식적이고 독자적 개념이다. 그러므로 선정자(제49조), 피대위자(민 제404조) 또는 해난구조료채무자(상 제859조 II)는 소송물의 실체법상의 주체이지만 타인의 명의로 내린 판결의 효력을 받는 사람이므로 당사자가 아니고, 이런 경우에는 선정당사자·대위채권자 및 선장이 각각 소송수행권을 갖는 당사자가 된다.

4. 當事者槪念의 實益

당사자의 개념은 보통재판적, 법관의 제척이유(제41조), 소송비용담보의 요부(제117조), 소송절차의 중단(제233조 이하), 기판력의 주관적 범위(제218조), 소송사건의 동일성(제259조), 증인능력의 유무 등을 결정하는 절대적 기준으로서 대단히 중요하다.

II. 2當事者對立主義原則

민사소송에서는 이해관계가 대립되는 당사자를 형식적으로나 실질적으로나 평등한 입장에서 절차에 관여시켜 각각 주장과 입증을 하게 한 다음 법원이 그 분쟁에 관하여 판단하는 것이 소송을 가장 적정·공평하고 신속하게 해결할 수 있는 방법이라고 생각하여 2당사자대립주의(adversary principle)를 채택하고 있다. 이러한 점에서 당사자의 대립을 요하지 않는 편면적 구조인 비송사건과 다르다. 이는 복잡한 인간의 실체적 생활관계를 권리와 의무의 상대적 개념으로 구성한 실체법적 구조가 소송법에 반영된 결과이다. 그러므로 소송계속중 당사자 일방이 사망하여 상대방이 그 유일한 상속인이 되었거나 대립당사자인 회사가 합병한 경우에는 당사자의 혼동에 의하여 소송은 종료된다. 이를 자기소송금지의 원칙이라고 한다. 2당사자대립의 복잡한 형태는 당사자의 일방 또는 쌍방이 다수인 때이다. 이것을 공동소송이라고 한다. 그리고 2당사자대립주의라는 로마법 이래의 원칙에 대하여 그 예외로서 소위 三面訴訟을 인정할 것인가가 논의되는데 이는 뒤에 독립당사자참가의 부분에서 상설한다.[1)]

III. 당사자의 訴訟節次上 地位

소송절차에 있어서 당사자는 평등한 지위에 서고 소송상의 역할과 기회가 균등하게 보장된다. 이와 같은 당사자평등의 원칙 내지 무기평등의 원칙은 헌법상의 요청이기도 하다(헌 제11조). 당사자가 절차상 실체적 진실을 발견하기 위한 여러 가지 권능을 법원과 얼마만큼 분담하는지는 한 나라의 입법정책 내지 소송정책에 따라 좌우된다.

---

1) 제 5 편 제 3 절 제 3 관 II. 참조.

소송절차에서 소송주체로서 당사자에게 보장된 주요한 권리로는 공개된 절차에서 헌법과 법률이 정한 법관에 의하여 법률에 의한 신속·공정한 재판을 받을 권리뿐만 아니라 변론권과 입증권 그리고 불복신청권 등을 들 수 있다. 절차상 정의의 유기적 실현을 위하여 이러한 권리들을 종합적으로 파악하여 당사자권으로 설명하거나[1] 당사자의 소송절차 내에서의 행위책임에 초점을 맞춘 신당사자주의라는 입장에서[2] 주장하기도 한다.

이러한 논의는 영미소송법에서 오래 전에 확립된 당사자 주도의 절차적 권리를 일본에서 도입하여 응용한 것일 뿐 새로운 이론은 아니다. 그리고 이러한 권리 주장은 당사자의 무책임한 소송상 행위를 효과적으로 제재하는 수단, 예컨대 영미법관의 강력한 법정모욕처벌권(Contempt of Court) 및 사법방해처벌(Obstruction of Justice) 등의 도입 등과 함께 균형있는 논의가 필요하다. 이 같은 논의가 갖는 의미는 소송의 민주화 추세에 발맞추어 법관 주도의 소송절차운영을 좀더 당사자 주도로 전환하여야 한다는 점과 지나치게 권위적으로 소송절차를 진행해 온 법원 및 무책임하고 비협조적인 당사자에게 다시 한번 그들이 부담할 권능과 책임의 재조정, 사법을 통한 정의, 인간의 존엄성 등에 관하여 반성의 계기를 제공하였다는 데에 있다고 하겠다.

제2절 當事者의 確定

I. 當事者確定의 제도적 의의

1. 당사자의 확정은 현실적으로 계속된 소송에서 누가 당사자인가를 명확히 하는 문제이다. 실제의 소송에서는 당사자가 존재하고 특정되어야 하므로 구체적인 소송사건에서 원·피고가 누구인가를 확실하게 정할 필요가 있다. 그러므로 당사자확정은 어떤 사람이 민사소송의 원고나 피고로 될 수 있는 일반적인 자격이 있느냐 하는 문제인 당사자능력과 다르다. 또한 구체적인 청구에 관하여 누가 정당한 당사자로서 소송수행권을 갖고 있으며 본안판결을 받을 자격을 갖는가의 문제인 당사자적격과도 구별된다. 논리적으로는 당사자가 확정된 후에 그 자가 과연 당사자가 될 수 있는 자격이 있느냐를 고려하게 된다.

1) 李時 125-128면.
2) 姜 29면 이하.

2. 판결을 받을 사람이 구체적으로 결정되어야만 민사재판권을 발동하게 될 것이므로 당사자의 확정은 인적 재판적, 당사자능력, 당사자적격 및 소송능력(제51조)을 판정하는 전제가 되며, 앞서 고찰한 제척·기피의 이유(제41조), 기판력의 주관적 범위(제218조), 소송물의 동일성(제259조, 제267조), 증인능력(제303조, 제367조), 소송절차의 중단(제233조 이하), 송달(제174조 이하) 등에 관하여 기준이 된다. 그러므로 법원은 소의 제기가 있으면 소장에 표시된 당사자(제249조)가 실재인물인지, 실재인물이면 현실로 소송을 수행하는 자와 일치하는지를 살펴보아야 한다.

3. 당사자를 특정할 수 없으면 소를 부적법각하할 것이고, 당사자로서 확정한 인물과 다른 자가 소송을 실시하고 있으면 그의 소송참여를 배척하여야 한다.

Ⅱ. 當事者確定의 표준

당사자확정의 문제는 대부분 큰 어려움 없이 처리될 것이나, 소장의 기재만으로는 당사자가 확정될 수 없는 때, 또는 사자를 상대방으로 하여 소를 제기하였거나, 이른바 姓名冒用訴訟의 경우에는 당사자를 확정하는 것이 쉬운 일이 아니므로 소제기의 어느 요소를 확정의 표준으로 하느냐에 따라 견해가 대립된다.[1)]

1. 權利主體說(實體法說)

이는 소송의 목적인 권리 또는 법률관계의 실체법상 주체인 자를 당사자로 보려는 견해이다. 그러나 반드시 권리관계의 주체가 아닌 제 3 자라도 타인의 권리관계에 관하여 소송수행권이 있으면 당사자로서 소송을 수행할 수 있다(예: 파산관재인 등). 따라서 이와 같이 실체법상의 법률관계의 주체가 반드시 당사자로 되어야 한다는 법은 없으므로 당사자의 개념을 이렇게 파악하려고 하는 권리주체설은 당사자개념의 형식성에 어긋난다.

2. 意 思 說

이는 원고가 피고로 삼고자 지목하여 소를 제기한 자를 피고로 하고 법원이 원고로 인정하는 자를 원고로 하듯이, 원고 또는 법원이 당사자로 삼고자 하는 자

1) 이에 대하여 표시설, 의사설, 행동설 등은 서로 대립하는 관계가 아니라 기본적으로는 표시에 의하여 당사자가 확정되며, 의사, 행동 등은 표시행위의 해석기준에 불과하다고 하면서, 이러한 학설들이 서로 대립하고 있는 것처럼 소개하는 것은 일본식 설명에 지나지 않는다는 견해로 胡 218면 각주 1).

를 당사자로 확정하려는 입장이다.

이 설은 실체법상의 권리주체를 당사자로 하자는 견해가 사라지고 당사자의 확정은 소송법의 독자적 견지에서 고려되어야 한다는 소송현상설(소송법설)의 배경하에 처음으로 등장한 견해이다. 그러나 사람의 내심의 의사에 따라 당사자를 확정함은 객관성을 결여하며, 원고의 확정을 법원의 의사에 일임함은 당사자처분권주의와도 어긋난다.

3. 行動說(行爲說)

이 설은 소송절차에서 스스로 당사자로서 행동하거나 소송상 실제로 당사자로서 취급받는 자를 당사자로 정하려는 입장이다. 이는 의사설이 내세우는 주관적 기준의 결함을 시정하고 객관적 기준을 설정해 보려는 노력의 표현이므로 의사설보다 기준이 뚜렷하다. 그리하여 당사자를 확정함에 있어서 중요한 것은 소를 제기하거나 당한 성명이 아니고 사람이라고 한다. 그러나 소송위임, 소장의 작성과 제출, 법정 외의 소송행위 등은 대리인이나 使者에 의하여 할 수 있는 만큼 구체적으로 어떤 행동을 어느 정도로 하여야 당사자로 볼 것인지가 애매하다.

4. 表 示 說

이는 소장에 나타난 당사자의 표시를 토대로 하여 변론종결시를 기준으로 당사자를 확정하여야 한다는 입장이다. 다만, 오늘날은 소장의 당사자란의 기재를 원칙적 기준으로 하되 청구 취지, 청구원인, 기타의 기재사항 등 객관적 내용을 전체적으로 파악하는 실질적 표시설이 통설[1]이고 판례[2]이다.

---

1) 方 157면, 李英 71면, 金/姜 134면, 李時 128면, 鄭/庾 162면, 胡 218면. 姜 118면은 당사자확정을 변론종결시를 기준으로 하여 소송의 개시시에는 소장의 표시에 의하여 정하나, 소송이 진행된 뒤에는 그 소송의 결과를 누구에게 귀속시키는 것이 분쟁의 해결에 효과적인가라는 기준에 의한다고 하면서 당사자로서의 소송수행의 지위와 기회를 현실적으로 보장받는 자만을 당사자로 한다는 규범분류설을 취한다. 이에 대하여는 당사자표시의 정정이나 당사자변경의 이론에 의하여 해결하면 된다는 비판이 있다. 鄭/庾 164면.

2) 대판 1986. 9. 23. 85 누 953; 대판 1996. 3. 22. 94 다 61243; 대판 1996. 12. 20. 95 다 26773. 따라서 제 1 심이 당사자표시정정에 따라 당사자를 제대로 확정하여 판결하였음에도 불구하고, 항소심이 임의적 당사자 변경에 해당하여 허용될 수 없는 것이라고 잘못 판단하여 당사자 아닌 자를 당사자로 취급하여 판결을 선고한 경우, 진정한 당사자에 대하여는 아직 항소심판결이 선고되지 아니하여 사건도 항소심에 계속하고 있으므로 진정한 소송당사자는 항소심에 변론기일지정신청을 하여 소송을 다시 진행하면 되고 상고를 제기할 수 없다고 하는 것으로는 대판 1996. 12. 20. 95 다 26773.

당사자로 확정된 주체가 사망하였거나 이 세상에 없는 허무인에 해당되는 등 당사자능력이 인정되지 않는다면 그 소는 부적법 각하되어야 한다. 당사자표시정정이란 확정된 당사자와의 동일성이 인정되는 한도에서 당사자의 표시를 바로잡는 제도를 뜻한다. 당사자표시를 잘못 적거나 빠뜨렸다는 이유로 이를 바로잡든가 애당초 당사자능력이 없는 사람을 당사자로 잘못 표시한 것이 분명한 경우에 당사자표시정정을 한다. 한편, 그 동일성의 범주를 넘어서서 당사자표시를 고치게 된다면 당사자의 변경에 해당된다.[1] 당사자표시정정은 판례를 통하여 인정되었다. 현행법상 인정되는 당사자변경은 피고경정제도이다(제260조).

당사자표시정정에 관한 판례의 입장은 피고경정제도를 도입한 1990. 9. 1.이전에 이미 형성된 것인데, 피고경정제도 도입후에도 그 기조가 유지되고 있다. 당사자의 이름을 잘못 기재하였거나 누락이 있는 당사자표시정정이 필요되는 전형적인 경우를 넘어서서, 예외적으로 의사설이 적용되는 가운데 당사자표시정정이 허용되는 사망사실을 모르고 사망자를 당사자로 표시하여 제소한 경우, 명백히 당사자무능력자로 표시되었음에도 이를 바로잡는 경우들, 이외에도 당사자능력이 있지만 당사자적격까지 염두에 두고 소송목적 등을 고려한 경우 등에 당사자표시정정을 인정한다.[2] 판례의 입장은 아직 피고경정제도가 허용되기 전의 상황에서 소송경제를 위하여 일단 주어진 소송기회에 관련자를 절차에 관여시켜 한꺼번에 분쟁을 해결하고 융통성 있는 소송운영을 도모한다고 이해될 수 있었다. 그러나 표시정정을 명분으로 하여 새로운 사람을 당사자로 끌어들여 교체하는 결과가 된다면 당사자의 표시정정이 아니라 동일성의 변경인 당사자의 변경이 되며, 후자는 피고경정제도가 도입된 상황에서도 예외적으로 허용함을 유의하여야 한다는 지적은 주시되어야 한다.[3]

Ⅲ. 姓名冒用訴訟의 경우

법원은 당사자의 동일성을 직권으로 조사하여야 하는데, 성명모용소송, 즉 갑이 당사자로 되었으나 갑은 아는 바 없고 실제로는 을이 갑의 이름을 모용하여 소송을 수행하는 경우에는 문제이다. 당사자 명의의 모용은 원피고 양측에 모두 가능하다.

1) 당사자변경에 관하여는 후술하는 제 5 편 제 4 관 참조.
2) 판례가 당사자표시정정을 허용하는 구체적 사례에 관하여는 김홍, 112-113면 참조.
3) 李時 130면.

성명모용소송의 경우에 행동설에 의하면 당사자인 양 행동하는 모용자가 당사자가 되고, 피모용자는 당사자가 아닌 것으로 된다. 판결이 확정되면 기판력은 모용자에게만 미치고 피모용자에게는 미치지 아니하므로 피모용자는 재심청구를 할 길도 없고 할 필요도 없는 것으로 된다.

그러나 표시설에 따르면 당사자는 소장에 표시된 피모용자이다. 법원의 입장에서는 모용사실을 발견하면 모용자를 소송에서 배척하여야 하는바, 모용자가 원고측이면 피모용자의 의사에 기하지 아니한 무권대리인의 소제기로 보아 소를 각하함이 옳고, 모용자가 피고측인 경우에는 진실한 피고를 소환하여 소송에 관여시켜야 한다. 만일 법원이 모용사실을 간과하여 판결을 한 경우에는 그 효력은 피모용자에게 미치므로 피모용자의 구제는 대리권의 흠결을 이유로 한 상소(제424조 I [4]) 또는 재심(제451조 I [3])에 의하여 판결의 취소를 구할 수 있다.[1]

Ⅳ. 死者를 상대방으로 한 訴訟의 경우

원고가 피고로 될 자의 사망사실을 모르고 소장에 사망자를 피고로 표시하여 제소한 경우에[2] 표시설에 따르면 당사자는 실재인이어야 하는 만큼 사자에 대한 소송은 적법하게 성립할 수가 없고, 이러한 소는 부적법각하되어야 하며,[3] 상속인도 응소할 필요가 없을 것이다.[4] 피고가 사자임을 간과하여 내린 판결은 상속인에 대하여 효력이 미치지 아니하므로 상속인은 이러한 대상자 없는 당연무효판결에 대하여 재심을 제기할 필요도 없다고 한다.[5] 그러나 의사설에 의하면 이 경우 바로 訴를 부적법 각하할 것이 아니고 사실상의 피고는 사망자의 상속인이나, 다만 그 표시를 그르친 것으로 해석하여[6] 원고의 피고표시 정정신청을 받아들인 후[7] 다음 절차를 진행해야 한다고 한다. 왜냐하면 이런 경우 원고의 합리적 의사

1) 대판 1964. 11. 17. 64 다 328.

2) 일반적으로 원고가 내세우는 피고나 피대위자 등이 실존인물임이 인정되고 그러한 연령의 사람이 생존한다는 것이 매우 이례적이라고 보여지는 고령에 해당하지 않는 이상 특별한 사정이 없는 한 그들은 생존한 것으로 추정함이 상당하다. 대판 1994. 10. 25. 94 다 18683. 소송의 계속중에 피고가 사망하면 사자를 피고로 하여 제소한 경우와는 달리 소송중단과 소송수계의 문제가 생기는데, 이것은 후술 제 3 장 제 4 절 이하 참조.

3) 대판 1960. 3. 30. 59 민상 169.

4) 다만, 실질적 표시설은 형식적 표시설과 달리 소장의 당사자란뿐만 아니라 소장전체의 취지를 고려하기에 신축적 내지 탄력적인 운용을 할 수 있어서 경우에 따라 상속인을 피고로 볼 여지가 있다.

5) 대판 1969. 6. 24. 69 다 436; 대판 1980. 5. 27. 80 다 735.

6) 대판 1971. 6. 30. 69 다 1840.

7) 대판 1969. 12. 9. 69 다 1230; 대판 1983. 12. 27. 82 다 146.

는 소장에 표시한 피고가 사망했으면 그 상속인을 피고로 하려는 취지라고 해석할 것이기 때문이다.[1] 다만 이처럼 당사자표시정정으로 피고 이름을 상속인으로 바로 잡는 경우에도 항소심에 와서는 누락된 상속인을 정정의 방법으로 피고로서 추가할 수 없다.[2] 판례의 주류는 의사설적 입장을 취하고 있다고 하겠다.[3][4]

다만 소송계속후 변론종결전에 당사자가 사망한 경우에는 소송중단사유가 되어 상속인에게 소송이 수계되는데 이는 제233조 이하에서 다룬다.

V. 法人格否認의 경우

1) 미국 회사법상 발전된 법인격부인론에 따라 소송을 하는 경우 당사자 피고는 법인격이 무시된 회사의 배후에 있는 사원(주주)인가 여부가 문제된다. 법인격 부인론이 적용되는 경우에는 비록 소장에는 당사자표시가 법인으로 되어 있더라도 그 배후의 사원을 당사자로 확정하여야 할 필요가 있을 수 있다. 이 이론의 주장방법에 따라 당사자가 달라질 수 있고, 미국의 경우에는 처음부터 법인과 대주주를 공동피고로 삼아 제소하므로 우리와는 사정이 다르다. 현재 우리나라에서는 회사를 피고로 하였다가 소송중에 그 배후에 있는 주주를 피고로 삼는 경우에 ① 소송승계에 준하여 처리해야 한다는 견해,[5] ② 당사자표시정정에 의하여야 한다는 견해,[6] ③ 원칙적으로 임의적 당사자변경에 의하되 상대방의 권리행사를 곤란케 하기 위하여 舊會社와 거의 동일한 新會社를 설립한 경우에는 당사자표시정정에 의한다고 하는 견해[7] 등이 주장된다. 임의적 당사자변경에 의하여 처리함이 옳을 것이다. 다만, 판례는 당사자와 다른 실체를 가진 단체로의 당사자변경은 법률이 허용하지 않는 임의적 당사자변경에 해당하여 허용되지 않

---

1) 대판 2009. 10. 15. 2009 다 49964에서는 당사자의 동일성이 인정됨을 전제로 진정한 당사자를 확정하는 표시정정의 대상으로서의 성질을 지니는 이상 비록 소송에서 피고의 표시를 바꾸면서 피고경정의 방법을 취하여도 피고표시정정으로서의 법적 성질 및 효과는 상실되지 않는다는 것이다.

2) 대판 1974. 7. 16. 73 다 1190.

3) 피상속인이 조세부과처분에 대하여 심판청구를 한 후 사망하였으나 그 사실을 모르는 국세심판소장이 망인을 청구인으로 표시하여 심판청구기각결정을 하자 그 상속인들이 망인 명의로 부과처분취소청구소송을 제기한 경우, 실제 그 소를 제기한 사람들은 상속인들이므로 당사자표시정정으로 바로잡을 수 있다는 것으로는 대판 1994. 12. 2. 93 누 12206.

4) 이에 대하여 판례는 실질적 표시설에 기초하면서 소장전체의 취지를 합리적으로 해석함에 있어 신축적이고 탄력적인 운용을 보이기에, 판례가 사자상대소송의 경우에만 의사설의 견해를 부분적으로 채택한 것으로 보는 것은 무리라는 지적이 있다. 김홍 109면.

5) 鄭/庾 170면.

6) 金/姜 138면.

7) 李時 132면, 姜 125면.

는다는 입장이다.[1)]

2) 형식적 당사자에 대한 판결의 기판력 및 집행력의 범위를 배후의 주체에까지 확장할 수 있는지 여부가 문제된다. 이에 대하여 판례는 절차의 명확성·안정성을 중시하는 소송절차 및 강제집행절차에 있어서는 판결의 기판력 및 집행력의 범위를 확장할 수 없다고 하여 부정적인 입장이다.[2)]

제 3 절 當事者能力

I. 當事者能力의 개념

당사자능력은 민사소송에서 일반적으로 당사자가 될 수 있는 소송법상의 능력, 즉 소송법상의 모든 효과의 귀속주체가 될 수 있는 능력을 말한다. 즉 원고나 피고가 될 수 있는 능력이다. 이는 구체적 소송사건의 내용이나 성질과는 관계 없는 일반적 능력으로서 당사자의 형식적 지위 때문에 추상적으로 인정되는 개념이다(제51조). 그러므로 당사자능력은 특정한 권리 또는 법률관계에 있어서 정당한 당사자로서 본안판결을 받기에 적합한 자격을 뜻하는 당사자적격과 구별되며, 현재 계속중인 특정소송의 당사자가 누구인가를 가려내는 당사자확정의 문제와도 다르다.

당사자능력을 소송상의 권리능력이라고도 하는 수가 있으나 이는 어떠한 사회적 활동체에 이 능력을 부여함이 사법적 분쟁을 가장 효과적으로 해결할 수 있느냐 하는 관점에서 정하여지는 소송법상의 독자적 개념이다. 그러므로 소송법은 실체법상 권리능력자로 인정되는 자연인과 법인 외에도 실체법상 권리능력이 없는 비법인사단·재단까지도 대표자나 관리인의 정함이 있으면 널리 당사자능력을 인정한다(제52조).

자연인이나 법인과 같이 사법상의 권리능력에 기인하여 소송법상 당사자능력이 인정된 자를 실질적 당사자능력자라고 하고, 법인 아닌 사단·재단의 경우와 같이 권리능력을 기초로 하지 않고 소송법의 규정에만 따른 당사자능력자를 형식적 당사자능력자라고 하여 구별하기도 하는데, 이는 소송법상의 분류는 아니다.

---

1) 대판 2003. 3. 11. 2002 두 8459; 대판 2008. 5. 29. 2007 다 63683.
2) 대판 1995. 5. 12. 93다44531.

II. 當事者能力者

1. 自 然 人

1) 原 則 민법상의 권리능력자인 자연인은 모두 민사소송에 있어서의 당사자능력자이다(민 제51조).

2) 胎 兒 자연인의 권리능력은 출생으로부터 시작되므로 당사자능력도 이 때부터 시작된다.[1] 그러므로 태아는 원칙적으로 당사자능력이 없다. 그러나 태아는 항상 권리능력이 없는 것으로 하면 그에게 불리하므로 민법은 태아에 관하여 개별적 보호주의를 취하고 있다. 즉 태아는 불법행위로 인한 손해배상청구(민 제762조), 재산상속(민 제1000조 III), 대습상속(민 제1001조), 유증(민 제1064조), 사인증여(민 제562조) 등의 경우에는 이미 출생한 것으로 보아 태아임에도 불구하고 자연인과 동일한 권리능력이 있는 것으로 간주된다. 다만 법정대리인인 모와 태아간에 재산적 이해관계가 대립되는 경우에는 태아를 위한 재산관리인 선임 등 새로운 입법이 필요하다. 판례는 정지조건설의 입장에서 원칙적으로 태아의 권리능력을 인정하지 아니하나,[2] 통설은 이와 반대로 적극적으로 당사자능력을 인정하는 해제조건설을 취한다.[3]

3) 外 國 人 외국인은 외국국적자와 무국적자를 포함하는데 오늘날에는 대체로 상호주의 내지 평등주의에 따라 외국인의 권리능력을 인정한다. 우리나라의 입장은 평등주의라고 볼 수 있다(헌 제6조 II 참조). 다만 외국인은 국가의 정책상 법령이나 조약에 제한되어 있는 경우를 제외하고는 당사자능력이 있다.

4) 治外法權者 외국국가를 비롯하여 외국의 원수, 대·공사 등 우리나라에서 치외법권을 누리는 자는 우리나라의 재판권에 복종하지 아니할 뿐 당사자능력이 있다. 그러므로 이들이 치외법권을 포기하거나 스스로 소의 제기 또는 응소함으로써 우리 사법권에 복종할 의사를 표시한 때에는 당사자로 될 수 있다.

2. 法 人

1) 原 則 법인은 공법인, 사법인, 영리법인, 비영리법인을 막론하고

---

1) 민법상 권리능력의 시기는 출생의 완료, 즉 전부노출설에 따르고 이견이 없다.

2) 대판 1976. 9. 14. 76 다 1365.

3) 李時 136면, 金/姜 141면, 鄭/庾 172면, 姜 127면, 胡 223면.

모두 당사자능력이 인정된다(민 제34조, 민소 제51조). 법인은 해산 또는 파산하더라도 청산이나 파산의 목적의 범위 내에서 존속하는 것이므로(민 제81조, 상 제245조, 통도 제328조) 당사자능력이 있다.[1] 청산이 종료되면 당사자능력을 상실하는 것이 원칙이겠으나 청산종결등기를 하였더라도 채권이 있는 등 아직 청산사무가 남아 있다면 청산은 종료되지 아니하므로 그 한도에서 청산법인은 당사자능력을 보유한다.[2]

2) 法人의 合併 또는 設立無效의 경우 　　소송계속중 법인이 합병에 의하여 소멸하는 때에는 합병 후 신설회사나 합병 후 존속회사가 소송을 승계한다. 예컨대 합병 후 신설된 農協을 피고로 하여 합병 후 소멸된 洞農協이 합병무효확인을 청구하는 경우에는 그 청구가 이유 있다고 하더라도 원고인 동농협의 해산과 신설된 농협의 등기가 완료된 이상 원고는 형식상 소멸되어 존재하지 아니하므로 당사자능력이 없다.[3] 그러나 회사가 제기한 소송에 있어서 피고가 그 회사의 설립이 무효이므로 회사에는 당사자능력이 없다는 주장을 하더라도 회사는 회사설립무효의 소가 제기되어 그 무효판결이 확정될 때까지는 법인격을 가지며, 따라서 당사자능력도 있다고 할 것이다.

3) 법인의 지점이나 분회 등은 당사자능력이 없다.

3. 國家·地方自治團體·國會 등

국가나 지방자치단체는 사법상의 거래관계에 관하여 권리주체가 되므로 당사자능력이 있다(제6조). 행정청은 국가의 기관이고 권리주체가 아니므로 민사소송의 당사자능력은 없으나 행정소송에서는 피고능력이 인정된다(행소 제13조). 국회의원은 행정소송의 당사자능력이 없다.[4]

4. 法人 아닌 社團 또는 財團

1) 민·상법 등 실체법에 있어서는 법률관계를 명확하게 하거나 또는 국가의 감독을 충분히 하기 위하여 법률에 정한 요건을 갖추어(상 제172조) 주무관청의 인가를

1) 해산법인은 그가 당사자가 된 소송이 계속중에는 청산이 종료된 것이 아니므로 당사자능력이 있다. 대판 1969. 6. 24. 69 다 561.

2) 대판 1968. 6. 18. 67 다 2528; 대판 1980. 4. 8. 79 다 2036; 대판 2005. 11. 24. 2003 후 2515 등.

3) 대판 1969. 9. 23. 69 다 837. 본 판례의 경우는 특별법에 의한 농협의 신설합병의 경우이고, 일반회사의 경우라면 소멸된 회사는 제소권자조차 될 수 없다(상 제236조 참조).

4) 대판 1961. 10. 5. 59 행상 63.

받아(민 제32조) 설립된 실체에 한하여 법인격을 인정하고, 이러한 법인에 대하여서만 권리능력을 부여하고 있다. 그러나 이 세상에는 법인격이 없는 단체들도 얼마든지 존재할 뿐만 아니라 실제로 각종 거래활동을 하고 있고, 이로 인하여 타인과의 분쟁이 필연적으로 생길 수 있다. 이러한 경우에 법인격이 없다는 이유로 그 단체를 상대로 소송을 못한다고 하면 그 구성원 전원을 소송당사자로 삼아야 되는 불편과 번잡이 있다.

따라서 법 제52조는 소송법의 독자적 견지에서 비법인사단·재단도 대표자나 관리인이 있는 경우에 한하여 그 이름으로 소송당사자가 될 수 있다고 하였다. 즉 민법상의 권리능력이 인정되지 아니하는 사단·재단이라 할지라도 대표자나 관리인을 정하는 정도로 실사회에서 현저한 조직을 갖추고 지속적인 활동을 하고 있을 경우에는 이러한 실체에 당사자능력을 인정하여 그 자체의 이름으로 원·피고가 될 수 있게 하였다.[1)]

2) 비법인사단(unincorporated association)이라 함은 일정한 목적을 가지고 조직된 계속성이 있는 다수인의 결합체로서 그 의사결정과[2)] 구성에 관한 내부규약과 그에 의하여 자격이 인정되는 업무집행기관 및 대표자 등의 정함이[3)] 있는 법인 아닌 단체이다.[4)] 즉 일정한 목적의 달성을 위하여 결합한 사람의 단체로서 법인격이 없는 경우이다.

그러므로 이러한 사단은 그 구성원 각자의 존재를 초월한 고유의 목적을 가지고 사회적 활동을 하는 단일체인 만큼 구성원의 교체에 의하여 영향을 받지 아니한다.[5)] 동창회·정당·종중·학회·설립중의 회사 등이 그 예이다.

3) 권리능력 없는 재단이란 계속성이 있는 일정한 목적에 제공된 재산의 집합으로서 기부자로부터 독립한 사회생활상의 단위를 이루어 관리인의 관리를 받는 재단을 가리킨다. 그러므로 재단의 실질은 갖추고 있으나 허가와 등기가 없는 장학회, 도서관, 感化院 등은 관리인에 의하여 소송을 수행할 수 있다. 신탁재산은 수탁자의 명의로 신탁되므로 수탁자의 이름으로서만 소송당사자가 될 수 있다.

1) 대판 1964. 6. 16. 63 다 1186.

2) 법인 아닌 사단의 총회에 절차상의 하자가 있으면 원칙적으로 총회결의 무효사유가 된다 할 것이고 따로 총회결의 취소의 소를 인정할 근거는 없다고 한다. 대판 1993. 10. 12. 92 다 50799 참조.

3) 종중과 같은 법인 아닌 사단의 대표자의 선임은 종중규약이나 일반관례가 있으면 그에 따르고 그것이 없다면 종장 또는 문장이 그 종족 중 성년 이상의 남자를 소집하여 출석자의 과반수 결의로 선출하는 것이 일반적 관습이다. 대판 1993. 8. 24. 92 다 54180 참조.

4) 대판 1967. 1. 31. 66 다 2334; 대판 1991. 5. 28. 91 다 7750.

5) ZPO 제50조 2항은 법인격 없는 사단에 대해서만 수동적 당사자능력(피고능력)을 인정한다.

4) 법인 아닌 사단·재단은 소송상 법인과 동일한 취급을 받으며, 판결의 대상은 단체 그 자체이고, 판결의 기판력과 집행력도 구성원이 아닌 단체에 대하여 발생한다. 이처럼 사단·재단 그 자체와 그 구성원은 별개이므로 이들 구성원은 사단·재단의 법률관계에 관한 소송에 있어서 공동소송인이 될 수도 있고,[1] 보조참가도 할 수 있으며, 대표자가 아닌 한 증인능력도 있다.

사단·재단의 소송을 수행하는 대표자나 관리인에 대하여는 법정대리와 법정대리인에 관한 규정이 준용된다(제64조). 법인 아닌 사단과 재단은 그 자체의 명의로 등기신청을 할 수 있는 부동산등기능력이 있으며(부등 제30조), 어음행위능력도 있다고 본다.[2]

5) 판례가 당사자능력을 인정하는 경우로는 洞會,[3] 部落,[4] 대학교장학회,[5] 洞里水利契,[6] 종중,[7] 문중,[8] 洑中,[9] 堤中,[10] 청산위원회,[11] 노동조합의 지부,[12] 사찰,[13] 아파트입주자대표회의,[14] 구의동연합직장주택조합,[15] 아파트 부녀회[16] 등이다.

당사자능력이 인정되지 아니하는 경우로는 한국기독교애린선교단맹인사업부,[17] 농지위원회,[18] 대한불교조계종총무원,[19] 노동조합선거관리위원회,[20] 각급학

1) 대판 1962. 4. 12. 61 민상 1220, 1221.
2) 민법상 조합이 어음에 기명날인하는 방법에 관하여는 대판 1970. 8. 31. 70 다 1360 참조.
3) 대판 1954. 4. 27. 53 민상 33.
4) 대판 1980. 1. 15. 78 다 2364.
5) 대판 1961. 11. 23. 60 行上 43.
6) 대판 1962. 10. 4. 62 다 273.
7) 대판 1966. 7. 26. 66 다 881; 대판 1988. 11. 22. 87 다카 2810.
8) 대판 1967. 11. 21. 67 다 2013.
9) 대판 1967. 12. 26. 67 다 2302; 대판 1995. 11. 21. 94 다 15288.
10) 대판 1967. 12. 29. 67 다 2388.
11) 대판 1968. 7. 16. 68 다 736.
12) 대판 1977. 1. 25. 76 다 2194.
13) 대판 1988. 3. 22. 85 다카 1489. 일찍이 와룡암이라는 암자에 대하여 당사자능력을 인정한 대판 1974. 8. 30. 72 다 1439 판결도 있다.
14) 대판 1991. 4. 23. 91 다 4478.
15) 대판 1993. 4. 27. 92 누 8163.
16) 대판 2006. 12. 21. 2006 다 52723 동 판결에서는 아파트에 거주하는 부녀를 회원으로 하여 입주자의 복지증진 및 지역사회 발전 등을 목적으로 설립된 아파트부녀회가 회칙과 임원을 두고서 주요 업무를 월례회나 임시회를 개최하여 의사결정하여 온 경우에 법인아닌 사단의 실체있음을 인정하였다.
17) 대판 1957. 12. 5. 57 민상 244.
18) 대판 1962. 4. 18. 61 민상 1397.
19) 대판 1967. 7. 4. 67 다 549. 통합 후의 불교종단조계종; 대판 1972. 3. 21. 71 다 1955.
20) 대판 1992. 5. 12. 91 다 37683.

교,[1] 부도난 회사의 채권자들이 조직한 채권단[2] 등이 있다. 교육법상의 각급 공·사립학교는 영조물(교육시설)에 불과하고, 법인 또는 법인 아닌 사단·재단의 어느 것에도 해당되지 아니하므로 당사자능력이 없다. 그러므로 공립학교는 교육감(교육자치단체의 장)을, 사립학교는 학교법인을 당사자로 삼아야 한다.

그러나 유치원, 교회 및 사찰의 경우에는 이들의 실질적인 구성에 따라 당사자능력을 인정하는 경우도 있고,[3] 부정하는 경우도 있다.[4] 이는 사회적 실체를 파악하여 당사자능력을 인정하여도 무방한 경우라고 생각된다.

5. 民法上 組合

민법상 조합(민 제703조)은 독자적으로 당사자능력이 인정될 만큼 사단성이 있는가, 특히 조합에 대표자가 있어서 그를 통하여 대외적 활동을 하는 경우에는 어떠한가.

조합은 2인 이상이 상호출자하여 공동사업을 경영할 것을 약정하는 계약관계로서, 법인 아닌 사단의 재산관계는 총유관계인 데 대하여 조합재산은 조합원의 합유에 속하므로(민 제704조) 단체성이 확고하지 못하여 당사자능력을 부인함이 종래의 통설이고[5] 판례이다.[6] 그러므로 당사자능력부정설의 입장에 서면 조합에 관한 소송은 조합원전원이 공동으로 당사자가 되어야 하는 필수적 공동소송이라고 한다.[7] 다만 조합원이 너무 많아서 소송이 복잡해질 경우에는 선정당사자제도(제53조)를 이용하거나 업무집행조합원에게 임의적 소송신탁을 하여 공동소송을 단순화할 수도 있을 것이다.[8] 그리고 조합들이 공통의 소송대리인을 선임하는 것도 하나의 방법이다. 조합의 업무를 집행하는 조합원은 그 업무집행의 대리권 있는 것으로 추정한다는 민법 제709조를 근거로 업무집행조합원을 다른 조합원들의 법령상 대리인으로 볼 이론 구성도 가능하다.[9] 실제 조합이라는 명칭이 사용되는 경우에도

---

1) 고등학교의 경우: 대판 1957.5.25. 56 민상 612, 613. 사립대학의 경우: 대판 1967.12.26. 67 다 591; 대판 1975.12.9. 75 다 1048. 자치단체가 설립·경영하는 공립학교의 경우: 대판 1955.8.4. 55 민상 64.

2) 대판 1999.4.23. 99 다 4504.

3) 유치원의 경우에는 대판 1968. 4. 30. 65 다 1651 참조. 교회의 경우에는 대판 1960.2.25. 58 민상 467); 대판 1962.7.12. 62 다 133; 대판 1967.12.18. 67 다 2202 각 참조.

4) 교회의 경우는 대판 1966.9.20. 63 다 30. 유치원의 경우는 대판 1965.8.31. 65 다 693. 사찰의 경우는 대판 1994.6.28. 93 다 56152 각 참조.

5) 方 166면, 李英 74면, 李時 139면, 鄭/庾 175면, 胡 227면.

6) 대판 1991.6.25. 88 다카 6358.

7) 대판 1967.8.29. 66 다 2200.

8) 대판 1984.2.14. 83 다카 1815.

9) 李時 140면.

민법상의 조합에 해당하는지는 그 실질을 잘 살펴야 할 것이다.[1] 그러나 조합도 약하지만 어느 정도의 단일성이 인정될 뿐만 아니라 당사자능력은 소송법 독자적 견지에서 판단해야 하므로 조합에게도 종종 당사자능력을 인정할 현실적 필요가 있다는 점에서 이를 인정하는 긍정설도 있다.[2]

조합채무는 대개 조합재산에서 변제되지만 성질상 조합원 각자의 채무이므로 조합채권자는 직접 조합원을 소구하여 그의 개인재산에 대해 집행할 수도 있다(민 제704조, 제711조, 제712조). 그러나 조합에 당사자능력을 인정하여 조합 자체에 대한 판결을 받아 그 구성원인 조합원에 대한 분할책임을 추구하는 것은 곤란하다. 그만큼 조합은 그 구성원간의 단순한 계약관계를 넘어서 독립적이고 고유한 목적을 가진 단체라는 응집력이 없다.

Ⅲ. 當事者能力欠缺의 효과

1. 職權調査事項

당사자능력이 없는 자에 대하여는 그 이름으로 재판할 수 없는 만큼 당사자능력의 존부는 본안판결을 하기 위한 전제요건이고, 따라서 법원의 직권조사사항이다. 그러므로 법인 아닌 사단·재단의 존부[3] 및 그 대표자의 자격에 관한 사항은 직권조사사항이어서 당사자의 자백에 구애되지 아니하며,[4] 당사자의 주장과 입증을 기다려서 심리할 것이 아니다.[5] 그렇다고 하여 법원이 그 판단의 기초자료인 사실과 증거를 직권으로 탐지하여야 하는 것은 아니며,[6] 직권조사사항이라고 하더라도 법원이 그 사항에 관하여 의문을 갖지 아니하는 경우에는 특별히 석명을 하거나 기타 조사를 할 필요는 없는 것이다.[7] 피고로부터 당사자능력 흠결

1) 조합의 실질을 갖추지 못한 채 조합으로 불리는 것도 있는가 하면 농업협동조합 등은 조합으로 불리우지만 법인이다. 변호사법상 법무조합은 당사자능력이 인정된다(변호사법 제58조의 26). 조합과 권리능력 없는 사단의 구별기준에 대하여는 대판 1992.7.10. 92 다 2431 참조.

2) 金/姜 146면, 姜 130면 이하. 부정설이 내세우는 보완적인 방법도 조합자체에 당사자능력을 인정하지 않는다면 조합측이 피고가 되는 경우는 큰 도움이 되지 않는다.

3) 원고로 된 종중이 고유의 의미의 종중인가 아니면 종중유사단체인가 등 그 실체파악도 법원의 직권조사사항이라는 대판 1994.5.10. 93 다 53955 참조.

4) 대판 1971.2.23. 70 다 44, 45.

5) 대판 1975.2.10. 74 다 2101; 대판 1992.12.11. 92 다 30153.

6) 대판 1966.9.20. 66 다 1163.

7) 대판 1970.12.22. 70 다 860, 861. 상대방이 당사자능력을 부인하거나 이것이 부적법한 것이 아닌 한 법원이 적극적으로 이를 석명하거나 심리판단할 필요는 없다. 대판 1996.3.12. 94 다 56999.

의 항변이 있어 이를 다투는 경우 조사결과 당사자능력이 있는 것으로 드러나면 중간판결이나 종국판결의 이유에서 이를 판단한다. 구성원이 없게 된 법인 아닌 사단의 당사자능력의 소멸시기는 구성원이 없게 된 때가 아니라 청산사무가 완료된 때이다.[1)]

2. 當事者能力에 흠이 있는 경우

조사결과 당사자능력이 없을 때에는 종국판결로써 소를 각하하고(제219조 I), 원고에게 당사자능력이 없는 때에는 사실상 소를 제기한 자에게, 그리고 피고에게 당사자능력이 없는 때에는 원고에게 각각 소송비용의 부담을 명하여야 할 것이다. 그러나 소장의 기재로 보아 당사자가 당사자능력이 없어도 소장의 전취지를 합리적으로 해석하여 당사자능력자로 보정할 수 있는 경우, 예컨대 처분행정청을 국가로, 학교를 그 유지재단으로 보정할 수 있는 경우에는 각하하기보다 제55조를 유추적용하여 당사자표시정정을 할 수 있을 것이다. 당사자능력이 없다고 하여 소각하한 판결에 대하여는 상소에 의하여 그 취소를 구할 수 있을 것이고 이 경우에는 상소한 무능력자를 상소제기의 한도 내에서 능력자로 취급할 수밖에 없을 것이다.

3. 訴訟係屬中 당사자능력의 得喪

소송계속중에 사망, 합병 등의 사유로 인하여 당사자능력이 상실된 경우에는 승계인이 수계할 때까지 소송절차가 중단됨이 원칙이다(제233조, 제234조).

4. 當事者能力의 흠을 看過한 判決

당사자능력이 없음을 간과하였거나 능력이 없음에도 불구하고 있는 것으로 오인하여 내린 판결은 당사자라는 실체가 전연 부존재하는 경우와는 달리 법적 평가를 그르친 경우라 할 것이므로 당연무효가 되는 것은 아니다. 따라서 상소에 의하여 취소를 구할 수 있다. 그런데 이러한 판결이 확정된 후에는 어떠한 효력을 갖는가. i) 무효설[2)]이 있으나 판결의 당연무효라고 보기 어렵다. ii) 판결의 유효를 전제로 소송능력의 흠결을 유추하여 재심을 청구할 수 있다는 재심설이 주장되고 있으나[3)] 당사자능력의 흠결은 재심사유가 아닐 뿐만 아니라 전연 관계 없는

1) 대판 1992. 10. 9. 92 다 23087.

2) 胡 232면.

3) 方 111면, 鄭/庾 179면.

자에 의한 소송의 경우와는 달리 일응 사회생활단위로서 소송상 행동할 것이므로 재심의 소로써 다툴 이익이 없다고 본다. iii) 확정판결에 의하여 그 사회적 생활단위에 판결의 효력이 미친다는 유효설이 있다. 다수설의 입장이다.[1] 판례에 의하면 실종자를 당사자로 한 판결이 확정된 후에 실종선고가 확정되어 그 사망간주의 시점이 소제기전으로 소급하는 경우에도 재심이나 추완항소 등에 의하여 그 판결을 취소할 수 있을 뿐이지 당사자능력이 없는 사자를 상대로 한 판결로서 무효가 되지는 않는다고 한다.[2]

제 4 절 當事者適格(正當한 當事者)

I. 當事者適格의 개념

이는 어떤 특정한 권리나 법률관계(소송물)에 관하여 누가 원고나 피고로서 소송을 수행하여 본안판결을 받을 자격이 있느냐에 관한 문제이다. 물론 일정한 권리관계에 대하여 관리처분권이 있는 자라야 그에 관한 분쟁이 생겼을 때에도 정당하게 이에 대응할 권한이 있을 것이다. 當事者適格은 구체적 소송에 있어서 어떤 사람들을 당사자로 하여야 분쟁해결이 유효적절할 것이냐 하는 관점에서 인정된 제도이므로 이를 訴訟遂行權 또는 訴訟實施權, 또는 主觀的 訴訟利益이라고도 하고, 구체적 소송에서는 그 사람만이 정당하게 당사자로서 기능을 할 수 있다는 뜻에서 정당한 당사자라고도 한다.

당사자적격은 언제나 당사자와 특정소송과의 관계에서 정하여지는 것이므로 어떤 소송에 관하여 당사자적격이 있다고 하여 다른 소송에 관하여도 당연히 당사자적격이 있다고 할 수는 없다. 이러한 점에서 개개의 사건과 관계없이 일반적으로 민사소송의 당사자가 될 수 있는 추상적 자격을 가리키는 당사자능력과 구별되고, 현재 계속중의 소송에서 누가 당사자인가를 가려내는 문제인 당사자확정의 문제와 다르다.

II. 當事者適格을 갖는 자

일반적으로 소송물인 권리 또는 법률관계의 존부를 확정함에 관하여 법률상

1) 李英 75면, 金 126면, 李時 142면, 姜 133면, 김홍 143면, 田 151면.
2) 대판 1992. 7. 14. 92 다 2455.

이해관계가 대립하는 당사자가 정당한 당사자이다. 그러나 당사자개념의 형식성 때문에 소송물인 권리 또는 법률관계의 주체라고 해서 언제나 바로 정당한 당사자로 되는 것은 아니다. 소송물의 실체상 주체이지만 소송실시권이 없어서 정당한 당사자가 아닌 경우로는 선정자 등 제3자의 소송담당의 경우가 있다.

1. 履行의 訴의 경우

1) 자기의 이행청구권을 주장하는 자가 정당한 원고이고 그 사람으로부터 의무자로 주장된 자가 정당한 피고이다.[1] 이행의 소에 있어서는 원고의 청구 자체로써 당사자적격이 판가름되고, 그 판단은 청구의 당부의 판단에 흡수되어 버리므로 대개 별문제가 되지 아니한다. 따라서 법원이 심리한 결과 원고에게 그 권리가 귀속되지 아니함이 밝혀졌을 때에는 그의 청구를 기각한다. 원고의 주장 자체에 의하여 그가 정당한 당사자가 아닌 것이 명백한 경우에는 소송요건이 없으므로 원고청구를 각하하여야 하나 실무상으로는 기각처리한다.[2]

2) 물권변동에 관하여 형식주의를 취하는 우리 민법상으로는 부동산의 등기명의인만이 소유자로서 관리처분권이 있고 이러한 자만이 정당한 당사자로 될 수 있음이 원칙이다. 따라서 등기명의자, 즉 등기부상에 등기함으로써 권리를 상실하거나 기타 불이익을 받을 자(등기명의인이거나 그 포괄승계인)가 아닌 자를 상대로 한 등기의 말소절차이행을 구하는 소는 당사자적격이 없는 자를 상대로 한 부적법한 소이다.[3] 다만 판례는 대지소유자의 지상건물철거소송에서 미등기건물매수인에게도 건물에 대한 법률상 또는 사실상 관리처분권이 있는 것으로 보아 피고적격을 인정한다.[4] 또한 미등기건물매수인은 건물에 대하여 보존등기를 경료한 자를 상대로 건물의 신축자를 대위함이 없이 직접 말소청구를 할 수 있다고 하거나,[5] 원래 건물의 신축자를 대위하여 불법점거자를 상대로 명도청구할 수 있다는 것이 원고적격에 관한 판례이다.[6]

---

1) 대판 1989. 7. 25. 88 다카 26499; 대판 1995. 11. 28. 95 다 18451 등.
2) 대판 1974. 6. 25. 73 다 211; 대판 1982. 1. 16. 81 다 2329, 2336 등.
3) 대판 1994. 2. 25. 93 다 39225.
4) 대판 1967. 2. 28. 66 다 2228. 이 판례는 대판 1965. 6. 15. 64 다 532 판결을 사실상 변경한 것이다.
5) 대판 1964. 3. 31. 63 다 214.
6) 대판 1973. 7. 24. 73 다 114.

2. 確認의 訴의 경우

확인의 소에 관하여 즉시확정의 이익을 가지는 자는 모두 원고로서의 당사자적격이 있고, 이러한 자와 반대의 이해관계를 가지고 있는 자에게 피고적격이 있다.[1] 자기의 권리 또는 법률상 지위가 타인으로부터 부인당하거나 또는 그와 저촉되는 주장을 당함으로써 위협이나 방해를 받는 경우에는 그 타인을 상대로 그 권리 또는 법률관계의 확인을 구할 이익이 있다고 할 수 있다.[2] 예컨대 토지소유권보존등기를 해야 할 원고가 토지대장등본에 의하여 소유자임을 증명할 수 없는 경우에는 판결에 의하여 소유권을 증명하여 보존등기를 할 수밖에 없는 것이므로 원고소유를 다투는 토지대장을 관장하는 국가기관을 상대로 소유권존재확인의 소를 제기할 수 있다.[3] 다만 가옥대장의 비치·관리업무는 국가사무가 아니므로 미등기건물에 관하여 소유권보존등기를 마치기 위하여 국가를 상대로 소유권확인의 소를 제기할 수는 없다.[4]

이행의 소의 경우에는 그 이행청구권에 관한 管理處分權 유무에 따라서 당사자적격을 인정하지만 확인의 소에 있어서는 이와 달리 그 권리나 법률관계의 존부를 확정받음으로써 상대방과의 사이에 존재하는 법률상의 불안 내지 불이익이 곧 제거될 수 있는 경우에는 모두 당사자적격이 있는 것이다.[5]

3. 形成의 訴의 경우

1) 형성의 소의 경우에는 형성의 효과를 받는 데 관하여 이익이 있는 자에게 원고적격이, 그리고 반대의 이해관계를 갖는 자에게 피고적격이 있다. 형성판결은 형성력, 즉 제3자에 대한 대세적 효력이 발생하므로 그 소송물에 관하여 가장 이해관계가 강한 자가 정당한 당사자로 될 것이다. 그러나 형성의 소는 아직 이론적

---

1) 대판 1991. 12. 10. 91 다 14420.

2) 대판 1963. 3. 21. 66 다 821.

3) 대판 1993. 4. 27. 93 다 5727, 5734; 대판 1995. 9. 15. 94 다 27649. 다만 이미 제3자 명의로 소유권보존등기가 경료된 토지의 소유권을 주장하는 자는 국가가 제3자의 소유를 부인하면서 국가소유를 주장하는 등 특별한 사정이 없는 한 위 등기명의자를 상대로 하여자신의 소유임을 확정하는 내용의 등기말소 내지 소유권확인판결을 받으면 되고, 국가를 상대로 소유권확인을 구할 이익은 없다. 대판 1994. 12. 2. 93 다 58738; 대판 1995. 5. 9. 94 다 39123.

4) 대판 1995. 5. 12. 94 다 20464; 대판 1999. 5. 28. 99 다 2188. 이에 대한 평석인 徐明洙, "건물의 소유권보존등기를 위하여 국가를 상대로 건물소유권확인을 구할 확인의 이익이 있는지 여부," 대법원판례해설 23호, 177-178면은 건축물관리대장의 비치·관리업무의 소관청인 지방자치단체를 상대로는 소유권확인의 소를 제기할 수 있다고 한다.

5) 대판 1965. 3. 23. 64 다 1957.

연구가 일천한 소송형태이지만 다른 소의 경우와는 달리 당사자적격자가 누구인가를 형성의 소를 규정하고 있는 법규 중에 명시하고 있는 경우가 많아서(상 제236조, 제376조, 민 제817조, 제818조, 제847조, 제863조, 제885조, 가소 제24조, 제27조) 대부분 큰 문제는 없다.

2) 詐害行爲取消訴訟은 形成의 訴인가 채권자취소권의 성질은 채무자의 사해행위를 취소하여(형성권적 요소) 일실한 재산을 원상회복시키는 것(이행청구권적 요소)으로 파악할 수 있다. 주류적인 판례는 사해행위취소소송은 사해행위의 취소보다는 제3자에게 넘어간 재산의 원상회복에 그 목적이 있으며, 원상회복을 구하는 범위 내에서 악의의 수익자 또는 악의의 전득자에 대한 관계에서만 상대적 취소를 구하는 것으로 본다. 그러므로 채무자를 피고로 하거나 채무자와 수익자 모두를 공동피고로 할 수 없고, 오직 이익반환의 상대방인 수익자나 전득자만을 상대로 하여 소를 제기할 수 있다고 한다.[1]

3) 행정처분취소소송은 행정처분의 직접상대방이 아닌 제3자도 그 취소를 구할 법률상 이익이 있는 경우에는 원고적격이 있다. 법률상 이익이 있는 경우란 당해 처분의 근거법률에 의하여 보호되는 직접적이고 구체적 이익이 있는 경우를 말하고, 간접적, 사실적, 경제적 이해관계를 가지는데 불과한 경우는 포함하지 아니한다.[2]

4. 必須的 共同訴訟의 경우

고유필수적 공동소송의 경우, 즉 소송의 목적이 여러 당사자에 대하여 합일적으로 확정되어야 할 경우에는 그들 모두가 공동으로 하여야만 당사자적격이 있다. 그 전원이 공동으로 제소하거나 제소당하지 아니하면 그 소송은 당사자적격을 흠결한 것으로서 부적법 각하되어야 한다. 예를 들면 소송물인 사법상의 권리 또는 법률관계의 관리처분권이 여러 사람에게 공동으로 귀속되어 있거나 형성권을 여럿이 공동으로 수인에 대하여 행사할 경우가[3] 그것이다.

---

1) 대판 1967. 12. 26. 67 다 1839; 대판 1988. 3. 23. 87 다 1989; 대판 2009. 1. 15. 2008 다 72394 등. 그리고 판례의 입장에 대체로 동조하는 학설로는 李時 194면, 姜 282면. 그러나 형성의 소로 보는 판례로는 대판 1978. 6. 13. 78 다 404 참조. 鄭/庾 64면은 책임설을 취한다.

2) 대판 1993. 4. 23. 92 누 17099.

3) 대판 1971. 7. 27. 71 므 13; 대판 1998. 4. 24. 97 누 3286 등 참조. 다만 판례는 처분의 실체적 요건에 관한 법규뿐만 아니라 그 절차적 요건인 환경영향평가에 관한 법규도 처분의 근거법률에 해당한다고 보아 법률상 이익의 인정범위를 확대하고 있다. 자세한 것은 박정훈, 행정소송의 구조와 기능, 박영사, 252면 참조.

5. 團體內部紛爭의 경우

법인이나 비법인사단·재단(제52조)과 제 3 자간의 분쟁이 아니고 이러한 단체의 내부분쟁시에 당사자적격자가 누구인가는 경우를 나누어 보아야 한다. 회사결의 취소소송에서와 같이 법에 원고적격자에 관하여 명문의 규정이 있으면 그에 따른다(상 제376조, 제578조). 그렇지 아니한 결의무효 또는 부존재확인의 소의 경우에는 제소권자의 제한이 없으므로 단체내부의 자이거나 외부인이거나 간에 소의 이익이 있으면 누구나 소를 제기할 수 있을 것이다. 이처럼 회사 등 단체의 내부결의하자를 다투는 무효 또는 부존재확인소송의 경우 결의의 효력을 다투는 자가 원고적격자임은 다툼이 없으나,[1] 피고적격자가 누구인가에 관하여는 다툼이 있다. 판례는 회사 등의 대표자를 피고로 삼아 승소판결을 받더라도 그 효력이 회사 자체에 미치지 못하므로 피고적격자는 대표자가 아니라 그 회사 등이라고 하나,[2] 대표자가 아닌 이사나 직무집행을 정지당한 대표자가 구성원 일반으로서의 이해를 초월하는 중대한 이해관계를 가지는 경우에는 그 이사나 대표자를 단체 자체와 함께 공동피고로 삼아야 한다는 견해도 있다.[3]

상법상 주주대표소송의 경우에 기판력을 받기를 원하는 회사는 원고적격을 가지는지 피고적격을 갖는지는 문제이다. 미국판례는 회사를 명목상의 피고로 취급한다.[4] 주주가 소를 제기한 다음 원고로서 소송수행을 제대로 하지 못하거나 피고인 이사와 결탁하게 되면 대표소송의 실질적 당사자인 회사의 이익이 침해될 우려가 있으므로 회사는 공동소송참가를 하면 될 것이다(제404조 I).[5] 소송참가를 보장하기 위하여 주주는 소제기 후 지체 없이 회사에 대하여 소송을 고지해야 한다(제404조 II).

Ⅲ. 제 3 자가 當事者適格을 갖는 제 3 자의 訴訟擔當의 경우

소송물인 권리 또는 법률관계의 실질적 귀속주체가 아닌 제 3 자가 그 소송물에 관하여 정당한 당사자로서 소송실시권을 가지고 있는 경우를 제 3 자의 소송담

---

1) 다만 대학교에 재학하는 학생의 학부모에게는 학교법인과 총장 개인을 상대로 총장임명무효확인을 구하거나 그 총장 개인을 상대로 교수 및 총장자격이 없다는 확인을 구할 원고적격이 없다. 대판 1994. 12. 22. 94 다 14803.

2) 대판(전) 1982. 9. 14. 80 다 2425; 대판 1991. 6. 25. 90 다 14058.

3) 姜 138면.

4) 상세한 것은 李太鍾, "주주대표소송에 관한 연구," 서울대 법학박사학위논문, 1997 참조.

5) 대판 2002. 3. 15. 2000 다 9086의 판시내용에 비추어 보면 대표소송으로 다투는 이익의 실질적 주체는 회사이므로 회사는 원고적격을 갖는다고 보아야 할 것이다.

당 또는 소송신탁이라고 한다. 이 소송담당자는 타인의 권리관계에 관하여 소송을 수행하지만 자기 이름으로 소송을 수행하므로 소송물의 실질적 귀속주체의 대리인이 아니다. 제 3 자의 소송담당에는 아래의 두 가지가 있다.

1. 法定訴訟擔當

여기서는 i) 법률이 주로 공익상의 이유 때문에 권리귀속주체로부터 소송물의 관리처분권을 빼앗아 제 3 자에게 부여하였거나 제 3 자가 권리귀속주체와 함께 이 권한을 행사할 수 있는 경우와 ii) 제 3 자가 어떠한 직무에 있기 때문에 법률이 소송실시권을 부여한 경우(직무상 당사자)를 합하여 법정소송담당이라고 한다.

제 3 자가 권리관계의 실질적 귀속주체와 함께 소송수행권을 가지는 병행형의 예로는 채권질권자(민 제353조), 채권자대위권을 행사하는 채권자(민 제404조),[1] 대표소송을 수행하는 주주(상 제403조 이하), 공유자전원을 위하여 보존행위를 하는 공유자(민 제265조) 등이 있다. 이 경우 권리주체는 독립당사자참가나 공동소송적보조참가 등을 하여 자기 이익을 보호할 길이 있다. 또한 소송담당자에 의한 소송고지가 의무화된 경우도 있다(민 제405조 I, 상 제404조 II).

제 3 자가 본래의 권리귀속주체에 갈음하여 소송수행권을 가지는 갈음형의 예로는 유언집행자(민 제1101조), 파산재단에 관한 소송을 하는 파산관재인(통도 제359조), 채권추심명령을 받은 압류채권자(민집 제232조 II) 등이 있다. 당사자적격이 없는 권리주체는 공동소송적 보조참가를 통하여 자기이익을 보호할 수 있다.

후자인 직무상 당사자의 예로는 해난구조료청구에 관한 선장(상 제894조 II), 가사소송사건의 검사(민 제864조, 제865조, 가소 제24조 III, 제28조, 제31조, 제33조 II) 등이 있다.

2. 任意的 訴訟擔當

법률상의 권리귀속주체가 자기의사에 의하여 소송실시권을 제 3 자에게 수여

---

1) 대판 1992. 11. 10. 92 다 30016과 대판 1993. 3. 26. 92 다 32876은 채무자가 제 3 채무자에 대한 권리를 행사하여 패소판결을 받은 경우에는 채권자는 대위소송의 당사자적격이 없다고 한다. 대판 1995. 7. 28. 95 다 18406은 갑이 을·병을 상대로 을에 대하여는 소유권이전등기청구를, 병에 대하여는 을을 대위하여 소유권보존등기말소청구를 하는 경우에 을이 갑의 청구를 인낙하였다면, 갑의 을에 대한 권리가 없어 갑이 을을 대위할 자격이 없다고 하더라도 그 소송에서 갑은 을의 청구인낙으로 인하여 대위적격을 부여받았다고 한다. 최근에는 채권자가 그저 채무자를 위하여 소송을 하거나 어떤 직무를 행사하기 위하여 소송을 하는 것이 아니라 자신의 이익을 위하여 민법이 자신에게 인정한 대위권이라는 실체법상의 권리를 행사하여 소송을 수행하는 것이므로 채권자대위소송은 소송담당이 아니라고 하는 소수설이 주장된다. 胡文赫, “채권자대위소송과 중복제소,” 민사판례연구 XVI, 376면 이하.

하는 것을 임의적 소송담당이라고 한다. 선정당사자(제53조), 대표당사자(민조 제18조), 어음추심위임배서의 피배서인(어음 제18조; 수표 제23조),[1] 자산관리공사(금융부실법 제3장) 등이 그 예이다.

다만 추심위임배서의 피배서인도 이에 해당하는가에 대하여는 다툼이 있다. 민사소송법 학자들은 대부분 이러한 자를 임의적 소송담당의 예로 들고 있으나,[2] 상법학자들은 피배서인은 어음·수표로부터 발생하는 일체의 권리를 재판상·재판외에서 행사할 수 있는 포괄적 대리권을 가지는 것에 불과하다고 하고 있다.[3] 일본에서는 이러한 자를 법령상의 소송대리인의 일종으로 보고 있고,[4] 독일의 지배적인 견해도 대리인에 불과하여 배서인의 이름으로만 소를 제기할 수 있다고 한다.[5]

원래 권리나 법률관계의 주체가 그 소송수행을 남에게 맡기는 행위를 무효로 할 필요는 없으나, 이것이 변호사대리의 원칙을 잠탈하게 되거나 수탁자로 하여금 소송행위를 시키는 것을 주목적으로 하는 신탁은 무효라는 신탁법 제7조에 반하면 허용될 수 없는 것이다.[6] 앞에서 든 예는 법이 특히 허용한 경우라고 할 것이다. 다만 이와 같은 우려가 없는 합리적인 경우, 예컨대 민법상 조합에서 계약에 의하여 업무집행조합원에게 조합원들이 소송수행권을 수여한 임의적 소송담당을 허용한 판례가 있다.[7]

학설도 i) 정당한 업무상의 필요가 있고, 변호사대리원칙이나 소송신탁금지원칙을 탈법적으로 침해할 염려가 없으며, 피담당자의 실질적 절차보장이 충족되는 동시에 청구에 관하여 실질적 이익을 가지는 자에게 소송수행권을 수여할 합리적 필요가 있을 때에는 허용하자고 하여[8] 일정한 전제 아래 임의적 소송담당을 허용

---

1) 대판 1982. 3. 23. 81 다 540은 소송행위를 하게 할 목적의 숨은 추심위임배서는 신탁법 제9조 위반으로 무효라고 한다.

2) 姜 141면, 金/姜 255면, 李時 147면, 김홍 155면.

3) 예컨대 崔基元, 「상법학신론(하)」, 309면(2008, 제15판, 박영사).

4) 예컨대 中野貞一郎, "當事者適格の決まり方," 民事訴訟法の論点 I, 131頁, 注 50 참조.

5) Stein/Jonas/Bork vor §50 Rn. 46 참조. 다만 Rosenberg/Schwab/Gottwald §46 Ⅱ 1 k는 소송담당의 예로 든다.

6) 대판 1991. 11. 12. 91 다 26522는 점유취득시효의 항변을 받게 되자 소를 취하하고 그 토지를 타인에게 양도하여 그가 동일내용의 토지인도청구의 소를 제기한 경우에는 신탁법 제9조에 반할 수 있다고 한다. 그 밖의 소송신탁의 예로는 대판 1970. 3. 31. 70 다 55; 대판 1996. 3. 26. 95 다 20041; 대판 1997. 5. 16. 95 다 54464 등 참조. 소송행위를 하게 하는 것이 주목적인지의 여부는 채권양도계약이 체결된 경위와 방식, 양도계약이 이루어진 후 제소에 이르기까지의 시간적 간격, 양도인과 양수인간의 신분관계 등 제반상황에 비추어 판단해야 한다. 대판 2002. 12. 6. 2000 다 4210; 대판 2004. 3. 25. 2003 다 20909.

7) 대판 1984. 2. 14. 83 다카 1815. 同旨의 것으로 대판 1997. 11. 28. 95 다 35302 참조.

8) 方 73면, 李時 148면, 姜 141면. 金成龍, "업무집행조합원과 임의적 소송신탁," 대법원판례해설 3, 124면.

하고 있다. 이에 대하여 이론적으로는 소송법의 정신에 반하지 아니하고 실제 폐단이 생길 염려가 없는 경우에는 인정하여도 무방하나 실정법의 해석으로는 법규에서 특별히 인정한 경우에만 이를 긍정할 것이라고 하는 견해도 있다.[1)]

3. 법원의 허가에 의한 소송담당

다수의 주체가 이해관계를 갖게 되는 증권관련집단소송, 소비자단체소송, 개인정보단체소송 등에서는 법원의 허가를 얻은 대표당사자나 단체가 당사자적격을 갖는다.[2)] 피해자전원이 모두 소송당사자로 직접 나서는 것이 사실상으로나 법률상으로 적절치 못한 까닭이다.[3)] 법원은 다수의 이해관계를 대표하기에 가장 적합한 자를 결정하여 대표당사자로 선임하고(증권관련집단소송), 법에서 정해진 단체만이 다수의 당사자를 대표하는 소를 법원의 허가를 받아 제기할 수 있다(소비자단체소송, 개인정보단체소송).

4. 제 3 자의 訴訟擔當과 旣判力의 확장

소송담당에 의하여 제 3 자가 소송수행권을 행사하여 판결을 받으면 그 기판력은 당사자가 아니었던 실질적 권리주체에게 미친다(제218조 Ⅲ).

그런데 위에 든 예에서 채권자대위소송의 판결의 효력은 채무자에게도 미치는가. 제 1 설은 채권자가 소송수행을 잘못하여 패소판결을 받은 경우에 그 효력을 채무자에게 미치게 하면 너무 가혹하므로 채무자가 대위소송에 참가하지 아니한 이상 판결의 기판력은 채무자에게 미치지 않는다고 한다.[4)] 제 2 설은 법적 안정성을 내세우는 기판력의 정신에 비추어서 대위소송판결의 기판력은 언제나 채무자에게 미친다고 한다.[5)] 제 3 설은 소송이 제기된 사실을 어떤 사유에 의하였든지간에 채무자가 알았을 때에는 그 대위소송의 판결의 기판력은 채무자에게도 미

1) 韓 230면. 그 외에도 임의적 소송담당을 인정할 합리적 필요성이 현저한 경우에 한하여 예외적으로 인정하여야 한다는 조심스러운 입장으로는 文一鋒, "채권자대위소송의 몇 가지 문제점에 관한 검토 등," 법조 480호(1996. 9), 120면 참조.

2) 증권집단소송법 제 2 조 제 1 항, 소비자기본법 제70조, 개인정보보호법 제54조, 제55조 등 참조.

3) 李時, 148면. 여기에서는 裁定 법정소송담당이라고도 명명한다.

4) 구 판례의 태도. 한편, 胡 244면은 채권자대위소송을 소송담당으로 보지 않는 견지에서 채무자의 선악의를 불문하고 다른 채권자에게 기판력을 미치게 할 법적 근거가 없다는 입장을 취한다.

5) 대부분 민법학자들의 견해다.

친다는 견해로서 판례의 입장이다.[1] 판례의 태도는 소제기사실의 인식 여부라고 하는 채무자의 주관적 사정에 따라 기판력이 좌우된다는 점에서 명확하지 못하므로 제2설에 찬성한다.

가사소송의 경우에는 기판력의 주관적 범위에 관한 특칙을 두어 소송에 참가할 수 없었음에 대하여 정당한 사유가 있으면 기판력이 배제된다(가소 제21조 Ⅱ).

Ⅳ. 當事者適格欠缺의 效果

1. 職權調査事項

당사자적격은 당사자에게 소송수행권이 있는지 여부에 관한 문제인 동시에 본안판결을 하기 위한 전제요건, 즉 소송요건이므로 법원의 직권조사사항이다.[2] 그러므로 당사자적격이 흠결되어 있으면 소는 부적법 각하되어야 한다.[3] 채권자대위소송을 하는 채권자의 채무자에 대한 패소판결이 확정된 경우에는 채권자가 채권을 보전할 필요가 없으므로 채권자는 대위소송을 제기할 당사자적격이 없고 따라서 그 대위소송은 부적법 각하되어야 한다.[4]

법원으로서는 그 판단의 기초자료인 사실과 증거를 직권으로 탐지할 의무까지는 없다 하더라도 법원에 현출된 모든 소송자료를 통하여 살펴보아 의심할 만한 사항이 발견되면 직권으로 추가적인 심리·조사를 통하여 당사자적격의 존재 여부를 확인해야 할 의무가 있다.

2. 訴訟係屬中 當事者適格의 得喪

소송진행중에 당사자적격을 상실하면 절차는 중단되고 새로 적격을 취득한 승계자가 절차를 수계하여야 한다(제53조 Ⅱ, 제54조, 제233조 이하). 다만 새로운 적격자가 소송참가 또는 인수의 방법으로 승계하는 길도 있다(제79조, 제81조, 제82조).

3. 當事者適格의 흠을 간과한 판결

당사자적격의 흠결을 간과하고 내려진 판결은 상소로써 다툴 수 있으나, 확정 후에는 재심사유가 되지 아니한다. 그러나 이러한 판결이 확정되더라도 본래 정당한 당사자로 될 자에 대하여 효력이 미친다고도 할 수 없다. 또한 실제로 소

1) 대판(전) 1975. 5. 13. 74 다 1664.
2) 대판 1994. 2. 25. 92 후 2380.
3) 대판 1988. 6. 14. 87 다카 2753.
4) 대판 1993. 3. 26. 92 다 32876; 대판 1994. 6. 24. 94 다 14339.

송에 참여한 당사자적격 없는 자에 대하여도 본안에 관한 효력이 생기지 아니한다. 이러한 판결은 그 내용에 따른 효과를 발생할 여지가 없는 만큼 그런 의미에서 당연무효이다.

V. 當事者適格에 대한 반성

뒤에 설명하는 바와 같이[1] 한 나라의 소송제도의 방향을 결정하는 가장 중요한 두 가지 기준은 i) 소의 이익과 ii) 당사자적격의 개념이다. 당사자적격은 구체적 소송에 있어서 어떤 사람을 당사자로 삼아야만 분쟁해결이 가장 유효적절할 것인가의 관점에서 인정되는 기준이므로 지금까지는 분쟁의 개별적 해결원칙에 의하여 소송물에 관한 관리처분권을 가진 실체적 권리주체 또는 법률에 의하여 소송수행권을 갖게 된 자에게만 당사자적격이 주어졌다.

그러나 오늘날 복잡한 분쟁이 대량적·반복적으로 발생하는 현실에서 이를 집단적으로 한꺼번에 해결하기 위한 방안을 강구할 필요가 생겨났다. 그 방법으로는 분쟁의 개별적 해결원칙을 어느 정도 후퇴시키면서 당사자적격의 개념을 다소 완화하여 평균적 피해자에게 대표당사자로서의 적격을 부여하거나 일정한 단체에게 당사자적격을 부여하는 방법이 있을 수 있다. 영미의 집단소송(Class Action)은 전자의 예이고, 독일의 단체소송(Verbandsklage)은 후자의 예이다.

현재 민사소송법에는 선정당사자제도가 규정되어 있고(제53조 이하) 민사조정법에는 대표당사자선임제도(동법 제18조)가 있다. 이들은 모두 다수당사자의 소송관계를 간소화시키는 수단이나 잘 활용되지 아니한다. 또한 행정소송법에는 미국법상의 Citizen's Suit를 모방하여 민중소송(동법 제3조 및 제5장)제도가 도입되어 있으나 제소권자를 명시한 법률도 없는 등(행소 제45조 참조) 제대로 활용되고 있지 못하다. 미국 등의 실무는 오히려 이 같은 소송들이 협박수단이나 야심적 법조인의 명성획득수단으로 악용됨을 방지하기 위한 소송상 대책 마련에 부심하고 있는 형편이다. 2005년 1월 1일부터 시행되고 있는 증권관련집단소송법은 미국법상 class action제도를 일부 도입하여 대표당사자제도를 두고 있으며, 2008년 1월 1일부터 시행되고 있는 소비자기본법에서는 독일법상 단체소송제도를 일부 도입하여 소비자단체소송제도를 두고 있는데, 그 귀추가 각각 주목된다.[2]

1) 제 3 편 제 1 장 제 4 절 Ⅲ. 참조.

2) 증권관련집단소송법 및 소비자단체소송제도에 관하여는 후술하는 선정당사자부분의 설명 각각 참조.

제 5 절 訴訟能力

I. 訴訟能力의 개념

1. 制度的 趣旨

소송능력은 당사자로서 스스로 유효하게 소송행위를 하고 또한 상대방이나 법원으로부터 소송행위를 받을 수 있는 능력을 뜻한다. 즉 당사자로서 소송을 수행하는 데 갖추어야 할 소송법상의 행위능력이다. 어린이나 정신병자라고 할지라도 당사자능력은 있으므로 소송당사자가 될 수는 있다. 그러나 이러한 자들은 효과적으로 소송행위를 하거나 받을 능력은 없으므로 소송법 독자적 견지에서 일정한 능력제도를 마련하고, 이러한 능력이 없는 자는 처음부터 소송행위를 할 수 없도록 하여 효과적인 권리주장이나 방어를 못하는 당사자 본인을 보호하려는 취지이다.

2. 訴訟能力이 요구되는 경우

소송능력은 소송법상의 효과발생을 목적으로 하는 모든 소송행위자에게 필요하므로 소송개시에서 종결에 이르기까지 각 단계의 모든 행위뿐만 아니라 관할의 합의나 소송대리권의 수여행위와 같이 소송개시 전이나 소송절차 밖의 소송행위는 물론 수동적 소송행위이든 능동적 소송행위이든 간에 모두 필요하다.

소송능력은 어디까지나 소송당사자나 보조참가인으로서 자신의 소송을 수행하는 데 필요한 능력이므로 다른 사람의 대리인으로서 소송행위를 하는 경우 또는 증거방법으로서 증인신문 또는 당사자신문을 받아서 진술하는 경우에는 소송능력이 요구되지 아니한다(민 제117조 참조).

II. 訴訟能力의 기준

소송능력은 민사소송법에 특별한 규정이 없으면 민법, 그 밖의 법률의 규정에 따르는 것이 원칙이다(제51조). 왜냐하면 사법이 거래상 행위능력을 인정하고 있는 자에게는 소송법에서도 당연히 분쟁해결능력을 인정해야 할 것이기 때문이다.

1. 訴訟能力者

행위능력자는 모두 소송능력자이다. 소송능력자는 특별대리인(제62조)이나 부재자의 재산관리인 등에 의하여 대리되더라도 소송능력을 상실하는 것은 아니다. 법인이나 법인격 없는 사단·재단은 그 대표기관인 자연인에 의하여 소송능력이 있는 것으로 될 것이나 법 제64조는 법인 등 단체의 대표자의 지위를 소송무능력자의 법정대리인에 준하여 취급한다.

외국인의 소송능력은 법 제51조에 의하여 그 행위능력에 따라 정하여지며, 행위능력의 유무는 국제사법 제13조 제1항에 의하여 그 본국법에 의하여 결정된다. 다만 본국법상 소송무능력자인 때라도 우리나라 법률에 비추어 능력이 있는 때에는 소송능력자로 본다(제57조).

2. 訴訟無能力者

1) 소송무능력자의 범위는 민사소송법에 특별한 규정이 없다면 민법상 행위무능력자와 일치한다(제51조). 다만 2013. 7. 개정 민법은 성년후견제도를 도입하였는데(민 제9조), 이에 따른 민사소송법의 개정이 이루어지지 않아 현행 규정에 관한 합리적 해석이 요청된다. 종래 성년연령을 만 20세에서 만 19세로 낮춘 것 이외에 별다른 개정이 없는 미성년자의 경우는 종전처럼 행위무능력자이므로 소송무능력자라고 볼 것이지만, 피성년후견인과 피한정후견인의 소송능력에 대해서는 자세한 고찰이 필요하다.[1]

2) 피성년후견인의 소송능력은 원칙적으로 부정된다.[2] 개정 민법에 따르면 피성년후견인은 가정법원이 달리 정하지 않는 한 원칙적으로 종국적·확정적으로 유효한 법률행위를 할 수 없고, 그의 법률행위는 취소할 수 있다(민 제10조 I). 그리고 성년후견인은 법정대리인으로서 피성년후견인을 돕는다(민 제938조 I). 따라서 이러한 민법의 규율을 전제로 한다면, 피성년후견인의 경우 그의 민법상 행위능력제한에 상응하여 그의 소송능력도 제한되는 결과가 해석론상 자연스럽다(제51조, 제55조 참조). 즉 피성년후견인은 원칙적으로 소송능력이 없으며, 다만 민법이 예외적으로 취소할 수 없는 범위를 정한 한도에서 행위능력이 회복되어 소송능력이 있다고 볼 것이다.[3] 물론 어느 경우에나 성년후견인은 피성년후견인을 소송상 대리할 수 있다고 보아

1) 김형석, "피성년후견인과 피한정후견인의 소송능력," 가족법연구 27권 1호(2013. 3.), 62면 이하 참조.

2) 李時 152면은 피성년후견인은 제한적 행위무능력자이므로(개정 민법 제10조), 제한적 소송무능력자가 된다고 보는데 비록 그 개념은 불명확하지만 피성년후견인은 일정한 경우를 제외하고 법정대리인의 대리에 의하여야 한다고 하는 점에 비추어 같은 취지의 견해로 보인다.

3) 이 경우에도 소송능력이 인정된다고 보기는 어렵다는 견해로 김홍 166면.

야 할 것이다(민 제938조 Ⅰ, 민소법 제55조).

3) 피한정후견인은 원칙적인 행위능력자이므로 소송능력이 인정된다(제55조 단서).[1) 다만, 개정민법상 가정법원이 피한정후견인에 대하여 일정 법률행위를 함에 있어서 한정후견인의 동의를 받도록 정하는 심판을 하는 경우에는 그 범위 내에서 행위능력과 소송능력이 제한되고, 더 나아가 가정법원이 소송행위 자체에 대해 동의유보를 명한 경우에는 모든 범위에서 제한소송능력자가 된다. 이렇게 소송능력이 제한되는 경우, 피한정후견인은 한정후견인의 동의를 받으면 소송능력을 회복하여 유효하게 소송행위를 할 수 있다. 물론 한정후견인이 소송행위에 대해 동의를 할 때에는 후견감독인이 있으면 그 동의를 받아야 한다(민 제959조의 6, 제950조 Ⅰ). 이러한 의미에서 볼 때 피한정후견인을 제한적 소송능력자로 볼 것이다.

3. 訴訟無能力制度의 특례

미성년자가 혼인한 경우(민 제826조의 2), 미성년자가 법정대리인의 허락을 얻어 특정영업에 관한 법률행위를 하는 경우(민 제8조, 제10조), 미성년자가 회사의 무한책임사원이 될 것을 허락받아 그 자격에서 법률행위를 하는 경우, 피성인후견인이나 피한정후견인이 일용품의 구입 등 일상생활에 필요하고 그 대가가 과도하지 아니한 법률행위를 하는 경우(민 제10조 Ⅳ, 제13조 Ⅳ)에는 그 한도 내에서 소송능력이 인정된다. 미성년자는 독자적으로 근로계약의 체결 및 임금청구를 할 수 있으므로(근기 제65조, 제66조) 임금청구소송에 관하여 소송능력이 인정된다.[2) 다만 단순히 재산처분이 허락된 미성년자(민 제6조, 제10조)는 소송능력자가 될 수 없다.

Ⅲ. 訴訟能力 등의 흠에 대한 조치

1. 總 說

소송능력 등에 흠이 있는 자가 한 소송행위는 모두 무효로 처리된다. 다만 무능력자가 소의 제기 등과 같이 신청행위를 하면 법원은 이를 당연무효라고 방치할 것이 아니라 이에 대하여 각하판결 등 명확한 응답을 해야 한다.[3) 또한 소송절차의 안정을 위하여 무능력자 등의 소송행위를 무효로 처리하지만 소송경제와 무

1) 피한정후견인은 행위능력이 있더라도 소송에서는 법정대리인이 없는 소송무능력자로 보아야 한다는 견해로 胡 255면.

2) 대판 1981. 8. 25. 80 다 3149. 임금청구소송에 한하여 인정하는 견해로는 方 183면.

3) 同旨 李時 153면.

능력자의 보호가 너무 지연됨을 막기 위하여 법은 보정과 추인에 관한 제도를 마련하고 있다. 소송능력 등에 흠이 있는 경우에 법원이 주도권을 가지고 시정하는 방법이 보정(제59조)이고, 당사자의 자발적 행위에 의하여 시정하는 방법이 추인(제60조)이다.

2. 訴訟能力 등의 흠에 대한 補正命令

1) 補正의 의의 소송능력 흠결 여부는 법원의 직권조사사항이므로 이를 조사하여 흠이 있는 때에는 소를 각하함이 원칙이다. 그러나 이러한 소송행위는 언제나 본인에게 불리한 것만도 아니며, 또한 추인의 여지도 있으므로 즉시 부적법 각하할 것이 아니라 우선 본인에게 기간을 정하여 그 흠을 보정하도록 한다.[1] 보정이란 과거의 무능력 또는 무권행위를 적법하게 추인하여 유효로 함과 동시에 장래에 있어서도 능력흠결에 따른 장애를 제거하여 유효한 소송수행방법을 강구하는 것을 뜻한다.

2) 補正의 시기와 방식 보정명령기간 내에 보정을 하지 않는 경우에는 소를 부적법각하할 것이다.[2] 그러나 기간경과 후라도 판결선고 전에 보정되면 각하할 것이 아니다. 보정은 항소심이나 상고심에서도 할 수 있다.[3] 법정대리인이 있음에도 불구하고 이를 표시하지 아니하고 소송무능력자를 상대로 제소한 경우는 단순히 법정대리인을 소장정정서에 표시한 후 다시 소장을 법정대리인에게 송달하면 족하나, 소송무능력자가 스스로 제소한 경우에는 보정명령을 발하여야 하며, 과거의 소송행위가 적법하게 추인되고 능력취득, 기타 법정대리권을 증명하는 서면이 제출되어야 유효한 보정이 된다.

3) 一時的 訴訟行爲 보정이 늦어짐으로써 손해가 생길 염려가 있는 경우, 예컨대 병이 위독하거나 장기간 외국여행을 하는 자를 신문할 필요가 있는 경우에 일시적으로 소송행위를 허가할 수 있다(제59조 단). 이 때에도 허가와 동시에 보정기간을 정하여야 한다. 이는 장래의 보정을 전망하고 허가하는 것이지만 기간 내에 보정이 없으면 종전의 소송행위는 모두 무효로 된다.

---

1) 대판 1961. 12. 7. 61 민상 26.
2) 대판 1953. 3. 31. 52 민상 152.
3) 대판 1967. 1. 31. 66 다 2395; 대판 2003. 3. 28. 2003 다 2376.

3. 訴訟無能力者의 소송행위의 追認

1) 追認의 의의　　소송무능력자의 소송행위라 할지라도 법정대리인[1] 또는 능력을 취득하였거나[2] 회복한 본인이 이러한 행위가 확정적으로 배척되기 전에 추인하면 소송행위를 한 때에 소급하여 유효하게 된다(제60조). 소송법상의 추인은 상대적 무효(행위본래의 효력 불발생)인 소송행위를 유효로 전환하는 것이므로 민법상의 추인(민 제130조, 제139조, 제143조)이 원래 유효하지만 취소할 수 있는 행위를 확정적으로 유효하게 만드는 점과 다르다.

2) 追認의 방식　　재판상의 소송행위인 경우에는 법원에 대하여, 그리고 재판 외의 소송행위인 경우에는 행위의 상대방에 대하여 추인의 의사표시를 하면 된다. 이 의사표시는 일정한 방식을 요구하지 아니하므로 명시 또는 묵시[3]의 방법으로 할 수 있고, 서면[4] 또는 구술에 의하여 할 수도 있으나, 흠있는 과거의 소송수행을 전체적으로 일괄하여 추인하여야 한다.

원래 일부추인은 허용될 수 없으나 절차의 복잡 또는 혼란을 초래할 염려가 없는 경우에는 구태여 안 된다고 할 필요가 없을 것이다. 따라서 예컨대 별개의 청구가 병합된 경우에 일부의 청구에 관한 소송행위만을 한정하여 추인하거나, 항소취하행위만을 제외한 나머지 소송행위를 추인[5]함은 무방하다.

3) 追認할 수 있는 訴訟行爲　　추인할 수 있는 소송행위의 범위에 관하여는 제한이 없다. 판례에 나타난 것을 보면 변호사법 제16조(현 제24조)에 위반되는 소송행위,[6] 대리권 없는 자가 한 소송행위,[7] 법정대리인이 아닌 자가 한 소송행위,[8] 사망자명의로 위임된 소송대리인의 행위[9] 등이 있다.

4) 追認의 時期　　추인의 시기에 관하여는 달리 제한이 없는 만큼 항소심,[10] 상고심(제424조 Ⅱ 참조), 그리고 재심의 소가 계속된 법원에서도 할 수 있다. 가압류·

---

1) 보정된 소송대리인이 추인한 경우로는 대판 1969. 6. 24. 69 다 511.
2) 소송위임시에 미성년자였으나 성년 후에 추인한 예로는 대판 1970. 12. 22. 70 다 2297.
3) 묵시적 추인이 있는 것으로 해석한 판례로는 대판 1980. 4. 22. 80 다 308 등 참조.
4) 소송위임장에 추인의 뜻을 기재하여 제출한 경우로는 대판 1966. 11. 22. 66 다 1603.
5) 대판 1973. 7. 24. 69 다 60. 대판 2008. 8. 21. 2007 다 79480에서는 상고제기행위만의 추인은 인정되지 않는다고 보았다.
6) 대판 1962. 4. 26. 61 민상 676.
7) 대결 1966. 2. 3. 66 마 1129.
8) 대판 1966. 10. 18. 66 다 1520.
9) 대판 1966. 11. 22. 66 다 1603.
10) 대판 1956. 4. 12. 55 민상 539.

가처분사건에 관하여는 이의신청절차에서 추인할 수 있다. 하급심에서 소송무능력을 이유로 한 소의 부적법 각하판결에 대하여 상소를 제기한 뒤에 추인하면 소송무능력자가 하급심에서 한 소송행위는 그 소송행위를 한 때에 소급하여 유효하게 된다. 하급심이 무능력을 간과하고 내린 본안판결을 추인하면 상급심은 무능력을 이유로 원판결을 취소할 수 없게 되고 판결확정 후에 추인하면 재심을 청구할 수 없다(제424조 Ⅱ, 제451조 Ⅰ [3] 단). 다만 추인은 소송무능력자의 행위가 확정적으로 무효라고 배척되기 전에 하여야 한다. 즉 흠이 있음을 이유로 하는 부적법 각하판결이 확정되어 흠있는 행위자가 확정적으로 배제되면 추인의 여지가 없게 된다.

Ⅳ. 訴訟能力 등 흠이 있는 경우의 효과

1. 訴訟行爲의 무효

소를 제기함에 있어서는 당사자가 소송능력 등을 갖추어야 하는데 이는 소송요건이므로 직권조사사항이다. 그러므로 소송무능력자에 의한 소의 제기, 소송대리인 선임, 기일에 있어서의 변론, 상소의 취하·포기 등 행위는 효력이 없다. 또한 무능력자에 대한 송달·기일소환 등도 역시 모두 무효이다. 이와 같이 소송성립과정에 흠이 있는 한 본안판결을 할 수 없고, 종국판결로 각하하여야 한다.

소송능력 등의 유무에 관하여 당사자간에 다툼이 있는 경우에 조사결과 흠이 드러나면 소를 각하할 것이나, 그 능력이 인정되면 중간판결이나 종국판결의 이유에서 판단하여야 한다. 소송능력의 조사범위 내에서는 능력유무가 다투어지는 당사자에 대해서도 일단 능력이 있는 것으로 소송상 취급하여야 한다.

2. 訴訟係屬中 訴訟能力의 得喪

소의 제기 후 소송계속중 소송능력을 상실하는 경우에는 그 뒤의 소송행위만이 무효로 되는데, 이 경우 법정대리인이 수계할 때까지 소송절차가 중단된다.

또한 법정대리인에 의한 소송수행 중 당사자가 능력을 취득하거나 회복한 경우에도 본인이 수계할 때까지 중단된다(제235조). 그러나 소송대리인이 있는 때에는 중단되지 아니한다(제238조).

3. 訴訟能力 등의 흠을 간과한 判決

제 1 심이 능력의 흠을 간과 또는 오인하여 본안판결을 내린 경우에는 이에 대하여 어느 편 당사자도 모두 항소를 제기할 수 있다. 항소심은 항소를 받아들여 제1심 판결을 취소하고, 소각하판결을 하여야 한다. 왜냐하면 소송능력의 유무는 소송행위마다 개별적으로 판단할 것이 아니고 소송수행을 전체적으로 판단할 문제이기 때문이다. 무능력자나 무권대리인은 이러한 판결에 대하여 적법하게 상소를 할 수도 있고, 무능력을 이유로 한 부적법 각하시까지는 자기가 제기한 소를 취하할 수도 있다. 그러나 일단 판결이 송달되면 상소기간도 진행하며, 이 기간이 지나가면 판결이 확정된다. 이처럼 확정된 판결의 효력은 본인에게 미칠 것이나 재심의 소를 제기하여 번복할 수도 있을 것이다.[1)]

제6절 辯論能力

I. 概　念

변론능력이란 당사자나 법정대리인 스스로가 소송대리인에 의하지 아니하고도 소송행위를 적법한 형식에 맞추어 유효하게 표현할 수 있는 능력이다. 연술능력이라고도 한다. 이는 기일에 출석하였을 때 법원에 대한 관계에서 필요한 능력이므로 당사자간의 소송행위에는 요구되지 아니한다. 이는 소송능력이 있더라도 변론능력이 없는 자를 소송에서 배제함으로써 재판진행의 확실성·신속성·효율성을 기하려는 공익적 요구에 기하여 소송절차마다 변론에 관여하는 자의 자격을 제한하는 제도이다. 따라서 소송능력이 오로지 당사자 본인을 보호하기 위한 제도라는 점에서 양자의 취지가 다르다.

II. 當事者 本人의 변론능력의 상실

독법(ZPO 제78조)과 같이 변호사강제주의[2)] 입법하에서는 소송능력이 있는 당사자라고 하더라도 변론에 참여할 수 없으므로 소송능력과 변론능력의 구별이 뚜렷하다. 그러나 우리나라는 단독사건과 합의사건의 구별 없이, 그리고 심급 여하를 불문하고 당사자 본인이 소송을 수행할 수 있는 본인소송주의를 인정하고 있으므로 소송능력이 있는 자는 변론능력을 갖는 것이 원칙이다. 법은 다만 소송능력이 있더라도 변론능력을 결하는 경우에 그러한 자의 진술을 제한하고 이를 보완함으로써 변론의 충실을 도모하고자 몇 가지 조치를 베풀고 있다.

1) 대판 1959. 7. 9. 58 민상 560.
2) 이에 대하여는 文一鋒, "민사소송에서의 변호사강제에 관한 연구," 서울대학교 법학석사 학위논문, 1994 참조.

1. 發言禁止命令

변론이나 변론준비절차의 지휘에 관한 재판장의 소송지휘명령에 불응하여 발언을 금지당한 당사자나 법정대리인 등은 변론능력이 없다(제135조 Ⅱ, 제286조). 이러한 금지에도 불구하고 계속 발언하여도 소송법상의 효력은 없다. 이러한 발언금지명령은 그 기일에 한하여 효력이 있으며, 그 사유가 없어지면 곧 명령을 취소하여야 한다(제222조 참조). 취소되면 변론능력이 회복되며, 그렇지 아니하면 소송대리인으로 하여금 발언하게 하여야 한다.

2. 陳述禁止命令

당사자나 대리인의 변론이 모호하여 법원이 석명을 하여도 그가 사안의 진상을 충분히 해명할 능력이 없는 때에는 소송관계가 불명료하고 지연됨을 막기 위하여 법원은 진술금지명령을 발하고 변론을 계속할 새 기일을 정할 수 있다(제144조 Ⅰ). 이 명령에는 불복할 수 없고 진술금지를 당한 자는 변론능력을 상실한다. 법원이 진술을 금한 때에는 필요에 따라 변호사의 선임을 명할 수 있다(제144조 Ⅱ). 대리인에게 진술을 금하고 변호사의 선임을 명하였을 때에는 본인에게 그 취지를 통지하여야 한다(제144조 Ⅲ).

3. 辯護士選任命令

소 또는 상소를 제기한 자가 변호사선임명령을 받고도[1] 변론속행의 신기일까지 변호사를 선임하지 아니한 때에는 법원은 결정으로 소 또는 상소를 각하할 수 있다(제144조 Ⅳ). 이 결정에는 즉시항고를 할 수 있다(제144조 Ⅴ). 이는 변호사선임을 위한 간접강제방안이다.

4. 通譯의 경우

변론에 참여하는 자가 우리말을 하지 못하거나 듣거나 말하는 데 장애가 있으면 통역인으로 하여금 통역시킬 경우의 당사자 등은 변론능력이 없다(제143조 Ⅰ). 다만 이러한 장애인에게는 문자로 질문하거나 진술하게 할 수 있다.

1) 대리인이나 선정당사자에 대하여 진술을 금하고 변호사의 선임을 명하였을 때에는 본인이나 선정자에게도 통지하여야 한다. 대결 2000. 10. 18. 2000 마 2999.

Ⅲ. 訴訟代理人의 변론능력의 제한

소송대리인에 의하여 소송행위를 함에 있어서는 반드시 변호사에 의하여야 하는 것이 원칙이다(제87조 I). 그러므로 변호사자격을 갖추지 못한 자는 소송대리인으로서 변론능력이 없다.[1)]

그러나 단독사건의 경우에는 법원의 허가가 있으면 변호사가 아니라도 소송대리인이 될 수 있다(제87조 I 단). 또한 소액사건의 경우(소액 제8조 I)와 배상명령신청의 경우(특례법 제27조 I)에는 당사자의 배우자, 직계혈족, 형제자매 또는 호주가 당연히 소송대리인이 될 수 있다. 뿐만 아니라 법률에 의하여 재판상의 행위를 할 수 있는 대리인, 예컨대 지배인(상 제11조 I), 선박관리인(상 제761조 I), 선장(상 제773조 I), 소송수행자로 지정된 대리인(국소 제2조, 제5조 I, 제6조 Ⅱ) 등에게도 변론능력이 인정된다.

Ⅳ. 辯論能力欠缺의 효과

법원은 변론무능력자의 소송관여를 배척하고 이러한 자가 행한 소송행위를 무시할 수 있다. 즉 변론무능력자가 기일에 출석하거나 변론을 하더라도 아무 효력이 없으므로 期日懈怠로 인한 각종 불이익을 받을 것이다. 또한 변론무능력자가 한 소송행위는 무효이고, 추인할 수 없다. 법원이 변론능력의 흠결을 간과하고 종국판결을 한 경우에도 이는 상소나 재심사유가 되지 아니한다.

제7절 訴訟上의 代理人

제1관 概　觀

I. 訴訟上 代理制度의 意義

1. 민사소송상의 대리인이란 대리인임을 표시하고 당사자의 이름으로 소송행위를 하거나 법원이나 상대방의 소송행위를 받는 자를 말한다. 당사자 본인의 표시, 대리인의 표시 및 소송수권관계가 필요하다. 대리인은 자기의 의사에 의하여

1) 이에 대하여 변호사 아닌 사람에게는 변론능력이 제한되는 문제가 아니라 소송대리권의 제한으로 파악하는 견해도 있으며(胡 250면), 소송대리인제도가 당사자 본인과의 관계에서 본인의 보호에 중점을 두고 있는 제도이므로 변론능력의 국면으로 처리하는 것은 바람직 하지 않다는 견해도 있다(田 177면).

소송행위를 하므로 타인의 소송행위를 전달하거나 사실상 수령하는 송달수령보조자(제186조 I)나 소송서류를 법원에 제출하는 등 대리인의 표시행위를 완성하는 데 협조하는 사무원 등 사자와 다르고, 본인의 이름으로 소송행위를 하므로 타인의 권리관계에 관하여 자기명의로 소송을 수행하는 파산관재인(통도 제384조), 관리인(통도 제78조), 선장(상 제859조), 선정당사자(제53조) 등 소송담당자와 다르며, 자기명의로 하는 소송행위가 타인의 소송에 효력을 미치는 보조참가인(제71조)과도 구별된다.

2. 소송행위는 원칙적으로 대리에 친한 법률행위이므로 널리 대리가 인정된다. 사법상의 대리제도는 원래 근대사회의 소산으로 사적 자치의 확장과 보충을 주요기능으로 하는 것이지만 민사소송법상의 대리는 특히 당사자 본인을 강력히 보호하고 남소를 방지하는 한편, 사건의 적절한 정리에 의하여 심리의 충실과 촉진을 기함을 주목적으로 한다. 따라서 소송절차의 안정, 원활 및 획일화를 위하여 소송대리권의 서면증명, 대리권범위의 법정, 대리권소멸의 통지, 표현대리의 배제 등 민법상 대리와 차이가 있다.

3. 이러한 견지에서 보면 현행법이 대리인선임 여부를 당사자의 자유에 맡기고 있기는 하나 변호사강제주의를 채택하는 것이 바람직할 것이다. 다만 이를 도입함에 있어서는 법률구조제도의 효율적인 보급, 변호사비용의 공정화와 소송비용에의 산입, 그리고 국민과 변호사간의 수적 비율의 적정화 등이 선행되어야 하므로 우리나라의 경우에는 장래의 숙제로 남는다.

Ⅱ. 訴訟上 代理人의 종류

1. 任意代理人과 法定代理人

1) 소송상 대리인은 대리권이 본인의 의사에 따라 부여되는 임의대리인과 법률의 규정에 의하여 부여되는 법정대리인으로 구별된다.

2) 임의대리인은 대리권의 발생이 당사자의 의사에 기인하는 한 대리권범위가 법정되어 있거나 대리인선임이 강제되어 있거나 상관없다. 그러므로 임의대리인에는 지배인(상 제11조), 선장(상 제773조), 선박관리인(상 제761조), 국가소송수행자(국소 제1조, 제2조, 제5조, 제7조), 민법상 조합의 업무집행조합원(민 제709조 참조) 등과 같이 법령상의 소송대리인과 순수하게 특정사건에 관하여 당사자로부터 소송위임을 받은 소송대리인이 있다. 법령상의 소송대리인은 본인의 의사에 의하여 그 지위가 주어지거나 상실되므로 임의대리의 일종이나 일단 본인에 의하여 그 지위가 주어진 이상 당연히 소송상 대리를 할 수 있고 특별수권을 요하지 않는 점에서 법정대리인과 유사하다.

3) 법정대리인도 법률의 규정에 의하여 당연히 그 지위에 서게 되는 법정재산관리인인 친권자(민 제909조, 제911조, 제920조), 후견인(민 제928조), 한정후견인·성년후견인(민 제929조, 제938조)[1] 등이 있는가 하면 법원 등 제3자의 선임에 의한 재산관리인인 부재자재산관리인(민 제22조~제26조), 또는 상속재산관리인(민 제1023조 Ⅱ)도 있다. 유언집행자는 법정대리인이라기보다 유언집행에 필요한 소송에 관하여 소송담당자라고 함이 판례이다.[2] 누가 법정대리인이 되는가는 민법, 그 밖의 실체법에 따른다(제51조). 이 같은 민법에 정한 법정대리인들은 소송법상으로도 법정대리인이 된다. 그리고 개별적인 소송이나 소송절차에 관하여 수소법원이 선임하는 특별대리인은 소송법이 규정하는 법정대리인인데, 소송무능력자의 특별대리인(제62조), 송달수령을 위한 법정대리인(제181조, 제182조), 증거보전절차에 있어서의 특별대리인(제378조) 및 상속재산집행에 있어서의 특별대리인(민집 제52조) 등은 그 예이다.

2. 包括代理人과 個別代理人

소송상의 대리인은 소송행위 전반에 걸쳐 대리하는 포괄대리인과 개개의 소송행위만을 대리하는 개별대리인으로 나눌 수 있다. 포괄대리인이 원칙이지만 송달영수의 대리권만을 가지는 교도소장·구치소장(제182조) 또는 송달영수인(제184조)은 개별대리인의 예이다.

Ⅲ. 代理權의 存否와 瑕疵

1. 代理權의 존부

소송상 대리권의 존재는 대리행위의 유효요건이며, 직권으로 조사되어야 할 소송요건이다.[3]

소송상 대리는 민법상 대리처럼 개별적 행위를 대상으로 하지 아니하고 소송절차에 포괄적으로 미치는 것이므로 대리권은 반드시 서면에 의하여 증명되어야 한다(제58조 Ⅰ, 제97조, 소액 제8조 Ⅱ 본).[4] 절차의 원활과 안정을 도모하고 획일적으로 처리할 필요상 대리권의 존재를 명확하게 해야 하기 때문이다. 다만 소액사건 대리의 경우에는

1) 2013.7.부터는 종래의 피한정치산자는 피한정후견인으로, 금치산자는 피성년후견인으로 각 대체되었다.
2) 대판 1999.11.26. 97 다 57733 참조.
3) 예컨대 종중의 대표자의 대표권에 관하여는 대판 1995.5.23. 95 다 5288.
4) 대판 1957.5.2. 56 민상 636은 법인의 대표자격을 증명한 상공부장관의 증명만으로는 그 대표자가 주주총회에서 선임되고 등기된 대표자인지 알기에 불충분하다고 한다.

당사자가 판사의 면전에서 구술로 소송대리인을 선임하고 법원사무관 등이 조서에 기재하면 된다(소액 제8조 II 단).

2. 瑕疵 있는 代理

1) 無權代理 무권대리행위는 무효이지만 대리권흠결의 보정명령에 의하여 보정되거나(제59조),[1] 추인이 이루어지면 소급하여 유효하게 된다(제60조).

그러므로 부재자를 당사자로 하는 소송에서 관리인 없이 부재자명의로 이루어진 행위는 나중에 관리인으로 선임된 자가 추인하면 행위시에 소급하여 효력이 생기며,[2] 회사대표권이 없는 전무이사가 제소한 후 대표권을 취득하여 소송을 수행하는 것도 추인한 것으로 볼 수 있다.[3] 추인방식에는 제한이 없으므로 묵시적 추인도 가능하며,[4] 추인은 소송행위 전체를 일괄하여 하는 것이 원칙이나 소송경제상 적절하고 소송에 혼란을 일으킬 염려가 없는 경우에는 일부추인도 가능하다.[5] 이러한 추인은 상고심에서도 할 수 있다.[6] 이 모든 것은 소송무능력에 대한 처리와 같다.[7]

대리권의 흠결을 간과 또는 오인하여 내린 판결은 상소로써 다툴 수 있고(제424조 I [4]), 확정 후에도 재심사유가 된다(제451조 I [3]).

2) 表見代理 소송행위에 표현대리가 성립하는가. 예컨대 법인을 상대방으로 하여 소를 제기하면서 등기부상의 대표자를 진정한 대표자로 믿고 기재하였으나 실제는 그렇지 아니한 경우에 어떻게 할 것인가. 대표권의 존부는 직권조사사항이고 절차안정의 견지에서 볼 때 소극설이 타당하다.[8]

---

1) 대판 1959. 6. 18. 58 민상 388. 다만 종중의 대표자라는 자의 대표권 여부가 쟁점이 되어 항소심에 이르기까지 당사자들의 공격방어와 법원의 심리 등을 거쳐 그에게 적법한 대표권이 없다는 사실이 밝혀지게 된 경우라면, 법원은 소를 각하하면 족하고 그 대표권의 흠결에 관하여 보정을 명하거나 대표자표시정정을 촉구할 의무가 없다. 대판 1995. 9. 29. 94 다 15738. 보정은 항소심에서도 가능하다. 대판 1996. 10. 11. 96 다 3852.

2) 대판 1959. 10. 22. 59 민상 232.

3) 대판 1960. 4. 21. 57 민상 816.

4) 대판 1961. 12. 21. 61 민상 34. 타인이 패소당사자의 명의를 도용하여 제출하였어도 그 당사자의 적법한 소송대리인이 항소심에서 본안에 대하여 변론하였다면 그 항소제기행위는 추인된다. 대판 1995. 7. 28. 95 다 18406.

5) 대판 1973. 7. 24. 69 다 60.

6) 대판 1996. 11. 29. 94 누 13343; 대판 1997. 3. 14. 96 다 25227.

7) 앞의 제 5 절 소송능력 참조.

8) 대판 1984. 6. 26. 82 다카 1785; 대판 1994. 2. 22. 93 다 42047.

3) 雙方代理

가) 민사소송의 당사자들은 이해관계가 상반되므로 당사자 한쪽이 상대방을 대리한다거나 1인의 대리인이 양쪽 당사자를 대리할 수 없다(민 제124조 참조). 이러한 대리는 무권대리이므로 당사자의 승낙이나 추인으로 하자가 치유된다.

나) 법정대리인으로서 쌍방대리에 해당하는 경우에는 실체법상 법정대리권의 제한으로 규정되어 있으므로(민 제64조, 제921조; 상 제199조, 제269조, 제398조, 제564조 Ⅲ) 소송상으로도 이 같은 규정이 적용된다. 이 같은 제한에 어긋난 소송행위는 무권대리행위로 처리하면 된다. 소송상의 특별대리인의 경우에도 동일하게 취급한다.

다) 위임에 의한 소송대리인은 대개 변호사이므로 쌍방대리는 변호사법 위반의 문제로 된다. 변호사법도 변호사의 직무에 대한 공정성과 품위를 유지하고 당사자보호를 위하여 제31조에서 일정한 사유가 있으면 직무수행에서 배제하고 있다. 즉 [1] 당사자 일방으로부터 상의를 받아 그 수임을 승낙한 사건의 상대방이 위임하는 사건,[1] [2] 수임하고 있는 사건의 상대방이 위임하는 다른 사건(다만 위임하고 있는 사건의 위임인이 동의한 때에는 예외), [3] 공무원, 조정위원 또는 중재인으로서 직무상 취급한 사건의 경우가 그것이다.

동법 제31조에 위반된 소송행위의 효력에 관하여는 견해가 나뉜다. 절대무효설은 본조의 목적상 준사법기관인 변호사의 직무집행의 공정과 품위유지라는 공익적 견지에서 위반행위는 절대무효라고 한다. 유효설은 변호사는 당사자의 사적 대리인이고 이 규정은 훈시규정에 불과하므로 위반행위는 징계사유는 될 수 있으나 소송법상 완전유효라고 한다.[2] 그 외에 절충적 입장에서는 위반행위는 무권대리행위로서 추인 또는 쌍방의 허락이 있으면 유효하다는 추인설[3]과 본인이나 상대방이 위반사실을 알거나 알 수 있었음에도 불구하고 지체 없이 이의하지 아니하면 소송절차에 관한 이의권의 상실·포기이론(제151조)에 의하여 무효를 주장할 수 없다는 이의설(책문권설)이 있다.[4] 민사소송법 제97조가 소송대리인에 대하여 법정대리인의 경우 법정대리권에 흠이 있는 사람이 소송행위를 한 후에 보정된 당사자나 법정대리인이 이를 추인한 경우 그 소송행위는 소급하여 효력이 있다는

1) 사건이 동일한 지의 여부는 소송물이 동일한지 여부나 민사사건과 형사사건 사이와 같이 그 절차가 같은 성질의 것인지의 여부가 아니라 그 기초가 된 분쟁의 실제가 동일한지의 여부에 의하여 결정되어야 한다. 대판 2003. 11. 28. 2003 다 41791.

2) 대판 1957. 7. 25. 57 민상 213; 대결 1967. 1. 25. 66 두 12.

3) 대판 1970. 6. 30. 70 다 809.

4) 대판(전) 1975. 5. 13. 72 다 1183; 대판 1990. 11. 23. 90 다 4037, 4044. 李時 183면, 姜 168면, 鄭/庾 224면, 김홍 213면.

제60조를 준용하고 있음에 비추어 쌍방의 추인이 있어야 한다는 추인설이 타당하다.[1] 다만 변호사법 제31조의 규정 중 쌍방대리가 문제시될 수 없는 제 3 호위반의 경우에는 상대방 당사자의 보호가 중요하므로 이의설(상대방 당사자에 의한)이 타당하다.[2]

라) 변호사법 제31조의 운영에는 새로운 해석이 필요하다. 첫째, 동일한 법무법인이나 합동법률사무소 소속 변호사들이 원·피고를 각각 수임하면 이는 쌍방대리에 해당한다고 해석해야 할 것이다(변조 제31 [2]). 둘째, 동법 제31조의 표현상 '사건'은 변호사의 직무가 송무중심에서 다른 형태의 법률사무로 점차 확대되고 있는 추세에 비추어 소송사건만을 뜻하는 것은 아니라고 해석해야 할 것이다. 셋째, 변호사의 직무집행의 공정성을 저해할 만큼 명백하게 이해가 상반되지 아니하는 경우, 예컨대 갑과 을이 50%씩 투자하여 합작회사를 설립하는 과정에서 갑을 대리하는 변호사가 합작법인이나 그 이사를 대리하는 경우에는 쌍방대리에 해당되지 않는다고 해석해야 할 것이다. 따라서 당사자들간의 이해관계가 정면으로 대립하여 쌍방을 대리하는 것이 변호사의 직무집행의 공정성을 해치는 경우가 아니면 쌍방대리금지규정의 융통성있는 해석이 요구될 것이다.

제 2 관 法定代理人

I. 意 義

법정대리인은 본인의 의사에 의하지 아니하고 대리인이 된 자이다. 이것이 소송무능력자의 이익을 보호하기 위한 제도임은 실체법의 경우와 같다. 법정대리인에는 실체법상의 법정대리인과 소송법상의 특별대리인(제62조, 제378조, 민집 제52조 Ⅱ) 및 개개의 소송행위의 법정대리인(제181조, 제182조)이 있으나 이 곳에서 소송법상의 특별대리인에 관하여서만 설명한다.

Ⅱ. 訴訟上의 特別代理人(제62조)

1. 選任이 필요한 경우

소송무능력자의 특별대리인제도는 무능력자에게 마침 법정대리인이 없거나,[3]

1) 胡 287면.
2) 胡 287면에서는 같은 견해로서 [3]의 경우가 변호사의 품위유지라는 입법취지를 근거로 한다.
3) 대결 1967. 3. 28. 67 마 155.

있더라도 대리권을 행사할 수 없을 때에 긴급히 무능력자를 피고로 제소할 필요가 있는 경우[1] 또는 소제기 후 및 소송진행중 법정대리인이 없거나 있더라도 사실상(예: 장기여행) 또는 법률상[2](예: 민 제64조, 제921조와 같은 이해관계상반) 대리권을 행사할 수 없는 경우에[3] 소송절차가 늦어짐으로써 손해를 볼 염려(시효완성, 보전조치불능, 증거인멸 등)가[4] 있을 때에 이용된다(제62조 I, II). 비법인사단·재단에 대표자나 관리인이 없는 경우,[5] 또는 합자회사대표사원이 합자회사를 상대로 소송을 하는 경우[6] 등에도 적용될 것이다.[7] 다만 주식회사의 이사와 회사간의 이해상반되는 소송에서는 상법 제394조의 적용이 있으므로 법 제62조는 준용이 없다.

2. 選任節次

특별대리인선임은 소송무능력자를 상대방으로 하여 제소할 경우에는 원고본인이, 그리고 소송무능력자가 제소할 경우에는 무능력자의 친족, 이해관계인 또는 검사가 수소법원에[8] 신청한다(제62조 I, II). 신청인은 지연으로 인하여 손해를 받을 염려가 있음을 소명하여야 한다. 이 제도는 소송무능력자나 그 상대방에게 권리행사의 길을 열어 주기 위한 것이다. 법원은 결정으로 독립하여 소송행위를 할 수 있는 특정의 소송능력자를[9] 특별대리인으로 선임하거나 바꾸어 선임할 수 있다(제62조 III). 특별대리인 선임결정에 대하여는 항고할 수 없다.[10] 특별대리인으로 선임되었다고 하더라도 취임해야 하는 것은 아니지만, 변호사는 취임의무가 있다(변 제23조).

3. 特別代理人의 권한

특별대리인이 소송행위를 하기 위해서는 후견인과 같은 권한을 받아야 한다. 즉 선임된 소송에 관하여 법정대리인과 동일한 권한[11]을 가지므로 선임결정에 따

1) 대판 1993. 7. 27. 93 다 8986.
2) 대결 1965. 9. 28. 65 스 5.
3) 대판 1965. 9. 7. 65 사 19; 대판 1975. 3. 25. 74 다 1998.
4) 대결 1967. 3. 28. 67 마 155.
5) 대결 1962. 12. 20. 62 마 21.
6) 대판 1965. 9. 7. 65 사 19.
7) 특별대리인을 선임할 필요가 없는 경우로는 대판 1974. 12. 10. 74 다 428.
8) 수소법원의 의미는 계속중인 본안사건을 직접 심리하고 있는 재판부만을 의미하는 것으로 좁게 해석할 필요는 없다. 대결 1969. 3. 25. 68 그 21.
9) 그러므로 검사를 선임함은 효력이 없다. 대판 1955. 2. 17. 55 민상 237.
10) 대결 1963. 5. 2. 63 마 4.
11) 대판 1969. 7. 22. 69 다 507.

라 소송을 제기하고 이를 유지함에는 법 제62조 4항에 의한 특별수권이 필요 없으며,[1] 소송상 공격방어방법으로 필요한 경우에는 권리의 소멸과 변경을 초래하는 경우를 제외하고는[2] 사법상의 실체적 권리도 행사할 수 있다.[3]

Ⅲ. 法定代理人의 권한과 지위

1. 代理權의 範圍

1) 법정대리인의 대리권의 범위는 소송법에 특별규정이 없으면 민법, 그 밖의 실체법에 의하는 것이므로(제51조) 원칙적으로 소송무능력자인 당사자가 할 수 있는 일체의 소송행위를 할 수 있다. 특별수권이 필요한가 여부도 실체법에 따른다. 후견인이 소송행위를 하는 경우에 후견감독인의 동의를 얻어야 하는 것이(민 제950조)[4] 그 예이다. 이러한 동의가 없는 행위는 무효이다. 그러나 특별수권을 요하는 경우라도 상대방의 제소 또는 상소에 관하여 소송행위를 하는 수동적 당사자로서 출석할 때에는 특별수권을 요하지 아니한다(제56조 Ⅰ). 이는 후견감독인이 동의하지 아니할 경우에 상대방을 보호하기 위한 것이다.

2) 위와 같은 특별수권을 받았거나 이를 필요로 하지 않는 경우라도 법정대리인이 소의 취하(제266조), 소송상 화해, 청구의 포기·인낙(제220조) 또는 탈퇴(제80조)를 함에는 특별수권이 필요하다(제56조 Ⅱ).

3) 친권자인 부모, 법인의 공동대표 등 법정대리인이 여러 명 있는 경우에 이들의 행동에 어떠한 제한이 있는지는 실체법에 따른다(예컨대 상 제208조, 제389조 Ⅱ, 제562조 Ⅲ). 이 경우 상대방이 하는 소송행위의 수령은 단독으로 할 수 있고, 송달은 그 중 1인에게 하면 된다. 그러나 소나 상소의 제기 또는 취하, 청구의 포기, 인낙, 화해, 탈퇴 등은 모두가 명시적으로 공동으로 하지 않으면 무효이다. 공동대표를 하여야 할 경우에 여러 대표자의 행위(예컨대 변론내용 등)가 모순되면 유효한 대리행위가 있다고 볼 수 없다.[5]

---

1) 대판 1965. 4. 27. 65 다 338.

2) 무권리자의 부동산처분행위에 대한 추인과 같은 행위는 부동산에 관한 권리의 소멸변경을 초래하는 것이어서 민법 제950조에 의한 특별수권이 없는 한 할 수 없다는 대판 1993. 7. 27. 93 다 8986 참조.

3) 대판 1965. 4. 27. 65 다 338.

4) 개정민법에 의하면 후견감독인은 개정전 민법상 상응개념인 친족회가 필수적인 것과는 달리 임의적이다. 후견감독인이 임의적인 것으로부터의 어려움은 입법적인 과제이다. 이 경우 민사소송법상 특별대리인을 생각할 수 있다.

5) 그러나 무능력자보호라는 법정대리인제도의 취지를 고려하여 모순되는 ○○ 중 당사자에게 가장 유리한 것에 효력을 부여하자는 견해도 있다. 胡 264면.

4) 법정대리권 또는 법정대리인이 소송행위를 함에 필요한 수권은 서면으로 증명하여 소송기록에 첨부하여야 한다(제58조). 법인의 등기부등본,[1] 가족관계증명서(가족 제15조), 부재자의 지정서 또는 가정법원의 선임증명서(민 제22조, 제23조), 등기부초본(상 제6조), 기타 인증을 받은 사문서 등이 그러한 서면의 예이다.

2. 法定代理人과 本人과의 관계

법정대리인은 당사자가 아니므로 법관의 제척이유(제41조), 인적 재판적을 결정하는 표준(제2조, 제10조)이 되지 아니하며 판결의 효력도 받지 아니한다(제218조). 그러나 법정대리인은 본인의 의사에 따라 선임된 자가 아니라 본인에 대하여 신분적 또는 재산적으로 일반적 지배·관리를 할 수 있는 자이므로 본인이 할 소송행위는 모두 법정대리인이 할 수 있다. 따라서 당사자본인이 출석하여야 할 경우에 법정대리인이 갈음하여 출석할 수 있고(제140조 I, 제145조 II), 송달은 법정대리인에게만 하여야 한다. 법정대리인은 그 소송에 있어서 증인능력이 없고 당사자신문규정의 적용을 받는다(제372조). 법정대리인의 사망 또는 대리권소멸은 본인의 사망 등과 같이 소송절차 중단사유(제235조)가 된다.

3. 法定代理權의 소멸

1) **消滅原因** 법정대리권의 소멸원인도 실체법에 의할 것이므로 본인 또는 법정대리인의 사망(민 제127조 [1], [2]), 본인의 능력취득 또는 법정대리인의 성년후견 또는 파산선고로써 소멸한다.

2) **消滅通知** 소송절차가 진행되는 중에 법정대리권이 소멸한 경우에는 본인 또는 대리인이 상대방에게 통지하지 아니하면 소멸의 효력을 주장하지 못한다(제63조 I 本). 이것은 소송절차의 명확과 안정을 기하기 위한 것이므로 상대방이 대리권소멸사실을 알았다고 하여 당연히 통지의 효과가 생기는 것은 아니고 통지한 사실이 없으면 구 대리인에 의한 상소나 소의 취하 등의 소송행위는 적법하다는 것이 판례의 입장이었다.[2]

다만 법원에 법정대리권의 소멸사실이 알려진 뒤에는 통지가 없더라도 법정대리인은 소의 취하, 화해, 청구의 포기·인낙, 소송탈퇴 등 소송의 목적을 처분하

---

1) 대판 1973. 11. 27. 73 다 1389.
2) 대판 1979. 12. 11. 76 다 1829; 대판(전) 1998. 2. 19. 95 다 52710.

는 행위를 하지 못한다(제63조 I 단). 종전 판례의 태도가 소송절차의 명확과 안정을 위하여서는 부득이한 해석이었다 하더라도 본인에게 지나치게 가혹하므로 이를 완화하려는 취지이다. 또한 개정전 제59조 1항은 대리권이 일단 존재하였다가 소송계속 중 소멸된 경우에만 적용되고 처음부터 대리권이 없었던 경우에는 적용되지 않는 것으로 해석되어 왔으므로 이러한 취지를 명확히 한 것이다.

본인 또는 법정대리인의 사망 및 법정대리인의 금치산선고시에는 소송절차가 중단되므로(제233조, 제235조) 이 경우에는 소멸통지가 필요 없다고 본다.

4. 法人 등의 代表者

이들은 법정대리인에 준하여 취급한다(제64조). 따라서 이들을 준법정대리인이라고 부르는 수도 있다. 누가 대표자인가는 실체법에 따라 정해진다(민 제60조; 상 제389조, 제255조, 제408조, 제542조, 민집 제211조, 제249조).[1] 법인 아닌 사단인 종중·문중의 경우에는 특별한 규약이 없으면 종장이나 문장이 그 종(문)중원인 성년남자를 소집하여 출석자의 과반수의 결의로 선임하는 자가 종중대표자가 된다는 것이 판례이다.[2] 사실상의 창건주가 따로 있다고 하더라도 사찰을 대표하는 자는 주지이다.[3] 국가가 민사소송의 당사자로 된 때에는 법무부장관이 국가를 대표하고(국소 제 2 조), 소송수행자에게 대리시킬 수 있다. 지방자치단체가 당사자로 될 때에는 그 장이 대표하며 교육·학예에 관하여는 교육위원회와 교육장(감)이 그 지방자치단체를 대표한다(지방교육자치법 제13조, 제27조).

대표자의 권한도 법정대리인의 그것에 준하고, 실체법에 의하여 정해진다(민 제59조, 제60조; 상 제209조 II, 제389조, 제408조).[4] 이사와 회사간에서 회사가 소를 제기함에 있어서는 이사회 또는 주주총회의 결의를 요한다(상 제211조). 민법상 법인의 대표자는 법인의 목적사업수행에 필요한 일체의 대표권이 있고 이에 관한 제한은 등기하지 아니하면 선의의 제 3 자에게 대항할 수 없으므로 일체의 소송행위를 할 수 있다. 그리하여 판례는 공익법인이 제기한 기본재산에 관한 소의 취하에는 주무관청의 허가가 필

1) 직무집행정지가처분의 경우 그 본안소송에서 법인을 대표할 자는 직무대행자라고 한 대판 1995. 12. 12. 95 다 31348 참조.

2) 대판 1983. 7. 26. 80 다 3106.

3) 대판 1993. 1. 26. 92 다 48239.

4) 대표자의 권한범위에 관한 판례를 본다: 주식회사의 대표이사 직무대행자가 소송대리인을 선임하고 보수계약을 체결하는 것은 회사의 상무에 속한다(대판 1970. 4. 14. 69 다 1613); 청구의 인낙이나 항소의 포기 등 상무에 속하지 않는 행위는 법원의 특별수권을 얻어야 한다(대판 1982. 4. 27. 81 다 358). 그러나 변론기일에 불출석하여 의제자백판결로 패소하고 그에 대한 항소를 제기하지 아니한 것이 회사의 상무에 해당한다는 대판 1991. 12. 24. 91 다 4325 참조.

요없다고 한다.[1] 그러나 비법인사단이 비록 보존행위에 해당하는 소송을 제기하는 경우에도 사원총회의 결의를 얻어야 한다고[2] 하여 그 입장이 일관된 것은 아니다.

제 3 관 任意代理人

임의대리인에는 전술한 바와 같이 법령에 따라 본인을 위하여 일정한 범위의 업무에 관하여 일체의 재판상 행위를 할 수 있는 법령상의 소송대리인(지배인, 선장 등)과 소송위임에 의한 대리인이 있으나, 이 곳에서는 소송위임에 의한 변호사대리인을 중심으로 고찰한다.

I. 각국의 辯護士制度[3]

1. 美　國

대학 3년 수료 이상 또는 졸업의 학력을 가진 자가 공인된 법과대학원의 3년과정(J.D. 과정)을 이수한 후 각주의 대법원이 관장하는 변호사시험에 합격하면 그 주의 법원에 등록·선서하고 개업하게 된다. 법원과 변호사협회의 강력한 감독하에 일원적인 변호사제도가 확립되어 있다. 다만 변호사회(Bar Association)에의 가입은 임의적이다.

2. 英　國

Barrister와 Solicitor로 이원화되어 있는데, 전자는 사건의뢰인과 직접 교섭하지 못하고 보수청구권이 없는 대신 주요법원의 변론권을 독점하고 있는 자유직업적 학자적 실무가이고, 후자는 법원의 감독하에서 별도의 자격과 권능을 갖는 변호사이다. Barrister는 고졸 이상의 자로서 Council of Legal Education의 시험에 합격 후 4개 중의 어느 Inns of Court(Lincoln's Inn, Inner Temple, Middle Temple, Gray's Inn)에서 12학기(연 4회 각 23일간의 학기)를 이수하면 Barrister의 칭호를 취득하나 개업을 원할 때에는 1년간 실무수습에 종사하여야 한다.

Solicitor는 학력제한 없이 변호사회(Law Society)가 관장하는 두 번의 시험에

1) 대판 1989. 7. 11. 87 다카 2406.
2) 대판 1996. 10. 25. 95 다 56866.
3) von Mehren & Gordley, The Civil Law System(2nd ed., 1977), 142면 이하 참조.

합격하고 2년간(대졸자) 또는 4년간(비대졸자) 수습하면 등록 후 개업허가증을 받아 법일반에 관한 실무에 종사한다.

3. 獨 逸

중세의 남부독일에서는 변호사를 [주로 법률상담에 종사하면서 비송사건도 다루는] Advokat(Ratgeber)와 [법정에서 당사자를 대리하는] Prokurator(Fürsprecher)로 구분하기도 하였으나, 근대로 들어오면서 이 구별은 폐지되어 오늘날 독일의 변호사는 Rechtsanwalt 하나로 단일화되어 있다. 즉, 법과대학에 등록하여 적어도 3년 반~4년 이상의 법학공부(3개월간의 실습기간 포함)를 하고 치른 1차시험(Die Erste Juristische Prüfung)에 합격하면 시보(試補. Referendar)가 되고, 다시 2년간의 실무수습(Vorbereitungsdienst)을 거쳐서 2차시험(Die Zweite Juristische Prüfung)에 합격하면 법관자격(Befähigung zum Richteramt)을 취득한다.[1)]

법관자격을 취득한 사람(Assessor)은 누구나 변호사로 인가(Zulassung als Rechtsanwalt)를 받아 변호사가 될 수 있다. 개업하고자 하는 지역의 변호사협회(Rechtsanwaltskammer)로부터 인가를 받아 변호사명부(Rechtsanwaltsverzeichnis)에 등록하면 변호사로 개업할 수 있는데, 인가받은 변호사는 반드시 변호사를 위한 직업책임보험(Berufshaftpflichtversicherung für Rechtsanwälte)에 가입되어 있음과 해당지역에 변호사사무실이 존재함을 증명해야만 한다. EU국가 출신의 외국 법률가들은 독일에서 독일법 실무경험이 3년만 있으면 변호사로 개업할 수 있지만, 그 외 국가출신의 외국 법률가들은 독일에서 개업할 수는 있지만 자신의 본국과 관련된 법률사건이나 국제법적 사건 이외의 사건은 다룰 수 없다.

4. 프 랑 스

변론을 담당함으로써 당사자를 보좌(I'assistance)하는 辯護士(I'avocat)와 변론에 이르기까지의 절차에서 당사자를 대리(la representation)하여 준비하는 代訴士(I'avoue)의 이원주의에 입각하고 있었다. 그러나 2011년 1월 1일부터는 대소사의 직역이 완전히 폐지되었다. 반면 대법원에 출정할 수 있는 변호사는 '破棄院辯護士'(l'avocat à la Cour de cassation)라고 부르며, 이들 또한 일반변호사가 아니고 법무부장관에 의하여 임명된 법원부속기관으로서 종래 프랑스 전역에서 엄선된

---

1) 2003년 7월 1일부터 시행된 법률교육개혁에 따라, 법률가 양성의 기준이 '법관'이 아니라 '(각종의) 변호사'로 변화되었다.

60개의 변호사 사무실에 소속된 변호사들이었으나,[1] 2009년의 개정에 의하여 60개의 제한이 폐지되었다.

법학석사 또는 이에 준하는 학위를 소지한 자로서 '변호사연수원'(un centre régional de formation professionnelle des avocats : CRFPA) 입소시험에 합격한 자가 동 연수원에서 18개월의 교육과정을 수료한 뒤 '변호사적성증명'(le certificat d'aptitude à la profession d'avocat : CAPA)을 취득한 경우에 변호사회에 등록하면 변호사가 된다.[2]

Ⅱ. 辯護士代理의 原則

1. 原 則

1) 우리나라는 변호사강제주의를 취하지 아니하므로 본인이 소송행위를 할 수 있다(본인소송주의). 그러나 대리인에 의하여 소송행위를 하는 경우에는 법률에 따라 재판상 행위를 할 수 있는 대리인 이외에는 원칙적으로 변호사(또는 법무법인)가 아니면 소송대리인이 될 수 없다(제87조). 이러한 소송대리인의 자격은 판결절차와 이에 준하는 재판절차, 즉 가압류·가처분(민집 제279조, 민집 제301조), 소송구조(제128조), 증거보전신청(제377조), 그리고 강제집행절차에 있어서의 신청, 강제집행상의 이의, 소, 항고절차 등에 있어서의 소송행위에 관하여만 요구된다.

2) 본인소송이 아닌 한 대리인을 변호사로 제한함은 당사자 본인의 보호와 복잡한 사안의 효율적 심리를 위한 필요에서 그러하다.

3) 변호사 아닌 자가 금품·향응 기타 이익을 받거나 받기로 약속하고 또는 제 3 자에게 이를 공여하게 하거나 공여하게 할 것을 약속하고 소송사건 등에 관하여 대리 등 행위를 하면 처벌된다(변 제109조). 이러한 금지행위를 규정한 변호사법 제109조는 강행규정이므로 이 규정에 위반한 약정의 사법적 효력도 부정된다.[3]

2. 辯護士代理原則의 예외

1) 단독판사가 심리·재판하는 사건 가운데 그 소송목적의 값이 일정한 금액 이하인 사건에서, 당사자와 밀접한 생활관계를 맺고 있고 일정한 범위 안의 친족

1) 다만 한 개의 변호사 사무실에서 최대 3인만이 파기원변호사가 될 수 있다.
2) 종래 법학박사학위를 취득한 자는 변호사연수원에 곧바로 입소할 수 있었으며, 경우에 따라서는 일정한 연수기간의 경과 없이 변호사적성증명시험에 응시할 수 있었으나, 현재에는 반드시 18개월의 교육과정을 거친 뒤에만 변호사적성증명시험을 볼 수 있는 것으로 하고 있다.
3) 대판 1978. 5. 9. 78 다 213.

관계에 있는 사람, 또는 당사자와 고용 등의 관계에서 그 사건에 관한 통상사무를 처리·보조하여 오는 등 일정한 관계에 있는 사람이 법원의 허가를 받은 때에는 변호사대리의 원칙이 적용되지 아니한다(제88조 I).

지금까지 실무상 단독사건에서 비변호사대리에 관하여 법원의 허가가 관대하게 이루어져 왔다. 그러나 제 1 심에서 단독사건의 비중이 현저히 증가할 뿐만 아니라 단독사건의 소송목적의 값이 계속 상향조정됨에 따라 변호사가 아닌 자가 소송대리를 할 수 있는 단독사건의 범위가 급격히 확대되고 있다. 그 결과 제 1 심에서 비변호사대리가 일반화되어 예외가 원칙이 되는 모습으로 되었다. 따라서 단독사건에서도 집중심리가 시행되는 데에 대비하고, 일부 금융기관이나 건설회사들이 소송대리전담직원을 두어 변호사대리원칙을 잠탈해 온 관행을 시정하기 위해서 소송대리인의 자격요건을 당사자와 밀접한 생활관계에 있다고 인정할 수 있는 일정한 범위 내의 친족이나, 당사자에게 고용되어 해당 사건에 대한 통상업무를 처리해 온 사람으로 제한하여 소송브로커의 부당한 개입을 막고자 한 것이다.

2) 이를 위하여 법원의 허가를 받을 수 있는 사건의 범위, 대리인의 자격 등에 관한 구체적인 사항은 대법원규칙으로 정하도록 하고(제88조 II), 법원은 언제든지 위의 허가를 취소할 수 있게 하였다(제88조 III). 따라서 단독사건의 경우에도 그 중에서 사건내용이 비교적 단순하고 비변호사대리를 허용하더라도 집중심리방식에서 절차진행이나 실체적 진실발견에 장애가 없는 일정액 이하의 사건에 국한하여 비변호사대리를 허용하여야 할 것이다. 대체로 재정단독사건이나 사건내용이 전문적인 단독사건을 제외하고, 수표금·어음금사건, 독촉사건, 가압류·가처분사건, 증거보전사건, 민사조정사건(민조 제38조), 제소전화해사건 등은 사안이 비교적 간단·경미하므로 법원의 허가를 얻어 변호사 이외의 자가 대리할 수 있을 것이다. 그러나 장차 비변호사대리가 허용되는 사건의 범위는 소액사건에 국한해야 할 것이다.

3) 소액사건의 경우에 당사자의 배우자, 직계혈족, 형제자매는 법원의 허가 없이도 소송대리인이 될 수 있다(소액 제8조 I).

4) 형사공판절차 내에서의 배상명령신청의 경우에는 피해자가 법원의 허가를 얻어서 그 배우자, 직계혈족, 형제자매로 하여금 소송행위를 대리하게 할 수 있다(특례법 제27조 I).

5) 특허, 실용신안, 디자인 또는 상표에 관한 사항에는 변리사도 소송대리인이 될 수 있다(변리 제 8 조).

6) 가정법원의 소송 및 조정에 있어서는 본인출석이 원칙이고 허가가 있는

경우에 한하여 변호사 아닌 대리인의 출석이 가능하다(가소 제7조).

7) 비송사건의 경우에는 변호사대리가 요구되지 아니하므로 경매기일에서의 경매신청,[1] 경매가격신고,[2] 배당기일에서의 이의신청 등에 관하여는 대리인의 자격이 필요 없다.[3]

8) 도산절차에는 민사소송법이 준용되므로(통도 제33조) 파산선고의 신청(통도 제294조), 즉시항고(통도 제316조)에는 법 제87조의 준용이 있으나 파산채권의 신고(통도 제447조), 채권자집회에서의 의결권행사(통도 제372조) 등의 경우에는 대리인의 자격이 필요 없다.

Ⅲ. 代理權의 授與

1. 授權行爲

1) 법률에 의한 소송대리인의 대리권은 본인의 선임에 의하여 당연히 생기지만 소송위임에 의한 대리인의 경우에는 본인이 특정의 소송사건에 관하여 대리인에게 소송대리권을 수여(수권행위)함으로써 대리권이 생긴다.

2) 수권행위는 소송대리의 발생이라는 소송법상의 효과를 목적으로 하는 소송행위이며[4] 또한 대리인이 될 자의 승낙이 필요 없는 단독행위이다.[5] 따라서 대리권수여의 의사표시는 보통 대리인에 대하여 할 것이며 그 의사표시가 있는 때에 획일적으로 대리권이 발생하지만, 법 제89조 3항과 같이 본인이 말로 법원 또는 상대방에 대하여 수권의 의사표시를 한 때에는 예외적으로 그 때에 대리권이 발생한다고 본다. 다만 소송대리권수여의 기초관계로서 본인과 대리인간에 위임계약이 선행되어 있는 경우가 보통이다. 변호사에게 사건을 위임하면서 보수지급 및 수액에 관하여 명시적 약정이 없더라도 무보수로 한다는 등 특별한 사정이 없는 한 응분의 보수를 지급할 묵시의 약정이 있다고 보아야 한다.[6]

3) 본인이 대리권을 수여하려면 소송능력이 있어야 하므로 무능력자는 법정대리인에 의하여야 한다. 법률상의 소송대리인도 역시 소송위임을 할 수 있다(단 국가소송수행자는 예외, 국소 제7조). 다만 소송위임에 의한 대리인은 본인과의 신임관계상 특별수권

1) 대결 1960. 9. 15. 60 민항 122.

2) 대결 1966. 6. 29. 66 마 409.

3) 경매법원이 사법서사를 소송대리인으로 허가한 경우로는 대결 1969. 3. 28. 68 사 74. 묵시적으로 허가한 경우로는 대결 1967. 1. 18. 66 마 1106.

4) 따라서 소송위임행위는 강박에 의하여 이루어진 것임을 이유로 취소할 수 없다. 대판 1997. 10. 10. 96 다 35484.

5) 대판 1965. 7. 13. 65 다 1013.

6) 대판 1993. 2. 12. 92 다 42941.

이 없으면 복대리인을 선임할 수 없다(제90조 Ⅱ(4)).

4) 수권의 방식은 자유이며 서면 또는 구술로 할 수 있다. 말로 대리권을 수여하려면 법원사무관 등의 면전에서 하고, 그 진술을 조서에 기재하여야 한다(제89조 Ⅲ, 소액 제8조 Ⅱ 단).

5) 소송대리권의 수여행위 또는 소송실시의 허가, 기타의 수권행위는 취소할 수 있으나, 소급효가 없으므로 취소 전의 소송행위의 효력에 영향이 없다.[1]

2. 代理權의 증명

소송대리권의 흠결 여부는 직권조사사항인바,[2] 대리권의 존재와 범위는 서면으로 증명되어야 한다(제89조 Ⅰ). 그 서면이 사문서인 때에는 법원은 재량으로 공증인, 그 밖의 공증업무를 보는 사람(예컨대 법무법인, 공증인가합동법률사무소 등 공증 제2조, 변 제49조)의 인증을 받도록 소송대리인에게 명할 수 있다(제89조 Ⅱ). 인증이 없더라도 다른 증거에 의하여 사문서가 진정한 것으로 대리권의 존재가 인정되면 그 소송수행은 허용되어야 한다.[3]

Ⅳ. 訴訟代理權의 範圍

1. 訴訟代理權의 일반적 범위

1) **節次法的 側面** 소송대리인은 특정소송절차에 있어서 일정한 사건에 대한 소송수행목적의 달성에 필요한 일체의 소송행위를 할 수 있으며, 그에 따르는 부수적·파생적 절차에도 대리권이 미친다. 그리하여 판결절차(독촉절차 포함)의 각 심급의 대리권은 당연히 그 사건에 관하여 상대방이 제기하는 반소나 제3자의 참가[4]에 대한 방어, 강제집행, 가압류·가처분에 관한 권한을 포함한다(제90조 Ⅰ). 소송대리인의 대리권은 포괄적이므로 이와 같은 주된 예시행위 이외에 부수적 행위에도 미친다. 따라서 소의 변경, 중간확인의 소, 증거보전, 담보취소신청, 소송비용액확정절차에 관한 행위도 할 수 있다고 본다. 다만 해석상 강제집행을 받는 측의 소송대리인이 청구이의의 소를 제기하거나 파산신청의 경우에는 특별수권이 있어야 할 것이고, 본안의 소송대리인이 가압류·가처분에 관한 소송행위를 하는 경우에는 별개의 위임장을 제출하도록 하는 것이 실무이다.

---

1) 대판 1967. 1. 24. 66 다 2180.
2) 대판 1997. 7. 25. 96 다 39301; 대결 1997. 9. 22. 97 마 1574. 따라서 소송대리권의 존부에 관하여는 의제자백에 관한 규정이 적용되지 않는다. 대판 1999. 2. 24. 97 다 38930.
3) 대판 1959. 11. 4. 58 선 106.
4) 각 종류의 참가를 포함한다. 대판 1962. 12. 6. 62 사 21.

2) **實體法的 側面** 소송대리인은 소송행위 이외에 실체법상의 법률행위를 할 권한도 가진다. 일체의 공격방어방법을 제출하기 위한 전제로서 사법상 권리를 소송상 행사할 수 있으므로 변제의 영수 이외에 상계, 계약의 해제·취소, 시효의 원용, 유치권이나 동시이행의 항변, 최고·검색의 항변, 매수청구권, 제3자를 위한 계약에 있어서의 수익의 의사표시, 매매예약에 대한 완결의 의사표시,[1)] 백지어음의 보충권[2)] 등을 행사할 수 있다.

2. 特別授權事項(제90조 Ⅱ)

소송절차의 원활한 진행상 소송대리권의 범위는 획일적으로 정하여 제한할 수 없도록 하는 한편, 본인에게 중대한 결과를 미치는 일정사항에 관하여는 본인보호상 특별수권을 요구한다. 그러나 특별수권이 있는 이상 소송대리인이 본인의 의사와 관계없이 수권받은 행위를 하여도 유효하다.

1) 반소의 제기(제90조 Ⅱ [1])는 독립한 소의 제기이므로 특별수권을 요하지만, 상대방의 반소에 대한 응소행위(제89조 Ⅰ)는 소송대리권의 법정범위에 포함된다.

2) 소의 취하, 화해,[3)] 청구의 포기[4)]·인낙, 법 제80조의 규정에 의한 탈퇴(제90조 Ⅱ [2])는 모두 본인에게 불리하거나 양보가 필요한 경우이므로 특별수권사항으로 한 것이다. 다만 상대방의 소취하에 대한 동의에는 특별수권을 요하지 아니한다.[5)] 그러나 실무에서는 부동문자로 인쇄된 소송위임장에 도장을 찍게 하여 미리 포괄수권을 받으므로 법의 취지가 퇴색한 감이 있다.

3) 심급대리설에 의하면 소송대리권은 각 심급에 한정되는 것이므로 상소의 제기 또는 취하(제90조 Ⅱ [3])에는 별도의 수권이 필요하다. 따라서 소송대리권의 수여는 심급마다 별개이므로 특별수권이 없는 한 스스로 상소할 수 없음은 물론 상대방의 상소행위에 대하여도 응소할 수 없다고 한다. 그러나 상소의 제기행위에 한하여 특별수권을 요하고 응소행위에는 특별수권이 필요 없다는 입장도 있다.[6)] 한 심급이 종결지어질 때마다 본인에 의한 평가와 소송수행의 여지를 남긴다고 하는

1) 대판 1959. 8. 9. 58 민상 382.
2) 대판 1947. 12. 30. 47 민상 172.
3) 대판 1961. 1. 31. 60 민상 62 및 대판 1994. 3. 8. 93 다 52105는 화해의 특별수권을 얻은 자는 화해의 대상으로서 소송의 목적물뿐만 아니라, 그 이외의 권리관계까지를 포함하여 화해할 수 있다고 한다.
4) 대판 1994. 3. 8. 93 다 52105.
5) 대판 1984. 3. 13. 82 므 40.
6) 李時 174면.

견지에서 심급대리설이 타당하다고 본다.[1] 다만 국가소송수행자는 그 소송에 관하여 상소의 제기는 물론 상대방의 상소에 대한 응소행위를 할 권한이 있고,[2] 특별수권 없이도 청구의 인낙을 할 수 있다.[3] 상소심절차에 있어서 일단 대리권이 수여되면 부대상소를 하거나 상대방의 부대상소를 받을 권한이 있으나 재심의 경우에는 별개의 사건으로 다시 소송위임을 받아야 한다. 상소의 제기에 관하여 필요한 수권이 흠결된 소송대리인의 상고장제출이 있었다 하더라도 상고이유서가 당사자본인의 명의로 제출된 경우에는 당사자는 그 소송대리인의 상고를 추인한 것으로 볼 것이다.[4] 소송이 상급심에서 환송된 경우에는 원심의 종전 대리인에게 소송대리권이 부활된다.[5] 상소권의 포기(제394조) 또는 불상소합의(제390조)도 법 제91조 2항 3호를 유추하여 특별수권이 필요하다고 할 것이다.[6]

4) 복대리인의 선임(제90조 II [4])을 특별수권사항으로 한 것은 본인과 소송대리인 간의 신뢰관계를 고려한 때문이다. 복대리인은 대리인의 대리인이 아니라 본인의 대리인으로서 법 제90조 1항의 권한을 행사할 수 있으나 다시 복대리인을 선임하지 못한다.

법률에 의하여 재판상의 행위를 할 수 있는 임의대리인(예컨대 지배인 등)의 권한은 각각 실체법에 의하여 정하여지는 만큼 소송대리권의 범위를 정한 법 제90조는 적용이 없다(제92조). 따라서 위임에 의한 소송대리인에 대한 특별수권사항이라 할지라도 법률상의 소송대리인은 특별수권 없이 행사할 수 있다.

3. 訴訟代理權의 제한

소송대리권의 제한은 실체법(법률에 의한 소송대리인의 경우) 또는 소송법(위임에 의한 소송대리인의 경우)의 규정에 의하여 정하여진다.

---

1) 대판 1984. 6. 14. 84 다카 744; 대판 1994. 3. 8. 93 다 52105. 胡 278면, 김홍 200면 등 다수설.

2) 대판 1959. 5. 14. 57 민상 813.

3) 대판 1995. 4. 28. 95 다 3077.

4) 대판 1962. 10. 11. 62 다 439. 한편 항소의 제기에 관하여 특별수권을 받지 않은 1심 소송대리인이 제기한 항소는 무권대리인에 의해 제기된 위법한 것이지만, 그 당사자의 적법한 소송대리인이 항소심에서 본인에 관하여 변론하였다면 이로써 그 항소제기 행위를 추인하여 그 항소는 적법한 것으로 본 판결도 있다. 대판 2007. 2. 8. 2006 다 67893.

5) 대판 1963. 1. 31. 62 다 792. 다만 이 경우 다시 상고되면 환송 전의 상고심에서의 소송대리인의 대리권이 부활하는 것은 아니라고 하는 것으로 대결 1996. 4. 4. 96 마 148.

6) 方 269면, 李英 94면.

1) 法律에 의한 代理人의 경우

(i) 대리권제한을 금지한 법 제91조는 법률에 의한 소송대리인에는 적용이 없으므로(제92조) 대리권제한을 허용하는 취지로 해석될 여지가 있다. 그러나 법률에 의한 소송대리인은 일체의 재판상 행위를 할 수 있다고 규정되어 있으므로 대리권의 범위를 명확하게 하고 소송의 원활한 진행을 도모하기 위하여 법률에 의한 소송대리인의 대리권도 제한할 수 없다고 보아야 할 것이다.[1)]

(ii) 지배인의 대리권에 대한 제한은 선의의 제3자에게 대항하지 못한다고 규정되어 있으나(상 제11조 Ⅲ) 소송행위의 효력이 상대방의 선의·악의에 따라 좌우됨은 곤란하므로 이 규정은 오직 재판 외의 행위에 대해서만 적용된다고 본다.

(iii) 법률에 의한 소송대리인이 여럿이 있을 때 공동대리로 한다고 묶는 것은 일종의 대리권제한이어서 무효이나, 예컨대 상법 제12조(공동지배인), 제208조(회사의 공동대표), 제389조(공동대표이사)와 같이 실체법상 공동대리의 규정이 있는 때에는 재판상의 행위에 관하여도 공동대리를 해야 할 것이며, 이 경우 법 제93조(개별대리의 원칙)의 적용은 배제된다. 그러나 송달은 그 가운데 한 사람에게 하면 된다(제180조).

2) 委任에 의한 代理人의 경우

(i) 위임에 의한 소송대리인의 대리권의 범위는 법정되어 있으므로 이를 제한할 수 없다(제91조). 소송의 신속하고 원활한 진행을 위한 배려이다. 소송대리권의 수여에 조건이나 기한을 붙일 수 없는 것도 마찬가지 이유에서이다. 공동대리 등 소송대리권의 내부적 제한은 본인과 대리인간의 내부적 특약으로서 유효한 것은 별론, 소송법상으로는 무효이다.[2)]

(ii) 단독사건 등에서 법원의 허가를 얻어 변호사 아닌 소송대리인이 선임된 경우에 이러한 대리인의 대리권은 유효하게 제한될 수 있다(제91조 단). 이것은 비변호사대리인이 법률지식과 소송수행기술이 모자라는 경우에 대비하여 본인의 주동적 지위를 보유할 필요가 있기 때문이다. 이 제한도 개별적으로 명백하게 할 것이고, 소송수행에 지장을 줄 수 있는 제한은 할 수 없다고 본다.

---

1) 대판 1962. 3. 29. 61 민상 841.
2) 대판 1959. 10. 8. 57 민상 878.

V. 訴訟代理人과 本人과의 관계

1. 訴訟代理人의 지위

소송대리인이 그 권한 내에서 한 행위는 본인이 한 것과 같은 효과가 생기고 그 효력은 본인에게 미친다. 어떤 사정의 지·부지 또는 고의·과실 등에 의하여 소송법상의 효과가 결정될 때에는(제43조 II, 제77조, 제118조, 제149조, 제151조, 제173조, 제285조, 제451조 I) 우선 소송대리인을 표준으로 하여 판단하고 또한 당사자의 고의·과실로 소송대리인이 부지에 이른 때에는 본인은 대리인의 부지를 자기의 이익으로 원용할 수 없다(민 제116조 유추). 소송대리인을 선임한 경우라도 변론능력 있는 본인이 기일에 출석하여 변론하거나 또는 법원도 당사자 본인의 출석을 명하거나(제140조) 당사자신문(제367조 이하)을 하기도 하며, 본인에게만 기일소환장이나 판결정본이 송달되었다고 하여 위법한 것은 아니다.

2. 當事者의 更正權

대리인의 자백[1] 또는 사실상 진술은 본인 또는 법정대리인이 곧 취소하거나 경정한 때에는 그 효력이 없다(제94조). 이를 당사자의 경정권이라고 하며, 그 이유는 본인이 대체로 사실관계에 정확하기 때문이다. 그러므로 법률사항인 신청, 소송물 처분행위 또는 법률상 진술 등에는 경정권이 인정되지 아니한다. 본인 또는 법정대리인의 경정권은 소송대리인의 진술 후 지체 없이 그리고 조건 없이 행사되어야 한다. 법령에 의한 대리인도 그 위임한 소송대리인의 사실상 진술을 경정할 수 있다.

3. 個別代理의 原則

1) 소송대리인이 여럿 있을 때에는 각자가 당사자를 대리하는 것이므로(제93조 I) 각 대리인이 당사자를 위하여 필요한 소송행위를 할 권한을 가지고 각자가 필요한 공격방어방법을 제출할 수 있다.[2] 당사자가 이와 다른 약정을 하더라도 사법상 효력은 별론, 소송법상 무효이다(제93조 II). 이러한 개별대리의 원칙은 절차의 신속한 진행을 위한 것이다. 따라서 법원은 1인에 대하여 기일소환장을 송달하면 되고,[3] 여러 대리인이 소송행위를 한 경우 그 중 1인에게 대리권흠결이 있더라도 다른 대리인에게 적법한 대리권이 있는 한 그 소송행위는 유효하다.

---

1) 대판 1961. 10. 18. 62 다 548.
2) 대결 1953. 5. 14. 53 민재항 8.
3) 대판 1966. 7. 5. 66 다 844.

2) 여러 대리인의 행위가 모순될 때에는 동시행위이면 그 어느 것도 효력을 발생하지 아니하며, 시간적 선후가 있을 때 취소 또는 철회할 수 있는 행위이면 후에 행한 행위가 효력이 있고, 그러한 행위가 아닌 구속력 있는 행위(소취하, 청구의 인낙·포기 등)인 경우에는 먼저 한 행위가 유효이다.

Ⅵ. 訴訟代理權의 消滅

1. 消滅事由

민법상의 대리권은 본인과 대리인간의 신뢰관계에 의존하므로 이러한 관계가 종료하면 대리권은 소멸한다(민 제127조, 제690조). 그러므로 대리권의 소멸원인으로는 대리인의 사망·성년후견·파산·자격상실, 대리사무의 완료, 본인의 파산, 소송대리인의 해임 또는 사임 등을 들 수 있다. 대리인의 사임이나 해임은 원칙적으로 이를 상대방에게 통지하지 아니하면 대리권소멸의 효력이 없다(제63조 I, 제97조).[1] 다만 법원에 소송대리권의 소멸사실이 알려진 뒤에는 그 소송대리인은 소의 취하, 화해, 청구의 포기·인낙, 탈퇴 등의 소송행위를 하지 못한다.

2. 不消滅의 特例

1) 소송대리는 절차의 신속하고 원활한 진행을 고려하고 위임의 범위가 명료하며 변호사인 대리인은 본인의 이익을 해칠 염려가 없으므로 당사자의 사망, 소송능력의 상실, 당사자인 법인의 합병에 의한 소멸, 당사자인 수탁자의 신탁임무의 종료, 법정대리인의 사망이나 소송능력의 상실 또는 대리권의 소멸이나 변경으로 인하여 소멸하지 아니한다(제95조). 실체법상 다른 규정이 없으면 법 제95조는 법률상의 소송대리인에게도 적용이 있다. 소송대리인이 선임되지 아니한 채 이러한 사유가 발생하면 소송절차의 중단을 초래할 것이나, 대리인이 있을 때에는 절차가 중단하지 아니한다는 법 제237조와 대응하여 규정된 것이다.

2) 당사자 본인이 사망한 경우의 소송대리인은 상속인, 유언집행자 등 사자의 승계인의 대리인인 지위에 서는데, 이는 당사자의 변동이 있으면서 소송중단과 수계절차를 생략한 것이므로 판결에 신당사자를 표시하여야 한다.

3) 일정한 자격에 따라 자기의 이름으로 타인을 위하여 소송당사자가 된 자, 예컨대 파산관재인(통도 제355조), 관리인(통도 제74조), 신탁관리인(신탁 제18조), 채권질권자(민 제354조), 유언집행자(민 제1101조), 상속재산관리인(민 제1053조), 회사의 대표소송을 하는 주주(상 제403조), 선장

1) 대판 1995. 2. 28. 94 다 49311.

(상 제859조) 등의 소송대리인의 대리권도 당사자의 사망이나 자격상실로 인하여 소멸하지 아니한다(제96조 I). 선정당사자가 자격을 상실한 경우에도 마찬가지이다(제96조 II).

제8절 選定當事者

I. 制度的 意義

선정당사자제도는 공동이해관계를 가진 다수자가 법인 아닌 사단의 실체를 갖추지 못하여 전체로서 법 제52조에 의한 당사자능력을 인정받지 못할 경우에 그 다수자 중에서 총원을 위하여 당사자가 될 1인 또는 수인을 선출하게 하여 그처럼 선정된 자만이 소송당사자가 되게 하고, 그 선정된 자가 받은 판결의 효력을 선정자 모두에게 미치게 하는(제218조 III) 제도이다. 공동의 이해관계를 가진 여러 사람 중에서 선정된 원고 또는 피고를 선정당사자라고 하고, 선정행위를 하는 총원을 선정자라고 한다(제53조). 선정당사자만이 소송당사자로서 자기명의로 소송행위를 하고 판결을 받으며, 선정자는 그 소송에서 벗어나서 제3자의 지위에 서게 된다. 따라서 선정당사자는 선정자의 소송대리인이 아니다. 민사조정법 제18조의 대표당사자도 일종의 선정당사자이다.

이는 법 제52조의 요건을 갖추지 못한 관계로 다수이해관계인 모두가 당사자로 되어야만 하는 경우에 일어나는 여러 가지 불편, 즉 송달사무의 폭주, 변론의 복잡화 또는 개별적 중단사유 등을 제거하고 능률적인 소송진행을 위하여 마련된 것이다.[1] 이 제도를 이용하느냐의 여부는 이해관계인의 자유에 달려 있는바(민조 제18조 III은 예외), 실제로는 다수자들이 동일한 변호사를 선임하여 소송을 진행하는 경우가 많아서 이 제도는 거의 이용되지 아니한다. 선정당사자제도는 공동소송을 단순화하기 위한 특칙이며(제53조와 제65조를 비교), 자기의 권리의무에 관한 소송을 타인(선정당사자)의 명의로 수행하게 하는 임의적 소송담당(신탁)의 일종인 만큼 결국 이는 당사자적격의 문제이기도 하다.

이 제도는 독일법에도 없고 일본과 우리나라에만 존재하는데 그 기원을 신탁법리에 기한 영국법상의 Representative Suit 에서 찾는 견해가 있다.[2]

---

1) 선정당사자제도는 비송사건에까지 준용이나 유추적용되지 않는다. 대결 1990. 12. 7. 90마 674.

2) 方 176면.

Ⅱ. 選定의 要件

1. 多 數 者

법 제52조의 사단을 구성하지 아니하면서 공동소송인으로 될 자가 다수 존재하여야 한다. 이는 2인 이상이면 될 것이나, 머릿수가 많을수록 이 제도의 효용이 크다. 다수자가 법인 또는 법인 아닌 사단을 구성하면 법인 또는 비법인사단 자체가 당사자로 되므로 선정당사자제도가 이용될 여지가 없다. 민법상 조합은 당사자능력이 없어서 조합원전원이 당사자가 되어야 하는 만큼 이 제도를 이용할 실익이 있을 것이다.

2. 共同利害關係

다수자에게 공동의 이해관계가 있어야 한다. 공동의 이해관계라 함은 소송의 승패에 의하여 받는 법률상의 이해가 공통된다는 뜻이다. 즉 이는 다수자 상호간에 공동소송인이 될 관계에 있으며, 주요한 공격방어방법을 공통으로 함을 말한다.[1] 예컨대 다수인이 모두 공동으로서만 소송당사자가 될 수 있는 고유필수적 공동소송의 경우 및 여러 명의 공유자(민 제262조), 합유자(민 제271조), 불가분채권자[2](민 제409조), 연대채무자(민 제413조), 공동수탁자(신탁 제45조 I) 등과 같이 권리의무가 당사자 전원에게 공통인 경우(제65조 전문 전단)를 들 수 있다. 뿐만 아니라 동일사고에 의한 여러 피해자, 토지소유자로부터 철거청구를 받은 가옥의 소유자와 그 가옥의 임차인 등과 같이 소송의 목적되는 권리나 의무가 동일한 사실상 내지 법률상 원인에 기인한 경우에도 모두 공동의 이익을 가진다고 볼 수 있다. 그러나 수인에게 별개의 주금납입청구를 하는 소송 등, 청구가 같은 종류의 것이고 같은 종류의 원인에서 생긴 경우에는(제65조 후문) 공동소송인들의 공격방어방법이 구구하게 되어 선정당사자를 인정할 공동의 이해관계는 없을 것이다.[3]

---

1) 대판 1997. 7. 25. 97 다 362 참조.

2) 대판 1960. 5. 5. 59 민상 191.

3) 통설. 이에 대하여 민사소송법 제65조 후문의 경우에도 주요한 공격방어방법을 공통으로 하는 경우가 있을 수 있고, 이러한 경우에는 선정당사자를 선정할 수 있다고 하는 견해로는 田炳西, "선정당사자의 선정요건," 법률신문 2723호, 14면 이하 참조. 대판 1999. 8. 24. 99 다 15474는 65조 후문의 공동소송인 경우에도 주요한 공격방어방법을 공통으로 한다면 선정당사자제도가 이용될 수 있다는 입장으로 이해된다.

3. 特定訴訟에 관하여 選定

선정당사자는 반드시 공동이해관계를 갖는 다수자 중에서 특정한 소송에 관하여 선정하여야 한다. 선정자와 피선정자가 공동의 이해관계를 갖는지 여부는 원고가 주장한 청구원인사실로부터 인정하면 될 것이나, 순수한 제 3 자를 선정함은 변호사대리원칙을 잠탈하는 것으로서(제87조 I) 이러한 행위는 무효이고, 그러한 피선정자가 원고로서 제기한 소송은 각하된다.[1)]

4. 訴訟能力

선정은 소송행위이므로 선정자 및 선정당사자들이 소송능력을 갖추어야 한다.

Ⅲ. 選定行爲의 성질

당사자의 선정은 선정자가 피선정자에게 소송수행권을 신탁적으로 부여하는 것으로서 소송대리권 수여에 준하는 단독소송행위이다(통설).[2)] 따라서 이는 선정자와 피선정자간의 계약이 아니므로 피선정자의 승인이나 동의를 요하지 아니한다. 선정행위는 요식행위는 아니나 증명을 필요로 하므로 선정서를 작성하여야 하며, 선정의 변경에 관하여도 서면에 의하여 증명하여야 한다(제58조 I 후). 일단 선정한 후에도 신임관계를 계속할 수 없는 경우에는 이를 취소 또는 변경할 수 있으나, 상대방에게 통지하지 아니하면 그 효력이 없다(제63조 Ⅱ).

Ⅳ. 選定方法과 時期

1. 選定의 모습

선정은 각자의 의사로 결정하는 것이므로 다수결로 처리할 것이 아니고 공동이해관계자 모두의 합의가 필요하다. 그러나 그 전원이 동일인을 선정하여야만 되는 것은 아니고, 여러 명의 선정당사자를 선정할 수도 있다. 예컨대 총원 50명 중 30명은 갑과 을을, 이에 동조하지 아니하는 다른 15명은 병을 각각 선정하고, 나머지 5명은 스스로 소송을 하여도 무방하다. 동일선정자단에서 선정된 복수의 선정당사자간의 관계는 필수적 공동소송인과 동일하며, 별개의 선정자단으로부터 각각 선정된 선정당사자간의 관계는 원래의 실체관계를 반영하는 공동소송관계

---

1) 대판 1955. 1. 27. 54 민상 104.

2) 同旨 李英 77면, 朴 126면, 金/姜 710면, 李時 723면, 姜 145면, 김홍 949면. 그러나 方 177면은 합동행위설.

에 서게 될 것이다.[1]

2. 選定의 時期

선정의 시기는 소송계속의 전후를 불문하며, 소송계속 후에는 심급을 가리지 아니한다. 선정은 무조건이어야 하나 특정한 심급으로 제한하여 선정하여도 무방하다.[2] 판례는 당사자 선정이 어떤 심급을 한정하여 선정을 하는 것도 역시 허용된다고 것이나, 선정당자자의 선정행위시 심급의 제한에 관한 약정 등이 없는 한 선정의 효력은 소송이 종료에 이르기까지 계속된다고 본다.[3]

V. 選定의 效果

1. 選定當事者에 대한 효과

1) 선정당사자는 대리인이 아니고 총원의 소송에 관하여 당사자적격자로서 소송수행을 하므로 소송대리인에 관한 법 제91조 2항과 같은 소송대리권의 제한을 받지 아니한다. 그러므로 특별수권 없이 당사자로서의 모든 소송행위는 물론 공격방어에 필요한 모든 사법상의 행위 또는 선정자의 사법상 권리행사를 할 수 있다(이와 다른 권한범위를 규정한 민조 제18조 Ⅳ 참조).[4] 뿐만 아니라 자기명의로 선정된 사건에 관한 강제집행은 물론 가압류·가처분에 관한 소송행위도 할 수 있다. 그러나 선정당사자가 소의 취하, 화해, 청구의 포기, 인락 등의 소송행위를 할 때에는 법원의 허가를 얻도록 할 필요가 있을 것이다.

2) 선정자와 선정당사자간에 내부적인 권한제한계약을 맺었다고 하더라도 이것을 가지고 법원이나 상대방에게 대항할 수 없고, 이러한 내부특약을 무시하고 행한 선정당사자의 소송행위는 그대로 유효하다.

3) 동일선정자단에서 뽑힌 여러 명의 선정당사자간의 관계는 필수적 공동소송관계와 같지만 선정당사자 중 1인이 사망·금치산·한정치산선고·사임 등으로 자격을 잃더라도 다른 선정당사자가 모두를 위하여 소송행위를 할 수 있고(제54조) 소송절차가 중단되지 아니한다. 소송수행권의 합유관계로부터 생기는 필연적 결과로서 이 점이 필수적 공동소송의 경우와 다르다.

---

1) 통상공동소송관계로 보는 설은 李時 667면, 金/姜 711면, 鄭/庾 922면, 姜 145면. 그리고 필수적 공동소송관계로 보는 설은 李英 77면.

2) 同旨 方 178면, 金/姜 710면, 鄭/庾 921면, 姜 145면, 胡 842면. 반대설은 李時 667면.

3) 대판 2003. 11. 14. 2003 다 34038.

4) 대판 2003. 5. 30. 2001 다 10748.

4) 선정자의 사망·능력상실·공동이익의 상실 등으로 변동이 있더라도 선정당사자의 자격에는 영향이 없다.[1] 선정당사자 본인에 대한 부분의 소가 취하되거나 판결이 확정되는 등으로 공동의 이해관계가 소멸하는 경우에 선정당사자는 당사자의 자격을 상실한다.[2]

2. 選定者에 대한 효과

1) 선정당사자가 받은 판결 또는 화해조서의 효력은 선정자에 대하여도 미치고(제218조 Ⅲ, 제220조) 집행력에 있어서도 동일하다(민집 제25조). 선정당사자가 이행판결을 받았을 때에는 선정자를 위하여 또는 선정자에 대하여 강제집행을 할 수 있다. 이 경우에는 승계집행문이 필요하다(민집 제31조).

2) 선정당사자만이 당사자이므로 소송계속중 적법한 선정이 있으면 선정자는 소송에서 당연히 탈퇴한 것으로 보아(제53조 Ⅱ) 제 3 자의 지위에 선다. 이처럼 선정자는 선정 후 제 3 자적 지위에 있는 만큼 보조참가(이 경우에는 공동소송적 보조참가)를 할 수 있고 증인능력도 갖게 된다.

3) 그러면 선정행위를 하고 나면 모든 선정자들은 그 소송에 관한 소송수행권을 상실하는가.

가) 適格維持說 선정자는 선정에 의하여 자기의 소송수행권을 상실하지 아니하므로 소송실시권이 병존하며 그래야만 선정당사자의 독주를 견제할 수 있다는 견해이다.[3]

나) 適格喪失說 소송의 간소화를 목적으로 하는 선정당사자제도의 취지에 비추어 선정자는 선정 후 그 소송에 관한 소송수행권을 상실한다고 보아야 한다는 입장이다.[4]

선정자가 스스로 소송수행을 하려고 하면 언제든지 선정을 취소할 수 있으므로, 소송계속중 선정행위가 있으면 선정자는 소송수행권을 상실한다고 해석함이 타당하다. 그렇게 해석함이 그가 당연히 소송으로부터 탈퇴된다는 법 제53조 2항의 취지에 맞기 때문이다.

4) 선정행위는 언제나 취소할 수 있다. 선정자 모두가 선정당사자의 일부 또는 전부의 선정을 취소하고 새로이 선정하거나 추가적 선정을 할 수도 있고, 선정

1) 대판 1975. 6. 10. 74 다 1113.
2) 대판 2006. 9. 28. 2006 다 28775.
3) 方 180면, 李英 78면, 李時 725면, 鄭/庾 923면.
4) 同旨 金/姜 712면, 姜 146면, 胡 885면, 김홍 953면.

자 모두가 당사자로서 소송을 수행할 수도 있다. 선정의 취소·철회·사임은 법원에 대하여 서면으로 증명하여야 하고 상대방에게 통지하지 아니하면 효력이 없다(제63조 II).

Ⅵ. 選定의 違法 또는 無效의 효과

선정당사자의 자격유무는 당사자적격의 문제이므로 직권조사사항이다. 자격에 흠이 있는 자를 선정하거나 선정당사자의 자격을 상실하였을 경우에 장래 그 흠을 보정할 수 있는 때에는 법원은 보정을 명하고, 만일 지연으로 인하여 손해가 생길 염려가 있는 때에는 일시 소송행위를 하게 할 수 있다(제59조, 제61조). 자격에 흠이 있는 선정당사자가 한 소송행위일지라도 나중에 선정자 모두가 그 당사자를 선정하여 그 소송행위를 추인하면 흠은 치유된다(제60조, 제61조).

보정이나 추인이 되지 아니하는 때에는 이러한 소는 부적법 각하판결을 받게 된다. 이를 간과하여 내려진 본안판결은 상소에 의하여 취소될 수 있지만 판결이 확정되면 재심으로 다툴 수 없다. 그러나 당사자적격이 없었던 선정당사자에게 본안판결의 효력이 미칠 리 없으므로 판결내용에 따른 효력을 발생할 수 없다는 점에서 무효의 판결이다.

Ⅶ. 集團紛爭의 처리를 위한 制度

1. 序 說

법인격이 없더라도 단일한 사회적 활동체로서 인정되는 집단은 법인격 없는 사단으로서 당사자능력을 인정받으므로 문제가 없다. 그러나 구성원간의 유대나 결합도가 법인 아닌 사단보다 약한 단체나 그 외에 이해관계가 공통되는 집단의 경우에는 그들 전원이 원고 또는 피고로서 등장하는 공동소송의 형식으로 분쟁을 해결할 수밖에 없다. 이 경우 당사자 수가 너무 많아서 복잡한 경우에는 선정당사자제도를 활용할 수 있다. 그러나 사회가 발전하고 복잡해짐에 따라 소송의 규모가 커지고 관련자가 많아지므로 예컨대 다수의 소액피해자나 대규모 회사의 분산된 주주 등과 같이 많은 사람 사이의 분쟁을 공동소송이나 선정당사자제도의 비강제적 활용만으로는 효율적으로 처리하기에 불충분하다. 또한 한꺼번에 발생한 많은 동일한 유형의 사건이 공동소송의 요건을 갖추지 못하는 경우도 흔하다. 공해, 대량사고, 소비자피해 등 공통된 재난이나 위험을 당하는 무수한 소액피해자들을 위하여 그들이 공동소송의 요건을 갖추지 못한 경우에도 일거에 사법적 정의를 실현시키는 방법으로서 영미의 집단소송(class action)과 독일의 단체소송(Verbandsklage)에 주목할 필요가 있다.

전자는 다수 피해자의 일부가 스스로 원고가 되어 일정요건을 갖추면 피해자 집단의 총원을 법률상 대표할 수 있게 하는 소송형태이고, 후자는 다수피해자의 소송수행권을 갈음하여 법률상 지정된 관련단체가 당사자적격을 부여받아 그들 전체를 위한 소송을 담당하는 경우이다. 이들의 제도는 법관의 관여에 의하여 상당히 직권적으로 운영되면서도 당사자의 입증부담을 경감하고 판결의 대세효를 인정함으로써 오늘날의 집단적, 대량적 분쟁해결에 효과적으로 대처할 수 있는 방안이 되었다.

보통 영미법상 집단소송이라고 하면 좁은 의미의 집단소송과 주주의 대표소송을 포함한다. 전자와 관련하여 증권관련집단소송법에서는 유가증권의 거래과정에서 발생한 집단적인 피해를 효율적으로 구제하고 이를 통하여 기업경영의 투명성을 높이기 위하여 미국법상 대표당사자소송제도를 도입하여 그 귀추가 주목된다. 또한 2008년 1월 1일부터 시행되는 소비자기본법에서는 독일의 단체소송의 법리에 기한 소비자단체소송제도가 도입되었다. (이들 제도들의 구체적인 내용은 후술하는 우리나라의 증권관련집단소송법 및 우리나라의 소비자단체소송에서의 설명 참조) 후자는 상법 제403조 이하에 도입되어 있으므로 전자를 중심으로 살펴본다.

2. 좁은 의미의 集團訴訟(class action)

1) 意義 및 沿革 집단소송은 다수피해자간에 이해관계가 충분히 관련되어 있어서 하나의 공동피해자집단(class)을 상정할 수 있을 경우에 많은 소액피해를 구제받기 위하여 각별의 소를 반복하는 것보다 단일소송절차에서 이들을 한꺼번에 재판하는 것이 보다 더 능률적이라는 전제하에 그 일부가 집단구성원 전원을 위하여 청구금액을 일괄하여 제기하는 소를 가리킨다. 이 소송은 공동이해관계자가 많다는 단순한 기술적 이유로 인하여 소송을 못한다면 불공평하다는 견지에서 영국 형평법에서 발전되어 미국으로 계수되었다. 판례법의 발전에 터잡아 미국 연방법에서는 연방민사소송규칙(Federal Rules of Civil Procedure: FRCP) 제23조에서 성문화되었고, 각 주들도 독자적 규정을 가지고 있다. California 민사소송법은 가장 광범위하게 집단소송을 인정하는 입법례이다(동법 제382조).이 소송은 영국, 캐나다, 호주 등 영미법계 국가에서도 널리 활용되지 못하고 있는 실정이고, 다만 미국의 경우 1960년대 이후 연방대법원(특히 Earl Warren 대법원장 재임시절)의 진

보적 태도로 인하여 상당기간 독점금지·증권거래·공해·藥禍·제조물책임·소비자피해·인종차별·사회보장 등의 새로운 분쟁에 대처하기 위한 특수소송방법으로서 널리 이용되어 왔다. 이 소송은 그것이 지닌 많은 절차법적 취약점과 법원 및 원고측 대리인이 지는 막대한 부담에도 불구하고 개별적으로는 힘이 없는 다수의 소액피해자나 소비자가 그들의 권리를 옹호하거나 중요한 사회적 쟁점을 소송화할 수 있는 유일한 방법이라는 점에서 재평가되고 있다. 일본에서도 법개정을 통하여 대규모소송제도의 도입과 선정당사자제도를 개선한 바 있다(일민소법 제268조 이하).

선정당사자제도와 비교해보면 이는 개별적 수권이 있어야 비로소 타인의 소송수행권을 행사할 수 있으나 집단소송은 전체의 이익이 적절하게 대표될 수 있다고 인정되는 한 대표당사자는 특별한 제외신청이 없는 한 당연히 전원의 수권이 있는 것으로 간주하는 데 차이점이 있다. 또한 선정당사자제도는 다수당사자 소송을 단순화시킨 데 불과하지만 집단소송은 법원의 후견적 관리감독하에 직권적 소송의 기능을 담당한다.

집단소송에는 두 가지 방식이 있으니 수권이 의제 또는 인증된 대표당사자가 청구금액을 일괄청구하여 집단(class)의 구성원에게 분배하는 방식(일괄청구방식)과 공통쟁점에 관하여 구성원 전원에게 효력이 미치는 판결을 얻고 구성원 각자가 이를 토대로 손해를 증명하여 배상금을 지급받는 방식(공동쟁점판단방식)이 있다.

2) 成立要件 어떤 피해자집단(class)의 구성원의 1인 또는 수인은 다음의 요건이 구비되면 그 공동이해관계집단을 구성하는 전원을 대표하여 소를 제기하거나 제기당할 수 있다. 이 경우 소장의 당사자표시는 '원고 김모 외 유사한 상황에 처한 자들'이라고 기재하는 것이 미국의 실무이다.

첫째, 일반적 범위의 충분한 다수자로 구성된 집단(class)이 존재하여야 한다. 소를 제기한 때부터 개별구성원까지 알고 있을 필요는 없으나 일정한 기준과 방법에 의하여 확인될 수 있어야 한다(집단의 존재). 둘째, 대표당사자도 이 집단에 소속한 구성원이어야 한다(대표당사자의 적격성). 셋째, 구성원이 충분히 다수여서 여러 개의 개별소송보다 집단소송에 의하는 것이 필요하여야 한다. 집단의 규모는 일률적으로 말하기 어려우나 공동소송이나 소송참가를 함이 불합리할 만큼 다수이면 된다는 전제하에 최소한 30-40명을 요구함이 보통이다(구성원의 다수성). 넷째, 집단구성원에게 공통되는 사실문제 또는 법률문제가 존재하여야 한다. 예컨대 갑회사의 주주 5인이 동 회사가 공표한 엉터리 계산서류를 믿고 2002. 1. 1.부터

2002.12.31. 사이에 그 회사의 주식을 매입한 모든 거래자들을 대표하여 소송을 제기하는 경우에는 이러한 계산서류에 포함된 허위공표사실과 그로 인하여 생겨나는 법률문제는 충분히 공통될 것이다(쟁점의 공통성). 다섯째, 대표당사자의 청구나 공격방어방법이 모든 집단구성원의 그것과 같이 전형적이어야 한다(청구의 전형성). 여섯째, 집단소송의 판결은 결석한 구성원에게도 효력이 미치므로 대표당사자가 집단의 이익을 충분하고 적절하게 보호할 수 있어야 한다. 이것은 대표의 질에 관한 보장을 의미한다(대표의 적절성).

3) 美國聯邦 集團訴訟의 모습　　집단소송은 위의 요건을 갖추었을 때 법원의 재량에 의하여 다음 중 어느 하나의 형태로 허가된다. 미국의 경우 제 3 형이 주로 이용되는 실정이다.

가) 제 1 형은 집단의 구성원 각자가 개별적으로 소송을 하면 판결이 구구하여 상대방에게 양립할 수 없는 행동기준을 줄 염려가 있거나 또는 구성원의 개별적 소송결과가 그 소송의 당사자로 되지 아니한 다른 구성원의 이해관계를 처분해 버리는 것으로 되거나, 그들의 이해관계 보호능력을 현저하게 손상 또는 방해할 염려가 있는 경우이다(FRCP 23 (b) (1)).

나) 제 2 형은 상대방이 어떤 행위를 하였거나 또는 이를 거부함으로써 집단 전체에 대하여 확정적 유지명령 또는 이에 준하는 확인적 구제수단을 부여함이 적당한 경우이다(FRCP 23 (b) (2)).

다) 제 3 형은 집단구성원에게 공통된 법률문제 또는 사실문제가 그 개별적 구성원에게 미치는 영향보다 압도적으로 비중이 커서 분쟁에 관한 공정하고 능률적 재판을 하기 위하여서는 집단소송이 다른 이용가능한 권리구제방법보다 우수하다고 법원이 판단하는 경우이다(FRCP 23 (b) (3)). 제 3 형의 집단소송이 손해배상을 위하여 자주 허가되는 형태인데 이 같은 유형의 소송에 대한 요건이 충족되었는지를 법원이 판단하기 위하여서는 각 구성원이 그들의 권리를 소구하거나 방어함에 있어서 보유하는 이해관계, 동일분쟁에 관하여 다른 소송의 계속 여부, 소병합의 타당성 및 집단소송으로 진행함을 허가했을 경우에 심판상의 난이도 등을 고려하여야 한다. 제 3 형의 경우는 구성원간의 이해관계가 밀접불가분한 경우는 아닌 만큼 각 구성원은 집단에서 탈퇴하여 개별적으로 소송할 수 있고, 그러한 구성원에게는 집단소송의 판결의 효력이 미치지 아니한다.

4) 集團訴訟에 대한 認證(certification)　　집단소송이 제기되면 법원은 지

체없이 직권으로 심리하여 이것이 집단소송으로 유지되어야 할 것인가를 결정한다. 긍정적으로 판단하는 경우에는 사건의 집단소송으로서의 지위를 인증(certification)하여야 한다. 그러나 소송이 진행함에 따라 이러한 법원의 결정이 부적합하다고 인정되는 경우에는 법원은 언제라도 집단소송의 지위를 상실시키거나, 특정쟁점 또는 특정당사자에 대한 관계에서만 집단소송을 유지하도록 변경할 수도 있다. 그리하여 부분적 class action 명령을 내릴 수 있다. 뿐만 아니라 집단 내에서 일부 구성원의 이해관계가 다른 구성원들의 그것과 상반되는 경우에는 그에 따른 소집단(subclass)으로 세분할 수도 있고, 각 소집단이 전술한 유지요건을 갖추었다고 인정될 경우에는 각 소집단의 대표를 선정하도록 명령할 권한이 있다.

5) 集團訴訟에 있어서의 通知 통지는 집단구성원에게 가장 중요한 절차적 권리의 보장수단이다. 그리하여 헌법상 적법절차(due process)의 요청상 통지받지 못하여 결석한 구성원은 판결의 효력을 받지 아니한다. 통지는 집단소송의 유지를 결정한 후 지체없이 발송되어야 한다. 특히 집단구성원간의 이해관계의 공통성이 가장 엉성한 제 3 형의 집단소송의 경우에는 대표당사자가 각 구성원의 소재를 확인하여 일일이 발송하여야 하는 부담이 있다. 이 판례상의 통지요건은 집단이 크고 개별적 청구가 소액이어서 통지비용이 훨씬 더 커지는 경우에는 집단소송의 활용에 대한 심각한 장애가 된다. 그 외의 집단소송의 경우에도 통지는 발송되어야 하지만 합리적으로 노력을 하여도 소재가 확인되지 아니하는 구성원에게는 신문공고 또는 공시송달을 허용하여야 할 것이다. 이 통지서에는 첫째, 집단구성원이 일정한 기간 내에 제외신청을 하면(opt out) 법원은 그를 집단에서 제외시킬 것이라는 점, 둘째, 판결의 효력은 제외신청을 하지 아니한 모든 구성원에게 미친다는 점, 셋째, 제외신청을 하지 아니한 구성원은 변호사를 통하여 출석하여 변론할 수 있음을 명시하여야 한다. 판례는 통지비용을 피고에게 전가할 수 없다는 입장인 만큼 이 점도 역시 다수의 소액피해자가 집단소송을 이용함에 있어서 장애가 된다.

6) 集團訴訟의 심판 집단소송의 원활한 진행과 결석구성원의 권리침해를 방지하기 위하여 이 소송의 심리에는 강한 직권주의가 지배한다. 법원은 필요한 각종의 결정과 명령을 할 수 있으며, 집단의 대표당사자와 상대방간에 화해·소취하 등이 성립되어도 법원의 허가를 얻지 아니하면 효력이 없도록 하여 당사자간의 담합 기타 부조리를 방지하고자 한다. 법원은 이러한 허가를 함에 있어서

집단구성원에게 통지하여 청문집회를 열어서 결정하는 수도 있다. 이 때에 드는 막대한 비용은 결국 화해를 시도하는 것을 어렵게 만들 가능성이 있다. 그러나 법원이 집단소송의 지위를 인증하기 전에는 각 구성원이 상대방과 개별적으로 화해할 수 있다.

7) **集團訴訟의 판결의 효력** 판결의 효력은 제외신청을 하지 아니한 집단구성원 전원에게 미친다. 따라서 통지를 받고도 집단소송에 불참한 구성원도 판결의 효력을 다툴 수 없다. 그러나 그 구성원이 자기의 이해관계가 부적법하게 대표되었거나 또는 통지와 같은 기본요건이 흠결되어 판결의 집행이 부당함을 입증한 때에는 그러하지 아니하다.

집단소송에서 손해는 전체로서 산정하며 판결에 의하여 인용된 승소금액은 각 구성원이 자기의 몫을 입증하여 지급받음을 원칙으로 한다. 변호사의 보수도 승소금액 중에서 지급될 수 있다.

8) **우리나라의 證券關聯集團訴訟法** 2004년에 제정된 위 법은 유가증권의 거래과정에서 발생한 집단적인 피해를 효율적으로 구제하고 이를 통하여 기업의 경영투명성을 높이기 위하여 증권관련집단소송에 관하여 민사소송법에 대한 특례를 정하는 것을 목적으로 한다. 동 법에서 정하는 "증권관련집단소송"이라 함은 유가증권의 매매 그 밖의 거래과정에서 유가증권신고서나 사업설명서 등에 허위기재 등으로 다수인에게 피해가 발생한 경우 그 손해의 보전에 있어서 공통의 이해관계를 가지는 피해자 전원(총원) 중의 1인 또는 수인이 대표당사자가 되어 수행하는 손해배상청구소송을 말한다. 대표당사자가 수행한 증권관련집단소송의 결과 그 확정판결은 증권관련집단소송에 대한 판결 등의 기판력을 받지 않겠다는 의사를 법원에 신고(제외신고)하지 않는 개별 구성원에 대하여도 그 효력이 미친다는 점에서 기판력의 주관적 범위에 대한 예외에 해당된다. 총원의 이익이 공정하게 대표되어야 한다는 점에서 대표당사자의 당사자적격 또는 대표소송의 허용 여부가 매우 중요한 문제이므로 대표당사자를 정하는 절차와 소송허가절차가 별도로 규정되어 있다. 또한 집단소송의 결과에 따르지 않겠다는 개별 구성원의 이익배려를 위하여 제외신고절차도 중요하다.

동 법은 증권관련집단소송이 함부로 제기되어 악용되는 것을 방지하여 그 소송허가요건을 엄격히 정한다(증권집단소송법 제12조). 첫째, 원고인 증권관련집단소송의 피해자는 각개의 구성원이 50인 이상이고, 청구의 원인이 된 행위 당시를 기준으로 구성원의 보유 유가증권의 합계가 피고인 회사의 발행 유가증권 총수의 1만분의 1 이상이어야 한다. 둘째, 위와 같은 증권투자자 구성원이 손해배상청구의 원인이 되는 법률상 또는 사실상의 쟁점이 모든 구성원에게 공통되고 증권관련집단소송이 모든 구성원의 권리 실현이나 이익보호에 적합하고 효율적인 수단이 되어야 한다. 이 같은 요건은 증권관련집단소송의 남용을 방지하기 위한 것인데, 공동소송이나 선정당사자제도 등 통상의 민사소송절차로 처리하는 것이 실제로 불가능하여 증권관련집단소송의 방식이 효율적인 경우에 해당되어야 한다.

법원은 결정에 의하여 증권관련집단소송을 허가한다(증권집단소송법 제15조). 법원은 허가결정이 확정된 후 지체없이 총원의 범위, 청구취지, 원인, 제외신고의 기간과 방법, 제외신고를 한 사람은 개별적으로 소를 제기할 수 있다는 사실, 제외신고를 하지 아니한 구성원에 대하여는 판결 등의 효력이 미치고 법원의 허가를 얻어 대표당사자가 될 수 있다는 사실 등을 기재하여 구성원 모두에게 주지시킬 수 있는 적당한 방법으로서 대법원규칙이 정하는 방법으로 고지하고 일간신문에 게재하여야 한다(증권집단소송법 제18조). 제외신고기간이 만료되기 전에 증권관련집단소송의 목적으로 된 권리와 동일한 권리에 대하여 개별적으로 소를 제기하는 자는 제외신고를 한 것으로 본다(증권집단소송법 제28조 Ⅱ).[1)]

증권관련집단소송은 변호사강제주의가 적용된다. 고도의 법률지식과 소송수행능력이 필요되는 까닭이다. 소가 제기되면 법원은 소제기의 사실 및 대표당사자가 되기 원하는 사람은 신청할 것을 일간신문에 게재하는 등 대법원규칙이 정하는 방법으로 공고하고, 그에 따라 대표당사자가 되려고 신청한 자와 소제기자 중에서 총원의 이익을 대표하기에 가장 적합하다고 생각되는 사람을 대표당사자로 선정하게 된다(증권집단소송법 제10조).[2)] 소송대리인도 총원의 이익을 공정하고 적절하게 대리할 수 있어야 한다. 대표당사자와 원고 측 소송대리인은 최근 3년간 3건 이상의 증권관련집단소송의 대표당사자 또는 대표당사자의 소송대리인으로 관여하지 않았어야 한다(증권집단소송법 제11조). 이러한 자는 증권관련집단소송을 상습적으로 악용할

1) 다만 제외신고기간 내에 다시 소를 취하한 경우에는 제외신고를 한 것으로 보지 않는다(증권집단소송법 제28조 2항 단서).

2) 증권관련집단소송에서는 이렇게 법원에 의해 선정된 대표당사자에 의하여 소송수행이 된다는 의미에서 대표당사자 이외의 구성원을 위하여는 법원의 허가에 의하여 당사자적격이 부여된다고 설명하기도 한다(李時 138면). 동 견해에서 대표당사자는 제외신고기간이 만료되기 전에는 병존형의 법정소송담당자로, 제외신고기간이 만료된 후에는 갈음형의 법정소송담당자로 볼 수 있다고 한다.

가능성이 높은 까닭이다.

대표당사자가 복수인 경우 필수적 공동소송에 관한 규정(민사소송법 제13조 II 및 III)이 준용된다(증권집단소송법 제20조). 대표당사자 혹은 원고측 소송대리인의 전원이 사망하거나 사임하거나 해임된 때에는 소송절차는 중단되어, 법원의 허가를 얻어 선임된 새로운 대표당사자 혹은 소송대리인에 의하여 중단되었던 소송절차는 수계된다(증권집단소송법 제24조, 제26조).[1] 법원은 필요하다고 인정하는 경우 직권으로 증거조사를 할 수 있다(증권집단소송법 제30조). 손해배상액의 산정에 관하여 증권거래법 그 밖에 다른 법률에 규정에 따르나, 이에 의하거나 증거조사에 의하여도 정확한 손해액의 산정이 곤란한 경우에는 제반사정을 참작하여 표본적·평균적·통계적 방법 그밖의 합리적 방법으로 이를 정할 수 있다(증권집단소송법 제34조). 소의 취하, 소송상의 화해 또는 청구의 포기는 법원의 허가를 받지 않으면 효력이 없으며, 이와 같은 결정을 하는 경우 법원은 미리 구성원에게 이를 고지하여 의견을 진술할 기회를 주어야 한다(증권집단소송법 제35조).[2] 소송의 대표당사자 이외에 총원의 이해관계가 배려되어야 하는 까닭이다.

증권관련집단소송의 판결서에는 총원의 범위, 제외신고를 한 구성원 등이 기재되는데(증권집단소송법 제36조), 그 확정판결은 제외신고를 하지 아니한 구성원에 대하여도 효력이 있다(증권집단소송법 제37조). 총원의 이익이 공정하게 대표되기 위하여, 증권관련집단소송에서 상소의 취하 또는 상소의 포기에 관하여는 법원의 허가를 필요로 하며(증권집단소송법 제38조 I, 제35조), 대표당사자가 기간내에 상소하지 않은 경우 상소제기기간이 만료된 때부터 30일 이내에 구성원이 법원의 허가를 얻어 상소를 목적으로 한 대표당사자가 될 수 있다(증권집단소송법 제38조 II). 증권관련집단소송에서 확정판결 등 집행권원에 의해 취득된 금전 등은 법원에 의하여 선임된 분배관리인이 법원의 감독하에 총원에게 분배된다. 분배의 기준은 판결이유중의 판단이나 화해조서 또는 인낙조서의 기재내용에 의한다(증권집단소송법 제43조).

3. 株主의 代表訴訟

이것은 회사가 스스로 적법하게 주장할 수 있는 권리관계의 실현을 거부하는 경우에 그 회사의 주주가 회사를 대위하여 그 권리관계의 실현 또는 방어를 위하여 소송을 제기할 수 있게 하는 제도이다. 또 이 제도는 회사임원이 회사에 대한

---

1) 이와 같이 소송절차가 중단된 후 1년 이내에 새로운 대표당사자 혹은 소송대리인에 의한 수계신청이 없는 경우 소는 취하된 것으로 본다(증권집단소송법 제24조 3항, 제26조 5항).

2) 증권관련집단소송의 경우 양 당사자의 기일불출석으로 인한 소취하간주규정(민사소송법 제268조)은 적용되지 않는다(증권집단소송법 제35조 4항).

충실의무를 위반하는 경우에 회사로서는 속수무책인 보통법상의 틈새를 보충하기 위하여 마련된 형평법상의 대책이다. 부정을 저지른 임원은 이를 시정하기 위한 회사 자체의 노력을 저지할 수 있는 여러 가지 수단을 보유한다. 따라서 형평법은 주주의 적법한 시정요구에도 불구하고 회사가 이를 거부하였음을 소명하면 그 주주가 회사를 대위하여 제소할 수 있도록 허용하여 왔다. 원고주주는 문제의 거래당시 주주였다는 점, 원고가 회사의 내부적 구제수단을 모두 행사하여(Exhaustion of Internal Corporate Remedies) 회사대표자나 대주주에게 촉구하였으나 거부당하였다는 점을 소장에서 주장하여야 한다. 대표소송의 경우에 원고주주 자신의 청구가 아니고 회사의 것을 대위행사하는 것이므로 회사야말로 진정한 당사자 원고이지만 미국에서는 회사를 명목상 피고로 표시한다.

우리나라의 경우에는 단독주주에 의한 남소의 폐를 막기 위하여 발행주식의 1/100 이상에 해당하는 소수주주만이 제소권자로 되며, 이 경우 30일간의 제소기간이 법정되어 있다(상 제403조 이하). 상장법인의 경우에는 6월 전부터 1만분의 1 이상에 해당하는 주식을 보유한 소수주주로 제소권자가 완화되어 있다(증거 제191조의 13). 그리고 법원의 허가가 없으면 소의 취하, 청구의 포기, 인락, 재판상 화해 등을 할 수 없고, 승소한 소수주주는 회사에 대하여 소송비용을 청구할 수 있다.

4. 團體訴訟

1) 意義 및 沿革 이는 다수의 소액피해자집단을 대표하는 대표당사자 개인이 나서는 것을 배척하고 법이 당사자적격을 부여한 특정한 단체(법인)가 다수의 피해자를 위하여 제기하는 소송이다(예컨대 다수의 소비자피해가 발생한 경우에 법에 특정된 소비자단체가 그들을 대표하여 소를 제기하는 경우).

이 제도는 독일에서 1908년의 부정경쟁방지법에 처음 규정되어 부정경쟁행위를 금지하는 소송제기의 권한을 당해 업자단체에 부여한 것이 그 효시이다. 그 후 개정된 부정경쟁방지법과 보통거래약관법 등은 소비자단체에게도 금지소송을 제기할 수 있는 권한을 주고 있다. 이는 법률에 의하여 당사자적격을 확장한 경우로서 지정된 단체에 의한 법정소송담당이라고 할 수 있다.[1]

2) 類　型 제1형은 개별적 법률에 의하여 당사자적격이 부여된 사

1) 별도 종류의 법정소송담당으로 이해할 수 있다. 그러나 법정소송담당이 아니고 단체가 그 자신에게 부여된 실체법상의 청구권을 스스로 행사하는 것이라는 견해는 鄭/庾 927면.

업자단체, 소비자단체, 상공회의소 등의 공익단체가 전체 업자나 소비자를 위하여 소송을 하는 것이다. 제 2 형은 법률의 규정에 의하지 아니하고 단체의 구성원이 그 소속단체에게 각자의 소송수행권을 신탁함으로써 그 단체가 당사자가 되어 소송을 하는 임의적 소송담당이다.

3) 團體訴訟의 판결의 효력　단체소송은 금지소송이 주된 것이지만 손해배상청구소송도 가능하다. 단체소송에서 단체가 받은 판결의 효력은 승소한 경우에 한하여 단체 이외의 자에게도 확장된다. 그리하여 단체 구성원은 물론이고 일반소비자의 이익도 보호된다. 그러므로 금지판결이 내려지면 소비자로서는 단체가 승소한 금지판결의 효력을 원용하여 그 목적을 달성할 수 있다.

4) 우리나라의 消費者團體訴訟　법률이 정하는 기준을 충족하는 소비자단체는, 사업자가 소비자기본법 제20조를 위반하여 소비자의 생명·신체 또는 재산에 대한 권익을 직접적으로 침해하고, 그 침해가 계속되며, 변호사를 선임하여, 법원의 허가를 받아 소비자권익침해행위의 금지를 청구할 수 있다(소비자기본법 제70조). 위 조항에 따른 소비자단체는 소비자기본법 제29조에 의한 소비자단체로 공정거래위원회에 등록 후 3년이 경과되어야 하며 정회원수 1,000명 이상이 되거나, 대한상공회의소, 중소기업협동조합중앙회 등 중앙단위의 경제단체로 대통령령이 정하는 단체이거나, 비영리민간단체지원법 소정의 비영리민간단체로 중앙행정기관에 등록되었으며 상시 구성원수가 5천명 이상이어야 하고 정관에 소비자의 권익증진을 목적으로 명시한 후 최근 3년 이상 이를 위한 활동실적이 있으며 동일한 침해를 입은 50인 이상의 소비자로부터 단체소송의 제기를 요청받은 단체이어야 한다.

우리나라의 소비자단체소송제도는 위 일정요건을 갖춘 단체의 경우 실체법상 권익의 귀속주체가 아닌 제 3 자에게 당사자적격이 부여되는 법정소송담당으로 이해될 수 있다. 소비자단체소송은 공익소송으로 피해자의 요청이 없어도 단체가 독자적으로 소를 제기할 수 있으나, 비영리민간단체의 경우에는 법률상 또는 사실상 동일한 침해를 입은 50인 이상의 소비자로부터 소의 제기를 요청받아야 한다(소비자기본법 제70조 [1] 내지 [3]).

소비자단체소송의 소는 피고의 주된 사무소 또는 영업소가 있는 곳 등을 전속관할로 하며(소비자기본법 제71조), 원고는 변호사를 소송대리인으로 선임하여야 한다(소비자기본법 제72조). 또한 소비자단체소송의 원고인 단체는 피고인 사업자에게 소비자권익침해행위를 금지·중지할 것을 서면으로 요청한 후 14일이 경과하여야 한다. 소비자단체소송은 물품 등의 사용으로 인하여 소비자의 생명·신체 또는 재산에 대하여 피해가 발생하거나 발생할 우려가 있는 등 다수 소비자의 권익보호 및 피해예방을 위한 공익상의 필요가 인정되는 경우 인정된다(소비자기본법 제74조 I [1]).

전항의 요건 등이 구비된 경우 법원은 결정으로 소비자단체소송을 허가한다. 소비자단체를 위한 구제책은 소비자권익침해행위의 금지·중지이며, 손해배상을 구제책으로 하는 증권관련집단소송과 구분된다. 사업자의 침해행위로 손해배상을 청구하기 위하여 개별 소비자들은 별도로 소를 제기하여야 한다.

원고의 청구를 기각하는 판결이 확정된 경우 동 판결의 효력은 다른 단체에게 확장되어 이와 동일한 사안에 관하여는 다른 단체는 단체소송을 별도로 제기할 수 없다(소비자기본법 제75조 本). 그러나 판결이 확정된 후 그 사안과 관련하여 국가 또는 지방자치단체가 설립한 기관에 의하여 새로운 연구결과나 증거가 나타난 경우, 혹은 기각판결이 원고의 고의로 인한 것임이 밝혀진 경우 확정판결의 효력이 다른 단체에게 확장되지 않는다(소비자기본법 제75조 但). 소비자단체소송의 공익성이 배려된 까닭이다. 이 같은 소비자기본법상 단체소송제도의 법리는 개인정보보호법상 권리침해행위의 금지에 대한 단체소송제도에도 규정되고 있다(개인정보법 제51조 내지 제57조).

5. 制度에 대한 批判

1) 집단소송은 개인주의와 자유주의를 강하게 신봉하는 영미국가에서 개인의 인센티브와 주도권을 토대로 발달된 다수의 소액피해자의 협동적 권리구제방식으로서 주로 금전배상을 통한 소비자보호를 위한 기능을 발휘한다. 그러나 원고대리 변호사의 소송기량에 좌우되고 그들에게 엄청난 보수가 돌아가며 기업에 대한 합법적 협박수단이 되거나 변호사의 명리추구수단으로 종종 악용된다는 비판이 있다. 또한 구성원의 절차법적 권리를 보장하는 방법이 확실히 강구되지 아니하면 소제기 사실조차도 모르는 구성원이 패소판결의 효력을 받게 되어 가혹하다. 법원의 재량권범위도 너무 모호하며 시대의 조류나 이데올로기에 따라 소송운영이 심대한 영향을 받고 있음은 미국의 실무가 웅변하고 있다. 따라서 미국, 캐나다, 영국, 호주 등 모든 국가가 이 같은 많은 문제점과 변호사 보수제도 개선 등에 관하여 오래도록 연구하고 있다.

2) 단체소송은 독일에서도 현실적으로 자주 이용되고 있지 못하다. 단체소송에서 패소시 정부지원에 의존하는 소비자단체, 환경보호단체, 기타 이익촉진단체 등의 존립 내지 기타 위험부담이 뒤따르게 되기 때문이다. 또한 단체가 과연 공익

단체이며 법이 추구하는 목적을 적절히 수행할 의사와 능력이 구비되었는지가 이 제도의 성패를 좌우한다. 따라서 독일의 관계법률도 단체적격에 관하여 자세한 규정을 두어 남소의 폐를 방지하고자 한다.

3) 양 제도는 분쟁의 개별해결원칙에 따라 그 틀을 잡은 우리나라 민사소송 구조와 상당한 직권적 운영에 익숙한 소송실무에 법리적으로 접목하기가 어렵다. 또한 변호사의 활용도가 낮고 신탁의 법리나 제 3 자에 의한 소송담당에 익숙하지 못한 국민의 법의식은 물론 현재 우리나라 법조인의 의식구조, 사명감, 그리고 소송기술에 비추어 보아도 이처럼 본고장에서조차 잘 활용되지 못하고 있는 제도의 도입은 문제의 소지가 있다. 뿐만 아니라 우리나라에서 집단(class)의 대표당사자로 자임하는 자 또는 단체소송에 있어서의 단체가 과연 얼마만큼 공정·적절·효율·성실·기량의 덕목을 갖추어 소송수행을 해낼지도 법기술적으로나 윤리적으로 의문이다.

제 3 편

第 1 審의 訴訟節次

제 1 장 訴訟上의 請求와 權利保護

제 1 절 訴의 개념

I. 訴·訴訟物·請求

소라 함은 형식적으로는 법원에 대하여 일정한 내용의 판결을 요구하는 당사자의 신청이지만, 실질적으로는 원고가 자신의 권리보호를 위하여 피고와의 관계에 있어서 사법상의 권리 또는 법률관계의 존부에 관한 심판을 법원에 대하여 요구하는 소송행위이다. 이처럼 소는 개인이 법원에 대하여 특정사건에 관하여 판결에 의한 권리보호를 바라는 신청이므로 소 없는 곳에 재판이 있을 수 없다. 재판절차는 소에 의하여 개시되고 판결로서 종료되며 소와 판결간에는 소송절차가 형성된다. 그러므로 원고는 ① 판결을 구하는 법원과, ② 상대방이 될 피고를 정하고, ③ 판결의 기초가 될 소송물을 구성하여 신청하여야 한다. 법원에 대한 형식적 신청을 소라고 한다면 이에 의하여 절차가 계속된 법원의 심판대상을 소송상 청구 또는 소송물이라고 할 수 있다. 소송물은 강학상의 용어이다.

소송법상 청구라는 용어는 민법상 이행청구권에서 전용되어 소송을 청구권의 실행수단으로 생각하여 쓰던 말이었으나, 소송의 형태가 이행소송에 한정되지 아니하는 오늘날에는 원고의 권리 또는 법률관계에 관한 주장을 소송상 청구라고 할 것이다. 또한 소와 청구는 많은 경우에 혼용되고 있으나 청구는 소의 일부분으로서 소보다 좁은 개념이다.

II. 訴의 提起와 法院의 응답

소의 제기에 의하여 제 1 심의 판결절차가 개시된다. 소의 제기는 소장이라는 서면을 법원에 제출하는 방식으로써 하며(제248조), 소장에는 법원과 당사자를 특정하고 청구취지와 청구원인을 기재하는바(제249조), 원고의 피고에 대한 권리주장과 그 주장을 인용하는 특정형태의 승소판결을 법원에 대하여 구체적으로 요구하여야 한다. 이 같은 판결신청에 따라 소송계속이 발생하고 법원은 이 같은 신청에 대하여 판결로서 응답할 의무를 진다. 이것이 당사자의 입장에서는 판결을 받을 권리가 된다.

제2절 訴의 種類

I. 請求의 內容에 따른 訴의 세 가지 유형

원고가 구하는 판결의 성질 및 내용을 표준으로 하면 이행의 소, 확인의 소 및 형성의 소로 3분된다.

이행의 소는 국가의 공권력을 빌어 강제집행을 가능하게 하는 이행판결을 목적으로 하는 것이므로 오랜 옛날부터 가장 빈번히 활용되어 왔고, 확인의 소는 권리구제의 확대가 필요해짐에 따라 1877년의 독일 민사소송법에서 처음 채택된 소송형태이며, 형성의 소는 20세기 초에 와서 성립된 새로운 소송형태이다. 이러한 분류는 분쟁의 성질과 청구의 내용에 따른 유형적 차이에 기인하는 것이므로 소의 제기방식에 차이가 있는 것은 아니고, 청구인용판결의 내용과 효력에 차이가 있다.

이처럼 세 가지 형태의 소송의 유형적 차이를 직시하여 그들 각각의 독자성을 인정하는 것이 통설이다.[1] 그러나 확인의 소가 모든 소송의 기본형이고 이행의 소와 형성의 소는 확인의 소의 특수형태라고 보는 견해가 있고[2] 또는 소의 종류를 확인의 소와 형성의 소로 2대별하고, 이행의 소란 집행력의 창설을 목적으로 하는 소라는 점에서 형성의 소의 범주에 포함시키는 견해도 있다.

〈소의 종류〉

소		
이행의 소(통상의 경우)	확인의 소(확인의 이익)	형성의 소(한정적인 경우)
청구권 확인+강제집행을 위한 법원의 이행명령	권리 또는 법률관계의 존부 확인	재판을 통한 직접적인 권리 또는 법률관계의 변동

1) 方 277면, 李時 189면, 金/姜 209면, 鄭/庾 68면, 姜 285면, 김홍 218면.
2) 李英 222면, 胡 85면.

1. 履行의 訴

1) 이행의 소는 이행청구권의 확정과[1] 피고에게 일정한 이행명령을 선고해 달라고 요구하는 소송이다. 즉 원고의 청구권의 존재를 확정하고 그 확정된 권리를 실현하기 위한 집행권원을 얻어내어 강제집행을 통하여 이를 실현시키는 기능을 담당한다.

2) 이행의 소를 제기하기 위한 실체법상의 청구권은 사법상 또는 공법상의 것이라도 무방하고 채권에 기하든 물권에 기하던 불문한다. 그것이 청구권인 경우에는 금전지급, 물건인도, 의사표시,[2] 작위, 부작위 또는 인용 등 그 어느 것을 내용으로 해도 무방하다. 최근에는 공해문제와 개인의 사생활의 비밀(privacy) 보호상 부작위청구소송이 적극적으로 활용되는데 이에 대하여는 간접강제(민집 제261조)의 방법으로 집행할 수 있다. 우리나라 행정소송에서는 이행의 소가 인정되지 아니한다.

3) 이행판결은 피고에 대한 이행명령의 선고를 구하는 것이므로 그것이 강제집행청구권의 발생기초가 된다는 점에 의미가 있다. 이처럼 집행력을 창설한다는 점에서 이행판결에서는 형성적 요소가 포함된다(집행력이 안 생기는 예외 : 부부동거판결, 가수공연판결 등). 또 이행의 소를 인용하는 판결이 확정되면 이행청구권의 존재를 확정하는 효력, 즉 기판력이 발생하므로 그러한 한도 내에서는 이행판결에 확인적 요소가 포함되어 있다고 할 것이다. 또한 이행의 소를 기각한 판결은 이행청구권의 부존재를 확인한 소극적 확인판결인 셈이다.

4) 변론종결시를 기준으로 이행기가 도래한 이행청구권을 주장하는 소를 현재의 이행의 소라고 하고, 그 이후에 이행기가 도래하거나 조건이 성취될 청구를 미리 하는 경우를 장래의 이행의 소(제251조)라고 한다. 현재이행의 소의 경우 지연손해금에 대하여서는 소장송달 다음날로부터 완제일까지 연 20%의 비율로 청구할 수 있다(특례법 제3조 I). 소송지연을 막아보려는 특별한 조치이다.

2. 確認의 訴

1) 이는 실체법상의 권리 또는 법률관계의 존부의 확정을 목적으로 하는 소송이다. 주로 당사자간의 다툼 있는 법률관계를 관념적으로 해결하여 법률적 불

1) 대판 1962. 3. 15. 61 민상 1158.

2) 의사의 진술을 명하는 확정판결에 대하여는 청구이의의 소를 제기할 수 없다. 대판 1995. 11. 10. 95 다 37568.

안을 제거함에 그 목적이 있다. 권리관계의 존재를 확정하기 위한 것을 적극적 확인의 소, 부존재의 확정을 목적으로 하는 것을 소극적 확인의 소라고 한다.

2) 확인의 소가 제기되어 원고승소의 확인판결이 내려지면 원고가 주장한 법률관계 등의 존부가 확정되지만 집행력은 발생하지 아니하므로 다툼 있는 권리관계를 관념적으로 확정함으로써 분쟁이 해결되는 경우에 이용할 소송형태이며, 이행의 소가 가능한 때에는 기판력만 생길 뿐 집행력이 안 생기는 확인의 소는 별로 큰 의미가 없다. 그러나 확인의 소는 주체와 대상의 면에서 아무런 제약이 없는 소송이므로 그 권리보호요건의 충족 여부에 따라 이러한 소송형태의 이용가능성이 결정된다.

3) 다음과 같은 두 가지 경우에는 확인의 소를 제기할 실익이 크다.

가) 소유권·특허권·상속권 등 절대권의 확인 또는 계속적 공급계약관계·임대차관계·고용관계·신분관계[1] 등과 같은 포괄적 권리관계나 법률상 지위의 확인을 구하는 경우에는 그 기능이 크다. 왜냐 하면 절대권이나 포괄적 법률관계로부터 파생하는 개개의 청구권에 대한 이행이나 존부확인을 반복적으로 구하는 것보다 절대권이나 법률관계를 전체적으로 한꺼번에 확정받는 것이 더 확실한 수단이기 때문이다.

나) 당장 이행의 소를 제기하기는 곤란하나 시효중단을 위하여 청구권의 존재를 확인하는 판결이라도 받아둘 필요가 있을 경우에도 확인의 소의 기능이 잘 발휘된다. 이를 확인의 소의 보충성이라고 한다.

다) 실무상으로는 소극적 확인의 소가 상대방이 제기할 것으로 예상되는 이행의 소나 적극적 확인의 소에 대한 소송상 대비책으로 이용되는 수가 있다.

라) 확인의 소 이외에 다른 권리구제방법이 있는 경우에도 확인의 소를 제기할 소의 이익이 있는가. 이에 대하여는 이행의 소가 제기될 수 있는 경우에는 집행력이 발생하지 아니하는 확인의 소는 발본색원적 해결책이 못된다고 하여 부인하는 견해가 강하다.

4) 확인의 소의 대상은 사법상의 권리 또는 법률관계이고 사실관계가 아니다. 다만 증서진부확인의 소(제250조)의 대상은 증서가 진정으로 명의자에 의하여 작성되었는지를 확정하는 사실관계의 확인에 불과하지만, 법은 예외적으로 그 확인

1) 신분관계에 관하여는 민법이나 가사소송법 등에서 구체적 소송유형을 규정하고 있는 경우가 많으나 소송유형이 따로 규정되어 있는 경우가 아니더라도 신분관계존부를 즉시확정할 이익이 있는 경우라면 소를 제기할 수 있다는 대판 1993. 7. 16. 92 므 372 참조.

을 구할 수 있도록 하고 있다. 제250조에서 증서의 진정여부를 확인하는 소의 대상이 되는 서면은 직접 법률관계를 증명하는 서면에 한하고, 법률관계를 증명하는 서면이란 그 기재 내용으로부터 직접 일정한 현재의 법률관계의 존부가 증명될 수 있는 서면을 말한다.[1] 법률관계를 증명하는 서면의 진정여부가 확정되면 당사자가 그 서면의 진정여부에 관하여 더 이상 다툴 수 없게 되는 결과, 법률관계에 관한 분쟁 자체가 해결되거나 적어도 분쟁 자체의 해결에 크게 도움이 된다.

5) 확인의 소는 현존하는 권익을 공권적으로 선언하여 줄 것을 요구하는 소송형태이므로 새로운 법률관계의 창설을 구하는 형성의 소와 구별된다. 가사소송법 제 2 조 1항 나류사건인 사실상 혼인관계존부확인청구의 법적 성질에 관하여는 확인소송설,[2] 형성소송설, 의사표시를 구하는 이행소송설, 부존재확인청구는 확인의 소이고 존재확인청구는 형성의 소라는 설[3]이 대립된다. 혼인의 법률상 요건인 당사자의 혼인에 관한 합의의 존부를 확인하는 것을 내용으로 하는 확인소송일 것이다.

3. 形成의 訴

1) **意　義**　　형성의 소는 법률상태의 변동을 목적으로 하는 소송이다. 그러므로 형성판결에 의하여 형성요건의 존재를 확정하는 동시에 새로운 법률관계를 발생하게 하거나 기존 법률관계를 변경 또는 소멸하게 하는 창설적 효과를 가진다. 이런 의미에서 형성의 소는 권리변동의 소이고, 기존의 법률관계를 확정하거나 실현시키는 확인판결이나 이행판결과 구별된다.

2) **形成權과의 區別**　　해제권·해지권·취소권·상계권·우선매수청구권 등 실체법상의 각종 형성권은 당사자의 일방적 의사표시에 의하여 법률관계를 변동시킬 수 있으므로 이러한 형성권은 그러한 권리의 존부에 대한 확인청구의 대상은 될지언정 형성의 소의 대상은 되지 아니한다.[4]

---

1) 대판 2007. 6. 14. 2005 다 29290, 29306. 동 판결에서는 임대차계약금으로 일정한 금원을 받았음을 증명하기 위하여 작성된 영수증은 특별한 사정이 없는 한 임대차 등 법률관계의 성립 내지 존부를 직접 증명하는 서면이 아니므로 증서진부확인의 소의 대상이 될 수 없다고 한다.

2) 方 278면, 姜 277-278면 이하, 김홍 222면. 판례도 확인소송설에 입각하고 있다(대결 1991. 8. 13. 91 스 6; 대판 1995. 11. 14. 95 므 694).

3) 李時 191면, 鄭/庾 60면, 金/姜 218면.

4) 대판 1968. 11. 19. 68 다 1882, 1883.

3) **種　類** 　법률은 거래안전, 당사자의 권익 또는 사단관계나 신분관계의 공익적 처리를 위하여 필요한 경우에는 오로지 형성요건이 실제로 존재하는지를 법원이 심리한 다음 대세적 효력이 있는 판결에 의하여 권리관계를 변동할 수 있도록 형성소권에 관한 명문의 규정을 두고 있고, 법률상 근거가 없는 형성의 소는 인정하지 아니한다.[1] 법률이 인정하고 있는 형성의 소는 세 가지로 나누어 볼 수 있다.

가) 실체법상의 형성의 소는 실체법상의 법률관계의 변동을 목적으로 하는 소로서 가사소송,[2] 회사관계소송(상 제184조, 제236조, 제376조, 제241조, 제381조, 제520조, 제631조 등), 행정법상의 항고소송,[3] 선거무효·당선무효의 소, 정당해산소송, 위헌제청 및 헌법소원 등이 포함된다.

나) 소송법상의 법률관계의 변동을 목적으로 하는 소송법상의 형성의 소로서는 재심의 소(제451조), 준재심의 소(제461조), 제권판결에 대한 불복의 소(제490조), 중재판정취소의 소(중재 제13조) 또는 집행법상의 각종 이의의 소[4] 등을 들 수 있다.

다) 형식적 형성의 소는 법률상태의 창설을 목적으로 하지만 법률상 형성요건의 규정이 없고 구체적으로 어떠한 방법으로 권리관계를 형성할 것인가를 법관의 재량에 일임하고 있는 형성소송이다. 이는 형식적으로 소송사건이나 실질적으로 비송사건이다. 이러한 소송의 경우에는 법원은 당사자의 주장내용이나 범위에 구속되지 아니하고 재량으로 판단할 수 있으므로 당사자처분권주의나[5] 불이익변경금지원칙 등의 적용이 없으며 형식상 소송이지만 오히려 일종의 행정처분을 판결의 형식으로 내리는 것이기 때문이다. 예컨대 공유물분할소송(민 제269조),[6] 경계확정소송,[7]

---

1) 대결 1966. 12. 9. 66 마 516; 대판 1973. 6. 12. 71 다 1915.

2) 신분관계의 획일적 확정의 요청으로 가사소송은 모두 형성소송으로 보는 것이 민사소송법학계의 주류적 입장이다. 이에 대하여 적어도 가류소송은 제소기간의 정함이 없고, 달리 소에 의하여야 한다는 규정이 없다는 점에서 이를 확인소송으로 보아야 한다는 민법학계의 주류적 입장에 따라 이에 반대하는 견해가 있다(김홍 221면).

3) 행정법학계에서는 형성소송설이 통설이나, 확인소송설을 취하는 견해로 박정훈, 행정법의 구조와 기능, 박영사, 165면 이하 참조.

4) 집행법상 이의의 소에는 청구이의의 소(민집 제44조), 집행문부여에 관한 이의의 소(민집 제45조) 및 제3자 이의의 소(민집 제48조) 등이 있다. 이들의 법적 성질에 관하여는 확인소송설, 소극적 이행소송설 및 형성소송설이 정립하나, 집행력배제의 효과를 발생시키는 소송상의 이의권을 소송물로 하는 형성의 소라고 보는 것이 일반적인 견해이다. 제3자 이의의 소가 형성의 소라는 판례로는 대판 1959. 11. 19. 59 민상 575. 청구이의의 소가 형성의 소라는 판례로는 대판 1971. 12. 28. 71 다 1008 각 참조.

5) 대판 1997. 9. 9. 97 다 18219.

6) 대판 1968. 3. 26. 67 다 2455, 2456.

7) 대판 1993. 11. 23. 93 다 41792, 41808. 경계확정소송 도중 진실한 경계에 관한 당사자의 주장이 일치된 경우에도 권리보호의 이익이 있다. 대판 1996. 4. 23. 95 다 54761.

부를 정하는 소(민 제845조, 가소 제27조), 지료나 차임의 증감청구(민 제286조, 제628조),[1] 위약금이나 손해배상액감액청구(민 제398조, 제765조), 약정해난구조료의 변경청구(상 제851조) 또는 민법(제764조), 기타 지적재산권법에서 명예나 신용의 회복을 위하여 법원이 필요한 처분을 명하도록 되어 있는 경우(특허 제131조, 실용신안 제46조, 디자인 제66조, 상표 제69조, 저작 제95조, 부정경쟁방지 제 6 조) 등이 그것이다.

4) 將來效와 遡及效　　형성의 소는 판결이 확정되면 장래에 대한 권리변동을 목적으로 하는 것이 큰 특징이고 또 그와 같은 장래의 형성의 소가 대부분이다. 혼인취소, 이혼청구, 인지청구, 각종 회사관계소송 등이 그 예이다. 그러나 혼인이나 협의이혼의 무효, 친생부인, 특허무효확인(특허 제133조), 재심 또는 준재심, 제권판결에 대한 불복의 소, 중재판정취소의 소, 행정소송 등 소급효를 가지는 소급적 형성의 소도 있다.

5) 確認訴訟인가 아니면 形成訴訟인가　　회사관계소송 중 취소소송으로 규정되어 있는 것이 형성소송이라는 점에는 의문이 없으나, 회사의 각종 주주총회나 이사회의 결의무효 또는 부존재의 확인을 구하는 소송의 성질에 관하여 이것이 보통의 확인소송인가 또는 그 명칭에도 불구하고 형성소송에 속하는가가 다투어진다. 회사법 학자들은 대부분 확인소송설을 취하고[2] 소송법학자들은 대부분 형성소송설을 취한다. 형성의 소로 본다면, 법률관계의 안정이라는 측면을 배려할 수 있고, 확인의 소로 본다면 무효가 되는 것으로부터의 이익을 넓게 보호할 수 있다는 장점을 생각할 수 있다. 확인의 소로 본다면 다른 소송에서 항변이나 선결문제로서도 결의 무효나 부존재를 다툴 수 있으나 형성의 소로 본다면 오직 소로써만 다툴 수 있는 차이가 있다. 그러나 결의무효·부존재확인의 소와 결의취소의 소 사이에는 소송물의 성질상 차이가 없고, 원고승소판결이 법률관계의 대세적 변동을 초래한다는 점을 고려하면 이를 모두 형성의 소라고 보아야 할 것이다.[3] 그러므로 판결이 확정되기 전까지는 비록 하자 있는 법률관계라고 하더라도 그대로 유효한 것으로 존중해야 하고 이 같은 결의의 하자는 오직 소로써만 다투어야 한다. 그리고 이는 대세효를 갖는 형성의 소이므로 피고적격자는 당해 회사

---

1) 대판 1968. 11. 26. 68 다 1902, 1903 등은 차임감액청구권은 사법상의 형성권이고 따라서 형성의 소로써 차임감액을 구할 수 없다고 하나 의문이다.

2) 최기원, 제14대정판 신회사법론, 554면(2012, 박영사); 임재연, 회사소송, 148면(2010, 박영사) 등 참조. 그러나 이철송, 제21판 회사법강의, 598면(2013, 박영사)에서는 형성소송으로 본다.

3) 同旨 方 280면, 李時 179면, 鄭/庾 62면.

와 그 대표자라고 보아야 할 것이다.[1] 판례는 그 회사 아닌 제3자사이의 소송에서 주주총회결의의 효력이 선결문제로 된 경우에 당사자는 언제든지 당해 소송에서 주주총회결의가 처음부터 무효 또는 부존재한다고 주장하면서 다툴 수 있다고 보아 확인소송으로 보는 경향이 있다.[2]

6) 形成判決의 效力 형성의 소에 대한 청구기각판결은 형성요건의 부존재를 확정하는 확인판결에 그친다. 반대로 청구인용판결, 즉 형성판결이 확정되면 형성요건(형성소권)의 존재에 대하여 기판력이 발생하는 동시에[3] 법률관계를 변동시키는 형성력이 생겨서 제3자에게도 그 효력이 미친다. 따라서 형성판결에는 집행력은 발생하지 아니하고 기판력과 형성력이 생긴다.

7) 硏究課題 형성의 소는 법률에 규정이 있는 경우에만 인정되는 점에서 발생근거가 분명하나 그 소송형태가 인정된 지 얼마 안되어 앞으로 연구해야 할 문제가 많다.

우선 형성판결의 형성력이 국가(법원)의 권리창조자적 권한에 기하여 법관의 재량판단에 의한 것이므로 형성소송을 모두 비송으로 보아야 할 것인가, 아니면 형성력이란 법관이 형성요건의 존재를 확정한 결과 이에 결부된 법률상의 효과인가가 다투어진다. 둘째, 형성의 소의 소송물이 사법상의 형성권인가, 아니면 국가에 대한 개인적 공권인가도 문제이다. 셋째, 형성판결의 형성력이 제3자에게도 미친다는 점에 비추어(대세효) 제3자의 이익보호를 위하여 얼마만큼 직권탐지주의를 확대할 것인가를 명확하게 하여야 한다. 넷째, 형성판결에 형성력 이외에 기판력도 인정할 것인가의 문제(긍정하여야 할 것이다)와 형성의 효과를 항상 소급할 것인가 아니면 장래에 향하여만 인정할 것인가 등도 중요한 문제로 되고 있다.

Ⅱ. 提訴의 모습과 時期에 의한 분류

1. 單一의 訴와 併合의 訴

단일의 소는 1인의 원고가 1인의 피고를 상대로 1개의 청구를 하는 가장 단순한 모습의 소이다. 병합의 소는 1인의 원고가 1인의 피고를 상대로 여러 개의

1) 同旨 姜 137-138면. 통설: '회사 기타 단체'라고 봄. 소수설: '대표이사'를 피고로 하여야 하고, 이사선임결의를 다투는 경우에는 '해당 이사와 대표이사'를 공동피고로 해야 한다고 함.
2) 대판 1992. 9. 22. 91 다 535; 대판 2011. 6. 24. 2009 다 35033.
3) 同旨 方 603면, 李英 192면, 金/姜 225면, 李時 195면, 鄭/庾 67면, 姜 284면, 胡 84면, 김홍 228면.

청구를 하는 경우(소의 객관적 병합)와 여러 명의 원고가 또는 여러 명의 피고를 상대로 한 개 또는 여러 개의 청구를 하는 경우(공동소송)가 있다. 병합의 소의 경우에는 기본적인 소송요건 이외에 병합요건(제65조, 제253조)을 구비하여야 한다.

2. 獨立의 訴와 訴訟係屬中의 訴

독립의 소라 함은 다른 소송절차와 관계 없이 새로이 판결절차를 개시하는 소이다. 소송계속중의 소라 함은 이미 다른 소가 계속되어 있는 절차를 이용하여 이에 병합시킨 새로운 소를 가리킨다. 예컨대 당사자가 제기하는 소변경(제262조), 중간확인의 소(제264조), 반소(제269조) 등과 제 3 자가 제기하는 각종 소송참가가 여기에 속한다. 이들에게는 각각 특별한 제소방식과 병합요건이 정해져 있으므로 이를 갖추어야 한다.

제 3 절 訴訟要件

I. 訴訟要件의 개념

원고가 법원에 대하여 자기에게 유리한 판결을 요구하려면 우선 법원이 본안판결을 내리는 데 지장이 없도록 몇 가지 기본적인 전제요건을 갖추어야 하며, 이러한 소송법상의 요청을 충족하지 못하면 법원은 소를 부적법각하할 수밖에 없다. 이처럼 소가 적법한 취급을 받기 위하여 갖추어야만 할 사항을 소송요건이라고 한다. 판례는 간혹 소송요건을 소송제기요건[1] 또는 소송성립요건[2]이라고 표현한 바 있으나, 소송요건은 소송성립요건이 아니라 이미 성립된 소송의 적법성요건이며,[3] 본안판결의 전제요건인 동시에 본안심리의 요건인 것이다. 다만 소송요건은 본안심리에 들어가기 전에 반드시 조사해야만 하는 것은 아니므로(예외 제33조) 본안심리중에 그 흠결이 드러나는 경우에는 법원은 소를 부적법 각하하여야 한다.

1) 대판 1955. 9. 6. 55 행상 59.
2) 대판 1955. 9. 23. 55 행상 64.
3) 대판 1991. 11. 23. 90 다카 21589.

Ⅱ. 訴訟要件의 분류

1. 積極的 要件과 消極的 要件

적극적 요건은 그 요건의 존재가 소를 적법하게 하여 본안판결의 요건으로 되는 경우로서 당사자능력·소송능력·관할권·재판권 등을 들 수 있다. 소극적 요건은 그 요건의 부존재가 본안판결의 전제요건이 되며, 소극적 요건의 존재는 소를 부적법하게 하는 소송장애를 가져온다. 중복소송·재소금지·기판력·중재계약 등이 그것이다.

2. 職權調査事項과 抗辯事項

직권조사사항인 요건은 소송요건 중 법원이 직권으로 조사하여 고려할 사항이고, 항변사항인 요건은 피고의 주장을 기다려서 비로소 조사하게 되는 사항을 가리킨다. 대부분의 소송요건은 그 공익성으로 말미암아 피고의 항변의 유무에 관계 없이 법원이 직권으로 조사하여야 할 사항이다. 다만 피고가 이러한 소송요건의 흠결을 주장하는 것을 실무상 본안전항변이라고도 하나, 이는 엄밀한 의미의 항변은 아니고 법원의 직권발동을 촉구하는 데 불과한 진술로서 법원이 이에 응답하지 아니하였다 하여 판단유탈이 되지 아니한다. 따라서 상고이유로도 삼을 수 없다.[1]

항변사항은 소송장애사유 또는 妨訴抗辯이라고도 하는데 피고의 주장을 기다려서 비로소 조사하게 되므로 소송절차에 관한 이의권 상실이나 포기의 대상이 된다. 불제소의 특약, 소취하의 계약, 임의관할(제30조), 중재계약(중재 제3조), 소송비용의 담보제공신청(제117조) 등은 항변사항의 예인데, 담보불제공의 경우를 제외하고는 이에 의하여 피고에게 응소를 거부할 권리를 주는 것은 아니다.

Ⅲ. 각종 訴訟要件의 정리

어떤 것이 소송요건인가에 관하여는 법에 통일적 규정이 없는 만큼 각 곳에서 찾아서 정리하여야 한다.

1. 法院에 관한 訴訟要件

피고에 대하여 국내재판권 또는 국제재판관할권이 있어야 한다. 사건이 민사소송사항이고 행정이나 가사소송사항이 아니어야 한다. 법원이 토지, 사물 및 직

1) 대판 1990. 4. 27. 88 다카 25274, 25281.

무관할을 가져야 한다(제33조 참조).

2. 當事者에 관한 訴訟要件

1) 당사자가 실재하고 당사자능력과 소송능력이 있어야 한다(제51조). 虛無人이나 死者에 대한 판결이 당연무효임은 이미 고찰하였다. 당사자가 소송무능력자인 경우에는 법정대리인에 의하며, 법인 기타 단체인 경우에는 대표자에 의하여 대표되어야 한다. 법정대리권도 소송요건이다.

2) 당사자가 당사자적격을 가지는 정당한 당사자이어야 한다.

3) 소제기의 방식 및 소장송달이 적법하여야 한다. 소송대리인에 의하여 제소된 경우에는 대리권이 유효하게 존재하여야 한다.[1)]

4) 원고가 소송비용의 담보를 제공할 필요가 있을 때에는(제117조, 상 제176조 Ⅲ, 상 제237조, 제377조) 그렇게 할 것이 요구된다.

3. 訴訟物에 관한 訴訟要件

1) 소송물이 특정되고, 권리보호의 이익이 있어야 한다. 이를 소의 이익이라고 한다. 그러므로 중재계약이나 불제소특약이 존재하지 아니하여야 하고, 중복소송이나 재소금지에 저촉되지 아니하여야 한다.

2) 기판력의 본질을 뒤에 보는 바와 같이[2)] 矛盾禁止說로 파악하지 아니하고 반복된 변론과 재판을 금지하는 것으로 보는 反復禁止說에 따르면 소송물에 관하여 기판력 있는 재판이 존재하지 아니할 것이 소극적 소송요건으로 요구된다.

4. 特殊한 訴訟에 관한 訴訟要件

1) 소송계속중의 소 또는 병합의 소에 있어서는 각각 그 고유한 요건을 구비하여야 한다. 즉 공동소송(제65조), 참가소송(제79조, 제83조), 소의 변경(제262조), 소의 객관적 병합(제253조), 중간확인의 소(제264조), 반소(제269조), 필수적 공동소송인의 추가(제68조), 피고경정(제260조) 등의 경우에는 각각 그 요건을 갖추어야 한다. 또한 장래의 이행의 소의 경우에는「미리 청구할 필요」의 요건(제251조)을 갖추어야 한다.

2) 선행적 절차를 거치도록 되어 있는 때에는 그러한 절차를 거쳐야 한다. 일부 가사사건의 경우에는 조정(가소 제50조), 국가배상사건의 경우에는 배상심의회의 결

1) 대판 1997. 7. 25. 96 다 39301.
2) 제 3 편 제 4 장 제 2 절 참조.

정(국배 제 9 조), 재해보상청구사건의 경우에는 노동위의 심사 또는 중재(근기 제92조), 정정보도 청구사건의 경우에는 중재(정간물등록 제19조 I) 등은 선행절차의 예이다.

3) 제소기간이 법정되어 있는 경우에는 그 기간을 지켜야 한다.

Ⅳ. 訴訟要件의 조사와 심판

1. 職權調査事項에 대한 法院의 조사

1) 調査의 정도

(i) 대부분의 소송요건은 그 공익적 성격에 비추어 법원의 직권조사사항이다. 그러므로 존부가 의심스러우면 소송경제상 쉽사리 가릴 수 있는 요건부터 피고의 항변유무에 관계 없이 조사하여야 한다.[1] 이의를 하다가 철회하거나 원고 스스로 소송요건의 흠결을 시인하여도 직권조사를 요한다.[2] 왜냐하면 소송요건은 공익상 인정되는 것이므로 소송절차에 관한 이의권의 포기는 허용되지 아니하기 때문이다.

(ii) 소송요건의 존부에 의문이 있으면 법원은 직권으로 석명하여야 한다.[3] 또한 소송요건의 존부는 재판상 자백이나 의제자백의 대상이 되지 아니하며,[4] 그 흠결을 다투는 항변을 시기에 늦어서 제출하여도 실기한 공격방어방법이라고 하여(제149조) 각하할 수 없다. 판례[5]는 소송요건의 조사를 위하여 법원은 사실과 증거의 직권탐지까지 할 필요는 없다고 하나 각 소송요건이 가지는 공익성의 정도에 따라 경우를 나누어 보아야 할 것이다.

(iii) 필요하면 직권탐지에 의할 것으로는 공익성이 강한 재판권의 유무, 전속관할, 기판력의 존부, 당사자의 실재, 당사자능력, 소송능력, 대리권존부 등이 있으나 그 외 나머지 대부분의 요건은 변론주의에 의할 것이므로 그러한 경우에는 입증책임이 있는 당사자에게 입증을 촉구하여야 할 것이다. 당사자적격, 임의관할, 소의 이익 등의 요건이 그 예라고 할 수 있다. 이에 대하여 직권조사사항인 소송요건은 통상의 증거조사절차에 의하지 않고 자유로운 증명으로 족하다는 견해가 있으나 곤란하다.

2) 調査의 순서 소송요건들의 구비 여부를 조사하는 경우에도 그 순서는 일반적·추상적 요건으로부터 특별하거나 구체적인 요건으로 나아가고 본안

1) 대판 1971. 3. 23. 70 다 2639.
2) 대판 1971. 1. 26. 70 누 157.
3) 대판 2009. 12. 10. 2009 다 22846.
4) 대판 1970. 2. 24. 65 누 174.
5) 대판 1966. 9. 20. 66 다 1163.

판단과 밀접한 관계가 있는 소의 이익과 당사자적격은 최후에 조사하여야 할 것이다. 그런데 소송요건의 조사와 본안심리에는 선후순서가 없으므로 소송요건의 조사 전에 본안심리가 완료되어 청구의 이유 없음이 드러나면 청구기각판결을 할 수 있다는 견해도 있다.[1] 그러나 소송요건의 존부에 대한 판단을 하기 전에 원고 청구기각판결을 내릴 수 있다는 견해는[2] 본말을 전도한 감이 있고 당사자의 권리를 침해할 가능성도 있으므로 찬성하기 어렵다.[3] 우리 판례도 같은데,[4] 이를 소송요건 심리의 선순위성이라고 한다.[5]

2. 訴訟要件 存否의 판단시기

소송요건의 존부를 판단하는 시기는 원칙적으로 사실심변론종결시이다.[6] 소송요건은 소송성립요건이 아니므로 소제기 당시에 요건을 구비하지 못하였다 하더라도 변론종결시까지 갖추면 된다는 뜻이다. 그러나 예외로서 관할권의 존부(제33조)[7]와 선행적 구제절차가 요구되는 경우에 이를 경유한 여부만은 제소시를 기준으로 판단한다.[8] 그리고 중재계약의 항변도 본안에 관한 변론 전까지만 가능하다는 것이 판례이다.[9]

3. 調査結果에 대한 심판

1) 실무상 소송요건의 조사와 본안심리가 동시에 병행되는 것이 보통이나 소송요건은 본안판결의 전제요건이므로 미리 조사하여 요건이 갖추어진 경우에

1) 상세한 소개는 鄭/庾 354면 이하.

2) 姜 309면, 金 210면은 소송요건을 첫째, 무익한 소송의 배제 또는 피고의 이익보호를 주목적으로 하는 것과 둘째, 판결의 무효사유 또는 재심의 취소사유와 같이 재판제도의 설치운영과 관련하여 공적 이익확보를 목적으로 하는 것을 나눈 다음, 첫번째 부류의 것에 대하여는 청구기각판결이 가능하다고 한다.

3) 同旨 李時 203면.

4) 대판 1983. 2. 8. 81 누 420.

5) 소송요건 중 권리보호이익(소의 이익)과 관련하여, 권리보호이익을 구비할 것을 요구하는 근본취지가 무익한 소송을 방지하려는 데에 있다고 보아 청구가 이유없다는 법원의 판단이 섰음에도 더 나아가 권리보호이익을 심리해야 한다면 소송경제에 반하므로 권리보호이익과 청구의 이유가 모두 없다고 동시에 밝혀졌다면 청구기각판결을 허용해야 한다는 견해도 있다(胡 330면 이하).

6) 대판(전) 1977. 5. 24. 76 다 2304.

7) 대결 1966. 1. 5. 65 마 998.

8) 다만 대판 1979. 4. 10. 79 다 262는 국가배상법에 의한 손해배상청구에 있어서 소정전치절차를 거치지 않고 제소한 사안에서 판결시까지 그 요건을 갖추면 흠결은 치유된다고 판시하였다.

9) 대판 1991. 4. 23. 91 다 4812; 대판 1996. 2. 23. 95 다 17083.

본안판결을 할 것이다. 반대로 소제기시에는 요건을 갖추었으나 그 후 소멸되면 본안판결을 할 수 없다. 다만 소송계속중 당사자능력, 소송능력, 법정대리권 등의 요건이 소멸한 경우에는 소의 부적법 각하사유가 아니라 소송중단을 초래할 뿐이다.

2) 조사결과 소송요건의 흠결이 밝혀지면[1] 더 이상 본안심리를 할 필요 없이 종국판결로써 소를 부적법각하하여야 한다. 이러한 소각하판결을 소송판결이라고 한다. 이는 소송요건의 부존재를 확정한 확인판결의 일종이며, 그 부존재에 대하여 기판력이 생긴다. 이같은 소각하의 본안전판결에는 본안에 있어서의 소송물에 관한 청구기각을 포함할 수 없고,[2] 만일 포함된 경우에는 그러한 판단은 포함되지 아니한 것으로 본다.[3]

3) 소송요건의 흠결이 보정가능한 경우라면 법원은 상당한 기간을 정하여 보정을 명하고 이에 불응할 경우에 비로소 각하한다. 그리고 병합된 청구 중 일부청구에 관하여 소송요건의 흠결이 드러나면 그 한도에서 일부각하한다. 관할위반의 경우에는 결정으로 관할법원으로 이송하여야 하며(제34조) 소를 부적법각하할 일이 아니다.

4) 소송요건의 흠결을 간과하여 본안판결을 한 경우에는 상소에 의하여 취소할 수 있고(예외 제411조 본), 판결확정 후에는 재심사유에 해당할 때에 한하여 재심의 소를 제기하여 취소할 수 있다(예컨대 제451조 I [3]). 반대로 소송요건이 구비되었음에도 불구하고 소각하판결을 한 경우에는 상소심법원은 이 소송판결을 취소하고 원심으로 환송하여야 한다. 다만 하급심에서 본안판결을 할 수 있을 정도로 심리가 된 경우 또는 당사자의 동의가 있는 경우에는 상급법원은 스스로 본안판결을 할 수 있다(제418조, 제425조).

제4절 訴權的 利益[4]

I. 序 說

소송요건 중에서 청구내용과 밀접하게 관련된 것은 소의 이익과 당사자적격

1) 직권조사사항인 소송요건에 대한 입증책임은 원고에게 있다. 대판 1997. 7. 25. 96 다 39301.
2) 대판 1959. 10. 8. 57 민상 878.
3) 대판 1976. 6. 10. 75 누 95는 청구기각이 부당하나 문제삼지 않는다고 하였다.
4) 소권이론 중 어느 견해에 따르는가에 따라 달라질 수 있는 용어로서 소권요건(方 299면), 정당한 이익(李英 228면), 청구적격 또는 소의 이익(金/姜 241면), 소의 이익 또는 권리보호요건(李時 204면, 胡 295면) 등 표현이 다양하다.

이다. 이들의 존재가 본안판결의 요건임은 다른 소송요건과 다르지 아니하다. 다만 다른 소송요건이 사건내용과 관련 없는 일반적 사항임에 대하여 이 두 가지 요건은 본안판결을 구하는 정당한 필요가 있고 또한 그 당사자간에 본안판결을 하는 것이 유효적절하게 분쟁을 해결할 것인가를 판단하여 분쟁해결의 실효가 없는 재판을 피하기 위한 가늠자가 되는 요건이다. 더욱이 이러한 판단은 어떠한 실체적 권리나 이익에 관하여 누가 민사소송제도를 실질적으로 이용할 수 있는가를 결정하는 것이고, 민사소송제도의 운영방향을 가늠하는 중대한 문제이다. 이러한 점에서 이 두 가지 요건을 다른 소송요건과 별도로 취급함이 요구된다.

그런데 이 소의 이익과 당사자적격의 개념은 소권논쟁을 통하여 발전된 것이므로 우선 이를 소개하고 해석론상 및 입법론상 소권이란 관념을 인정하는 실익이 있는지를 고찰한 뒤에 이 두 가지 소송요건이 구체적으로 어떠한 것이고, 그 유무를 결정하는 요소에는 어떤 것이 있는지를 살펴본다.

II. 訴權論爭

국민이 소를 제기하여 재판을 요구하는 관계를 개인의 권능으로 보아(헌 제27조 I) 이를 소권이라고 부르고, 그 권리내용으로서는 어떠한 행위 내지 재판을 하는 것으로 구성할 것인가, 그것이 어떤 요건하에서 인정되는가, 그리고 이러한 권리를 관념하는 실익이 있는가 등의 문제점을 중심으로 전개된 논의를 소권론이라고 한다. 소의 제기에 의하여 비로소 민사소송제도의 목적을 실현하는 기회가 생기므로 소의 제기에 대하여 법원이 어떻게 대응할 것인가는 민사소송제도의 운영목적을 어떻게 파악하는가와 관련이 있고, 이 대응관계를 어떻게 설명하는가도 제도의 목적을 파악하는 데에 불가분의 관계가 있다. 그리하여 소권론은 그 내용을 중심으로 소송제도의 목적론과 관련하여 논의가 전개되어 왔다.

현재 입법론 또는 해석론의 도구로서 소권이란 개념을 사용할 실익이 있는지는 의문이다. 이미 권리보호청구권설의 정교한 이론에 의하여 소의 이익 등의 개념이 확립되었고, 어떠한 요건을 갖추면 일반적 판결, 본안판결 또는 승소판결을 얻을 수 있는가의 문제도 역시 오늘날 일응 명확하게 되어 있기 때문이다. 따라서 그러한 제도운영의 반영으로서 재판을 받는 것을 특별히 개인의 권리로서까지 구성할 실익이 있는가에 대하여는 의문이 있다. 그런 의미에서 소권론은 소송요건론 중에 발전적으로 흡수되었다는 소권부정설의 주장은 일리가 있다. 다만 소의 이익이나 당사자적격의 판단은 다른 소송요건에 비하여 청구내용과 밀접하게 결부되어 있으므로 일반적 기준을 세우기가 어렵고 사건마다 미묘한 이익교량이 요청되므로 제도운영자인 법원의 입장과 이용자의 입장이 다소 대립될 수가 있다. 이러한 경우에 소권부정설과 같이 이용자의 입장을 제도운영의 단순한 반영이라고 보는 견해에서는 제도운영자에 대립되는 그 이용자의 입장이 무시될 가능성이 있다. 따라서 이용자의 입장을 우선하는 해석과 입법의 방향을 설정하는 좌표로서 소권의 개념이 이용될 실익이 잔존할 것이다. 그러므로 헌법상 재판청구권이 구체적으로 민사소송에서 어떻게 반영되느냐 하는 것이 소권에 의하여 명백해지게 된다.

다만 소권이란 개념을 인정한다고 하더라도 소권을 재판을 받을 권리로 보아 판결 이외의 사법행위도 요구하는 권리라고 일반화해 버리면 소권의 내용은 산만하게 되고 지나치게 국가기관의 행위를 통한 사법질서유지를 강조하는 결과가 된다. 따라서 소권의 개념을 인정하려면 국민의 재판을 받을 권리의 핵심인 판결을 받을 권리라고 구성하는 것이 의미가 있을 것이고, 한 걸음 나아가서 소의 이익이나 당사자적격을 판단함에 있어서 제도이용자의 이익에 치중하는 점에 소권의 실용적 의의를 둔다면 소의 이익이나 당사자적격을 요건으로 하여 성립하는 본안판결을 구하는 권리라고 함이 아직도 현재의 시대사조에 맞는 것이라고 볼 것이다.

Ⅲ. 訴의 利益(保護의 必要要件)

1. 概　念

1) 소의 이익이란 본안판결을 할 필요성 및 그 실효성을 개별적인 청구내용에 비추어 음미하기 위하여 설정되는 요건이고, 그러한 필요성과 실효성이 인정되는 경우에 그 청구에는 본안판결을 구하는 이익(소의 이익)이 있다고 한다.[1] 그러므로 첫째, 청구가 본안판결을 받기에 적합한 일반적 자격이 있어야 하고(권리보호의 자격 또는 청구적격), 둘째, 청구에 대하여 원고가 판결을 구할 현실적 이익 또는 필요(권리보호의 이익 내지 필요)가 있어야 한다는 뜻이다.

2) 소의 이익에 관한 이 두 가지 요건은 객관적으로 청구내용 자체에 관하여 본안판결의 필요성과 실효성을 따지는 점에서, 소에서 주관적으로 특정된 당사자

1) 소권이론 중 구체적 소권설(권리보호청구권설)은 권리보호청구를 요구함에 있어서 갖추어야 할 사항 내지 요건이라는 뜻으로 권리보호요건이라는 용어를 사용한다. 소권의 본질에 관하여 이와 견해를 달리하는 입장에서도 구체적 소권설에서 말하는 권리보호요건과 같은 사항의 존재가 필요함을 부인하지 아니한다. 다만 구체적 소권설을 따르지 않는 입장에서는 같은 내용이면서도 권리보호요건이라는 용어를 피하여 정당한 이익(李英燮), 소권요건(方順元), 권리보호의 이익 또는 필요(판례), 소의 이익(판례) 등의 표현을 쓴다.

에 대하여 본안판결을 할 필요성 및 실효성이 있는지를 문제로 삼는 당사자적격과 구별된다.

3) 넓게 소의 이익이라고 하면 당사자적격까지 모두 포함하는 개념이지만 보통은 청구에 대한 권리보호의 자격과 필요를 가리킨다. 이와 같은 청구에 대한 소의 이익의 유무의 판단은 한 나라의 민사소송제도가 어느 범위 내에서, 어떤 종류의 분쟁을 해결해야 할 것인가를 좌우한다. 이 요건을 기준으로 하여 쓸데없는 소송제도의 이용을 통제할 수 있기 때문이다. 그러므로 이러한 판단을 함에 있어서는 소송제도의 목적론(권리보호냐 사법질서유지냐)에 관한 대립이 투영되지 아니할 수 없다. 그 결과 소송제도 이용자측의 기대와 법원측의 자기역할 인식이 소의 이익이나 당사자적격의 판단을 둘러싸고 예리하게 대립된다.

2. 訴의 利益의 판단에 관한 이해대립

소의 이익의 유무에 관한 판단은 소송관여자들에게 여러 가지 이해관계를 미친다. 이러한 이해의 조정을 고려함이 없이 분쟁해결의 필요성과 실효성에 관한 판단을 할 수는 없다.

1) 原告의 입장 원고는 본안판결을 얻지 못하면 그가 주장하는 권리를 재판을 통하여 보호받을 길이 막힌다. 원고에게 더 간단하고 신속한 방법이 명백하거나 이미 권리보호를 받고 있다면 권리보호의 신청은 문제되지 않는다.[1] 따라서 원고의 입장에서 소의 이익에 대한 판단은 소송물인 권리에 대하여 재판을 통한 보호를 얻을 것인가 여부를 결정하는 것이고, 그런 의미에서 원고의 실체법적 지위를 어떻게 재판에 의하여 보호하느냐가 문제된다. 그러므로 원고가 권리보호를 받을 만한 정당한 이익이 있는 경우에는 민사소송절차를 이용할 수 있도록 소의 이익의 개념이 정립되어야 한다.

2) 被告의 입장 피고는 우선 분쟁해결에 도움되지 아니하는 무익한 소에 응소하는 번거로움에서 해방되어야 할 필요가 있다. 이러한 원칙을 확립하면 쓸데 없는 소의 제기가 사전에 억제될 것이기 때문이다. 소의 이익이 부정되어 소가 각하되면 원고의 주장을 물리치고 승소한 것이 된다는 이익도 갖는다. 그러나 이미 소송이 제기되어 부득이 응소하게 된 이상 청구기각판결의 획득에 의하여 스스로의 법적 지위의 안전을 도모하는 이익을 가진다.

---

1) Jauernig/Hess, §35 I.

3) 法院의 입장　　법원은 분쟁의 실질적 해결에 도움되지 아니하는 사건에는 본안심리에 들어가지 아니함으로써 부담의 경감을 꾀하면서 분쟁해결제도의 효율을 높일 수 있다. 그러나 다른 한편 소의 이익을 판단함에 있어서는 분쟁의 다른 해결수단인 행정적 구제 또는 입법에 의한 구제 등과 민사소송과의 기능분담을 위한 합리적 기준을 고려하여야 한다. 이 경우에 소의 이익을 부정함으로써 법원이 해결하여야 할 민사분쟁을 부당하게 포기 또는 회피하는 일이 있다면 당사자의 헌법상 보장된 재판을 받을 권리를 박탈하게 되고 소송제도에 대한 기대와 사법에 대한 국민의 신뢰를 잃을 염려가 있다. 반대로 소의 이익을 과도하게 넓히면 남소를 허용하고 국가의 적정한 재판권행사를 저해하게 된다. 소의 이익에 대한 판단은 이러한 이해의 조정을 도모하는 작업이 중심을 이룬다.

3. 각종의 訴에 공통된 訴의 利益(一般的 權利保護要件)

1) 청구가 裁判上 請求할 수 있는 것일 것　　예컨대 소권이 없는 자연채무에 대한 청구는 권리보호의 이익이나 필요나 자격이 없다. 그러므로 도박자금으로 빌려준 돈을 청구하는 등의 불법원인급여,[1] 이자제한법 초과이자의 반환청구,[2] 시효완성채무의 청구,[3] 또는 재판 외에서 일방적으로 행사할 수 있는 형성권[4] 등은 소송상 청구의 자격이 없다.

또한 해저광물자원개발법상 해저광업권은 정부만이 가질 수 있으므로 동 광업권설정출원반려처분취소청구도 할 수 없는 것이고,[5] 강제집행취하계약에 기하여 직접 그 취하의 이행을 청구하는 소송은 공권인 강제집행청구권의 처분을 구하는 것이므로 허용될 수 없다.[6] 또 약혼의 강제이행을 구하거나 입법을 해달라는 청구는[7] 허용되지 아니한다. 소유권의 핵심적 권능에 속하는 배타적인 사용·수익 권능이 소유자에게 존재하지 아니한다고 하는 것은 물권법정주의에 반하여 특별한 사정이 없는 한 허용될 수 없다.[8]

국토이용관리법상의 토지거래규제지역 내의 토지에 대한 거래계약은 관할관

1) 대판 1969. 11. 23. 61 민상 105.
2) 대판 1968. 4. 16. 67 다 2624.
3) 대판 1966. 1. 31. 64 다 2445; 대판 1979. 2. 13. 78 다 2157.
4) 대판 1968. 11. 19. 68 다 1882, 1883.
5) 대판 1972. 4. 11. 71 누 98.
6) 대판 1966. 5. 31. 66 다 564.
7) 헌재(전) 1989. 3. 17. 88 헌마 1.
8) 대판 2012. 6. 28. 2010 다 81049.

청의 허가를 받아야만 효력이 발생하고 허가 전에는 물권적 효력은 물론 채권적 효력도 발생하지 아니하여 무효라고 보아야 하나 양 당사자는 계약의 완성에 협력할 의무가 있으므로(동법 제21조의 3 I 공동신청주의) 이러한 의무에 위배하여 허가신청절차에 협력하지 아니하는 당사자에게 상대방은 협력의무의 이행을 소송으로써 구할 이익이 있다.[1] 당사자들이 단순히 도의상으로 어떤 의무를 부담할 의사가 아니라 법적으로 어떤 의무를 부담할 의사로 그와 같은 급부를 하기로 정한 것이라면 그것이 그대로 이행되더라도 당사자의 재산이나 신분상 권리관계에 어떠한 영향도 없다는 이유만으로 그와 같은 약정에 기한 청구가 법률상 보호를 받을 자격이 없다고 할 이유는 없다.[2]

2) 請求가 법률상 구체적인 權利 또는 法律關係의 主張일 것

가) 具體的 事件性 소송제도는 구체적 사건을 추상적 법규에 비추어 보아서 그 사건에서의 구체적인 권리 또는 법률관계의 존부를 확정하는 절차이다. 따라서 구체적 이익분쟁이 있어야 하므로 추상적으로 법령 자체의 효력이나 해석의견을 다투는 소송[3] 또는 추상적인 권리 자체의 존부를 다투는 청구[4] 내규 또는 내부적 사업계획 자체의 효력을 다투는 청구는[5] 소송의 목적이 될 수 없다. 또한 권리의 구체적 내용과 한계에 관하여 법률상 규정이 없을 때에도 소의 대상이 되지 아니한다.[6] 그 외에 실체법상 반사적 이익만을 갖게 되는 경우에도 소의 이익을 인정할 것인가는 다투어지나[7] 긍정하여야 할 것이다.

그런데 행정소송법상 민중소송은 국가 또는 공공단체의 기관이 법률에 위반되는 행위를 한 때에 직접 자기의 법률상 이익과 관계 없이 그 시정을 구하기 위하여 제기될 수 있으므로 소의 이익을 논함에 있어서 구체적 사건성은 그만큼 희박해질 수 있다.

나) 法律的 爭訟性 청구는 법률적 쟁송성(법조 제 2 조 I)을 갖추어야 하므로

1) 대판(전) 1991. 12. 24. 91 다 12243; 대판 1993. 3. 9. 92 다 56575.
2) 대판 1998. 2. 24. 97 다 48418.
3) 대판 1954. 8. 19. 53 행상 37. 우리 나라는 독일과 달리 법원이 구체적 규범통제권만을 가지므로 구체적 사건을 재판하는 데 적용될 법규의 합헌 여부가 문제될 때에만 위헌심사가 가능하다. 대판 1984. 5. 22. 83 누 485.
4) 대판 1961. 9. 28. 59 민상 50은 평화적 집회 및 시위행렬을 자유로 할 수 있다는 헌법상 권리의 존재확인청구를 각하하였다.
5) 대판 1992. 11. 24. 91 다 29026.
6) 대판 1970. 11. 20. 70 다 1376.
7) 姜 313면은 실체법적으로는 반사적 이익에 지나지 아니하더라도 소송으로 보호할 만한 개인의 실질적·구체적 이익은 소송의 대상이 된다고 하는 긍정설을 취한다.

구체적인 법률관계가 아닌 사실존부의 판단(예외: 증서의 진정여부확인)이나 권리관계와 관련 없는 사항 또는 현행법상 허용되지 아니하는 권리관계는 소의 대상이 되지 아니한다. 따라서 가옥, 토지, 임야대장의 명의변경청구[1)]나 지적도의 경계오류정정신고이행청구,[2)] 종중의 대동보에 특정선조의 업적을 등재하지 못하게 하는 청구나[3)] 그 기재사항의 변경이나 삭제를 구하는 청구[4)] 등은 권리관계와 무관한 사항이므로 허용될 수 없다. 다만 판례는 골프장 회원명부의 명의개서청구,[5)] 임대아파트에 관한 건물임차권 명의변경청구,[6)] 건축허가서 명의변경청구,[7)] 다방영업허가 명의변경청구[8)]는 소의 이익이 있고, 또한 무허가건물대장상 기재건물의 소유권에 관한 다툼이 있는 경우 판결에 의하여 즉시 확정할 법률상의 이익이 있다고 한다.[9)]

그 외에도 법원이 법률적 쟁송성이 없다고 하여 물리친 판례로는 두 가지 부류가 있다. 첫째, 통치행위는 청구적격이 없다는 것이고,[10)] 둘째, 특수단체(예컨대 종교단체, 대학, 정당)의 내부분쟁은 사법심사의 대상으로 삼기보다는 그들의 자율성에 맡겨야 한다는 것이다.[11)] 그러나 3권분립의 권력구조상 정치문제나 통치행

---

1) 대판 1979. 2. 27. 78 다 913; 대판 1994. 6. 14. 93 다 36967.
2) 대판 1965. 12. 28. 65 다 2172.
3) 대판 1975. 7. 8. 75 다 296.
4) 대판 1992. 10. 27. 91 다 42678.
5) 대판 1986. 6. 24. 85 다카 2469.
6) 대판 1986. 2. 25. 85 다카 1812.
7) 대판 1989. 5. 9. 88 다카 6754; 대판 1996. 10. 11. 95 다 29901; 대판 2009. 2. 12. 2008 다 72844.
8) 대판 1997. 4. 25. 95 다 19591.
9) 무허가건물대장은 행정상 사무처리의 편의를 위하여 작성·비치된 대장으로서 건물의 물권변동을 공시하는 법률상의 등록원부가 아니지만 대장상 기재건물이 피고의 소유라고 다투는 이상 원고의 무허가건물대장상 기재건물의 소유권에 관한 위험이나 불안이 현존한다고 보아 확인의 이익을 인정한 대판 1993. 6. 11. 93 다 6034 참조. 그 이외에 지방자치단체의 조례가 무허가건물대장에 등재된 건물에 대하여 공익사업에 따른 철거시 철거보상금을 지급하도록 규정하고 있고 종전에도 관할 동사무소가 무허가건물에 관하여 무허가건물대장상 건물주 명의의 말소를 명하는 확정판결에 따라 업무를 처리한 경우에 무허가건물대장상 건물주 명의의 말소를 구하는 청구가 소의 이익이 있다고 인정한 대판 1998. 6. 26. 97 다 48937 참조.
10) 대판 1964. 7. 21. 64 초 4; 대판 1981. 4. 28. 81 도 874.
11) 대판 1983. 10. 11. 83 다 233; 대판 1995. 3. 24. 94 다 47193 등은 정당이나 종교단체의 내부적 결의의 무효확인청구는 내부규제에 불과하다고 한다. 대판 2006. 2. 10. 2003 다 63104에서는 종교단체 내에서의 행위와 사법심사와 관련하여 교회내부의 분쟁에 관한 사법적 관여의 자체는 종교단체의 자율적 운영의 보장이라는 헌법적 고려를 바탕으로 하지만, 교회법상 지위의 존부나 그에 관하여 교회내부에서 이루어진 각종 의결 및 처분의 효력 유무가 구체적 권리의무에 관한 청구의 전제문제로 다루어지는 사안에서조차도 소를

위가 사법심사의 대상이 될 수 없다고 하나 국민의 기본권에 영향을 주는 경우에는 그러하지 아니하다. 또한 특수단체의 내부분쟁이라도 내부의 절차규정에 위배되거나 국법질서와 연관되어 법원의 공권적 판단을 요청하는 경우에는 법률적 쟁송성을 인정하여 심판하여야 할 것이다.

3) 法律上 또는 契約上 提訴禁止事由가 없을 것

(i) 법률상 제소금지사유로는 법 제259조의 중복제소금지와 제267조 2항의 재소금지 등이 있다.

(ii) 계약상 제소금지사유로는 부제소특약과 소취하·포기의 합의나 중재계약을 들 수 있다. 첫째, 일체의 민형사상 소송을 제기하지 아니한다는 취지의 불제소특약의 소송법상 효력에 대하여 판례는 소권은 개인의 국가에 대한 공권이므로 포기할 수 없다고 하던 입장을 번복하여 부제소특약에 위배하여 제기한 소는 권리보호의 이익이 없다고 한다.[1] 그러므로 당사자가 마음대로 처분할 수 있는 권리나 법률관계의 범위 내에서[2] 특정한 권리관계에 관하여 정당한 방법으로[3] 부제소합의를 한 경우에 그러한 합의는 소권의 포기라기보다 실체법상의 청구권의 포기로 보아 유효하다고 할 것이고, 이에 위반하여 재판을 청구한 경우에는 소를 각하할 것이다.[4] 둘째, 손해배상에 관한 타협 후에 이루어지는 불제소합의에 대하여도 판례는 소송법적 측면보다 사법상 효과에 중점을 두어 실체법상의 권리포

각하할 수밖에 없게 되는데, 이 경우 구체적 권리의무에 관한 분쟁이 해결되지 않은 채로 남게 되고, 그 결과 국민의 재판청구권이 침해될 위험이 큰 점 등을 이유로 종교단체 내에서 개인이 누리는 지위에 영향을 미치는 단체법상의 행위라 하여 반드시 사법심사의 대상에서 제외하거나 소의 이익을 부정할 것은 아니라도 한다. 대판 2005.6.24. 2005 다 10388; 대판 2010.5.27. 2009 다 67658에서는 종교단체의 징계의 효력의 유무와 관련하여 구체적인 권리 또는 법률관계를 둘러싼 분쟁이 존재하고 또한 그 청구의 당부를 판단하기에 앞서 위 징계의 당부를 판단할 필요가 있는 경우에는 그 판단의 내용이 종교교리의 해석에 미치지 아니하는 한 법원으로서는 위 징계의 당부를 판단해야 한다고 보았다.

1) 대판 1968.11.5. 68 다 1655; 대판 1979.3.13. 77 후 50; 대판 1993.5.14. 92 다 21760.

2) 대판 1977.4.12. 76 다 2920(근로기준법상의 청구권); 대판 1996.6.14. 95 다 3350(퇴직금청구권); 대판 1998.3.27. 97 다 49732(퇴직금청구권); 대판 1998.8.21. 98 두 8919(공법상의 권리관계). 다만 근로자가 퇴직하여 퇴직금 등을 수령하면서 퇴직금에 관하여 체결한 부제소특약은 유효하다고 한다. 대판 1997.11.28. 97 다 11133. 이러한 판례의 분석에 관하여는 文一鋒, "강행법규에 반하는 불제소특약의 효력," 판례월보 335호(1998.8.), 24면 이하 참조.

3) 불공정한 합의의 예로는 대판 1979.4.10. 78 다 2457.

4) 대판 2010.7.15. 2009 다 50308은 매매계약 등 쌍무계약이 '불공정한 행위'에 해당되어 무효인 경우, 그 계약으로 불이익을 입는 당사자로 하여금 위와 같은 불공정성을 소송 등 사법적 구제수단을 통하여 주장하지 못하도록 하는 불제소합의 역시 다른 특별한 사정이 없는 한 무효라고 하였다.

기로 보아 당사자의 의사표시의 해석문제로 다루고 있다.[1] 셋째, 각종 약관의 규정 중에 불제소합의조항이 있는 경우, 예컨대 은행대출약관에 융자받은 기업이 소송을 제기하지 않기로 하거나, 파산신청 또는 회사정리신청을 안하기로 하는 규정을 삽입한 경우에도 소송법상 대체로 유효할 것이나, 약관규제의 차원에서 그 효력이 문제될 수 있음은 별론이다. 넷째, 소의 취하계약,[2] 소권포기계약 그리고 중재계약(중재 제 9 조)[3]이 존재하면 소의 이익을 잃는다.

4) 提訴障碍事由가 없을 것 소송에 의하지 아니하고 보다 더 간편하고 경제적인 방법으로 목적을 달성할 수 있는 경우에는 특단의 사정이 없는 한 소의 이익을 부인하는 것이 재판제도의 합목적적 운영에 도움이 된다. 즉 그러한 간편한 방법을 이용하지 아니하고 소를 제기하면 제소의 이익이나 필요가 없는 것으로 될 것이다. 판례는 대체로 다음과 같은 경우에 소의 이익을 부인한다.

소송비용채권에 대해서 소송비용확정절차에 의하지 아니하고 소송비용상환의 소에 의한 경우,[4] 비송사건절차법에 의하여야 할 법인의 가이사해임청구를 통상의 소에 의한 경우,[5] 부동산등기법상 등기공무원의 처분에 대한 이의방법을 취하지 아니하고 소로써 시정을 구하는 경우나[6] 등기의무자의 존재를 생각할 수 없는 부동산표시에 관한 착오는 지번이 중복된 부동산의 등기명의인을 대위하여 경정등기신청을 하여야 함에도 이를 소구한 경우,[7] 화해·인낙·조정조서의 효력을 재심절차에 의하지 아니하고 동 조서무효확인의 소를 제기하는 경우,[8] 형사소송법상의 항고 등의 절차에 의하여 다툴 수 있는 것을 제소하는 경우,[9] 감사원의 확정된 변상명령판정이 있음에도 불구하고 판정된 변상금의 배상을 구하는 민사소송을 제기한 경우,[10] 담보목적물을 현금화처분하여 우선변제를 받을 수 있는 양도담

---

1) 대판 1970. 8. 31. 70 다 1284; 대판 1972. 8. 22. 72 다 1057.
2) 대판 1982. 3. 9. 81 다 1312.
3) 대판 1973. 3. 20. 66 다 258. 다만 중재심판을 먼저 거쳐야 한다는 주장을 본안심리에 들어간 후에는 할 수 없다는 판례로는 대판 1991. 4. 23. 91 다 4812; 대판 1996. 2. 23. 95 다 17083.
4) 대판 1987. 3. 10. 86 다카 2469; 대판 2000. 5. 12. 99 다 6857.
5) 대판 1976. 10. 26. 76 다 1771.
6) 대판 1973. 5. 30. 73 다 142, 143.
7) 대판 1992. 2. 28. 91 다 34967.
8) 대판 1968. 10. 22. 68 므 32.
9) 조세범처벌절차법에 의한 통고처분취소소송(대판 1962. 1. 31. 61 민상 40), 형집행정지처분취소소송(대판 1956. 12. 14. 56 행상 122) 등이 그 예이다.
10) 대판 1970. 4. 14. 67 다 2138.

보권자가 우선변제의 소를 제기하는 경우,[1] 집행법원의 가처분취소결정에 의하지 아니하고 가처분등기말소청구소송을 제기하는 경우,[2] 공탁공무원에게 공탁금출급 절차를 거치지 아니하고 소로써 그 지급청구를 하는 경우,[3] 경락대금을 완납한 경락인이 종전 소유자를 상대로 경락을 원인으로 한 소유권이전등기 청구소송을 제기하는 경우,[4] 항소심판결에서 예비적 청구에 관한 판단이 누락되었음에도 상고로 다투지 아니하여 그 항소심판결을 확정시킨 후 그 예비적 청구의 전부나 일부를 소송물로 하는 별도의 소를 제기하는 경우[5]에는 소의 이익이 없어 부적법각하한다.

5) 勝訴確定判決이나 그와 동일한 執行權原이 없을 것 원고가 이미 승소확정판결을 받았거나 화해조서가 작성되어 있거나,[6] 토지수용법상의 확정된 재결이 있는 경우에는(동법 제82조의 2),[7] 동일내용의 신소를 제기하는 것은 허용되지 아니한다. 이들에게는 기판력이 인정되기 때문이다. 다만 화해조서[8] 또는 채무명의의 내용에 불특정 또는 불명료한 점이 있으면 다시 제소할 이익이 있다.

공정증서에 의한 채무명의는 집행력은 있으나 기판력이 없으므로 확정판결에 의한 채무명의를 얻고자 제소할 수 있다.[9] 또 확정판결의 내용이 특정되어 있지 아니한 경우,[10] 판결원본을 멸실한 경우[11] 등에는 동일청구에 대하여 다시 제소할 이익이 있다. 판례는 그 밖에도 양곡관리법상 예매양곡납부를 게을리한 자는 국세징수법상의 절차에 의하여 징수할 수 있으므로 청구할 필요가 없겠으나 체납처분에는 기판력이 인정되는 것이 아니므로 정조지급청구권의 확정을 위하여 소구할 수 있다고 하며,[12] 경락인이 간이한 인도명령절차에 의하여 권리실행의 목적

---

1) 대판 1979. 3. 27. 78 다 2141.
2) 대판 1976. 3. 9. 75 다 1923, 1924.
3) 대판 1967. 2. 21. 66 다 2153. 또한 공탁공무원의 공탁금출급인가처분이 있고 그에 따라 공탁금이 출급되었다면 설사 이를 출급받은 자가 진정한 출급청구권자가 아니라 하더라도 공탁법상의 공탁절차는 종료되었으므로 진정한 공탁금출급청구권자라 하더라도 공탁사무를 관장하는 국가를 상대로 하여 민사소송으로 공탁금지급을 구할 이익이 없다는 대판 1993. 7. 13. 91 다 39429 참조.
4) 대판 1999. 7. 9. 99 다 17272.
5) 대판 2002. 9. 4. 98 다 17145.
6) 대판 1962. 1. 25. 61 민상 21.
7) 대판 1974. 4. 23. 73 다 714.
8) 대판 1965. 2. 3. 64 다 1387.
9) 대판 1996. 3. 8. 95 다 22795, 22801. 다만 독일의 학설·판례는 채무자에 의한 청구이의의 소의 제기가 예기되는 경우에 한하여만 신소의 이익을 인정한다. Rosenberg/Schwab/Gottwald §89 Ⅳ 2 a.
10) 대판 1995. 5. 12. 94 다 25216(재판상의 화해); 대판 1998. 5. 15. 97 다 57658.
11) 대판 1958. 3. 20. 57 민상 851.
12) 대판 1967. 4. 18. 67 다 416.

을 달성할 수 있더라도 소로써 경매목적물의 명도를 구할 이익이 있다고 한다.[1)]

6) 訴 이외의 특별한 先行的 救濟節次가 없을 것 법이 통상의 소 이외의 특별한 선행적 구제절차를 베풀어 놓고 이를 반드시 경유하게 하였음에도 불구하고(필요적 전치주의) 이를 거치지 아니한 채 바로 소를 제기하는 경우에는 권리보호의 필요가 없다고 할 것이다.

민사사건에는 전치주의를 요구하는 경우가 많지 아니하다. 국가배상법상 배상심의회의 결정 없이 징발보상금 또는 국가배상금을 소로써 청구하는 경우(국배 제9조) 판례는 징발보상심의회는 내부자문기관이므로 그 결정을 거치지 아니한 채 민사상으로 보상금을 청구할 수 있다고 하며,[2)] 국가배상청구소송에서는 배상결정을 거쳐야 하는 경우에도[3)] 피해자 본인만 배상심의회의 결정을 거쳤으면 나머지 청구권자는 이를 거치지 아니한 채 제소할 수 있다고 한다.[4)] 하천법상의 손실보상금 지급절차는 내부적 사무처리절차에 불과하고 민사상의 제소를 위한 필요적 전치절차가 아니다.[5)] 또한 근로기준법상으로는 부당해고구제신청을 노동위원회에 할 수 있지만(동법 제27조의 3) 이를 거치지 않은 채 해고무효확인의 소를 제기할 수 있다.[6)] 다만 재해보상청구사건의 경우에는 노동위원회의 심사 또는 중재(동법 제89조)를 거쳐야 제소할 수 있다.[7)] 가사소송 중 나류 및 다류 그리고 가사비송 중 마류와 같이 조정전치주의의 적용을 받는 사건을 곧바로 제소한 경우에는 이를 조정에 회부한다(가소 제50조). 정정보도청구사건의 경우에는 언론중재를 거쳐야 소를 제기할 수 있다(정간물등록 제19조 I).

7) 信義誠實의 原則에 違背하여 提訴한 경우[9)] 신의칙은 오직 민법에만 국한되지 않는 보편적 원리이므로 민사소송관계에도 그대로 적용될 수 있는 지도이념이라고 할 수 있을 것이다. 다만 소송법질서는 그 자체 독자적으로 이념적 배경과 실천적·기술적 필요성에 의하여 전개되는 것이므로 신의칙은 절차의 안정성을 해치지 아니하는 한도 내에서, 법원과 당사자간의 협력관계와 당사자간의 실질적 평등을 유지하기 위하여 당사자에 의한 소권행사와 소송수행의 기준이

1) 대판 1971. 9. 28. 71 다 1437.
2) 대판 1970. 3. 24. 70 다 185.
3) 전치절차를 거치지 아니하면 소송요건을 흠결한다는 것으로 대판 1995. 8. 25. 94 다 34562.
4) 대판 1970. 3. 10. 68 다 2198.
5) 대판 1991. 12. 10. 91 다 14420.
6) 대판 1991. 7. 12. 90다 9353.
7) 대판 1980. 12. 9. 80 다 1708.
8) 신의칙을 소송요건의 차원으로 다루는 것이 통설에 가깝다(方 307면, 李時 213면, 鄭/庾 363면, 姜 317면). 반대 입장으로는 胡 52면.

된다고 할 것이다.[1] 신의칙에 반하는 경우로는 이미 고찰한 바와 같다.[2]

민사소송법 제 1 조에 신의칙을 정면으로 도입하기 이전에도 판례는 신의칙에 어긋난 경우라고 하여 소를 각하한 사례가 있다. 피고들이 공매로 인한 매득금 중에서 체납세금과 체납처분비용을 충당한 잔액을 환급청구하여 이를 수령한 사실이 있다면 그 후 다시 피고들이 공매처분의 무효를 들고 나옴은 금반언 및 신의칙에 위반된 것이라 못 볼 바 아니라고 하여[3] 선행행위에 모순되는 거동의 금지원칙에 해당됨을 분명히 하고, 혼인무효심판청구를 부당한 목적의 추구를 위하여 제기한 경우,[4] 해고되어 아무런 이의의 유보나 조건 없이 퇴직금을 수령한 때로부터 오랜 기간이 지난 후에야 해고의 효력을 다투는 소를 제기하는 경우[5] 또는 학교법인의 경영권을 남에게 양도하기로 결의함에 따라 그 법인 이사직의 사임을 승인하고 현이사진이 학교법인을 인수경영함에 대하여 아무런 이의가 없다가 위 경영권을 양도하면서 현이사로부터 약정한 금원의 분배금을 받지 못하자 학교법인의 이사로서의 직무수행의사는 없으면서 오로지 학교법인이나 현이사들로부터 다소의 금원을 지급받을 목적만으로 제기한 이사회결의부존재확인청구는 권리보호의 자격 내지 소의 이익이 없는 부적법한 것이고 또 신의칙에도 위반되는 것이라고 판시한 바 있다.[6]

4. 履行의 訴에 있어서의 訴의 利益

1) 現在의 履行의 訴의 경우 현재의 이행의 소에 있어서는 원고가 자기에게 이행청구권이 존재함을 주장함으로써 당연히 권리보호의 이익이 인정되고 판결을 구할 필요가 있게 된다. 즉 이행의 소의 경우에는 소의 이익을 따지는 것이 그렇게 어렵지 아니하며 이행청구권의 내용이 무엇인지는 문제되지 아니한다. 그러므로 소의 제기에 앞서 의무자가 이행거절을 하거나 권리자가 최고를 하여야 할 필요가 없다. 또한 이행불능이나 집행불능이 예견된다고 하여 소를 제기할 이익이나 필요가 없다고 할 수 없다. 판례를 통하여 좀더 자세히 살펴보자.

가) 강제집행이 불능이거나 현저히 곤란하다고 하여 소의 이익이 없는 것은 아니다. 그러므로 현재의 변제금지의 가처분이 있더라도 이는 채무자의 임의변제

1) 대판 1983. 5. 24. 82 다카 1919.
2) 제 1 편 제 1 장 제 3 절 참조.
3) 대판 1973. 6. 5. 69 다 1228.
4) 대판 1987. 4. 28. 86 므 130.
5) 대판 1993. 1. 26. 91 다 38686.
6) 대판 1974. 9. 24. 74 다 767 참조. 이 판결에 대하여 의문을 제기한 글로는 胡文赫, "민사소송에 있어서의 신의성실의 원칙," 판례월보 제222호, 39면 이하.

를 금지하는 것일 뿐 채권자의 추심까지 금하는 것은 아니므로 채권자는 무조건의 이행을 소구할 수 있고,[1] 외환관리법상 거주자에게 비거주자에 대한 외화채무를 지급하라고 명하는 판결을 함에 있어서 재무부장관의 허가는 집행조건에 불과하므로 법원은 거주자에게 무조건의 지급을 명할 수 있다.[2] 채권이 가압류된 경우라도 채무자가 제3채무자로부터 현실로 급부를 추심하는 것만을 금지하므로 이행의 소를 제기할 수 있고 법원도 무조건의 이행판결을 할 수 있으나[3] 소유권이전등기를 명하는 판결과 같이 의사진술을 명하는 판결은 이것이 확정되면 채무자는 일방적으로 이전등기를 신청할 수 있고 제3채무자는 이를 저지할 방법이 없으므로 소유권이전등기청구권에 대한 가압류가 된 경우에는 가압류의 해제를 조건으로 해서만 이를 인용할 수 있다.[4] 소유권이전등기가 순차로 경료된 경우 후순위등기의 말소등기절차이행청구가 패소확정됨으로써 직접적으로는 그 전순위등기의 말소등기의 이행이 불가능하게 되었다 하더라도 그 전순위등기의 말소를 구할 소의 이익이 있다.[5]

성질상 강제집행을 할 수 없는 청구라고 하더라도 소의 이익이 있다. 가수의 공연을 구하는 소송, 부부동거를 구하는 소송(민 제826조) 등이 그 예이다. 그 이유는 판결절차는 분쟁의 관념적 해결절차로서 사실적인 해결방법인 강제집행절차와 별도로 독자적인 존재의의를 가지므로 이러한 판결의 집행이 사실상 불가능하다고 하여 소의 이익이 없다고 할 수 없기 때문이다.

나) 확정된 이행판결을 받은 자로부터 권리를 양수한 자는 기판력과 집행력을 받으므로 다시 제소할 이익은 없다. 왜냐 하면 권리양수인은 승계집행문을 부여받아 양수한 권리를 강제집행할 수 있기 때문이다.[6]

다) 승소하여도 목적실현이 불가능 또는 무익한 경우에는 소의 이익이 부정된다. 예컨대 저당권설정등기말소청구소송이 계속중에 그 저당권이 실행되어 저당권설정등기가 말소된 경우,[7] 구 건물이 철거되고 신건물이 건축된 경우 없어진

1) 대판 1989. 11. 24. 88 다카 25038. 동지 方 309면, 金/姜 248면, 李時 214면, 鄭/庾 366면, 姜 317면.
2) 대판(전) 1975. 4. 22. 72 다 2161.
3) 대판 1989. 6. 22. 88 다카 25038.
4) 대판(전) 1992. 11. 10. 92 다 4680. 처분금지가처분을 받은 소유권이전등기청구권에 관한 것으로는 대판 1998. 2. 27. 97 다 45532.
5) 同旨 鄭/庾 366면, 李時 214면, 姜 317면. 그리고 대판 1983. 3. 8. 80 다 3198; 대판 1993. 7. 13. 93 다 20955; 대판 1998. 9. 22. 98 다 23393. 반대 판례로는 대판 1981. 9. 8. 80 기 2511.
6) 대판 1972. 7. 25. 72 다 935.
7) 대판 1961. 7. 20. 60 민상 599; 대판 1972. 4. 11. 72 다 214; 대판 2003. 1. 10. 2002 다 57904.

구 건물에 대한 소유자명의의 말소등기를 청구한 경우에는 소의 이익이 없다.[1] 이미 취소된 영업허가증은 아무 재산적 가치가 없으므로 반환을 구할 이익이 없고,[2] 폐쇄된 등기용지에 기재된 등기사항의 말소청구도 마찬가지이다.[3] 또한 국유지에 대한 취득시효완성을 원인으로 한 소유권이전등기청구소송 중 국가가 원고에게 상환완료를 원인으로 한 소유권이전등기를 마쳐 준 경우에도 소의 이익이 없어진다.[4] 채권자취소권의 요건을 갖춘 각 채권자는 고유의 권리를 갖게 되어 어느 한 채권자가 동일한 사해행위에 관하여 채권자취소 및 원상회복청구를 하여 승소판결을 받아 그 판결이 확정되었다는 것만으로 그 후에 제기된 다른 채권자의 동일한 청구가 권리보호의 이익이 없어지는 것이 아니지만, 그에 기하여 재산이나 가액의 회복을 마친 경우에 비로소 다른 채권자의 채권자취소 및 원상회복청구는 그와 중첩되는 범위 내에서 권리보호의 이익이 없게 된다고 보아야 한다.[5] 한편 근저당권설정계약이 해지되었지만 그것이 사해행위에 해당하는지에 따라 후행 양도계약 당시 당해 부동산의 잔존가치가 피담보채무액을 초과하는지 여부가 달라지고 그 결과 후행 양도계약에 대한 사행행위취소청구가 받아들여지는지 여부 및 반환범위가 달라지는 경우, 이미 해지된 근저당권설정계약에 대한 사행행위취소청구를 할 수 있는 권리보호의 이익이 있다.[6]

라) 국가에 대하여 행정처분을 명하는 이행판결과 실제로 동일한 취지의 판결을 민사소송으로 구하는 경우에도 소의 이익은 부정된다.

마) 체납처분이 가능하여도 소의 이익이 있는지는 견해가 나뉘나, 긍정하여야 할 것이다.[7]

바) 소송목적인 청구권이 법률상 정당한 것이고 보호받을 만한 것이어야 하므로 강행법규에 위반된 청구는 소의 이익이 없다.[8]

2) 將來의 履行의 訴의 경우(제251조)

가) 制度的 趣旨　　장래의 이행의 소는 일반적으로 변론종결시를 기준으

1) 대판 1992.3.31. 91 다 39184; 대판 1994.6.10. 93 다 24810.
2) 대판 1956.5.3. 55 민상 179, 180.
3) 대판 1978.11.28. 78 다 1485.
4) 대판 1996.10.15. 96 다 11785.
5) 대판 2003.7.11. 2003 다 19558.
6) 대판 2013.5.9. 2011 다 75232.
7) 긍정설은 대판 1971.9.28. 71 다 1437. 그리고 부정설은 대판 1970.8.31. 70 다 1011.
8) 대판 1955.2.17. 54 민상 107.

로 하여 이행기가 미도래하였거나 또는 조건이 미성취된 청구권의 경우에 비록 그 이행기의 도래 또는 조건의 성취가 실현된다고 하더라도 채무자의 임의적 이행을 기대하기 어려운 경우에(거절하거나 다투는 경우) 미리 청구할 수 있도록 허용하는 것이다.[1] 그러므로 장래의 이행을 명하는 판결을 하기 위하여서는 채무의 이행기가 장래에 도래하는 것뿐만 아니라 채무불이행사유가 그 때까지 계속하여 존재한다는 것을 변론종결 당시에 확정적으로 예정할 수 있어야 한다.[2] 그러나 이행기에 이르러 채무자가 무자력으로 되어 집행불능이나 곤란의 염려에 대비하자는 것은 아니다.[3] 그러한 경우라면 가압류·가처분사유는 될지언정 장래의 이행의 소를 제기할 사유는 되지 아니한다.

나) 請求의 對象

(i) 장래의 이행의 소는 그 기초관계가 성립되어 있는 때에는 기한부청구권, 조건부청구권 또는 장래에 발생할 청구권을 불문한다. 다만 조건부청구권의 경우에는 조건성취의 개연성이 희박하여 재산적 가치가 없는 경우에는 안 되고, 적어도 그 기초채권관계의 원인은 성립되어 있어서 조건을 고려하지 아니하더라도 이행의무가 성립되어 있으므로 조건이 성취되면 그 효력이 발생하게 되어 있는 경우이어야 한다.[4]

판례는 행정관청의 인가라는 공법상 조건이 성취되면 현실화될 조건부청구권,[5] 또는 앞으로 30년간 생존할 것을 조건으로 하는 정기금청구,[6] 그리고 토지개량사업시행지역 내의 토지에 대한 장래의 소유권이전등기청구,[7] 농지매매증명이 발급되는 것을 조건으로 하는 농지에 관한 소유권이전등기절차의 이행청구[8]에 대하여 장래의 이행의 소를 제기할 이익을 인정하고 있다.[9] 상환곡의 완납을

1) 대판 2004. 1. 15. 2002 다 3891.

2) 대판 1987. 9. 22. 86 다카 2151; 대판 1991. 6. 28. 90 다카 25277.

3) 대판 2000. 8. 22. 2000 다 25576.

4) 대판 1998. 7. 24. 96 다 27988. 이에 대하여 사립학교의 기본재산의 매도 등에 있어서 관할청의 허가를 받지 아니한 계약은 채권적으로도 무효이기 때문에 법리상 문제가 있고, 토지거래허가구역 내의 토지거래계약에 있어서 허가를 받기 전의 상태에서는 권리의 이전 또는 설정에 관한 어떠한 이행청구도 할 수 없다는 대판(전) 1991. 12. 24. 90다12243 판결의 법리와 논리적으로 일관하지 않는다는 지적이 있다. 김홍 264-265면.

5) 대판 1998. 7. 24. 96 다 27988.

6) 대판 1967. 8. 29. 67 다 1021.

7) 대판 1968. 2. 6. 67 다 1701, 1702.

8) 대판 1994. 12. 9. 94 다 42402. 이에 대하여 현행 농지법상 농지취득자격증명은 농지취득의 원인이 되는 법률행위의 효력을 발생시키는 요건이 아니므로, 조건부의 장래의 이행의 소가 허용되는 예로서 드는 것은 부적절하다는 견해로 김홍 266면.

9) 토지거래허가조건부 소유권이전등기청구의 장래이행의 소는 인정될 수 없다는 것이 판례

조건으로 하는 분배농지소유권이전등기청구도 동시이행관계의 이행청구가 아니라 정지조건부이행청구로서 장래의 이행의 소라고 한다.[1] 양도담보의 경우에 담보제공자가 피담보채무의 소멸을 이유로 소유권이전등기말소의 현재이행의 소를 제기한 경우라도 심리결과 아직도 채무가 남아 있는 것으로 밝혀졌을 때에는 이 청구 중에는 잔액채무변제를 조건으로 한 장래의 등기말소청구도 포함한 것으로 해석할 것이며 그 채무의 선이행을 조건으로 청구를 인용할 것이다.[2]

(ii) 본래의 급여청구와 이것이 장래에 이행불능 또는 집행불능될 것을 고려하여 이에 갈음하는 대상청구를 병합하여 소구하는 경우에 이 대상청구는 장래의 이행청구로서 소의 이익이 있다.

(iii) 부당이득반환청구도 청구권의 성질상 미리 청구할 수 있다.[3] 다만 장래의 부당이득반환청구 또는 손해배상청구의 소에서는 채무의 이행기가 장래 도래되는 것만으로는 부족하고 의무불이행사유가 그 때까지 존속될 것이 확정적으로 예정될 수 있어야 한다.[4]

다) 請求의 要件(權利保護利益)—'미리 請求할 必要' 장래의 이행의 소는 미리 청구할 필요가 있는 때에 한하여 소의 이익이 있고, 그렇지 아니하면 소는 부적법각하되어야 한다.

(i) 정한 시기에 이행하지 아니하면 목적을 달성할 수 없는 정기행위(민 제545조), 또는 이행을 지체하면 회복할 수 없는 손해가 발생할 경우에는 의무자가 현재 이행을 약속하는 경우에도 미리 청구할 필요가 있다.

(ii) 장래의 계속적·반복적 이행청구도 이행기가 도래할 때마다 같은 청구를 반복하여 소구하는 번잡을 방지하기 위하여 미리 청구할 필요를 인정하여야 할 것이다. 예컨대 이행기가 도래한 임료를 지급하지 아니하면 장래의 임료는 이행기에 지급받기 어려울 것이므로 미리 청구할 필요가 있고, 이행기 미도래의 부작

의 입장이다. 대판(전) 1991. 12. 24. 90 다 12243 참조. 그러나 반대의 견해로는 李時潤, "토지거래에 관한 규제를 어긴 경우의 효력과 장래의 이행의 소," 金祥源·尹一泳 화갑기념 민사재판의 제문제 Ⅱ, 623면 이하; 金相容, "토지거래허가의 법리구성," 판례월보 제260호, 28면 각 참조.

1) 대판 1969. 6. 10. 68 다 2043.

2) 대판 1993. 4. 27. 92 다 5249; 대판 1996. 2. 23. 95 다 9310(근저당의 경우).

3) 대판 1993. 3. 9. 91 다 46717; 대판 1993. 7. 27. 92 다 13332 참조.

4) 대판 1987. 9. 22. 86 다카 2151. 한편 대판 1994. 9. 30. 94 다 32085는 지방자치단체가 사실심 변론종결 무렵까지 타인 소유의 토지들을 도로부지로 점유·사용하면서도 이에 대한 임료 상당의 부당이득금의 반환을 거부하고 있는 경우, 지방자치단체의 점유종료일 또는 그 토지소유자의 토지소유권 상실일 가운데 먼저 도래하는 날을 장래에 이행기가 도래할 부당이득금 부분의 이행을 구하는 데 있어서 장래기한으로 삼아야 한다고 보고 있다.

위채무(예컨대 민 제206조 II)의 경우에도 이미 의무위반이 있었거나(반복적 침해의 방지) 위반할 우려(예방적 침해방지)가 있으면 미리 청구할 수 있다.

(iii)「미리 청구할 필요」의 요건은 채무자가 임의이행을 거절하거나 채무의 존재 또는 그 조건이나 이행기 등을 다투는 경우에 대비하여 인정되는 것이지 이행기에 이르거나 조건이 성취된 때에 채무자가 무자력으로 되어 집행의 곤란에 이르는 것을 막자는 취지는 아닌 것이다.

판례도 같은 취지로서 잔대금의 수령과 동시에 건물소유권이전등기를 이행하라는 소송에서 등기의무의 이행기가 변론종결시 아직 미도래하였다 하여도 채무자가 그 전에 이미 이행의무의 존재를 다투고 있는 경우,[1] 또는 주식의 소유자가 주식양도절차를 거부하는 것으로 보아 동인이 대주주 및 대표로 있는 주식회사도 명의개서를 거절할 염려가 있는 경우[2]에는 미리 청구할 필요가 있다고 한다. 또한 판례는 채무의 담보로 소유권이전등기를 종료한 채무자는 그 채무를 변제한 뒤가 아니면 그 소유권이전등기의 말소를 청구할 수 없다고 하지만,[3] 등기명의자가 담보의 목적이 아님을 다투거나 피담보채무의 액수를 다투는 등 채무를 변제하여도 즉시말소에 협력을 기대할 수 없는 사정이 있는 경우에는 미리 청구할 필요가 있다고 보아 채무변제를 조건으로 하는 이전등기말소청구를 장래의 이행의 소로서 허용한다.[4]

라) 將來의 履行의 소와 現在의 履行의 소의 併合 이러한 병합청구는 보통 허용된다. 위에 언급한 대상청구,[5] 또는 원금청구와 함께 원금완제시까지의 이자지급청구나, 가옥명도청구와 함께 명도시까지의 임료 상당의 손해금청구를 하는 경우, 양육자의 지정청구와 함께 양육자로 지정되는 경우를 대비한 양육비 지급청구[6] 등이 그 예이다. 다만 판례는 공유물분할청구와 병합하여 분할판결이 날 경우를 대비하여 분할부분에 대한 등기청구를 한 경우 분할판결 전에는 분할물의 급여를 청구할 권리가 발생하지 아니한다는 이유로 이를 허용하지 아니하나[7] 의문이다.[8]

---

1) 대판 1970. 5. 12. 70다 344.
2) 대판 1972. 2. 22. 71 다 2319.
3) 대판 1957. 5. 30. 57 민상 104; 대판 1965. 6. 29. 65 다 859.
4) 대판 1988. 1. 19. 85 다카 1792.
5) 이행판결에 부가한 대상청구판결은 현재의 이행의 소와 장래의 이행의 소가 단순병합된 판결로서 소송경제상 필요하고 적법한 것이다. 대판 1975. 7. 22. 75 다 450.
6) 대판 1988. 5. 10, 88 므 92, 108.
7) 대판 1969. 12. 29, 68 다 2425.
8) 同旨 姜 319면; 李時 218면(판례에 대해 어떤 태도를 취하고 있지 않음).

마) 定期金判決과 變更의 訴(제252조)

(i) 원래 장래이행의 소에 대한 확정판결이 내려진 후에는 그 판결에 대한 추가 또는 변경청구는 허용될 수 없다. 예컨대 명도시까지 계속적으로 발생할 장래의 임료상당의 손해금 또는 부당이득금의 배상을 명하거나 신체상해로 인한 손해배상으로 장래의 치료비나 일실수입의 정기금 배상을 명한 판결이 확정되면 그 기판력으로 인하여 사정변경에 의한 추가청구는 인용될 수 없는 것이 원칙이다.

(ii) 판례는 피고측의 원인 때문에 판결확정 후 장기간이 경과하여 그 동안의 경제사정변동 등의 이유로 원래의 인용액이 현저하게 부당하여 형평을 잃은 경우에는 추가청구를 허용하고 있다.[1)] 그 근거에 대해서는 전소의 청구를 명시적 일부청구로 보아 기판력을 배제하는 이론으로 처리하고 있다. 그러나 판례의 태도는 전소의 청구가 일부청구가 아니고, 경제사정이 반대로 변동되는 경우에는 오히려 전소가 초과청구로 될 수 있으며, 전소에서 청구가 일부 기각되었던 경우라면 후소에서 그 기각부분을 다시 인용한 결과가 되고, 전소와 후소의 소송물이 다르다고 하나 그 구분기준이 명확하지 않다는 점에서 비판을 받고 있었다.

(iii) 개정법은 정기금의 지급을 명한 판결이 확정된 뒤에 그 액수산정의 기초가 된 사정이 현저하게 바뀜으로써 당사자 사이의 형평을 크게 침해할 특별한 사정이 생긴 때에는 그 판결의 당사자는 장차 지급할 정기금액수를 바꾸어달라는 소를 제기할 수 있도록 입법적으로 해결하였다. 이러한 변경의 소는 제1심 판결법원의 전속관할로 한다.

(iv) 이 변경의 소는 확정판결 중 정기금산정의 기초가 된 사정의 변경에 기하여 판결의 변경을 구하는 것으로서 소송법상 형성의 소이다. 점유토지의 인도시까지 정기금의 지급을 명한 판결이 확정된 후 그 판결의 변경을 구하는 소에서, 점유토지의 공시지가가 2.2배 상승하고 평방미터당 연 임료가 약 2.9배가 상승한 것만으로 정기금의 증액지급을 구할 수 없다고 보았다.[2)] 다만 재심의 소와는 달리 전소의 심판대상 전부에 대하여 다시 심판하는 것이 아니고 정기금액산정을 제외한 부분에 대해서는 전소와 다른 판단을 할 수 없다. 그러므로 전소의 변론종결 이후에 생긴 실체권의 소멸에 대해서는 따로 청구이의의 소(민집 제44조)를 제기하여야 한다. 따라서 예컨대 손해배상청구소송의 경우 손해액의 산정에 관한 사정의 변동은 변경의 소의 심판대상이 되고, 항변사실에 관한 사정의 변경은 청구이의

1) 대판(전) 1993. 12. 21. 92 다 46226. 그리고 독일 민소법 제323조 1항 참조.
2) 대판 2009. 12. 24. 2009 다 64215 참조.

의 소의 적용대상이 된다. 채무자는 변경의 소와 청구이의의 소를 병합하여 제기할 수도 있고 채권자가 청구한 정기금증액을 위한 변경의 소에서 채무자가 반소로서 청구이의의 소를 제기할 수도 있다.

(v) 변경의 소는 전소의 기판력이 미치는 범위 내에 한정되므로 전소의 기판력이 미치지 아니하는 손해가 사후적으로 발생한 경우 또는 일부청구의 이론에 의한 추가청구가 가능한 경우에는 별소로 추가청구를 할 수 있다. 예컨대 전소에서 통상 예상할 수 없었던 치료가 사후적으로 필요하게 된 경우, 이 치료비용은 소송물이 다르므로 추가청구가 가능하다.

(vi) 정기금지급을 명한 판결이 확정된 후에 채무자가 정기금의 감액을 구하는 소를 제기한 경우에 확정판결에 대한 집행을 정지할 수 없다면 채무자의 권리를 보호하기 어려우므로 이 경우에는 재심 또는 상소의 추후보완신청시의 집행정지제도(제500조)를 준용하여 그 확정판결에 기한 집행을 잠정적으로 정지할 수 있다(제501조).

5. 確認의 訴에 있어서의 訴의 利益

확인의 소는 확인의 주체나 대상에 관하여 논리적으로 아무런 제약이 없으므로 소의 이익이 문제가 된다. 소의 이익이 있는 경우에만 확인의 소가 허용되기 때문이다. 원래 소의 이익(권리보호요건)이라는 개념은 19세기 독일의 Wach가 권리보호청구권설을 주장하면서 확인의 이익으로부터 발전시킨 것이다.[1)]

1) 確認의 訴의 대상(現在의 구체적인 權利 또는 法律關係)

가) 權利 또는 法律關係 권리 또는 법률관계만이 확인의 소의 대상이 되고 사실관계는 그 대상이 아니다(예외 제250조). 현존하는 법적 불안을 해소하는 것이 확인의 소의 기능이기 때문이다. 따라서 사실에 관한 주장, 자연현상, 역사적 사실 또는 과실이나 물건의 하자의 존부와 같이 법률요건을 구성하는 법률사실이나 감정적 불만 등은 그 대상이 아니다.

판례가 사실관계의 확인이므로 확인의 소의 대상이 되지 아니한다고 판시한 경우를 보자. 특정인이 어느 학교의 교장이 아니라는 확인이나[2)] 설립자라는 확인,[3)] 별도로 보존등기된 2개의 건물이 동일건물이라는 확인,[4)] 호적상 기재사항의 신고

1) Vgl. Wach, Der Feststellungsanspruch, Leipzig, 1889.
2) 대판 1960. 9. 29. 59 민상 952.
3) 대판 1989. 2. 14. 88 다카 4710.
4) 대판 1960. 7. 14. 59 민상 914.

자체의 무효확인,[1] 어느 건물이 유족을 수용하는 母子園이라는 확인,[2] 원·피고간에 6촌인 친족관계가 있다는 확인,[3] 또는 어느 특정인이 피고종중의 종손이라는 확인,[4] 지번·지적의 확인,[5] 통일교가 기독교의 종교단체인지 여부의 확인,[6] 어느 종단에의 사찰등록이 말소되었음의 확인,[7] 門會의 존재확인,[8] 원고소유의 대지가 타인소유건물의 부지가 아니라는 확인청구,[9] 단체구성원이 단체내부규정의 효력을 다투는 경우,[10] 부동산등기부상의 지적표시 부분이 무효라는 확인[11] 등은 확인의 소의 대상이 되지 아니한다고 한다. 다만 농지분배사실의 확인과 같이 사실관계의 확인이라고 하여도 석명권을 행사하여 분배농지에 대한 경작권이 있다는 권리관계의 확인청구로 해석되면 이를 인정할 수 있다고 한다.[12]

나) 權利 또는 法律關係의 現在性 기판력으로 확정되는 권리관계는 변론종결시를 기준으로 한 현재의 것이어야 하므로 과거의 권리관계나 장래에 발생할 권리관계에 관한 확인청구[13]는 허용되지 아니한다.

(i) 장래에 발생할 권리관계는 확인의 소의 대상이 될 수 없다. 상속개시전 상속재산확인청구나 유언자 사망 전에 유언무효확인청구 등은 부적법하다.

(ii) 과거의 권리관계는 비록 그것이 현재까지 영향을 미친다 하여도 현재의 분쟁을 해결하는 전제에 불과한 것이므로 민사소송의 목적에 비추어 볼 때 과거의 권리관계의 확인은 직접적이고 간명한 분쟁해결방법이 아니다. 그러므로 소멸된 특허권의 권리범위확인청구,[14] 해소된 혼인관계의 무효확인,[15] 공무원면직처분무효확인의 소의 원고가 상고심 계속중 법정 정년이 지난 경우,[16] 소멸된 근저당권의 피담보채권이 존재하지 아니한다거나 종료된 임의경매절차의 무효확인

---

1) 대판 1955. 12. 22. 55 민상 399.
2) 대판 1960. 3. 10. 58 민상 868.
3) 대판 1971. 3. 9. 70 므 39.
4) 대판 1961. 4. 13. 59 민상 940.
5) 대판 1977. 10. 11. 77 다 408, 409; 대판 1993. 10. 22. 93 다 29976.
6) 대판 1980. 1. 29. 9 다 1124.
7) 대판 1992. 12. 8. 92 다 23872.
8) 대판 1991. 10. 8. 91 다 25413.
9) 대판 1991. 12. 24. 91 누 1974.
10) 대판 1992. 11. 24. 91 다 29026; 대판 1995. 12. 22. 93 다 61567(사단법인 대한민국상이군경회의 지회회원들이 정관개정결의무효확인의 소를 제기한 경우).
11) 대판 1993. 10. 22. 93 다 29976.
12) 대판 1971. 5. 31. 71 다 674.
13) 대판 1969. 12. 29. 68 다 2425.
14) 대판 1970. 3. 10. 60 후 21.
15) 대판 1984. 2. 28. 82 므 67.
16) 대판 1993. 1. 15. 91 누 5747.

을 구하는 청구,[1] 채무자의 물상보증인이 채권자에게 이미 변제한 이자채무의 존부확인 청구,[2] 적법절차에 의하여 후임이사가 선임된 후 당초의 이사개임결의의 무효확인을 구하는 경우,[3] 이사선임결의무효확인소송 중 그 이사들이 해임 또는 사임한 경우[4] 등은 과거의 권리관계이므로 확인의 소의 대상이 되지 아니한다.[5]

(iii) 과거의 권리관계의 존부확인을 불허하는 판례도 일정한 경우 그 현재성 요건을 완화하려는 예외적 태도가 엿보인다. 첫째, 특히 신분관계,[6] 사단적 법률관계, 행정처분과 같은 공법적 관계는 이를 기본으로 한 수많은 법률관계가 계속 발생하고 있고, 그 효과도 복잡하므로 수많은 법률상태에 관하여 일일이 확인을 구하기보다 그 근원이 되는 과거의 포괄적 법률관계에 대한 확인을 구함이 직접적 해결책이 될 수도 있다고 한다. 그러므로 해고무효확인의 소는 근로계약관계의 존재확인의 소로서 그 소송물은 해고, 즉 근로계약관계를 종료시킨 사용자의 일방적인 의사표시라는 과거의 법률행위가 무효인가의 여부인데 근로계약관계에 기한 원래의 지위를 회복하거나 또는 해고로 인하여 그 외의 권리 또는 법률상 지위에 대한 현존하는 위험이나 불안을 제거하기 위하여 과거의 법률행위인 해고에 대하여 무효확인판결을 받는 것이 유효적절한 수단이 되는 경우에는 즉시확정의 이익이 있다.[7] 둘째, 과거의 법률행위의 효력을 확인하는 것이 현재의 법률관계와 관련되어 있거나 또는 과거의 권리관계라고 하더라도 그로부터 현재의 법률효과가 발생할 수 있거나 현재 또는 장래의 분쟁해결 또는 방지에 도움을 줄 수 있으면 확인의 소를 인정할 실익이 있다.[8] 과거의 매매계약무효확인의 경우에는

1) 대판 1993.6.29. 92 다 43821; 대판 2013.8.23. 2012 다 17585.

2) 대판 1993.7.27. 93 다 18846.

3) 대판 1993.10.23. 92 다 21692.

4) 대판 1996.12.10. 96 다 37206. 임기 만료되거나 사임한 구 이사로 하여금 법인의 업무를 수행케 함이 부적당하다고 인정할 만한 특별한 사정이 있다면 구 이사는 후임이사가 선임될 때까지 종전의 직무를 수행할 수 없어 다른 이사를 해임하거나 후임 이사를 선임한 이사회결의의 하자를 주장하여 그 무효확인의 소를 허용하지 않는다. 대판 2005.6.24. 2005 다 10388.

5) 그러나 대판 2007.5.17. 2006 다 19054는 학교법인의 자주성과 정체성을 대변할 지위에 있는 종전 이사들은(임시이사들이 선임되기 전에 적법하게 선임되었다가 퇴임한 직후의 정식이사들임) 구 사립학교법상의 임시이사들이 정식이사를 선임하는 내용의 이사회 결의에 대하여 그 무효확인을 구할 법률상 이해관계를 가진다고 보았다.

6) 대판 1978.7.11. 78 므 7(혼인무효확인); 대판 1995.3.28. 94 므 1447(사실혼관계존재확인); 대판 1995.9.29. 94 므 1553(입양무효확인). 확인의 이익을 부정한 것으로는 대판 1984.2.28. 82 므 67(혼인무효확인); 대판 1995.11.14. 95 다 25923(사실혼관계존재확인).

7) 대판 1993.1.15. 92 다 20149. 대판 1993.7.27. 92 다 40587은 해임당한 교수가 임용기간의 만료로 당연히 교수의 신분을 상실하였더라도 징계해임의 전력은 장차 공직취임에 불이익한 장애사유로서 작용할 것이므로 공직이나 교원으로 임용될 수 있는 법률상 지위에 대한 위험이나 불안을 제거하기 위하여 해임처분의 무효확인을 구할 이익이 있다고 한다.

8) 대판 1993.7.27. 92 다 40587.

현재성의 요건을 완화하여 이를 현재의 매매계약에 기한 채권채무의 부존재에 대한 확인을 구하는 취지로 해석하면서 이를 허용하고 있다.[1)]

다) 權利 또는 法律關係의 具體的 事件性 소송은 법률적 쟁송이므로 특정한 구체적 사건과 관련이 있어야 하고 추상적 법률문제에 관한 다툼 등은 확인의 이익이 없다. 따라서 판례는 평화적 집회 및 시위를 할 수 있는 공법상 권리가 있다는 확인,[2)] 행정청의 사무처리내규의 효력을 다투는 소[3)] 등은 확인의 이익이 없다고 한다.

2) **確認의 利益**(卽時確定의 法律上 利益)

가) 法律上 利益 확인의 이익은 원고의 권리 또는 법률상의 지위에 현존하는 불안과 위험이 있고, 이를 제거함에는 반대의 이해관계인인 피고와의 사이에서 확인판결을 받는 것이 가장 유효적절하고 발본색원적인 수단일 때에 인정된다.[4)] 즉 즉시확정의 법률상 이익이 있는 경우를 가리키고, 반사적으로 받게 될 사실상 또는 경제상의 이익[5)]밖에 없을 때에는 확인의 이익이 부인된다.[6)]

나) 자기권리의 적극적 확인이 가능할 때에는 그렇게 할 것이지 상대방 권리의 소극적 확인을 구할 것이 아니다.[7)] 즉 상대방이 자기의 소유권을 다투는 경우에는 소유권이 자기에게 있다는 적극적 확인을 구할 일이지 상대방이나 제 3 자에게 소유권이 없다는 소극적 확인을 구할 일이 아니다. 다만 원고가 목적물의 점유와 등기를 가지고 있거나, 원고에게 내세울 소유권이 없고 피고의 소유권이 부인

---

1) 대판 1987. 7. 7. 86 다카 2675. 반대 판례로는 대판 1966. 2. 15. 65 다 2442. 또한 대판 1987. 7. 7. 86 다카 2675; 대판 1990. 11. 23. 90 다카 21589 등은 징계면직처분의 무효확인을 구하는 것은 과거의 법률행위인 징계면직 그 자체의 무효확인을 구하는 것으로 볼 것이 아니라 그 징계처분이 무효임을 전제로 원고가 현재 피고의 직원인 신분관계를 계속 유지하고 있다는 확인을 내포한 청구로 이해하여야 할 것이므로 확인의 소로서의 요건을 갖추지 못하여 부적법하다고 할 수 없다고 한다.

2) 대판 1961. 9. 28. 61 민상 50.

3) 대판 1961. 5. 1. 59 행상 55.

4) 대판 1965. 3. 2. 64 다 1840; 대판 1994. 11. 8. 94 다 23388.

5) 대판 1971. 6. 29. 69 누 91.

6) 확인판결을 받는 것이 유효적절하고 발본색원적 수단이 못되어 확인의 이익이 없는 경우로는 대판 1993. 3. 23. 92 다 21357(무효확인을 구하는 총회결의에 의하여 선임된 임원의 임기가 만료된 후 새로운 임원을 선출한 총회결의가 있었던 경우 선총회결의만의 무효확인청구); 대판 1993. 9. 14. 92 다 24899; 대판 1994. 6. 10. 94 다 1883; 대판 1994. 6. 28. 94 다 5830 참조.

7) 대판 1965. 5. 25. 65 다 256; 대판 1995. 10. 12. 95 다 26131. 원고와 피고 사이에 하나의 채권에 관하여 서로 채권자라는 다툼이 있어 원고가 그 채권이 자기에게 속한다는 확인을 구하는 경우, 그 확인청구가 주장 자체로 이유 없음이 명백하더라도 확인의 이익은 있다고 한 예로는 대판 1996. 10. 29. 95 다 56910.

되면 그로써 원고의 법적 지위에 대한 불안이 제거되는 경우에는[1] 상대방의 소유권에 관한 소극적 확인의 소도 예외적으로 허용된다.

다) 당해소송 내에서 심판을 받는 것이 예정되어 있는 절차문제, 예컨대 소송대리권의 존부, 소취하의 유무효 등은 별소로 확인을 구할 이익이 없다.

라) 이행청구를 할 수 있음에도 불구하고 이행청구권의 적극적 확인청구를 하는 경우에는 확인의 이익을 부인하여야 할 것이다.[2] 이를 확인판결의 보충성이라고 하는데[3] 확인의 소는 이행의 소를 제기할 수 없을 때 보충적으로 허용된다는 뜻이다. 판례는 납세 후에는 납부세액에 대한 부당이득반환청구를 함은 별론, 조세부과처분무효확인청구를 할 권리보호이익은 없고,[4] 사자의 인낙조서에 따라 등기된 경우에는 인낙조서는 절대무효이므로 바로 등기말소청구를 할 것이지 인낙조서의 무효확인을 구함은 즉시확정의 이익이 없으며[5] 손해배상청구를 할 수 있는 경우에 별도로 그 침해되는 권리의 존재확인을 구하는 것은 확인의 이익이 없다[6]고 하여 이행의 소를 제기할 수 있는 경우에 확인의 이익을 대체로 부인하고 있다.[7] 다른 한편 보상금액이 미확정이나 보상금청구권의 존재확인청구를 허용하거나, 확인판결이 내리면 임의이행을 기대할 수 있는 경우, 또는 토지소유자가 불법점유자를 상대로 인도청구를 아니하고 임차권부존재확인을 구하여도 확인의 이익이 있다[8]고 판시한 바 있다.

마) 이행의 소를 제기할 수 있는 경우에도 그 선결적인 권리 또는 법률관계의 존부에 대하여 확인을 구할 이익이 있다(제264조 참조).[9] 선결적인 법률관계에 대하여는 기판력이 생기지 않기 때문이다.

바) 형성의 소를 제기할 수 있는 경우에는 확인의 소를 허용할 수 없다고 할 것이다. 그러나 청구이의의 소는 집행권원이 갖는 집행력의 배제를 목적으로 하

1) 대판 1984. 3. 27. 83 다카 2337.

2) 同旨 方 314면, 金/姜 246면, 李時 224면, 鄭/庾 375면, 姜 325면, 김홍 280면. 대판 1980. 3. 25. 80 다 16, 17; 대판 1994. 11. 22. 93 다 40089.

3) 대판 1994. 11. 22. 93 다 40089.

4) 대판 1964. 6. 14. 64 누 4. 아파트단지 내로 자동차들이 출입·통행 및 주차에 대한 방해금지를 청구하는 이상 자동차들이 아파트단지 내로 출입·통행 및 주차할 수 있음을 확인하는 청구의 목적은 위 이행청구로써 달성될 수 있어 위 확인청구는 확인의 이익이 인정되지 않는다. 대판 2006. 3. 9. 2005 다 60239.

5) 대판 1962. 2. 28. 61 다 1009.

6) 대판 1995. 12. 22. 95 다 5622.

7) 근저당권설정등기의 말소를 구하는 경우 그 피담보채무 부존재 확인을 구할 소의 이익이 없다. 대판 2000. 4. 11. 2000 다 5640.

8) 대판 1969. 3. 18. 69 다 46.

9) 대판 1966. 1. 31. 65 다 2157.

는 것으로 그 판결이 확정되더라도 당해 집행권원의 원인이 된 실체법상 권리관계에 기판력이 미치지 않으므로 채무자가 채권자에 대하여 채무부담행위를 하고 그에 관하여 강제집행승낙문구가 기재된 공정증서를 작성하여 준 후 그 공정증서에 대한 청구이의의 소를 제기하지 않고 그 공정증서의 작성원인이 된 채무의 부존재확인의 소를 제기하는 것은 허용된다.[1]

3) 確認의 訴의 상대방

가) 자기의 권리 또는 법률적 지위를 현실적으로 소송계속중 또는 소제기 전이라도 부인,[2] 침해 또는 상반되는 권리주장으로 위협하거나 방해하는 자를 상대로 확인을 구할 이익이 있다.[3] 하나의 채권에 대하여 서로 채권자라고 주장하는 경우 그 채권에 대한 분쟁은 스스로 채권자라고 주장하는 사람들 사이에 발생하는 것으로 어느 한 쪽이 상대방에 대하여 그 채권이 자기에게 속한다는 채권의 귀속에 관한 확인을 구하는 청구는 확인의 이익이 있다.[4] 피고가 권리관계를 다투어 원고가 확인의 소를 제기하였고 당해 소송에서 피고가 권리관계를 다툰 바 있다면 특별한 사정이 없는 한 항소심에 이르러 피고가 권리관계를 다투지 않았다는 사유만으로 확인의 이익이 없다고 할 수 없다.[5] 그러나 제 3 자가 매도인의 소유권을 부인하고 있다 하더라도 매수인의 매도인에 대한 소유권이전등기청구권이 직접적으로 부인, 방해 내지 침해되는 것이 아니므로 매수인이 위 제 3 자를 상대로 하여 매도인의 소유권확인을 구할 이익이 없다.[6] 다만 시효중단이 필요한 때, 호적 등 공부상 기재를 정정하기 위하여 확정판결이 필요한 때에는 확인의 이익이 있다.[7]

나) 확인의 대상은 당사자간의 권리관계가 아니라 당사자 일방과 제 3 자간 또는 제 3 자 상호간의 권리관계라도 자기의 권리관계에 영향을 미치는 한 확인의 이익이 있다.[8] 예컨대 채권질권자가 제 3 채무자를 상대로 입질채권이 채무자에게 속한다는 확인청구를 할 수 있다. 판례도 원고가 주장하는 권리가 타인에게 속함을 피고가 주장하여 원고의 권리자로서의 지위에 위험을 발생시킨 경우에 확인을

1) 대판 2013. 5. 9. 2012 다 108863.
2) 대판 1967. 5. 30. 66 다 2637.
3) 대판 1963. 3. 21. 62 다 821.
4) 대판 2004. 3. 12. 2003 다 49092.
5) 대판 2009. 1. 15. 2008 다 74130.
6) 대판 1971. 12. 28. 71 다 1116.
7) 대판 1980. 3. 25. 80 다 16, 17.
8) 대판 1964. 9. 8. 64 다 303; 대판 1995. 5. 26. 94 다 59257; 대판 1995. 10. 12. 95 다 26131; 대판 2003. 1. 10. 2001 다 1171.

구할 법률상 이익이 있다고 하며,[1] 토지소유자가 불법점유자를 상대로 임차권부존재확인을 구한 뒤에 토지를 타인에게 매도하여 등기까지 이전함으로써 타인의 권리관계의 확인소송이 된 사안에서 매도인은 매수인에게 그 재산권을 완전히 이전할 의무를 지는 것이고, 그 의무를 이행하지 못할 경우에는 담보책임이나 손해배상책임을 면할 수 없으므로 확인의 이익이 있다고 하였다.[2]

4) 證書의 眞正與否를 확인하는 訴(제250조)

확인의 소의 대상으로서 유일한 예외가 증서의 진정여부라는 사실관계의 확인이다. 그 내용에 의하여 직접 권리관계의 성립이나 존부가 증명되는 서면(유가증권·매매계약서·정관·유언장·차용증서 등의 처분문서)이 작성명의자에 의하여 작성되었는가 아니면 위조되었는가의 여부를 확인하는 것이다.[3] 따라서 처분문서의 진정성립의 여부만을 가릴 뿐이므로 그 내용이 객관적 진실과 합치되는지의 여부를 따지는 것은 아니며, 또 직접 권리관계를 증명하는 문서가 아닌 사실관계를 증명하는 보고문서(예컨대 대차대조표, 상업장부, 세금계산서 등)는 그 대상이 아니다.[4]

증서의 진정여부를 확인하는 소는 확인판결에 의하여 보호되어야 할 원고의 권리 또는 법적 지위의 불안이 오직 그 서면의 진정여부에 걸린 경우에 인정되는데 일반확인의 소와 마찬가지로 확인의 이익이 필요하다. 어느 서면에 의하여 증명되어야 할 법률관계를 둘러싸고 이미 소가 제기되어 있는 경우에는 그 소송에서 분쟁을 해결하면 되므로 그와 별도로 그 서면에 대한 진정여부를 확인하는 소를 제기하는 것은 특별한 사정이 없는 한 확인의 이익이 없다.[5] 서면에 의하여 증명되는 법률관계가 소멸되었거나 다툼이 없는 경우, 또는 소로써 확인을 구하는 서면의 진정여부가 확정되어도 서면이 증명하려는 권리관계 내지 법률적 지위의 불안이 제거될 수 없고 그 법적 불안을 제거하기 위해서는 당해 권리 또는 법률관계 자체의 확인을 구하여야 할 필요가 있는 경우에는 확인의 이익이 없다.[6]

---

1) 대판 1954. 11. 6. 54 민상 21.
2) 대판 1969. 3. 18. 69 다 46.
3) 대판 1967. 3. 21. 66 다 2154; 대판 1991. 12. 10. 91 다 15317; 대판 2001. 12. 14. 2001 다 53714.
4) 대판 1967. 10. 25. 66 다 2489; 대판 2001. 12. 14. 2001 다 53714.
5) 대판 2007. 6. 14. 2005 다 29290, 29306.
6) 대판 1991. 12. 10. 91 다 15317.

6. 形成의 訴에 있어서의 訴의 利益

형성의 소는 법률에 규정이 있는 경우에 한하여 제기할 수 있으며, 그런 경우에는 반드시 소의 이익이 인정된다. 따라서 법률상 근거가 없는 형성의 소는 허용되지 아니한다.[1] 그러므로 재단법인의 이사 1인이 다른 이사의 해임을 구하는 형성소송이나[2] 법인의 가이사해임청구[3] 또는 이해관계인의 재단법인 설립등기말소청구,[4] 비법인단체의 총회결의 취소청구[5] 등은 각하된다.

법률의 규정에 의하여 형성의 소를 제기하여도 i) 소제기에 의하여 달성하고자 하는 목적이 이미 실현되어 버렸거나(예컨대 회사해산 후의 회사설립무효확인소송, 협의분할 후의 재판상 공유물분할청구,[6] 또는 협의이혼 후의 이혼청구소송 등), ii) 소송계속중 사정변경에 의하여 재판에 의한 원상회복이 불능 또는 무용하게 되어버린 경우(예컨대 회사이사 선임결의 취소소송 계속중 당해 이사의 퇴임, 선거소송 계속중 임기종료, 제 3 자이의의 소의 계속중 강제집행 종료 등)에는 물론 소의 이익이 부정된다.[7]

실체법상의 형성권은 확인의 소의 대상이 됨은 별론, 형성의 소를 제기할 수 없으며 단순한 방어방법을 독립한 형성의 소로써 반소를 제기할 소익이 없다.[8]

7. 訴訟上 處理

위에서 살핀 소의 이익이 흠결된 경우에 어떠한 재판을 할 것인가의 문제이다. 소의 이익은 소송요건의 일종이므로 이를 먼저 직권조사하여 흠결시에는 소각하판결을 할 것이고,[9] 소의 이익의 존재가 아직 판명되기 전이라도 실체법상 원고청구가 이유 없음이 명백하여졌다고 하여 청구기각판결을 내릴 수 없다.[10]

---

1) 화해조항의 실현을 위하여 부동산을 경매에 붙여 그 경매대금에서 경매비용 등을 공제한 나머지 대금을 원고들 및 피고들에게 분배할 것을 구하는 소는 성질상 형성의 소이나 이러한 소를 제기할 법률상 근거가 없어 허용할 수 없다는 대판 1993. 9. 14. 92 다 35462 참조.

2) 대결 1966. 12. 9. 66 마 516.

3) 대판 1956. 1. 21. 55 민상 126.

4) 대판 1973. 6. 12. 71 다 1915.

5) 대판 1993. 10. 12. 92 다 50799.

6) 대판 1967. 11. 14. 67 다 1105.

7) 다만 대판 1997. 10. 10. 96 다 49049는 제 3 자 이의의 소의 경우 강제집행이 종료되면 소의 이익이 없지만, 동산에 대한 강제집행절차에서 매각절차가 종료되었어도 배당절차가 남아 있는 한 소의 이익이 있다고 한다.

8) 대판 1969. 4. 29. 68 다 1884, 1885.

9) 대판 1960. 3. 10. 58 민상 868; 대판 1980. 12. 23. 79 수 1.

10) 同旨 朴禹東, "권리보호이익이 없을 때의 판결주문," 법조 15권 6호(1966); 그리고 대판 1962. 2. 15. 61 민상 378 참조.

이에 반하여 독일의 통설과 판례는 청구기각설을 취하고 있고 따라서 소의 이익을 부진정소송요건이라고 한다.[1]

제5절 訴 訟 物

I. 總 說

소송에 있어서는 소송주체인 당사자는 물론 그 소송객체인 소송물(소송상의 청구, 심판대상)을 특정하여야 그 절차가 혼란 없이 진행될 수 있다. 소송물은 처분권주의에 의하여 원고가 제기한 소의 내용에 의하여 특정되며, 법원은 이와 다른 것에 대하여 판단할 수 없다(제203조). 따라서 소송물의 동일성은 관할의 확정 및 심판의 대상과 범위를 명확히 하고, 후술하는 바와 같이 旣判力의 客觀的 範圍(제216조), 訴의 客觀的 併合(제253조), 重複提訴禁止(제259조), 請求의 變更(제262조) 및 再訴禁止(제267조 II) 등을 판단하는 데 있어서 기준이 된다.

i) 소송물은 피고나 법원이 아니라 원고가 특정할 책임이 있음은 처분권주의의 요청상 당연하고, ii) 소송에 이르게 된 事實關係 자체는 소송물이 아니며, iii) 청구의 目的物이나 係爭物(예컨대 토지인도소송에서의 토지나 건물명도청구소송에서의 건물 자체) 자체는 소송물이 아니라는 점에서는 동일하다.

소송물의 개념을 어떻게 파악할 것인가에 관하여 전통적으로 실체법상의 개별적 권리주장이라고 보는 舊訴訟物理論과 소송법 독자적인 입장에서 개념을 재구성하려는 최근의 新訴訟物理論이 대립하고 있다. 이 양대이론은 청구원인이 동일한데 청구취지가 다르거나 또는 청구취지는 동일하나 청구원인이 별개인 경우에는 소송물도 별개라는 점에서 일치한다. 양설의 가장 예리한 대립은 청구취지와 청구원인을 이루는 사실관계가 동일하여도 법률적 관점만을 달리하는 경우에 나타난다.

II. 舊訴訟物理論(實體法說)

1. 意 義

소송물을 실체법상의 권리 또는 법률관계의 주장으로 이해하고, 소송물은

1) 이러한 독일의 견해에 관하여는 胡 327면 이하 참조. 그러나 청구가 이유 없음이 확인되었지만 소의 이익이 흠결되거나 의문인 경우, 소송경제적인 이유에서 청구를 이유 없다고 기각하는 입장에는 의문도 제기된다. Vgl. Rosenberg/Schwab/Gottwald, §89 IV 3; Jauernig, §35 I.

원고가 주장하는 실체법상의 권리마다 개별화된다고 보는 견해이다. 그리하여 청구취지와 청구원인에 나타난 사실관계가 동일하여도 원고가 주장하는 실체법상의 청구권이나 형성원인에 차이가 있으면 소송물은 별개라고 한다. 즉, 원고가 주장하는 법률적 관점이나 법률적 성질결정은 소송물의 요소가 된다는 입장이다.

19세기 말 Hellwig와 Lent에 의하여 대표된 견해로서 오늘날 우리나라 판례의 입장[1]이다. 이 이론은 소송물을 청구원인이 된 실체법상의 권리 또는 법률관계의 주장이라고 파악하므로[2] 이행의 소에서는 개개의 이행청구권이, 확인의 소에서는 확인할 각 권리 또는 법률관계가, 그리고 형성의 소에서는 실체법상의 형성원인 하나 하나가 소송상의 청구로 된다고 한다.

2. 請求原因의 기재정도

청구원인의 기재정도에 관하여 구소송물이론은 소송상 청구를 실체법상의 권리 또는 법률관계의 주장으로 보면서도 그 표시는 소송물인 권리 또는 법률관계를 구성·발생하는 데 필요한 사실의 표시로서 족하고, 법률적 표현은 불필요하다고 한다. 그 근거는 변론주의의 지배영역은 구체적 사실관계이고, 법률의 해석적용은 법원의 직책사항이기 때문이라고 한다.[3] 판례도 간혹 이에 동조하기도 하나,[4] 대체로 학설보다 엄격하여 어떠한 성질의 권리인지 법률적 성질결정을 필요로 한다고 한다.[5] 다만 판례도 가끔 원고의 법률적 견해의 착오를 석명하여야 한다고 판시하거나,[6] 자동차손해배상보장법 제3조와 민법상의 불법행위 규정과의 관계를 청구권경합이 아니라 법조경합으로 보아 피해자가 동법 제3조의 적용을 주장하지 아니하여도 법원은 민법에 우선하여 적용시킬 것이라고 하여[7] 원고가 주장한 법률적 관점이 잘못된 경우에 그가 입을 수 있는 가혹한 결과를 최소화하고 있다.

---

1) 대판 1969.12.16. 65 다 2363; 대판 1989.3.28. 88 다 1936. 김홍 295면은 신소송물이론은 법원의 석명권 확대와 실무부담 가중의 문제를 수반하기에 현실적인 어려움이 있다는 점을 들면서, 소송절차의 안정을 도모하고 심리의 범위와 확정판결의 효력 범위를 명확하게 하는 구소송물이론이 보다 소송실무에 적합하다고 한다.

2) 대판 1960.4.21. 59 민상 310.

3) 方 321면, 李英 236면.

4) 대판 1966.10.11. 66 다 409.

5) 대판 1968.6.18. 67 다 275.

6) 대판 1966.7.19. 66 다 509.

7) 대판 1967.9.26. 67 다 1695.

Ⅲ. 新訴訟物理論(訴訟法說)

1. 意　義

소송물의 개념을 소송법 독자적 입장에서 구성하여 법원이 구속받는 심판대상은 원고가 청구취지에서 내놓은 일정한 내용의 判決申請(Antrag)을 기준으로 하든가, 아니면 신청과 청구원인에 나타난 事實關係(Sachverhalt)에 의하여 구성되는 것이고, 당사자가 주장하는 법률적 관점은 소송물의 요소가 될 수 없다는 견해이다. 그리하여 실체법상의 권리는 소송물을 식별하는 기준이 아니고 소송물을 이유 있게 뒷받침하는 법적 근거 또는 공격방어방법에 불과하다고 한다. 이는 20세기에 와서 Rosenberg가 주창하여 독일의 통설과 판례로 되었고, 우리나라의 유력설이다.[1)]

신소송물이론에는 청구취지 내에서 구하는 판결내용의 신청(청구취지)만으로 소송물의 동일성을 식별하려는 입장(일원설, 1분지설)[2)]과 이러한 신청 및 청구원인에 나타난 사실관계(Sachverhalt)의 두 가지로서 소송물의 동일성을 구별하려는 입장(이원설, 2분지설)[3)]이 있다. 이원설은 청구취지와 청구원인의 사실관계가 소송물을 구성한다고 하면서 여기의 사실관계란 실체법상의 권리발생원인사실(개별적 법규의 요건사실)보다는 널리 사회적, 역사적으로 볼 때 하나라고 볼 수 있는 일련의 사실관계라고 이해한다. 독일의 다수설이다.

2. 請求原因의 기재정도

판결사항의 신청만이 심판대상이고 소송물의 구성요소라는 일원설은 이원설보다 소송물의 범위를 넓게 잡는 입장이다. 일원설의 경우에도 청구원인의 사실관계를 참작하여야 소송물이 특정되는 경우(예컨대 금전채권이나 대체물채권의 청

---

1) 鄭/庾 232면 이하, 李時 229면 이하, 姜 335면 이하, 胡 117면 이하, 김홍 293면 이하 등 참조.

2) 李時 231면 이하 참조.

3) 鄭/庾 232면, 胡 119면. 이원설 중에서도 확인의 소의 소송물에 관하여는 확인의 대상이 법률관계자체이며 이는 청구취지에 특정되어 있으므로 일원설을 지지하는 견해가 있으며, 다른 견해는 확인의 대상이 절대권인 경우는 동일한 물건에 같은 내용의 권리가 여럿 성립할 수 없으므로 일원설을 따르고 상대권이 그 대상인 경우에는 이원설을 따르고 있다(胡 134면 이하 참조). 胡 136면은 어느 경우에나 이원설에 의해 소송물이 특정되어야 한다는 견해인데, 소송물의 범위와 법원의 심판범위가 일치되어야 하며, 전소에서 법원이 심리할 가능성이 없었던 다른 사실들을 이유로 제소하는 것이 봉쇄되어 구체적 타당성을 잃는다는 이유를 든다.

구)를 인정하고 있으나 모호한 개념인 사실관계를 배제하고 청구취지야말로 소송물의 결정적 요소이므로 기판력은 청구취지에 대응하는 판결주문에 포함한 것에 미치고 청구취지와 판결주문의 일치 여부에 의하여 상소이익이 가려진다고 한다. 양설에 공통된 집약점은 원고가 소장에 청구취지로서 일정한 판결내용을 신청하고 청구원인으로서는 그 신청을 정당화하는 사실관계를 표시함으로써 심판대상인 소송물은 특정되는 것이고 법원은 당사자가 주장하는 법률적 관점에 구애받지 아니한 채 원고가 주장한 사실관계를 심리하여야 할 권한과 의무가 있다는 것이다. "너는 事實을 말하라. 그러면 나는 權利를 주겠다"는 법언과 같이 사실자료의 수집은 당사자에게, 원고가 특정한 법률적 관점에 구애되지 아니한 채 법의 발견은 법원의 임무라고 한다.

Ⅳ. 新實體法說

신소송물이론 중에는 소송상 청구를 다시 실체법상의 청구권으로 접근시키려는 신실체법설도 있다. 이 설은 원고가 제출한 사실관계가 여러 법규의 요건에 해당한다고 하여도 소송상 청구는 여러 개로 되지 아니한다는 전제하에서 전통적인 민법상의 청구권이나 형성권의 개념을 수정하고 이 수정된 의미의 실체법상 청구권의 주장을 소송물로 파악하려는 최근의 시도이다.[1] 즉 하나의 청구법규에서 하나의 실체법상 청구권이 발생하는 것이 아니라 하나의 사실관계로부터는 실체법상으로도 하나의 청구권만 성립하므로 청구권경합의 경우에도 청구권은 하나이지만 청구근거법규가 경합할 뿐이라고 한다. 이 견해는 결국 신소송물론의 범주에 포함되지만, 청구권경합의 경우에 통일적인 한 개의 청구권만이 성립된다고 하면 서로 내용이 다른 근거법규간의 적용순위는 어떻게 되는지 아직 그 내용이 이론적으로 해결되지 아니한 문제가 많다.

신소송물론에 속하는 범위 내에서도 독일과 일본에서는 수많은 견해가 어지럽게 주장되고 있다. 그리하여 소송물개념을 통일적으로 특정하려는 시도를 포기하고 다양하게 상대적으로 구성하려는 시도가 나타났다. 이러한 독일과 일본의 논의를 상대적 소송물설이라고 한다.[2]

1) 상세한 것은 李時 232면 이하 참조.
2) 李時 232면의 소개 참조.

V. 新·舊訴訟物理論의 실제적 차이

양이론의 중요한 실제적 차이는 실체법상의 권리의 확정인가 아니면 원고가 소로써 달하려는 경제적·사회적 목적인가에 있다. 이러한 입장의 차이가 구체적으로 어떻게 나타나는지 살펴보자.

1. 兩理論에 따른 각종 訴의 訴訟物

1) 履行의 訴 이행의 소의 소송물을 구 소송물이론에서는 사법상 권리나 법률관계의 주장이라고 보고, 신소송물이론에서는 이행을 청구할 법적 지위(수급권)가 있다는 주장 또는 이행명령의 요구라고 본다. 좀더 상세히 검토한다.

가) 명도소송의 경우에는 주로 부동산점유인도청구를 소유권에 기한 경우와 임대차종료에 기한 경우 및 임대차계약해지로 인한 경우에 각 해지사유(민 제635조, 제640조, 제641조)에 따라 소송물이 개별화되는가가 문제이다. 구 소송물이론하에서는 소유권에 기한 점유인도청구와 임대차계약종료로 인한 점유인도청구를 청구권경합으로 보아 별개의 소송물이라는 견해와 법조경합으로 보아 1개의 소송물이라는 견해가 있다. 즉 임대차계약해지로 인한 점유인도의 경우에는 각 해지사유마다 소송물이 다르다는 설, 정상적 계약종료(기간만료, 합의해지)와 채무불이행에 의한 경우의 둘로 나누는 설,[1] 실체법상 임차인의 원상회복의무라는 동일요소가 있으므로 1개의 소송물이라는 설[2] 등이 대립한다. 그러나 신소송물이론에 의하면 임대차계약해지의 각 사유, 또는 소유권에 기한 것인가 계약종료에 기한 것인가는 단순한 법적 관점의 차이일 뿐 1개의 소송물이라고 한다.

나) 점유의 소와 본권의 소도 그 요건사실이 다르므로 별개의 청구(민 제204조와 민 제213조 참조)라고 함이 구소송물이론이고, 1개의 소송물인데 공격방법이 2개라고 파악할 수 있다는 것이 신소송물이론이다.[3]

다) 등기청구소송의 경우 구 소송물이론에서는 이전등기청구권은 등기청구권의 발생원인(예컨대 매매, 시효취득,[4] 대물변제, 양도담보, 증여 등)에 따라 별개의

1) 金祥源, "임대차계약해지로 인한 가옥명도청구권과 소송물," 사법행정 1967년 4월호, 80면.

2) 池弘源, "소송물에 관한 소고," 사법논집 제 2 집, 165면.

3) 李時 240면.

4) 점유권원, 점유개시 시점과 그로 인한 취득시효 완성일을 달리 주장한다고 하더라도 소송물은 동일하다. 대판 1994. 4. 15. 93 다 60120.

소송물이 된다고 하면서도,[1] 말소등기청구권에서는 그 발생원인의 차이는 단순한 공격방어방법의 차이라고 본다.[2] 그러나 신소송물이론에 따르면 어느 경우에나 1개의 소송물로 된다.

진정한 등기명의의 회복을 원인으로 한 소유권이전등기청구권과 무효등기의 말소청구권은 어느 것이나 진정한 소유자의 등기명의를 회복하기 위한 것으로서 실질적으로 그 목적이 동일하고 두 청구권 모두 소유권에 기한 방해배제청구권으로서의 물권적 청구권으로 비록 전자는 이전등기, 후자는 말소등기의 형식을 취하고 있다고 하더라도 그 소송물은 실질상 동일한 것으로 보아야 한다.[3]

라) 불법행위에 기한 손해배상청구(예컨대 민법 제750조)와 채무불이행에 기한 손해배상청구(예컨대 상법 제135조)의 관계에 관하여 구소송물이론하에서는 청구권경합설에 따라 양 청구는 요건과 효과가 다르므로 별개의 청구권이 되며 양자는 선택적 병합관계에 있다고 한다.[4] 따라서 당사자가 불법행위로 인한 손해배상청구를 함에도 불구하고 법원이 채무불이행으로 이론을 구성하여 당사자가 구하는 배상판결을 하면 처분권주의에 어긋난다.[5] 신소송물이론에 의하면 양자는 1개의 소송물이며 불법행위인가 채무불이행인가는 단순한 법적 관점의 차이라고 한다.[6]

마) 인신사고로 인한 손해배상청구의 경우에는 소송물이 적극적 재산손해, 소극적 재산손해 및 정신적 손해(위자료)의 세 가지로 구성된다는 손해3분설이 판례이고[7] 구소송물론의 입장인데 비하여, 이는 1개의 비재산적 손해전보를 목적으로 한 이행청구이므로 소송물은 1개이고 손해항목을 나누는 것은 손해를 금전적으로 평가하기 위한 자료에 불과하다는 것이 신소송물이론의 입장이다.[8] 이에 대해서는 원인사실과 피침해이익이 공통됨을 근거로 하여 손해1개설이 주장되기도 하는데 이런 입장에 서면 소송물의 폭이 넓어진다.

---

1) 대판 1991.1.5. 88 다카 19002, 19019; 대판 1996.8.23. 94 다 49922. 다만 이전등기청구 사건에서 법원은 당사자가 등기원인으로 표시한 법률판단에 구애됨이 없이 정당한 법률해석에 의하여 등기원인을 바로잡을 수 있다고 한 대판 1980.12.9. 80 다 532 참조.

2) 대판 1981.12.22. 80 다 1548; 대판 1993.6.29. 93 다 11050.

3) 대판(전) 2001.9.20. 99 다 37894.

4) 대판 1962.6.21. 62 다 102.

5) 대판 1963.7.25. 63 다 241; 대판 1989.11.28. 88 다카 9982.

6) 법조경합에 의한 해결과 신소송물론에 의한 해결은 다음과 같은 점에서 차이가 있다. 전자에 따르면 일반적 불법행위법을 적용하는 경우에 법률적용의 잘못이 있게 되나, 후자에 따르면 법적 관점의 선택에 불과하므로 적법한 것이다.

7) 대판 1996.8.23. 94 다 20730; 대판 1997.1.24. 96 다 39080.

8) 李時 241면.

2) 形成의 訴　형성소송의 소송물을 구 소송물이론에서는 일정한 형성원인에 기한 법률관계변동의 주장으로 보고, 신소송물이론에서는 법률관계형성의 요구 내지 법률관계의 형성을 구할 법적 지위의 주장으로 본다. 그리하여 신소송물론은 개별적인 형성권(형성원인)의 확정은 법률관계의 형성이라는 목적을 달성하기 위한 수단이나 전제에 불과하므로 공격방법일 뿐 소송물이 아니라고 한다. 따라서 동일한 법률관계의 형성을 구하면서 형성원인을 달리 주장한다 하여 소송물은 별개가 되지 아니한다.

가) 주주총회결의취소의 소는 구 소송물이론에서도 각 취소사유마다 소송물이 개별화되는 것이 아니고 하나의 소송물로 보는 것은 신소송물이론과 결론이 같다. 동일한 결의에 관한 취소·무효확인·부존재확인의 3소는 법에서 각각 소송물이 다르게 따로 따로 규정하고 있으나, 신소송물론은 이들의 소송은 모두 하자 있는 결의에 의해 발생한 효력을 장래에 향해 실효시키려는 목적을 가지므로 소송물을 같이하는 것이며 절차상의 하자인가 내용상의 하자인가의 차이가 소송물을 달리할 근거가 못된다고 한다. 결의무효확인의 소와 결의부존재확인의 소의 소송물이 동일하다고 한 판례는 이미 언급하였다.[1] 결의부존재확인의 소와 결의취소의 소 사이에서도 소송물의 차이를 인정하지 않아 부존재확인의 소가 상법 제376조 소정의 제소기간 내에 제기되어 있다면, 동일한 하자를 원인으로 하여 결의의 날부터 2월이 경과한 후 취소소송으로 소를 변경하거나 추가한 경우에도 부존재확인의 소 제기시에 제기된 것과 동일하게 취급하여 제기기간을 준수한 것으로 보아야 한다는 판례도 있다.[2]

나) 이혼소송과 혼인취소의 소의 경우에 각 이혼사유와 각 취소사유마다 소송물이 개별화하는지 여부에 관하여 구 소송물이론에서는 민법 제840조의 각 호마다 별개의 이혼청구권이 발생하므로 별개의 소송물로 된다고 하는 데 반하여,[3] 신소송물이론에서는 이혼소송의 소송물은 이혼할 수 있는 지위의 주장이고 각 이혼사유는 공격방어방법에 불과하다고 본다.

다) 재심의 소에 관하여 구 소송물이론은 각각의 재심사유마다 소송물이 별

1) 대판(전) 1983. 3. 22. 82 다카 1810. 한편 대판 1989. 5. 23. 88 다카 16690은 취소사유만 있는 결의에 대하여 결의부존재확인의 소를 제기한 경우에 부존재사유가 없다는 이유로 기각판결을 하였는데 이러한 사례는 2개월의 제소기간에 걸려 부존재확인의 소를 제기하는 경우가 대부분이라서 소송물이 동일하다고 보더라도 기각판결을 할 수밖에 없다는 점을 고려할 때 판례가 취소의 소와 부존재확인의 소의 소송물을 달리 본다고 단정하기 어렵다.

2) 대판 2003. 7. 11. 2001 다 45584.

3) 대판 1963. 1. 31. 62 다 812.

개라고 하나[1] 신소송물이론은 소로써 달성하려는 목적이 재심에 의한 확정판결의 취소라는 점에서 1개의 소송물이라고 한다.

라) 행정소송 중 항고소송에서 개개의 위법사유가 별개의 소송물을 구성하는 여부에 관하여 구소송물이론하에서는 이를 긍정하는 설[2]과 개개의 취소사유는 처분에 의한 위법상태의 배제라는 목적을 달성하기 위한 수단이므로 1개의 소송물이라는 설[3]이 있다. 판례도 역시 견해가 나뉘어서 행정소송의 기판력은 행정처분의 위법·적법에 미친다고 하는가 하면[4] 행정소송의 기각판결의 기판력은 개개의 취소사유에만 미친다고도 한다.[5] 그러나 신소송물이론에서는 행정소송의 목적을 행정처분의 취소를 구할 법적 지위의 주장이라고 보아 1개의 소송물이 된다고 본다. 그리고 행정소송에서 무효원인을 주장하면서 취소청구를 한 경우에 무효확인판결을 할 수 있는가의 문제와 취소원인에 의하여 무효확인청구를 하였을 때 취소판결을 할 수 있는지에 대하여 신소송물이론은 취소원인과 무효원인은 행정행위의 하자의 경중일 뿐 원고의 목적은 행정처분에 의하여 형성된 위법상태의 배제에 있다고 보아 위의 두 가지 문제에 대하여 모두 긍정적이다.[6] 그러나 구소송물이론하에서는 전자의 문제에 대하여 긍정설과 취소청구에는 무효확인청구를 포함하지 아니한다는 부정설이 있고,[7] 후자의 문제에 대해서도 변론주의에 위배된다고 하여 부정설을 취하는 입장[8]과 무효확인청구에는 취소청구의 취지를 포함한다는 판례[9]가 대립된다.

3) 確認의 訴 확인의 소의 소송물은 일정한 권리 또는 법률관계의 존부확정이고 소송물의 동일성은 청구취지에 표시된 권리 또는 법률관계만으로 결

---

1) 대판 1970.1.27. 69 다 1888; 대판 1992.10.9. 92 므 266.
2) 李丙浩, "대법원판례를 중심으로 한 행정소송법해설," 323면.
3) 尹一泳, "행정처분의 무효를 이유로 그 취소를 구하는 경우와 소원전치주의," 사법행정 1975년 3월호. 대판 1992.2.25. 91 누 6108 판결에서는 과세처분무효확인소송의 경우에 청구취지만으로 소송물의 동일성이 특정되며 당사자가 청구원인에서 무효사유로 내세운 개개의 주장은 공격방법에 불과하다고 하였는데, 李時 235면은 이 판결을 신소송물론 중 일원설을 정면으로 채택한 것으로 본다.
4) 대판 1966.12.6. 66 다 1880.
5) 대판 1962.3.15. 62 행상 131.
6) 李時 245면.
7) 崔世英, "행정행위의 무효와 행정소송," 사법논집 제7집, 551면 참조. 대판 1961.11.9. 61 행상 4; 대판 1970.5.26. 70 누 30.
8) 崔世英, 위 논문, 552면.
9) 대판 1969.7.29. 69 누 108.

정된다는 점에서 신·구소송물이론이 일치한다.[1] 다만 신소송물론 중 이원설을 관철하여 확인의 소의 소송물도 청구취지와 청구원인의 사실관계에 의하여 소송물이 비로소 특정된다는 견해[2]와 이원설에 의하면서도 확인의 소의 소송물은 예외로 청구취지만으로 특정된다는 견해가[3] 있다. 판례 중에는 법률상 부존재로밖에 볼 수 없는 총회결의에 대하여 결의무효확인을 구하고 있다 하여도 이는 부존재확인의 뜻으로 무효확인을 구하는 취지로 보아 받아들일 수 있다고 한 것이 있다.[4] 신소송물론은 청구취지에서 구하는 권리관계의 내용을 명백히 하기 위해 그 법률적 성질을 특정해야 하지만(소비대차, 소유권 등) 원고가 청구취지에서 밝힌 법률적 성질이 소송물의 본질적 요소는 아니며 법원이 반드시 이에 구속되어야 하는 것은 아니라고 하므로 위 판례에서 당사자가 결의무효확인을 구한 청구취지를 법원이 결의부존재로 보아 받아들인 것은 신소송물론에 접근한 듯한 인상을 준다.

2. 訴訟過程上의 차이점

1) 訴의 客觀的 併合(제253조) 구소송물이론에서는 1개의 소송절차에 여러 개의 청구가 병존하는 경우를 소의 객관적 병합이라 하고 단순병합, 예비적 병합 및 선택적 병합의 세 가지 형태를 인정한다. 신소송물이론은 동일소송절차에서 여러 개의 소송물에 대하여 심판을 구하는 경우를 청구병합이라고 하며, 청구원인인 사실관계가 같아도 청구취지가 여러 개이면 청구병합으로 본다. 예컨대 무효인 매매계약에 기한 계약무효확인청구와 인도한 매매목적물반환청구의 경우이다. 신소송물이론하에서도 단순병합은 당연히 인정되나 예비적 병합은 그 내용이 다르며, 동일법률효과를 목적으로 하는 여러 개의 청구권에 기한 청구의 경우에 선택적 병합을 인정하지 아니한다. 그리하여 동일법률효과를 목적으로 하는 여러 개의 청구권에 의한 청구는 여러 개의 공격방법으로 취급하여 청구인용시에는 이유 있는 법률적 관점을 선택하면 되고 청구기각시에는 전법률적 관점을 심리하여야 한다고 한다.

---

1) 다만 胡文赫, "확인판결의 기판력의 범위," 민사판례연구 XI, 416면에서는 신소송물론 중 이원설에 따르면서 확인의 소에서도 청구취지와 청구원인에 담긴 사실관계에 의하여 소송물이 특정된다고 주장한다.

2) 胡 136면.

3) 鄭/庾 246면.

4) 대판(전) 1983. 3. 22. 82 다카 1810.

2) 請求의 變更(제262조) 구 소송물이론은 원고가 소송계속중 같은 피고에 대한 종래의 청구를 신청구로 교환하거나, 종래의 청구에 새로운 청구를 추가하는 것을 청구의 변경이라고 보고, 청구취지의 변경과 청구원인의 변경을 포함한다. 신소송물이론 중 일원설에 따르면 청구취지의 변경만이 청구변경이 되고 이원설에 따르면 청구취지의 변경과 청구원인상의 사실관계의 변경이 청구변경으로 된다. 소변경의 전제가 되는 청구의 기초를 이익설적 입장에서 법률적 성질결정 이전의 경제적 이해관계나 사회생활상의 이익으로 파악하는 것이 구 소송물이론이고,[1] 사실자료동일설의 견지에서 신·구청구의 사실자료간에 심리의 계속적 진행을 정당화할 정도의 일체성과 밀착성이 있으면 청구의 기초가 동일하다고 보는 것이 신소송물이론의 입장이다.[2] 다만 판례는 구 소송물이론에 입각하면서도 사실자료동일설에 따르는 것이 있다.[3]

3) 重複訴訟의 禁止(제259조) 법원에 이미 계속되어 있는 사건에 관해서는 다시 동일한 소를 제기할 수 없음이 원칙이다. 소가 동일하다는 판단은 당사자와 소송물이 양소에서 같다는 것을 의미하는데 소송물의 동일성에 관하여 신·구소송물이론간에 차이가 있다.

구 소송물이론은 청구취지는 동일하지 아니하더라도 청구원인이 동일하면 소송물은 동일한 것으로 판단하지만[4] 신소송물이론 중 일원설은 청구취지의 동일성으로,[5] 이원설은 청구취지와 사실관계의 동일성으로 중복소송 여부를 판단한다. 따라서 매매에 의한 소유권취득을 이유로 소유권확인을 구하는 소와 상속을 원인으로 하여 소유권확인을 구하는 소는 일원설에 의하면 중복소송이 되지만 이원설에 의하면 중복소송으로 되지 아니한다. 또한 전소가 확인의 소이고 후소가 이행의 소인 경우에는 청구원인이 동일한 이상 동일한 권리를 확인하는 중복소송이 된다고 함이 구소송물론이고,[6] 안 된다고 하는 것이 신소송물론이다. 일원설에서도 불특정물의 급여를 청구하는 경우에는 청구취지의 기재사항이 같더라도 사실관계가 다르면 실질적으로 청구취지가 다른 것이므로 중복소송이 되지 아니한다고 한다.

1) 李英 228면.
2) 李時 673면.
3) 예컨대 대판 1964. 9. 22. 64 다 480.
4) 方 352면, 李英 255면.
5) 李時 272면.
6) 方 353면, 李英 255면.

4) **既 判 力** 양이론이 모두 청구취지가 다르면 소송물도 다르고 따라서 전후양소간에 기판력이 미치지 아니한다고 하는 데에 이론이 없다.

가) 구 소송물이론하에서는 기판력의 객관적 범위(제216조)는 상계항변을 제외하고는 주문에서 판단된 사항에 미치고 기판력의 시적 범위에 의하여 사실심변론종결시까지 제출할 수 있었던 주장이나 공격방어방법은 차단되고 만다. 이와 같이 구소송물이론에서의 기판력의 객관적 범위는 특정한 법률적 관점으로 좁혀져 있으므로 예컨대 동일한 교통사고로 인하여 불법행위손해배상청구를 했다가 패소하면 이 판결의 기판력은 계약불이행으로 인한 손해배상청구에는 미치지 않으므로 손해전보의 목적으로 새로운 법률적 관점을 찾기만 하면 계속 무익한 소송을 반복할 수 있다는 것이다. 신소송물이론하에서는 기판력의 시적 범위의 문제로 되므로 기판력의 범위는 제출하지 아니한 사실주장(공격방어방법)의 실권범위가 어느 정도인가의 문제로 귀착된다. 원칙적으로 이원설은 전소와 별개의 사실관계에 기한 것이면 기판력이 미치지 아니한다고 하며, 일원설은 신청이 동일한 이상 전후소의 사실관계가 다르더라도 기판력이 미친다고 한다. 그러나 일원설에 따르면 기판력의 객관적 범위가 너무 확대되므로 이 점에 관하여서만은 이원설과 같이 제출된 사실에 기하여 주장한 법률효과의 존부에만 기판력이 미친다고 하는 견해도 있다. 신소송물이론하에서 실권되는 공격방어방법의 예로는 전소의 사실인정과 모순되는 판단을 목적으로 하는 새로운 사실관계를 제출하려는 경우, 새로운 사실관계가 구 사실관계의 보충적 의미만을 가지는 경우, 또는 동일사실관계에 대한 법률적 평가만을 달리하는 경우에는 실권되며, 전소에서 제출한 사실과 관계없는 것으로서 석명권의 범위를 벗어나는 사실은 실권되지 아니한다고 한다.[1]

나) 기판력의 주관적 범위(제218조)에서의 대립은 특정승계인에 대한 기판력에서 나타난다. 즉 특정물인도소송에서 점유승계인에게 기판력과 집행력이 미치는가의 문제이다. 구 소송물이론에서는 청구권의 실체법적 성질에 따라 물권적 청구권에 기한 청구의 경우에는 변론종결 후의 점유승계인에게도 기판력이 미치고 채권적 청구권의 경우에는 안미친다고 하나, 신소송물이론에서는 양자의 경우를 불문하고 기판력이 미친다고 한다.[2]

5) **再訴禁止** 법 제267조 2항은 본안에 대한 종국판결 후 소를 취하한

1) 李時 248면.
2) 李時 627면.

자는 동일한 소를 제기하지 못한다고 규정한다. 본조의 적용요건으로는 당사자와 권리보호이익 및 소송물의 동일성이 요구되는바, 주로 소송물의 동일성에 대한 판단이 문제된다. 구소송물이론은 소송물이 동일하다고 하려면 청구취지와 청구원인이 동일함을 요구한다.[1] 독일의 민사소송법에는 제267조 2항과 같은 규정이 없으므로 신소송물이론상 논의의 여지가 없는데 우리나라의 신소송물론자는 여기서도 소송물의 동일성은 청구취지만으로 식별한다는 입장을 그대로 취한다.[2]

Ⅵ. 新·舊訴訟物理論 批判

구소송물이론에 가하여지는 비판은 첫째, 실체법상의 청구권과 소송상 청구는 구별되는 것임에도 불구하고 이를 동일시하고 있으므로 근본적 출발점이 틀렸다고 한다. 원고의 소송의 목적은 분쟁해결이지 실체법상의 권리의 존부확정이 아니다. 실체법상의 권리존부확정은 소에 의하여 달성하려는 목적이 이유있는지 여부를 가리기 위한 수단에 불과하다고 한다. 둘째, 구소송물이론은 법률적 관점을 서투르게 잘못 구성한 권리자를 패소시키는 부당한 결과를 초래하므로 소송의 대중화 및 민주화에 역행한다고 한다. 셋째, 구소송물이론은 법률적 관점이 다르다는 이유 때문에 동일사실관계의 분쟁을 한 차례의 소송으로써 획일적·포괄적으로 해결하지 못하고 동일사실관계에서 별개로 구성되는 법률상의 청구권마다 소송이 반복되는 낭비를 초래한다는 것이다.

한편 신소송물이론에 대한 반응은 대체로 다음과 같다. 첫째, 신소송물이론은 현행법제와 어긋난다는 비판이 있다. 즉 소송물은 '청구의 기초'보다 좁은 개념임에도 불구하고 이를 동일시하고 있고, 법률관계의 성질을 기준으로 특별재판적을 규정하고 있는 것으로 보아 소송물을 실체법상 일정한 성질의 권리로 국한함이 마땅한데 이를 무시하고 있다는 것이다. 둘째, 개별소송의 반복이라는 낭비를 방지하고 법률적 지식이 부족한 당사자에게 법원이 적절한 법률적 평가를 하여 억울한 패소를 방지하는 이점은 인정되나, 법원이 당사자의 주장사실을 토대로 가능한 모든 법률적 관점에서 포괄적 심사를 하여 청구유무를 샅샅이 심리한다는 것은 사실상 불가능하다. 따라서 신소송물이론에 따르면 법원의 심판범위가 불분명하고 이에 따른 소송심리의 복잡화와 혼란을 막기 어려우며 법원은 과중한 재판부담을 진다고 한다. 그리고 법원의 불철저한 법률판단으로 불이익을 입는 당

---

1) 方 536면.
2) 李時 545면.

사자를 어떻게 취급할 것인지 불안하다고 한다. 둘째, 신소송물이론에 의하면 특히 일원설의 경우에는 기판력의 범위가 지나치게 확대되고 원고의 공격방법이 실권되지 않는 범위가 피고의 방어방법이 실권되는 범위보다도 불균형하게 넓어서 오히려 당사자를 불공평하게 대우하는 결과가 된다고 한다. 셋째, 신소송물론은 소송물의 범위를 넓혀 피고의 방어권행사를 곤란하게 만들고 피고가 방어에 대비하지 못한 법률적 관점에 기하여 패소하는 불의의 타격을 당한다고 한다.

지난 세기 이래 독일법학이 너무나 지나치게 해석법학으로 흘러서 공리공론에 빠진 나머지 재판의 기능이 오직 실체법상의 청구권을 확정하는 작업으로 인식되어 버렸고 또한 분쟁의 개별적 해결원칙을 엄격하게 고집한 결과 동일한 목적의 소송을 되풀이하는 폐단이 생겼다. 이에 대한 반성으로서 원고가 소로써 달성하려는 경제적·사회적 목적에 따라 재판제도의 운영을 개선하고자 주장된 것이 신소송물이론이라고 볼 수 있다. 또한 소송물논쟁은 청구권경합의 경우에 경합되는 여러 개의 청구권마다 별개의 소송물이 성립하는 것으로 보아 동일한 목적을 달성하기 위해서 여러 번 반복 소송할 수 있는 길을 열어 주는 것이 비능률·비경제라는 생각에서 비롯된 것이다. 다만 구 소송물이론은 소송제도의 운영과 관련하여 당사자의 권리를 확대하려는 개인주의·자유방임주의적 사조의 반영임에 대하여 신소송물이론은 이에 대한 반성으로 1개의 분쟁은 가급적 한 번에 해결함으로써 소송제도의 합리적 운영을 도모하려는 생각에서 출발한 것인바, 때마침 풍미하던 사회적 민사소송관과 법원의 후견적 개입을 강화하자는 요청에 힘입어 독일에서 통설적 지위를 확보하게 된 것이다. 따라서 이 논쟁은 분쟁의 포괄적·일회적 해결이라는 공익적 필요와 당사자의 사권실현의 극대화라고 하는 사회적 요구의 대립이므로 소송정책적 측면에서 검토되어야 할 문제이며 시대사조의 변천(신자유주의인가 사회복지주의인가)과 법원의 임무에 대한 재평가(법원은 수동적 심판자인가 능동적 분쟁해결사인가)에 따라 양이론의 운명이 달라질 것이다. 이제 우리 법이 집중심리방식을 채택한 만큼 법원의 기능과 법관의 임무가 사건관리자적 성격으로 강화될 것이므로 앞으로 실무가 신소송물론에 따르게 될 것으로 보인다.

제 2 장 訴訟節次의 開始

제 1 절 當事者에 의한 訴의 제기

I. 通常의 訴提起의 方式

1. 訴狀의 제출

1) 소송의 전 과정은 i) 소장을 제출하면, ii) 재판장의 소장심사 후 소장을 송달하고, iii) 서면에 의한 변론준비를 통하여 쟁점을 정리하며, iv) 지정된 변론기일에 증인신문을 중심으로 변론을 종결한 후, v) 판결을 내리게 되는 긴 절차이다. 소의 제기는 소장을[1] 제 1 심 법원에 제출하여서 함이 원칙이다(제248조). 소장에는 필요한 사항(제249조)을 적어 작성자인 원고나 그 대리인이 기명날인하고 소송목적의 값에 따라 민사소송인지법이 정한 수입인지를 붙여(동법 제2조) 피고의 수만큼의 소장부본과 함께 법원에 제출하고 송달비용을 예납하여야 한다(제116조). 소장의 제출에 앞서 소송구조의 결정(제128조)을 받은 경우에는 송달료나 인지대의 지급이 유예되고(제129조), 국가와 원고가 상소인인 경우에는 인지를 붙이지 아니한다.

2) 소장은 우편으로 제출하는 것도 무방하고, 전보나 Telex, Fax 또는 e-mail에 의한 소의 제기도 유효하다고 볼 것이다. 그러나 전화에 의한 소제기는 무효이다.

3) 소장을 제출함으로써 소송물의 내용과 범위가 정해져서 그 진행을 개시할 수 있게 된다.

2. 訴狀의 記載事項

첫째, 소장의 기재사항에는 소장으로서의 효력을 가지기 위하여 반드시 명확하게 기재하여야 할 필요적 기재사항이 있고(제249조 I), 그 기재가 없더라도 소장으로서의 효력에는 영향이 없는[2] 임의적 기재사항이 있다. 소장은 준비서면으로도

---

1) 대판 1954. 6. 8. 53 민상 142는 '소장'이라고 제한 서면이 제출된 형적이 없더라도 소제기로 해석한 경우다.

2) 대판 1960. 12. 8. 60 민상 389는 소장 작성년월일을 기재하지 아니하여도 효력에 영향이 없다고 한다. 또 대판 1974. 12. 10. 74 다 1633은 날인 없는 소장도 유효하다고 한다.

〈민사소송법에 의한 소송의 절차〉

소송절차의 흐름

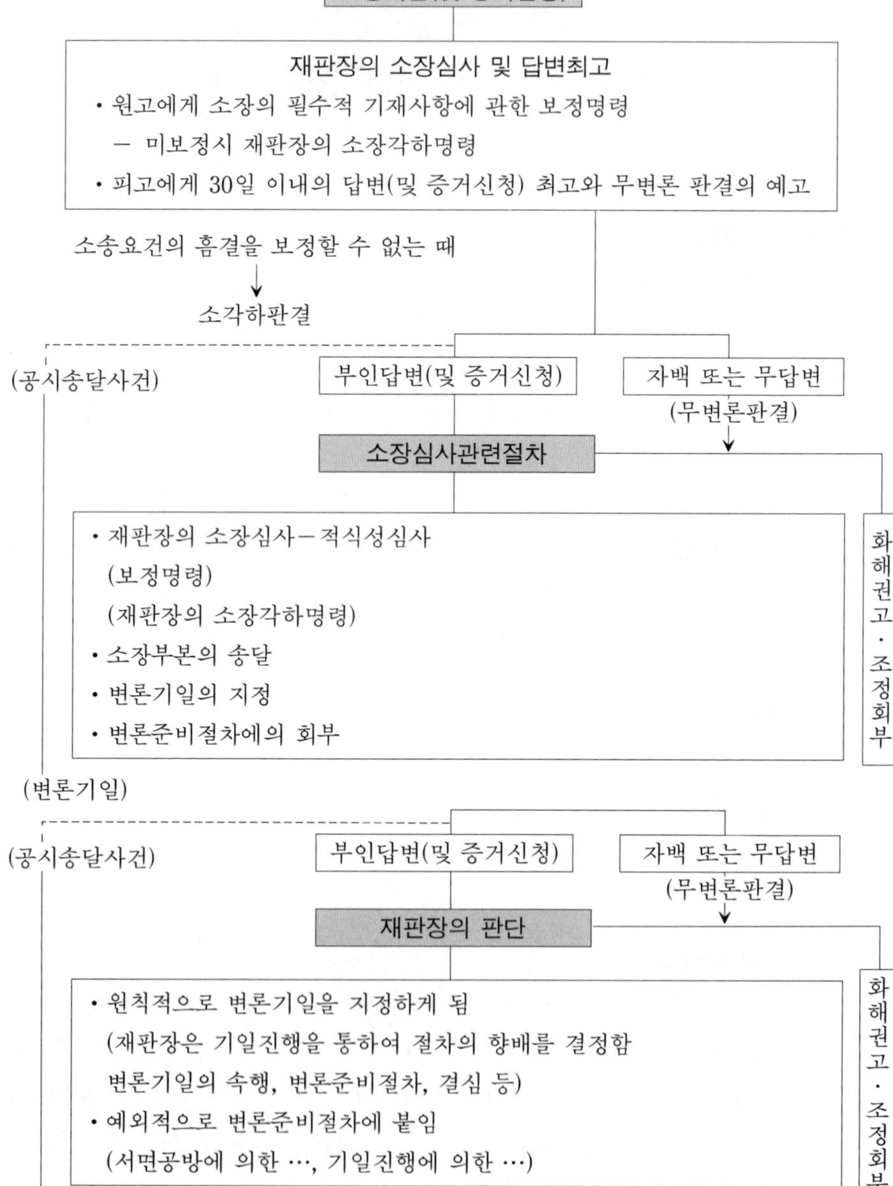

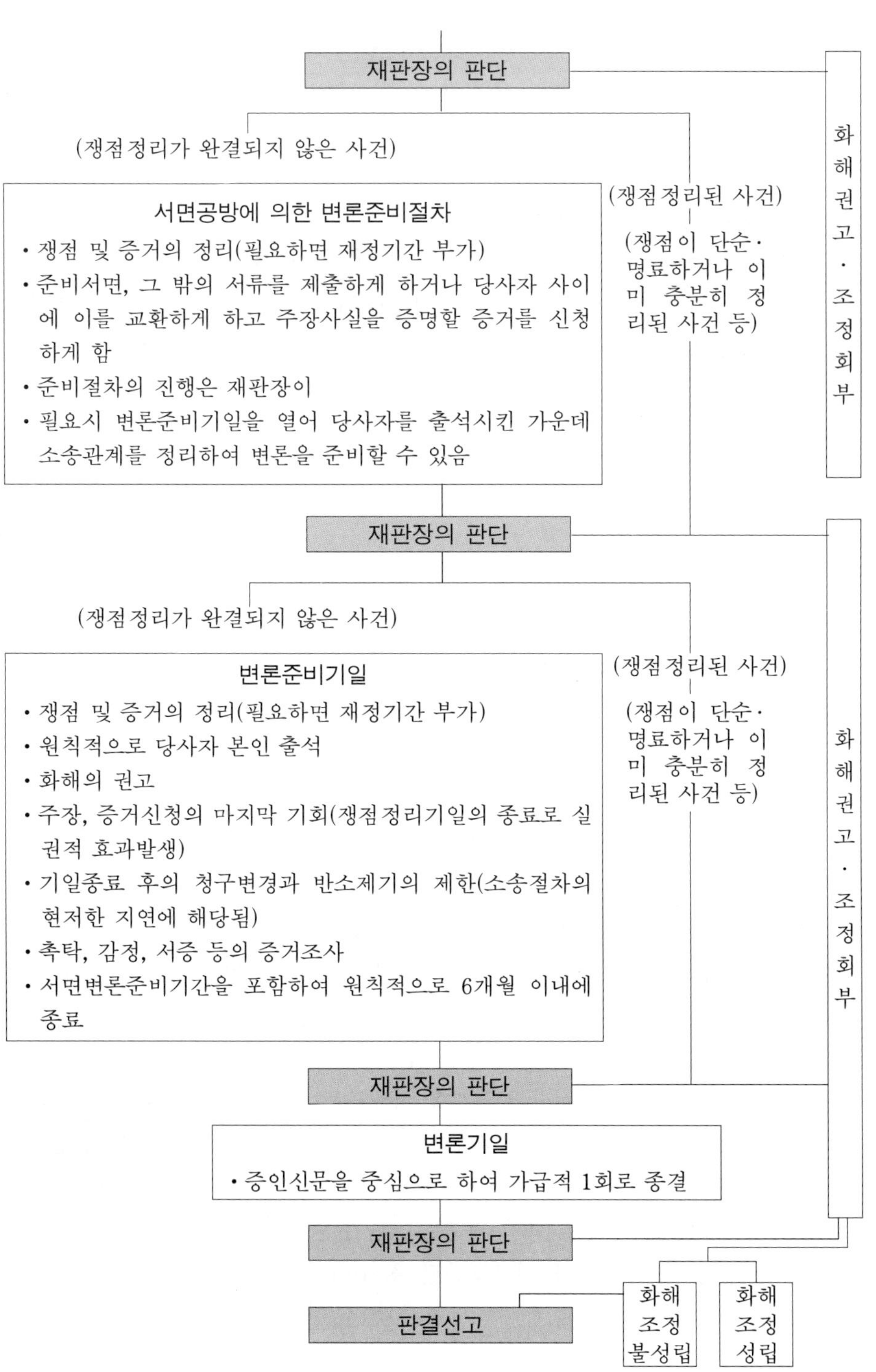
재판장의 판단
(쟁점정리가 완결되지 않은 사건)
(쟁점정리된 사건)
(쟁점이 단순·명료하거나 이미 충분히 정리된 사건 등)
화해권고·조정회부
서면공방에 의한 변론준비절차
• 쟁점 및 증거의 정리(필요하면 재정기간 부가)
• 준비서면, 그 밖의 서류를 제출하게 하거나 당사자 사이에 이를 교환하게 하고 주장사실을 증명할 증거를 신청하게 함
• 준비절차의 진행은 재판장이
• 필요시 변론준비기일을 열어 당사자를 출석시킨 가운데 소송관계를 정리하여 변론을 준비할 수 있음
재판장의 판단
(쟁점정리가 완결되지 않은 사건)
(쟁점정리된 사건)
(쟁점이 단순·명료하거나 이미 충분히 정리된 사건 등)
화해권고·조정회부
변론준비기일
• 쟁점 및 증거의 정리(필요하면 재정기간 부가)
• 원칙적으로 당사자 본인 출석
• 화해의 권고
• 주장, 증거신청의 마지막 기회(쟁점정리기일의 종료로 실권적 효과발생)
• 기일종료 후의 청구변경과 반소제기의 제한(소송절차의 현저한 지연에 해당됨)
• 촉탁, 감정, 서증 등의 증거조사
• 서면변론준비기간을 포함하여 원칙적으로 6개월 이내에 종료
재판장의 판단
변론기일
• 증인신문을 중심으로 하여 가급적 1회로 종결
재판장의 판단
판결선고
화해조정불성립
화해조정성립

겸용되므로 준비서면의 기재사항이 준용된다(제249조 II). 소장이 제대로 작성되어야 그에 대한 답변서나 준비서면도 구체적 사항을 정리하여 상응하게 작성될 수 있기 때문이다.

둘째, 소장은 단순히 청구취지와 청구원인만을 기재해서는 부족하고 청구를 이유있게 하는 구체적 공격방어방법(사실상의 주장), 제출할 증거의 요지 및 주장과 증거와의 관계를 기재하고, 피고와의 교섭에서 나타난 쟁점의 핵심, 앞으로의 소송진행에 필요한 사항도 기재할 수 있다. 아울러 원고가 소지하고 있는 서증은 가급적 모두 소장에 첨부해야 하며, 필요한 증거신청도 동시에 할 수 있다.

셋째, 다음과 같은 4가지 필요적 기재사항의 흠이 있고, 이것이 보정되지 아니할 때에는 재판장은 소장을 각하할 수 있다(제254조). 다만 소액사건의 경우에는 구술제소등도 가능하지만(소액 제4조, 제5조) 사건유형에 따른 소장양식을 정형화하여 당사자의 편의에 제공하고 있다.

1) **當事者의 表示** 원·피고가 누구인지 타인과 구별할 수 있는 정도로 기재하여야 한다. 성명·상호·명칭을 표시하여야 할 것이나 인물을 특정할 수 있는 경우에는 예명, 별명이나 아호도 무방하다. 그것만으로 당사자의 특정이 불충분하면 직업, 연령 등을 기재하면 된다. 소장송달의 편의상 준비서면의 기재사항(제274조 I)인 주소는 반드시 기재하여야 한다. 일정한 자격에 기하여 당사자가 된 자는 갑의 파산관재인 을, 병호의 선장 정과 같이 그 자격을 표시하여야 한다. 단체의 경우 당사자로 삼은 것이 단체인지, 단체의 대표자인지, 또는 양자 모두인지도 명확히 표시하여야 한다.

판례는 당사자의 동일성을 깨뜨리는 당사자의 변경에 해당하는지 아니면 단순한 당사자의 표시정정에 해당하는지를 준별하여 당사자의 변경에 해당하는 경우에는 이를 허용하지 아니하여 왔다. 그러나 법개정으로 인하여 가사소송(동법 제15조 I)이나 행정소송(동법 제14조)에서 피고의 경정을 허용하듯이 민사소송에서도 당사자의 동일성이 상실되는 경우에는 피고의 경정을 허용하는 요건과 절차에 따라 처리하여야 한다(제260조). 예컨대 판례는 수원백씨선정공파 종친회라는 원고표시를 수원백씨선정공파 대구시노곡동문중으로 고친 경우,[1] 사망사실을 모르고 망인을 원고로 표시하였다가 그 상속인으로 고친 경우[2] 등은 단순한 당사자의 표시정정이지만, 갑 주식회사라는 피고 표시를 회사분할된 을 주식회사로 고치려 함은 제260조의

1) 대판 1970. 2. 24. 69 다 1774.
2) 대판 1969. 12. 9. 69 다 1230.

적용을 받는 당사자의 변경으로 볼 것이라고 하였다.[1)]

2) 法定代理人의 表示 당사자가 소송무능력자인 경우에는 법정대리인을(예컨대 미성년자이면 친권자 부모, 피한정후견인·피성년후견인일 때에는 후견인), 그리고 법인, 국가, 지방자치단체 또는 법 제52조의 사단 또는 재단인 경우에는 대표자나 관리인을 기재하여야 한다. 이는 현실의 소송수행자를 명확히 하기 위한 고려에서이다. 법정대리인의 표시상의 오류를 바로잡거나 후에 보충 또는 변경하는 것은 상관없다.[2)] 소장에 법정대리인을 표시할 때에는 그 자격증명서를 제출할 것을 요한다(제58조 I).

3) 請求趣旨

가) 意　義

(i) 청구취지는 판결주문에 대응하는 확정적 신청으로서 원고가 소를 통하여 바라는 법률효과를 적은 소의 결론부분이다. 청구취지는 소송물을 가리는 가장 중요한 기준으로서 법원은 이에 구속되어 재판해야 하는 처분권주의의 원칙상 구체적으로 간결·명확하게 기재해야 한다.

(ii) 確定的 申請 청구취지가 불특정 또는 불명확하거나, 기한이나 조건이 있어서 불확정한 경우에는 재판장은 기간을 정하여 청구취지정정명령이라는 보정명령을 발하고 원고가 이에 불응하면 명령으로 소장을 각하하며(제254조 I, II), 소장부본이 송달되어 소송계속의 효과가 발생한 뒤에는 소각하판결을 하여야 한다.[3)] 청구취지에 기한이나 조건을 붙이는 것은 소송절차를 불안정하게 하므로 일반적으로 금지되지만 소송심리중 밝혀질 사실을 조건으로 하여 청구하는 예비적 신청(예비적 청구, 예비적 공동소송 등)은 허용된다. 심판청구 자체에 조건을 부치는 것이 아니라 권리내용이 조건적인 것을 그대로 심판의 대상으로 삼는 상환이행의 소는 허용된다.

나) 請求趣旨의 記載程度 원고는 어떠한 종류와 내용 그리고 범위의 판결을 구하는지 청구취지를 명확하게 하여 본안심판을 할 수 있도록 충분히 기

1) 대판 2012.7.26. 2010 다 37813은 피고 甲 주식회사가 피고의 표시를 회사분할된 乙 주식회사로 변경하여 달라고 신청한 사안에서 두 회사는 법인격의 동일성이 있다고 볼 수 없으므로 당사자표시변경의 대상이 된다고 볼 수 없다고 하였다.

2) 대판 1966.3.29. 66 다 204.

3) 대판 1992.11.24. 91 다 28283; 대판 2011.9.8. 2011 다 17090은 형식적으로는 청구취지 보정 기회가 없었더라도 실질적으로는 그 기회가 주어졌다고 볼 특별한 사정이 있는 경우에 보정명령 없이도 소를 각하할 수 있다고 보았다.

재하여야 하나 이는 소장 전체의 기재에서 종합적으로 판단하여 법원이 직권으로 조사할 것이고, 석명권을 발동하여 명확하게 할 수도 있을 것이다.[1] 청구취지의 기재와 청구원인의 기재가 일치하지 아니한 경우에도 석명권을 행사하여 밝힐 수 있을 것이다. 청구취지에는 소송비용에 관한 재판과 가집행선고신청을 아울러 기재하는 경우도 많다.

청구취지의 기재정도는 소의 종류에 따라서 차이가 있다.

(i) 이행의 소의 경우(예컨대 "피고는 원고에게 금 1억원을 지급하라")에는 피고의 의무에 대한 이행의 내용·대상·시기·조건 등을 기재하여야 하는데 특히 강제집행에 의문이 없어야 하므로 청구취지의 확정적 표시가 가장 엄격히 요구된다. 예컨대 금전지급청구인 경우에 금액을 명시하여야 하고,[2] 건물에 관한 소송의 경우에는 각 건물의 위치·구조·평수 등을 특정하여야 하며,[3] 토지의 경우에는 계쟁목적물 또는 부근의 부동점을 기점으로 하여 방위·거리·각도 등을 표시하거나 정확한 축척도를 사용하여[4] 특정할 것이 요구된다. 주권인도청구소송의 경우에는 청구의 목적인 주권의 종류·번호·개수 등을 특정하여야 한다.[5] 공해방지를 위한 부작위청구소송(민 제217조)의 경우에는 구체적인 공해방지조치를 표시하여야 할 것이다.[6]

(ii) 확인의 소(예컨대 "건물의 소유권확인청구")의 목적물은 법률관계의 존부로서 집행상의 문제를 염두에 둘 필요가 없으므로 원고의 청구취지는 확인을 구하는 법률관계나 권리관계의 동일성을 인식할 수 있는 정도로 특정하면 족하다.[7] 다만 소유권의 확인을 구하는 경우에는 그 권리범위를 명확하게 특정하여야 하고[8] 특정물에 관한 권리확인의 소의 경우에는 이행의 소에 준해서 목적물을 정확하게 특정해야 한다. 또한 채무의 일부부존재확인의 소에 있어서는 원고가 상한을 표시하지 않고 일정액을 초과하는 채무의 부존재확인을 청구한다는 취지만의

1) 대판 1970. 8. 31. 70 다 1255.
2) 손해배상청구소송에서 장래의 일실이익을 구하는 경우에는 청구취지에 확정된 금액의 기재를 엄격히 요구하지 아니하고, 후일 법원의 신체감정결과에 따른 청구취지확장을 전제로 손해액의 일부만 청구함을 인정한다.
3) 대판 1958. 3. 27. 57 민상 882.
4) 대판 1965. 10. 19. 65 다 1631.
5) 대판 1955. 4. 14. 55 민상 32.
6) 대판 2007. 6. 15. 2004 다 37904, 37911은 고속도로로부터 발생하는 소음이 피해 주민들 주택을 기준으로 일정 한도를 초과하여 유입되지 않도록 하라는 취지의 유지청구가 특정된 것으로 적법하다고 보았다.
7) 대판 1960. 6. 9. 59 민상 446.
8) 대판 1972. 1. 31. 71 다 2085.

기재도 허용된다.[1]

(iii) 형성의 소(예컨대 "원고는 피고와 이혼한다")는 법률의 규정에 근거하여 제기하는 것이므로 청구취지의 특정에 관하여 큰 문제는 없으며, 형성될 권리관계의 변동 또는 법률상태의 창설을 기재하면 된다. 실질적으로는 비송이나 형식적 형성소송인 경우에는 어떠한 내용의 판결을 할 것인가가 법관의 재량에 달려 있으므로 법관의 재량권행사의 기초가 청구취지에 나타나 있으면 된다.

4) 請求原因

가) 意　　義　　청구원인이란 소송물인 권리 또는 법률관계를 발생 또는 구성함에 필요한 원인사실, 즉 구체적·법률적 주장의 내용이 되는 사실관계를 말한다. 이에 대하여 신소송물론은 청구취지를 보충하여 소송물을 특정하기 위한 사실관계라고 좀더 좁게 이해한다. 그리하여 구소송물론은 확인의 소는 청구취지만으로 소송물이 특정되나 이행의 소와 형성의 소에서는 청구취지 외에 청구원인에 권리발생원인사실을 기재해야 특정된다고 한다.

나) 請求原因의 記載程度　　청구원인은 소송물을 특정하는 표준이 되므로 청구원인에 사실을 어느 정도로 기재할 것인가에 관하여 학설의 대립이 있다.

(i) 事實記載說　　청구원인에는 소송상 청구를 이끌어 내게 한 모든 구체적 사실을 기재하여야 하고 소송상 신청의 기초가 되는 사실로부터 결론을 정당화하는 데 적절하고도 필요한 것을 모두 포함하여야 된다는 입장이다.

(ii) 同一認識說　　소송상 청구를 다른 청구와 식별하여 특정시키고 혼동을 초래하지 아니하는 한도에서 기재하면 족하다는 입장이다. 동일인식설도 소송물론에 따라 내용이 다르다. 구 소송물이론에 기초하여 청구원인이란 소송물인 권리 또는 법률관계의 요건사실이므로 그러한 구체적 법률관계의 발생에 맞는 요건사실을 열거할 것이 필요하다는 견해(구 식별설)와 청구원인을 청구취지에서 주장하는 법률효과를 도출함에 필요한 사실관계라고 보는 신소송물이론의 입장에서 이러한 사실관계를 다른 청구와 구별할 수 있는 정도로 기재하면 된다는 견해(신 식별설)가 있다.

(iii) 檢　　討　　청구를 이유 있게 하는 모든 사실을 기재하라는 사실기재설은 소장에 한꺼번에 기재할 사실의 범위를 너무 넓게 요구하고 있으므로 원고의 청구를 이유 있게 하는 사실을 소송의 정도에 따라 적절한 시기에 제출할 수

---

1) 대판 1994. 1. 25. 93 다 9422.

있게 하는 適時提出主義(제146조)에 어긋난다.

그러므로 동일인식설(식별설)에 따라서 청구원인사실을 기재할 정도를 보자. 특히 변론 없이 판결하는 경우가 도입되었으므로 청구취지와 청구원인을 명확하게 하는 데에 기재의 중점을 두어야 한다.

물권·친족관계·상속권·지적재산권 등의 절대권을 대상으로 하는 소송에서는 권리의 배타적 성격 때문에 권리의 주체·내용 및 대상을 기재하면 족하다. 다만 담보물권은 동일목적물상에 두 개 이상의 권리가 존재할 수 있으므로 피담보채권과 그 순위 등을 보태어 기재하여야 한다.

채권과 같은 청구권과 형성권과 같은 비배타적 권리의 경우에는 동일내용의 권리가 동일당사자간에 여러 개 성립할 수 있으므로 권리의 주체와 내용 외에 권리의 발생원인사실(물권적 청구권·계약·불법행위·부당이득 등)을 기재하여야 소송물이 특정된다.

청구원인의 기재정도에 관하여 신·구소송물론자들이 모두 식별설을 따르고 있으나, 그 주장내용은 각각 다르다. 구소송물이론에서는 청구원인에 나타나 있는 기본사실관계에다가 원고가 주장하는 법률적 관점까지를 기재하여야 소송물이 특정된다고 하면서 그러한 법률적 관점을 변경하는 경우에는 소송물의 변경이 된다고 본다. 반면에 신소송물이론의 경우 일원설은 청구취지만으로 소송물이 특정되므로 청구원인에 어떠한 기재도 원칙적으로 필요하지 않다고 하고,[1] 이원설은 다른 청구와 구별될 수 있는 정도의 사실관계만 기재하면 족하다고 하면서 그러한 사실관계를 법률적으로 분석한 관점은 소송물의 요소가 아니며 법원을 구속할 수 없는 법률상의 진술에 불과한 것으로 본다.

II. 특수한 訴提起의 方式

1. 訴狀 이외의 書面提出

독립당사자참가(제79조), 공동소송참가(제83조), 청구의 변경(제262조), 중간확인의 소(제264조) 및 반소(제269조) 등과 같이 소송절차에 병합하여 자기주장에 대한 심판을 청구하는 경우에는 소장에 준하는 서면을 제출함으로써 소를 제기한 것으로 된다.

2. 訴의 提起가 있는 것으로 보는 경우

제소 전 화해가 성립되지 아니한 경우에 당사자가 소제기신청을 하거나(제388조),

1) 예컨대 李時 255면.

독촉절차에서 지급명령에 대하여 채무자의 적법한 이의가 있는 경우(제470조), 민사 조정을 하지 아니하는 결정(민조 제26조)이 있거나 조정이 성립되지 아니하거나(민조 제27조) 조정에 갈음하는 결정(민조 제30조)이 이의신청에 의하여 효력을 상실한 경우(민조 제36조 I), 가사조정이 그 목적을 달성하지 못하고 종결된 각 경우에는(가소 제60조) 소송으로 이행되며 화해신청시, 지급명령신청시, 조정신청시에 각각 소를 제기한 것으로 본다.

3. 少額事件에 있어서 특수한 訴提起方式

소액사건, 즉 소송목적의 값 2,000만원 이하(동규칙 제 1 조의 2)의 금전 기타 대체물이나 유가증권의 일정한 수량을 지급함을 목적으로 하는 민사사건에 소장제출주의의 예외가 두 가지 도입되었다. 첫째, 구술에 의한 소의 제기는 법원사무관 등의 면전에서 진술하면 이들이 제소조서를 작성하고 이에 서명날인함으로써 이루어진다(소액 제 4 조). 둘째, 임의출석에 의한 소의 제기는 양쪽 당사자가 임의로 법원에 출석하여 소송에 관하여 변론할 수 있고, 이 경우에 소의 제기도 구술에 의한 진술로써 행한다(소액 제 5 조).

4. 刑事訴訟節次 내에서의 賠償命令申請

소송촉진등에관한특례법에 의하면 제 1 심 및 제 2 심의 형사공판절차에서 폭행, 상해(존속폭행, 상해, 동치사상 제외), 과실사상, 재산죄(장물죄 제외) 및 손괴죄에 관하여 유죄판결을 선고할 경우에 피고사건의 범죄행위로 인하여 발생한 직접적인 물적 피해, 치료비손해나 위자료(동법 제25조 I), 또는 피고인과 피해자간에 합의된 손해배상액(동법 제25조 II)을 일정한 요건이 갖추어지면 법원은 직권 또는 피해자(그 상속인 포함)의 신청에 따라 그 배상을 명할 수 있다. 배상명령에는 피고인과 피해자간에 합의가 없는 경우의 배상명령(동법 제25조 I) 과 합의된 손해배상액에 대한 배상명령(동 제25조 II)의 두 가지 종류가 있는데 전자가 원칙적 모습이다.

이 제도는 영국의 Powers of Criminal Courts Act(1973) 제35조와 독일의 형사소송법 제403조 이하 그리고 구 일본형사소송법의 부대사소제도를 모방하여 형사범죄피해자의 신속한 손해전보를 목적으로 도입한 것이다. 피해자의 배상명령 신청은 민사소송에 있어서 소의 제기와 동일한 효력이 있으나(동법 제26조 VIII) 배상명령에 집행력만 부여되고 기판력이 인정되지 아니하므로(동법 제34조 IV) 특수한 소제기방식이 아니라는 입장도 있다.

형사소송절차에서 범죄행위로 인하여 발생한 손해도 한꺼번에 병합심판하게 한 이 제도는 민·형사분쟁을 한꺼번에 해결할 수 있는 장점이 있으나 오히려 민·형사사건의 분화라는 역사의 방향에 역행하고 모든 사건에 무리하게 적용하여 많은 문제점을 일으킬 소지가 있다. 또한 민·형사청구가 무리하게 병합되어 당사자의 절차적 권리보장에 소홀해지기 쉽고, 발생손해액을 전액 일거에 배상받을 수 있는 제도가 아니어서(소극적 손해 등 일부 손해는 제외되어 있음) 소송경제상 실익이 없으며, 피해자의 신청 없이도 직권으로 배상명령을 할 수 있는 무리한 규정도 있다. 실무상 별로 활용되지 아니하는 점에 비추어 개선책이 요망된다.

제2절 訴提起에 대한 法院의 措置

I. 裁判長의 訴狀審査 및 後續措置

1. 制度的 趣旨

재판장의 소장심사는 본래 소제기방식과는 표리의 관계에서 소장에 비교적 판단이 용이하고 간단한 형식적 사항에 흠이 있는지를 가려내어 부질 없이 심리에 들어가는 번거로움을 덜기 위한 제도이다. 그러므로 소장이 접수되면 변론을 열기에 앞서 소송요건에 관한 조사보다도 먼저[1] 소장을 심사하여(소장심사의 선순위성) 명백한 흠을 간단한 방법으로 처리함으로써 소송경제를 도모하고자 한다.

집중심리를 뒷받침하기 위하여 개정법은 재판장의 소장심사범위를 확대하고 그 권한을 대폭 강화하였다. 그리하여 소송의 초기단계에서 증거를 제출하도록 명할 수 있는 강력한 권한으로 탈바꿈되었다고 하겠다(제254조 Ⅳ).

2. 裁判長의 訴狀審査의 대상

1) 재판장에 의한 소장심사는 소장이 법 제249조 1항의 필요적 기재사항을 구비한 여부와 소장에 법이 정한 인지를 붙였는지의 여부를 그 대상으로 한다(제254조 Ⅰ).[2] 만일 당사자의 표시, 피고의 주소, 청구취지[3]와 청구원인의 기재에 관한 잘못이나, 소정 인지를 안 붙였거나 적게 붙인 경우에는 그러한 흠을 보정하도록 명하여야 한다. 소장에 일응 대표자의 표시가 되어 있는 이상 그 표시에 잘못

1) 대결 1969. 8. 28. 69 마 375.
2) 그러므로 원고의 날인이 없는 소장은 보정명령의 대상으로 되지 아니한다. 대판 1974. 12. 10. 74 다 1633 참조.
3) 대판 1981. 9. 8. 80 다 2904.

이 있다고 하더라도 이를 정정 표시하라는 보정명령을 하고 그에 대한 불복을 이유로 소장을 각하하는 것은 허용되지 않는다.[1] 소송요건이나 청구의 당부 등은 심사대상이 아니다.

2) 재판장은 소장을 심사하면서 필요하다고 인정하는 경우에는 i) 원고에게 청구하는 이유에 대응하는 증거방법의 구체적 기재, ii) 소장에서 인용된 서증의 등본 또는 사본을 붙이지 아니한 경우에는 이를 제출하도록 명할 수 있다(제254조 Ⅳ). 이는 소장의 작성에 준비서면의 기재사항을 준용하게 한 규정과 짝지어서 집중심리가 가능하도록 법률적 근거를 마련한 것이다.

3. 補正命令

소장에 위와 같은 흠이 있는 때에는 재판장은 원고에게 보정할 사항을 밝혀[2] 상당한 기간을 정하고,[3] 그 기간 내에 흠을 바로잡을 것을 명하여야 한다. 보정기간은 보정을 요하는 사안의 내용이나 금액의 많고 적음을 고려하여 구체적으로 정하지만 실무상으로는 대개 5일 내지 7일이다. 소장보정명령에 대하여는 이의신청이나 항고 등 독립하여 불복할 수 없고,[4] 보정기간의 연장허가 여부도 재판장의 재량이다.[5] 보정명령에 응하여 소장을 보정[6]한 경우에는 소장의 제출시에 소급하여 방식에 맞는 소장이 제출된 것으로 보아야 할 것이다.

4. 裁判長의 訴狀却下命令

원고가 보정기간 내에 흠을 보정하지 아니하였을 때에는 재판장은 명령으로 소장원본을 각하하여야 한다(제254조 Ⅱ). 소장각하명령의 법적 성질에 대하여는 소송을 종료시킨다는 점에서 소송요건불비시에 법원이 내리는 소각하판결과 동일하

1) 대결 2013. 9. 9.자 2013 마 1273은 이 경우 판결로써 소를 각하해야 한다고 봄.

2) 붙여야 할 인지액을 명시하지 아니하고 막연히 「항소장의 인지첩부액」이라고 기재한 명령은 적법한 보정명령이 아니라는 대결 1991. 11. 20. 91 마 616 참조.

3) 주소보정을 위한 상당한 기간이라 함은 항소인이 상대방의 주소를 알아내어 보정하거나 또는 상대방의 주소를 조사하여 보았으나 알 수 없어서 공시송달을 신청하는 데 필요한 합당한 기간을 가리킨다는 판례로는 대결 1991. 11. 20. 91 마 620, 621 참조.

4) 대결 1967. 11. 30. 67 마 1096, 인지보정명령에 대해서도 이의신청이나 항고를 할 수 없고 다만 보정명령에 따른 인지를 보정하지 아니하여 소장이나 상소장이 각하되면 이 각하명령에 대하여 즉시항고로 다툴 수 있을 뿐이다. 대결 1987. 2. 4. 86 그 157; 대결 1993. 8. 19. 93 재수 13; 대판 1995. 6. 30. 94 다 39086, 39093.

5) 대결 1969. 12. 19. 69 마 500.

6) 인지보정명령에 따라 인지 상당액을 현금으로 납부하는 경우에는 현급을 납부한 때에 보정의 효과가 발생한다. 대결 1984. 6. 23. 84 마카 36; 대결 1997. 9. 22. 97 마 1731.

다는 견해가 있으나,[1] 소장을 수리하지 아니한다는 일종의 행정처분을 재판의 형식으로 표시한 것이라고 본다.[2]

소장부본이 피고에게 송달되고 변론이 개시되면[3] 재판장은 소장각하권한을 잃는다. 그러므로 변론개시 후에 발견된 법 제254조 1항의 흠에 대하여는 법원이(재판장이 대표한다) 보정명령을 발하고, 보정이 이루어지지 아니하면 법원의 판결로 소를 각하한다.

제소 전 화해나 가사조정이 성립하지 아니하여 소송절차로 이행된 경우(제388조) 또는 지급명령에 대한 이의신청으로 인하여 소송으로 이행되는 경우에(제472조) 인지가첩의 보정명령을 원고가 어기는 때에는 각하할 소장의 원본이 없으므로 판결로써 소를 각하할 수밖에 없다.

5. 訴狀却下命令에 대한 不服

재판장의 소장각하명령에 대하여 원고는 각하된 소장원본을 첨부하여 즉시항고를 할 수 있다(제254조 Ⅲ). 인지의 부족으로 인한 소장각하명령에 대하여 즉시항고한 경우에 판례는 소장이나 항소장의 적식여부는 그 각하명령을 한 때를 기준으로 할 것이고, 즉시항고를 제기하고 나서 항고심 계속중 소정인지를 추가로 붙였다고 하여 그 흠이 보정되는 것은 아니라고 한다.[4] 그러나 항고심의 속심적 성격상 보정된다고 볼 것이다.

Ⅱ. 訴狀副本의 송달

1. 법원에 제출된 소장을 배당받은 재판장이 그 소장을 방식에 맞는다고 인정하면 법원사무관으로 하여금 그 부본을 피고에게 송달하게 한다(제255조 Ⅰ, 소액 제6조 Ⅰ). 소장부본을 송달받은 피고는 방어태세를 갖추게 된다. 소장부본을 송달하면 i) 소송계속의 효과가 발생하고, ii) 소장에 기재된 각종 실체법상의 의사표시(최고, 해제, 통지, 지급제시 등)가 효력을 발생하며, iii) 지연손해금의 법정이율이 소장부본이 송달된 다음날부터 연 20%로 인상된다. 실무상으로는 피고에게 소장부본송달시에 답변서제출 및 응소안내서를 함께 보내어 변론준비를 촉구한다.

---

1) 李時 259면.
2) 鄭/庾 79-80면.
3) 이에 대하여는 소장송달시, 즉 소송계속시라는 설에는 方 347면, 姜 291면, 胡 104면.
4) 대결 1968. 7. 29. 68 사 49; 대결 1996. 1. 12. 95 두 61.

2. 부본의 부제출, 송달비용의 불예납, 피고의 사망 또는 주소불명 등으로 송달불능이 된 경우에는 재판장은 보정을 명할 것이고, 원고가 이에 불응하면 소장을 각하할 것이다(제255조 Ⅱ). 피고의 주소나 거소가 불명하게 된 경우에는 원고는 공시송달을 신청할 수 있으며(제194조), 피고가 소송무능력자로서 법정대리인이 없는 경우에는 특별대리인을 선임할 것이다(제62조).

Ⅲ. 辯論期日의 지정

1. 답변서를 제출하지 아니하거나 자백하는 취지의 답변서를 제출하여 무변론원고승소판결을 내리는 경우(제257조 Ⅰ, Ⅱ)를 제외하고는 피고의 답변서가 제출되면 재판장은 이를 원고에게 송달하는 동시에 바로 사건의 변론기일을 정해야 한다(제258조 Ⅰ). 사안의 성격상 사건을 변론준비절차에 부칠 필요가 있는 경우에는 변론준비절차를 실시한다(제258조 Ⅱ).

2. 재판장은 특별한 사정이 있는 때에는 변론기일을 연 뒤에도 사건을 변론준비절차에 부칠 수 있다(제279조 Ⅱ). 변론준비절차가 끝난 뒤에는 재판장은 바로 변론기일을 정하고 이를 당사자에게 통지하여야 한다(제258조 Ⅱ). 재판장 등은 변론준비절차를 종결하는 경우에는 변론기일을 미리 지정할 수도 있다(제284조 Ⅱ).

Ⅳ. 辯論準備節次의 실시

1. 변론준비절차에서는 변론이 효율적이고 집중적으로 실시될 수 있도록 당사자의 주장과 증거를 정리하여야 한다(제279조 Ⅰ).

2. 변론준비절차에서는 뒤에 다투는 바와 같이 준시서면교환, 증거신청 등 서면에 의한 변론준비를 진행한다. 그리고 변론준비절차를 진행하는 동안 필요가 있는 경우에는 변론준비기일을 열어서 당사자 본인과 제 3 자도 함께 출석시켜 주장과 증거를 정리하게 된다. 그러므로 변론준비절차에는 서면방식과 기일방식이 있는 셈이다.

Ⅴ. 送　達

1. 送達의 의의

(i) 송달은 당사자 기타 이해관계인에게 소송상 서류를 교부하거나 그 내용을 알 수 있는 기회를 주기 위하여 법정형식에 따라 시행하는 사법기관의 명령적·공증적 통지행위이다. 송달은 그 자체 독립적 의의를 가지는 소송행위는 아니나 재

판권의 작용으로서 송달을 통하여 그 서류에 기재된 소송행위를 완성하거나 이미 완성된 소송행위를 전달하는 중개적·수단적인 소송행위이다. 또한 송달은 적법절차를 보장하는 수단이기도 하다.

(ii) 송달은 명령적이면서도 공증적 행위인 만큼 확실성 및 안정성이 요청되므로 법은 송달을 필요로 하는 경우를 개별적으로 명정하여(제72조 Ⅱ, 제266조 Ⅴ, 제273조 Ⅰ 등) 단순한 통지(제144조 Ⅲ, 제242조, 민집 제11조 등)와 구별하고 있다. 뿐만 아니라 특정인에 대하여 행해지는 명령적 작용이므로 불특정다수인에 대한 공고(민집 제106조, 선박책임제한 제8조)와도 구별된다.

(iii) 송달의 필요와 효과는 경우에 따라서 다르다. 통지를 목적으로 하는 경우도 있고(제72조 Ⅱ, 제85조 Ⅱ, 제266조 Ⅳ, 제273조), 소송행위의 효력의 발생을 위하여 하기도 하며(제167조 Ⅰ, 제255조 Ⅰ, 제469조, 민집 제227조 Ⅲ, 민집 제83조 Ⅳ, 민집 제185조 Ⅳ), 기간의 진행을 위하거나(제396조), 집행개시의 요건을 위하여서(민집 제39조) 하기도 한다. 미국의 경우에는 송달이 법원의 관할권을 발생시키는 원인이 되는 수도 있으나 국제적으로는 과잉관할의 논란을 불러일으키고 있다.

(iv) 송달에 관한 민사소송법의 규정(제174조~제197조)은 강제집행절차와 독촉절차는 물론 가사소송, 행정소송 및 비송절차에 두루 적용이 있다. 뿐만 아니라 특별한 규정이 없는 한 통합도산법(제33조)에도 준용된다.

2. 送達에 관한 立法主義

송달제도에는 당사자의 의사에 맡기어 송달을 실시하는 당사자송달주의와 당사자의 의사와 관계 없이 재판기관이 직권으로 시행하는 직권송달주의가 있고, 당사자송달주의에는 당사자 스스로가 송달을 송달실시기관에 위임하는 직접송달주의와 당사자가 법원사무관 등의 중개에 의하여 송달실시기관에 위임하는 간접송달주의가 있다. 이외에 미국의 일부 주법이나 독일민사소송법 제198조(변호사간의 송달)의 경우처럼 당사자 일방이 상대방에게 직접 송달함이 허용되는 입법례도 있다. 우리나라는 직권송달을 원칙으로 하여(제174조) 소송절차의 개시, 진행 및 종료에 관하여 그 신속·적정·명확을 기하고자 한다. 직권송달의 예외로서 당사자의 신청에 의하여 송달하는 경우로는 공시송달(제194조)이 있다.

송달에 관하여 어떠한 입법주의를 취하는가는 대체로 그 나라의 우편제도 전반에 대하여 얼마나 신뢰할 수 있는가 하는 점과 밀접한 관계가 있으므로 외국송달제도의 무조건적 모방은 위험하다. 또한 과학기술의 진보에 따라 전화, 팩스, 이메일 등 컴퓨터통신 등 통신수단은 끊임없이 발달하고 있으므로 이를 모두 기본법에 규정하기보다 대법원규칙에 위임하여 발전하는 통신수단을 기일의 고지

등에 적극 이용함이 필요하다. 그리고 맞벌이부부나 핵가족화현상으로 인하여 송달불능으로 되는 경우가 증가할 것이므로 이에 대응하는 송달방법을 강구할 필요가 있다.

3. 送達機關

1) 送達事務擔當機關 송달은 재판권의 행사에 속하나 송달사무는 재판권에 관계되는 사무적인 것이므로 수소법원의 사무관 등의 고유권한에 속한다(제175조 I). 법원사무관 등은 송달사무를 송달하는 곳의 지방법원에 속한 법원사무관 등 또는 집행관에게 직접 촉탁할 수 있다(제175조 II). 이는 관할구역이 다른 법원간의 공조절차를 생략하여 법원사무관 등이 다른 지역의 집행관에게 직접 송달을 촉탁하여 신속과 업무경감을 도모하는 취지이다. 다만 집행행위에 속하는 최고, 그 밖의 통지를 송달하는 사무는 집행관이 시행하며(민집 제11조), 외국에서 하는 송달의 경우에는 그 나라에 주재하는 우리나라의 대사·공사·영사 또는 그 나라의 관할 공공기관에 촉탁하여 송달사무를 처리한다(제191조). 결정과 명령은 상당한 방법에 의하여 고지하면 효력이 발생하지만 특히 판결정본의 송달사무는 법원사무관의 전담사항이므로 판결정본송달이 부적법하여 판결법원에 판결정본송달신청이 제출되었다 하여도 법원이 직접 그에 대한 가부의 재판을 할 수 없다.[1)]

송달사무라 함은 법원의 사무관 등이 송달서류를 작성하거나 당사자로부터 영수하여 송달의 시기와 장소, 방법 및 수송달자를 결정한 다음 이를 스스로 송달하거나(제177조) 또는 송달실시기관으로 하여금 실시하게 하고 송달증서의 수령 및 기록에 편철하는 사무를 말한다. 송달은 그 방법·완급·장소·비용 등을 고려하여 법원사무관 등이 재량으로 결정할 문제이다.

2) 送達實施機關 송달은 우편 또는 집행관, 그 밖의 대법원규칙이 정하는 방법에 의하여 하며, 우편에 의한 송달은 우편집배원이 하도록 한다(제178조 I, II). 현재 원칙적으로 우편집배원이나 집행관에 의한 송달방법을 사용하고 있다.[2)] 예외적으로 우편송달(제184조, 제187조), 공시송달(제195조) 및 당해 사건에 관하여 출석한 자에 대한 송달(제177조 I)의 실시와 같이 법원사무관 등이 스스로 하는 경우도 있다. 집행관에 의한 송달은 예외적이어서 실무상 특별송달이라고 불리우나, 그에 의한 송달

1) 대결 1966. 3. 22. 66 마 71.
2) 대판 2009. 12. 10. 2007 두 20140은 보통우편의 방법으로 그 송달을 추정할 수 없으며, 송달의 효력을 주장하는 측에서 증거에 의하여 도달사실을 입증해야 한다고 한다.

이 어려운 사정이 있다고 인정될 경우 법정경위에 의한 송달이 실시되는 수가 있다(법조 제64조). 그리고 송달에 필요한 때에는 송달기관이 경찰관에게 원조를 요청할 수 있다(제178조 Ⅲ).

대법원규칙은 한 걸음 더 나아가서 변호사 상호간의 송달(민소규 제46조)과 급속을 요하는 경우에 변호사인 소송대리인에 대한 송달을 법원사무관 등이 전화, FAX 또는 전자우편을 이용하여 할 수 있게 허용하고 있다(민소규 제47조).

3) **送達通知** 송달은 요식적 공증행위이므로 송달을 한 기관은 송달에 관한 사유를 대법원규칙이 정하는 방법으로 법원에 알려야 한다(제193조). 송달보고서의 작성은 송달의 요건은 아니며, 이는 송달에 관한 유일한 증거방법이 되는 것도 아니다.[1] 따라서 송달에 관한 사유의 통지방법을 서면에만 국한하지 아니하고 대법원규칙에 위임하여 전자통신매체 등을 이용할 수 있게 하였다. 장차 우체국의 우편업무전산화 진척 정도에 따라 각종 송달통지의 중요도를 참작하여 송달업무를 계속 전산화할 수 있을 것이다. 직접송달주의가 인정되는 미국에서는 당사자가 집행관에게 송달을 의뢰한 경우에는 송달증서(marshall's return)가 법원기록에 편철되고 당사자가 직접 우편에 의하여 송달한 경우에는 그 자의 선서자술서(affidavit)가 송달의 증거로 제출된다.

4. 送達書類

송달할 서류는 보통 그 謄本에 의하여 송달된다(제178조 Ⅰ). 등본은 원본을 사본으로 만들어서 작성자가 등본임을 증명한 문서이다. 다만 출석요구서의 송달은 원본에 의한다(제167조 Ⅰ). 판결(제210조 Ⅱ), 지급명령(제469조) 및 가압류·가처분결정, 그 밖의 재판(제224조)의 경우에는 正本을 송달한다. 당사자가 작성하여 제출하는 서류에 대해서는 수송달자의 수만큼의 副本을 제출하게 하고 법원사무관 등이 이를 송달함이 실무관례이다. 송달할 서류의 제출에 갈음하여 법원사무관 등이 조서를 작성한 때에는 그 조서의 등본 또는 초본을 교부하여 송달한다(제178조 Ⅱ, 소액 제 4 조 Ⅲ, 제 6 조 Ⅰ).

5. 送達領收者

1) **送達受領權限者** 송달은 영수권한이 있는 자에게 하여야 유효한 송달이 되며, 당사자 본인에게 송달함이 원칙이다. 그러나 송달의 영수도 소송행위

1) 대판 1952. 10. 30. 52 민상 106; 대판 1986. 2. 5. 85 누 894; 대결 2000. 8. 22. 2000 모 42.

이므로 소송무능력자에 대한 송달은 그의 법정대리인에게 하여야 한다(제179조). 부재자재산관리인이 선임되어 있는 때에는 부재자에게 공시송달을 할 것이 아니라 재산관리인에게 하여야 한다.[1] 법인이나 법 제52조의 사단·재단에 대한 송달은 그 대표자 또는 관리인에게 하여야 한다. 여러 명의 대표자나 관리인 또는 공동대표이사[2]가 있는 경우에는 그 중의 한 사람에게 송달하여도 된다. 회사를 대표할 대표이사가 지정되어 있는 때에는 평이사나 평이사의 처[3]에게 송달함은 무효이다.

2) 國家訴訟의 경우　　나라를 당사자로 하는 소송은 법무부장관이 나라를 대표하므로(국소 제2조) 나라에 대한 송달은 그에게 하여야 한다.[4] 그런데 실무상 편의를 고려하여 수소법원에 대응하는 검찰청의 장(다만 고등검찰청 소재지의 지방법원의 경우에는 그 고등검찰청의 장)에게 송달하며, 소송수행자나 소송대리인이 있는 경우에는 그에게 송달한다(국소 제9조). 나라를 제3채무자로 하는 가압류·가처분명령 또는 전부명령의 송달은 그 채무의 지급을 담당하는 행정관서의 장이 수송달자로 될 것이다.

3) 特殊한 경우

가) 군사용의 청사 또는 선박에 속해 있는 자에 대한 송달은 그 청사 또는 선박의 장에게 한다(제181조). 소송수행자인 육군본부 법무감실 소속 법무관에 대한 송달은 육군참모총장에게 송달한 때에 본인에 대한 송달의 효력이 발생하므로 육군본부 본부중대 소속 문서수발사병이 송달서류를 수령하면 송달은 적법하게 이루어진 것이다.[5]

나) 전쟁에 나간 군대, 외국에 주둔하는 군대에 근무하는 사람, 또는 군에 복무하는 선박의 승무원에게 할 송달은 재판장이 그 소속 사령관에게 촉탁하되 법 제181조의 규정을 준용한다(제192조 II).

다) 교도소·구치소 또는 경찰관서의 유치장에 체포·구속 또는 유치된 사람에게 할 송달은 교도소·구치소 또는 경찰관서의 장에게 한다(제182조). 이 소장은 피구속자에 대한 송달에 관하여 직무상 법정대리인의 지위에 선다. 그러므로 소장

1) 대판 1968. 12. 24. 68 다 2021.
2) 대결 1961. 12. 21. 61 민재항 679.
3) 대결 1962. 8. 18. 61 민재항 197.
4) 대판 1962. 5. 10. 61 민상 1561, 1562.
5) 대판 1972. 12. 26. 72 다 1408.

은 송달받은 즉시 송달서류를 본인에게 교부하여야 하며 본인이 그에 따른 소송수행에 필요한 조치를 취하여야 한다. 그러나 판례는 소장이 피구속자에게 소송서류를 전달하였는지 여부가 송달의 효력에 영향을 주지 아니한다고 한다.[1] 법 제182조의 규정은 수송달자가 수감중인 사실을 법원에 신고하지 아니하였거나 또는 기록에 의하여 법원에서 그 사실을 알 수 없었다고 하여도 반드시 교도소장에게 송달해야 하며 종전주소에 하는 송달은 무효이다.[2]

4) 共同代理人에게 할 송달 소송대리인이 있으면 그에게 송달함이 원칙이고, 여러 명의 대리인이 있더라도 그 중의 1인에게 송달하면 족하다(제93조, 제180조). 이때에 당사자에게 송달하더라도 물론 위법은 아니다.[3]

6. 送達日時와 場所

1) 送達日時 송달은 일시에 제한 없이 실시함이 원칙이지만, 당사자의 신청이 있는 때에는 공휴일 또는 해뜨기 전이나 해진 뒤에 집행관 또는 대법원규칙이 정하는 사람에 의하여 송달할 수 있다(제190조 I). 이를 휴일송달 또는 야간송달이라고 한다. 이러한 송달을 하는 때에는 법원사무관 등은 송달할 서류에 그 사유를 덧붙여 적어야 한다(제190조 II). 그러나 제190조 1항 및 2항에 어긋나는 송달은 서류를 교부받을 사람이 이를 영수한 때에만 효력을 가진다(제190조 III). 점차 근무일 낮시간에 송달하는 것이 어려워짐에 따라 휴일 또는 야간송달에 대한 재판장의 허가제도를 폐지한 것이다.

2) 送達場所

가) 住所 등에의 送達(제183조 I) 송달은 원칙으로 송달받을 자의 주소,[4] 거소, 영업소 또는 사무소[5]("주소 등")에서 한다(제183조 I 본). 여기에서 '영업소 또는 사

1) 대판 1972. 2. 18. 72 다 3.

2) 대판(전) 1982. 12. 28. 82 다카 349.

3) 대결 1970. 6. 5. 70 마 325.

4) 송달받을 자가 종전 주소지에서 이웃 주소지로 이사하였으나 종전 주소지에 주민등록을 한 채 양쪽 집을 왕래하면서 생활하였다면 그 모두가 각각 송달장소가 된다는 대판 1987. 11. 10. 87 다카 943 참조. 송달할 장소는 주민등록상의 주소지만으로 한정되는 것은 아니다. 대결 2000. 10. 28. 2000 마 5732.

5) 법 제183조 1항 본문의 '영업소 또는 사무소'라 함은 송달받을 사람 자신이 경영하는(개인) 영업소 또는 사무소를 의미하므로 송달받을 사람이 회사를 경영하고 있었다 하더라도 별도의 법인격을 가지는 회사의 공장은 그의 영업소나 사무소라 할 수 없고 다만 그의 근무처에 불과하다는 대판 1997. 12. 9. 97 다 31267; 대판 2003. 4. 11. 2002 다 59337; 대판 2003. 4. 25. 2000 다 60197; 대판 2004. 11. 26. 2003 다 58959 참조.

무소'라 함은 그 시설에 붙여진 명칭 여하에 구애됨이 없이 사실상 독립하여 주된 영업행위의 전부 또는 일부를 완결할 수 있는 장소, 즉 어느 정도 독립하여 업무의 전부 또는 일부가 총괄적으로 경영되는 장소이면 족하다.[1] 법원사무관 등이 소송기록 중에 기재되어 있는 당사자 및 대리인의 주소 등을 조사하여 송달장소를 결정한다. 다만 법정대리인에 대한 송달은 무능력자 본인이 영업소나 사무소를 가지고 있는 때에는 그 곳에도 송달할 수 있다(제183조 I 단). 법인, 기타 비법인사단 등의 대표자 또는 관리인에 대한 송달장소도 그 대표자의 주소나 거소에서 하는 것이 원칙이나, 법인의 영업소 또는 사무소에서도 할 수 있다.[2] 피고가 수표부도 등의 관계로 행방을 감춘 지 6개월이 지났고 그의 처자가 다른 곳으로 이사하여 피고의 주민등록까지 옮겨진 경우 피고의 종전 주소지로 한 송달은 소송서류를 피고의 가족이나 고용인이 수령하였더라도 피고에 대한 송달장소가 아닌 곳에서 행하여진 송달로서 부적법하다.[3]

나) 勤務場所에의 送達(제183조 II) 주소 등을 알지 못하거나 그 장소에서 송달할 수 없는 때에는 송달받을 자가 고용, 위임, 그 밖에 법률상 행위로 취업하고 있는 다른 사람의 주소 등("근무장소")에서 송달할 수 있다. 원래 송달받을 자 본인의 영업소 또는 사무소에서는 송달할 수 있으나 타인의 영업소 등에 취업하고 있는 자에 대하여 그의 근무장소에서는 송달할 수 없었으므로 독신자, 맞벌이 부부는 물론 일반가정에서도 주소지 등에서의 송달이 점점 어려워져서 근무장소가 아니면 만나기 힘든 실정이고, 또 근무지의 특별재판적을 인정한 규정과의 균형상 근무장소 송달제를 채택한 것이다. 근무장소는 현실의 근무장소를 말하므로 지점근무자에 대하여 본점은 근무장소가 아니다.

다) 送達場所의 신고 및 변경 당사자, 법정대리인 또는 소송대리인은 국내에 있는 주소 등 이외의 장소를 송달장소로 정하여 법원에 신고할 수 있다. 이 경우에는 송달영수인(ZPO 제174조 참조)도 아울러 정하여 법원에 신고할 수 있다(제184조). 이들이 송달장소를 바꿀 때에는 바로 그 취지를 법원에 신고하여야 하고(제185조 I), 변경신고를 하지 아니한 사람에게 송달할 서류는 달리 송달장소를 알 수 없는 경

1) 대판 2003. 4. 11. 2002 다 59337.

2) 대결 1965. 1. 29. 64 마 988. 법인의 주소지로 소송서류를 송달하였으나 송달불능된 경우에 그 대표자 주소지로 송달하여 보지도 않고서는 주소보정명령을 할 수 없고, 따라서 그 주소보정을 아니하였음을 이유로 한 소장각하명령은 부적법하다는 것으로는 대결 1997. 5. 19. 97 마 600; 대판 2001. 8. 24. 2001 다 31592.

3) 대판 1993. 1. 23. 92 다 43098.

우 종전에 송달받던 장소에 대법원규칙이 정하는 방법으로 발송할 수 있다(제185조 II). 이는 송달장소의 변경을 신고하지 아니하여 악의적 송달불능을 야기하는 사례를 방지하고 절차의 신속을 도모하기 위하여 우편송달을 허용한 것이다. 법원소재지에 주거 또는 사무소가 없는 경우 그 소재지에 송달 또는 통지를 받을 장소와 영수인 또는 가주소를 정하여 신고하도록 하는 제도는 교통 및 우편제도가 미비했던 시대의 유물이므로 오늘날에는 폐지되어야 한다. 다만 핵가족시대에 주간에도 집을 비워 우편에 의한 송달이 어려운 경우가 많으므로 근무장소에 대한 송달 이외에 주간에 우편송달이 가능한 장소를 지정하여 신고할 수 있도록 하되 송달장소의 범위는 관계법원의 소재지에 한하지 아니하고 국내 어느 곳이나 가능하도록 하였다.

7. 送達方法

1) 交付送達의 원칙

가) 송달은 송달할 서류의 등본 또는 부본을 송달받을 자에게 교부하여 실시함을 원칙으로 한다(제178조 I). 왜냐하면 수송달자로 하여금 서류의 내용을 알게 하는 방법으로는 교부가 가장 확실하기 때문이다. 송달할 서류의 제출에 갈음하여 조서, 그 밖의 서면을 작성한 때에는 그 등본이나 초본을 교부하여야 한다(제178조 II). 우편집배원에 의한 교부이므로 소송서류를 우편함에 투입하는 우편송달과 다르다.

나) 송달을 받을 자의 주소 등 또는 근무장소가 국내에 없거나 알 수 없는 때에는 그를 만나는 장소에서 송달할 수 있다(제183조 III). 이를 출회송달이라 한다. 뿐만 아니라 주소 등 또는 근무장소가 있는 자도 송달받기를 거부하지 아니하면 만나는 장소에서 송달할 수 있다(제183조 IV). 이것은 송달받을 자가 영수를 거부하지 않는 때에 한하여 인정되는 특별한 출회송달이다.

2) 補充送達(代理送達)

가) 송달기관이 송달을 받을 사람, 즉 당사자·법정대리인·소송대리인 또는 송달영수인을 근무장소 외의 송달할 장소에서 만나지 못한 때에는 그 사무원·피용자 또는 동거인으로서 사리를 분별할 지능이 있는 사람에게 서류를 교부하여 송달을 실시할 수 있다(제186조 I). 이러한 송달을 보충송달 또는 대리송달이라고 한다. 이러한 송달은 수송달자에게 송달서류를 교부할 수 없는 경우에 그와 밀접한 관계를 맺고 있는 대행인에게 서류를 교부함에 의하여 시행하는 보충적 교부송달

방법이다. 송달기관인 우편집배원 또는 집행관이 수송달자를 만나지 못하는 이상 그 사유는 불문하므로 외출, 면회사절 또는 여행중인 경우도 이에 해당한다. 다만 보충송달은 송달장소에서 하는 경우에만 허용된다.[1)]

나) 근무장소에서 송달받을 사람을 만나지 못한 때에는 제183조 제 2 항의 다른 사람 또는 그 법정대리인이나 피용자 그 밖의 종업원으로서 사리를 분별할 지능이 있는 사람이 서류의 수령을 거부하지 아니하면 그에게 서류를 교부할 수 있다(제186조 Ⅱ).

다) 대행인이 될 수 있는 사무원·피용자 및 동거인[2)]은 송달의 취지를 이해하고 영수한 서류를 수송달자에게 교부할 것을 기대할 수 있는 정도의 능력이 있으면 되므로 만 15년 7월의 가정부[3)] 또는 문맹이고 거동이 불편한 자[4)]도 무방하다.[5)]

송달을 받을 수 있는 사무원이나 피용자 및 동거인의 범위를 어디까지로 할 것인가는 간단히 판단할 것은 아니다. 판례는 동거인을 법률상 친족관계에 있어야 하는 것은 아니나[6)] 동일세대에 속하며 생계를 같이하는 자라고 보아 생계를 같이하지 않는 집주인(예컨대 임대인)은 송달수령인이 될 수 없다고 한다.[7)] 또한 당사자와 동거하는 내연의 여인의 동생이 언니집에 놀러 왔다가 출타중인 언니를 대신하여 소환장을 수령한 후 귀가한 언니에게 전달한 것은 유효한 송달이지만,[8)] 소송대리인의 사무실이 있는 빌딩의 경비원이 판결정본을 교부받은 후 사무실 문을 열고 들어가 소송대리인의 사무원의 도장을 송달보고서에 찍어 준 경우에는 그 송달은 무효라고 한다.[9)] 최근에는 아파트 경비원의 송달수령권을 인정한 판례가 있다.[10)] 시청의 수위가 판결정본을 교부받았으면 시장에 대한 유효한 송달이

1) 대결 2001. 8. 31. 2001 마 3790.
2) 이혼한 처라도 사정에 의하여 사실상 동일 세대에 소속되어 생활을 같이하고 있다면 동거자가 될 수 있다. 대결 2000. 10. 28. 2000 마 5732.
3) 대결 1966. 10. 25. 66 마 162.
4) 대결 2000. 2. 14. 99 모 225.
5) 약 8세 3개월인 초등학교 2학년 남자어린이에게 이행권고결정등본을 보충송달한 경우, 남자어린이의 연령, 교육정도, 이행권고결정등본이 가지는 소송법적 의미와 중요성 등에 비추어 볼 때, 그 소송서류를 송달하는 집행관이 남자어린이에게 송달하는 서류의 중요성을 주지시키고 부모에게 이를 교부할 것을 당부하는 등 필요한 조치를 취하였다는 등의 특별한 사정이 없는 한, 그 정도 연령의 어린이의 대부분이 이를 송달받을 사람에게 교부할 것으로 기대할 수 없다고 보아 보충송달수령권자의 송달능력을 인정하지 않았다. 대결 2005. 12. 5. 2005 마 1039.
6) 대결 2000. 10. 28. 2000 마 5732.
7) 대결 1983. 12. 30. 83 므 53.
8) 대판 1969. 4. 15. 68 다 703.
9) 대판 1973. 7. 24. 71 다 2037.
10) 대판 2000. 7. 4. 2000 두 1164.

된다.[1] 피고인 종중의 종원이 교부송달받은 판결정본을 그 종중의 재무담당종원에게 전달하였다면 이는 피고의 사무원에게 유효하게 보충송달된 것으로 본다.[2] 보충송달에서 수령대행인이 될 수 있는 사무원이란 반드시 송달받을 사람과 고용관계에 있어야 하는 것은 아니고, 평소 본인을 위하여 사무 등을 보조하는 자이면 충분하다.[3] 그러나 피고의 매매계약을 위한 대리인 갑의 사무원에게 소송서류가 송달된 경우에는 갑이 피고를 위한 소송대리권도 가지고 있지 않는 한 갑의 사무원에 대한 송달은 유효한 보충송달이 되지 아니한다.[4]

동거인 등의 개념은 이와 같이 실질관계를 토대로 융통성 있게 판단하여야 할 것이다.

3) 遺置送達

가) 서류를 송달받을 사람 또는 법 제186조 1항의 규정에 의하여 서류를 넘겨받을 사람이 정당한 사유 없이 송달받기를 거부하는 때에는 송달기관은 그 서류를 송달장소에 놓아둘 수 있다(제186조 Ⅲ). 이것이 유치송달이다. 제186조 3항의 서류를 송달받을 사람에는 동조 제1항에 의하여 서류를 교부받을 자도 포함된다.[5]

나) 정당한 사유라 함은 수송달자의 성명의 오기 등과 같은 사유이다. 해당 사건으로 출석한 자에 대한 법원에서의 송달(제177조), 출회송달(제183조 Ⅱ) 등을 실시한 경우에도 정당한 사유 없이 그 영수를 거부하면 유치송달을 할 수 있다.

4) 郵便送達(發送送達)

가) 우편송달은 법원사무관 등이 송달서류를 등기우편 등 대법원규칙이 정하는 방법으로 발송함으로써 완료되는 송달이다(제187조). 우편송달은 법원사무관이 송달실시기관이므로 우편집배원이 하는 우편방식에 의한 송달(제176조 Ⅱ)과 다르다. 전자는 발송주의에 의하고 후자는 도달주의에 의한다. 그리하여 우편송달을 발송송달이라고도 한다. 우편송달의 방법은 등기우편에 국한할 필요는 없고 전자우편방식을 이용하여도 된다. 전자우편제도에 따르면 송달할 서류를 파일의 형태로 우체국으로 전송하고 우체국에서 이를 문서의 형태로 출력하여 수취인에게 배달

1) 대판 1984. 6. 26. 84 누 405.
2) 대판 1979. 1. 30. 78 다 2269.
3) 대판 2010. 10. 14. 2010 다 48455.
4) 대판 1977. 9. 28. 77 다 790, 791.
5) 대결 1979. 1. 23. 78 마 362.

하게 된다. 우편제도의 발달에 따라 우편송달의 방법을 대법원규칙으로 미룬 것이다. 집행행위에 속한 최고, 그 밖의 통지(민집 제11조) 또는 매각기일과 매각결정기일 등을 지정하여 통지하는 경우(민집 제104조)에도 대법원규칙이 정하는 방법으로 발송송달을 할 수 있다.

나) 법원사무관 등이 이처럼 실시하는 우편송달은 다음 두 가지 경우, 즉 송달장소의 변경을 신고하지 아니하고 달리 송달할 장소를 알 수 없는 경우(제185조 Ⅱ) 및 법 제186조에 의한 보충송달이나 유치송달을 할 수 없는 경우(제187조)에 할 수 있다.[1]

다) 우편송달의 경우에는 서류를 우편함에 투입시에 수송달자에게 송달된 것으로 본다. 발신주의에 따른 것이다(제189조). 그 송달일시의 증명은 확정일자 있는 우체국의 특수우편물수령증에 의한다.[2]

라) 우편송달은 송달을 곤란하게 만든 당사자를 제재하고 법원의 편의를 위주로 한 제도로서 수송달자의 이익을 해할 소지가 큰 만큼 그 요건을 엄격히 해석하여야 한다.[3] 판례도 송달일자가 출소기간의 기산점이 되는 경우에는 통상우편방법에 의하여 발송된 서류가 반송되지 않았다고 하여 이 사실만 가지고는 발송일로부터 일정한 기간 내에 송달되었다고 추정할 수 없다고 한다.[4] 또한 소장 등에 원고의 주소지로 기재되어 있기는 하나 당시 원고의 실제 생활근거지가 아닌 곳으로 변론기일 소환장을 우편송달한 것은 적법한 송달이라고 볼 수 없다.[5]

---

1) 송달받을 자의 주소 등 송달하여야 할 장소는 밝혀져 있으나 송달받을 자는 물론이고 그 사무원, 고용인, 동거인 등 보충송달을 받을 사람도 없거나 부재하여서 원칙적 송달방법인 교부송달은 물론이고 민사소송법 제186조에 의한 보충송달과 유치송달도 할 수 없는 경우에 우편송달은 할 수 있으며, 송달하여야 할 주소란 실제 송달받을 자의 생활근거지가 되는 주소·거소·영업소 또는 사무소 등 송달받을 자가 소송서류를 받아 볼 가능성이 있는 적법한 송달장소를 말한다. 대결 2009. 10. 29. 2009 마 1029.

2) 대결 2009. 8. 31. 2009 스 75.

3) 재판의 당사자가 송달장소 변경을 신고하지 아니한 경우 종전의 송달장소로 송달서류를 등기우편으로 발송하도록 한 것이 공정한 재판을 받을 권리를 침해하는지 여부에 관하여, 헌재(전) 2002. 7. 18. 2001 헌바 53은 이는 신고의무의 이행을 촉구하는 적절한 방법이고, 송달장소 변경시에도 "달리 송달할 장소를 알 수 없는 때에 한하여" 이를 허용하고 있으며, 등기우편에 의한 발송송달을 받은 당사자 등은 언제든지 법원에 문의하여 재판진행상황을 알 수 있고 송달받지 못한 서류를 다시 받아 볼 수도 있기 때문에 그다지 어렵지 않게 등기우편에 의한 발송송달로 인한 불이익을 벗어날 수 있다는 점을 고려하면, 민사소송 절차의 신속성 등의 공익적 법익은 송달장소의 변경신고를 게을리한 당사자 등이 입는 불이익보다 훨씬 크다고 할 것이므로 위 법률조항은 공정한 재판을 받을 권리를 과도하게 제한하는 규정이라고 볼 수 없다는 것이다.

4) 대판 1977. 2. 22. 76 누 263.

5) 대판 2001. 9. 7. 2001 다 30025.

마) 하나의 소송서류에 우편송달을 할 요건을 갖추었다 하더라도 그에 이은 별개의 서류도 당연히 우편송달을 할 수 있는 것은 아니고 우편송달의 요건은 서류마다 구비하여야 한다.[1)]

5) 送達函 送達

이는 제183조 내지 제187조의 규정에도 불구하고 법원사무관 등이 법원 안에 송달할 서류를 넣을 함("송달함")을 설치하고 이에 서류를 투입함으로써 하는 송달이다(제188조). 이 경우 송달받을 사람이 송달함에서 서류를 수령해 가지 아니한 경우에는 송달함에 서류를 넣은 지 3일이 지나면 송달된 것으로 본다. 송달함의 이용절차와 수수료, 송달함을 이용하는 송달방법 및 송달함으로 송달할 서류에 관한 사항은 대법원규칙으로 정한다. 이는 송달서류가 많은 변호사나 금융기관 등의 경우에 서류마다 개별송달하는 번잡을 줄이고 우체국의 사서함제도와 같이 이용허가를 받은 변호사나 기업 등에 대한 송달은 송달함에 투입함으로써 하는 간편한 방법을 도입한 것이다.

6) 公示送達

가) 意　義　　공시송달은 수송달자의 송달장소를 알 수 없는 경우 또는 외국에서 해야 할 송달에 관하여 통상의 방법으로는 이를 시행할 수 없는 경우에 절차의 진행과 당사자의 권리보호를 위하여 법원사무관 등이 송달서류를 보관하고 그 사유를 법원게시판에 게시하거나 대법원규칙이 정하는 방법에 따라서 하는(제195조) 송달에 갈음하는 보충적이고 최후적인 방법이다(공시송달의 보충성).

나) 要　件　　① 당사자의 주소 등 또는 근무장소를 알 수 없는 경우와 ② 외국에서 하여야 할 송달에 관하여 제191조의 규정에 따를 수 없거나 이에 따라도 효력이 없을 것으로 인정되는 경우에는 재판장(수명법관, 수탁판사 및 송달하는 곳의 지방법원판사 포함)은 직권으로 또는 당사자의 사유소명(제194조 II)에 따른 신청에 의하여 공시송달을 명할 수 있다(제194조 I). 통상의 탐색을 하여도 법정의 송달장소 중 한 곳도 알 수 없는 경우이어야 하므로 당사자 또는 보조참가인이 장기여행중이라는 사유로 송달불능이 된 경우에는 공시송달을 할 수 없다.[2)] 그리고 수송달자가 없는 경우에는 공시송달도 할 수 없다.[3)] 증인·감정인에의 송달은 이

1) 대결 1989. 10. 31. 89 마 237; 대결 1990. 1. 25. 89 마 939; 대판 1994. 11. 11. 94 다 36278.

2) 대결 1969. 2. 19. 68 마 1721.

3) 법인의 대표자가 사망하고 달리 법인을 대표할 자가 정하여지지 아니한 경우에는 공시송달도 할 여지가 없다는 대판 1978. 2. 28. 77 다 637; 대판 1991. 10. 22. 91 다 9985 참조.

방법에 의할 수 없다.

다) 方　法　공시송달은 법원사무관 등이 송달기관으로서 송달할 서류를 보관하고 동시에 그 사유를 법원게시판에 게시하거나, 그 밖에 대법원규칙이 정하는 방법에 따라서 하여야 한다. 수송달자가 출석하면 어느 때라도 그 서류를 교부받을 수 있게 한다는 취지이다. 공시송달을 위하여 서류의 보관과 게시, 외국에의 통지 등 현실성 없는 방법을 생략하고 공시송달의 방법을 포괄적으로 대법원규칙에 위임하여 전자통신매체의 발달에 능동적으로 대처할 수 있게 하였다.

라) 效力發生　최초로 실시한 공시송달의 경우에는 실시한 날부터 2주일이 지나야 효력이 생기고, 같은 당사자에 대한 그 이후의 송달은 실시한 다음날부터 그 효력이 생긴다(제196조 I). 외국에서 할 송달에 대한 공시송달의 경우에는 그 효력발생을 위한 공시기간을 2월로 하고 있다(제196조 II). 이 기간들은 줄일 수 없다.(제196조 III).

송달할 서류에 사법상의 의사표시가 포함되어 있는 경우의 공시송달은 그 의사표시를 상대방에게 도달하게 하는 효과가 있다(민 제113조).

마) 公示送達의 瑕疵　공시송달의 요건(제194조)에 해당하지 아니함에도 불구하고 재판장이 공시송달을 명하여 법 제196조 이하의 절차가 취하여진 이상 그 공시송달은 유효라고 함이 판례의 일관된 태도이다.[1] 공시송달에 개입되어 있는 사법기관인 재판장의 명령에 관한 법률적 성질과 재심사유에 관한 법 제451조 1항 11호의 취지를 고려할 때, 판례가 옳다는 설[2]과 요건에 흠이 있는 공시송달의 유효를 고집하면 소송행위의 추후보완이나 재심의 길을 열지 아니할 수 없는 결과 소송을 복잡하게 끌어 분쟁을 악화시키는 폐단이 생기므로 반대하는 설[3]이 있다. 법원의 잘못을 유효라고 고집함은 불합리하므로 판례에 반대한다. 그러나 세무서가 국세기본법 제11조에 근거하여 공시송달을 하는 경우 그 요건에 흠이 있는 때에는 그 송달은 무효라는 것이 판례이다.[4]

요건위배의 공시송달이 시행된 경우에 소송행위의 추후보완사유가 있다면 수송달자는 이를 할 수 있으며[5] 또한 공시송달신청인이 고의로 법원을 기망한 경우에는 재심 또는 준재심사유가 된다.[6]

---

1) 대결(전) 1984. 3. 15. 84 마 20; 대판 1992. 10. 9. 92 다 12131.
2) 金祥 319면.
3) 方 378면.
4) 대판 1993. 1. 26. 92 누 6136; 대판 1992. 12. 11. 92 다 35431.
5) 대결 1964. 4. 28. 63 마 89.
6) 대판(전) 1978. 5. 23. 77 다 1051.

바) 外國에서 하는 送達

(i) 외국에서 할 송달은 재판장이 그 나라에 주재하는 우리나라 대사·공사·영사 또는 그 나라의 관할 공공기관에 촉탁한다(제191조). 그러나 이러한 촉탁송달의 규정은 그 나라와 사법공조협약을 맺었거나 국제관례 또는 상호보증이 있음을 전제로 하는 규정이나 우리나라와 이 같은 협정을 체결한 국가는 호주, 중국 및 몽골 외에 없으므로 결국 그 이외에 외국에서의 공시송달방법에 의할 수밖에 없다.

(ii) 우리나라는 민사사건에 있어 외국으로의 사법공조촉탁절차와 외국으로부터의 사법공조촉탁에 대한 처리절차를 위하여 국제민사사법공조법을 제정하였다. 그리고 우리나라가 헤이그협정 등 국제사법공조협약에 가입하는 경우에는 공조법보다 그 협약이 우선한다(동법 제3조). 동법은 사법공조를 재판상 서류의 송달, 증거조사에 관한 국내절차의 외국에서의 수행, 또는 외국절차의 국내에서의 수행을 위하여 행하는 법원 기타 공무소 등의 협조라고 정의하고(동법 제2조 1호) 촉탁절차와 경로를 규정한다.

(iii) 외국으로의 촉탁을 하는 경우에는 수소법원의 재판장이 수송달자나 증인이 우리나라 국민으로서 영사관계에 관한 비엔나협약에 가입한 외국에 거주하는 경우에는 그 나라에 주재하는 우리나라의 대·공사 등에게 법원행정처장과 외무장관을 경유하여 촉탁한다(동법 제5조, 제6조). 미국의 경우에는 1976. 2. 3. 연방정부가 비조약국에 대해서도 사법공조에 응할 의사를 표명하였으므로 촉탁에 의한 송달이 가능하다.[1] 외국에서 할 송달에 대한 공시송달의 방법은 대법원규칙으로 정한다(제195조; 공조법 제10조 I).

(iv) 민사소송에 관하여 미군병사 내의 미국군인에 대한 송달방법으로는 우편 또는 집행관에 의한 송달이 사실상 불가능하므로 법 제194조에 의한 공시송달 외에는 방법이 없다.[2] 이런 경우에도 조속히 한·미행정협정 또는 양국간의 사법공조협정에서 송달의 길을 열어야 할 것이다.

8. 送達의 瑕疵

송달이 법률의 규정에 위배하면 무효가 되어 송달이 없었던 것으로 된다. 송달이 무효이면 이를 중개로 이루고자 하는 다른 소송행위의 효력도 생기지 아니한다. 다만 무효의 송달이라도 송달을 받을 자가 추인하거나 이의를 하지 아니하

1) 1976. 5. 28 대법원 민사 61호 각급법원에 대한 재미거주당사자에 대한 소송서류시달 참조.
2) 대법원 예규집 63. 7. 29 조사 제359호 대전지법질의회답 참조.

면 소송절차에 관한 이의권의 상실·포기(제151조)에 의하여 유효하게 된다.

그런데 불변기간의 기산점에 영향이 있는 송달, 예컨대 법원을 기망하여 편취한 판결정본을 피고의 허위주소에 송달하여 송달이 무효인 때에도 소송절차에 관한 이의권의 포기가 인정될 수 있는지 여부에 관하여 다툼이 있다. 즉 판결의 송달은 불변기간인 상소기간의 기산점에 관계가 있고 그 효과가 강행적이므로 그 하자에 관한 이의권의 포기를 인정하지 아니하는 설[1]과 송달은 수송달자로 하여금 서류의 예지를 본래의 목적으로 하므로 송달의 하자에 관하여 당사자의 이의가 없는 경우에는 비록 송달에 의하여 중개되는 소송행위가 공익에 관계되더라도 이것과 이러한 사항에 관한 이의권의 포기에 의한 하자의 치유는 양립할 수 있다는 긍정설이 대립된다.[2] 이러한 경우에까지 소송절차에 관한 이의권의 포기를 인정할 수는 없다고 할 것이다.

Ⅵ. 期日과 期間

기일과 기간은 소송절차를 기술적으로 이끌어 가는 시간적 요소이므로 양자를 한꺼번에 이 곳에서 고찰하기로 한다.

1. 期　　日

1) 概　　念　　기일이란 법원, 당사자, 기타의 소송관계인이 모여서 소송행위를 하기 위하여 정해진 시간을 뜻한다. 기일은 그 목적에 따라 변론준비기일(제282조), 변론기일(제137조, 제258조 I), 경매기일(민집 제220조), 경락기일(민집 제88조 I), 배당기일(민집 제142조), 공시최고기일(제435조 II [4]), 증거조사기일, 화해기일, 판결선고기일 등 여러 가지로 불린다.

2) 期日의 指定

가) 시간적 요소와 관련된 절차진행에 관하여는 사건의 빠른 해결을 촉진하기 위하여 법원이 주도권을 가진다. 따라서 기일은 직권 또는 당사자의 신청에 따라 재판장이 지정하나, 수명법관이나 수탁판사가 신문하거나 심문하는 기일은 그 판사가 정한다(제165조 I).

나) 기일은 필요한 경우에만 공휴일로도 정할 수 있다(제166조). 다만 소액사건의 경우에는 직장근로자의 편의를 위해 필요하면 야간 또는 공휴일에도 개정할

---

1) 方 381면, 李時 423면, 姜 402면, 김홍 534면. 그리고 이 설에 따른 판례로는 대판 1979. 9. 25. 78 다 2448.

2) 韓 444면.

수 있다(소액 제7조의 2).

다) 당사자도 기일의 지정이나 변경을 신청할 수 있다(제165조 I). 당사자는 법원에 의한 기일의 직권지정을 촉구하는 의미에서 신청하기도 하고, 소의 취하간주를 막기 위하여 기일지정신청을 할 수도 있으며, 소송종료 후 그 종료의 효과를 다투면서 기일지정신청을 하는 경우도 있다. 소송절차가 중단·중지되고 있는 동안에는 소송행위를 할 수 없으므로 법원은 판결선고기일을 제외하고는(제247조 I) 기일지정을 거부할 수 있다.

라) 기일지정신청을 각하함은 소송진행을 거부하는 재판이므로 법원의 결정으로 하여야 한다. 그러나 상소취하무효로 인한 기일지정신청이나[1] 쌍방불출석으로 인한 소취하간주시 불귀책사유를 이유로 한 당사자의 기일지정신청(제268조 III)의 경우에 이 신청을 받아들이는 것은 소(상소)취하간주의 효력을 거부하는 뜻이 되고, 반대로 이를 각하하는 것은 소송종료를 뜻하므로 결정으로 각하할 것이 아니라 법원은 변론을 열어 판결로써 소송종료를 선언하여야 한다.

3) 期日通知와 出席要求

가) 기일을 지정하면 관계인에게 기일통지서 또는 출석요구서를 송달하여 통지한다. 다만 당해 사건으로 출석한 자에 대하여는 기일을 직접 고지하면 된다(제167조 I). 당해 사건으로 출석한 경우라 함은 변론기일에는 물론 그 검증기일에 출석한 경우도 포함된다.[2] 판례는 판결선고기일의 경우에는 기일을 지정하여 고지한 이상 결석한 당사자에게도 효력이 미치므로 다시 송달할 필요가 없다고 한다.[3] 그러나 어느 기일에서 차회기일을 고지할 경우라 할지라도 재정하지 아니한 자에 대하여서는 다시 기일통지서 또는 출석요구서를 송달하여야 한다.[4] 법 제167조 1항 단서는 당해 사건으로 출석한 자에게만 적용되기 때문이다.

나) 법원은 당사자, 증인, 감정인 등에 대한 기일의 통지를 기일통지서의 송달방법 이외에 대법원규칙으로 정하는 간이한 방법에 따라 기일을 통지할 수 있다. 이는 기일해태의 불이익을 입히지 않는다는 전제하에 전화, 팩스, 통상우편 등의 방법으로 할 수 있는 간이소환제도를 도입한 것이다(제167조 II). 핵가족화로 인하여 집을 비우는 경우가 많아서 낮에 송달하기가 어려운 반면 통신수단은 다양

1) 대결 1960. 11. 18. 60 민항 334.
2) 대판 1975. 3. 25. 75 다 12.
3) 대판 1957. 11. 4. 57 민상 433.
4) 다만 판결선고기일 소환장을 송달하지 아니한 채 판결을 선고하였다 하여도 이를 위법이라고 할 수 없다. 대판 2003. 4. 25. 2002 다 72514.

하게 발전하고 있으므로 기일고지에 적극적으로 이용하려는 취지이다. 다만 이 경우에는 현실적인 고지가능성이 낮으므로 기일의 불출석으로 인한 제재나 불이익은 없도록 한다. 불이익의 의미는 불리한 결과는 없다는 의미이다. 예컨대 제295조에 따른 당사자의 출석 없이 시행한 증거조사가 종결된 경우 이는 불이익한 것이므로 그것이 증인신문이라면 차후 반대신문의 기회를 주어야 할 것이다. 기일해태의 불이익이 없으므로 당사자가 간이소환을 받고 불출석하면 실효성이 없으므로 당사자에 대한 이용이 얼마나 활성화될는지 의문이다.

다) 소송관계인이 일정한 기일에 출석하겠다고 적은 서면을 제출한 때에는 기일통지서 또는 출석요구서를 송달한 것과 같은 효력을 가진다(제168조).

라) 기일통지와 출석요구가 적법하지 아니하면 기일을 실시할 수 없고 실시하더라도 위법이나 기일에 행한 소송행위는 소송절차에 관한 이의권 상실의 대상으로 된다.

4) 期日의 始作과 終了 기일의 시작은 재판장이나 소송지휘권을 행사하는 법관이 법정에서 사건과 당사자의 이름을 부름으로써 시작된다(제169조). 지정시간의 경과 후에 사건과 당사자의 이름을 부를 때에 당사자가 출석하지 아니하거나 변론을 하지 아니하면 기일해태의 효과가 생긴다.[1] 기일실시의 장소는 법정이지만 법원장은 필요에 의하여 법원 외의 장소에서 개정하게 할 수 있다(법조 제56조 II). 기일은 시작 후에 그 목적인 사항, 즉 변론·증거조사·판결선고 등을 완결하면 종료된다. 기일을 시작하였지만 아무 행위 없이 새로운 기일로 넘기어 종료하는 것을 연기라 하고, 변론을 완결하지 못하고 다음 기일에 계속하기 위하여 종료하는 것을 속행이라고 한다.

5) 期日의 變更

(i) 意　義　　기일의 변경은 기일 시작 전에 그 지정을 취소하고 이에 갈음하여 신기일을 지정하는 것을 말한다.

(ii) 要　件　　법과 판례는 신속한 절차진행을 위하여 기일변경의 요건을 엄격히 하고 있다. 즉 첫 변론기일 또는 첫 변론준비기일을 바꾸는 것은 현저한 사유가 없는 경우라도 당사자들이 합의하면 이를 허가할 것이나, 그 밖의 기일은 현저한 사유가 있는 경우에만 변경을 허용할 수 있다(제165조 II 참조).

기일변경의 요건으로서의 현저한 사유는 부득이한 사유보다 넓은 의미로서

1) 대판 1966. 12. 27. 66 다 2093.

기일에 출석이 불가능한 경우에 한하지 아니하고 변론이나 증거제출의 준비가 되지 아니한 사유도 포함한다.[1] 당사자의 질병, 기일통지를 받기 전에 다른 법원으로부터 기일통지를 받은 경우, 소송대리인을 선임하기 위한 경우, 자기나 가족의 경조사에 참석하기 위한 경우, 입증 준비를 위한 경우 등이 현저한 사유에 해당할 것이나, 이는 각각 구체적 사정에 따라 법원이 재량으로 결정지을 사항이다.[2]

(iii) 節次 및 裁判　　기일변경신청은 사유를 명시하고 이를 소명하여야 한다. 이의 허가 여부는 법원의 직권사항이므로 각하결정에 대하여 불복할 수 없다. 기일의 지정·변경 및 속행은 재판장의 권한사항이므로 법원이 변론기일연기신청을 받아들이지 아니하고 일방당사자가 불출석한 가운데 변론과 증인신문을 실시한 후 그 증언을 증거로 채용하였다 하여 소송절차상 위법하지 아니하다.[3]

6) 期日懈怠의 각 경우와 그 효과

기일의 해태란 당사자가 기일에 불출석하거거나 출석하더라도 변론을 하지 아니한 경우 또는 발언금지 등의 사유에 의하여 불출석한 것과 동일한 결과가 발생하는 것을 뜻한다. 기일해태의 각 경우와 그에 따른 효과를 간략하게 훑어보면 다음과 같다. 각 해당 부분에서 자세히 고찰한다.

가) 陳述看做　　원고 또는 피고가 변론기일 또는 변론준비기일에 불출석하거나 출석하고도 본안변론을 하지 아니하면 그가 제출한 소장, 답변서, 그 밖의 준비서면에 적혀 있는 사항은 이를 진술한 것으로 보고 출석한 상대방에게 변론을 명할 수 있다(제148조, 제286조).

나) 自白看做　　당사자의 한쪽이 변론기일 또는 변론준비기일에 불출석하고 변론의 전취지에 의하여 상대방의 주장사실을 다툰 것으로 인정될 수 없으면 그 사실을 자백한 것으로 본다(제150조 Ⅲ, 제286조).

다) 訴(上訴)取下看做　　변론기일 또는 변론준비기일에 당사자 양쪽이 불출석하거나 출석하더라도 변론을 하지 아니하면 재판장은 다시 기일을 정하여 당사자 양쪽에게 통지하고, 새 기일 또는 그 뒤에 열린 기일에도 이들이 불출석하거나 변론을 하지 아니하면 1개월 안에 기일지정신청이 없는 한 소취하가 있는 것으로 본다(제268조, 제286조).

라) 辯論準備節次　　위의 진술간주와 자백간주의 규정은 변론준비절차에

1) 方 363면.
2) 대판 1966. 10. 21. 66 다 1439.
3) 대판 1992. 11. 24. 92 누 282.

도 준용되고(제286조), 나아가서 당사자가 변론준비절차에 불출석한 때에는 수명법관은 그 절차 자체를 종결시킬 수 있다(제284조).

마) 當事者訊問 당사자신문의 경우에 당사자가 정당한 사유 없이 출석하지 아니하거나, 선서 또는 진술을 거부한 때에는 법원은 신문사항에 관한 상대방의 주장을 진실한 것으로 인정할 수 있다(제369조).

바) 不出席에 대한 制裁 당사자에 관한 것은 아니나 증인이나 감정인(제333조)이 출석의무를 불이행하면 소송비용부담, 과태료 또는 구인 등의 제재를 받는다(제311조, 제312조).

2. 期 間

1) 概 念 일정한 시간의 경과를 기간이라 한다. 소송행위는 이를 준비하는 데 시간이 걸리거나, 그 효력발생을 위하여 일정한 시간의 경과를 필요로 하기 때문에 이를 위하여 여러 가지 소송행위를 할 기간을 정하고 있으며, 경우에 따라서는 소송절차의 신속한 진행을 위하여 그 기간에 관하여도 일정한 제한을 가한다. 따라서 법은 소송행위에 관하여 여러 가지 기간을 두어 그 신축 또는 부가기간 설정을 법원의 직권에 맡기고(제172조) 신축할 수 없는 기간에 대하여는 추후보완을 허용하고 있다(제173조).

2) 種 類

가) 固有期間과 職務期間 고유기간(본래기간)은 당사자가 소송행위를 하여야 할 기간으로서, 그 기간해태는 원칙적으로 실권을 초래한다. 고유기간에는 보정기간, 담보제공기간, 준비서면제출기간, 상소기간, 재심제기기간 등이 있다. 직무기간은 법원, 재판장 또는 판사 등의 재판기관이 그 직무를 행할 기간으로서 이들의 재판진행에 관한 시간적 지침이다. 판결선고기간(제199조), 판결송달기간(제210조 I), 기록송부기간(제400조, 제425조, 제438조) 등이 이에 속하는바, 이들은 대개 훈시적이다.

나) 法定期間과 裁定期間 법정기간은 법률에 의하여 정하여진 기간을 말하고, 재정기간은 재판기관이 각 경우에 상응하게 정하는 기간이다. 법정기간의 예로는 상소기간, 재심기간 등을 들 수 있고, 재정기간의 예로는 법원이 정하는 소송능력의 보정기간(제59조), 소송비용계산서 및 비용액의 소명을 최고하는 기간(제111조), 담보제공기간(제120조), 담보권리자에 대한 권리행사최고기간(제125조 III) 등과 재판장이 정하는 소장보정기간(제254조), 준비서면제출기간(제273조 II) 등이 있다.

다) 不變期間과 通常期間 법정기간은 법률이 불변기간이라고 명시하는 기간과 그 외의 통상기간으로 나누어진다. 불변기간은 대체로 재판에 대한 불복신청기간이 이에 해당하는바, 재판기관은 부가기간을 정할 수 있되(제172조 Ⅱ) 이를 신축할 수 없고, 당사자가 책임질 수 없는 사유로 인한 해태의 경우에 추후보완(제173조)할 수 있는 기간이다. 불변기간의 예로는 제소신청기간(제388조 Ⅳ), 항소기간(제396조 Ⅱ), 상고기간(제425조), 재심제기기간(제456조 Ⅱ), 즉시항고기간, 제권판결에 대한 불복기간(제491조 Ⅰ), 조정에 갈음한 결정에 대한 이의신청기간(민조 제34조 Ⅴ), 행정소송제기기간(행소 제20조 Ⅲ), 중재판정취소의 소의 제소기간(중재 제16조 Ⅲ) 등이 있다. 불변기간의 준수 여부는 직권조사사항이다. 통상기간은 재판기관이 신축할 수 있는 기간인데, 제척·기피사유의 소명기간(제44조 Ⅱ), 추후보완기간(제173조), 쌍방불출석취하간주시 불귀책사유에 기인한 기일지정신청기간(제268조 Ⅱ), 상고이유서제출기간(제427조) 등이 그 예이다.

라) 行爲期間과 中間期間 고유기간 중 행위기간은 사건의 신속과 정확을 위하여 어느 기간 내에 소송행위를 하여야 할 것으로 정하여진 기간을 말하며, 이를 도과하면 보통 실권의 효과를 입게 되는데, 각종 보정기간(제59조, 제97조, 제254조), 담보제공기간(제120조 Ⅰ), 상소기간(제396조, 제425조, 제444조), 상고이유서제출기간(제427조), 재심기간(제456조) 등이 그 예이다. 중간기간은 유예기간이라고도 하며, 당사자의 이익보호를 위하여 일정한 말미를 주는 기간이다. 공시송달의 효력발생기간(제196조), 채권조사기일과 채권신고기간의 말일 간의 기간(파 제132조 Ⅰ [3]) 등이 그 예이다.

3) 計算方法 기간의 계산은 민법에 따른다(제170조 Ⅰ). 따라서 기간을 시·분·초로 정한 때에는 즉시로부터 기산하고(민 제156조), 일·주·월·년으로 계산한 때에는 그 기간이 오전 영시부터 시작하지 않는 한 초일을 산입하지 아니한다(민 제157조). 기간이 끝나는 날이 일요일, 그 밖의 일반휴일에 해당되는 때에는 그 기간은 그 다음날 끝난다(제170조 Ⅱ).

기간을 정하는 재판에 시기를 정하지 아니한 때에는 그 기간은 재판의 효력이 생긴 때로부터 진행한다(제171조). 소송절차의 중단 및 중지중에는 기간의 진행이 정지되며, 그 해소와 동시에 다시 전기간이 진행된다(제247조 Ⅱ).

4) 신축 및 부가기간 법원, 그 밖의 재판기관은 법정기간 또는 재정기간을 늘이거나 줄일 수 있다(제172조 Ⅰ 본). 이는 기간의 획일성을 지양하려는 취지이다. 불변기간은 늘이거나 줄이는 것이 허용되지 아니하나(제172조 Ⅰ 단), 법원은 불변기간에 대하여 주소 또는 거소가 멀리 떨어진 곳에 있는 사람을 위하여 부가기간을 정할

수 있다(제172조 II). 부가기간은 본래의 기간과 일체가 되어 불변기간이 된다. 부가기간을 정하는 재판은 법원이 결정으로 하며 주문중에 기재하여야 한다. 부가기간을 한번 정한 뒤에는 또다시 부가기간을 정할 수 없고, 불변기간의 경과 후에는 부가기간을 정할 수 없다.

5) **不變期間懈怠와 訴訟行爲의 추후보완** 당사자가 소정의 소송행위(예컨대 상소)를 하지 아니하고 기간을 경과하면 대체로 그 행위를 할 수 없는 불이익을 받는다. 그러나 그러한 경우에는 너무 가혹한 경우가 생길 수 있으므로 법은 사전 사후의 두 가지 구제책을 베풀고 있다. 즉 그가 부정기간의 고장으로 소송절차를 속행할 수 없는 때에는 사전구제로서 법원은 결정으로 절차를 중지할 수 있으며(제246조), 절차가 이미 진행된 후에는 기간의 해태가 자기의 귀책사유로 인한 것이 아님을 주장하여 기간 안에 하지 못한 소송행위를 추후보완하게 하고 있다(제173조). 이 곳에서는 소송행위의 추후보완만을 설명한다.

가) 追後補完의 意義 불변기간중에 해야 할 소송행위를 당사자가 책임을 질 수 없는 사정으로 말미암아 그 기간 안에 하지 못한 경우에는 그 사유를 주장·입증하여 이를 유효하게 추후보완할 수 있다(제173조). 불변기간의 해태에 한하여 허용되므로 불변기간이 아닌 상고이유서제출기간,[1] 주소보정기간,[2] 쌍불취하시의 기일지정신청기간[3] 등을 지키지 못한 경우에는 추후보완에 관한 법 제173조의 적용이 없다.[4]

추후보완은 당사자에게 책임 없는 사유로 인하여 단기간의 불변기간을 지킬 수 없었을 경우에 아무 구제책 없이 그대로 재판을 확정해 버리거나 소권이 상실되면 너무나 가혹하다고 하여 인정된다. 이는 형사소송법에서 인정되는 상소권회복신청제도(동법 제345조~제348조)에 대응하는 민사소송법상의 구제책이라고 할 수 있다.

나) 追後補完事由 당사자가 책임질 수 없는 사유라 함은 천재·지변, 기타 불가항력에만 한할 것이 아니고, 당해 소송행위를 하기 위한 일반적 주의를 다하였어도 그 기간을 지킬 수 없었던 사유를 말한다.[5] 즉 당사자에게 과실이 없

---

1) 대판 1960. 7. 20. 59 민상 777; 대판 1970. 1. 27. 67 다 774; 대결 1981. 1. 18. 81 사 2 참조. 그러나 대판 1962. 2. 8. 60 민상 397은 반대.

2) 대결 1978. 9. 5. 78 마 233.

3) 대결 1992. 4. 21. 92 마 175.

4) 그러나 상고이유서제출기간 및 재항고이유서제출기간은 그 해태의 효과가 상고기간이나 재항고기간의 해태시와 실질적으로 동일하므로 추가보완을 인정하자는 반대설이 있다. 李英 165면, 李時 407면, 鄭/庾 584면, 姜 393면.

5) 대판 1987. 3. 10. 86 다카 2224; 대결 1991. 3. 15. 91 마 1; 대판 1999. 6. 11. 99 다 9622;

는 경우까지 포함하는 넓은 개념이다.

천재·지변, 기타 이에 준할 경우, 즉 보통사람의 주의와 능력으로써 도저히 이를 회피할 도리가 없는 불가항력적인 경우이어야 하므로 소제기의 위촉을 받은 자가 고의적으로 소장제출을 게을리하여 기간을 도과한 경우(선임·감독상의 과실이 있다),[1] 재항고인의 항고를 기각하는 결정을 하면서 재항고인의 주소를 항고장에 기재된 곳으로 송달하였으나 이사로 불명이 된 경우,[2] 다음 번 기일통지서가 송달될 때까지 기다리라는 집행관의 말을 경신하고 사실여부확인을 게을리 한 경우,[3] 여행[4]이나 질병치료를 위한 출타[5]로 인한 기간도과, 교도소에 수감중이었다는 사정,[6] 가스중독으로 인한 혼수상태[7] 등은 당사자에게 책임 없는 사유에 해당되지 아니한다.

그러나 우편물인 상고기록수리통지서를 원고에게 전해 주기 위하여 가지고 있던 자가 이를 분실하여 전달하지 못한 경우,[8] 또는 집행관의 과실로 인하여[9] 계속 동일한 주소에서 살고 있는 재항고인의 주소를 못찾아 공시송달한 경우, 법원이 기일통지를 하지 않아 경매사실을 모른 경우,[10] 법원이 재항고인의 주소를 잘못 기재하여 공시송달된 경우[11] 등과 같이 법원의 부주의로 인하여 공시송달한 관계로 불변기간을 도과한 경우에는 당사자에게 책임 있는 사유로 되지 아니한다.[12]

당사자에는 당사자 본인뿐만 아니라 그 소송대리인 및 대리인의 보조인도 포함된다.[13]

위에서 간단히 살펴본 판례의 기준은 일제시대에 우리를 불신하던 일본판례를 답습한 결과 필요 이상으로 엄격하여 재판을 통한 당사자 보호의 목적을 달성

대판 2001. 5. 8. 2000 두 6916.

1) 대결 1982. 8. 31. 82 마 587; 대판 1991. 2. 12. 90 다 16696.
2) 대결 1994. 2. 25. 93 마 1851.
3) 대결 1964. 4. 3. 64 마 9.
4) 대판 1966. 4. 19. 66 다 253.
5) 대결 1966. 6. 24. 66 마 594.
6) 대결 1966. 11. 29. 66 마 958.
7) 대판 1967. 8. 29. 67 다 1285.
8) 대판 1962. 2. 8. 60 민상 397.
9) 대결 1964. 9. 9. 64 마 521.
10) 대판 1965. 10. 4. 65 사 26.
11) 대결 1966. 4. 26. 66 마 135.
12) 대결 1975. 1. 24. 74 마 498.
13) 대판 1999. 6. 11. 99 다 9622.

하지 못하는 감이 있다.

다) 公示送達과 上訴追後補完

(i) 양자의 調和　공시송달은 수송달자가 송달되는 서류의 내용을 현실적으로 알지 못하더라도 법률상 알게 되리라는 것으로 취급하여 송달의 효력을 인정하는 제도이다. 그러나 다른 한편 수송달자가 판결의 공시송달을 알지 못하고 상소기간을 도과한 경우에 과실 없는 수송달자에게 전연 추후보완을 불허한다면 그의 불이익은 결정적인 것으로 된다. 반면 수송달자가 공시송달을 알지 못하였다고 하여 이를 허용하여 당사자의 불이익을 덜어 주면 공시송달의 제도적 기능이 상실되므로 이 양자를 합리적으로 조화시킬 필요가 있다.

(ii) 當事者의 不知와 無過失　판례는 수송달자가 공시송달이 있었음을 몰랐고, 그 부지에 대하여 과실이 없는 경우에 한하여 추후보완을 허용하고 있다.[1] 따라서 당사자의 부지와 무과실 요건은 제소경위, 소송계속에 대한 당사자의 인식 정도 등의 구체적 사정을 고려하여 판단할 것이므로 공시송달을 몰랐다 하더라도 소제기사실을 알았거나 제소당할 가능성에 대한 인식이 있고, 공시송달이 거소지관할법원에서 시행된 경우에는[2] 과실이 인정될 것이다.

(iii) 判　例　판례도 당사자의 부지와 무과실 요건을 위하여 구체적인 경우마다 당사자의 과실유무에 대한 판단기준을 세우는 데에 집중되어 있는 듯하다.

첫째, 피고가 등기부상 주소에서 다른 곳으로 이사하고도 전입신고를 하지 아니하여 공시송달이 된 경우에 피고에게 과실이 있다고 볼 것인가가 문제된다. 판례는 피고가 전적절차를 밟지 아니하거나,[3] 피고가 공시송달 당시에 입원중이거나 국내에 없어[4] 소장송달부터 공시송달이 되어 피고가 애당초 소제기사실조차 모른 경우에는 특별한 사정이 없는 한 과실이 없다고 한다.[5] 그러나 소송진행중 주소변경을 법원에 신고하지 아니한 경우,[6] 소송이 제대로 진행되다가 소송서

1) 대판 1962. 4. 26. 61 민상 1575.

2) 대결(전) 1970. 5. 29. 70 마 312는 경매절차 개시결정 등이 공시송달되었음을 당사자가 몰랐더라도 집행관이 재항고인의 주소지에 나가서 임대차내용 등을 조사했고, 그 후 감정명령을 받은 은행원이 시가감정차 나왔던 사실이 있으면 재항고인은 적어도 본건부동산이 경매중이었음을 알았다고 볼 수 있다고 하였다.

3) 대판(전) 1964. 7. 31. 63 다 750(소수의견 있음); 대판 1990. 12. 21. 90 다카 23684; 대판 1991. 5. 28. 90 다 4143; 대판 1993. 9. 28. 93 므 324.

4) 대판 1984. 11. 13. 84 므 3.

5) 대판 1994. 12. 13. 94 다 24299; 대판 1997. 8. 22. 96 다 30427; 대판 1997. 10. 24. 97 다 20410. 또 피항소인이 항소장부본부터 판결정본까지 공시송달받아 항소심의 절차가 진행되었던 사실을 모르고 있었던 경우에도 과실이 없다고 한다. 대판 1997. 5. 30. 95 다 21365.

6) 대판 1965. 10. 19. 65 다 1675; 대판 1994. 3. 22. 92 다 42934.

류의 송달불능이 되어 공시송달에 이른 경우,[1] 원고로부터 소송을 회피할 목적으로 등기부에 허위주소를 등재함으로써 공시송달에 이른 경우에는[2] 과실이 있는 경우에 해당한다.

둘째, 추후보완사유의 유무는 이를 주장하는 자의 사정을 표준으로 하여 가릴 것이고, 공시송달을 신청한 원고의 과실은 고려할 필요가 없다.[3] 법 제173조에서 규정하는 게을리한 소송행위의 유무는 대리인을 기준으로 판정하여야 하므로 기간을 지키지 못한 책임이 소송대리인에게 있는 이상 본인에게 과실이 없다 하더라도 추후보완은 허용되지 아니한다.[4] 이 경우 소송대리인의 보조자인 사무원의 과실은 소송대리인의 과실과 동일하게 취급된다.[5]

라) 再審事由와 上訴追後補完 당사자가 상대방의 주소 또는 거소를 알고 있었음에도 불구하고 소재불명 또는 허위의 주소나 거소로 하여 소를 제기한 때에는 재심사유가 된다(제451조 I [11]). 그런데 상대방의 주소가 분명함에도 불구하고 법원을 기망하여 공시송달방법을 통하여 확정판결을 부당취득한 경우에는 상소추후보완과의 관계에서 문제가 있다.

상소의 추후보완은 당사자가 고의나 과실 없이 불변기간을 지킬 수 없었던 경우에 허용되므로 법 제451조 1항 11호의 재심사유가 성립되는 경우에는 추후보완의 요건도 구비될 것이다. 재심절차와 추후보완절차는 그 목적이 공통되지만 그 불복사유에서 보면 추후보완은 오로지 수송달자의 주관적 사유의 유무에 관계되는 것임에 대하여 재심은 송달신청인의 주관적 사유의 유무에 관계되는 것이어서 양제도의 영역이 다르다. 따라서 두 가지 절차 중 어느 것을 선택하느냐는 당사자의 자유이다. 실제로는 재심을 청구하면 확정판결이 이루어진 당해 심급부터의 심리를 다시 받게 되므로 심급상의 이익이 보장되지만, 확정판결 후 5년이 지나면 제기할 수 없다. 이에 반하여 상소추후보완을 신청하면 심급의 이익을 상실하지만 기간을 지키지 못한 사유가 아무리 오랫동안 계속되어도 그 종료 후 2주일 내에 하면 되는 차이가 있다.

마) 追後補完할 수 있는 時期 추후보완은 당사자가 불변기간을 준수할

1) 대판 1990.12.21. 90 다카 25673; 대결 1993.6.17. 92 마 1030; 대판 1994.6.14. 93 다 62607; 대판 1997.9.26 97 다 23464; 대판 1998.10.2. 97 다 50152.

2) 대판 1978.7.11. 77 다 1990, 1991.

3) 대판 1970.3.24. 69 다 1171.

4) 대판 1963.8.22. 63 다 271. 무권대리인이 처음부터 소송을 수행하고 판결정본을 송달받은 경우 그 당사자의 추완항소를 적법하다고 한 것으로 대판 1996.5.31. 94 다 55774.

5) 대판 1962.1.25. 62 누 2.

수 없었던 사유가 종료된 후 2주일 내에 하여야 한다. 천재·지변 등의 경우에는 그 사유가 없어진 때를 말하고, 판결의 송달을 과실 없이 알지 못한 때에는 당사자나 소송대리인이 판결이 있었던 사실뿐만 아니라 그 판결이 공시송달방법으로 송달된 사실을 안 때에[1] 그 사유가 종료하였다고 볼 수 있다. 그러므로 당사자가 당해 사건기록을 열람하였거나 판결의 경정정본의 송달을 받은 경우에는 판결의 존재를 알았다고 할 것이다.[2] 그러나 피고가 그 판결에 기하여 경료된 등기부등본에 의하여 판결선고사실을 알 수 있었던 사정이 생겼음에도 피고가 과실로 이를 알지 못하였다고 하더라도 그러한 사정만으로는 항소기간을 지킬 수 없었던 사유가 소멸한다고 볼 수 없다.[3] 판결송달이 무효이면 불변기간인 상소기간이 진행되지 아니하므로 상소행위의 추후보완의 문제는 생기지 아니한다.[4] 외국에 있는 당사자의 추후보완기간은 30일로 정하여 있다(제173조 I 단).

바) 追後補完의 方式과 법원의 措置 추후보완을 하려면 당사자·소송대리인 또는 보조참가인과 같이 추후보완을 하여야 할 자가 게을리한 소송행위를 그 본래의 방식대로 하면 되고 독립한 신청을 할 필요는 없다. 즉 상소추후보완의 경우에는 상소장을 원심법원에 제출하면서 동시에 상소인의 불귀책사유로 인하여 항소기간을 지키지 못한 사유 및 그 장애의 종료시기 등을 상소장에 기재하여 주장·입증하면 된다.[5]

법원은 추후보완사유유무를 판단하기 위하여 추후보완된 본래의 소송행위를 심리하는 절차에서 이를 심판한다. 소송행위의 추후보완은 독립한 신청으로서 인정된 제도는 아니므로 법원이 이에 대한 허가여부재판을 따로 할 필요도 없고, 특히 상소기간에 관한 것이 추후보완신청의 내용인 때에는 당사자는 독립적 신청으로써 추후보완을 할 필요도 없다. 추후보완이 이유 있으면 독립한 재판을 할 필요 없이 상소이유에 관하여 실질적 판단을 하면 되고, 이유가 없으면 상소각하의 재

1) 대판 1981.9.22. 81 다 334; 대판 1992.3.10. 91 다 38471; 대판 1994.12.13. 94 다 24299; 대판 1997.8.22. 96 다 30427; 대판 1997.10.24. 97 다 20410.

2) 대판 1979.1.30. 78 다 2142; 대판 1992.3.10. 91 다 38471; 대판 1993.4.23. 93 다 5055; 대판 1997.8.22. 96 다 30427; 대판 1999.2.9. 98 다 43533; 대판 2006.2.24. 2004 다 8005.

3) 대판 1994.12.13. 94 다 24299. 다만 피고가 당해 판결이 있었던 사실을 알았고 사회통념상 그 경위에 대하여 당연히 알아볼 만한 특별한 사정이 있었다고 인정되는 경우에는 그 경위에 대하여 알아보는 데 통상 소요되는 시간이 경과한 때에 그 사유가 소멸하였다고 봄이 상당하다. 대판 1999.2.9. 98 다 43533.

4) 대판 1970.7.24. 70 다 1015; 대판 1980.11.11. 80 다 1182.

5) 대판 1980.10.14. 80 다 1795.

판을 하면 된다.[1] 원심이 상고장을 각하하는 결정을 하여서는 안 된다.[2] 확정판결에 대한 추후보완신청이 제기되었다 하더라도 그 불복대상인 판결이 취소될 때까지는 확정판결로서의 효력이 배제되는 것은 아니다.[3]

제 3 절 訴提起의 效果

I. 訴訟係屬의 의의

1. 概 念

1) 소가 제기되면 소송계속이 발생한다. 소송계속이란 특정한 소송물에 관하여 법원에 판결절차가 현실적으로 존재하는 상태, 즉 법원이 그 소송사건에 관하여 판결절차를 진행할 수 있는 상태를 가리킨다. 소송계속은 판결절차에 의하여 처리되는 상태를 말하기 때문에 판결절차가 아닌 강제집행절차, 가압류·가처분절차, 증거보전절차, 중재절차에 계속되어 있을 때에는 소송계속이 아니다. 다만 판결절차로 이행할 수 있는 독촉절차(제472조)·제소 전 화해절차(제388조)·민사조정절차에 걸려 있을 때에는 소송계속으로 보는 것이 다수설이다.[4] 이에 대하여 독촉절차의 경우에는 다수설과 마찬가지로 소송계속을 인정하나 제소 전 화해절차와 민사조정절차의 경우에는 제소신청이 있으면 화해신청이나 조정신청을 한 때에 소급하여 소송계속이 있는 것으로 보는 반대설이 있다.[5]

2) 판결절차가 현존하면 소송계속은 있다고 할 것이므로 그 소가 소송요건을 갖추지 못하고 있더라도 무방하다. 또한 소송계속은 특정한 소송상 청구에 대하여 성립하는 것이므로 청구에 대한 공격방어방법인 주장이나 항변의 내용을 이루는 권리관계에 대해서는 소송계속이 발생하지 아니한다. 상계항변을 제출한 경우의 피고의 자동채권은 항변의 수단으로 채권을 주장한 것이므로 소송계속이 없다는 것이 통설이다.[6]

3) 외국법원에 소가 제기되어 있는 경우라도 그 외국법원의 판결이 장차 법

1) 대결 1966. 3. 22. 66 마 71. 추완사유의 유무는 추완항소의 소송요건이다. 대판 1999. 2. 9. 98 다 43533.
2) 대결 1959. 6. 15. 59 민항 37.
3) 대판 1978. 9. 12. 76 다 2400.
4) 方 346면, 李英 252면, 鄭/庾 261면, 姜 293면, 김홍 328면.
5) 李時 269면.
6) 方 347면, 李英 252면, 鄭/庾 262면.

제217조에 의하여 승인받을 수 있는 것인 때에는 소송계속으로 볼 것이다.[1)]

2. 發生時期

소송계속의 발생시기에 관하여는 소장제출시설·재판장수리시설·소장송달시설 등의 학설이 대립된다. 소송법률관계는 법원 및 원·피고간의 3면적 법률관계라고 보아야 하므로 이러한 법률관계는 소장이 피고에게 송달됨으로써 성립되며, 피고가 소송에 관여할 수 있는 것은 소장의 송달에 기인하므로 소장부본이 피고에게 송달된 때에 소송계속이 발생한다는 것이 통설·판례이다.[2)] 다만 시효중단 등 실체법상의 효과는 소장제출시에 발생한다. 따라서 소장송달 전에는 재판장은 소장을 각하할 수 있고 원고도 마음대로 소장을 추가 또는 정정할 수 있다.

3. 終　　了

소송계속은 소장의 각하, 판결의 확정, 화해조서, 조정조서, 청구의 포기 또는 인락조서의 작성, 소의 취하 등에 의하여 소멸된다. 선택적 병합이나 예비적 병합의 경우에는 어느 한 청구나 제1차적 청구를 인용한 판결이 확정됨으로써 심판을 받지 아니한 다른 청구나 예비적 청구는 소급적으로 소송계속이 소멸한다.

4. 效　　果

소를 제기하면 소송계속이 발생하는데 그 소송법적 효과로서 중복제소금지(제259조)와 실체법상 효과로서 시효중단과 법률상 기간준수 등이 중요하다(제265조).

이 밖에도 각종 소송참가나 소송고지의 기회가 생기고 관련청구의 재판적이 인정된다(제79조, 제264조, 제269조). 다만 법원과 당사자 및 소송물의 항정은 독일법과는 달리 우리 법하에서는 소송계속의 효과라고 말할 수 없는 것이다.[3)] 이 곳에서는 중복제소금지와 실체법상의 효과에 관하여서만 설명한다.

---

1) Rosenberg/Schwab/Gottwald, §98 Ⅱ. 1; 崔公雄, "외국판결의 효력," 사법논집 제18집, 351면; 姜 820면. 반대 입장은 李英 252면.

2) 소의 추가적 변경이 있는 경우 추가된 소의 소송계속의 효력은 그 서면을 상대방에게 송달하거나 변론기일에 이를 교부한 때에 생긴다. 대판 1992.5.22. 91 다 41187.

3) 方 348면, 李時 269면. 반대 입장은 鄭/庾 263면.

Ⅱ. 訴提起 등의 소송법상 효과──중복된 訴提起(二重訴訟)의 금지

1. 意 義

이미 법원에 계속된 사건과 동일한 사건에 대하여는 당사자는 다시 소를 제기하지 못한다(제259조). 소송이 이미 계속되어 있는 이상 동일소송물에 대하여 다시 소를 제기하면 i) 법원이나 당사자간에 시간·비용 및 노력을 이중으로 낭비하게 되며, ii) 판결이 상호모순되거나 저촉되는 결과를 빚을 염려가 있으므로 전소에 대하여 소송계속이 발생되어 있는 것을 전제로 후소를 금지하는 것이다.[1] 이중의 소가 아닌지의 여부는 직권으로 조사하여야 할 소송요건이 된다.[2]

2. 要 件

1) 前訴의 係屬中 後訴를 제기하였을 것 전소의 적법 여부[3] 또는 법원의 이동은 문제되지 아니한다. 후소가 단일한 독립의 소이어야만 되는 것은 아니며, 다른 청구와 병합되어 있든지 다른 소송 중에서 소변경·반소·소송참가 등의 방법으로 제기되었든지 가리지 아니한다. 후소를 제기할 당시 전소가 계속중이어도 후소의 변론종결시까지 취하 또는 각하에 의하여 그 계속이 소멸되면 이중소송이 되지 아니한다. 다만 후소의 변론종결시 전소에 대한 본안판결의 확정에 의하여 소송계속이 소멸될 때에는 후소는 전소의 기판력을 받는다. 소송계속중 소송의 목적인 권리의무가 승계된 경우, 승계인이 신소를 제기하는 한편 권리승계참가(제81조)나 인수승계(제82조)에 의하여 승계인이 전소의 당사자의 지위를 이어받았으면 신소가 소급하여 중복제소가 된다.

2) 後訴가 前訴와 동일사건일 것(當事者와 請求의 同一性)

가) 當事者의 同一性

(i) 당사자가 동일하면 원고와 피고가 전소와 후소에서 서로 바뀌어도 무방하다. 소송물이 동일하더라도 당사자가 다르면 동일사건이 아니다. 예컨대 전소의 보조참가인을 후소에서 피고로 한 경우,[4] 또는 법인 아닌 사단이 당사자가 된 소

---

1) 대판 1989. 4. 11. 87 다카 3155; 대판 1994. 11. 25. 94 다 12517, 12524(보전절차가 먼저 경료된 것은 전후소의 판단기준이 못되고 피고에의 송달시점이 중요하다).

2) 대판 1962. 6. 7. 62 다 144.

3) 대판 1998. 2. 27. 97 다 45532.

4) 대판 1955. 2. 3. 54 민상 278.

송의 계속중 그 구성원이 동일내용의 별소를 제기한 경우에는[1] 동일사건이 아니다. 그러나 당사자가 다르더라도 후소의 당사자가 전소판결의 기판력을 받게 될 경우에는(제218조 Ⅲ) 동일사건으로 된다. 예컨대 사실심변론종결 후 소송물을 양수한 자가 동일당사자에 대하여 제소하였거나 선정당사자에 의한 소송중에 선정자가 소를 제기하는 경우가 그것이다.

(ii) 채권자대위소송이 계속중 채무자가 동일피고를 상대로 동일사건의 소송을 제기한 경우,[2] 반대로 채무자 자신이 자기 소송을 하는 중에 채권자대위소송이 제기된 경우,[3] 또는 채권자대위소송의 계속중에 다시 다른 채권자가 동일한 채권자대위소송을 제기한 경우는[4] 모두 실질상 동일소송이므로 판례는 후소가 중복제소금지에 저촉되는 부적법한 소로서 각하되어야 한다고 한다.[5] 이에 반하여 채권자취소권의 요건을 갖춘 각 채권자는 고유의 권리로서 채무자의 재산처분행위를 취소하고 그 원상회복을 구할 수 있는 것이므로 여러 명의 채권자가 동시에 또는 시기를 달리하여 사해행위취소 및 원상회복청구의 소를 제기한 경우 이들 소가 중복제소에 해당되지 않는다고 한다.[6] 나아가 판례는 이와 같은 소송들 중 어느 소송에서 승소판결이 선고, 확정되고 그에 기하여 재산이나 가액이 회복을 마치기 전에는 각 소송이 중복제소에 해당한다든가 권리보호의 이익이 없게 되는 것이 아니라고 한다.[7]

(iii) 타인간에 계속된 소송의 당사자 일방을 피고로 하여 소를 제기한 자가 다시 독립당사자참가를 하여 그를 상대로 동일한 청구를 한 경우에는 전소와 참가

---

1) 대판 1978. 11. 1. 78 다 1206.

2) 대판 1995. 4. 14. 94 다 29256. 한편 김홍 331면은 채권자대위소송의 계속 중 채무자가 별개의 소송절차로 소 또는 반소를 제기하는 경우에 채무자가 대위소송의 계속사실을 모르는 경우와 안 경우를 나누어 보지만 결론에 있어서는 차이가 없다. 반대는 胡 146면.

3) 대판 1981. 7. 7. 80 다 2751. 한편, 대판 2009. 3. 12. 2008 다 65839는 채권자가 대위권을 행사할 당시에 이미 채무자가 그 권리를 재판상 행사하였을 때에는 채권자는 당사자적격이 없으므로 소를 부적법 각하하여야 한다고 보기도 했다.

4) 대위소송의 경합이므로 중복소송이라는 대판 1994. 2. 8. 93 다 53092; 대판 1994. 11. 25. 94 다 12517, 12524; 대판 1998. 2. 27. 97 다 45532 등 참조. 반대는 胡 146면.

5) 대판 1989. 4. 11. 89 다카 3155; 대판 1990. 4. 27. 88 다카 25274, 25281; 대판 1994. 2. 8. 93 다 53092. 그러나 이 판결들은 채권자대위소송판결의 기판력은 채무자가 대위소송의 제소사실을 알았을 경우에만 그에게 미친다는 대판(전) 1975. 5. 13. 74 다 1664와 반드시 이론적으로 일치하는 것은 아니다. 과거에는 채무자가 소송수행중 채권자가 동일피고를 상대로 제소한 경우에 실체법상의 대위권행사요건의 불비라 하여 청구기각을 하였으나(대판 1969. 2. 25. 68 다 2352, 2353), 근래에는 중복제소라고 하여 소각하로 처리하고 있다(대판 1981. 7. 7. 80 다 2751).

6) 대판 2005. 11. 25. 2005 다 51457 등.

7) 대판 2005. 5. 27. 2004 다 67806; 대판 2005. 3. 24. 2004 다 65367.

소송의 당사자를 동일한 것으로 볼 것이다.

나) 請求의 同一性

(i) 청구의 동일성은 청구취지와 청구원인에 의하여 판단된다. 청구취지가 다르면 동일사건이 아니고 청구취지가 동일하더라도 청구원인이 다르면 동일사건이 아니다.

(ii) 청구원인을 구성하는 사실관계는 동일하되 법률적 관점만 다른 경우, 예컨대 교통사고의 피해자가 제기하는 동일금액의 손해배상청구에서 불법행위를 토대로 하는 경우와 계약불이행을 청구원인으로 삼는 경우를 별개사건이라고 함이 구 소송물론의 입장이고 동일사건이라고 함이 신소송물론의 입장이다.

(iii) 전소에서 공격방법으로 주장했던 선결적 법률관계나 항변(예컨대 유치권이나 동시이행의 항변)으로 주장했던 권리관계는 소송계속이 생기지 아니하고 기판력이 미치지 아니하므로 이를 청구원인으로 하여 후소를 제기하는 때에는 동일사건이라고 할 수 없다. 예컨대 전소가 임대차존부확인이고 후소가 임료청구인 경우, 또는 전소가 임대물반환청구이고 후소가 임차권의 존부확인소송인 경우에는 동일사건이 아니다. 또한 현재 계속중인 소송에서 상계항변으로 주장한 자동채권을 별소 또는 반소로써 청구하거나 반대로 별소로써 청구하고 있는 채권에 기하여 상계항변을 하는 경우에는 상계항변에 기판력을 인정하기는 하나 항변 자체는 소송물이 아니라 방어방법이므로 중복소송에 해당하지 아니한다.[1]

(iv) 청구의 동일성은 청구취지에 의해서도 판단되므로 청구취지가 다르면 동일사건이 아니지만,[2] 청구취지가 다르더라도 동일사건으로 되는 경우가 있다. 동일한 권리관계(소유권 또는 상속권의 경우는 제외)에서 후소의 청구취지가 전소의 그것과 정반대인 경우, 즉 원고의 적극적 확인청구(전소)에 대하여 피고의 소극적 확인청구(후소)는 동일사건이다. 왜냐하면 원고의 적극적 확인청구에 대하여 피고가 기각을 구하는 것은 동일한 권리관계에 관하여 소극적 확인을 구하는 것과 마찬가지이기 때문이다.

1) 대판 1975. 6. 24. 75 다 103; 대판 2001. 4. 27. 2000 다 4050. 同旨 김홍 336면. 한편, 李時 272면, 金/姜 265면, 鄭/庾 269면 등은 원칙적으로는 중복제소에 해당하지 않는다고 보면서도, 계속중인 같은 법원에서 반소가 제기되도록 유도해야 한다고 한다. 이에 대하여 이 경우가 중복제소에 해당되지는 아니하나 상계에 제공된 채권의 존재에 대한 판단에는 기판력이 생김에 비추어 자동채권에 관하여 양소에서 심리가 중복되어 기판력이 저촉될 우려가 있으므로 중복제소에 준하여 처리하자는 반대설이 있다. 姜 299면, 田 276면.

2) 대판 1974. 2. 26. 73 다 1955.

(v) 이행의 소와 동일한 청구권에 기하여 확인청구를 하는 경우[1]는 물론 확인의 소와 동일한 청구권에 기하여 이행청구를 할 때에도 중복소송에 해당한다는 것이 통설이다.[2] 왜냐하면 청구원인이 동일한 이상 그 본안판결의 기판력은 이행의 소나 확인의 소의 구별 없이 동일한 권리가 확인되는 것이며, 확인의 소로써 청구하다가 이행청구를 하고자 하면 동일절차 내에서 청구취지변경으로 가능하기 때문이다.[3]

(vi) 청구의 기초에 동일성이 있다고 인정되거나 쟁점이 공통되는 두 개의 소송도 이중소송이 되는가. 이를 긍정한다면 중복소송금지의 원칙을 확대하는 결과가 된다. 판례는 원고의 가등기말소청구와 피고의 가등기에 기한 본등기이전등기청구는 비록 그 등기원인이 동일하다고 하더라도 동일소송이 아니며,[4] 원고의 소유권이전등기말소청구와 동일 부동산에 대한 소유권을 전제로 한 피고의 명도청구도 별개의 소송이라고 한다.[5]

(vii) 동일채권의 일부청구의 경우에 잔부에 대하여 제기한 소가 동일사건인가. 이 경우에는 손해배상청구나 원금 및 이자청구 등 가분채권의 경우에 특히 문제가 된다. 동일채권의 일부청구가 계속중 나머지 청구를 하는 것은 중복소송이 아니라는 설,[6] 일부청구임을 명시하지 아니한 경우(묵시적 일부청구)는 이중소송이 되지만, 일부분임을 명시하여 청구한 소송의 계속중(예컨대: 100만원 중 10만원) 나머지 부분을 후소로써 청구한 경우에는 이중소송이 되지 아니한다는 명시적 일부청구설(명시설),[7] 그리고 일부청구가 전소로서 계속중이면 특정 여부를 불문하

1) 대판 1958. 3. 6. 57 민상 784.

2) 方 353면, 李英 256면, 金/姜 266면, 姜 297면. 이에 대하여 이행의 소가 제기된 뒤에 확인의 소가 제기된 경우에는 중복소송이 되나 확인의 소가 먼저 제기된 후 이행의 소가 제기된 경우에는 확인판결을 가지고 강제집행을 할 수 없어서 이행의 소를 제기할 필요가 있으므로 중복소송이 아니라는 설이 있다. 李時 275면, 鄭/庾 267면. 이 문제를 이행청구권에 관한 확인의 소와 이행의 소간에 소의 이익의 문제로 접근하는 견해도 있다. 胡 154면.

3) 다만 판례는 소유권을 원인으로 하는 이행의 소가 계속중인 경우에도 소유권유무 자체에 관하여 당사자간에 분쟁이 있어 즉시확정의 이익이 있는 경우에는 그 소유권확인의 소를 아울러 제기할 수 있다고 한다. 대판 1966. 2. 15. 65 다 2371, 2372.

4) 대판 1969. 6. 24. 69 다 502; 대판 1994. 4. 26. 92 다 34100, 34117.

5) 대판 1960. 4. 21. 59 민상 310.

6) 李時 275면. 원칙적으로 잔부청구의 소를 허용하되, 이송·이부·변론의 병합에 의한 단일절차병합설을 취한다.

7) 대판 1982. 5. 25. 82 다카 7; 대판 1985. 4. 9. 84 다 552; 대판 1996. 3. 8. 95 다 46319(이 사건은 일부청구인 전소가 상고심에 계속중이어서 청구취지의 확장으로는 잔부청구를 추가할 수 없는 사안임). 鄭/庾 257면은 이 견해를 취하지만, 전소청구의 확장에 의하는 것이 바람직하다는 견해이다.

고 잔부청구의 후소는 이중소송이 된다는 중복소송설[1]이 있다. 그런데 잔부를 더 청구하고자 하면 동일소송절차 내에서 청구취지를 확장하면 되고, 별소로 청구하는 등의 낭비는 불필요하므로 중복소송설이 타당하다.

3. 效 果

중복소송은 소송요건으로서 소송장애사유이므로 법원의 직권조사사항이다. 중복소송임이 판명되면 판결로써 후소를 부적법각하하여야 한다.[2] 다만 동일사건이라도 전소의 기록분실로 소송을 진행할 수 없는 때에 기록재편을 위하여 제기한 신소는 이중소송이 아니다.[3]

중복소송임을 간과하여 내린 본안판결은 당연무효는 아니고,[4] 상소로써 다툴 수 있다. 그러나 판결이 확정되었을 때에는 당연히 재심사유가 되지는 아니한다. 전후 양소가 확정되었으나 상호모순되거나 저촉되는 때에는 어느 것이 먼저 제소되었는가에 관계 없이 뒤의 확정판결이 재심사유가 된다(제451조 I [10]). 한편 후소가 전소보다 먼저 확정된 경우에는 기판력존중과 소송경제의 견지에서 전소를 각하할 것이다.

4. 國際的 重複提訴의 경우

외국법원에 소가 계속중 동일사건을 국내법원에도 제소한 경우에 중복소송이 되는가.

외국법원에 소를 제기한 것은 소송계속이 아니므로 국내법원에 소를 제기할 수 있다는 견해가 있고,[5] 부적절한 법정이론(forum non conveniens)에 따라 사안의 성질상 외국과 우리나라 법정을 비교하여 외국이 보다 적절한 법정임에도 불구하고 국내법원에 제소하면 중복소송이 된다는 견해도 있으나, 소송계속된 외국법원의 판결이 나중에 우리나라에서 승인받을 가능성이 있을 때에만 국내법원에의 소제기는 중복소송으로 보아야 할 것이다.[6] 이 경우 국내법원이 소를 각하해야 할 것이다.[7]

---

1) 方 354면, 李英 256면, 姜 298면.
2) 대판 1967. 3. 7. 66 다 2663은 오히려 전소를 유지할 수 없다고 하지만 의문이다.
3) 대판 1955. 11. 24. 55 민상 356; 대판 1970. 7. 28. 70 다 1073.
4) 대판 1968. 4. 16. 68 다 122; 대판 1995. 12. 5. 94 다 59028.
5) 鄭/庾 272면.
6) 李時 278면, 胡 159면, 姜 820면.
7) 대판 1987. 4. 14. 86 므 57·58.

Ⅲ. 訴提起의 실체법상의 效果

1. 總 說

소제기의 실체법상 효과는 시효중단(민 제168조, 제170조, 제178조)과 법률상 각종 기간준수가 주된 것으로서 법 제265조에 규정되어 있고, 그 외에 실체법에서 개별적으로 규정된 효과가 있다. 본권의 소에 패소한[1] 점유자의 악의의제(민 제197조 Ⅱ), 어음법상 상환청구권의 소멸시효진행의 개시(어음 제70조 Ⅲ), 간통죄 고소요건으로서의 이혼청구(형소 제229조 Ⅰ), 소송이자 연 20% 발생(특례법 제 3 조) 등이 그것이다. 또한 어음금청구의 소가 제기되어 소장이 송달되었을 때에는 어음의 지급제시와 동일한 효력[2]이 있다. 원고가 피고에 대한 일정한 사법상의 의사표시, 즉 취소, 상계, 해제최고 등을 소장에 적어 놓은 때에는 소장송달과 동시에 그러한 의사표시가 있은 것으로 된다.

시효중단과 제척기간준수 등의 효과는 소의 취하나 각하[3]로써 소급적으로 실효된다. 그러므로 이혼청구가 각하되면 간통고소는 취소된 것으로 보고(형소 제229조 Ⅱ), 소가 각하되면 점유자의 악의의 의제의 효과도 소멸된다. 그러나 어음의 단기시효의 진행은 피고의 제 3 자에 대한 채권을 대상으로 하므로 소의 취하에 의하여 영향을 받지 아니하며,[4] 사법상 의사표시도 우연히 소장을 이용한 것에 그치고 소제기의 효과가 아니므로 소취하나 각하에 의하여 영향을 받지 아니한다.[5]

2. 時效中斷의 효과

1) **當 事 者** 소의 제기에 의하여 소송물로 주장된 권리관계에 대한 소멸시효[6](채권에 관한 소의 제기) 또는 취득시효중단(물권에 관한 소의 제기)의 효력이 발생하려면[7] 그 소가 권리자 또는 그 권리를 행사할 권능을 가진 자에 의

---

1) 패소한 때란 종국판결에 의하여 패소로 확정된 경우를 뜻한다. 대판 1977. 6. 25. 74 다 128.
2) 대판 1960. 6. 9. 59 민상 932, 933.
3) 민법 제170조 1항에서 청구기각의 경우도 시효중단의 효과가 소급소멸한다고 규정한 것은 잘못이다. 기각판결은 청구권의 부존재를 확정한 것이기 때문이다.
4) 李英 257면. 반대설 있음.
5) 方 355면, 李英 261면, 李時 279면, 김홍 344면; 대판 1982. 5. 11. 82 다 916. 그러나 사법상 행위도 소취하와 함께 전부 소멸한다는 설과 상계의 의사표시만 소멸한다는 설 등이 대립한다.
6) 대판 1979. 6. 26. 79 다 639는 공유자 1인이 보존행위로서 제소한 것이라 하여도 시효중단의 효력은 재판상 청구를 한 공유자에 한하여 발생한다고 한다.
7) 제소에 의한 시효중단의 근거에 대하여는 권리행사설과 권리확정설이 대립하나 큰 차이는 없다. 우리 나라의 통설과 판례는 권리행사설이라고 할 수 있다.

하여 제기되어야 한다.[1)] 그리고 민법 제169조의 승계인이란 시효중단에 관하여 당사자로부터 중단효과를 받는 권리를 그 중단효 발생 이후에 승계한 자를 말한다.[2)]

2) 中斷效를 발생시키는 訴의 종류

가) 일단 소가 제기되면 그 종류를 막론하고 시효가 중단된다. 이행의 소와 적극적 확인의 소에는 중단의 효력을 인정하면서 채무자가 제기하는 소극적 확인의 소에는 이를 부인하는 견해도 있으나 채권자가 응소하여 다투는 이상 소제기시에 중단의 효력을 인정하여야 한다.[3)] 형성의 소[4)]에도 시효중단의 효력을 인정하여야 할 것이다.[5)]

나) 공격방어방법으로 주장한 권리도 시효중단의 대상이 되는지는 의문이 있다. 중단되지 아니한다는 부정설도 있으나,[6)] 판례는 긍정설을 취한다. 즉 민법 제168조 1호와 제170조 1항에서 시효중단사유로 규정하고 있는 재판상 청구라 함은 통상적으로는 권리자가 원고로서 시효를 주장하는 자를 피고로 하여 소송물인 권리를 소의 형식으로 주장하는 경우를 가리키지만, 이와 반대로 시효를 주장하는 자가 스스로 원고가 되어 제소한 데 대하여 권리자가 피고로서 응소하면서 그 소송에서 적극적으로 권리를 주장하여 받아들여진 경우도 마찬가지라고 한다.[7)] 즉 공격방법으로 주장하는 권리에 시효중단효를 인정하는 경우에는 균형상 방어방법으로 주장하는 권리에 대해서도 중단효를 인정한다는 태도이다. 다만 변론주의 원칙상 응소행위로써 시효가 중단되었다고 주장하지 않는 한 당연히 시효중단의 효력이 발생하는 것은 아니라고 한다.[8)] 또한 소유권이전등기를 명한 확정

1) 대판 1963. 11. 28. 63 다 654.
2) 대판 1973. 2. 13. 72 다 1549.
3) 시효중단을 인정하는 것이 통설적 견해이나 중단시기를 제소시가 아니라 피고인 채권자의 응소시라고 보는 입장도 있다. 李時 279면, 金/姜 268면, 鄭/庾 273면, 姜 301면.
4) 대판 1998. 6. 12. 96 다 26961(소송법상 형성의 소인 재심의 소의 경우).
5) 다만 형성의 소라고 하더라도 항고소송의 경우에는 사권을 재판상 행사하는 것이 아니므로 소극적으로 해석하는 입장으로는 대판 1979. 2. 13. 78 다 1500, 1501이 있었다. 그런데 최근 과세처분의 취소·무효확인의 소는 그 소송물이 조세채무의 존부확인으로서 채무부존재확인의 소와 유사하므로 조세환급을 구하는 부당이득반환청구권의 소멸시효중단사유인 재판상 청구에 해당한다는 대판(전) 1992. 3. 31. 91 다 32053 판결을 통하여 위 1979년 판결은 과세처분의 취소, 변경 또는 무효확인을 구하는 행정소송과 그 과세처분으로 인한 오납금에 대한 부당이득반환청구권과의 관계에 있어서는 적용되지 않는 것으로 변경되었다.
6) 姜 302면.
7) 대판(전) 1993. 12. 21. 92 다 47861. 응소행위에 시효중단을 인정하는 李時潤, "피고의 방어방법과 시효의 중단," 민사판례연구 Ⅲ, 5면 참조.
8) 대판 1995. 2. 28. 94 다 18577; 대판 1997. 2. 28. 96 다 26190; 대판 2003. 6. 13. 2003 다 17927.

판결의 피고가 재심의 소를 제기하여 그 토지에 대한 소유권이 여전히 자기에게 있다고 주장하는 것은 취득시효의 중단사유가 되는 재판상 청구에 준하는 것으로서, 시효는 재심의 소 제기일로부터 재심판결 확정일까지 중단된다고 한다.[1)]

3) 時效中斷效가 미치는 訴訟物의 범위 급여의 대상이 다르더라도 청구원인이 서로 같고 동일한 경제적 이익을 목적으로 하는 복수의 청구권 상호간에 하나가 시효로 중단되면 다른 하나에도 미치는가 여부는 경우를 나누어 보아야 한다.

가) 구소송물이론에 의하면 원고가 소송에서 주장하는 실체법상의 권리만 시효중단효가 미치므로 동일한 버스사고에서 불법행위손해배상청구를 한 경우 운송계약불이행으로 인한 손해배상청구에는 그 효력이 미치지 아니하고, 원인채권과 수표금채권 중 하나에 대한 청구가 다른 하나에 대한 시효를 중단하지 아니한다.[2)] 또한 임대차계약에 기한 임대차관계와 그로부터 발생하는 임료채권·원금채권·이자채권은 법률상 별개의 채권이므로 어느 하나에 관한 소가 제기되어도 다른 하나에 시효중단의 효력이 미치지 아니한다.

나) 그러나 기본적 법률관계에 관한 확인의 소는 그로부터 파생되거나 선결적인 개별적 청구권에도 시효중단의 효력을 미친다.[3)] 예컨대 물건의 인도청구를 하면 그 代償請求에 시효중단의 효력이 미치고, 보험계약존재확인의 소를 제기하면 보험금청구권에 대해서도 시효가 중단된다. 또한 시효취득의 대상인 목적물의 인도 내지 소유권존부 확인이나 소유권에 관한 등기청구소송은 말할 것도 없고, 소유권침해의 경우에 그 소유권을 기초로 하는 방해배제 및 손해배상 혹은 부당이득반환청구소송도 취득시효중단의 효력을 가진다.[4)] 요컨대 판례의 태도는 기판력이 미치는 소송물의 범위와 시효중단효가 미치는 재판상 청구의 범위를 일치시

---

1) 대판 1997. 11. 11. 96 다 28196; 대판 1998. 6. 12. 96 다 26961.

2) 대판 1967. 4. 25. 67 다 75. 그러나 대판 1961. 11. 9. 60 민상 748은 반대. 대판 1999. 6. 11. 99 다 16378은 원인채권에 기한 청구는 어음채권의 소멸시효를 중단시킬 수 없으나 어음채권에 기한 청구는 원인채권의 소멸시효를 중단시키는 효력이 있다고 한다.

3) 파면처분무효확인의 소는 고용관계상의 보수금채권을 실현하는 수단의 성질을 가지므로 위 소의 제기에 의하여 보수금채권에 관한 시효는 중단되나(대판 1978. 4. 11. 77 다 2509; 대판 1994. 5. 10. 93 다 21606), 그와 반대로 고용관계의 해소를 전제로 하는 퇴직금채권에 대해서는 위 소의 제기에 의하여 시효는 중단되지 아니한다(대판 1990. 8. 14. 90 누 2024).

4) 대판 1995. 10. 13. 95 다 33047; 대판 1997. 3. 14. 96 다 55211. 대판 2010. 6. 24. 2010 다 17284는 원고가 채권자대위권에 기해 청구를 하다가 당해 피대위채권 자체를 양수하여 양수금청구로 소를 변경한 사안에서, 당초의 채권자대위소송으로 인한 시효중단의 효력이 소멸하지 않는다고 보았다.

켜 논하지 아니하고 시효중단효를 널리 인정하고자 한다.

4) 一部請求와 時效中斷範圍 가분채권의 일부임을 명시하여 소의 제기가 있는 경우에 판례는 나머지 청구에 대하여는 시효중단의 효력이 발생하지 아니한다는 일부중단설을 취한다.[1] 이에 의하면 청구취지확장에 의하여 나머지 청구까지 하는 경우에 시효중단의 효력발생시기는 각각 달라진다.[2] 그러나 명시 여부를 불문하고 일부청구를 하여도 권리의 전부에 대하여 시효중단의 효력이 미친다는 전부중단설이 타당하다.[3] 그 외에 명시적 일부청구의 경우에는 그 부분만이 소송물이므로 그 부분에만 중단효가 미치며 일부청구임을 명시하지 아니한 경우에는 채권의 동일성의 범위 내에서는 그 전부에 미친다는 절충설도 있다.[4]

3. 法律上 期間遵守의 효력

법률상 기간이란 권리나 법률상태를 보존하기 위한 출소기간(statute of limitation), 기타 청구를 위한 제척기간을 말한다. 민법상 점유에 관한 소송(민 제204조 Ⅲ, 제205조 Ⅱ, Ⅲ, 제206조 Ⅱ), 가사소송(민 제819조, 제821조, 제841조, 제847조 Ⅰ, 제907조), 회사관계소송(상 제184조, 제236조 Ⅱ, 제376조 Ⅰ, 제429조), 행정처분의 취소·변경의 소(행소 제20조), 재심의 소(제456조), 제권판결에 대한 불복의 소(제490조), 중재판정취소의 소(중재 제16조), 국가배상소송(국배 제9조 但) 등의 제기기간 등이 그 예이다. 출소기간은 적극적 소송요건이므로 그 준수 여부는 직권조사사항이며, 출소기간을 도과하여 제기된 소는 부적법하다.

법률상 기간준수의 효력이 미치는 범위에 관하여도 시효중단효가 미치는 범위에 대하여 논의한 바와 같다.

4. 時效中斷 등의 효과발생 및 소멸시기

1) 效果發生時期 소제기의 소송법상 효과인 소송계속은 피고에게 소장

---

1) 대판 1970. 4. 14. 69 다 597; 대판 1975. 2. 25. 74 다 1557; 대판 1992. 12. 8. 92 다 29924. 다만 대판 1992. 4. 10. 91 다 43695는 법원의 신체감정결과를 보아 더 청구할 요량으로 우선 소송의 편의상 일부청구한 사안에서 비록 그 중 일부만을 청구한 경우에도 그 취지로 보아 채권전부에 관하여 판결을 구하는 것으로 해석된다면 그 전부에 관하여 시효중단의 효력이 생긴다고 한다. 불법행위로 인한 손해배상소송의 경우 처음부터 전체청구금액을 특정하기 어렵고 또한 과다한 액수를 청구하면 불필요한 인지비용만 추가되기 때문에 편의상 일부금액만을 기재하는 예가 많은데, 이는 사실 일부청구가 아니고 원고도 전체를 청구할 의도로 일부만 청구하고 있는 사정을 인식하고 있으므로 판례가 그와 같이 판단하고 있는 듯하다.

2) 대판 1975. 2. 25. 74 다 1557.

3) 同旨 鄭/庾 275면, 田 290면.

4) 李時 281면. 대판 1992. 4. 10. 91 다 43695.

송달시 발생하지만, 사법상 효과인 시효중단이나 법률상 기간준수의 효력은 소장을 법원에 제출한 때에 발생한다. 송달사무의 지연으로 인한 원고의 불이익을 막자는 뜻이다. 그러므로 i) 소액사건의 경우에는 사무관 등의 면전에서 소제기를 구술한 때에 효력이 생긴다. ii) 지급명령·제소 전 화해·민사조정·강제집행·가압류·가처분에 있어서는 그 신청을 법원에 제출한 때에 효력이 발생한다. iii) 소의 변경·반소·당사자참가·중간확인의 소와 같은 소송중의 소에서는 소장에 갈음하는 서면이 법원에 제출된 때에 시효중단 등의 효력이 발생한다. 다만 소변경 중 청구감축이나 청구취지표시정정의 경우에는 이와 같은 효력이 생기지 아니한다. iv) 민사소송에서 피고경정의 경우에는 피고경정신청서제출시에 효력이 발생한다(제260조 Ⅱ, 제265조). 그러나 민사소송에서 필수적 공동소송인의 추가(제68조 Ⅲ), 가사소송에서 당사자의 추가·경정의 경우(가소 제15조 Ⅱ)와 행정소송에서 피고경정의 경우(행소 제14조 Ⅳ)에는 처음의 소가 제기된 때에 효력이 발생한다.

2) 效果消滅時期 시효중단 등의 효과는 소제기시부터 판결확정시까지 존속하므로 그 사이에는 시효가 진행하지 아니한다. 그러나 소의 각하 또는 취하시(민 제170조)뿐만 아니라 파산절차에 참가한 채권자의 취소 또는 청구각하(민 제171조), 화해기일에 상대방이 불출석하였거나 화해가 불성립시(민 제173조), 조정신청의 취하 또는 취하간주시(민조 제35조), 압류·가압류 또는 가처분이 채권자의 신청이나 직권으로 취소된 때(민 제175조) 등의 경우에는 일단 발생하였던 시효중단의 효력은 소급적으로 소멸한다.

제 3 장 訴訟審理의 過程

제 1 절 法院과 當事者의 役割分擔

소송심리의 과정은 실체적 진실을 발견하기 위하여 당사자와 법원의 공동작업으로 전개된다. 민사소송법은 법원에게 절차의 주관자로서의 역할을 부여하여 절차를 신속·공정하게 진행할 책임을 지우는 한편, 당사자에게는 사건내용을 명확하게 하고 판결의 기초자료(소송자료와 입증자료)를 제공할 임무를 부여하고 있다. 또한 법원이 절차를 이끌어 가는 데 대하여 당사자에게 최고 또는 이의를 할 권능을 인정함과 동시에 당사자의 변론활동에 대하여는 법원에게 석명시키는 책무를 인정함으로써 상호 견제와 협력을 통하여 신속하고 적정·공평한 심리의 달성을 기대한다.

법원과 당사자의 공동작업과정인 소송절차에서 그 주역들의 역할분담을 어떻게 하느냐 하는 문제는 소송제도의 방향을 좌우하는 기본적 문제이다. 이와 관련하여 당사자에게 소송운영의 주도권을 부여하는 원칙을 당사자주의[1]라 하고 법원에게 그 주도권을 부여하는 원칙을 직권주의라고 하는데 이는 다음과 같은 세 가지 측면에서 나타난다. 첫째, 법원의 심판대상, 즉 소송물을 누가 특정할 것인가와 관련하여 당사자에게 주도권을 인정하는 원칙을 당사자처분권주의(제203조)라고 하여 오늘날 일반적으로 채택되어 있고, 법원에게 주도권을 인정하는 원칙은 그 입법례를 발견하기 어렵다. 둘째, 소송진행의 주도권을 누가 갖느냐와 관련하여 당사자진행주의와 직권진행주의로 나뉘는데 직권진행주의를 법원의 권능의 관점에서 파악하면 소송지휘권을 그 내용으로 한다. 셋째, 심판자료의 수집 및 제출에 관한 권능과 책임에 관하여 변론주의와 직권탐지주의로 나눌 수 있다.

역사적으로는 근대민사소송법이 생성하던 시기에 풍미하던 야경국가관과 자유방임사상의 영향을 입어서 법원의 불간섭주의를 고수하고 절차를 대폭 당사자

1) 우리 법상의 당사자주의는 영미법상의 개념과 다르다. 우리의 당사자주의는 당사자와 법원간에서 소송절차에 관한 역할을 당사자에게 주도적으로 부여한다는 뜻이지만 영미법상의 당사자주의(adversary system)는 법관의 수동적 지위를 전제로 하여 대립당사자간의 적극적 소송수행을 강조하는 의미가 담겨져 있다.

의 지배에 맡기던 1806년의 프랑스민사소송법과 그 후 소송지연을 참을 수 없어 법원의 절차진행에 관한 후견적 기능을 강화한 1898년의 오스트리아민사소송법 등이 대조적인 예이다. 당사자주의색채가 강하던 1877년의 독일민사소송법도 그 후 직권진행주의를 강화하는 방향으로 개정되어 왔다. 우리 법은 당사자주의와 직권주의가 교착되어 있다고 볼 수 있고 양당사자의 형식적 평등과 신의성실의 원칙을 강조하는 한편, 소송의 신속한 진행을 위한 방향으로의 개정을 모색하고 있다.

이 장에서는 소송주체인 법원과 당사자의 역할분담을 고찰하기 위하여 우선 법원이 능률적이고 적정한 소송절차진행을 위하여 그 주관자로서 행사하는 권능인 소송지휘권에 대하여 검토하면서 소송절차에 관한 이의권의 문제를 곁들여 설명하고, 다음으로 당사자가 수행하여야 할 가장 중요한 역할인 변론활동에 대하여 고찰한다.

제 2 절 法院의 訴訟指揮權

I. 訴訟指揮權

1. 意 義

소송지휘권은 소송심리를 신속하고 원활하게 진행시키기 위하여 법원 또는 재판장 등에게 부여된 절차지휘권능을 말한다. 민사소송이 당사자주의와 변론주의에 입각하고 있다고 하더라도 절차진행마저 완전히 당사자에게만 일임하는 경우 소송의 신속과 정확을 기할 수 없으므로 이를 고려하여 법이 인정한 법원의 임무이다. 능률적이고 충실한 심리를 하고 법규에 맞는 진행을 위하여서는 사건의 구체적 내용이나 심리의 진행상황에 대응하여 기간을 재정하거나 당사자의 변론을 정리하거나 석명을 구하는 등 수시로 적절한 조치를 강구할 필요가 있으므로 이러한 소송지휘권이 인정되는 것이다. 다만 이를 행사하는 사실심법관의 경험과 기량에 따라 소송제도 전체의 운영 및 법원에 대한 신뢰에 커다란 영향을 미침은 물론이다.

2. 訴訟指揮權의 主體와 行使

1) 行使機關 소송지휘권은 법원에 속함이 원칙이나(제135조~제145조) 변론이나

증거조사 등의 지휘는 재판장(합의부의 재판장 또는 단독판사를 말한다) 또는 수명법관이 합의체를 대표하여 행사하며(제135조~제138조), 경우에 따라서는 재판장이 독립하여 행사하기도 한다(제165조, 제254조). 수명법관이나 수탁판사도 수권받은 사항을 처리하는 관계에서 소송지휘권을 가진다. 소송지휘의 재판은 절차의 능률적 진행을 위한 조치이므로 이것이 불필요하게 되면 언제든지 이를 행한 재판기관이 취소할 수 있겠으나(제87조 Ⅱ, 제141조, 제222조), 재판장의 조치에 대하여 당사자가 이의한 때에는 법원이 그에 대한 재판을 한다(제138조). 재판진행에 대한 이의라고 한다.

2) **行使方式** 소송지휘권의 행사는 변론이나 증거조사의 지휘와 같이 사실행위로 하는 경우도 있고, 결정 또는 명령과 같은 재판의 형식으로 행사하는 경우도 있다.

재판의 형식에 의하는 경우, 법원이 하는 때에는 결정의 형식을 취하고 재판장·수명법관·수탁판사가 그 자격에서 하는 때에는 명령의 형식을 취한다. 그 예로서 변론의 제한·분리·병합·소환·제출 등의 명령은 그 예이다.

당사자는 법이 소송지휘를 구하는 신청권을 인정하는 경우에(제34조 Ⅱ, 제35조, 제136조 Ⅲ, 제149조, 제241조) 그 같은 권능을 효과적으로 행사할 수 있고 그렇지 아니한 경우에 당사자의 신청은 직권발동을 촉구하는 의미밖에 없다.

3. 訴訟指揮權의 내용

1) **節次進行에 관계되는 행위** 기일의 지정·변경·추후지정(제165조), 기간의 재정 및 신축(제172조, 제59조, 제120조, 제273조 Ⅱ), 소송절차의 중지(제246조)와 중단 후의 속행명령(제244조), 이송(제34조), 변론의 개시·종결·재개(제142조, 제258조 Ⅰ) 등이 있다. 변론재개를 할 것인가 여부는 법원의 재량에 속하고,[1] 당사자의 재개신청은 직권발동을 촉구하는 의미밖에 없으며,[2] 변론을 재개함에는 그 결정을 내려야 하는 것도 아니다.[3] 다만 당사자에게 변론을 재개하여 그 주장·증명을 제출할 기회를 주지 않은 채 패소의 판결을 내리는 것이 민사소송법이 추구하는 절차적 정의에 반하는 경우에는 법원은 변론을 재개하고 심리를 속행할 의무가 있다.[4]

---

1) 대판 1970. 6. 30. 70 다 881.
2) 대판 1966. 3. 22. 65 다 2091.
3) 대판 1971. 2. 25. 70 누 125.
4) 대판 2010. 1. 28. 2010 다 20532. 동 판결에서는 법원의 석명의무위배의 경우를 변론재개가 인정되어야 할 예로 들고 있다.

2) 期日에 있어서의 辯論이나 證據調査의 정리 석명권행사(제136조)나 석명처분(제140조), 변론의 지휘(제135조), 당사자나 증인의 발언의 허가 또는 금지(제87조, 제143조, 제144조) 등을 들 수 있다.

이외에 넓은 의미의 소송지휘의 개념에 포함시킬 수 있는 것에 법정경찰권(법조 제58조~제61조)이 있다. 이것은 개정중의 법정내 질서유지권능으로서 특정한 소송에 관한 것이 아니고 방청인까지 지배하는 일반적 권능이다. 법원 또는 재판장은 각종 법정질서 문란자에게 고소·고발 또는 소추 없이도 20일 이내의 감치명령 또는 100만원 이하의 과태료에 처하는 재판을 할 수 있고 법정질서유지상 필요한 경우에는 경찰관의 파견을 요구할 수 있다. 영미법상의 법원모욕(contempt of court)의 개념을 일부 도입한 것이나 그들의 제도는 단순한 법정질서유지에 그치는 것이 아니고 법원의 재판결과를 강제할 수 있는 강력하고도 광범위한 민형사상의 권한이다.

3) 審理方法의 변경과 정리 변론의 제한·분리·병합(제141조), 재량이송(제35조), 변론준비절차에의 회부(제279조) 등을 들 수 있다.

(i) 변론의 제한이란 일체성을 갖는 변론의 여러 사항 중 그 일부에 대하여 변론을 명하는 조치로서 1개의 소송에 있어서 소송자료만을 정리하여 순서를 정함으로써 심리의 혼잡을 막자는 것이다.

(ii) 변론의 분리라 함은 소송의 일부를 별개의 소송절차로 분할하여 심판하는 절차를 말하며, 여러 개의 청구를 동일한 절차에서 심리함이 도리어 번잡할 때에 인정된다.

(iii) 변론의 병합은 동일법원에 계속되어 있는 여러 개의 소송의 변론 및 재판을 1개의 소송절차로서 결합하여 심판하는 법원의 소송지휘권을 말한다. 원시적 병합소송인 공동소송(제66조)과 소의 객관적 병합(제253조)은 소제기의 당초부터 여러 개의 청구가 결합되어 1개의 소송으로 되어 있는 것이지만, 변론의 병합은 소제기 후 법원의 지휘에 의하여 1개의 소송으로 결합되는 점에서 차이가 있다. 변론의 병합은 사건마다 심리와 증거조사를 반복하는 불편을 없애고 재판의 통일을 기하기 위하여 인정되는바, 상법상 회사관계소송과 같이 법률에 의하여 병합의 의무가 지워지고 있는 경우도 있다(상 제188조).

4) 訴訟의 촉진과 解決方法에 관한 조치 이러한 조치로는 화해권고(제145조), 실기한 공격방어방법의 각하(제149조), 준비서면제출명령(제273조) 등을 들 수 있다.

II. 訴訟節次에 관한 異議權

1. 意　義

소송절차에 관한 이의권이라 함은 법원 또는 상대방의 소송행위가 소송절차에 관한 효력규정에 어긋난다는 이의를 하여 그 무효를 주장하는 당사자의 소송법상의 권능을 말한다. 법 제151조는 이를 정면으로 규정하기보다 소송절차에 관한 이의권의 포기 또는 불행사의 경우에 규정에 위배된 행위가 치유되어 유효로 되는 효력면을 규정하고 있다. 효력규정에 위반된 소송행위는 원칙적으로 무효이나 이를 항상 무효화한다면 이러한 행위와 서로 연쇄적으로 결합된 소송절차의 불안정을 초래하고, 소송경제상으로도 바람직하지 못하므로 당사자의 이익보호에 관한 규정에 위반된 행위에 대하여 이로 인하여 불이익을 받을 당사자가 지체 없이 이의하지 아니하는 경우에는 그 권리를 상실하게 하자는 취지에서 마련된 제도이다.

2. 對　象

1) 소송절차에 관한 이의권은 소송행위의 주장 또는 내용 등에 관한 사항이 아니고, 소송진행의 방식이나 심리에 관한 사항이 소송절차에 관한 사익적 효력규정에 어긋났을 때에 행사될 수 있다.[1)]

2) 사익적 규정은 임의규정으로서 당사자의 소송수행상의 이익을 보장하는 규정이므로 그에 위반된 법원이나 상대방의 행위에 당사자가 이의하지 아니하는 경우까지 무효로 할 필요가 없기 때문이다. 다만 소송절차에 관한 규정이 훈시규정일 경우에는(제85조 II, 제199조, 제207조, 제210조) 이에 위배되어도 당사자는 이의할 수 없다.[2)]

3) 판례는 소장,[3)] 보조참가신청서,[4)] 부대항소장,[5)] 피고의 답변서,[6)] 청구취지확장 또는 변경신청서,[7)] 변론기일소환장 등의 송달이 없는 경우에[8)] 당사자가 이의하지 아니하거나 그대로 절차를 진행하면 소송절차에 관한 이의권을 잃는다

---

1) 대판 1972. 5. 9. 72 다 379.
2) 대판 2008. 2. 1. 2007 다 9009.
3) 대판 1947. 2. 25. 47 민상 8.
4) 대판 1956. 6. 19. 56 다 44.
5) 대판 1957. 3. 23. 57 민상 81.
6) 대판 2011. 11. 24. 2011 다 74550.
7) 대판 1963. 6. 20. 63 다 198.
8) 대판 1984. 4. 24. 82 므 14; 대판 2007. 2. 22. 2006 다 75641.

고 한다. 또한 소송절차중단중의 항소제기,[1] 서면에 의하지 아니한 청구취지의 예비적 변경,[2] 청구기초의 변경,[3] 반소의 적법요건,[4] 감정인을 증인으로 신문하거나[5] 당사자신문방식에 의하지 아니하고 증인신문방식에 의하는[6] 등의 증거조사방식위배, 증인신문장소변경,[7] 증거조사기일에서의 조서작성의 하자,[8] 외국문서에 대한 번역문 불첨부,[9] 변호사법 제24조 위반의 소송행위,[10] 법관경질 후 변론갱신의 하자[11] 등도 소송절차에 관한 이의권행사의 대상이 된다고 한다.

3. 拋棄와 喪失

1) 당사자의 소송행위가 소송절차에 관한 효력규정에 어긋났음을 상대방이 알거나 알 수 있었을 경우에 그 상대방이 이에 대하여 이의하지 아니하겠다는 취지를 적극적으로 법원에 표시하는 것을 소송절차에 관한 이의권의 포기라 하고, 그 외에 바로 이의를 제기하지 아니하여 그 권리를 잃는 경우를 상실이라고 한다.

2) 포기는 법원에 대한 명시 또는 묵시의 의사표시에 의하여 할 수 있으나 소송절차에 관한 이의권은 절차위배가 있을 때 비로소 발생하는 권리이므로 사전포기는 인정되지 아니한다. 여기서 "바로 이의를 제기"한다고 함은 하자 있는 소송행위를 전제로 하여 소송행위를 할 최초의 기회, 예컨대 증거조사에 이어서 개정되는 변론기일에 이의하지 아니하면 이 이의권을 상실한다는 뜻이다.[12] 이 권리의 포기 또는 상실의 경우에는 절차에 위배된 소송행위는 완전히 유효하게 된다.

3) 공익적 절차규정은 재판의 신속과 적정을 유지하기 위하여 누구나 당연히 준수하여야 하는 강행규정이고 직권조사를 요하는 사항이므로 이에 위배된 소송행위는 당연히 무효로 되고 소송절차에 관한 이의권의 포기나 상실의 대상으로

1) 대판 1980. 10. 14. 80 다 623, 624.
2) 대판 1990. 12. 26. 90 다 4686; 대판 1993. 3. 23. 92 다 51204.
3) 대판 1982. 1. 26. 81 다 546.
4) 대판 1968. 11. 26. 68 다 1886, 1887. 그러나 方 400면은 반대.
5) 대판 1960. 12. 20. 60 민상 163.
6) 대판 1992. 10. 27. 92 다 32463.
7) 대판 1963. 6. 20. 63 다 286.
8) 대판 1964. 12. 29. 64 다 861.
9) 대판 1966. 10. 18. 66 다 1520.
10) 대판 1964. 4. 28. 63 다 635.
11) 대판 1968. 7. 2. 68 다 379.
12) 方 399면.

되지 아니한다. 절차의 공익성에 비추어 당사자의 의사에 맡길 수 없기 때문이다. 예컨대 법원의 구성, 법관의 제척, 공개주의, 전속관할, 소송요건, 판결의 선고와 확정, 보조참가요건, 상소제기요건, 재심요건, 불변기간의 준수,[1] 기타 소송완결 등에 관한 사항 등이다.

제 3 절 當事者의 辯論

제 1 관 辯論의 意義와 種類

제 1 항 辯論의 意義

I. 訴訟審理 — 辯論과 證據調査

소가 제기되면 법원은 이를 심리하여야 한다. 이 과정을 기능적으로 관찰하면 분쟁과 관련된 과거의 사실을 중립적인 전문법관 앞에 당사자의 주장을 통하여 가능한 한 재현시킨 다음 적절한 법적용을 통하여 옳고 그름을 가려내는 절차이다. 이 절차에서는 당사자에게 주도권을 주어 사실에 관한 주장을 통하여 판결의 기초자료를 제공하고, 그가 주장한 사실이 진실임을 법관에게 납득시키기 위하여 여러 가지 증거방법을 수집하여 제출하게 하는 활동이 핵심을 이룬다. 따라서 소송의 심리는 주로 변론과 증거조사의 두 부분으로 구성된다.

II. 辯論의 뜻

변론에는 두 가지 뜻이 있다. 넓은 의미로는 법원과 당사자가 각종 기일에 구술로 하는 소송행위를 뜻하므로 당사자의 신청, 진술, 증거신청 등은 물론 법원의 소송지휘·증거조사·재판선고 등도 포함된다. 그러나 가장 좁은 의미로는 기일에 수소법원의 공개법정에서 하는 당사자의 신청과 이를 이유 있게 하는 공격방어방법의 진술만을 뜻한다. 즉 증거조사도 제외하고 당사자의 소송행위만을 뜻한다. 법도 좁은 의미로 이 말을 사용하는 경우가 있는가 하면(제134조 I, 제144조, 제146조, 제148조, 제272조) 넓은 의미로 사용하는 경우도 있다(제135조 I, 제140조~제143조, 제152조, 제204조 I). 때에 따라서는 넓은 의미의 변론 중에서 재판선고를 제외하고 당사자의 변론과 증거조사만을 변론이라고 하

1) 대판 2007. 12. 14. 2007 다 52997은 항소기간은 불변기간이고, 이에 관한 규정은 성질상 강행규정이므로 그 기간 계산의 기산점이 되는 판결정본의 부적법한 송달의 하자는 이의권의 포기나 상실로 인하여 치유될 수 없다고 한다.

는 수도 있다. 이같이 변론의 필요성을 인정한 것은 오랜 역사적 경험을 통하여 이것이 가장 우수한 심리방식이라고 생각되기 때문이다.

제 2 항 辯論의 種類

변론은 심리절차상의 차이에 따라 필요적 변론과 임의적 변론으로 구분할 수 있다.

I. 必要的 辯論

1) 변론은 민사소송심리의 주요 부분이므로 판결절차는 원칙적으로 반드시 변론을 경유하여야 하고, 변론에 제출된 소송자료(구술진술)만을 판결의 기초로서 채용하여야 한다(제134조 I). 이를 필요적 변론이라고 한다.

2) 판결절차는 필요적 변론을 거쳐서 판결하여야 함에 대하여 결정절차(제28조, 제46조, 제54조, 제82조, 제110조, 제128조, 제211조 등)에 있어서는 변론경유 여부를 법원이 재량으로 결정할 수 있다(제134조 I 단). 따라서 변론에 있어서 당사자의 구술진술만이 재판의 기초가 되므로 변론에서 진술한 바가 없으면 제출된 준비서면 등의 주장만으로 판결자료로 삼을 수 없을 뿐만 아니라[1] 법원이 이에 대하여 판단하지 아니하여도 판단유탈이 되지 아니한다.[2] 또한 서면만의 제출은 기일에의 결석으로 처리됨이 원칙이다.

3) 오늘날 구술에 의한 변론의 형해화현상이 점차 심화됨에 따라 판결절차에 있어서도 변론 없이 서면심리만에 의하는 경우가 늘어가고 있다. 예컨대 상고심 판결절차(제430조)나 소액사건의 특수한 경우(소액 제9조 I), 보정할 수 없는 흠이 있는 소를 각하하는 경우(제219조, 제413조), 소송비용담보를 제공하지 아니하는 경우(제114조 I) 등은 명문의 규정이 있는 경우이다.

II. 任意的 辯論

1) 임의적 변론은 변론을 열 것인지 여부가 법원의 재량에 달려 있는 경우이다. 결정으로 완결할 사건(제28조, 제46조, 제62조, 제68조, 제82조, 제110조, 제113조, 제114조, 제128조, 제211조, 제260조, 민집 제281조, 민집 제301조)은 그와 같이 처리한다(제134조 단). 선박소유자 등의 책임제한사건도 동일하다(선주책임절차법 제5조 I).

2) 결정·명령이라도 성질상 소송심리중에 변론을 열어 재판하는 경우도 있다(제59조, 제106조, 제120조, 제140조, 제141조, 제149조, 제263조, 제347조, 제406조). 임의적 변론에 있어서는 소송기록에 의한 서

1) 대판 1960. 9. 15. 60 민상 96.
2) 대판 1983. 12. 27. 83 다 1302.

면심리만으로 재판할 수 있으나 변론을 거친 경우라도 구술진술 외에 서면심리의 결과를 참작할 수 있다. 이것이 필요적 변론의 경우와 다른 점이다. 결정절차에서 변론을 열지 아니하는 경우에는 당사자·이해관계인, 그 밖의 참고인을 審問할 수 있다(제134조 Ⅱ). 심문은 공개법정에서가 아니라 적당한 방법으로 당사자, 이해관계인 기타 참고인에게 서면 또는 구술로 개별적으로 진술할 기회를 주는 것을 말한다.

제 2 관 辯論의 準備

제 1 항 辯論準備의 必要性

변론은 수소법원의 공개법정에서 구술로 실시되므로 당사자가 변론에서 하는 진술에 대하여 법원과 상대방이 곧바로 그 취지와 쟁점을 충분히 파악하여 효과적으로 응답하기가 어렵다. 이렇게 되면 변론기일의 공전으로 인하여 신속한 절차진행과 충실한 심리를 도모하기 어렵다. 따라서 법은 변론준비절차를 통해 사건의 쟁점과 증거를 미리 정리한 다음 집중적 증거조사를 하는 집중심리방식을 채택한 것이다. 이러한 목적을 달성하기 위하여 법은 당사자와 법원에게 사전에 준비할 기회를 부여하고 있다.

첫째, 당사자에게 진술할 공격방어방법을 변론기일 전에 서면으로 작성하여 법원에 제출하게 하고, 법원은 그 부본을 상대방에게 송달하여 법원과 상대방에게 이에 응답할 수 있는 준비기회를 부여한다. 이 때의 서면이 준비서면이다(제273조 이하).

둘째, 심리의 집약을 위하여 재판장이 소송의 쟁점과 증거를 사전에 정리하기 위하여 변론준비절차에 부친다(제279조 이하).

셋째, 재판장의 소장심사권 강화 및 기일 전 증거조사제도를 도입하였다(제254조 Ⅳ). 이에 관하여는 이미 설명한 바 있다.

넷째, 소액사건에 대해서는 1회 기일주의를 채택한 특칙을 두고 있다(소액 제7조). 법은 이러한 제도를 강제하기 위하여 당사자가 준비서면을 제출하지 아니하거나 변론준비절차를 게을리 하는 경우의 불이익을 규정하는 등 많은 규정을 베풀고 있다.

제 2 항 準備書面

I. 意 義

준비서면은 당사자가 변론에서 진술하려고 하는 사항을 기재하여 법원에 제출하는 서면을 말한다. 그 중 피고나 피상소인의 본안신청을 적어 놓은 최초의 준비서면을 답변서라고 한다.

어느 소송서류가 준비서면인지의 여부는 그 기재내용에 따라 판단하여야 하는데 이를 제출함으로써 그 곳에 기재된 당사자의 소송행위가 확정적으로 이루어지는 경우의 서면을 확정서면이라고 부르는 수가 있다. 예컨대 소장, 각종 상소장, 상고이유서, 반소장, 참가신청서 등의 서면이 그것이다.[1] 다만 이러한 서면에 공격방어방법을 동시에 기재하면 준비서면의 기능도 겸한다고 할 것이다.[2]

Ⅱ. 提　出

1) 당사자는 집중심리를 위하여 서면에 의하여 변론을 준비하여야 하므로(제272조 Ⅰ) 준비서면은 그것에 적힌 사항에 대하여 상대방이 준비하는 데 필요한 기간을 두고 상대방의 수만큼의 부본과 함께 미리 제출하여 송달되게 하여야 한다(제273조).

2) 지방법원 합의부 이상의 절차에서는 준비서면의 제출이 요구되지만, 제1심 단독사건의 경우에는 사안이 대체로 가볍고 쟁점이 단순하며 본인소송이 대부분이므로 준비서면을 제출할 필요가 없다. 그러나 상대방이 준비를 하지 아니하면 진술할 수 없는 사항에 관하여는 그 제출이 요구될 수도 있다(제272조 Ⅱ).

3) 준비서면의 제출기간은 法으로 규정되어 있지 아니하나, 답변서는 피고가 소장 부본을 송달받은 날부터 30일 안에 제출하여야 한다(제256조 Ⅰ).

Ⅲ. 記載事項

준비서면에는 [1] 당사자의 성명·명칭 또는 상호와 주소, [2] 대리인의 성명과 주소, [3] 사건의 표시, [4] 공격방어방법, [5] 상대방의 청구와 공격방어방법에 대한 진술, [6] 덧붙인 서류의 표시, [7] 작성연월일, [8] 법원의 표시를 기재하고 당사자 또는 대리인이 기명날인 또는 서명한다(제274조 Ⅰ). 준비서면을 작성하는 경우 제4호 및 제5호에 규정한 사항에 대하여는 사실상 주장을 증명하기 위한 증거방법과 상대방의 증거방법에 대한 의견을 함께 적어야 한다(제274조 Ⅱ). 종래에 민사소송규칙에 규정되어 있던 것을 법에 편입하여 집중심리제도를 강화하고자 한 것이다.

---

1) 예비적 청구취지를 준비서면에 표시하였다 하더라도 유효한데, 이러한 서면은 확정서면의 성질을 갖는다. 대판 1965. 4. 27. 65 다 319 참조.

2) 方 426면.

Ⅳ. 添附書類

당사자가 가지고 있는 문서로서 준비서면에 인용한 것은 준비서면에 그 등본 또는 사본을 붙이고(제275조 Ⅰ), 외국어문서의 경우에는 번역문과 함께 제출한다(제277조). 그리고 문서의 일부를 필요로 하는 때에는 초본을 첨부하고 문서가 많을 때에는 그 문서를 표시하면 된다(제275조 Ⅱ). 이러한 문서는 상대방의 요구가 있으면 그 원본을 보여주어야 한다(제275조 Ⅲ). 열람의 방법에는 규정이 없으나 소송절차 외에서도 상대방이 직접 당사자에게 원본의 열람을 청구할 수 있다고 볼 것이다.[1)]

Ⅴ. 要約準備書面

재판장은 당사자의 공격방어방법의 요지를 파악하기 어렵다고 인정하는 때에는 변론종결에 앞서 당사자에게 쟁점과 증거의 정리결과를 요약한 준비서면을 제출하게 할 수 있다(제278조). 소송의 진행과정에서 당사자가 준비서면을 중복하여 내거나 지나치게 장황한 준비서면을 내는 경우 변론절차 및 변론준비절차의 종결시에 당사자로 하여금 그 동안 제기한 주장 및 증거를 정리하게 함으로써 변론에서의 집중증거조사를 용이하게 하기 위한 것이다.

Ⅵ. 準備書面提出의 效果

1) **陳述看做** 준비서면을 제출하였을 경우 당사자가 변론기일에 결석하거나 출석하고서도 본안변론을 아니한 때에는 그 기재사항을 진술한 것으로 간주하게 된다(제148조, 제286조). 구법상의 결석판결제도를 폐지하는 대신 불출석한 당사자가 준비서면을 제출한 경우 진술간주제도를 마련하고 출석한 상대방에게 변론을 명함으로써 심리를 진행하도록 하고 있다.

2) **自白看做** 준비서면에 기재된 사실은 상대방이 불출석한 경우에도 주장할 수 있으며 이 경우에는 불출석한 상대방은 준비서면에 기재된 사실을 명백히 다투지 아니한 것으로 보아 자백한 것으로 간주한다(제150조 Ⅰ, Ⅲ).

3) **失權效排除** 변론준비절차 전에 제출된 준비서면에 적힌 사항은 변론준비기일에 제출하지 아니한 공격방어방법이라 하더라도 실권효를 입지 아니하고 변론에서 주장할 수 있다(제285조 Ⅲ). 다만 변론준비절차에서 철회되거나 변경된

---

1) 반대는 方 427면.

때에는 그러하지 아니하다(제285조 Ⅲ 단).

4) **訴取下同意** 피고가 본안에 관한 사항을 적은 준비서면을 제출한 후 원고가 소를 취하하려면 피고의 동의를 받아야 한다(제266조 Ⅱ). 피고의 경정에도 마찬가지로 구 피고의 동의를 요한다(제260조 Ⅰ).

Ⅶ. 準備書面에 적지 아니한 효과

1) **豫告 없는 事實主張의 禁止** 준비서면에 적지 아니한 사실은 상대방이 출석하지 아니한 때에는 변론에서 주장하지 못한다(제276조). 이는 예측하지 못한 주장사실에 대하여 진술할 기회를 상실한 채 의제자백으로 되는 상대방의 불이익을 방지하려는 취지이다. 다만 단독사건의 경우에는 서면에 의한 준비를 생략할 수 있으므로(제272조 Ⅱ 본) 상대방이 불출석한 때에도 당사자는 변론하거나 증인을 채택하여 신문할 수 있다. 다만 상대방이 준비하지 아니하면 진술할 수 없는 사항은 그러하지 아니하다(제272조 Ⅱ 단).

가) 상대방이 변론기일에 결석한 경우에 출석당사자가 주장할 수 없는 것은 사실을 포함하는 것이어야 한다. 여기서 말하는 사실에는 공격방어방법만이 아니고 신청 자체와 관계되는 사실, 기타 신자료를 제출하는 진술, 증거신청 및 그 채부나 증거조사에 참여하여 반대신문하고 반증을 제출하며 그 결과에 대하여 변론하는 것 등도 포함하여 이해하여야 한다.[1] 이들은 사실인정에 중대한 영향을 미치므로 상대방에게 예고할 기회를 주어야 공평을 기할 수 있기 때문이다.

나) 사실과 관계 없는 법률상의 의견진술은 포함하지 아니하며, 사실이라도 사건의 실체와 관계 없이 단순한 소송요건의 존부에 관한 주장도 포함되지 아니한다. 또한 사실의 진술이라도 상대방의 주장사실에 대한 부인이나 부지의 진술은 상대방이 예기하고 있으므로 미리 준비서면에 기재하지 아니하였더라도 변론에서 진술할 수 있다.

결국 사실의 주장이나 증거신청에 대하여 상대방의 예상가능성이 판단기준이 되어야 할 것이다.

2) 변론기일에 출석한 당사자는 법 제276조의 적용에 의하여 상대방이 불출석했을 때 변론에서 준비서면에 기재하지 아니한 사실을 주장할 수 없으므로 이

1) 同旨 方 427면, 李英 265면, 姜 231면. 여기의 사실에 증거신청이 포함되는지와 관련하여, 절차의 촉진을 위해서 상대방이 예상할 수 있는 사실에 관한 증거신청은 허용된다는 절충설로는 金/姜 447면, 李時 350면, 鄭/庾 391면, 김홍 441면.

를 다음 기일에서 주장하기 위해서는 속행기일의 지정을 구하고, 그 때까지 준비서면을 제출하여야 한다. 그러나 이를 무시하고 출석한 당사자에게 그대로 진술을 시킨 위법은 소송절차에 관한 이의권의 대상이 된다.[1] 이 경우에 법원은 사실을 주장할 수 없게 된 출석당사자의 소송자료의 제출을 막고 바로 변론을 종결할 수는 없다고 본다. 왜냐하면 그렇게 하면 결석한 상대방이 그가 출석한 때보다 더 유리한 취급을 받는 결과가 될 수도 있기 때문이다.

3) 변론준비절차에서 재판장이 정해준 기간 내에(제280조 I) 준비서면을 제출하지 아니하면 상대방이 불출석한 때에는 변론에서 주장하지 못하며 변론준비절차를 종결당할 위험을 부담한다(제284조 I).

4) 당사자 일방이 준비서면에 의하여 변론준비를 해야 함에도 불구하고 이를 아니한 결과 상대방이 출석하였더라도 그 기일에 변론을 종결하지 못하고 소송이 속행 또는 지연된 때에는 그 당사자는 승소하더라도 그로 인하여 증가된 소송비용을 부담하게 할 수 있다(제100조).

제3항 辯論準備節次

I. 制度的 趣旨와 立法例

1. 集中審理方式에 따른 必要的 準備節次

과거 반세기 이상 민사소송은 병행심리방식에 따라 많은 사건을 동일기일에 지정하여 전부를 조금씩 심리하되 변론기일을 거듭하면서 한정된 시간에 다수의 사건을 처리하여 왔다. 또한 준비절차도 단순히 임의적인 변론의 예행절차여서 활용되지 못했고 또한 수시제출주의의 남용으로 인하여 쟁점정리와 증거조사가 효율적으로 이루어지지 못하였다. 현행법상 변론준비절차에서는 i) 병행심리방식을 버리고 집중심리방식을, ii) 수시제출주의 대신 적시제출주의(제146조)와 제출기간의 제한(제147조)을 채택하고, iii) 준비서면에 의한 충실한 공격방어방법의 조기제출과 증거조사의 집중(제293조)을 통하여 변론기일 이전에 쟁점이 정리되고, 증거결정뿐만 아니라 증인신문 이외의 모든 증거조사를 할 수 있게 된다.

2. 立 法 例

집중심리방식에 따르는 외국의 예는 미국의 공판 전 증거개시절차(Pre-trial

---

1) 법 제276조는 합의사건에만 적용되므로 단독사건에서는 미리 준비서면에 기재하지 아니한 증인을 상대방이 변론기일에 출석하지 아니한 채 재정증인으로 조사하여 증거로 채택하였을 경우에 위법이 아니라는 판례로는 대판 1975. 1. 28. 74 다 1771 참조.

discovery)와 이를 대륙법상의 절차에 맞도록 수정한 독일의 슈투트가르트 모델(Stuttgarter Model), 그리고 일본의 변론 겸 화해가 있고 이러한 방식은 우리의 운영에 참고가 될 것이다.

1) 미국연방민사소송규칙(FRCP)에서는 당사자 쌍방의 자율적 사실 및 증거개시활동이 완료된 후 공판 전 회의(Pre-trial Conference)를 열어 여기서 심판대상을 특정하기 위한 쟁점을 서면으로 요약하고(Note of Issue) 증인신문 등 공판이 열릴 경우의 진행과 일정을 확정하는 공판 전 명령서(Pre-trial Order)를 작성한다(FRCP 제16조). 이 단계에서는 쟁점이 드러났으므로 대체로 화해권고를 하면 효과적이나, 만일 화해가 성립하지 아니하는 경우에는 그 후 지정된 공판기일에 양 당사자를 소환하고 배심원을 선정한 다음 집중적 변론과 증인신문을 거쳐 곧바로 변론을 종결한다.

2) 집중심리를 위한 독일방식도 변론준비를 위한 선행절차를 두어 재판장의 지휘하에 미리 재판자료수집을 위한 사전서면교환을 통하여 쟁점을 충분하게 부각시킨 다음 한 번의 주기일에 증인신문 등 증거조사를 실시하여 심리를 종결하는 진행방식이다. 능숙한 사실심 법관의 소송지휘와 변호사강제주의가 필수적이다. 개정법도 독일법을 본받아서 답변서제출을 의무화하고(제256조), 변론준비기일에서 사건의 쟁점과 증거를 정리하여 변론을 집중하도록 도모하고 있다.

3) 일본이 일부 시행하는 소위 변론 겸 화해도 부드러운 분위기에서 실질적 토론을 통하여 효율적인 변론준비를 하고 조기에 쟁점의 정리 및 증거조사를 완료하여 화해촉진과 소송의 조기종결을 유도하는 심리방식이다.

4) 미국식 집중심리의 아이디어는 국제상공회의소 조정 및 중재규칙(The ICC Rules of Arbitration 제13조)이나 우리 상사중재규칙(제35조)에도 반영되어 당사자에게 쟁점정리서(Terms of Reference)를 제출하도록 유도하고 있다.

Ⅱ. 被告의 答辯書提出義務

1) 答辯書作成과 提出

(i) 피고가 원고의 청구를 다투는 경우에는 소장부본을 송달받은 날부터 30일 내에 답변서를 제출하여야 한다(제256조 Ⅰ). 피고가 답변서를 제출하면 재판장은 그 부본을 원고에게 송달한다(제256조 Ⅲ). 대폭 강화된 준비서면의 작성에 관한 규정은 소장(제249조 Ⅱ)과 답변서(제256조 Ⅳ)의 기재에도 준용되므로 원고의 주장사실을 전부 부인한다는 식의 막연한 답변서의 제출은 불가능하고 청구취지에 대한 답변, 청구

원인으로 된 사실을 인정하는지 여부에 대한 구체적 진술 및 그에 대한 공격방어방법 등을 기재하여야 한다.

(ii) 극히 형식적인 내용의 답변서가 제출된 경우에는 구체적이고 실질적인 답변서의 제출을 촉구하고, 관할위반의 항변이나 이송신청이 있는 사건은 따로 선별하여 신속하게 처리한다.

2) 答辯書의 기능 답변서제출의무제도가 도입되었으므로(제256조 참조) 답변서는 변론기일에서의 진술을 준비하는 서면으로서뿐만 아니라, 그 이전에 그 자체만으로 무변론판결(제257조 I)을 저지하는 서면으로서의 기능을 가지게 되었다.

Ⅲ. 無辯論判決

1) 피고가 공시송달 이외의 적법한 송달을 받고도 30일 내에 원고의 청구를 다투는 취지의 답변서를 제출하지 아니한 때에는 법원은 원고가 소장에서 주장한 청구원인사실을 자백한 것으로 보고 변론 없이 판결할 수 있다(제257조 I 본). 피고가 원고의 주장사실을 모두 자백하는 취지의 답변서를 제출하고 따로 항변을 제출하지 아니하거나(제257조 II), 청구원인사실을 실질적으로 인정하는 내용의 답변서가 제출된 경우에도 또한 같다. 이는 종래의 자백간주에 의한 판결제도를 개선하고 기판력의 기준시를 명확히 하기 위하여 무변론판결을 선고하도록 한 것이다. 다만 직권조사사항이 있거나 판결선고시까지 피고가 원고의 청구를 다투는 취지의 답변서를 제출한 경우에는 그러하지 아니하다(제257조 I 단).

2) 법원은 피고에게 소장부본을 송달할 때에 무변론판결을 선고할 기일을 함께 통지할 수 있다(제257조 III).

3) 서면에 의한 자백에 기한 무변론판결은 답변서로 자백한 경우에 한한다.

4) 법원이 당사자의 주장에 구속되지 않는 사건, 예컨대 형식적 형성소송 등에 대해서는 무변론판결이 불가능하고 심리하여 변론을 거쳐 판결해야 한다.

5) 피고가 복수인 공동소송에 있어서 일부피고에 대해서만 무변론판결을 해야할 경우에는 나중에 변론을 거친 피고와 함께 판결할 수 있으며 이 경우에는 판결서에 그 부분이 무변론판결인 취지를 명시하여야 한다.

6) 무변론판결은 항소로서 다툴 수 있다. 다만 항소심에서는 무변론판결은 허용되지 아니한다.

7) 소액사건의 경우에는 현행 변론기일지정방식(동법 제7조)과 무변론판결방식 중

재량으로 더 신속한 방식을 택할 수 있다.

Ⅳ. 辯論準備節次의 基本構造

1. 總　　說

(i) 소가 제기되면 답변서를 송달한 다음, 재판장은 변론없이 판결하는 경우(제257조 I, II)인가를 확인하고 나서, 예외적으로 변론준비절차를 따로 거칠 필요가 있다고 인정되는 경우이거나 변론기일 후 쟁점정리가 필요하다고 판단되는 경우, 변론준비절차에 사건을 부친다.

(ii) 법은 변론준비절차를 서면에 의한 변론준비절차(Schriftliches Vorverfahren)와 변론준비기일의 두 가지 방식으로 규정하고 있다. 기일방식(제282조)보다 서면방식(제280조)이 원칙이다.[1]

(iii) 우리 법상 집중심리방식의 기본구조는 변론준비절차와 변론기일을 구분하고, 변론준비절차에서 쟁점정리와 증거조사의 준비를 완료한 다음에야 비로소 집중적 증인신문을 위하여 변론기일을 지정할 수 있도록 되어 있다. 다만 재판장은 특별한 사정이 있는 때에는 변론기일을 연 뒤에도 사건을 변론준비절차에 부칠 수 있다(제279조 II). 이러한 변론기일방식은 순수한 쟁점정리방식은 아니나, 제 1 회 변론기일을 먼저 열어서 당사자의 의견을 듣고 심리방식을 결정할 수 있는 길을 베푼 것이다.[2]

2. 書面에 의한 辯論準備節次

1) **意　　義**　　서면에 의한 변론준비절차(제280조 I)는 기일을 지정하지 아니한 채 당사자로 하여금 준비서면, 그 밖의 서류를 제출 또는 교환하게 하면서 서면으로 가능한 소송행위, 예컨대 주장의 제출, 증거신청, 석명처분 등을 먼저 진행하는 방식으로 변론을 준비하는 절차이다.

---

1) 우리 법은 변론준비절차의 종류로서 위의 두 가지만 규정하고 있으나 일본법이 채택하고 있는 준비적 구술변론(공개된 법정에서 변론의 방식으로 쟁점을 집중적으로 정리하는 진행방법)은 채택하지 아니하였다. 일본은 구술주의의 전면적 회복을 위하여 또 한 가지를 추가한 것이나 우리 법이 규정한 방법을 유연하게 활용하면 족할 것이다.

2) 변론준비절차를 원칙적으로 하였던 종전 법과 달리 현행 민사소송법이 예외적으로 변론준비절차를 열고, 원칙적으로 막바로 변론기일을 열도록 하였다. 종전 법과 같이 진행되는 경우 구두변론주의가 후퇴하게 된다는 비판을 극복함과 아울러 소장과 답변서만으로는 변론준비절차에 부칠 것인지의 판단을 하기 쉽지 않다는 현실을 감안하였을 것이다.

2) 目　　的　　변론준비절차에서는 변론의 집중과 효율적 실시를 위하여 당사자의 주장과 증거를 정리하여 소송관계를 뚜렷하게 하여야 한다(제279조 I).

3) 쟁점정리

(i) 변론준비절차에서는 대체로 쌍방 2회에 걸쳐 제출된 소장과 답변서, 기타 준비서면 등을 토대로 법원의 석명과 당사자의 설명요구 또는 의견진술을 통하여 쌍방의 주장을 대비해 봄으로써 불필요하거나 무관한 주장을 철회하고 부족하거나 흠결된 주장을 보충하도록 한다. 이러한 과정을 거쳐 다툼 없는 사실을 확정하고 다툼 있는 주요사실을 정리한 다음 쟁점과 증거와의 관계를 명백히 하여 증거조사를 한다.

(ii) 변론에서의 재판장의 석명권이나 석명준비명령에 관한 규정은 변론준비절차에도 준용되므로(제286조, 제136조, 제137조, 제140조) 재판장 등은 소송관계를 밝히기 위하여 필요한 경우에는 당사자에게 사실상 또는 법률상의 사항에 대하여 질문하거나 이를 지적하여 미리 석명준비명령 또는 필요한 석명처분도 할 수 있다.

(iii) 재판장은 일정한 주장의 제출이나 증거신청에 관하여 재정기간(제147조)을 정하여 증거의 적시제출을 유도할 수 있고, 특히 주장만 하고 입증이 없는 경우 기간을 정하여 입증을 촉구한다. 이 기간을 도과하면 원칙적으로 실권적 효과가 발생하므로 당사자는 변론준비절차에서 모든 주장을 다 제출하여야 한다.

4) 證據決定과 證據調査

가) 時　　期　　증거신청은 소장접수시부터 할 수 있고, 그 채부결정 및 증거조사는 재판장이 입증취지와 소송 정도를 감안하여 변론준비절차에서 언제나 할 수 있다. 즉 재판장 등은 변론준비를 위하여 필요하다고 인정하면 증거결정을 할 수 있고(제281조 I), 증인신문을 제외하고는 제279조 제1항에서 규정한 변론준비절차의 목적을 달성하기 위하여 필요한 범위 내에서 증거조사를 할 수 있다(제281조 III 본). 다만 증인신문은 변론기일에서 하는 것이 원칙이나 제313조에 해당하는 경우에는 변론준비절차에서도 예외적으로 증인신문을 할 수 있다(제281조 III 단).

나) 範　　圍　　증거조사는 쟁점정리와 변론기일에서 실시될 집중적 증거조사를 위한 준비에 필요한 범위 내에서 해야 한다. 그러나 특히 서증의 조사범위에 대해서는 명문의 규정이 없으므로[1] 재판장 등이 증거조사를 실시하기에 따

1) 일본 민사소송법 제170조 2항은 변론준비절차에서 문서에 대한 증거조사를 할 수 있다고 규정한다.

라서는 재판공개원칙이나 적법절차에 반할 우려가 있다는 견해도 있다.[1)]

다) 書 證 i) 서증은 소장, 준비서면 등 주장서면에 그 사본을 첨부하여 제출함이 원칙이고, 주장서면의 교환을 통하여 서증의 개시가 조기에 이루어지도록 한다. ii) 서증의 내용을 이해하기 어렵거나 서증의 수가 방대하고 그 입증취지가 불명확할 경우에는 증거설명서를 제출하도록 한다. iii) 제출된 서증이 요증사실과 무관하거나 이미 채택된 증거와 입증취지가 중복되거나 또는 증거설명서나 번역문 제출명령에 불응하는 경우에는 그러한 서증의 신청을 배척해야 한다. iv) 쟁점정리과정에서 서증에 대한 인부를 할 때에는 사건의 쟁점과 결부되어 있는 중요서증에 대해서만 의견을 진술하면 될 것이다(대법원송무예규 송민 99-8). v) 서증의 경우 단순한 정리를 넘어 완전한 서증의 조사가 불가피하다고 하겠다.[2)] 왜냐하면 변론기일에서의 증거조사는 원칙적으로 인증에만 국한하는 것이 집중심리제도의 성패를 좌우하는 기본개념이기 때문이다. 또한 서증은 변론준비절차에서 모두 제출되어야 하고, 제출된 서증과 주장과의 관계를 밝히는 것도 쟁점정리의 한 방법이며, 서증의 사본은 준비서면에 첨부되어 상대방에게 송부되었으므로 쟁점이 되는 중요한 서증에 대한 의견은 변론준비기일 이전에 준비서면 등을 통하여 밝혀야 할 뿐만 아니라 신청된 증인의 채부결정시에도 서증의 기재에 대한 실질적 판단을 하게 되기 때문이다.

라) 證人訊問 및 當事者本人訊問 변론준비절차에서는 증인신문이 원칙적으로 허용되지 아니한다. 당사자본인신문도 인증이고 증거방법으로서의 보충성도 폐지되었으므로 당사자도 증인과 마찬가지로 변론기일에 신문해야 한다(다만 제281조 Ⅲ 단, 제313조). 그러나 상대적으로 쟁점정리단계에서 당사자를 신문할 필요가 있을 경우에는 이를 허용함이 옳을 것이다.

마) 檢證 및 鑑定 변론준비절차에서의 검증 및 감정에 대해서는 아무런 제한규정이 없다. 따라서 변론준비절차의 목적을 달성함에 필요한 범위 안에서는 원칙적으로 재판장 등이 검증의 실시, 문서송부촉탁(제352조), 사실조회, 임료감정, 측량감정이나 신체감정 등 감정의 촉탁 등, 증인 이외의 증거방법에 대한 조사를 할 수 있다.

바) 정당한 이유 없이 불출석한 증인이나 감정인에 대해서는 강력한 제재를

---

1) 대한변호사협회, 민사소송법개정방향/좌담, 인권과 정의 제239호(1996. 7), 16-18면 참조.

2) 同旨 李鎬元, "민사소송법(소송절차편) 개정사항에 관한 소고 — 쟁점정리절차를 중심으로 —," 민사재판의 제문제 제10권(雲坡 朴駿緖선생 화갑기념), 민사실무연구회(2000), 902-3면.

가할 수 있다.

5) **和解·調停의 勸告** 집중심리의 결과 쟁점이 정리되면 당사자 양쪽이 모두 소송의 승패에 관한 전망이 가능해지므로 법원이 적극적으로 화해나 조정을 권유하면 성립될 가능성이 높아진다. 따라서 쟁점이 부상되고 기일 전 증거제출이 완료된 사건은 다툼 있는 사실과 입증사항이 정리된 것을 토대로 화해권고결정(제225조~232조)을 할 수 있다. 당사자도 변론준비절차에서 소의 취하, 재판상 화해, 청구의 포기·인락을 할 수 있다.

6) **終 了** 사건이 변론준비절차에 부쳐진 뒤 변론준비기일이 지정됨이 없이 4월이 지나거나(제282조 II), 일정한 기간 내에 대응준비서면의 제출이 없거나 더 이상 새로운 주장이 나오지 않는 경우에는 즉시 변론준비기일을 지정하거나 서면에 의한 변론준비절차를 끝내야 한다.

3. 辯論準備期日(제282조)

1) **裁判長의 변론준비기일지정** i) 서면에 의한 변론준비절차를 진행하는 동안에 주장 및 증거를 정리하기 위하여 필요하다고 인정하는 경우(제282조 I), ii) 사건이 변론준비절차에 부쳐진 뒤 4월이 지난 경우(제282조 II), iii) 소장 및 답변서의 기재, 사건의 내용과 성질에 비추어 볼 때 곧바로 변론준비기일을 지정할 필요가 있거나, 서면에 의한 변론준비절차만으로는 부족하고 어차피 변론준비기일방식을 거쳐야 하는 사건의 경우에는 재판장이 변론준비기일을 지정할 수 있다.

2) **辯論準備期日의 장소** 변론준비기일은 정식의 변론기일이 아니라 법관이 양 당사자 또는 그 대리인과 만나서 구술로 쟁점과 증거를 정리하는 절차이므로 형식에 얽매이지 않고 준비절차실이나 심문실과 같은 법정 이외의 장소에서 비공개로 실시한다. 이것이 재판공개의 원칙에 어긋난다거나 국민의 기본적 변론권과 관련하여 문제가 있다는 견해가 있다.[1] 그리하여 변론준비기일에서 증거조사를 하면 쟁점을 정리한 법관이 사건에 대하여 어느 정도 심증이 형성되고 이것이 미리 개시될 가능성이 있다는 것이다. 그러나 변론준비기일에서는 당사자의 주장과 증거를 정리함에 불과하고 변론에 상정된 당사자의 주장만이 심판대상이 되며 법관의 심증형성에 직접 관계되는 증거조사절차는 공개법정에서 실시하는

1) 예컨대 강현중, 앞의 민사소송법개정방향 좌담, 18면.

것이므로 재판공개의 원칙에 반하지 아니한다.[1]

3) 當事者本人의 出席義務

(i) 재판장 등은 변론준비절차를 진행하는 동안 주장과 증거를 정리하기 위하여 필요하다고 인정하는 경우에는 변론준비기일을 열어 당사자를 출석하게 할 수 있고(제282조 I), 당사자는 재판장 등의 허가를 얻어 변론준비기일에 제 3 자와 함께 출석할 수 있다(제283조 III). 이는 당사자가 사건의 실체나 증거자료에 대하여 가장 잘 알고 있으므로 변론준비기일에서의 효율적인 쟁점정리를 위해서는 본인의 출석이 필요하기 때문이다. 당사자가 법인 등인 경우에는 대표자 외에 사건의 내용을 잘 아는 실무자가 충분한 수권을 받아 출석하는 경우도 허용하여야 할 것이다. 당사자 본인의 출석은 화해 등의 가능성을 높이는 데에도 도움이 된다.

(ii) 당사자는 변론준비기일에 출석하여 쟁점과 증거의 정리를 위하여 상대방과 협의할 수 있고, 협의에 의하여 성립된 합의나 증거제한계약 등은 소송계약으로서의 구속력이 있다.

4) 辯論準備期日의 진행

(i) 변론준비기일에는 재판장은 서면에 의한 변론준비결과와 그 동안의 증거신청 또는 증거조사결과를 바탕으로 쟁점을 압축하고 불필요한 증거신청을 철회하며 상대방에 대한 석명을 구하는 한편 변론준비를 위한 모든 처분을 할 수 있고(제282조 V), 석명에 대한 답변과 증거신청내용을 중심으로 차후의 변론준비기일 및 변론기일의 진행에 관한 협의를 한다.

(ii) 당사자는 변론준비기일 종료 후의 실권적 효과를 피하기 위하여 변론준비기일이 끝날 때까지 변론준비에 필요한 주장과 증거를 최종적으로 정리하여 제출하여야 한다(제282조 IV).

(iii) 변론준비가 완료되면 재판장은 즉시 변론기일을 지정하고 필요한 경우 화해권고결정을 하거나 조정에 회부할 수 있다.

4. 辯論準備期日의 調書

법원사무관 등은 변론준비기일의 조서를 작성한다(제283조 I). 특히 절차의 경과, 당사자의 진술내용, 협의에 의하여 성립된 당사자의 합의, 쟁점 및 증거정리의 결과, 즉 당사자의 진술에 따라 공격방어방법 및 상대방의 청구와 공격방어방법에

1) 同旨 李鎬元, 앞의 논문, 905면.

대한 진술(제274조 1항 4, 5호)을 적고, 증거에 관한 진술은 명확히 하여야 한다(제283조 Ⅰ). 변론준비기일의 조서를 작성함에 있어서는 변론조서의 작성에 관한 제152조 내지 159조의 규정이 준용된다(제283조 Ⅱ). 대법원규칙에 의한 조서기재사항의 생략, 변론의 속기와 녹음, 법원사무관 등의 변론준비기일에의 불참여 허용 등은 변론조서에서와 동일하다.

V. 辯論準備節次의 實施

1) 변론준비절차는 원칙적으로 재판장이 진행한다(제280조 Ⅱ). 그러나 합의사건의 경우에는 재판장이 합의부원을 수명법관으로 지명하여 담당하게 할 수 있다(제280조 Ⅲ). 그리고 재판장은 필요하다고 인정한 때에는 합의사건이나 단독사건을 막론하고 변론준비절차의 진행을 다른 판사에게 촉탁할 수 있다(제280조 Ⅳ).[1]

2) 裁判長, 受命法官, 囑託判事("재판장 등")의 지위와 권한

(i) 변론준비절차는 그 자체가 변론의 일부에 해당하지 아니하나, 그 성질에 반하지 아니하는 한 변론에 관한 규정이 준용되므로(제286조) 변론준비절차를 주도하는 재판장 등의 권한은 매우 광범하며 변론을 지휘하는 법원이나 재판장의 권한과 거의 같다(제281조 Ⅳ). 즉 재판장 등은 각종 소송지휘권행사(제135조), 변론준비기일 또는 변론기일의 지정 또는 변경(제165조), 석명권 행사(제136조), 석명준비명령(제137조) 또는 석명처분(제140조), 최종적인 쟁점 및 증거정리, 화해권고(제145조), 주장제출이나 증거신청기간의 제한(제147조), 실기한 공격방어방법의 각하(제149조), 화해권고결정(제225조 이하), 요약준비서면의 제출(제278조), 서면에 의한 쟁점정리 및 변론준비를 위한 증거결정(제281조 Ⅰ), 변론기일의 진행협의 등 변론준비를 위한 모든 처분을 할 수 있다(제282조 Ⅴ). 또한 당사자에게 조정 또는 화해를 권고할 수도 있다(제145조, 제286조).

(ii) 수명법관의 권한이 아무리 광범하다 해도 변론준비절차의 목적은 어디까지나 변론의 집중을 위한 철저한 준비에 그치는 것이므로 수명법관은 중간판결(제201조)이나 종국판결을 할 수 없다. 또한 소송상의 재판인 소송의 이송(제34조, 제35조), 참가의 허부(제73조, 제82조), 담보제공의 결정(제120조), 중단 후 수계신청에 대한 재판(제243조), 소변경의 허부(제263조) 등에 관해서도 처리할 권한이 없고, 이러한 경우에는 합의부에 보고하여 그 처리를 기다려야 한다.

(iii) 변론준비절차에서 합의사건의 변론준비를 위하여 필요한 증거결정을 한

---

1) 따라서 수소법원의 구성원이 아니면서 변론준비절차만 전담하는 쟁점정리판사제도는 채택하지 아니한 것이다. 미국에서 종종 이용되는 제도로서 한때 도입을 검토한 바 있다.

경우에 당사자가 이의신청을 한 때에는 법원이 결정으로 그에 대한 재판을 한다(제281조 Ⅱ, 제138조).

Ⅵ. 辯論準備節次의 終結

1. 辯論準備節次完了에 따른 종결

당사자 쌍방이 주장과 쟁점에 대한 증거를 모두 제출하여 그 수집과 정리가 완료되면 재판장 등은 변론준비절차를 종결시키는 소송지휘재판을 한다. 그리하여 미리 변론기일을 지정할 수도 있고(제284조 Ⅱ), 특별한 사정이 있는 때에는 변론기일을 연 뒤에도 사건을 변론준비절차에 부칠 수 있다(제279조 Ⅱ). 또한 필요한 경우에는 변론개시 전에 종결된 변론준비절차의 재개를 명할 수도 있다(제286조, 제142조).

2. 辯論準備節次의 필요적 종결사유

1) 사건이 변론준비절차에 부쳐진 뒤 변론준비기일이 지정됨이 없이 4월이 지난 때에는 재판장 등은 즉시 변론준비기일을 지정하거나 변론준비절차를 끝내야 한다(제282조 Ⅱ).

2) 재판장 등은 다음 각 호 가운데 어느 하나에 해당되면 변론준비절차를 종결하여야 한다. 다만 변론준비를 계속하여야 할 상당한 이유가 있는 때에는 그러하지 아니하다(제284조 Ⅰ).

(i) 사건을 변론준비절차에 부친 뒤 6월이 지난 때

(ii) 당사자가 제280조 1항에 의한 재정기간 내에 준비서면 등을 제출하지 아니하거나 증거신청을 하지 아니한 때

(iii) 당사자가 변론준비기일에 출석하지 아니한 때

당사자 한쪽이 불출석한 경우에는 결석당사자가 제출한 각종 서면에 기재한 사항은 진술한 것으로 간주하고 출석한 상대방에게 진술을 명하며 제148조에서 정한대로 처리한다(제148조, 제286조). 당사자 양쪽이 결석한 경우에는 변론준비절차를 진행할 수 없다. 이 경우에는 재판장 등은 다시 기일을 정하여 이들을 소환하고, 당사자가 그 후의 기일에도 불출석하는 경우에는 1월 내에 기일지정신청이 없으면 소의 취하가 있는 것으로 본다. 다만 변론준비기일에서의 불출석의 효과는 변론기일에 승계되지 아니하므로 양쪽 당사자가 변론준비기일에 한 번, 변론기일에 두 번 불출석하였다고 하더라도 소를 취하한 것으로 볼 수 없다.[1)]

---

1) 대판 2006. 10. 27. 2004 다 69581.

3. 辯論準備期日 終結의 효과(실권효)

서면에 의한 변론준비절차가 종결된 경우에는 실권효의 제재가 없다. 이 경우에는 당사자가 충분히 소송의 진행경과를 숙지하여 필요한 공격방어방법을 제출할 수 있었다고 보기 어려우므로 일반적인 실권 이외에는 변론준비절차의 종결로 인한 실권적 효과는 발생하지 아니한다. 그러나 변론준비기일을 연 경우에는 실권효의 제재가 있는데(제276, 285조 참조), 이는 개정전 제259조의 준비절차종결의 효과와 같다. 쟁점정리를 하는 경우에는 변론주의를 해치지 않는 범위 내에서 직권주의적 운영을 강화함으로써 실권효의 제재가 주어지는 사건을 최소화하도록 운영하여야 할 것이다.

1) 原 則 변론준비절차의 실효성을 보장하기 위하여 법은 당사자가 본래 변론에서 제출할 소송자료와 증거자료를 변론준비절차에서 모두 제출하도록 강제하고 변론준비절차조서에 기재되지 아니한 사항은 변론에서 주장할 수 없도록(제285조 Ⅰ本) 당사자에게 실권효를 부과하고 있다. 그러므로 공격방어방법인 이상 법률상의 항변, 증거방법의 신청, 심지어는 당사자의 주장이나 입증에 대한 단순한 부인도 변론준비절차조서에 기재되지 아니하였으면 변론에서 주장할 수 없다. 청구의 변경과 반소의 제기에 관하여도 동일하다.

이 효과는 적시제출주의 규정(제146조), 실기한 공격방어방법의 각하규정(제149조)과 함께 소송촉진을 위하여 항소심에까지 미치므로(제410조) 이를 엄격하게 운영하면 적정재판을 해칠 염려도 없지 아니한 만큼 언제나 그 적용기준이 문제가 된다. 무변론판결 이외에는 제1심에서 발생한 실권적 효과는 항소심에서도 유지된다. 이와 같은 실권적 효과로 말미암아 당사자가 항소심에서 새로운 공격방어방법을 제출하기 어려우므로 항소심의 속심적 성격은 후퇴한다. 법은 따라서 실권효에 관하여 다음과 같은 몇 가지 예외를 베풀어서 변론준비절차조서에 기재되지 아니하여도 변론에서 진술할 수 있게 하였다(제285조 Ⅰ 단 및 Ⅲ).

2) 失權效의 예외

(i) 변론에서 새로운 사항을 제출·조사하더라도 이로 인하여 소송을 현저하게 지연하지 아니할 때에는 그 제출이 허용된다(제285조 Ⅰ ①). 소송의 현저한 지연 여부는 상대적이기는 하나, 예컨대 당일에 즉시 조사할 수 있는 재정증인의 신청 등은 현저한 소송지연을 초래하지 아니하므로 허용된다고 할 것이다.

(ii) 변론준비절차에서 공격방어방법을 제출하지 못한 점에 대하여 그 당사자

에게 중과실이 없는 때에는 실권효를 인정할 수 없다(제285조 I ②). 중과실의 유무는 당사자 본인이나 법정대리인만을 표준으로 하는 것이 아니고, 소송대리인까지 포함하여 판단하여야 한다. 그리고 중과실이 없음을 당사자가 소명하여야 한다.

(iii) 실권적 효과를 가져오게 하는 사항은 변론주의에 의하여 당사자가 제출할 수 있는 공격방어방법이어야 하므로 법원이 조사하여야 할 직권조사사항 또는 직권탐지사항(가소 제12조, 제17조)에 대하여는 실권효가 미치지 아니한다(제285조 I ③).

(iv) 준비서면에 적지 아니한 사실은 상대방이 출석하지 아니한 때에는 변론에서 주장하지 못한다(제276조, 제285조 II).

(v) 소장이나 변론준비절차 전에 제출한 준비서면에 기재한 사항은 이를 변론준비절차에서 진술하지 아니한 때에도 변론에서 주장할 수 있다(제285조 III). 그러나 이러한 사항이라고 하더라도 변론준비절차에서 철회 또는 변경된 때에는 이를 변론에서 주장할 수 없다.

VII. 辯論期日

1) 피고가 답변서를 제출한 사건, 혹은 변론준비절차가 완료된 사건은 변론기일이 지정된다. 변론준비절차의 목적 중의 하나는 변론기일의 효율적 진행을 위한 협의를 하는 것이므로 재판장 등은 채택된 증인의 신문과 관련하여 통상신문사항 외에 증인진술서의 제출 여부, 증인의 수와 소요시간, 증인의 출석확보 등을 검토하여 변론기일을 지정한다. 재판장 등은 변론기일에서 증인신문의 소요시간을 예산하고, 당사자와 증인의 출석이 가능한 일시가 언제인지 당사자와 협의한 다음, 가능한 한 각 사건의 변론개정시간을 구분하여 지정하여야 한다(민소규 제38조).

2) 법원은 변론준비절차를 마친 경우에는 첫 변론기일을 거친 뒤 바로 변론을 종결할 수 있도록 하여야 하며 당사자는 이에 협력하여야 한다(제287조 I). 변론준비절차를 거친 사건이 그 심리에 2일 이상이 소요되는 때에는 가능한 한 종결에 이르기까지 매일 변론을 진행하도록 기일을 지정해야 하고, 특별한 사정이 있는 경우에도 가능한 한 최단기내의 날짜로 지정하여야 한다(민소규 제57조의 2). 이처럼 지정된 변론기일은 당사자나 대리인의 주관적 사정으로 인하여 쉽게 연기 또는 변경할 수 없다. 엄격한 변론기일의 실시가 요구된다.

3) 당사자는 변론기일에서 변론준비기일의 결과를 진술하여야 한다(제287조 II). 집중심리방식에서는 심리의 중심이 변론준비절차에 있으므로 구술주의, 직접주의, 법정중심주의를 관철하기 위해서는 변론준비기일에서 정리하고 확정한 당사

자의 주장과 증거관계를 변론에 상정하여야 한다. 제도의 취지에 부합하는 운영을 위해서는 민사소송규칙에서 변론에의 상정절차를 규정함이 필요하다.

4) 법원은 변론준비절차에서 정리된 결과에 따라 주로 일괄적인 증인신문을 중심으로 바로 증거조사를 하여야 한다(제287조 Ⅲ).

5) 제1심에서는 변론종결과 동시에 판결원본 없이 바로 판결을 선고할 수 있다.

6) 소액사건의 경우에는 소가 제기되면 바로 변론기일을 정할 수 있으며. 판사는 되도록 1회의 변론기일로 심리를 마치도록 하여야 한다(소액 제7조 Ⅰ, Ⅱ). 소액사건에서 판결의 선고는 변론종결 후 즉시 할 수 있으며, 판결서에는 이유를 기재하지 않을 수 있다(소액 제11조의 2).

제3관 辯論의 內容

I. 辯論에서의 當事者의 訴訟行爲

1. 당사자의 변론은 소송법상의 법률효과가 발생하는 점에서 소송행위에 속한다. 그러한 점에서 재판행위·증거조사·변론청취신청·주장 등의 수령행위 등과 같은 법원의 행위와 마찬가지이다.

2. 소송행위는 소송주체가 행하는 소송절차형성행위로서 소송법이 그 요건과 효과를 규정하고 있으므로 사법상의 일반적 법률행위와 구별된다. 그러므로 민법상 법률행위에 관한 규정은 특별한 사정이 있는 경우에 한하여 유추적용될 뿐이다(요건및효과설).[1]

당사자의 소송행위는 당사자의 신청과 주장, 그리고 기타 소송법률행위를 포함하는데, 이를 다시 그 기능적 관점에서 與效的 訴訟行爲와 取效的 訴訟行爲로 나누어 설명할 수 있다.

1) 여효적 소송행위라 함은 법원의 행위가 개입되지 아니하고 직접 소송법상의 효과가 발생하는 소송법률행위를 뜻한다. 여기에는 소취하, 화해, 관할의 합의, 기타 반소제기에 대한 동의 등 의사표시의 성질을 띠는 것과 청구의 포기·인락 또는 소송고지 등 관념의 통지의 성질을 가지는 것이 있다.

---

1) 대판 1997. 6. 27. 97 다 6124.

2) 취효적 소송행위라 함은 법원에 대하여 일정한 내용의 재판을 구하는 행위 및 재판에 기초가 될 자료를 제공하는 행위를 뜻한다. 이는 당사자의 효과의사에 따라 효력이 발생하는 것이 아니고, 재판에 의해서만 그 효력이 생기므로 사법상의 법률행위와 동시에 행하여지더라도 소송법의 규율을 받는다. 그러므로 자유롭게 철회할 수 있되, 법률행위의 일반적인 취소사유에 의하여 취소될 수 없으며, 조건이나 기한을 붙일 수 없음이 원칙이다. 변론의 내용을 이루는 신청, 주장, 기타 소송상 신청 등이 그 예이다.

당사자가 변론에서 하는 행위는 자기에게 유리한 판결을 구하는 본안신청과 이를 뒷받침하기 위한 공격방어방법, 즉 주장과 입증으로 구성된다.

3. 訴訟契約

소송계약 또는 소송상 합의라 함은 현재 계속중이거나 또는 장래 계속될 특정소송에 대하여 영향을 미칠 법적 효과의 발생을 목적으로 하는 당사자간의 합의를 뜻한다. 예컨대 관할합의, 불항소합의, 기일변경의 합의, 중재계약, 변론준비절차에서의 당사자간 협의 등을 들 수 있다. 그런데 이처럼 명문의 규정이 없는 경우에도 이를 일반적으로 허용할 것인가. 과거에는 편의소송의 금지를 위하여 부적법설이 일반적이었으나 오늘날에는 전속관할, 심급 또는 절차변경의 합의 등 공익성 강행법규를 변경하려는 합의는 무효이지만 당사자의 의사결정의 자유가 인정되는 소송행위에 관한 계약까지 그 적법성을 부정할 이유는 없다고 본다. 예컨대 불제소특약, 소취하 등의 합의, 증거계약, 불집행계약 등이 그것이다. 이와 같은 계약은 소송계약이라기보다는 소송상의 사항에 대하여 약속한 대로 작위·부작위의무를 발생케 하는 사법상 계약이고, 약속한 의무를 불이행하는 경우에는 상대방에게 항변권을 주는 효과가 발생한다고 볼 수 있을 것이다.[1)]

4. 訴訟行爲의 철회와 의사의 하자

1) 신청, 주장, 증거신청 등 비구속적 소송행위(상대방이 그에 의하여 소송상 지위를 취득하지 않은 경우)는 자유로이 철회·정정·변경할 수 있다. 변론주의와 처분권주의가 적용되는 결과이다.

2) 그러나 당해 행위를 한 당사자에게 불리하거나 또는 상대방에게 일정한 소송상 지위가 취득 또는 형성된 때, 즉 구속적 소송행위의 경우에는 자유롭게 철

1) 대판 1968. 11. 5. 68 다 1665; 대판 1982. 3. 9. 81 다 1312.

회하지 못한다. 예컨대 재판상 자백, 피고의 응소 후의 소취하, 증거조사개시 후의 증거신청의 철회 등이 그러하다. 다만 이 경우에도 상대방의 동의가 있는 경우에는 소송행위의 철회가 인정된다.

3) 그런데 구속적 소송행위가 사기·강박·착오 등에 의하여 행하여진 경우 민법 제109조·제110조에 의한 무효나 취소를 주장할 수 있는지에 대하여는 견해의 대립이 있다. 통설·판례[1)]는 소송절차의 명확성과 안정성을 기하기 위하여 표시주의·외관주의의 원칙이 관철되어야 하기 때문에 특별한 사정이 없는 한 원칙적으로 민법규정의 유추적용을 불허한다. 이에 대하여 각 소송행위를 구체적, 개별적으로 검토하여 의사의 하자를 다루자는 소수설이 있다.[2)] 특히 소·상소의 취하, 청구의 포기·인낙, 화해 등 소송절차를 종료시키는 행위는 소송절차의 안정과 무관하므로 의사의 흠에 관한 민법상의 규정을 유추적용해야 한다는 것이다. 그러나 절차의 명확성을 위하여 외관주의가 관철되어야 하고, 소송행위에 있어서 의사의 하자가 문제될 경우에는 민법의 규정보다도 민사소송법 제451조 1항 5호의 재심규정을 유추하는 것이 법체계상 바람직하다는 점에 비추어 통설·판례가 옳다고 본다.[3)]

Ⅱ. 申 請

1. 申請의 의의 및 방식

신청은 법원에 대하여 특정한 소송행위를 해달라고 요구하는 당사자의 진술이다. 신청이 법원의 직권사항에 속하는 경우에는(예컨대 제141조, 제142조, 제294조) 당사자의 신청이 있더라도 이는 직권발동을 촉구하는 의미밖에 없으므로 법원은 그에 대한 허부의 재판을 할 의무가 없다. 그러나 당사자에게 신청권이 인정된 사항에 대한 신청이 있는 경우에는 법원은 응답할 의무를 부담한다.

신청은 방식에 특별한 규정이 없는 한 서면 또는 말로 할 수 있으나(제161조 I)

1) 李時 379면, 姜 58면, 김홍 473면. 대판 1980. 8. 26. 80 다 76; 대판 1979. 5. 15. 78 다 1094; 대판 1997. 10. 10. 96 다 35484 등 참조.

2) 胡 445면.

3) 재심규정을 유추해석하여 그로 인한 소송행위의 효력을 부인할 수 있다고 보는 점에 있어서는 통설·판례가 일치하지만 그 요건의 엄격성에 있어서 차이가 있다. 통설과 달리 판례는 사기죄나 강요죄 등의 유죄확정판결을 요구하고 있다. 나아가 사기·강박으로 인한 소송행위가 이에 부합되는 의사 없이 외형만 존재할 것을 별도로 요구하고 있다(대판 1984. 5. 29. 82 다카 963 참조). 이러한 기존 판례의 태도에 대하여 소송행위가 무효로 될 수 있는 여지를 부당하게 제한한다고 비판하는 견해로 김홍 478면. 다만 대판 2012. 6. 14. 2010 다 86112는 외형에 부합하는 의사의 존재 여부를 별도로 요구하지 않고 있다.

조건을 붙이는 것은 절차의 불안정을 초래하므로 일반적으로 허용되지 아니한다. 다만 예비적 신청은 소송행위의 불안정을 초래할 염려가 없으므로 허용될 수 있다.

2. 本案申請

1) 본안신청은 법원에 대하여 당사자가 자기의 청구(소 또는 상소)에 관하여 심판을 구하는 신청을 말한다. 이를 판결사항의 신청이라고도 하는데, 이것이 당해 심급에 있어서 변론 및 재판의 주제가 된다.

2) 제1심에서는 원고가 판결사항을 신청하기 위하여 청구취지 및 청구원인을 기재한 소장을 제출하고(제248조, 제249조) 이를 변론에서 진술하여야 한다. 항소심에서는 항소인이 재판사항을 기재한 항소장을 제출하며(제397조, 제398조), 상고심에서는 상고인이 판결사항의 신청을 기재한 상고장과 상고이유서를 제출함에 의하여 그 신청을 하게 된다(제425조, 제397조 II, 제427조, 제430조).

3) 이에 대하여 피고 또는 피상소인은 소송요건의 불비를 주장하여 소 또는 상소를 각하하는 재판을 신청하거나, 또는 본안의 이유 없음을 주장하여 청구 또는 상소의 기각재판을 신청하게 되는데, 이러한 반대신청도 본안신청에 속한다. 그러나 이론상으로는 피고 또는 피상소인의 각하 내지 기각신청이 꼭 있어야 되는 것은 아니다.[1] 왜냐하면 이 같은 반대신청이 있어야만 소송물이나 재판내용이 결정되는 것이 아니고, 각하에 해당하는 것은 직권조사사항이어서 요건흠결이 있으면 신청의 유무에 불구하고 각하하여야 하며, 기각의 경우도 판결사항이 이유 없는 한 법원으로서는 반드시 기각하는 것이 그 직책이기 때문이다.

4) 본안신청에 부수되는 신청이면서도 본안에 관한 신청에 포함시켜야 될 것으로는 소송비용의 재판(제104조), 가집행선고(제212조 I), 가집행면제선고(제212조 II), 가집행의 원상회복 및 손해배상의 재판(제215조 I, II) 등이 있다. 이러한 신청에 대한 재판은 판결주문에 포함시켜야 하기 때문이다.

3. 訴訟上 申請

소송상 신청은 소송절차에서 나오는 개개의 파생적 또는 부수적 사항에 관한 신청을 말한다. 예컨대 관할지정신청(제28조), 이송신청(제35조), 제척 또는 기피신청(제44조), 특별대리인선임신청(제62조), 공시송달신청(제194조), 기일지정신청(제268조 II), 증거신청(제289조)

1) 李時 362면. 김홍 454면은 이에 의하여 소송물이나 재판내용이 결정되는 것이 아니라고 보아 이를 소송상 신청으로 본다. 그러나 단순한 청구기각의 답변만으로도 응소관할이 생긴다는 입장과 꼭 일치하는 것은 아니다.

등을 들 수 있다. 소송상의 신청은 대부분 소송계속중에 이루어지지만 소제기 전에 신청하는 경우도 있다. 예컨대 소송상 구조신청(제128조), 증거보전신청(제375조), 관할지정신청(제28조) 등이 그것이다.

Ⅲ. 攻擊防禦方法

1. 意 義

원고가 자기의 청구를 뒷받침하기 위하여 제출하는 일체의 재판자료(예컨대 청구원인사실의 주장, 항변사실의 부인, 재항변 등)를 공격방법이라고 하고, 피고가 원고의 청구를 배척하기 위하여 제출하는 재판자료(예컨대 청구원인사실의 부인, 항변 및 재재항변 등)를 방어방법이라고 한다. 당사자가 변론에서 제출하는 공격방어방법 중에서는 법률상 주장·사실상 주장, 부인과 입증(증거신청)이 핵심이다. 다만 개개의 소송행위의 효력이나 방식의 당부에 관한 주장이나 증거항변 등도 포함된다.

2. 法律上 主張(진술)

1) 넓은 의미의 법률상 주장은 법규의 존부·내용·해석·적용에 관한 의견진술을 포함한다. 적용하여야 할 국내외법규, 조약, 또는 국제관례의 내용, 사회질서위반의 관념 등에 관한 진술인데, 이러한 법률상 주장은 법원을 구속하는 것이 아니라 참고자료를 제공하는 의미밖에 없다. 그러나 그 진술이 소송결과에 영향을 미칠 만한 것이면 법원이 판결이유 중에서 판단하여야 되므로 조서에도 기재하여야 한다. 그리고 최근에는 당사자가 간과한 법률상 사항에 관한 지적의무가 법원의 석명권의 일환으로 도입되었으므로(제136조 Ⅳ) 이를 법률상 주장에 대한 당사자의 심문청구권 보장의 표현으로 보는 견해도 있다.[1)]

2) 좁은 의미의 법률상 주장은 구체적인 권리나 법률관계의 발생·변경·소멸에 관한 자기판단을 법원에 보고하는 주장이므로 권리주장이라고도 한다. 예컨대 원고가 계쟁물의 소유자라거나 피고에게 손해배상의무가 있다고 진술하는 것이 그것이다. 그러나 권리 또는 법률관계의 존부에 관한 법적 판단은 법원의 전권사항이므로 좁은 의미의 법률상 주장도 변론주의의 적용 밖이고 법원을 구속할 수 없다.[2)]

3) 다만 법률상 주장이라고 하더라도 예외적으로 그 효력을 인정하여야 할 경우가 있다.

---

1) 李時 325면.

2) 대판 1982. 4. 27. 80 다 451.

(i) 소송물인 법률효과의 존부에 관한 원고의 주장에 대하여 피고가 이를 승인하는 뜻의 진술을 하면 청구의 인낙, 그리고 원고가 스스로 청구를 부정하는 뜻의 진술을 청구의 포기라고 하는데, 청구의 포기·인낙은 법률상의 주장이지만 구속력이 생긴다(제220조).

(ii) 법률상 주장이 비록 구속력이 없다 하여도 소송물의 개념을 실체법상의 권리 또는 법률관계의 주장으로 파악하는 구소송물이론하에서는 원고의 판결사항의 신청을 이유 있게 하기 위한 공격방법으로서의 의미가 있고, 동일사실을 기초로 하여 2개 이상의 권리가 경합하는 경우에 원고가 내세우는 법률상 주장은 청구를 특정하는 의미까지도 포함한다.

(iii) 법률상 주장은 변론주의의 적용을 받지 아니하므로 당사자가 그에 대한 자백을 하여도 이를 권리자백이라 하여 법원을 구속할 수 없다. 그러나 법률상 주장이라도 그 중에 사실상 주장까지 포함되었다고 인정되는 경우에 상대방이 이를 변론에서 인정하면 재판상 자백이 성립된다고 볼 것이다. 따라서 피고가 원고 주장의 소유권을 인정하는 진술은 그 소전제가 되는 소유권의 내용을 이루는 사실에 대한 진술로 볼 수 있다.[1)]

3. 事實上 主張(陳述)

1) 主張되는 事實의 뜻 사실상 주장이라 함은 구체적 사실의 존부에 관한 인식을 법원에 보고하는 진술이다. 사실은 시간과 장소에 의하여 구체적으로 특정된 사실이며, 외계의 객관적 사실뿐만 아니라 내심의 사실, 즉 어느 사실의 지·부지, 고의·과실, 선의·악의, 사해의사 등도 포함된다.

2) 事實의 구분 사실은 i) 법률효과의 요건을 구성하는 주요사실과 ii) 이를 간접으로 추인할 수 있는 간접사실, 그리고 iii) 증거방법의 증거능력이나 증거력에 관계되는 보조사실로 구별할 수 있다. 주요사실은 실체법규에서 정한 구성요건에 해당하도록 구체적으로 주장하여야 한다. 주요사실의 주장이 구성요건에서 보아 불충분할 때에는 그 주장의 보완을 위하여 석명권을 행사할 수 있으나, 주요사실의 주장이 법원의 증거에 의한 사실인정과 다소 틀리더라도 사회통념상 동일사실이라고 인정되면 이를 인정하여 판단자료로 참작하는 데 지장이 없다.

3) 主張의 方法 i) 당사자는 사실상의 주장을 하였다 하더라도 사실심

1) 대판 1989. 5. 9. 87 다카 749 판결.

변론 종결시까지 이를 마음대로 철회 또는 정정할 수 있다. 다만 재판상 자백사실은 취소요건을 갖추지 아니하면 취소할 수 없다. ii) 사실상의 주장은 단순 명료하여야 하고 조건이나 기한을 붙이지 못한다. 다만 예비적 주장(소유권취득의 원인사실로서 매매주장에 덧붙여 시효취득을 주장)이나 가정적 항변(대여금청구에서 변제항변에 덧붙여 소멸시효완성을 주장)은 조건부 주장의 일종이나 허용된다.

4) 事實上 主張에 대한 상대방의 답변태도 사실상의 주장에 대한 상대방의 태도는 자백·부인·부지·침묵 중 하나가 된다.

가) 자백은 자기에게 불이익한 상대방의 주장사실을 진실이라고 시인하는 진술인데, 변론주의하에서는 자백한 사실은 증명을 요하지 아니하고 재판의 기초가 된다(제288조).

나) 부인은 상대방의 주장사실을 부정하는 진술이다. 상대방의 주장이 진실이 아니라고 하여 직접으로 부인하는 경우를 단순부인(직접부인 또는 소극부인)이라 하고, 상대방의 주장과 양립할 수 없는 사실을 주장하여 간접으로 상대방의 주장사실을 부인하는 것을 적극부인(간접부인 또는 이유부부인)이라고 한다. 예컨대 원고의 대여금 청구에 대하여 피고가 돈을 받은 사실이 없다고 하는 진술을 하면 이는 전자에 해당하고, 돈을 받은 사실은 있으나 그것은 외상대금으로 받았다고 주장하면 후자에 해당된다.

다) 부지는 상대방의 주장사실을 알지 못한다는 진술이며, 이 경우에는 다툰 것으로 추정한다(제150조 Ⅱ). 즉 부인한 것으로 추정한다는 취지이다.

라) 침묵은 상대방의 주장에 대하여 명백히 다투지 아니하는 것을 뜻하며, 이 경우에는 변론의 전취지에 의하여 다툰 것으로 인정된 경우를 제외하고는 자백과 동일하게 취급된다(제150조 Ⅰ). 당사자가 변론기일에 불출석한 경우에도 마찬가지이다(제150조 Ⅲ).

마) 사실상의 주장에 대하여 상대방이 부인 또는 부지라고 진술한 때에는 이를 주장하는 자가 증명하여야 하며, 그 책임을 다하지 못하면 입증책임을 다하지 못한 불이익을 입게 된다. 그러나 상대방도 막연하게 부인 또는 부지라고 답변할 수 없고 어느 점을 다투는가를 분명히 하여 주장쟁점을 부각시켜야 한다. 이를 쟁점명확화의무라고 한다. 실무상 법원이 피고에게 보내는 응소안내서도 구체적 내용 없이 단순히 부인 또는 부지라는 답변서를 제출하지 못하게 하는데 이는 쟁점명확화의무에 어긋나기 때문이다.

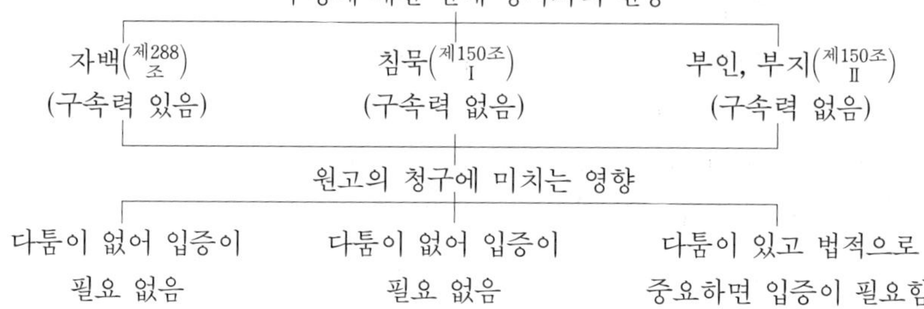

5) 抗　辯

가) 意　義　피고는 원고의 청구를 인낙하거나 원고의 주장사실을 자백하지 않는 한 이를 배척하기 위하여 방어하여야 한다. 따라서 피고는 변론에서 소의 각하나 원고청구기각을 위하여 여러 가지 필요한 사실상의 진술을 하게 되는데 이를 널리 항변이라고 할 수 있다.

나) 種　類　항변은 여러 가지 기준에 따라 나눌 수 있다.

(i) 우선 채무자에게 부여한 대인적 이행거절권을 뜻하는 실체법상의 항변(예컨대 동시이행의 항변권, 최고·검색의 항변권 등)과 피고가 원용하는 모든 방어방법(사실상의 진술)을 뜻하는 소송법상의 항변으로 나눌 수 있다.

(ii) 항변은 통정허위표시(민 제108조), 요소의 착오(민 제109조) 등과 같은 원시불발생적 항변(권리장애규정에 기한 항변 또는 성립부인의 항변)과 변제, 상계와 같은 후발적 항변으로 나눌 수도 있다.

(iii) 소멸시효(민 제162조), 해제조건의 성취(민 제147조 II) 등과 같이 상대방이 주장하는 일단 발생된 권리의 행사를 저지시키는 사실을 내세우는 권리배제적 항변과 변제기일이 연기되었음을 주장하는 연기적 항변으로 구별하기도 한다.

(iv) 민사소송절차와 관련하여서는 항변의 종류 중 소송법상의 항변이 제일 중요한데, 이는 다시 실체관계에 관한 본안의 항변과 절차에 관한 소송상의 항변으로 구별할 수 있다. 좁은 의미의 항변은 본안에 관한 항변만을 뜻한다. 이는 실체법상의 효과에 관계 있는 항변이다. 소송상의 항변은 실체법상 효과와 관계 없는 항변인데 본안 전 항변과 증거항변을 포함한다.

(v) 주된 항변이 인용되지 아니할 경우를 고려하여 이론상 이와 양립되지 아니하는 제2의 항변을 예비적으로 주장하는 예비적 항변이나 상대방이 주장할 요건사실을 주장하는 가정항변의 경우에도 항변의 모습이 다를 뿐이고, 항변사실에

대한 입증책임의 분배는 본래의 항변의 경우와 다를 바 없다.

다) 訴訟上의 抗辯

(i) 본안 전 항변(妨訴抗辯)은 피고가 소송요건의 흠결을 주장할 때 쓰는 실무상 용어이나 이러한 피고의 주장은 단지 법원의 직권조사를 촉구함에 그친다. 왜냐하면 소송요건의 대부분은 직권조사사항이어서 반드시 피고의 주장을 기다릴 필요가 있는 것이 아니므로 이러한 항변은 진정한 의미의 항변이라고 말할 수 없기 때문이다. 관할위반의 항변(제30조), 무권대리의 항변, 소송계속의 항변(제259조) 등이 그 예이다. 다만 임의관할위반(제30조), 소송비용담보제공(제119조) 중재계약(중재 제3조), 불제소특약의 항변은 피고의 주장이 없으면 법원으로서는 고려할 필요가 없으므로 이것은 항변이다.

(ii) 증거항변은 상대방의 증거신청에 대하여 그 부적법 또는 증거능력이나 증거가치의 흠결을 주장하여 그러한 증거방법의 채용을 못하도록 요구하는 주장이다. 서증의 위조의 항변 등이 그 예이다. 그러나 증거신청의 채부는 법원이 직권으로 고려할 사항이고 제출된 증거방법의 평가도 법원의 자유심증에 의하므로 이것도 진정한 의미의 항변은 아니다.

라) 本案에 관한 抗辯　본안에 관한 항변이란 원고의 주장사실을 진실이라고 인정하면서 원고가 주장하는 권리발생을 장애·멸각시키거나 또는 발생한 권리의 행사를 저지하는 반대규정의 요건사실을 주장하는 피고의 진술이라고 할 수 있다. 이는 원고의 청구를 물리치기 위하여 실체법상 효과와 관계 있는 사항을 진술하는 것이므로 이 같은 본안에 관한 항변만이 진정한 의미의 항변이다.

마) 否認과 抗辯

(i) 부인은 원고가 주장하는(따라서 그에게 입증책임이 있는) 법률효과의 발생사실에 관하여 피고가 그 요건사실을 부정하는 진술을 하거나 이를 직접 또는 간접으로 다투는 경우이고, 항변은 원고의 주장사실과 상용(논리적으로 양립)되는 사실을 주장하면서 그 주장의 법률효과를 배척하려는 진술을 말한다. 즉 부인은 원고의 주장사실이 진실이 아니라는 주장(no!)인 데 비하여 항변은 원고의 주장사실이 진실임을 전제로 하면서 이와 별개의 사실을 진술하는 경우(yes, but…)이다.

(ii) 원고의 청구를 다투는 피고의 진술이 부인이 되느냐 항변이 되느냐는 결국 그 다툼 있는 사실에 대하여 양 당사자 중 어느 편이 주장책임과 입증책임을 부담하느냐에 따라 구별되는 것이다. 그러므로 상대방에게 주장 및 입증의 책임이 있는 사실이 부인의 대상이 되고 자기에게 주장 및 입증책임이 있는 사항이

《주장책임과 입증책임》

	권리주장자	권리부인자
권리근거적 사실(예를 들어 민법 제568조 1항의 청구권요건사실)	○	×
권리장애적 사실(예를 들어 민법 제103조, 제104조에 의한 사실)	×	○
권리멸각적 사실(예를 들어 민법 제506조에 의한 사실)	×	○
권리저지적 사실(예를 들어 민법 제162조에 의한 사실)	×	○
권리보존적 사실(예를 들어 민법 제168조에 의한 사실)	○	×

항변의 대상이 된다. 예컨대 원고의 대여금청구에서 피고가 돈을 꾼 사실이 없다고 하여 소비대차사실을 인정하지 아니함은 직접부인(단순부인, 소극부인)이고, 금전수수는 인정하나 꾼 것이 아니라 증여로 받은 것이라 함은 간접부인(적극부인, 이유부부인)이며, 소비대차사실을 인정하면서도 사기 등과 같이 권리발생장애사유 또는 변제나 면제와 같이 권리소멸사유를 주장하면 항변이 된다.

(iii) 부인과 항변의 구별실익으로는 ① 부인당한 사실에 대한 입증책임은 부인한 자의 상대방에게 있으나, 항변사실의 입증책임은 항변을 제출한 자에게 있다. 예컨대 원고의 대여금청구사건에서 피고가 이를 부인하면 차용증을 제출하는 등 피고에게 돈을 꾸어준 사실을 입증할 책임이 있다. ② 상대방의 사실상 주장에 대하여 이를 시인하느냐 부인하느냐는 반드시 필요하지만 항변을 할 것인가 여부는 당사자의 자유이다. ③ 판결이유를 설시할 때 항변을 배척하려면 꼭 그러한 판단을 필요로 하고 그렇게 하지 아니하면 판단유탈의 위법을 면치 못하지만 부인사실을 배척하는 판단은 필요 없다.

바) 再抗辯 재항변은 원고가 피고의 항변에 대하여 그 항변사실의 법률효과를 배척하는 사실을 진술하는 것을 가리킨다. 예컨대 매매를 이유로 한 소유권이전등기청구에서 피고가 그 매매계약사실은 인정하면서도 이는 무권대리인에 의하여 이루어진 것이므로 원고청구에 응할 수 없다고 주장하였다면 이것이 항변이고, 이에 대하여 원고가 다시 추인을 주장하였다면 그것이 바로 재항변이다. 피고가 원고의 권리근거규정의 법률효과를 다투고 반대규정의 요건사실을 가지고 항변으로서 대항하는 데 대하여 원고가 다시 다른 규정의 요건사실(반대규정에 대한 재반대규정의 요건사실)로써 대항하는 것은 종종 있는 일이다. 이러한 재반대규정의 요건사실의 주장이 재항변이다. 원고는 피고의 항변사실을 법률상 이유

가 없다고 주장하거나 항변사실을 부인할 수도 있고 항변사실을 일응 받아들이면서도 항변사실의 법률효과를 소멸시켜 버리는 새로운 사실을 제출할 수 있는 것이다. 그리하여 어떤 규정의 법률효과에 대하여 그 규정에 상반되는 규정의 법률효과를 가지고 대항할 수 있고, 따라서 순차적인 반대주장은 각 규정의 법률효과가 다른 규정의 법률효과에 의하여 그 발생이 방해·멸각 또는 발생한 권리의 행사가 저지될 수 있는 한 순차적으로 항변·재항변·재재항변(복재항변)의 관계로 진전하여 나가게 된다.[1)]

사) 抗辯과 實體法上 形成權의 訴訟上 行使 취소권·상계권·해제권·해지권 등 실체법상의 형성권을 소송상 바로 행사하면 상대방이 주장하는 법률효과가 소멸되므로 이러한 형성권을 행사하였다는 법률상 또는 사실상 진술 그 자체는 소송상의 항변이 된다.

형성권의 소송상 행사에 관하여는 그 법적 성질을 둘러싸고 견해의 대립이 있다. 첫째, 사법행위와 소송행위의 병존설은 소송계속중에 형성권을 행사하면 외관상 1개의 행위이나 법률적으로 상대방에 대한 사법상 의사표시와 소송상 항변(그와 같은 의사표시에 따른 사법상 효과의 진술)이 병존한다는 설이다.[2)] 둘째, 소송행위설은 형성권의 행사는 소송상의 공격방어방법으로 진술한 것이므로 이는 순수한 소송행위로서 소송법의 적용을 받는다는 입장이다.[3)] 셋째, 신병존설은 기본적으로는 병존설에 따르되 상계권에 기한 항변에 포함된 의사표시만은 그 상계항변이 공격방어방법으로서 법원의 판단을 받게 된 때에만 그 사법상의 효과를 발생하게 하려는 조건부 의사표시로 파악하고자 한다.[4)] 판례가 병존설을 취하고 있는지, 신병존설을 취하고 있는지는 불분명하다.[5)] 아직 해제권 이외에 상계권의 행

1) 항변의 계층적 구조에 관하여 흔히 다음과 같은 예가 인용된다. [1] 원고가 소비대차계약에 기하여 대금을 청구함에 대하여, [2] 피고는 원고가 그 계약체결 당시 미성년자(민 제5조 I, II)이었으므로 행위능력이 흠결되었다는 취지의 항변을 제출한다. [3] 원고는 이에 대하여 법정대리인의 동의(민 제5조 I 본문)를 얻고 있으므로 그 계약은 유효라고 재항변한다. 이리하여 이 경우에 상호반대효과를 미치는 법규가 3층의 단계적 구조를 이룩하게 된다.

2) 李英 154면, 韓 420면.

3) 方 416면, 金容 263면.

4) 李時 372면, 金/姜 440면, 鄭/庾 433면, 김홍 465면.

5) 同旨 김홍 466면. 대판 1982. 5. 11. 80 다 916은 소의 제기로써 계약해제권을 행사한 후 그 소송을 취하하였다고 하여도 해제권은 형성권이므로 그 행사의 효력에는 영향이 없다고 판시하여 병존설의 입장에 서 있는 것으로 보이나, 대판 2013. 3. 28. 선고 2011 다 3329는 소송상 방어방법으로서 상계항변이 있었으나 소송절차 진행 중 조정이 성립됨으로써 수동채권의 존재에 관한 법원의 실질적인 판단이 이루어지지 않은 경우에 상계항변의 사법상 효과가 발생하지 않는다고 보아 신병존설에 가까운 입장으로 보인다.

사에 대해서는 소취하, 부적법 각하, 실기 각하 등의 경우에도 그 효력이 유지되는지에 관하여 명확한 판시를 한 바 없기 때문이다. 생각건대 병존설에 의하더라도 별무리가 없지만,[1] 상계항변이 실기한 공격방어방법으로 각하될 경우 실체법상의 효과는 남아서 반대채권은 소멸하게 되는 반면 소송법상의 효과는 없어 자동채권의 소멸을 주장할 수 없게 된다는 문제점이 있어 이를 반영한 신병존설이 타당하다. 이러한 논의는 실기한 공격방어방법의 각하규정이 사문화된 현실에서 별로 논쟁실익이 없다고 하겠다.

사법상 형성권의 행사와 소송법상 항변의 차이를 보면 전자는 그 의사표시를 무조건적·확정적으로 소송상대방에게 하여야 하고, 소의 각하·취하 등 소송법상 사유에 의하여 영향을 받지 않지만, 후자는 가정적으로도 할 수 있고 법원에 대하여 하여야 하며 철회가 자유이고, 그 소송에서만 유효하다.

4. 立 證(證據申請)

이는 사실상의 주장을 상대방이 부인하는 경우에 이를 증명하기 위한 행위 즉 증거신청을 말한다. 증거신청은 증거조사를 구하는 행위라는 점에서 신청행위의 일종이지만 사실상의 주장을 뒷받침하는 증거자료를 제공하는 기능을 가지고 있기 때문에 공격방어방법의 하나가 된다.

제 4 관 辯論의 實施

I. 辯論의 指揮

변론은 재판장이 지정한 기일(제165조)에 양당사자를 출석시켜 그의 지휘에 따라 실시된다. 기일은 사건과 당사자의 이름을 부름으로써 시작된다(제169조).

기일에 있어서의 변론은 원고가 소장에 따라 본안신청을 진술하고 피고가 소각하 또는 청구기각 등의 반대신청을 함으로써 시작되며, 재판장이 각종 소송지휘권을 행사하여 절차를 진행한다. 당사자가 공격방어방법을 제출함으로써 사실관계가 변론에 현출되어 점차 쟁점이 정리되고 어느 당사자의 주장이 진실인지 드러나게 된다.

법원은 소송심리를 정리하기 위하여 필요한 경우 변론의 제한·분리·병합을

1) 병존설에 따르더라도 집행단계에서 상계를 이유로 청구이의의 소를 제기하는 것이 가능하기 때문에 별다른 문제는 없다.

명하거나 그 명령을 취소할 수 있다(제141조). 변론의 제한과 분리는 복잡한 사건을 단순화하여 소송지연을 방지하고자 하는 수단이고, 변론의 병합은 산발적으로 계속된 관련청구를 하나의 절차로 몰아 한꺼번에 해결함으로써 소송경제와 재판의 모순저촉을 방지하는 수단이다.

변론준비절차를 거친 경우에는 그 결과를 변론에 상정하여 진술함으로써 변론의 내용으로 되게 한다.

절차의 진행결과가 종국판결을 할 정도로 성숙되면(제198조) 법원은 변론을 종결한다. 다만 일단 변론이 종결되었더라도 필요하다고 인정하면 직권으로 재개를 명할 수 있다(제142조). 당사자의 재개신청은 직권발동을 촉구하는 의미밖에 없으며,[1] 종결된 변론을 재개할 때에는 반드시 결정서를 작성하여야 하는 것이 아니므로 변론재개에 관한 결정이 없이 사실상 재개로서 그 변론을 속행하였다고 하여 위법인 것도 아니다.[2] 다만 청구의 결론을 좌우하는 관건적 요증사실을 재개사유로 한 경우에는 재개의무가 있다는 것이 판례이다.[3]

Ⅱ. 辯論調書

1. 意 義

변론조서는 변론에 참여한 법원사무관 등이 일정한 방식에 따라 기일마다 변론의 경과를 작성하는 보고문서이다(제152조 I), 이는 각 변론기일에 있어서의 절차 및 소송행위를 증명하고, 후임판사 내지 상급심판사로 하여금 재판진행의 절차와 내용을 알 수 있도록 이바지한다.

그런데 집중심리방식에 따르면 단기간 내에 변론과 증거조사가 이루어져서 법원이나 당사자가 사건에 관하여 생생한 기억을 유지할 수 있으므로 다음 기일을 준비하거나 판결서의 작성을 위하여 조서에 의존할 필요성이 감소하고, 특히 상소가능성이 적은 사건은 상소심을 위해서 조서를 작성할 필요도 없게 된다. 또한 변론준비기일에서는 재판장 등과 당사자가 장시간에 걸쳐 주장과 증거를 정리하는 반면 조서에는 그 결론만이 기재될 것이므로 그 기일 내내 법원사무관이 참여할 필요가 없으며 이런 사정은 조정기일이나 화해기일의 경우에도 동일하다. 이에 따라 법원사무관 등의 조서기재의 부담이 크게 경감되었다.

1) 대판 1964. 6. 9. 63 다 1031.
2) 대판 1971. 2. 25. 70 누 125.
3) 대판 1982. 6. 22. 81 다 911.

2. 作成과 省略

1) **作成原則** 법원사무관 등은 변론기일에 참여하여 기일마다 조서를 작성하여야 한다(제152조 I). 그러므로 조서는 변론이 종료됨과 동시에 작성되는 것이 이상적이다. 재판장은 변론을 녹음 또는 속기하거나 그 밖에 이에 준하는 특별한 사정이 있는 경우에는 법원사무관 등을 참여시키지 아니하고 변론기일을 열 수 있고(제152조 I 단), 또한 재판장이 필요하다고 인정하는 경우 법원사무관 등을 참여시키지 아니하고 변론기일 및 변론준비기일 외의 기일을 열 수 있다(제152조 II). 이러한 경우에는 법원사무관 등은 그 기일이 끝난 뒤에 재판장의 설명에 따라 조서를 작성하고 그 취지를 덧붙여 적어야 한다(제152조 III). 집중심리방식의 도입으로 변론준비기일이나 조정기일 등에는 법원사무관 등의 참여가 불필요한 경우가 많을 것이다.

2) **調書의 생략**

(i) 調書記載省略의 원칙 조서에 적을 사항은 당사자의 이의가 없는 한 대법원규칙이 정하는 바에 따라 생략할 수 있다(제155조 I, 소액 제11조). 종전에 단독사건의 경우 일부기재의 생략을 허용했던 태도를 버리고 집중심리방식의 도입에 따라 폭넓게 조서기재를 생략할 수 있게 한 것이다. 그러나 변론방식에 관한 규정의 준수, 화해, 청구의 포기·인낙, 소의 취하와 자백에 대해서는 그 기재를 생략할 수 없다(제155조 II).

(ii) 書面 등의 引用 변론조서는 편의상 기본적 변론조서, 증거조사에 관한 조서와 증거목록으로 나누어 작성하고, 조서에는 서면, 사진 그 밖에 법원이 적당하다고 인정한 것을 인용하고 소송기록에 붙여 조서의 일부로 삼을 수 있다(제156조).

(iii) 녹음테이프·속기록의 조서기재 갈음 법원은 필요하다고 인정하는 경우에는 변론의 전부 또는 일부를 녹음하거나, 속기자로 하여금 받아 적도록 명할 수 있으며, 당사자가 녹음 또는 속기를 신청하면 특별한 사유가 없는 한 당사자의 비용으로 이를 명하여야 한다(제159조 I). 이 속기록과 녹음테이프는 조서의 일부로 삼으며(제159조 II), 재판이 확정되거나 당사자의 동의가 없는 한 법원은 이를 폐기할 수 없다. 다만 당사자가 이를 폐기한다는 통지를 받은 날로부터 2주일 내에 이의를 하지 아니하면 폐기에 동의한 것으로 본다(제159조 IV). 그러나 녹음테이프 또는 속기록으로 조서의 기재를 대신한 경우에, 소송이 완결되기 전까지 당사자가 신청하거나 상소가 제기된 경우, 그 외에 재판장이 상당한 이유가 있다고 인정하는 경우에는 녹음테이프나 속기록의 요지를 정리하여 조서를 작성하여야 한다(제159조 III). 집중심리방식을 도입하면서 조서기재의 부담을 덜면서도 변론내용을 보

존할 수 있도록 한 것이다.

3) **當事者의 구술진술** 그 밖의 진술은 특별한 규정이 없는 한 서면이나 말로 할 수 있는데, 말로 하는 경우에는 법원사무관 등의 앞에서 하여야 한다(제161조 I, II). 이 경우 법원사무관 등은 신청 또는 진술의 취지에 따라 조서 또는 그 밖의 서면을 작성한 뒤 기명날인하여야 한다(제161조 III). 이는 실무상 지켜지지 아니하는 구술조서의 작성에 갈음하여 신청이나 진술을 구술로 하는 경우 그 취지에 맞는 서면을 작성할 수 있게 한 것이다.

3. 形式的 記載事項

1) 형식적 기재사항은 다음과 같다(제153조). i) 사건의 표시, ii) 법관과 법원사무관 등의 성명, iii) 출석한 검사의 성명, iv) 출석한 당사자·대리인·통역인과 출석하지 아니한 당사자의 성명, v) 변론의 날짜와 장소, vi) 변론의 공개 여부와 공개하지 아니한 경우에는 그 이유.

2) 형식적 기재사항은 변론방식에 관한 것으로서 실질적 기재사항(제154조)과는 달리 조서에 의하여서만 증명할 수 있는 이른바 변론조서의 법정증거력이 인정된다(제158조). 여러 가지 중 어느 사항의 기재를 결하여도 그 사항에 관한 증명만이 없음에 그치고, 조서 전부를 무효화하지 아니하나, 재판장[1]과 법원사무관[2]의 기명날인이 없는 조서는 무효로서 증명력을 갖지 못한다. 재판장이 기명날인할 수 없는 사유가 있는 때에는 합의부원이 그 사유를 적은 뒤에 기명날인하며, 법관 모두가 기명날인할 수 없는 사유가 있는 때에는 법원사무관 등이 그 사유를 적는다(제153조 단).

4. 實質的 記載事項

1) 실질적 기재사항은 조서에 변론의 요지를 적고, i) 화해, 청구의 포기·인낙, 소의 취하와 자백, ii) 증인·감정인의 선서와 진술, iii) 검증의 결과, iv) 재판장이 적도록 명한 사항과 당사자의 청구에 따라 적는 것을 허락한 사항, v) 서면으로 작성되지 아니한 재판, vi) 재판의 선고에 대하여는 그 중요성에 비추어 꼭 조

1) 대판 1955. 4. 7. 55 민상 6.

2) 대판 1957. 6. 29. 57 민상 13. 서기의 서명만 있고 날인이 없는 경우에는 판결의 당부에 영향이 없다고 한다. 그러나 재판장의 서명만 있고 날인이 없는 경우에는 무효라는 것으로는 대결 1961. 6. 22. 61 민재항 12.

서에 분명히 기재하여야 한다(제154조).

2) 변론의 요지는 변론내용에 관한 사항의 요지를 모두 포함한다는 취지가 아니고, 변론의 진행에 관한 외부적 경과를 가리킨다고 하는 입장도 있으나,[1] 변론의 외부적 경과는 물론 변론의 실질적 내용의 요지도 모두 기재함으로써 법관의 경질이나 판결법원의 구성이 변경되는 경우에 대비하여야 한다. 그러므로 각종 신청, 종전변론결과의 진술, 문서의 제출, 소송절차에 대한 이의권의 포기뿐만 아니라, 당사자의 주장·답변, 재판장의 석명, 증거신청과 서증의 성립에 대한 인부 등에 관하여도 요점을 기재하여야 한다.

5. 關係人에의 公開와 訂正

1) 조서는 관계인이 신청하면 참여사무관 등은 이를 그에게 읽어 주거나, 보여 주어야 한다(제157조). 관계인이란 당사자, 소송대리인 또는 보조참가인을 말하며, 그 외에 증인이나 감정인도 자기의 진술인 증언이나 감정의견에 관한 한 관계인에 해당한다.

2) 당사자나 이해관계를 소명한 제 3 자는 대법원규칙이 정하는 바에 따라 소송기록의 열람·복사, 재판서·조서의 정본·등본·초본의 교부, 또는 소송에 관한 사항의 증명서의 교부를 법원사무관 등에게 신청할 수 있다(제162조 I). 나아가 공개를 금지한 변론에 관련된 소송기록이 아니라면, 누구든지 권리구제·학술연구 또는 공익적 목적으로 대법원규칙이 정하는 바에 따라 재판이 확정된 소송기록을 신청에 의해 열람할 수 있되(제162조 II), 그 열람신청시 당해 소송관계인이 동의하지 않으면 열람할 수 없다(제162조 III). 소송기록을 열람·복사에 의하여 알게 된 사항을 이용하여 공공의 질서 또는 선량한 풍속을 해하거나 관계인의 명예 또는 생활의 평온을 해하는 행위를 할 수 없다(제162조 IV). 각각의 신청에 따르는 수수료 부담이 있고(제162조 V), 법원사무관 등이 발급된 증명서에 기명날인한다(제162조 VI). 법원의 직인을 찍는 제도를 폐지하고, 재판서와 조서이외의 소송기록에 대한 정본·등본·초본 청구를 불허하는 것이다(刑訴 제45조 참조). 그리고 소송기록이란 특정사건에 관하여 법원과 당사자가 공통자료로 이용할 수 있는 서면을 총칭하므로 변론조서뿐만 아니라 소장·답변서·증거신청서 등은 물론 증거조사조서, 판결서, 기타 재판서의 원본 또는 정본, 기타 보고서 등 기록의 일부로 편철된 것을 말한다.

---

1) 方 444면.

3) 秘密保護를 위한 열람 등의 제한

가) 소송기록의 열람과 증명서의 교부와 관련하여 비밀보호를 위한 일정한 제한사유가 두 가지 도입되었다(제163조 I). 개인의 프라이버시와 기업의 영업비밀이 공개재판의 원칙하에 모두 누설됨을 방지하려는 조치이다.

(i) 소송기록 중에 당사자의 사생활에 관한 중대한 비밀이 적혀 있고, 제3자에게 비밀기재부분의 열람 등을 허용하면 당사자의 사회생활에 지장이 클 우려가 있는 때

(ii) 소송기록 중에 당사자가 가지는 영업비밀(부정경쟁방 제2조 2호)이 적혀 있는 때

나) 위의 사유에 해당한다는 소명이 있는 경우에는 법원은 당사자의 신청에 따라 결정으로 소송기록 중 비밀이 적혀있는 부분의 열람·복사, 재판서·조서 중 비밀이 적혀 있는 부분의 정본·등본·초본의 교부를 신청할 수 있는 자를 당사자로 한정할 수 있다. 당사자의 이러한 신청이 있는 경우에는 그 신청에 관한 재판이 확정될 때까지 제3자는 비밀기재부분의 열람 등을 신청할 수 없다(제162조 II).

다) 소송기록을 보관하고 있는 법원은 이해관계를 소명한 제3자의 신청에 따라 제163조 1항 1호 또는 2호의 사유가 존재하지 않거나 소멸되었음을 이유로 신청인을 당사자로 제한한 결정을 취소할 수 있다(제163조 III). 이 취소결정은 확정되어야 효력을 가진다(제163조 V). 당사자의 제한신청을 기각한 결정 또는 이해관계 있는 제3자의 취소신청에 대한 결정에 대하여서는 즉시항고를 할 수 있다(제163조 IV).

4) 조서의 기재가 일단 확정된 경우에도 조서에 적힌 사항에 대하여 관계인이 이의를 제기한 때에는 조서에 그 사유를 적어야 한다(제164조). 조서의 정확성을 담보하려는 취지이다. 그 기재에 명백한 오류가 있으면 판결의 경정결정에 준하여 정정할 수 있을 것이다.

6. 辯論調書의 證明力

1) 方式에 관한 사항 변론조서는 변론에 입회한 법원사무관 등이 작성하고 재판장이 기명날인하였을 뿐만 아니라, 소송관계인에게 이의의 기회를 부여하는 등 여러 가지 조치를 취한 것이므로 변론방식에 관한 사항은 조서로만 증명하게 하고(제158조), 다른 증거에 의하여는 이를 좌우할 수 없게 하였다.[1] 즉 변론의 방식에 관한 한 자유심증주의의 예외로서 변론조서에 법정증거력을 인정한 것이

1) 대판 1965. 3. 23. 64 다 1828.

다. 그러므로 변론의 일시 및 장소, 공개 여부, 관여법관,[1] 변론기일에 있어서의 당사자 또는 대리인의 출석 여부,[2] 판결선고일자,[3] 경매절차방식의 준수 여부[4] 등은 조서에 의해서만 증명되며, 다른 증거에 의하여 이를 번복할 수 없다.[5] 다만 변론방식에 관한 사항이라고 하더라도 조서가 없어진 경우에는 다른 증거방법에 의한 증명이 허용된다(제158조 단).

2) **內容에 관한 사항** 변론의 방식이 아니고 그 내용에 관한 것은 조서의 증명력에 관하여 아무런 규정이 없으므로 일반원칙에 따라 증거가치를 판단하여야 한다. 그러므로 당사자의 주장·자백, 증인이나 감정인의 선서유무 및 그 진술 또는 법 제154조의 실질적 기재사항 등에 대해서는 조서의 기재도 일응의 증거가 됨에 불과하고 다른 증거에 의하여 번복할 수 있다. 그러나 조서는 일정한 방식에 맞추어 법원사무관이 작성하고 법관이 인증한 것이므로 특별한 사정이 없는 한 강력한 증명력을 보유할 것이다. 따라서 변론조서의 기재는 변론의 방식에 관한 사항이 아니더라도 그 문서의 성질상 내용이 진실하다고 추정하여야 한다.[6]

재판장이 변론기일에서 다음 번 기일을 지정하고 고지한 내용은 재판의 내용에 관한 것이지 변론의 방식에 관한 것이 아니다.[7] 재판장의 기명날인이 없는 판결선고조서는 판결선고사실을 증명할 수 없고[8] 판결선고조서가 없는 한 판결이 선고되었다고 할 수 없으므로 그 판결은 효력이 없다.[9] 판결에 기재된 선고일자가 조서에 기재된 일자와 다르다면 오기이고, 조서에 기재된 선고일자에 판결이 선고된 것으로 보아야 할 것이다.

---

1) 대판 1955. 12. 29. 55 민상 114.
2) 대판 1966. 4. 19. 66 다 332.
3) 대판 1972. 2. 29. 71 다 2770.
4) 대판 1960. 6. 24. 60 민재항 101.
5) 대판 1963. 5. 16. 63 다 151.
6) 대판 1993. 7. 13. 92 다 23230; 대판 2000. 10. 10. 2000 다 19526; 대판 2001. 4. 13. 2001 다 6367.
7) 대판 1969. 6. 10. 69 다 402.
8) 대판 1655. 4. 7. 55 민상 6.
9) 대판 1956. 8. 9. 56 민상 285.

제5관 辯論期日의 懈怠(當事者의 缺席)

I. 問題點 및 主要 立法例

당사자 또는 대리인의 일방 또는 쌍방이 적법하게 지정되고 공식적으로 통지된 필요적 변론기일에 출석하지 아니하거나 또는 출석하여도 변론을 아니하면 변론을 시작하거나 속행할 수 없어서 소송진행을 못하게 되므로 나라마다 이에 대한 특별조치를 강구하고 있다.

문제는 대체로 세 가지 점으로 집약된다. 첫째, 소송절차를 게을리한 당사자 한 쪽에게 불리한 판결을 내려 끝맺고 뒤에 그가 이의하면 원상회복하여 변론을 속행할 것인가(缺席判決主義), 아니면 둘째로 법원은 소송촉진과 진실발견이라는 견지에서 그대로 변론을 진행시켜 증거조사를 하고 당사자 양쪽이 법원에 출석한 것처럼 심판할 것인가(對席判決主義), 그리고 셋째, 당연히 사법상 불이익을 인정한다면 결석판결에 대한 이의신청방법을 어떻게 할 것인가가 논의의 초점이다.

결석절차는 오랜 역사적 발전의 소산이다. 고대 로마시대의 Legis Actio나 Actio in Personam 절차에서는 양당사자의 법정출석을 효과적으로 강제하는 데에만 신경을 쓰다가 제정로마시대에 이르러서야 비로소 불출석한 피고에게 패소판결을 선고하기 시작하였다. 그 이유와 배경은 다르지만 중세의 寺院法, 독일 등 외국의 민사소송법들에도 결석절차에 관한 규정이 있어서 오늘날의 입법에 많은 영향을 주었으므로 이들을 간단히 살펴보기로 한다.

1. 獨　逸

독일 민사소송법(ZPO)에서는 개인의 출석을 위한 조치(§141 ZPO)의 경우를 제외하면 당사자에게 법원에 출석할 것을 강요하는 일은 없고, 그 대신에 그 당사자 없이 특별한 절차가 진행되는데 이것이 이른바 결석절차(Versäumnisverfahren)이다. 이 절차는 결석한 자가 원고인가 피고인가에 따라 달리 규율된다.

피고가 결석한 경우에 원고가 결석판결을 신청하면 원고의 사실에 관한 진술은 피고가 자백한 것으로 간주된다(§331 I S. 1 ZPO). 법원은 이 의제자백에 구속된다. 종래 대부분의 결석판결이 피고에 대하여 내려졌는데, 간소화개정법 시행 이후에는 서면에 의한 변론준비절차(schriftliches Vorverfahren)에서도 결석판결이 가능하게 되었다. 법원이 이 절차를 열기로 결정한 경우에는 피고에게 2주일 내에 소를 방어할 것인지를 서면으로 통지하도록 최고하여야 한다(§276 I S.1 ZPO). 피고가 이 통지를 적시에 제출하지 않으면 피고가 출석하지 않거나 변론하지 않은 경우와 같이 법원은 원고의 신청에 의하여 변론 없이 피고에 대한 결석판결을 할 수 있다(§331 III ZPO). 원고가 결석한 경우에는 법원은 피고의 신청에 의하여 본안심리 없이 그리고 피고가 본안에 관한 항변을 제출하지 않았어도 결석판결로 청구를 기각한다(§330 ZPO). 물론 소송요건이 구비되었을 것이 전제가 된다. 이처럼 피고의 결석과 원고의 결석을 달리 취급하는 근거는 원고는 소송을 시작하였으면서 방치한 자이고 피고는 방어자에 불과하다는 점에 있다.

결석판결에 대하여는 별도의 구제수단인 異議(Einspruch)가 인정된다. 그 내용은 앞으로 출석할 것이니 변론을 다시 열어달라는 것이다.[1] 이의는 사건을 상급심으로 이심하지 않는다는 점에서 상소와 차이가 있으나 그 재판의 확정을 차단한다는 점(§705 S.2 ZPO)에서는 상소와 같다. 2주일 내에 적법한 이의를 하면 소송은 당사자의 해태가 있기 이전의 상태로 환원되어(§342 ZPO) 당사자들의 소송행위와 증거조사는 모두 다시 유효하게 된다. 새로 변론을 한 뒤에 법원이 결석판결의 내용이 정당했다는 결론에 이르면 이를 유지한다는 판결을 할 수 있다. 그렇지 않으면 결석판결은 취소되고 판결로써 새로 재판한다(§343 ZPO). 이의절차에서 결석하면 다시 결석판결이 선고될 수 있는데, 이처럼 한 소송절차에서 한 당사자에 대하여 여러 차례 결석판결이 선고될 수 있어서 소송지연의 염려가 생긴다. 이를 막기 위하여 상대방 당사자는 결석판결 대신에 소송기록에 의한 재판(Entscheidung nach Aktenlage)을 신청할 수 있도록 하고, 법원은 소송이 판결을 할 수 있는 단계에 이르렀으면 이 재판을 하여야 한다고 규정하였다(§331a ZPO).

당사자 양쪽이 결석하거나 출석하더라도 변론하지 않은 경우에는 사실상 절차는 정지상태가 된다. 이를 극복하기 위하여 법원은 소송기록에 의한 재판을 할 수 있다(§251a I ZPO). 이 경우 법원은 그 판결선고기일을 정해서 당사자들에게 알리고 당사자들이 자기의 과실에 의하지 않고 출석하지 못했다는 것을 소명하지 않으면 선고할 수 있다(§251a II ZPO). 법원이 이 재판도 하지 않고 기일을 연기하지도 않을 경우에는 절차를 휴지시킨다(§251a III ZPO).

---

1) 이 점에서 일반적으로 독법의 Einspruch, 불법의 opposition을 異議라고 번역하면서도 결석판결에 대한 Einspruch 또는 opposition의 경우에는 일본의 예를 따라 故障申請이라고 별도로 번역하는 경우가 많다. 그러나 고장신청이란 말이 우리 말로서는 극히 생소할 뿐만 아니라 굳이 하나의 법률용어를 달리 번역할 이유도 없으므로 여기서는 이의라고 번역하였다.

2. 美 國

현재의 연방 및 각주 민소법은 당사자 일방이 불출석한 경우에 결석판결(default judgment)을 내리는 것을 골자로 규정하고 있다. 초기 보통법시대에는 이런 판결은 불가능했었고, 그 후 얼마 동안 피고의 출석을 강제하는 방향으로만 입법을 하다가 점차 피고의 불출석으로 절차지연을 초래하는 경우에는 이에 대한 제재의 뜻으로 결석판결을 내리기 시작하였다.

연방민사소송규칙(FRCP)에 의하면 피고나 제 3 당사자 피고(the third party defendant) 또는 반소피고가 기일에 법이 정한 대로 답변 또는 방어하지 아니하였고 이 사실이 선서진술서(affidavit)에 의하여 확인되면, 법원은 원고나 제 3 당사자 원고 또는 반소원고를 위하여 결석판결을 할 수 있다(FRCP 제55조). 다만 원고의 청구가 다툼이 없는 확정금액의 지급청구인 경우에 피고가 불출석하면 원고의 신청과 지급기일이 도래한 금액을 제시하는 선서자술서에 의하여 법원사무관은 동액에 대한 결석판결을 내려야 하고 그 외의 경우에는 당사자가 결석판결을 법원에 신청하여야 한다. 만일 결석판결의 불이익을 입게 될 당사자가 출석한 경우에는 결석판결의 신청에 대한 심리를 하기 최소한 3일 전까지 동 신청의 부본을 그에게 송달하여야 한다. 정당한 이유가 입증된 경우에는 법원은 결석판결을 취소할 수 있다.

3. 日 本

당사자 양쪽이 변론기일에 불출석한 경우에 대하여 그 후 1개월 내에 변론기일의 지정신청이 없거나, 당사자 양쪽이 연속하여 2회 불출석한 때에는 소의 취하가 있는 것으로 본다. 그리고 당사자 한쪽의 불출석시의 궐석판결제도를 폐지하고, 출석한 당사자만으로 변론을 진행하게 하는 대석판결주의에 의하여 처리되고 있다.

4. 우리나라

우리 법은 당사자 양쪽의 불출석시에는 소취하간주의 제도(제268조)를, 그리고 당사자 한쪽의 불출석시에는 이미 제출한 각종 소송서류의 진술간주와 자백간주의 제도를 기일해태의 효과로 하는 대석판결주의에 따른다.

Ⅱ. 當事者 한쪽의 缺席의 경우—陳述看做(제148조)

1. 陳述看做의 요건

원고 또는 피고가 적법한 통지를 받고도 소장·답변서, 그 밖의 준비서면을 미리 제출한 채 변론준비기일 또는 변론기일에 불출석하거나 출석하여도 변론을 하지 아니한 경우를 말한다. 이런 경우에는 그가 제출한 소장 등에 기재한 사항을 진술한 것으로 간주하고 출석한 상대방에게 변론을 명할 수 있다. 이것을 진술간주라고 한다. 당사자 한쪽이 결석하여 소송지연을 초래함을 방지하려는 것이다.

1) 기일에의 불출석이라 함은 소송대리인이 있는 경우에는 그 대리인과 당사자 본인이 모두 사건의 호명을 받고도 변론이 끝날 때까지 불출석하거나 출석하여도 변론하지 아니한 때를 말한다.[1] 변론조서에 '쌍방대리인 각 불출석'이라고만 기재된 것이 당사자 양쪽도 불출석한 사실을 증명하는 것은 아니다.[2] 당사자 양쪽의 불출석에 해당하는 여부는 오로지 변론조서의 기재에 의해서만 증명할 수 있다.[3] 비록 당사자가 출석하였더라도 진술금지재판이나(제144조) 퇴정명령을 받았거나 임의로 퇴정한 경우에는 기일해태의 효과를 입는다. 또한 당사자가 출석하였더라도 종전변론의 결과만 진술하고 더 이상 아무런 주장이나 입증을 아니한 경우, 단순히 청구취지의 진술이나 기일변경만을 구함에 그친 경우, 또는 청구기각의 판결만 구하고 사실상의 진술을 아니한 경우도 동일하다.[4] 판례는 사건의 호명에 의하여 당사자의 불출석이 밝혀졌으면 변론에 들어가지 아니하였거나 법원이 기일을 연기하였더라도 기일해태의 효과를 입는다고 한다.[5]

2) 여기서 변론기일이라 함은 필요적 변론기일로서 소송절차가 정지중인 경우를 제외하고는 최초의 변론기일이거나 속행기일이거나를 불문하며, 단독사건은 물론 합의사건의 변론기일,[6] 증거조사기일 또는 항소심의 변론기일도 포함한다. 변론준비기일에도 준용이 있다(제148조, 제286조). 다만 임의적 변론절차의 기일이나 판결선고기일은 이에 해당되지 아니한다.

3) 진술한 것으로 간주하는 사실을 기재한 서면은 소장·답변서, 그 밖의 준

1) 대판 1979. 9. 25. 78 다 153, 154.
2) 대판 1965. 2. 23. 65 다 24.
3) 대판 1966. 4. 19. 66 다 332.
4) 同旨 李時 391면.
5) 대판 1982. 6. 22. 81 다 791.
6) 대판 1957. 6. 27. 57 민상 103.

비서면이다. 명칭이나 형식에 불구하고 실질적 의미에서 준비서면으로 평가되는 서면은 여기에 포함된다. 또한 진술이 간주되는 서면은 최초의 변론기일 후에 제출된 것이라도 무방하다. 출석한 당사자만으로 변론을 진행할 때에는 반드시 불출석한 당사자가 그 때까지 제출한 소장·답변서 그 밖의 준비서면에 적혀 있는 사항을 진술한 것으로 보아야 한다.[1)]

2. 陳述看做의 효과

1) 원고가 결석한 때에는 소장, 준비서면 등의 서면에 기재한 사항을 진술한 것으로 간주하고 피고에게 변론을 명할 것이며, 피고가 결석한 때에는 원고로 하여금 소장을 진술시킨 다음에 피고가 제출한 서면을 진술한 것으로 보아야 할 것이다(제148조 I).

2) 이처럼 서면내용을 구술로 진술한 것으로 의제한다는 점을 제외하면 그 외의 점은 쌍방이 출석한 것과 동일하게 취급한다. 따라서 적법한 통지를 받고도 피고가 아무런 서면을 제출함이 없이 불출석하거나 결석한 피고가 제출한 서면이 원고의 주장사실을 인정하거나 명백히 다투지 아니한 취지이면 재판상 자백이 성립되므로(제150조 III) 증거조사 없이 변론을 종결할 수 있다. 그러나 서면의 내용이 원고주장을 부인하는 취지이면 출석한 원고로 하여금 증거를 제출하게 하여 조사하여야 한다.

3) 변론이나 증거조사가 그 기일에 끝나지 아니하거나 또는 출석한 당사자로부터 주장 및 입증의 보완을 위하여 변론의 속행을 구하는 경우에는 속행기일을 지정한다.

4) 당사자가 진술한 것으로 보는 답변서, 그 밖의 준비서면에 청구의 포기·인낙의 의사표시가 적혀 있고 공증사무소의 인증을 받은 때에는 그 취지에 따라 청구의 포기·인낙이 성립된 것으로 본다(제148조 II). 반대취지의 판례[2)]를 명문의 규정으로 바꾸어 진술간주의 법리를 확대한 것이다.

5) 당사자가 진술한 것으로 보는 답변서, 그 밖의 준비서면에 화해의 의사표시가 적혀 있고 인증을 받은 경우에 상대방 당사자가 변론기일 또는 변론준비기일에 출석하여 그 화해의 의사표시를 받아들인 때에는 화해가 성립된 것으로 본다(제148조 III). 서면에 의한 화해 등의 의사표시를 허용함으로써 당사자가 출석하여

1) 대판 2008. 5. 8. 2008 다 2890.
2) 대판 1982. 3. 23. 81 다 1336; 대판 1993. 7. 13. 92 다 23230.

그러한 취지의 진술을 아니하더라도 그 서면을 진술한 것으로 간주하고 절차를 종결할 수 있도록 하였다. 다만 서면에 기재된 의사의 확인에 신중을 기해야 할 것이다.

Ⅲ. 當事者 한쪽이 缺席한 경우 ― 自白看做(제150조)

1. 공시송달이 아닌 방법으로 소환받은 당사자 한쪽이 답변서, 준비서면 등을 제출하지 않은 채 불출석한 경우이다(제150조 Ⅲ). 이러한 경우에는 출석한 당사자의 주장사실에 대하여 출석하여 명백히 다투지 아니한 경우와 같이 자백한 것으로 본다.

2. 자백간주의 법리는 당사자 양쪽에 모두 적용이 있다.

Ⅳ. 當事者 양쪽이 缺席한 경우 ― 訴取下看做(제268조)

1. 當事者 양쪽의 2회 기일해태

1) 당사자 양쪽이 적법한 통지를 받고도 필요적 변론기일에 출석하지 아니하거나 출석하여도 변론을 하지 아니한 경우의[1] 불이익을 말한다. 판례는 변론기일의 송달절차가 적법하지 아니한 이상 비록 그 송달이 유효하고 그 변론기일에 당사자 양쪽이 출석하지 않았더라도 쌍방불출석의 효과는 발생하지 않는다고 한다.[2] 이처럼 양쪽 당사자가 기일에 결석을 하면 재판장은 다시 기일을 정하여 당사자들에게 통지하여야 한다. 이 점은 변론준비기일이나(제286조) 상소심의 경우(제268조 Ⅳ)에도 같다.

2) 필요적 변론기일의 의미는 당사자 일방의 불출석의 경우와 같다. 증거조사기일에도 법 제268조가 적용되므로[3] 이 기일에 결석하면 기일해태가 된다.

3) 불출석의 의미는 당사자 한쪽의 불출석의 경우와 같다. 대개 당사자 양쪽 불출석보다는 원고는 불출석하고 피고는 출석하였으되 변론하지 아니하여 양쪽 불출석으로 되는 경우가 흔할 것이다. 보조참가인이 출석하였거나(제76조) 필수적 공동소송인 중 1인이 출석하였으면 결석한 주당사자나 다른 공동소송인에게 기일해태의 불이익을 입힐 수 없다(제67조 Ⅰ).

4) 두 번의 기일해태가 되려면 동일심급의 동종기일에 두 차례의 불출석이

---

1) 처음부터 재판장이 기일을 연기하고 출석한 당사자에게 변론기회를 주지 아니한 경우에는 해당이 없다는 대판 1993. 10. 26. 93 다 19542 참조.

2) 대판 1997. 7. 11. 96 므 1380(요건불비의 공시송달의 경우).

3) 대판 1966. 1. 31. 65 다 2296. 반대 견해는 鄭/庾 451면.

있어야 한다.[1] 따라서 제 1 심에서 1회, 제 2 심에서 1회와 같은 경우, 또는 변론준비기일에서 1회, 그리고 변론기일에서 1회, 또는 변론기일에 있어서의 쌍방불출석이 환송판결의 전후에 걸쳐서 2회인 경우 등에는 상소나 소의 취하로 간주되지 아니한다.[2] 판결선고기일에는 불출석하더라도 판결을 선고할 수 있다(제207조 Ⅱ). 동일심급의 동종기일이라면 반드시 2회 연속적으로 불출석이 있어야 하는 것은 아니다.

동일한 소가 유지되는 상태에서 2회 이상 불출석하여야 하므로 예컨대 소의 교환적 변경의 전후로 1회씩 불출석한 경우에는 제268조의 적용이 없다.

2. 2회 缺席 후 1월 내 期日指定申請이 없거나 지정된 신기일에 不出席한 경우

1) 양쪽 당사자가 2회에 걸쳐 변론기일에 불출석하거나 출석하여도 변론하지 아니하면 1월[3] 내에 기일지정신청이 없는 한 소의 취하가 있는 것으로 본다(제268조 Ⅱ). 이 기간은 추완 또는 신축할 수 없다. 이를 실무상 쌍불취하라 한다. 2회의 기일해태가 있는 경우 당사자의 결석이 그 책임 없는 사유로 인한 것임을 입증하여 그 사유가 없어진 날로부터 2주일 내에 기일지정신청을 함으로써 종결되었던 소송을 다시 부활시킬 수 있었던 구법상의 제도를 버리고, 2회의 기일해태를 한 당사자의 소송계속의사를 파악하기 위하여 1월의 기간[4]을 주고 그 기간 내에 기일지정신청을 아니할 때에[5] 비로소 확정적으로 소(상소)의 취하로 간주하도록 그 태도를 바꾸었다.

2) 기일지정신청에 의하여 정한 기일 또는 그 후의 기일에 당사자 양쪽이 결석하거나 출석하여도 변론하지 아니한 때에도 소(상소)의 취하가 있는 것으로 본다(제268조 Ⅲ).

---

1) 대판 1968. 8. 30. 68 다 1241.

2) 변론준비절차는 원칙적으로 변론기일에 주장과 증거를 정리하기 위하여 진행되는 변론전 준비절차에 불과할 뿐이어서 변론준비기일을 변론기일의 일부라고 볼 수 없고, 변론준비기일과 그 이후에 전개되는 변론기일이 일체성을 갖는다고 볼 수도 없어 변론준비기일에서 양쪽 당사자 불출석의 효과는 변론기일에 승계되지 않는다고 본 대판 2006. 10. 27. 2004 다 69581 참조.

3) 이 기간은 불변기간이 아니기에 추완의 대상이 아니다. 대결 1992. 4. 21. 92 마 175.

4) 이 기간의 기산점은 쌍방불출석의 변론기일이지 신청인이 그 사실을 안 때가 아니다. 대판 1992. 4. 14. 92 다 3441.

5) 소송위임장을 제출한 것만으로는 기일지정의 신청이라고 볼 수 없다는 대판 1993. 6. 25. 93 다 9200 참조. 그러나 법원이 두 번째 불출석의 기일에 직권으로 신기일을 지정한 때에는 당사자의 기일지정신청이 있는 경우와 마찬가지로 보아야 한다는 대판 1994. 2. 22. 93 다 56442 참조.

3. 訴(上訴) 取下看做의 효과

1) 소의 취하간주는 2회 기일해태의 사실이 있고 그로부터 1월 내에 기일지정신청이 없거나 기일지정신청 후의 기일에 당사자 양쪽이 결석한 때에는 법률상 당연히 발생하는 효과이며, 법원이나 당사자의 의사로써 좌우할 수 있는 것이 아니다. 그러므로 당사자가 소송을 수행할 의사가 있거나 현재 소송이 판결하기에 충분히 성숙하였거나 채택한 증인을 신문하지 아니하였거나 간에 그대로 필요적으로 취하의 효력이 발생한다.[1] 즉 제 1 심에서는 원고의 의사표시에 의하여 소를 취하한 경우와 똑같이 소의 취하의 효력이 생기며, 상소심의 경우에는 소의 취하가 아니라, 상소의 취하로 되어 상소심절차는 종결되고 원판결이 확정된다(제268조 Ⅳ 단).

2) 상고심은 필요적 변론절차가 아니므로 상고심 기일을 게을리한 때에는 상고의 취하로 볼 것이 아니다. 취하한 것으로 보는 대상은 소이므로 청구병합의 경우에 취하로 간주되는 것은 병합된 모든 청구이며, 통상공동소송의 경우에는 게을리한 당해 공동소송인의 청구만이 일부취하한 것으로 간주된다. 그러나 필수적 공동소송의 경우에는 공동소송인 중 1인이라도 출석하였으면 어느 누구에게도 의제적 취하의 효과를 돌릴 수 없다(제67조).

제 6 관 辯論節次에 있어서의 審理原則

재판의 적정성은 결론의 정당성과 소송심리방식과 절차의 공정성에 의하여 담보된다. 특히 공정한 심리원칙의 확립은 국민의 신뢰를 얻을 뿐만 아니라 인권보장을 위하여도 필수적이다. 이들 심리원칙은 주로 프랑스혁명 당시 피를 흘려 쟁취한 숭고한 이념에 따른 것으로서 각국의 헌법과 민사소송법은 물론 국제조약에서도 이에 관한 규정을 베풀고 있다.

I. 公開主義

1. 意 義

공개주의란 소송당사자가 아닌 자에게 변론·증거조사·재판선고 등에의 방

1) 대판 1967. 11. 14. 66 다 2370; 대판 1981. 10. 12. 81 다 94. 이 경우 보전명령에 대한 본안의 소가 취하된 것으로 간주되었다는 사실 자체만으로는 보전명령 취소사유인 사정변경에 해당한다고 볼 수 없다. 대판(전) 1998. 5. 21. 97 다 47637.

청을 허용하는 것을 의미하며, 소송관여자 이외에는 공개하지 아니하는 밀행주의와 대립된다. 재판의 공개는 헌법적 요청으로서(헌 제109조) 재판의 공정과 사법권의 독립을 국민에게 선명하여 사법부의 재판권행사에 대한 국민의 신뢰를 높이고 허위진술을 통제하기 위한 정책적 배려에서 근대국가의 소송법은 모두 공개주의에 입각하고 있다. 따라서 국민은 공개재판을 받을 권리가 있고, 따라서 재판의 심리와 판결은 공개하여야 하며(법조 제57조 I), 변론의 공개 여부는 변론조서의 필요적 기재사항(제153조 [6])이다. 공개원칙을 위반한 채 내려진 판결은 상고심에서 취소사유가 된다(제424조 I [5]).

2. 內 容

1) 헌법이 요구하는 재판의 공개는 변론절차와 판결선고절차의 경우에 지켜져야 할 원칙이므로 공개의 대상은 소송만이고 재판의 합의(법조 제65조), 변론준비절차나 비송(비송 제13조) 또는 중재나 조정(민조 제20조), 심리불속행사유·상고이유서불제출에 의한 상고기각판결, 변론 없이 결정으로 완결하는 절차에는 적용이 없다.

2) 재판의 공개는 일반공개 이외에 당사자공개도 있다. 이는 법원이나 상대방의 행위에 대하여 알고 증거조사에 참여하고 변론에서 소송대리인과 함께 진술할 당사자의 권리를 의미한다. 당사자공개는 소송기록에 관하여도 해당되므로 제3자도 이해관계를 소명하면 열람·등사·증명서교부청구권을 가진다(제162조, 민소규 제37조). 그런데 공개방법이 이처럼 단순한 법정공개(당사자공개)가 아니고 일반공개인 경우에는 개인의 프라이버시(Privacy), 또는 기업의 영업비밀(Trade Secret)을 침해할 우려가 있으므로 이에 대비하여 비밀보호를 위한 열람 등의 제한에 관한 명문의 규정이 있다(제163조). 법원조직법도 법정 내에서는 재판장의 허가 없이 녹화·촬영·중계방송 등을 할 수 없다고 규정한다(동법 제59조).

3) 심리, 즉 수소법원에서 변론기일에 행하는 변론을 비공개로 하려면 국가의 안전보장 또는 안녕질서를 방해하거나 선량한 풍속을 해할 염려가 있는 때에 한하여 이유를 붙인 결정으로 공개를 정지할 수 있다(헌 제109조 I 단).

Ⅱ. 雙方審理主義와 一方審理主義

1. 雙方審理主義

사건심리에 있어서 당사자 양쪽을 평등하게 대우하여 공격방어방법을 제출할 수 있는 기회를 똑같이 부여하는 입장을 쌍방심리주의 또는 당사자대등의 원칙 또는 무기평등의 원칙이라고 한다. 어느 한편의 당사자에 의한 불의의 공격을 막고 절차상의 기회균등을 보장하려는 원칙으로서 헌법상 법앞에서의 평등과 재판받을 권리, 미국헌법의 적법절차(due process), 독일 기본법의 법적 심문청구권 등의 소송상 표현이다.

민사소송법은 판결절차에서 당사자를 대석시켜 변론과 증거조사를 하는 필요적 변론을 거치게 함으로써 쌍방심리주의를 기본으로 삼고(제134조 I), 이 원칙의 관철을 위한 배려를 하고 있다(제233조 이하, 제424조 I [4], 제451조 I [3]).

2. 一方審理主義

사건심리에 있어서 당사자 한쪽에게만 절차상의 기회를 주는 주의를 일방심리주의라고 한다. 사건의 적정한 해결에는 쌍방심리주의가 낫고, 신속하고 경제적인 해결에는 일방심리주의가 많은 장점을 지니고 있다.

결정·명령절차에서는 임의적 변론에 의하므로 쌍방심리주의를 관철하지 아니하며(제134조 I), 당사자대등이나 쌍방심리의 필요가 없는 강제집행절차·독촉절차(제467조) 또는 가압류절차(민집 제280조 I)에서는 일방심리주의에 의한다. 다만 독촉절차나 가압류절차에서는 채무자의 이의나 취소의 신청이 있는 경우에 한하여 쌍방심리를 구할 기회를 부여한다.

Ⅲ. 口述主義와 書面審理主義

1. 意　　義

당사자의 소송행위, 특히 변론과 증거조사를 모두 구술로 시행하고 구술에 의한 자료만을 판결의 기초로 고려하는 입장을 구술주의라고 하며, 변론 및 증거조사가 서면에 의한 자료만을 토대로 시행되는 주의를 서면심리주의라고 한다.

2. 長·短點

구술주의는 적시에 자연스럽고 신선한 진술에 의하여 당사자의 진의를 알아내기 쉽고 쟁점의 정리가 촉진되며 공개주의나 직접주의원칙과 손쉽게 결합될 수 있는 장점이 있다. 그러나 심리가 장기화됨에 따라 구술에 의한 진술은 탈락 또는 망실되기 쉬우며 판단자료의 명확성과 안정성을 해친다. 서면심리주의에 의하면 법정출석의 수고를 덜고 진술이 명확할 뿐만 아니라 언제나 재확인할 수 있도록 보존되어 있어서 편리한 장점이 있다. 그러나 소송서류가 방대하여지고 매번 서면의 작성·교환·열독 등에 시간과 노력이 많이 들며 특히 변론집중에 지장을 주고 합의부에서 담당법관 이외의 구성원이 기록을 모두 읽지 아니한 채 주심법관의 보고에 의하여 평결한다면 합의부의 기능을 상실시키는 결과가 되고 만다.

3. 우리 法의 立場

서로 상반되는 장단점 때문에 어느 한 원칙으로 일관할 수 없는 만큼 민사소송법도 구술주의를 원칙으로 하면서 서면심리주의를 보충적으로 병용한다. 즉 판결절차에 있어서는 원칙적으로 완전한 구술심리의 형식으로 변론을 열어야 하고(제134조 I, II), 변론에 관여한 법관만이 판결할 수 있다(제204조, 제205조). 증거조사도 넓은 의미의 변론에 포함되므로 구술에 의하는 것이 원칙이다(예컨대 제339조). 따라서 변론, 증거조사, 재판과 변론준비절차에 있어서는 원칙으로 구술주의가 채택되었다(제283조). 또한 소액사건의 경우 구술에 의한 소제기, 조서기재의 생략, 준비서면의 불요, 판결이유기재의 생략 등 구술주의가 강화된 경우도 있다.

폭주하는 사건처리에 얽매여 실무상 구술로 활발하게 진술되는 경우가 없고 서면제출에 의존하는 절차진행의 결과 구술주의는 빈 껍데기에 불과하게 된 것이 요즈음의 실정이다. 민사재판의 공정을 위하여 구술주의의 활성화 방안을 강구하여야 할 것이다.

4. 書面主義가 요구되는 경우

1) 변론을 요하는 절차에 있어서도 중요한 소송행위의 경우 그 내용의 명확과 소송경제를 위하여 서면을 요구한다. 소의 제기(제248조), 청구의 변경(제262조 II), 당사자참가(제72조 II, 제79조), 항소 또는 상고의 제기(제397조, 제425조), 재심의 소의 제기(제458조), 상고이유서의 제출(제427조), 소의 취하(제266조 III), 관할의 합의(제29조 II), 소송고지(제85조) 등이 그 예이다. 그 외에 변론을 변론조서에 기재하게 한 것(제152조~제156조)이나, 판결서작성(제208조, 제221조 II), 준비서면(제272조~제274조), 증언에 갈음하는 공정증서정본(제310조) 등도 서면심리주의를 채택한 결과이다.

2) 이에 대하여 결정으로 완결할 사건(제134조 I), 소송판결, 상고심판결, 기록자체에 의하여 기각할 수 있는 소액사건(소액 제9조 I)에 관하여는 변론을 거칠 필요가 없으므로 서면심리에 의할 수 있다.

Ⅳ. 直接主義와 間接主義

1. 意 義

직접주의는 당사자의 변론 및 증거조사를 수소법원의 면전에서 직접 실시하는 주의를 가리키고, 간접주의는 이를 수명법관이나 수탁판사의 면전에서 시행하고 그 심리결과를 수소법원이 재판의 기초로 채용할 수 있게 하는 입장이다. 직접주의는 판결하는 법관이 소송자료와 증거자료를 직접 대할 수 있어서 사건의 진상을 파악하기 쉬우므로 퍽 이상적이나 법원과 소송관계인에게 많은 비용과 노력을 부담시키는 난점이 있기 때문에 간접주의를 완전히 배제하기도 어렵다.

2. 우리 法의 立場

우리 법은 판결은 그 기본되는 변론에 관여한 법관이 하도록 하여(제204조 Ⅰ) 직접주의를 원칙으로 한다. 또한 단독판사 또는 합의부의 법관의 과반수가 경질된 경우 종전에 신문한 증인에 대하여 당사자가 다시 신문을 신청한 때에는 법원은 그 신문을 하여야 한다(제204조 Ⅲ). 이는 법관경질 후 직접 증인신문을 통하여 증거조사에 있어서의 직접주의를 구현하기 위한 취지이다. 다만 예외로 심리중 법관의 경질이 있는 경우에는 소송경제상 종전의 변론결과만을 진술하게 하여 간단한 변론갱신을 요구하며(제204조 Ⅱ),[1] 원격지나 외국에서의 증거조사는 수명법관 또는 수탁판사에게 촉탁하여 실시하게 하고 그 결과를 기재한 조서를 판결자료로 삼도록 하는 등 간접주의를 보충적으로 병용한다(제296조, 제297조, 제313조, 제373조). 소액사건의 경우에는 그 간이·신속한 처리를 위하여 판사의 경질이 있는 경우라도 변론의 갱신 없이 판결할 수 있도록 하여 직접주의의 예외를 인정한다(소액 제9조 Ⅱ).

3. 判例의 입장

그런데 이와 같은 변론갱신절차는 변론중 법관의 경질·이송·항소심·재심의 경우에 필요하나 비록 이를 경유하지 아니하였더라도 변론종결 당시 당사자 쌍방

---

1) 대판 1966. 10. 25. 66 다 1639는 재심사유가 이유 있을 경우에는 재심법원은 본안심리를 해야 하고, 이 경우의 본안심리는 재심 이전의 상태로 부활되어 속행되는 것이고, 그 부활전의 법관이 경질된 이상 부활된 소송에서 당사자는 종전의 변론결과를 진술해야 하는데, 이러한 변론의 갱신절차를 밟지 아니하였다 하더라도 당사자가 그 부활된 심급의 최종변론기일에서 소송관계를 석명하고 변론을 하였다면 이것으로써 변론을 경신한 효과는 생긴다고 볼 것이라고 한다.

이 이의 없이 소송관계를 표명하고 변론한 경우 또는 항소심에서 제1심의 변론결과를 진술한 때에는 그 위법은 치유된다고 하는 것이 판례[1])이므로 직접주의도 지극히 형해화되어 있다.

4. 直接主義에 어긋난 경우

직접주의에 위반하여 변론에 관여하지 아니한 법관이 판결을 한 경우에는 법률에 의한 판결법원을 구성하지 아니한 때(제424조 I [1], 제451조 I [1])에 해당하므로 상고사유 및 재심사유가 된다.[2])

V. 適時提出主義

1. 意義와 沿革

적시제출주의라 함은 공격방어방법 등 소송자료를 소송진도에 따라 적절한 시기에 제출해야 하는 입장을 말하고, 수시제출주의는 공격방어방법을 변론종결시까지 필요한 때마다 수시로 제출할 수 있는 입장이다. 이와는 달리 사실 및 증거를 종류별로 시기적으로 순서를 정하여 제출하도록 하고 그 단계가 지나면 더 이상 소송자료를 제출하지 못하게 하여 실권적 효과를 입히는 입장을 순차제출주의(동시제출주의) 또는 법정서열주의라고 한다.

순차제출주의는 소송지연을 방지하고 심리의 집중을 위한 원칙이었으나 실권으로 인한 부당판결을 면하기 위하여 당사자들이 불필요한 가정적 공격방어방법을 미리 제출함으로써 오히려 소송의 지연과 부담을 가중시켰다. 이에 대한 해결책으로서 소송진도에 따라 그때 그때 정리된 소송자료를 제출할 수 있게 하고 증거조사도 동일절차 내에서 변론과 혼합하여 실시할 수 있게 되면서부터 수시제출주의가 근대 민사소송법의 원칙으로 채택된 바 있다. 우리 법도 마찬가지였다(구 제136조). 그러나 개정법에서는 집중심리방식을 도입하면서 쟁점을 모두 정리한 뒤에 집중적 증거조사를 하여야 하므로 적시제출주의를 채택하였다(제146조). 이는 최근 독일법이 소송절차를 선행기일과 주기일로 단계화한 다음 단계화된 각 절차에서 제기된 쟁점에 대한 관련소송자료를 모두 제출하게 하는 적시제출주의를 채택한 바 있는데 우리법은 이를 모방한 것이다.

---

1) 대판 1963. 8. 22. 63 다 316.

2) 대판 1972. 10. 31. 72 다 1570.

2. 適時提出主義와 隨時提出主義

수시제출주의하에서는 당사자가 사실심변론종결시까지 소송자료를 적절하게 취사하여 제출하거나 신선하고 가치 있는 자료를 최종적으로 추가·변경·철회·원용할 수 있으므로 이는 구술주의와 결합되어 활기 있는 변론을 통하여 적정재판을 도모할 수 있게 하는 장점이 있었다. 반면에 소송자료의 제출이 산만해지고 제 1 심 경시풍조와 소송지연을 초래함을 부인할 수 없었다. 이러한 점들을 시정할 필요도 있고 또한 집중심리방식을 도입한 이상 수시제출주의는 제한을 받지 아니할 수 없게 되었다. 왜냐하면 사실심변론종결시까지 공격방어방법을 제출할 수 있다는 수시제출주의는 소송의 조기단계에서 주장과 입증자료를 제출케 하여 쟁점을 정리하는 집중심리방식과 맞지 않기 때문이다. 따라서 수시제출주의 대신 적시제출주의를 채택하여 공격방어방법을 소송 정도에 따라 적절한 시기에 제출하도록 규정하였다(제146조).

3. 適時提出主義의 實效性 保障

적시제출주의의 실효성을 보장하기 위하여 재정기간제도를 신설하고, 실기한 공격방어방법의 각하에 관한 규정(제149조)을 적시제출주의에 위배된 경우의 실권효에 관한 조문으로 변경하여 적시제출주의가 실질적 의미를 갖게 하였다. 또한 변론준비절차 종결 후에는 새로운 주장을 제출할 수 없으며(제285조), 증인신문과 당사자신문은 당사자의 주장과 증거를 정리한 뒤 집중적으로 하도록 하였다(제293조).

1) 裁定期間制度 재판장은 당사자의 의견을 들어 한쪽 또는 양쪽 당사자에 대하여 특정사항에 관한 주장을 제출하거나 증거를 신청할 기간을 정할 수 있도록 하고(제147조 I), 당사자가 이 기간을 넘긴 때에는 정당한 사유로 기간 내에 제출하지 못하였음을 소명한 경우 이외에는 이를 제출할 수 없게 하였다(제147조 II). 적시제출주의의 실효성을 확보하기 위하여서는 실기한 공격방법의 각하규정만으로는 부족하므로 재정기간제도를 새로 도입한 것이다. 재정기간의 부가와 그 도과로 인한 효과는 당연히 항소심에서도 유지되므로 심리의 제 1 심 집중의 효과도 거둘 수 있다. 이는 집중심리의 정착, 특히 서면에 의한 변론준비절차에서 절차의 촉진을 위해서는 꼭 필요한 제도로서 당사자의 공격방어방법 제출권이 침해되지 않도록 당사자의 의견을 들어 결정할 뿐만 아니라 기간의 연장도 할 수 있게 하였다(제172조 I).

재정기간의 취지는 실권효를 강화하는 면도 있고, 사전에 실권 여부를 명확히 하여 당사자로 하여금 실권 여부와 전체적인 절차의 진행에 있어서의 안정성과 예측가능성을 높이는 효과가 있으며, 적시에 쟁점정리가 가능해지고 부당한 소송전술을 방지하고자 함에 있다.

2) 失機한 攻擊防禦方法의 却下

가) 당사자, 법정대리인 또는 소송대리인이 적시제출주의에 관한 규정을 어기어 고의 또는 중과실로 공격방어방법을 뒤늦게 제출함으로써 소송의 완결을 지연시키게 하는 것으로 인정할 때에는 법원은 직권 또는 상대방의 신청에 따라 결정으로 이를 각하할 수 있다(제149조 I). 당사자가 제출한 공격방어방법의 취지가 분명하지 아니한 경우에, 당사자가 필요한 설명을 하지 아니하거나 설명할 기일에 출석하지 아니한 때에도 같다(제149조 II).

(i) 원고가 제출하는 사실상·법률상 주장, 피고가 제출하는 부인과 항변 등 일체의 소송자료나 그 외에 증거방법 등을 시기에 늦게 제출하여야 한다. 공격방어방법의 제출이 실기한 여부는 사건의 진행상황에 비추어 구체적으로 판단할 문제이다. 예컨대 항소심 제4차 변론기일에서 증인신청을 한 피고소송대리인이 그 증인신문을 위한 제5회 기일에 불출석하고 증인소환비용도 미납하였으므로 이 증거채택을 취소하고 변론을 종결하였던바, 그 후 피고대리인의 변론재개신청을 받아들여 제6회 변론기일을 지정고지하였어도 결석하고 제7회 기일에 피고대리인이 출석하여 다시 취소된 증인신청을 한 경우,[1] 또는 앞의 변론기일중 항변을 충분히 제출할 수 있었음에도 불구하고 항소심 제4차 변론기일에 비로소 유치권의 항변을 주장하는 경우[2] 등은 판례가 인정하는 실기한 공격방어방법의 예이다.[3] 항소심에서 공격방어방법을 제출한 경우에 그 실기 여부는 항소심만을 표준으로 하여 볼 것이 아니고, 제1심부터 변론의 경과를 두루 고려하여 판단하여야 할 것이다.[4] 항소심의 속심성과 법 제149조의 총칙적 적용에 비추어 이처럼 해석할 것이나 항소제도가 불복수단으로서의 기능을 발휘함에 지장이 없도록 운영상 배려가 있어야 할 것이다. 미성년자의 신용카드이용계약취소에 따른 부당이득반환청구사건에서 항소심에 이르러 동일한 쟁점에 관한 대법원의 첫 판결이 선고되자

1) 대판 1968. 1. 31. 67 다 2628.
2) 대판 1962. 4. 4. 61 민상 1122.
3) 제1심 이래 21개월이 지난 항소심에 이르러 비로소 증거위조항변을 하였다 하더라도 실기한 공격방어방법이 아니라는 대판 1992. 2. 25. 91 다 490 참조.
4) 方 438면, 李英 48면, 李時 333면, 金/姜 393면, 鄭/庾 293면, 姜 491면, 胡 430면.

그 판결의 취지를 토대로 신용카드 가맹점과의 개별계약 취소의 주장을 새로이 제출한 경우 위 주장이 당사자의 고의 또는 중대한 과실로 시기에 늦게 제출되었거나 제 1 심의 변론준비기일에 제출되지 아니한 데에 중대한 과실이 있었음을 판례는 인정하지 않았다.[1)]

(ii) 소송의 완결을 지연시키게 한다고 함은 제출된 공격방어방법을 채택하여 심리한다면 다시 기일을 필요로 하므로 각하할 때보다 그만큼 심리가 늦게 종결될 수밖에 없는 경우이다. 그러므로 예컨대 새로운 주장이나 항변을 제출하더라도 상대방이 즉시 자백하거나 명백히 다투지 아니하는 경우, 또는 변론기일에 즉시 조사할 수 있는 증거의 제출, 재정증인에 관한 신문신청 등은 대부분의 경우에 소송완결을 지연시키지 아니한다. 판례는 피고가 대법원의 환송판결 후 원심에서 비로소 원고가 농지매매증명을 얻지 못하였다는 항변을 하였더라도 이는 법률상의 주장으로서 별도의 증거조사를 필요로 하지 아니하고 이로 말미암아 소송완결이 지연되는 것도 아니므로 실기한 방어방법이 아니라고 한다.[2)] 뿐만 아니라 법원이 실기한 공격방어방법에 대한 각하결정을 하지 아니한 채 그 공격방어방법에 관한 증거조사까지 마친 경우에는 더 이상 소송완결을 지연시킬 염려는 없어졌다고 할 것이므로 새삼스럽게 각하판단은 할 수 없고, 또 실기한 공격방어방법이라도 따로 심리하거나 증거조사를 하여야 할 사항이 남아 있어 어차피 기일의 속행을 필요로 하고 그 속행기일의 범위 내에서 공격방어방법의 심리도 마칠 수 있거나 공격방어방법의 내용이 이미 심리를 마친 소송자료의 범위 안에 포함되어 있는 때에는 소송의 완결을 지연시키는 것으로 볼 수 없으므로 각하할 수 없다는 것이 판례이다.[3)] 다만 증거방법 중 요증사실에 대한 유일한 증거방법은 소송의 완결을 지연시킨다고 하여 각하할 수 없다.[4)] 그러나 유일한 증거라면 실기한 공격방어방법에 해당되기 위한 다른 요건을 충족하기 어려울 것이다.

---

1) 대판 2006.3.10. 2005 다 46363. 동 판결의 근거는 대법원판결이 선고되기 전까지는 미성년자의 신용카드 발행인과 신용카드이용계약이 취소되더라도 신용카드회원과 해당 가맹점 사이에 체결된 개별적인 매매계약이 유효하게 존속한다는 점을 알지 못한 데에 중대한 과실이 있었다고 단정할 자료가 없는 점과 취소권 행사를 전제로 하는 공격·방어방법인 경우에는 취소권 행사에 신중을 기할 수밖에 없어 조기 제출에 어려움이 있다는 점 등이다.

2) 대판 1992.10.27. 92 다 28921.

3) 대판 1994.5.10. 93 다 47615; 대판 2003.4.25. 2003 두 988.

4) 同旨 方 437면, 胡 434면. 그리고 대판 1962.9.26. 62 다 315. 반대는 李時 333면, 金/姜 394면, 鄭/庾 294면, 姜 491면, 김홍 433면. 그리고 대판 1969.4.19. 69 다 67; 대판 1968.1.31. 67 다 2628.

(iii) 실기한 공격방어방법의 각하는 상대방의 신청 또는 직권에 의하여 한다. 당사자의 신청을 인용 또는 각하하는 재판은 독립된 결정으로 하거나 판결이유 중에서 판단하여도 되며,[1] 각하당한 당사자는 종국판결에 대한 상소에 의하여 불복신청을 할 수 있다(제392조). 실기한 공격방어방법의 각하 여부는 법 제149조 1항의 문면상 법원의 재량에 속한다는 입장도 있으나,[2] 동조가 신속한 소송완결을 위한 공익적 규정이므로 필요적으로 각하하여야 된다고 본다.

당사자가 적당한 시기에 공격방어방법을 제출하지 아니하였거나 기일·기간의 해태, 기타 당사자에게 책임 있는 사유로 소송을 지연시킨 때에는 법원은 승소의 경우에도 지연으로 인한 소송비용의 전부나 일부를 부담하게 할 수 있다(제100조).

(iv) 실기한 공격방어방법의 각하는 당사자책임원칙에 근거를 둔 것이므로 변론주의가 지배하는 절차에 적용되며 직권탐지주의나 직권조사사항·가사소송(제12조)·행정소송 등에는 법 제149조의 준용이 없다.[3]

나) 적시에 제출된 공격방어방법이라도 그 취지가 명료하지 아니한 경우에 당사자가 필요한 석명에 불응하거나 석명할 기일에 출석하지 아니하면 법원은 직권 또는 상대방의 신청에 의하여 그 공격방어방법을 각하할 수 있다(제149조 II).

다) 중간판결(제201조)이 내려진 후에는 그 중간판결의 내용인 사항에 대하여 중간판결 이전에 제출할 수 있었던 공격방어방법은 당해 심급의 변론에서는 제출할 수 없다.[4]

라) 상고심에서는 상고이유서제출기간 내에 상고이유서에 기재하여 제출한 사항이 아니면 상고이유로서 고려되지 아니한다(제427조, 제428조, 제429조).

3) 변론준비기일을 연 경우 그 종결시까지 제출하지 아니한 공격방어방법은 변론에서 주장할 수 없도록 실권효를 규정한 것은(제285조 참조) 이미 언급한 바 있다. 또한 서면에 의한 변론준비절차는 재판장 등이 당사자에게 준비서면 등의 제출·교환이나 증거를 신청할 기간을 정하여 그 기간 내에 이를 시행하게 하는 방법으로 진행하므로 당사자가 이 기간을 넘긴 때에는 제출기간의 제한규정을 적용하여 실권효와 같은 제재를 가할 수 있다. 이러한 효과는 항소심에도 준용되므로 운영하

1) 대판 1951. 4. 28. 50 민상 18.

2) 方 437면, 李時 334면, 金/姜 395면, 鄭/庾 294면, 姜 493면, 胡 434면, 김홍 435면.

3) 다만 판례는 원칙적으로 변론주의가 지배하는 행정소송에서도 직권조사사항에 관한 것이 아닌 이상 실기한 공격 또는 방어의 방법의 각하에 관한 민사소송법 제149조 제1항이 준용된다고 한다. 대판 2003. 4. 25. 2003 다 두 988.

4) 方 438면.

기에 따라서는 항소심의 성격을 사후심으로 바꾸고 당사자의 변론갱신권을 제한하는 효과를 거둘 것이다.

Ⅵ. 辯論主義

1. 概 念

변론주의는 보통 좁은 의미로는 재판의 기초가 되는 소송자료, 즉 사실과 증거의 수집 및 제출을 당사자의 책임 및 권능으로 삼는 입장을 가리킨다. 따라서 제출주의라고도 한다. 이에 대하여 그와 같은 자료의 수집을 법원의 책임과 권능으로 하는 원칙을 직권탐지주의라고 한다. 그러나 변론주의를 넓게 이해하는 경우에는 당사자는 소송물인 사법적 권리관계를 자유로 처분할 수 있고, 그러한 사적자치의 원칙이 민사소송법에 반영되어 있으므로 당사자처분권주의를 포함하는 뜻으로 쓰이기도 한다. 그러나 변론주의는 심판자료의 수집과 제출에 관한 원칙이고 당사자처분권주의는 심판대상을 결정하는 원칙이므로 구별되어야 한다.

우리 민사소송법에는 변론주의의 원칙을 정면으로 선언한 규정은 없으나 변론의 필요성을 규정한 법 제134조 1항, 변론종결시까지 적시에 공격방어방법을 제출할 수 있다는 규정(제146조), 자백을 인정하고(제288조), 변론갱신을 요구하는 규정(제204조)과 직권증거조사는 예외적으로 인정되고 있는 것(제292조), 답변서의 제출의무(제256조), 변론 없이 하는 판결(제257조), 변론 전의 조치(제258조)에 관한 규정, 당사자의 사실관계와 증거에 관한 사전조사정리의무 등은 간접적으로나마 변론주의가 채택되어 있음을 말하는 근거들이다. 또한 특수소송절차에서는 변론주의를 배제하고 직권탐지주의에 의한다는 규정도(행소 제26조; 가소 제12조, 제17조; 소액 제10조 등) 통상의 민사소송절차에 있어서는 변론주의에 입각하고 있음을 알리는 근거가 된다.

2. 根據와 思想的 背景

1) 根 據

가) 本質說 민사소송은 사익에 관한 분쟁을 그 대상으로 하고 있고, 이를 해결함에 있어서는 직접적이고 제1차적 이해관계가 있는 당사자 자신의 자주적 노력이 필요하다. 그러므로 사실과 증거의 수집도 스스로 하도록 당사자의 권능을 인정하는 것이 타당하고 만일 그렇지 못할 때에는 자기책임을 다하지 못한 것이므로 패소시켜도 부당하다고 볼 수 없다는 것이다. 이러한 입장이 사적자치의 원칙에 의거한 본질설이다.

나) 利益說 사실관계가 복잡하고 천태만상인 민사사건에 있어서 법원이 전적으로 자료수집책임을 진다는 것은 실제상 불가능하므로 당사자의 이기심에 일임하면 충분한 자료의 수집을 통한 진실발견을 기대할 수 있다는 입장이다. 합목적적 수단설·이익설이라고 한다.

다) 節次保障說 당사자가 수집하여 변론에 제출되어 검토되었던 사실과 증거만을 재판의 기초로 하는 것이 그들 쌍방에 대한 불의의 공격을 막고 절차를 더 잘 보장하는 결과가 된다는 입장이다.

라) 判 例 민사소송에 있어서 변론주의를 채택하고 있는 것은 민사소송의 성질상 자료의 수집을 당사자의 책임으로 함이 일반적으로 진실을 얻는 지름길이며, 국가의 노력경감과 당사자에 대한 공평을 꾀할 수 있다는 고려에서 취하여진 것이라고 하고 있다.[1] 판례는 변론주의를 채택한 이유를 이러한 자기책임사상과 이기적 동기에서 찾으면서도 절차보장에 의한 공평한 재판도 아울러 고려하고 있다.[2]

2) 思想的 背景 변론주의의 근거와 내용, 그리고 사상적 배경은 때와 장소에 따라 차이가 있었으나 근대사회에 와서는 개인주의, 자유방임주의와 야경국가관의 기조하에 추상적으로 평등한 인간상을 전제로 하여 소송물의 처분과 절차진행의 주도권을 당사자에게 맡기는 소송법이 탄생하면서 본질설이나 이익설에 입각한 변론주의를 심리의 기본원칙으로 채택하였다. 그러나 19세기 후반 이후 급격한 사회변동에 대처하기 위하여 인간의 추상적 평등을 믿고 기회균등만 보장한 채 뒷전에서 야경국가적 임무만 수행하고 있던 국가사법기능의 강화 내지 변혁을 필요로 하였고, 이처럼 새로운 사회적 사상에 기하여 오스트리아에서는 이른바 사회적 민사소송법이 등장하게 되었다. 실질적으로 평등하지도 못한 대립당사자에게 사실발견의 책임을 똑같이 지우고 법원은 뒷전에서 방관하는 것이 얼마나 공평하지 못한가를 깨닫게 되자 전통적 변론주의에 대하여도 반성이 없을 수 없었다. 다만 최근의 소송의 직권화 경향도 오로지 법원의 소송지휘권능의 확대를 의미하는 데 그치고, 결코 변론주의의 폐기와 경찰국가시대의 규문소송의 부활을 목적으로 하는 것은 아니다.

3) 現代的 意義 민사소송이란 법원이 절차를 주도하는 가운데 대립당

1) 대판 1959. 7. 2. 58 민상 336.
2) 대판 1990. 6. 26. 89 다카 15359.

사자간의 공방을 통하여 실체적 진실을 밝혀 내고 타당한 법적용을 통하여 권리 있는 자를 구제하는 절차이다. 그러므로 우선 당사자가 경험한 과거의 사실을 중립적 판단관인 법관 앞에 정확하게 재현시키는 일이 가장 중요하다. 이 같은 작업은 실체적 진실발견이라는 목표를 공동으로 추구하는 법원과 당사자가 분담하여 공동수행해야 하지만, 과거사실은 이를 경험한 당사자가 법원보다 더 잘 말할 수 있으므로 시대사조나 절차법의 목적이 아무리 변화하더라도 사실에 관한 주장을 일단 당사자의 책임으로 하는 입장은 언제나 원칙적 타당성을 갖는다. 이에 대응하여 법원의 입장은 소송절차의 엄정한 주관자로서 당사자 양쪽이 진실발견을 위하여 전개하는 모든 공방전과 소송자료 수집활동이 공정한 경기규칙에 따라 진행되도록 관리하고 당사자가 변론에 제출한 소송자료만을 재판의 기초로 삼는다. 이렇게 하면 결과적으로 당사자에 대한 절차보장, 재판의 공평성과 신뢰를 확보할 수 있게 된다. 소송과정은 당사자와 법원간에 이 같은 내용의 협업 및 분업하에 있는 것이므로 변론주의는 그 범위 내에서 변함 없는 기능을 발휘할 것이다.[1)]

3. 內　容

변론주의는 첫째, 법원은 당사자가 변론에서 주장하지 아니한 사실은 판결의 기초로 삼을 수 없고(사실의 주장책임), 둘째, 당사자간에 다툼 없는 사실은 그대로 판결의 기초로 삼아야 하며(자백의 구속력), 셋째, 다툼 있는 사실을 인정하려면 반드시 당사자가 제출한 증거에 의해야 함(당사자의 증거신청 —— 직권증거조사금지)을 그 내용으로 한다.

1) 事實의 主張責任

가) 主張責任과 辯論主義 　법원이 판결의 기초로 삼을 수 있는 주요사실은 오직 당사자가 변론에서 주장(진술)해야 하고[2)] 비록 자기의 주장사실을 서

1) 근래에 독일에서 일부 법관들이 주장하는 이른바 사회적 소송관 내지 사회적 법치국가관의 영향을 받아(예컨대 Wassermann) 우리나라에서도 변론주의는 더 이상 기능을 발휘하지 못하므로 앞으로는 협동주의로 나아가야 한다는 주장이 대두되고 있다. 예컨대 吳容鎬, "변론주의에 관한 고찰," 민사법의 제문제, 溫山方順元先生古稀記念, 386면 이하(1984). 이에 대한 반대로는 胡文赫, "민사소송에 있어서의 이념과 변론주의에 관한 연구," 서울대 법학 제30권 3호, 4호, 237면 이하. 독일에서의 변론주의에 대한 비판과 그에 대한 반론은 Leipold, Zivilprozeßrecht und Ideologie-am Beispiel der Verhandlungsmaxime-, JZ 1982, 441ff. 참조.

2) 대판 1983. 2. 8. 82 다카 1258.

면에 기재하여 법원에 제출하였다 하더라도 변론에서 진술되지 아니한 이상 법원은 이를 당해 사건의 판단자료로 삼을 수 없다.[1] 이같이 자기에게 유리한 주요사실을 변론에서 주장하지 아니하면 그 사실이 존재하지 아니하는 것으로 재판상 취급되어 불이익한 재판을 받게 되는 위험부담을 주장책임이라고 한다. 그러므로 예컨대 소멸시효완성의 항변을 주장한 바 없는 데도 불구하고 시효로 소멸되었다고 판단하거나[2] 동시이행의 항변을 제출한 바 없는데 직권조사를 하여 이를 인정할 수 없다.

다만 그 같은 사실은 어느 당사자에 의하여 주장되었든 간에 변론에 현출되기만 하면 판결의 자료로 삼을 수 있으므로 반드시 주장책임을 지는 당사자만이 진술하여야 하는 것은 아니다. 이를 주장공통의 원칙이라고 한다.[3]

나) 訴訟資料와 證據資料의 峻別

(i) 證據資料에 나타난 主要事實　　당사자가 변론에서 주장하지 아니하였으나 법원이 증거조사를 하는 기회에 나타난 주요사실을 판결의 기초로 삼을 수 있을까. 예컨대 변제사실을 피고가 항변을 통하여 주장한 바 없으나 증인의 증언에서 변제사실이 진술되고 법원도 이를 신용할 수 있을 때 법원이 이 사실을 인정하여 채무가 소멸하였다고 판단할 수 있는가 하는 점에 대하여는 소극적으로 해석하는 것이 대부분의 견해이다.[4] 그리하여 증인의 진술은 증거자료로서 당사자의 변론에 현출되는 소송자료를 인정하는 수단에 불과하므로 증거자료에 의하여 소송자료를 보충할 수 없다고 한다. 왜냐하면 증인의 증언 등에 의하여 당사자가 주장하지 아니한 사실을 인정하거나 당사자의 주장을 변경 또는 보충할 수 있다고 하면 이는 당사자의 의사에 반하고 상대방의 방어를 곤란하게 만들기 때문이다.

(ii) 間接的 主張　　그러나 당사자의 명확한 진술이 없더라도 증인의 증언으로부터 사안에 관계 있는 사항이 진술되었을 때에는 그것도 판결의 기초로 삼자거나 주장이 있는 것으로 보자는 견해가 있다.[5] 이처럼 당사자가 변론에서 명시적으로 주요사실에 대한 주장을 하지 아니하였으나 일정한 증거자료의 제출행위 및 증거조사결과의 원용행위를 들어 간접적으로 이를 주장한 것으로 보는 경

1) 대결 2001. 12. 14. 2001 므 1728.
2) 대판(전) 1978. 12. 26. 78 다 1417.
3) 제 5 편 제 2 절 통상공동소송의 심판 참조.
4) 方 392면 등 통설. 대판 1987. 2. 24. 86 다카 443, 444.
5) 李英 137면, 金/姜 368면.

우를 간접적 주장이라고 한다. 또한 주요사실을 주장해야 하는 경우에도 그 주장은 명시적인 진술에 한정하지 아니하고, 변론의 전취지, 증거의 제출 및 원용에 의하여 주장이 있는 것으로 볼 수 있다는 것이다.[1)]

간접적 주장의 개념은 변론주의의 엄격성을 완화할 필요가 있다는 견지에서도 어느 정도 인정되어야 할 것이다. 따라서 당사자의 일정한 소송행위에 비추어 보아 당연히 주요사실의 주장이 예상되는 경우 상대방의 방어권 행사에 지장을 주지 않는 범위 내에서 변론의 전취지에서 보아 간접적 주장을 인정할 수 있을 것이다.

(iii) 판례도 점차 소송자료와 증거자료를 준별하던 태도를 완화하는 경향이 엿보인다.[2)] 그러나 이 같은 경우에는 소송운영기술상 석명권을 발동하여 주장을 촉구하고, 변론에서 그와 같은 주장이 나왔을 때 판결의 기초로 삼는 것이 순리일 것이다.[3)]

다) 主要事實·間接事實·補助事實의 구별 소송에서 문제되는 사실은 주요사실·간접사실·보조사실로 나눌 수 있다. 변론주의하에서의 주장책임은 주요사실에 한하여 적용되고, 간접사실이나 보조사실에는 적용이 없다. 그러므로 간접사실이나 보조사실은 당사자가 변론에서 주장하지 아니하거나 반대되는 변론이 있어도 증거자료에 의하여 법원이 이를 인정할 수 있다.[4)] 따라서 그 구별이 중요하다.

(i) 主要事實

a) 槪 念 주요사실은 구체적 법적 효과를 발생시키는 데 직접 필요한 법률요건사실을 가리킨다.[5)] 요건사실 또는 직접사실이라고도 한다. 변제·상계·취소·소멸시효[6)] 또는 그 중단사유, 불법행위의 요건사실이나 손해산정의 기초가 되는 월수입,[7)] 가동연한, 생계비 등은 판례에 자주 나타나는 주요사실의 예이다.

b) 主要事實의 主張 여부 문제는 주요사실에 관하여 당사자의 주장이

1) 판례가 변론의 전 취지를 통한 간접적 주장을 인정하는 것에 대하여 비판적인 견해로 김홍 392면.
2) 대판 1998. 2. 27. 97 다 45332; 대판 2008. 4. 24. 2008 다 5073 등 참조.
3) 동지 李時 310면, 胡 393면, 김홍 393면.
4) 대판 1993. 4. 13 92 다 23315, 23322; 대판 1994. 9. 30. 93 다 26496.
5) 대판(전) 1983. 12. 13. 83 다카 1489.
6) 대판 1995. 8. 25. 94 다 35886.
7) 대판 1998. 5. 15. 96 다 24668.

있었는지 여부가 불분명한 경우에 어떻게 할 것인가이다.

기본적으로는 주장의 의미내용을 변론의 전취지에 비추어 주장이 있었는지 여부를 판단할 것이고 변론에 나타난 증거자료에 의하여 인정할 수 있는 사실은 간접적으로 주장이 있었다고 말할 수 있을 것이다.[1] 이런 관점에서 당사자가 매매사실을 주장한 경우에는 무권대리인으로부터 매수하여 본인의 추인을 받은 경우의 주장도 포함되었다고 보며,[2] 피고가 공매로 인한 매득금 중에서 체납세금과 체납처분비용으로 충당한 잔액을 환급청구하고 이를 수령하였다면 그 추인주장에는 세무서에 대해서 위 공매처분에 대한 하자주장을 포기한 취지도 포함된 것으로 볼 수 있다고 하며,[3] 어음금 청구소송에서 제권판결을 제출한 경우에 어음의 무효를 주장한 것으로 인정할 수 있다고 한다.[4] 또한 채권양도 사실을 내세워 당사자적격이 없다고 하는 본안전 항변의 주장 속에는 원고가 채권을 양도하였으므로 채권자임을 전제로 한 청구는 이유 없는 것이라는 취지의 본안에 관한 항변이 포함되어 있다고 보고,[5] 어느 재산이 종중재산으로 설정된 경위에 관한 주장·입증은 반드시 명시적임을 요하지 아니하며 그 재산이 종중재산이라는 주장·입증 속에 그 설정경위에 관한 사실이 포함되어 있다고 볼 수 있으면 족하다고 한다.[6] 그러나 피고가 원고주장의 매매사실을 부인하는 경우에 법원이 증거에 의하여 매매계약체결사실은 인정되나 그 후 채무자의 채무불이행으로 매매계약이 해제되었다고 판시하였다고 하더라도 당사자가 주장하지도 아니한 사실을 인정하여 변론주의에 위배하였다고 볼 수 없다는 판례는[7] 너무 넓은 범위로 주장사실을 받아들이는 결과가 되고, 따라서 변론주의의 기능을 약화시킬 염려가 있으므로 부당하다고 할 것이다. 그러나 판례는 원고가 무지·빈곤·무경험으로 인하여 합의약정을 한 것은 무효라는 주장 속에는 착오의 의사표시로서 이를 취소한다는 취지가 아니라 불공정한 법률행위로서 무효라는 주장을 한 것으로 보아야 하고,[8] 지방자치단체의 소유권 시효취득주장에는 토지소유자가 일반주민에게 도로로서 통행할 권한을 부여함으로써 그 토지에 대한 배타적 사용수익권을 포기하였다는

1) 대판 1987.9.8. 87 다카 982.
2) 대판 1957.7.9. 56 민상 648.
3) 대판 1973.6.5. 69 다 1228.
4) 대판 1980.12.9. 80 다 2432.
5) 대판 1992.10.27. 92 다 18597.
6) 대판 1992.12.11. 92 다 18146; 대판 1995.11.14. 95 다 16103.
7) 대판 1975.5.27. 75 다 573.
8) 대판 1993.7.13. 93 다 19962.

주장이나 지방자치단체가 관습에 의한 지역권 또는 민법 제302조의 특수지역권을 시효취득했다는 주장이 포함되어 있다고 볼 수 없다고 한다.[1)]

c) 不要證事實의 주장　공지사실 또는 법원에 현저한 사실은 증거자료에 의하지 않고 사실을 인정할 수 있지만(제288조) 당사자가 변론에서 주장하지 않았다 하더라도 법원이 참작할 수 있느냐가 문제이다.

이에 대해서 판례는 처음에 법원에 현저한 사실은 당사자가 이를 변론에서 채용하지 아니하였다 하여서 그 소송법상의 성질이 변경될 리 없고 증명을 요하지 아니하는 노력에 기여한 영향도 받을 바 아니라고 하여[2)] 적극설을 취하였으나, 나중에는 변론주의하에서는 법원에 현저한 사실이라 할지라도 당사자가 그 사실에 대한 진술을 하지 않는 한 법원은 그것을 사실인정의 자료로 할 수 없는 것이다[3)] 라고 하여 소극설을 취하고 있다. 이 문제는 공지성이라는 점을 우선시킬 것인가 아니면 변론주의의 엄격한 적용을 통하여 당사자에게 절차의 공정성을 보장할 것인가에 관한 문제이나 소극설이 타당하다고 생각한다.

(ii) 間接事實

a) 槪　念　간접사실은 주요사실의 존부를 추인하는 데 이바지하는 사실, 즉 징빙을 가리킨다. 변론주의가 주요사실에만 적용되는 이유는 간접사실은 주요사실의 증명수단에 불과하고 이는 주요사실을 인정하는 데 있어서 하나의 증거자료에 불과하다고 볼 수 있기 때문이다. 어떠한 증거자료를 사실인정의 자료로 삼느냐 함은 법관의 자유심증에 일임되어 있으므로 간접사실에 대하여는 당사자가 주장하지 아니하더라도 또는 그 주장과 반대로 법원은 증거에 의하여 인정할 수 있다고 한다.[4)] 예를 들면 고의·과실이 주장되었으면 당사자의 진술과는 다른 사정에 기하여 이를 인정하거나, 소유권취득에 관한 진술이 있었을 때 그 취득경위에 관하여 당사자주장과 달리 취득사실을 인정하여도 무방하다.

b) 판례가 인정하는 간접사실의 예로는 계약성립경위,[5)] 변제기일,[6)] 중도금 지급경위,[7)] 등기말소청구소송에서 소유권이전등기경위,[8)] 부동산등기원인일

1) 대판 1993. 8. 24. 92 다 26000.
2) 대판 1963. 11. 28. 63 다 493. 方 464면, 金/姜 483면, 鄭/庾 485면.
3) 대판 1965. 3. 2. 64 다 1761. 李時 452면, 姜 517면.
4) 대판 1968. 4. 30. 68 다 182.
5) 대판 1971. 4. 20. 71 다 278.
6) 대판 1962. 4. 4. 61 민상 1013.
7) 대판 1993. 9. 14. 93 다 28379.
8) 대판 1969. 7. 8. 69 다 486.

자,[1] 계약해제 여부에 관한 사실에서 대물반환문제,[2] 취득시효기산일,[3] 자동차충돌경위,[4] 일실이익의 현재가산정방식[5] 등을 들 수 있다. 주요사실과 간접사실의 구별은 직접증거와 간접증거의 그것에 대응한다.

(iii) 보조사실은 증거방법의 증거능력과 증거가치에 관한 사실이다. 예컨대 서증의 위조사실이나 증인의 위증으로 인한 처벌사실 등이 그것이다. 보조사실에도 변론주의의 적용이 없고 간접사실에 관한 설명이 그대로 타당하다.

(iv) 主要事實과 間接事實의 구별에 대한 批判 　사실을 위와 같이 법규의 구조 속에서 보아 법률효과를 발생시키는 법규의 직접요건에 해당되는 사실을 주요사실로 보고 그 이외의 사실을 간접사실이라고 구별하는 통설과 판례의 입장을 법규기준설이라고 한다. 최근 이 설에 의한 주요사실과 간접사실의 구별이 모호하다거나, 법규요건에 해당하지 아니하는 간접사실이라고 하더라도 공해소송 등에서는 주요사실에 못지 않게 소송결과에 영향을 미치므로 변론주의의 적용이 요청되는 경우가 있다는 비판이 있다.[6] 그러나 주요사실의 기준과 범위를 법규의 구조를 떠나서 그 본래적 기능에 따라 재정립하자는 것은 너무 막연한 발상이라고 아니할 수 없다.

2) 自白의 拘束力 　변론주의의 원칙상 주요사실에 관하여 당사자간에 다툼이 없을 경우, 즉 자백(제288조) 또는 의제자백(제150조)[7]이 있을 때에는 법원은 이를 그대로 판결의 기초로 삼을 것이며, 증거에 의하여 이와 상치되는 사실을 인정할 수 없다.[8] 즉 자백이 있으면 법원의 증거에 의한 사실인정권이 배제된다.[9]

1) 대판 1966. 2. 28. 65 다 2549.
2) 대판 1971. 6. 8. 71 다 581.
3) 대판 1987. 2. 24. 86 다카 1625; 대판 1998. 5. 12. 97 다 34037. 반대판례로는 대판 1964. 5. 26. 63 다 974. 그리고 소멸시효의 기산점은 주요사실이라는 대판 1971. 4. 30. 71 다 409 참조.
4) 대판 1979. 7. 24. 79 다 879.
5) 대판 1983. 6. 28. 83 다 191.
6) 특히 정당한 사유, 고의, 과실의 경우와 같은 일반조항 자체를 주요사실로 볼 것인가에 관한 논의와 관련하여 문제가 된다. 상세는 姜 419면 이하, 李時 312면은 변론주의의 적용을 필요로 하는 간접사실을 상정하여 준주요사실로 보자고 한다. 胡 391면, 김홍 395면은 이러한 개념을 만들 필요가 없다고 하며, 그 근거로 준주요사실로 내세우는 "과실" 등의 개념은 그 자체가 사실에 대한 법적 평가 그 자체가 대상으로 변론주의의 적용사항이 아니어서 만일 과실이 요건사실이면 과실로 평가되는 음주운전, 과속운전 등이 주요사실이라고 한다.
7) 대판 1962. 9. 27. 62 다 342.
8) 대판 1976. 5. 11. 75 다 1427.
9) 대판 1966. 11. 23. 61 민상 70; 대판 1983. 2. 8. 82 다카 1258.

법원이 자백에 구속되는 이유는 그 사실로부터 발생한 권리가 당사자가 자유처분할 수 있는 것이라는 점과 이해관계 있는 상대방이 그것을 다투지 아니하고 인정하는 태도에 비추어 거의 진실한 것으로 취급함이 상당하다는 생각에서 나온 것이다.

자백의 대상은 주요 사실에 한하므로 간접사실, 경험법칙 또는 법률상 진술에 대한 자백 또는 자기에게 불리한 권리관계나 법률효과의 존부를 인정하는 권리자백은[1] 법원을 구속하지 아니한다. 다만 현저한 사실에 반하는 자백에는 구속력을 인정할 수 없다고 본다.[2]

3) **證據申請** 변론주의하에서는 증거방법도 당사자가 결정하므로 다툼있는 사실의 인정에 쓰일 증거방법도 당사자가 신청한 것에 의하여야 한다. 다만 당사자가 신청한 증거에 의하여 심증을 얻을 수 없을 경우에 법원은 예외적·보충적으로 직권에 의한 증거조사를 할 수 있다(제292조). 증거신청은 증거제출책임이 있는 당사자만이 해야 하는 것은 아니므로 어느 당사자가 하였는가는 문제되지 아니한다. 이를 증거공통의 원칙이라고 한다.

4. 辯論主義의 修正과 그 限界

고전적 변론주의는 애당초 분쟁당사자의 소송수행능력의 평등을 전제로 자기책임사상에 입각하여 출발되었으나 19세기 말 이후 당사자의 능력이 평등하지 아니함을 깨닫게 되었고 민사소송은 동시에 국가의 임무이기도 하다는 반성이 강조되어 변론주의는 실질적 수정의 길을 걷게 된다.

우선 변론주의 자체의 개념과 내용의 재조정을 통하여 과거의 소박한 자기책임원칙이 수정된다. 이미 고찰한 바와 같이 주장책임을 부담하는 당사자가 주장한 사실이 아니면 판결의 기초로 삼을 수 없다는 원칙을 완화하는 것, 변론주의의 적용범위를 주요사실에만 한정하고 자기책임의 원칙이 작용하는 여지도 그것에만 한정하는 것, 직권증거조사의 확장 등은 어느 것이나 변론주의의 테두리 안에서 그 고전적 내용의 수정이라고 볼 수 있다. 다른 한편 변론주의의 테두리 밖에서 별개의 이념, 예컨대 진실의무나 석명권의 강조를 통하여도 변론주의가 보완되고 그 외연이 수정되었다.

---

1) 대판 1962. 4. 26. 61 민상 1071; 대판 1992. 2. 14. 91 다 31494.
2) 대판 1959. 7. 30. 58 민상 551.

1) 眞實義務

가) 이는 소송에서 당사자는 진실을 말하지 않으면 안된다고 하는 의무, 보다 구체적으로 분석하면 '허위진술의 금지'와 '불완전진술의 금지'는 물론 진실에 합치하는 것으로 알고 있는 상대방의 진술을 다투어도 안된다는 소송법상의 의무를 뜻한다.

나) 당사자의 자기책임을 강조하는 고전적 변론주의하에서는 진실의무를 인정한다고 하는 것은 이념적인 모순이 아닐 수 없다. 따라서 그것이 도입됨[1]에 있어서 고전적 변론주의의 비판을 받는 것도 당연하였다. 그러나 변론주의는 하나의 기술적 내지 합목적적 고려의 산물에 불과하고 민사소송도 실체적 진실발견을 목표로 하고 있으므로 변론주의와 진실의무는 모순되는 것이 아니라 오히려 변론주의를 보완하는 것으로서 파악될 수 있다. 진실의무가 실정법상 규정되기도 하고, 학설에서도 강력히 창도되어 온 배후에는 이러한 변론주의에 대한 이해의 변화가 잠재되어 있다. 이것이 단순한 윤리도덕적 의무라는 반론도 있을 수 있으나 신의칙(제1조)의 연장으로 이해하여 변론주의의 탈선가능성을 방지하고 적정한 재판을 도모하기 위하여 인정할 필요가 있다.[2]

다) 우리나라에 있어서는 진실의무에 관한 명문의 규정은 없지만, 그렇다고 하여 진실의무는 존재하지 않는다고 속단해서는 안된다. 오히려 법 제363조(문서성립부인에 대한 제재), 제370조(거짓 진술에 대한 제재) 등은 진실의무를 전제로 한 규정이라고 볼 수 있다.[3]

2) 釋 明 權

가) 槪　念　　석명권은 소송의 내용을 이루는 사실관계와 법률관계를 명료하게 하기 위하여 당사자에게 사실상과 법률상의 사항에 관하여 발문하고 입증을 촉구할 뿐만 아니라 당사자가 간과한 법률상의 사항을 지적하여 의견진술의 기회를 주는 법원의 권능을 말한다(제136조). 당사자의 소송활동 및 입증활동에 있어서 애매모호하거나 간과하였거나 부족한 점을 보완하여 변론의 충실과 사건의 진상파악을 효율적으로 도모하는 법원의 소송지휘적, 후견적 임무이다. 특히 우리나

1) 1896년의 오스트리아 민사소송법 제178조에 먼저 등장하고 1933년의 독일 개정민사소송법 제138조에 신설되었다. 그 사이에 스위스의 취리히, 베른, 이탈리아의 민사소송법도 이를 명언하고 있다.

2) 鄭/庾 321면.

3) 方 394면, 李英 139면, 李時 314면, 姜 423면, 金/姜 373면. 金祥源, "석명권에 관한 소고," 사법논집 제 1 집, 192면.

라와 같은 본인소송주의하에서는 소송상 지위가 실질적으로 불평등한 당사자를 억울하게 패소하는 일이 없도록 법원이 당사자의 소송자료제출에 협력해 주는 의미도 크다.

이를 법원의 권한으로 보면 석명권이라고 할 수 있으나, 석명권행사를 적정재판을 위한 법원의 의무라고 보면 석명의무라고도 볼 수 있으므로 석명권은 권리와 의무의 양면성을 가진다.[1] 법원이 석명할 때에는 당사자에 대하여 변론기일 또는 변론준비기일에서 발문하는 방법에 의하므로 경우에 따라서는 발문권 또는 발문의무라고도 한다.

《석명권이 행사되는 경우》

법원의 석명			
신 청	소송요건	사실관계	증 거
부적절함=불명확, 불특정, 잘못됨	소송상 항변을 안 함	흠결=결정적이지 못한 공격 또는 방어방법	흠결=하자 있는 증거 신청 또는 증거 신청의 부재

나) 釋明權과 辯論主義 민사소송심리의 원칙이 변론주의라고 하더라도 법원과 당사자는 실체적 진실발견이라는 공통목표를 지향하고 있으므로 당사자가 법률상의 사항을 간과하여 진술하지 아니하거나 당사자 양쪽의 주장과 입증만으로는 소송관계가 애매해지고 쟁점이 흐려지며 요증사실에 대한 입증이 불완전하게 될 때에는 적정한 재판을 위하여 법원의 석명권행사가 요청된다. 당사자가 지식, 경험 또는 경제력에 있어서 대등하지 아니하여 충분한 변론을 기대할 수 없는 경우에 이에 대비하여 석명권을 행사하도록 한 것이니 만큼 변론주의와 석명권은 상호보완하는 관계에 있게 되고, 따라서 석명권은 변론주의의 적이 아니라 그 벗이 된다.[2] 원래 석명권은 사회적 법치국가의 이상을 실현함에 이바지하는 제도라고 보는 견해도 있으나[3] 이는 민사소송절차 내에서 실질적인 당사자평등을 보장하려는 수단이라고 본다.

다) 釋明權의 行使 석명권은 사건을 심판하는 법원에게 부여된 권능이므로 합의부의 경우 재판장이 법원을 대표하여 행사한다(제136조 I). 그러나 합의부원

1) 대판 1967. 12. 5. 67 다 1762.
2) 대판 1959. 7. 2. 58 민상 336. 胡 397면.
3) 李時 319면.

인 법관도 재판장에게 알리고 당사자에게 사실상과 법률상의 사항에 관하여 질문하거나 입증을 촉구할 수 있다(제136조 Ⅱ). 합의사건에 관하여 변론준비기일이 시작된 때에는(제279조) 수명법관이 법원을 대표하여 행사한다(제286조).

당사자도 상대방에 대하여 석명을 구할 수 있으나 직접 발문할 수 없고 재판장에 대하여 필요한 석명을 요구할 수 있다(제136조 Ⅲ).

재판장 또는 합의부원인 법관의 석명권 행사에 대하여 당사자가 이의하면 법원이 결정으로 재판한다(제138조, 민소규 제26조).

석명기능의 가장 중요한 것이 질문이나 입증촉구를 내용으로 하는 재판장의 석명권행사이지만(제136조), 그 외에도 필요에 따라 석명준비명령(제137조)을 발할 수 있고, 기타의 광범위한 석명처분을 할 수 있는 제도를 마련하였다(제140조). 석명처분은 다툼 있는 사실에 대한 증거자료를 얻기 위한 것이라기보다 변론내용을 이해하여 소송관계를 명료하게 하려는 취지에서 인정된다. 당사자본인 등의 출석명령, 문서 기타 물건의 제출명령, 당사자 등이 제출한 문서 등의 유치, 제3자가 제출한 물건의 유치, 검증이나 감정의 처분, 조사촉탁 등의 처분을 할 수 있다.

라) 釋明權의 範圍와 限界 석명권은 기능면에서 변론주의와 밀접한 관계를 맺고 있으므로 그 구체적 범위와 한계가 문제로 된다. 그 행사를 게을리 하면 법원이 불친절하다는 비난을 받게 되고 지나치게 행사하면 진상의 파악을 그르치거나 편파적 심리를 한다는 비난을 받기 쉽다. 이 문제는 변론주의의 가치를 이해하는 입장이나 사건에 임하는 법관의 심리기술 또는 소송관에 따라서도 달라질 것이다.

우선 소송관계가 명료하여 아무런 의문이 없는 때에는 석명권행사가 불필요하다. 그렇지 아니한 경우에는 석명권의 범위가 문제로 되는데 판례와 통설은 모두 소극적 석명은 허용되지만, 적극적 석명은 변론주의에 위반되며 석명권의 한계를 넘는다고 한다.

(i) 항상 허용되는 소극적 석명은 대체로 다음 세 가지 경우이다.

첫째, 불명료를 바로잡거나 訴訟資料補完을 위한 釋明 법원은 다툼 있는 사건에 법규를 적용하여 해결하는 것이 그 임무이므로 당사자의 신청이나 주장을 법규의 면에서 검토하여 법률효과발생에 필요한 요건사실의 존부가 애매모호·불완전·모순된 때에는 이를 명료하게 하기 위하여 정정·보충을 촉구함으로써 자료보완적 석명을 하여야 한다. 그러므로 당사자, 청구취지 또는 그 변경,[1)]

1) 원고가 항소심에서 청구취지 및 원인을 변경하면서 계산착오로 청구금액을 감축기재하였

심판대상, 청구원인 또는 청구원인을 이유 있게 하는 주장·항변·재항변 또는 부인답변 등이 그 자체 불명료 또는 불완전하면 보충적 석명이 필요하다. 판례는 원고가 반소제기 전의 변론기일에 진술된 준비서면에서 변제공탁사실을 주장하고 공탁서를 증거로 제출하였다면 반소가 제기된 후 이 주장을 반소에 관한 항변으로 원용하거나 반소에서 변제공탁의 항변을 한 일이 없다 할지라도 법원으로서는 석명권 행사를 통하여 본소에서 한 변제공탁주장을 반소에 관한 항변으로 원용하는지 알아보고 이 점에 대하여 심리하여야 한다고 한다.[1] 또한 발행인에 대한 약속어음금 청구사건에서 수취인란 등의 보충 여부를 재판의 기초로 삼기 위하여서는 원고가 이 점에 대하여 변론을 하지 않는 이유가 무엇인지를 석명하고 원고에게 이 점에 대한 변론의 기회를 주었어야 함에도 불구하고 수취인란 등이 보충되지 않았다는 이유로 원고청구를 기각한 것은 석명의무위반이라고 한다.[2]

둘째, 立證促求的 釋明 다툼 있는 사실에 관하여 입증책임을 지는 당사자가 전연 증거신청을 아니할 경우에 주의를 환기시키어 입증을 촉구하는 석명을 하여야 한다. 그러므로 당사자가 비록 부분적으로 입증활동을 하더라도 당해소송 정도로 보아 중요한 증거방법의 제출이 기대되는데, 당사자의 오해 또는 부주의 등으로 이를 제출하지 아니할 때에는 그 입증을 촉구할 수 있다.[3] 또한 불법행위에 기한 손해배상책임이 인정되는 경우에는 배상액에 관한 입증이 없다 하여 청구기각을 할 것이 아니라 반드시 석명권을 발동해서 입증을 촉구해야 한다.[4] 그러나 입증촉구에 불응할 뿐만 아니라 명백히 그 입증을 하지 않겠다는 의사를 표시한 경우에는 법원은 피고에게 손해배상책임을 인정하면서도 그 액수에 관한 증거가 없다는 이유로 청구를 배척할 수 있다.[5]

셋째, 統制的 釋明 당사자의 주장이 다른 주장에 비추어 모순되거나 무의미하거나 간교한 경우에는 소송관계가 불명료한 경우라도 판결에 영향을 미칠

음이 기록상 명백한 경우 법원은 석명권을 행사하여 위 금액이 착오로 인한 것인지 아니면 일부만 청구한다는 취지인지를 밝혀야 한다는 것으로는 대판 1997. 7. 8. 97 다 16084.

1) 대판 1993. 3. 26. 92 다 38065, 38072.

2) 대판 1993. 12. 7. 93 다 25165. 또한 유익비상환청구권이 인정된다면 석명권을 행사하여 상환액에 관한 입증을 촉구하여야 한다는 대판 1993. 12. 28. 93 다 30471.

3) 대판 1965. 8. 24. 65 다 1151.

4) 대판 1987. 12. 12. 85 다카 2453; 대판 1998. 5. 12. 96 다 47913.

5) 대판 1994. 3. 11. 93 다 57100. 불법행위로 인한 손해발생사실은 인정되나 손해액에 관한 증명이 불충분하여 법원이 증명을 촉구하였음에도 원고가 이에 응하지 않으면서 손해액에 관하여 나름의 주장을 펴고 그에 관해서만 증명을 다하는 경우, 법원이 스스로 적당하다고 생각하는 손해액산정기준이나 방법을 적극적으로 제시할 의무를 인정하지 않은 판결로는 대판 2010. 3. 25. 2009 다 88617.

만한 당사자의 중요한 주장에 국한하여 불요부당한 점에 대한 통제적 석명을 하여 쟁점을 정리하여야 한다.

(ii) 그러면 변론주의의 한계를 넘는 적극적 석명이란 무엇인가.

첫째, 신소송자료를 제출하거나, 청구취지 또는 청구원인을 합리적으로 변경하면 승소가능성이 있을 경우에 새로운 소송자료의 제출을 권유하는 것이 허용되는가 이다. 무조건 신청구로의 변경을 권유할 수 있는 것이 아니고, 당사자의 종전주장이 불충분하거나 증거자료가 부족한 청구 및 청구원인이 종전에 제출되어 있는 소송자료와의 합리적 관련성, 즉 법률상 또는 논리상 예기되는 범위 내에 있는 경우에만 허용되는 것이라고 볼 것이다.[1] 그러므로 소송자료에 관하여 당사자의 주장이 명료하고 충분한데도 불구하고 당사자가 주장하지도 아니한 공격방어방법이나 법률효과에 관한 요건사실을 제출하도록 권유함은 석명권행사의 한계를 일탈하는 것이다.[2] 따라서 판례는 예컨대 채무의 변제항변을 하지 아니하는 경우에는 변제 여부를 석명할 필요가 없다고 하였다.[3]

둘째, 증거자료에 관하여는 입증책임 있는 당사자가 전연 입증하지 아니하는 때에 입증을 촉구할 책임은 있으나 구체적 증거방법의 제출을 시사함은 석명권의 범위를 넘는 것이라고 한다.[4]

요컨대 소송관계를 명료하게 하기 위하여 당사자의 신청이나 주장이 불명료·불완전 또는 전후모순되는 경우에 이를 바로잡을 기회를 주고, 다툼 있는 사실에 대한 증거제출을 촉구하는 소극적 석명이 허용됨은 당연하다. 그러나 이보다 한 걸음 더 나아가서 당사자에게 전연 새로운 신청이나 주장을 추가하도록 시사하거나 새로운 증거방법의 제출을 촉구하는 적극적 석명은 변론주의에 반하고 석명권의 범위를 넘어서는 것이다.[5] 다만 최근에 석명권을 강화하는 법개정, 그리고 석명권의 범위를 확대해 가는 판례의 경향과 더불어[6] 일정한 범위 내에서

1) 대판 1960. 9. 29. 60 민상 69. 취소대상이 제1차 계고처분임에도 불구하고, 청구취지에서 취소의 대상이 아닌 제2차 계고처분의 취소를 구하고 있는 경우, 석명을 구함이 없이 소를 부적법각하한 것은 석명권불행사라는 판례로는 대판 1992. 3. 13. 91 누 5372.

2) 대판 1996. 2. 9. 95 다 27998; 대판 1997. 4. 25. 96 다 40677, 40684; 대판 1997. 12. 26. 97 다 39742.

3) 대판 1990. 7. 10. 90 다카 6825, 6832.

4) 대판 1964. 11. 10. 64 다 325.

5) 대판 1994. 8. 12. 94 다 13053; 대판 1994. 11. 18. 93 다 46209.

6) 대판 1986. 8. 19. 84 다카 503, 504; 대판 1989. 7. 25. 89 다카 4045(본인소송의 경우라면 입증책임의 원칙에만 따라 판결할 것이 아니라 입증을 촉구하는 등의 방법으로 석명권을 적절히 행사하여 구체적 정의를 실현할 것) 등 참조.

적극적 석명도 허용하자는 주장이 있다.[1] 특히 최근의 전원합의체판결은 토지임대인이 그 임차인에 대하여 건물철거 및 그 부지인도를 청구한 데 대하여 임차인이 적법하게 지상물매수청구권을 행사한 경우에 법원으로서는 임대인이 종전청구를 계속 유지할 것인지, 아니면 대금지급과 상환으로 지상물의 명도를 청구할 의사가 있는 것인지(예비적으로라도)를 석명하고 임대인이 그 석명에 응하여 소를 변경한 때에는 지상물명도판결을 함으로써 분쟁의 1회적 해결을 꾀하여야 한다고 판시하여 이러한 경향을 강화하였다.[2]

마) 指摘義務(제136조 Ⅳ)

(i) 意　義　　법원은 당사자가 명백히 간과한 것으로 인정되는 법률상의 사항에 관하여 당사자에게 의견진술의 기회를 주어야 한다. 이를 법률적 관점에 관한 지적의무라고 한다.

(ii) 沿　革　　이는 독일 민사소송법(제278조 Ⅲ)에서 유래한 법원의 석명권 강화제도라고 할 수 있는데 법원에게는 적극적 석명을 하여야 하는 등 상당한 부담을 주되 당사자에게는 그가 지나쳐 버린 법률적 관점에 터잡은 의외의 재판을 방지함을 목적으로 한다.

(iii) 석명의무와의 관계　　이에 대하여는 석명의무가 법률적인 측면에서 강화된 것이라고 보아 지적의무를 석명의무의 일종으로 보는 견해가 있으며,[3] 석명의무는 소송관계를 명확히 하는 것을 목적으로 함에 반하여 지적의무는 당사자가 간과한 중요한 법률적 사항을 법원이 지적하여 당사자의 주의를 환기시키고 그에 대한 의견진술의 기회를 주는 것이므로 양자는 별개의 의무라고 보는 견해[4]가 있다. 특히 후자의 견해는 당사자가 주도권을 갖는 신청, 주장, 증명 등을 명확히 하는 것은 석명의무의 영역이나 법원의 주도권을 갖는 법적 관점을 당사자에게 알려주는 것은 지적의무의 영역이라고 하면서 특히 직권조사사항에 관하여 지적의무가 문제된다고 보고 있다. 또한 제136조 1항의 '법률상 사항'은 '소유자'라는 주장이나 '권리의 소멸'과 같이 당사자의 사실주장의 법률적 근거나 효과, 즉 개개의 법률요건에 관한 것이고, 4항의 '법률상의 사항'은 원고의 소송상 청구와 피고의 항변 자체의 근거가 되는 법적 관점, 즉 그 사건에 적용한 법규범에 관한

1) 이 같은 제한부 적극적 석명을 주장하는 견해로는 金/姜 380면, 李時 297면 참조.
2) 대판(전) 1995. 7. 11. 94 다 34265. 이에 찬성하는 평석으로는 尹眞秀, "토지매수인의 매수청구권행사와 법원의 석명의무," 인권과 정의 236호(1996. 4), 137-139면.
3) 李時 325면, 鄭/庾 330면.
4) 康鳳洙, "법원의 법률사항 지적의무," 민사재판의 제문제 7권(1993. 6), 275면 이하 참조.

것이라고 보는 것이 타당하다는 견해도 있다.[1] 판례는 석명의무와 지적의무를 명확하게 구별하지 않고 "석명 또는 지적의무"라는 표현을 많이 쓰고 있으며 양자를 구별하는 견해에 따를 때 전형적인 지적의무 위반의 사안으로 볼 수 있는 경우에도 석명의무 위반이라고만 하고 있다.

(iv) 內 容 첫째, 원래 재판장은 사실상과 법률상의 사항에 관하여 질문할 수 있지만(제136조 I) 이보다 한걸음 더 나아가서 당사자가 중요한 법률상의 사항을 간과한 것을 발견한 경우에는 반드시 적절한 방법으로 이를 지적하여 그에 대한 의견진술의 기회를 제공하는 것을 법원의 의무로 규정한 것이다.

둘째, 이 경우 명백히 간과한 법률상의 사항이라 함은 당사자가 소송목적에 비추어 응당 주장하여야 할 법률적 관점으로서 소송결과에 영향이 있는 것을 뜻한다. 예컨대 원고가 민법 제750조에 의한 불법행위손해배상청구를 주장하고 있는데 법원이 상법 제135조의 규정을 지적하는 경우가 그것이다. 판례는 원심변론종결시까지 당사자간에 결정의 송달 여부만 다투어졌을 뿐 경정결정의 송달 여부에 관하여는 명시적으로 다툼이 없었던 경우에는 원심이 경정결정의 송달 여부에 관하여 석명을 구하고 입증을 촉구하여야 함에도 불구하고, 이를 의식하지 못하고 간과한 원고가 제출한 증거만으로 경정결정의 송달사실이 인정되지 않는다는 이유로 청구를 기각한 것은 당사자가 전연 예상하지 못하였던 법률적인 관점에 기한 예상 외의 재판으로 원고에게 불의의 타격을 가하였을 뿐만 아니라 경정결정이 피고에게 송달되었는지에 관하여 제대로 심리를 하지 아니하여 판결에 영향을 미친 위법이 있다고 한다.[2]

셋째, 예상 외의 법률적 관점에 의한 패소방지가 목적이므로 법원은 적절한 방법으로 간과한 법률적 관점을 지적하여 당사자로 하여금 불이익의 배제를 위한 방어적 의견을 진술할 기회를 주어야 한다.

(v) 批 判 원래 석명권은 주로 본인소송이 이루어지는 관계에서 당사자간의 소송상 지위의 불균형을 바로잡아 주기 위한 목적으로 계속 강화되어 왔다. 법률적 관점의 지적의무도 예외가 아니다. 그런데 변호사강제주의를 취하는 독일의 경우와는 달리 본인소송을 하는 당사자의 수준과 사실심 법관의 기량이 다른 우리나라 민사소송의 경우에도 법원에게 과연 학설·판례·외국법·증거가치 판단 등 모든 법률적 관점에 관하여 광범위하게 적극적 석명을 할 수 있는 능력

1) 胡 413면.
2) 대판 1994. 5. 13. 94 다 10725; 대판 1994. 6. 10. 94 다 8761.

이 있고 또 그러한 권한을 허용하여야 할 것인지는 의문이다. 법원의 이 같은 권한행사는 의외의 법률적 관점에 의한 당사자의 억울한 패소를 방지함에 필요한 최소한에 그쳐야 할 것이다.[1)]

바) 釋明權不行使와 上告理由 사실심이 행사하는 석명권을 법원의 의무와 책임으로 보면 이를 불행사하거나 잘못 행사한 경우에 이것이 상고이유로 되는가. 이는 석명의무의 범위의 문제이다. 우리 法은 명문의 규정이 없으므로 석명권의 불행사나 부적정행사가 상고이유(제423조)를 구성할 정도로 위법성을 가지는가에 대하여는 견해의 대립이 있다.

(i) 소극설은 변론주의를 기본으로 하는 민사소송에서 이를 보완하는 석명작용은 단지 법원의 재량행위에 불과하므로 이를 불행사하였다 하여 위법이 아니라고 한다. 따라서 법 제136조 1항도 석명권능의 존재에 대한 훈시규정이라고 한다.[2)]

(ii) 적극설은 당사자의 신청 또는 주장에 결함이 있다면 이를 완전하게 하기 위하여 석명권을 행사함은 법원의 의무이므로 석명권불행사는 모두 상고이유로 된다는 것이다.[3)]

(iii) 소극설은 석명권이 적정재판을 위한 법원의 직책이라는 점을 너무 외면하는가 하면 적극설을 따르면 심리상 너무 많은 번잡과 부담을 초래하여 소송지연이 불가피하게 될 것이다. 따라서 석명위반의 일정한 범위에 한하여 상고이유로 됨을 긍정하는 절충설을 좇을 수밖에 없다.[4)] 다만 그 범위에 관하여는 추상적 기준을 긋기가 어려우나 석명권의 불행사나 부적정한 행사가 객관적 자의라고 인정될 정도이거나, 부당한 결론을 도출하여 사건의 공평하고 적정한 해결에 실질적 영향을 미치는 경우에만 상고이유로 된다고 할 것이다.

5. 職權調査事項과 職權探知主義

1) 職權調査事項

가) 직권조사사항이라 함은 공익상 당사자의 이의나 신청이 없는 경우에도 법원이 당사자의 진술에 얽매임이 없이 반드시 직권으로 조사하여 판단하여야 하는 사항을 말한다. 항변사항과 대응한다. 직권조사는 변론주의와 직권탐지주의의

1) 보다 상세한 내용에 대하여는 胡文赫, "민사소송에 있어서의 법률적 사항에 관한 법관의 시사의무," 郭潤直先生古稀紀念 민법학논총·제2, 716면 이하 참조.

2) 盧永斌, "석명권과 변론주의," 사법행정 1968년 5월호, 20면.

3) 方 386면, 李英 143면.

4) 李時 296면, 鄭/庾 335면, 金/姜 383면, 金容 342면, 田 340면.

중간에 위치하는 것으로서[1] 직권으로 문제삼아 조사와 판단권한을 발동한다는 뜻에 그치며, 판단의 기초가 되는 사실과 증거자료를 전부 법원이 스스로 수집 또는 탐지하는 것이 아니다.

나) 직권조사사항에 대한 자백 또는 의제자백은 법원을 구속하지 못하므로[2] 법원은 의심이 있으면 자백한 사실에 대해서도 증거조사를 하여야 한다. 이 한도 내에서는 직권탐지주의와 유사하다.

직권조사사항에 관하여는 당사자의 합의, 이의, 절차에 관한 이의권의 포기 등에 의하여 법원의 조사와 판단을 저지할 수 없다. 직권조사사항에 관하여는 일반적으로 직권에 의하여 할 수 있는 조사의 촉탁, 본인신문 이외의 증거조사를 시행할 수 없고, 기록에 나타나 있는 자료는 변론에서 원용하지 아니하더라도 법원은 이를 판단자료로 채용할 수 있다.[3]

다) 직권조사를 하여야 할 사항으로서는 일반적으로 소송요건, 상소요건, 절차적 강행규정의 준수, 실체법의 해석적용 등을 들 수 있다. 그러나 소송요건은 직권조사사항이라고는 하지만 그 공익성의 정도에 따라 조사방법을 달리한다. 공익성이 현저한 것으로 직권조사사항이면서 오히려 직권탐지에 가까운 조사를 해야할 것이 있고, 그 정도가 약한 것으로 변론주의에 보다 기울어진 것이 있다. 예를 들면 재판권의 존부, 당사자능력, 소송능력, 전속관할 등은 공익성이 강하므로 재판권의 존부에 준하여 직권탐지에 가까운 심리를 할 것이 요청된다고 할 것이다. 이에 대하여 임의관할의 존부나 권리보호이익, 예컨대 확인의 이익 등은 변론주의원칙을 보다 더 적용받게 된다.

판례에 나타난 직권조사사항으로는 신의칙이나 권리남용,[4] 과실상계,[5] 소송계속의 유무,[6] 신원보증인의 책임한도,[7] 제척기간준수 여부,[8] 비법인사단 대표자의 대표권 유무,[9] 쟁송의 대상인 행정처분의 존부[10] 등이 있다. 이에 대하여 농지

---

1) 同旨 李時 317면, 金/姜 371면. 이에 대하여 직권조사사항은 조사의 개시에 있어서 변론주의와 대응하는 개념일 뿐, 판단자료의 수집에 있어서는 변론주의 내지 직권탐지주의와 대응하는 개념이 아니라는 취지에서 그 기능하는 영역 자체가 다른 것으로 보아야 한다는 견해로 김홍 409면.

2) 대판 1996. 3. 22. 95 누 5509.

3) 李英 138면.

4) 대판 1989. 9. 9. 88 다카 17181; 대판 1995. 12. 22. 94 다 42129.

5) 대판 1987. 11. 10. 87 다카 473.

6) 대판 1982. 1. 26. 81 다 849.

7) 대판 1981. 9. 8. 81 다카 276, 277.

8) 대판 1993. 2. 26. 92 다 3083; 대판 2005. 4. 28. 2004 다 71201.

9) 대판 2011. 7. 28. 2010 다 97044.

매매증명에 관한 사항은 법원의 직권조사사항이 아니라 공격방어의 자료에 불과하다고 한다.[1]

2) **職權探知主義** 이는 공익성을 갖는 특정사항에 관하여 당사자의 변론에 구속되지 아니하고 소송자료의 수집책임과 증거조사를 법원에 일임하는 입장이다.

3) **職權探知主義와 辯論主義와의 내용상의 차이**

가) 事實의 職權探知 법원은 당사자의 주장 여부를 불문하고 사실관계를 직권으로 탐지하여야 한다. 직권탐지주의에 의하면 당사자의 주장책임은 배제되고 사실해명의 책임이 법원에 있기 때문에 당사자의 변론은 어디까지나 법원의 직권탐지를 보조함에 그친다. 법원은 당사자가 주장하지 아니한 사실도 직권으로 수집하여 판결의 기초로 채용할 수 있다. 다만 직권에 의한 사실탐지는 기록에 나타난 사실에 한하며,[2] 직권으로 탐지한 사실을 곧 바로 판결의 기초로 삼는다면 당사자가 예기하지 못한 타격을 입을 수 있으므로 미리 당사자의 의견을 들어야 한다(제136조 Ⅳ, 소액 제10조 Ⅰ 단).

나) 職權證據調査의 補充性排除 변론주의에 의하여 심리되는 소송절차에서는 직권증거조사는 원칙적으로 당사자가 신청한 증거로써 심증을 얻을 수 없는 경우에 보충적으로 인정될 뿐이다(제292조). 그러나 직권탐지주의하에서는 당사자의 증거신청에 의한 입증을 배제하는 것은 아니나 법원은 직권으로 필요한 증거조사를 하여야 한다(예컨대 선주책임 절차법 제5조 Ⅱ).

다) 自白의 拘束力의 배제 증거에 의하여 사실인정을 할 것인가 아닌가가 당사자의 태도에 좌우되지 아니한다. 설사 당사자가 다투지 아니한 사실이라 하여도 이를 판결의 기초로 삼지 아니할 수 있고 법원은 별도로 증거조사를 하여 진실한 것이 밝혀질 때 그대로 사실인정을 할 수 있는 것이다.

라) 攻擊防禦方法 提出時期의 무제한 변론주의에 의하여 심리되는 소송절차에 있어서는 실기한 공격방어방법으로써 소송완결의 지연을 가져올 경우에는 법원은 이를 각하하게 되어 있고(제149조), 또 변론준비기일에서 주장하지 아니한 사실은 그 뒤 변론기일에 상정되었을 때 주장할 수 없다(제285조). 그러나 직권탐

---

10) 대판 2001. 11. 9. 98 두 892.

1) 대판 1992. 12. 8. 91 다 42494; 대판 1995. 10. 12. 95 다 26872.

2) 대판 1981. 3. 24. 80 누 493.

지주의하에서는 법 제149조와 제285조의 적용이 없으므로 법원은 실기한 공격방어방법이나 변론준비기일에서 주장하지 아니한 사실이라도 배척하지 아니하고 심리하여야 한다.

마) 處分權主義의 제한 청구의 포기·인낙이나 화해가 허용되지 아니한다. 변론주의에 의하여 심리되는 소송절차에서는 청구의 포기·인낙이나 화해에 의하여 판결에 의하지 않고도 사건을 자주적으로 해결·종료시킬 수 있으나, 직권탐지주의하에서는 이러한 방법에 의한 해결이 불가능하다.[1] 그렇다고 하더라도 당사자는 제소 여부, 재판대상의 특정 그리고 소취하 여부에 대하여 완전한 권능(당사자처분권주의)을 가지고 있으므로 직권탐지주의하에서도 소송주체인 지위를 보유함을 유의하여야 한다.

바) 職權探知主義의 적용범위 일반적으로 직권탐지주의는 공익성이 강하여 가능한 한 객관적인 진실발견이 필요하다고 인정되는 사항과 판결의 효력이 널리 제3자에 미치는 경우에 적용된다. 우선 모든 소송을 통하여 재판권의 존재는 고도의 공익성 때문에 직권탐지가 요청되며, 또 알려지지 아니한 경험법칙이나 외국법규 및 관습법 등은 법률전문가인 법관이 직책상 밝혀야 할 사항이기 때문에 그것이 불명하면 직권탐지가 필요하다. 뿐만 아니라 소송물의 성질상 직권탐지를 요할 경우가 있다. 가사소송(가소 제12조, 제17조), 행정소송(행소 제26조),[2] 선거관계소송(대선 제138조, 국선 제149조), 비송사건(비송 제11조), 특허소송(특 제159조) 등은 직권탐지주의를 심리원칙으로 삼고 있다.

회사관계소송(상 제187조, 제376조, 제380조)은 원고승소판결의 효력이 당사자 외에 제3자에 대해서도 미치게 되어 있기 때문에 명문의 규정은 없지만 직권탐지주의를 준용할 것이라는 설[3]이 있다. 그러나 회사관계소송에 있어서는 소의 제기를 공고하도록 하고 있어(상 제187조, 제240조, 제328조) 판결의 효력을 받을 제3자가 공동소송적 당사자참가(제83조)를 수월하게 할 수 있고, 또 원고패소판결은 제3자에게 그 효력이 미치지 않게 되어 있으므로 가사소송에 있어서와 같이 직권탐지주의가 절실히 요청되는 것은

1) 협의의 변론주의의 개념을 택할 때는 변론주의가 아니라 처분권주의에 대한 제한이 된다. 왜냐하면 좁은 의미의 변론주의는 소송자료의 수집에 관한 문제이고, 소송의 개시·진행·종결 등의 문제가 아니기 때문이다.

2) 同旨 李時 316면. 이에 대하여 행정소송법 제26조는 행정소송의 특수성에 따른 일부 예외규정일 뿐, 행정소송에 관하여는 원칙적으로 민사소송법이 준용되므로(행소 제8조 2항), 원칙적으로 변론주의가 지배한다고 보는 견해로 김홍 406면. 한편 판례는 행정소송에 있어서 직권주의가 가미되었다고 하여도 여전히 변론주의를 기본구조로 한다는 입장이다(대판 2001. 1. 16. 99 두 8017).

3) 李英 198면.

아니다. 따라서 회사관계소송은 변론주의의 일반원칙에 의할 것이다.[1] 다만 청구가 이유 있다 하여도 원인이 된 하자의 보완이나 회사의 현황과 제반사정을 참작하여 승소판결을 하는 것이 부적당할 때에는 청구기각판결을 하게 되어 있는데(상 제189조), 이 경우의 하자의 보완이나 회사의 현황과 제반사정 등은 당사자의 변론 여하를 불문하고 직권탐지사항임을 주의할 필요가 있다.

농지관계사건, 즉 농지개혁법 실시에 관한 사항의 분쟁에 있어서는 당초의 판례[2]는 자백의 구속력을 배제하는 등 직권조사 내지 직권탐지주의에 의할 것이라고 판시하여 오다가 그 후 태도를 바꾸어 일반민사소송에 있어서와 같이 변론주의에 의하여 심리할 것이라고 한다.[3]

6. 辯論主義 適用의 예외

재판은 3단논법에 의한 추리라고 할 수 있다. 즉 법규를 대전제로 하고, 인정된 사실을 소전제로 하여 판결을 결론으로 끌어내는 것이다. 소전제인 사실을 확정하는 데는 원칙으로 원·피고의 주장과 입증을 기다려야 하는 것이므로 변론주의의 지배영역이지만, 대전제인 각종 법규의 해석 및 확정된 사실에의 적용을 통하여 결론을 이끌어 내는 추리작용은 모두 법률문제로서 법원의 임무이기 때문에 변론주의의 적용을 받지 아니한다. 그러므로 법률의 해석·적용이나 증거가치판단 또는 경험법칙이나[4] 사실인 관습 등은 변론주의의 적용 밖에 있으므로 이에 관한 당사자의 의견이 법원을 구속하지 아니한다.[5]

Ⅶ. 當事者處分權主義

1. 槪　念

처분권주의라 함은 국가에 의한 권리보호는 당사자가 이를 요구할 때에 비로소, 요구된 한도 내에서, 요구할 때까지만 부여된다는 원칙이라고 할 수 있다. 이를 소송절차의 각 단계에 따라서 말한다면 첫째, 소송절차는 당사자의 신청이 있을 때에만 개시되고, 둘째, 법원의 심판의 범위와 한도는 당사자의 신청에 의하여

1) 同旨 金/姜 371면, 鄭/庾 337면, 김홍 408면. 이에 대해 회사관계소송에서는 제한적 직권탐지주의가 적용된다는 견해로는 李時 317면.
2) 대판 1956. 2. 18. 55 민상 504.
3) 대결(전) 1966. 3. 8. 66 사 2; 대판 1969. 6. 10. 69 다 537.
4) 대판 1977. 4. 12. 76 다 1124.
5) 대판 1980. 12. 9. 80 다 532.

서만 결정되고 법원은 당사자의 신청을 넘어서 재판할 수 없으며, 셋째, 당사자는 법원의 판결에 의하지 아니하고도 청구의 포기·인낙·화해 및 소취하 등에 의하여 소송절차를 자유로이 종료시킬 수 있다는 입장이다.

법 제203조는 두 번째의 내용만을 규정한 것이다. 당사자의 소송물에 대한 처분의 자유를 규정한 것이므로 이를 당사자처분권주의라고 부른다. 이는 사적 자치의 원칙이 민사소송법에 투영된 결과로서 소송자료의 수집을 당사자에게 맡기는 변론주의나 소송진행의 주도권을 당사자가 갖는 당사자주의와는 개념적으로 구별되는 것이다. 최근에 회사대표소송의 경우에 화해, 청구의 포기·인락에 법원의 허가를 받도록 규정한 것을 보면 공익성이 강한 집단소송의 경우에는 처분권주의가 제한되고 있음을 알 수 있다(상 제403조).

2. 訴訟節次의 開始

이 세상에는 소송 이외에도 분쟁해결방법이 많이 있는 만큼 당사자가 분쟁해결을 위하여 소송절차를 이용할 것인지 여부는 그 자신이 자유로이 결정할 수 있다. 그리하여 당사자가 소송절차를 통하여 분쟁을 해결하기로 마음먹고 소를 제기하여야 비로소 민사소송절차가 개시된다. 법원이 직권으로 개시하는 경우는 없다(다만 제104, 107 I, 211, 212, 213 등은 예외). 「소가 없으면 재판이 없다」는 법언이 이러한 뜻을 잘 나타낸다.

3. 當事者의 申請範圍와 審判對象

소를 제기하는 당사자가 심판의 대상과 범위를 자유로이 결정할 수 있고 법원은 이에 구속된다. 따라서 법원은 당사자가 신청하지 아니한 사항에 대하여 판결할 수 없으므로[1] 신청한 것과 다른 사항이나 신청범위를 초과해서 판결할 수 없다. 법원은 당사자가 신청한 심판의 형식과 순서에 따라서 판결하고 심판을 구한 소송물과 다른 소송물에 대하여 판결하면 안된다. 다만 신청취지와 판결내용이 다소 불일치하더라도 원고의 합리적 의사내용에 부합되는 경우에는 이를 허용할 수 있을 것이다.[2] 몇 가지 문제되는 경우를 보자.

---

1) 대판 1989. 2. 13. 88 다카 20798.
2) 대판 1970. 9. 17. 70 다 1415.

1) 量의 問題

가) 量的 上限

(i) 당사자가 신청하지 아니한 사항을 당사자에게 귀속시킬 수 없다 함은 당사자가 신청한 것보다 양적으로 더 많은 판결을 할 수 없다는 의미이다. 분량적으로 많은 판결을 하는 것은, 예컨대 원고가 100만원의 지급을 구하고 있는데, 피고에게 110만원의 지급을 명하는 경우이다. 또한 원고가 다수의 피고에 대하여 평등분할로 일정금액의 지급을 청구한 경우에 법원이 각 피고에 대하여 연대하여 그 금액 전부의 지급을 명하는 판결을 함은 처분권주의에 어긋난다.[1)]

원고가 항소심에서 1955년부터 1962년까지의 사용료청구를 철회하고 1963년부터 1968년까지의 사용료만 청구하기로 하여 청구원인과 청구취지를 변경·감축하였는데 원심이 위 변경사실을 그대로 인정하면서도 1심 판결은 정당하고 피고의 항소는 이유 없다 하여 기각한 것은 결국 원고가 청구하지 아니한 1955년부터 1962년까지의 사용료까지도 심리·판단한 것이 되어 잘못이라고 한다.[2)]

(ii) 판례는 교통사고로 인한 손해를 적극적 손해(치료비 등), 소극적 손해(상실한 수입 등) 및 위자료의 손해 3분설에 입각하고 있으므로 각 유형별로 청구액을 초과하여 인용함은 비록 그 합산액이 청구금액 총액을 넘지 아니한다 하더라도 처분권주의에 어긋난다고 한다.[3)] 손해 1 개설에 따르는 신소송물론에 의하면 처분권주의에 위배되지 아니할 것이다.

(iii) 일부청구에 대한 과실상계방식에 관하여 판례는 먼저 원고의 손해전액을 계산하고 그로부터 과실상계를 한 뒤 남은 잔액이 청구액을 초과한 때에는 청구액의 한도에서 인용액을 정하고 잔액이 청구액에 미달하면 잔액대로 인용하는 外測說을 취한다. 예컨대 원고가 1,500만원의 위자료청구권이 있으나 우선 1,000만원을 일부청구한다는 경우 법원이 피고는 원고에게 총 1,200만원의 위자료를 지급함이 상당하다고 인정한 다음 원고의 과실을 상계하여 1,100만원이 되었다면 신청범위를 넘지 않게 1,000만원만을 지급하여야 하고, 과실상계한 결과 600만원이 되었다면 이를 그대로 지급하라는 취지이다.[4)] 외측설에 대하여 손해전액이 아

1) 대판 1970. 1. 27. 67 다 774.

2) 대판 1970. 3. 10. 69 다 2229.

3) 이에 대하여 손해 3 분설을 비판하고 손해 1 개설에 따르는 입장으로는 金/姜 357면, 李時 302면. 재산적 손해와 정신적 손해 2 개설에 따르는 입장으로는 胡 372면.

4) 대판 1976. 6. 22. 75 다 819; 대판 1984. 3. 27. 83 다 323(반대채권으로 상계할 때에도 외측설에 따른 경우).

니라 일부청구금액에서 과실상계해야 한다는 按分說이 있다.[1)]

(iv) 이자채권의 범위는 원금, 이율, 기간의 세 가지 요인에 의해 변하는 것이므로 비록 원고가 청구한 이자금액(지연손해금도 같다)을 초과하지 아니한다 하더라도 이 세 가지 중 어느 것에 있어서나 원고주장의 범위를 넘어서면 결국 신청하지 아니한 것을 원고에게 귀속시킨 것이 되어 처분권주의에 위배된다고 한다.[2)]

(v) 손해배상액에서 공제하여야 할 망인의 생활비를 원고주장보다 적게 인정한 것은 위법이다.[3)]

(vi) 원고가 원금만을 청구한 경우에 이자까지 포함하여 판결을 한다든지[4)] 소송비용의 절약을 위하여 채권액 일부를 분할하여 청구한 경우에 그 전액에 대하여 심판하는 것도 허용되지 아니한다.

(vii) 금전지급청구의 경우에는 제소시와 판결시 사이에 극심한 인플레이션으로 화폐가치에 현저한 차이가 있더라도 제소 당시의 신청액을 초과하여 인정할 수 없다는 독일판례가 있다.

나) 量的으로 못미치는 判決(一部認容判決) 법원이 당사자가 신청한 것보다 적게 일부인용을 하는 것은 처분권주의에 반하지 아니한다. 연대채무의 주장에 대하여 보증채무를 인정하거나, 다툼 있는 토지 전부에 관해서 소유권이전등기를 청구한 데 대하여 그 일부에 관해서 지분이전등기를 명하는 것[5)] 등은 신청한 것에 비하여 양적으로 적게 인정한 것이 되기 때문에 적법할 것이다. 또한 소극적 확인소송에 있어서 원고가 부존재의 확인을 구한 법률관계가 가분이면서 더구나 분량적으로 그 일부만이 존재하는 경우에 있어서는 그 청구 전부를 기각하기보다는 그 존재하는 법률관계의 부분에 관해서만 일부패소의 판결을 선고할 수 있다.[6)] 또 적극적 확인소송에 있어서도 원고가 존재확인을 구하는 법률관계가

---

1) 李時 303면, 金/姜 359면, 胡 372면. 이에 따르면 명시적 일부청구의 경우에도 외측설에 따를 경우 유보하여 둔 잔액부분까지 고려해야 한다는 점에서 처분권주의에 위배된다고 비판한다.

2) 대판 1974. 5. 28. 74 다 418; 대판 2005. 4. 29. 2004 다 40160.

3) 대판 1962. 3. 29. 61 민상 1008.

4) 대판 1989. 2. 13. 88 다카 20798.

5) 대판 1995. 9. 29. 95 다 22849, 22856은 부동산 전부에 대한 소유권의 확인을 구하는 청구에는 지분에 대한 소유권의 확인을 구하는 취지가 포함되어 있다고 한다.

6) 채무부존재확인청구에 있어서 채무의 상한이 청구취지에 표시되어 있는 경우와 그렇지 않은 경우를 달리 보아, 후자의 경우는 원고의 청구취지를 문자 그대로 해석하여 채무액이 원고가 자인하는 일정금액을 초과하는 것이 분명하면 그 초과액을 구체적으로 심리할

가분이면서 또한 그 일부분만의 존재밖에 인정할 수 없는 경우에 있어서는 그 청구 전부를 기각하기보다 그 존재가 인정되는 법률관계의 일부분만의 청구를 인용함이 원칙이다.

2) 質의 問題

법원은 원고가 청구한 소송물과 다른 소송물에 대하여 심판할 수 없고 원고가 선택한 소의 종류와 권리구제의 순서에 구속된다.[1] 그러나 질의 이동과 다소의 문제는 양적 증감에 비하여 그 판별이 상당히 어렵다.

판례가 당사자의 신청범위와 질적으로 다르므로 처분권주의에 어긋난다고 한 경우를 보자. 보통파 종자를 옥파 종자라고 속여서 손해를 보게 하였으므로 불법행위에 의한 손해배상청구를 하였음이 명백함에도 불구하고 채무불이행으로 청구하는가의 여부를 석명함이 없이 채무불이행을 원인으로 한 손해배상청구를 인정하는 경우,[2] 원고가 매매를 원인으로 한 소유권이전등기를 청구한 데 대하여 원심이 양도담보약정을 원인으로 한 소유권이전등기를 명한 경우,[3] 이혼의 소는 민법 제840조 각 호가 규정한 이혼사유마다 재판상 이혼청구를 할 수 있는 것인데 원고가 주장하지 아니한 이혼사유에 관하여 심판을 하는 경우,[4] 토지의 소유권상실로 인한 손해배상을 구하는 청구에 관하여 당사자가 주장하지 아니한 소유권보존등기말소등기절차 이행의무의 이행불능으로 인한 손해배상책임을 인정한 경우,[5] 피고에게 목적물의 반환의무가 있다고 인정되면 피고가 그 목적물의 멸실 등 이유로 현물인도의 이행불능을 주장하고 있지 아니하는 한 법원은 그 인도판결만을 하면 족한데, 당사자가 주장하지 아니한 그 목적물의 현존 여부를 심리판단한 경우[6] 등은 처분권주의에 위배된 경우라고 판시된 바 있다.

신소송물론에 의하면 원고가 주장하는 실체법상의 권리는 공격방법 내지 법률적 관점일 뿐 소송물의 요소가 아니므로 원고주장과 다른 실체법상의 권리에

필요 없이 바로 청구를 기각할 것인지 논의가 있다. 유태현, "일정금액을 초과한 채무부존재확인청구의 소송물," 민사판례연구 6권(1984. 4.), 254면 이하 참조. 다만 판례는 두 경우를 달리 보고 있지 않다(대판 1971. 4. 6. 70 다 2940).

1) 다만 판례는 공탁금지급청구에는 원고가 공탁금수령권자임을 확인하라는 취지가 포함되어 있다거나(대판 1975. 2. 6. 74 다 1531, 1532), 자경농지임을 원인으로 하는 토지인도청구에는 당연히 그 경작권의 확인청구도 포함되어 있다(대판 1958. 3. 6. 57 민상 784)고 한다.

2) 대판 1963. 7. 25. 63 다 241.

3) 대판 1992. 3. 27. 91 다 40696.

4) 대판 1963. 1. 31. 62 다 812.

5) 대판(전) 2012. 5. 17. 2010 다 28604.

6) 대판 1970. 9. 17. 70 다 1256.

기하여 판단하여도 원고주장과 같은 취지의 판결이면 다른 소송물에 대한 판단이 아니므로 위에 인용한 판례의 다수는처분권주의에 위배되지 않는 것으로 될 것이다.

3) 同時履行의 抗辯權, 留置權 및 質權의 문제

가) 同時履行의 抗辯權 질의 문제인가 양의 문제인가 명백하지 아니한 것에 소위 상환이행판결이 있다. 법원은 원칙적으로 당사자가 신청한 사항에 어떤 제한을 부가하여 청구를 인용할 수 있지만, 원고의 청구에 어떤 제한을 부가하여 그것을 인용한 결과, 당사자가 신청한 사항 이외의 것을 그에게 귀속시키는 것은 허용되지 아니한다.

쌍무계약의 당사자 일방이 자기의 채무를 제공하지 아니한 채 피고인 상대방에게 채무이행을 청구하고, 피고가 상환이행청구를 구하고 있지 아니한 경우에 있어서도 원고청구를 일부인용하는 취지에서 상환이행의 판결을 하여야 한다.[1] 이 점에 관하여 독일민법 제322조 1항은 "상환으로 이행해야 한다는 취지의 판결을 하여야 한다"고 규정하고 있다. 성문법에 하등의 규정이 없는 우리나라의 경우에도 원고의 단순이행청구의 경우에 상환이행판결을 한 것이 원고의 신청취지에 어긋난 것이라고 볼 수 없다. 원고의 청구 중에는 상환이행의 조건부청구가 당연히 포함되어 있기 때문이다.[2] 과거에는 이러한 경우에 석명할 것인가 여부와 상환이행판결을 할 수 있는가 여부를 둘러싸고 판례가 혼란이 있었으나 이제는 석명을 해야 하고 그에 따라 상환이행판결을 하여도 처분권주의에 어긋나지 않는 것으로 매듭지어졌다.[3]

다만 이와 구분할 것으로 건물매수청구권을 행사하는 경우가 있다(민법 제643조, 제283조 Ⅱ). 건물의 소유를 목적으로 한 토지임대차에 있어서 임대인이 기간의 만료로 임대차가 종료하여 현존하는 건물의 철거 및 부지의 인도청구를 한 데 대하여 임차인이 건물매수청구권을 행사한 경우에 판례는 원고의 건물철거와 그 부지인도청구에는 건물매매대금지급과 동시에 건물인도를 구하는 청구가 포함되어 있다고 볼 수는 없다는 입장이다.[4] 따라서 건물매매대금지급과 상환으로 건물인도를 구하는 청구취지로 청구의 변경이 없는 한 청구가 기각되게 된다. 이 경우는 법원의 석명

1) 대판 1979. 10. 10. 79 다 15208(동시이행의 항변의 경우).
2) 郭潤直, 제 6 판 채권각론, 66면(2004, 박영사).
3) 대판(전) 1995. 7. 11. 94 다 34265.
4) 대판 1995. 7. 11. 94 다 34265.

권 행사를 통하여 해결되어야 할 것이다.[1)]

나) 留 置 權 동시이행의 항변과 그 성질이 같은 것에 유치권항변이 있다. 이에 관하여 우리 민법에는 독일민법과 같은 규정은 없으나 판례는 물건인도를 구하는 소송에 있어서 피고의 유치권항변이 인용되는 경우라도 원고의 청구를 전적으로 배척할 것이 아니라 그 물건에 관해서 생긴 채권의 변제와 상환으로 그 물건의 인도를 명해야 된다[2)]고 판시하여 동시이행의 항변과 마찬가지로 다루고 있다.

다) 質 權 질권에 대해서도 같은 문제가 있다. 동산질권자는 그 질권에 의하여 담보된 채권의 변제를 받을 때까지는 질권의 목적물을 유치할 권리를 가진다(민 제335조). 그렇다면 질권목적물의 소유자는 먼저 그 담보된 채권을 변제하지 아니하면 그 물건을 인도받을 수 없는 것이지만 원고의 청구를 전부 기각하지 아니하고 채무변제와 상환으로 질물의 반환을 명하는 판결을 하는 편이 소송경제에도 합치하고 또 이론에 있어서도 모순이 없다고 생각한다.

4) 履行訴訟과 確認訴訟의 경우

장래의 이행의 소에 대하여 법원이 현재의 이행판결을 하면 이는 당사자가 구하는 것보다도 질적으로 큰 판결을 하는 것이 되기 때문에 처분권주의에 위반된다. 그러나 반대로 원고가 현재의 이행의 소를 제기한 경우에 법원이 채권은 존재하지만 이행기가 아직 도래하지 아니하였거나 조건이 성취되지 아니하였다고 인정한 때에는 원고의 청구를 전부기각해야 한다는 설, 채권존재의 확인판결만을 하고 원고청구를 일부 인용해야 한다는 설, 또는 장래의 이행을 명하는 일부인용판결을 해야 한다는 설 등이 대립된다.

원래 소는 현재에 다툼이 있는 법률관계에 관하여 판결을 하는 것을 목적으로 하고, 장래 일어날 수 있는 모든 쟁송을 예상하여 판결을 해 주는 것은 거의 불가능한 것이다. 따라서 소송경제의 입장에서는 문제점이 있지만 법원이 채권은 존재하나 이행기가 아직 도래하지 않았다고 인정하는 경우에는 장래의 채권으로서 그 존재를 확인하거나 또는 장래의 이행을 명하는 판결을 해야 할 것은 아니

---

1) 건물철거청구는 소유권에 기한 물권적 청구권 내지 임대차계약상의 반환청구권을, 건물인도청구는 매매계약상의 인도청구권을 각각 권원으로 삼고 있고, 양 청구의 청구취지도 다르다는 점에서 건물인도청구를 건물철거청구의 일부로 볼 수 없다는 견해로 윤진수, "토지임차인의 매수청구권 행사와 법원의 석명의무," 민사소송 2권(1999. 2), 350면 이하.

2) 대판 1969. 11. 25. 69 다 1592.

고 원고의 청구를 전부기각해야 할 것이다. 또한 장래의 이행의 소는 미리 그 청구를 할 필요가 있는 경우에 한하여 제기할 수 있는 것이며(제251조), 현재의 이행의 소는 당연히 장래의 이행의 소를 포함하는 것은 아니므로 현재의 이행의 소를 구하고 있는 사안에서 그 채권의 이행기가 아직 도래하지 않았다고 인정되는 경우에 있어서도 바로 원고청구의 일부를 인용하여 장래의 이행판결을 해야 할 것은 아니라고 생각한다. 판례도 공유물분할청구와 병합해서 분할부분에 대한 지분이전등기절차의 이행을 구하는 사안에서 공유물분할판결이 확정되기 전에는 공유물은 분할되지 아니하였으므로 분할물의 급여를 청구할 수 없다[1]고 판시하고 있다.

그러나 이행기는 양적인 문제이기 때문에 위와 같은 경우에는 미리 청구할 필요가 인정되고 원고의 의사에 반하지 아니하면 장래의 이행판결을 하는 것이 상당하다는 반론도 있다.[2] 판례는 매도담보에 있어서 피담보채권의 변제와 교환적으로 소유권이전등기말소를 구하는 소는 허용될 수 없으나[3] 남아 있는 피담보채무금액에 관하여 다툼이 있는 경우에는 예외적으로 확정된 잔존채무의 변제를 조건으로 하여 등기말소를 명할 수 있다고 한다.[4]

5) 채권자취소소송에서 원물반환청구와 가액배상판결

판례는 사해행위인 계약 전부의 취소와 부동산자체의 반환을 구하는 청구취지 속에는 일부취소를 하여야 할 경우 그 일부취소와 가액배상을 구하는 취지도 포함되어 있다고 볼 수 있으므로 청구취지의 변경이 없더라도 바로 가액반환을 명할 수 있다는 입장이다.[5]

4. 上訴審 및 再審

1) 항소심의 변론은 당사자가 제1심 판결의 변경을 구하는 한도 내에서만 하여야 된다고 함은(제407조 I) 항소심에 처분권주의가 적용되는 결과이다. 따라서 당사자가 항소심에서 소변경 또는 청구확장을 한 때에는 별론, 항소심의 변론은 제1심 판결에 대하여 항소인이 불복을 신청한 범위 내에 한정된다. 따라서

---

1) 대판 1969. 12. 29. 68 다 2425.
2) 李時 305면, 김홍 381면.
3) 대판 1965. 6. 29. 65 다 869.
4) 대판 1982. 11. 23. 81 다 393; 대판 1988. 1. 19. 85 다카 1792; 대판 1992. 7. 14. 92 다 16157; 대판 1996. 11. 12. 96 다 33938.
5) 대판 2001. 6. 12. 99 다 20612.

항소심에 있어서의 판결은 항소인에게 불이익으로 변경되지 아니함이 원칙이다(제415조, 제425조).

2) 상고법원은 상고이유에 기한 불복신청이 있는 한도에서만 조사할 수 있다고 하는 것도(제431조) 상고심에서 처분권주의가 적용된 결과이다. 원판결에서 적법하게 확정된 사실이 상고법원을 기속함은(제432조) 대법원이 본래 사실심이 아니기 때문에 당연하다. 또한 예컨대 원판결에 있어서 불법·위법의 점이 있다고 해도 상고이유로서 공격받지 아니한 점에 관해서는 원칙적으로 대법원은 심리판단할 권한이 없다(제431조). 다만 직권조사사항에 관해서는 이 제한을 받지 않는 것이 처음부터 당연하지만(제434조), 이것은 다만 대법원에 한하지 않고 사실심법원에 관해서도 말할 수 있는 것이다.[1]

3) 재심에서 본안의 변론과 재판을 재심청구이유의 범위 내에서 할 수 있다는 재심법원의 심판범위에 관한 규정(제459조 I) 등도 처분권주의의 표현이다. 이는 독촉절차와 보전소송절차에도 적용이 있고, 법 제203조에 의한 신청에 의하여 재판을 하는 이상 원고가 청구하는 범위나 수액을 넘어서 판결할 수 없으므로 행정소송에도 적용된다.[2]

5. 訴訟節次의 終了

원고는 소의 취하·포기·인낙·화해에 의하여 소송을 종료시킬 수 있다. 또한 상소권의 포기나 불제소의 합의 등도 인정된다. 원고는 소송물을 자유로이 처분할 수 있고 법원은 이에 구속되기 때문이다.

---

1) 우리 법 제431조에 해당하는 ZPO 제559조의 규정은 우리보다 상세하게 “절차법에 위배한 것을 상고이유로 할 때는 제544조 및 제556조에 따라 주장한 상고이유에 대하여만 조사한다. 기타의 법률에 위배했는지 여부의 조사에 대해서는 상고법원은 당사자가 주장한 상고이유에 기속되지 아니한다”라고 하고 있다. 즉 절차의 위배(error in procendendo)와 법률적용의 위법(error in indicando)을 구별하여 취급하고 있다. 후자는 사건의 실체에 관한 법률적용의 당부의 문제이지만, 그것은 실체법규에 한정되어야 하는 것은 아니고 경우에 따라서는 소송법규도 다툼의 실체를 재판하는 기준이 되는 경우가 있다. 예를 들면 처분권주의에 관한 법 제203조의 경우 등도 그 일례이다. 그런데 법률적용의 위법은 법원이 조사해야 할 직책이므로 법 제434조의 이른바 “법원이 직권으로써 조사해야할 사항”이라고 생각한다. 따라서 적법한 상고가 있는 한 다툼의 실체를 지배하는 법규적용의 당부의 문제는 항상 일괄하여 상고심의 심판대상이 되며 그것은 절차의 점만을 이유로 상고한 경우에도 마찬가지이다.

2) 대판 1981. 4. 14. 80 누 408.

6. 當事者處分權主義의 배제·제한

소송물인 권리 또는 법률관계가 공익성을 띠고 있어서 실체법상 당사자의 자유처분이 허용되지 않는 경우에는 직권탐지주의에 따르고 처분권주의가 제한 또는 배제된다.

첫째, 소송절차의 개시에 관하여 처분권주의가 제한되므로 당사자의 신청이 없이도 직권으로 개시되는 경우로는 소송비용재판(제104조, 제107조 I), 가집행선고(제212조 I), 배상명령(특례법 제25조) 등이 있다. 둘째, 심판대상과 범위의 결정에 관하여 형식적 형성소송의 경우에는 처분권주의의 적용이 없다. 경계확정의 소[1]나 공유물분할소송[2] 등이 그것이다. 셋째, 소송절차의 종료와 관련하여 가사, 행정소송 등의 절차에서는 청구의 포기·인낙·화해가 인정되지 아니한다.

7. 處分權主義에 위배된 判決의 효력

이러한 판결은 당연무효는 아니고 항소 또는 상고 등으로 불복하여 취소를 구할 수 있을 뿐이다. 이 위법은 판결내용에 관한 것이므로 절차에 관한 이의권의 대상으로는 되지 아니한다. 다만 상대방이 항소한 경우에 피항소인인 원고가 제

---

1) 경계확정의 소는 확인소송도 형성소송도 아닌 형식적 형성소송의 성질을 가지므로 원고는 단지 양토지 사이의 경계만을 설정하여 달라는 청구를 하고 이에 필요한 사정을 진술하여 증명하면 족하고, 나아가서 경계선까지 주장할 필요나 의무는 없다. 원고가 구체적으로 경계선을 제시하고 있는 경우라도 이는 권리주장이 아니라 사실진술에 불과하므로 법원을 구속할 수 없다. 당사자가 제시하는 경계선이 부당하다 하여도 청구를 배척할 수는 없고, 반드시 정당한 경계선을 확정하여 분쟁을 해결해 주어야 할 적극적인 임무가 법원에게 있는 것이다. 같은 이유로서 피고가 정당하다고 내세우는 경계선에 관한 주장 역시 법원의 판단에 참고자료로 제공될 뿐이고, 그 이상의 의미는 없으므로 피고가 스스로 경계선의 확정을 구하는 반소를 제기하는 것도 무의미한 일이다. 같은 논리에서 항소심에서도 판결사항은 정당한 경계선의 설정뿐이므로 스스로 정당하다고 인정하는 경계선을 당사자의 주장이나 원판결에 구애됨이 없이 자유심증에 의하여 인정할 수 있다. 따라서 제1심에서 처분권주의에 관한 법 제203조의 적용이 없는 경계확정소송에 있어서는 당연히 같은 취지의 규정인 법 제415조의 불이익변경금지의 원칙도 그 적용이 없는 것이다.

2) 이 소도 형식적 형성의 소인바, 법원은 전공유자의 이익을 고려하여 될 수 있는 한 현물분할을 할 것이나 만약 이것이 불가능한 때 또는 현물분할로 인하여 현저히 그 가액이 손상될 염려가 있는 때에는 공유물을 경매하고 그 매득금의 분배를 명해야 할 것이다(민 제297조). 그 경우 법원은 분할의 방법에 관하여 당사자의 신청에 구속되지 아니하고 자유재량으로 할 수 있다. 따라서 당사자가 구하지 않아도 법원은 공유물의 경매를 명할 수 있는 것이다(대판 1968. 3. 26. 67 다 2455, 2456). 또한 현물분할하는 방법에 있어서도 원고가 구하는 현물분할방법이 부적당하면 다른 방법의 현물분할이 가능하며, 금전으로 경제적 가치의 과부족을 조정하여 현물분할하는 방법, 또는 분할청구자의 지분한도 내에서 현물분할을 하고 나머지 공유자는 공유자로 그대로 남는 방법도 가능하다고 한다(대판 1990. 8. 28. 90 다카 7620; 대판 1991. 11. 12. 91 다 27228).

1심에서 신청하지 아니한 사항에 관하여 항소심에서 새로이 신청을 한 때에는 처분권주의에 위배된 제1심 판결의 하자는 치유된다고 볼 것이다.

Ⅷ. 集中審理主義

수소법원이 사건을 처리함에 있어서 한 기일에 다수의 사건을 병행하여 심리하는 방식을 병행심리주의라고 하고, 하나의 사건에 관하여 계속적으로 변론과 증거조사 등 심리를 집중하여 판결을 내린 다음에 다음 사건의 심리에 들어가는 방식을 집중심리주의라고 한다.

병행심리를 하던 구법의 방식하에서는 기일과 기일간의 간격이 길어서 법관의 기억이 망실되고 기록검토의 중복, 법관의 경질로 인한 갱신 등 시간과 노력이 많이 소요된다. 반면 사건단위로 집중심리를 하면 능률이 높아지고 구술주의와 직접주의의 장점을 살릴 수 있다. 구술주의에 의한 변론을 항상 강조하면 당사자와 대리인들이 준비서면 등의 진술을 위하여 법정에 꼭 출석해야 하고 법원도 불필요한 변론을 반복하여 열어야 하며, 수시제출주의를 제한 없이 활용하면 소송준비의 태만과 지연을 초래하게 된다. 이는 남상소의 폐단과 함께 지금까지의 소송실태가 보여준 문제점이다. 따라서 실질적인 변론 및 증거조사를 집중(제293조)하여 신속한 결론을 내도록 유도하여야 한다. 우리 법도 변론의 집중을 선언하고 있을 뿐만 아니라(제272조) 병행심리방식에서 집중심리방식으로 과감하게 전환하였다. 집중심리방식과 절차에 관하여는 변론의 준비에서 설명한 바 있다.

제 4 절 訴訟節次의 停止

I. 總 說

1. 制度的 趣旨

소송계속중 그 절차가 종료되기 전에 소송절차가 진행을 정지하는 경우를 총칭하여 소송절차의 정지라고 한다. 당사자 일방의 사망·능력상실·파산선고 등의 사유가 발생하여 소송행위를 하는 것이 불가능 내지 곤란하게 되었음에도 불구하고 절차진행을 강요하면 권리보호의 정신에 위배되고 쌍방심문주의에 반한다는 뜻에서 이러한 제도를 인정한다. 그러므로 대석절차인 판결절차와 이에 준하는 독촉절차, 제소전화해절차, 항고절차, 소송비용확정절차 등에 적용이 있다. 다만 대석적 변론에 의한 재판의 적정을 기하는 것보다 절차의 신속을 요하는 강제집행절차, 경매절차,[1] 가압류·가처분절차,[2] 증거보전절차의 경우에는 정지제도의 적용이 없다.

2. 槪　　念

중단은 소송당사자나 소송수행자 일방에게 법에 정한 소송수행불능사유가 생긴 경우에 새로운 소송수행자가 나타나서 당사자의 수계 또는 법원의 속행명령으로 소송에 관여함으로써 중단을 해소할 때까지 절차를 법률상 당연히 정지하는 경우이다.

중지는 법원이나 당사자의 중단사유 이외의 장애에 의하여 기타 다른 사건과의 관계상 소송진행이 부적법한 경우에 법률상 당연히(제245조) 또는 법원의 결정에 의하여(제246조) 절차가 정지되는 것이다. 수계가 없고 새로운 소송수행자로 교체가 없는 점에서 중단과 다르다.

양자는 이러한 사태를 해소시킴에 있어서 소송수행권자의 교체를 위한 수계를 필요로 하느냐 여부와 그 효력의 면(제247조 I)에 있어서 차이가 있다. 소송절차가 정지된 경우에는 판결선고를 제외하고는 일체의 소송행위를 할 수 없으므로 당사자의 소송행위는 물론 법원의 행위도 무효로 됨이 원칙이다. 그러나 소송절차의 정지제도가 공익적 필요보다 당사자보호를 위하여 존재함을 생각하면 일률적으로 무효라고 할 수만은 없을 것이고 소송절차에 관한 이의권의 상실·포기 또는 추인에 의하여 치유되는 경우가 있을 것이다. 소송절차가 정지되면 기간의 진행이 정지하고 소송절차의 수계통지 또는 속행한 때부터 다시 전기간이 진행된다(제247조 II). 제척·기피신청이 있거나(제48조) 관할지정신청이 있는 경우에도 소송절차가 정지되지만, 긴급을 요하는 경우에는 그러하지 아니하다.

II. 訴訟節次의 中斷

1. 中斷事由

1) 當事者死亡으로 말미암은 中斷(제233조)

가) 當然承繼와 訴訟中斷의 필요　　소제기 후에 당사자가 사망하면 실체법적으로는 권리가 상속인으로 승계되는 권리자변동이 생긴다. 그러므로 이 경우

1) 대판 1998. 10. 27. 97 다 39131 참조.
2) 대판 1993. 7. 27. 92 다 48017.

원칙적으로는 새로운 권리자가 다시 소송을 제기하여야 하는 것이지만, 소송경제를 위하여 이와 같은 권리의 포괄승계가 발생한 경우에는 소송당사자도 역시 그 상속인으로 당연히 변동되는 것으로 취급한다. 그러나 상속인을 소송의 당사자로 본다고 하여 실제로 그 소송이 그대로 진행될 수 있는 것은 아니고 그 상속인이 누구인지 특정되고 그 상속인에게 기일통지를 하여 당사자로서 소송에 관여할 수 있도록 했을 때에 비로소 소송이 진행될 수 있다고 하여야 한다. 이것은 당사자의 소송관여권보장의 차원에서 볼 때 당연하다. 그러므로 그렇게 될 때까지 일단 소송을 중단시킬 수밖에 없다. 다만 사망한 당사자에게 이미 소송대리인이 선임되어 있는 경우에도 소송의 당연승계는 일어나고 당사자는 그 상속인으로 바뀌는 것이지만, 이 경우 소송대리인의 대리권이 상속인을 위하여 존속하는 것(법 제95조, 제96조)으로 보면 상속인의 소송절차 관여는 보장되는 것이기 때문에 구태여 소송을 중단시키지 아니하고 계속 진행되도록 허용하는 것이다.

나) 當 事 者 당사자가 소송계속 후 사망 또는 실종선고에 의하여 사망한 것으로 간주되는 경우에는 수계적격자가 소송을 수계할 때까지 절차가 당연히 중단된다. 성명모용소송의 경우에는 피모용자가 사망했을 때 소송이 중단되며, 보조참가인은 당사자가 아니므로 그의 사망으로 인하여 중단되지 아니한다. 필수적 공동소송의 경우에는 공동소송인 중의 1인이 사망하면 전체소송이 중단되지만(제67조 Ⅲ), 통상공동소송의 경우에는 사망한 공동소송인과의 관계에서만 중단된다(제67조).

다) 受繼適格者 당사자 사망시의 수계적격자는 상속인·상속재산관리인·수증자 기타 법률에 의하여 소송을 속행할 자이다.

(i) 누가 상속인인가는 민법에 의한다. 원고의 소송승계인이 처와 자임에도 불구하고 자만을 승계인으로 하여 소송절차를 진행함은 위법이다.

(ii) 상속재산관리인이 선임된 경우에는(민 제1023조 Ⅱ, 제1040조, 제1044조, 제1047조 Ⅱ, 제1053조) 상속인이 아니고 상속재산관리인이 소송을 수계한다. 다만 한정승인의 경우에는 상속재산관리인과 한정승인자가 공동으로 소송을 수계하는 것으로 볼 것이다.

(iii) 사망한 당사자가 포괄유증을 한 경우에는 수증자가 소송을 수계한다. 특별유증의 경우에는 유증목적물은 일단 상속인에게 귀속되고 수증자는 목적물의 이행청구권을 취득하게 될 것이므로(채권적 효력설) 유언집행자가 일단 소송을 수계하게 된다고 보아야 한다.

(iv) 법률에 의하여 소송을 속행할 자로는 유언집행자, 상속재산에 대하여 파산선고가 있는 경우의 파산관재인 등이 있다.

라) 訴訟節次中斷에 따른 절차 소송절차가 중단되면 당사자나 법원을 불문하고 그 사건의 본안에 관한 소송행위를 할 수 없게 되는 것을 원칙으로 한다.

(i) 法院의 訴訟行爲의 효력 소송절차가 중단된 것을 모르고 중단중에 실시한 법원의 증거조사나 기일지정, 소환, 송달 기타의 소송행위는 당사자 쌍방에 대하여 무효가 된다는 것이 다수설이다.

법원이 소송절차 중단중에 한 소송행위, 예컨대 일방 당사자가 사망한 것을 모르고 그의 참여 없이 증거조사를 실시한 경우 그것은 무효이므로 중단사유가 해소된 후에 다시 증거조사를 실시할 수밖에 없다. 그러나 당사자가 소송절차에 관한 이의권을 포기한 경우에는 그러하지 아니하다.

(ii) 當事者의 訴訟行爲의 효력 상대방 당사자의 소송행위는 중단사유가 발생된 당사자에 대한 관계에서만 무효라고 하면 족하고 법원에 대한 관계에서까지 절대적으로 무효라고 할 필요는 없다. 그러므로 중단사유가 발생되었던 당사자가 뒤에 소송절차를 수계하고 나서 상대방 당사자의 중단중의 소송행위의 위법을 탓하지 아니하고 그 효력을 인정하는 전제에서 소송을 계속하는 경우에는 소송절차에 관한 이의권의 포기로 보아서 위 중단중의 소송행위의 하자가 치유된다. 쌍방 당사자는 상소를 제기할 수 없다는 것이 통설이다.

(iii) 職權調査事項 당사자의 사망을 간과한 판결인지 여부가 상소심이 가려야 할 직권조사사항인가. 판례는 당사자의 주장이 없어도 직권으로 조사하여 그러한 위법이 드러나면 파기환송을 한다.[1]

사망한 당사자의 상대방도 상고이유로서 당사자사망으로 절차중단이 있음에도 불구하고 원심판결이 선고된 위법이 있음을 주장할 수 있는가. 판례는 적극설을 취하고 있으나[2] 의문이다.

2) 法人의 合併으로 말미암은 中斷(제234조)

가) 회사 기타 법인이 합병에 의하여 소멸된 경우에는 소송절차는 중단된다. 합병에 의하여 법인이 소멸되는 경우뿐만 아니라 청산절차를 거치지 아니하고 법인이 소멸되는 경우에도 소송절차가 중단된다. 그러므로 법인의 권리의무가 법률의 규정에 의하여 새로 설립된 법인에게 승계되는 경우나 행정구역의 통폐합의 경우에도 본조의 적용이 있다. 또한 법인 아닌 사단이나 재단뿐만 아니라 행정소

1) 대판 1996. 2. 9. 94 다 24121.
2) 대판 1996. 2. 9. 94 다 24121.

송사건에서 처분행정청이 통폐합되는 경우 등에도 준용된다.

나) 다만 합병에 의하여 흡수된 법인이 상대방 당사자인 경우에는 혼동에 의하여 소송이 종료되며, 중단의 문제는 생기지 아니한다. 또한 타법인이 당사자인 법인의 영업을 양수하였다는 사유만으로는 절차가 중단되지 아니한다.

다) 다만 회사의 주주·이사·청산인·파산관재인 또는 합병을 승인하지 아니한 회사채권자가 합병무효의 소를 제기한 경우(상 제232조, 제236조, 제529조)에는 그 소에 관한 한 소멸된 법인이 존속하는 것으로 보아 본조의 적용이 없다. 법 제234조 2항은 상법상 합병의 효력에 비추어 적용의 여지가 없다.

라) 신설합병의 경우에는 새로 설립된 법인, 흡수합병의 경우에는 존속법인이 종전의 소송절차를 수계하여야 한다. 소멸된 법인의 대표자가 계속 소송을 진행하면 중단사유발생 이후 수계시까지의 모든 소송행위가 무권대리행위가 되지만 합병 후 존속법인이 수계 후 이를 추인하면 소급하여 유효로 된다.

3) 訴訟能力의 喪失 또는 法定代理權의 消滅로 말미암은 中斷(제235조) 당사자가 소송능력을 상실한 때 또는 법정대리인이 사망하거나 대리권을 상실한 때에는 소송절차는 중단된다.

가) 소송능력의 상실례로는 당사자가 성년후견의 선고를 받거나 의사능력을 상실한 경우, 또는 미성년자나 피한정후견인이 영업허락의 취소를 받은 경우 등을 들 수 있다.

나) 당사자의 법정대리인, 비법인사단 또는 재단의 대표자나 관리인 또는 법 제67조의 특별대리인 등이 사망하여 상대방에게 통지한 경우에 소송절차는 중단된다. 다만 회사의 여러 공동대표이사 중 1인이 사망한 경우에는 중단되지 아니한다. 법정대리권이 그 소멸사유가 발생하여 상실되면 절차가 중단된다.

다) 소송중 미성년자가 성년이 되거나 성인후견 또는 한정후견선고가 취소되어 법정대리인이 대리권을 상실한 경우에는 이론상 절차가 중단될 필요가 없겠으나, 법 제235조 후단의 규정상 일단 중단시켰다가 수계하여야 하는 것으로 보아야 될 것이다.

라) 판례는 부재자재산관리인에 대하여 관리권행사금지가처분이 있는 경우에는 대리권상실로 보아 절차가 중단된다고 하며, 동 가처분신청이 취하되어 대리권이 회복되었을 때에는 수계함이 없이 소송절차를 속행할 수 있다고 한다.[1] 이

1) 대판 1980. 10. 14. 80 다 623, 624.

경우는 소송능력을 회복한 당사자 또는 새로운 법정대리인이 수계신청을 하여야 한다. 수인의 선정당사자 중 일부가 죽거나 그 자격을 잃은 경우에는 소송절차가 중단되지 않고 남아 있는 다른 선정당사자가 모두를 위하여 소송행위를 할 수 있다(제54조).[1)]

4) 受託者의 任務가 끝남으로 말미암은 中斷(제236조) 신탁으로 말미암은 수탁자의 임무가 종료한 때에는 소송절차는 중단되며, 신수탁자가 소송절차를 수계하여야 한다(제236조).

5) 訴訟擔當者의 資格喪失로 말미암은 中斷(제237조) 일정한 자격에 기하여 자기명의로 타인을 위하여 소송당사자가 된 경우, 즉 제3자의 소송담당의 경우에 그 자격을 상실하거나 사망한 때에는 소송절차는 중단된다(제237조 I). 파산관재인, 유언집행자(민 제1101조), 선장(상 제859조) 등이 그 예이다. 이 경우에는 새로 자격을 취득한 자가 소송절차를 수계하게 된다. 선정당사자의 일부만이 사망 또는 자격상실시에는 소송절차에 영향이 없지만, 전원이 사망 또는 자격상실시에는 절차가 중단된다(제237조 II). 이러한 경우의 소송수행권의 소멸은 선정자가 상대방에게 통지하여야 효력이 발생한다(제63조 II).

6) 當事者의 破産·破産解止로 말미암은 破産財團에 관한 소송의 中斷(제239조, 제240조)

당사자가 파산선고를 받은 때에는 파산재단에 관한 소송절차는 중단된다(제239조 전). 그리고 중단되는 것은 파산재단에 관한 소송이지만, 파산재단에 간접적으로 관계되는 소송 또는 파산채권자가 제기한 채권자취소소송(파 제78조 I)이나 채권자대위권이나 압류채권자의 추심권에 기한 소송 등도 당사자의 파산에 의하여 중단된다.

파산채권에 관한 소송은 당사자가 파산선고를 받으면 즉시 중단되지만, 소송대상이 되어 있는 채권이 파산채권으로서 신고되어 채권조사기일에 이의를 진술한 때에 한하여 수계할 수 있다.

당사자가 파산선고를 받은 경우에 파산재단에 관한 소송절차는 중단되고 파산법에 의하여 수계되는데, 중단 후 수계 전에 파산절차의 해지가 있을 때에는 법 제239조 후단에 의하고, 수계 후에 파산절차가 해지된 때에는 법 제240조에 의하여 파산자가 소송절차를 수계한다.

---

1) 대판 2008. 4. 24. 2006 다 14363에서는 수인의 파산관재인이 선임되어 있는 경우에도 마찬가지로 판시한다.

2. 訴訟節次가 中斷되지 아니하는 경우(제238조)

당사자의 사망(제233조 I), 법인의 합병에 의한 소멸(제234조 I), 소송능력의 상실이나 법정대리권의 소멸(제235조), 수탁자의 임무종료(제236조), 당사자적격자의 자격상실(제237조) 등에 의하여 소송이 중단되어야 할 경우라도 소송대리인이 있는 경우에는 절차를 수계할 필요가 없고 그대로 속행된다. 당사자의 절차관여권 보장에 지장이 없기 때문이다. 이는 상속인 등에 의한 소송절차수계를 필요로 하지 않는다는 뜻이고, 상속인이 수계하지도 못한다는 뜻은 아니다. 이 경우 소송대리인은 당연히 새로운 당사자인 상속인들 전원을 위하여 그들의 대리인으로서 소송을 수행하는 것이므로 그 사건의 판결은 그들 전원에게 효력이 미치며,[1] 이 때 상속인이 밝혀진 경우에는 상속인을 소송수계인으로 하여 신당사자로 표시할 것이지만 상속인이 누구인지 모를 때에는 망인을 그대로 당사자로 표시하여도 무방하다.[2] 가령 신당사자를 잘못 표시하였다 하더라도 그 표시가 망인의 상속인, 소송수계인, 소송승계인 등 망인의 상속인임을 나타내는 문구로 되어 있으면 잘못 표시된 당사자에 대하여는 판결의 효력이 미치지 아니하고 여전히 정당한 상속인에게 판결의 효력이 미친다.[3]

위임에 의한 소송대리인이 상소제기에 관하여 특별위임을 받았을 때에는 판결정본이 당사자에게 송달되어도 절차가 중단되지 아니한다. 그러나 소송대리인이 그러한 특별수권을 받지 아니한 때에는 심급대리의 원칙상 그 심급의 판결이 당사자에게 송달되면서 소송절차는 중단되므로[4] 이러한 수계절차를 거친 소송수계자로부터 소송위임을 받지 아니하고 상고하면 이는 부적법하다.[5]

3. 訴訟節次中斷의 解消

중단은 당사자의 수계 또는 법원의 속행명령에 의하여 해소되고 절차는 재개된다.

1) 受 繼

가) 受繼申請權者　　법 제239조 후문의 경우와 같이 파산해지에 의하여 당연히 수계의 효과가 발생하는 경우도 있으나, 원칙적으로 중단사유 있는 당사

1) 대판 1995. 9. 26. 94 다 54160.
2) 대결 1992. 11. 5. 91 마 342.
3) 대판 1996. 2. 9. 94 다 61649.
4) 대판 1996. 2. 9. 94 다 61649.
5) 대판 1969. 9. 23. 69 다 1041.

자측의 신수행자 또는 상대방(제241조)의 신청에 의하여 수계된다. 상대방도 수계신청을 할 수 있음은 수계적격자가 정당한 사유 없이 신청을 하지 않은 경우에 대비하여 수계신청권을 준 것이다.

통상공동소송의 경우 상속인 각자가 수계신청을 할 수 있다. 신청하지 아니하여 누락된 상속인에 대하여는 여전히 원심에 소송이 중단되어 있다.[1] 다만 필수적 공동소송에서는 공동소송인 전원이 수계신청을 해야 하고, 그렇지 않았다면 위법이다.[2]

나) 受繼申請의 方式 수계신청은 서면이나 구술로 명시적 또는 묵시적으로 할 수 있으나(제161조), 수계신청이 있으면 법원은 상대방에게 통지하여야 하므로(제242조) 서면으로 함이 명확하고 편리하다. 수계신청인지 여부는 명칭보다 실질에 따라 판단하여야 한다.

다) 受繼申請法院 수계신청은 중단 당시 소송이 계속된 법원에 하여야 한다. 다만 종국판결송달 후 중단된 경우에는 상소와 함께 상소법원에 수계신청을 할 수 있다는 판례와[3] 소송은 아직 상소심에 계속되어 있지 아니하므로 법 제243조 2항 및 제428조에 비추어 원심법원에 신청하여야 한다는 학설이 갈린다.

환송판결의 송달과 동시에 소송절차가 중단된 경우에는 수계신청을 환송받은 원심법원에 하여야 하며, 이송결정 후 확정 전에 중단된 경우에는 소송은 아직 이송결정을 한 법원에 계속되어 있으므로 원법원에 신청할 것이다.

라) 受繼申請에 대한 裁判

(i) 당사자의 수계신청이 있는 경우 그 적부와 이유의 유무는 직권조사사항이다(제243조 I). 그러므로 상대방이 이의를 하지 않는 경우에도 수계신청자로 하여금 각종증명서를 제출시키고 직권으로 조사촉탁을 하는 등 증거조사를 하여야 한다.

(ii) 수계신청이 이유 있으면 별도의 재판 없이 그대로 절차를 속행할 수 있다. 다만 판결의 송달 후 중단사유가 발생하여 절차가 중단된 경우에는 그 판결의 효력을 받을 자를 명백히 하고 판결확정의 필요상 또는 승계집행문을 부여하기 위하여 수계의 재판을 할 필요가 있다.

(iii) 수계신청이 이유가 없다고 인정되면 결정으로 신청을 기각할 수 있고(제243조 I) 이 결정에 대하여는 통상항고로써 불복할 수 있다(제439조). 다만 수계사유가 발생하

1) 대판 1994. 11. 4. 93 다 31993.
2) 대판 1995. 5. 23. 94 다 23500.
3) 대판 1995. 1. 12. 94 누 8471.

지 아니하였음에도 불구하고 엉뚱한 자를 수계인으로 신청하고 또 동인을 상대로 제소하였을 때에는 이를 부적법 각하하면 되고 수계신청을 배척하는 별도의 결정은 불요하다는 것이 판례이다.

(iv) 중단중의 상소제기는 무효일 것이나 수계신청만 있으면 중단은 해소되므로 이에 대한 재판 전이라도 상소를 제기할 수 있고, 중단사유의 발생을 모르고 행한 상소 중 상소각하 전에 수계신청이 있으면 소송절차에 관한 이의권의 포기에 의하여 상소가 적법하게 된다고 본다.[1] 중단중에 항소를 제기하고, 그 후 항소인의 법정대리인이 대리권을 회복한 다음 소송행위를 속행하면 수계가 있은 것으로 본다.

(v) 소제기 전에 이미 사망한 자를 당사자로 한 제 1 심 판결은 당연무효이며, 망인의 재산상속인이 수계신청과 동시에 항소한 경우에는 수계신청과 항소는 모두 각하되어야 한다.

또한 소송계속중 당사자가 사망하였는데 법원이 이를 간과하여 소송수계의 절차를 밟지 않은 채 그대로 소송이 진행되어 판결이 선고된 경우에는 당사자의 사망으로 소송절차를 수계할 원고들이 법률상 소송행위를 할 수 없는 상태에서 심리되어 선고된 것이므로, 여기에는 마치 대리인에 의하여 적법하게 대리되지 않았던 경우와 마찬가지의 위법이 있다.[2] 그러므로 위법설에 의하면 판결에 하자가 있긴 하나 당연무효는 아니고 대리권 흠결에 준하며 상소 또는 재심에 의하여 취소될 수 있을 뿐이다.

제소시에는 원고의 표시를 부재자 갑으로 하였다가 그 후 갑에 대한 실종선고가 확정됨으로 인하여 그가 소급하여 사망한 것으로 간주된 경우에는 실종선고시에 사망으로 인한 중단사유가 발생한 것으로 보아 그 후에 이루어진 소송수계를 정당하다고 하는 것이 판례이다.

2) 續行命令 법원은 당사자가 소송절차를 수계하지 아니하는 경우에도 직권으로 그 속행을 명할 수 있다(제244조). 소송의 진행에 관하여 직권진행주의를 취하는 결과이지만, 수계신청을 촉구하여도 불응하는 당사자는 드물 것이므로 당사자의 수계신청이 제대로 되지 못한 경우에 진정한 수계인에게 속행명령을 발하여 소송촉진을 기하자는 것이다. 속행명령과 더불어 지정된 기일에 불출석하면 기일해태의 불이익을 입는다.

---

1) 대판 1996. 2. 9. 94 다 61649.
2) 대판(전) 1995. 5. 23. 94 다 28444.

3) 소송중단중에는 중단해소를 위한 행위 이외에는 소송행위를 할 수 없고 상소기간도 진행하지 않으므로 소송수계가 이루어지지 않는다면, 이론상 영구히 미확정인 판결이 있을 수 있겠으나 이는 부당하다. 이를 방지하기 위하여 법원이 속행명령을 할 수 있으나, 법원으로서는 소송의 중단 여부를 알 수 없는 경우가 많고 승계인도 알기 어렵기 때문에 속행명령을 내리기가 매우 어렵다.

Ⅲ. 訴訟節次의 中止

1. 天災 · 地變, 그 밖의 사고로 법원의 職務執行이 不能한 경우(제245조)

천재 · 지변, 그 밖의 사고로 법원 전부가 직무를 행할 수 없을 때에는 소송절차는 그 사고가 소멸될 때까지 당연히 중지된다. 따라서 기간진행도 사고의 발생과 동시에 정지된다. 사고가 그쳐서 직무집행능력이 회복되면 그와 동시에 중지는 종료된다. 단순히 법원을 구성하는 법관이 법률상 또는 사실상 당해사건에 관하여 재판권을 행사할 수 없는 경우를 말하는 것이 아니다.

2. 當事者에게 不定期間의 障碍가 있는 경우(제246조)

당사자가 부정기간 동안 소송행위를 할 수 없는 장애사유가 생긴 경우에는 법원은 결정으로 소송절차의 중지를 명할 수 있다(제246조 I). 법원은 중지원인이 해소되면 중지결정을 취소할 수 있다(제246조 Ⅱ).

3. 기타 審理進行이 不適當한 경우

동일사건에 관하여 위헌제청을 한 경우(헌재 제42조 I), 조정절차에 회부된 경우(민조규 제4조), 회생사건에서 화의개시신청이 있는 경우(통합도산법 제44조), 선박소유자 등의 책임제한절차 개시신청이 있는 경우(선주책 제16조) 등에는 절차는 중지된다. 당연히 중지되는 경우와 법원의 재량으로 중지할 수 있는 경우가 있다.

Ⅳ. 訴訟節次停止의 效果

1. 당사자나 법원은 정지중 일체의 소송절차상 행위를 할 수 없다. 그러므로 정지중 소송절차 외에서 대리인의 任免 등은 별론, 당사자가 한 행위뿐만 아니라 법원이 한 재판, 증거조사 등 행위도 무효이나, 소송절차에 관한 이의권의 대상으로 되고 후일 추인하면 유효하게 된다.

2. 소송중단중에도 사건을 이송할 수 있는 경우가 있다(선주책 제63조 Ⅲ).

3. 변론종결 후 중단시에는 재판선고는 할 수 있으나 판결문의 송달은 수송달자가 없으므로 중단사유가 소멸한 후에 해야 한다. 변론종결 전에 정지된 경우에는 변론을 종결하고 판결을 선고할 수 없다. 만일 종국판결을 선고하였다면 대리권흠결의 사유를 유추하여 상고 또는 재심에 의하여 취소된다.[1] 단 불이익을 받은 당사자가 추인하면 그러하지 아니하다. 소송절차가 정지하면 기간이 진행되지 아니하며, 정지사유가 해소된 후 다시 전기간이 진행한다.

1) 胡 366면은 재판청구권의 침해가능성을 이유로 반대한다.

제 4 장 訴訟節次의 終了

제 1 절 終了原因 總說

I. 訴訟終了事由

1) 法院의 행위　소제기에 의하여 개시되는 소송계속(제248조)은 본안에 대한 종국판결이 내려짐으로써 종료되는 것이 보통이다. 다만 하급심에서 종국판결이 선고된 경우에는 상소의 가능성이 있으므로 종국판결의 선고만으로 소송계속이 종료되는 것이 아니라 그 판결의 확정에 의하여 종료된다.

2) 當事者의 행위　소송절차는 이러한 법원의 행위뿐만 아니라 당사자의 행위에 의하여도 종료되는데 원고의 소의 취하(제266조) 또는 청구의 포기, 피고의 청구의 인낙, 양당사자의 재판상 화해 등이 그것이다.

3) 기타 事由　그 외에도 소송중 상속이나 합병 등의 사유로 당사자 일방이 상대방의 승계인이 된 경우와 같이 대립당사자의 지위의 혼동, 승계인 없는 당사자의 소멸[1) 또는 소의 취하간주(제268조) 등의 사유로 인하여 종료될 수도 있다.

II. 訴訟終了宣言

1) 意　義　이는 소송이 확정적으로 종료하였음을 종국판결로써 선언하는 제도이다. 소송계속의 부존재를 확인하는 확인판결의 일종인데 판례법으로 발전되어 성문화되었다. 소송종료선언의 판결은 소송의 종료를 확인하는 소송판결이고 종국판결이므로 상소가 허용된다.

이는 독일 민사소송법의 본안종료선언과 다르다(ZPO 제91조 a). 독일제도는 원고의 적법한 소송상 청구가 그 후의 법개정·변제·상계·포기 등으로 유지할 수 없게 되었을 때 원고의 소취하 대신 양당사자에게 본안종료선언을 하게 하여 소송비용부담을 조정하는 제도이다.

1) 대판 1985. 9. 10. 85 므 27; 대판 1993. 5. 27. 92 므 143.

2) 訴訟終了宣言을 할 경우

(i) 소 또는 상소취하가 부존재 또는 무효임을 다투어 기일지정신청을 한 경우에 변론을 열어 심리한 결과 그 신청이 이유 없다고 인정하는 경우(민소규 제52조, 제53조).[1]

(ii) 판결의 확정, 청구의 포기나 인낙, 재판상 화해, 소의 취하 또는 취하간주, 확정된 화해권고결정[2] 등의 사유로 소송종료의 효과가 발생하였음을 간과하여 심리를 진행한 것이 판명된 경우. 청구의 인낙·포기·화해의 하자는 준재심의 소에 의하여서만 다툴 수 있으므로 기일지정신청으로 무효를 다툴 수 없으나 이러한 경우에는 당연무효사유가 없으면 소송종료선언을 하여야 한다.[3]

(iii) 승계가 불가능한 일신전속적 법률관계에 관한 소송(예컨대 이혼소송)이 계속중 당사자 일방이 사망한 경우[4]를 들 수 있다.

제 2 절 終局判決

제 1 관 裁判에 관한 總說

I. 裁判의 의의

재판이라 함은 소송사건에 관한 심판요구에 대하여 종국적으로 내리는 법원의 판단을 뜻하는데, 넓은 의미로는 재판기관의 공권적 법률판단 또는 의사표시를 포함한다. 재판은 법규를 대전제로 하고 구체적 사실을 소전제로 하여 논리적 조작을 통한 추리 판단을 외부에 표현하는 형식으로 하게 된다.

이처럼 법원·재판장·수명법관, 또는 수탁판사가 소송에 관하여 내리는 판단이나 의사표시에는 종국판결뿐만 아니라 본안 전의 소송판결 및 중간판결이 포함되며, 기타 소송절차의 파생적·부수적 사항에 대한 공권적 판단, 예를 들면 관할지정, 제척·기피의 당부, 증언거부의 당부, 소송비용 등 각종 소송지휘재판, 보조참가허부, 소송절차의 중지 등에 관한 것도 포함된다. 또한 압류명령, 전부명령,

1) 반면 신청이 이유 있다고 인정하는 경우에는 판결로 소취하무효선언을 하여야 한다(민소규 제67조 4항).
2) 대판 2010. 10. 28. 2010 다 53754.
3) 대판 2000. 3. 10. 99 다 67703; 대판 2011. 4. 28. 2010 다 103048.
4) 이혼판결에 대한 재심소송중 배우자 일방이 사망한 경우에도 소송종료선언을 한다. 대판 1992. 5. 26. 90 므 1135.

강제경매의 개시결정 등 집행법원의 집행행위도 재판으로써 행하여진다.

법원, 기타 재판기관의 행위라 하더라도 변론청취, 증거조사의 실시 등 사실상 행위는 재판이 아니다. 그리고 법원사무관 등의 처분(제223조) 또는 집행관의 처분행위(예컨대 민집 제24조 Ⅱ, 제195조 Ⅱ)는 이들이 재판기관이 아닌 만큼 재판의 범위에 들어가지 아니한다.

Ⅱ. 裁判의 種類

재판을 그 주체 및 성립절차에 의한 차이에 따라 구별하면 판결·결정·명령으로 나눌 수 있고, 재판의 내용 및 효력에 따라서 분류하면 명령적 재판·확인적 재판· 형성적 재판으로 나눌 수 있으며, 소송절차의 목적에 의하여 구별하면 종국적 재판과 중간적 재판으로 분류될 수 있다.

1. 判決·決定·命令

1) 판결은 원칙적으로 변론을 열어 심리한 후 일정한 형식에 의한 판결서를 작성하여 법관이 서명날인하여야 하고(제208조), 엄격한 고지방법인 선고에 의하여 그 효력을 생기게 하는 법원의 재판이다(제205조). 법원도 일단 판결을 내리면 그에 기속된다.

판결은 그 성립에 있어서 가장 신중한 방식이므로 당사자의 신청 특히 소·항소·상고에 관한 종국적 또는 중간적 판단을 필요로 하는 중요사항을 다루는 데 쓰여진다. 다만 절차의 간이·신속을 위하여 예외로 변론경유 없이 서면심리 후 판결하는 경우도 있다(제124조, 제219조, 제257조, 제413조, 제429조, 제430조, 소액 제9조 Ⅰ).

판결에 대한 불복은 항소 또는 상고의 방법에 의한다.

2) 결정은 법원의 재판인 점에서는 판결과 성질을 같이하나, 심리방식이 임의적 변론(제134조 Ⅰ단) 또는 서면심리에 의하여 할 수 있는 재판형태로서 꼭 재판서를 작성할 필요는 없고(제154조 5호) 상당한 방법으로 고지함으로써 효력을 발생한다(제221조). 따라서 대외적으로 선고가 필요하지 아니하므로 결정서원본이 법원사무관에게 교부되었을 때에 성립한다고 볼 수밖에 없는데, 판례는 그 작성일자에 결정원본이 법원사무관에게 교부된 것으로 추정할 것이라 한다.[1)]

결정과 명령의 경우 재판서를 작성하는 때에도 이유기재를 생략하고 법관의 기명날인으로 족하다(제224조 단). 결정·명령으로 완결되는 재판은 대심구조를 요하지

---

1) 대결 1974. 3. 30. 73 마 894.

아니하므로 소송비용부담자를 정할 필요도 없다.

결정으로 재판할 사항은 경미한 사항이긴 하나 신속한 판단이 요구되는 것으로서 소송의 지휘 및 심리에 있어서 파생적이거나 부수적인 절차에 관련된 사항, 집행절차에 있어서의 법원의 행위, 또는 비송사건에 관한 사항이다.

결정에 대한 불복방법은 항고(제439조)·재항고(제442조)·특별항고(제449조)이지만 동일 심급 내의 불복방법으로서 이의가 인정되는 수가 있다(제441조, 제469조, 민집 제283조).

문서제출명령(제347조), 지급명령(제462조), 압류명령(민집 제223조), 전부명령(민집 제231조), 추심명령(민집 제232조), 가압류·가처분명령(민집 제280조, 제281조 I, 제301조) 등은 재판내용을 나타내기 위하여 명령이라는 명칭이 붙어 있으나, 그 성질은 결정에 속한다.

3) 명령은 재판의 주체가 재판장, 수명법관 또는 수탁판사라는 점에서 결정과 다르나, 그 심리방식, 재판서의 기재 및 성립, 불복방법 및 재판사항 등은 결정과 거의 동일하다. 단독사건의 경우에는 결정과 명령의 구별이 명확하지 아니하지만, 합의사건일 경우에는 법원이 할 재판인가 재판장이 할 재판인가를 표준으로 구별할 것이다. 명령의 예로는 재판장의 소장각하명령(제254조 II), 석명준비명령(제137조), 대질명령(제329조, 제332조) 등을 들 수 있으며, 명령에 대한 불복은 항고·재항고, 또는 이의(제138조, 제254조 II, 제439조, 제440조)에 의하여 하게 된다.

판결로써 재판해야 할 사항을 결정이나 명령의 형식에 의하여 함으로써 방식에 어긋나는 재판을 한 경우에 당사자는 현실로 내려진 결정 또는 명령에 대하여 불복하면 된다(제440조). 따라서 판결로 재판해야 할 가처분취소를 결정으로 하였다면 당사자는 항고로서 불복할 수 있으며,[1] 보조참가허부재판과 같이 결정으로 재판할 사항을 판결로써 한 경우에는 그 판결에 대한 상소로서 불복할 수 있다.[2]

2. 命令的·確認的·形成的 裁判

1) 명령적 재판은 당사자 또는 제3자에게 일정한 행위 또는 부작위를 명하는 재판이다. 예컨대 이행판결, 담보제공결정(제120조), 당사자 또는 대리인의 출석명령(제140조 I [1]), 증인의 출석요구(제309조~제312조), 문서제출명령(제347조), 압류명령 등이다. 이행의 대상이 되는 급여에는 금전의 이행, 유체물의 인도, 작위·부작위, 의사의 진술 등이 있다. 이행판결은 이행명령을 내림에 있어서 그 전제가 되는 이행의무까지도 확인하는 것이다.

1) 대판 1957. 12. 26. 57 민상 346.
2) 대판 1962. 1. 11. 61 민상 558.

2) 확인적 재판은 현재의 권리 또는 법률관계의 존부 또는 증서의 진부(제250조)를 확정하는 재판이다. 당사자간의 쟁송을 공권적으로 판단하여 해결하는 판결은 어느 것이나 확인적 성질을 가지고 있으므로 사법작용으로서 기본적이고도 본래적 성질을 지니는 재판이다. 예컨대 확인판결, 중간확인판결(제264조), 청구 또는 상소기각판결, 제척의 결정(제42조, 제46조), 소송비용액확정결정(제110조) 등이 있다. 확인판결은 일정한 급여의무의 이행을 목적으로 하지 아니하는 점에서 이행판결과 같은 집행력은 없으며 또 새로운 법률상태를 창설하는 것이 아니므로 형성력도 생기지 아니한다.

3) 형성적 재판은 법률관계의 발생·변경·소멸을 선언하는 재판이며, 이에 의하여 법률관계를 형성하거나 새로운 법률상태를 창설하는 효과가 생긴다. 예컨대 형성판결, 상소심의 취소판결(제416조, 제436조 I), 관할지정의 결정(제28조), 소송대리의 허가결정(제87조 I 단), 변론의 제한·분리·병합 또는 그 취소의 결정(제141조), 중단된 소송절차의 속행명령(제244조), 전부명령(민집 제229조), 경락허가결정(민집 제128조) 등이 있다. 형성판결에 의한 형성의 효과는 당사자 이외의 제3자에게도 미친다.

3. 終局的 裁判과 中間的 裁判

1) 종국적 재판은 사건을 처리함에 있어서 종국적 판단을 하여 어느 심급의 절차를 완결하는 재판이다. 예컨대 종국판결(제198조), 소송비용부담을 명하는 재판(제114조), 소장각하명령(제254조 II), 항고에 대한 결정 등이 있다.

종국적 재판은 다시 소송의 목적 자체에 따라 본안재판과 본안 전의 재판으로 구별된다. 본안재판은 당사자가 심판을 구하는 사항에 관하여 주장의 당부를 판단하는 것이며, 이를 실체상의 재판이라고 한다. 예컨대 원고의 청구를 인용하거나 기각하는 판결, 또는 상소심에서 원판결을 취소하거나 상소를 기각하는 판결 등이 그것이다.

본안 전의 재판은 당사자가 심판을 구하는 사항에 관하여는 심리하지 않은 채 그 신청을 배척하는 재판이다. 이를 형식상의 재판이라고도 하는데, 소송요건의 흠결로 인하여 소 또는 상소를 부적법각하하는 소송판결이 그 예이다.

2) 중간적 재판은 종국적 재판을 위한 준비로서 심리 도중에 문제된 사항에 대하여 내려지는 재판이다. 공격방어방법의 각하결정, 청구변경의 허부결정, 기타 중간의 다툼 또는 청구원인과 액수에 관한 다툼에서의 중간판결(제201조), 소송지휘에 관한 재판 등이 그 예이다. 종국적 재판에 대하여는 독립하여 불복할 수 있으

나, 중간적 재판에 대하여는 특별규정이 없는 한 독립하여 불복할 수 없고, 종국적 재판에 대한 불복과 아울러 상소심의 판단을 받게 된다(제392조).

제2관 判 決

I. 終局判決과 中間判決

1. 終局判決

1) 意 義 종국판결은 소 또는 상소에 의하여 계속되어 있는 사건의 전부나 일부에 관하여 당해심급에서 완결하는 판결이다. 법원은 소송심리를 완료한 때에는 종국판결을 하여야 한다(제198조). 종국판결의 예로는 본안판결·소각하판결·소송종료선언 등을 들 수 있다.

종국판결은 그 심급에서 소송절차를 완결하는 이상 소송절차상의 이유에 의한 판결(소송판결)이건 실체상의 이유에 의한 판결(본안판결)이거나를 불문한다. 종국판결은 그 심급에 있어서의 소송절차를 완결시키는 판결일 뿐 사건 전체의 종결을 의미하는 것은 아니므로 상소심의 환송판결[1]이나 이송판결도 종국판결에 해당한다.

2) 全部判決과 一部判決 종국판결은 소송완결의 범위에 따라 전부판결(제198조)과 일부판결(제200조)로 구별된다.

가) 전부판결은 동일소송절차에서 심판되는 청구 전부를 한꺼번에 완결시키는 종국판결인데 상소와 함께 소송의 전부가 당해 심급을 이탈한다. 소의 객관적 병합시(제253조), 반소와 본소를 병합심리하는 경우(제269조) 또는 변론병합의 경우(제142조)에 그 여러 개의 청구에 대하여 동시에 1개의 판결을 하면 이는 1개의 전부판결이라고 함이 통설과 판례이다.[2] 그러므로 이 경우 여러 개의 청구 중 일부만 상소된 경우에는 그 전부에 대하여 이심 및 판결확정차단의 효력이 생긴다.

나) 일부판결은 동일소송절차에서 가분적 청구의 일부, 병합심리되는 여러 개의 청구 중 일부 또는 본소와 반소 중 심리가 완료된 부분에 한하여 먼저 완결시키는 종국판결을 가리킨다(제200조). 판결하기에 성숙한 일부만이라도 먼저 판결함으로써 복잡한 사건을 간결화하고 심리를 정리할 수 있으나 일부판결은 독립하여

---

1) 대판(전) 1981. 9. 8. 80 다 3271(항소심); 대판(전) 1995. 2. 14. 93 재다 27, 34(상고심).

2) 대판 1981. 4. 14. 80 다 1881, 1882. 方 561면, 李時 578면, 金/姜 581면, 鄭/庾 662면, 姜 634면, 김홍 745면.

상소할 수 있으므로 도리어 재판의 모순과 비능률을 가져올 수도 있다. 소송의 일부에 대한 심리가 완료된 때라도 전부판결을 할 것인가 일부판결을 할 것인가에 대한 변론종결한도를 정하는 것은 법원의 재량이나 일부판결은 실무상 별로 활용되지 아니한다.

일부판결은 나머지 부분에 대한 절차와는 따로 상소의 대상이 되며, 독립하여 확정되고 강제집행을 할 수 있으므로 개별적으로 확정할 수 없는 필수적 공동소송, 독립당사자참가소송,[1] 예비적 병합[2]·선택적 병합,[3] 동일법률효과를 목적으로 하는 여러 개의 형성청구, 법률상 병합이 요구되는 경우(상 제188조, 제240조, 제380조 등) 등에 있어서는 일부판결을 할 수 없다. 이처럼 허용되지 아니함에도 불구하고 법원이 잘못하여 일부판결을 한 경우에는 잔부판결과 동일한 성질을 가지는 추가판결을 할 수 없으므로 이는 하자 있는 판결로서 상소 또는 재심에 의해서 취소해야 한다.[4]

3) 裁判의 漏落과 追加判決

가) 裁判의 漏落

(i) 意 義 법원이 의식적으로 청구의 일부에 대하여 판결하면 일부판결(제200조 I)이 되지만, 법원이 청구 전부에 대하여 판단할 의도로 판결을 내렸음에도 불구하고 현실적으로 판결이 안된 청구부분이 잔존한 경우에 이를 재판의 누락이라고 한다(제212조). 예컨대 본소청구에 대하여 반소가 제기되었는데 후자에 관한 판단을 빠뜨린 경우,[5] 확장된 지연손해금 청구 부분에 대한 판단을 빠뜨린 경우,[6] 원고가 실제로 청구감축한다고 진술한 것보다 더 많은 부분을 감축한 것으로 보아 판결을 선고한 경우,[7] 또는 건물철거, 대지인도 및 차임상당손해금의 지급청구를 하였는데, 차임상당배상청구부분에 대한 판단을 빠뜨린 경우가 그것이다.

(ii) 裁判의 漏落과 판단누락 재판의 누락은 이처럼 종국판결의 주문에 기재되어야 할 청구에 관한 판단을 빠뜨린 경우이다. 그러므로 판결이유 중에서

---

1) 대판 1981. 12. 8. 80 다 577; 대판 1991. 3. 22. 90 다 19329, 19336.
2) 대판 2002. 9. 4. 98 다 17145.
3) 선택적 병합의 경우 하나의 청구만 판단하여 기각한 것은 재판의 누락이 아니라는 대판 1998. 7. 24. 96 다 99.
4) 同旨 方 576면, 李英 178면, 金/姜 583면, 李時 580면, 姜 638면, 김홍 748면. 대판 1981. 12. 8. 80 다 577(독립당사자참가의 경우); 대판 2002. 9. 4. 98 다 17145(예비적 병합의 경우).
5) 대판 1962. 2. 15. 59 민상 1074, 1075.
6) 대판 1996. 2. 9. 94 다 50274.
7) 대판 1997. 10. 10. 97 다 22843.

공격방어방법에 대한 판단을 빠뜨린 판단누락(제451조 I [9])과는 다르다. 예컨대 동시이행의 항변에 관하여 판단을 빠뜨렸다 하더라도 이는 독립된 청구에 관한 것이 아니므로 판단누락의 문제로 될 뿐이며 재판의 누락은 아니다. 판단누락은 상소나 재심사유가 되지만 재판의 누락은 동일한 법원에서 추가판결을 해야 한다. 따라서 그 부분에 대한 상소는 부적법하다.

재판의 누락인지 아닌지는 원칙적으로 판결주문의 기재에 의하여 판정한다.[1] 따라서 판결주문에서 아무런 표시가 없으면 판결이유에서 판단하고 있더라도 재판의 누락에 해당하고,[2] 반대로 주문에 표시되어 있으면 비록 이유에는 표시가 없더라도 재판의 누락은 아니다.[3] 그러나 판례는 항소심에서 항소기각의 주문이 탈락되었을 때에는 판결이유에서 항소를 기각한다는 취지의 판단이 되어 있더라도 항소심의 판결은 아예 없는 것과 마찬가지이므로 판결의 누락에 해당되지 않는다고 한다.[4]

나) 追加判決 재판의 누락이 있는 경우에 그 누락된 부분은 아직 그 심급에 계속한 것으로 보므로(제212조 I) 법원은 언제든지 당사자의 신청에 의하여 또는 직권으로 추가판결을 하여야 하고 당사자가 상소하거나 재심을 청구하여 시정할 것은 아니다.[5] 추가판결은 일부판결을 한 경우와 마찬가지로 본판결과 독립하여 상소의 대상이 되고 그 부분만 확정될 수도 있다.

다) 訴訟費用裁判의 漏落 소송비용에 관한 재판을 빠뜨린 경우에는 직권 또는 당사자의 신청에 의하여 결정으로 비용에 관한 추가재판을 하여야 한다(제212조 II, 제114조). 다만 이러한 소송비용에 대한 추가결정은 본안에 대하여 적법한 상소가 있으면 그 효력을 상실하며, 이 경우에는 상소법원이 상소심의 비용과 함께 총비용에 대하여 재판한다(제212조 II).

4) 訴訟判決과 本案判決 종국판결을 그 판결내용에 따라 분류하면 소송판결과 본안판결로 구별된다.

소송판결은 소송요건의 흠결을 이유로 소를 부적법각하하는 판결인데, 상소

1) 대판 2008. 11. 27. 2007 다 69834·69841에 따르면 판결에는 법원의 판단을 분명하게 하기 위하여 결론을 주문에 기재하도록 하고 있으므로 주문에 설시가 없으면 그에 대한 재판은 누락된 것으로 보아야 한다.

2) 대판 1981. 4. 14. 80 다 1881, 1882. 이 경우에 명백한 판결의 오류로 보여지면 차라리 경정결정에 의한 정정이 옳다는 견해로는 金/姜 583면, 李時 580면 각주 4), 鄭/庾 665면.

3) 대판 1968. 5. 28. 68 다 508.

4) 대판 1966. 5. 24. 66 다 540.

5) 대판 1996. 2. 9. 94 다 50274; 대판 1997. 10. 10. 97 다 22843.

요건흠결을 이유로 한 상소각하판결을 포함하는 뜻으로 쓰이는 수도 있다. 소각하판결·상소각하판결·소송종료선언·소취하무효선언판결(민소규 제52조) 등이 그 예이다. 소송판결은 필요적 변론을 거치지 않고, 잘못 판단한 때에는 상소심의 필요적 환송사유가 되며, 기판력이 생겨도 후일 보정하면 다시 소를 제기할 수 있고, 소취하 후의 재소금지원칙이 적용되지 아니한다.

본안판결은 소에 의한 청구가 이유가 있는지의 여부를 가리는 판결로서 소송요건이 모두 갖추어졌음을 전제로 한다. 본안판결은 원고청구의 전부 또는 일부를 인용 또는 기각함에 따라 원고승소판결과 원고패소판결로 나뉘고, 원고승소판결(청구인용판결)은 다시 소의 유형에 따라 확인판결, 이행판결 및 형성판결로 구별되는데, 각기 그 효력을 달리하고 있다. 원고패소판결은 바로 청구기각판결이다.

청구기각판결과 소각하판결은 원고가 소에 의하여 달성하려는 것이 법원에 의하여 거부되는 점과 오직 기판력만이 생긴다는 점에서는 같다. 그러나 소각하판결은 소송요건의 흠결시에, 청구기각판결은 원고의 청구가 이유가 없거나 이유가 있더라도 피고의 항변이 이유 있을 때에 내려지는 점에서 다르고, 소각하판결의 기판력은 제기된 소송상의 청구에 대하여 생기지만 청구기각판결의 기판력은 실체법상의 청구권의 부존재에 대하여 생긴다.

2. 中間判決

1) 意 義 중간판결은 종국판결을 하기에 앞서 소송심리 중에 문제가 된 개개의 실체상 또는 절차상의 쟁점을 해결하기 위하여 내리는 확인적 성질을 가진 판결이다(제201조). 따라서 청구 즉 소송물 자체에 대하여 종국적 판단을 하는 것이 아니라 소송자료의 일부에 대한 판단을 하여 심리단계를 정리하고 종국판결의 준비를 하는 점에 본질적 기능이 있다.[1] 중간판결에는 상소가 허용되지 아니하므로(제390조) 오로지 종국판결에 대하여 상소가 있는 경우에 상소심에서 중간판결에 관한 판단을 한꺼번에 받을 뿐이다(제392조). 중간판결을 할 것인가 종국판결의 이유에서 판단할 것인가 여부는 법원의 재량에 속하나 실무상 잘 이용되지 아니한다.

2) 中間判決事項(제201조)

가) 독립한 攻擊防禦方法 독립한 공격방어방법이란 다른 공격방어방법

1) 대판 1994. 12. 27. 94 다 38366.

과 분리·독립하여 심판할 수 있고, 그것만으로서 본소를 유지 또는 배척하기에 충분한 것을 말한다. 독립한 공격방법의 예로는 소유권에 기한 명도청구에 있어서 그 소유권의 취득원인으로서 매매, 대물변제 또는 시효취득을 선택적으로 주장하는 경우에 매매·대물변제 또는 시효가 이에 속한다. 독립한 방어방법의 예로는 원고의 대여금청구의 소에서 피고가 소비대차사실을 부인하고 예비적으로 변제·경개 또는 소멸시효의 항변을 한 경우에 변제·경개 또는 시효가 이에 속한다. 그러나 손해배상청구소송에서 가해자의 과실유무와 같이 법률효과의 발생을 위한 개개의 요건사실에 관한 주장이나 순수한 법률문제에 관한 주장은 독립한 공격방어방법에 해당하지 아니한다. 독립한 공격방어방법을 판단하면 곧바로 청구의 인용 또는 기각을 할 수 있을 때에는 중간판결이 아니라 종국판결을 해야 한다.

나) 中間의 다툼 중간의 다툼이라 함은 소송상 선결문제에 관한 다툼으로서 법원이 필요적 변론을 거쳐 재판하여야 하는 것을 말한다. 중간의 다툼에 해당하는 예로는 관할의 유무, 소송요건의 존부, 추완의 허부, 소취하의 효력유무, 소송승계의 유무 등이다. 이 경우에도 그 판단결과가 소송을 완결하는 때에는 종국판결을 해야 한다.

다) 請求의 原因과 額數에 관한 다툼 중간판결을 할 수 있는 청구의 원인과 액수 중 청구의 원인이란 소장의 필요적 기재사항에 해당하는 청구원인(제249조)과는 다르며, 청구에 관한 일체의 권리나 법률관계 중에서 액수를 제외한 사실 전부를 말한다. 예컨대 불법행위로 인한 손해배상청구소송에서 손해발생의 원인사실을 들 수 있다.

소송상 청구를 심리함에 있어서 원인과 액수에 관하여 다툼이 있는 경우에는 그 원인사실이 인정되어야만 액수에 관한 심리가 필요할 것이므로 액수에 관한 심리를 먼저 했는데 나중에 원인사실이 인정되지 아니하여 액수에 대한 심리가 헛수고로 됨을 막기 위해서는 우선 원인에 관하여 중간판결을 할 실익이 있다. 이를 원인판결이라고 한다.

원인과 액수의 쌍방에 대하여 다툼이 있어야 하므로 액수에 대하여 다툼이 없으면 원인판결을 할 수 없다. 원인판결을 할 수 있도록 심리가 완료되었는가의 여부는 법원이 청구권의 성질, 원인과 액수와의 관계 등 여러 사정을 참작하여 결정할 문제이나 실무상 원인판결을 하는 예가 거의 없다.

3) 效 力 중간판결이 내려지면 당해 심급의 법원은 중간판결의 주문에 표시된 판단에 기속되며, 종국판결을 함에는 중간판결의 판단을 기초로 할 것이다.[1] 중간판결이 내려진 때에는 그 변론 이후에 생긴 새로운 사유가 아닌 한 원인을 부정하는 항변을 제출할 수 없다. 중간판결에 대하여는 독립하여 상소할 수 없고 종국판결이 내려진 다음 이에 대한 상소와 함께 상소심의 판단을 받을 수밖에 없다(제392조).

Ⅱ. 判決의 內容確定과 成立

판결은 대내적으로는 i) 그 내용을 확정하여, ii) 판결원본을 작성하고, iii) 대외적으로는 선고를 통하여 성립되므로 이하 그 과정을 단계적으로 검토한다.

1. 判決內容의 確定

1) 確定의 시기와 방법 법원은 사건에 대한 심리가 판결을 할 수 있을 정도로 성숙하면 변론을 종결하고 판결내용을 확정하여야 한다.

단독판사의 경우에는 판결원본작성시에 판결내용이 확정되며, 합의사건의 경우에는 구성법관간의 합의에 의하여 그 내용이 확정된다. 합의는 공개하지 아니한다(법조 제65조). 합의는 사실인정과 법규의 해석적용 등 판결이유에 적시할 모든 사항에 관하여 재판장의 주재하에 구성법관의 의견진술 후 과반수의 의견으로 정함이 원칙이다. 다만 수액에 관하여 3설 이상이 대립된 경우에는 법원조직법 제66조 2항 1호에 따라서 결정한다.

대법원의 전원합의체가 다루는 사항에 관하여 2설 이상 분립되어 어느 설도 과반수가 안되면 원심재판을 변경할 수 없다(법조 제66조 Ⅱ).

2) 直接審理主義의 요청과 辯論更新 변론개시 후 관여법관이 바뀐 경우에는 직접주의의 요청상 변론을 갱신하는데, 소송경제를 도모한다는 뜻에서 당사자로 하여금 신법관의 면전에서 종전 변론결과를 진술하도록 규정하고 있다(제204조 Ⅱ). 변론종결 후 법관이 바뀐 경우에 판결내용의 확정 전이면 변론을 재개하여 갱신할 필요가 있을 것이나, 내용확정 후에는 법관경질이 판결의 성립에 영향을 주지 아니한다.

기일의 연기 후에 경질이 있으면 무방하나, 속행 후 경질이 있는 때에는 갱신

1) 대판 2011. 9. 29. 2010 다 65818.

되어야 할 것이다. 사건이 합의부로 이송된 때에는 갱신이 필요하겠지만 변론준비절차 중의 경질에는 필요 없을 것이다. 증거조사를 하기로 결정해 놓고 법관이 바뀐 경우에는 그 증거조사를 끝내고 변론을 개시할 때에 갱신하면 될 것이다.

변론의 갱신절차는 원래 개괄적 보고의 기능을 가지고 있었으나, 점차 이 절차가 형식화되고 완화 내지 생략되는 경향이 있다. 단독판사나 합의부의 과반수가 경질되는 경우에는 증인의 재신문에 관한 특칙이 있다(제204조 II). 소액사건심리중에는 판사가 바뀐 경우라도 변론의 갱신 없이 판결할 수 있다(소액 제 9 조 II).

2. 判決原本의 작성

판결내용이 확정되면 법원은 판결원본을 작성하여야 한다(제206조 참조). 다만 변론중에 한 결정·명령은 조서에 기재함으로써 족하며 판결서의 작성을 필요로 하지 아니한다(제154조 [5]). 판결은 당사자에게 그 내용을 쉽고 정확하게 알릴 수 있고 상소법원이 판결의 결론에 이르게 된 논리적 순서를 알아볼 수 있도록 작성해야 하며, 판결의 효력의 범위를 명확히 표시하여야 한다.

판결에는 다음 사항을 기재하고 판결한 법관이 서명날인 하여야 한다(제208조 I). 만일 그 법관이 이를 함에 지장이 있는 때에는 다른 법관이 판결에 그 사유를 기재하고 서명날인하여야 한다(제208조 V).

1) 當事者와 法定代理人 당사자·보조참가인[1] 및 법정대리인[2] 이외에 소송대리인도 표시하며 이들의 주소를 기재한다.

2) 主 文

(i) 판결서에는 소송의 결론부분인 주문을 쓰고 소송비용의 부담(제104조, 제105조) 및 가집행선고나 그 면제선고(제213조 II)도 기재된다. 주문은 소 또는 상소에 대한 법원의 응답을 나타내는 항목이므로 주문 자체로서 내용이 특정되고 판결의 기판력·집행력·형성력의 범위에 혼란이 없도록 명확하고 간결하게 표시하여야 한다.

(ii) 원고 또는 상소인의 신청을 인용하는 경우에는 청구취지 또는 상소취지에 대응하는 주문을 기재하여야 한다. 반대로 이를 배척하는 경우에는 청구 또는 상

---

1) 소송계속중에 보조참가인이 사망하였으나 수계절차가 이루어지지 아니한 경우에는 판결문에 보조참가인을 기재할 필요가 없다는 대판 1995. 8. 25. 94 다 27373 참조.

2) 법정대리인 표시를 누락한 것은 단순한 오기에 불과하여 판결에 영향을 미친 위법이 있다고 할 수 없다는 대판 1995. 4. 14. 94 다 58148 참조.

소를 기각하고, 소송요건에 보정할 수 없는 흠결이 있는 경우에는 소 또는 상소를 부적법각하하는 주문을 내야 한다. 주문에 무엇을 어느 정도로 기재하여야 하는가에 대하여는 직접 규정은 없지만, 그 자체로서 청구의 내용과 액수나 목적물에 관한 표시, 그리고 인용부분과 배척부분을 명확히 기재하여 집행이나 권리범위 확인에 문제가 생기지 아니하도록 하여야 한다.[1] 주문의 내용이 불명확하여 특정될 수 없는 때에는 판결이 무효로 된다.[2]

3) 請求趣旨 및 上訴의 취지　제1심 판결의 경우에는 소장의 청구취지를 주문 밑에 기재하고 항소심판결에는 그 이외에 상소의 취지까지 함께 기재한다. 청구취지와 상소취지를 판결의 필요적 기재사항으로 한 것은 법원의 심판대상과 범위를 명확히 표시하고 기판력과 집행력의 객관적 범위를 파악하려는 점에 그 이유가 있다. 따라서 판결서의 기재에서 청구취지 또는 상소취지가 일부 빠졌다 하더라도 이에 대한 판단유탈이 없는 이상 상고이유로는 되지 아니한다.[3]

4) 理　由

가) 判決理由記載의 정도

(i) 주문은 소송의 결론부분이므로 법원이 이에 이르는 사실상 및 법률상의 근거를 나타내기 위하여 판결에는 이유를 표시하여야 한다. 판결서의 이유에는 주문이 정당함을 인정할 수 있을 정도로 당사자의 주장, 그 밖의 공격방어방법에 관한 판단을 표시한다(제208조 II).

(ii) 사실인정(fact-finding)에 있어서는 다툼 없는 사실과 현저한 사실(제288조)은 그대로 따르고, 다툼 있는 사실은 증거나 변론의 전취지(제202조)에 의해서 사실인정을 한다.[4] 다만 증거의 채택이나 배척 또는 심증형성의 경로에 대한 이유설시는 필요없다.[5] 보통 청구원인사실·항변사실·재항변사실 등의 순서로 그 존부를 판

1) 주문 자체에서 명확한 경우의 예로는 대판 1970. 3. 24. 70 다 31 참조. 주문이 불특정된 예로는 대판 1989. 7. 11. 88 다카 18597 참조. 다만 주문 자체로서 일체의 관계가 명료하게 될 수 있는 것은 아니므로 청구의 인용과 배척의 범위를 그 이유와 대조하여 알 수 있으면 된다는 판례로는 대판 1980. 3. 11. 79 다 2277; 대판 1995. 6. 30. 94 다 55118 참조.

2) 대판 1972. 2. 22. 71 다 2596.

3) 대판 1964. 6. 23. 63 다 1014.

4) 다만 사안에 따라서는 다툼 없는 사실과 증거에 의하여 인정되는 사실을 따로 구분함이 없이 이를 일괄하여 확정할 수도 있고, 기록에 나타난 쌍방의 주장과 판결이유에 기재된 증거에 의하여 어느 부분이 다툼이 없는 것이고 어느 부분이 증거에 의하여 인정된 것인가를 실질적으로 판별할 수 있으면 족하다는 판례로는 대판 1992. 7. 28. 91 다 30729.

5) 대판 1992. 9. 14. 92 다 21104, 21111; 대판 1993. 4. 27. 92 므 389.

단하는데 주문의 정당성을 뒷받침할 만한 범위 내에서 소송상 나타난 모든 사항에 관하여 판단을 표시하여야 한다.

(iii) 법률적용(application of law)에 있어서는 해석상 다툼이 있는 경우 이외에는 법률적용의 결과로서의 법률효과의 존부만을 표시하면 되고 적용법조문이나 해석의 논거는 적시할 필요가 없다.

나) 理由記載의 필요성 i) 당사자에게 판결주문이 어떤 이유와 근거에서 나온 것인지 그 내용을 알려 주어 당사자로 하여금 판결에 승복할 것인지 여부에 관한 결단을 내릴 수 있게 하고, ii) 상소법원으로 하여금 원심판단이 어떤 사실상 및 법률상 이유에 의하여 재판하였는가를 알 수 있게 하며, iii) 판결의 기판력이나 형성력에서 주관적 범위와 객관적 범위를 명확하게 특정하려는 것이다.[1] 그러므로 예컨대 상대방이 문서의 진정성립을 적극적으로 다투거나 서증의 진정성립에 석연치 않은 점이 있을 때, 또는 서증이 당해 사건의 쟁점이 되는 주요사실을 인정하는 자료로 쓰여지는데 상대방이 그 증거능력을 다툴 때에는 문서가 어떠한 이유로 증거능력이 있는 것인지 설시해야 하고, 사문서의 경우 그것이 어떠한 증거에 의하여 진정성립이 인정된 것인지 잘 알아보기 어려운 경우에도 그 근거를 분명히 밝혀야 한다.[2]

다) 제 1 심 判決理由의 간이화 현재 판결이유의 기재가 생략되는 소액사건의 경우 그 항소율이 1.5% 미만이고, 단독사건의 항소율이 약 10% 선인데 단독사건과 소액사건을 합치면 제 1 심 민사본안사건의 90%를 상회한다. 따라서 판결서작성에 소비하는 법관의 시간을 집중심리에 좀더 투입할 수 있도록 이유기재를 생략하거나 간이화하였다. 즉

(i) 제 1 심 판결로서 무변론판결(제257조), 자백간주에 의한 판결(제150조 III) 또는 공시송달에 의한 기일통지를 받고 변론기일에 불출석한 경우의 판결에 해당하는 경우에는 청구를 특정함에 필요한 사항과 상계항변의 판단(제216조 II)에 관한 사항만을 간략하게 표시할 수 있다(제208조 III). 이는 판결이유를 생략하더라도 기판력의 범위를 확정함에 필요한 사항만은 최소한 기재하라는 취지이다. 항소심판결의 경우에는 이유를 생략할 수 없다.

(ii) 항소심판결에 이유를 기재함에는 제 1 심 판결을 인용할 수 있다(제420조 본). 다만 제 1 심판결이 간이한 방법으로 작성된 경우에는 이를 항소심판결에서 인용

1) 대판 1992. 10. 27. 92 다 23780.
2) 대판 1993. 12. 7. 93 다 41914.

할 수 없다(동조 단).

(iii) 소액사건의 판결서(소액 제11조의 2 II), 배상명령(특례법 제31조 II 後), 결정·명령(제224조 I 단), 상고심절차에서 심리불속행사유 또는 상고이유서 불제출을 이유로 상고기각판결을 하는 경우(상고절 제5조 I)에는 그 이유를 기재하지 아니할수 있다.

라) 理由不備와 上告理由 판결에 이유를 밝히지 아니하거나 이유에 모순이 있으면 판결이유의 불비로서 위법하므로 상고이유가 되며(제424조 I [6]), 특히 판결에 영향을 미칠 중요사항에 관하여 판단을 누락한 때에는 재심사유가 될 수도 있다(제451조 I [9]). 판결이유의 기재생략이 재심사유 중 판단누락에 해당하는가의 문제가 있다. 일반적으로 판단누락 여부는 판결서의 이유에 의하여 판단할 것이고 그 이유의 기재로서 판단누락의 유무를 알 수 있어 당사자가 그 판결에 대하여 상소하고도 판단누락을 주장하지 아니한 때에는 물론 상소를 안 한 때에도 대체로 이를 알고 주장하지 아니한 것으로 인정할 것이므로[1] 판결이유기재의 생략이 제1심 판결에 한정되는 이상 이에 따른 판결이유생략이 판단누락의 재심사유에 해당할 수 없을 것이다.

항소심에서는 제1심 판결의 이유에 모순 또는 불비가 있어 부당한 경우에도 다른 이유에 의하여 그 결론이 정당하다고 인정되면 원판결을 취소할 수 없고 항소를 기각하여야 한다(제414조 II).

5) 辯論을 종결한 날짜 변론종결연월일은 기판력의 표준시로 되므로 이를 기재하여 기판력의 시적 한계를 명확하게 하려는 것이 요점이다. 그리고 무변론판결을 하는 경우에는(제257조) 판결을 선고하는 날짜를 기재한다(제208조 I [5]).

6) 法 院 판결을 한 당해법원을 판결서의 첫머리에 표시한다.

3. 判決의 宣告

1) 판결은 미리 작성한 판결원본에 기하여 선고함으로써 대외적으로 성립되어 효력이 생긴다(제205조). 선고 전에는 판결이 있다고는 볼 수 없다.

2) 선고는 선고기일[2]에 공개한 법정에서(헌 제109조, 법조 제57조) 재판장이 판결원본에 의하여 주문을 읽어 행한다. 필요한 때에는 그 이유를 간략히 설명할 수 있다(제206조).

---

1) 대판 1991. 11. 12. 91 다 29057.

2) 변론없이 소각하판결을 선고하는 경우에도 반드시 선고기일을 지정하여 당사자를 소환하여야 한다는 것으로 대판 1996. 5. 28. 96 누 2699.

소액사건의 경우에는 이유기재를 생략하는 대신 구술로 반드시 이유를 설명하게 하였다(소액 제11조의 2 I, II). 선고에 앞서 반드시 판결원본을 작성해야 한다. 작성된 원본에 의하지 아니한 선고 또는 관여법관의 일부 또는 전부의 서명날인이 없는 판결원본에 의한 선고는 판결절차가 법률에 위배한 때(제417조)에 해당되므로 상소심에서 취소되거나 파기될 수밖에 없다.[1]

3) 선고기일은 원칙적으로 변론종결일로부터 2주일 내에 하여야 한다(제207조 I 전). 복잡한 사건이나, 그 밖의 특별한 사정이 있는 경우에도 변론종결일로부터 4주일을 넘겨서는 안 된다(제207조 I 후). 이는 훈시적 기간이다. 다만 소액사건의 경우에는 변론종결 후 즉시선고제의 특례가 있다(소액 제11조의 2 I).

4) 변론종결의 날에 출석한 당사자에 대하여는 선고기일을 법정에서 고지하면 되고, 별도로 선고기일 소환장을 송달할 필요가 없다고 함이 판례[2]와 실무의 입장이다. 그리고 판결의 선고는 당사자가 선고기일에 출석하지 아니하거나(제207조 II) 소송절차가 중단되어 있어도(제247조 I) 할 수 있다. 다만 상고심절차에서 심리불속행 또는 상고이유서불제출의 사유로 상고기각판결을 하는 경우에는 그 선고를 요하지 아니하며 상고인에게 송달됨으로써 그 효력이 생긴다(상특 제5조 II).

5) 법은 소송촉진을 위하여 제1심에서는 소제기일로부터 5개월 안에, 항소심과 상고심에서도 기록송부를 받은 날로부터 각각 5개월 안에 판결을 선고하라는 규정을 두고 있다(제199조). 이는 훈시적 규정이긴 하나 법원은 물론 당사자들도 같이 협력하여 준수하도록 노력하여야 할 것이다.

6) 판결서는 선고한 뒤에 바로 법원사무관 등에게 교부해야 한다(제209조). 법원사무관은 판결서를 받은 날로부터 2주일 내에 당사자에게 판결정본을 송달하여야 한다(제210조). 판결의 송달은 상소기간의 진행을 위하여(제395조, 제425조), 그리고 강제집행개시의 요건(민집 제39조 I)으로서 의미가 있다.

III. 財産權上의 請求에 대한 假執行宣告

1. 制度의 意義

가집행은 미확정의 종국판결에 대하여 미리 집행력을 부여하는 형성적 재판이다. 판결이 상소심에서 취소 또는 변경되는 경우에는 피고가 집행을 받지 아니한 상태로 회복시킬 무과실책임을 원고가 지는 것을 전제로 인정된 제도이다.

---

1) 대판 1960. 3. 17. 58 민상 862.

2) 대판 1966. 7. 5. 66 다 882.

2. 要 件

1) 財産權上의 請求에 관한 判決일 것 가집행선고는 재산권상의 청구에 관한 판결로서 널리 집행할 수 있는 경우에 한하여 붙일 수 있음이 원칙이다(제213조). 그 이유는 재산권상의 청구만이 확정 전에도 그 집행이 손쉽고, 나중에 가집행선고가 취소·변경되더라도 일반적으로 그 회복이 용이하며, 회복불능시에도 금전적 배상에 의하여 채무자를 구제할 수 있기 때문이다. 따라서 이혼청구 등 신분상 청구에 대해서는 가집행선고를 할 수 없다.[1] 다만 가처분취소판결에 있어서는 비재산권상의 청구라도 가집행을 할 수 있다.

재산권상의 청구라도 등기절차이행을 명하는 이행판결과 같이 의사의 진술을 명하는 판결(민집 제263조)은 판결이 확정되어야만 의사표시가 있는 것으로 간주되는 것인 만큼 가집행선고를 붙이는 데 부적합하다. 행정처분의 취소 또는 변경판결, 국가를 상대로 하는 당사자소송(행소 제43조)도 확정을 기다려야 하고 가집행선고를 할 수 없다. 또한 사해행위취소소송에 있어서 가액배상의 청구와 같이 그 이행기 도래가 판결확정 이후임이 명백한 판결의 경우도 가집행선고를 할 수 없다. 다만, 동시이행판결, 선이행판결, 대상청구판결에 대하여는 가집행선고를 할 수 있음에 유의한다.[2]

2) 終局判決일 것

가) 종국판결이어야 하므로 중간판결에는 가집행선고를 할 수 없다. 다만 종국판결이라고 하더라도 성질상 청구기각이나 소각하판결, 가압류·가처분을 명하는 판결, 가집행선고를 변경하거나 또는 가집행선고 있는 본안판결을 변경하는 판결 등에는 가집행선고를 붙일 수 없다.

나) 결정이나 명령의 경우에는 고지함으로써 곧 집행력이 생기므로(제448조) 가집행의 필요가 없으나, 재산상의 지급이나 유아인도를 명하는 가사심판에도 가집행선고를 붙일 수 있고(가소 제42조), 중재판정(중재 제14조 Ⅲ)이나 형사공판절차에서 유죄판결과 함께 내려진 배상명령에도 가집행을 붙일 수 있다(특례법 제31조 Ⅲ, Ⅳ).

3) 判決이 執行에 適合할 것 가집행도 확정판결의 집행과 동일하므로 이행판결과 같이 집행에 적합한 판결이어야 한다. 따라서 확인판결이나 형성판결

---

1) 대판 1998. 11. 13. 98 므 1193.

2) 동시이행 관계에 있는 반대급부의 이행(제공)은 집행개시의 요건이고(민집 제41조 1항), 선이행관계에 있는 반대급부의 이행은 조건에 해당하므로 집행문부여의 요건이 된다.

에는 원칙적으로 가집행선고를 할 수 없다. 다만 절차법상의 형성력의 발생을 목적으로 하는 형성판결에 있어서는 법률에 특별규정이 있거나 그 성질이 허용하는 경우에는 가집행선고를 붙여서 미리 그 집행력을 발생시킬 수 있다고 본다. 그러므로 예컨대 강제집행정지 또는 취소결정을 인가·변경하는 판결(민집 제47조 II, 제48조 III), 가처분취소판결(민집 제302조), 상소기각판결에는 가집행선고를 붙일 수 있고, 결국 이 한도 내에서는 형성판결이나 확인판결에도 가집행선고가 가능하다.

4) 假執行宣告를 붙이지 아니할 相當한 理由가 없을 것

가) 재산권상의 청구에 관한 판결에는 알맞는 이유가 없는 한 당사자의 신청 유무를 불문하고 직권으로 가집행선고를 하여야 한다(제213조 I). 따라서 상당한 이유가 없는 한 가집행선고는 필수적이다. 그러나 재산권과 관계없는 청구에 대하여는 법원의 자유재량이다.

나) 금전의 지급이나 대체물의 이행을 명하는 판결에는 가집행이 가장 흔하게 붙으며, 건물철거의 경우에도 사안이 명백하여 원고승소판결이 상소심에서 취소·변경될 개연성이 없으면 가집행을 붙인다. 그러나 가집행선고 있는 판결이 후일 실효되는 경우에(제215조 I) 제 3 자와의 사이에 복잡한 법률관계를 낳게 할 염려가 있는 때에는 가집행선고를 붙이지 아니한다.

3. 節 次

1) 判決主文에의 記載 가집행선고나 가집행면제선고는 종국판결의 주문에서 소송비용재판 다음에 기재한다(제213조 III). 가집행선고는 인용된 청구의 전부 또는 일부에 대하여 붙일 수 있다. 가집행에 관한 재판에 대하여는 독립하여 상소하지 못한다(제391조).[1)]

2) 職權宣告 가집행선고는 법원의 직권으로 한다(제213조 I). 당사자의 신청이 있더라도 이는 법원의 직권발동을 촉구하는 의미를 가짐에 불과하다. 다만 신청만에 의하여 가집행선고를 붙일 수 있는 경우로는 상소법원이 하급심의 판결 중 불복신청이 없는 부분에 대하여 붙이는 경우(제406조, 제435조)가 있다.

3) 擔保提供

가) 판결로서 하는 가집행선고에는 담보부가집행선고와 무담보가집행선고가

---

1) 대판 1994. 4. 12. 93 다 56053.

있는바(제213조 I 본), 담보를 제공하지 아니하고 가집행선고를 하는 경우로는 어음금·수표금의 청구에 관한 판결(제213조 I 단), 재산권상의 청구 또는 유아인도에 관한 가사비송(가소 제42조)과 불복신청이 없는 하급심판결부분에 대한 상소법원의 가집행의 경우(제406조, 제435조) 등이 있다. 어음금·수표금 청구소송은 실체법상 권리가 확실하고 가집행을 붙여도 패소한 피고에게 회복불능의 손해를 입힐 염려가 적으며, 권리의 신속한 실현이 요구되는 유통증권임을 고려하여 무담보가집행선고를 하도록 했지만 독일이나 일본의 어음소송보다는 훨씬 미흡하다.

나) 담보부가집행선고를 할 것인가 여부는 법원의 재량이다. 가집행선고의 담보는 가집행선고 있는 판결을 집행한 후에 채무자가 입게 되는 손해를 담보하는 것이고, 피고는 그 담보물에 대하여 질권과 같은 권리를 갖는다. 그러므로 담보제공 여부, 담보의 종류나 액수의 결정은 법원이 채무자가 입게 되는 손해에 대한 개연성의 유무와 그 정도를 고려하여 결정할 것이다. 가집행에 대한 담보제공과 관련하여 담보제공의 방식, 담보물에 대한 피고의 권리, 담보의 취소와 담보물의 변환에는 소송비용담보에 관한 규정을 준용한다(제214조, 제122조, 제123조, 제125조, 제126조). 당사자가 담보제공을 조건으로 가집행선고를 구하는 경우에도 법원은 직권에 의하여 이를 무담보로 허용할 수 있다.

4) **假執行免除宣告** 가집행면제선고 법원은 가집행선고를 함과 동시에 직권 또는 당사자의 신청에 의하여 채권전액의 담보를 제공하고 가집행을 면제받을 수 있음을 선고할 수 있다(제213조 II). 이는 가집행해방선고라고 하나 실무상 이용되지 아니한다. 이 때의 담보는 판결의 확정시까지 가집행의 지연으로 인하여 원고가 입을 손해를 담보하는 것이다.

이 면제선고는 가집행선고가 담보부인 여부를 불문하고 할 수 있다. 다만 가집행선고에 관한 법원의 재량권이 배제되어 있는 경우(민집 제47조 II, 제48조 III)에는 그 면제선고는 할 수 없다.

4. 假執行宣告의 效力

1) 가집행선고는 즉시 효력이 생긴다. 즉 가집행선고가 있는 판결은 그 선고의 범위 내에서 집행력을 취득하며, 특히 집행에 적합한 이행판결인 때에는 바로 채무명의로 되므로 강제집행을 할 수 있다. 이에 기한 강제집행은 가압류·가처분과 같은 집행보전을 목적으로 하는 것이 아니라 권리만족단계에까지 갈 수 있고,

상소가 있다 해서 그 집행력이 정지하지 아니한다. 그러므로 가집행의 효과는 종국적이고 본집행과 유사하다.[1]

2) 확정판결에 의한 본집행과 다른 점은 가집행의 효력이 종국적이라 하더라도 가집행에 의한 채무변제의 효력까지도 확정적인 것은 아니고 후일 본안판결이나 가집행선고가 취소·변경되지 아니할 것을 해제조건으로 하여 그 효력이 발생하는 것이다.[2] 다만 법원이 집행정지 또는 취소를 명하는 경우에는 예외이다(제501조).

5. 假執行宣告의 失效

1) **失效原因** 가집행선고는 본안판결에 대하여 상소가 제기되어도 실효 또는 정지되지 아니하지만, 법 제215조는 그 실효원인으로서 두 가지를 규정한다.

첫째, 상소심에서 단순히 가집행선고만을 바꾸는 선고를 하는 경우, 또는 무조건의 가집행선고에 담보를 제공하도록 하거나 담보액수를 증가시키는 경우에는 종전의 가집행선고는 효력을 잃는다.

둘째, 가집행선고가 붙은 본안판결을 바꾸는 경우, 즉 항소심에서 원판결을 취소·변경하는 경우에는 가집행선고도 그 범위 내에서 효력을 잃는다.[3] 가집행선고 있는 승소판결이 선고된 후 소를 교환적으로 변경한 경우에도 가집행선고가 실효된다.[4] 항소심이 무조건 이행을 명한 가집행선고부 제 1 심 판결을 변경하여 상환이행을 명하면서 다시 가집행선고를 붙인 경우, 무조건 이행을 명한 제 1 심 판결의 가집행선고는 그 차이가 나는 한도 내에서만 실효되므로 가집행채무자로서는 민사소송법 제215조 제 2 항에 의하여 제 1 심 판결의 가집행선고로 인한 지급물의 반환을 구할 수 없다.[5]

다만 가집행선고가 붙은 제 1 심 본안판결을 유지한 제 2 심 판결을 상고심이 파기환송한 경우에는 그로 인하여 제 1 심 판결에 붙인 가집행선고는 아무런 영향을 받지 아니하며, 가집행선고부 제 1 심 판결이 항소심판결로 취소되고 그 항소심판결이 상고심에서 파기된 경우에는 가집행선고의 효력이 다시 회복된다.[6]

---

1) 대판 1993. 4. 23. 93 다 3165.
2) 대판 1995. 12. 12. 95 다 38127.
3) 대판 1994. 4. 12. 93 다 56053.
4) 대판 1995. 4. 21. 94 다 58490, 58506.
5) 대판 1995. 9. 29. 94 다 23357.
6) 대결 1993. 3. 29. 93 마 246, 247.

어느 원인에 의하거나 간에 실효 후에는 이에 기인한 집행을 할 수 없고, 이미 개시한 집행도 변경판결의 정본이 제출되면 집행기관은 집행의 정지 및 취소를 하여야 한다(민집 제49조 I, 제50조). 그러나 집행력의 실효는 소급하지 아니하므로 이미 완결되어 있는 집행처분의 효력은 아무런 영향을 받지 아니한다. 따라서 가집행에 의하여 경락허가결정을 받은 경락인의 소유권취득의 효과는 영향을 받지 아니한다.[1)]

2) **失效의 效果** — 原狀回復(假支給物 返還) 및 損害賠償義務

가) 假支給物의 返還申請 가집행선고 또는 본안판결이 바뀐 경우에는 그 이유가 실체법상의 것이거나 소송법상의 것이거나를 막론하고 원고는 가집행에 의한 지급물을 반환함과 동시에 피고가 가집행에 의하여 또는 가집행을 면하기 위하여 받은 손해를 배상하여야 한다(제215조 II). 배상하여야 할 손해는 가집행으로 말미암은 손해 또는 그 면제를 받기 위해 입은 손해를 말한다. 즉 불법행위손해배상책임의 본질상 가집행과 상당인과관계가 있는 모든 손해를 가리킨다.[2)] 이와 같은 원상회복 및 손해배상책임의 취지는 공평상 채권자에게 부담시키는 제도이므로 무과실손해배상책임이라고 본다.

가지급물의 반환신청은 반드시 법 제215조에 의하여야 할 필요는 없으므로 별소로 청구하여도 관계없으나, 별소에 의할 때에는 상소심에서 가집행선고 있는 판결이 취소된 후에만 할 수 있다. 민법 제750조에 의한 청구를 하더라도 민사소송법 제215조 2항에 의한 청구로 보아야 한다. 이는 본안에 대하여 불복을 신청함과 아울러 상소심에서 변론종결 전에 부수적으로 신청함이 보통이다. 가집행이 종료되었더라도 본안심판을 할 때에는 이것이 없었던 것으로 전제하고 심판하여야 한다.

가지급물 반환신청은 일종의 소송중의 소제기이며(피고가 하는 경우는 예비적 반소),[3)] 상대방의 동의는 필요 없고 상고심에서도 할 수 있다.[4)] 또 가집행선고부 항소심판결이 대법원에서 파기환송된 경우에는 환송 후 항소심법원에 대하여도 환송 전 항소심판결에 기한 가지급물의 반환신청을 할 수 있다.[5)]

1) 대판 1990. 12. 11. 90 다카 19098, 19104, 19111.
2) 대판 1995. 9. 29. 94 다 23357.
3) 대판 1996. 5. 10. 96 다 5001.
4) 대판 2000. 2. 25. 98 다 36474.
5) 대판 1995. 12. 12. 95 다 38127.

나) 返還할 支給物 돌려 줄 지급물은 가집행의 결과로서 피고가 원고에게 이행한 물건만을 뜻하므로 원고가 피고로부터 지급받은 금전 자체이지 우연히 원고가 경락인이 된 부동산은 포함하지 아니한다. 그러나 원고가 가집행선고를 이용하여 강제집행을 할 기세를 보인 까닭에 피고가 그 집행을 모면하기 위해서 부득이 변제로서 돈을 지급한 것이 있다면 이것은 임의변제가 아니라 지급물에 해당한다고 보며,[1] 원고가 가집행선고가 붙은 판결을 집행권원으로 하여 피고의 제 3 채무자에 대한 채권에 대하여 전부명령을 얻어 전부금을 수령한 후 본안판결의 변경으로 가집행선고가 실효된 경우에 원고가 수령한 전부금은 피고가 이행한 급여와 마찬가지로 보아야 하므로, 이는 가집행선고로 인한 지급물에 해당된다고 함이 판례이다.[2] 이와 같은 집행권원에 의한 강제집행이 아니고 채무자가 가집행선고에 기한 강제집행을 면하기 위하여 채권자의 승낙을 얻어 한 대물변제의 경우에는 가집행선고가 실효되면 대물변제도 효력을 상실한다.[3]

Ⅳ. 訴訟費用의 裁判

1. 訴訟費用 總說

1) 制度의 趣旨 소송을 하면 법원과 당사자에게는 시간과 노력 이외에 비용이 들게 마련이다. 국가는 국민이 소송제도를 이용하고자 할 때에는 수수료를 징수하는 뜻으로 일정액의 수입인지를 붙이게 하고, 개개의 사건에 필요한 비용은 당사자가 부담하게 한다.

소송 때문에 드는 비용은 그 액수가 적지 아니하며, 무자력자는 변호사 선임비용과 소송비용을 감당하지 못하는 것이 현실이다. 소송상의 구조제도도 역시 여러 가지 방향에서 규정할 수 있으나, 우리나라의 경우에는 주요비용의 일시유예를 베푸는 정도이므로 큰 도움은 되지 못하고 있다. 다만 배상명령의 절차비용은 그 부담할 자를 정한 경우가 아니면 국고의 부담으로 한다(특례법 제35조).

2) 意 義 소송비용이란 당사자가 특정한 사건의 소송수행을 위하여 소송계속중이나 그 전에 지출한 비용으로서 법령에 정한 범위의 비용을 뜻한다.[4] 다만 소송수행을 위하여 쓰여진 비용의 전부가 법률상의 소송비용이 되는 것은

1) 대판 1995. 6. 30. 95 다 15827.
2) 대판 1993. 1. 15. 92 다 38812.
3) 대판 1993. 4. 23. 92 다 19163.
4) 대판 1995. 11. 7. 95 다 35722.

아니고 권리의 신장 또는 방어에 필요한 비용에 한하여 법률상의 소송비용이 된다. 소송비용은 특정소송사건을 수행하기 위하여 생긴 비용이므로 그 소, 항소, 상고의 비용 외에 부수절차의 비용도 포함된다. 그러나 강제집행비용, 가압류·가처분의 재판비용은 이에 포함되지 아니한다.

소송비용은 재판비용과 당사자비용으로 나눌 수 있다.

3) 費用의 範圍

가) 裁判費用 이는 당사자가 법원에 납부하는 인지액 및 법원이 재판 등을 위하여 지출하는 비용을 말한다.

(i) 印 紙 額 이는 국가기관인 법원의 활동을 요구한 데에 대한 재판수수료로서 민사소송비용법의 규정에 따라 납부하여야 한다. 수입인지상당액을 현금납부함이 원칙이나 그 액이 20만원 이하일 때에는 인지를 붙이거나 인지상당의 현금납부가 가능하다(민인 제1조, 동규칙 제27조). 항소장과 상고장에는 이의 1.5배와 2배를 각각 붙인다(민인 제3조).

(ii) 기타 裁判費用 이는 특정소송을 위하여 국고가 현금으로 지출하고 종국적으로는 당사자로부터 상환을 구할 수 있는 비용을 말한다. 실무에서는 당사자에게 미리 내게 하고 있지만, 이는 당해 소송행위를 하기 위한 전제조건은 아니다. 예납명령을 받은 당사자가 미리 내지 아니하는 때에는 법원은 그 행위를 하지 아니할 수 있다(제116조 II).

송달료, 증인·감정인·통역인·번역인에 대한 일당·여비·숙박료(민비 제4조) 및 특별요금(민비 제6조), 법관 등의 검증비용(민비 제5조), 통신비(민비 제7조), 공고비(민비 제8조) 등이 그 예이다.

나) 當事者費用 이 비용은 당사자가 채무자로서 국고 이외의 자에게 지급하는 비용이다. 민사소송비용법이 규정하는 당사자나 대리인 출석을 위한 여비·일당·숙박비, 서류나 도면작성료, 번역료, 집행관수수료, 변호사보수(제109조) 등이 그 예이다. 이는 후에 소송비용액확정재판에 의하여 부담자가 정해지면 그 자로부터 상환을 받는다.

다) 辯護士費用 변호사비용을 소송비용에 포함시킬 것인가, 누가 부담할 것인가의 여부는 그 나라 국민의 권리의식, 경제적·사회적 여건, 변호사강제주의를 채택한 여부 등에 따라 다를 것이다.

우리나라는 민사소송법에서 변호사보수의 소송비용산입제도를 채택하고 있다(제109조). 이에 따라 "변호사보수의소송비용산입에관한규칙"이 마련되었다.

2. 負擔의 原則과 例外

1) 소송비용은 심급마다 패소자가 전부 부담함이 원칙이다(제98조). 일종의 결과책임이다. 그러나 두 가지 예외가 있다. i) 승소자의 불필요한 행위에 의하여 발생한 비용 또는 상대방의 권리를 늘리거나 지키는 데 필요한 행위에 의하여 발생한 비용(제99조), 그리고 ii) 실기한 공격방어방법의 제출이나 기간 또는 기일의 해태 등 승소자의 귀책사유로 발생한 비용은 공평상 그 전부나 일부를 승소자에게 부담시킬 수 있다(제100조).

2) 일부패소의 경우 소송비용의 부담비율은 반드시 승패의 비율에 따라야 하는 것은 아니고,[1] 법원은 여러 사정을 참작하여 자유로이 정할 수 있다. 사정에 따라서는 당사자의 일방에게 소송비용의 전부를 부담하게 할 수도 있다(제101조).

3) 패소한 공동소송인은 균등하게 부담함이 원칙이나 법원은 이 경우에도 사정에 따라 다른 공동소송인과 연대로 또는 기타 다른 방법으로 소송비용을 부담하게 할 수 있다(제102조 I). 이러한 경우에도 권리를 늘리거나 지키는 데 필요하지 아니한 행위로 인한 소송비용은 그 행위당사자의 부담으로 할 수 있다(제102조 II). 제102조의 규정은 공동소송인들이 승소한 경우에는 적용이 없고, 그들이 다같이 패소하는 경우의 소송비용부담원칙을 정한 것이다. 승소한 경우에는 원칙적으로 패소한 상대방당사자가 제98조에 의하여 승소한 공동소송인들이 각 지출한 비용을 상환할 의무를 부담한다.[2] 그리고 통상공동소송의 경우 공동소송인독립의 원칙에 따라 특별한 사정이 없는 한 공동소송인 1인에 관한 사항은 다른 공동소송인에게 영향을 미치지 아니하므로 승소한 공동소송인들이 패소한 상대방에 대하여 소송비용상환을 구하는 경우에도 소송비용은 각 공동소송인별로 산정함이 원칙이다.[3]

참가소송비용에 관하여도 법 제98조 내지 제102조의 규정이 준용된다(제103조). 그리고 당사자가 법원에서 화해한 경우에(제231조의 화해권고결정의 경우를 포함한다) 화해비용과 소송비용은 특약이 없는 한 각자 부담으로 한다(제106조).

1) 대판 1986. 11. 11. 85 누 231.
2) 대결 1992. 12. 28. 92 두 62.
3) 대결 1992. 12. 14. 92 마 369.

4) 소송비용부담재판을 함에 있어서는 제3자에게 비용상환을 명하는 경우가 있을 수 있다. 즉 법정대리인·소송대리인·법원사무관·집행관이 고의나 중과실로 인하여 쓸데없는 비용을 지급하게 한 때에는 수소법원은 직권 또는 당사자의 신청에 따라 그에게 비용을 갚도록 명할 수 있다(제107조 Ⅰ). 이 규정은 법정대리인 또는 소송대리인으로서 소송수행에 필요한 수권이 있음을 증명하지 못하거나 추인을 얻지 못한 경우에 소송행위로 인한 소송비용에 준용한다(제107조 Ⅱ). 법원의 이러한 비용상환결정에 대하여는 즉시항고를 할 수 있다(제107조 Ⅲ).[1)]

3. 訴訟費用額確定節次

1) 訴訟費用不可分의 원칙

가) 소송절차를 구성하는 각 소송행위는 서로 연쇄적으로 관련되고, 따라서 그로 인한 소송비용도 불가분성을 가지므로 사건을 완결하는 재판에서는 그 전소송과정을 통하여 생긴 소송비용을 통일적으로 파악하여 어느 당사자에게 부담시킬 것인가를 직권으로 재판한다(제104조 본). 이를 소송비용불가분의 원칙이라고 한다. 이 원칙상 소송비용재판에 대하여는 독립하여 상소할 수 없다(제391조).[2)] 재판에 의하여 당사자간에 소송비용상환청구권이라고 하는 사법상 금전채권이 생기며, 이는 상계의 수동채권으로 될 수 있다.[3)]

나) 상소심에서 원판결을 취소이송 또는 파기환송하는 판결도 성질상 사건을 완결시키는 재판이기는 하나 그 판결에서는 사건의 종국적 승패를 결정지은 것은 아니므로, 이 경우에는 환송 또는 이송받은 법원이 사건을 완결하는 재판을 할 때에 총소송비용의 부담에 관한 재판을 하게 한다(제105조). 환송 후 원심법원이 '항소비용은 원고의 부담으로 한다'라는 내용의 종국판결을 선고하였다면 비록 소송총비용이라는 용어를 사용하지 아니하였다 하더라도 그 취지는 당해 심급의 소송비용부담만을 정한 것이 아니고, 그 환송 전 원심판결과 환송판결 및 환송 후 판결까지의 소송총비용에 관하여 패소자인 원고에게 부담시킨다는 뜻으로 해석할 수 있다.[4)] 다만 소송비용불가분원칙의 예외로서 사정에 따라서 사건의 일부나 중간의 다툼에 관한 재판에서 그 비용을 결정할 수도 있다(제104조 단).

다) 소송비용에 관한 재판을 누락한 때에는 법원은 직권 또는 당사자의 신청

---

1) 대판 1997. 10. 10. 96 다 48756.
2) 대판 1995. 3. 10. 94 후 1091.
3) 대판 1994. 5. 13. 94 다 9856.
4) 대결 1993. 9. 22. 93 마 1232.

에 의하여 그 소송비용에 대한 재판을 하여야 하는데(제212조 Ⅱ), 이 재판은 본안판결에 대한 적법한 항소가 있는 때에는 그 효력을 상실하며, 이 때에는 항소법원이 소송의 총비용에 대하여 재판한다(제212조 Ⅲ).

2) **訴訟費用確定節次** 소송비용부담재판은 그 부담자만을 정하고 비용액을 확정하는 것은 아니므로 법은 제1심의 수소법원에서 하게 되는 독립된 사후절차로서 소송비용액확정절차를 두고 있다(제110조~제115조).[1] 따라서 소송비용으로 지출한 금액은 이 절차에 따라 상환받을 수 있으므로 별도로 소구할 이익이 없다.[2] 비용부담재판에서 그 액수가 정해지지 아니한 경우에 비용상환청구권자로 된 당사자와 그 승계인은 그 재판이 확정된 뒤에 제1심의 수소법원에게 서면 또는 구술로써 소송비용액의 확정신청을 할 수 있다. 이 때에 당사자는 비용계산서등본과 기타 소명자료를 제출하여야 하고(제110조 Ⅱ), 법원은 당사자의 제110조 1항에 따른 신청이 있는 때에는 법원사무관 등에게 소송비용액을 계산하게 하여야 한다(제115조). 법원은 확정결정 전에 상대방에게 최고하여야 하며(제111조 Ⅰ), 비용액을 결정함에 있어서 대등액에서 상계된 것으로 본다(제112조 본). 그리고 사건이 화해, 취하, 인낙, 당사자지위의 혼동 등 재판에 의하지 아니하고 완결하거나 참가 또는 이에 대한 이의가 취하된 때에는 당해 소송이 완결될 당시의 소송계속법원은[3] 당사자의 신청에 의하여 결정으로 소송비용액수를 정하고 그 부담을 명하여야 한다(제114조 Ⅰ).

비용액확정결정에 대하여는 즉시항고를 할 수 있다(제110조 Ⅲ).

4. 訴訟費用의 담보

1) **制度的 意義** 원고에게 소송비용의 지급을 확실히 기대하기 어려운 사정이 있을 경우에 그 이행을 확보하기 위하여 피고의 신청에 따라 담보를 제공하게 할 필요가 있을 때가 있다. 일반적으로 피고는 원고가 금전이나 유가증권을 공탁하여 제공한 담보상에 채권자와 같은 권리를 가지게 된다.

원고가 우리나라에 주소·사무소·영업소를 두지 아니한 때에는 법원은 피고[4]의 신청에 의하여 소송비용의 담보를 제공할 것을 원고에게 명하여야 한다(제117조). 이처럼 담보제공의 필요요건이 존재한 경우라도 청구의 일부에 관하여 다툼이 없

1) 대결 1996. 12. 19. 96 마 1904.
2) 대판 1987. 3. 10. 86 다카 803.
3) 대결 1999. 8. 25. 97 마 3132 참조.
4) 대결 1999. 5. 3. 99 마 633.

을 경우에 그 금액이 담보에 충분한 때(제117조 II), 또는 원고가 소송상 구조를 받거나 피고가 담보제공사유가 있음을 안 뒤에 본안에 대하여 변론을 하였거나 변론준비 절차에서 진술하였을 때에는(제118조) 법원은 담보제공의 결정을 할 수 없다.

소송상의 담보에는 법 제117조 이하의 소송비용담보와 본법의 다른 조문(제212조, 제502조, 민집 제130조,제275조)이나 다른 법(상 제176조, 제237조, 제377조, 제380조)에 준용되는 손해배상담보가 있는데, 실무상 소송비용의 담보보다 다른 조문에서 요구하는 각 담보의 경우(제127조)에 잘 활용된다.

2) **擔保提供의 申請과 裁判** 담보제공의 신청과 재판소송비용담보는 주로 피고의 이익을 위하여 존재하는 만큼 피고의 신청이 있어야 하고, 그 신청이 이유 있다고 인정되면 법원은 원고에게 담보제공을 명한다. 이 경우 법원은 직권으로 명할 수 있다(제117조). 이 결정에는 피고가 각심에서 지출한 비용의 총액을 표준으로 하여 정한 담보액과 담보제공기간을 정하여야 한다(제120조). 담보제공신청에 관한 결정에 대하여는 즉시항고가 가능하다(제121조). 피고가 적법한 담보제공신청을 한 때에는 그 신청이 기각되거나 원고가 담보를 제공할 때까지 응소를 거부할 수 있다(제119조). 원고가 담보를 기간 내에 제공하지 아니하는 때에는 법원은 변론 없이 판결로 소를 각하할 수 있다. 그러나 판결 전에 담보를 제공한 때에는 소를 각하하지 못한다(제124조).

3) **擔保提供의 方式과 變換** 담보의 제공은 금전이나 법원이 인정하는 유가증권을 공탁하거나, 또는 대법원규칙이 정하는 바에 따라 지급을 보증하겠다는 위탁계약을 맺은 문서를 제출하여야 한다(제122조 본). 공탁에 관하여는 공탁법과 공탁물처리규칙에 따른다. 그러나 당사자간에 특약이 있으면 그에 따른다(제122조 단). 법원은 담보제공자의 신청에 의하여 결정으로 또는 당사자간의 특약으로 이미 공탁된 담보물을 바꾸도록 명할 수 있다(제126조).

피고는 소송비용에 관하여 이와 같이 제공된 담보물에 대하여 질권자와 동일한 권리가 있다(제123조). 이와 같은 공탁에 의한 담보의 경우에 원고의 공탁공무원에 대한 공탁물회수청구권에 대하여 피고가 질권을 갖는다고 본다.

4) **擔保取消** 담보제공의 필요가 소멸된 때에는 법원은 담보취소결정을 하여 공탁되어 있는 금전·유가증권·지급보증위탁계약서 등을 반환하여야 한다. 담보취소결정을 할 수 있는 경우는 다음의 세 가지이다.

가) 擔保事由의 消滅

(i) 담보제공자가 담보사유의 소멸을 증명하면서 신청을 하면 법원은 담보취소의 결정을 하여야 한다(제125조 I). 즉 원고가 한국에 주소 등을 가지게 되어 강제집행을 할 수 있게 되었거나, 소송구조를 받게 되었거나, 원고승소판결의 확정으로 원고가 소송비용을 부담하지 않게 되었거나 또는 화해에 의하여 소송비용을 각각 부담하게 된 때에는 소송비용담보사유는 소멸하였다고 볼 것이다.

(ii) 가집행을 위하여 제공한 담보(제213조 I)에 관하여는 가집행선고부판결이 취소됨이 없이 원고승소판결이 확정된 때에 담보사유가 소멸되었다고 볼 것이다. 제 1 심의 가집행선고 있는 판결의 가집행정지를 위하여 제공한 담보(제501조, 제500조)에 관하여는 항소심에서 가집행선고 있는 판결이 취소되면 제 1 심 판결의 가집행선고도 실효되지만(제215조 I), 이에 따라 곧 담보사유가 소멸되는 것은 아니고 항소심판결이 그대로 확정되든가 상고기각으로 확정될 때에 비로소 담보사유가 소멸된다.

(iii) 청구이의의 소를 제기하고 제 1 심에서 강제집행정지를 구하기 위하여 제공한 담보(민집 제44조, 제46조 II)에 관하여는 담보를 제공한 당사자가 얻은 승소판결이 확정한 경우에 담보사유가 소멸한다. 제 3 자이의의 소의 경우도 동일하다.

(iv) 가압류·가처분사건에 있어서 채권자가 담보를 제공하고 있는 경우에 채권자가 본안소송에서 패소의 확정판결을 얻은 때에는 특별한 손해발생의 사정이 나타나지 않는 한 담보사유는 소멸되었다고 볼 수 있다.

나) 擔保權利者의 同意 담보제공자가 담보취소에 대한 담보권리자의 동의가 있음을 증명하면 담보취소사유가 된다(제125조 II). 소송완결 후 담보제공자의 신청이 있는 때에는 법원은 담보권리자에 대하여 일정한 기간 내에 그 권리를 행사할 것을 최고하고, 이 기간이 도과된 때에는 담보취소에 대한 담보권리자의 동의가 있는 것으로 본다(제125조 III).

다) 擔保取消決定 위의 어느 경우에도 담보제공자가 담보취소신청을 하고 또 담보취소사유를 증명한 때에는 담보제공을 명한 법원은 담보취소의 결정을 하여야 한다. 이 결정에 대해서는 즉시항고를 할 수 있다(제125조 IV). 담보취소결정이 발하여진 후 그 확정되기 전에 담보권리자가 권리행사를 하고 이를 증명한 경우 그 담보취소결정은 유지될 수 없다.[1]

1) 대결 2000. 7. 18. 2000 마 2407.

V. 訴訟上 救助

1. 制度的 意義와 沿革

1) **意　義**　　법률구조(legal aid)라고 하면 법률상담과 소송구조를 포함하는 개념이다. 민사소송법상의 것은 소송구조이고, 법률구조법상의 것은 상담과 소송구조를 포함한 법률구조라고 볼 수 있다. 소송상 구조는 무자력자를 위하여 민사소송절차에의 접근(Access)과 그 활용에 있어서 실질적 기회균등을 보장하려는 사회보장적인 제도이다. 우리 민사소송법은 소송비용을 지출할 자금능력이 없는 자에 한정하여(제128조) 소송과 강제집행에 일정한 도움을 주는 소송구조를 베풀고 있다(제129조). 그러나 이러한 구조제도는 형사소송법상의 국선변호제도와 마찬가지로 무자력자의 법률구조기능을 제대로 발휘하지 못하고 있다. 이와는 별도로 법률구조법에 의하여 대한법률구조공단이 체계적인 전국규모의 법률구조사업을 벌이고 있고, 공익법무관에관한법률에 의하여 병역미필의 사법연수원수료자들이 공익법무관으로 임명되어 농어촌이나 무변촌에서의 법률구조를 담당하고 있다.

오늘날에 와서는 법률구조를 인간의 사회복지권의 한 내용을 이루는 고차원적 기본권으로 파악하게 되었다.[1)]

2. 要　件

소송구조는 소송비용을 지출한 무자력당사자가 패소할 것이 분명한 경우가 아닌 때에 행한다(제128조 I). 소송구조의 범위를 확대하여 자금능력이 부족한 당사자에 대한 보호를 강화해야 할 것이나 미온적인 소송비용구조에 그치고 있으므로 결국 비용을 안들이고 소송을 할 수 있는 제도에 불과하다.

1) 소송비용이라 함은 재판비용과 민사소송비용법상의 비용뿐만 아니라, 널리 소송의 제기·준비·수행에 지출한 경비 외에 변호사선임비용 등 일체의 필요경비를 포함한다.

2) 자금능력이 부족한 자라 함은 소송비용을 전부 지출하면 가계에 지장을 주는 경우를 가리키므로 꼭 극빈자나 무자력자에 국한하지 아니한다. 민사소송법의 소송구조와는 별도로 법률구조법에 따라 정부출연으로 설립된 대한법률구조공단은 법률구조기준으로서의 무자력이 훨씬 구체화되어 있다.

---

1) 자세한 것은 宋相現, "소송구조의 사상적 배경과 현대적 의의," 법학(서울대학교) 제17권 2호 참조.

3) '패소할 것이 분명한 경우가 아닌 때'라 함은 구법상의 '승소할 가망이 없는 것이 아닌 경우'보다 요건이 완화된 것으로 보아야 한다. 무자력인 자는 법률지식이 없는 경우가 대부분이어서 승소할 가망성이나 패소의 명백한 가능성을 사전에 판단하는 것은 불가능하다. 따라서 이 요건을 엄격하게 운영하면 실질적으로 소송구조를 전면 부인하는 결과가 되므로 누가 보더라도 패소하리라는 것을 확실히 알 수 있는 경우에만 구조를 거부하는 선에서 탄력성 있게 해석하여 운영해야 할 것이다.

4) 소송구조요건의 구체적 내용과 소송구조절차에 관하여 상세한 사항은 대법원규칙으로 정한다(제128조 Ⅳ).

3. 訴訟救助의 決定

1) 구조는 각 심급마다 직권 또는 당사자의 신청에 의하여 구조사유를 소명하게 한 다음(제128조 Ⅱ) 소송기록을 보관하고 있는 법원(제128조 Ⅲ)이 결정으로 재판한다.[1] 소송구조신청의 내용이 상소장에 붙일 인지를 유예받고자 하는 경우에는 상소법원에 직접 신청하지 않고 원심법원을 경유하여도 무방하되 이 경우 원심법원은 이를 상소법원에 송부하여야 하고 그 신청에 대한 구조 여부 또는 각하결정은 당해 상소법원만이 할 수 있다.[2] 따라서 소송기록보관법원이 구조여부재판을 하게 한 것은 소송구조신청이 소송지연책 또는 원심재판장의 상소장심사 회피방법으로 악용됨을 방비하고 소송구조재판의 신속을 위한 배려이다.

2) 구조신청각하결정에 대하여는 즉시항고할 수 있다. 다만 상대방은 소송비용의 담보면제에 관한 소송구조결정을 제외하고는 불복할 수 없다(제133조). 이는 소송구조부여결정에 의하여 상대방의 법적 지위에 불리한 영향이 있다고 볼 수 없기 때문이다. 다만 소송비용담보제공의무가 면제되는 경우에는 상대방이 승소하더라도 소송비용을 상환받지 못하는 경우가 있으므로, 이 경우에만 항고권을 인정하면 될 것이다.

3) 구조결정 후 구조받은 자가 소송비용을 납입할 자금능력이 있는 것이 판명되거나 자금능력이 회복된 때에는 소송기록을 보관하고 있는 법원은 직권 또는 이해관계인의 신청에 따라 언제든지 구조결정을 취소하고 유예한 비용의 납입을 명할 수 있다(제131조).

---

1) 대결 1997. 12. 26. 97 마 1706.

2) 대결 1994. 6. 20. 94 마 812.

4. 訴訟救助의 效果

1) 소송구조효력의 주관적 범위는 구조결정을 받은 자에게만 효력이 있다(제130조 Ⅰ). 법원은 소송승계인에게 미루어 둔 비용의 납입을 명할 수 있다(제130조 Ⅱ). 객관적 범위는 재판비용(인지대·송달료·감정비용·증인비용·검증비용 등)의 납입유예, 변호사 및 집행관의 보수와 체당금의 지급유예, 소송비용의 담보면제, 그리고 대법원규칙으로 정하는 그 밖의 비용의 유예나 면제에 미친다(제129조 Ⅰ). 이 경우 보수를 받지 못한 변호사나 집행관은 국고에서 상당한 금액을 지급받는다(제129조 Ⅱ).

2) 구조결정을 받으면 소장에 인지를 붙이지 아니하여도 되고 송달료와 증거조사비용을 예납할 필요가 없다. 이처럼 지급유예되는 송달료와 증거조사비용 등은 국가가 체당하여 지급한다. 항소인이 항소장을 제출하면서 소정의 인지를 붙이지 아니하고 소송상 구조신청을 한 경우 이 신청에 대한 결정이 확정되기 전에는 항소장의 인지가 붙어 있지 아니함을 이유로 항소장을 각하할 수 없다.[1]

3) 구조결정은 비용면제가 아니라 비용의 지급유예이므로 구조결정을 받은 자가 후일 소송비용부담재판을 받으면 유예된 비용을 납입해야 한다. 이 경우 그 자가 무자력이어서 추심할 수 없으면 그 비용은 국고부담이 되나 상대방이 소송비용부담재판을 받은 경우에는 국가가 상대방으로부터 직접 추심할 수 있다(제132조 Ⅰ). 이 경우 변호사 또는 집행관은 소송구조를 받은 사람의 집행명의로 보수와 체당금에 관한 비용액의 확정결정신청과 강제집행을 할 수 있고(제132조 Ⅱ), 당사자를 대위하여 제113조 또는 제114조의 결정신청을 할 수 있다(제132조 Ⅲ).

제3관 判決의 效力

I. 總　說

법원의 확정판결은 분쟁에 대한 해결기준을 부여하는 공적 판단이므로 이것이 일단 내려지면 그 제도적 취지상 안정성이 요구되고 그로 인하여 법질서가 유지됨과 동시에 국민의 신뢰를 받게 된다. 그러므로 일단 법원이 판결을 대외적으로 선고하면 이를 함부로 무시하거나 취소 또는 변경할 수 없다. 법은 판결내용을 확정시키기 위하여 다음과 같은 몇 가지 법적·사실적 효력을 부여한다.

---

1) 대결 1993. 1. 25. 92 마 1134.

1. 判決法院에 대한 효력

법원이 한번 판결을 선고하면 설사 잘못이 있더라도 판결선고법원도 스스로 이를 취소·철회 또는 변경할 수 없는 판결의 기속력(不可撤回性), 즉 自己拘束力이 생긴다. 다만 판결선고 후 판결내용을 실질적으로 변경함이 없이 단순히 표시의 오류를 정정하는 판결의 경정은 인정된다.

2. 當事者에 대한 효력

위법·부당한 판결에 대하여는 상소를 통하여 상소심법원만이 취소·변경할 수 있는데, 판결받은 당사자가 일정한 시점이 지나면 판결에 불복하여 이를 취소할 수 없게 된다. 이처럼 확정판결이 갖는 불가변성을 형식적 확정력이라고 한다.

3. 判決의 實體的 確定力(내용적 효력)

판결의 판단내용을 이후 사건해결의 기준으로 통용시키기 위하여 인정되는 효력으로서는 기판력·집행력·형성력으로 이루어지는 판결의 실체적 확정력이 있다. 이것이야말로 판결에 의하여 달성하려고 하는 판결의 본래적 효력이다.

4. 判決의 派生的 效力

판결이 확정되면 그에 부수하여 발생하는 파생적 효력이 있다. i) 보조참가인에게 발생하는 참가적 효력(제77조), ii) 법률요건적 효력, iii) 반사적 효력 등이 그것이다. 이하에서는 이러한 효력들을 고찰한다.

5. 判決의 事實的 效力

사실적 효력에는 증명효, 즉 전소판결이유 중의 판단이 후소의 판단에 대하여 가지는 사실상의 증명효과와 파급효, 즉 오늘날의 대형소송에서 원고승소판결이 동종의 피해자의 구제에 도움을 주고 특히 행정이나 입법에까지 미치는 효과의 두 가지가 있다.

II. 判決의 羈束力(不可撤回性)

1. 判決의 羈束力의 의의

1) 판결은 선고에 의하여 대외적으로 성립하고 구속력이 발생하므로 판결법

원은 오판임을 발견하더라도 일단 선고한 판결을 스스로 취소 내지 변경할 수 없다. 이 같은 불가철회성을 판결의 기속력 또는 자기구속력이라 한다. 일단 재판을 통하여 외부에 표현된 이상 자유로운 변경의 인정은 법적 안정성과 재판의 신용을 해친다.

2) 판결의 기속력은 원래 판결법원에 대한 구속력을 뜻하나 동일절차 내에서 다른 법원에 대한 구속력을 의미하는 수도 있다. 예컨대 i) 이송결정이 이송받은 법원을 기속하거나(제38조), ii) 상고심은 사실심이 적법하게 인정한 사실에 기속된다거나(제432조), iii) 상고심이 파기이유로 삼은 사실상과 법률상의 판단은 환송 또는 이송받을 하급심을 기속한다거나(제436조 II), iv) 헌법재판소의 위헌결정이 법원을 기속하는 것(헌재 제47조 I) 등이 있다.

2. 判決의 更正

1) 意　義 　판결의 기속력에도 불구하고 판결의 실질적 내용이 아니라 그 표현상의 오기나 계산착오 기타 이와 비슷한 잘못이 있는 경우 등 법원의 의사표현과정에 불일치가 있을 때에 상소를 통하여 시정할 필요 없이 판결법원이 스스로 이를 간단한 결정절차로 정정·보충할 길을 터서 소송경제를 꾀하고 강제집행, 호적·등기부의 기재 등에 따르는 불합리를 제거하도록 함이 필요하다. 이러한 목적으로 마련한 제도가 경정이다(제211조).[1)]

판결의 경정제도는 판결의 기속력을 법률에 의하여 필요에 따라 어느 정도 완화하자는 취지를 가지고 있다. 그러나 우리의 실무는 이를 너무 엄격하게 운영함으로써 상소심에게 불필요한 부담을 주는 듯한 감이 있다. 법적 안정성과 재판에 대한 신뢰를 저해하지 아니하는 범위 내에서 좀더 적극적으로 경정을 통한 판결의 오류를 시정하여 상급심의 부담을 덜어 주는 방향으로 운영하여야 할 것이다.

2) 立 法 例 　원래 영국 보통법상으로는 판결은 일단 선고된 후라도 항상 그 開廷期末까지는 선고법원이 수정할 수 있는 것이 원칙이었고 開廷期 이후에는 coram nobis 또는 coram vobis 라는 오심영장에 의하여 기록에 나타나지 아니하였던 사실오류까지도 시정할 수 있었다. 이러한 실무를 계승한 미국의 경우

---

1) 대결 1996. 10. 16. 96 그 49; 대결 2000. 5. 30. 2000 그 37 등은 강제집행이나 호적의 정정 또는 등기의 기재 등 넓은 의미의 집행에 지장이 없도록 하는 데 그 취지가 있다고 한다.

에는 선고법원이 선고 후 10일 이내에 판결서에 나타난 표현상의 오류를 경정하거나 심지어는 실질적 내용을 수정할 수 있는 경우(new trial)를 좀더 광범위하게 제도화하여 우리 법하에서는 상소에 의하여 다투어질 것도 선고법원의 의하여 변경할 수 있도록 규정한다(FRCP 제59조, 제60조 참조).

일본에서도 미국의 이러한 new trial 제도를 본떠서 판결에 나타난 법령위반이 그 결론에 영향을 미친 것을 발견한 때에는 1주일 내에 선고법원이 판결을 변경할 수 있게 하는 이른바 변경판결제도가 있다(일민소 제193조의 2).

3) 要 件

가) 판결에 잘못된 계산이나 기재, 그 밖에 이와 비슷한 잘못이 있고 이것이 분명하여야 한다(제211조). 즉 판결의 표현상의 오류를 말하고, 판결의 판단내용상의 오류 또는 신청인의 주장사실을 판단하지 아니하였음을 이유로 하여(판단누락) 변경하고자 하는 것은 허용되지 아니한다.[1] 그러므로 계산상 착오는 경정할 수 있으나,[2] 착오된 계산액을 기초로 하여 과실상계를 한 경우의 잘못은 판결결과에 영향을 주는 파기사유로 된다.[3] 그 외에 명백한 오류나 오기가 주문[4]·이유·당사자[5] 및 법원의 표시 등에 관하여 존재하더라도 경정할 수 있고, 이러한 오류가 법원의 과실로 인하여 생긴 것이거나 당사자의 청구에 존재하거나 모두 경정할 수 있다.[6]

나) 표현상의 오류에 해당하는 예로는 주문에 표시된 별지목록이 판결서 말미에 첨부되지 아니한 경우,[7] 건물평수를 잘못 표시한 경우,[8] 판결주문에 등기원인일자를 잘못 기재한 경우,[9] 등기부상 남아 있는 지분보다 과다한 지분을 표시한 경우,[10] 1필지의 토지의 일부분에 대한 소유권이전등기를 명하면서 지적법상 허용되지 않는 제곱미터 미만의 단수를 존치시킨 경우,[11] 소장에 기재된 주민등

1) 대판 1969. 12. 30. 67 주 8.
2) 대판 1970. 1. 27. 67 다 774; 대판 1993. 4. 23. 92 누 17297.
3) 대판 1972. 10. 10. 72 다 1230.
4) 대판 1964. 10. 24. 64 다 815.
5) 대결 1963. 2. 9. 62 마 23. 압류 및 전부명령의 제 3 채무자의 표시를 사망자에서 그 상속인으로 경정하는 결정이 허용된다고 한 것으로 대판 1998. 2. 13. 95 다 15667 참조.
6) 대결 1965. 12. 23. 65 마 1006; 대결 1983. 3. 24. 83 그 8.
7) 대결 1964. 4. 13. 63 마 40.
8) 대판 1964. 11. 24. 64 다 815; 대결 1996. 1. 9. 95 그 13.
9) 대판 1970. 3. 31. 70 다 104.
10) 대결 1994. 5. 23. 94 그 10.
11) 대결 1996. 10. 16. 96 그 49; 대결 1999. 12. 23. 99 그 74.

록상 주소가 누락되고 상대방이 송달장소로 신고한 곳이 상대방의 주소로 기재된 경우,[1] 채권자대위소송의 판결주문에 기재된 채무자의 주소나 주민등록번호를 보충할 필요가 있는 경우[2] 등이 있다.

다) 명백한 오류에 해당하지 않는 경우로는 이전등기를 명하는 판결을 함에 있어서 피고의 주소가 등기부상의 주소와 다른 경우에 등기부상 주소를 기재하지 아니한 것은 경정사유가 아니라고 하며,[3] 지급명령신청서의 청구원인에는 연대채무임을 기재하고도 청구취지에는 '연대하여'라고 기재하지 아니하여 법원이 청구취지대로 지급명령을 하였다면 명백한 오류가 없다고 한다.[4] 청구원인에서 구하고 있는 금원부분이 청구취지에서 누락되어 그대로 판결된 경우 경정사유가 되지 않고,[5] 공유토지에 대한 각 점유부위 및 면적의 표시가 측량감정인의 잘못으로 실제의 점유부위 및 면적과 다르게 감정되어 그 감정결과에 따라 구한 청구취지대로 선고된 판결에는 명백한 오류가 있다고 볼 수 없으며,[6] 換地確定에 따라 청구취지를 정정하면서 등기부의 누락으로 인한 착오로 종전 토지의 일부를 누락한 경우 이를 토대로 선고된 판결에 그 누락부분을 추가하는 판결경정은 허용되지 않는다.[7]

라) 명백한[8] 오류인지의 여부는 판결의 기재로부터 명백한 경우는 물론 판결의 전취지 및 더 널리 판결과 소송의 전과정에 나타난 자료에서 판단할 것이다.[9]

---

1) 대결 1994. 7. 5. 94 그 22.
2) 대결 1995. 6. 19. 95 그 26.
3) 대판 1994. 8. 16. 94 그 17; 대결 1996. 5. 30. 96 카기 54. 그러나 이는 경정사유로 취급하여야 할 것이다.
4) 대판 1993. 7. 15. 93 그 28.
5) 대결 1995. 4. 26. 94 그 26.
6) 대결 1995. 7. 12. 95 마 531.
7) 대결 1996. 3. 12. 95 마 528.
8) 누가 오류를 알 수 있어야 명백성이 인정되는가에 관하여는, 보통사람이 보면 누구라도 이상하다고 생각할 만한 오기나 탈락이 있어야 한다는 견해가 주장된다. 李在性, "판결경정의 요건과 방식," 李在性評釋集(Ⅷ), 58면. 독일에서는 당사자들이 곧바로 알 수 있어야 된다는 견해(Stein/Jonas/Leipold §319 Rn. 6), 적어도 당사자들이 당장 입수할 수 있는 정보원으로부터 판결에 오류가 있음을 실감나게 체험할 수 있어야 한다는 견해(MünchKommZPO/Musielak §319 Rn. 7), 제 3 자에게 명백하여야 한다는 견해(Braun, Rechtskraft und Rechtskraftbeschränkung im Zivilprozeß, JuS 1986, 366; Thomas/Putzo §319 Anm. 2 b) 등이 주장된다.
9) 대결 1992. 3. 4. 92 그 1; 대결 1995. 7. 12. 95 마 531. 金/姜 591면, 李時 590면, 鄭/庾 681면, 김홍 755면. 이에 대하여 판결의 실질을 변경할 우려 때문에 판결의 전취지에 의하여 판단하여야 한다는 견해로는 姜 647면.

4) 節　次　　경정은 당사자의 신청 또는 직권에 의하여 한다. 경정의 시기에 관하여는 제한이 없으나 상소제기 후 또는 판결확정 후 또는 기록송부기간경과 후라고 하더라도 기록이 그 법원에 현존하는 한 언제든지 경정할 수 있다.[1]

경정결정에 대하여는 즉시항고를 할 수 있다. 다만 판결에 대하여 적법한 항소가 있으면 경정결정의 당부도 동시에 항소심의 심리를 받게 되므로 즉시항고할 수 없다(제211조 Ⅱ). 경정신청기각결정에 대하여는 항고를 허용할 수 없다는 것이 통설[2]과 판례[3]이다. 판결법원이 스스로 잘못이 없다고 하였는데 다른 법원이 경정을 명함은 사리에 어긋나기 때문이다. 따라서 경정신청기각결정에 대하여는 특별항고만이 허용되며[4] 당사자가 통상항고를 한 경우에는 이를 특별항고로 보아 대법원으로 기록송부를 해야 한다.[5]

5) 更正法院　　경정은 당해 심급에 있어서의 판결의 정정이므로 판결법원이 경정결정을 할 수 있음은 당연하지만 판례는 법이 판결경정법원을 명정하지 아니하였음을 들어 상소에 의하여 사건이 상소심에 이심된 경우에는 상급법원도 언제나 경정할 수 있다고 한다.[6] 다만 하급심에서 판결이 확정된 부분에 관하여는 상급심이 경정할 수 없다고 한다.[7] 그러나 동일한 판결의 동일한 오류에 관하여 제1심과 상급심이 상반된 경정결정을 내릴 염려가 있고 경정제도의 본래적 취지와 거리가 있으므로 판례에 반대한다.[8] 경정결정은 판결의 원본 및 정본에 덧붙여 적어야 한다. 다만 정본에 덧붙여 적을 수 없을 때에는 결정의 정본을 작성하여 당사자에게 송달하여야 한다(제211조 Ⅱ).

6) 效　果　　경정결정은 판결과 일체가 되어 경정된 판결이 선고된 것과 같은 효과가 생긴다. 즉 표현상의 오류가 시정되는 경정의 효력은 판결선고시에 소급하여 생긴다.[9] 그러나 판결에 대한 상소기간은 경정에 의하여 영향을 받

---

1) 대결 1967. 10. 13. 67 마 552.
2) 方 573면, 李英 183면, 李時 591면, 姜 648면, 김홍 757면.
3) 대결 1960. 7. 21. 60 민재항 200; 대결 1961. 7. 13. 61 민재항 389.
4) 대결 1983. 4. 19. 83 그 6.
5) 대결 1986. 11. 7. 86 마 895; 대결 1995. 7. 12. 95 마 531.
6) 대판 1967. 10. 31. 67 다 982; 대결 1992. 1. 29. 91 마 748.
7) 대결 1970. 8. 31. 70 카 25; 대판 1987. 9. 2. 87 다카 55.
8) 同旨 方 573면, 李英 183면.
9) 대결 1962. 1. 25. 61 민재항 674; 대판 1998. 2. 13. 95 다 15667.

지 아니하고 판결의 송달로부터 진행한다. 다만 경정한 결과 상소의 이유가 발생한 경우에는 상소의 추후보완(제173조)의 길이 있을 수 있다.[1)]

판결의 경정에 관한 제211조는 확정판결과 동일한 효력이 있는 화해·조정·청구의 포기 또는 인낙조서에도 준용이 되며,[2)] 결정·명령의 경우에도 허용된다(제224조).

Ⅲ. 判決의 形式的 確定力(不可變性)

1. 意 義

위법·부당한 판결에 대하여서는 상소를 통하여 상소심만이 취소·변경할 수 있는데, 이러한 불복신청이 불가능하게 된 상태를 판결의 확정이라고 한다. 이처럼 당사자가 마음대로 판결을 취소·변경할 수 없는 판결의 불가취소성을 형식적 확정력이라 한다.[3)]

2. 判決의 確定

1) 판결은 불복신청방법을 모두 다 사용하여 더 이상 상소가 인정되지 아니하거나 상소를 할 수 없으면 확정된다.

2) 상소할 수 없는 판결, 예컨대 상고심판결이나 제권판결은 선고와 동시에 확정된다. 불항소의 합의가 있는 때에도 마찬가지이다.

3) 상소할 수 있는 판결은 상소기간도과(제396조, 제425조, 제498조), 상소취하, 상소각하, 상소장각하 등의 사유로 더 이상 다툴 수 없게 된 때에 확정된다. 상소권포기의 경우에도 그 포기시 판결이 확정된다(제394조, 제395조, 제425조). 상소기간 내에 상소를 제기하

---

1) 판례는 상소기간 경과 후에 이루어진 판결경정 내용이 경정 이전에 비하여 불리하다는 사정만으로는 추완상소가 적법한 것으로 볼 수 없다고 한다. 대판 1997. 1. 24. 95 므 1413, 1420(違算判決更正의 경우). 독일의 판례·통설은 경정 전의 판결이 당사자에게 더 이상의 소송상 행위를 하기 위한 근거를 제공할 수 있을 정도로 충분히 분명하지 못한 경우, 특히 판결의 주문을 경정한 결과 비로소 당사자가 불복(불이익)이 있음을 알게 된 경우에는 예외적으로 경정결정의 송달시부터 상소기간이 진행된다고 한다. BGHZ 17, 149; 113, 228; MünchKommZPO/Musielak §319 Rn. 16; Rosenberg/Schwab/Gottwald §61 I 3 a (3); Stein/Jonas/Leipold §319 Rn. 14.

2) 대결 1966. 10. 20. 65 마 922.

3) 행정처분이나 행정심판재결이 불복기간의 도과로 인하여 확정된 경우의 확정력은 그 처분으로 인하여 법률상 이익을 침해받은 자가 당해 처분이나 재결의 효력을 더 이상 다툴 수 없다는 의미일 뿐, 판결에 있어서와 같은 기판력이 인정되는 것은 아니어서 처분의 기초가 된 사실관계나 법률적 판단이 확정되고 당사자들이나 법원이 이에 기속되어 모순되는 주장이나 판단을 할 수 없게 되는 것은 아니다. 대판 1993. 4. 13. 92 누 17181.

면 확정차단의 효력이 있으므로 상소기각판결확정시(제414조, 제425조, 제430조) 원심판결이 확정된다.

4) 일부불복한 경우에 상소심에서 불복신청이 없는 부분의 판결확정시기는 언제인가. 그리고 단순병합된 여러 개의 청구에 대하여 제 1 심에서 전부판결이 선고되었으나 일부에 대하여만 항소 및 상고가 제기된 경우에 나머지 부분이 언제 확정되는지에 대하여서도 동일한 논란이 있다. 이에 대하여 판례는 항소심의 판결선고시[1] 또는 상고심의 판결선고시라고 하고(선고시설),[2] 학설 중에는 항소심의 변론종결시(상고심의 경우에는 상고이유서 제출기간 도과시)라고 하는 입장(변론종결시설)이 있다.[3] 항소심 변론종결시까지 청구취지의 확장 또는 부대항소를 통해 불복의 범위가 변경될 수 있으므로 마지막 견해가 옳다.

또 불복된 부분 중에 일부는 상고기각되고 나머지는 파기환송된 경우 상고기각된 부분은 확정된다.[4]

5) 판결이 확정된 여부는 그 판결문 자체에 나타나지 아니하므로 강제집행이나 호적, 등기신청 등을 위하여 당사자가 판결확정증명서를 신청한 때에는 제 1 심법원의 법원사무관 등이 기록에 따라 내어 준다(제499조 I). 그러나 소송기록이 상급심에 있는 때에는 상급법원의 법원사무관 등이 그 확정부분에 대하여만 증명서를 내어 준다(동조 II).

3. 判決의 形式的 確定力의 배제

판결의 형식적 확정력은 종국판결에만 발생하는 효력으로서 동일절차에서의

1) 대판 1994. 12. 23. 94 다 44644; 대판 2011. 7. 28. 2009 다 35842. 李在性, "민사판결의 일부확정에 대하여," 민사재판의 제문제 제 4 권, 340면; 尹眞秀, "제 1 심 패소부분에 불복하지 않았던 당사자의 상고와 상고범위 등," 사법행정 1993년 8월호, 62면; 李鍾午, "청구기각된 수개의 청구 중 일부에 관하여만 항소한 경우 나머지 청구의 확정시기 및 항소심이 심판범위를 오해하여 나머지 청구에 대하여도 이를 인용한 경우 상고심의 처리방법," 대법원판례해설 제22호, 353면.

2) 대판 1995. 3. 10. 94 다 51543. 韓渭洙, "청구가 단순병합된 소송에 있어 일부청구부분에 대하여만 항소 및 상고가 된 경우 항소심에서 불복하지 아니한 청구부분의 확정시기," 송천이시윤박사화갑기념논문집, 민사재판의 제문제(하)(1995), 283-284면.

3) 李時 592면. 독일의 통설이다. 예컨대 Stein/Jonas/Münzberg §705 Rn. 5 참조. 이에 대하여 항소심의 경우 변론이 종결되었다가도 다시 재개될 수 있기에 항소심판결선고시가 타당하고, 상고심에서는 상고법원이 직권조사사항에 관하여 당사자가 주장하지 아니하여도 판단하여야 하기 때문에 상고심판결선고시설을 취하는 판례의 태도가 타당하다는 견해로 김홍 760면.

4) 대판 1995. 3. 10. 94 다 51543.

판결의 취소·변경가능성을 소멸시키는 것이지만 판결확정 후 상소의 추후보완(제173조), 재심(제451조), 제권판결에 대한 불복(제490조)의 사유가 생겼을 때에는 취소·변경되어 구 소송이 부활하는 것을 방해하는 것은 아니다.

재심 또는 상소의 추후보완신청이 있는 경우에 불복하는 이유로 내세운 사유가 법률상 정당한 이유가 있다고 인정되고, 사실에 대한 소명이 있는 때에는 법원은 당사자의 신청에 따라 담보를 제공하게 하거나 담보를 제공하지 아니하게 하고 강제집행을 일시정지하도록 명할 수 있으며, 담보를 제공하게 하고 강제집행을 실시하도록 명하거나 실시한 강제처분을 취소하도록 명할 수 있다(제500조 I). 담보 없이 하는 강제집행의 정지는 그 집행으로 말미암아 보상할 수 없는 손해가 생기는 것을 소명한 때에만 한다(제500조 II). 이러한 재판은 변론없이 할 수 있으며 이 재판에 대해서는 불복할 수 없다(동조 III). 상소의 추후보완신청시 소송기록이 원심법원에 있으면 그 법원이 위의 재판을 한다(동조 IV).

가집행선고가 붙은 판결에 대하여 상소를 한 경우 또는 정기금의 지급을 명한 확정판결에 대하여 그 변경의 소(제252조 I)를 제기한 경우에도 재심 또는 상소추후보완신청으로 인한 집행정지를 규정한 제500조를 준용한다(제501조).

위의 각 집행정지의 경우 담보제공이나 공탁은 원고나 피고의 보통재판적이 있는 곳의 지방법원 또는 집행법원에 할 수 있고(제502조 I), 법원은 당사자의 신청에 따라 담보제공이나 공탁에 관한 증명서를 주어야 한다(동조 II). 그 이외에는 소송비용담보에 관한 제122, 123, 125, 126조를 준용한다(동조 III).

Ⅳ. 判決의 實體的 確定力

1. 總 說

판결이 형식적으로 확정되어 취소·변경할 수 없게 되면 그 판결내용에 따라 기판력·집행력·형성력이 발생하는데 이처럼 확정판결의 내용이 당사자와 법원 및 동일한 사항에 대하여 사건해결기준으로서 통용되는 효력 내지 규준성을 판결의 실체적 확정력이라 한다. 실체적 확정력에는 기판력, 집행력 및 형성력이 있다.

기판력이 확정판결의 실체적 확정력 중 가장 중요하다. 판결이 일단 확정되면 법적 안정성의 견지에서 기판력이 획일적으로 발생하므로 비록 그 내용에 하자가 있더라도 이는 재심에 의하여서만 다툴 수 있기 때문이다.

2. 判決의 旣判力

1) **旣判力制度의 의의와 목적** 기판력이란 판결의 실체적 확정력의 일종으로서 확정판결에서 선언한 구체적 법적 효과에 부여되는 통용력 내지 구속력을 뜻한다.[1] 판결이 형식적으로 확정되면 특정한 법적 효과의 존부에 관한 법원의 판단이 소송당사자와 법원 자신을 구속하므로 그 이후에 동일사항이 소송상 제기되더라도 당사자는 동일소송물에 관하여 되풀이하여 다툴 수 없고 법원도 이전의 확정판결과 모순저촉되는 판단을 할 수 없는 소송법상의 효력이다.

기판력제도는 국가재판기관의 공권적 판단을 통하여 국민생활에 있어서의 법적 안정과 평화를 기하고 국가의 권위를 지키며 당사자보호와 소송경제를 도모하자는 데에 그 목적이 있다고 하겠다.

2) **旣判力制度의 발전** 기판력이란 용어는 로마법에서는 訴權消滅(actio consumitur)로, 독일 보통법에서는 旣濟事件의 抗辯(exceptio rei judicatae)의 형태로 존재하다가 현대에 와서야 확정판결의 실질적 효력으로 정착한 것이다.

기판력은 이처럼 로마법 시대부터 대륙법에 알려진 것이지만 영미법에서는 12세기 이후에 도입된 대륙법의 Res Judicata의 원칙이 禁反言의 原則(estoppel)과 통합되어 발달한 것이다. 오늘날에도 기판력에 관하여 영미법에는 형평법에서 일찍부터 발달한 '判決에 의한 禁反言(Collateral Estoppel by Judgment)의 원칙'과 보통법에서 지켜진 '吸收 및 禁止(Rule of Merger and Bar)의 원칙'이 병존하여 양면적 작용을 하고 있다. 전자는 당사자간에 판결이 선고되어 확정된 이상 전소에서 결정된 내용과 저촉되는 청구나 동일청구원인(cause of action)을 기초로 하여 후소가 제기되면 전소의 판단은 후소에도 미친다는 원칙이다. 후자는 원고승소의 전소판결의 경우에 그 판단사항과 관련된 모든 다른 청구나 청구원인을 흡수(merger)해 버리고, 피고승소의 전소판결의 경우에는 전소의 판단사항 일체를 후소에서 다툴 수 없게 금지하는(bar) 원칙이다. 즉 이 두 원칙의 차이점을 보면 전자의 경우에는 청구원인이 동일한 한, 다투어진 쟁점 외에 이와 관련하여 다투어질 수 있었던 사항까지도 후소에서 제기할 수 없게 하는 효과가 있는 데 대하여, 후자의 경우에는 전소에서 구제(remedy)를 받은 자가 동일당사자에 대하여 동일구제책을 다시 받는 것을 저지하고 이를 승소의 전소판결에 흡수시켜 버린다는 것이다. 전자는 모순(contradiction)을 막고, 후자는 반복(repetition)과 재주장(reassertion)을 막

1) 대판 1960. 11. 3. 58 민상 656.

는다. 전자의 금지대상은 사실인정과 법률문제이고, 후자의 금지대상은 구제방법(relief 또는 remedy)이라고 할 수 있다. 그러나 청구원인의 개념 및 동일성에 대한 기준이 명확하게 확립되지 아니하여 그만큼 문제가 어렵게 되어 있음을 부인할 수 없다.

일단 판결이 선고되면 상소나 재심에 의하여 다툴 수밖에 없다. 영미법에서는 이러한 절차를 판결에 대한 직접공격(direct attack)이라고 하고, 이외에도 일정 사유가 있으면 상소제기 등의 절차를 거치지 아니하고 절차나 내용에 하자가 있는 판결을 부수적으로 다투는 제도가 있는데, 이를 부수적 공격(collateral attack)이라고 한다.

기판력에 의한 금반언의 원칙을 영국법은 증거법칙(rule of evidence)의 일종으로 발전시켰다. 즉 일단 판결이 확정되면 이를 동일한 청구원인에 관한 재주장을 금지하는 확증(conclusive evidence)으로 보는 것인데, 그 이론적 근거는 첫째, 분쟁종결에 관한 국가사회의 일반적 이익과 사법적 결단의 최종성에서 구하는 공익적 견해와 둘째, 금력이나 권력이 우세한 상대방이 사법적으로 확정된 권리를 무시하고 자기에게 유리한 판결이 내릴 때까지 수없이 소송을 반복하는 것으로부터 개인의 권리를 보호함에 중점을 두는 사익적 견해가 대립되어 왔다. 그러나 전자는 공익적 요구(public policy)이고, 후자는 개인적 정의(private justice)로서 오늘날에는 어느 것이나 소홀히 할 수 없는 기판력의 정당성의 양면으로 보게 되었다.

3) 旣判力의 본질 기판력이 갖는 구속력의 내용과 성질은 무엇이며 판결내용의 구속력이 후소에 대하여 어떻게 적용된다고 볼 것인지에 관하여 학설이 대립한다.

가) 實體法說 확정판결을 소송상 청구에 관하여 당사자간의 실체법상의 관계를 형성하는 근거로 이해하는 입장이다. 그리하여 종래에 존재하고 있던 권리라 하여도 재판에 의하여 인정되지 아니하면 그 권리는 재판의 확정과 동시에 소멸하고, 존재하지 않던 권리라 하여도 재판에 의하여 인정되면 그 권리관계가 발생한다고 해석한다. 따라서 기판력이 후소의 재판내용을 구속하는 것은 판단대상인 실체관계가 이미 그 판결의 결과대로 변동되었기 때문이라고 설명한다.

이 설과 같이 확정판결을 권리의 발생 또는 소멸원인으로 삼는다면 실체관계를 수반하지 아니하는 소송판결이나 증서진부확인소송에 대하여 기판력을 인정하는 근거 및 기판력은 원칙적으로 당사자에게만 미친다는 상대성에 대하여 설명이 궁하여진다. 이 설은 소권이 사권에서 유출하는 것으로 보는 사법적 소권설과 같은 맥락이나 지지자가 거의 없다.

나) 具體的 法規說(權利實在說) 공권적 판단인 판결을 통하여 추상적인 법규는 당사자간의 구체적인 법규로 실현되어 당사자를 구속하는데, 이러한 효력을 기판력이라고 본다. 당사자가 소송 외에서 주장하고 있는 실체상의 권리 또는 법률관계는 권리의 가형상에 불과하고 판결과정을 통하여 구체적으로 확정된 것만이 권리실재성을 가지므로 법원과 당사자는 그 후의 소송에서는 이 권리를 존중하고 따라야 한다고 한다.

이 설은 권리의 이념을 소송규범적 입장에서 정립하려고 하므로 실체법설과 소송법설을 종합한 견해이다. 그러나 이 설은 실체법상의 권리 또는 법률관계의 존부를 확정하여 당사자의 법률상 지위를 보호함을 목적으로 한다는 소송관념에 반하고, 판결을 통하여 구체적 법규가 일단 실현되면 소의 이익이 있더라도 재소할 수 없게 되어 부당한 결과가 생긴다는 비판이 있다. 법단계설과 같은 맥락이다.

다) 訴訟法說(矛盾禁止說) 이 설은 기판력이란 실체법상의 권리관계와는 관계 없이 오직 소송법상 고유한 효과로서 법원을 구속하는 효력이라고 한다. 즉, 어느 법원이 확정판결을 하게 되면 재판기관의 판단통일을 위하여 후소법원은 별소에서 이와 모순되는 판단을 하지 못하게 하는 내용적 구속력이어서, 당사자도 반사적으로 이에 어긋나는 주장을 할 수 없으며 그러한 경우에는 권리보호이익의 흠결로 인하여 각하하여야 한다. 이것이 종래의 통설이고[1] 판례[2]이다.

라) 新訴訟法說(反復禁止說) 기판력제도의 목적은 확정판결이 있는 경우에 다시 그와 모순되는 판결이 나오는 것을 방지하는 것이며, 따라서 소송법설과 같이 재차의 소송을 허용하는 것을 전제로 하는 것이 아니라 당초부터 기판력있는 판결에 의하여 확정된 법률효과에 대하여는 분쟁해결의 일회성의 원칙상 새로운 심리 및 재판을 배제함에 기판력의 본질이 있다고 하여 반복금지를 기판력의 본질로 파악하는 입장이다. 즉 기판력을 소송물에 관한 판단을 새로운 소송절

1) 方 610면, 李英 191면, 胡 694면, 김홍 764면.
2) 대판 1979. 9. 11. 79 다 1275; 대판 1989. 6. 27. 87 다카 2478. 판례의 태도가 모순금지설과 다른 출처 불명의 독자적 견해라고 보는 견해도 있다. 胡 693면.

차에서 더 문제삼을 수 없도록 하는 효력(一事不再理)으로 이해하고 있으므로 전소와 소송물을 같이 하는 후소는 언제나 부적법해지며, 따라서 기판력의 존재가 하나의 독립한 소극적 소송요건을 이루는 것이라고 한다.[1)]

마) 檢 討 어느 설도 기판력의 본질을 완전무결하게 설명하지 못하고 내용이 불명확하거나 공허한 부분이 있지만, 소송법 독자적 견지에서 입론하여야 할 것이므로 모순금지설이나 반복금지설이 타당하다고 하겠다. 다만 기판력을 법원에 대한 재판규범인 동시에 당사자에 대한 행위규범으로 본다면 소송법설(모순금지설)이 기판력의 규준성을 좀더 잘 설명하고 있다고 생각한다. 그러나 앞에서 본 기판력의 본질에 관한 영미법상의 태도를 대륙법에 비추어 보면 모순금지설과 반복금지설을 종합한 입장이라고 할 수 있고, 따라서 기판력제도의 목적과 본질은 이들 양설을 융합한 입장에서 파악하는 것이 필요하다고 하겠다.[2)]

4) 旣判力의 근거 기판력이 법원과 당사자를 구속하는 근거에 관하여 전통적으로는 국가적 재판의 통일, 사회질서유지 및 분쟁해결의 1회성에 기초하는 것으로 설명하는 법적 안정설이 있었다. 그러나 오늘날에는 당사자에게 절차상 대등한 권능과 기회가 보장되고 있으므로 자기의 소송행위의 결과 내려진 판결에 대하여 스스로 책임을 지는 것이 옳다는 생각에서 출발하여 절차보장에 의한 자기책임이 기판력의 근거라고 하는 自己責任說이 등장하였다.[3)]

법적 안정설은 기판력이 갖는 구속력의 근거보다 그 제도적 필요성을 논하는 감이 있고, 절차보장을 전제로 한 자기책임설은 재판결과에 의하여 불이익을 받는 당사자도 기판력의 구속을 받는 점을 명쾌하게 설명하고 있으나 기판력의 근거를 오로지 당사자의 자기책임 내지 행위책임에서 찾는 것은 소송법상 독자적 입론이라고 보기도 어려운 점이 있을 뿐만 아니라 국가가 베풀어 놓은 재판제도의 실효성을 담보하는 기판력의 근거를 오로지 당사자만의 행위를 토대로 논하는 것도 근거로서 불충분하다고 생각한다. 아무튼 기판력의 근거에 대한 논쟁은 실무상 큰 실익은 없다.

5) 旣判力의 작용

가) 본안판결을 하면 소송물인 법률효과의 존부를 판단하는 것이 되고 그 기

---

1) 李時 596면, 金/姜 608면, 鄭/庾 692면, 姜 667면.

2) 그렇게 본다면 모순금지설과 반복금지설은 양립할 수 있다. 즉, 모순금지이므로 반복금지라는 결론에 이른다는 논리가 된다.

3) 姜 662면, 李時 596면.

판력의 범위는 심판대상인 소송물의 범위와 일치함이 원칙이다.[1] 그러므로 이행의 소에서 원고승소판결의 경우에는 피고의 이행의무의 존재, 원고패소판결의 경우에는 그 부존재에 대하여 기판력이 발생하고,[2] 확인의 소에서는 소송물인 권리나 법률관계의 존부의 판단에 대하여, 그리고 형성의 소에서 원고승소의 경우에는 형성되는 법률관계의 존재, 원고패소의 경우에는 그 부존재의 판단에 대하여 각각 기판력이 미친다.

나) 일부승소판결이 있음에도 불구하고 다시 소를 제기한 경우 승소부분에 해당하는 것은 각하, 패소부분에 해당하는 것은 기각하여야 한다는 것이 판례이다. 그러나 기판력의 본질에 관하여 반복금지설을 취하는 견해에서는 기판력있는 판결의 부존재가 하나의 소극적 소송요건이 된다.[3] 동 견해에 의하면 전소판결과 동일한 소송물에 대하여 다시 소를 제기하면 기판력에 저촉된다.

다) 기판력이 어떤 사항에 관하여 미치는가 여부는 직권조사사항이고[4] 동일 소송물에 대하여 기판력 있는 판단이 없어야 된다는 것은 소송요건이다. 당사자는 합의에 의하여 기판력을 소멸·확장 또는 포기시킬 수 없다.[5] 다만 기판력에 의하여 확립된 실체법상의 법률관계는 당사자간의 합의에 의하여 변동시킬 수 있다.

6) 旣判力 있는 재판

가) 確定된 終局判決 확정된 종국판결은 모두 기판력이 있다. 다만 종국판결이라도 그 내용에 적합한 효력을 생기게 하지 않는 무효판결(예컨대 사망자를 당사자로 한 판결)이나 종국판결의 전제로서의 효력을 가짐에 불과한 중간판결은 기판력이 없다.

(i) 소송판결은 본안판결이 갖는 기판력과 실질적 차이가 있으나 그 판결에서 확정한 소송요건의 흠결에 대해서는 기판력이 있다.[6] 따라서 소송능력 또는 당사자적격 등의 흠결을 이유로 소송판결을 받은 후 그 흠결을 보완하지 아니한 채 재소하면 기판력에 의하여 각하된다.[7]

---

1) 方 605면, 李英 194면, 姜 681면. 대판 1970. 9. 29. 70 다 1759.
2) 상환이행을 명한 반대채권의 존부나 그 수액에는 기판력이 미치지 않는다. 대판 1996. 7. 12. 96 다 19017.
3) 李時 597면.
4) 대판 1981. 6. 23. 81 다 124.
5) 대판 1994. 7. 29. 92 다 25137.
6) 대판 2003. 4. 8. 2002 다 70181.
7) 대판 1983. 3. 8. 82 다카 1203; 대판 1994. 6. 14. 93 다 45015. 소각하판결을 하여야 함에

(ii) 본안판결은 청구인용판결이나 청구기각판결을 막론하고, 또 이행판결·확인판결·형성판결의 구별 없이 기판력이 있다. 형성판결에 형성력 이외에 기판력을 따로 인정할 것이냐 하는 것이 문제가 되는데, 이에 관해서는 학설이 나누어진다. 즉 부정설은 형성판결의 원래 기능은 형성력에 있고 소송물로 되는 형성권(혹은 형성요건)은 형성판결의 확정에 의하여 목적을 달성하여 소멸하므로 다시 그 존부에 대해 장래에 소송상 다툴 여지가 없게 되기 때문에 기판력을 인정할 수 없다고 하거나 기판력을 인정하여도 그 효용이 극히 적다고 한다.[1) 그러나 긍정설은 형성판결은 변론종결시의 형성권(또는 형성요건)의 존재를 기판력 있는 판결을 통하여 확정하는 것이며 또 이에 기판력을 긍정함으로써만 형성소송의 피고가 형성권(또는 형성요건)이 존재하지 않는다는 주장을 내세워 손해배상이나 부당이득반환청구를 하는 것을 막을 수 있다고 한다. 긍정설이 타당하다.[2)]

(iii) 가압류·가처분절차에 있어서의 확정판결은 보전권리를 종국적으로 확정하는 것이 아니므로 피보전권리의 존부에 관한 기판력은 없으나[3)] 뒤에 동일한 사실과 요건하에 제기되는 신청에 관하여 다시 심리판단할 수 없다는 뜻에서 한정적 기판력이 인정된다고 볼 것이다.[4)]

나) 外國法院의 確定判決 외국법원의 확정판결도 이행판결, 확인판결, 형성판결을 가리지 아니하고 또 재산상 청구이건 신분상 청구이건 간에 법 제217조의 요건만 구비되어 승인되면 당연히 기판력이 인정된다(자동승인). 承認(recognition, Anerkennung)이란 그 판결이 외국소송법상 가지는 효력을 그대로 존중함을 뜻한다. 따라서 외국법원의 확정판결이 승인요건을 구비한 경우에 동일한 소가 국내법원에 제기되면, 이 소는 기판력에 저촉된다.[5)] 외국판결의 승인과 집행의 문제는 국제민사소송법상 가장 중요한 문제의 하나로서 국제조약과 나라별 입법이 있고 견해의 대립도 심하다.[6)] 외국법원의 재판 가운데 확정된 본안판결에 관하여

도 청구기각판결을 한 경우 그 청구의 본안에 대한 기판력이 발생하지 않는다. 대판 1993. 7. 13. 92 다 48857.

1) 柳宅馨, "확정판결의 형성력과 기판력과의 상호관계를 논함," 신민사소송법연구 제1권(1971), 127면.

2) 同旨 方 393면, 李英 192면, 金/姜 610면, 李時 600면, 鄭/庾 698면. 대판 1980. 7. 22. 80 다 839.

3) 대판 1977. 12. 27. 77 다 1698; 대결 2008. 10. 27. 2007 마 944.

4) 同旨 李時 501면, 반대 김홍 772면.

5) 대판 1987. 4. 14. 86 므 57, 58.

6) 외국판결 승인·집행 문제에 관한 자세한 논의는 孫京漢, "외국판결 및 중재판정의 승인

는 논란의 여지가 없으나, 소송판결·보전명령(가압류, 가처분)·종국판결·중간판결·화해조서 등 승인의 대상 여부에 관하여 견해의 대립이 있다.[1)]

(i) 외국판결에 의한 강제집행은 본국법원에서 집행판결로서 그 적법함을 선고한 때에 한하여 할 수 있으므로(민집 제26조 I)[2)] 그 전제요건으로서는 그 외국판결이 확정되었고(민집 제27조 II [1]), 그 확정된 외국판결이 우리 법 제217조의 승인요건을 구비하여야만 한다. 승인 대상인 외국판결의 범위가 집행 대상인 경우보다 넓다. 한편, 외국에서 받은 중재판정도 승인되면 기판력이 있으며(중재 제35조), 그 집행은 중재법 제39조에 의하여 할 수 있다.

(ii) 외국법원의 확정판결의 4가지 승인요건(국제재판관할권, 적법·적시의 송달, 공서, 상호보증)은 다음과 같다(제217조).[3)] 승인요건은 모두 직권조사사항이므로,[4)] 법원은 당사자의 주장에 구애받지 아니한다.

a) 우리나라의 법령이나 조약에 따른 국제재판관할의 원칙상 그 외국법원의 국제재판관할권이 인정되어야 한다.

이 요건은 승인관할권의 문제인데[5)] 이를 우리나라의 법령 또는 조약에 따르

과 집행," 국제거래법연구 창간호, 129-172면; 석광현, 국제민사소송법(2012), 343-440면 등 참조.

1) 김우진, "승인판결과 외국판결의 승인·집행—대상판결: 대법원 2010. 4. 29. 선고 2009 다 68910 판결(공 2010 상, 980)—," 진산 김문환선생정년기념논문집 제 1 권 國際關係法의 새로운 地平(2011), 585-593면. 決定도 종국성·기판력·대세효 및 상소가능성이 있으면 외국판결의 개념에 포함될 수 있다는 견해로는 李時 602면.

2) 대판 2010. 4. 29. 2009 다 68910은 민사집행법 제26조 1항에서 정하는 '외국법원의 판결'이라고 함은 재판권을 가지는 외국의 사법기관이 그 권한에 기하여 사법상(私法上)의 법률관계에 관하여 대립적 당사자에 대한 상호간의 심문이 보장된 절차에서 종국적으로 한 재판으로서 구체적 급부의 이행 등 그 강제적 실현에 적합한 내용을 가지는 것을 의미하고, 그 재판의 명칭이나 형식 등이 어떠한지는 문제되지 아니한다고 하였다.

3) 유류오염손해배상 보장법 제13조는 외국판결의 승인·집행에 관하여 다음과 같은 규정을 두고 있다:

① 책임협약 제 9 조 1항에 따라 관할권이 있는 외국법원이 유조선에 의한 유류오염 손해배상청구소송에 관하여 한 확정판결은 다음 각 호의 경우를 제외하고는 그 효력이 있다.

1. 그 판결을 사기에 의하여 받은 경우

2. 피고가 소송의 개시에 필요한 소환 또는 명령의 송달을 받지 못하였거나 자기의 주장을 진술할 공평한 기회를 부여받지 못한 경우

② 제 1 항에 따른 확정판결에 대한 집행판결에 관하여「민사집행법」제27조 제 2 항을 적용할 경우에는 같은 항 제 2 호 중 "외국판결이 민사소송법 제217조의 조건을 갖추지 아니한 때"는 "「유류오염손해배상 보장법」제13조 제 1 항 각 호의 어느 하나에 해당하는 때"로 본다.

4) 대판 2010. 7. 22. 2008 다 31089 (송달); 대판 2004. 10. 28. 2002 다 74213 (상호보증).

5) 제 2 편 제 1 장 제 1 절 참조. 대판 1988. 4. 12. 85 므 71은 외국이혼판결승인요건의 하나인 국제재판관할권에 관하여 피고주소지주의원칙을 취하여, 미국 LA법원의 당해 사건에 대한 재판관할권을 부정하였다.

도록 규정하였다. 섭외사건에 관하여 국제재판관할을 인정할 것인지 여부는 조리에 따르지만 조리에 반한다는 특별한 사정이 없는 한 민사소송법이 기준이 될 수 있다는 것이 판례이다.[1] 그러나 그보다 구체적인 국제관할기준이 무엇인지를 찾기가 어려우므로 추상적 기준으로서 법령 또는 조약에서 도출되는 국제재판관할원칙에 따른다는 취지를 명시한 것이다. 또한 판례는 국제재판관할에서의 관련재판적은 피고의 입장에서 부당하게 응소를 강요당하지 않도록 청구의 견련성, 분쟁의 1회 해결 가능성, 피고의 현실적 응소가능성 등을 종합적으로 고려하여 신중하게 인정되어야 하며, 인터넷을 통한 불법행위에 있어서 불법행위의 결과발생지로서의 재판관할의 인정에는 피해자의 보호, 피해의 경중, 증거수집의 편의, 가해자의 의도와 예측가능성 등이 고려되어야 한다고 하였다.[2]

b) 패소피고가 소장 또는 이에 준하는 서명 및 기일통지서나 명령을 적법한 방식(예컨대 자국영사에 의한 주재국민에 대한 직접송달)에 따라, 방어에 필요한 시간여유를 두고 송달받았거나(다만 공시송달이나 이와 비슷한 송달에 의한 경우를 제외한다), 송달받지 않았다 하더라도 소송에 응한 바 있어야 한다.

① 이 요건을 충족하는 정상적인 송달방법이란 보충송달이나 우편송달을 제외한 통상송달을 말한다.[3] ② 본호는 송달의 適法性과 適時性을 명시한 데 의미가 있다(ZPO 제328조 2호; 브뤼셀협약 제27조 참조). 적법성은 송달이 이루어진 국가의 국내법에 따라 판단할 사항이고,[4] 적시성은 그 구체적 의미에 관하여 합리적 관행이 정착되어야 하나 방어에 필요한 시간여유를 두지 않고 이루어진 송달은 거부될 것이다. ③ 개정법은 송달 대상의 문서에 소장 외에 이에 준하는 서면 및 기일통지서나 명령을 추가하였다. 이는 소송을 시작함에 필요한 서면, 즉 소장이나 이에 준하는 청구의 본질적 기초를 기재한 서면(notice of the substance of the claim)을 뜻한다. 그리하여 피고가 이를 송달받으면 자신에게 전개될 법적 절차를 이해하고 원고의 공격에 대한 방어를 준비할 수 있도록 법적 심문권을 보장하고자 둔 것이다. ④ 개정법은 공시송달 이외에도 송달의 효력을 인정하지 아니하는 경우를 포함시켰다. 각국의 송달제도가 다양하므로 공시송달제도보다 더 피고의 방어권행사에 불충분한 제도를 막기 위한 것이다. 다만, 판례는 소장 및 소송개시에 필요한 소환장

1) 대판 1995. 11. 21. 93 다 39607; 대판 2003. 9. 26. 2003 다 29555 등.
2) 대판 2003. 9. 26. 2003 다 29555.
3) 대판 1992. 7. 14. 92 다 2585.
4) 대판 2010. 7. 22. 2008 다 31089는 법정지인 판결국에서 피고에게 방어할 기회를 부여하기 위하여 규정한 송달에 관한 방식, 절차를 따르지 아니한 경우 민사소송법 제217조 2호에서 말하는 적법한 방식에 따른 송달이 이루어졌다고 보지 않았다.

등 이러한 서류가 적법하게 송달된 이상 그 후의 소환 등의 절차가 우편송달이나 공시송달 등의 절차에 의하여 진행되었더라도 법 제217조 2호 요건을 충족한 것으로 보았다.[1] ⑤ 개정법은 국민이건 외국인이건 평등하게 피고의 방어권을 보장함을 내용으로 하는 절차적 공정성에 관한 요건을 추가하였다. 불리한 재판을 받은 자가 국민이 아니라고 하여 방어권보장에 하자가 있는 외국판결의 효력을 인정함은 부당하기 때문이다. ⑥ 관할위반의 항변을 위한 출석(special appearance)은 응소라고 보기 어렵다.[2]

c) 외국판결의 효력을 인정하는 것이 우리나라의 선량한 풍속이나 그 밖의 사회질서에 어긋나지 아니하여야 한다.

① 이는 국내법질서의 보존이라는 방어적 기능을 가지는 요건이므로 민법 제103조와는 다른 國際的 公序를 뜻한다고 본다. 즉 국가의 기본질서나 경제활동의 기초를 규율하는 규범에 위반되거나, 우리나라의 선량한 풍속에 어긋나는 경우를 말하고 판결의 실질적 내용을 재심사(révision au fond)한다는 뜻이 아니다. 예컨대 외국판결인 우리나라 법원의 기판력에 저촉되는 경우,[3] 우리 국민인 피고의 방어권을 현저히 침해한 경우,[4] 대한민국헌법의 핵심가치와 정면으로 충돌하는 경우[5]는 공서에 어긋난다. 또한 우리 법체계에 없는 징벌적 손해배상(punitive damages)을 부과하는 외국판결은 우리 법상 승인 및 집행을 거부당할 가능성이 있다.[6] ② 공서위배의 심사의 대상에는 외국판결의 내용 물론 그 판결이 성립된 소송절차도 포함된다. 또한 공서위배의 심사는 외국판결의 승인 여부를 판단하는 시점에서 외국판결의 주문뿐 아니라 이유 및 외국판결을 승인할 경우 발생할 결과까지 종합하여 검토하여야 한다.[7]

---

1) 대판 2003. 9. 26. 2003 다 29555.
2) 석광현, 앞의 책, 372면은 특별출석도 응소로 본다.
3) 대판 1994. 5. 10. 93 므 1051, 1068.
4) 대판 1997. 9. 9. 96 다 47517.
5) 대판 2012. 5. 24. 2009 다 22549에서는 일본에서 제기한 소송의 패소확정판결이 있으나 그 이유에 일본의 한반도와 한국인에 대한 식민지배가 합법적이라는 규범적 인식을 전제로 일제의 국가총동원법과 국민징용령을 한반도와 원고등에게 적용하는 것이 유효하다고 평가한 부분이 포함되어 있음을 이유로 민사소송법 제217조 제3호에 위배되어 승인을 거부하였다.
6) 李時 604면, 胡 691면. 다만 '하도급거래 공정화에 관한 법률' 제35조 2항은 3배 배상제도를 인정하고 있으므로, 사안에 따라 공서양속에 반하지 아니한다고 볼 수 있다는 견해로 김홍 775면.
7) 대판 2012. 5. 24. 2009 다 22549. 외국법원의 면책재판 등의 효력을 인정하는 것이 공서에 어긋난다는 사례로는 대결 2010. 3. 25. 2009 마 1600.

d) 상호보증이 있어야 한다.

상호보증 내지 그에 상응한 동등대우가 있으면 외국판결의 효력을 인정하게 된다. 상호보증(reciprocity, Gegenseitigkeit)이란 외국이 우리나라 법원의 확정판결의 효력을 승인하는 요건이 우리나라가 외국법원의 확정판결의 효력을 승인하는 요건과 대등하거나 그보다 관대한 경우를 뜻한다(관대조건설).[1] 과거 우리나라와 미국, 호주 등과의 사이에 상호보증이 없다[2]고 했던 판례의 태도는 이제는 오히려 관대조건설보다 더 나아가 상호의 보증은 외국의 법령, 판례 및 관례 등에 의하여 승인요건을 비교하여 인정되면 충분하고 반드시 당사국과의 조약이 체결되어 있을 필요는 없으며, 당해 외국에서 구체적으로 우리나라의 동종 판결을 승인한 사례가 없더라도 실제로 승인할 것이라고 기대할 수 있는 상태이면 충분하다고 하였다.[3] 그러나 입법론적으로는 국제사회가 축소되는 상황에서 문명국가 상호간에 일반적으로 상호보증이 있는 것으로 인정하거나 이 요건을 폐지함이 옳을 것이다. 특히 신분상 청구에 대한 판결에 대해서는 상호보증요건을 적용하면 안 된다.[4]

다) 決定·命令 결정·명령은 실체관계를 종국적으로 판단하는 내용을 가질 경우에 한하여 기판력이 있다. 예컨대 소송비용에 관한 결정(제110조, 제114조), 간접강제에 있어서 배상금의 지급결정(민집 제261조) 등은 기판력이 있으나, 소송지휘의 재판(제222조), 집행법원의 결정(제500조, 제501조, 민집 제16조), 배상명령(특례법 제34조 Ⅳ), 비송사건에 관한 결정 등은 기판력이 없다.

라) 確定判決과 동일한 效力이 있는 것 확정판결과 동일한 효력이 있는 청구의 포기·인낙·화해조서(제220조), 확정파산채권에 있어서 채권표의 기재(통도 제460조), 회생채권자표 또는 회생담보권자표의 기재(통도 제168조), 민사조정조서(민조 제29조), 조정에 갈

1) 李時 604면. 대판 1971. 10. 22. 71 다 1393.

2) 판례는 처음에는 우리나라와 미국(네바다주) 간의 상호보증을 부인하였으나(대판 1971. 10. 22. 71 다 1393), 이후 뉴욕 주법원(대판 1987. 4. 14. 86 므 57, 86 므 58; 대판 1989. 3. 14. 88 므 184, 88 므 191), 오레곤 주법원의 판결의 승인 사건(대판 2013. 2. 15. 선고 2012 므 66, 73)에서 상호보증요건을 갖추었다고 하였다. 우리나라와 캐나다 온타리오(Ontario) 주 사이에 서로 상대 판결의 효력을 인정하는 상호보증이 있다고 본 사례로는 대판 2009. 6. 25. 2009 다 22952. 우리나라와 호주(뉴사우스 웨일스주) 사이의 상호보증 부인 사례는 대판 1987. 4. 28. 85 다카 1767이 있다. 그렇지만, 한·호민사사법공조조약의 서명(1999. 9. 17.)을 계기로 호주의 외국판결법(Foreign Judgment Act 1991)의 하위규범인 Foreign Judgments Regulations 1992가 개정되어 한국의 각급 법원을 상호주의가 존재하는 법원으로 명시하였으므로, 이제는 원칙적으로 양국 간의 상호보증의 존재를 긍정할 수 있을 것이다.

3) 대판 2004. 10. 28. 2002 다 74213; 대판 2009. 6. 25. 2009 다 22952; 대판 2013. 2. 15. 2012 므 66, 73.

4) 同旨 胡 691면.

음하는 결정(민조 제30조), 가사조정조서(가소 제59조), 중재판정(중재 제12조) 등은 기판력이 있다.

7) **旣判力의 범위** 기판력은 소송물에 대하여 행한 일정한 시점의 판단으로서(시적 범위), 일정한 사항에 관하여(객관적 범위) 일정한 사람(주관적 범위)을 구속하는 효력이다.

가) 旣判力의 客觀的(物的) **範圍**

(i) 判決主文의 判斷

a) 總 說 확정판결은 주문에 포함된 것에 한하여 기판력이 있다(제216조 I). 이를 기판력이 미치는 객관적 범위라고 한다. 즉 판결서의 기재사항(제208조 I) 중에서 판결이유중의 판단에는 기판력이 없고, 오직 판결의 결론부분인 주문에 포함된 판단사항에만 기판력이 있다는 뜻이다.

그 이유는 첫째, 소송의 최종목표를 명확히 하여 당사자간에 불의의 공격을 방지함과 동시에 충실한 변론을 기대할 수 있고, 둘째, 소송의 목적달성을 위하여 필요한 최소한의 결론인 주문의 판단에만 구속되도록 함이 당사자의 의도에 부합되며, 셋째, 여러 가지 부수적·파생적 전제사항에 관한 당사자의 소송활동 및 법원의 심리에 탄력성을 부여함으로써 당사자는 전제문제에 관하여도 다른 청구에 대한 영향을 고려할 필요 없이 다툴 여부에 대한 자유를 가지게 되며, 이것이 당해 소송에 있어서 변론의 집중과 신속한 결론에 도달할 수 있는 지름길이 되기 때문이다.

기판력은 이처럼 판결주문에 포함된 사항에 관하여만 미친다고 하나 주문이 간결하므로 경우에 따라서는 판결이유에 대한 참작이 없이 판결주문만으로서는 어떠한 소송물에 대한 판단인지, 또는 기판력이 미치는 범위가 불명확한 경우가 많다. 특히 청구기각판결의 경우에는 판결주문 이외에 청구취지와 이유를 참작하여 판단하지 아니할 수 없을 것이다.

b) 問題가 되는 각 경우

① 訴訟物의 同一 소송물의 동일성과 기판력의 범위에 관하여는 신구소송물론의 주전장으로 되어 있고, 어느 입장을 택하느냐에 따라 결론이 달라진다. 청구취지가 다르면 소송물이 다르므로 전소판결의 기판력이 후소에 미치지 아니한다는 점에는 양설이 일치한다.[1]

구 소송물론에 의하면 소송물의 동일성은 원칙적으로 확인의 소를 제외하고

1) 대판(전) 1979. 2. 13. 78 다 58.

는 청구취지의 기재만으로는 알 수 없고, 청구원인의 기재와 함께 고려하여야 식별된다고 한다. 그러므로 계약불이행과 불법행위의 요건이 경합한 경우에는 청구권경합으로 되고, 양 청구간에는 기판력이 미치지 않는 것으로 된다.[1]

신소송물론은 금전이나 대체물의 지급을 구하는 이행의 소를 제외하고는 청구원인을 참작함이 없이 청구취지만으로 소송물이 특정된다고 본다. 따라서 대부분의 이행의 소에 있어서는 원고가 일정한 급여를 얻는 것이 그의 법적 지위에 속한다는 점을 중시하여 그의 법적 주장을 고려할 필요가 없고, 법원이 당사자가 주장하는 사회적·역사적 사실을 기초로 법률관계의 성질을 결정하여 분쟁을 해결해야 된다고 한다.

ㄱ) 履行判決의 경우

aa) 부동산소유권이전등기나[2] 그 말소등기를 명한 확정판결의 기판력[3]은 그 부동산소유권의 존부에는 미치지 않는다고 하였다. 왜냐하면 부동산소유권이전등기청구소송에 있어서 법원의 심판대상이 되는 소송물은 그 이전등기청구권 자체에 국한되는 것이며, 판결이유에서 설시된 등기청구권의 원인인 그 부동산에 대한 소유권의 존재나 채권계약의 존부는 심판의 대상이 되지 아니하기 때문이다.[4] 진정한 등기명의의 회복을 위한 소유권이전등기청구는 이미 자기 앞으로 소유권을 표상하는 등기가 되어 있었거나 법률에 의하여 소유권을 취득한 자가 진정한 등기명의를 회복하기 위한 방법으로 현재의 등기명의인을 상대로 그 등기의 말소를 구하는 것에 갈음하여 허용되는 것인데, 말소등기에 갈음하여 허용되는 진정명의회복을 원인으로 한 소유권이전등기청구권과 무효등기의 말소청구권은 어느 것이나 진정한 소유자의 등기명의를 회복하기 위한 것으로서 실질적으로 그 목적이 동일하고, 두 청구권 모두 소유권에 기한 방해배제청구권으로서 그 법적 근거와 성질이 동일하므로, 비록 전자는 이전등기, 후자는 말소등기의 형식을 취하고 있다고 하더라도 그 소송물은 실질상 동일한 것으로 보아야 하고, 따라서 소유권이전등기말소청구소송에서 패소확정판결을 받았다면 그 기판력은 그 후 제

1) 대판 1991. 3. 27. 91 다 650, 667.

2) 대판 1987. 3. 24. 86 다카 1958; 대판 1997. 10. 10. 96 다 36210. 명의신탁해지를 원인으로 한 소유권이전등기를 명한 기판력은 명의신탁 사실의 존부에는 미치지 않는다는 것으로는 대판 1997. 4. 11. 96 다 36227.

3) 대판(전) 1990. 11. 27. 89 다카 12398; 대판 1993. 7. 27. 92 다 50072.

4) 이러한 대법원의 태도는 실체관계를 등기면에 반영시키기 위한 점을 고려하면 소유권귀속에도 기판력이 미칠 것 같으나 소유권귀속에 관한 판단은 판결이유 중의 판단에 불과하다는 것을 그 근거로 한다.

기된 진정명의회복을 원인으로 한 소유권이전등기청구소송에도 미친다.[1] 그 외에 가등기만의 말소를 청구하는 것은 그 가등기에 기한 소유권이전등기를 명한 전소 판결의 기판력에 저촉되지 않는다고 한다.[2]

bb) 동일부동산에 대한 소유권이전등기청구사건에 있어서 매매·대물변제 등을 원인으로 한 전소의 확정판결의 기판력은 시효취득 등을 원인으로 하는 후소에는 미치지 아니한다고 한다.[3] 왜냐하면 동일부동산에 대한 소유권이전등기청구라 할지라도 매매와 시효취득은 단순한 공격방어방법의 차이가 아니고, 이전등기청구권의 발생원인의 차이이므로 별개의 소송물이기 때문이다.

말소등기청구소송의 경우에는 그 청구원인은 등기원인의 무효인데 각각의 원인무효사유는 말소등기청구를 이유 있게 하는 공격방어방법의 차이에 불과하므로 모두 기판력에 저촉된다고 한다.[4] 또한 취득시효완성으로 인한 소유권이전등기청구소송에 있어서 전소에서의 대물변제 주장과 후소에서의 증여 주장은 모두 부동산을 소유의사로 점유한 것인지를 판단하는 기준이 되는 권원의 성질에 관한 주장이므로 이는 공격방어방법의 차이에 불과하다.[5] 그러나 소유권에 기한 방해배제청구권의 행사로서 말소등기청구를 한 전소의 확정판결의 기판력은 계약해제에 따른 원상회복으로 말소등기청구를 하는 후소에 미치지 아니한다.[6]

cc) 대금반환청구의 소가 매매계약의 합의해제에 기한 경우와 이행불능을 원인으로 하는 경우에는 각각 소송물을 달리한다. 그러나 부당이득반환청구에서 각각의 법률상 원인 없는 사유(예컨대 계약의 취소, 해제 등)를 주장함은 공격방법에 불과하므로 전후양소간에 기판력이 저촉된다.[7]

dd) 단순히 일정한 평수의 토지의 공유지분권이전등기청구와 동일한 평수라도 토지의 위치를 특정하여 제기하는 소유권이전등기청구는 청구취지가 다르기 때문에 동일한 청구가 아니다.[8] 공유지분권에 기한 공유물분할청구가 기각된

---

1) 대판(전) 2001. 9. 20. 99 다 37894; 대판 2002. 12. 6. 2002 다 44014; 대판 2003. 3. 28. 2000 다 24856; 대판 2005. 9. 29. 2003 다 40651. 위 전원합의체판결에 관한 평석으로는 元裕錫, “말소등기청구와 진정명의회복을 원인으로 한 소유권이전등기청구의 소송물과 기판력,” 민사판례연구(제26권), 박영사, 2004, 35면 등 참조.

2) 대판 1995. 3. 24. 93 다 52488.

3) 대판 1991. 1. 15. 88 다카 19002, 19019; 대판 1996. 8. 23. 94 다 49922.

4) 대판 1981. 12. 22. 80 다 1548; 대판 1993. 6. 29. 93 다 11050.

5) 대판 1995. 1. 24. 94 다 28017; 대판 1995. 3. 24. 94 다 46114.

6) 대판 1993. 9. 14. 92 다 1353.

7) 대판 2000. 5. 12. 2000 다 5978.

8) 대판 1992. 4. 10. 91 다 45356, 45363; 대판(전) 1995. 4. 25. 94 다 17956.

확정판결의 기판력은 공유물분할청구권의 존부 자체에만 미치고 소송물로 되지 아니한 공유물에 관한 지분소유권등기의 효력에는 미치지 아니한다.[1)]

ee) 소유권에 기하여 목적물인도를 명한 확정판결의 기판력은 그 소유권 자체의 유무에 미치지 아니하며,[2)] 소유권에 기하여 인도청구하는 것과 임대차계약의 종료를 원인으로 하는 것은 별개의 소송물이다.

ff) 점유권에 관한 판결의 기판력은 그 전제사항인 소유권이나[3)] 경작권과[4)] 같은 본권에 대한 판단에는 미치지 아니하며, 원고가 전소에서 토지인도를 명하는 승소확정판결을 받았는데 후소에서 그 지상건물의 철거를 구하는 소를 제기하자 피고가 건물매수청구권을 행사하는 것 또한 기판력에 저촉되지 아니한다.[5)] 그러나 원고가 소유권에 기하여 가옥명도청구를 하였다가 패소로 확정되면 후일 점유회수의 소를 제기하더라도 이것은 별개의 소송물이 아니므로 기판력에 저촉된다.

gg) 확정판결의 기판력은 사실심 변론종결 당시의 권리관계를 확정하는 것이므로 원고청구 중 그 시점 이후의 이행지연으로 인한 손해배상(이자) 청구부분은 논리상 확정판결의 기판력의 효과를 받는다.[6)] 또한 동일한 당사자간에 동일한 사실을 기초로 금전의 지급을 구하는 경우에 연대보증채무라고 주장하여 청구한 전소의 확정판결의 기판력은 보증채무를 주장하여 청구하는 후소에 미친다.

ㄴ) 確認判決의 경우

aa) 토지소유권확인청구를 기각한 판결의 기판력은 동일토지에 대하여 원고에게 소유권이 없음을 확인하는 부분에 한정되고 반대로 피고에게 토지소유권이 있다고 확인하는 부분까지 미치지 아니한다.[7)]

bb) 공정증서의 내용에 대한 무효확인판결은 그것이 증서의 형식상 하자에 관한 것이 아니고 실질적인 내용의 무효에 관한 것이라면 이는 결국 증서의 내용인 법률관계와 실질적으로 동일한 것이므로 그 법률관계의 무효에 기판력이 미친다.[8)]

cc) 채무부존재확인청구를 인용한 판결은 그 채무의 부존재를, 기각판결은 그 채무의 존재를 확인한다. 그런데 채권채무의 존부에 관한 청구와 그 채권채무

1) 대판 1978. 3. 28. 77 다 1972.
2) 대판 1962. 2. 8. 61 민상 205.
3) 대판 1960. 4. 21. 59 민상 310.
4) 대판 1964. 5. 19. 63 다 912.
5) 대판 1994. 9. 22. 93 다 37267.
6) 대판 1976. 12. 4. 76 다 1448.
7) 대판 1968. 9. 30. 68 다 1411.
8) 대판 1957. 7. 6. 57 민상 169, 170.

를 원인으로 한 등기말소청구권의 존부는 별개의 소송물인지라 채무부존재확인 판결의 기판력은 그 채무부존재를 원인으로 한 등기말소청구소송에 미치지 아니한다.[1)]

dd) 확인소송에 있어서 법률상 신분관계의 존재를 확정한 판결은 사실심 변론종결시에 당해 신분관계가 존재하는 점에 관하여 기판력을 가지며, 그 신분관계의 발생원인사실에 관한 판단에는 기판력이 미치지 아니한다.

ㄷ) 形成判決의 경우

aa) 형성판결이 확정되면 형성권의 존재가 확인되는 동시에 형성력이 발생한다. 이혼심판청구나 재심청구의 경우에는 각 사유마다 소송물이 별개라는 것이 구소송물론의 입장이다.

bb) 행정소송의 기판력의 객관적 범위는 그 다툼 있는 부동산을 임대한 행정처분의 취소가 위법이라는 데에 국한되고 그 부동산의 소유권이 누구에게 귀속하는가 하는 점에는 미치지 아니한다.[2)] 그런데 판례는 과세처분의 취소소송에서 청구가 기각된 확정판결의 기판력은 다시 그 과세처분의 무효확인을 구하는 소송에도 미친다고 한다.[3)]

cc) 강제집행의 목적물에 관하여 제3자가 소유권을 주장하여 집행이의의 소(형성소송으로 본다)를 제기한 경우 그 기판력은 제3자의 집행이의권의 존부를 확정하는 점에 대하여 생기고 제3자의 소유권의 존부를 확정하는 점에까지 미치지 아니한다.[4)]

② 전후 양소의 소송물이 동일하지 아니한 경우에 있어서도 전소의 판결의 기판력이 후소에 미친다고 해석하는 것이 법률적으로 또는 실제적으로 필요하거나 논리적으로 합당한 경우가 있다.

ㄱ) 후소가 전소와 소송물이 동일하지 아니하더라도 전소판결의 주문에서 판단된 기판력 있는 법률관계가 후소의 선결문제로 되는 때에는 기판력을 받는다.[5)] 이를 선결관계효라고 한다. 예컨대 전소에서 소유권존재확인의 확정판결을 받은

---

1) 대판 1980. 9. 9. 80 다 1020.

2) 대판 1966. 12. 6. 66 다 1880.

3) 대판 1996. 6. 25. 95 누 1880; 대판 1998. 7. 24. 98 다 10854.

4) 대판 1959. 11. 12. 59 민상 296.

5) 대판 1994. 12. 27. 93 다 34183; 대판 2000. 2. 25. 99 다 55472. 갑이 을을 대위하여 병을 상대로 취득시효 완성을 원인으로 한 소유권이전등기소송을 제기하였다가 을을 대위할 피보전채권의 부존재를 이유로 소각하 판결을 선고받고 확정된 후 병이 제기한 토지인도 소송에서 갑이 다시 위와 같은 권리가 있음을 항변사유로서 주장하는 것은 기판력에 저촉되어 허용될 수 없다. 대판 2001. 1. 16. 2000 다 41349.

원고가 동일한 피고에게 목적물인도청구를 한 경우에는 목적물의 소유권귀속에 관한 법률효과 판단에는 기판력이 미치므로[1] 이 같은 판단에 구속되어 이를 전제로 후소에 대하여 판결하여야 한다.

ㄴ) 확정된 법률관계와 정면으로 모순된 반대관계를 소송물로 하였을 때 전소의 기판력이 후소에 미치는가. 예컨대 피고에게 소유권이전등기가 경료된 확정판결이 있은 후에 원고가 매매사실을 부인하여 동일한 등기의 말소를 구함은 기판력에 저촉된다.[2] 그리고 공유자 중 1인의 지분에 관하여 확정판결에 따라 타인 앞으로 소유권이전등기를 마친 경우, 그 공유자는 확정판결의 기판력에 의하여 더 이상 말소등기청구를 할 수 없으므로 그 공유지분에 관한 한, 그 공유자나 다른 공유자는 보존행위로서도 그 소유권이전등기의 말소를 구할 수 없다.[3] 또한 전소에서 원고(갑)가 소유권확인청구의 승소판결을 받아 확정되었는데, 이번에는 전소의 피고(을)가 원고로서 그 목적물에 대한 자기의 소유권확인청구를 하는 경우에, 기판력은 동일한 소송물에만 미친다고 고집하면 전소의 소송물은 갑의 소유권이고, 후소의 소송물은 을의 소유권이어서 소송물이 다르므로 후소가 전소의 기판력에 저촉되지 않는다고 할 수 있다. 그러나 이러한 결과는 전소의 확정판결을 유명무실하게 만들 우려가 있을 뿐만 아니라 소유권이라는 절대권의 배타성(1물1권주의)에 비추어 전소의 기판력이 후소에 미친다고 본다.[4] 한편 판례는 갑이 이미 을을 상대로 토지에 관한 을 명의의 소유권보존등기의 말소 및 소유권확인을 구하는 소를 제기하여 승소확정판결을 받고 이에 기하여 그 토지에 관한 을 명의의 소유권보존등기를 말소한 다음 새로이 갑 앞으로 소유권보존등기를 마쳤는데, 을이 그 후 별소로써 그 확정판결전에 그 토지의 일부에 대한 취득시효기간이 완성되었음을 이유로 갑에게 그 토지 부분에 대한 소유권이전등기절차의 이행을 구하는 것은 전소판결의 기판력에 저촉되지 않는다고 한다.[5]

ㄷ) 전소판결의 기판력과 모순되는 판결은 당연무효는 아니고 상소 또는 재심에 의하여 취소할 수 있다. 이 경우 경합되는 전후 양판결의 기판력이 어떻게

1) 대판 1994. 12. 27. 94 다 4684; 대판 2000. 6. 9. 98 다 18155.
2) 대판 1987. 3. 24. 86 다카 1958.
3) 대판 1994. 11. 18. 92 다 33701; 대판 1996. 2. 9. 94 다 61649.
4) 대판 1967. 1. 24. 66 다 1894.
5) 대판 1995. 12. 8. 94 다 38628; 대판 1997. 11. 14. 97 다 32239 등 다수. 金熙泰, "소유권보존등기말소 및 소유권확인판결의 기판력과 그 변론종결 전의 사유를 원인으로 하는 새로운 소유권이전등기청구," 송천 이시윤박사화갑기념논문집, 민사재판의 제문제(하)(1995), 211면 이하. 반대의 판결로는 대판 1987. 3. 10. 84 다카 2132.

되는지 문제이다. 후소판결만이 새로운 표준시를 가지는 판결로서 기판력을 가진다는 설도 있으나,[1] 후소판결이 취소될 때까지 전후양소의 기판력이 모두 유효하다는 설이 타당하다.

③ 一部請求

ㄱ) 問題의 所在　　금전·대체물과 같이 수량적으로 가분적인 급여를 목적으로 하는 특정채권에 관하여 채권자가 임의로 그 일부를 분할하여 청구하는 경우[2]에 분쟁의 1회적 해결의 요청과 분할청구에 관한 원고의 편의와 자유 중 어느 것에 중점을 두어 취급할 것인가. 일부청구의 허용성에 관하여 어떤 입장을 취하는가에 따라 기판력의 범위 등에 관하여 결론이 달라진다.

ㄴ) 一部請求의 許容性과 旣判力의 範圍

aa) 일부청구긍정설은 일부청구가 소권의 남용에 해당하지 않는 한 전소에서 일부청구가 명시되었는지 여부에 관계 없이 소송물과 기판력은 청구부분에 한정되고 동일청구권의 잔부를 다시 소로써 청구할 수 있다는 입장이다.[3] 채권을 임의로 분할해서 행사하는 것은 흔히 행하여지고 있고 실체법상 가능한 것이므로 소송에 있어서도 분할청구를 인정하여야 한다는 점, 당사자처분권주의(제203조) 원칙상 소송물의 제시는 당사자의 의사에 일임되어 있으므로 일부청구를 부정할 이유가 없다는 점, 소송비용이 절약되고 시험소송이 가능하게 되므로 원고에게 편리하다는 점, 소송물과 기판력의 객관적 범위가 일치한다는 것을 전제로 하는 한 소송계속이 없는 잔부에 기판력이 미치는 것은 있을 수 없다는 점 등을 근거로 하여 일부청구가 긍정되어야 한다고 한다. 전소에서 일부청구가 있었으면 일단 나머지청구는 모두 허용되어야 하고, 일부청구의 남용문제는 전소의 일부청구가 권리의 포기는 아닌가, 후소에 의한 나머지청구가 신의칙 위배가 아닌가, 또는 권리보호의 이익이 있는가 등을 심리하여 나머지청구가 허용될 수 없으면 그 사유에 따라 청구기각 또는 소각하판결을 함이 타당하다고 한다.

bb) 일부청구부정설은 채권액의 일부만을 소구하더라도 채권 전체가 소송물이 되어 나머지청구의 후소는 기판력에 의하여 차단된다고 한다. 채권을 단순히 기계적 수량적으로 나누어 청구하는 경우에는 분쟁해결의 일회성을 파괴하고, 법원에게 중복심리부담과 피고에게 반복적 응소의 부담을 초래하며, 기판력의 범

1) 李時 600면.
2) 공유지분의 일부를 청구하는 것도 일부청구이다. 대판 1993. 6. 25. 92 다 33008.
3) 方 605면, 李英 194면, 胡 704면.

위가 불명확해지는 점 등을 고려하여 일부청구를 부정하여야 한다고 한다.[1] 법원의 판단을 보기 위하여 시험소송을 하려는 원고의 이익은 소제기 단계에서 일부청구를 인정하면 족하고 나머지청구는 청구취지의 확장으로 가능하다. 그리하여 일부청구에 관한 확정판결의 기판력은 잔부청구에 대하여도 미치므로 채권자는 추가로 나머지를 청구할 수 없다는 것이다. 또한 동일채권에 의한 급부를 원고가 청구원인에 의하여 주장하고 있는 이상 기판력은 그 청구권 전체의 존부에 미치고 설사 원고가 그 일부만을 청구한다고 하더라도 이는 이행판결의 상한을 제시하려는 의미를 가질 뿐이라고 한다.

이러한 전면적 부정설 외에 제한적 부정설은 채권액 중 청구한 일부와 잔부 사이에 담보권의 유무, 반대급부의 유무, 이행기의 차이, 정기금채권에서의 각 기의 지분채권 등과 같은 법적 식별기준이 있는 경우에 한하여 일부청구를 인정하자는 입장이다.

cc) 절충설(明示說)은 채권자(원고)가 일부청구임을 명시하는 경우에는 이를 인정하고 그렇지 아니한 경우에는 그 권리의 최대한을 주장한 것으로 인정하여 나머지청구에 기판력이 미친다고 한다.[2] 따라서 명시설에 따르면 명시적 일부청구의 경우에는 나머지청구에 기판력이 미치지 않으나, 묵시적 일부청구의 경우에는 소송물은 채권 전부이므로 나머지청구는 기판력에 저촉되어 부적법하다.[3] 그리고 명시의 방법으로서는 일부청구와 잔부청구를 구별하여 그 심리범위를 특정할 수 있는 정도로 표시하면 된다.[4] 또한 명시의 시기는 소제기시로 한정할 필요는 없고 사실심의 변론종결시까지 가능하므로 묵시적 일부청구의 소를 제기하였다가 소송계속중에 명시적 일부청구로 변경할 수 있다고 할 것이다.[5] 다만 불법행위의 경우에 전소에서 예측하지 못하였던 후유증에 의한 손해가 발생하여 후소에서 그 부분을 다시 청구하는 경우는 일부청구의 문제가 아니라 기판력표준

1) 金/姜 215면, 孫漢琦, "일부청구 허부에 관한 소고," 김홍규박사화갑기념논문집(1992), 189면 이하. 미국은 대체로 청구분할금지의 원칙(The rule against splitting a cause of action)이 판례법을 통하여 발전되어 있다.

2) 李時 617면, 鄭/庾 259면, 姜 357면, 韓 480면, 田 695면. 일부청구임을 명시하지 않는 한 기판력은 전부에 미친다는 판례로는 대판 1982. 11. 23. 82 다카 845; 대판 2000. 2. 11. 99 다 10424 등 참조. 한편 항소심에서도 일부청구임을 명시할 수 있다는 판례로는 대판 1994. 1. 14. 93 다 43170.

3) 대판 1973. 2. 28. 73 다 71.

4) 대판 1989. 6. 27. 87 다카 2478; 대판 1994. 1. 14. 93 다 43170. 명시적 일부청구임을 부정한 사례로는 대판 1993. 6. 25. 92 다 33008; 대판 1997. 4. 25. 97 다 5565 참조.

5) 文一鋒, "일부청구와 중복제소금지," 인권과 정의 242호(1996년 10월호), 116면 이하. 그리고 대판 1994. 1. 14. 93 다 43170 참조.

시 이후에 발생한 새로운 권리관계이므로 새로운 소송물로 보아 허용하여야 할 것이다.[1)]

dd) 기본적으로는 판례의 입장과 같이 명시설에 찬성한다. 왜냐 하면 일부청구임을 명시하면 피고는 나머지청구가 남아 있음을 사전에 알 수 있으므로 나머지청구에 다툼이 있으면 당해 소송에서 미리 잔부채무부존재확인의 반소 등을 제기하여 다시 응소해야 하는 번거로움을 피할 수 있는 데 반하여, 일부라고 명시하지 않으면 피고로서는 원고의 청구취지가 전부이고, 나머지 부분에 대하여 재소하지 아니할 것이라는 기대를 갖게 되므로 피고의 이러한 합리적 기대를 소송절차에서 존중해 줄 필요가 있기 때문이다. 또한 명시설은 기준이 명확하고, 소권남용이나[2)] 신의칙의 관점에서 보더라도 가장 타당하다고 하겠다. 다만 원고가 명시하지 않더라도 전부 또는 일부기각판결을 받은 때에는 비단 원고가 주장하는 수액이 부당하다는 것 외에 청구권도 존재하지 아니함을 확정한 것이므로 잔부에 기판력이 미친다고 보아야 할 것이다.

ㄷ) 一部請求와 相計抗辯

aa) 원고가 특정금전채권의 일부를 청구하는 소송에서 피고의 상계항변이 이유 있다고 인정되는 경우에는 어떻게 할 것인가. 그 금전채권전액에서 상계를 하고 그 잔액이 청구액을 초과하지 아니하는 경우에는 그 잔액을 인용할 것이고, 그 잔액이 청구액을 초과할 경우에는 청구의 전액을 인용해야 한다고 한다.[3)] 판례는 이렇게 하는 것이 일부청구를 하는 당사자의 통상적 의사에 부합한다고 하면서 과실상계에서와 마찬가지로 외측설을 취하고 있는 셈이다.

bb) 명시적 일부청구소송에서 상계항변이 이유 있다고 인정된 경우에 자동채권의 어느 범위에 기판력이 생기는가. 명시적 일부청구의 경우에 소송물은 일

1) 대판 1992. 12. 8. 92 다 29924; 대판 2007. 4. 13. 2006 다 78640. 신체의 훼손으로 인한 손해배상을 청구하는 경우 원고가 비록 소장에서 손해액의 일부만을 청구했다 하더라도 신체감정결과에 따라 청구취지를 확장할 것을 전제로 우선 편의상 일부청구하는 경우는 원고의 의도나 피고의 기대에 비추어 일부청구의 문제가 아니다. 따라서 시효중단의 효력은 소장에서 주장한 손해배상채권 전부에 미친다고 보아야 한다는 것이 판례이다.

2) 민사소송법의 적용을 받아야 할 다액의 채권자가 소액사건심판법의 각종 특례규정을 적용받기 위하여 청구를 분할하여 일부청구함은 소액심판절차를 설치한 취지를 잠탈하는 것이고 소권의 남용에 해당되는 경우에 해당한다고 볼 것이다. 따라서 소액사건심판법의 적용을 받을 목적으로 청구를 분할하여 일부만을 청구하는 경우 등은 소액사건심판법 제5조의 2에서 금지하고 있고, 동조를 적용하여 소를 각하한 예로는 서울지법 1993. 10. 7. 92 나 24102 판결 참조.

3) 대판 1984. 3. 27. 83 다 323.

부청구부분에 한정되고, 확정판결의 기판력도 나머지청구의 후소에는 미치지 않기 때문에 상계항변에 의하여 자동채권의 존부에 기판력이 생기는 것은 "상계로 대항한 수액"에 한정되는 것이므로 당해채권의 총액에서 자동채권액을 공제한 결과 잔존액이 일부청구의 액을 넘는 때에는 일부청구의 액을 초과하는 범위의 자동채권의 존부에 관하여는 기판력이 생기지 않는다. 이 경우에 기판력을 인정하게 되면 원고는 나머지청구의 별소를 할 수 있는 데 반하여 피고는 기판력 때문에 자동채권을 청구하는 별소를 제기할 수 없게 되어 피고에게만 심하게 불공평하게 되고 만다.

cc) 묵시적 일부청구의 경우에는 어떠한가. 이 경우에는 소송물이 채권 전부이고, 확정판결의 기판력이 잔부에도 미치기 때문에 당해 채권의 총액에서 자동채권액을 공제한 결과 잔존액이 일부청구의 액을 넘게 되어 원고전부승소판결이 선고된다고 하더라도 소송물의 일부에 대하여 상계항변이 인용된 셈이 되므로 민사소송법 제216조 소정의 청구의 범위에 대하여 "상계로 대항한 수액"에 해당한다고 할 것이어서 상계항변에 의하여 자동채권의 존부에 기판력이 미친다고 보아야 할 것이다.

dd) 묵시적 일부청구소송에서 전부 승소한 원고가 잔부에 관하여 청구를 확장하기 위한 抗訴利益이 있는지 여부 명시적 일부청구에서 전부 승소한 원고는 별소로 잔부청구를 할 수 있으므로 청구취지확장을 위하여 상소할 수 없다. 그러나 묵시적 일부청구의 경우에는 후소로서 잔부청구를 할 수 없으므로 형식적 불복설에 대한 예외를 인정하여 청구취지확장을 위한 항소를 할 수 있다고 본다.[1] 판례도 같은 입장이다.[2] 일부청구에서 전부청구로 청구취지를 확장하는 것이 허용되는 경우는 소의 추가적 변경에 해당한다.[3]

(ii) 判決理由中의 판단

a) 原 則 ── 旣判力의 不發生 기판력의 객관적 범위는 주문에 포함된 사항에만 미치므로 판결이유 중에서 판단된 i) 사실인정,[4] ii) 법규의 해석적용,[5] iii) 항변에 대한 판단[6] 및 iv) 선결적 법률관계에 대하여는 기판력이 미치지 아니

1) 鄭/庾 260, 金/姜 795면.
2) 대판 1994. 6. 28. 94 다 3063; 대판 1997. 10. 24. 96 다 12276.
3) 대판 1966. 9. 20. 66 다 1014.
4) 대판 1968. 6. 11. 68 다 591; 대판 1970. 9. 29. 70 다 1759.
5) 대판 1968. 9. 30. 68 다 1411.
6) 대판 1975. 5. 27. 74 다 2074; 대판 1996. 7. 12. 96 다 19017.

한다. 선결적 권리 또는 법률관계에 관한 판단을 한 경우, 예컨대 소유권에 기한 이전등기청구소송에서 이를 인용하면서 판결이유에서 소유권의 존재를 판단하였더라도 기판력은 이전등기청구권에만 미치고 소유권의 존부판단에는 미치지 아니하므로[1] 후소에서 소유권에 관한 존부를 다시 다툴 수 있다. 그러므로 이 같은 경우에 아예 소유권의 존부에 관하여도 기판력 있는 판단을 받고 싶으면 중간확인의 소(제264조)를 제기해야 한다.

b) 例 外——相計抗辯에 대한 판단(기판력 발생)

① 旣判力을 인정하는 취지 판결이유 중의 판단에는 기판력이 미치지 아니한다는 원칙에 대한 예외가 바로 상계항변의 판단이다(제216조 Ⅱ). 즉 피고가 제출한 상계항변을 판결이유에서 판단하는 때에는 상계로써 대항한 수액의 한도 내에서 기판력이 발생한다. 이 경우에 기판력을 인정하지 아니하면 원고는 피고의 상계항변이 배척되어 승소하더라도 다시 피고의 자동채권에 의한 신소에서 패소할 염려가 있고, 이와 반대로 피고가 상계항변으로 승소하더라도 원고가 후일 피고의 자동채권의 부존재를 이유로 하여 부당이득반환을 청구할 수 있게 되어 전소의 효과가 유명무실해질 우려가 있다. 뿐만 아니라 피고가 상계로 대항하여 승소한 뒤 다시 소를 제기하여 새로이 채무명의를 얻어서 강제집행한다면 이중으로 채권의 만족을 얻는 결과가 될 수 있기 때문에 이러한 불합리를 피하고자 하는 취지이다.

다만 상계항변에 대한 기판력은 실체상의 판단이 있는 경우에만 발생하므로 상계항변이 실기한 공격방어방법으로 각하된 경우(제149조), 피고의 자동채권이 상계부적장으로 판단된 경우(민 제492조 I), 또는 상계가 금지되어 있는 경우(민 제492조 I 단, 496조)에는 기판력이 생기지 아니한다. 또한 소송절차진행중에 원고와 피고 사이에 조정이 성립됨으로써 수동채권인 피고의 청구채권에 대한 실질적인 판단이 이루어지지 않은 이상 원고의 상계항변은 그 사법상 효과도 발생하지 않는다.[2] 그런데 상계항변이 실기한 것이어서 각하된 경우 원고의 소구채권은 소멸되지 않지만 피고의 자동채권은 상계권이라는 형성권행사의 사법상 효과로서 소멸하는지 문제된다. 상계항변의 특수성에 비추어 그렇게 보기 어렵다. 소송상 상계항변에 상계의 재항변이 허용될 것인가는 문제이나 부정해야 할 것이다. 상계주장에 관한 판단에 기판력이 인정되는 경우는 상계주장의 대상이 된 수동채권이 소송물로서 심판되

1) 대판 1989. 4. 25. 88 다카 3618; 대판 1999. 10. 12. 98 다 32411.
2) 대판 2013. 3. 28. 2011 다 3329.

는 소구채권이거나 그와 실질적으로 동일하다고 보이는 경우로서 상계를 주장한 반대채권과 그 수동채권을 기판력의 관점에서 동일하게 취급하여야 할 필요성이 인정되는 경우를 말한다고 봄이 상당하므로 만일 상계 주장의 대상이 된 수동채권이 동시이행항변에 행사된 채권일 경우에는 그러한 상계 주장에 대한 판단에는 기판력이 발생하지 않는다.[1)]

② 旣判力이 미치는 範圍 상계항변에 대한 기판력이 미치는 범위는 피고의 자동채권의 부존재를 이유로 상계항변을 배척하였으면 그 자동채권의 부존재에 관하여 기판력이 미치고, 상계항변이 이유 있다고 한 때에는 피고의 자동채권과 원고의 수동채권이 모두 상계 이전에 각각 존재하고 그것이 상계로 대항한 범위에서 소멸하였다고 하는 판단에 기판력이 생긴다. 예컨대 원고가 700만원의 대여금(수동채권)청구를 한 소송에서 피고가 1,300만원의 대금채권(자동채권, 반대채권)으로 상계의사표시를 한 경우 법원이 자동채권의 불성립을 이유로 상계항변을 배척하였다면 자동채권은 청구액과 대등액인 700만원 한도에서는 부존재에 대하여 기판력이 생기고, 상계항변이 인정된 경우에는 금 700만원의 자동채권이 존재하고 상계에 의하여 소멸함과 동시에 자동채권의 대항을 받는 소구채권(수동채권) 700만원 전액이 소멸했다는 판단에 대하여 기판력이 생긴다. 따라서 피고는 별소로써 600만원의 대금잔액을 청구하더라도 기판력에 저촉되지 아니한다.

현재 계속중인 소송에서 상계항변으로 주장한 채권을 별소 또는 반소로서 청구하거나 그 반대로 별소로서 소구하고 있는 채권에 기하여 상계항변을 할 수 있는가는 다투어지나 피고의 권리보호를 위하여 적극적으로 해석하여야 한다.

③ 相計抗辯의 判斷順序 법원이 상계항변을 판단하는 순서는 소구채권인 수동채권의 존재를 먼저 판단한 다음 피고의 다른 항변들을 모두 판단하고 나서 상계항변은 최후에 판단하여야 한다. 따라서 소구채권의 존재를 가정하고 증거조사 없이 상계항변에 의하여 바로 청구를 기각함은 허용되지 아니한다. 이를 증거조사필요설이라고 한다.[2)] 이것이 다른 항변과 다른 특색이다. 왜냐하면 상계항변은 기판력이 생기므로 동일하게 원고의 청구가 기각되는 경우에도 상계항변의 판단을 받는 경우와 받지 아니하는 경우와는 피고의 이익면에서 큰 차이가 생기기 때문이다. 즉 원고의 수동채권이 부존재하는 데도 피고만 자동채권을 상실하는 결과가 초래될 수 있기 때문이다.

1) 대판 2005. 7. 22. 2004 다 17207.
2) 미국법상으로는 이를 Evergreen Rule이라고 한다.

(iii) 旣判力의 客觀的 範圍를 확장하려는 움직임

a) 總　說　　기판력에 관한 전통적 입장의 특징은 두 가지로 요약될 수 있다. 첫째, 판례가 소송물의 개념에 관하여 구 소송물론을 취한 결과 기판력의 객관적 범위가 실체법상의 권리 또는 법률관계의 주장에 한정되었고, 둘째, 법 제216조 1 항에 충실하여 판결이유에서 판단한 사항에는 기판력을 인정하지 아니하는 것이다. 판례가 이처럼 기판력의 범위를 좁힘으로써 전자의 경우에는 동일 사실관계에 기하여 법률적 관점만을 달리한 채 여러 차례 소송을 되풀이하는 것이 가능하여지며, 후자의 경우에는 청구의 당부를 심리하기 위한 선결적 법률관계에 관하여 법원이 판단을 내렸어도 당사자나 법원이 이에 구속되지 않고 후소에서 그와 모순되는 판단을 하여도 무방하다는 결론이 나오는 것이다.

이처럼 기판력이 판결이유 중의 판단에 미치지 아니하도록 한 것은 대륙법계에 공통된 소송정책적 입법의 결과이다. 그러나 최근 이로 인하여 분쟁해결의 일회성이 달성되지 아니하는 문제점에 대비하고자 기판력을 확장하려는 몇 가지 논의가 있다. 이러한 논의는 판결의 구속력을 형식적인 기판력의 개념에서 탈피시키려는 의도의 표현이다. 따라서 기판력을 널리 경제적 사회적으로 1개의 분쟁이라고 파악되는 것에 모두 미치게 할 것인가, 아니면 법률적 관점에 따라 세분된 개개의 소송물에 국한시킬 것인가의 문제로서 어느 편이 법적 안정성과 당사자의 이익에 합치하는가를 따져서 판단할 문제이다.

b) 新訴訟物理論과 旣判力의 範圍　　신소송물론에서는 소송물의 개념을 소송법 독자적 견지에서 구성하므로 원고가 소로써 달성하려는 실질적 목적인 사회적·경제적 이익, 즉 법률관계의 존부가 기판력의 대상이 된다.

이행의 소에서는 일정한 급여를 구할 수 있는 법적 지위의 존부가, 확인의 소에서는 일정한 내용의 권리 또는 법률관계의 존부, 그리고 형성의 소에서는 일정한 법률관계의 변동을 구할 수 있는 법적 지위의 존부가 각각 기판력의 대상이므로 개개의 실체법상의 권리나 법률관계의 존부를 기판력의 대상이라고 볼 수 없다. 따라서 법원은 당사자가 주장하는 법률적 관점에 구속받지 아니하고 모든 법률적 관점에서 원고가 주장하는 법률효과의 존부를 판단하여야 한다. 이런 입장에 서면 일단 일정한 급여를 받을 권리나 일정한 법률관계의 변동을 구할 법적 지위가 인정되는 한 여러 다른 법률적 관점을 들어서 별소로 동일목적을 달성하려는 주장을 할 수 없게 되므로 기판력의 범위가 그만큼 넓어진다.

이러한 입장에 대하여 구 소송물론의 관점에서 제기되는 비판으로는 신소송물론은 소송물의 범위를 넓혀 피고의 방어권행사를 곤란하게 하고 법원의 재판부담을 가중시키며, 기판력의 범위가 너무 넓어지기 때문에 패소원고에게 가혹해질 염려가 있다는 것이다.

c) 爭點效理論 쟁점효이론은 선결적 법률관계에 기판력을 인정하지 않음으로써 생기는 전후 양소에 있어서의 판결의 모순을 극복하기 위하여 미국민사소송법에서 논의되는 爭點失權效(issue preclusion) 및 附隨的 禁反言(collateral estop-pel)의 효력을 토대로 일본에서 발전시킨 이론이다. 영미민사소송법상으로는 기판력은 주문에서 판단된 사항뿐만 아니라 판결이유 중의 판단에도 미치는 것이 원칙이고, 이같이 하는 것이 불공평한 결과를 가져오는 경우에 예외적으로 쟁점을 다시 다툴 수 있도록 허용하므로 우리 법의 태도와 정반대의 접근방법을 가지고 있다. 역사적으로 보면 부수적 금반언은 판결이유 중의 판단에 구속력을 인정하는 경우로서 영미판례법상 발달된 이론이다.[1)]

쟁점효이론에 의하면 기판력은 주문에 판단된 사항에 한하여 미치지만 판결이유 중의 판단이라고 하더라도 그것이 소송상 중요한 쟁점으로 되어 당사자가 다투고 법원도 이에 대하여 실질적 심리를 하였을 경우에는 그 쟁점에 관하여 내려진 판단에 구속력을 인정하여야 된다고 한다. 쟁점효는 판결에 표시된 판단이 후소에 대하여 갖는 통용력이라는 점에서는 기판력과 같으나 판결이유 중에 표시된 판단에 생기는 효력이라는 점에서 기판력과 다르다. 예컨대 가옥명도청구소송에서 그 소유권의 귀속이 주요 쟁점으로 다투어진 결과 판결이유에서 원고에게 소유권이 있다고 판단되었다면 주문에서 판단된 가옥명도청구권의 존부뿐만 아니라 판결이유에서 판단된 소유권의 존부에까지 기판력을 미치게 하자는 것이다.

쟁점효이론에 대하여 찬성하는 입장에서는, 예컨대 부동산의 소유권에 기하여 그 이전등기말소청구가 인용된 경우 소송물을 말소등기청구권이라고 보는 입장에서는 기판력은 쟁점이 된 소유권존부 판단에는 미치지 않으므로 이 경우 본소에서 승소한 원고도 후에 피고가 제기하는 소유권확인소송에서 패소할 가능성이 있게 되는데, 이를 방지하기 위하여서는 쟁점효이론을 도입할 필요가 있다고 한다.[2)] 그러나 반대하는 입장에서는 다음과 같이 주장한다. 즉 쟁점효이론은 확실히 분쟁의 모순 없는 해결에 합치되는 바 있으나, "확정판결은 주문에 포함한

1) 미국에서 이와 같은 효력이 인정되는 각 경우를 정리하여 Restatement(2nd) of Judgments (1980)에 요약하고 그 제목을 issue preclusion이라고 붙인 이래 이를 쟁점실권효라고 번역하여 쓰기도 하나 일반화된 용어는 아니다.

2) 方 609면.

것에 한하여 기판력이 있다"고 한 법 제216조 1항의 규정, 선결적 법률관계에 대하여 기판력을 얻기 위하여는 따로 중간확인의 소의 제도(제264조)가 인정되어 있는 점, 그리고 쟁점효이론의 미완성에 비추어 이 이론을 우리 소송법에서 정면으로 채택하기에는 난점이 있다는 것이다. 다만 반대설도 위의 예에서 제기된 문제점을 그냥 방치해 둘 것은 아니므로 신의칙을 구체화하는 방향에서 선행행위와 모순되는 거동의 금지의 원칙에 저촉되는 것으로 해결하고자 한다.[1] 그러나 쟁점효이론은 판결이유에 기판력이 아니라 이와는 별도의 효력인 쟁점효를 인정하는 것이므로 법 제216조 1항에 위배되지 아니할 뿐만 아니라 쟁점효를 인정하는 취지에는 선행행위에 모순되는 거동의 금지의 법리와 대응하는 영미법의 금반언(estoppel)의 법리도 포함되어 있으므로 구태여 신의칙까지 우회할 필요 없이 바로 쟁점효를 인정하여도 무방하다고 생각된다.

d) 意味關聯理論　독일의 Zeuner에 의해서 제창된 이론으로서 전소판결이 그 목적에 비추어 후소에서 확정하려는 법률효과와 의미관련이 성립되면 전소의 이유 중의 판단에 기판력을 인정하여야 된다는 견해이다.[2] 따라서 예컨대 매도인이 매수인을 상대로 매매계약에 기하여 대금청구를 하여 승소판결을 받은 경우에 이 때의 소송물은 대금청구권의 존부이고, 매매계약의 유무효는 아니나 전소에서 내려진 매매계약이 유효라는 판단은 뒤에 매수인의 매도인을 상대로 한 목적물인도청구소송과 의미관련이 있기 때문에 이에 기판력을 인정하여야 하며, 따라서 매매계약이 무효라는 것을 이유로 후소를 기각할 수 없다는 것이다. 그러나 법적 의미관련이 있는 경우가 언제이고, 무엇이 법적 의미관련을 가리키는지가 항상 명백한 것만은 아니다.

e) 經濟的 價値同一論　독일의 Henckel에 의하여 제창된 이론으로서 의미관련이론과 같은 맥락이나, 전소청구와 후소청구의 경제적 가치가 동일한 경우에는 전소판결의 이유 중의 판단이 후소청구에 대하여 기판력을 미치게 해야 한다는 견해이다.[3] 예컨대 전소에서의 이자청구가 소비대차계약의 무효를 이유로 기각된 경우에도 그러한 판결이유중의 판단은 후소의 원금청구에 기판력을 미치지 아니하지만 반대로 전소의 원금청구에서 소비대차계약의 불성립을 이유로 패소하였다면 이자청구의 후소에 기판력이 미친다고 보아야 하는데 그 이유는 양소

1) 李時 619면, 鄭/庾 722면, 김홍 803면.

2) 자세히는 Zeuner, Die objektiven Grenzen der Rechtkraft im Rahmen rechtlicher Sinnzusammenhänge, 1959 참조.

3) 자세히는 Henckel, Prozessrecht und Materieles Recht, 1970, S. 171ff. 참조.

의 경제적 가치가 전자의 경우에는 다르고 후자의 경우에는 동일하기 때문이라고 한다. 요컨대 소송물의 식별기준으로 제시한 처분대상의 동일성을 고려하여 경제적 가치의 동일성을 판단한다는 입장이다. 이 견해도 경제적 가치의 동일성 여부의 판단이 모호하다는 비판이 있다.[1]

f) 批　判　　이러한 여러 이론은 결국 해석을 통하여 판결이유 중의 판단에 구속력을 인정할 수 있는가 하는 문제이다. 원래 기판력(Res Judicata)의 개념과 이론은 위에서 언급한 바와 같이 발전된 것이지만 기판력의 객관적 범위를 주문에서 판단된 사항에 한하고 판결이유 중의 판단을 제외한 것은 소송정책상 독일에서 최초로 입법화한 것이다. 그러나 이 같은 입법적 구성은 당시의 자유주의 및 개인주의 사상의 영향을 받은 것이나 그 후 오랜 운영의 결과 분쟁의 1회적 해결의 원칙을 크게 저해한다는 반성에서 기판력확장을 위한 새로운 해석을 하려는 노력이 대두되었고 위에 소개한 세계 각국의 이론이 그것이다. 이러한 시도는 분쟁의 개별적 해결의 원칙을 지양하여 오늘날 복잡한 분쟁을 한꺼번에 해결하는 데 필요한 노력이라는 점에 이론이 없다. 그렇다면 해석론으로서는 위에 말한 이유에서 쟁점효이론이 가장 설득력이 있다고 하겠으나 그 요건·성질·절차적 문제 등 이론의 정교한 구성은 장래의 숙제라고 하겠다.

판례는 당사자와 분쟁의 기초사실이 동일한 경우에는 전소의 판단이 후소에 유력한 증거자료로서의 효력, 증거효가 생긴다는 입장이다.[2]

나) 旣判力의 時的 範圍(標準時)

(i) 意　義　　이는 판결의 기판력이 어느 시점에서 확정된 권리관계에 관하여 발생하는가의 문제이다. 원래 확정판결의 기판력은 사실심의 변론종결시가 그 표준시로 된다는 것이 일치된 견해이다. 왜냐하면 종국판결에 있어서의 판단자료는 변론종결시까지 제출된 소송자료를 기초로 하기 때문이다(민집 제44조 Ⅱ 참조). 따라서 기판력은 사실심 변론종결시의 권리관계의 존부 판단에만 생기므로 이를 기판력의 표준시 또는 시적 범위라고 한다. 기판력은 이 표준시 이전이나 이후의 권리관계에 미치지 아니한다. 다만 재심사유가 있다고 인정하면서도 재심대상판결의 변론종결 후의 사유를 이유로 재심청구를 기각한 경우 그 기판력의 표준시는 재심대상판결의 변론종결시가 아니라 재심판결의 변론종결시로 보아야 한다.[3]

---

1) 鄭/庾 722면.
2) 대판 1990. 12. 11. 90 다카 7545; 대판 1995. 6. 29. 94 다 47292.
3) 대판 1993. 2. 12. 92 다 25151.

(ii) 標準時 以前에 존재한 사유 — 失權效 일단 표준시의 판단에 기판력이 발생한 뒤에는 원칙적으로 표준시 전, 즉 사실심변론종결 전에 발생하여 존재하였던 사유로서 변론종결시까지 제출하지 아니한 사실 및 증거자료를 후소에서 주장하여 이미 확정된 법률관계를 좌우할 수 없다. 이 같은 금지에 위반하여 공격방어방법 등을 제출하였다 하더라도 법원은 이를 배척하여야 한다.[1] 그 공격방어방법을 제출하지 못한 데에 과실유무는 묻지 아니한다.[2] 이 같은 기판력의 작용을 차단효 또는 실권효라고 한다. 예컨대 채무의 존재를 인정하여 그에 대한 이행판결이 확정되었으면 후소에서 전소의 변론종결 전에 발생한 변제 등의 채무소멸사유를 새삼스럽게 주장하여 전소판결을 뒤집을 수 없다. 차단효의 근거를 당사자가 제출책임을 다하지 못한 데서 구하는 견해(제출책임효론)도 있으나,[3] 표준시에 당사자의 신청에 대답한 법원의 판단에 부여된 구속력에 기초한다고 본다(판단효론).

직권탐지주의절차에 있어서는 표준시 이전의 모든 소송자료는 전소의 심판범위에 속하는 것이므로 전소의 기판력에 의하여 실권되며 전소에서 제출하지 아니한 사실을 토대로 하여 기판력으로 확정된 법률관계를 다시 다툴 수 없음은 이론이 없다. 그런데 이에 대하여 변론주의가 지배하는 소송절차에서는 당사자가 제출한 사실자료만이 판결의 기초가 되고 주장된 법률관계의 존부 판단만이 기판력의 대상이 되므로 표준시 이전에 존재하였으나 당사자가 제출하지 아니한 사실의 전부가 실권효의 제재를 받는다고 할 수 없으며 제출하지 아니한 사실을 토대로 하여 동일한 청구취지의 소를 제기하더라도 항상 기판력의 저촉을 받는다고는 할 수 없는 견해가 있다.[4] 판례도 전소에서 제출하지 아니한 사실 중에서 공격방어방법은 차단되지만[5] 청구원인을 구성하는 사실관계는 변론종결 전에 발생한 것이라도 기판력에 저촉되지 않는다고 한다.[6] 실권효가 미치는 범위에 대하여서

---

1) 대판 1982. 12. 14. 82 다카 148, 149; 대판 1992. 12. 27. 91 다 24847, 24854. 따라서 기판력 있는 판결이 있으나 시효중단을 위하여 다시 제기된 후소에서 피고는 전소의 변론종결 전에 존재하였으나 제출하지 않았던 방어방법, 예컨대 원고가 약속어음을 소지하지 않았다거나(대판 1998. 6. 12. 98 다 1645), 관할청의 허가가 없다고 하는(대판 1998. 7. 28. 96 다 50025) 항변을 제출할 수 없다.

2) 대판 1980. 5. 13. 80 다 473.

3) 이에 대하여 보다 자세한 것은 姜 663면 참조. 이 견해를 따른 것이 아니라 좀더 주시할 필요가 있다고 함.

4) 李時 606면. 반대 입장은 鄭/庾 703면.

5) 대판 1981. 12. 22. 80 다 1548.

6) 대판 1982. 12. 14. 82 다카 148, 149.

는 좀더 많은 논의가 필요하다.

(iii) 標準時 以後에 발생한 새로운 사유 기판력에 의하여 확정된 법률관계는 변론종결 후에 변동될 수 있으므로 이처럼 새로운 사유에 의하여 변동된 법률관계를 다투는 것은 기판력에 저촉되지 아니한다. 즉 실권효의 제재를 받지 아니한다. 그러므로 이행소송에서 기한 미도래 또는 정지조건 미성취를 이유로 기각판결을 받은 후 표준시 이후에 기한이 도래하거나 조건이 성취되면 신소를 제기할 수 있고,[1] 소유권회복불능을 이유로 한 손해배상청구가 기각된 후 그 회복이 불가능하다는 판결을 내렸으면 새로운 사유가 생긴 것으로 보아 동일한 신소를 제기할 수 있으며,[2] 을로부터 병 앞으로 소유권이전등기가 경료되어 있어 을의 갑에 대한 소유권이전등기의무가 이행불능이라는 이유로 갑이 을을 상대로 한 소유권이전등기청구소송에서 청구기각의 확정판결이 선고된 후, 을이 병을 상대로 한 소유권이전등기말소청구소송에서 승소판결을 받아 등기부상 소유권을 회복한 경우 사정변경이 생겼으므로 갑은 다시 을을 상대로 소유권이전등기청구의 소를 제기할 수 있다.[3] 또한 공상을 입은 군인이 국가배상법에 의한 손해배상청구소송에서 다른 법령에 의한 보상을 받을 수 있다는 이유로 패소확정된 후 구 국가유공자예우등에 관한 법률상의 보상을 받기 위한 신체검사에서 等外判定을 받아 보훈수혜 대상자가 될 수 없음이 판명된 경우도 판결확정 후에 새로운 사유가 발생한 때에 해당한다.[4] 청구이의의 소(민집 제44조)는 표준시 이후에 발생한 사유를 들어 확정판결의 집행력을 배제하는 제도인바, 예컨대 대여금채무의 존재를 확정하여 이행판결이 내려진 후 변제 등을 이유로 집행채권이 소멸했음을 들어 청구이의의 소를 제기할 수 있다.[5] 한편 한정승인에 의한 책임의 제한은 상속채무의 존재 및 범위의 확정과는 관계가 없고 다만 판결의 집행대상을 상속재산의 한도로 한정함으로써 판결의 집행력을 제한할 뿐이므로, 채무자가 한정승인을 하고도 채권자가 제기한 소송의 사실심 변론종결시까지 그 사실을 주장하지 아니하는 바람에

1) 대판 2002. 5. 10. 2000 다 50909.

2) 대판 1991. 11. 12. 91 다 27723.

3) 대판 1995. 9. 29. 94 다 46817.

4) 대판 1998. 7. 10. 98 다 7001.

5) 또한 해고무효확인 판결에서 복직시까지의 임금 지급을 명한 경우에 그 판결의 사실심 변론종결 전에 발생한 정년퇴직이라는 사유를 들어 변론종결일 이후의 임금에 대하여는 청구이의의 소를 제기할 수 있다. 대판 1998. 5. 26. 98 다 9908. 확정판결의 변론종결 전에 이루어진 일부이행을 채권자가 변론종결 후 수령함으로써 변제의 효력이 발생한 경우에는 그 한도 내에서 청구이의사유가 될 수 있다. 대판 2009. 10. 29. 2008 다 51359.

책임의 범위에 관하여 아무런 유보가 없는 판결이 선고되어 확정되었다고 하더라도, 채무자는 그 후 위 한정승인 사실을 내세워 청구에 관한 이의의 소를 제기하는 것이 허용된다고 봄이 옳다고 한다.[1)]

여기서 말하는 '변론종결 후에 발생한 사유'란 변론종결 후에 발생한 사실자료에 그치고, 법령이나 판례의 변경,[2)] 기초가 되었던 행정처분의 변경,[3)] 기존의 법률관계에 대한 새로운 증거자료[4)]는 포함되지 아니한다.[5)] 또 기판력 있는 전소판결의 변론종결 후에 이와 저촉되는 후소판결이 확정되었다는 사정도 변론종결 후의 새로운 사유에 해당되지 않는다.[6)] 판례는 농지증명을 구비하지 못하여 패소확정후 새로이 농지매매증명을 추완하면서 동일한 청구를 하는 경우에는 변론종결 후 발생한 새로운 사유로서 그 농지매매의 유효를 후소에서 주장할 수 있다고 하였고,[7)] 대금감액을 주장하여 감액된 대금만 지급한 채 이전등기청구를 하였다가 감액약정을 인정할 수 없다는 이유로 패소한 후 감액주장한 부분의 대금을 공탁하고 소유권이전등기를 구하는 경우 차단효에 저촉되지 아니한다고 하였다.[8)] 판례는 판결의 기초가 되었던 제소 전 화해가 뒤에 취소된 경우에는 변론종결 후에 발생한 사유로 본다.[9)]

그러나 장래의 손해에 대한 이행판결이 내려진 후 표준시에 예측하지 못한 사정변경이 발생한 경우, 예컨대 피해자가 노동능력을 상실하였으나 표준시 후에 능력의 회복 또는 악화 등의 사유가 생긴 경우, 또는 표준시 후에 임대료가 폭등한 경우에 판례는 전소에서 명시적 유보가 없는 한 일실이익의 추가청구나 인상분의 추가청구에 전소의 기판력이 미치므로 이를 허용하지 아니하였다.[10)] 판례는

---

1) 대판 2006. 10. 13. 2006 다 23138. 채무의 존재 자체가 문제되어 그에 관한 확정판결의 주문에 당연히 기판력이 미치게 되는 상속포기의 경우는 한정승인의 경우와는 달리 기판력에 의한 실권효제한의 법리가 적용된다. 대판 2009. 10. 29. 2008 다 51359.

2) 대판 1969. 1. 14. 68 다 2133.

3) 대판(전) 1981. 11. 10. 80 다 870은 재심사유가 된다는 입장이다.

4) 대판 2001. 1. 16. 2000 다 41349.

5) 대판 1969. 1. 14. 68 다 2133; 대판 1998. 7. 10. 98 다 7001. 상고법원이 상치되는 신구법령 중 어느 것을 적용하여야 할 것인가에 관하여 신법설과 구법설이 대립하는데 실제상 큰 차이는 없으나 이론적으로는 신법설이 타당하다.

6) 대판 1997. 1. 24. 96 다 32706.

7) 대판 1967. 2. 21. 65 다 1603.

8) 대판 1980. 2. 26. 80 다 56.

9) 대판 1988. 9. 27. 88 다 3116. 가등기에 기한 본등기가 제소 전 화해조서에 기하여 이루어진 경우, 채무자가 제소 전 화해조서의 작성 이후에 그 피담보채무를 모두 변제하였음을 이유로 가등기 및 그에 기한 본등기의 말소를 청구하는 것은 제소 전 화해조서의 기판력과 저촉되지 않는다. 대판 1995. 2. 24. 94 다 53501.

10) 대판 1980. 9. 9. 80 다 60.

토지의 소유자가 토지점유자를 상대로 장래의 부당이득금의 반환을 명하는 확정판결을 선고받은 경우에, 사실심변론종결 후에 토지가격이 현저하게 상승하고 조세 등의 공적인 부담이 증대되었을뿐더러 그 인근토지의 임료와 비교하더라도 전 판결에서 인용된 임료액이 상당하지 아니하게 되는 등 경제적 사정의 변경으로 당사자간의 형평을 심하게 해할 특별한 사정이 생긴 때에는 전소에서 일부청구임을 명시한 것으로 보아 신소로써 전 판결에서 인용된 임료액과 적정한 임료액의 차액에 상당하는 부당이득금의 반환을 청구할 수 있다고 하였으나[1] 현재는 변경의 소가 도입되어 정기금지급을 명한 경우 입법적으로 해결되었다. 한편 불법행위로 인한 적극적 손해의 일시금 지급의 배상을 명한 전소송의 변론종결 후에 새로운 적극적 손해가 발생한 경우에 그 소송의 변론종결당시 그 손해의 발생을 예견할 수 없는 등 특별한 사정이 있다면 이는 전소송의 소송물과는 별개의 소송물이므로 전소송의 기판력에 저촉되지 않는다고 하면서, 식물인간 피해자의 여명이 종전의 예측에 비하여 수년 연장되어 그에 상응한 향후치료 등이 추가적으로 필요하게 된 것은 전소의 변론종결 당시에는 예견할 수 없었던 새로운 중한 손해로서 전소의 기판력에 저촉되지 않는다고 본 판결도 있다.[2]

(iv) 형성권행사와 실권효 변론종결 전부터 발생한 각종 형성권을 판결확정 후에 행사하는 경우에 이를 어떻게 처리할 것인가.

a) 原 則 우선 취소권·해제권·매수청구권 등 형성권의 행사는 일반적으로 기판력의 실권효를 받는다.[3] 이렇게 실권시키면 판결확정이 전소원고의 법적 지위를 강화해 주고 형성권의 행사기간을 소송법이 단축하는 결과가 되지만 법률행위의 무효사유도 기판력에 의하여 차단되는데 그보다 효력이 약한 취소·해제

1) 대판(전) 1993. 12. 21. 92 다 46226. 이에 대한 평석으로는 崔成俊, "장래 차임상당 부당이득금청구에 대한 확정판결의 기판력과 사정변경에 의한 추가청구," 민사재판의 제문제 제8권, 832면 이하 참조. 독일의 경우에는 변경의 소(Abänderungsklage)를 통하여 이러한 문제를 해결하고 있다. 이에 관한 소개로는 文一鋒, "민사소송법상의 변경의 소," 사법행정 431호(1996. 11), 12면 이하 참조. 한편 해고무효를 원인으로 해고 다음날부터 복직시까지 해고 당시의 평균임금에 상당하는 임금의 지급을 구하는 소송을 제기하여 전부승소의 판결을 선고받아 그 판결이 확정된 후 해고기간중의 정기승급 및 임금 인상분에 상당하는 임금의 지급을 추가로 청구한 경우, 전소의 사실심 변론종결 후 당사자 사이의 형평을 크게 해할 사정이 생겼다고 볼 수 없다. 대판 1999. 3. 9. 97 다 58194.

2) 대판 2007. 4. 13. 2006 다 78640.

3) 대판 1981. 7. 7. 80 다 2751; 대판(전) 1981. 11. 10. 80 다 870. 方 610면, 金/姜 618면, 李時 564면, 鄭/庾 705면. 다만 대판 1995. 12. 26. 95 다 42195는 건물의 소유를 목적으로 하는 토지임대차의 종료 후 임차인이 임대인에 대하여 건물매수청구권을 행사하지 아니하여 임차인에 대하여 토지인도 및 건물철거를 명하는 확정판결이 선고되었다고 하더라도 그 확정판결에 의하여 건물철거가 집행되지 아니한 이상 임차인으로서는 건물매수청구권을 행사하여 별소로써 임대인에 대하여 건물매매대금의 지급을 구할 수 있다고 한다.

등의 사유가 차단되지 아니한다면 균형이 맞지 않기 때문이다. 그러므로 표준시 이후에 형성권을 행사하여 발생한 권리변동의 결과를 후소에서 주장할 수 없게 된다.

b) 相計權의 例外的 取扱　우리나라의 학설과 판례는 형성권 중에서 상계권만은 예외로 취급하여 실권효가 미치지 아니한다는 점에는 일치하지만, 상계적상에 있었음을 알고 상계권을 행사하였느냐 여부를 고려할 것인지에 대하여는 견해가 나뉜다. 상계권행사필요설은 당사자 쌍방의 채무가 서로 상계적상에 있다 하여 곧 채무소멸의 효력이 생기는 것이 아니고 상계의 의사표시를 기다려서 비로소 그 효력이 생기는 것이라고 한다. 그리하여 채무자가 채무명의인 확정판결의 변론종결 전에 상대방에 대하여 상계적상에 있는 채권을 가지고 있다 하여도 변론종결 후에 비로소 상계권을 행사한 때에는 민사집행법 제44조 2항이 규정하는 "이의는 그 이유가 변론이 마감된 뒤에 생긴 경우"에 해당하는 것으로서 당사자가 변론종결 전에 상계적상에 있음을 알았느냐에 관계 없이 적법한 청구이의의 사유가 된다고 한다. 왜냐하면 상계는 형성권이므로 상계적상만으로는 그 효과가 발생할 수 없고, 의사표시를 한 때에 효과가 발생하며, 상계적상에 있더라도 의사표시를 할 것이냐의 여부는 채무자의 자유이고 이를 강제할 수 없기 때문이라고 한다. 즉 표준시 이전에 상계적상에 있었던 상계권도 후소에서 이를 행사하고 주장할 수 있으며 이는 피고가 상계적상에 있었음을 알았거나 몰랐거나 마찬가지라고 한다.[1] 판례의 입장이다.[2]

상계권행사불요설은 변론종결 전에 채무자가 상계적상에 있는 자동채권의 존재를 확지하고 있음에도 불구하고 채권자에 대하여 상계권을 행사하지 아니하였다면 실권효를 받으므로 후일 적법한 이의사유가 안되지만, 이를 몰라서 상계권을 행사하지 아니한 경우에는 실권효를 받지 않는다고 한다.[3] 즉 상계적상에 있는 자동채권의 존재를 알았느냐 몰랐느냐에 따라 실권효를 받는 여부가 좌우된다고 한다. 그러나 이 문제는 기판력의 본래적 취지인 법적 안정성을 저해하지 아니하는 범위 내에서 따져야 할 문제이므로 판례의 입장에 찬성한다.

c) 標準時 以前의 權利 또는 法律關係의 경우　기판력은 표준시에 있어서의 권리 또는 법률관계의 존부만을 확정하므로 그 시점 이전의 권리관계에는 기판력이 미치지 아니한다. 따라서 권리관계가 존재한다는 기판력 있는 판단이 내려진 경우에도 표준시 이전에는 그와 같은 권리가 부존재하였다는 주장을 후소

---

1) 鄭/庾 704면, 韓 477면.

2) 대판 1966. 6. 28. 66 다 780; 대판 1998. 11. 24. 98 다 25344.

3) 李英 193면, 李時 563면.

로서 할 수 있으며, 반대로 권리관계 부존재의 기판력 있는 판단이 내렸어도 표준시 이전에 그와 같은 권리가 존재하였음을 주장할 수 있다. 예컨대 원금채권의 청구를 그 부존재를 이유로 기각하는 판결이 확정된 경우에도 전소의 변론종결 전에는 그 원금채권이 존재하였음을 이유로 하여 그 때까지 생긴 이자채권을 후소로서 청구할 수 있다.[1)]

(v) 標準時 以後의 權利 또는 法律關係의 경우 기판력은 표준시 이후의 법률관계에도 미치지 아니하므로 당사자는 후소에서 이에 관한 주장을 할 수 있다. 표준시에 법률관계가 존재한다는 판단을 했더라도 표준시 이후에도 그 법률관계가 계속 존재한다고 할 수 없기 때문이다.

다) 旣判力의 主觀的(人的) 範圍

(i) 原 則 —— 相對性의 原則 기판력은 소송수행결과에 대하여 책임을 지는 당사자에게만 미치는 것이 원칙이다. 왜냐하면 판결은 당사자간의 분쟁을 해결하기 위한 것이고 또 그 당사자의 변론만을 기초로 하기 때문이다. 그러므로 당사자참가인(제79조, 제81조), 권리승계인, 채무승계인(제82조) 등은 당사자이기 때문에 기판력을 받으나 소송 외의 제 3 자는 물론 소송에 관여하는 보조참가인, 법정대리인, 소송대리인도 당사자가 아닌 만큼 기판력이 미치지 아니한다. 법인 아닌 사단 또는 재단, 법인 등의 단체가 당사자가 되어 받은 판결의 효력은 그 대표자나 구성원에게 미치지 아니한다.[2)] 다만 판례는 과세처분 취소소송의 피고는 처분청이므로 행정청을 피고로 하는 취소소송에 있어서의 기판력은 당해 처분이 귀속하는 국가 또는 공공단체에 미친다고 한다.[3)] 영미법상의 법인격부인론에서는 그 요건이 충족되는 경우 법인의 대표자나 대주주와 법인 자체를 실질적으로 동일시하여 판결의 효력을 확장하고 있으나 우리 법제상으로는 맞지 아니하다. 판례도 법인격부인에 의한 확정판결의 기판력 및 집행력의 확장을 부인한다.[4)]

(ii) 旣判力의 擴張 제 3 자라도 당사자와 동일시해야 할 경우에는 그 제 3 자에게까지 기판력이 미치는 것을 법률이 예외적으로 규정하는 수가 있다. 법 제218조에서 규정하는 바와 같이 변론을 종결한 뒤의 승계인 또는 그를 위하여 청구의 목적물을 소지한 사람은 물론 선정자(제53조) 등 제 3 자의 소송담당의 경우나 소송탈퇴자(제80조) 등이 그것이다.

1) 대판 1976. 12. 14. 76 다 1488.
2) 대판 1978. 11. 1. 78 다 1206.
3) 대판 1998. 7. 24. 98 다 10854.
4) 대판 1995. 5. 12. 93 다 44531.

a) 辯論終結後의 承繼人(제218조 I)

① 制度的 趣旨 소제기 후 사실심변론종결 전의 소송물 승계인에게는 기판력이 미치지 아니한다. 다만 상속이나 합병 등 포괄승계사유의 발생시에 당연승계를 하거나(제233조 이하), 소송물양도시에 특별승계를 한 경우에는 참가승계 또는 인수승계(제81조, 제82조)에 의하여 당사자로 된 경우에 한하여 판결의 효력을 받도록 규정되어 있다.

그러나 사실심변론종결 후(변론 없이 한 판결의 경우에는 판결을 선고한 후, 이하 같다)에 분쟁의 대상인 권리 또는 법률관계에 대한 지위를 당사자로부터 승계한 제3자는 당사자와 함께 또는 그를 대신하여 기판력을 받는다(제218조 I). 법 제82조의 승계인과 법 제218조 1항의 승계인은 분쟁당사자적격의 승계라는 점에서는 동일하지만, 변론종결 전의 승계인은 승계참가 또는 인수참가의 방법으로 다툴 수 있었음에도 불구하고 이를 아니하였으면 보호할 필요가 없으므로 기판력이 미치지 아니함에 대하여 변론종결 후의 승계인은 기판력을 받도록 규정한다.[1)]

이와 같이 변론종결 후의 승계인에 대한 기판력의 확장을 인정하지 않는다면 패소당사자는 소송물을 제3자에게 처분하여 당사자간의 소송결과를 무의미하게 만들어 버릴 수 있다. 또한 소송물에 관한 당사자적격을 傳來的으로 취득한 승계인의 경우에는 재판내용에 부여된 유일하고 타당한 권위로서의 기판력의 기초가 되는 당사자간의 대항관계가 승계인과 그 상대방간에 그대로 옮겨진 것이라고 인정되어서 그 지위내용의 傳來性과 等質性을 지닌 경우에 이들 사이에 기판력을 미치게 한다 해도 부당할 것이 없다.

독법은 우리 법과 달리 당사자항정주의를 취하므로 소송의 특별승계제도가 없고, 소송계속중 양도가 있어도 양도인이 양수인을 위하여 소송을 수행하는 것으로 보는 만큼 양도인에 대한 기판력은 양수인(변론종결 전 승계인)에게도 미치도록 하고 있다(ZPO 제325조 I).

② 承繼人의 範圍 상속이나 합병과 같은 포괄승계의 경우에는 승계인과 피승계인의 법적 지위가 동일하기 때문에 기판력이 미치는 것은 당연하지만 채권양도나 목적물의 매매 등과 같은 특정승계의 경우에는 다소 문제가 된다. 이 제도는 당사자간의 공평을 꾀하기 위한 예외이고, 강제집행의 잠탈을 방지하려는

1) 제218조의 변론종결 후의 승계인은 제82조의 인수승계인과 같은 취지이므로 통일적으로 파악하여야 한다. 다만 형식적인 기판력이론에 너무 얽매이게 되면 사회통념상 인수승계를 인정해야 할 많은 경우를 간과하지 않으면 안 될 것이다.

목적이 있으므로 법 제218조를 제한적으로 해석하여 승계인의 범위를 설정하기 위한 표준이 필요하다.

ㄱ) 訴訟物 承繼人　　승계인의 첫번째 범위는 소송물인 권리나 의무 자체를 승계한 자이다. 판례는 법 제218조의 승계에는 일반승계뿐만 아니라 특별승계도 포함된다고 하며,[1] 권리의 승계이거나 의무의 승계이거나를 불문하고, 원·피고 중 또는 승소자와 패소자 중 어느 편에 승계가 있었는가도 불문한다. 따라서 당사자의 상속인, 이행판결을 받은 채권의 양수인, 소유권확인판결이 내려진 후에 소유권을 양수한 자, 면책적 채무인수인 등이 이에 해당한다. 그리고 승계원인도 임의양도 외에 경매,[2] 전부명령과 같은 국가의 집행행위, 또는 법률상 대위(민 제399조), 선의취득(민 제249조) 등을 불문한다. 부동산매매계약은 변론종결 전에 체결되었으나 그 등기가 변론종결 후에 이루어진 경우도 변론종결 후의 승계로 본다.[3]

그러나 판례는 제 1 차 승계가 변론종결 전에 있었다면 제 2 차 승계가 변론종결 후에 있었다 하더라도 제 2 차 승계인은 법 제218조의 승계인이 아니고,[4] 변론종결 전에 계쟁부동산에 대한 가등기를 하였다가 변론종결 후 본등기를 마친 자,[5] 또는 채무불이행시 가등기에 기한 본등기절차를 이행하기로 하는 제소 전 화해를 한 경우 본등기 전에 계쟁부동산을 매수하여 이전등기를 마친 자[6]도 승계인이 아니라고 한다. 그 외에도 변론종결 후에 부가적 채무인수나 보증을 한 제 3 자 또는 상호를 속용하는 영업양수인(상 제42조)[7]은 승계인이 아니다.

ㄴ) 適格承繼人　　승계인의 두 번째 범위는 소송물인 권리의무 자체를

1) 대결 1963. 9. 27. 63 마 14.

2) 임의경매실행으로 인한 소유권취득자에게 기판력이 미친다는 판례로는 대판 1974. 12. 10. 74 다 1046; 대판 1994. 12. 27. 93 다 34183.

3) 대판 1979. 2. 13. 78 다 2290.

4) 대결 1967. 2. 23. 67 마 55.

5) 대판 1970. 7. 28. 69 다 2227. 그러나 대판 1992. 10. 27. 92 다 10883은 대지소유권에 기한 방해배제청구로서 그 지상건물의 철거를 구하여 승소확정판결을 얻은 경우 그 지상건물에 관하여 위 확정판결의 변론종결 전에 경료된 소유권이전등기청구권 가등기에 기하여 위 확정판결의 변론종결 후에 소유권이전등기를 경료한 자가 있다면 그는 제218조 1항의 변론종결 후의 승계인이라고 하므로 판례가 상반되는 감이 있다. 다만 이 판결에서 법원은 가등기의 순위보전적 효력이란 본등기가 마쳐진 때에는 본등기의 순위가 가등기를 한 때로 소급함으로써 가등기 후 본등기 전에 이루어진 중간처분이 본등기보다 후순위로 되어 실효된다는 뜻일 뿐 본등기에 의한 물권취득의 효력이 가등기 때에 소급하여 발생하는 것이 아니고, 건물철거소송에서 확정판결이 미치는 철거의무자의 범위는 건물의 소유권 기타 사실상의 처분권의 취득시점을 기준으로 판단해야 한다고 판시하면서 전기 대판 1970. 7. 28. 69 다 2227은 이 사건에 적절하지 않다고 구별하고 있다.

6) 대판 1992. 11. 10. 92 다 22121; 대판 1993. 12. 14. 93 다 16802.

7) 대결 1979. 3. 13. 78 마 2330.

승계한 자는 아니나 변론종결 후 소송물을 다툴 수 있는 지위, 즉 당사자적격을 승계한 자이다. 이를 적격승계인이라고 한다. 소유권에 기한 반환청구나 방해배제 청구의 상대방으로부터 목적물의 점유를 승계하거나 목적물을 양수한 자처럼 그 물권적 의무의 승계까지도 포함된다. 그러므로 건물철거를 명하는 판결이 있은 후 그 목적건물의 양수인,[1] 소유권이전등기말소소송에 있어서 재판상 화해에 의하여 그 이전등기를 말소할 물권적 의무를 부담한 자로부터 근저당권설정등기를 받은 자[2] 등은 그 예이다.

적격승계인의 범위에는 승계인에게 독자적 이익이 있는 자도 포함되는가. 이는 피고로부터 목적물의 점유를 승계한 자가 승소한 원고에게 실체법상 대항할 수 있는 고유한 방어방법(예컨대 선의취득·등기·시효완성 등)이 있는 경우에 그를 기판력을 받는 승계인으로 볼 것이냐의 문제이다. 예컨대 동산의 선의취득자나 부동산의 시효취득자와 같은 승계인은 피승계인과 다른 자기 자신의 고유한 이익을 갖고 있으므로 그들에게 소송절차에서 이를 주장할 기회를 보장해야 할 필요에서 등장되는 문제이다. 이 같은 승계인은 기판력을 받으나 그 같은 고유의 권한 내지 이익을 갖고 있음을 주장하여 집행에 대항할 수 있어야 할 것이다. 다만 선의취득은 원시취득(민 제249조)이지만 변론종결 후 목적물의 선의취득자는 제218조 1항의 승계인으로 보아야 할 것이다.[3]

적격승계인의 범위는 소송물이론에 따라 달라진다. 구 소송물론은 소송물이 대세적 효력을 갖는 물권적 청구권인 경우에는 승계인에게도 기판력이 미친다고 하고, 소송물이 대인적 효력밖에 없는 채권적 청구권인 경우에는 그 승계인에게 기판력이 미치지 아니한다고 한다. 그리하여 판례에 따르면 소유권에 기해 그 이전등기말소를 명하는 판결이 확정되면 피고는 원고의 소유권행사를 방해하지 아니할 물권적 의무자이므로 피고로부터 변론종결 후 소유권이전등기를 경료한 자,[4] 근저당권 설정등기말소판결이 있은 후 그 근저당권실행에 의한 경락취득자[5] 등은 적격승계인으로서 그 기판력을 받는다고 한다. 이에 반하여 원고가 매매에 의한 소유권이전등기를 명하는 판결을 받았어도 자기 앞으로 등기를 마치기 전에는 제 3 자에게 대항할 수 없으므로 변론종결 후 피고로부터 소유권이전등기를 마

1) 대판 1991. 1. 15. 90 다 9964.
2) 대판 1976. 6. 8. 72 다 1842.
3) 반대 입장은 李英 196면.
4) 대판 1980. 5. 13. 79 다 1702; 대판 1972. 7. 25. 72 다 935.
5) 대판 1975. 12. 9. 75 다 746.

친 자[1])는 승계인이 아니어서 그 판결의 기판력은 그에게 미치지 아니한다고 한다.[2]) 또한 채권계약에 터잡은 통행권에 관한 확정판결의 변론종결 후 당해 토지를 특정승계취득한 자는 변론종결 후의 승계인이 아니다.[3])

신소송물론은 청구권이 물권적인가 채권적인가를 막론하고, 또 특정물인도청구권과 같은 채권적 청구권의 경우에도 매매계약에 의한 목적물 인도를 구하는 교부청구권인가 아니면 물권적 청구권과 경합된 환취청구권인가 등 권리의 실체법적 성격에 따라 승계인 여부를 가리지 아니하고 일률적으로 승계인으로 본다.[4])

③ 推定承繼人(제218조 II) 당사자가 기판력의 표준시인 변론종결시(변론 없이 한 판결의 경우에는 판결을 선고할 때)까지 승계사실을 진술하지 아니한 때에는 변론종결 후에 승계가 있는 것으로 추정된다(제218조 II). 예컨대 건물철거 또는 명도청구사건에서 변론종결 전 피고측의 승계를 모른 채 승소판결을 받은 원고는 기판력을 받지 아니하는 승계인을 상대로 집행할 수 없게 되는데 본조는 처분금지 가처분제도와 함께 승소원고를 보호할 수 있다.

여기의 당사자라 함은 피승계인의 부진술 때문에 승계인에게까지 추정의 불이익을 입게 함은 불합리하므로 승계인만을 말하고 피승계인을 포함하지 아니한다고 보며(승계인설),[5]) 당사자로 된 승계인은 승계의 진술을 변론에서 피승계인의 상대방인 원고에게 하여야 한다. 이에 대하여 법문의 당사자라 함은 피승계인을 뜻하므로 그가 변론에서 진술하여야 된다는 피승계인설이 있다.[6])

피승계인을 상대로 승소판결을 받은 원고는 본규정에 의하여 뒤에 밝혀진 승계인에 대한 승계집행문(민집 제31조~제33조)을 부여받을 수 있다. 그러나 승계인은 변론종결 전의 승계사실을 입증하여 기판력과 집행력을 모면할 수 있다.[7])

b) 請求의 目的物을 所持한 者 청구의 목적물이란 특정물인도소송에

1) 대판 1993. 2. 12. 92 다 25151; 대판 1997. 5. 28. 96 다 41649. 전소의 소송물이 채권적 청구권인 경우, 화해권고결정이 확정된 후 그 목적물에 관하여 소유권등기를 이전받은 사람을 화해권고결정의 기판력이 미치는 승계인으로 볼 수 없다는 대판 2012. 5. 10. 2010 다 2558.

2) 따라서 승계인에 대한 새로운 이행의 소를 제기할 이익이 있게 된다. 대판 1991. 1. 15. 90 다 9964 참조.

3) 대판 1992. 12. 22. 92 다 30528.

4) 金/姜 631면, 李時 627면.

5) 方 399면, 李英 197면.

6) 李時 628면, 鄭/庾 728면, 姜 698면.

7) 대판 1977. 7. 26. 77 다 92.

서 그 대상이 되는 목적물을 가리키는바, 청구가 물권적이든 채권적이든 불문하고 목적물이 동산이건 부동산이건 가리지 아니한다.

소지자라 함은 당사자나 변론종결 후의 승계인을 위하여 청구의 목적물을 소지하는 자를 가리키는데 소지시기는 변론종결 전후를 불문한다. 이들은 인도청구에 관한 한 당사자와 동일시하여 이들에게 기판력을 미치게 해도 소지자의 고유의 실체적 이익을 해치지 않기 때문이다. 수치인·관리인·운송인 등이 좋은 예이다. 그러나 목적물의 타주점유자는 당사자와 간접점유관계에 있더라도 청구의 목적물의 소지자에 해당하지 아니한다. 왜냐하면 그러한 자는 목적물의 사용가치나 교환가치를 독자적으로 향유하기 위하여 목적물을 소지하고 있기 때문이다. 임차인·질권자·전세권자·지상권자 등이 그 예이다. 또한 법정대리인이나 법인의 대표기관의 소지 또는 점유보조자의 소지 등은 처음부터 본인의 소지와 마찬가지이므로 본조에 해당하지 아니한다. 목적물의 명의상 소유자라고 하더라도 강제집행면탈을 목적으로 피고로부터 가장양수한 자도 피고를 위하여 목적물을 소지한 자라고 본다.

c) 訴訟擔當의 경우의 利益歸屬主體(제218조 Ⅲ) 타인의 이익에 관하여 자기명의로 당사자가 된 자에 대한 판결의 기판력은 그 타인에게 미친다. 이는 이른바 제3자에 의한 소송담당의 경우인데, 타인의 권리에 관하여 당사자로서 소송을 수행하는 자격에 기하여 이루어진 확정판결의 기판력은 소송물의 실질적 귀속주체인 그 타인에게 미친다는 것이다. 선정자(제53조), 해난구조료의 채무자(상 제859조), 상속인(민 제1101조) 등이 그 예이다. 채권자가 대위권에 기하여 채무자의 권리를 대위행사한 경우(민 제404조) 그 판결의 효력이 채무자에게도 미치는지에 관하여는 견해의 대립이 있으나 판례는 종래의 소극설을 버리고 소송이 제기된 사실을 어떤 사유에 의하였든지 간에 채무자가 알았을 때에는 그 대위소송의 판결의 기판력이 채무자에게 미친다는 절충설을 취하고 있다.[1)]

d) 訴訟에 관여하지 아니한 제3자 소송에 관여하지 아니한 제3자가 소송당사자간에 내려진 판결의 효력을 받는다는 것은 그의 법적 지위를 침해 또는 약화시키는 결과로 되므로 특수한 경우에만 기판력을 받게 하여야 한다. 예컨대 공법상 법률관계, 신분관계 또는 단체법률관계는 획일적 처리를 통하여 법률관계의 혼란을 방지할 필요가 있으므로 제3자에게까지 판결의 효력을 확장하는 수가 있다. 이를 판결의 대세효라고 한다.

1) 대판(전) 1975. 5. 13. 74 다 1664.

aa) 가사소송에 있어서의 판결은 신분관계의 획일적 처리의 필요상 그 효력이 확장되지만 제3자에게 유리한 판결은 일반적으로 확장시키고 불리한 판결은 제한적으로 미치게 한다. 즉 가류 또는 나류 가사소송사건의 청구인용판결의 효력은 항상 일반 제3자에게도 미치지만, 청구배척판결은 참가하지 못한 데 대한 정당한 사유가 있는 다른 제소권자에게 효력이 미치지 아니하고 정당한 사유가 없는 경우에만 그 효력이 확장된다(가소 제21조).

bb) 행정소송의 판결의 효력도 창설적·대세적이므로 보조참가인은 물론 일반의 제3자에게까지 미친다는 것이 판례이다.[1] 행정소송의 경우에도 청구인용판결만이 대세효가 있고 청구기각판결은 당사자간에만 효력이 미친다(행소 제29조 I, 제38조 I).

cc) 상법상 회사관계소송에 있어서도 청구인용판결의 경우에 한하여 회사 사원간은 물론 일반의 제3자에게도 판결의 효력이 미친다(상 제190조).[2] 다만 이 같은 청구인용판결의 대세효는 기판력의 확장이라기보다는 형성력의 효과이다.[3]

이같이 판결의 효력을 당사자도 아닌 일반 제3자에게 확장함은 소송절차에 관여함이 없이 다른 자의 소송결과에 구속되므로 신중을 기하여야 하고 따라서 그의 이익보호를 위한 절차적 방법이 강구되어야 하므로 보통 직권탐지주의를 취하고(가소 제12조, 제17조, 행소 제26조), 제소권자와 제소기간을 법에서 정하며(예컨대 상 제184조), 제3자에게 소송참가(예컨대 상 제404조)와 사해재심(예컨대 상 제406조, 행소 제31조)의 기회를 부여한다.

e) 訴訟脫退者 독립당사자참가(제79조), 승계참가(제81조), 소송인수(제82조)에 의하여 제3자가 참가한 후 본래의 당사자의 일방이 탈퇴한 때라도 이 경우의 확정판결의 기판력은 탈퇴자에 대하여도 미친다(제80조). 보조참가인에게 미치는 판결의 효력은 기판력이 아니라 참가적 효력이라고 함이 후술하는 바와 같이 통설과 판례의 입장이다.

3. 判決의 執行力

1) 執行力의 의의 집행력이란 판결주문에서 채무자에게 명하여진 이행의무를 국가의 집행기관을 통하여 강제적으로 실현할 수 있는 효력이다. 이를 좁은 의미의 집행력이라 한다.

좁은 의미의 집행력은 이행판결의 확정시에 생기는 것이 원칙이나 가집행선

---

1) 대판 1969. 4. 15. 68 다 1087.

2) 다만 대판 1988. 4. 25. 87 누 399는 상법 제219조가 준용되지 아니하는 이사회결의무효확인소송의 경우에는 대세적 효력이 없다고 하나 의문이다.

3) 同旨 李時 632면.

고가 붙은 때에는 확정 전에도 생긴다(민집 제24조). 이 두 가지가 집행권원의 대표적 존재이지만 청구인낙·화해·조정 등의 조서, 확정된 지급명령(제474조), 항고로써만 불복신청할 수 있는 결정이나 명령, 형사배상명령(특례법 제34조), 집행증서에도 집행력이 인정된다. 외국법원의 확정판결이나 중재판정도 승인되어 집행판결을 받으면 집행력이 생긴다(민집 제26조, 제27조).

확인판결과 형성판결은 강제실현의 필요가 없으므로 좁은 의미의 집행력이 없으며 이행판결이라 하더라도 이행의무의 성질상 강제집행이 불가능하거나 부적당한 경우에는(예컨대 부부동거판결, 가수공연판결 등) 집행력이 없다.

이에 대하여 강제집행 이외의 방법으로 판결내용에 적합한 상태를 실현할 수 있는 효과를 넓은 의미의 집행력이라 한다. 이러한 의미의 집행력은 확인판결이나 형성판결에도 인정된다. 확인판결에 의하여 호적이나 등기의 변경을 신청하거나 집행기관에게 집행의 정지·취소를 구하는 것 등이 그 예이다.

2) 執行力의 범위 집행력도 그 시적·객관적 및 주관적 범위가 기판력의 그것과 일치하는 것이 원칙이다(민집 제25조). 집행력도 변론종결 후의 승계인에게 확장되는 것이 원칙이다. 그런데 승계인에게 자기 자신의 고유한 이익이나 권한이 있는 경우, 예컨대 특정물인도청구소송에서 청구를 인용하는 확정판결의 집행력은 동 소송의 변론종결 후 목적물을 선의취득한 자에게 미치지 아니한다. 이 경우에 강제집행채무자의 승계인에 대한 강제집행을 위하여 어느 절차에 의한 승계집행문을 부여받느냐는 다투어지는 문제이다. 이 경우에는 집행문부여절차에서도 승계사실 및 고유의 항변(예컨대 선의취득사실)이 없음을 가려야 하므로 이 같은 개연성이 없는 경우에는 집행문부여의 소에 의하여 판결로 집행문을 부여받을 수 밖에 없을 것이다.

4. 判決의 形成力

확정판결이 그 내용에 따라 법률상태를 발생·변경·소멸시키는 효력을 판결의 형성력이라 한다. 형성력은 형성의 소를 인용한 형성판결에 인정되며 이행판결이나 확인판결에는 생기지 아니한다. 원고가 제기한 형성의 소에 대하여 청구를 기각하는 판결이 확정되면 형성권의 부존재를 확정하는 기판력이 발생하지만, 청구를 인용하는 형성판결이 확정되면 형성권의 존재가 확정됨과 동시에 형성적 효과가 생기는 것이다. 이 경우 형성력이 발생하는 이외에 기판력도 발생하는가에 대하여 이론의 대립이 있다.[1] 적극적으로 해석함이 형성권의 존부에 관한 분쟁을 막는 데 도움이 될 것이다. 형성력은 판결확정시에 발생하지만 이 효력을 소급하는 경우도 있고(민 제846조, 제860조) 장래에만 발생시키는 수도 있다(상 제376조, 제190조, 민 제844조, 제816조).

형성판결의 형성력은 일반의 제3자에게도 미친다고 함이 통설이며(대세효), 가사소송법이나 상법의 여러 규정은 이러한 취지를 명언한 것이다.

5. 判決의 기타 파생적 효력

1) 法律要件的 效力 이는 판결이 확정되면 법률의 규정에 의하여 일정한 실체법적 또는 소송법적 효과를 발생시키는 효력을 가리킨다. 중단된 시효의 재진행(민 제178조), 단기시효가 10년의 보통소멸시효로 변하는 것(민 제165조), 수탁보증인의 사전구상권의 발생(민 제441조), 공탁물회수청구권의 소멸(민 제489조 I), 설립무효·취소와 회사계속(상 제194조), 소유권보존등기신청권의 발생(부등 제130조, 제131조), 참가적 효력의 발생(제77조), 가집행선고실효시의 원상회복과 손해배상청구권의 발생(제215조), 청구이의의 소에서의 이의의 제한(민집 제44조) 등 판결의 실체법상의 부수효가 발생한다.

2) 反射的 效力

가) 意義 및 本質 제3자가 직접 판결의 효력을 받는 것은 아니나 당사자가 기판력을 받는 결과 당사자와 일정한 관계에 있는 제3자가 이를 승인하지 않을 수 없어서 반사적으로 이익 또는 불이익을 받는 경우가 있다. 이를 판결의 반사효라고 하는데 그 본질은 아직 제대로 구명된 형편에 있지 아니하다. 법의 반사적 이익은 하나의 사실적 효력에 불과하므로 소송상 주장할 수 없는 것이 원칙이고 따라서 이를 부정하는 견해도 강하다. 반사효를 인정하는 견해 중에도 이를 소송법상 효력으로서 기판력의 제3자에 대한 확장이라고 보는 견해가 있는가 하면, 실체법상의 효력으로서 당사자가 받은 판결내용과 실체법상 의존관계에 있는 제3자가 그 판결에 구속될 수밖에 없는 효력이라고 보는 견해도 있는 등 좀더 연구가 필요하다.

반사효가 기판력과 다른 점은 직권조사사항이 아니어서 당사자의 주장이나 원용이 있어야 하고, 반사효를 받는 자는 보조참가를 할 수 있지만 공동소송적 보조참가는 할 수 없으며, 통모한 사해판결에 의하여 반사효를 받는 자는 그 무효를 주장할 수 있고, 반사효는 주문이 아니라 판결이유 중의 판단에 생긴다.

---

1) 자세한 논의는 제3편 제4장 제2절 제3관 Ⅳ. 2. 6) 가) ii) 참조.

나) 反射效가 미치는 경우 　보증인은 주채무자와 채권자간의 판결의 기판력은 받지 아니하나 주채무자가 승소하면 그 결과를 원용하여 보증채무이행을 거절할 수 있다. 또한 토지소유자와 동지상건물소유자간의 건물철거 및 토지인도 사건의 확정판결은 건물임차인의 지위에 영향을 미친다. 합명회사가 받은 판결의 효력은 그 사원에게 유리·불리를 막론하고 미친다(상 제212조~제214조). 공유자의 1인이 보존행위로서 소송을 하여 승소한 경우 다른 공유자는 반사효에 의해서 그 판결의 효력을 원용할 수 있다. 채무자와 제 3 자간에 채무자의 재산에 관하여 받은 판결의 효력은 그 채무자를 대위하여 제 3 자를 상대로 소송을 한 채권자에게 미친다.[1] 이 모든 경우의 효력은 기판력이 아니라 반사효라고 본다.[2] 그 밖에 채권자가 채무자를 상대로 어느 권리에 관하여 승소 또는 패소의 확정판결을 받고서 그 권리를 피보전권리로 하여 제 3 채무자를 상대로 채권자대위소송을 하는 경우 전자의 경우에는 제 3 채무자는 채권자의 피보전권리가 존재하지 않는다고 다툴 수 없고, 후자의 경우에는 채권자대위권을 행사할 수 없다고 하는 판례[3]의 입장을 반사적 효력으로 설명하는 견해가 주장되기도 한다.[4]

그러나 압류채권의 추심소송에 있어서의 판결은 소송절차에 소환을 받은 집행력 있는 정본을 가지는 채권자에게 효력이 미치고(민집 제249조 Ⅳ) 또한 파산채권을 확정하는 판결(통도 제468조) 및 회생채권 또는 회생담보권을 확정하는 판결(통도 제176조)은 파산채권자 전원 및 회생채권자, 회생담보권자와 주주전원에 대하여 각각 그 효력이 미친다. 이러한 경우에 이를 반사적 효력이라고 하는 설도 있으나, 이는 기판력이 미치는 경우라고 보아야 할 것이다.

3) 判決의 事實的 效力 　하나의 판결이 내려지면 여러 가지 실체법적 및 소송법적 효력을 발생시키지만 확정판결의 존재 자체로 말미암아 사실상으로 여러 가지 영향을 미치고 작용을 하는 수가 있는데 이를 사실적 효력이라고 한다. 그 중에서 파급효 또는 간접효라고 하는 것은 판결이 당사자 이외의 제 3 자의 지위나 행동에 사실상 영향을 미치는 효과를 가리킨다. 예컨대 재판에 나타난 복잡한 분쟁해결이 정책형성이나 법집행기준에 영향을 주는 경우이다.

---

1) 대판 1975. 8. 19. 74 다 2229.
2) 李時 635면. 이에 대하여 채권자는 채무자의 지위에 서는 채권자대위제도의 성질상 당연한 결론이며 반사효라고 보기 어렵다는 견해로는 鄭/庾 741면.
3) 예컨대 대판 1998. 3. 27. 96 다 10522.
4) 文一鋒, "채권자대위소송의 몇 가지 문제점에 관한 검토 등," 법조 480호(1996. 9), 123면 이하 참조.

판결의 사실적 효력 중에서 증명효라 함은 선행소송에서의 판결이 후소에 미치는 영향 중에서 특히 전소의 판결이유 중에 나타난 사실인정이나 법률판단이 후소의 판단에 대하여 갖는 사실상의 증명적 효력을 말한다.[1] 특히 전후 두 개의 민사소송이 당사자가 같고 분쟁의 기초가 된 사실도 같으나 소송물이 달라 기판력에 저촉되지 않은 결과 새로운 청구를 할 수 있는 경우에 있어서는 더욱 그러하다.[2] 민사재판에 있어서 이와 관련된 다른 민·형사사건 등의 확정판결에서 인정된 사실은 특별한 사정이 없는 한 유력한 증거자료가 되는 것이나, 판례는 당해 민사재판에서 제출된 다른 증거내용에 비추어 관련 민·형사사건의 확정판결에서의 사실 판단을 그대로 채용하기 어렵다고 인정될 경우에는 이를 배척할 수 있다고 한다.[3]

V. 判決의 瑕疵의 각 경우

1. 總 說

판결이 일단 대외적으로 선고되면 법적 안정의 필요상 형식적 확정력을 가져서 이를 무시하거나 번복할 수 없다. 다만 그 판결에 절차상 또는 내용상 하자가 있는 경우 이를 법이 어떻게 취급하며 판결의 효력은 어떻게 될 것인가가 문제된다. 법은 기초적인 표현상의 오류가 있는 경우 스스로 경정할 수 있는 길을 열고 있고, 그 외의 하자는 상소에 의하여 치유하게 하거나 좀더 심각한 하자는 재심의 길까지 열어서 시정하게 하는 단계적 틀을 마련해 놓고 있다.

문제는 판결로서 존재한다고 보기 어려운 경우와 판결로서 존재한다고 하더라도 판결의 본래적 효력이 발생할 수 없는 경우에 어떻게 할 것인가이다. 이것이 비판결과 무효판결의 문제이다.

2. 判決의 不存在(非判決)

이는 판결로서 성립하기 위한 기본적 요건을 흠결하여 법률상 판결로서의 존재를 인정할 수 없는 경우이다. 법원이 아닌 실무수습자나 법원사무관 또는 집행관이 한 판결, 또는 선고하지 아니한 판결초고 등은 전연 법률적 의미가 없고 누구나 그 존재와 효력을 무시할 수 있으며 상소의 대상도 되지 못한다. 다만 이것

1) 대판 1990.12.11. 90 다카 7545; 대판 1990.5.22. 89 다카 33944.
2) 대판 2009.9.24. 2008 다 92312, 92329.
3) 대판 2007.8.23. 2005 다 72386, 72393.

이 송달되어 판결이 있는 듯한 외관이 생겨서 집행의 위험이 있는 경우에는 상소에 의한 취소를 인정할 것이다.[1)]

3. 無效判決

절차상 유효한 판결로서 존재하여 당해심급을 완결시키는 등 판결로서의 외관은 갖추어져 있어서 그 존재는 인정되지만 절차상 또는 내용상 하자의 중대성 때문에 판결의 실체적 확정력(기판력·집행력·형성력)이 생기지 않는 판결이다. 이를 판결의 당연무효 또는 좁은 의미의 판결의 무효라고 한다.

국내재판권에 복종하지 아니하는 자에 대한 판결, 소취하 후 선고된 판결, 사망자에 대한 판결[2)] 등과 같이 절차상의 하자가 있거나, 또는 판결 당시 존재하지도 아니하는 법률관계의 형성을 선언하는 판결,[3)] 현행법상 인정되지 아니하는 법률효과를 인정하는 판결,[4)] 내용의 불명확, 모순 등으로 그 의미를 확정할 수 없는 판결 등과 같이 내용상 하자가 있는 예를 들 수 있다.

이 같은 무효판결은 절차상 유효하게 존재하는 판결이므로 당해 법원을 구속하는 형식적 확정력은 있다. 따라서 상소하여 취소를 구할 수 있다고 보아야 할 것이다.[5)] 확정된 후에도 원고는 동일소송물에 관하여 소를 제기할 수 있고 피고는 구 소송의 소송물의 부존재확인을 구할 수 있다.

4. 判決의 騙取(詐僞判決)

1) 意 義 당사자가 악의로 상대방과 법원을 기망하거나 상대방과 짜고 확정판결을 얻는 이른바 판결의 부당취득을 판결의 편취라고 한다. 성명모용을 통한 판결, 피고의 주소를 알면서도 주소불명으로 속여 공시송달을 신청하여 피고 모르게 얻은 승소판결, 피고의 주소를 허위로 기재하여 그 곳으로 송달시킨 다음 마치 피고가 송달받고도 불출석한 것처럼 법원을 속여 의제자백으로 얻은 승소판결 등을 들 수 있다.

---

1) 대판 1956. 6. 30. 53 行上 8.

2) 대판 1982. 4. 13. 81 다 1350.

3) 대판 1982. 10. 12. 81 므 53.

4) 그러나 단순히 판결이유에 강행법규나 사회질서에 위배되는 판단이 포함된 때에는 당연무효로는 볼 수 없다는 판례로는 대판 1962. 4. 18. 61 민상 1268 참조.

5) 同旨 李時 639면. 그러나 대판 1965. 11. 30. 65 다 1989는 사자를 상대로 한 판결은 무효이므로 이에 대한 항소는 부적법하다고 한다.

2) 救濟方法 판결의 편취는 당연무효라고 보기는 어렵고, 편취된 판결이라도 그 유효함을 전제로 상소를 하거나, 아니면 상소추후보완이나 재심에 의하여 구제받을 수 있다. 성명모용판결의 경우에는 확정 전이면 상소를, 확정 후이면 재심(제451조 I 13호)을 통하여 구제할 수 있다. 판례는 공시송달에 의한 판결편취의 경우에는 송달이 유효함을 전제로 재심(제451조 I 11호)에 의하여 구제하여야 한다고 한다(재심설).[1] 그러나 의제자백에 의한 판결편취의 경우에는 허위주소에의 송달은 무효이므로 판결정본이 송달되지 아니한 상태이고 따라서 상소기간이 진행하지 아니하므로 피고는 어느 때나 항소할 수 있다고 한다(항소설).[2] 따라서 소송행위의 추후보완은 문제되지 않는다.[3]

그 외에도 손해배상청구 등 실체법상 구제수단에 의하여도 시정할 수 있다함이 판례이다.[4] 그러나 재심을 거쳐 편취된 판결을 취소함이 없이 바로 손해배상청구를 하게 허용하면 확정판결의 기판력에 저촉되므로 이 같은 판례의 태도는 의문이다.[5] 판례는 판결이 확정되어 집행된 것이 불법행위를 구성하기 위해서는 소송당사자가 상대방의 권리를 해할 의사로 상대방의 소송 관여를 방해하거나 허위의 주장으로 법원을 기망하는 등 부정한 방법으로 실제의 권리관계와 다른 내용의 확정판결을 취득하여 집행을 하는 것과 같은 특별한 사정이 있어야 한다고 한다.[6] 그러나 최근에는 당사자의 법적 안정성을 위해 확정판결에 기판력을 인정한 취지나 확정판결의 효력을 배제하기 위하여는 그 확정판결에 재심사유가 존재하는 경우에 재심의 소에 의하여 그 취소를 구하는 것이 원칙적인 방법인 점에 비추어 볼 때 불법행위의 성립을 쉽게 인정하여서는 아니 되고, 확정판결에 기한 강제집행이 불법행위로 되는 것은 당사자의 절차적 기본권이 근본적으로 침해된 상태에서 판결이 선고되었거나 확정판결에 재심사유가 존재하는 등 확정판결의 효력을 존중하는 것이 정의에 반함이 명백하여 이를 묵과할 수 없는 경우로 한정하여야 한다고 하여 보다 신중한 태도를 보이고 있다.[7]

---

1) 대판 1974. 6. 25. 73 다 1471.

2) 대판(전) 1978. 5. 9. 75 다 634; 대판 1995. 5. 9. 94 다 41010. 그 밖의 사유로 판결정본이 적법하게 송달되지 않은 경우에도 상소기간은 진행하지 않는다. 대판 1997. 5. 30. 97 다 10345.

3) 대판 1994. 12. 22. 94 다 45449.

4) 대판 1960. 11. 3. 59 민상 656.

5) 方 599면, 金/姜 595면, 李時 641면.

6) 대판 1991. 2. 26. 90 다 6576; 대판 1992. 12. 11. 92 다 18627.

7) 대판 1995. 12. 5. 95 다 21808. 당사자가 단순히 실체적 권리관계에 반하는 허위주장을 하거나, 자신에게 유리한 증거를 제출하고 불리한 증거는 제출하지 않거나, 제출된 증거의

한편 판례는 확정판결이 재심의 소 등으로 취소되지 아니하는 한 그 판결의 강제집행으로 교부받은 금원을 부당이득반환청구하는 그 판결의 기판력에 저촉된다고 한다.[1)]

제3절 訴의 取下

I. 意 義

1. 訴取下의 개념

소의 취하는 원고가 법원에 대하여 요구한 심판의 일부 또는 전부를 철회하는 소송상의 의사표시이다(제266조). 소의 취하는 판결에 의하지 아니하고 당사자의 행위에 의한 소송종료원인의 하나로서 소송계속을 소급적으로 소멸시킨다. 소를 제기한 경우는 물론 소의 변경, 중간확인의 소, 반소, 독립당사자참가, 공동소송적 당사자참가, 가집행목적물반환신청, 형사절차에 있어서의 배상명령신청 등과 같이 소의 제기와 동일시되는 경우에도 취하할 수 있음은 물론이다.[2)]

2. 訴取下契約과의 구별

1) 소의 취하는 원고의 법원에 대한 단독적 소송행위인 점에서 소송 외에서 당사자가 합의하는 소취하계약과 다르고 법정 외에서도 할 수 있는 화해와도 다르다. 다만 이른바 재판 외의 화해가 소송물을 이루는 권리관계에 대하여 실체법상의 합의를 한 끝에 이에 곁들여 화해로써 끝낸 분쟁을 더 이상 계속하지 아니하고자 하는 의도를 내포하였다면 소취하계약에 준하여 볼 수 있다.

2) 소취하계약의 효력에 관하여는 첫째, 원고에게 취하를 강제할 수 없으므로 사법상으로나 소송법상 효력이 없다는 무효설, 둘째, 사법상 유효하며 원고가 이에 위반하는 경우에 피고가 이를 항변으로 주장·입증하면 원고는 권리보호의 이익을 잃기 때문에 소를 각하할 것이라는 사법계약설, 그리고 셋째, 소취하계약은 소송계속의 소멸을 목적으로 한 소송계약으로서 계약성립이 소송상 주장되면

내용을 자기에게 유리하게 해석하는 등의 행위만으로는 확정판결의 위법한 편취에 해당하는 불법행위가 성립하지 않는다고 본 대판 2010. 2. 11. 2009 다 82046, 82053 참조.

1) 대판 1995. 6. 29. 94 다 41430.

2) 헌법소원심판청구가 취하되면 헌법소원심판절차는 종료된다. 헌재(전) 1995. 12. 15. 95 헌마 221, 233, 297.

직접 소송계속소멸의 효과가 생기므로 소는 취하의 합의에 의하여 종료되었음을 판결로 선고할 것이라는 소송계약설이 있다.[1] 통설[2]과 판례[3]는 사법계약설에 따르는 입장이면서도 강제집행취하계약에 있어서 그 취하이행을 소구함은 공법상 권리인 강제집행청구권의 처분을 구하는 것이므로 할 수 없다고 한다.[4]

3. 一部取下

1) 소의 취하는 소의 전부나 일부에 대하여 할 수 있다. 일부취하의 모습으로는 여러 개의 병합된 청구 중 1개를 취하하거나 가분청구 중 일부분을 취하할 수도 있고, 공동소송의 경우에 공동원고 중의 1인이, 또는 공동피고 중의 1인에 대한 소를 취하하는 경우도 있다.[5] 고유필수적 공동소송에 있어서 소의 일부취하는 무효이다.

2) 청구의 감축이 소의 일부취하인가 청구의 일부포기인가는 원고의 의사에 따라 정하여야 하고 그것이 불명인 경우에는 일부취하로 보아야 한다는 것이 판례이다.[6] 그러나 본래 그 부분에 관하여 일부판결을 할 수 있을 정도로 특정성을 가지는 경우에는 일부취하를 인정할 수 있다.

3) 소의 취하는 소송행위이므로 소송행위의 안정성과 명확성의 요청상 민법상의 법률행위에 관한 규정의 적용을 받지 아니한다.[7] 따라서 조건부취하 또는 하자 있는 의사표시나 착오에 의한 소취하의 취소는 허용될 수 없다.[8] 소의 취하가 사기나 강박에 의하여 이루어진 경우에도 취소할 수 없음이 원칙이지만 법 제451조 1항 5호에 해당할 만큼 충분한 가벌성이 있는 경우에는 법 제456조의 기간 내에 그 무효나 취소를 주장할 수 있을 것이다.[9]

4. 請求의 拋棄와의 구별[10]

소의 취하는 피고의 동의에 따라 심판신청을 소급적으로 철회하는 진술로서

1) 金洪 516면, 鄭/庾 629면.
2) 方 530면, 李英 346면, 李時 538면, 姜 452면.
3) 대판 1992.9.22. 91 다 44001(조건부소취하계약도 유효); 대판 1997.9.5. 96 후 1743.
4) 대판 1966.5.31. 66 다 564.
5) 대판 1971.10.22. 71 다 1965.
6) 李時 537면, 胡 745면. 그리고 대판 1983.8.23. 83 다카 450; 대판 1993.9.14. 93 누 9460.
7) 대판 1964.9.15. 64 다 92; 대판 1983.4.12. 80 다 3251.
8) 대판 1997.6.27. 97 다 6124; 대판 1997.10.24. 95 다 11740.
9) 대판 1967.10.31. 67 다 204; 대판 1985.9.24. 82 다카 312, 313, 314.
10) 제3편 제4장 제3절 Ⅳ. 2. 1) 참조.

그 후에 뒤따르는 절차진행이 없으므로 처음부터 사건이 계속하지 아니한 것과 동일한 효력이 생긴다. 이에 대하여 청구의 포기는 심판신청 후 자기의 청구가 이유 없다는 진술로서 소송물에 대한 처분행위라는 점에서 소의 취하와 본질적으로 다르다. 소의 취하는 확정된 소각하판결에 해당하고 청구포기는 확정된 청구기각판결과 그 효력이 동일하다.[1] 따라서 청구포기의 경우에는 분쟁을 실체적으로 해결하는 것이므로 다시 소를 제기할 수 없으나 소의 취하의 경우에는 종국판결선고 후의 취하가 아닌 한 다시 소를 제기할 수 있다.

5. 上訴의 取下와의 구별

상소의 취하는 상급심의 소송계속만을 소급하여 소멸시키므로 원판결을 유지·확정시키지만 소의 취하는 전체의 소송계속을 소급적으로 소멸시키므로 이미 행한 판결도 실효하게 한다. 상소의 취하에는 피상소인의 응소 후라도 그의 동의를 요하지 않는 점이 소의 취하와 다르다(제393조).

Ⅱ. 要 件

1. 訴取下의 對象

취하는 원고가 모든 소송물에 관하여 자유롭게 할 수 있다. 따라서 직권탐지주의의 적용을 받아 자유롭게 청구의 포기를 할 수 없는 소송물에 대하여도 취하가 가능하다. 다만 판례는 수소법원은 소취하의 적법 여부를 판단하기 전에 소취하가 불법일 경우에 대비하기 위하여 소송물에 대한 심리는 할 수 있다고 한다.[2]

2. 訴取下의 時期

소의 취하는 소송의 계속중 판결의 확정 전이면 자유로이 할 수 있다(제266조 Ⅰ). 확정 전이면 종국판결 후라도 항소심 또는 상고심에서 취하할 수 있으나, 그러한 경우에는 동일한 소를 제기할 수 없는 재소금지의 불이익이 있다(제267조 Ⅱ).

3. 訴取下行爲의 能力 및 權限

소취하의 소송행위는 법원에 대한 단독행위이므로 원고가 소송능력을 가져

1) 李英 258면.
2) 대결 1960. 2. 29. 59 민재항 320.

야 하고 대리인에 의한 경우에는 대리인은 대리권[1] 및 특별수권(제56조 Ⅱ, 제95조 Ⅱ [2])[2] 이 있어야 한다. 법인의 대표이사가 아니더라도 회사를 대표할 권한이 있는 것으로 인정될 만한 전무이사직에 있는 자가 한 소취하는 유효하며,[3] 가처분에 의하여 선임된 대표이사직무대행자도 이미 제기된 소를 취하할 수 있다.

4. 被告의 同意

피고가 본안에 관한 준비서면을 제출하거나 변론준비기일에서 진술하거나 변론을 한 후에는 피고의 동의를 얻어야 소취하의 효력이 생긴다(제266조 Ⅱ). 피고가 응소하여 본안판결을 받고자 하는 적극적 태도를 보인 때에는 피고의 동의를 취하의 효력발생요건으로 하여 피고의 구체화된 본안판결청구권을 보호하고자 하는 것이다.[4]

소취하에 대한 피고의 동의도 소송행위이므로 소송능력을 갖추어야 한다. 대리인이 동의함에는 특별수권이 필요하다는 견해도 있으나[5] 그럴 필요는 없을 것이다. 피고가 일단 소취하에 동의를 거절하였다가 그 후 이를 철회하여 다시 동의한다고 하여도 취하의 효력은 생기지 아니한다.[6] 왜냐하면 다시 동의할 대상이 없어졌기 때문이다. 가압류·가처분명령에 대하여 채무자가 이의를 신청하여 변론이 열린 뒤에 보전명령을 취하하려면 소의 경우와 마찬가지로 채무자의 동의가 필요하다.

피고가 제1차적으로는 소각하판결을 구하고 예비적으로 청구기각판결을 구하여 본안에 관하여 답변한 때에도 아직 피고가 확정적으로 본안에 관하여 답변한 것이 아니므로 피고의 동의 없이 소를 취하할 수 있다.[7] 반소는 본소의 청구 또는 방어방법과 서로 관련되어 있는 것이므로 본소의 취하 후에 반소를 취하함에는 원고의 동의를 요하지 아니한다(제271조).

---

1) 대판 1975. 5. 13. 75 다 76.
2) 대판 1967. 7. 4. 67 다 792.
3) 대판 1970. 6. 30. 70 후 7. 대판 1994. 4. 12. 90 다카 27785는 회사의 대표권이 없는 자가 그 청산인으로 선임되어 있음을 기화로 소를 취하한 경우에 이에 동의한 상대방이 그 대표권 없음을 알고 있었다면 소취하의 효력이 없다고 한다.
4) 그러므로 중복제소부분의 취하에는 동의가 불요하다는 판례로는 대판 1968. 9. 17. 67 누 77.
5) 李英 260면.
6) 대판 1969. 5. 27. 69 다 130, 131, 132.
7) 대판 1968. 4. 23. 68 다 217, 218. 소취하에 대한 피고의 동의 및 동의의 거절은 반드시 명시적으로 하여야 하는 것은 아니며 묵시적으로 하여도 무방하다. 대판 1993. 9. 14. 누 9460.

Ⅲ. 方式과 節次

1. 訴取下方式

소의 취하는 법원에 소취하서를 제출하여야 함이 원칙이나 변론 또는 변론준비기일에서는 말로서도 할 수 있다(제266조 Ⅲ). 소취하서는 상대방이나 제 3 자를 통하여 제출할 수도 있다.[1] 소장송달 후에는 취하서를 상대방에게 송달하여야 한다(제266조 Ⅳ). 취하의 진술은 조서에 기재되며, 상대방이 결석한 때에는 그 기일의 조서등본을 상대방에게 송달하여야 한다(제266조 Ⅴ). 이는 상대방에게 취하에 동의할 것이냐의 여부를 촉구하고 불필요한 준비를 하지 아니하도록 배려하는 취지이다. 피고의 동의를 요하지 아니하는 경우에는 취하서의 제출 또는 취하의 진술과 동시에 취하의 효력이 발생한다.[2] 일단 적법한 소취하가 이루어진 후에는 당사자의 합의에 의하여 부활시킬 수 없다. 소의 취하는 묵시적으로 할 수도 있다.[3]

2. 訴取下同意不明時의 취하의제

피고가 소의 취하에 동의하는지가 불명한 경우에 이를 방치하면 소송절차가 불안정하여진다. 따라서 취하서나 조서등본이 송달된 날로부터 2주일 내에, 말로 취하한 경우에 상대방이 출석한 때에는 그 날로부터 2주일 내에 이의를 하지 아니하면 소취하에 동의한 것으로 본다(제266조 Ⅵ). 반대로 이러한 경우에는 소취하에 동의하지 아니한 것으로 보아 소송을 속행함이 可하다는 입법론도 있고,[4] 송달 후 3월 내에 피고의 이의가 없으면 소취하로 의제하는 입법례도 있다.[5]

3. 訴取下에 대한 다툼

소취하의 적법 여부에 관하여 다툼이 있어 소취하의 무효를 다투는 당사자는 그 사유를 들어 기일지정신청을 할 수 있다. 이 때에는 변론을 열어 취하의 유효가 밝혀지면 소송은 종결되었다는 뜻의 종국판결(소송종료선언)을 하여야 하며, 취하가 무효임이 판명되면 본안변론을 속행할 것이고, 취하가 무효임은 중간판결이나 종국판결의 이유에서 판단하면 된다(민소규 제52조 Ⅱ, Ⅲ).[6]

---

1) 대판 2001. 10. 26. 2001 다 37514.
2) 대판 1980. 8. 26. 80 다 76.
3) 대판 1993. 9. 14. 93 누 9460.
4) 李英 260면.
5) 일본 민사소송법 제236조 6항.
6) 대판 1962. 4. 26. 61 민상 809.

Ⅳ. 效 果

1. 訴訟係屬의 遡及的 消滅(제267조 I)

1) 소의 취하부분에 관하여는 처음부터 소가 계속하지 아니한 것으로 본다. 그리하여 소송은 그 이상 진행할 수도 없고, 소송계속을 전제로 이미 행한 당사자의 응소관할의 효과, 이송신청, 기피신청, 보조참가, 소송고지, 공격방어방법의 제출이나 법원의 증거조사 또는 재판 등 모든 소송행위는 실효된다. 다만 법원이 인정한 사실이나 이를 기록한 조서 등은 다른 소송에서 증거로 이용될 수 있다.

2) 그러나 취하에 앞서 제기된 반소나 중간확인의 소 또는 관련재판적은 본소의 취하에 영향을 받지 아니한다는 것이 판례이다.[1] 독립당사자참가소송에서 본소가 취하된 경우에는 참가인의 청구도 함께 소멸된다는 설과 참가인의 구소원·피고를 상대로 한 공동소송의 형태로 잔존한다는 설이 있다. 소의 취하는 보전의사의 포기가 있었다고 인정되지 않는 한 가처분취소의 원인인 사정변경(민집 제288조, 제301조)에 해당되지 아니한다.[2]

3) 소송계속과 결부된 사법상 효과는 소취하에 의하여 어떻게 되는가. 소의 제기에 의한 시효중단의 효과는 소취하에 의하여 소급적으로 소멸된다(민 제170조). 또한 기간준수의 효과도 소멸된다고 보아야 한다. 지급청구는 소장을 이용한 사법상의 의사표시이므로 소취하로 인하여 소멸되지 아니하지만 공격방어방법으로서 행한 최고·해제·해지·취소·상계 등의 효력에 관하여는 소취하와 함께 모두 소멸한다는 소송행위설도[3] 있으나, 취하에 의하여 그 효력이 소멸되는 것이 아니라는 사법행위설이 타당하다.[4]

4) 소취하에서 생긴 소송비용의 부담과 액수를 정하는 것은 당사자의 신청에 의하여 법원의 결정으로 정한다(제114조). 소를 취하한 원고는 패소자에 준하여 처리함이 원칙이다(제98조).

---

1) 대판 1970. 9. 22. 69 다 406; 대판 1991. 1. 25. 90 다 4723.
2) 대판 1967. 1. 24. 66 다 2268.
3) 金/姜 541면(신병존설입장(절충설)), 鄭/庾 623면(신병존설 입장), 姜 606면 이하.
4) 同旨 方 535면, 李英 261면, 李時 543면, 胡 751면.

2. 再訴의 禁止(제267조 II)

1) 意義와 制度的 趣旨

가) 소의 취하는 이미 내려진 판결이라도 실효시키고 만다. 법은 판결이 확정되기 전까지는 상소심에서도 취하할 수 있는 자유를 주면서도 본안에 관한 종국판결이 있은 뒤에 소를 취하한 자는 동일한 소를 다시 제기할 수 없도록 하였다. 이를 재소금지라고 한다.

나) 청구의 포기시나 판결이 확정된 경우에 당사자가 다시 소송을 할 수 없는 이유는 당사자의 확정적 처분이 있었거나 법원의 판결에 대하여 더 이상 다툴 방법이 남아 있지 않기 때문이다. 그러나 소취하의 경우에는 그러하지 아니하므로 소를 취하한 원고가 나중에 다시 소를 제기하는 것을 막을 이유가 없다. 따라서 재소금지에 대하여 입법상 모순이라는 비판과 함께,[1] 차라리 본안판결선고 후에는 소취하를 금지하는 것이 더 간명하다는 주장도 있다. 그러나 현행법은 재소를 허용하였을 경우에 발생할 수 있는 전후판결의 모순과 소송상 낭비를 방지하고 당사자처분권주의를 살리면서도 법원의 종국판결이 소취하에 의하여 농락됨을 방지하기 위한 입법이라고 할 것이다. 그리하여 법원이 판결을 하는 데 들인 노력이 헛수고가 되는 것을 막고 당사자의 소취하권 내지 재소권의 남용을 견제하자는 데에 그 취지가 있다.

원래 소취하와 청구포기를 명확하게 구별하는 입법례에서는 소취하와 재소를 자유롭게 허용하고, 양자를 엄밀하게 구별하지 아니하는 법제하에서는 소송계속이나 피고의 응소 이후에는 소취하를 못하도록 하고 이를 허용하는 경우에도 그 후의 재소를 금지하고 있다.[2] 소취하와 청구포기의 가장 큰 차이점은 소송물에 대한 당사자의 처분의 유무이고 이는 바로 재소의 허용 여부와 직결된다. 즉 청구의 포기는 소송물에 대한 처분이 있는 경우이므로 다시 소를 제기하는 것을 허용할 수 없지만 소취하의 경우에는 소송물의 처분이 없었으므로 재소가 허용되는 것이 당연하다.

2) 要　件

가) 當事者의 同一

(i) 재소를 제기할 수 없는 자는 전소의 원고이고, 피고는 이러한 제한을 받지

---

1) 李英 261면.

2) 소취하와 재소금지에 관한 입법례를 다룬 글로는 胡文赫, “선결적 법률관계와 재소금지,” 민사판례연구 XIII(1991), 216-218면 참조.

아니한다. 나아가서 변론종결 후의 원고의 일반승계인 및 특정승계인도 재소금지의 효과를 받는다고 함이 통설[1)]과 판례[2)]이다. 이에 대하여 특정승계인은 소취하를 알면서 받아들인 경우가 아닌 한 재소금지의 효과를 받지 아니한다는 반대설이 있다.[3)] 재소금지의 범위를 확대함은 바람직하지 아니하므로 원고의 법적 지위를 포괄승계하는 일반승계인 이외에는 재소금지의 효과가 미치지 아니한다고 볼 것이다.

(ii) 본안판결선고 후에 선정당사자가 소를 취하하거나 채권자가 채권자대위소송에서 소를 취하한 경우에 이 같은 소송의 계속을 알고 있는 선정자와 채무자는 각각 재소금지의 효과를 받는다는 것이 판례이다.[4)] 그러나 채권자가 소를 취하한 경우에 재소금지효과가 채무자에게 미친다고 함은 부당하다.[5)]

나) 訴訟物의 同一 소송물의 동일성은 청구취지와 청구원인에 의하여 식별된다. 증여받았음을 전제로 부동산소유권의 확인을 구하는 소와 그 지분소유권을 상속받았음을 전제로 그 지분소유권의 확인을 구하는 소는 동일하다고 볼 수 없다.[6)] 그리고 소유권에 기한 명도청구와 약정에 기한 명도청구도 소송물이 다르다.[7)]

그런데 판례는 전소가 원본채권이고 후소가 이자채권 또는 원본채권불이행으로 인한 손해배상청구권과 같이 전소의 소송물을 전제로 하는 경우,[8)] 또는 전소의 소송물 속에 후소의 소송물이 포함된 때에는[9)] 동일한 소가 되어 재소금지의 효과를 받는다고 한다. 즉 후소가 전소의 소송물을 선결적 법률관계 내지 전제로 하는 것일 때에는 비록 소송물은 다르지만 원고는 전소의 목적이었던 권리 내지 법률관계의 존부에 대하여는 다시 법원의 판단을 구할 수 없는 관계상 재소금지제도의 취지와 목적에 비추어 후소에 대해서도 동일한 소로써 판결을 구할 수 없다는 취지이다. 그러나 전후양소의 소송물이 동일한 경우에 국한하지 아니

1) 方 536면, 李英 262면, 金容 417면, 鄭/庾 625면, 姜 607면.
2) 일반승계인의 경우는 대판 1969. 7. 22. 69 다 760. 그리고 특별승계인의 경우는 대판 1981. 7. 14. 81 다 64, 65 각 참조.
3) 李時 544면, 金/姜 543면, 胡 753면.
4) 대판 1981. 1. 27. 79 다 1618, 1619; 대판 1996. 9. 20. 93 다 20177, 20184
5) 胡 717면.
6) 대판 1991. 5. 28. 91 다 5730.
7) 대판 1991. 1. 15. 90 다카 25970.
8) 方 537면, 李英 262면, 金/姜 543면, 鄭/庾 625면, 姜 607면. 그리고 대판 1989. 10. 10. 88 다카 18023. 소송물이 다르다는 반대설로는 李時 545면, 胡 756-757면.
9) 대판 1958. 3. 6. 57 민상 784.

하고 재소금지의 원칙을 이처럼 확장하여 적용하는 판례의 태도는 의문이다.

다) 權利保護利益의 同一

(i) 후소의 권리보호이익이 전소의 그것과 다른 경우,[1] 예컨대 전소가 부적법하기 때문에 이를 취하한 후 적법한 소로 만들어 제기하거나,[2] 소취하 후 다시 권리침해를 받는 경우,[3] 또는 소취하의 전제조건인 약정사항을 어겨서 약정이 해제된 경우에는[4] 새로운 권리보호의 이익이 있으므로 재소가 가능하다. 또 매매를 원인으로 한 소유권이전등기청구소송에서 승소판결을 받았으나 토지거래허가 문제로 소를 취하한 다음 토지거래허가를 받고서 다시 소유권이전등기청구의 소를 제기하거나,[5] 부동산 공유자들이 제기한 명도청구소송에서 제1심 판결 선고 후 공유자 중 1인이 자신의 공유지분을 다른 공유자에게 양도하고 소를 취하한 다음 그 공유지분의 양수인이 양수 지분에 기한 명도청구를 추가한[6] 경우에도 재소가 금지되지 않는다.

(ii) 중복제소의 경우에는 후소에 관한 본안판결이 있은 뒤 소취하를 하면 전소는 재소금지에 저촉되어 유지될 수 없으므로 각하되어야 한다는 것이 판례이나,[7] 중복제소의 경우에 부적법한 것은 후소인데 이를 취하하고 나면 전소가 재소금지의 효과를 입어 부적법해진다고 함은 의문이다.

(iii) 재소금지의 법리와 중복제소금지의 원칙(제259조)을 비교하면 첫째, 전자는 원고에 의한 소취하권 남용 내지 법원농락을 방지하려는 취지이므로 원고에게만 적용이 있는 데 반하여 후자는 판결의 모순과 중복을 방지하려는 의도이므로 원·피고를 불문하고 적용되며, 둘째, 전자는 소취하 후에 소송계속이 없는 상태에서 적용이 있으나 후자는 본안판결절차에 계속중인 소송에 적용된다. 셋째, 권리보호이익의 유무에 따라서도 양원칙은 구별된다. 전후양소가 권리보호의 이익이 다르면 재소할 수 있으므로 결국 재소금지의 범위가 중복제소금지의 경우보다 좁다.

---

1) 재소금지의 적극적 요건으로 권리보호이익이 동일할 것을 요구하는 통설과 판례를 비판하면서 재소를 허용할 만한 사정의 부존재를 재소금지의 소극적 요건으로 파악하는 입장으로는 文一鋒, "재소금지원칙의 몇 가지 문제의 고찰," 법조 503호(1998.8), 140면 이하 참조.

2) 대판 1957.12.5. 57 민상 503.

3) 대판 1981.7.14. 81 다 64, 65.

4) 대판 1993.8.24. 93 다 22074.

5) 대판 1997.12.23. 97 다 45341.

6) 대판 1998.3.13. 95 다 48599, 48605.

7) 대판 1967.3.7. 66 다 2663; 대판 1967.7.18. 67 다 1042; 대판 1967.10.31. 67 다 1848.

라) 本案判決에 대한 終局判決宣告 후의 取下일 것

(i) 소송판결이 있은 뒤의 소취하에는 적용이 없으므로 소각하판결이나[1] 소송종료선언판결 후[2] 소를 취하한 원고는 재소를 할 수 있다.

(ii) 전소의 본안판결의 내용 여하는 불문한다. 그러나 당연무효판결은 포함하지 아니하므로 사자를 상대로 하여 얻은 제1심 판결을 상속인이 항소중에 원고가 소를 취하한 것은 종국판결선고 후의 소취하에 해당하지 아니하고 재소금지의 제재를 받지 아니한다.[3]

(iii) 판례는 항소심에서 소의 교환적 변경을 한 경우에도 구 청구에 대하여는 본안에 대한 종국판결선고 후의 소취하가 되며,[4] 부적법한 소변경 후 변경된 소송물에 관하여 본안판결이 있은 뒤 취하하였다면 재소금지에 저촉된다고 한다.[5]

3) 效　果

(i) 재소금지의 원칙은 소송제도의 재이용을 금하는 공법적 성질을 가진 국가적 제재이므로 법원의 직권조사사항이고 이에 위반된 소는 부적법 각하되어야 한다.[6]

(ii) 청구의 임의포기가 허용되지 않는 선거관계소송이나 가사소송의 경우에는 재소금지의 원칙이 인정될 수 없을 것이다.

(iii) 재소금지의 규정은 그 사안에 대한 원고의 소권을 소멸시킴에 그치며, 실체법상의 권리소멸을 규정한 것이 아니므로[7] 그 권리는 일종의 자연채무로 남는다.[8] 따라서 원고는 상계에의 제공, 임의변제의 수령이나 담보권의 실행을 할 수 있고 피고는 채권부존재확인의 소를 제기할 수 있다.

V. 訴取下의 擬制

첫째, 이미 본 바와 같이 변론기일에 양쪽 당사자가 불출석하거나 출석하더라도 변론하지 아니하여 다시 변론기일을 정하여 통지하였음에도 불구하고 새 변론기일 또는 그 뒤에 열린 변론기일에 다시 결석하거나 출석하여도 변론하지 아니

1) 대판 1968. 1. 23. 67 다 2494.
2) 대판 1968. 11. 5. 68 다 1773.
3) 대판 1968. 1. 23. 67 다 2494.
4) 대판 1969. 5. 27. 68 다 1798; 대판 1987. 11. 10. 87 다카 1405.
5) 대판 1967. 10. 10. 67 다 1548.
6) 대판 1967. 10. 31. 67 다 1848.
7) 대판 1989. 7. 11. 87 다카 2406.
8) 同旨 方 536면, 李時 548면, 김홍 705면.

한 때에는 1월 내에 기일지정신청이 없는 한 소의 취하가 있은 것으로 본다(제268조).

둘째, 피고경정의 경우에는 구 피고에 대한 소는 취하된 것으로 본다(제261조 Ⅳ).

셋째, 법원이 화재, 사변 기타 재난으로 인하여 소송기록을 멸실당한 경우 6월 내에 소장을 제출하지 아니하면 소의 취하로 본다(법원재난임조법 제 2 조, 제 3 조).

제 4 절 請求의 抛棄 및 認諾

I. 意 義

1. 請求의 抛棄·認諾의 개념

청구의 포기라 함은 원고가 변론 또는 준비절차에서 스스로 자기의 소송상 청구가 이유 없음을 자인하는 법원에 대한 일방적 진술이요, 청구의 인낙이라 함은 피고가 자기에 대한 원고의 청구가 이유 있다고 승인하는 법원에 대한 소송상 진술이다. 이는 원·피고가 각기 입장을 달리 할 뿐 각자의 주장이 이유 없다고 하여 전면적으로 자기에게 불리한 진술을 하는 점에서 동일한 요건과 효과를 가진다.

심판대상인 청구에 관한 한 그 종류를 불문하므로 이행청구, 확인청구 또는 형성청구도 포기나 인낙의 대상이 된다. 가분적 청구는 일부포기나 일부인낙도 가능하나 조건이나 기한을 붙인 포기나 인낙은 인정할 수 없다.

청구의 포기와 인낙은 법원에 대한 일방적·무조건적 진술의 형식으로 하는 것이므로 변론에서 함이 원칙이나 변론준비기일에서도 할 수 있다. 그러나 소송외에서는 동일내용의 진술을 하더라도 채무승인, 권리포기 또는 재판외 자백은 될지언정 청구의 포기·인낙은 되지 아니한다.

2. 自白과의 구별

청구의 포기나 인낙은 심판의 대상인 소송물 자체에 관한 진술임에 대하여, 자백은 개개의 주장이나 선결적 권리관계 또는 사실을 대상으로 하는 진술이므로 서로 다르다. 예컨대 소유권에 기한 가옥명도청구소송에서 피고가 계쟁가옥에 대한 원고의 소유권을 인정함은 선결적 권리관계에 대한 자백이지만, 원고의 청구대로 가옥의 명도의무를 인정하는 진술은 청구의 인낙이 된다.

청구의 포기·인낙과 자백의 차이점은 다음과 같다. 청구의 포기·인낙도 자기에게 불리한 진술이라는 점에서 자백과 공통되나, 전자는 사법상의 청구 자체가 대상인 데 대하여 후자는 개개의 사실이나 선결적 권리관계이고, 전자는 청구의 당부에 대한 심판을 필요로 하지 않고 그 진술을 조서에 기재하면 확정판결과 동일한 효력이 발생하는 데 반하여 후자는 자백사실을 기초로 청구의 당부를 심판해야 하며, 청구포기는 원고만이, 청구인낙은 피고만이 할 수 있으나 자백은 원·피고 양 당사자가 할 수 있다.

3. 和解·取下와의 구별

청구의 포기·인낙은 판결에 의하지 아니하고 소송을 종료시킨다는 점에서 소송상 화해 및 소취하와 공통된다. 다만 청구의 포기·인낙은 당사자의 일방적 의사를 분쟁해결의 기준으로 삼으나 소송상 화해는 당사자 쌍방의 양면적 합의를 토대로 이루어진다. 또한 청구의 포기와 소의 취하는 모두 원고의 소송물 처분의사를 분쟁해결기준으로 삼아 소송을 종료시키지만 포기는 소송상 청구에 대한 불이익한 진술인 데 대하여 소의 취하는 심판신청의 철회로서 일체의 소송행위를 소급적으로 소멸시킨다.

Ⅱ. 性　質

청구의 포기나 인낙의 성질에 관하여 사법행위설·소송행위설·양행위병합설 등이 대립되어 있음은 뒤에 다루는 화해의 경우와 같다.[1] 사법행위설은 청구의 포기를 실체상의 권리의 포기로, 청구의 인낙을 채무의 승인으로 이해하지만, 이 설에 의하면 소송법상의 효력인 소송종료의 효과를 설명할 수 없고, 소극적 확인의 소와 같이 실체상의 권리관계의 존재를 전제하지 아니하는 소송상 청구의 경우에는 이 설을 주장할 수 없다.

양행위병존설은 포기·인낙이 외형상 1개의 행위이지만 사법행위와 소송행위가 병존한다는 입장인데 역시 사법행위설과 같은 난점이 그대로 존재한다.

통설[2]과 판례는[3] 소송상의 청구를 인정 또는 부정하는 순수한 소송행위라는 소송행위설을 취한다. 그리하여 이를 효과의사의 표시라기보다 관념의 표시로 이해한다.

청구의 포기·인낙도 그 행위 후에 후속절차가 진행되지 아니하므로 하자가

1) 제 3 편 제 4 장 제 5 절 Ⅱ. 2. 참조.
2) 方 543면, 李英 212면, 金/姜 553면, 李時 552면, 鄭/庾 632면, 姜 612면, 胡 748면, 김홍 709면.
3) 대판 1957. 3. 14. 56 民上 439.

있을 때 취소를 인정해도 무방하다는 견해가 있으나 그렇게 해서는 곤란하고 법 제220조 및 제461조의 취지에 따라 소송행위설에 따를 수밖에 없다.

Ⅲ. 要 件

1. 特定된 請求

청구의 포기나 인낙을 하려면 청구가 그 취지 및 원인에 있어서 특정되어야 한다. 왜냐하면 청구가 특정되지 아니하면 포기나 인낙의 대상이 흠결되어 효력이 생기지 아니하기 때문이다.

2. 自由로운 處分이 허용되는 請求

청구의 포기나 인낙은 당사자의 자유로운 처분이 허용되는 권리만을 그 대상으로 한다. 이는 직권탐지주의가 지배하는 가사소송·행정소송·선거소송에서는 인정될 수 없다. 그러나 가사소송법 제12조가 법 제220조 중 인낙에 관한 규정은 준용이 없는 것으로 규정하고 있으므로 가사소송의 경우에 청구의 인낙은 허용되지 아니하나, 포기는 가능하다는 해석이 나온다.[1] 회사관계소송은 직권탐지주의에 따르는 절차는 아니나 청구인용판결의 대세효에 비추어 인낙은 할 수 없으나[2] 포기는 할 수 있다고 본다.[3]

3. 適法한 請求

청구가 선량한 풍속 기타 사회질서 또는 강행법규에 위반하는 내용을 가지지 아니하여야 한다. 범죄행위를 요구하거나 법률상 인정되지 아니하는 물권을 확인하는 청구 등이 그 예이다. 또한 권리관계 자체는 허용되지만 그 청구원인행위가 불법인 경우에도 인낙을 허용할 수 없다. 예컨대 도박채권에 기한 청구나 이자제한법 초과의 이자청구가 그것이다. 다만 원고의 주장 자체에 의하여 이유 없는 청구라도 법규위반의 원인에 기한 것이 아니면 인낙의 대상이 된다.

---

1) 金/姜 554면, 姜 612면, 玄 749면. 청구의 인낙은 물론 포기도 할 수 없다는 견해로는 方 545면, 李時 553면, 鄭/庾 633면.

2) 대판 1993. 5. 27. 92 누 14908.

3) 金/姜 554면, 李時 553면, 鄭/庾 633면, 姜 612면, 김홍 712면. 대판 2004. 9. 24. 2004 다 28047은 주주총회결의의 하자를 다투는 소에서 청구의 인낙이나 그 결의의 부존재무효를 확인하는 내용의 화해, 조정은 할 수 없고, 가사 이러한 내용의 청구인낙 또는 화해, 조정이 이루어졌다 하여도 그 인낙조서나 화해, 조정조서의 효력이 없다고 한다.

4. 訴訟要件의 具備

청구의 포기나 인낙에도 소송요건이 구비되어야 하는가. 다수의 긍정설은 청구의 포기 또는 인낙은 청구기각 또는 인용의 확정판결과 동일하고 이를 기재한 조서는 확정판결과 동일한 효력이 있으므로 본안판결을 할 수 있는 소송요건을 갖추어야 함은 당연하다고 한다. 따라서 소송요건이 흠결되어 있으면 원고의 포기에 구애됨이 없이 소를 부적법각하하여야 할 것이다. 다만 소송요건 중 관할위반, 중복제소, 권리보호이익이 흠결된 경우에는 소송경제상 포기·인낙을 인정하자는 절충설도 있다.[1)]

5. 當事者의 能力

청구의 포기나 인낙을 함에는 당사자가 당사자능력과 소송능력을 가져야 하고 대리인은 특별수권이 필요하다(제56조 Ⅱ, 제91조 Ⅱ [2], 제451조 Ⅰ [3]).

Ⅳ. 節 次

청구의 포기나 인낙은 변론기일이나 변론준비기일에서 직접적이고 무조건으로 구술하여 변론조서·변론준비기일조서에 기재하여야 하므로 서면에 의한 포기 등은 허용되지 아니한다고 본다.[2)] 따라서 당사자가 포기의 서면을 제출하고 불출석한 경우에는 그 서면을 진술간주시켜(제148조) 청구의 포기로 처리할 수 없다.[3)] 그러나 청구의 포기 또는 인낙의 의사표시가 적혀 있고, 공증사무소의 인증을 받은 서면을 제출하면 청구의 포기 또는 인낙이 인정된다(제148조 Ⅱ).

청구의 포기는 소송이 계속되어 있는 한 사실심은 물론 법률심에서도 할 수 있다. 왜냐하면 이는 사실관계에 관한 진술이 아니고 소송물의 법적 효과에 관한 진술을 하여 그 이유유무에 대한 법원의 법률판단권을 배제하는 것이기 때문이다.

Ⅴ. 效 果

(i) 청구의 포기나 인낙은 반드시 변론조서·변론준비기일조서에 기재하여야 하고, 이에 의하여 소송은 종료되며 확정판결과 동일한 효력이 생긴다(제220조). 따라서 당사자나 법원은 그 이상 더 절차를 진행할 수가 없고 만일 법원이 포기나 인

1) 方 544면, 李英 211면, 姜 613면.
2) ZPO 제182조 Ⅱ, 제251조는 우리 법과 다른 점이다.
3) 대판 1982. 3. 23. 81 다 1336; 대판 1993. 7. 13. 92 다 23230.

낙이 있었음을 간과하고 판결을 선고한 경우에는 상소심이 원판결을 취소하고 소송종료선언을 하여야 한다. 상소심에서 청구를 포기 또는 인낙한 경우에는 그 한도 내에서 제 1 심 판결은 효력을 잃는다.

(ii) 포기조서는 청구기각의, 인낙조서는 청구인용의 확정판결과 동일한 효력이 있다(제220조). 그 조서는 그 내용에 따라 기판력[1] 혹은 집행력 또는 형성력을 발생한다. 그러므로 동 조서가 작성되기 전에는 상대방의 동의를 얻거나 착오를 이유로 철회할 수 있을 것이나[2] 조서의 작성 후 청구의 인낙·포기조서에 대하여 당사자가 무효 또는 취소를 주장하여 다투고자 하는 경우에는 조서에 기판력이 인정되는 만큼 재심사유가 있는 때에 한하여 재심의 소에 준해서 구제를 받는 수밖에 다른 도리가 없다(제461조). 따라서 기일지정신청을 하여 절차속행의 방법에 의한 무효를 주장할 수도 없고, 청구의 포기나 인낙에 대한 무효확인의 소를 제기할 수도 없다. 청구의 인낙·포기는 소송행위로서 관념의 통지이므로 이를 해제하거나 이행불능을 이유로 손해배상을 청구할 수 없다고 보아야 할 것이다.

제 5 절 裁判上 和解

I. 和解制度 總說

법원은 소송의 정도 여하에 불구하고 화해를 권고할 수 있고(제145조), 당사자도 소송계속중에는 언제라도 화해할 수 있으며, 이에 기하여 작성된 화해조서는 확정판결과 동일한 효력이 있다(제220조).[3] 물론 소송 전에 당사자가 서로 양보하여 그들간의 분쟁을 종결하기로 약정하는 화해계약을 맺을 수도 있으나, 이러한 민법상 화해계약(민 제731조)은 집행력이 없으므로 계약에 따른 이행을 하지 아니하는 한 그 이행을 소구할 수밖에 없다.

법원에 있어서의 화해로서 소송법상의 효력을 가지는 것에는 소송계속 후 수소법원 앞에서 하는 소송상 화해와 소송계속 전에 지법 단독판사 앞에서 하는 제소전화해가 있는데, 이들을 통틀어서 재판상 화해라고 한다.

1) 대판 1991. 12. 13. 91 다 8159.
2) 同旨 李時 556면, 鄭/庾 635면. 다만 동의불요설은 姜 614면.
3) 그러나 법원이 당사자에게 화해를 권고하는 것은 법원의 자유재량에 속한다. 청구권의 발생 자체는 명백하지만 신의칙에 의해 이를 배척하는 경우, 법원이 판결에 앞서 화해적 해결을 시도하지 않은 것이 위법이 아니라는 대판 2010. 2. 11. 2009 다 83599 참조.

Ⅱ. 訴訟上 和解

1. 意　義

1) 소송상 화해는 당사자 쌍방이 소송계속중 기일에서 청구에 대한 주장에 관하여 서로 양보한 결과를 법원에 대하여 진술함으로써 소송을 종료시키기로 한 합의이다. 제소 전 화해는 소송계속을 전제로 하지 아니하므로 소송종결의 효과를 발생하지 아니하고, 화해계약은 기일 외에서 하는 화해라는 점에서 소송상 화해와 다르다.

2) 소송상 화해의 전제가 되는 진술내용은 화해의 본질상 당사자 쌍방의 호양이 필요하므로 단순히 소송종료의 합의만 하는 경우는 소취하의 합의라고 봄이 옳겠다. 또한 화해는 소송상 합동행위인 만큼 당사자 일방만이 전면적으로 양보하여 일방적 진술로서 소송을 종료시키는 청구의 인낙이나 포기와 구별된다. 화해는 분쟁당사자의 직접적·자주적 교섭을 통한 호양으로서 이루어지는 것이므로 당사자의 수락을 전제로 제3자가 타협안을 작성하는 조정과 구별되며, 사건마다 분쟁당사자가 판단을 맡길 제3자를 정하고 그 판단에 복종하게 하는 개별적·강행적 해결방식인 중재와도 다르다. 그러나 화해는 중재, 조정 및 알선 등과 함께 소송에 갈음하는 분쟁해결수단(Alternative Dispute Resolution: ADR)으로서 새롭게 그 중요성을 더해가고 있음은 이미 고찰한 바와 같다. 뿐만 아니라 소송절차에 있어서 집중심리제가 본격적으로 도입되면 미리 정리된 쟁점을 토대로 화해하고자 하는 경우가 증가할 것이다. 이러한 경우에 대비하여 사실심 법관의 분쟁조정기량의 향상이 필수적이다.

3) 화해를 함에 있어서 청구에 대한 호양의 정도는 불문하고 청구 이외의 다른 권리관계가 포함될 수도 있으며[1] 당사자 이외의 보조참가인이나 제3자를 가입시켜도 무방하다.

2. 性　質

소송상 화해는 소송절차중 기일에 이루어지므로 소송법상의 법률효과도 부여되나 그 실체적 내용은 민법상 화해와 다름이 없다.[2] 따라서 그 본질이 무엇이냐에 관하여 학설이 대립된다.

---

1) 대판 1981. 12. 22. 78 다 2278.
2) 대판 1971. 1. 26. 70 다 2535.

1) 私法行爲說 소송상 화해는 순수한 사법행위로서 민법상 화해계약(민 제731조)과 다름없는 사법상 계약이지만, 그것이 소송절차 중에서 법원을 개입시켜 성립되는 점만이 다르다고 한다. 그러므로 소송상 화해의 무효·취소사유가 있는 경우에는 실체법에 의하여 규율할 것이라고 한다.[1] 그러나 이 설은 소송상 화해가 소송을 종료시키고, 조서가 작성되면 확정판결과 동일한 효력이 생겨나는 근거를 설명하지 못하고, 소송상 화해에 무효나 취소사유가 있는 경우에는 준재심의 대상이 되는 만큼(제461조) 우리 민사소송법의 규정에 맞지 않는 견해이다.

2) 私法行爲 및 訴訟行爲倂合說 이 설은 소송상 화해에는 사법상 화해계약과 소송행위인 소송종료의 합의가 병존하며 각각 개별적으로 실체법과 소송법의 지배를 받는다고 하거나(倂存說), 또는 소송상 화해는 단일한 행위이나 당사자간의 관계에서는 사법상 화해계약이므로 민법의 적용을 받는 동시에 당사자와 법원간의 관계에서는 소송행위이므로 소송법의 적용을 받는다고 한다(競合說 또는 兩性說).

양성설은 소송상 요건이나 실체법상 요건 중 어느 하나라도 흠결되면 소송상 화해는 전체로서 무효가 되나 그와 같은 하자가 없는 경우에는 소송상 화해에 기판력이 인정된다고 한다. 독일과 일본의 통설 및 판례이고 우리나라의 구 판례인 동시에 소수설이다.[2]

이 설에 대한 비판으로는 소송상 화해에 확정판결과 동일한 기판력을 인정함은 소송상 화해가 성립한 후의 법률생활의 안정을 위한 것인데 무효 또는 취소될 수 있는 사법상의 효과를 화해의 전제로 삼는 이 설은 화해의 효력을 불안정하게 만드는 견해라고 한다.[3]

3) 訴訟行爲說 소송상 화해는 화해계약과는 전연 다른 별개의 소송행위, 즉 당사자 쌍방이 호양에 의하여 소송을 종료시키려는 합의(합의설) 또는 당사자 쌍방이 호양에 의하여 얻은 결과를 법원에 일치하여 진술하는 합동행위(합동행위설)라고 파악하는 것이 통설[4]과 판례[5]이다. 그리하여 소송상 화해는 소송행위

---

1) 대판 1959. 9. 24. 58 민상 318.

2) 李在性, "소송상 화해의 성질," 소송과 경매의 법리, 349면.

3) 方 548면.

4) 方 549면, 金/姜 562면.

5) 판례는 대판(전) 1962. 2. 15. 61 민상 914부터 소송행위설로 그 견해를 변경한 바 있다. 그러나 판례 중에도 대판 1960. 9. 29. 58 민상 511처럼 일찍부터 소송행위설을 취한 경우가 있는가 하면 대판 1971. 1. 26. 70 다 2535; 대결 1972. 3. 28. 71 마 155와 같이 양성설을

이므로 소송법상의 요건을 충족하면 그것으로 유효하게 성립하는 것이고, 여기에 소송법상의 효과인 확정판결과 동일한 효력이 부여됨은 당연한 것이며, 사법상 화해계약이 선행한다 하더라도 이것은 소송상 화해의 동기에 불과하므로 실체법상의 화해계약에 무효나 취소사유가 있더라도 소송상 화해의 효력에는 영향을 줄 수 없다는 입장이다.[1] 실정법의 규정에 충실한 견해로서 타당하다.

이에 대해서는 소송상 화해에는 당사자가 분쟁을 타협하여 해결함으로써 소송을 종료하려는 의도가 담겨 있는데 이를 무시하고 있고 소송상 화해를 순수한 소송행위로만 본다면 소송법의 적용을 받아 기판력이 생기고 민법의 적용을 받지 아니하므로 조건·기한을 붙이거나 해제할 수도 없으며 실체법상의 무효·취소사유가 있어도 화해의 효력에 영향이 없다는 비판이 있다.

다만 소송행위설을 취하면서도 분쟁당사자가 서로 양보하여 실체적 분쟁을 종료시킨다는 화해의 본질을 무시한다는 비판을 면하고자 재판상 화해에 기판력을 부인하거나[2] 실체법의 적용을 인정하는 입장도 있다.

3. 要 件

1) 소송상 화해의 당사자는 계속사건의 당사자 쌍방이 주체로 되어야 함이 원칙이나 제3자도 제소 전 화해와 동일한 관계에서 이에 참가할 수 있다.[3] 필수적 공동소송인 경우에는 그 전원이 화해당사자로 되어야 효력이 있다. 당사자는 당사자능력과 소송능력이 있어야 하고, 대리인에 대하여 특별수권이 필요한 경우에는(제56조 II, 제91조 II [2]) 그 수권의 증명을 요한다.

2) 소송상 화해는 당사자의 호양으로 새로운 권리관계를 창설하는 것이므로 실체법상 당사자가 자유로이 처분할 수 있는 권리관계만이 화해의 대상이 된다.[4] 직권탐지주의가 적용되는 행정소송, 선거소송 및 가사소송, 그리고 회사관계의 형

고수하는 것도 보인다. 그리고 판례의 태도가 순수한 소송행위설로 일관하고 있지 못함을 지적하면서 이를 실체법적 소송행위설이라고 부르는 입장으로는 姜 618면.

1) 확정판결에 대한 재심의 소를 제기하여 '재심대상판결 및 제1심판결을 각 취소한다'는 취지의 조정이 성립되었는데, 대판 2012.9.13. 2010 다 97846에서는 조정이나 재판상 화해의 대상인 권리관계는 사적 이익에 관한 것으로서 당사자가 자유롭게 처분할 수 있는 것이라야 하므로 성질상 당사자가 임의로 처분할 수 없는 사항을 대상으로 한 조정이나 재판상 화해는 허용될 수 없고, 설령 그에 관하여 조정이나 재판상 화해가 성립되었다고 하더라도 당연무효라고 보았다.

2) 鄭/庾 641면(양행위경합설).

3) 대판 1985.11.26. 84 다카 1880.

4) 대결 1980.1.17. 79 마 44.

성소송 등에 있어서는 원칙적으로 화해가 있을 수 없다. 다만 이혼사건, 파양사건 등은 임의처분이 가능한 권리관계이므로 화해가 가능하다.

3) 화해조항은 현행법질서가 인정하는 것이어야 하고 강행법규나 사회질서에 어긋나면 안된다. 다만 그런 경우에도 화해가 당연무효로 되는 것은 아니고 준재심절차에 의하여 구제될 수 있을 뿐이다.[1)]

4) 소송상 화해는 변론 또는 변론준비기일에 양당사자가 출석하여 구술로 화해의 내용에 관하여 진술함을 요한다. 화해의 의사표시가 적혀 있고, 공증사무소의 인증을 받은 서면이 제출되고, 상대방 당사자가 출석하여 그 화해의 의사표시를 받아들인 때에는 화해가 인정된다(제148조 III). 화해는 심리의 어느 단계 또는 어느 기일에서도 할 수 있으므로 수명법관이나 수탁판사가 실시하는 증거조사기일이나 상고심에서도 가능하다. 다만 각종 결정절차 개시 후 그 기일에서도 화해할 수 있으나 보전절차에서는 소송상 화해를 할 수 없다는 것이 판례이다.[2)] 기일 외의 화해는 소송상 화해가 아니다.

5) 소송요건이 구비되어야만 소송상 화해를 할 수 있는 것일까. 소송요건을 구비하지 아니하더라도 제소 전 화해로서 허용되므로 소송요건의 구비는 요건이 아니라고 본다. 이는 청구의 인낙 및 포기와 다른 점이다.

4. 效 力

1) **總 說** 소송상 화해가 성립되어 화해조서(민소규 제28조 I)가 작성되면 소송은 당연히 종료하고, 그 조서는 확정판결과 동일한 효력을 가진다(제220조). 따라서 그 내용에 따라 기판력이나 집행력 또는 형성력을 가진다. 상소심에서 소송상 화해가 성립되면 하급심의 판결은 그 효력을 잃는다.

당사자는 본안 이외에 소송비용부담에 관하여도 화해할 수 있으나, 이에 관하여 별단의 합의가 없으면 법 제106조와 제113조에 의하여 결정된다.

2) **旣判力** 기판력은 원래 분쟁해결수단인 재판에 대하여 인정되는 효력이므로 당사자의 자치적 분쟁해결수단인 화해에는 소송종료와 집행력만 생

---

1) 강행법규위반의 경우로는 대판 1970.9.22. 70 다 1227; 대판 1979.2.27. 78 다 1585; 대판 1991.4.12. 90 다 9872. 그리고 사회상규위반의 경우로는 대판 1975.3.11. 74 다 2030; 대판 1987.10.13. 86 다카 2275 등 참조.

2) 대결 1958.4.3. 57 민재항 121. 판례에 반대하는 견해로는 車尙根, "보전소송과 재판상 화해," 사법행정 제13권 6호(1972), 33면 이하.

길 뿐 기판력을 인정할 수 없다는 견해도 있다.[1] 더군다나 사법행위설을 취하는 입장에서는 논리상 기판력의 발생을 부정할 수 있을 것이다. 그러나 법 제220조 및 제461조와 같은 규정을 가진 우리 민사소송법하에서는 기판력을 인정할 수밖에 없다. 다만 기판력을 인정하는 입장도 아래와 같이 두 갈래로 나뉜다.

가) 制限的 旣判力說 이 설은 법 제220조를 해석함에 있어서 소송상 화해의 기판력을 인정하면서도 확정판결과 동일시할 수 있는 소송상 화해란 실체법상의 요건도 완비된 것을 뜻하고, 실체법상으로 하자 있는 소송상 화해는 기판력이 없다고 하는 견해이다.[2] 이처럼 생각하면 실체법상 하자 있는 소송상 화해는 무효·취소될 수도 있고,[3] 불이행이 있으면 해제도 가능하며, 따라서 소의 계속상태로 부활할 수 있게 된다. 그리고 제461조의 준재심의 소는 실체법상 하자 없는 소송상 화해의 경우의 구제책이라고 한다.

이 설은 결국 유효한 소송상 화해만이 기판력이 있다는 취지이므로 화해내용의 유무효를 심리하게 되면 결국 기판력을 부정하는 것과 다름없게 된다는 비판을 받는다.

나) 無制限旣判力說 이 설은 소송상 화해가 조서에 기재되면 형식적·실질적 확정력이 생겨 완전히 확정판결과 동일시되며, 실체법상 또는 소송법상 원인에 의한 화해무효란 있을 수 없고 오직 재심사유가 있으면 그 절차에 따른 취소만이 가능하다는 입장이다.[4] 이는 현행법문에 충실하고 법적 안정성을 우선시키는 견해이다. 다수설과 판례[5]의 입장이다. 이와 같이 화해에 대하여 기판력을 인정하는 이상 화해에 있어서 소송능력 또는 대리권의 흠결이 있는 경우나, 그 내용이 강행법규에 위반된 경우[6] 또는 형사상 처벌을 받을 타인의 행위에 의하여 화해를 한 경우 등에도 재심의 소에 준하여 그 취소·변경을 구하지 아니하는 한 다른 방법으로 그 화해의 취지에 반하는 주장을 할 수 없다. 그러므로 화해의 하자에 대하여 재심절차에 의하지 아니하고 기일지정신청을 하거나 별소로서 화해

---

1) 鄭/庾 647면은 양성설을 취하면서도 기판력부정설에 찬성한다.
2) 李時 564-565면, 姜 624면, 田 452면.
3) 대판 1955. 9. 15. 55 민상 263.
4) 方 551면, 李英 206면, 金/姜 567면, 韓 510면, 胡 739면.
5) 대판 1976. 6. 8. 75 다 1869; 대결 1990. 3. 17. 90 그 3.
6) 강행법규에 위반된 화해의 효력에 관하여 판례는 무효설(예컨대 대판 1970. 3. 10. 69 다 1812)과 유효설(예컨대 대판 1979. 2. 27. 78 다 1585; 대판 1992. 10. 27. 92 다 19033)이 대립되고 유효설을 비판하는 평석으로는 李在性, "강행법규위반의 소송상 화해의 효력," 사법행정 제13권 10호(1972), 19면 이하.

무효확인의 소를 제기할 수 없다.

이 설은 국가의 공권적 판단인 판결과 당사자가 스스로 분쟁을 해결한 화해의 차이를 무시하고 있고, 이들을 동일시한 결과 화해의 하자는 재심사유에 해당하는 경우에만 다툴 수 있게 되어 실체법상의 하자, 예컨대 강행법규위반 등은 다툴 길이 봉쇄되어서 불합리하며, 화해에 확정판결보다 넓은 기판력을 인정하는 결과가 된다는 비판을 받는다. 그러나 화해가 당사자의 주도로 분쟁을 종료시키는 점은 사실이나 그와 같은 소송행위가 국가기관인 법원의 공적 인증을 받아야만 효력을 발생하므로 판결과 다르게 취급하여 법적 안정성을 희생시킬 필요가 없다는 점에서 무제한기판력설에 찬성한다.

3) 執 行 力 소송상 화해가 구체적 이행의무를 규정하는 경우에는 그 조서는 채무명의가 되고 집행력을 갖는다(민집 제57조).[1] 공정증서의 경우와 달리 이행목적물에 제한이 없고, 채무자인 당사자의 집행을 인낙한다는 의사표시도 필요없다. 누가 집행채권자로 되는가는 화해내용에 의하여 결정되나 집행력은 화해에 참가한 제 3 자에게도 미친다. 제 3 자를 위한 화해는 이론상 가능하나, 이 경우 화해에 참가하지 아니한 제 3 자인 수익자는 집행채권자가 될 수 없고, 요약자만이 집행채권자로 된다. 소송상 화해에서 당사자는 화해조항에 기한 강제집행을 아니하겠다는 것을 화해조항으로서 특약함은 가능하다.

4) 形 成 力 소송상 화해가 새로운 권리 또는 법률관계를 형성·변동하는 것을 내용으로 하는 때에는 화해조항에 따라서 법률상 효과를 변동시키는 효력이 생긴다.[2] 그리고 화해계약에는 실체법상 창설적 효력이 인정되는데(민 제732조) 판례 중에는 제소 전 화해에 대하여도 이 같은 효력을 인정하는 것이 있다.[3] 화해에 의하여 확정된 채권에 대하여는 소멸시효의 기간이 연장된다(민 제165조).

1) 대판 1979. 4. 16. 79 다 164; 대결 1984. 5. 28. 84 마 202.

2) 대판 2006. 6. 29. 2005 다 32814에서는 당사자 사이에 조정이 성립되면 종전의 다툼있는 법률관계를 바탕으로 한 권리, 의무관계는 소멸하고, 조정의 내용에 따른 새로운 권리, 의무관계가 성립한다고 판시한다.

3) 예컨대 대판 1988. 1. 19. 85 다카 1792; 대판 1992. 5. 26. 91 다 28528. 다만 제소전 화해의 창설적 효력은 당사자간에 다투어졌던 권리관계에만 미치는 것이지 다툼이 없었던 사항에 관하여서까지 미치는 것은 아니므로 제소전 화해의 대상이 되지 않은 종전의 다른 법률관계까지 소멸하는 것은 아니고 제소전 화해가 가지는 확정판결과 동일한 효력도 소송물인 권리관계의 존부에 관한 판단에만 미친다는 것으로 대판 1997. 1. 24. 95 다 32273.

5. 條件附 和解

소송상 화해에 조건을 붙이는 것이 허용되는가. 소송절차나 화해의 효력이 법적 안정성을 해칠 염려가 없는 한 이행의무의 발생에 조건을 붙여도 무방하다. 다만 화해의 성립에 관하여 해제조건을 붙여서 화해의 효력을 해제조건의 성부에 걸리게 할 수 있느냐에 관하여는 화해의 성질을 어떻게 보느냐에 따라 달라진다. 사법행위설이나 사법행위와 소송행위경합설 또는 병존설은 화해의 사법행위적 측면을 인정하는 만큼 사적 자치의 원칙상 해제조건을 붙이는 것도 허용된다고 보지만, 소송행위설은 소송절차의 성격상 해제조건부 화해를 인정하지 아니한다.

판례는 소송행위설을 취하면서도 화해조항 자체에 실효조건을 삽입할 수 있음과 화해의 효력은 실효조건의 성취로서 소멸할 수 있음을 선언하고 있어서[1] 다소 상치된 태도를 보이고 있다. 설사 소송행위설의 입장에 서서 해제조건부 화해를 인정하지 아니한다고 하더라도 해제조건부 화해 그 자체가 모두 무효인지 아니면 그 해제조건만 무효로 되는 것인지 명백하지 아니하다. 소송절차의 안정을 위하여 해제조건만 무효로 되고 조건 없는 소송상 화해로서 효력이 있다고 본다.[2]

6. 訴訟上 和解와 再審

우선 확정판결의 무효사유인 사자를 상대로 한 화해나 화해조서기재사항의 불특정 등이 있으면 화해가 무효라는 점에 대하여는 다툼이 없다.[3]

그 밖에도 화해무효를 인정할 수 있는가, 아니면 화해조서에 대하여 재심을 청구할 수 있을 뿐인가의 문제는 화해에 대하여 기판력이 인정되는 여부와 관계가 있다. 소송상 화해에 대하여 기판력을 인정하지 아니하면 재심을 허용할 여지가 없겠으나, 법은 명문으로 화해조서에 대하여 기판력을 인정하고 있다. 다만 무제한기판력설에 의하면 재판상 화해에 실체법상 또는 소송법상 하자가 있더라도 판결과 똑같이 그것이 재심사유에 해당할 때에만 재심이 가능하고 그 외의 사유에 대해서는 무효·취소를 주장할 수 없다고 하며, 제한적 기판력설의 입장에서는 실체법상 하자 없는 소송상 화해만이 재심의 대상이 된다고 한다.

법의 취지도 확정판결과 동일한 효력이 있는 화해조서, 청구의 포기·인낙조

---

1) 대판 1993.6.29. 92 다 56056; 대판 1996.11.15. 94 다 35343.
2) 同旨 方 553면.
3) 대판 1965.2.3. 64 다 1387; 대결 1990.3.17. 90 그 3.

서, 조정조서[1] 및 제소 전 화해조서[2]에 법 제451조 1항 소정의 사유가 있는 때에만 확정판결에 준하여 재심을 제기할 수 있다는 것이다(제461조). 따라서 소송상 화해에 강행법규위반,[3] 사법상 무효·취소사유가 있더라도 기일지정신청 또는 화해무효의 소로서 다툴 수는 없고, 제461조에 의한 준재심절차에 따라야 한다. 제소 전 화해에 대한 재심사건은 성질상 신청사건이지만 변론을 거쳐서 판결로 재판하여야 한다.[4] 제1화해가 성립한 후에 다시 이와 모순·저촉되는 제2화해가 성립하였다 하여도 제1화해가 조서에 기재되어 확정판결과 동일하게 기판력이 발생한 이상 제2화해에 의하여 제1화해가 당연히 실효되거나 변경되지는 않는다.[5]

Ⅲ. 提訴前 和解節次

1. 意　義

제소 전 화해(제385조 이하)는 민사분쟁이 소송사건으로 되지 않도록 미리 신청하여 지방법원 단독판사에 의하여 성립되는 화해이다. 이는 소송계속전에 소송을 예방하기 위하여 행해진다는 점에서 소송계속후 소송을 종료시키기 위하여 행해지는 소송상 화해와 다르지만 그 법적 성질·요건·방식 및 효과는 모두 소송상 화해와 같다. 이것이 성립한 경우에는 기판력 있는 화해조서가 작성되고, 불성립된 경우에는 소제기신청에 의하여 소송으로 이행된다.

계약내용을 명확히 하고 집행력을 부여하는 방법으로는 공정증서(민집 제56조 [4])가 있기는 하나, 이는 일정한 금전 기타 대체물 또는 유가증권의 급여를 목적으로 하는 청구권에 관하여서만 채무명의로서의 효력을 발생시킨다. 기타 부동산 등에 관한 경우에는 공정증서가 계약내용을 공증할 뿐 집행력은 없으므로 제소 전 화해절차에 의할 수밖에 없다.

2. 本制度의 문제점

본제도가 운영되는 실태를 보면 제소 전 화해절차에서 당사자의 호양으로 화해가 성립되는 경우는 드물고 법원도 화해를 권고 또는 주선하기보다 경제적 강자의 채권확보를 위한 공증적 기능을 할 뿐이다. 그리하여 제소 전 화해는 고리대

---

1) 대판 1968. 10. 22. 68 므 32.
2) 대판 1962. 10. 18. 62 다 490.
3) 대판 1987. 10. 13. 86 다카 2275; 대판 1992. 10. 27. 92 다 19033.
4) 대결 1962. 12. 18. 62 마 19; 대판 1990. 12. 11. 90 다카 24953.
5) 대판 1994. 7. 29. 92 다 25137; 대판 1995. 12. 5. 94 다 59028.

금업자가 경제적 약자를 수탈하는 데에 교묘히 이용되는 만큼 이에 관한 제도적 개선이 요청된다.

재판상 화해는 광범위하게 집행력이 인정되는데 비해서 공정증서는 금전채권 등에 한하여 채무명의로 만들 수 있는 한계(민집 제56조 [4])가 있으므로 부동산등기이전, 특정물인도청구 등의 경우에는 당사자간의 합의내용에다가 화해조서에 의한 집행력을 부여받기 위하여 제소 전 화해의 편법을 악용하고 있다.[1] 조만간 폐지해야 할 제도이다.

3. 和解申請(제385조)

제소 전 화해의 신청은 민사상 다툼에 관하여 당사자가 처분가능한 범위 내에서 할 수 있다. 그것이 직접 권리의 존부에 관한 분쟁이거나 또는 권리의 범위 내지 이행기에 관한 분쟁이라도 화해의 대상이 된다. 다만 공법상 또는 신분관계에 관한 분쟁은 화해신청의 대상이 되지 아니한다. 현재 구체적으로 다툼이 없더라도 화해를 신청할 당시에 예측할 수 있는 장래의 분쟁발생 가능성만 있으면 화해를 신청할 수 있다(장래분쟁설).[2]

소제기 전에 화해하려고 하는 자는 청구의 취지, 원인과 다투는 사정을 명시하여 상대방의 보통재판적이 있는 곳의 지방법원에 그 신청을 할 수 있다(제385조 I). 이 화해신청은 청구가액에 불구하고 언제나 지방법원 단독판사의 직분관할에 속한다(법조 제7조 IV).

제소 전 화해를 위하여 대리인의 선임권을 상대방에게 위임할 수 없고(제385조 II), 법원은 필요한 경우 대리권의 유무를 조사하기 위하여 당사자 본인 또는 법정대리인의 출석을 명할 수 있다(제385조 III). 이것은 힘이 약한 채무자 신청인이 강력한 채권자 상대방에게 대리인 선임권을 위임하여 상대방의 자의로 화해를 성립시키는 실무상의 부조리를 배제하려는 취지이다.

4. 節次 및 效果

적법한 신청이 있으면 법원은 화해기일을 정하여 신청인과 상대방을 소환한다. 화해신청과 그 절차는 그 성질에 반하지 않는 한 소에 관한 규정을 준용한다

1) 李在性, "소송상 화해에 있어서의 문제점," 법조 제25권 8호 참조.

2) 이 같은 장래분쟁설에 반대하는 견해로는 李時 570면, 김홍 738면. 한편 胡 782면은 이론상으로는 장래분쟁설이 타당하나 해석론상으로는 현실분쟁설에 따를 수밖에 없다고 한다.

(제385조 Ⅳ). 이 경우에는 법 제265조가 준용되므로 화해신청의 경우에도 법원에 신청서를 접수시킨 때에 시효중단의 효력이 생긴다고 본다.[1] 다만 화해가 불성립으로 끝나게 되어 당사자의 소제기신청에 의하여 소송으로 이행하면 시효중단의 효력은 지속되나, 소제기신청(제388조)을 아니하여 사건이 종결되면 그 후 1월 내에 소송을 제기하지 아니하는 한 시효중단의 효력이 상실된다(민 제173조).

제소 전 화해가 성립되어 그 조서가 작성되면 확정판결과 동일한 효력을 가지는 것은 소송상 화해와 같다(제220조). 화해가 성립되지 아니한 때에는 법원사무관 등은 그 사유를 조서에 기재하여야 하며, 신청인 또는 상대방이 기일에 출석하지 아니한 때에는 법원은 화해가 성립하지 아니한 것으로 볼 수 있다(제387조 Ⅱ). 화해불성립조서등본은 당사자에게 송달하여야 한다(제387조 Ⅲ).

화해가 불성립된 경우에는 소제기신청을 할 수 있으며, 적법한 소제기신청이 있으면 화해신청을 한 때에 소가 제기된 것으로 본다(제388조 Ⅱ). 소제기신청은 화해불성립조서등본이 송달된 날로부터 2주일 내에 하여야 하며, 이 기간은 불변기간이다(제388조 Ⅲ, Ⅳ).

화해가 성립된 경우에 특별한 합의가 없으면 화해비용은 당사자 각자의 부담으로 하고, 화해가 성립되지 아니한 경우에는 신청인의 부담으로 한다. 다만 소제기신청이 있는 때에는 이를 소송비용의 일부로 한다(제389조).

Ⅳ. 和解勸告決定

1. 和解勸告決定의 취지

법원·수명법관 또는 수탁판사는 소송에 계속중인 사건에 대하여 직권으로 당사자의 이익, 그 밖의 모든 사정을 참작하여 청구의 취지에 어긋나지 아니하는 범위안에서 사건의 공평한 해결을 위한 화해권고결정을 할 수 있다(제225조 Ⅰ). 이 경우 쌍방 당사자가 결정내용을 적은 조서 또는 결정서 정본을 송달받고(제225조 Ⅱ) 2주일 안에 이의신청을 하지 아니하면(제226조) 화해가 성립된 것으로 본다.

당사자가 세부사항에서 합의에 이르지 못하고 있거나 유리한 판결을 기대하면서 화해에 불응하는 경우 법관이 구체적으로 신중하게 문서로서 정식의 화해안을 마련하여 권고한다면 구술에 의한 경우보다 화해성립이 증가할 것이다. 종전에는 법원이 문서에 의한 화해를 권고하기 위해서는 우선 사건을 조정에 회부하고 이것이 불성립되었을 때에 비로소 조정에 갈음하는 결정의 방법으로 화해를

1) 同旨 李英 207면, 李時 570면, 김홍 738면. 반대하는 견해로는 方 554면.

권고하였으므로 절차가 번잡한 면이 있었다. 개정법이 새로 도입한 화해권고결정제도는 화해성립의 증가를 예측하면서 그러한 절차를 생략한 것이다. 그리고 이 제도가 이용되면 수소법원의 조정제도는 사문화되리라는 예상하에 민사조정법상의 수소법원 조정제도를 폐지하였다.

2. 和解勸告決定에 대한 異議

1) 당사자는 결정 정본의 송달 전 또는 송달받은 날로부터 2주일의 불변기간 내에 이의신청을 할 수 있다(제226조 I, II). 이 경우의 송달은 정상적인 송달을 의미하고 공시송달이나 발송송달은 제외한다.

2) 異議申請方式

가) 이의신청서에는 당사자와 법정대리인, 화해권고결정의 표시와 그에 대한 이의신청의 취지 그리고 준비서면의 기재사항을 적어(제227조 II, III) 이를 화해권고결정을 한 법원에 제출한다(제227조 I).

나) 화해권고결정서 또는 조서의 정본을 송달받은 후 2주일 내에 이의를 신청하는 경우에는 이의신청의 상대방에게 이의신청서의 부본을 송달하여야 한다(제227조 IV).

3) 異議申請의 取下 이의신청을 한 당사자는 그 심급의 판결이 선고될 때까지 상대방의 동의를 얻어 이의신청을 취하할 수 있다. 이 취하에는 소의 취하에 관한 제266조 제3항 내지 제6항을 준용한다(제228조).

4) 異議申請權의 拋棄 이의신청권은 그 신청 전까지 서면으로 포기할 수 있다. 포기서면은 상대방에게 송달하여야 한다(제229조).

5) 異議申請의 却下 법원·수명법관 또는 수탁판사는 이의신청이 법령상의 방식에 어긋나거나 신청권이 소멸된 뒤의 것임이 명백한 경우 그 흠을 보정할 수 없는 때에는 결정으로 이를 각하하여야 하며, 수명법관 또는 수탁판사가 각하하지 아니한 때에는 수소법원이 결정으로 각하한다(제230조 I). 이 각하결정에는 즉시항고를 할 수 있다(동조 II).

3. 和解勸告決定의 效力

화해권고결정은 i) 2주 내에 이의신청이 없거나, ii) 이의신청에 대한 각하결정이 확정되었거나, 또는 iii) 당사자가 이의신청을 취하하거나 이의신청권을 포기한 때에는 재판상 화해와 같은 효력을 가진다(제231조).

4. 異議申請에 의한 訴訟復歸

이의신청이 적법한 때에는 소송은 화해권고결정 이전의 상태로 돌아간다. 이 경우 그 이전에 행한 소송행위는 그대로 효력을 가진다(제232조 I). 화해권고결정은 그 심급에서 판결이 선고된 때에는 그 효력을 잃는다(제232조 II).

제 4 편

證 據 法

제 1 장 證據法 序說

제 1 절 證據의 重要性

1) 민사분쟁의 공권적 해결과정을 보면 변론에서 인정된 사실에 법규를 해석·적용하여 최종적 결론을 내리는 작업이다. 법규의 해석·적용은 법원의 임무이지만, 민사소송의 당사자의 입장에서는 법규의 적용대상이 되는 사실관계가 어떻게 인정되느냐에 따라 승패가 좌우되므로 재판과정에서 사실을 객관적으로 확정하는 데 필요한 자료인 증거는 대단히 중요한 뜻을 지닌다. 모름지기 현대의 재판은 증거에 의한 재판이다.

2) 변론주의하에서는 입증책임을 지는 당사자가 증거자료를 제출하여야 하며, 직권탐지주의의 소송에 있어서는 법원의 탐지를 통하여 사실이 확정된다. 사실인정은 증거에 의하지만, 현행의 재판제도는 법원에 제출된 증거의 값어치나 비중 등 가치판단에 대한 기준을 법조문에서 제시한 바 없고, 사실심법관의 자유로운 심증(제202조)에 맡기고 있다.

3) 당사자가 소송주체로서 절차상 그가 주장하는 권리요건사실을 증명할 수 있는 권능을 증명권이라고 파악하는 견해가 있다. 그리하여 이 증명권을 법원에 대한 관계에서 증거제출권, 증거조사과정에의 참여권, 잘못된 자유심증형성에의 불복권으로 설명하고, 상대방에 대한 관계에서는 증거에 관한 당사자평등, 입증방해에 대한 제재, 증거의 모색적 선정의 불허 및 위법하게 수집한 증거방법의 증거능력배제 등으로 설명한다.[1] 그러나 당사자의 입증활동을 어느 경우에나 권리 내지 권능으로만 파악하는 것이 타당한지 의문이나 적법절차의 보장을 강조하는 뜻으로 받아들여야 할 것이다.

4) 법관은 과거의 사실을 어떻게 하면 가능한 한 진실에 가깝게 변론에서 재구성할 것인가를 염두에 두므로 증거법이론은 가장 중요한 소송법분야의 하나로서 미국의 법과대학에서는 이를 독립한 기본과목으로 가르치고 있다. 민사소송법이 규정하고 있는 증거방법으로는 증인신문·감정·서증·검증·당사자신문의 다

---

1) 증명권에 대한 자세한 것은 鄭/庾 462면.

섯 가지 외에 그 밖의 새로운 증거방법도 예정하고 있다. 법이 이들을 증거방법으로 인정하고 있는 이유는 이러한 방법에 의하여 현출된 증거자료만이 지나간 사실을 진실에 가장 근사하게 재현시킬 수 있다고 보기 때문이다.

제 2 절 證據의 意義와 種類

I. 證據의 意義

증거는 사실인정의 기초자료로서 매우 중요한데 소송법상 세 가지 뜻으로 쓰인다. 첫째, 증거란 당사자가 법원으로 하여금 확신을 가지게 하기 위하여 그 조사를 구하거나 또는 법원이 확신을 얻기 위하여 조사할 유형물 또는 사람, 즉 증거방법을 뜻할 때가 있다. 증거방법 중 증인·감정인·당사자 본인은 인적 증거이며, 문서나 검증물은 물적 증거이다. 둘째, 증거는 이러한 증거방법으로부터 법원이 感得하게 된 자료내용, 즉 증거자료를 가리킬 수도 있는데 여기서 증거자료라고 하면 법관이 오관의 작용에 의한 인식에 의하여 증거방법으로부터 감득한 내용이므로 증언, 감정의견, 당사자의 진술, 문서 등에 포함된 의미내용을 뜻한다. 셋째, 증거는 결과적으로 법원이 증거자료에 의하여 확신을 얻은 원인(증거원인), 다시 말하면 증거조사의 결과와 당사자의 변론의 전취지를 고려한 일체의 소송에 나타난 상황을 뜻하는 경우도 있다.

II. 證據의 種類

증거는 보통 그 쓰고자 하는 목적에 따라 증명과 소명으로 나뉘고, 그 대상에 따라 본증과 반증, 그리고 직접증거와 간접증거로 나눌 수 있다.

1. 證明과 疎明

이는 법관의 심증정도를 기준으로 나누는 것이다.

증명은 다툼 있는 사실의 존부에 관하여 진실에 대한 고도의 개연성이 있어서 법관으로 하여금 확신을 가지게 하는 입증행위를 말하고, 소명은 법관에게 일응 그럴 것이라는 추측을 할 수 있을 정도의 심증을 줄 수 있는 저도의 개연성을 가진 입증행위를 말한다(제44조 II, 제62조 II, 제73조 I, 제110조 I, 제111조 I, 제128조 II, 제162조 I, 제285조 I, 제316조, 제337조 II, 제377조 II, 민집 제280조 II, 제303조).

소명에 의하여 재판함은 법원의 심증정도를 경감하여 사건을 신속하게 처리함에 목적이 있으므로 소명방법에는 그 종류에 제한이 없으나 즉시 조사할 수 있는 증거에 한하여야 한다(제299조 I).[1] 그러나 법원이 적당하다고 인정하는 때에는 당사자 또는 법정대리인으로 하여금 보증금을 공탁하게 하거나 그 주장이 진실함을 선서하게 하여 소명에 갈음할 수 있다(299조 II). 소명방법을 즉시 조사할 수 있는 것으로 한정하는 데에서 오는 가혹함을 완화하자는 뜻이다. 당사자 또는 법정대리인이 거짓진술한 때에는 보증금의 몰취 또는 200만원 이하의 과태료의 제재가 있으며 그러한 결정에 대해서는 즉시항고를 할 수 있다(제300조~제302조).

2. 本證과 反證

본증은 당사자가 자기에게 입증책임이 있는 사실을 입증하기 위하여 제출하는 증거이고, 반증이란 상대방이 입증책임을 지는 사실의 입증을 저지하기 위하여 제출하는 증거이다.

다툼 있는 사항에 대한 입증은 입증책임을 부담하는 당사자가 그 증거방법을 제출할 것이고, 그 입증책임 없는 당사자인 상대방은 반증을 제출함으로써 본증 제출에 의하여 이룩되는 법원의 심증형성을 흔들어 버릴 수 있다. 따라서 비록 본증이 뚜렷한 경우라 할지라도 그 본증에 의한 증거력이 약화되거나 없어지고 만다.[2] 그러므로 본증은 법원이 요증사실의 존재가 확실하다는 확신을 가져야만 목적을 달성할 수 있음에 대하여, 반증은 그 요증사실의 부존재가 확실하다고 할 정도의 확신을 갖게 할 필요는 없고, 법원에게 요증사실의 존재가 불확실하다는 심증만 주면 된다. 반증에는 직접반증과 간접반증이 있다.

법률상 추정사실(예컨대 민 제197조)을 번복시키고자 하는 증거는 법률이 입증책임을 전환시켜 추정사실을 뒤집으려는 자에게 입증책임을 부과한 것이고 또 이러한 자는 법원의 심증을 흔들 정도의 입증만 하면 되는 것이 아니라, 추정사실과 반대되는 사실을 주장입증하여야 되므로 이 때의 증거는 반증이 아니라 본증이다.[3] 이를 반대사실의 증거라고 하는 수가 있다.

---

1) 소명방법으로 제출한 서증은 사본이더라도 소명으로서의 증거능력은 있다는 판례로는 대판 1967. 5. 2. 67 다 267.

2) 대판 1961. 10. 26. 60 민상 251.

3) 方 449면, 李英 272면, 李時 437면. 다만 판례는 각종의 특조법상의 등기의 추정력을 번복하기 위한 보증서의 허위성의 입증정도는 법관이 확신할 정도가 아니라 그 실체적 기재내용이 진실이 아님을 의심할 만큼 증명하면 된다고 하는 대판 1995. 12. 12. 94 다 52096 참조.

3. 直接證據와 間接證據

직접증거는 다툼이 있는 주요 사실, 즉 법률효과의 발생에 직접 필요한 요건사실의 존부를 직접적으로 증명하는 증거를 말하며, 간접증거는 경험상 다툼이 있는 주요 사실의 존부를 추인하게 하는 사실(간접사실) 또는 어느 증거방법의 증거력의 존부 또는 증거방법의 평가에 기초가 되는 사실(보조사실)의 존부에 관한 증거를 말한다.

4. 嚴格한 證明과 自由로운 證明

법률에 정하여진 증거방법에 대하여 법률로 정해진 증거조사절차에 따라 행하는 증명을 엄격한 증명이라고 하고, 증거방법과 증거조사절차에 있어서 법률규정의 제약을 받지 아니하는 증명을 자유로운 증명이라 한다. 이러한 용어의 구별은 형사소송법에서 유래된 것으로서 청구의 당부를 판단함에 필요한 사실은 엄격한 증명에 의하여야 하나 외국법규나[1] 전문적 경험법칙, 관습법 또는 직권탐지사항 등은 자유로운 증명으로 족하다.

Ⅲ. 證據能力과 證據力

증거가 증거방법으로서 증거조사의 대상이 될 수 있는 법률상의 적격을 갖추었으면 그것은 증거능력이 있다고 하고, 어떤 증거가 요증사실을 증명하는 데 이바지하는 정도, 즉 법관의 확신에 얼마나 영향을 미칠 수 있는 효과가 있느냐 하는 것을 증거력, 증명력 또는 증거가치의 문제라고 한다. 증거력은 서증의 경우에 형식적 증거력과 실질적 증거력으로 나누는데 이는 후술한다.

증거에 대한 가치평가를 법관의 자유심증에 맡기므로 증거능력에 대한 제한은 없다. 다만 사람이 몇 살 때부터 증인이 될 수 있는 능력이 있는가 하는 증인의 증인능력과 전문증거의 증거능력이 문제로 되나, 민사소송에서는 일반적으로 전문증거의 증거능력이 인정된다.[2] 증인능력도 법 제322조가 일응의 기준은 되나 구체적인 경우마다 입증사항과 증인의 지능정도에 비추어 정할 수밖에 없다.

방식에 어긋나거나 위법하게 수집한 증거방법의 증거능력에 관하여는 다소 논의가 있다. 판례는 선서하지 아니한 감정인에 의한 신체감정결과는 증거능력이 없다고 한 부정설도 있는가 하면,[3] 상대방 몰래 무단 녹음한 녹음대를 위법하게

1) 대판 1992. 7. 28. 91 다 41897.
2) 대판 1964. 4. 7. 63 다 637.
3) 대판 1982. 8. 24. 82 다카 317.

수집되었다는 것만을 이유로 증거능력을 부정할 수 없다는 긍정설도 있다.[1] 이 문제에 대하여는 최종적으로 법관의 자유로운 심증에 맡기면 된다는 실체적 진실주의를 우선시키는 안이한 생각에서 무조건 증거능력을 인정할 것이 아니라 당사자의 기본적 인권을 침해하여 수집된 증거방법의 증거능력을 부인하여 점차 형사증거법과 일치시키는 방향으로 기준을 세워 나가야 할 것이다.[2]

각종 증거자료간에 어느 것이 증거력에 있어서 우월하다고 일반적으로 단정할 수 없고 서증과 인증간,[3] 증인의 증언과 본인의 진술간 또는 직접증거와 전문증거간[4]의 증거력의 우열은 자유심증주의를 취하는 이상 사실심법원의 구체적 경우에 맞는 평가에 일임될 수밖에 없다. 즉 판례를 통하여서도 원칙이 확립된 것은 없고 구체적 경우에 따라 법관의 자유로운 심증에 의한 판단에 맡겨져 있다.[5] 다만 증거취사와 사실인정이 사실심법관의 자유로운 심증에 일임되어 있다고 하더라도 그 사실인정에 있어서의 심증형성을 위한 증거력평가, 즉 각개 증거의 비중에 대한 평가는 증거자료의 내용을 비교 검토함으로써 많은 증거자료가 전달하는 바에 대하여 우리들의 실생활면에서 생겨나는 실험칙상의 개연성의 강약을 측정하는 것인데 그 고도의 개연성에 대한 확신을 소위 사실인정(fact-finding)이라 한다. 만일 그 개연성이 우리 실험칙에 비하여 저도임에도 불구하고, 이를 사실인정의 척도로 한 때는 이는 후술하는 바와 같이 자유로운 심증의 범위를 넘어선 것이라 할 것이다.

---

1) 대판 1981. 4. 14. 80 다 2314; 대판 1999. 5. 25. 99 다 1789.

2) 이 점과 관련하여 대판 2006. 10. 13. 2004 다 16280은 공개된 장소에서 이루어졌거나 민사소송의 증거를 수집할 목적으로 이루어졌다는 이유만으로 그 증거수집과정에서 행해진 초상권 및 사생활의 비밀과 자유를 침해한 행위에서의 위법성이 조각되지 않는다고 판시하였다. 胡 502면은 증거조사가 인격권을 침해하는 경우와 형사상 범죄행위로 증거가 수집된 경우에는 증거능력을 부정해야 한다는 견해이다.

3) 대판 1964. 4. 14. 63 아 56.

4) 대판 1959. 5. 21. 58 민상 242.

5) 대판 1964. 4. 14. 63 아 56.

제 2 장 自由心證主義

I. 意義와 沿革

1. 自由心證主義와 法定證據主義

사실은 증거에 의하여 인정되는데 그 증거의 가치를 판단하는 방법으로는 법정증거주의와 자유심증주의가 있다. 법정증거주의는 증거의 가치를 법률로써 정하여 놓고 어떤 증거가 있을 때는 반드시 어떤 사실을 인정해야 하고 또한 어떠한 증거가 있기 전에는 어떠한 사실을 인정할 수 없다고 규정하여 재판의 근거에 관한 증거가치판단에 제한을 가하는 주의를 말하고, 자유심증주의란 법관이 재판의 기초로 되는 사실을 인정함에 있어서 심리에 나타난 모든 자료(증거조사의 결과와 변론의 전취지)에 대한 평가를 오로지 법관의 자유로운 판단에 맡기는 주의이다. 즉 사실존부에 관한 법관의 심증형성에 관하여 아무런 제약을 가하지 아니하는 입장이다.

2. 自由心證主義의 沿革

중세에는 법관의 전횡에 의한 무분별한 사실인정이 행해져서 부당한 재판결과를 낸 때가 많았으므로 법정증거주의는 이를 막기 위하여 등장하여 게르만법 이후 중세 이탈리아법과 독일의 보통법 시대에 널리 시행되었다. 그러나 다양한 대규모 조직사회에서 분쟁의 모습이 점차 복잡해짐에 따라 재래의 단순한 경험법칙을 법제화한 증거법칙으로는 복잡한 분쟁사실을 판단함에 필요한 모든 증거방법과 증거가치를 법에서 일일이 규정할 수 없게 되었고, 뿐만 아니라 근대 사법제도의 확립에 따라 법관의 전단을 막을 필요성도 감소되었다. 또한 증거가치를 법정함에 있어서는 구체적·개별적 사건에 있어서 추상적·일반적 법칙에 해당하는 증거가 있는 이상 법관이 어떤 사실을 진실이 아니라고 믿는 경우에도 그 허위의 사실을 그대로 진실이라고 확정시키지 않을 수 없는 모순이 생긴다. 자유심증주의는 이와 같은 경우에 법관의 양식을 믿고 그의 자유로운 판단에 따라 구체적·개별적 진실을 발견하고자 등장한 것으로서 근세 프랑스법에서 채택된 이래 오늘날 모든 대륙법국가의 증거법의 대원칙이 되었다. 민사소송법(제202조)도 형사소송법과 마찬가지로 자유심증주의를 채택하고 있다.

Ⅱ. 內 容(證據原因)

사실인정의 자료가 되는 증거원인은 증거조사의 결과와 변론의 전취지이고 이 두 가지를 참작하여 사실인정을 하는 방법은 법관의 자유로운 심증에 맡겨져 있다. 그리하여 자유로운 심증에 의한 사실주장의 진부판단과 증거의 취사는 우선 당사자가 적법하게 제출한 것이거나 법관이 적법하게 조사한 자료에 의하여야 하고, 법관의 판단은 사회정의와 형평의 이념에 입각하여 논리와 경험법칙에 따라야 하는 것이다. 만일 그렇지 아니하고 자유심증형성 자체에 문제가 있는 경우, 즉 심증형성의 기초인 자료가 잘못되었거나 증거력의 평가가 기준에 어긋나는 경우에는 위법한 사실인정이 되므로 법관에 대한 신뢰가 상실되는 한편, 경험법칙 위반으로 되어 상고이유에 해당하고 만다(제423조).

1. 辯論의 全趣旨

증거원인으로서의 변론의 전취지란 증거조사결과를 제외한 소송자료 전부를 말하는 것으로서 당사자의 주장내용, 진술태도, 사실주장이나 증거신청의 시기, 당사자의 태도, 인상, 그 밖에 변론에 나타난 일체의 적극적·소극적 사항을 포함한 법관의 심증형성에 참작될 자료를 의미한다.[1]

증거조사의 결과만을 사실인정의 자료로 삼는 형사소송의 경우와는 달리(형소 제307조) 민사소송에서는 변론의 전취지도 함께 사실인정의 자료로 삼으므로 변론의 전취지가 증거조사의 결과를 보충하는 데 불과한가, 아니면 독립한 증거원인으로서 증거조사 없이 변론의 전취지만으로도 다툼 있는 사실을 인정할 수 있는가가 논의된다. 이에는 두 가지 견해가 대립된다.

1) 독립적 증거원인설은[2] 법 제202조를 보면 '증거조사의 결과'와 '변론의 전취지'는 똑같은 비중으로 규정되어 있으므로 법조문의 해석상 오직 변론의 전취지만을 사실인정에 있어서 보충적인 것이라고 볼 근거가 없고, 제202조의 모법인 독일과 일본법에 있어서도 같은 입장을 취하고 있다고 한다.

2) 보충적 증거원인설은[3] 변론의 전취지를 기록하여 객관화하기 힘들고 법

1) 대판 1962. 4. 12. 61 민상 10978.
2) 姜 522면, 金容 282면, 胡 470면.
3) 方 454면, 李時 505면, 金/姜 490면, 鄭/庾 490면, 김홍 649면, 田 490면.

관의 자의적 사실인정을 조장할 우려가 있으므로 변론의 전취지는 증거조사의 결과를 보충할 수 있을 뿐이라고 한다. 즉 변론의 전취지의 개념과 내용은 일반적·추상적이므로 증거조사결과와 동일한 증명도를 부여할 수 없다는 것이다.

3) 檢 討 생각건대 법관을 신뢰하고 다툼 있는 사실도 변론의 전취지만에 의하여 인정할 수 있도록 허용하면서 그러한 경우에는 그 심증형성과정과 자료를 판결문에서 밝히도록 함이 보다 합리적인 태도일 것이다. 왜냐하면 법관이 사실심리에서 얻는 당사자나 증인의 태도 등 신선한 자료의 중요성은 다른 증거조사결과에 못지 않기 때문이다. 우리나라의 다수설과 판례는[1] 이에 반대하여 변론의 전취지의 증거원인으로서의 독립성을 부정하고 오직 문서의 진정성립[2]과 자백철회 요건으로서의 착오[3]에 한하여 변론의 전취지만으로 이를 인정할 수 있다고 한다.

2. 證據調査의 결과

증거조사결과란 법원이 방식을 준수하여 실시한 증거조사에 의하여 얻은 증거자료로서 각종 서증·증언·감정·검증 또는 당사자신문 등을 가리키며 이처럼 적법한 증거조사에서 얻어진 모든 증거자료는 사실인정의 자료가 된다.

1) 證據의 取捨와 評價의 방법 증거자료의 취사선택과 그 증거가치의 평가는 법관의 자유로운 판단에 맡겨져 있다. 그러므로 각종 증거조사결과의 취신 여부, 그 중 일부만 믿고 나머지는 버리는 여부,[4] 여러 증거를 종합하여 사실인정을 할 여부,[5] 각개 증거가치판단에 관한 추상적 비중 등[6] 일체를 법관의 판단에 일임하고 있다. 다만 증거를 종합하여 판단함에 있어서 어느 증거에 의하여 어떠한 사실을 인정하였는지 그 경로와 전후연결을 간결하게나마 명시할 것이 요구된다고 하겠다.[7] 또한 모순성 있는 증언이라도 신용할 수 있는 부분만 잘라서

1) 보충적 증거원인설의 입장으로는 대판 1989.10.24. 87 누 285; 대판 1995.2.3. 94 누 1470. 그리고 독립적 증거원인설의 입장으로는 대판 1962.10.25. 62 다 425 참조.

2) 대판 1982.3.23. 80 다 1857; 대판 1993.4.13. 92 다 12070.

3) 대판 1996.2.23. 94 다 31976; 대판 1997.11.11. 97 다 30646.

4) 대판 1959.5.21. 58 민상 20.

5) 대판 1953.4.30. 53 민상 14.

6) 대판 1962.10.11. 62 다 10.

7) 판례 중에는 증거취사에 관한 이유설시를 요구하는 것도 더러 있다. 예컨대 대판 1973.3.13. 73 다 70; 대판 1970.7.24. 70 다 744 등이다. ZPO 제286조 참조. 동지 方 452면, 金/姜 495면. 그리고 이유설시를 예외적으로 요구하는 입장으로는 李時 509면. 최근의 판례는

다른 신용할 수 있는 증거와 종합하여 사실인정을 할 때에는 어느 부분을 신용하고 어느 부분을 버렸는지를 분명하게 판결문에서 밝혀 주어야 할 것이다.

이처럼 자유심증주의는 증거방법이나 증거능력에 제한이 없고, 증거자료의 증거력 평가(증거의 取捨, 가치평가)를 법관에게 일임하는 입장이지만, 자유심증주의에 관한 판례를 검토해 보면 증거취사의 경위나 이유를 설시할 필요가 없다고 하나 부당하다.[1)]

2) 證據共通의 原則

가) 意　　義　　증거가 일단 제출되면 이를 그 제출자에게 유리하게 또는 불리하게 평가할 수 있어서 상대방의 원용의 의사표시가 없더라도 상대방에게 유리한 사실의 인정에 쓸 수 있다. 이를 증거공통의 원칙이라고 한다.

변론주의를 철저히 고수하면 사실인정을 함에 있어서도 증거조사의 결과 중 증거를 신청한 당사자의 입증취지에 맞는 증거자료만을 채택할 수 있고, 당사자가 주장한 입증취지 이외의 사실의 존부를 판단하는 자료로는 쓸 수 없다는 결론이 된다. 그러나 증거의 제출까지는 당사자의 책임이지만 일단 제출된 증거를 어떻게 평가하며 변론의 전취지와 종합하여 어떤 사실을 인정할 것인가, 즉 증거력의 자유평가는 법관의 직무이다. 그러므로 당사자의 한 쪽이 제출한 증거라도 반드시 그에게 유리한 사실인정에만 이용할 것이 아니고 오히려 제출자에게 불리하게 이용할 수도 있을 것이다.

판례는 이러한 원칙을 인정하면서 증거는 어떤 당사자가 신청하여 제출한 것인가를 불문하고 또 상대방의 원용이 없더라도 신청한 당사자에게 불리하게 다툼있는 사실의 존부를 인정하는 증거원인으로 삼을 수 있다고 한다.[2)] 일단 증거조사가 실시되면 법관의 심증은 형성되어 버리므로 그 증거를 어느 편이 제출한 것인가를 고려함은 불가능하기도 하고, 엄연히 나타난 사실을 외면함은 부당하기 때문이다. 다만 실무상으로는 원용의 의사표시를 요구하고 있으나[3)] 상대방이 제출한 증거를 이익으로 원용하겠다는 진술은 증거공통의 원칙이 있는 이상 법원의 증거판단에 주의를 환기하는 뜻과 법원이 이를 채택하지 아니하려면 배척하는 판

처분문서 등 특별한 증거가 아닌 한 증거가치 판단의 이유까지 설시할 필요는 없다고 한다. 대판 1991. 7. 23. 90 다 9070; 대판 1994. 10. 25. 94 다 24459; 대판 1996. 6. 28. 96 다 16247.

1) 대판 1992. 2. 25. 91 다 14192; 대판 1996. 2. 9. 95 다 28267; 대판 1996. 4. 12. 95 다 45125 등은 인정사실에 저촉되는 부분을 명시하지 아니하였다 하여 위법은 아니라고 한다.

2) 대판 1974. 10. 8. 73 다 1879.

3) 대판 1974. 2. 26. 73 다 160.

단을 하여야 한다는 의미를 가짐에 불과하다.[1)]

나) 共同訴訟의 경우 공동소송의 경우에 공동소송인을 위한 변론과 증거조사가 같은 기일에 실시됨은 심리의 중복을 피하여 법원의 판단에 모순저촉을 방지하고자 하는 데 있고, 각 공동소송인이 상대방에 대하여 다투고 있는 공통적인 사실에 관한 한 법원의 판단이 같을 수밖에 없으므로 공동소송인 중의 1인이 제출한 증거는 원용이 없더라도 다른 공동소송인과의 관계에서도 사실인정의 자료로 삼을 수 있다. 이에 대하여 다른 공동소송인이 갑자기 공격방법을 제출하는 경우에 대비하거나 또는 그의 방어권을 실질적으로 보장한다는 견지에서 소송절차에 있어서의 명시적 원용을 요하며 증거공통의 원칙은 공동소송인의 불이익으로 적용될 수 없다는 반대설[2)]도 있다. 그러나 이 설은 공동소송의 제도적 취지를 희생시킬 염려가 있다.

다) 例　外 증거공통의 원칙의 예외로는 공동소송인의 1인이 자백한 경우를 들 수 있다. 자백한 공동소송인에 대해서는 증거조사결과 얻은 심증에도 불구하고 자백한 대로 사실인정을 해야 하며 1인의 자백은 다른 공동소송인에게는 변론의 전취지(제202조)로 평가될 수 있을 뿐이다.

Ⅲ. 自由心證主義의 例外

특별한 경우에 증거방법을 제한하거나 증거력을 법정했기 때문에 자유심증주의의 예외로서 다루어져야 할 경우들이 법에 규정되어 있다.

1. 대리권의 증명방법으로는 서면이 요구되고(제58조 I, 제89조 I), 소명을 위한 증거방법은 즉시 조사할 수 있는 것에 한정되는 등(제299조 I) 증거방법을 제한하는 몇 가지 경우가 있다.

2. 변론방식에 관한 변론조서의 법정증거력(제158조), 문서성립에 관한 추정규정(제356조, 제358조)처럼 증거가치의 자유평가를 제한하는 경우가 있다.

3. 당사자가 문서제출명령에 따르지 아니한 때(제349조), 또는 문서에 대한 상대방의 사용을 방해하거나(제350조), 출석·선서·진술의 의무를 이행하지 아니한 때(제369조) 등 당사자가 고의로 상대방의 입증을 방해하는 행위를 한 경우에는 법관의 심증과 관계없이 그러한 행위를 한 것만으로도 그에게 불리하게 사실인정을 할 수 있게 하는 것도 정면으로 법정증거주의를 인정한 것이라고 볼 수 있다.

---

1) 대판 1963. 1. 17. 62 누 205.

2) 李時 507면, 金/姜 458면, 鄭/庾 492면, 姜 524면(원칙: 증거공통원칙 적용. 단, 이해상반되는 경우까지 적용되는 것은 아님).

입증방해행위는 증인출석방해, 현장검증방해, 사진변조, 증거제거 등 고의·과실, 작위·부작위에 의하여 일방당사자의 증거사용을 불가능 또는 곤란하게 만드는 행위이다. 다양한 행위 유형 중 그것이 형사범죄행위를 구성하는 경우는 별론, 이러한 행위의 민사소송법상 효과에 대하여는 논의가 있다. 민사소송법에서 규정한 입증방해행위의 유형과 효과는 법에 규정이 있으면 그에 따르고, 그 외에 일반적으로는 입증을 방해한 당사자에게 입증책임을 전환하기보다는(입증책임전환설) 법관이 그러한 입증방해행위까지도 자유심증과정에서 감안하여(자유심증설) 사실인정을 하면 될 것이다.[1]

Ⅳ. 自由로운 心證과 證據契約(自由心證主義의 例外)

1. 證據契約의 의의와 기능

1) 증거계약이란 넓은 의미로는 특정한 소송사건에 있어서 사실관계를 어떻게 정할 것인가에 대한 당사자간의 합의이고, 좁은 의미로는 증거방법의 제출에 관한 당사자간의 합의를 뜻한다. 이러한 당사자간의 합의로 자유심증주의를 제약하는 것이다.

증거계약에는 어떤 사실을 다투지 않기로 하는 자백계약, 증거제출은 특정한 증거방법만에 의하기로 하는 증거제한계약 또는 증거방법계약(예컨대 계약체결사실은 서증 만에 의하기로 한 계약), 사실의 확정을 제 3 자의 판정에 맡긴다는 중재감정계약[2] 또는 어떤 사실이 입증되었을 경우에는 다른 사실은 입증된 것으로 보기로 하는 증거력계약 또는 사실추정계약 등이 있다.

2) 증거계약에 관하여는 법에 명문의 규정이 없다. 입법례로서 오스트리아 민사소송법은 법관으로 하여금 재판 외의 자백을 모든 사정을 신중히 고려하여

---

1) 同旨 李時 511면, 胡 507면, 김홍 659면. 판례도 의사측이 진료기록을 변조한 것은 그 변조이유에 대하여 상당하고도 합리적인 이유를 제시하지 못하는 한, 입증방해행위에 해당하고 법원으로서는 이를 하나의 자료로 하여 자유심증에 따라 의사측에 불리한 평가를 할 수 있다고 한다. 대판 1995. 3. 10. 94 다 39567; 대판 1999. 4. 13. 98 다 9915. 다만 증거자료에의 접근이 훨씬 용이한 일방 당사자가 상대방의 증명활동에 협력하지 않는다고 하여 상대방의 입증을 방해한다거나 민사소송법상의 신의성실의 원칙에 위배된다고 할 수 없다는 판례로는 대판 1996. 4. 23. 95 다 23835 참조.

2) 당사자의 약정에 의하여 지명된 감정인의 감정의견에 따라 기성공사대금을 지급하기로 한 경우에 있어 그에 따른 감정의견이 신빙성이 없다고 판단되는 경우에는 법원으로서는 다른 합리성이 있는 전문적 의견을 보충자료로 삼아 분쟁사안을 판단할 수밖에 없다. 대판 1991. 4. 26. 91 다 5556; 대판 1994. 4. 29. 94 다 1142. 후자의 판결에 대한 평석으로는 文一鋒, "중재감정의 구속력배제와 법원의 조처," 인권과 정의 230호(1995. 10), 98면 이하 참조.

그 재량에 따라 판단하도록 규정하고 있다.[1] 미국연방민사소송규칙도[2] 역시 당사자가 증거개시절차(Pre-trial Discovery)에서 시인한 사실이나 증거방법에 관한 합의는 일단 Pre-trial order에 기재되면 당사자를 구속하며, 질문서(interrogatory)나 선서신문서(deposition)에서 기재된 당사자나 증인의 진술은 공판정에서의 진술이 달라지면 그 신빙성을 탄핵하는 자료로 쓰인다고 규정하고 있을 뿐이다.

2. 證據契約의 效力

명문의 규정이 없는 법제하에서는 이러한 증거계약의 효력에 관하여 대체로 세 가지 입장이 있을 수 있다.

1) 증거계약의 무효설은 그 이유로서 민사소송법은 공법이고 공법은 당사자의 자의로 변경될 수 없다는 점, 민사소송법은 완전무결한 절차규정이므로 편의소송은 인정될 수 없다는 점, 그리고 민사소송법은 법관의 자유로운 증거평가를 규정하고 있는데 이것은 소송의 기본원칙이므로 증거계약은 이 원칙에 반한다는 것을 들고 있다. 이것은 19세기 이후 소송법의 공법적 요소가 강조되면서부터 증거계약에 관한 합의는 물론 그 외의 모든 소송에 관한 합의에 관하여도 원칙적으로 소송법상의 효력을 부인하는 전통적인 견해이다.

2) 사법적 효력설은 증거계약의 체결은 사법상 법률행위이고, 따라서 그 효력도 사법에 따라서 판단하여야 할 것이므로 재판 외 자백계약을 맺었더라도 소송에서 이에 반하여 다툴 수 있지만 사법상으로 그 계약은 효력을 가진다고 한다.

3) 증거계약의 적법성과 소송법상의 효력을 인정하는 견해에 의하면 민사소송법이 공법이기는 하나 이에는 강행법규와 임의법규가 있고, 임의법규의 한도 내에서는 편의소송도 있을 수 있으며, 소송법도 완전무결한 것은 못 되므로 사법에 있어서와 같이 흠결보충의 가능성은 인정되어야 한다고 하면서 증거계약은 민사소송법상의 공익규정인 자유심증주의에 대한 침해라고 볼 수 없고, 이는 오히려 변론주의가 지배하는 영역에 속하는 것으로 보자는 것이다. 그리하여 증거계약은 소송상 분쟁해결의 과정에 있어서 법원과 당사자간의 권한분배의 문제요, 양당사자에 의한 소송지배의 공동행사로서 이해된다. 이러한 입장에서는 소송법이 당사자에게 어떤 범위에서 그와 같은 권한을 부여하는가가 문제로 된다.

4) **檢 討** 증거계약의 형태에 따라 구체적으로 보자. 자백계약은 권

---

1) 오스트리아 민사소송법 제266조 2항 3항 참조.

2) FRCP 제26조 내지 제37조 참조.

리자백이 아니라 재판상 자백이 인정되는 한 유효이며, 중재감정계약도[1] 유효일 것이다. 증거제한계약은 그것이 법원의 보충적 직권증거조사결과를 좌우할 만큼 효력이 있는 것은 아닐 것이다. 특정증거의 증거력에 관한 합의 또는 사실추정계약 등은 법관의 심증형성을 당사자의 합의에 의하여 제한하는 결과가 되므로 무효이다. 다만 이처럼 다양한 증거계약은 "약관의규제에관한법률"에 저촉되어 무효로 되는 경우가 있을 수 있다(동법 제14조).

증거계약도 역시 실체법적 요소와 소송법적 요소가 교착되는 분야인 만큼 그 이론구성과 적법성을 판단함에 있어서는 이 점을 종합적으로 고려하여야 할 것이다. 증거계약이 유효한 것이라고 인정되면 법원도 이에 기속되며, 이 한도 내에서는 증거에 의한 사실인정이 불필요하게 되고, 이 계약에 위반된 증거신청은 부적법 각하하여야 할 것이다. 따라서 적법한 증거계약은 법관의 자유로운 심증에 의한 증거평가를 그만큼 제약하는 것이 될 것이다.

V. 自由心證의 程度

그러면 자유심증주의하에서 사실인정을 위하여 어느 만큼의 증명도가 요구되는가. 물론 형사사건의 경우처럼 합리적 의심이 없는 정도(beyond a reasonable doubt) 또는 100% 수학적 정확성 내지 절대적 진실성을 요구하는 것은 아니다. 그러므로 민사사건에서는 논리적 증명이 아니라 역사적 증명으로 족하므로 고도의 개연성과 그에 대한 확신이 생기면 된다고 할 것이다[2](고도의 개연성설). 이외에도 사회통념상 수긍할 만한 진실성이 요구된다는 견해 또는 영미법에서와 같이 쌍방의 증거를 비교하여 일방의 증거의 우월성(Preponderance of Evidence)을 요구한다는 견해(우월적 증명설)[3] 등이 주장되고 있다.

원칙적으로 자유심증주의하에서는 객관적으로 고도의 개연성과 주관적으로 법관의 확신이 있어야만 사실인정을 할 수 있고, 진위불명의 경우에는 뒤에 고찰하는 바와 같이 입증책임분배의 일반원칙에 따라 재판할 수밖에 없다.[4] 다만 최근에는 뒤에서 고찰하는 바와 같이[5] 복잡한 손해배상소송에서 인과관계와 일실

1) 중재감정계약의 성질에 관하여는 종래 증거계약설이 통설이나 실체법상의 계약으로 보는 실체법설(文一鋒, 전게논문)과 중재법에 의하여 규율하는 기능적 중재인설(金洪奎, "중재감정계약," 민사재판의 제문제(하), 150면 이하)이 주장된다.

2) 대판 2010. 1. 28. 2008 다 6755는 증명의 정도는 특별한 사정이 없는 한 경험칙에 비추어 모든 증거를 종합검토하여 어떠한 사실이 있었다는 점을 시인할 수 있는 고도의 개연성을 증명하는 것이고, 그 판정은 통상인이라면 의심을 품지 않을 정도일 것을 필요로 한다고 판시한다.

3) 鄭/庾 494면.

4) 同旨 李時 508면.

5) 제4편 제4장 V. 참조.

이익의 입증[1]에 대한 증명도를 대폭 완화하는 경향이 있고, 영미법의 증명과학적 접근방법과 증거의 우월성 이론의 영향을 받아 51% 이상의 확률적 심증이나 기여도에 의한 비례적 사실인정을 위한 시도가 있다.[2] 한편 불법행위로 인한 손해배상청구소송에서 재산적 손해의 발생사실은 인정되지만 구체적인 손해의 액수를 증명하는 것이 사안의 성질상 곤란한 경우, 증명도·심증도를 경감함으로써 법원은 증거조사의 결과와 변론 전체의 취지에 의하여 관련된 모든 간접사실들을 종합하여 손해의 액수를 판단할 수 있는 법리도 논의되고 있다.[3]

Ⅵ. 事實認定過程에서의 當事者와 法院의 役割

1) 적정한 재판은 사실인정을 정확하게 하여야만 가능하다. 재판의 기능은 당사자가 주장한 사실과 제출한 증거를 법관이 자유로운 심증으로 평가하여 과거의 다툼 있는 사실을 진실에 합치되게 확정한 다음 해당 법조를 적용하여 권리의 존부를 밝혀 내는 데 있다. 이상적으로는 이 과정에서 과거에 묻힌 진실을 완전무결하게 밝혀 내는 것이다. 그러기 위해서는 우선 어느 한 당사자가 주요사실을 주장하고 그 사실에 대하여 직접증거를 제출하여 법관을 확신시켰다면 이는 가장 짧은 지름길을 가로질러 목표에 도달한 경우에 비유할 수 있을 것이다. 그러나 이 같은 이상적인 소송경과는 오히려 예외에 속하고 대부분의 경우에 당사자는 주요사실을 주장하더라도 그에 상응하게 직접증거를 제출할 수 없거나 주요사실조차 주장하기가 어려우며 법원도 당사자가 제출한 여러 증거방법을 취사선택하고 평가하기가 쉽지 아니하다. 그러므로 당사자는 주로 다툼 있는 주요사실을 인정받기 위하여 그 주변의 정황사실, 즉 간접사실을 여러 개 주장하고 이를 뒷받침하는 간접증거들을 제출하여 법관으로 하여금 자유심증으로 그 주요 사실의 존재를 미루어 짐작하도록(추인) 이끌어 내고자 한다. 이에 대하여 상대방은 법관이 그러한 여러 개 간접사실의 존재로부터 주요 사실의 존재를 추인하지 못하도록 반증을

---

1) 대판 1991. 5. 14. 91 다 124; 대판 1993. 3. 12. 92 다 36175; 대판 1994. 11. 25. 94 다 32917 등 참조. 향후의 예상소득에 관한 입증에 있어서 그 증명도는 과거사실에 대한 입증에 있어서의 증명도보다 이를 경감하여, 피해자가 현실적으로 얻을 수 있을 구체적이고 확실한 소득의 증명이 아니라, 합리성과 객관성을 잃지 않는 범위 안에서의 상당한 개연성이 있는 소득의 증명으로 족하다고 한다.

2) 그러나 대판 2013. 6. 28. 2011 다 83110은 불법행위로 인한 손해배상청구소송에서 가해행위와 손해 발생 사이의 인과관계는 존재하거나 부존재하는지를 판단하는 것이고, 이를 비율적으로 인정할 수 없다하여 이른바 비율적 인과관계론을 인정하지 않았다.

3) 대판 2009. 9. 10. 2006 다 64627; 대판 2010. 10. 14. 2010 다 40505; 대판 2011. 5. 13. 2010 다 58728 등. 위 법리에 관하여는 朴益煥, "재량에 기한 손해배상액의 산정," 민사판례연구 XXXII, 815면 등 참조.

제출하여 법관의 심증형성을 방해하거나 별개의 사실을 주장하고 이를 뒷받침하는 본증을 제출하여 사실인정을 자기에게 유리하게 이끌어 가고자 한다.

이처럼 당사자들이 이끌어 가는 소송절차에서 사실인정을 위한 법관의 자유로운 심증은 법관의 자의적 판단을 허용하는 것이 아니라 사회정의와 형평이라는 상한과 논리와 경험법칙이라는 하한을 일탈하지 않는 판단이어야 하는 것이다.[1] 물론 사회정의나 형평이라는 기준은 자유심증을 통한 사실인정의 한계로만 작용하는 것이 아니고 당사자의 입증책임분배의 원칙이 너무 일방 당사자에게 치우친 경우에 이를 바로잡는 원칙으로도 활용된다. 그러고 보면 자유로운 심증을 통한 사실인정을 위하여 최소한의 기준으로 작용하는 것은 경험법칙이라고 할 수 있다. 사실심법관의 사실인정의 실제 모습은 주로 여러 개의 주장·입증된 간접사실로부터 주요 사실을 추인하는 것이고 이 결과가 경험법칙에 어긋나면 안 되기 때문이다.

2) 事實上의 推定

가) 意　義　　사실상의 추정은 당사자의 한쪽이 입증책임을 지는 요건사실을 입증하지 아니하고 그러한 사실의 전제가 되는 간접사실을 증명하였을 때 법원이 그 증명된 간접사실에 경험법칙을 적용하여 주요사실을 추인하는 경우이다.

사실상의 추정은 재판상의 추정이라고도 하며, 구체적·개별적 소송에 있어서 법관의 자유로운 심증의 문제로서 입증책임분배와는 직접 관련이 없다. 증거제출책임은 입증책임을 부담하는 당사자가 먼저 이것을 완수해야 하는 것이지만 입증책임을 부담하는 당사자가 사실상의 추정의 기초가 되는 간접사실들을 증명한 경우에는 상대방은 반증을 제출하지 아니하면 사실상의 추정에 의하여 불리한 사실인정을 받게 된다. 즉 입증의 필요 또는 증거제출책임이 상대방에게 이전하게 된다.

나) 本　質

(i) 推　理　　사실상의 추정은 사물의 개연성에 기한 사실 판단이며, 법관이 증거에 의하여 사실을 인정하는 일반의 추리작용과 동일한 것이므로 그 본질은 추리라고 볼 수 있다. 재판에 있어서 증명을 요하는 사실은 경험적인 사실이므로 사실인정을 위한 추리를 함에 있어서는 경험법칙이 대전제로 된다.

---

1) 교통사고로 복합부위통증증후군의 장해가 발생한 피해자의 일실수익 손해액 산정방법이 문제된 사안에서, 복합부위통증증후군 또는 그와 유사한 통증장해에 대한 판단기준을 제시하지 않고 맥브라이드표를 유추적용하여 위 증후군에 의한 노동능력상실률을 평가한 신체감정결과를 그대로 채택한 원심판결을 법관의 자의가 배제된 합리적이고 객관성 있는 것이 아니라는 이유로 자유심증주의의 한계를 벗어난 위법이 있다는 대판 2012. 4. 13. 2009다 77198, 77204 참조.

(ii) 事實上의 推定과 法律上의 推定 사실상의 추정은 이와 같이 경험법칙을 토대로 하는 법관의 자유로운 심증의 범위 내의 문제라는 점에서 법률규정의 내용을 이루고 있는 법률상의 추정과 다르다.

사실상의 추정과 법률상의 추정을 좀더 비교해 보자.

사실상의 추정은 어디까지나 사물의 개연성에 기한 순전한 사실판단의 법칙이며, 어떤 법조의 요건사실을 인정할 경우인가에 따라 차이가 생기지 않고, 또 형평의 요구 내지 합목적적 요청 따위가 고려되고 있지 아니하다. 다만 사회정의와 형평의 이념은 법관이 경험법칙에 따라 사실인정을 하는 과정에서도 작용한다고 볼 것이므로 사실상의 추정에 대하여도 간접적인 근거는 된다고 할 수 있다.[1] 이에 대하여 법률상의 추정은 단지 사물의 개연성만에 기한 것뿐만 아니라 입증책임의 분배법칙과 마찬가지로 당사자의 소송수행상의 지위의 균형을 꾀하려는 공평의 요구, 사안의 신속한 해결이라는 합목적적 요청, 그리고 당해 법규의 적용에 관하여 어느 당사자를 보다 더 우대하는 것이 정의감정에 적합한가 따위를 고려하여 베풀어 놓은 법률규정이다. 법률상의 추정의 내용은 대체로 사실상의 추정으로서도 성립할 수 있는 것이 많으나 사실상의 추정으로서 성립할 수 없는 것도 있다. 민법 제30조의 동시사망의 추정은 그 좋은 예가 될 것이다.

《추 정》

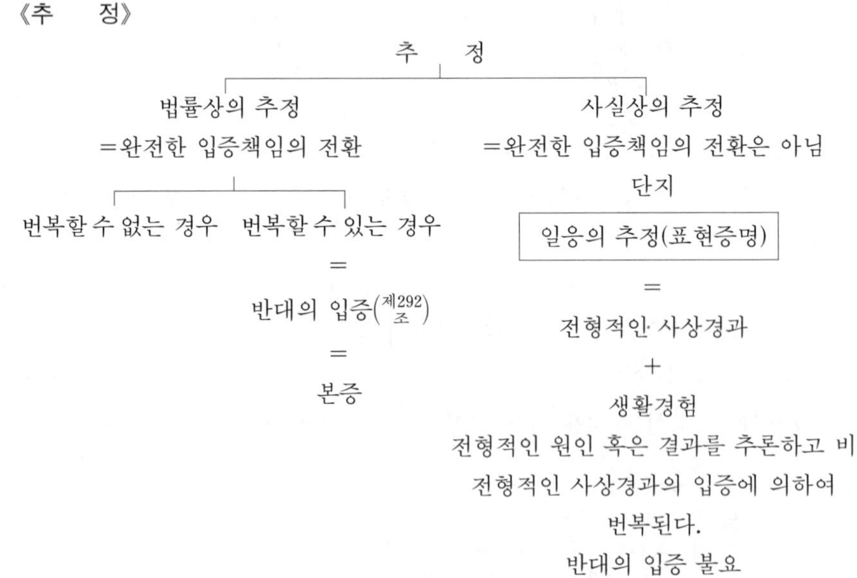

1) 이에 관한 판례로는 우편물의 송달에 관한 추정의 문제를 다루고 있는 대판 1977. 2. 22. 76 누 265 참조.

다) 事實上의 推定과 立證作用 사실상의 추정은 우선 간접사실이 증명되고, 이 증명된 간접사실로부터 경험법칙에 의거하여 요증사실을 추리하여 인정한다고 하는 단계적 구조를 가지고 있다. 그러므로 상대방으로서는 간접사실의 증명단계에서 간접사실의 존재에 관하여 법관에게 의심을 생기게 하는 반증을 제출함으로써 사실상의 추정을 위한 근거의 형성을 방해하거나, 또는 경험법칙에 의한 추리의 단계에서 추정의 기초로서 이미 증명되어 있는 간접사실은 그대로 두고 이와는 별개의 간접사실을 증명함으로써 이미 증명되어 있는 간접사실에 의한 요증사실의 추정을 방해할 수도 있다. 이것이 이른바 뒤에 다루게 될 간접반증이다. 사실상의 추정에 의한 불이익을 면하기 위한 상대방의 입증수단은 이처럼 두 가지밖에 없다.

상식적으로 생각하면 사실상의 추정과는 관계 없이 요증사실에 대한 직접반증을 들 수 있을 것처럼 보이지만, 이 경우에는 사실상 추정의 기초로서 이미 증명되어 있는 간접사실이 위의 직접적인 반증의 증거력을 상실하게 하는 보조사실로서 작용하는 까닭에 직접반증에 의한 번복은 사실상 불가능하다.

라) 事實上 推定의 適用上 瑕疵

(i) 사실상의 추정의 잘못은 사실상의 추정이 허용되지 않는 경우에 이에 의하여 사실을 인정한 부당적용과 사실상의 추정이 허용됨에도 불구하고 그에 의하여 사실을 인정하지 아니한 부당부적용의 두 가지로 나누어 생각할 수 있다. 문제가 되는 것은 부당부적용의 문제, 즉 사실상의 추정에 의하여 요증사실을 인정할 수 있는 상황이 소송상 존재하는 경우에는 법관은 사실상의 추정에 의하여 요증사실을 인정하여야만 되는가, 또 그것이 상고이유로 되는가 하는 점이다.

사실상 추정이 허용되는 경우에도 이에 의하지 아니하고 통상의 증거에 의하여 요증사실을 인정하는 것은 물론 상관없다. 또한 요증사실이 사실상 추정될 수 있는 사정이 있는 경우에도 예외적으로 요증사실이 존재하지 아니할 가능성은 배제되지 않고 있으므로 이러한 예외적인 사정의 존재가 증명된 때에는 법관이 그러한 취지로 사실을 인정할 수 있음은 물론이다. 그러나 그러한 예외적인 사정의 존재가 증명되어 있지 아니하고 통상인이면 누구나 경험법칙에 따라 요증사실의 존재를 확신할 수 있는 사정이 소송상 명백한 경우 법관 자신이 요증사실의 충분한 심증을 얻지 못하였다는 이유로 입증책임분배의 원칙에 의하여 처리함은 허용되지 아니한다고 볼 것이다.

(ii) 법관의 사실인정이 어디까지 경험법칙에 의하여 구속되는가 하는 문제와

하자 있는 사실인정이 어디까지 상고심에서 취소될 것인가의 문제는 구별하여 생각하여야 한다. 왜냐하면 상고심은 법률심이며 원판결의 당부를 오로지 법령적용의 면에서만 심사함을 목적으로 하고(제423조, 제424조), 원판결이 적법하게 확정한 사실은 상고법원을 기속(제432조)하는 까닭이다. 판례는 사실상의 추정을 하여야 함에도 불구하고 하지 아니한 것도 상고이유로 받아들여 "심리미진, 이유불비, 입증책임의 전도, 채증법칙위반" 따위의 이유로 원칙결을 파기환송함으로써 사실인정에 있어서의 경험법칙위반의 상고가능성을 긍정하고 있는 것이 많다.

Ⅶ. 自由心證主義에 대한 反省

자유심증주의를 채택하였던 본래의 관점에서 보면 위로는 사회정의와 형평의 이념이라는 상한과 밑으로는 논리와 경험법칙이라는 하한의 범위 내에서 자격을 가진 전문가인 법관으로 하여금 자유로운 심증에 의하여 증거를 평가하여 사실인정을 하게 함이 정당하기는 하다. 다만 자유심증의 범위의 상한적 판단기준이라고 할 수 있는 사회정의와 형평의 이념이 무엇인지를 밝혀 주는 판례가 없고, 그 하한기준이라고 할 수 있는 논리법칙과 경험법칙이라고 하는 것에 대해서도 판례는 막연하게 다루고 있으므로 몹시 난처하다. 이런 관점에서 보면 이 같은 추상적 개념보다는 인식론적 분석과 심리학적·확률적 평가에 의하여 뒷받침되는 증거판단이 요구되는 것이 아닐까. 왜냐하면 자유심증주의라는 명목하에서는 사실확정의 구체적 과정이 제시되지 아니한 채 모두 법관의 자유로운 심증에 미루고 있지만 증거를 판단함에 있어서는 좀더 세밀하고 명확한 과학적 증명이 제시되어야 할 것이기 때문이다. 재판을 하는 것은 법관의 양심을 만족시키는 것이 아니라 법관의 양심을 통로로 하여 진실을 파악하는 것이 목적이므로 조문 자체의 논리적 해석보다 사회적 현실에 대한 종합적·합리적 조정이 강조되는 오늘날 자유심증주의에 대하여도 하나의 회의가 없을 수 없다. 증거채택과 평가에 있어서 우리보다 훨씬 더 법정증거주의에 접근하는 입장을 취하면서도 법정증거주의에서 오는 추상적 구속력의 폐단을 지양하고 증명과학의 입장으로 나아가는 영미증거법은 우리에게 하나의 참고가 될 것이다.

제 3 장 證明의 對象

법원이 재판을 함에 있어서 증거에 의하여 증명하여야 할 것은 원칙적으로 사실이지만 경우에 따라서는 법규나 경험법칙도 증명의 대상이 되는 수가 있다.

I. 證明의 對象(要證事實)

1. 事 實

원고가 권리주장을 하거나 피고가 항변을 하거나 간에 다툼 있는 사실에 대하여 입증책임 있는 당사자는 사실의 존부를 증거로써 증명하여야 한다. 그러므로 증명의 대상이 되는 사실은 주로 적용법규의 구성요건에 해당하는 사실, 즉 주요사실이고 이를 직접증거에 의하여 인정함이 가장 좋을 것이다.

그러나 주요 사실을 직접적으로 증명하기 어려운 많은 경우에는 앞에서 언급한 바와 같이 여러 가지 간접사실의 존부를 인정하고 이로부터 주요사실을 간접적으로 이끌어 내게 되므로 그러한 경우에는 경험칙상 주요사실의 존부를 추인할 수 있게 하는 간접사실도 증명의 대상이 된다.

또한 주요사실의 확정을 위한 증명수단으로서는 간접사실 이외에 보조사실도 포함되므로 이에 대한 증명도 경우에 따라서는 필요하다. 변론주의하에서는 주요사실은 당사자가 주장하는 것에 한정되고 항상 증거조사의 필요가 있지만, 보조사실이나 간접사실은 당사자의 진술이 없어도 판결의 기초로 채용할 수 있으며, 오직 주요사실의 인정에 관련이 있을 때에만 증거조사의 대상이 된다.[1] 그리고 사실인 이상 과거, 현재 또는 장래의 사실, 외계의 사실, 인간심리의 내면적 사실(고의·과실, 선의·악의), 적극적 사실, 소극적 사실, 가정적 사실 등을 불문하고 증명의 대상이 된다. 이 같은 사실들은 주장 자체로서 이유 없는 경우가 아니라 재판에 관련되고 다툼이 있어 재판결과에 영향을 미칠 수 있는 것이어서 증명의 필요가 있는 경우에만 증명의 대상이 된다.

---

1) 대판 1968. 4. 30. 68 다 182.

2. 法 規

증거에 의하여 확정된 사실에 적용될 재판의 대전제인 규범이 법규이다. 법규의 존부를 탐지하고 해석하는 것은 원래 법원의 직권에 속하는 것이므로 당사자가 주장하고 입증할 필요는 없으나 외국법규, 관습법[1] 또는 오래 전의 법규는 존재사실을 필요한 당사자가 입증하여야만 되는 경우가 있다. 따라서 법령해석의 자료로서 감정증인의 증언을 채용하였다 하여도 위법이 아니며,[2] 특히 외국법규의 존부나 해석에 관하여[3] 전문가를 감정증인으로 불러서 묻는 것이 실무이기도 하다. 그러나 적용하여야 할 외국법을 아무리 조사하여도 알 수 없는 경우에는 청구를 기각할 수밖에 없을 것이다. 이 같은 청구기각설 이외에도 국내법적용설(법정지법설),[4] 조리설,[5] 유사법규적용설[6] 등이 있다.

3. 經驗法則

1) 인간생활에 있어서의 상식적인 법칙, 또는 인간세계의 모든 사물의 일반적 성상에 관하여 경험을 통하여 얻은 사실판단의 법칙도 사실인정에 불가결한 것으로서 경우에 따라서는 소송상 증명의 대상이 된다. 경험법칙은 사실에 대한 평가적 판단, 증거에 대한 가치판단 그리고 간접사실에 의한 주요 사실의 추인에 기준을 제공한다. 경험법칙에는 단순한 경험법칙, 전문적 경험법칙 그리고 고도의 개연성있는 경험법칙이 있다.

2) 경험법칙이 증명의 대상인가에 관하여는 다툼이 있다. 공지의 경험법칙에 관하여는 증거에 의하지 아니하고 사실인정을 할 수 있으나, 전문적인 경험법칙은 법관도 알 수 없는 것이므로 감정 또는 검증 등의 증거방법으로 증명할 필요가 있다고 할 것이다.

3) 경험법칙은 법규에 준하는 성격이 있으므로 그 존부에 대하여 한 자백은

1) 대판 1983. 6. 14. 80 다 3231.
2) 대판 1964. 8. 31. 63 누 189.
3) 외국법규는 그것이 본국에서 현실로 해석·적용되고 있는 의미내용대로 해석·적용되어야 하는 것이지만 소송과정에서 본국의 판례나 해석기준에 관한 자료가 제출되지 아니하여 그 내용의 확인이 불가능한 경우 법원으로서는 일반적인 법해석기준에 따라 법의 의미내용을 확정할 수밖에 없다는 판례로는 대판 1992. 7. 28. 91 다 41897; 대판 1996. 2. 9. 94 다 30041, 30058; 대판 2007. 7. 12. 2005 다 39617.
4) 姜 506면. 대판 1988. 2. 9. 87 다카 1427.
5) 李時 442면(외국법규 존부: 국내법적용설, 외국법규 해석: 조리설), 鄭/庾 473면. 崔公雄, 국제소송 367면. 대판 1991. 2. 22. 90 다카 19470.
6) 대판 2000. 6. 9. 98 다 35037. 판례의 태도를 유사법규적용설에 의하여 보충되는 조리설로 파악하는 견해로는 김홍 566면.

법원을 구속할 수 없고, 법원이 경험법칙의 존부를 판단하는 데 자료가 될 수 있을 뿐이다.

4) 경험법칙의 인정을 그르쳤거나 잘못 적용한 경우에 사실문제로서 사실심의 전권에 속하는가 아니면 법령위반과 동일시하여 상고이유로 되는가에 대하여 견해가 나뉜다. 이 경우는 법령위반과 동시하여 상고이유로 된다고 하는 견해가 다수이나[1] 그 외에 상식적 경험법칙에 위배한 사실인정에 대하여는 상고이유로 할 수 있으나 전문적 경험법칙에 위배한 경우에는 사실판단과정에 쓰여진 자료를 잘못 선택한 것에 불과하므로 상고이유가 될 수 없다는 견해도 있다.[2] 상고가능설도 종래에는 경험법칙이 법령과 동시해야 할 것임을 이유로 하고 있으나,[3] 최근에는 법 제202조가 경험법칙에 따라 증거를 평가해야 함을 규정하고 있으므로 이에 위배된 사실인정은 제202조 위반으로서 상고이유로 된다는 견해가 있다.[4] 경험법칙도 사실판단의 자료에 불과하므로 그 존부확정도 사실심법관의 전권에 속한다고 보아야 할 것이나, 논리칙과 경험칙에 어긋나는 사실확정이 문제되는 한도에서 상고이유로 문제될 수 있다.

II. 證明을 요하지 않는 事實(不要證事實)

증거에 의한 재판을 하여야 되는 경우에도 증거에 의한 사실인정이 사항의 성질상 문제되지 아니하거나 그 필요성이 없는 경우가 있으니, 전자는 현저한 사실이요, 후자는 다툼 없는 사실이다. 현저한 사실은 증거에 의한 사실인정이 필요 없는 정도로 객관적으로 명백하여 법원이 뚜렷한 심증을 가지고 있는 경우이고, 다툼 없는 사실은 당사자가 자백한 사실과 자백한 것으로 간주되는 사실을 포함하는데, 이것이 불요증사실임은 변론주의의 요청에 의한 것이다. 따라서 변론주의가 제약을 받는 가사소송절차에서는 자백의 구속력을 배제하는 규정이 있는 데(가소 제12조) 반하여 현저한 사실이 불요증사실임은 가사소송절차에서도 마찬가지이다.

1. 顯著한 事實

현저한 사실은 소송절차에서 특별한 조사를 할 필요도 없이 법원이 명확하게 지득하고 있어서 의심을 품을 염려가 없을 정도로 객관성이 담보되어 있는 사실

1) 대판 1967. 10. 31. 66 다 2485; 대판 1971. 11. 15. 71 다 2070. 李英 275면, 李時 441면, 鄭/庾 471면; 胡 477면, 김홍 565면.

2) 姜 527면.

3) 대판 1971. 11. 15. 71 다 2070.

4) 李時 441면.

이다. 그러나 법원이 사적으로 확신을 가지고 있는 것만으로는 안되고, 그 법원의 인식이 공정하고 확실하다는 보장이 있는 경우라야 한다. 현저한 사실에는 공지사실과 법원에 현저한 사실이 있다.

1) 公知事實

가) 意　義　　공지사실은 일반인들에게 널리 알려진 사실로서 법원도 이를 아는 사실을 말한다. 예컨대 역사상 유명한 사건이나, 자연현상, 생리현상, 전쟁 등을 들 수 있다. 판례는 일정시의 공문서에는 일본연호를 사용한 사실,[1] 단기연호는 연호에관한법률의 공포일 이후에 사용되었다는 사실,[2] 월평균 가동일수[3] 등은 공지의 사실이나, 일정한 시점간에 가격변동이 없다는 사실은[4] 공지의 사실이 아니라고 한다. 노임이 급격한 상승세에 있다는 사실은 공지사실이라는 입장이 있으나[5] 공지사실이라고 볼 수 없을 것이다.[6]

나) 公知事實이 不要證事實인 이유　　공지사실이 불요증사실이라 함은 일반사회인이 알고 있어서 진실성이 담보되어 있고 언제라도 그 진부를 조사할 수 있기 때문이다. 다만 법원이나 일반인이 공지사실을 지득한 경위·시기·방법은 불문한다.

다) 公知事實의 必要的 主張　　공지사실이라도 주요사실인 경우에는 법원은 당사자의 주장이 없는 한 이를 판결의 기초로 삼을 수 없다.[7] 변론주의의 적용을 배제할 이유가 없기 때문이다. 그러므로 일응 공지사실로 보이지만 이를 다투는 당사자가 반증을 제출하려고 하면 허용되어야 할 것이며, 공지사실이 아닌 것으로 인정되면 자백의 효력도 인정할 것이다.

라) 公知性과 上告理由　　공지의 개념과 공지 여부는 시간과 장소에 따라 달라질 수 있으므로 공지사실인 여부는 구체적 사건에 따라 결정하여야 한다. 따라서 어떤 사실이 공지사실인지 여부는 사실문제이며, 상고심이 그 당부를 가릴 사항이 아니다.[8] 다만 판례는 공지 여부를 잘못 판단한 경우에 위법하다고 하

1) 대판 1957. 12. 9. 57 민상 358, 359.
2) 대판 1960. 1. 14. 59 민상 493.
3) 대판 1970. 2. 24. 69 다 2172.
4) 대판 1966. 10. 4. 66 다 985.
5) 대판 1980. 2. 26. 79 다 1899.
6) 대판 1969. 7. 22. 69 다 684.
7) 同旨 李時 453면, 姜 517면, 胡 490면, 김홍 582면, 그리고 판례로는 대판 1965. 3. 2. 64 다 1761. 반대 입장으로는 方 464면, 金/姜 481면, 鄭/庾 486면. 그리고 판례로는 대판 1963. 11. 28. 63 다 493.
8) 대판 1965. 3. 2. 64 다 1761; 李時 453면, 姜 517면, 胡 492면, 김홍 583면.

여 이를 법률문제로 다루고 있다.[1] 그런데 엄밀히 말하면 심리미진을 이유로 해서는 몰라도, 그 자체로 상고이유가 된다고 볼 수는 없을 것이다.[2]

2) 法院에 顯著한 事實

가) 意　義　일반인에게는 널리 알려지지 아니하였으나 법원이 직무상 정확하게 공적으로 인식하고 있는 사실을 법원에 현저한 사실이라고 한다. 판례는 법원에 현저한 사실이라 함은 법관이 직무상 경험으로 알고 있는 사실로서 그 사실의 존재에 관하여 명확한 기억을 하고 있거나 또는 기록 등을 조사하여 곧바로 그 내용을 알 수 있는 사실을 말한다고 한다.[3] 예컨대 직종별 임금실태 조사보고서(임금구조 기본통계 조사보고서)와 한국직업사전의 각 존재 및 그 기재내용 등이 그것이다. 법원이 합의부이면 그 법원을 구성하는 법관의 과반수에게 현저한 사실이면 족하다. 직무상 알게 된 사실인 이상 그 사건의 소송에서 알게 된 것이든 별개의 사건심리중에 알게 된 것이든 불문한다. 예컨대 법관이 내린 다른 판결, 정부노임단가, 간이생명표 등이 그것이다.

나) 法院에 顯著한 事實이 不要證事實인 理由　이는 공지사실과 달라서 반드시 당사자가 알고 있는 것도 아니고, 그 진부의 조사가 항상 가능한 것도 아니므로 이를 불요증사실에 포함시킬 근거가 별로 없다고 생각될 수도 있다. 그러나 이는 법관이 개인적으로 알게 된 주관적 지식이 아니라 법률에 의한 직무집행중에 알게 된 사실이고, 설사 증거를 필요로 한다고 하더라도 기록을 보면 곧 밝혀질 사실이므로 법관의 기억에 남아 있는 한 그 증명을 불요한다 함은 근대재판제도가 법관에 대한 신뢰를 기초로 하는 만큼 당연한 귀결이다.

다) 法院에 顯著한 事實의 필요적 주장　법원에 현저한 사실에 대하여는 당사자의 주장이 없더라도 법원이 그 사실을 인정할 수 있는가. 공지성을 우선시키면서 이를 변론주의의 예외라고 하거나 또는 법 제288조는 입증책임면제규정이므로 법원에 현저한 사실은 당사자의 주장이 없더라도 그 소송법상의 성질과 효력에 영향을 받지 않는다는 이유에서 긍정하는 견해가 있고,[4] 반대로 현저한

---

1) 대판 1967. 11. 28. 67 후 28은 일본 공진사의 상표가 소 도형임이 우리나라에서 증명이 필요 없을 정도의 공지의 사실이라고 할 수 없음에도 이를 인정한 위법이 있다고 판시하였다. 方 464면, 金/姜 486면, 鄭/庾 486면도 공지성 인정여부를 법률문제로 보고 있다.

2) 同旨 胡 492면; 李時 453면, 姜 517면, 김홍 583면은 입장이 분명하지 않으나 예외적으로 상고심의 심사가능성을 인정한 점에 비추어 볼 때 같은 입장으로 보인다.

3) 대판(전) 1996. 6. 28. 96 다 16247. 이에 대하여 반대하는 평석으로는 文一鋒, "법원에 현저한 사실," 법률신문 2526호, 14면 이하, 2527호, 14면 이하 참조.

4) 대판 1963. 11. 28. 63 다 493. 方 464면, 金/姜 483면, 鄭/庾 485면.

사실이 간접사실이라면 모르되 주요사실인 경우에는 당사자의 주장이 없으면 현저한 사실이라도 참작할 수 없다는 견해가 있다.[1] 공지사실의 경우와 마찬가지로 이를 당사자가 다투기 위하여 반증을 제출하는 것이 허용되어야 하는 등 당사자 보호의 필요상 후설에 찬성한다.

라) 顯著性과 上告理由 제1심 법관에게는 재판상 현저한 사실이더라도 제2심 법관에게는 모르는 사실인 경우에 제1심의 사실인정을 그대로 따라가느냐는 제2심의 자유이다. 사실심법관이 재판상 현저한 사실로서 인정한 것이 얼마만큼 상고심을 구속할 것인가는 문제이나, 현저한 사실의 존재를 확정함은 사실문제이다. 따라서 상고이유로 되지 아니한다.

2. 다툼이 없는 事實

다툼 없는 사실은 당사자가 재판상 자백한 사실(제288조 본 전단)과 자백한 것으로 간주되는 사실(제150조)을 가리킨다.

1) 裁判上 自白의 의의와 성질

가) 법원에서 한 자백(제288조)이라 함은 당사자가 소송의 변론 또는 변론준비절차에서 한 상대방의 주장과 일치하는 자기에게 불리한 사실을 인정하는 진술을 말한다.[2] 자백에는 앞의 재판상 자백외에 재판 외 자백이 있는데, 재판 외 자백은 재판 외에서 상대방이나 제3자에게 하는 자백으로서 설사 상대방이 이를 소송에서 원용하더라도 자백으로서의 구속력이 없고, 법원이 사실인정을 하는 증거원인이 됨에 불과하다.[3]

나) 재판상 자백이 소송행위임에는 이론이 없으나 그 성질에 관하여는 의사표시설과 사실보고설의 대립이 있다. 의사표시설에도 자백은 상대방의 입증책임을 면제하고 자기의 방어권을 포기하는 의사표시라고 하는 증거포기설과 상대방이 주장하는 자기에게 불리한 사실을 진실한 것이라고 확정하여 재판의 기초로 삼고자 하는 의사표시라고 보는 확정의사표시설이 있다. 사실보고설은 자백은 당사자가 그 자백한 사실이 진실하다는 관념의 보고라고 본다.

---

1) 대판 1965. 3. 2. 64 다 1761. 李時 419면, 姜 517면.

2) 대판 1962. 10. 18. 62 다 548.

3) 다른 소송에서 한 자백에 관하여 대판 1992. 11. 10. 92 다 22121; 대판 1996. 12. 20. 95 다 37988. 소송당사자가 형사사건의 법정이나 수사기관에서 상대방의 주장과 일치하는 주장을 하였고, 상대방이 이 진술이 담긴 서증을 원용하였다 하더라도 이를 재판상 자백으로 볼 수 없다는 것에는 대판 1991. 12. 27. 91 다 3208.

학설의 대립은 자백이 법원과 당사자를 구속하는 근거를 어디에서 찾을 것인가 하는 점에서 비롯되는 것이지만 이러한 자백의 구속력은 효과의사에 기인한 것이 아니고 법률의 규정에 의한 것이라고 보면 사실보고설이 옳을 것이다.[1)]

2) 自白成立의 요건

가) 訴訟能力 있는 當事者의 現實的 陳述 자백이 되려면 소송능력 있는 당사자가 당해 소송의 변론이나 변론준비절차에서 현실적으로 진술하여야 한다. 법정외에서 실시한 증거조사기일에 법원 또는 수명법관이나 수탁판사의 면전에서 진술한 경우에는 그 진술이 그 증거조사기일의 조서에 기재되고, 그 조서가 변론기일에서 원용되면 재판상 자백이 성립된다고 본다. 자백은 당사자가 법원에 대하여 하는 진술이므로 상대방이 불출석한 경우에도 할 수 있다. 민사소송절차에서는 사실주장을 하는 변론과 증거조사와는 준별되므로 증거조사방법인 당사자신문중 진술한 사실은 자백이 될 수 없다.[2)]

나) 不利한 事實上의 진술 자기에게 불리한 사실을 진술하여야 한다. 무엇을 기준으로 하여 불리한가를 따질 것인지에 관하여 논의가 있다. 입증책임설은 상대방에게 입증책임이 있는 사실을 인정하는 경우라고 보는 견해이고,[3)] 패소가능성설은 상대방의 주장사실이 판결의 기초로 채택되면 패소가능성이 있는 경우라고 보는 입장이다.[4)] 전설에 의하면 자기가 입증책임을 지는 사실을 부정하는 진술은 자백이 아닌 것으로 되어 부당하다. 그러므로 자기에게 불리한 사실이란 보통 상대방이 입증책임을 지는 사실이지만, 자기가 입증책임을 지는 사실을 부정하는 진술도 자백이 될 수 있다고 본다. 예컨대 대여금청구소송에서 원고가 대여사실을 주장한 데 대하여 피고가 이를 인정하면 자백이 되고, 더 나아가서 피고가 돈을 받은 사실이 없다고 주장한 데 대하여 원고가 이를 인정한 경우에도 원고의 자백이 된다.

다) 상대방의 主張事實과 一致되는 事實上의 진술일 것

(i) 先行自白 재판상 자백은 상대방의 주장과 일치한 경우라야 한다. 양 진술의 시간적 전후를 불문하므로 일방이 먼저 자진하여 불리한 진술을 할 수 있으나 이런 경우에도 상대방이 그 사실을 인정하여야 자백이 될 수 있다. 일방이

1) 同旨 方 469면, 李英 277면, 金/姜 471면, 李時 447면, 姜 507면, 鄭/庾 474면.
2) 대판 1978. 9. 12. 78 다 879.
3) 李時 445면, 田 505면.
4) 方 468면, 李英 276면, 金/姜 471면, 鄭/庾 478면, 姜 510면.

먼저 자진하여 한 불리한 진술을 선행자백(사전자백 또는 자발적 자백)이라고 한다. 선행자백은 상대방이 이를 원용함으로써 당해 사실에 관하여 당사자 쌍방의 주장이 일치되면 자백이 된다.[1] 상대방이 선행자백을 원용하기 전이면 자백의 구속력이 발생하지 아니하므로 불리한 자인사실을 자유로이 정정 또는 철회할 수 있다.[2] 그러나 선행자백도 법원에 대한 구속력은 있으므로 법원은 이를 기초로 판단해야 한다.

(ii) 一部自白(制限附自白과 理由附否認) 상대방이 주장한 사실의 일부만을 시인하는 경우에도 시인부분은 자백이 된다. 이를 일부자백이라고 한다. 일부자백의 모습에는 제한부자백과 이유부부인이 있다.

제한부자백이란 상대방이 주장하는 주요사실을 인정하면서 별개의 사실을 부가하여 다투는 경우이다. 예컨대 증여계약사실은 인정하면서도 그 계약은 조건부로 한 것인데 그 조건이 아직 성취되지 아니하였다고 다투면, 증여사실에 대하여는 자백이 성립되고 조건미성취의 다툼은 항변이 된다. 또한 대여금청구소송에서 금전의 수수는 인정하나 대여금이 아니고 증여라고 답변하는 경우는 이유부부인(간접부인, 적극부인)이 된다. 이 때 금전수수의 사실은 자백으로 인정하여도 무방하지만 소비대차계약의 성립사실은 부인한 것으로 이해하여야 한다. 즉 이 양자의 경우 진술의 일치부분은 자백이 되고 불일치부분은 부인 또는 항변이 된다.

(iii) 條件附自白 그러나 조건부자백은 인정되지 아니하므로 상대방이 어떤 사실을 인정하면 나도 이러한 사실을 인정하겠다든가, 제 1 심에서는 자백하여도 좋으나 제 2 심에서는 다툴 것을 유보한다는 진술은 자백의 효력이 없다.

라) 自白의 對象 재판상 자백의 대상은 구체적 사실뿐이다. 따라서 청구, 권리의 존부나 법률효과, 사실에 대한 법률적 평가, 법규의 존부 및 내용, 경험법칙 또는 법령의 해석적용에 관한 의견 등은 자백의 대상이 되지 아니한다. 이는 법원의 전권사항이기 때문이다.[3]

(i) 사실이 아니라 원고의 청구 자체를 인정하는 것은 청구의 인낙이라 하고, 원고가 피고의 청구기각의 주장을 그대로 인정하는 것은 청구의 포기라고 하여

1) 대판 1993. 9. 14. 92 다 24899.
2) 대판 1993. 4. 13. 92 다 56438.
3) 대판 1992. 2. 14. 91 다 31494 판결은 소송물의 전제가 되는 권리관계나 법률효과를 인정하는 진술은 권리자백으로서 법원을 기속하는 것이 아니므로 청구의 객관적 실체가 동일하다고 보여지는 한 법원은 원고가 청구원인으로 주장하는 실체적 권리관계에 대한 정당한 법률해석에 의하여 판결할 수 있다고 한다.

소송법상 특수한 효력이 부여되어 있음은(제220조) 이미 살펴보았다.

(ii) 자기에게 불리한 법률상의 진술, 즉 권리관계나 법률효과의 존부를 인정하는 진술을 권리자백이라고 한다. 권리자백이 되면 상대방은 일단 그 권리주장을 뒷받침해야 할 부담은 덜게 되지만 그로 인하여 법원의 법률판단까지 당사자의 자백에 구속을 받는 것은 아니므로 권리자백을 부정하는 사실이 현출되면 법원은 자백에 반대되는 판단을 할 수 있다.

(iii) 사실에 대한 법률적 평가를 그르친 경우, 예컨대 당사자가 법률상 유언이 아닌 것을 유언이라고 시인하거나,[1] 채권계약을 담보권설정계약의 취지로 진술한 경우,[2] 또는 법정변제충당의 순서 자체에 관하여 불리하게 진술한 경우[3]에는 법원은 이에 구속되지 아니하고 정당한 법률적 평가를 하여야 한다.

(iv) 계약해석에 관한 진술, 예컨대 어음상의 배서가 백지배서로서 무효라고 하거나, 의사표시의 착오를 자인하는 등은 법률상 판단이므로 자백은 성립되지 아니한다. 다만 소송에서 매매·임대차·소비대차 등의 법률용어를 쓰더라도 그것이 구체적인 사실관계에 관한 정리된 표현으로 인정될 경우에는 재판상의 자백으로 처리한다.[4]

(v) 소유권에 기하여 피고에게 가옥명도를 청구하는 소송에서 피고가 선결적 법률관계인 원고의 가옥소유권을 인정한 경우는 소유권에 기한 명도청구권에서 볼 때 소전제인 법적 추론으로서 의문의 여지가 없으므로 자백으로서 효력을 인정한다.[5] 선결적 법률관계는 그 자체 자백으로서의 구속력이 없지만 그 내용을 이루는 사실에 대해서는 자백이 성립될 수 있다고 본다.

(vi) 자백의 대상인 사실은 주요사실에 한정되는 것이고, 간접사실(징표)이나 증거의 가치판단에 관한 보조사실 등은 자백의 대상이 될 수 없다는 것이 통설이다. 이는 간접사실은 당사자의 주장이 없었더라도 법원이 이를 참작할 수 있다는 원칙[6]과 대응하는 것이다. 간접사실은 주요 사실의 존부를 경험칙의 적용을 통하여 추인할 수 있게 하는 사실이므로 간접사실에 대한 자백이 법원을 구속한다고

1) 대판 1971. 1. 26. 70 다 2662; 대판 2001. 9. 14. 2000 다 66430.

2) 대판 1962. 4. 26. 61 민상 1071.

3) 대판 1998. 7. 10. 98 다 6763.

4) 대판 1984. 5. 29. 84 다 122.

5) 同旨 李時 444면, 鄭/庾 476면, 田 513면. 그리고 대판 1989. 5. 9. 87 다카 749. 반대 입장으로는 方 468면, 金/姜 480면, 姜 509면(절충설, 당사자에 대한 구속력은 인정, 법원에 대한 구속력은 부정). 그리고 대판 1982. 4. 27. 80 다 851.

6) 대판 1968. 4. 30. 68 다 182.

하면 법관의 자유로운 심증을 제약하는 결과가 되기 때문이다.[1] 그러나 판례는 문서의 진정성립에 관한 자백은 보조사실에 관한 자백이라도 법원과 당사자를 구속한다고 하여 예외적 취급을 한다.[2]

자백은 당사자에게 처분권이 있는 사항에 관하여 성립되는 것이고 타인의 권리를 자기의 것이라고 자백하였다 하여 그 권리의 귀속이 이동되는 것은 아니다.[3]

3) 自白의 效力 재판상 자백한 사실에 대해서는 증명을 할 필요가 없고 법원과 당사자는 이에 구속된다. 이는 사적 자치의 원칙이 증거법에 투영된 결과일 것이고, 당사자간에 다툼이 없는 사실은 진실한 것으로 볼 수 있는 일반적 개연성이 있기 때문이다. 자백의 효력은 상급심에도 미친다.

당사자는 자백에 반하는 주장을 하거나 자백을 마음대로 철회할 수 없고, 법원은 이에 구속되어 사실인정권이 배제되므로 증거조사결과 반대사실에 대한 심증이 들더라도 당사자의 자백에 따라 사실인정을 하여야 한다.[4] 따라서 자백과 다른 사실인정은 위법이다.[5] 그러나 공지사실 또는 현저한 사실에 반하거나 현실적으로 불가능한 사실의 자백은 그 효력이 없으므로 법원을 구속하지 아니한다.[6]

자백은 당사자의 처분이 허용되어 있는 사항에 한하여 인정되는 것이므로 직권탐지주의에 의하는 가사소송절차에서는 자백의 효력이 인정되지 아니하며(가소 제12조, 제17조), 법원의 직권조사사항,[7] 재심사유[8] 등은 소송당사자의 자백에 구속되지 아니한다. 그러나 행정소송절차에서는 화해·인낙은 별론, 자백의 효력이 인정된다고 보며,[9] 민사소송 중 대세적 효력을 갖는 형성의 소, 예컨대 회사관계소송의 경우에는 자백의 효력을 인정할 수 없다는 견해도 있으나[10] 형성의 소의 경우만을 따로 취급할 근거가 없다.[11]

---

1) 대판 1992. 11. 24. 92 다 21135. 李時 445면, 姜 514면, 鄭/庾 477면
2) 대판 1988. 12. 10. 88 다카 3083.
3) 대판 1959. 12. 24. 59 민상 701.
4) 대판 1983. 9. 27. 82 다카 1828.
5) 대판 1971. 12. 28. 71 다 2109.
6) 대판 1971. 1. 26. 70 다 2662.
7) 대판 1982. 3. 9. 80 다 3290.
8) 대판 1992. 7. 24. 91 다 45691.
9) 대판 1991. 5. 28. 90 누 1854; 대판 1992. 8. 14. 91 누 13229; 대판 2000. 12. 22. 2000 후 1542. 반대견해로는 李在性, "민사재판의 이론과 실제," 법조문화사 제 1 권(1978), 260면, 李時 448면, 鄭/庾 479면, 姜 511면.
10) 李時 448면.
11) 同旨 鄭/庾 480면, 胡 486면, 김홍 577-578면.

4) 自白의 取消

가) 自白의 取消의 의의 상대방이 자기주장을 철회하지 아니하고 있는 동안 자백한 당사자가 자백의 진술을 철회하는 소송행위를 자백의 취소라고 한다. 자백은 당사자가 그 소송법적 효력을 인식하면서 자기책임하에서 한 소송행위이므로 그 취소를 쉽게 허용한다면 법원과 상대방에게 혼란과 손해를 가져오지만 그 취소를 절대불허하면 자백한 당사자에게 가혹한 경우가 생길 것이므로 법은 일정한 요건하에서만 이의 취소를 인정한다(제288조 단). 이는 독민소법 제290조를 본따서 판례이론을 성문화한 것이다.

나) 自白取消의 要件——反眞實과 錯誤의 증명 자백을 취소하려면 자백이 진실에 반한다는 점과 당사자가 착오에 의하여 자백하였음을 증명하여야 한다. 착오란 당사자가 자백 당시에 사실을 오해하였음을 뜻한다. 자백의 취소를 판단하는 경우에 그 자백이 진실에 반한다고 인정되더라도 그 자백이 착오에 의하여 한 것이라고 인정되어야 취소를 허용할 수 있을 것이다. 판례는 구법하에서 자백이 진실에 반한다는 증명이 있으면 일응 착오에 의한 것으로 추정하고 자백의 취소를 허용하다가 그 후로는 자백의 반진실성과 더불어 착오의 점도 증명할 것을 요구하는 태도를 취하면서[1] 판례는 자백이 착오에 기인한 것임을 변론의 전취지에 의하여 인정할 수 있다고 한다.[2] 자백을 취소하는 자가 이에 대한 입증책임을 진다고 한다.[3]

상대방 또는 제3자의 사기나 강박, 그 밖에 형사상 처벌받을 만한 타인의 행위 때문에 자백을 한 경우에는 판결확정 후라면 재심사유가 될 것이므로(제451조 I [5]) 그 사실을 증명하면 자백은 취소될 수 있다. 권리관계나 법률효과를 인정하는 진술은 권리자백으로서 법원을 기속하지 않으므로 상대방의 동의없이 자유로이 철회될 수 있다.[4]

다) 自白의 取消方法 자백의 취소는 명시적 의사표시가 아니더라도 묵시적으로, 예컨대 종전에 자백한 사실과 相値되는 사실을 새로 주장하여 할 수도 있다.[5] 당사자의 일방이 자백을 취소하였을 때에 상대방이 이에 이의를 아

1) 대판 1991. 12. 24. 91 다카 21145, 21152; 대판 1992. 12. 8. 91 다 6962; 대판 1994. 6. 14. 94 다 14797; 대판 1997. 11. 11. 97 다 30646; 대판 2010. 2. 11. 2009 다 84288, 84295.

2) 대판 1996. 2. 23. 94 다 31976; 대판 1997. 11. 11. 97 다 30646; 대판 2001. 4. 13. 2001 다 6367.

3) 대판 1974. 10. 8. 74 다 723.

4) 대판 2008. 3. 27. 2007 다 87061.

5) 대판 1994. 6. 14. 94 다 14797; 대판 1996. 2. 23. 94 다 31976; 대판 2001. 4. 13. 2001 다6367.

니하고 동의한 경우에는 자백취소의 요건과 증명이 없어도 그 자백의 취소는 유효하다.[1)]

자백의 취소도 소송상 방어방법의 일종이므로 상대방의 동의가 없는 한 그에 대한 증거조사가 필요하고, 시기에 늦은 것이라고 인정하면 법 제149조에 의하여 각하할 수도 있으며, 변론준비기일에 한 자백을 변론기일에서 취소하려면 법 제285조의 적용을 받을 수도 있다. 판례는 또한 재판상 자백이 성립된 후에 청구를 교환적으로 변경한 경우 그 자백의 효력이 상실된다고 한다.[2)]

라) 自白의 취소와 民法上 取消 민법상 법률행위의 취소원인은 당사자의 무능력과 의사표시의 하자이고 취소권의 행사를 제한하는 민법 제146조는 재산권상의 법률행위에 있어서의 거래안전을 위하여 존재하는 규정이다. 따라서 재판상 자백은 공법상의 법률효과가 발생하는 소송행위이며 또한 재산법상의 법률행위가 아니므로 민법 제146조의 적용이란 있을 수 없다.[3)]

5) 自白看做(擬制自白)

가) 意　義 당사자가 변론에서 상대방의 주장사실을 시인하였을 때 이것이 상대방에게 유리한 사실이라면 재판상 자백으로 되어 법원은 이에 구속되며, 상대방도 이를 증명할 필요는 없다. 그러나 이를 부인하면 상대방은 그 주장사실을 입증하여야 한다. 그런데 당사자가 변론에서 상대방의 주장을 명백하게 다투지 아니하거나 변론의 전취지에 의해서도 다툰 것으로 볼 수 없을 때(제150조 I) 또는 당사자의 일방이 공시송달에 의하지 아니한 기일통지를 받고도 기일에 출석하지 아니한 경우에는(제150조 Ⅲ) 자백한 것으로 간주하여 법관의 심증에 의한 사실인정을 불필요하게 하였다. 이것을 자백간주라고 하는데 변론주의에 근거를 둔 제도이다. 가사소송(가소 제12조, 제17조)이나 행정소송(행소 제26조)과 같은 직권탐지주의가 적용되는 사건이나 법원의 직권조사사항 또는 법률상의 주장에는 자백간주가 인정되지 아니한다.[4)]

나) 自白看做의 成立 다음의 세 경우에 성립된다.

(i) 당사자가 상대방의 주장사실을 명백히 다투지 아니한 경우이다(제150조 I). 이

1) 대판 1990. 11. 27. 90 다카 20548. 다만 자백의 취소에 대하여 상대방이 아무런 이의를 제기하고 있지 않다는 점만으로는 그 취소에 동의하였다고 볼 수는 없다. 대판 1994. 9. 27. 다 22897.

2) 대판 1997. 4. 22. 95 다 10204.

3) 대판 1965. 11. 30. 65 다 1515.

4) 재심사유에 대해서는 자백간주가 적용되지 아니한다는 대판 1992. 7. 24. 91 다 45691 참조.

에 대하여 변론의 전취지에 의하여 다투었다고 인정되면 자백간주가 성립되지 아니한다. 다투었다고 인정할 것인가는 변론의 일체성에 비추어 변론종결 당시의 상태에서 변론의 전체를 통관하여 구체적으로 결정하여야 한다.[1] 원고의 청구원인사실에 대한 주장을 부인하는 취지의 답변서의 제출은 그 답변서가 진술 또는 진술간주된 바 없어도 변론의 전취지에 의하여 원고의 청구를 다툰 것으로 보나[2] 단순히 청구기각판결을 구하고 사실에 대해서는 어떠한 진술도 한 바 없는 경우에는 원고의 청구를 다툰 것으로 볼 수 없다.[3] 대여금청구사건에서 피고가 돈을 빌린 사실에 대하여는 명백한 인부를 아니한 채 변제 등 채무소멸항변을 제출한 경우에는 피고가 금전차용사실을 명백히 다투지 아니하였다고 인정할 수 있다. 자백간주와 어긋나는 사실인정을 하는 것도 역시 위법이다.[4]

(ii) 당사자가 정식으로 기일통지를 받고도 상대방의 주장사실을 다투는 준비서면 등을 제출하지 아니한 채 결석한 경우에 자백간주가 성립된다(제150조 Ⅲ). 당사자가 기일에 불출석하고 변론기일의 연기신청서를 제출하였으나 받아들여지지 아니한 채 변론을 진행하였거나, 소송대리인이 기일통지를 받은 후 사임하여 당사자 본인이 불출석하였거나 또는 원고의 소취하의사표시를 믿고 피고가 불출석한 경우 등에 있어서 출석한 당사자가 제출한 소장, 답변서 및 준비서면 등이 상대방에 송달되어서 예고되어 있는 사실에 관하여는(제276조) 상대방이 불출석하면 이러한 서면에 기재한 사실에 관하여는 자백간주가 성립된다(제150조 Ⅲ). 그러나 예고되지 아니한 사실은 변론에서 진술할 수 없으므로 자백간주가 성립될 수 없다. 공시송달에 의한 기일통지를 받은 경우를 제외한 것은 결석자가 예기하지 못한 사실에까지 자백간주를 인정함은 가혹하기 때문이다(제150조 Ⅲ 단).

(iii) 원고의 청구를 다투는 피고가 정식 출석통지를 받고도 소장을 송달받은 날부터 30일 이내에 답변서를 제출하지 아니한 경우(제256조 Ⅰ), 법원은 원고가 소장에서 주장한 사실을 자백한 것으로 보고 변론 없이 판결할 수 있다(제257조 Ⅰ 본).

다) 自白看做의 효과

(i) 명백히 다투지 아니하였다고 인정되는 때에는 자백과 동일한 효과가 있으므로 법원은 이에 구속되어 자백한 사실을 재판의 기초로 삼아야 한다.

(ii) 그러나 자백간주는 재판상 자백과 달리 당사자에 대한 구속력은 없으므로

---

1) 대판 1968. 9. 8. 68 다 1147.
2) 대판 1981. 7. 7. 80 다 1424.
3) 대판 1989. 7. 25. 89 다카 4045.
4) 대판 1962. 9. 27. 62 다 342.

당사자는 어느 때나 사실심에서 자백간주 사실을 다툼으로써 이를 뒤집을 수 있다.[1] 제 1 심에서 자백간주가 성립되어도 항소심의 변론종결시까지 다투거나,[2] 파기환송되어 온 환송심에서 다시 상대방의 주장을 다투어[3] 자백간주의 효력을 배제할 수 있다. 다만 이 경우에도 법 제149조의 실기한 공격방어방법의 각하와 법 제285조에 의한 제한을 받을 수 있음은 별문제이다.

---

1) 대판 1971. 10. 21. 71 다 1277.
2) 대판 1968. 3. 19. 67 다 2677.
3) 대판 1968. 9. 3. 68 다 1147.

제 4 장 立證責任(證明責任)

I. 立證責任의 意義

1. 立證責任의 개념

1) 辯論主義와 立證責任 입증책임이란 본래 변론종결시에 이르러서도 판결의 기초가 되는 사실이 존부불명한 경우에 그 사실이 부존재한 것으로 판단받게 될 당사자 일방의 위험부담을 말한다. 물론 법관은 석명권을 행사하여 당사자에게 입증을 촉구하거나(제136조 참조) 직권에 의한 당사자신문을 할 수도 있을 것이지만(제367조), 변론주의하에서는 법원이 사실발견의 책임을 지는 것이 아니고 어디까지나 당사자가 소송자료 및 증거자료를 제출하여야 되므로 이를 게을리한 당사자에게 패소판결을 내림은 당연한 귀결이다. 또한 요증사실의 존부가 당사자의 입증에 의해서도 최종적으로 인정되지 아니하는 진위불명의 경우라 하더라도 법원은 이를 방치하거나 재판을 거부할 수는 없다. 입증책임은 이처럼 당사자의 소송상 주장 또는 항변사실의 유무를 어느 편으로도 확정할 수 없을 때에 법원에게 재판내용을 지시하는 역할을 하고 유리한 법률효과를 거둘 수 없는 당사자 일방에게 부담시키는 불이익의 문제이다.[1]

이처럼 보면 입증책임문제는 소송과정 전체를 통하여 잠재적으로 일관된 기본문제이므로[2] 당사자나 법관은 항상 입증의 완수와 입증책임의 분배에 신경을 써야 한다. 이런 뜻에서 입증책임은 질서와 공평의 이념적 바탕을 가지고 있으며 민사소송절차의 기둥이라고도 할 수 있다.

2) 客觀的 立證責任과 主觀的 立證責任 입증책임이라는 말은 두 가지 뜻으로 쓰인다. 첫째는 고유한 의미의 입증책임으로서 증명부재시의 위험부담을 객관적 입증책임 또는 실질적 입증책임이라고 말하고, 둘째는 고유한 의미의 입증책임의 관념을 전제로 하여 당사자가 패소의 위험을 면하기 위하여 법원에 증

1) 대판 1962. 4. 4. 61 민상 1374.
2) 입증책임은 입증을 못하는 경우에 누구에게 입증촉구를 할 것인지 석명권행사의 기준이 될 뿐만 아니라 항변과 부인의 구별, 본증과 반증의 구별, 자백의 성립 여부 등에 대한 판단기준이 되므로 입증책임을 민사소송의 기둥이라고 함은 지나친 표현이 아니다.

거를 제출해야 할 행위책임 내지 필요성이라는 의미로 사용되는 수가 있는데 이를 주관적 입증책임, 증거제출책임, 입증의 필요 등으로 부른다.

입증책임이라는 말은 보통 고유한 의미의 입증책임을 의미하지만 판례는 객관적 입증책임과 주관적 입증책임을 구별하지 않고 혼용하고 있는 경우가 적지 아니하다. 그러나 객관적 입증책임은 결과책임이므로 직권탐지주의하에서도 문제되지만 주관적 입증책임은 행위책임이므로 변론주의하에서만 적용이 있다. 이같이 두 가지로 구별하여 고찰하는 것은 입증책임이 소송의 전과정에서 당사자의 소송활동과 법원의 소송지휘의 기준이 되기 때문이다.

고유한 의미의 입증책임(객관적 입증책임)은 개개의 소송과의 관계에서 볼 때에는 객관적·추상적으로 정해져 있어서 변동하지 않는 것이지만, 그 기능은 소송심리의 최종단계에 이르러서도 증명이 없는 경우에 비로소 발휘되는 것으로서 법원이 이미 어느 쪽인가 심증을 가지고 있는 경우에는 입증책임의 문제는 생길 여지가 없다.[1)]

그러나 주관적 입증책임(증거제출책임)은 변론주의가 지배하는 현실소송의 각 단계에 있어서 어느 쪽의 당사자가 패소의 위험을 면하기 위하여 사실에 대한 증거를 제출할 필요가 있느냐의 문제이므로 소송심리의 과정에 있어서 당사자의 증거제출이나 법원의 심증형성 여하에 따라 좌우된다. 제출책임은 소송의 당초에 있어서는 입증책임이 있는 당사자에게 있으나, 그 후 개개의 단계에 따라 변동할 수 있다. 입증책임을 부담하는 자가 제출책임을 완수한 경우에 상대방은 그 상태에서 심리가 종결되지 않게 하면서 법관의 심증형성을 위한 확신을 동요시키기 위하여 증거를 제출할 필요에 쫓기게 된다. 제출책임에 있어서 제출될 것을 요하는 증거는 요건사실에 대한 입증책임을 지는 자인 경우에는 본증이지만 그 상대방인 경우에는 반증으로서 족하고, 이 반증을 상대방이 제출할 필요성도 입증책임에 대한 제출책임이며, 이 경우 제출책임은 당사자 일방에서 타방으로 전환되는 것이다.

2. 立證責任規定의 性質

입증책임에 관한 규정은 대립하는 당사자간의 분쟁해결을 위하여 법원이 어느 법규를 적용하여 법률판단을 할 것인가의 기준을 정하는 것이지만 독립된 규정의 형식으로 나타나는 일은 거의 없고 대부분의 법률요건의 구성이나 규정상호

1) 대판 1961. 11. 23. 60 민상 818.

관계에서 드러나는 이른바 숨은 법규의 체계를 형성하고 있다. 그리하여 입증책임에 관한 규정은 민·상법 등의 실체법 중에서도 산견되므로 입증책임규정이 속하는 법역이 실체법에 속하는가 소송법에 속하는가에 관하여는 논의가 있다. 입증책임규정은 실체법에 속한다는 견해도 있으나[1] 다툼 있는 사실의 요건을 구성하는 법조와 동일한 법역에 속한다고 볼 것이다.[2] 즉 다툼 있는 사실이 실체법상의 법조문에 대한 법률요건을 이루고 있는 경우에는 그에 관한 입증책임규정은 실체법체계에 속하고, 다툼 있는 사실이 소송법상의 법조문에 대한 법률요건을 이루고 있는 경우에는 그에 관한 입증책임규정은 소송법체계에 속한다.

입증책임규정의 소속법역을 논하는 실익은 몇 가지가 있는데 특히 입증책임의 준거법이 외국법이나 시제법인 경우에 큰 차이가 있다. 우선 섭외소송에서 입증책임규정을 소송법으로 보면 법정지법에 따라야 하고 실체법으로 보면 준거외국법에 따라야 하며, 시제법인 경우에 소송법은 원칙적으로 재판 당시의 법이 효력이 있으나 실체법은 법률행위 당시의 법이 효력이 있으므로 입증책임규정이 소송법인가 실체법인가에 따라 법적용시기에 차이가 생기며, 상고이유가 되는 법령위반은 제424조 의 절대적 상고이유를 제외하고는 원칙적으로 실체법규위반을 의미하는데 입증책임규정의 위반이 상고이유가 되는가가 문제로 된다.

Ⅱ. 主張責任

1. 主張責任의 의의

1) 辯論主義와 主張責任 변론주의를 바탕으로 하는 소송절차에서는 재판에 필요한 사실은 당사자의 주장을 통하여 도입되지 않으면 안 되므로 법원은 변론에 나타나지 아니한 사실에 관하여는 판단할 수가 없다. 이처럼 주요사실을 변론에서 주장하지 아니하면 어느 당사자의 불이익으로 판단할 것인가 하는 당사자의 불이익 또는 위험부담을 주장책임이라 한다.

주장책임을 논하는 실익은 당사자가 변론기일에 출석하지 아니하거나 또는 변론하지 아니한 경우 등에 나타난다. 주장책임은 변론주의의 결과에 바탕을 두고 있으므로 그 한도 내에 있어서는 변론에 있어서 어느 쪽 당사자의 진술에도 나타나지 아니한 요건사실은 그것이 공지사실이라 하더라도 재판의 기초로 삼을 수 없다. 그러나 어느 쪽의 당사자가 진술하였는가는 관계가 없으므로 당사자의

1) 李時 515면, 姜 533면, 김홍 664면.
2) 同旨 金/姜 419면.

일방이 임의로 불리한 요건사실을 진술한 경우에도 상대방은 그 사실에 관하여 주장책임을 전제로 한 주장을 다한 것으로 된다. 이에 반하여 직권탐지주의 또는 직권조사의 경우에는 법원은 당사자의 주장의 유무와 관계 없이 법원이 심증을 얻은 사실을 당연히 재판의 기초로 할 수 있으므로 그 한도 내에서는 주장책임이 생길 여지가 없다.

2) 客觀的 主張責任과 主觀的 主張責任 주장책임에 객관적 주장책임과 주관적 주장책임의 두 가지 뜻이 있고 단지 주장책임이라고 할 경우에는 보통 객관적 주장책임을 가리키는 점은 입증책임의 경우와 같다. 객관적 주장책임은 재판의 기초가 되는 법조의 요건사실이 변론에 현출되지 아니한 경우에 작용하도록 처음부터 법조에 의하여 정하여진 당사자의 불이익부담을 말한다. 주관적 주장책임은 객관적 주장책임의 관념을 전제로 하여 당사자가 패소의 위험을 면하기 위하여 일정한 사실을 변론에 현출시켜야 할 행위책임 내지 주장의 필요를 뜻한다.

2. 主張責任과 立證責任과의 관계

주장은 논리적으로 입증에 선행하는 것이나 주장책임과 입증책임은 두 개의 전혀 다른 문제가 아니고 동일문제의 양면이다. 그러한 의미에서 주장책임의 법리는 입증책임의 법리 중에 포함되는 것이다. 주장책임은 입증책임규정에 따라 결정되나 입증책임과 마찬가지로 항상 처음부터 정해져 있으므로 개개의 소송의 진행에 좌우되지 아니한다. 또한 주장책임도 입증책임의 분배와 동일한 원칙에 따라 분배된다. 즉 주장책임의 대상 및 범위는 원칙적으로 입증책임의 그것과 일치한다.[1)]

Ⅲ. 立證責任分配의 原則

1. 立證責任分配原則의 沿革

입증책임분배에 관한 논의는 로마법 시대에 "긍정하는 자는 입증을 하여야 하며, 부정하는 자는 입증을 요하지 않는다"라고 하는 일반법칙으로부터 "적극적 사실을 주장하는 자는 입증을 부담하며, 소극적 사실을 주장하는 자는 입증책임을 부담하지 않는다"는 원칙이 도출되었고, 증거법의 발달과 함께 독일에 있어서

1) 판례에서도 어느 요건사실의 주장과 입증의 문제에 있어서 "주장 및 입증책임이 있다"는 표현을 자주 볼 수 있는 것도 주장책임과 입증책임의 이와 같은 관계를 인정하는 태도라고 이해된다. 예컨대 대판 1969. 1. 28. 68 다 578 참조.

는 Rosenberg 등에 의하여, 미국에 있어서는 Wigmore에 의하여 현대의 입증책임론이 확립되었다.

애당초 요증사실의 성질이나 개연성을 기준으로 분류하자는 요증사실분류설이 있었으나 너무 막연하고 자의적이어서 사라졌다. 현재로는 입증책임의 분배를 법규의 구조·형식 속에서 찾아야 한다는 규범설 내지 법률요건분류설이 통설 및 판례로 되었다.

2. 規範說 내지 法律要件分類說에 따른 분배기준

입증책임분배에 관하여 법률이 명문의 규정을 둔 경우에는(예: 민 제135조 I, 437조, 제546조; 상 제115조, 제135조, 제48조; 어음 제45조 V; 자배 제 3 조 단) 그에 따른다. 문제는 그러한 규정이 없는 경우이다. 오늘날에는 객관적인 법규의 구조, 즉 조문의 형식이나 관계조문의 상호관계 속에서 입증책임분배의 기준을 찾으려고 하는 법률요건분류설(구성요건분류설) 내지 규범설에 따르는 것이 일반적 경향이다.

규범설에 의하면 입증책임의 문제를 법적용의 문제로 파악하기 때문에 객관적인 법규의 구조에 따라 법률요건을 권리의 발생 및 소멸의 면에서 분류하여 입증책임을 분배한다.

줄거리는 i) 권리의 발생원인(예컨대 계약의 성립)을 정한 권리근거규정의 요건사실에 관하여는 권리의 존재를 주장하는 자(원고)가, ii) 권리발생의 장애사유(예컨대 능력흠결·착오·비진의의사표시·통정허위표시·불공정법률행위·반사회질서의 법률행위·정당방위 등)를 정한 권리장애규정의 요건사실과 iii) 일단 발생한 권리의 변경·소멸사유(예컨대 변제·대물변제·공탁·상계·취소·해제·포기·소멸시효완성 등)를 정한 권리멸각규정의 요건사실 및 iv) 일단 발생한 권리의 행사를 저지하는 사유(예컨대 유치권이나 최고·검색의 항변, 동시이행의 항변권, 기한유예, 정지조건)를 정한 권리행사저지규정의 요건사실에 관하여는 권리주장의 상대방(피고)이 각각 입증책임을 부담한다는 것이 그 요지이다.[1] 즉 i)은 청구원인사실이고 ii), iii), iv)는 항변사실인 것이다. 그러므로 권리의 존재를 다투는 상대방은 반대규정의 요건사

---

1) 원고가 법률행위의 효과로서 권리를 주장한 경우에 피고가 조건의 미성취 또는 기한의 미도래를 진술하면서 다툴 경우 피고의 이 같은 주장을 법률행위의 성립에 대한 자백과 조건이나 기한의 항변이 부가된 것으로 보아 피고에게 입증책임을 부담시킬 것인가(항변설), 아니면 간접부인으로 보아 조건이나 기한이 붙어 있지 않다는 것의 입증책임을 원고에게 부담시킬 것인가(부인설)가 논란된다. 판례는 항변설을 취한다. 대판 1969. 1. 28. 68 다 2313 참조.

실인 권리장애사실, 권리멸각사실, 권리행사저지사실의 세 가지에 대하여 입증책임을 지는 것이다.

권리근거규정과 권리멸각규정·저지규정과의 구별은 그리 어렵지 아니하나, 문제는 권리근거규정과 권리장애규정과의 구별이 애매모호하다. 왜냐하면 권리장애사실의 반대 사유는 권리근거사실(또는 권리멸각사실)이 되기 때문에 두 사실은 결국 동의어가 되고 따라서 입증책임분배가 어렵기 때문이다. 그리하여 권리장애규정은 권리근거규정의 요건이 존재함에도 불구하고 예외적으로 권리발생을 방해하는 사유에 관하여 규정하고 있는 점에 착안하여 권리근거규정을 원칙, 그리고 권리장애규정을 예외라고 파악한다. 다만 무엇이 원칙이고 무엇이 예외인가에 대하여는 단서는 본문의 예외이고, 2항은 1항의 예외이며, 별개의 조문으로 제외한 사항도 예외라고 설명하면서[1] 예외를 이루는 권리장애사실은 권리주장자의 상대방이 입증하여야 할 것으로 본다.

우리나라의 학자들도 법규를 권리근거규정·권리장애규정·권리멸각규정·권리행사저지규정 등으로 나누어서, 권리를 주장하는 당사자는 권리발생사실을, 권리주장의 상대방은 권리발생의 장애, 멸각 또는 발생한 권리의 행사저지사실을 각각 입증할 책임을 부담한다는 점에서 대체로 이론이 없다.

3. 立證責任의 분배와 當事者의 지위

입증책임의 분배는 그 소송에 있어서 어느 당사자가 어떤 법률효과를 주장하는가에 따라 정해지는 것이므로 그 법률효과를 주장하는 자가 원고이냐 피고이냐라는 당사자의 지위와는 관계가 없다. 원고라는 개념은 보통 소송상 공격자의 개념과 결부되는 것이지만, 경우에 따라서는 원고가 방어자의 입장에 서는 일도 있으며, 동일법조문에 규정된 요건사실의 입증책임도 항시 원고 또는 피고에게만 있게 되는 것은 아니다. 따라서 예컨대 통상의 확인의 소나 이행의 소에 있어서는 원고가 권리의 존재를 주장하므로 그 권리의 발생에 필요한 사실(권리근거규정의 요건사실)의 입증책임은 원고에게 있으나, 소극적 확인의 소의 경우에는 원고는 권리의 부존재를 주장함에 지나지 않고 피고가 권리의 존재를 주장하는 것이므로 그 권리의 발생에 필요한 사실은 피고가 입증책임을 부담하게 된다.[2] 따라서 이 경우에는 통상의 입증책입분배와는 반대로 입증책임이 바뀌게 된다.

---

1) 李英 282면.

2) 대판 1998. 3. 13. 97 다 45259.

4. 立證責任의 轉換

입증책임의 전환이라고 하는 표현이 자주 사용되는데 그 뜻을 분석하여 보면 다음의 세 가지 경우로 볼 수 있다.

첫째, 소송심리의 각 진행단계에 있어서 입증책임을 부담하는 당사자의 입증이 성공한 경우에 상대방으로서는 그 증명을 동요시킬 필요가 생김에 따라 증거제출책임이 상대방에게 이전한다는 의미로 입증책임이 전환된다고 하는 경우가 있다. 그러나 이 경우의 전환은 구체적 사실에 있어서 법관의 심증형성의 변동의 문제일 뿐, 당사자의 한 쪽에서 다른 쪽으로 객관적 입증책임이 전환되는 것은 아니다. 입증책임은 법적으로 불변이고, 결코 전환하지 아니한다.[1] 더구나 뒤에 고찰하는 법률상의 추정의 경우는 법률의 규정에 의하여 입증책임의 경감 또는 분담을 꾀하는 것일 뿐 이 경우의 전환도 입증책임의 불변을 부정하는 뜻이 아니다.

둘째, 입증책임의 전환이란 용어가 사용되는 경우는 일정한 요건사실에 대하여 입증책임은 법률상 정해져 있으나, 이 같은 일반원칙에 대한 예외를 인정하여 반대사실에 대한 입증책임을 상대방에게 부담시키는 것이 합목적적이라고 하여 특별입법을 하고 있는 경우이다. 예컨대 일반적 불법행위(민 제750조)에 대비하여 특수불법행위의 경우(민 제755조~제759조, 상 제788조 II, 자배 제3조 등)에는 과실 등의 입증책임이 전환되는 것이 그 것이다. 이 경우는 소송계속중에 일어나는 일이 아니고, 입증책임분배의 일반원칙을 특수한 몇 경우에 입법으로 수정하여 이를 상대방에게 전부 또는 일부 부담시킨다는 뜻에 불과하다. 그러나 이런 의미에서 사용되는 전환은 단지 법문구성상 원칙과 예외의 관계를 달리 표현한 것에 지나지 않고 소송의 진행과는 관계가 없으므로 입증책임분배이론의 해명에 있어서는 중요성을 갖지 아니한다.[2]

셋째, 최근에는 판례를 통한 해석론에 의해서도 입증책임분배원칙이 수정되는 경우이다. 우선 오늘날 대형 또는 특수불법행위소송의 경우에도 과실 및 인과관계를 피해자가 입증해야 한다는 입증책임분배원칙을 관철하면 입증의 곤란으로 말미암아 피해자의 구제는 불가능해지고 만다. 이처럼 규범설에 따른 입증책임분배원칙에서 오는 가혹함을 완화하기 위하여 입증책임을 일부 경감 또는 전환하는 해석론이 있다. 이러한 시도는 특히 입증방해,[3] 제조물책임, 의료과오소송

---

1) 方 473면.

2) 이 점에 관하여는 정선주, "법률요건분류설과 증명책임의 전환," 민사소송(제11권 제2호), 2007, 131면 참조.

3) 吳容鎬, "민사소송에 있어서의 입증방해," 사법논집 제17집, 207면. 입증방해의 경우에 입증책임의 전환을 인정하려는 견해(입증책임전환설)도 있으나 입증방해시의 효과는 법관

등에서 활발하다.

5. 立證責任分配原則의 違反과 上告理由

입증책임은 법률요건을 구성하는 주요사실이 불확정한 경우에 어느 쪽 당사자가 불이익을 받게 되는가라는 불이익부담의 점을 중시하여 '책임'이라는 개념이 사용되지만, 객관적으로는 법규적용문제의 일부분이므로 입증책임분배의 원칙에 위반하여 판결에 영향을 미쳤을 때에는 법 제423조의 법령위반으로서 상고이유가 된다고 함에는 이론이 없다.

Ⅳ. 立證責任緩和의 몇 경우

1. 總 說 — 規範說에 따른 分配와 그에 대한 批判

규범설은 법규를 그 구조에 따라 형식적으로 권리근거·권리장애·권리멸각·권리행사저지의 규정으로 각각 분류하여 그에 따라 입증책임을 획일적·형식적으로 분배한다. 그러나 이 같은 형식적 분류는 항상 일관될 수 있는 전제도 아니므로 입증책임을 당사자간의 공평 등 실질적 요소를 비교형량하여 재분배하려는 시도가 있다.[1)]

우선 규범설에 의해서 입증하기 곤란한 몇 경우에는 입법으로 입증책임분배원칙을 수정하는 경우가 있으니 이것이 법률상의 추정이다.

또한 입증책임을 해석을 통하여 당사자간에 공평, 편의, 공공정책, 개연성, 경험칙, 증거소지 여부, 증거와의 거리, 방해자가 지배하는 위험영역 등을 고려하여 탄력적으로 배분하려고 하는 입론이 있으니 위험영역설, 증거거리설, 개연성이론, 간접반증이론, 표현증명 등이 그것이다. 이 같은 여러 가지 이론적 시도는 입증책임의 분배시에 실질적 이익형량의 필요성을 깨우쳐 준 공로가 있으나 이들이 사용하는 대부분의 개념이나 고려할 요소가 애매모호한 약점이 있다. 다만 공해소송·제조물책임소송·약화·의료과오·해상 또는 항공사고 등 특수불법행위의 경우에는 이 같은 이론을 참고하여 입증책임의 경감 내지 전환을 어느 정도 시도할 수 있을 것이다.

의 자유로운 심증에 맡길 일이다(자유심증설). 판례도 자유로운 심증에 따라 방해자측에게 불리한 평가를 할 수 있다는 입장이다. 대판 2010. 5. 27. 2007 다 25971.

1) Rosenberg/Schwab/Gottwald §114 5. 이하 참조.

2. 危險領域說

계약 또는 불법행위손해배상청구사건의 경우에 규범설에 따라 법규의 구조 속에서 형식적으로 입증책임을 분배하는 통설 및 판례를 수정하여 가해자에게 과실 및 인과관계에 관한 입증책임을 지우려는 입장이다.[1] 그리하여 손해원인이 가해자의 법률상·사실상의 수단에 의하여 지배할 수 있는 생활영역(위험영역)에 있는 경우에는 피해자는 증거에의 접근이 어려우므로 가해자에게 과실 및 인과관계의 부존재를 입증하게 함이 정의에 맞는다고 한다. 현대사회의 복잡한 불법행위 분쟁을 해결하는 데 유용한 이론이나 위험영역의 개념이 모호하다는 비판을 받는다.

3. 證據距離說

법률요건분류설 대신에 당사자간의 실질적 이익교량을 통하여 입증책임을 재분배하자는 입장이다. 즉 증거와의 거리, 입증의 난이도, 개연성, 금반언, 실체법의 입법취지 등을 기준으로 입증책임을 재분배하자는 견해이다. 법규의 형식적 구조에 집착하여 형평을 잃은 입증책임분배를 극복하자는 주장이나 증거와의 거리의 뜻, 그리고 증거와의 거리가 같은 경우의 문제, 입증책임과 주장책임과의 관계설정 등 문제가 적지 않다. 따라서 법률요건분류설에 의한 입증책임분배가 어려운 최근의 여러 새로운 소송형태에서 피해자의 입증곤란을 완화해 주는 시도로서 가치가 있을 것이다.

4. 蓋然性理論

불법행위에 기한 손해배상청구소송에 있어서 손해배상을 청구하는 피해자(원고)가 인과관계의 입증책임을 부담한다는 일반원칙의 타당성을 공해소송에서는 재검토할 필요가 있다는 논의의 결과 대두된 것이 이른바 개연성설이다. 공해소송의 경우에는 가해자의 비협력 이외에도 조사의 어려움, 자연과학적 지식의 결여 등으로 인과관계의 입증이 특히 어렵다. 그리하여 이 설은 공해소송의 특수성으로서 '원인물질의 특정'과 '공해기업의 배출행위와 피해간의 인과관계'에 대한 입증의 곤란을 구제하기 위하여 피해자에게 요구되는 인과관계의 증명은 고도의

---

1) 대판 1980. 11. 11. 80 다 57; 대판 1991. 7. 23. 89 다카 1275 등. 이 판결들은 공해소송에서 피해자에게 인과관계의 증명을 요구하는 것은 공해의 사법적 구제를 사실상 거부하게 될 우려가 있는 반면, 가해기업은 피해자보다 원인조사가 훨씬 용이하므로 가해기업이 배출한 어떤 원인물질이 피해물질에 도달하여 손해가 발생했다면 가해자측에서 그 무해함을 입증하지 못하는 한 책임을 면할 수 없다고 봄이 사회형평의 관념에 적합하다고 한다.

개연성이 아니라 그것이 존재한다는 상당한 개연성이 있는 정도로서 충분하고 가해자는 이에 대한 반증을 한 경우에만 인과관계를 부정할 수 있다고 한다.[1)]

이 견해는 규범설에 따른 입증책임분배원칙을 수정하는 것이 아니라 인과관계의 입증의 곤란성 때문에 입증정도를 완화하려는 것이 본래의 취지이나, 원·피고간의 입증책임분담 내지 가해자인 피고에게로의 입증책임전환까지 입론하는 경우도 있다. 어느 경우에나 개연성의 증명으로서 족하다고 하나, 그것이 일반적인 민사소송법상의 증명과 어느 정도의 차이를 갖는가 하는 점이 명백해지지 아니하면 개연성설은 단순히 법관의 자유로운 심증에의 호소로 그치고 말 것이다.

5. 間接反證理論

1) 意 義 주요사실에 대한 입증책임을 지는 당사자는 주요사실을 직접 입증할 수 있으면 가장 좋지만 그런 경우는 오히려 드물고, 대부분의 경우 몇 개의 간접사실을 입증하여 그로부터 주요사실의 존재를 추인해 내는 경우가 대부분이다. 이 같은 사실상 추정을 뒤집기 위한 간접반증이란 주요사실에 관하여 입증책임을 지는 당사자가 이를 추인함에 충분한 간접사실을 입증한 경우에 상대방이 그 간접사실과 양립하는 별개의 간접사실(예컨대 특단의 사정)을 입증함으로써 주요사실의 추인을 방해하는 입증활동을 말한다. 이처럼 사실상 추정에 의한 불이익을 간접반증의 수단에 의하여 회피할 수 있는 것은 사실상 추정에 있어서 추리의 대전제가 되는 경험법칙이 언제나 예외의 가능성을 가지고 있기 때문이다. 즉 한 개 또는 몇 개의 간접사실로부터 요증사실을 추인할 수 있다고 하는 것은 원칙적으로 그렇다는 것에 불과하며, 이에는 특별한 사정이 있는 경우에는 그렇지 아니할 수도 있다는 유보가 붙어 있는 것이다. 따라서 보통의 경우에는 간접사실로부터 요증사실을 추인하여도 상관 없으나 '특단의 사정'이 있는 경우에는 그러하지 아니하며, 이것이 간접반증의 주제가 되는 것이다.

2) 內 容 간접반증이론이란 개연성설의 약점을 극복하기 위하여 일반적으로 개연성의 입증이라고 일컫는 것의 내용을 소송법적으로 분석하여 구체화하려는 입장이다. 예컨대 공장폐수에 의한 질병발생을 입증하는 경우에 인과관계의 존재를 i) 피해발생의 원인물질(내지 그 메커니즘), ii) 원인물질의 피해자에

---

1) 대판 1987. 3. 10. 86 다카 331. 이 판례는 인과관계의 증명도를 낮추어 준 것인지, 간접반증이론을 토대로 피해자와 가해자의 입증책임을 분담시킨 것인지 입증책임이 가해자에게 전환된다는 뜻인지 명백한 것은 아니다.

대한 도달경로, iii) 기업에 있어서 원인물질의 생성 및 배출이라고 하는 세 개의 사실유형으로 분석한다. 그리하여 피해자측에서는 이들 세 개의 사실을 전부 증명할 필요가 없고 i)+ii) 또는 i)+iii) 또는 ii)+iii) 등 두 개의 사실을 증명한 경우에는 가해자측에서 별개의 간접사실을 증명하여 인과관계를 존부불명으로 만들지 않는 한 법원은 인과관계의 존재를 인정하여야 한다고 한다.[1] 즉 피해자측에서 할 일은 본증으로서 몇 개의 간접사실을 증명하여 세 개의 사실 중 최소한 두 개를 경험칙에 의하여 법원으로 하여금 추인하게 하는 것이고, 가해자측에서 할 일은 피해자가 이룩한 간접사실의 증명을 동요시키기 위하여 반증을 제출하던가, 본증으로서 별개의 간접사실(예컨대 특단의 사정 등)을 증명하는 일이다. 법원은 가해자의 이 같은 반증 내지 간접반증이 성공하지 않는 한 앞에서 추인한 두 개의 사실로부터 인과관계를 경험칙에 의하여 인정할 수 있는 것으로 된다.

3) 評　價　　이 이론은 법률요건분류설에 입각하고 있으면서도 입증책임의 완전한 전환을 시도함이 없이 피해자 원고의 입증책임을 완화해 주는 방법으로서 원고의 입증정도를 낮추어 준 경우라기보다 원고가 본래 전부 부담해야 할 입증책임을 가해자인 피고와 함께 분담시키는 입장이라고 할 수 있다. 그 결과 간접반증이론은 공해소송 등에 도입하여 피해자와 가해자간에 입증책임을 분담시키면서도 가해자의 입증책임을 강화하는 동시에, 법원에 있어서 경험칙의 적용범위의 확대라는 점에서 개연성설에 의하여 주장된 피해자의 입증책임부담의 경감을 좀더 구체화한 것이라 할 수 있다.

6. 一應의 證明 또는 表見證明

1) 意　義　　간접반증의 방법에 의하여도 인과관계의 입증이라는 곤란한 문제로부터 벗어날 수 없다는 비판과 더불어 주창되는 것이 이른바 표현증명에 의하는 방법이다.

'일응의 증명' 또는 '표현증명'(Prima facie evidence)은 상대방의 반증에 의하여 뒤집히지 않는 한 경험칙에 비추어 간접사실로부터 주요 사실을 추정하는 증명을 말한다. '일응의 증명'에 있어서는 사건의 정형적인 사상경과로부터 고도의

---

1) 대판 1984. 6. 12. 81 다 558(굴양식공해소송의 경우); 대판 1989. 7. 11. 88 다카 26246(의료과오소송의 경우); 대판 1997. 6. 27. 95 다 2692(폐수배출로 인한 공해소송의 경우); 대판 2004. 11. 26. 2003 다 2123(수질오염으로 인한 공해소송의 경우); 대판 2009. 10. 29. 2009 다 42666(폐유배출로 인한 공해소송의 경우).

개연성이 있는 경험법칙에 의거하여 어떠한 과실행위나 인과관계에 대한 일응 충분한 증명이 있다고 할 수 있는 경우여서 구체적으로 특정한 사실을 인정하지 않아도 된다. 이와 같이 추상적이고 불특정한 주장이나 증명을 가능하게 하는 것이 표현증명의 현저한 특색이다. 예컨대 교통사고가 자동차의 인도진입으로 발생한 경우 특단의 사정이 없는 한 운전자의 과실을 일응 추정할 수 있고[1] 이런 경우 원고는 운전자의 과실을 입증할 필요가 없으며 오히려 운전자가 특단의 사정(예컨대 다른 대형차량의 추돌)을 입증하여 추정을 깨야 하는 것이다.

2) 表見證明과 事實上 推定 경험칙에 의하는 점에서는 사실상 추정과 그 바탕을 같이 하나 표현증명은 첫째, 불법행위의 요건으로서의 과실과 인과관계의 입증에 관하여서만 사용되고, 둘째, 어떤 사실이 존재하면 그것이 일정한 방향으로 진행하는 것이 항상 통례로서 반복되는 이른바 정형적 사상경과가 있는 경우에 한하며, 셋째, 그 구체적 내용을 특정함이 없이 과실행위나 인과관계를 추정한다는 점에서 사실상 추정과 다르다. 이는 영미법상의 res ipsa loquitur(The thing speaks itself) 법리의 영향을 받아 독일 판례가 발전시킨 이론이다.

3) 評 價 '일응의 증명'은 공해소송을 비롯하여 제조물책임소송, 의료과오소송 등에 있어서 과실이나 인과관계에 관한 피해자의 입증의 곤란을 덜어줄 수 있을 것이다.

최근 판례는 의료과오소송에 일응의 증명을 끌어들여 환자측이 의사의 의료행위상의 주의의무위반과 손해발생과의 사이의 인과관계를 의학적으로 완벽하게 입증한다는 것은 극히 어려우므로, 환자가 치료 도중에 사망하거나 상해를 입은 경우에 있어서는 피해자측에서 일련의 의료행위 과정에 있어서 저질러진 일반인의 상식에 바탕을 둔 의료상의 과실 있는 행위를 입증하고 그 결과와의 사이에 일련의 의료행위 외에 다른 원인이 개재될 수 없다는 점을 증명한 경우에 있어서는 의료행위를 한 측이 그 결과가 의료상의 과실로 말미암은 것이 아니라 전혀 다른 원인으로 말미암은 것이라는 입증을 하지 아니하는 이상, 의료상 과실과 결과 사이의 인과관계를 추정하여 손해배상책임을 지울 수 있도록 입증책임을 완화하는 것이 손해의 공평·타당한 부담을 그 지도원리로 하는 손해배상제도의 이상에 맞는다고 하고 있다.[2]

---

1) 대판 1981. 7. 28. 80 다 2569.

2) 대판 1995. 3. 10. 94 다 39567; 대판 1996. 12. 10. 96 다 28158, 28165; 대판 1998. 2. 27.

제조물책임법은 제조업자에게 무과실의 입증책임을 부여함으로써 입증책임을 전환시켰고, 판례는 일응의 추정에 따라 피해자가 부담해야 할 제조상의 결함이나 인과관계의 입증책임을 경감하고 있다.[1] 제조물책임소송에서의 그 제품이 정상적으로 사용되는 상태에서 사고가 발생하였다는 점과 그 사고가 어떤 자의 과실 없이는 통상 발생하지 않는다고 하는 사정을 증명하면 제조업자측에서 그 사고가 결함이 아닌 다른 원인으로 말미암아 발생한 것임을 입증하지 못하는 이상 그 제품에서 결함이 존재하며 그 결함으로 사고가 발생하였다고 추정하여 손해배상책임을 지울 수 있도록 입증책임을 완화함이 손해배상제도의 이상에 맞는다고 한다.[2]

7. 法律上 推定

규범설에 의해서는 입증하기가 곤란한 몇 경우에 형평의 이념에 따라 입증책임분배의 일반원칙을 완화하기 위한 입법상의 수정으로서 법률상 추정규정을 베풀고 있다.

일반적으로 추정이라고 함은 어느 사실로부터 다른 사실을 추인하는 것인데 여기에는 법률상 추정과 사실상 추정이 있다. 사실상 추정은 이미 살펴본 바와 같이 경험칙을 기초로 하여 간접사실로부터 주요사실을 추인해 내는 행위이고, 법률상의 추정은 경험칙을 토대로 이미 법규로 제정된 각 추정규정에 의한 추정을 가리킨다. 즉 "갑(전제사실)의 경우에는 을(추정사실)인 것으로 추정한다"라고 하는 법조문이 있는 경우의 추정이 법률상 추정이다.

개념상 사실상 추정(재판상 추정)은 법관의 자유로운 심증의 문제로서 입증책임과는 직접 관계가 없으나 법률상의 추정규정이 있는 경우에는 그만큼 당사자가 입증부담을 덜 수 있으므로 그런 의미에서 입증책임과 관계가 있다.

법률상 추정에는 좁은 의미의 법률상의 사실추정과 법률상의 권리추정이 있다. 그 외에도 법률상 추정이 아니면서도 법조문상 추정이라는 말이 많이 쓰이는데 그러한 경우들을 묶어서 유사적 추정이라고 한다.

---

97 다 38442; 대판 2003. 1. 24. 2002 다 3822; 대판 2005. 9. 30. 2004 다 52576; 대판 2012. 1. 27. 2009 다 82275, 82282. 이 경우에도 일련의 의료행위 과정에 있어서 일반인의 상식에 바탕을 둔 의료상 과실의 존재는 환자측에서 입증하여야 하는 결과 의료과정에서 어떠한 주의의무 위반의 잘못을 인정할 수 없다면 그 청구는 배척될 수밖에 없다. 대판 2003. 11. 27. 2001 다 20127; 대판 2004. 10. 28. 2002 다 45185 등 참조.

1) 대판 2000. 2. 25. 98 다 15934.

2) 대판 2004. 3. 12. 2003 다 16771.

1) 좁은 의미의 法律上의 事實推定

가) 槪　念　법률상의 사실추정은 어떤 법률효과의 구성요건으로서 필요한 사실의 존재를 구성요건과는 관계 없는 사실로부터 추론하는 법리이다. 갑사실이 있을 때에는 을사실이 있는 것으로 추정하도록 법률상 규정되어 있는 경우이다(예컨대 민 제198조, 제639조 I, 제662조, 제844조; 상 제23조 Ⅳ, 어음 제20조 Ⅱ 등).

판례는 농지에 관하여 소유권이전등기가 되어 있으면 등기 당시 이미 농지개혁법 소정의 농지소재지증명이 구비되어 있었던 것으로 추정되고, 나아가 농지소재지증명을 구비한 자는 농지를 자경 또는 자영할 의사가 있었다고 추정된다고 하며,[1] 검인계약서는 특별한 사정이 없는 한 당사자간의 매매계약 내용대로 작성되었다고 추정할 수 있다고 한다.[2]

나) 前提事實의 立證의 效果　법률상의 사실추정이 있는 경우에 당사자는 입증책임의 일반원칙에 의하여 입증책임을 부담하는 요건사실(추정사실: 을사실)을 직접 증명할 수도 있고, 아니면 이보다 증명이 쉬운 추정의 기초사실(전제사실: 갑사실)을 증명할 수도 있다. 그리하여 추정의 기초사실의 증명이 있는 경우에는 요건사실이 추정되므로 추정사실에 대한 직접증명이 있는 경우와 마찬가지의 효과가 발생된다. 즉 이는 당사자가 추정의 기초사실을 증명한 경우에 허용되는 추정규정적용의 효과이며, 당해 법관의 심증 여하와는 관계 없다. 또한 법률상 추정된 요건사실은 당사자간의 다툼 없는 사실(제288조 본문)과 마찬가지로 사실인정의 범위에서 제외된다. 법률상의 추정규정은 입증사항의 선택 내지 변경을 허용하므로 그 점에 있어서는 입증책임의 부담을 경감하는 효과를 가져온다.

다) 法律上 推定을 다투는 경우　법률상 추정을 다투면서 추정법규의 적용을 면하려는 상대방은 추정의 기초사실을 다투던가 추정된 요건사실을 다툼으로써 추정의 효과를 배제할 수 있다. 먼저 추정의 기초사실을 다투는 경우에는 상대방은 반증을 들어 추정의 기초사실을 동요시키면 족하다. 이에 반하여 추정의 기초사실이 증명된 경우에는 사실상 추정의 경우와는 달리 단지 자유로운 심증의 범위에 있어서의 심증형성의 문제가 아니므로 반증으로는 부족하고 본증으로서 추정을 번복시켜야 한다. 판례도 법률상의 사실추정이 있는 경우에는 그에 대한 반대사실은 그 주장자가 입증책임을 부담한다고 한다.[3] 이 같은 의미에서는

1) 대판 1992. 12. 24. 92 다 36403.
2) 대판 1992. 11. 24. 92 누 282.
3) 대판 1971. 11. 30. 71 다 2076.

입증책임이 전환된다고 말할 수 있다.

2) **法律上의 權利推定** 법률상의 권리추정은 갑사실이 있는 때에는 을 권리가 있는 것으로 추정하는 경우이다. 법률효과의 요건사실이 아니고 현재의 권리상태를 직접추정하는 것이므로 그 본질에 있어서는 법률상의 사실추정과 다를 바 없다(예컨대 민 제200조, 제215조 I, 제239조, 제262조 II, 제830조 II 등). 이 추정을 받으려는 자는 전제사실만을 주장·입증하면 족하고, 당해권리의 발생원인에 관한 주장 및 입증책임은 부담하지 아니한다.

권리추정을 다투는 자는 추정되는 권리상태와 어울리지 않는 권리상태의 발생원인사실을 증명하면 그에 의하여 권리추정의 번복이 인정된다 할 것이다. 또한 권리추정의 전제요건이 있는 경우에는 그 전제사실(기초사실)에 관하여 반증을 제출함으로써 그 전제사실을 불확정상태로 이끌어 갈 수가 있으나, 일단 전제사실이 증명된 경우에는 반증으로서는 미흡하고 반대사실의 증명을 통한 본증으로서 그 추정을 번복하지 않으면 안 된다.[1]

3) **類似的 推定** 법률조문에 추정이라는 용어를 사용하고 있더라도 엄격한 의미의 법률상 추정이라고는 할 수 없는 경우, 즉 진정한 추정이 아닌 경우를 유사적 추정이라고 하는데, 이에는 다음의 세 가지가 있다.

가) 暫定的 眞實 진정한 추정규정은 어떤 규정의 요건사실(추정사실)을 기초사실(전제사실)로부터 추정하는 것이므로 그러한 기초사실을 전제로 하지 않는 추정은 법률상 추정이 아니며, 이것을 추정과 구별하여 잠정적 진실이라고 부른다(예컨대 민 제197조 I, 상 제47조 II, 어음 제29조 I 등). 잠정적 진실은 그 사실의 부존재의 입증책임을 잠정적 규정의 법률효과를 다투는 자에게 부담시키는 취지의 간접적 표현에 불과하고, 기본규정에 대하여 반대규정이나 또는 본문에 대한 단서규정의 성질을 가진 입증책임규정이라고 해석된다. 판례도 이런 취지를 표현하고 있다.[2]

위와 같은 입장에서 보면 민법 제197조 1항은 잠정적 진실의 성격을 가진 규

1) 다만 판례는 각종 특별조치법에 의한 등기는 실체관계에 부합하는 등기로 추정되므로 등기의 말소를 소구하는 자에게 적극적으로 추정을 번복시킬 주장·입증책임이 있지만, 등기의 기초가 된 보증서나 확인서의 실체적 기재내용이 진실이 아님을 의심할 만큼 증명이 있는 때에는 등기의 추정력은 번복된 것으로 보아야 하고 이러한 보증서 등의 허위성의 입증 정도가 법관이 확신할 정도가 되어야만 하는 것은 아니라고 한다. 예컨대 대판 1996. 4. 23. 95 다 11184; 대판 1997. 4. 25. 97 다 4838; 대판(전) 1997. 10. 16. 95 다 57029 등 다수의 판결 참조.

2) 대판 1972. 10. 31. 72 다 1540.

정이므로 동법 제245조의 취득시효를 주장함에 있어서는 소유의사·선의·평온 및 공연요건은 입증할 필요가 없고, 소유권을 주장하는 자는 오직 무과실(민 제245조 II)만을 입증하여야 할 책임을 부담하는 데 지나지 않는다.

이에 반하여 시효취득의 효과를 다투는 자는 소유의 의사·선의·평온 및 공연의 사실과 표리관계에 있는 반대사실, 즉 소유의사가 없는 것, 악의, 강포 및 은비의 입증책임을 부담하는 것으로 된다.[1)]

나) 意思推定 의사추정은 사실로서의 사람의 내심적 의사를 추정하는 것이 아니고 의사표시의 내용이나 효과를 추정하는 일종의 의사표시의 해석규정이므로 엄격한 의미의 추정이 아니다. 보통 의사추정규정으로서는 민법 제153조 1항(기한의 이익의 추정), 제398조 4항(위약금의 추정), 제579조(채권양도인의 자력담보의 추정) 및 제585조(대금지급시기의 추정) 등과 같이 "…으로 추정한다"라는 용어를 사용하여 의사표시의 내용을 추정하는 경우를 들 수 있으나, 그러한 용어를 사용하지 않는 임의규정(해석규정과 보충규정)도 의사표시의 내용을 추정하는 점에서 같은 성질의 규정이라 할 것이다(민 394조, 제467조, 제473조, 제590조, 제829조 I, 제449조 II, 제492조 II 등). 따라서 예컨대 민법 제473조가 "변제의 비용은 다른 의사표시가 없으면 채무자의 부담으로 한다"고 정하고 있는 경우에 '다른 의사표시'라는 사실의 입증책임은 동조의 효과를 다투는 자가 부담한다고 볼 것이다.

다) 證據法則的 推定 이는 실체법의 요건과 관계 없는 사실의 추정(예컨대 제349조, 제350조, 제356조, 제358조, 제369조)인데, 자유로운 심증에 의한 사실인정의 예외로서 어떤 사실의 존부를 인정하게 되는 간접사실을 법정한 것이다. 따라서 이것을 번복함에는 법원이 간접사실에 의하여 주요 사실이 존재한다는 심증을 얻는 경우와 마찬가지로 그 추정을 동요시킬 정도의 심증을 일으킬 반증으로 족하다. 실무상 가장 중요한 것은 법 제358조의 사문서진정의 추정으로서 판례는 이것을 번복함에는 반증을 요한다는 취지를 밝히고 있다.[2)]

1) 대판(전) 1983. 7. 12. 82 다 708, 82 다카 1792, 1793.
2) 대판 1970. 2. 24. 69 다 1628.

제 5 장 證據調査節次

제 1 절 總 說

변론주의가 지배하는 민사소송절차에서는 소송관계와 증거자료를 잘 아는 당사자들이 증거를 수집하여 제출할 책임이 있다. 현행법도 증거조사는 당사자의 신청에 의하여 함이 원칙이고, 다만 증거조사를 신청한 당사자의 활동이 소송법적 견지에서 만족스럽지 못할 때에는 법원이 석명권을 발동하여 입증을 촉구할 수도 있게 하고 있다. 또한 법원이 당사자가 신청한 증거에 의하여 심증을 얻을 수 없거나, 그 밖에 필요한 경우에는 보충적으로 직권에 의한 증거조사를 할 수 있다(제292조). 그러나 가사소송(동법 제12조, 제17조)이나 행정소송(동법 제26조)에서는 본래적으로 직권에 의한 증거조사를 할 수 있고, 당사자가 주장하지 아니한 사실에 관하여도 판단할 수 있다. 소액사건에 관하여도 판사는 필요하다고 인정할 때에는 직권으로 증거조사를 할 수 있으나 이러한 증거조사의 결과에 대해서는 당사자의 의견을 들어야 한다(소액 제10조 I).

종전에는 수시제출주의의 원칙상 사실주장과 증거조사를 함에 있어 단계적 구별을 두지 않고 증거신청을 사실주장과 결합하여 제출시키는 이른바 증거결합주의를 취하고 있었다. 그러나 집중심리의 핵심적 실시방안 중의 하나가 집중적 증거조사이다. 이제는 적시제출주의가 원칙이므로 사실주장의 단계와 증거조사의 단계를 분리하는 한편 증거조사를 집중적으로 실시하게 된 것이다. 즉 증인 및 당사자신문은 당사자의 주장과 증거를 정리한 뒤 집중적으로 행하여야 한다는 규정(제293조)은 그러한 취지를 선언한 것이다.

증인신문 등을 집중적으로 시행하면 증언의 상호모순점을 쉽게 파악할 수 있고, 대질신문의 실시가 용이하며, 전체적으로 신문시간이 단축된다. 또한 신문결과 심증이 선명한 상태에서 사건의 결론을 내릴 수 있어 기록재검토, 법관교체시의 문제점 등을 해소할 수 있게 된다.

I. 當事者의 신청에 의한 證據調査

1. 證據申請

1) 意　義　　증거신청은 당사자가 일정한 사실을 증명하기 위해서 일정한 증거방법을 적시하여 그 조사를 법원에게 청구하는 소송행위이다. 보통 증명할 사실(입증사항으로서 증명의 주제가 된다), 특정한 증거방법 및 입증취지(증명할 사실과 증거방법과의 관계)를 밝혀서 신청하고(제289조 I) 비용을 예납하여야 한다.

이와는 달리 먼저 사실에 관한 주장을 하고 이를 입증하기 위한 증거신청을 하는 것이 아니라 오히려 증거조사를 통하여 자기의 사실상의 주장의 기초자료를 획득하고자 주장사실을 특정함이 없이 증거신청부터 하는 경우를 모색적 입증이라고 하는 수가 있으나 이는 변론주의에도 어긋나고 법 제289조에 어긋나는 증거신청권의 남용이므로 허용할 수 없다.[1)]

2) 申請時期와 撤回　　증거신청은 공격방어방법의 하나로서 소송의 정도에 따라 적절한 시기에 제출하여야 한다(146조). 다만 법 제149조와 제285조에 의한 제한을 받는 경우가 있을 것이다. 증거신청은 변론기일이나 변론준비기일에 하는 것이 원칙이나, 기일 전 증거신청(제289조 II)도 가능하다. 이것을 실무상 소정 외의 신청이라고 부르는데, 소송을 신속히 처리하기 위하여 법원의 증거조사에 관한 준비상 미리 기일 전에라도 증거신청을 할 수 있도록 한 것이다.

증거신청이 있으면 법원은 상대방에게 증거신청에 대한 진술기회를 주어야 한다. 상대방이 진술의 기회에 의견제출이 없으면 절차에 관한 이의권의 상실로 위법한 증거조사라도 적법한 것으로 된다.

집중심리방식하에서는 법원은 변론준비절차를 마친 경우에는 첫 변론기일을 거친 뒤 바로 변론을 종결할 수 있도록 하여야 하고, 당사자는 이에 협력하여야 한다(제287조 I). 또한 법원은 변론기일에 변론준비절차에서 정리된 결과에 따라서 바로 증거조사를 하여야 한다(제287조 III). 사건이 변론준비기일이나 서면에 의한 변론준비절차에 부쳐진 경우에는 그 절차에서 쟁점과 증거를 정리하고 증거조사의 준비도 마칠 것이므로 당연한 규정이다. 변론준비절차를 거치지 않은 사건의 경우에는 증거의 신청과 조사는 변론기일 전에도 할 수 있다는 제289조 2항의 규정을 적용하여 미리 증거조사의 준비를 하면 될 것이다.

---

1) 同旨 胡 538면. 현대형 소송에서 제한된 범위로 인정할 필요가 있다는 견해로는 金/姜 426-427면, 李時 456면, 鄭/庾 467면, 김홍 588면 각 참조.

증거신청은 처분권주의 원칙상 증거조사의 개시 전이라면 신청한 당사자가 마음대로 철회할 수 있다. 예컨대 문서제출명령의 신청이 있고 그에 따른 제출명령이 있었다 하여도 그 문서가 법원에 제출되기 전에는 신청을 자유로이 철회할 수 있다.[1] 그러나 일단 증거조사가 실시된 후에는 이미 법관의 심증형성에 영향을 주었고 증거공통의 원칙에 의하여 상대방도 그 증거조사결과를 자기에게 유리하게 이용할 수 있는 상태에 있으므로 일방적으로 철회함은 허용되지 아니한다. 철회된 증거를 채택함은 위법이다.[2]

3) **證據抗辯** 증거신청이 있으면 상대방이 그 증거방법의 적법여부나 신뢰성에 대하여 의견을 진술할 기회를 가져야 한다(제274조 5호). 이러한 상대방의 진술 중 증거방법의 허용성과 신뢰성에 관한 이의를 증거항변이라고 한다.

2. 證據決定과 그 한계

1) **證據申請의 採否** 당사자가 증거신청을 한 경우에는 대체로 이를 받아들여 조사함이 타당하다. 증거신청이 있으면 결정의 형식으로 그 채부를 정해야 하는데 이를 증거결정이라고 한다. 즉 당사자가 제출한 증거의 채부와 조사의 순서는 법원의 직권에 의하여 결정된다. 증거신청을 받아들여 증거를 조사함에는 일일이 증거결정을 할 필요가 없다.[3] 적법한 증거신청이 있다 하더라도 법원은 당연히 그 전부를 조사하여야 하는 것은 아니고, 필요하다고 인정하는 한도에서 조사함으로써 충분하며(제290조 본), 법원이 당사자의 증거신청을 허용하였다가 뒤에 취소하여도 위법이 아니다.[4]

증거신청이 부적법 또는 불필요하여 조사를 거부함에는 결정으로 각하하여야 하며, 이 결정에는 독립한 불복신청의 길이 없다.

2) **證據提出權**(立證權) 그런데 증거의 채부는 사실인정에 큰 영향을 미치고 사건의 승패를 좌우하므로 증거의 채부를 완전히 법원의 자유재량에 일임함은 적당하지 아니하다고 하여 최근에는 이를 당사자권 또는 당사자의 입증권의 문제로 다루면서 특별한 각하사유가 없음에도 불구하고 증거신청을 거부함은 당사자의 증거조사요구권 내지 증거제출권의 침해가 된다는 논의가 있다. 즉 당사

1) 대판 1971. 3. 23. 70 다 3013.
2) 대판 1974. 4. 23. 73 다 1806.
3) 대판 1965. 5. 31. 65 다 159.
4) 대판 1957. 12. 5. 57 민상 210.

자권의 일 내용으로서 증거제출권 내지 입증권을 헌법상 보장되는 권리로 이해하는 전제하에서 법원은 요건을 구비한 경우 신청한 증거를 모두 조사하여야 하고, 만일 그와 같은 증거신청을 거부하거나 방치하면 재판을 받을 권리의 침해로 상고이유가 된다는 주장이다. 판례는 입증권을 인정하고[1] 학설도 다수가 가담하고 있으나[2] 민사소송법은 과거의 판례를 성문화하여 당사자의 주장사실에 대한 유일한 증거는 반드시 조사하여야 된다는 제한만을 두고 있다(제290조 단).

3) **證據調査를 하지 않는 경우** 법원이 당사자가 신청한 증거를 조사할 필요가 없는 경우로는 그 신청이 시기에 늦거나(제149조, 제285조),[3] 또는 증명할 사실을 표시하지 아니하거나 불분명한 때(제289조), 증인을 지정하지 아니한 때(제308조), 문서제출명령신청에서 필요한 사항을 밝히지 아니한 때(제345조) 등과 같이 방식에 어긋나거나 탐색적 증거신청인 경우, 또는 적법한 증거신청이라도 불필요하거나 반복적이거나 관계없는 것이면 이를 조사하지 아니하여도 무방하다(제290조).[4]

또한 증인의 와병·소재불명·장기여행 또는 기일통지를 받고 불출석한 증인에 대하여 발부한 구인장의 집행불능,[5] 그 밖에 문서나 검증의 목적물의 분실 등 장애사유가 언제 없어질는지 불분명하여 증거조사를 할 수 있는 시기를 예정할 수 없는 경우처럼 부정기간의 장애가 있는 때에는 법원은 증거를 조사하지 아니한 채 소송을 종결할 수 있다(제291조). 처음부터 장애가 예견되면 증거신청을 각하할 수 있고, 일단 신청이 받아들여진 후 장애가 발견된 경우에는 그 결정을 취소할

1) 대판 1997. 5. 30. 95 다 21365.

2) 李時 450면, 鄭/庾 462면, 姜 547면, 金/姜 462면. 반대 胡 537면.

3) 대판 1989. 11. 28. 88 다카 34148은 변론종결 후에 증거를 제출한 것은 유효한 증거방법의 제출이라고 할 수 없으므로 법원은 이를 판단의 자료로 삼을 수 없을 뿐만 아니라 직권으로 조사할 의무도 없다고 한다.

4) 유일한 증거가 아닌 한 당사자가 신청한 증거로서 법원이 필요하지 아니하다고 인정한 것은 조사하지 아니할 수 있다고 규정한 법률조항이 과잉금지원칙에 위배하여 청구인의 재판청구권, 인간의 존엄과 가치를 침해하는 것인지 여부에 관하여, 헌법재판소는, 신속한 재판실현이라는 소송경제와 실체적 진실에 합치하는 공정한 재판실현이라는 헌법적 요청에 부합하는 규정으로서 그 입법목적의 정당성 및 방법의 적절성을 인정할 수 있으며, 당사자의 주장에 관한 유일한 증거인 경우에는 특별한 사정이 없는 한 증거조사의 필요성 여부와 관계없이 이를 반드시 조사하도록 함으로써 법원이 증거조사를 아니할 수 있는 재량의 한계를 규정하고 있으므로 피해의 최소성 요건을 갖추었고, 심리의 진행이나 실체적 진실발견과 무관한 증거신청이 받아들여지지 않아 그에 대한 증거조사가 행하여지지 않는 불이익은 신속한 재판의 확보 및 공정한 재판실현이라는 공익에 비하여 크다고 할 수 없으므로 법익의 균형성도 상실한 것이 아니라는 근거에서, 이를 소극적으로 보았다(헌재(전) 2004. 9. 23. 2002 헌바 46).

5) 대판 1962. 3. 15. 61 민상 954.

수 있다.

법관이 이미 확신이 선 사실에 대하여도 증거조사를 아니할 수 있고, 동일한 사실을 입증하기 위한 여러 가지 증거가 있다고 하여 모두 반드시 조사할 필요가 있는 것은 아니고 그 중 유력한 것으로 인정되는 것만 조사할 수 있다.

4) 唯一한 證據의 경우

가) 유일한 證據調査의 必要性 유일한 증거, 즉 당사자가 신청한 주요 사실에 대한 유일한 증거방법은 반드시 조사하여야 한다. 이를 조사하지 아니하면 법원이 예단을 품고 있다는 인상을 줄 것이고 쌍방심리주의를 기조로 하는 민사소송의 이념에 반하기 때문이다. 다만 보조사실이나 간접사실에 대한 증거는 포함되지 아니한다.

나) 證據의 唯一性 주요 사실에 관하여 당사자가 증거신청을 한 경우에 그 점에 관하여 다른 증거신청이 없어 그 증거를 조사하지 아니하면 아무런 입증이 없는 것으로 돌아가는 경우의 증거를 말한다.[1] 판례는 유일한 증거방법이란 당사자가 주장·입증할 책임이 있는 사실에 관한 유일한 증거를 가리키는 것이므로 본증에 한하고[2] 단지 상대방의 주장을 부인하는 당사자가 신청한 증거방법은 유일한 증거가 아니라고 한다. 또한 본증이 결정적으로 유력하여 이에 의하여 입증사항이 완전히 증명되었을 때에는 그 심증은 번복할 수 없음에 이르렀던 것이므로 이에 대하여 상대방이 제출한 반증은 그것이 유일한 것이더라도 조사할 필요가 없다고 한다.[3] 유일한 증거(제290조 단)는 쟁점을 단위로 증거의 개수를 따져서 유일한 것인지의 여부를 결정하여야 한다. 유일한가의 여부는 각 심급을 통틀어서 말하며, 유일한 증거를 꼭 조사하라는 원칙은 각종의 증거방법에 적용되어야 할 것이다.[4]

다) 調査할 필요가 없는 경우 유일한 증거방법이라도 조사하지 아니할 수 있는 경우로는 당사자가 증인신청서의 제출을 게을리하는 등 소송수행에 무성의한 때,[5] 증거방법이 쟁점의 판단에 별로 필요 없을 때,[6] 증인신문을 위한 새로

---

1) 方 317면, 李時 459면, 金/姜 500면, 姜 549면.
2) 대판 1998. 6. 12. 97 다 38510.
3) 대판 1976. 1. 27. 75 다 1703.
4) 당사자본인신문은 보충적 증거방법이 아니므로 유일한 증거에 해당될 수 있다.
5) 대판 1969. 4. 19. 69 다 67.
6) 대결 1959. 9. 18. 59 민재항 164.

운 기일을 지정하더라도 증인신문을 기대할 수 없을 때,[1] 당사자로부터 비용의 예납이 없을 때,[2] 증거조사에 부정기간의 장애가 있을 때,[3] 당사자가 원하지 아니할 때[4] 또는 보조사실에 관한 증거가 유일한 반증일 때[5] 등을 들 수 있다.

II. 職權證據調査

1. 職權證據調査의 補充性

변론주의하에서는 당사자가 증거자료의 수집과 제출에 관하여 책임을 다하지 못하면 그에 상응한 불이익한 사실인정을 받을 수밖에 없다. 그러나 다른 한편 민사소송절차는 실체적 진실발견을 목표로 하는 만큼 법원은 당사자가 신청한 증거를 조사하여도 심증을 얻을 수 없거나 그 밖에 필요하다고 인정한 때에는 직권으로 증거조사를 할 수 있다(제292조). 법원의 보충적인 직권증거조사가 명문으로 허용된 경우로는 관할에 관한 사항(제32조), 감정의 촉탁(제341조), 공문서진부의 조회(제356조 II), 당사자신문(제367조), 검증시의 감정(제365조), 소송계속중 증거보전으로서의 증거조사(제379조) 등을 들 수 있다.

2. 職權證據調査의 정도

법에는 제292조 외에 개별적인 직권증거조사에 관한 규정이 많이 있으나 과도한 직권발동은 당사자의 소송수행의욕을 감소시킬 수 있으므로 처음부터 적극적으로 증거를 탐지하여서는 안 된다. 그리고 심증형성이 안 되는 경우라고 하여 반드시 직권증거조사를 해야 할 의무가 있는 것은 아니므로 입증책임을 부담한 당사자가 입증할 능력이 없는 경우에 변론주의의 폐단에 희생되지 아니하도록 직권조사를 할 것이다.

어느 경우에 법원이 어느 정도 직권증거조사를 할 것인가는 개개의 사건에 따라 법원이 이미 얻은 심증의 정도에 비추어 구체적으로 결정할 수밖에 없다. 판례는 손해배상의무가 있음을 인정하면서 손해액에 관한 입증이 없다는 이유만으로 청구를 기각함은 부당하므로 직권으로 손해액을 심리판단하여야 하고,[6] 가옥

1) 대판 1958. 4. 3. 57 민상 844.
2) 대판 1969. 1. 21. 68 다 2188.
3) 대판 1969. 11. 30. 65 다 1907.
4) 대판 1968. 7. 24. 68 다 998.
5) 대판 1965. 2. 9. 64 므 9.
6) 대판 1983. 7. 26. 83 다카 716. 반대 판례로는 대판 1960. 7. 28. 56 민상 961 참조.

수리사실을 인정한 이상 소요비용액은 당사자의 입증이 불충분하면 직권으로라도 구명하여야 하며,[1] 동업체를 탈퇴하여 반환받을 금전청구권이 있음을 인정한 이상 구체적 금액은 직권으로 조사할 사항이라고 본다.[2] 배상의무자가 가해자의 과실에 관하여 주장하지 않은 경우에도 소송자료에 의하여 과실이 인정되는 경우에는 법원이 직권으로 심리·판단하여야 한다.[3]

직권으로 증거조사를 할 경우에 증거조사비용은 증거조사에 의하여 이익을 받는 당사자에게 예납을 명하여야 될 것이나 그러한 자가 분명하지 아니하면 원고가 납부하여야 한다(민소규 제19조 1항 3호 단).

3. 法院의 調査囑託

1) 법원은 공공기관·학교, 그 밖의 단체·개인 또는 외국의 공공기관에게 그 업무에 속하는 사항에 관하여, 필요한 조사 또는 보관중인 문서의 등본·사본의 송부를 촉탁할 수 있다(제294조). 이는 다툼이 있는 사실의 진부를 판단하는 데 필요한 자료의 조사보고를 징구함으로써 증거를 수집하려는 특별한 증거조사방법이다. 촉탁받은 공공기관 등은 그에 순응할 일반적 공법상 의무가 있다.

2) 조사촉탁의 대상을 공무소나 단체외에 개인의 업무에 속하는 사항에까지 확대하였다. 자영업을 하면서 전문적이고 특수한 분야에 관한 지식이나 정보를 가진 개인도 많기 때문이다. 조사촉탁의 불응이나 허위회보에 대한 제재는 없으므로 개인에 대한 조사촉탁은 직무와 관련되고 일상적인 것이거나 전문지식에 관한 사항에 한정되고 그 밖의 경우에는 가급적 증인이나 감정인으로 신문하여야 할 것이다.

3) 조사촉탁의 내용중에 보관중인 문서의 등·사본의 송부촉탁을 포함하였다. 제352조의 문서송부촉탁은 서증제출의 한 방법으로 규정된 것이고, 조사촉탁에 의한 문서 등·사본의 송부촉탁은 필요한 사항에 대한 조사촉탁의 한 방법으로 예정된 것이어서 그에 의하여 송부된 문서가 바로 서증으로 되는 것은 아니므로 양자는 성격이 서로 다르다.

4. 다른 節次의 경우

가사소송법 제12조 및 제17조는 직권탐지에 관하여 규정하고 있고, 행정소송

1) 대판 1959. 10. 22. 58 민상 98.
2) 대판 1963. 9. 5. 63 다 378.
3) 대판 2002. 10. 25. 2001 다 79518 등.

법 제26조와 소액사건심판법 제10조는 직권증거조사에 관하여 필요하면 언제든지 이를 할 수 있음을 규정하여 직권증거조사의 보충성을 배제하고 있다.

Ⅲ. 證據調査의 實施

1. 證據調査의 일시 및 장소

1) 調査實施의 일시 및 장소 증거조사는 수소법원의 법원 내(법정)에서 당사자의 변론준비기일 또는 변론기일과 동일한 기일에 실시함이 원칙이다. 이는 직접주의의 요청상 당연하다.

변론준비기일을 연 경우에는 그 기일에, 그 밖에는 사전증거신청절차를 통해 당사자에게 미리 신문사항을 제출하도록 하여 변론기일 전에 미리 신문사항을 검토하여 불필요하거나 중복된 신문사항, 유도신문사항 등을 정정하도록 하고, 반대신문사항도 제출하도록 해야 할 것이다. 또한 검증·감정, 조사의 촉탁 등도 미리 시행하여 변론기일에서는 이들 증거조사의 결과만을 원용하면 되도록 해야 할 것이다. 증거조사는 미리 정리한 사건의 쟁점에 초점을 맞추어 집중적으로 실시하여야 한다(제293조). 증거조사를 기일에 법정에서 실시하여야 한다는 원칙에는 몇 가지 예외가 있다.

2) 期日前 證據調査 법원은 필요하다고 인정하는 경우에는 변론기일 전에도 증거조사를 실시할 수 있다(제289조 Ⅱ). 이러한 기일 전 증거조사제도는 집중심리를 위하여 필요한 사전증거자료수집절차로서 도입된 것이다.

3) 法廷外 證據調査 법원은 필요하다고 인정하는 경우에는 i) 법원 외에서 증거조사를 할 수 있으며(예컨대 현장검증 또는 임상신문 등), ii) 수명법관이나 수탁판사에게 명하거나 다른 지방법원 판사에게 촉탁할 수 있다(제297조 Ⅰ). 수명법관 또는 수탁판사가 증인을 신문하면서 당사자에게 한 허가 또는 신문의 제한 등 처분에 대하여는 수소법원에 이의할 수 있다. iii) 외국에서 증거조사를 실시할 때에는 외교통상부장관을 경유하여 그 나라에 주재하는 대한민국의 대사·공사·영사 또는 그 나라의 관할 공공기관에 촉탁한다(제296조 Ⅰ). 우리나라의 외교관이 외국에서 증거조사를 하는 것도 재판권의 행사이므로 주재국이 이를 용인할 때에 한하여 행위지의 법률에 따라 시행할 수 있다. 또 외국의 공공기관에 촉탁할 경우에는 법원 → 외교통상부장관 → 당해외국의 외무부장관 → 그 나라의 관할법원 등 공공기관의 경로를 통하여 증거조사를 하여야 한다. 서로 상대국의 주권을 침해함이

없이 이러한 복잡한 경로를 얼마만큼 간소화할 수 있는가는 앞으로의 연구과제이다. 이 경우에는 송달의 경우와 함께 그 절차에 관한 사법공조협약이 체결되어야 할 것이다. 외국에서 시행한 증거조사는 그 나라의 법률에 어긋나더라도 한국법률에 어긋나지 아니한 때에는 그 효력이 있다(제296조 II).

당사자는 법정외에서 수명법관이나 수탁판사가 실시한 증거조사의 결과, 또는 외국에서의 증거조사의 결과를 수소법원의 변론에서 진술(원용)함을 요한다.[1]

2. 當事者의 參與

1) 參與權 증거조사의 기일 및 장소는 당사자에게 통지하여 출석의 기회를 주어야 한다(제167조 I, 제297조 II). 이를 당사자공개의 원칙이라고 하는데 견해에 따라서는 당사자권의 일내용으로서 증거조사에의 참여권으로 파악하는 수도 있다.[2]

기일에 당사자에게 통지하지 아니한 채로 증거조사를 하면 이는 당사자의 증거조사 참여기회를 박탈한 것으로 되어 그러한 조사는 효력이 없다. 그러나 통지받은 당사자가 출석하지 아니하더라도 증거조사를 시행할 수 있다(제295조). 소액사건의 경우에 법원이 직권으로 증거조사를 한 결과에 대하여는 당사자의 의견을 들어야 한다(소액 제10조 I 단).

증거조사절차의 결과에 대하여는 변론의 기회를 주어야 하며 변론기일에 실시된 경우에는 변론조서에 기재하여야 하며, 그렇지 아니한 때에는 증거조사기일의 조서에 기재하여야 한다.

2) 通常共同訴訟에서 변론분리중의 證據調査 통상공동소송에서 소장이 송달불능된 피고에 대한 변론을 분리하고 나머지 피고들에 대한 소송을 진행하여 원고의 신청에 따른 증거조사를 실시한 후 분리되었던 피고에 대한 변론을 병합한 경우, 공시송달 등의 이유로 그 피고에 대하여 입증이 필요할 때 변론분리중에 조사된 증거를 그 증거방법 그대로 그 피고에 대한 관계에서도 적법한 증거로서 사실인정의 자료로 삼을 수 있는가는 문제이다. 이러한 실무가 당사자의 절차에의 참여를 배제하는 것인 경우에는 위법일 것이나 그렇지 아니한 경우에는 증거공통의 원칙과 자유심증주의와의 관계에서 긍정할 수 있을 것이다.

---

1) 대판 1971. 6. 30. 71 다 1027; 方 490면, 姜 551면, 胡 544면. 반대 입장으로는 李時 464면, 鄭/庾 530면, 金/姜 504면, 김홍 596면.

2) 예컨대 李時 464면, 鄭/庾 530면, 姜 551면. 그러나 이것을 당사자에게 주어진 권리라고까지 보기는 어렵다. 同旨 胡 544면(각주 5).

Ⅳ. 證據保全節次

1. 意 義

법원이 지금 곧 증거조사를 하여 두지 아니하면 그 증거를 사용하기가 불가능하게 된다거나 곤란해지는 긴급한 사정이 있으면 본안절차와는 별도로 증거보전을 할 수 있다(제375조). 이 절차는 본래의 소송절차에 부수되어 행하여지지만 독립된 소송절차이다. 예컨대 증인이나 당사자본인이 사망에 임박한 경우, 교통사고나 화재의 현장과 같이 곧 변경될 우려가 있는 경우, 보존기간(상 제33조)이 경과되고 훼멸될 염려가 있는 상업장부나 공문서의 경우에는 증거보전이 필요하게 될 것이다.

독민소법 제447조 이하에 의하면 상대방이 동의한 경우 또는 임차물이나 건축물의 하자를 확정하는 경우에도 증거보전을 할 수 있는 등 제도의 이용범위가 확대되어 분쟁예방의 목적을 위한 증거보전이 가능하지만 우리 법에서는 분쟁예방을 위한 사전증거보전은 인정되지 아니한다고 본다. 왜냐하면 증거보전제도는 증거의 멸실 또는 사용곤란의 우려가 있는 경우에 대비하여 그 현상이나 내용을 확보하려는 제도이고 상대방의 지배하에 있는 증거를 수집하여 제출하는 제도가 아니기 때문이다.

2. 節 次

1) **申請法院** 증거보전의 관할법원은 소제기 후에는 그 증거를 사용할 심급의 법원이고, 소제기 전 또는 긴박한 경우에는 소제기 후에 신문을 받을 자나 문서소지자의 거소 또는 검증목적물의 소재지 등과 같이 증거방법과 관계 있는 곳을 관할하는 지방법원 단독판사이다(제376조 Ⅱ). 보전의 대상이 되는 증거방법에는 제한이 없고 청구와 관련성이 있는가 여부는 요건이 아니다.

2) **申請方式과 實施** 증거보전은 소송계속 전후를 불문하고 신청에 의하여 증거조사실시 전에 시행하나(제375조) 소송계속 후에는 직권으로도 증거보전을 결정할 수 있다(제379조). 증거보전신청에는 상대방의 표시, 증명할 사실, 증거 및 증거보전사유를 기재하고(제377조 Ⅰ), 보전사유는 소명하여야 한다(제377조 Ⅱ).

증거조사에는 신청인과 상대방을 참여시키는 것이 원칙이나(제381조 본) 급속을 요하는 경우에는 당사자에게 통지함이 없이 증거조사를 할 수 있다(제381조 단). 상대방을 지정할 수 없는 경우에는 법원은 상대방을 위한 특별대리인을 선임하여 참여시킬 수 있다(제378조). 증거보전결정에 대하여는 불복할 수 없고(제380조) 증거보전신청기각결정에 대하여는 항고할 수 있다(제439조).

3) **證據保全記錄** 증거보전에 관한 기록은 서증이 아니고 본소송에서 시행한 증거조사의 결과와 동일한 효력을 갖는다. 증거보전에 관한 기록은 조사 후 2주일 내에, 또는 본소송 계속법원으로부터 기록송부요청을 받은 날로부터 1주일 내에 본소송의 기록이 있는 법원에 보내야 하며(제382조, 민소규 제125조), 증거보전에 관한 비용은 소송비용의 일부로 한다(제383조).

증거보전절차에서 신문한 증인이라도 당사자가 변론에서 재신문을 신청한 때에는 수소법원은 그 증인을 다시 신문하여야 한다(제384조). 본소법원에서 직접심리를 가능하게 하여 적정한 재판을 확보하자는 뜻이다.

제2절 證人訊問

I. 證人의 의의

증인이란 소송절차에 있어서 법원에게 자기의 과거경험사실에 관하여 보고적 진술을 할 사람으로서 소송당사자나 법정대리인이 아닌 제3자이다. 증인은 법원의 명령이 있기 전에 우연히 경험한 과거사실을 보고한다는 점에서 법원의 명령에 의하여 지정된 사항을 관찰하여 특별한 학식과 경험에 기한 판단을 보고하는 감정인과 다르다. 증인의 진술을 증언이라 하고 증언으로부터 증거자료를 얻는 증거조사를 증인신문이라고 한다.

증인의 진술을 법원이 그대로 채택할 것인가의 여부, 어느 부분을 신용하고 어느 부분을 배척할 것인가는 법관의 자유로운 심증에 의하여 판단한다. 증인의 기억이 부정확한 경우도 있고, 거짓을 진술하기도 할 것이므로 증언의 신뢰성에 비추어 증언의 증거능력을 제한하는 시도도 있으나,[1] 법관의 자유로운 심증에 의한 증거의 取捨가 형평의 이념을 저버리지 않도록 하여야 할 것이다.

1) 계약은 증인신문에 의하여 증명할 수 없고 문서에 의하여서만 입증하게 한다든가, 영미법에서와 같이 Parole evidence rule을 채택하는 것 등이 그것이다.

Ⅱ. 證人能力

법은 증인의 지능이나 연령 등을 이유로 증인능력(자격)을 제한하지 아니하므로 누구나 증인이 될 수 있는 것이 원칙이다(제322조 참조). 그러나 당사자신문규정이 따로 있는 만큼 증인은 제 3 자라야 한다. 그러므로 선정자(제53조), 보조참가인(제71조), 소송고지를 받은 자(제84조), 당사자참가소송의 소송탈퇴자(제80조, 제82조), 채권자대위권에 의하여 채권자가 제기한 소송에 있어서의 채무자(민 제404조), 파산관재인을 당사자로 하는 파산재단에 관한 소송에 있어서의 파산선고를 받은 채무자(통도 제359조), 소송대리인, 당해 사건에 관하여 법관(제41조 [3]), 양수채권추심을 위한 소송에 있어서의 채권양도인 등은 증인이 될 수 있다.[1]

법정대리인 또는 비법인사단·재단의 대표자나 관리인은 본인에 준하여 신문한다(제372조). 법원이 잘못하여 법정대리인을 증인으로 신문한 절차상의 위법은 소송절차에 관한 이의권의 포기 또는 상실로 유효하게 될 수 있다.

공동소송인 중의 1인을 다른 공동소송인에 대한 관계에서 신문하는 경우에 그 신문받을 내용이 당사자의 청구와 관련이 없는 경우에는 증인으로서 신문하고 각청구간에 관련이 있는 경우에는 당사자 본인으로 신문하여야 할 것이다.

Ⅲ. 證人義務

1. 總 說

1) 증인의무는 국가기관인 법원에 대한 공법상 의무이며(제303조~제307조), 증인신청을 한 당사자에 대한 의무가 아니다. 증인은 출석의무, 선서의무 및 진술의무가 있는데 증인의무를 이행한 경우에는 여비, 일당 및 숙박료를 받을 수 있다(민비 제4조).

2) 국내에 거주하는 외국인 중 치외법권을 가지는 외교사절 등은 법원이 강제로 증인으로 신문할 수 없다. 우리나라 법의 적용을 받는 사람을 증인으로 신문함을 제약하는 경우가 있는데, 대통령·국회의장·대법원장·헌법재판소장(제304조)·국무총리·국무위원(제305조 Ⅱ)·국회의원(제305조 Ⅰ)·일반공무원(제306조)이나 과거에 그 직에 있던 사람을 증인으로서 직무상 비밀사항을 신문하려면 각각 본인(대통령, 국회의장, 대법원장, 헌재소장의 경우), 국무회의(총리와 국무위원의 경우), 국회(국회의원의 경우), 소속관청이나 감독관청(일반공무원)의 동의를 받아야 한다. 이들 기관은 국가의 중대한 이익을 해치는 경우가 아니면 동의를 거부하지 못한다(제307조).

1) 대판 1977. 10. 11. 77 다 1316.

2. 出席義務

1) 통지받은 증인은 지정된 일시와 장소에 출석하여 선서하고, 신문에 대하여 증언할 의무가 있다. 증인이 기일에 출석할 수 없을 때에는 지체 없이 그 사유를 명시하여 신고하여야 하고(민소규 제83조) 신고의무를 불이행하면 정당한 사유없는 불출석으로 인정될 수 있다.

2) 證人의 出席强制

(i) 訴訟費用負擔 및 過怠料　　증인이 정당한 사유 없이 출석하지 아니하는 때에는 법원은 결정으로 이로 인한 소송비용을 부담하도록 명하고 검사의 관여 없이 500만원 이하의 과태료에 처한다(제311조 Ⅰ).

(ii) 監置決定　　과태료재판을 받고도 정당한 사유 없이 다시 출석하지 아니한 때에는 법원은 결정으로 증인을 7일 이내의 감치에 처한다(제311조 Ⅱ). 법원은 감치재판기일에 증인을 소환하여 정당한 사유 유무를 심리하여야 한다(제311조 Ⅲ). 감치재판은 이를 한 법원의 재판장의 명령에 따라 법원공무원 또는 경찰공무원이 경찰서유치장·교도소 또는 구치소에 유치함으로써 집행하고(제311조 Ⅳ) 감치사실을 법원에 통보한다(제311조 Ⅴ). 이 통보를 받은 법원은 바로 증인신문기일을 열어야 한다(제311조 Ⅵ). 감치재판을 받은 증인이 감치의 집행중에 증언을 한 때에는 법원은 바로 감치결정을 취소하고 그 증인을 석방하도록 명하여야 한다(제311조 Ⅶ). 과태료부과재판과 감치결정에 대하여는 즉시항고를 할 수 있으나 집행정지의 효력은 없다(제311조 Ⅷ). 감치와 관련된 재판절차 및 그 집행 그밖에 필요한 사항은 대법원규칙으로 정한다(제311조 Ⅸ). 집중적 증거조사의 성패는 증인의 출석확보에 달려 있고 소송지연을 막기 위하여 법원조직법을 참고하여 규정을 둔 것이다.

(iii) 拘　　引　　형사소송법의 규정에 의하여 증인을 구인할 수도 있다(제312조).

3. 宣誓義務

증인은 신문 전에 선서를 함이 원칙이나(제319조) 특별한 사유가 있는 때에는 신문 후에 선서를 하게 할 수도 있다. 다만 16세 미만인 사람이나 선서의 취지를 이해하지 못하는 사람처럼 법률상 선서의무가 없는 경우나(제322조), 법원이 선서를 면제하는 경우(제323조) 또는 증인이 현저한 이해관계가 있어 선서를 거부할 수 있는 경우(제324조)가 규정되어 있다. 선서시키지 아니하고 증인신문을 할 때에는 그 사유를 조서에 적어야 한다(제325조). 선서하지 아니한 증인의 증언이라도 증거자료로 채택할 수 있다.

재판장은 선서에 앞서 선서의 취지를 증인에게 명시하고 위증의 벌에 대하여 경고하여야 한다(제320조). 증인이 기억에 반하여 허위진술을 하면 위증죄가 성립한다(형 제152조).[1] 선서의 방식은 제321조에 규정되어 있고 정당한 이유가 없는 증인의 선서거부에 관한 제재는 과태료부과 등 불출석에 대한 것에 준한다(제326조, 제316~318조, 제311조 I, VIII, IX).

4. 陳述義務

1) 증인은 신문에 대하여 진술할 의무가 있다. 따라서 정당한 사유 없이 증언을 거부하면 그 제재는 과태료부과 등 불출석시에 준한다(제318조, 제311조 I, VIII, IX). 증인의 증언거부는 그 이유를 소명하여야 하고(제316조), 수소법원은 증언거부가 옳은지를 당사자를 심문하여 재판하며, 이러한 재판에 대하여 당사자 또는 증인은 즉시항고를 할 수 있다(제317조).

2) 증인이 적법하게 증언을 거부할 수 있는 경우는 다음과 같다.

i) 증언이 개인의 비밀사항으로서 증인 본인이나 그 친족(민조 제767 이하) 또는 이러한 관계에 있었던 자, 또는 증인의 후견인이나 피후견인에게 공소제기 또는 유죄판결을 받을 염려를 가져오거나 치욕이 될 사항(제314조)인 경우, ii) 신문사항이 직무상 비밀사항 또는 기술이나 직업의 비밀에 관한 경우(제315조)에는 증언거부권이 있다.

전자는 소위 개인의 사생활의 비밀(Privacy) 보호를, 후자는 공무원이나 직업적 전문가(변호사 등)가 지켜야 되는 비밀준수의무(Professional Privileges)를 규정한 것이다. 변호사(변 제22조)·변리사(변 제21조)·공증인(공증 제5조)·공인회계사(공인회 제11조)·세무사(세무 제11조)·공인노무사(공노 제14조)·의사·치과의사·한의사·조산사·간호사(의상 의료법 제19조)·약사 그 밖에 법령에 의하여 비밀준수의무가 있는 직책 또는 종교의 직책에 있거나 이러한 직책에 있던 자에게 직무상 비밀사항 또는 기술 또는 영업의 비밀(Trade Secret)에 관한 사항을 신문할 때에는 이들은 증언을 거부할 수 있다(제315조). 명문은 없으나 신문기자의 취재원에 관한 증언거부도 이러한 견지에서 긍정되어야 할 것이다.[2] 이 같은 증언거부권 내지 직업적 비밀준수의무는 문서 또는 그 밖의 증거에 대하여도 증언거부에 준하여 볼 것이다.[3]

---

1) 대판 2010. 5. 13. 2007 도 1397은 증인이 법정에서 선서 후 증인진술서에 기재된 내용이 사실대로라는 취지의 진술만을 한 경우, 그 증인진술서에 기재된 구체적인 내용을 기억하여 반복 진술한 것으로 보아 그 허위 기재 부분에 관하여 위증죄로 처벌할 수 없다고 한다.

2) 同旨 鄭/庾 538면.

3) 同旨 李時 472면.

기술 또는 직업의 비밀에 관한 사항에 대하여 증언을 거부할 수 있도록 한 것은 이 같은 정보가 값어치가 있는 무형적 자산이므로 함부로 공개를 강요하기 어렵고 노하우(외자 제2조 7. 라. 참조)나 영업비밀(부정경쟁방지 제2조 2호)이 독자적 지적재산권으로 보호되는 것과 취지를 같이하는 것이다. 그러나 민사소송제도의 궁극적 목적을 저해하는 증언거부는 허용할 수 없다 할 것이고, 재판과정에서 이 같은 비밀이 증언을 통하여 대외적으로 공표됨을 우려하는 당사자는 소송보다 중재를 통한 분쟁해결을 시도함이 바람직할 것이다.

Ⅳ. 證人訊問節次

1. 申請과 出席

증인신문을 하려면 당사자가 증인될 자를 지정하여 신청하여야 하고(제289조, 제308조), 법원이 증인신청을 채택하기로 결정하면 재정증인이 아닌 한 법 제309조 소정사항을 기재한 출석요구서를 24시간 전에 송달하여 증거조사기일에 출석하도록 한다. 출석요구서에는 당사자의 표시, 신문사항의 요지, 출석하지 아니하는 경우의 법률상 제재, 불출석시의 신고의무, 불신고의 경우에는 정당한 사유가 없는 불출석으로 인정되어 법률상 제재를 받을 가능성을 기재한다. 출석한 증인이 인정신문을 통하여 동일인임이 확인되면 법 제321조에 의하여 선서를 시키고 신문한다.

2. 證人訊問의 方式과 順序 — 交互訊問

1) **當事者의 訊問**　출석한 증인은 증인신청을 한 당사자가 증명할 사항에 관하여 먼저 신문하고(주신문 또는 직접신문, direct examination), 다음에 상대방이 하게 된다(반대신문, cross examination). 증인신청을 한 당사자가 기일에 결석한 때에는 재판장이 그 당사자에 갈음하여 주신문을 할 수 있다(민소규 제90조). 주신문의 경우에는 입증사항을 뒷받침하는 유리한 증언을 얻어내고자 할 것이고 반대신문은 그 진실성과 신빙성을 탄핵하는 데 주목적이 있다. 따라서 자기의 적극적 주장에 대한 입증을 위하여 반대신문을 함은 허용되지 아니한다(민소규 제92조). 주신문을 통하여 얻어진 증거자료는 반대신문을 통하여 일단 검증을 거침으로써 그 진실성과 정확성이 높아지는 것이다. 따라서 반대신문을 거치지 아니한 채 얻어진 주신문결과는 증거자료로 삼을 수 없다.

동일증인에 대한 신문은 1회만에 한정되는 것은 아니고 진술이 불명확하거나, 신문이 법규에 위배되거나 변론갱신의 경우 또는 법원이 증언을 亡失하였거나 증인이 보충정정을 신청한 경우 등에는 동일소송의 동일사항에 대하여 재차 신문할 수도 있다(재신문). 따라서 주신문과 반대신문 후에 반대신문에 나타난 사항 및 이에 관련된 사항에 대하여 재주신문을 할 수 있다. 그러나 그 이후의 신문은 재판장의 허가를 얻어야 할 수 있다.

2) 裁判長의 신문과 節次指揮權

재판장은 당사자의 신문이 끝난 뒤에 신문할 수 있지만(제327조 II, 보충신문) 필요하다고 인정하면 어느 때라도 할 수 있다(제327조 III, 개입신문). 나아가 재판장이 상당하다고 인정하는 때에는 당사자의 의견을 들어 주신문과 보충신문의 규정에 따른 신문의 순서를 바꿀 수 있다(제327조 VI). 반대신문기술의 부족으로 교호신문제도의 장점을 잘 살리지 못하고 있으므로 재판장이 서투른 당사자에 의한 신문보다 먼저 신문할 수 있도록 배려한 것이다. 그리고 당사자의 신문이 중복되거나 쟁점과 관계가 없는 때, 그 밖에 필요한 사정이 있는 때에 법원은 당사자의 신문을 제한할 수 있다(제327조 V). 합의부원은 재판장에게 알리고 보충신문 또는 개입신문을 할 수 있다(제327조 VI).

3) 受命法官의 신문

증인이 정당한 사유(예컨대 질병, 교통두절 등)로 인하여 출석하지 못하거나, 출석에 과다한 비용과 시간이 드는 경우, 또는 그 밖의 상당한 이유가 있는 경우로서 당사자가 이의하지 아니하는 경우에는 수명법관 또는 수탁판사로 하여금 증인을 신문하도록 할 수 있다(제313조). 예컨대 현장검증을 하면서 그 장소에서 증인을 신문할 필요가 있는 경우 종전에는 합의부원 전원이 현장에 출장해야만 되었으나 효율적인 증거조사를 위하여 당사자의 이의가 없는 한 수명법관이나 수탁판사가 법원 외에서 증인신문을 할 수 있게 한 것이다. 원래 직접주의의 요청상 증거조사는 공개법정에서 수소법원이 행하여야 하지만 소송경제와 효율적 심리를 위하여 수명법관 또는 수탁판사가 법원 외에서 증인신문을 할 수 있는 경우를 다소 확대한 것이다. 그러므로 법 제313조는 법 제297조(법원 외에서의 증거조사)의 일반규정에 대한 특칙이다.

4) 交互訊問制度

이러한 증인신문의 방식은 과거에 대륙법계에 따라 재판장이 신문을 주도하던 방식을 버리고 변론주의의 강화에 따라 영미법의 당사자교호신문방식을 도입한 것이라고 이해된다. 다만 제도에 대한 생소함과 본인소송이 많은 우리나라의 현실을 고려하여 법원이 직권에 의하여 널리 보충 또는 개입신문을 할 수 있게 되어 있고, 유도신문(증인으로부터 단순히 '예, 아니오'의 답을 이끌어 내는 신문)이 일반화되어 있으며, 쟁점을 정리한 바도 없이 대립당사자에게 증인으로부터 상충되는 증거자료를 끌어내도록 허용해 왔으므로 완전한 의미의 교호신문방식이 채택되었다고 보기는 어렵다.

18세기 이래 영미실무에서 교호신문제도가 성공적으로 운영된 것은 당사자들의 철저한 사전준비, 유도신문(leading question)의 봉쇄 그리고 반대신문(cross examination) 과정에서 증언의 신빙성에 대한 기술적 탄핵, 증언내용의 철저한 조서화 등에 근본 원인이 있으며, 사실심 변호사(trial lawyer)의 명성도 많은 경우 증인신문기술에 의하여 좌우된다. 우리나라의 경우에도 집중심리방식의 성공을 위해서는 속기사에 의한 증언의 철저한 녹취, 당사자의 철저한 준비와 협력, 그리고 노련한 법관의 기량에 교호신문제도의 운영에 대한 성패가 달려 있다고 하겠다.

우리의 실정에서는 당사자에 의한 신문이 유도신문 또는 중복신문이거나, 감정적·추상적이거나, 추측이나 의견을 구하거나, 범위를 일탈한 경우에는 i) 법 제327조 4항에 의하여 법원이 신문의 방식과 순서를 적당히 조절하거나, ii) 증인진술서제도를 적절히 활용하여 신문의 효율성을 높이도록 노력할 수밖에 없을 것이다.

증인진술서는 재판장이 효율적 증인신문을 위하여 필요하다고 인정하는 경우 증인을 신청한 당사자에게 제출하도록 명할 수 있는데 이에는 증언할 내용을 사건진행의 시간적 경과에 따라 적고 증인이 서명날인하여야 한다. 증인진술서를 제출하는 경우로서 재판장이 증인신문사항을 제출할 필요가 없다고 인정하는 때에는 증인신문사항의 제출이 면제된다.

소액사건에 있어서는 증인은 판사가 신문하도록 하고 당사자는 판사에게 고하고 신문할 수 있도록 하여(소액 제10조 II) 법원의 주도적 신문권을 인정하고 있다. 방식에 위배된 증인신문, 예컨대 인정신문 중 증인의 주소를 묻지 아니하였거나,[1] 선서거부권의 불고지[2] 또는 진술거부권의 불고지[3] 등은 위법이라고 할 수 없다는

1) 대판 1962. 4. 2. 61 민상 16.
2) 대판 1971. 4. 30. 71 다 452.
3) 대판 1971. 11. 30. 71 다 1745

것이 판례이다.

3. 口述陳述과 隔離訊問

1) 증인은 당사자 또는 재판장의 발문에 대하여 구술로 진술함이 원칙이지만, 재판장의 허가가 있는 때에는 서류에 의하여 진술할 수 있다(제331조). 서류에 의하여 진술한다 함은 복잡한 숫자나 내용을 서류를 보면서 진술함을 뜻한다.

2) 증인은 따로따로 다른 증인이 없는 곳에서 격리신문함이 원칙이다(제328조 I). 따라서 신문하지 아니하는 증인이 법정 안에 있을 때에는 법정에서 나가도록 명해야 하나 필요하다고 인정한 때에는 재판장이 뒤에 증언할 증인을 법정 안에 머무르게 할 수 있다(제328조 II).

3) 재판장은 필요하다고 인정한 때에는 증인 서로의 대질을 명할 수 있고(제329조), 증인에게 문자를 손수 쓰게 하거나 그 밖의 필요한 행위를 하게 할 수 있다(제330조).

V. 證言에 갈음하는 書面의 제출(제310조)

1) 법원은 증인과 증명할 사항의 내용 등을 고려하여 상당하다고 인정하는 때에는 출석·증언에 갈음하여 증언할 사항을 적은 서면을 제출하게 할 수 있다(제310조 I; 소액 제10조 III).

2) 어떤 경우에 출석하여 증언을 하는 대신 이러한 서면으로 갈음하게 할 것인가는 법원의 직권에 의할 것이나 상대방의 반대신문권을 존중하여야 하므로 상대방의 이의가 있거나 필요하다고 인정하는 때에는 증인으로 하여금 출석·증언하게 할 수 있다(제310조 II).

3) 이 제도는 종래 재판실무에서 예컨대 진단서나 치료비 영수증 등 간단한 문서의 진정성립을 증언하기 위하여 의사가 출석하여 장시간을 허비하거나 이들이 불출석하여 결과적으로 재판을 지연시키는 것을 방지하고자 소액사건심판에서 채택하였던 것을 일반화한 것이다. 그리하여 출석하여 선서할 의무가 면제되고 진술을 서면으로 대체하는 것이지만 이 때에 제출되는 서면은 서증이 아니라 증언으로서 효력을 갖는다. 그러나 내용이 허위라도 위증죄가 성립되지 아니한다. 이 제도는 독일 민사소송법에서 모방한 것이고, 미국의 공판 전 증거개시절차(Pre-trial Discovery)에서 당사자나 증인이 법정 외에서 선서하고 작성하는 선서진술조서(deposition)와는 무관하다.

제3절 鑑 定

I. 總 說

1. 鑑定의 의의

감정이란 법관의 지식과 경험을 보충시켜 주기 위하여[1] 특별한 학식과 경험을 가진 제3자로부터 그 전문지식에 의하여 법규, 관습, 경험법칙의 존부와 이들을 적용하여 얻은 자기의 판단과 의견을 보고하게 하는 증거조사이다.

2. 鑑定事項

감정사항은 첫째, 법규나 관습, 또는 경험법칙의 존부·해석에 관한 것과, 둘째, 사실판단에 대한 전문가로서의 의견을 구하는 것의 두 가지이다. 법률판단은 법원의 직책이지만 외국법 등은 알기 어려워 법률감정이 필요한 경우가 있다. 사실판단에 대한 감정의 예로는 신체·정신·혈액형, 교통사고 원인, 노동능력상실 정도, 공사비, 부동산임대료, 컴퓨터프로그램이나 반도체 칩의 동일성, 필적·인영의 감정 등을 들 수 있다. 따라서 비용상 또는 성질상 직권에 의하여 명할 것이고, 당사자의 감정신청도 법원이 불필요하다고 인정하면 각하할 수 있으며,[2] 유일한 증거신청의 법칙은 감정신청에는 적용되지 아니한다.[3]

3. 鑑定人과 證人

1) 증인은 과거의 경험사실을 보고하는 자이므로 대체성이 없고, 감정인은 법원의 명령을 받고 감정을 한 후 자기의 판단을 보고하는 자이므로 근본적 차이가 있다. 따라서 감정인은 비전속적 대체적이므로 결격사유에 관한 규정(제334조 II)이 있어서 법 제314조 및 제324조에 의하여 증언이나 선서를 거부할 수 있는 자와 법 제322조의 자는 감정인이 될 수 없으며, 기피에 관한 규정이 적용된다(제336조, 제337조). 그러나 증인의 증언능력에는 제한이 없다.

2) 불출석의 경우 증인은 구인할 수 있으나 감정인은 대체성이 있으므로 구

1) 대판 1971. 11. 23. 71 다 2091.
2) 대판 1960. 2. 25. 59 민상 52.
3) 대판 1959. 5. 15. 58 민상 477.

인할 수 없다.

3) 증인은 당사자가 자연인을 특정하여 신청함에 대하여 감정인은 법원이 지정한다. 법원은 자연인을 감정인으로 지정할 수 있으나 공공기관, 학교 그 밖에 상당한 설비가 있는 단체나 법인에게도 촉탁할 수 있고(제341조 I), 필요한 경우에는 이들로 하여금 감정서를 보충설명하게 할 수 있다(제341조 II).

4) 증인과 감정인은 보고의 대상이 사실인가 의견인가에 따라 구별하지만 그 구별이 그리 쉬운 것만도 아니다. 원칙적으로 감정서는 서증이 아니므로 증인신문규정이 감정에 준용된다(제333조). 재판장은 감정인으로 하여금 서면이나 말로써(제339조 I) 의견을 진술하게 할 수 있으나, 증인은 구술로서 진술함이 원칙이다. 감정인은 다 함께 또는 따로따로 의견을 진술하게 할 수 있으나(제339조 II) 증인은 그러하지 아니하다.

5) 특별한 학식이나 경험이 있는 자가 학식과 경험에 기하여 과거에 경험한 구체적 사실의 판단을 법원이 신문할 때에는 감정인신문이 아닌 증인신문에 관한 규정(제308조, 제312조, 제314조, 제323조, 제324조, 제334조, 제336조 등)에 의하는데(제340조), 이를 감정증인이라고 한다.[1]

II. 鑑定의 節次

당사자가 증인신문의 규정에 준하여 감정신청을 하는 경우에는 감정인을 지정할 필요가 없고 수소법원, 수명법관 또는 수탁판사가 지정한다(제335조). 감정인은 소환되면 출석하여 성실히 감정할 것을 선서하고 감정사항에 대하여 의견을 보고하는 진술을 할 의무를 부담한다(제333조). 감정인은 감정을 위하여 필요한 때에는 법원의 허가를 받아 남의 토지, 주거, 관리하는 가옥, 건조물, 항공기, 선박, 차량, 그 밖의 시설물 안에 들어갈 수 있다. 만일 이 경우 저항을 받을 때에는 경찰관에게 원조를 요청할 수 있다(제342조).

감정의견은 기일에서는 말로 보고하고 기일 외에서는 서면으로 보고한다.

III. 鑑定結果의 採否

1) 감정인의 감정의견이 판결자료로 채택될 것인가 여부는 법원의 자유로운

1) 감정증인은 감정인 겸 증인과 구별된다. 감정인 겸 증인은 증거방법으로서 법원에 출석하기 이전 단계에서 인식한 구체적 사실 및 이에 대하여 법원의 명령에 기하여 경험칙을 적용하여서 얻은 판단을 보고하는 증거방법이다. 감정증인과의 구별은 구체적 사실에 대한 경험칙 내지 특별한 학식경험의 적용이 법원의 명령에 기한 것인가의 여부에 있다.

심증에 의할 것이며[1] 만일 그 감정을 믿지 못할 경우에는 재감정을 명할 수 있을 것이다. 또한 감정인의 감정결과는 당사자가 이를 증거로 원용하지 않는 경우에도 법원으로서는 증거로 할 수 있다.[2] 동일사항에 대한 상반된 여러 개의 감정결과 중 어느 것을 채택하더라도 채증법칙에 위배되지 아니하는 한 적법하다.[3] 또한 감정인의 감정평가 중 그 일부만을 채용하여 사실인정을 할 수 있다.[4]

2) 감정인을 증인으로서 신문한 절차상의 위배나[5] 감정의견을 기재한 서면이 서증으로 제출되었을 때에 당사자가 지체 없이 이의하지 않는 이상 법원이 이에 따라 사실을 인정하는 것은 위법이라 할 수 없다.[6]

3) 동일한 감정인이 동일한 감정사항에 대하여 서로 모순되거나 불명료한 감정의견을 내 놓고 있는 경우에 법원이 이를 직접증거로 채용하여 사실인정을 하기 위하여서는 특별히 다른 증거자료가 뒷받침되지 않는 한 감정인에 대하여 감정서의 보완을 명하거나 감정증인으로서의 신문방법 등을 통하여 정확한 감정의견을 밝히도록 하는 등의 적극적인 조치를 강구하여야 마땅하다.[7]

4) 소송 외에서 당사자의 직접의뢰로 작성된 감정서가 법원에 제출된 경우 양당사자의 동의가 있으면 감정으로 볼 수 있고 그렇지 아니하면 서증으로 되어 합리적인 경우 사실인정의 자료로 삼을 수 있다.[8] 이런 문서는 감정인에 대한 당사자의 기피권이나 신문권이 생략된 채 작성된 것이므로 통상의 감정은 아니고 私鑑定이라고 한다.

---

1) 노동능력상실 정도에 관한 감정결과를 꼭 그대로 채택해야 하는 것은 아니라는 대판 1998. 4. 24. 97 다 58491. 그러나 신체감정촉탁에 의한 여명감정결과는 특별한 사정이 없는 한 그에 관한 감정인의 판단은 존중되어야 한다는 대판 1995. 2. 28. 94 다 31334; 대판 1996. 8. 23. 96 다 21591 참조.

2) 대판 1976. 6. 22. 75 다 2227; 대판 1994. 8. 26. 94 누 2718.

3) 대판 1995. 9. 5. 94 누 14919; 대판 1997. 12. 12. 97 다 36507.

4) 대판 1993. 2. 12. 92 누 11763.

5) 대판 1960. 9. 29. 59 민상 69.

6) 대판 1965. 10. 26. 65 다 1660.

7) 대판 1994. 6. 10. 94 다 10955.

8) 대판 1999. 7. 13. 97 다 57979; 대판 2005. 5. 25. 2005 다 77848.

제4절 書 證

I. 書證의 의의

1. 文書의 개념

1) 서증이란 문서의 기재내용을 증거자료로 삼으려는 증거방법이다. 민사소송법상 널리 문서라고 하면 여기에는 좁은 의미의 문서와 나중에 징표로 삼기 위하여 조성된 물건인 준문서(예컨대 신발표·경계표 등)를 포함한다. 좁은 의미의 문서라 함은 통상의 문자, 또는 사람이 알아 볼 수 있는 특수한 부호나 기호 등에 의하여 사상을 표시한 물체를 말하는데, 이것이 민사소송법상 서증의 대상이 되는 문서의 개념이다.

2) 문서는 외국문자는 물론 문자에 갈음할 암호·점자·전신부호·마이크로필름·속기 등에 의하여 사상내용을 표시한 것을 말하므로 사진[1]·도면[2]·지도·음반·녹음테이프[3]·악보 등은 문서가 아니다. 문자가 나열되어 있으나 사상을 표시하지 아니하는 명함·문패·서명 등은 문서가 아니지만 문자나 부호에 의해서 완전한 문장을 이루지 못하였더라도 일정한 사상을 표시하는 이상 문서가 된다. 백지위임장, 승차권 등이 그 예이다. 또한 작성자의 사상내용을 문제삼으려는 경우가 아니면 문서가 아니므로 위조문서[4]·신문지·잡지·법전초안·삐라 등은 문서가 아니고 검증물로 된다.

3) 동일한 문서라도 그 기재된 의미내용을 증거조사의 대상으로 하면 서증이 되고 그 외형이나 모양 등을 대상으로 하면 검증물이 된다.

2. 컴퓨터革命과 文書

컴퓨터에 의하여 촉진되고 있는 정보화사회에서는 문서의 개념과 증거방법

1) 구법에서는 준문서로서 서증에 관한 규정을 준용하도록 하였지만, 신법 하에서는 이를 일률적으로 서증으로 단정하지 않고 있다(민소 규칙 제122조). 대판 2010. 7. 14. 2009 마 2105는 사진의 경우는 그 형태, 담겨진 내용 등을 종합하여 감정·서증·검증의 방법 중 가장 적절한 증거조사방법을 택하여 이를 준용할 것이고, 구체적 심리 없이 곧바로 문서제출명령을 한 것은 부당하다고 하였다.

2) 도면은 준문서로서 문서와 마찬가지로 다루어야 된다는 판례로는 대판 1963. 1. 17. 62 다 784.

3) 녹음테이프는 사상내용의 기록이긴 하나 문자나 기호를 사용하고 있지 아니하므로 검증물이라고 본다. 대판 1981. 4. 14. 80 다 2314.

4) 대판 1972. 11. 14. 71 다 2788.

으로서의 취급에 일대변혁이 일어나고 있다. 즉 종이 등 전통적인 매체상에 문자·부호 등에 의하여 사상내용을 표시한 문서 대신 컴퓨터를 비롯한 각종 전자장치에 의하여 조성되는 전자문서의 시대가 도래하였다. 이 같은 과학기술의 진보로 인하여 가장 중요한 증거방법인 서증은 물론 증거법체계 전반에 커다란 영향을 미칠 것이다.[1)]

첫째, 새로운 전자기억장치에 기록·보관된 사상내용도 인간이 읽을 수 있는 형태로 제출되는 경우(예컨대 print-out)에는 문서성은 그대로 유지되면서 서증으로서 변론에 도입될 수 있을 것이다.

둘째, 변환하면 인간이 읽을 수 있는(human readable) 전자기억장치, 예컨대 자기테이프, 디스켓, CD-ROM 등 전자문서에 저장된 정보내용을 증거조사대상으로 삼는 경우에도 이는 검증물이라기보다 문서에 준하여 처리할 수 있다.[2)]

셋째, 비디오테이프나 녹화필름 등 문자·부호뿐만 아니라 영상과 음성이 불가분적으로 결합되어 있는 전자적 표현물이 제출되어 그 정보내용을 증거조사대상으로 삼는 경우에는 이를 나누어서 그 정보내용 부분은 서증으로 처리하고, 음성·암호·영상 등의 부분은 검증의 대상으로 보아야 할 것이다. 판례는 녹음테이프의 증거조사는 검증방법에 의할 것이라고 하였다.[3)]

넷째, 인간이 읽을 수도 없고(non human readable) 전시할 수도 없는(non displayable) 정보화일 등은 이미 문서성의 한계를 넘는 것이므로 검증의 대상으로 다루어야 할 것이다.

다섯째, 전자문서교환방식(EDI) 및 전자상거래(Electronic Commerce)의 보급으로 말미암아 이에 의하여 작성·전송·보관되는 기록내용의 경우에 그 문서성의 인정 여부는 물론 설사 이를 인정한다고 하더라도 진정성립의 추정, 원본과 사본의 구별, 문서의 내용적 효력 등에 관하여 연구할 문제가 많다. 다만 "무역업무자동화촉진에관한법률"에서는 EDI방식에 의한 전자문서의 내용에 다툼이 있는 때에는 지정사업자의 컴퓨터 화일에 기록된 전자문서의 내용대로 작성된 것으로 추정하고 있을 뿐이다(동법 제16조).

이러한 새로운 문제를 해결하고자 법 제374조를 신설하여 "도면, 사진, 녹음테이프, 비디오테이프, 컴퓨터용 자기 디스크, 그 밖에 정보를 담기 위하여 만들

1) 宋相現, "컴퓨터 기술의 활용이 법학 각 분야에 미치는 영향에 관한 소고," 법학(서울대학교) 제13권 2호(1972) 참조.

2) 同旨 李時 499면.

3) 대판 1999. 5. 25. 99 다 1789.

어진 물건으로서 문서가 아닌 증거의 조사에 관한 사항은 제3절 내지 제5절의 규정(감정, 서증 및 검증)에 준하여 대법원규칙으로 정한다"라고 규정하였다.

II. 文書의 종류

1. 公文書와 私文書

1) 공문서는 공무원이 법정형식에 따라 그 직무권한 내의 사항에 관하여 직무상 작성한 문서(제356조)이고, 그 외의 문서는 사문서이다. 공문서는 작성자가 공무원이어야 하고, 그 직무상 작성되어야 하므로 공무원이 일개사인의 자격에서 작성한 문서는 공문서가 아니다. 적어도 표견상 공무원의 직무집행으로 작성되어야 하므로 권한 외의 사항에 대하여 작성한 문서는 공문서가 아니다.[1] 공문서 중 공증인 등 공증의 권한이 있는 자가 작성한 문서를 공정증서라고 한다. 공법인이 직무상 발급한 문서는 공문서에 준하여 볼 수 있다.[2]

2) 사문서에 공무원이 직무상 일정사항을 부기하여도 그 전체가 공문서로 변하지 아니하며 공문서와 사문서가 병존하는 것으로 본다. 예컨대 내용증명우편은 증명부분은 공문서, 그 밖의 편지 부분은 사문서이고, 登記濟證印이 찍힌 부동산매도증서 중 등기필 부분은 공문서, 매매계약부분은 사문서이며, 확정일자 있는 사문서도 확정일자의 한도에서 공문서이다. 이 경우 공문서 부분의 성립으로 사문서 부분의 진정성립이 당연히 추정되는 것은 아니다.[3]

2. 處分文書와 報告文書

1) 처분문서는 증명하고자 하는 공사법상의 의사표시, 그 밖의 법률행위(처분)가 그 문서 자체에 의하여 행해진 경우의 문서이다. 즉 법률행위 자체가 문서에 화체된 경우이다.[4] 판결문,[5] 어음 등 유가증권, 납세고지서 등 행정처분서, 계약서, 해약통지서, 합의서, 각서, 차용증서, 유언장 등이 좋은 예이다.

---

1) 면장이 작성한 토지매매사실증명은 권한 외의 사항에 대하여 작성한 것으로서 그 증거력이 없다. 대판 1952. 10. 21. 52 민상 70.
2) 대판 1972. 2. 22. 71 다 2269, 2270.
3) 대판 1989. 9. 12. 88 다카 5836.
4) 대판 1997. 5. 30. 97 다 2986.
5) 대판(전) 1980. 9. 9. 79 다 1281은 판결서가 판결이 있었다는 사실을 증명하는 한도에서 처분문서이나 그 판결에서 판단된 사실을 이용하는 경우에는 보고문서라고 볼 수 있는 경우가 있다고 한다. 대판 1993. 9. 28. 93 누 12763은 판결은 모든 경우에 처분문서로 되는 것은 아니나 당해 판결의 존재사실과 어떤 내용의 판결이 있었다는 사실에 대해서는 처분문서로 된다고 한다.

2) 보고문서는 작성자가 경험한 사실·판단·감상 등을 기재한 문서이다. 각종 장부, 영수증, 호적부, 등기부, 일기장, 진단서, 편지, 조서 등이 그 예이다.

3) 이것은 문서의 내용에 의한 구별로서 증거가치와 관계가 있다. 처분문서는 그 진정성립(형식적 증거력)이 인정된 이상 문서에 표시된 의사표시와 그 내용에 관하여 특별한 사유가 없는 한 실질적 증거력이 있다.[1] 따라서 처분문서는 문서의 성립이 인정되면 그 문서에 기재된 법률행위가 행하여졌다는 것이 증명되지만, 보고문서는 문서의 성립이 인정되더라도 문서에 기재된 사실이 진실인가 아닌가는 별도의 문제이다. 증서의 진정여부를 확인하는 소(제250조)의 대상은 처분문서뿐이다.

3. 同一內容을 가진 文書의 상호관계

원본은 일정한 사상을 표현하기 위하여 최초로 확정적으로 작성된 문서이고, 정본은 원본에 갈음하여 원본과 동일효력을 갖게 하기 위하여 공증권한 있는 공무원이 작성한 등본이다. 등본은 원본의 존재와 내용을 증명하기 위하여 원본내용을 完全轉寫한 것인데, 인증등본이란 권한 있는 공무원이 "등본이다"라는 인증문을 부기한 것을 말하고, 초본은 원본 중 일부분을 당해 부분과 원본과의 관계를 밝히고 발췌한 것이다.

Ⅲ. 文書의 證據能力

문서는 증인신문과 함께 가장 많이 쓰이는 증거방법이다. 증인은 그가 과거에 경험하여 알게 된 사실을 보고하는 사람인데, 그의 보고내용이 증거자료가 되어서 사실인정의 바탕이 된다. 다만 증언은 증인의 경험력이 박약하거나, 표현이 부족하거나 또는 위증 등의 이유로 말미암아 최악의 증거이나, 서증은 이러한 폐단이 없고 법원이 바르게만 판단한다면 증거력의 면에서 증인보다 유력하다. 문서를 가장 확실한 증거라고 하는 이유는 이 때문이다.

민사소송절차의 자유심증주의하에서는 증거로 사용하기 위한 법률상의 적격, 즉 증거능력을 결한 문서란 있을 수 없다. 형사소송과 다른 점이다. 소제기 후에 제3자가 다툼 있는 사실에 관하여 작성한 문서,[2] 인증회피의 목적으로 작성된

1) 처분문서에 표시된 문언의 객관적인 의미가 명확하다면, 특별한 사정이 없는 한 문언대로의 의사표시의 존재와 내용을 인정하여야 한다는 대판 2010.5.13. 2009 다 92487.

2) 대판 1987.9.8. 80 다 2810.

문서, 사본인 문서,[1] 소제기 후의 당사자가 작성한 문서,[2] 미확정판결[3]이라도 증거능력은 있는 것이며 다만 그에 대한 증거가치의 판단은 별문제이다.[4]

Ⅳ. 文書의 證據力

서증은 우선 그 문서의 진정성립 여부가 결정되어야 하고(형식적 증거력), 성립의 진정이 인정된 후라야 그 문서내용에 어느 정도의 신빙력 내지 비중을 줄 것인가(실질적 증거력)가 문제로 된다.[5] 이를 문서의 증거력이라고 한다.

1. 文書의 形式的 證據力(成立의 眞正)

1) 意 義 어느 문서가 작성명의인의 의사에 기하여 작성된 경우에는 문서의 진정성립이 인정되고 이처럼 진정하게 성립된 문서는 형식적 증거력을 갖는다. 즉 그 문서는 위조된 것이 아니고 명의인에 의하여 작성되었음을 뜻한다.

2) 公文書의 경우 문서가 작성방식과 취지(기재내용)에 의하여 공문서로 인정될 때에는 진정성립된 것으로 추정된다(제356조 Ⅰ). 공증인이 사서증서를 인증함에 있어서 촉탁인의 확인 등 공증인법에 의한 절차를 제대로 거치지 않았다는 등의 사실이 주장·입증되는 등 특별한 사정이 없는 한 공증인이 인증한 사서증서의 진정성립은 추정된다.[6] 그러나 그 작성에 의심이 있으면 법원은 직권으로 해당 공공기관에 조회할 수 있다(제356조 Ⅱ). 이는 직권증거조사의 일종이다. 공문서의 진정성립이 추정된다고 해서 그 기재내용까지 진실한 것으로 추정되는 것은 아니고,[7] 그 내용의 진부는 법원이 다른 증거자료와 종합하여 자유로운 심증에 의하여 판단할 문제이다.[8] 이러한 설명은 외국의 공공기관이 작성한 문서에 대하여도 그대로 준용된다(제356조 Ⅲ). 실무에서는 그 나라에 주재하는 우리나라의 공관으로부터 외국공문서의 요건이 구비되었다는 확인(Consularization)을 받아서 제출할 것이 요구된다.

---

1) 대판 1966. 9. 20. 66 다 636.
2) 대판 1989. 11. 10. 89 다카 1596 등은 소송에 유리한 자료로 제출하기 위하여 소송중에 작성된 증거라 하여 배척한 조치는 채증법칙에 어긋난다고 한다.
3) 대판 1992. 11. 10. 92 다 22107.
4) 대판 1970. 12. 29. 70 다 2421.
5) 대판 1997. 4. 11. 96 다 50520.
6) 대결 2009. 1. 16. 2008 스 119.
7) 대판 1966. 9. 27. 66 다 1314.
8) 대판 1961. 11. 16. 61 민상 62.

3) 私文書의 경우 사문서의 경우에는 성립의 진정이 추정되는 공문서와는 달리 거증자가 성립의 진정을 입증하여야 한다(제357조). 다만 그 사문서에 작성자 본인 또는 그 대리인의 서명이나 날인이 있는 때에는 그 문서가 작성명의인에 의하여 작성되고 그 사상을 표현하는 진정한 문서로서 추정을 받는다(제358조). 따라서 반증에 의하여 이 추정을 깨지 못하는 한 이를 진정한 문서로서 증거판단을 하여야 한다.[1] 이 추정은 법률상의 사실추정이 아니고 일종의 법정증거법칙을 정한 것이다.

4) 제출된 文書의 認否 실무상 서증이 제출되면 재판장은 상대방에게 문서의 성립의 인부를 요구한다. 자기 또는 대리인의 서명날인이 있는 문서에 대하여는 반드시 인정 또는 부인하여야 하고[2] 부지라고 하는 경우에는 그 취지를 석명하여 볼 것이다.[3] 인부는 변론준비기일에서 구술로 할 수 있다.

사문서의 경우에 대부분 부인 또는 부지의 답변을 하는 것을 볼 수 있으나 당사자 또는 그 대리인이 고의나 중과실로 진실에 어긋나게 문서의 진정을 다툰 때에는 법원은 결정으로 200만원의 과태료에 처한다(제363조 I). 이 결정에 대하여는 즉시항고를 할 수 있다(제363조 II). 다만 문서의 진정을 다툰 당사자 또는 대리인이 소송계속중 그 진정함을 인정하는 때에는 법원은 이 과태료부과결정을 취소할 수 있다(제363조 III). 문서는 민사소송에서 가장 중요한 증거방법이고 대부분 당사자의 거래관계에서 작성되는 일이 많으므로 문서성립의 진부에 관하여 법이 일종의 진실의무를 인정하여 문서까지 작성한 확실한 법률관계를 부인하는 것은 문서의 작성이 없는 법률관계의 부인보다 엄중하게 다스리려는 취지이다.

5) 文書成立의 立證

가) 문서가 서증으로 제출된 경우 상대방이 부지 또는 부인하면 거증자가 성립을 입증하여야 한다. 문서의 작성자 아닌 제3자의 증언에 의하여 그 문서의 성립을 인정하여도 무방하다.[4]

나) 문서의 성립이 다투어진 때에 어떠한 증거방법에 의하여 그 성립을 입증

1) 대판 1970.2.24. 69 다 1628; 대판 2003.4.11. 2001 다 11406.
2) 대판 1964.9.22. 64 다 447.
3) 대판 1990.6.12. 90 누 356. 다만 당사자의 피상속인인 망인 명의의 문서에 관해서는 먼저 그 당사자에게 망인의 인영의 진정 여부를 확인해야 하는 것은 아니라는 판결로는 대판 1997.9.26. 97 다 25262 참조.
4) 대판 1992.11.24. 92 다 21135.

할 것인지는 거증자가 선택하기에 달렸으나,[1] 법원이 문서의 필적 또는 印影을 다른 문서의 그것과 대조하여 그 성립을 인정할 수도 있다(제359조).[2] 이는 성질상 일종의 검증이다.

다) 또한 법원은 신청에 의하여 상대방 또는 제3자에 대하여 그가 소지하는 대조용 문서, 그 밖의 물건을 제출할 것을 명하거나(제360조 I), 대조하는 데에 적당한 필적이 없는 때에는 상대방에게 그 문자를 손수 쓰도록 명할 수 있다(제361조 I). 상대방이 이러한 법원의 수기명령에 정당한 이유 없이 불응하거나 필치를 바꾸어 손수 쓴 때에는 법원은 문서의 진부에 관한 신청자의 주장을 진실한 것으로 인정할 수 있다(제361조 II). 제3자가 정당한 사유 없이 대조용 문서의 제출명령에 불응한 경우에는 법원은 결정으로 200만원 이하의 과태료에 처한다(제360조 II). 이 결정에 대하여는 즉시항고할 수 있다(제360조 III).

라) 사문서의 진정성립 여부는 보조사실이므로 증거자료 없이 당사자변론의 전취지만에 의하여도 인정할 수 있다.[3] 그리고 법원은 문서의 성립에 관한 당사자의 자백에 구속된다고 함이 판례이다.[4] 즉 문서의 진정성립에 관하여 침묵하거나 성립을 인정하면 재판상 자백 또는 자백간주가 성립되어 그 형식적 증거력이 인정된다.[5] 문서의 성립에 다툼이 없다는 것은 문서의 작성명의인이 문서를 작성하였다는 사실을 인정하는 것에 그치는 것이고, 그 문서의 기재내용이 진실하다는 것까지 인정하는 취지는 아니다. 그러나 문서의 진정성립 여부가 쟁점이 되었거나 문서가 당해 사건의 쟁점이 되는 주요사실을 인정하는 자료로 쓰여질 때에는 그 문서의 증거능력이나 진정성립의 근거를 분명히 밝혀야 한다.[6]

마) 1개의 문서가 일부분은 공문서이고, 다른 부분은 사문서일 경우 공문서부분의 진정성립은 법 제356조에 의하여 추정을 받으나 사문서부분의 성립은 통상의 사문서와 마찬가지로 거증자가 입증하여야 한다.[7] 거증자와 제3자가 공동으로 작성한 사문서는 상대방이 그 성립을 부인하더라도 그 증거력을 상실하는 것이 아니고 특별히 의심스러운 사정이 없으면 변론의 전취지에 의하여 그 성립

---

1) 대판 1986. 12. 9. 86 누 482.

2) 이 경우 법원은 반드시 감정으로써 필적, 인영 등의 동일 여부를 판단할 필요가 없고 육안에 의한 대조로도 판단할 수 있다. 대판 1997. 12. 12. 95 다 38240.

3) 대판 1983. 3. 23. 80 다 1857; 대판 1993. 4. 13. 92 다 12070.

4) 대판 1961. 8. 10. 60 민상 510.

5) 대판 1967. 4. 4. 67 다 225.

6) 대판 1995. 12. 22. 95 다 35197; 대판 1997. 12. 12. 95 다 38240.

7) 대판 1989. 9. 12. 88 다카 5836; 대판 1995. 6. 16. 95 다 2654.

을 인정할 수 있다.

바) 원본이 현존하지 아니하는 문서의 사본도 과거에 존재한 적이 있는 문서를 轉寫複寫한 것이라면 원본의 존재 및 진정성립을 인정하여 서증으로 채용할 수 있다.[1)]

6) 僞造抗辯

가) 서증의 위조항변, 예컨대 어음에 어음채무자로 기재되어 있는 사람이 자신의 기명날인이 위조된 것이라고 주장하는 경우에 판례는 그 사람에 대하여 어음채무의 이행을 청구하는 어음 소지인이 그 기명날인의 진정을 증명하여야 한다고 한다.[2)]

나) 문서에 날인된 작성명의인의 인영이 그의 인장에 의하여 현출된 것이라면 특별한 사정이 없는 한 그 인영의 진정성립, 즉 날인행위가 작성명의인의 의사에 기한 것임이 사실상 추정되고, 일단 인영의 진정성립이 추정되면 민사소송법 제358조에 의하여 그 문서 전체의 진정성립이 추정된다.[3)] 다만 위와 같은 2단계의 사실상 추정은 날인행위가 작성명의인 이외의 자에 의하여 이루어진 것임이 밝혀지거나 작성명의인의 의사에 반하여 혹은 작성명의인의 의사에 기하지 않고 이루어진 것임이 밝혀진 경우에는 깨어지는 것이므로, 문서제출자는 그 날인행위가 작성명의인으로부터 위임받은 정당한 권원에 의한 것이라는 사실까지 입증할 책임이 있다.[4)] 또 작성명의인의 날인만 되어 있고 그 내용이 백지로 된 문서를 교부받아 후일 그 백지 부분을 작성명의자가 아닌 자가 보충한 경우에는 문서의 진정성립의 추정은 배제된다.[5)] 따라서 문서제출자는 그 기재 내용이 작성명의인으로부터 위임받은 정당한 권원에 의한 것이라는 사실까지 입증할 책임이 있다.[6)]

---

1) 대판 1992. 12. 22. 91 다 35540, 35557; 대판 1999. 11. 12. 99 다 38224.

2) 대판(전) 1993. 8. 24. 93 다 4151(다수의견). 소수의견은 배서가 형식적으로 연속되어 있으면 소지인은 정당한 권리자로 추정되므로 배서위조사실은 이를 주장하는 자가 입증하여야 한다고 한다.

3) 대판 2002. 2. 5. 2001 다 72029.

4) 대판 1995. 6. 30. 94 다 41324; 대판 1997. 6. 13. 96 재다 462; 대판 2003. 4. 8. 2002 다 69686. 다만 반증을 들어 인영의 진정성립에 관하여 법원으로 하여금 의심을 품게 할 수 있는 사정을 입증하는 것으로 족하다. 대판 1996. 2. 9. 95 다 15780; 대판 1997. 6. 13. 96 재다 462.

5) 대판 2000. 6. 9. 99 다 37009; 대판 2011. 11. 10. 2011 다 62977. 다만 백지어음의 경우에는 당연히 보충권을 예정하고 있으므로 일반 백지문서와는 달리 보아야 한다는 전제에서 백지어음이 아니라 불완전어음으로 무효인 점에 관하여 발행인에게 증명책임이 있다는 견해로 김홍 619면. 대판 2001. 4. 24. 2001 다 6718 등 참조.

6) 대판 1998. 4. 12. 87 다카 576; 대판 1997. 12. 12. 97 다 38190; 대판 2003. 4. 11. 2001 다

다) 피고의 인장이 날인되어 있는 서증을 원고가 제출한 경우에 피고가 이를 부인으로 다투면서 위조의 증거항변을 하였다면 법원은 이 항변이 인장 그 자체의 위조를 주장하여 문서의 성립을 부인하는 것인지, 아니면 날인된 인영 부분은 시인하되 피고의사에 의하여 날인된 것이 아니라는 취지인지를 심리한 후 문서의 진정성립 여부를 판단하여야 한다.[1]

라) 대리인작성의 문서에 대한 인부문제, 예컨대 피고의 대리인 갑이 원고에게 써 준 차용증서를 서증으로 제출한 경우에 피고는 그 차용증서가 갑이 작성한 문서라는 것은 인정하지만 갑은 피고의 대리인이 아니라고 한다면 이는 민법 제135조에 비추어 차용증서의 성립을 부인하는 진술이라기보다 차용증서의 성립은 인정한 것이고 원고가 주장하는 갑의 대리권을 부인한 것에 불과한 것이므로 대리권의 존부는 다른 증거에 의하여 확정할 문제이다.

2. 文書의 實質的 證據力(內容의 眞正)

1) 意 義 문서의 실질적 증거력이란 문서내용이 요증사실의 증명에 이바지하는 효과로서, 결국 문서의 진정성립을 전제로 그 문서내용이 다툼 있는 사실을 입증하는데 적합한 가치를 가리킨다. 따라서 각 문서에 따라 구체적·개별적으로 법원의 자유로운 심증으로 판단할 문제이다.

2) 公文書의 경우

가) 대부분의 경우에는 특별한 반증이 있는 경우가 아니면 공문서의 기재사항은 진실한 사실이라고 추정함이 상당하다.

나) 당사자가 제출한 서증이 공문서라고 하여 반드시 법원이 그 공문서기재내용대로 사실을 인정해야 한다는 채증법칙은 없으며,[2] 공문서의 내용이 다른 증거에 비추어 사실과 다른 점이 있다고 인정될 경우에는 자유로운 심증에 의하여 공문서기재내용을 배척할 수 있다.

다) 확정된 판결서가 타사건에 있어서 서증으로 제출된 경우에 법원은 그 확정판결의 기판력에 의하여 구속되지 않는 한 자유로 그 증거가치를 취사선택할 수 있고, 미확정의 판결서라도 법원이 사실인정의 자료로 할 수도 있다.[3] 그러나

11406; 대판 2013. 8. 22. 2011 다 110923.

1) 대판 1994. 1. 25. 93 다 35353.

2) 대판 1966. 7. 5. 66 다 584.

3) 대판 1972. 10. 31. 72 다 766, 767.

판례는 동일한 사실관계에 관하여 이미 확정된 형사판결이 유죄로 인정한 사실은 유력한 증거자료가 된다고 할 것이므로 민사재판에서 제출된 다른 증거들에 비추어 형사재판의 사실판단을 채용하기 어렵다고 인정되는 특별한 사정이 없는 한 이와 반대되는 사실을 인정할 수 없다고 한다.[1] 또 민사재판에 있어서 특히 전후 두 개의 민사소송이 당사자가 같고 분쟁의 기초가 된 사실도 같으나 다만 소송물이 달라 기판력에 저촉되지 아니한 결과 새로운 청구를 할 수 있는 경우에 있어서는 더욱 그러하다고 하고,[2] 형사사건에 나타난 증거들이 교통사고가 그 형사사건의 피고인의 과실에 의한 것이라고 볼 만한 자료로 삼기에 충분치 않은 경우에는 의당 형사사건의 결과에 관심을 갖고 심리해 보는 것이 바람직하다고 한다.[3]

라) 공정증서라도 법원은 증거에 의하여 그 내용의 진정을 부정할 수 있고,[4] 공증인의 확정일부는 단지 증서작성의 일부에 관하여서만 완전한 증거력을 가질 뿐 이에 의하여 증서성립의 진정을 인정할 수 없다.[5]

3) 私文書의 경우

가) 사문서의 경우에도 문서내용의 진부는 법원의 자유로운 심증에 의하여 판단할 것이지만 처분문서는 성립의 진정이 인정된다면 반증이 없는 한 그 문서의 작성자가 그 법률행위를 한 사실이 증명될 것이며,[6] 합리적 이유 없이[7] 처분문서의 의사표시와 내용에 관한 증거력을 배척함은 처분문서에 관한 법리오해와 채증법칙위배로 상고이유가 된다.[8] 그러나 그 행위의 해석이라든지 그 행위에 부여된 법률효과 등은 당시의 주위사정을 종합하여 판단할 것이다.[9] 판례는 당사자가 자기에게 불리한 사실을 시인하는 취지로 날인까지 한 서신의 내용은 특별한 사정이 없는 한 쉽사리 그 신빙성을 배척할 수 없다고 한다.[10]

나) 보고문서의 실질적 증거력은 작성자의 직업·신분·성격, 작성의 목적·

---

1) 대판 1996.5.28. 96 다 9621; 대판 1997.9.30. 97 다 24276.
2) 대판 1995.6.29. 94 다 47292.
3) 대판 1995.2.24. 94 누 27281. 다만 검찰의 무혐의결정의 경우에는 그렇지 않다. 대판 1995.12.26. 95 다 21884.
4) 대판 1973.2.13. 72 다 2352.
5) 대판 1959.11.19. 59 민상 604.
6) 대판 1996.4.12. 95 다 54167; 대판 1997.11.28. 97 다 11133.
7) 대판 1981.6.9. 80 다 442.
8) 대판 1989.10.10. 89 다카 1602, 1619; 대판 1990.11.27. 88 다카 12759, 12766.
9) 대판 1995.8.22. 95 다 12040; 대판 2000.4.11. 2000 다 4517·4524.
10) 대판 1993.5.11. 92 다 3823.

시기·기재방식 등의 여러 가지 사정을 종합하여 결정된다고 할 것이다. 그러나 업무의 통상과정에서 작성된 기록, 예컨대 상업장부나 거래장 등, 그리고 등기부 등 공문서의 경우에는 특단의 사정이 없는 한 그 기재내용이 진실이라고 추정되는 실질적 증거력이 인정되는 경우가 많을 것이다.[1)]

V. 書證의 證據調査節次

서증의 신청에는 i) 문서의 직접제출, ii) 문서제출명령(제343조), iii) 문서송부의 촉탁(제352조) 및 iv) 법원 외에서의 서증조사(제297조, 제354조) 등의 방법이 있다.

1. 文書의 直接提出

거증자가 소지한 문서를 서증으로 신청함에 있어서는 이를 변론기일이나 변론준비기일에 법원에 직접 제출하여야 한다(제343조). 그러므로 준비서면이나 답변서를 진술간주하는 경우에도 그에 첨부하여 우송한 문서는 이를 제출한 것으로 간주하지 아니한다.[2)]

문서의 제출도 증거신청의 하나이므로 입증취지를 밝혀서 원본, 정본 또는 인증등본으로 제출하여야 한다(제355조 I). 법원이 필요하다고 인정한 때에는 원본을 내도록 명하거나 이를 보내도록 촉탁할 수 있으나(제355조 II), 당사자로 하여금 그 인용한 문서의 등본 또는 초본을 내게 할 수 있다(제355조 III). 이는 영미법상의 최량증거의 원칙(The Best Evidence Rule)과 같은 취지이다. 원본 등에 갈음하여 사본을 제출한 경우에 상대방이 이의하지 아니하면 증거의 제출로서 적법하며, 사본을 원본으로 제출한 경우에는 사본에 대한 진정성립을 인정하고 원본의 존재 및 그 진정성립이 인정되어야만 원본과 같은 내용의 실질적 증거력을 갖게 된다.[3)]

---

1) 대판 1980. 5. 27. 80 다 748(토지대장); 대판(전) 1986. 6. 10. 84 다카 1773(토지조사부); 대판 1996. 4. 9. 96 다 1320(호적부); 대판 1996. 7. 26. 95 다 19072(국립과학수사연구소의 사실조회회보); 대판 2000. 9. 8. 99 다 58471(확정된 민형사판결). 대판 1998. 3. 27. 97 다 56655는 소송당사자가 소송 외에서 상대방의 주장사실과 일치하는 자기에게 불리한 사실을 확인하는 내용의 서면을 작성하여 상대방에게 교부한 경우 특별한 사정이 없는 한 그 문서는 실질적 증명력이 있다고 한다.

2) 대판 1991. 11. 8. 91 다 15775.

3) 대판 1996. 3. 8. 95 다 48667; 대판 1997. 11. 14. 97 다 30356; 대판 2002. 8. 27. 2001 다 79457; 대결 2010. 1. 29. 2009 마 2050에서는 사본을 원본으로 제출하는 경우 그 사본이 독립된 서증으로 되는 것으로, 증거에 의하여 사본과 같은 원본이 존재하고 그 원본이 진정하게 성립함이 인정되지 않는 한 그와 같은 내용의 사본이 존재한다는 것 이상의 증거가치는 없다고 한다.

실무에서는 문서를 제출하여 서증신청을 할 때 원본 등과 함께 그 사본[1] 2통을 제출하도록 하며, 문서의 부피가 방대하거나 서증의 내용이 이해하기 어려운 때에는 재판장은 서증을 신청한 당사자에게 설명서의 제출명령을 할 수 있다. 원고가 제출하는 것은 갑호증, 피고가 제출하는 것은 을호증, 당사자참가인이 제출한 것을 병호증으로 구별하여 제출순서에 따라 번호를 붙여 간다. 증거조사 후에는 사본을 소송기록에 편철하고 원본을 제출자에게 반환한다. 다만 법원은 필요하다고 인정하는 때에는 제출되거나 보내 온 문서를 맡아 둘 수 있다(제353조). 문서가 증거로 채택되지 아니한 때에는 법원은 제출된 문서의 원본·정본·등본·초본 등을 돌려 주어야 한다(제355조 IV).

2. 文書提出命令

1) 文書提出義務 서증신청의 두 번째 방법은 문서제출명령의 신청인바, 이는 문서를 소지하고 있는 상대방당사자나 제 3 자가 법률상 문서제출의무를 부담하고 있는 경우에만(제344조) 이용된다. 이 경우 문서의 소지자는 법원의 제출명령에 대하여 문서제출의무라는 공법상의 의무를 진다. 당사자가 이에 불응하면 문서에 관한 상대방의 주장을 진실한 것으로 인정할 수 있고(제349조), 제 3 자가 불응하면 500만원 이하의 과태료부과 등 증인불출석시에 준한다(제351조, 제318조, 제311조 I, VIII, IX).

문서제출의무는 국가에 대한 공법상 의무로서 이해되어 그 동안 제344조의 범위 내에서 운영되어 왔으나 최근 증거의 구조적 편재에서 오는 당사자간의 절차적 불평등을 시정하기 위한 일반적 수단으로서 문서제출명령제도를 활용하려는 견해가 있다.[2] 그리하여 증거를 독점하는 자로부터 문서를 강제로 현출시키고 제출명령의 대상이 되는 문서의 범위를 확장함으로써 오늘날 환경, 제조물책임 등 복잡한 소송의 경우에 실체적 진실의 발견을 돕고자 한다.[3] 문서제출명령제도

---

1) 대판 1966. 9. 20. 66 다 636은 서증이 사본이라 하여 증거능력이 없다 할 수 없다고 한다.

2) 李時 489면, 김홍 626면.

3) ZPO 제421조-제429조를 비롯하여 프랑스 등 대륙법계국가에서는 우리 법과 골격이 같은 문서제출명령제도를 가지고 있으나 우리의 운영실무보다는 훨씬 앞서 나아가서 상대방당사자와 제 3 자의 문서제출을 일반적 의무로 확대·강화하는 현저한 경향이 있다. 이에 대응하여 영미민사소송절차에서는 공판 전 증거개시절차(Pre-trial Discovery)제도를 기본으로 삼는다. 그리하여 FRCP 제26조-제37조에서는 당사자질문서(interrogatories), 선서진술조서(depositon), 문서제출열람서(production of documents), 자백요구서(request for admission), 그리고 정신 또는 신체검사(physical or mental examination)의 방법으로 증거조사를 한다. 이 경우 관련문서는 포괄적으로 모두 제시하여야 함은 물론 상대방으로 하여금 철저한 검색과 열람 등을 할 수 있도록 허용하고 있다.

를 일반화하고 그 대상 문서도 확대하는 방향으로 운영하는 것은 세계적으로 필연적 추세이다.

또한 집중심리방식을 채택한 마당에 당사자는 소송의 초기단계에서 상대방의 수중에 있는 증거를 확보하기가 곤란하므로 어떤 소를 제기하고 어떤 방향으로 이를 이끌어 갈 것인지 판단하기 어려운 경우가 많다. 따라서 집중심리방식을 정착시키려면 당사자의 사전 증거수집수단이 확충될 필요가 있다. 미국의 사전증거개시절차(Pre-trial Discovery)가 바로 그러한 강력한 수단이지만 시간과 비용이 많이 들므로 우리 법은 그 대신 일본과 같이 문서제출명령제도를 획기적으로 확대하여 서증조사의 기본으로 삼았다.

2) 文書를 提出하여야 할 각 경우(제344조)

가) 引用文書 당사자 또는 보조참가인이 입증하기 위하여 또는 주장을 분명하게 하기 위하여 소송에서 인용한 문서를 가지고 있는 때. 자기인용문서는 금반언의 원칙상 반드시 제출되어야 하고, 상대방에게도 이용하도록 함이 공평하기 때문이다.

나) 引渡·閱覽請求文書 신청자가 문서를 가지고 있는 사람에게 그것을 넘겨 달라거나(민 제462조, 제475조, 제484조 I, 제684조) 보겠다고(상 제277조 I, 제396조 II, 제448조 II, 제466조; 민 제518조, 제710조) 요구할 수 있는 사법상의 권리를 가지고 있는 때. 이 경우는 신청자가 문서의 인도·열람을 청구할 수 있는 실체법상의 권리를 가지는 모든 경우를 가리키며 그것이 채권적이든 물권적이든, 또는 계약이나 법률규정에 근거하는 것이든 불문한다.[1)] 공법상의 교부 및 열람청구권은 포함되지 아니한다. 문서의 인도나 열람을 청구할 수 있는 사법상 권리를 가진 경우에만 제출의무를 지도록 규정하고 있으므로 제344조 2항에서 공문서를 제외하고 있는 규정과 함께 제344조 각호에 해당하는 문서라도 공문서는 제외되었다. 공공기관의정보공개에관한법률에서 공개의 범위와 절차를 규정하고 있으므로 그 곳에서 공문서의 공개에 관하여 통일적으로 규율하고자 하는 취지이다.

다) 利益文書 문서가 신청자의 이익을 위하여 작성된 것으로서 직접 거증자를 위하여는 물론 간접적으로 거증자의 이익을 위하여 작성된 문서를 포함한다. 영수증, 신청자를 수유자로 하는 유언서 등이 그 예이다.

라) 法律關係文書 신청자와 문서를 가지고 있는 사람 사이의 법률관계

1) 대결 1993. 6. 18. 93 마 434.

에 관하여 작성된 것인 때. 여기에는 당해 문서 뿐만 아니라 그 법률관계의 생성 과정에서 작성된 모든 문서를 포괄적으로 의미한다. 계약관계에 의한 협상메모, 회의록, 계약서, 각서, 신청서, 처분서, 예금통장 등을 들 수 있다. 다만, 다음 각 목의 사유 중 어느 하나에 해당하는 경우에는 제출이 제한된다.

(i) 제304조(대통령·국회의장·대법원장·헌법재판소장의 신문)·제305조(국무총리·국무위원·국회의원의 신문) 또는 제306조(공무원의 신문)에 규정된 사항이 적혀 있는 문서로서 소정의 동의를 받지 않은 문서.

(ii) 문서를 가진 사람 또는 그와 제314조 각 호(증인의 친족·호주·가족 그리고 증인의 후견인 또는 피후견인) 중 하나의 관계에 있는 사람에 관하여 동조에서 규정된 사항이 적혀 있는 문서.

(iii) 제315조 1항 각호(증언거부권) 중 하나에 규정된 사항이 적혀 있고 비밀을 지킬 의무가 면제되지 아니한 문서.

이는 이익문서나 법률관계문서의 소지자라고 하더라도 증언거절사유가 있으면 제출의무를 부담하지 않는다는 점을 명시한 것이다.

마) 제344조 1항의 경우 외에도 문서가 다음의 어느 사유에도 해당하지 아니하는 경우에는 문서를 가진 사람은 그 제출을 거부하지 못한다(제344조 II).

(i) 제344조 1항 3호 나목, 다목에 규정된 문서, 즉 문서소지자 또는 그와 친족 또는 이러한 관계에 있었던 사람, 또는 문서소지자의 후견인 또는 피후견인의 관계에 있는 사람에 관하여 형사처벌, 치욕 등 증언거부사유를 규정한 제314조에서 규정된 사항이 적혀 있는 문서이거나(제344조 I. 3. 나.), 또는 직무상의 비밀, 직업비밀에 관한 사항 등 제315조의 사항이 적혀 있고 비밀준수의무가 면제되지 아니한 자의 문서(제344조 I. 3. 다.)를 말한다.

(ii) 오로지 문서를 가진 사람이 이용하기 위한 문서, 예컨대 일기장, 私信, 가계부 등.

(iii) 공무원 또는 공무원이었던 사람이 그 직무와 관련하여 보관하거나 가지고 있는 문서.[1]

제344조 2항은 문서소지자에 대한 문서제출의무를 확대하여 형사소추, 치욕, 직업비밀 등 증언거부사유와 같은 일정한 사유가 있는 경우, 오로지 문서를 가진 사람이 이용하기 위한 문서 및 공무원 또는 공무원이었던 자가 그 직무와 관련하

1) 이러한 공문서의 공개에 관하여는 공공기관의 정보공개에 관한 법률에서 정한 절차와 방법에 의하여야 한다. 대결 2010. 1. 19. 2008 마 546.

여 보관하거나 가지고 있는 문서를 제외하고는 문서소지자가 제출을 거부하지 못하도록 포괄적 제출의무를 신설한 것이다. 또한 제344조 1항에서 제한적으로 열거한 문서와는 별도로 문서와 당사자간에 특별한 관계가 없는 경우에도 문서의 소지자가 일반적인 제출의무를 부담하도록 확대한 획기적 규정이다.

3) 文書提出의 申請

가) 申　請　문서제출명령신청도 증거신청의 일종이므로 구술로 하거나 기일 전에도 할 수 있으며, 문서의 표시, 문서의 취지, 문서를 가진 사람, 증명할 사실 및 문서제출의무의 원인 등의 사항을 명시하여(제345조) 문서소지자에게 그것을 제출하도록 명할 것을 신청하여야 한다(제343조). 이처럼 문서제출명령을 신청하는 당사자는 원칙적으로 문서의 표시와 취지 등을 밝혀야 한다.

나) 文書目錄提出　실제로는 상대방이 어떤 문서를 소지하고 있는지 알 수 없거나 문서의 표시와 취지를 정확히 특정할 수 없는 경우도 많다. 그러므로 문서제출명령제도가 실효를 거두려면 상대방이 소지하고 있는 문서정보를 공개하도록 요구할 수 있는 제도가 선행되어야 한다. 그리하여 문서제출신청(제345조)을 위하여 필요하다고 인정하는 경우에는 법원은 신청대상이 되는 문서의 취지나 그 문서로 증명할 사실을 개괄적으로 표시한 당사자의 신청에 따라, 상대방 당사자에게 신청내용과 관련하여 가지고 있는 문서 또는 신청내용과 관련하여 서증으로 제출할 문서에 관하여 그 표시와 취지 등을 적어내도록 명할 수 있도록 하였다(제346조). 이는 문서정보의 공개방법 중의 하나로서 문서를 소지한 당사자에게 문서목록의 제출을 명할 수 있는 제도를 도입한 것이다. 이 때 당해문서의 존재와 소지에 대한 입증책임은 신청인에게 있다.[1] 당사자에 대한 문서목록제출명령은 제3자에 대한 문서제출명령과 함께 사전증거수집수단으로서 강력한 기능을 수행할 것으로 보인다. 당사자가 이 명령을 위반하여 나중에 목록에 누락된 문서를 서증으로 제출하는 경우에는 적시에 제출되지 아니한 공격방어방법으로서 각하될 것이다. 미국의 Pre-trial Discovery 제도에 견줄만 한 제도이다.

다) 서증에 대한 증거조사는 당사자의 신청에 의함이 원칙이나 상업장부(회계장부, 재산목록, 대차대조표, 손익계산서, 영업보고서 등)에 대하여는 법원이 직권으로 그 전부 또는 일부의 제출을 명할 수 있으므로(상 제32조) 상인에게는 상업장부의 제출의무가 부과되어 있다.

1) 대결 1995. 5. 3. 95 마 415.

4) 審　判　법원이 문서제출신청의 허가 여부에 관한 재판을 함에 있어서는 그 때까지의 소송경과와 문서제출신청의 내용에 비추어 신청 자체로 받아들일 수 없는 경우가 아닌 한 상대방에게 문서제출신청서를 송달하는 등 문서제출신청이 있음을 알림으로써 그에 관한 의견을 진술할 기회를 부여하고, 그 결과에 따라 당해 문서의 존재와 소지 여부, 당해 문서가 서증으로 필요한지 여부, 문서제출신청의 상대방이 민사소송법 제344조에 따라 문서제출의무를 부담하는지 여부 등을 심리한 후 그 허가여부를 판단하여야 한다.[1] 문서제출신청에 정당한 이유가 있다고 인정한 때에는 결정으로 문서를 가진 사람에게 그 제출을 명한다(제347조 I). 문서제출의 신청이 문서의 일부에 대하여만 이유 있다고 인정한 때에는 그 부분만의 제출을 명하여야 한다(제347조 II). 문서일부제출제도를 신설하여 그 전부의 제출을 명하거나 제출신청을 각하하는 대신에, 문서제출명령을 함에 있어 문서의 일부에 제출거절사유가 있는 경우(영업비밀 등) 증거자료로서의 필요성이 있는 나머지 부분만을 분리하여 제출하게 하였다. 또한 이 규정은 당사자 본인뿐만 아니라 일반적으로 문서를 소지한 자에게 일반적으로 적용된다.

제3자에게 문서의 제출을 명하는 경우에는 제3자 또는 그가 지정하는 자를 심문하여야 한다(제347조 III). 문서제출의무의 존부를 판단하기 위하여 문서소지자를 심문할 필요가 있는 경우가 많고, 특히 영업비밀에 관한 문서인지는 그 소지자의 진술을 들어야 판단할 수 있는 경우가 많다. 그런데 소지자가 당사자인 경우에는 별도의 심문절차 없이도 변론준비절차 또는 변론기일 등을 활용하여 제출의무의 존부를 판단할 수 있으나 제3자가 소지하고 있는 문서에 대해서는 제출의무에 대한 의견을 들을 기회가 없기 때문에 그 제3자 또는 그가 지정하는 자를 반드시 심문하도록 한 것이다.

5) 비공개심리를 위한 문서제출명령시 법원은 문서가 제344조에 해당하는지, 즉 개인의 프라이버시, 영업비밀 등과 관련된 문서인지를 판단하기 위하여 필요하다고 인정하는 때에는 문서를 가지고 있는 사람에게 그 문서를 제시하도록 명할 수 있다. 이 경우 법원은 그 문서를 다른 사람이 보도록 하여서는 안 된다(제347조 IV). 즉 문서를 제출받아 비공개로 심리하는 in camera제도를 도입한 것이다. 개인의 프라이버시나 영업비밀 등이 기재된 문서에 해당한다는 이유로 문서제출의무를 다투는 때에는 그 심리대상이 바로 그 문서가 다른 당사자에게 공개되지 않아야 한다는 주장의 당부를 판단하는 것이므로 이 절차에 법관과 문서소지자

---

1) 대결 2009. 4. 28. 2009 무 12.

외에 다른 당사자가 참여한다면 사실상 문서제출을 명한 것과 같은 효과를 거두게 되고 소지자에게 회복불능의 손해를 끼칠 수도 있다. 따라서 그런 문서인지를 판단해야 할 경우 법원은 소지자에게 문서를 제시하도록 명한 다음 비공개로 제출의무의 여부를 판단할 수 있게 한 것이다. 이 경우 문서를 제시하지 아니하는 때에는 문서제출명령에 불응하는 때의 제재를 가할 수 있다(제351조, 제318조). 문서제출명령 신청에 관한 결정에 대하여는 즉시항고할 수 있다(제348조).

6) 文書提出命令不應時의 효과

가) 문서제출명령을 받은 당사자는 기간 내에 문서를 법원에 제출하지 아니하거나, 일부제출명령 또는 비공개심리를 위한 문서제출명령을 받은 경우에 이에 따르지 아니한 때에는(제347조 1, 2, 4항 참조) 직권탐지주의가 적용되는 소송절차가 아닌 한 법원은 문서의 기재에 관한 상대방의 주장을 진실한 것으로 인정할 수 있다(제349조). 즉 그 문서에 의하여 입증하고자 하는 상대방의 주장사실이 아니라, 그 문서의 존재와 성질, 내용 및 성립의 진정에 관한 주장을 진실한 것으로 인정할 수 있다는 뜻이다.[1] 이 경우에 문서의 존재와 내용에 관한 상대방의 주장을 진실하다고 인정한 것을 토대로 요증사실까지 인정할 것인가는 법관의 자유로운 심증의 문제라는 자유심증설[2]과 요증사실 자체를 진실한 것으로 인정할 수 있다는 법정증거설이 대립된다. 증거의 구조적 편재현상이 심각한 오늘날 상대방이 소지한 문서를 구체적으로 알 수 없는 경우도 많고 국가소송이나 행정소송 등의 경우처럼 대상문서가 관청의 지배영역하에 있어 거증자가 문서의 구체적 내용을 특정할 수 없고 달리 다른 증거에 의한 증명이 현저히 곤란한 경우에는 요증사실이 직접 증명되었다고 보아야 할 필요가 있을 것이다.[3]

나) 문서제출명령, 일부제출명령, 또는 비공개심리를 위한 제출명령을 어긴 제3자는 법원의 결정으로 이로 인한 소송비용의 부담과 500만원 이하의 과태료의 제재를 받을 뿐이고(제351조, 제318조 I, 제311조 I) 이 경우에는 원고의 주장사실이 진실한 것이라고 인정할 수는 없다.[4] 문서제출명령을 집행권원으로 하여 강제집행을 할 수 없음은 당사자의 경우와 마찬가지이므로 간접강제방법을 쓰는 것이다. 이 결정에

1) 대판 1993. 11. 23. 93 다 41938; 대판 1998. 7. 24. 96 다 42789 참조.
2) 胡 538면.
3) 일본민사소송법 제224조 참조.
4) 우리 법의 미온적인 제재에 비추어 미국민사소송법은 제출강제는 물론 법원모욕으로서 강하게 처벌한다.

는 즉시항고할 수 있다(제351조, 제318조, 제311조 Ⅱ).

다) 당사자가 상대방의 사용을 방해할 목적으로 제출의무가 있는 문서를 훼손하여 버리거나 이를 사용할 수 없게 한 때에는 법원은 그 문서의 기재에 관한 상대방의 주장을 진실한 것으로 인정할 수 있다(제350조). 이는 제349조, 제360조, 제366조, 제369조와 함께 입증방해의 일례이다. 각 경우마다 입증방해의 요건과 효과가 규정되어 있으므로 특별한 문제는 없으나 그 인정근거로서는 신의칙위반이나 소송상의 협력의무위반으로 보아야 할 것이다.

3. 文書送付囑託

서증신청의 세 번째 방법은 문서송부의 촉탁이다(제352조). 이 신청은 문서를 가지고 있는 사람에게(제343조 참조) 임의로 그 문서를 법원에게 보내도록 촉탁할 것을 신청함으로써 하는 것이다. 촉탁에 응하지 않은 것에 대한 제재는 없으나 촉탁받은 자가 정당한 사유없이 문서송부에 대한 협력을 거절하지 못하며(제352조의 2 Ⅰ) 문서의 송부를 촉탁받은 사람이 그 문서를 보관하고 있지 않거나 그 밖에 송부촉탁에 따를 수 없는 사정이 있는 때에는 법원에 그 사유를 통지하여야 한다(제352조의 2 Ⅱ).

이는 실무상 記錄取寄라고 하는데 국가기관이나 법인 등이 보관한 문서를 이용하고자 할 때 흔히 이용된다. 다만 당사자가 문서의 소지인에 대하여 법령에 의하여 문서의 정본이나 등본의 교부를 청구할 수 있는 경우에는 당사자가 이를 교부받아 서증으로 제출하는 것이 상당할 것이고(제352조 단), 그 문서를 보내도록 촉탁할 것을 신청할 수 없다고 할 것이다. 부동산등기부, 상업등기부, 호적부, 주민등록부, 공정증서, 법원의 소송기록, 재해기록 등이 그 예라고 할 것이다.

촉탁된 문서의 일부송부는 법 제350조에서 말하는 사용방해에 해당하지 아니한다.[1] 송부촉탁된 문서가 사문서이면 그 진정성립이 인정되어야만 증거로 삼을 수 있다.[2]

오늘날 전문적이고 특수한 분야에 관한 지식이나 정보를 갖고 있는 자영업자가 늘어나는 추세이므로 능률적인 증거조사를 위하여 조서촉탁의 대상을 공무소 외에 공공기관·학교, 그 밖의 단체·개인 또는 외국의 공공기관 등으로 확대하고, 그 업무에 속하는 사항에 관하여 필요한 조사 또는 보관중인 문서의 등본·사본의 송부를 촉탁할 수 있게 하였다(제294조).

---

1) 대판 1973. 10. 10. 72 다 2329.

2) 대판 1974. 12. 24. 72 다 1532.

4. 文書所在場所에서의 書證申請

제3자가 소지하는 문서에 관하여 문서제출신청이나 문서송부촉탁을 할 수 없거나 하기 어려운 사정이 있는 때에는 법원은 그 문서가 소재하는 장소에서 서증의 신청을 받아 조사할 수 있다(민소규 제112조). 이는 문서의 원본을 송부하기 곤란한 경우에 법원이 종래 문서소재지에 가서 기록검증을 하는 대신 당사자의 서증신청에 의한 법원 밖에서의 서증조사(제297조 참조)의 방법을 채택한 것이다. 수사기록 등이 그 대상이다. 문서송부촉탁의 경우와 같이 서증조사의 대상인 문서를 가지고 있는 사람은 정당한 사유가 없는 한 증거조사에 협력하여야 한다(제352조의 2). 법원 밖에서의 증거조사에 관한 제297조의 규정에 의하여 수명법관 또는 수탁판사에게 문서에 대한 증거조사를 하게 하는 경우에 그 법원은 그 조서에 적을 사항을 정할 수 있고 그 조서에는 문서의 등본 또는 초본을 붙여야 한다(제354조).

제5절 檢 證

I. 檢證의 意義

검증이란 법관이 직접 자기의 오관의 작용에 의하여 사물의 성상, 또는 물체의 현상을 검열하여서 얻은 인식을 증거자료로 하려는 증거방법이다.

서증은 문자나 부호에 의하여 표시된 문서의 사상내용을 검열하여 증거로 삼는 것이지만 검증은 검증의 목적물인 사람이나 물건의 상황 또는 특징을 검열하여 얻은 인식을 증거로 하려는 점이 다르다. 검증물이 문서이면 그 기재내용보다 필적·인영·지질 등을 조사하는 것이 검증으로 된다. 기록검증은 실무상의 관행이기는 하나 엄밀한 의미에 있어서의 검증은 아니며 문서의 송부촉탁을 하여 서증으로 조사함이 법문에 충실한 것이 될 것이다.

녹음테이프,[1] 비디오테이프, 녹화필름 등을 보고 듣는다거나 기록검증의 경우는 시청각에 의하여 확인한다는 점에서 검증이긴 하나, 테이프나 기록 속에 담긴 사상을 인식하여 증거자료로 삼는다는 점에서 서증에 가까운 일면이 있다. 그러나 비디오 테이프나 녹화 필름은 영상과 음성이 일체로 되어 있으므로 검증물로 보아야 할 것이다.

1) 대판 1999.5.25. 99 다 1789.

Ⅱ. 檢證에 관한 提示·受忍義務

거증자가 검증의 목적물을 소지하는 경우에는 문제가 없으나, 상대방이나 제 3 자가 소지하는 경우에도 정당한 이유가 없는 한 그들은 검증물을 제시하거나 검증을 수인하여야 할 공법상 일반의무가 있다고 본다. 신체검사, 혈액채취, 관계 장소에의 출입 등을 용인하여야 한다. 정당한 이유라 함은 자기 또는 근친자가 처벌받을 염려가 있거나 치욕이 되는 경우, 공무상이나 직업상 비밀에 관한 경우 등을 가리키고 이러한 경우에는 검증물 제출의무가 없다. 법 제366조가 법 제344조를 준용하지 않는다고 하여 이 의무를 부인할 수는 없는 것이다.

제 3 자가 정당한 사유 없이 검증물의 제출명령에 따르지 아니한 때에는 200만원의 과태료의 제재가 있다고 규정한 것은(제366조 Ⅱ) 이러한 일반적인 검증물제출의무와 검증수인의무가 있음을 전제로 한 것이다. 과태료부과결정에 대하여는 즉시항고할 수 있다(제366조 Ⅱ 단서).

Ⅲ. 檢證節次

검증은 당사자가 검증의 목적과 이에 의하여 증명될 사실을 표시하여 신청하여야 한다(제364조). 신청자가 검증물을 지배 또는 소지하는 경우에는 이를 법원에 제출하여야 하고, 상대방이나 제 3 자가 소지 또는 지배하는 경우에는 신청자는 검증신청에 있어서 그 제출을 명할 것을 신청하여야 한다(제366조 Ⅰ, 제343조). 당사자가 검증물 제출명령에 따르지 아니하거나 상대방의 사용을 방해할 목적으로 낼 의무가 있는 검증물을 훼손하여 버리거나 그 밖의 방법으로 검증을 불가능하게 한 경우에는 검증의 목적물에 관한 상대방의 주장을 진실이라고 인정할 수 있다(제366조 Ⅰ, 제349조, 제350조). 제 3 자가 제출명령에 따르지 아니하는 경우에는 과태료의 제재가 있다(제366조 Ⅱ).

수명법관 또는 수탁판사는 검증함에 있어서 필요하다고 인정한 때에는 감정을 명하거나 증인을 신문할 수도 있다(제365조).

제 6 절 當事者訊問

Ⅰ. 當事者訊問의 의의

당사자신문이란 당사자나 그 법정대리인으로 하여금 증인과 동일한 증거방법으로 그 경험사실을 진술하게 하여 이를 증거자료로 하는 증거조사를 말한다. 당사자는 소송주체이므로 주장을 하고 증거방법을 제출하는 등 승소를 위하여 적극적으로 활동할 것이고 당사자변론의 전취지는 사실인정의 자료가 되기는 하나 이는 부수적 소송자료이고 이것 자체는 증거자료가 되지 아니함이 원칙이다. 그러므로 여기서 말하는 당사자신문은 당사자나 그 법정대리인, 법인의 대표자(법인이 당사자인 경우)를 신문하여 과거의 사실을 진술하게 하여 그것을 증거자료로 하기 위한 증거조사방법이다. 이처럼 당사자신문은 증거자료이지 소송자료가 아니므로 당사자신문에서 상대방의 주장사실과 일치되는 진술을 하여도 자백으로 되지 아니하며,[1] 소송당사자로서의 주장사실과 모순되는 진술을 하여도 전에 한 소송상의 주장을 경정한 것으로 되지 아니한다.

Ⅱ. 當事者訊問結果의 補充性廢止

당사자는 사실관계를 자기에게 유리하게 진술할 것이므로 최악의 증인이다. 따라서 법은 종전에는 당사자신문을 다른 증거조사를 한 후에도 심증을 얻지 못한 경우의 보충적 증거방법으로 규정하였었고 판례도 증거방법으로서의 보충성에서 나아가 증거력의 보충성으로까지 확대해석을 하는 입장이었다. 그러나 사실관계를 가장 잘 아는 사람은 역시 당사자이므로 다른 증거조사에 앞서서 이를 활용할 길을 열어 주는 것이 진실확보와 원활한 소송진행에 도움을 줄 수 있고, 특히 효율적 쟁점정리와 화해촉진을 위하여 적절히 당사자신문을 활용할 필요가 있다. 따라서 개정법은 당사자신문의 보충성을 폐지하여 소송의 어느 단계에서도 당사자신문을 할 수 있도록 하였다(제367조, 제372조).

판례가 고집해 온 당사자신문의 보충성은 점차 완화되어 이를 증인신문의 경우와 동일하게 취급하는 것이 세계적 추세이다. 재판이란 기능적으로 과거에 일어난 사실을 변론에 재현시켜 진실을 발견하는 과정인데 과거에 일어난 관련사실을 직접 경험하였거나 가장 잘 아는 사람은 역시 당사자본인이므로 아무리 그가 최악의 증인이라고 하더라도 선서후 신문하여 진실을 발견해 내도록 절차를 운영할 필요가 있다. 그리하여 당사자신문을 증인신문과 구별할 필요와 이유가 없으므로 이의 보충성을 폐지한 것이다.

---

1) 대판 1978. 9. 12. 78 다 879.

Ⅲ. 節 次

1. 職權 또는 當事者의 신청

법원은 직권으로 또는 당사자의 신청에 따라 당사자 본인을 신문할 수 있다. 이 경우 당사자의 허위진술을 방지하기 위하여 선서하게 하여야 한다(제367조). 공동소송인의 1인에 대한 당사자신문을 상대방 또는 다른 공동소송인이 신청할 경우에 증명할 사항이 오직 다른 공동소송인에 관한 사항이고 신문을 받는 공동소송인에게는 전혀 관계가 없는 때에는 당사자신문에 의하기보다 증인신문에 의하여야 할 것이다.

2. 宣誓와 虛僞陳述에 대한 制裁

1) 본인신문을 위하여 소환된 당사자는 출석·선서·진술의무가 있고, 정당한 사유 없이[1] 이에 불응할 때에는 법원은 신문사항에 관한 상대방의 주장을 진실한 것으로 인정하거나(제369조) 다른 증거에 의하여 당사자의 주장을 진실한 것으로 인정할 수도 있다.[2]

2) 선서하고도 허위진술을 한 당사자는 500만원 이하의 과태료의 제재를 받는다(제370조 I).[3] 이 과태료부과결정에 대하여서는 즉시항고를 할 수 있다(제370조 Ⅱ). 다만 선서하고 거짓 진술한 당사자가 소송의 계속중 진실한 진술을 하는 때에는 법원은 과태료부과결정을 취소할 수 있다(제370조 Ⅲ, 제363조 Ⅲ). 당사자신문이 주요한 증거방법으로 활용될 것이므로 그 신빙성을 높이고 허위진술에 대한 대비책으로서 당사자신문의 경우에도 항상 선서하게 하고, 허위진술의 경우 과태료를 500만원으로 인상하며 나아가 재심사유로 삼을 수 있게 한 것이다.

3) 당사자를 신문한 때에는 선서의 유무와 진술내용을 조서에 기재하여야 한다(제371조).

3. 對 質

재판장이 필요하다고 인정한 때에는 당사자 상호간의 대질 또는 당사자와 증

1) 대판 2010. 11. 11. 2010 다 56616은 정당한 사유란 질병, 교통기관의 두절, 관혼상제, 천재지변 등을 말한다고 한다.

2) 대판 1973. 9. 25. 73 다 1060.

3) 과태료의 제재에 처할 것인가는 법원의 재량에 맡겨져 있는 것으로서 상대방 당사자에게는 법원의 직권발동을 촉구하는 의미 외에 과태료 재판을 할 것을 신청할 권리는 없다. 대결 1998. 4. 13. 98 마 413.

인의 대질을 명할 수 있다(제368조).

4. 당사자신문에 관하여 대체로 증인신문의 규정이 준용된다(제373조, 제309조, 제313조, 제319조-제322조, 제327조, 제330조-제332조).

제7절 그 밖의 證據

도면·사진·녹음테이프·비디오테이프·컴퓨터용 자기디스크, 그 밖에 정보를 담기 위하여 만들어진 물건으로서 문서가 아닌 증거의 조사에 관한 사항은 감정, 서증 및 검증의 규정에 준하여 대법원규칙으로 정한다(제374조). 과학기술의 발전에 따라 그 사용빈도나 증거로서의 가치가 점차 높아지고 있는 녹음테이프나 자기디스크 등과 같은 새로운 증거에 대하여 규정을 두어 그 조사절차를 통일할 필요가 있기 때문에 신설한 규정이다. 새로운 증거가 등장할 때마다 미봉책으로 그 개념과 조사절차를 규정하는 것은 기술적 변화에 대한 체계적 대응이 아니므로 i) 도면, 사진 등 기존의 준문서, ii) 녹음테이프, 비디오테이프, 컴퓨터용 자기디스크, iii) 그 밖에 정보를 담기 위하여 만들어진 물건으로서 문서가 아닌 증거의 조사방법은 검증, 감정, 서증 등의 기존 조사방법에 준하여 대법원규칙으로 정한 것이다.

녹음테이프는 중요한 증거방법으로서 검증설이 다수설 및 판례이므로 이에 따를 것이나, 얻고자 하는 증거자료가 오직 사상내용인 경우에는 서증방식에 의할 수도 있다. 당사자가 녹음테이프에 대한 증거조사를 신청한 경우 법원의 직권 또는 당사자의 신청으로 발언자를 특정하고 그 내용을 명확하게 하게 위하여 녹음테이프의 녹취서 기타 그 내용을 설명한 서면을 제출하도록 하면 될 것이다. 녹음테이프의 녹취서는 이것만을 서증으로 제출하는 것도 가능한데, 이 경우에는 상대방의 요구가 있으면 그에게 녹음테이프의 복제본을 교부하는 등 그 내용을 확인할 수 있어야 할 것이다.

컴퓨터용의 자기디스크 등의 경우에는 녹음테이프와 달리 컴퓨터프로그램의 호환성의 문제 등의 이유로 법정 등에서 금방 출력·확인하기 어렵고 그 출력문서는 기계적으로 정확하게 그 자료를 서면화한 것이므로 여기에 기억된 사상내용을 증거자료로 하는 경우에는 출력문서를 원본으로서 서증으로 제출할 수 있다. 자기디스크 등에 보존된 자료를 증거로 제출하는 경우에는 그 진정성립과 관련하여 입출력에 관한 사항을 명확하게 함으로써 그 내용이 명확하고 사실로 인정되어야만 그 출력문서의 진정성립을 인정할 수 있다. 따라서 이에 관한 설명서를 제출하도록 하고 필요하다면 그 사항에 관한 별도의 입증도 요구할 수 있을 것이다. 자기디스크 등은 쉽게 그 내용을 변경하거나 인위적 조작의 여지가 많으므로 출력문서가 서증으로 제출된 경우에 그 자기디스크 등의 자료와 출력문서의 일치 여부 등에 관하여 다툼의 여지가 많으므로 그 다툼은 전문가의 감정에 의하여 해결될 수밖에 없을 것이다. 이러한 경우 정보의 입력형태 등 그 자기디스크 등에 관한 충분한 자료가 있어야만 감정이 용이하므로 그 자기디스크 등을 증거신청인이 보존·관리하고 있는 때에는 이러한 정보의 제출의무를 부과할 필요가 있을 것이다.

제 5 편

複合訴訟

제 5 편 複合訴訟

제 1 절 訴訟係屬中의 訴(併合訴訟)

소송계속중의 소는 이미 계속중인 소송에다가 새로운 청구를 후발적으로 병합하여 제기한 경우이다. 여기에는 소의 객관적 병합(제253조), 소의 변경(제262조), 중간확인의 소(제264조) 및 반소(제269조)가 있으므로 이를 차례로 고찰한다.

I. 訴의 客觀的 併合(請求併合)

1. 意義와 制度的 趣旨

1) 소의 객관적 병합(또는 청구병합)은 재판대상이 되는 여러 개의 청구를 하나의 소송절차 내에서 합쳐 제기하는 경우를 뜻한다(제253조). 그 중에서 같은 원고가 같은 피고에 대하여 동일 또는 동종의 소송절차 내에서 여러 개의 청구를 하는 경우를 고유의 청구병합이라고 하지만 대개의 경우에는 원·피고가 여럿인 주관적 병합(공동소송)을 수반하는 경우가 많다.

2) 여러 개의 청구를 하나의 소송절차에 병합시키는 것은 원고의 권한이고 법원이 강제할 수는 없으나, 소의 객관적 병합을 인정하는 것은 소송경제를 꾀하고 관련사건의 판결들이 모순·저촉됨을 피하자는 취지이다.

2. 請求의 複數와 攻擊方法의 複數

청구병합은 하나의 소송절차에서 여러 개의 청구가 병합된 경우이다. 따라서 청구의 복수와 1개의 청구를 이유 있게 뒷받침하는 공격방어방법의 복수와는 구별되어야 한다. 청구의 개수를 따지는 기준은 청구취지와 청구원인이다. 그러므로 청구취지가 여럿이면 청구는 항상 복수이고, 비록 청구취지가 단일하더라도 청구원인이 여럿이면 청구는 복수이다. 공격방법의 복수는 예컨대 부당이득반환청구를 하면서 법률상 원인이 없다는 이유로 계약의 불성립·무효·취소 등의 주장을 하는 경우 등이다.

실체법상의 청구권이나 형성원인마다 소송물이 개별화된다는 구 소송물이론하에서는 경제적으로 동일한 급여를 내용으로 하는 청구권이나 동일법률관계의 형성을 목적으로 하는 형성원인이 경합하면 소송물도 여러 개로 된다. 그러나 소송물을 개별화하는 데 이바지하는 사실관계가 아니고, 오직 하나의 청구를 이유 있게 하는 데 필요한 사실이 여럿인 경우에는 청구의 복수가 아니고 공격방법의 복수일 뿐이다.

여러 개의 청구 중 어느 하나가 판결하기에 성숙되었으면 일부판결이 가능하지만 공격방어방법이 복수인 경우에는 변론의 분리나 일부판결이 허용되지 아니하며, 공격방어방법의 경우에는 그것이 법 제149조가 적용되는 실기한 공격방어방법인지 여부를 판단하여야 하므로 양자는 그 구별의 실익이 있다.

3. 發生原因

1) **原始的 發生** 원고가 소를 제기할 당시부터 여러 개의 청구를 하나의 소송절차에 묶어서 제기한 때(제253조) 발생한다.

2) **後發的 發生** 이미 계속중인 소송에 별개의 청구나 새로운 청구가 병합되어서 이루어지는 경우이다. 예컨대 법원이 여러 개의 소의 변론을 병합한 경우(제141조), 제3자의 독립당사자참가의 경우(제79조, 제83조), 소의 추가적 변경(제262조), 중간확인의 소(제264조), 반소(제269조)의 경우가 그것이다. 후발적 병합의 경우에는 각 경우마다 병합요건이 구비되어야 한다.

4. 請求併合의 모습

1) **單純併合**(重疊的 併合·併位的 併合) 원고가 여러 개의 청구를 우열 없이 동등한 입장에서 병합하여 다른 청구의 당부에 관계없이 각 청구에 대하여 일일이 판결을 구하는 경우이다. 예컨대 동일피고에 대하여 대여금과 매매대금을 한꺼번에 청구하거나 손해배상과 위자료를 한꺼번에 청구하는 경우, 소유권이전등기말소청구와 목적물의 인도청구를 한꺼번에 하는 경우 또는 소유권확인청구와 이전등기말소청구, 혹은 이혼청구와 위자료청구 등을 병합하여 제기하는 경우 등이다.

목적물인도청구와 그것이 장래에 인도불능 또는 집행불능으로 될 경우에 대비하여 제기하는 소위 대상청구는 양청구가 서로 양립할 수 있을 뿐만 아니라 각 청구에 대한 판결을 심판순서 없이 모두 구하는 점에서 현재의 이행의 소와 장래의 이행의 소의 단순병합이고,[1] 그 대상금액은 사실심변론종결시의 본래의 급여가액을 기준으로 산정하여야 한다.[2]

2) 選擇的 併合(擇一的 併合)

가) 이는 양립할 수 있는 여러 개의 청구 중 어느 하나가 택일적으로 인용될 것을 해제조건으로 하여 원고가 다른 청구에 대하여도 심판을 요구하는 형태의 병합인데, 결국 어느 청구를 심판할 것인가의 선택권을 법원에 맡긴 경우이다.[3] 법원은 여러 개의 청구 중 하나를 받아들이면 나머지 청구에 대해서는 심판할 필요가 없으나 원고를 패소시키기 위해서는 모든 청구를 기각해야 한다.

나) 신소송물이론하에서는 인정되지 않는 병합형태이다. 그러나 구 소송물이론하에서는 경제적으로 동일한 내용이면서 병존할 수 있는 여러 개의 권리에 기인하여 이행 또는 형성의 판결을 구하는 방법으로 택일적 병합이 이용된다. 멸실된 목적물에 대한 손해배상청구를 채무불이행과 불법행위에 기하여 청구하는 소위 청구권경합의 경우, 동일가옥의 명도를 소유권과 점유권에 기하여 청구하는 경우 등이 그 예이다.[4]

다) 법조경합이나 선택채권에 기하여 하는 청구는 권리자의 선택에 따른 1개의 채권이며, 따라서 소송상 청구도 하나이므로 청구의 병합이 아니다.

3) 豫備的 併合(順位的 併合)

가) 이는 양립할 수 없는 여러 개의 청구를 병합하면서 제 1 차적 청구(주위적 청구)가 인용되지 아니할 경우를 대비하여 제 2 차적 청구(예비적 청구)에 대하여 심판을 구하는 경우의 병합이다. 여러 개의 청구에 심판순서가 있어서 제 1 차적 청구의 인용을 해제조건으로 하여 제 2 차 이하의 청구에 대하여 심판을 구하는 것이므로[5] 주위적 청구가 이유 있을 때에는 나머지 청구에 대하여는 심리를 요하지 아니한다. 예컨대 매매계약에 의한 대금지급청구를 함과 동시에 계약이 무효

---

1) 대판 1960. 5. 19. 59 민상 719; 대판 1975. 5. 13. 75 다 308.

2) 대판 1975. 7. 22. 75 다 450.

3) 독일의 통설·판례는 선택적 병합은 신청제기의 특정성 요구에 반하고 처분권주의를 침해하므로 부적법하다고 한다. MünchKommZPO/Lüke §260 Rn. 21; Rosenberg/Schwab/Gottwald §99 Ⅲ 3 b; Stein/Jonas/Schumann, 21. Aufl., §260 Rn. 14; BGH FamRZ 1990, 37, 38.

4) 대판 2010. 5. 13. 2010 다 8365는 명예훼손행위를 원인으로 한 손해배상청구소송에서 패소한 원고가 항소심에서 청구취지를 변경하지 아니한 채 피고가 제1심 판결선고 후 행한 새로운 명예훼손행위를 청구원인으로 추가한 경우, 이를 선택적 병합청구로 보았다.

5) 대판 1959. 10. 15. 58 민상 793; 대판 1993. 3. 23. 92 다 51204. 예비적 청구에 관하여만 인낙을 할 수는 없다는 대판 1995. 7. 25. 94 다 62017 참조.

라면 이미 인도한 매매목적물의 반환을 청구하는 경우이다. 또 주위적 청구의 일부를 특정하여 그 부분이 인용될 것을 해제조건으로 하여 그 부분에 대해서만 하는 예비적 청구도 특별히 소송절차의 안정을 해친다거나 예비적 청구의 성질에 반하는 것이 아닌 한 허용된다.[1] 주위적 청구원인과 예비적 청구원인이 양립가능한 경우에도 당사자가 심판의 순위를 붙여 청구를 할 합리적인 필요성이 있는 경우에는 심판의 순위를 붙여 청구할 수 있다.[2]

나) 예비적 병합은 원고가 주위적 청구에 대하여 자신이 없는 경우에 그것이 기각된 후 신소를 제기하는 번잡을 피하고자 이와 양립되지 않는 예비적 청구를 병합하는 것이므로 심판순서가 있다. 양청구가 양립되지 않고 심판순서가 있다는 점에서 병합된 청구 중 심판순서를 가리지 아니하고 아무 청구나 이유 있는 것을 심판해 달라는 뜻의 선택적 병합과 구별된다.[3] 그러므로 양립하는 것이 아니라 주위적 청구가 예비적 청구를 흡수하거나, 예비적 청구가 주위적 청구를 수량적으로 또는 질적으로 감축하여 제기되는 경우에는 예비적 청구라고 할 수 없다.[4]

다) 원래 소송에는 조건을 붙이지 못하는 것이지만 예비적 병합의 경우에는 주위적 청구를 심리하면 조건의 성부가 그 심리중에 판명되므로 예비적 청구 자체를 불안정하게 하지 않기 때문에 적법한 것으로 허용된다. 그러므로 예비적 청구는 주위적 청구와 양립하지 않는 관계에 있고 법률상 또는 경제적으로 주위적 청구와 동일하거나 동종의 생활이익을 목적으로 하는 견련관계가 있는 한 허용된다.[5] 그러나 이 견련관계라는 척도를 얼마나 신축성 있게 운영할 것인가에 따라 예비적 병합의 인정범위가 결정될 것이나, 판례는 일체성, 밀착성이 필요하다고

---

1) 대판 1996. 2. 9. 94 다 50274; 대판 2002. 9. 4. 98 다 17145.

2) 대판 2002. 10. 25. 2002 다 23598. 이 경우 주위적 청구가 일부만 인용되는 경우에 예비적 청구를 심리할 지의 여부는 소송상 당사자의 의사해석의 문제로 법원은 원고에게 주위적 청구가 전부 인용되지 않을 경우에는 주위적 청구에서 인용되지 않은 수액 범위 내에서의 예비적 청구에 대해서도 판단하여 주기를 바라는 취지인지 여부를 석명하여 그 결과에 따라 예비적 청구에 대한 판단여부를 정해야 한다는 것이다.

3) 판례는 성질상 선택적 관계에 있는 양 청구를 당사자가 주위적, 예비적 청구 병합의 형태로 제소함에 의하여 그 소송심판의 순위와 범위를 한정하여 청구하는 이른바 부진정 예비적 병합 청구의 소도 허용된다고 한다. 대판 2002. 2. 28. 2001 다 17633; 대판 2002. 9. 4. 98 다 17145.

4) 양적으로 감축한 경우로는 대판 1972. 2. 29. 71 다 1313. 질적으로 감축한 경우로는 대판 1999. 4. 23. 98 다 1463 참조.

5) 독일에서는 주위적 청구와 예비적 청구가 양립할 수 없는 관계에 있지 않더라도 이러한 견련관계가 있으면 예비적 병합이 허용된다고 한다. Jauerning/Hess §88 Ⅲ; MünchKo-mmZPO/ Lüke §260 Rn. 21; Rosenberg/Schwab/Gottwald §99 Ⅲ 2.

한다.[1)]

라) 예비적 청구는 주위적 청구가 이유 없을 때를 대비하는 것이나 주위적 청구가 이유 있을 것에 대비하여 하는 예비적 청구를 부진정예비적 병합이라고 한다. 실무상 예가 드물지만 제 1 차적으로 매매계약무효확인청구를 하고 이것이 인정될 것에 대비하여 제 2 차적으로 인도한 목적물의 반환청구를 하는 경우이다. 이는 제 2 차적 청구가 제 1 차적 청구에 종속적인 관계에 있으나 양 청구에 대한 2개의 판결을 구하는 경우이므로 결국 단순병합에 해당한다.

마) 논리적으로 전혀 관계가 없어 순수하게 단순병합으로 구하여야 할 수개의 청구를 선택적 또는 예비적 청구로 병합하여 청구하여도 적법한 선택적 또는 예비적 병합형태로 되지 않는다.[2)] 이 같은 청구의 병합형태는 단순병합에 해당된다.

5. 請求併合을 위한 訴訟要件 및 併合要件

1) 청구병합이 적법하기 위해서는 병합된 각개 청구가 모두 일반적 소송요건을 구비하여야 하고, 또한 각 청구가 하나의 소로서 병합되기 위한 병합요건도 갖추어야 한다. 병합요건의 구비 여부는 직권조사사항이고 소송절차에 관한 이의권 포기의 대상이 될 수 없다. 병합요건에 흠이 있는 것이 드러난 경우에 단순병합이면 요건흠결된 청구만 분리하여 별도로 처리할 것이고, 선택적 병합 및 예비적 병합이면 여러 개의 청구의 불가분성에 비추어 소 전체를 판결로 각하할 것이다.

2) 여러 개의 請求가 동종의 訴訟節次에서 審理될 수 있을 것 가사소송사건이나 행정소송사건은 변론주의에 의하지 아니하므로 통상의 민사사건과의 병합은 부적법하다(행소 제26조, 가소 제12조, 제17조). 다만 행정소송과 관련되는 원상회복, 손해배상, 기타 민사상 청구는 예외적으로 병합할 수 있다(행소 제10조). 뿐만 아니라 통상의 민사사건과 비송사건,[3)] 조정사건, 가압류·가처분사건 등은 절차를 달리하므로 서로 병합시키는 것은 허용되지 아니한다.

---

1) 대판 1966. 7. 26. 66 다 993.

2) 대판 2008. 12. 11. 2005 다 51495.

3) 부부간의 명의신탁해지를 원인으로 한 소유권이전등기청구나 민법 제829조 2항에 의한 부부재산약정의 목적물이 아닌 부부공유재산의 분할청구는 모두 통상의 민사사건으로, 그 소송절차를 달리하는 나류 가사소송 또는 마류 가사비송사건인 이혼 및 재산분할청구와는 병합할 수 없다. 대판 2006. 1. 13. 2004 므 1378.

재심의 소,[1] 중재판정취소의 소(중재 제13조) 또는 제권판결에 대한 불복의 소(제490조 II) 등은[2] 통상의 소송절차와 동종의 것이므로 다른 민사상 청구와 병합할 수 있다.[3]

3) **受訴法院이 각 청구에 대하여 管轄權을 가질 것** 전속관할에 속하는 청구가 없는 한 수소법원이 병합청구 중 하나에 대하여 관할권을 갖고 있을 경우에는 다른 청구에 대해서도 관련재판적(제25조)에 의하여 관할권을 가지게 된다. 관할위반의 경우에는 결정으로 이송할 것이다.

4) **牽連關係不要** 청구간에 원칙적으로 견련관계가 없어도 무방하다. 왜냐하면 일단 같은 원·피고간에 소송이 계속중인 동안에는 양자간의 모든 청구를 동일소송절차에서 한꺼번에 처리하도록 허용함이 타당하기 때문이다. 다만 선택적 병합과 예비적 병합의 경우에는 병합된 청구간에 견련관계를 요한다.

6. 倂合訴訟의 審判

1) **本案審理의 共通** 그 심리는 병합요건, 각 청구의 소송요건, 청구의 당부의 순서로 진행한다. 병합요건과 각 청구에 대한 소송요건을 구비하였으면 원칙적으로 변론, 증거조사 및 판결을 공통으로 하여야 한다. 그러나 법원은 사정에 따라서는 어느 청구에만 변론을 제한하거나 여러 청구의 일부의 변론을 분리할 수 있으나(제141조), 본안에 관하여 일부판결을 할 수 없는 병합에 있어서는 그러하지 아니하다.

2) **單純倂合의 訴訟上 取扱**

가) 단순병합의 경우에는 병합된 청구의 가액을 합산한다. 다만 대상청구와 부진정예비적 병합은 단순병합임에도 불구하고 합산하지 아니한다.

나) 단순병합의 경우 병합된 모든 청구에 대하여 판결하기에 성숙하였으면 전부판결을 한다. 다만 병합된 각 청구는 저마다 독립성이 있으므로 법원은 필요한 경우에는 소송지휘권에 의하여 변론을 분리하여 심리할 수 있고, 여러 청구 중 판단하기에 성숙한 것부터 일부판결을 할 수 있다. 그러나 단순병합의 경우에는 병합된 청구에 대하여 모두 심판하여야 되므로 하나의 청구라도 판단을 빠뜨리면

---

1) 方 328면, 鄭/庾 856면, 李時 661면, 金/姜 654면. 반대 김홍 858면. 다만 판례는 재심의 소에 통상의 민사상 청구를 병합할 수 없다고 하나 의문이다. 대판 1971. 3. 31. 71 다 8; 대판 1997. 5. 28. 96 다 41649.

2) 대판 1989. 6. 13. 88 다카 7962.

3) 반대 李英 239면.

(재판의 탈루) 추가판결을 해야 한다(제211조).

다) 법원이 어느 한 청구에 대하여 변론을 분리하여 먼저 일부판결을 한 경우에는 나머지 부분과 별도로 이심의 효력과 확정차단의 효력이 발생한다. 그러나 여러 개의 청구 전부에 대하여 법원이 1개의 전부판결을 하였을 때에는 패소당사자가 1개의 청구에 대하여서만 항소하였더라도 판결 전부에 대하여 이심의 효력과 확정차단의 효력이 생긴다. 따라서 패소당사자는 항소심변론종결시까지는 불복신청의 범위를 확장할 수 있고, 또 상대방도 부대항소에 의하여 불복신청을 할 수 있다.[1)]

라) 단순병합의 경우에는 모든 청구에 대하여 판단해야 하므로 판결주문은 각 청구마다 인용 또는 기각의 뜻을 밝혀야 한다.

3) 選擇的 併合과 豫備的 併合의 訴訟上 取扱

가) 訴訟目的의 값 算定 선택적 병합은 경제적으로 동일한 이익을 여러 가지로 법률적 이론을 구성하여 청구하는 데 그치므로 소송목적의 값을 산정시 각 청구액을 합산할 필요가 없다. 예비적 병합의 경우에는 각 청구 중 청구가액이 최고인 것을 토대로 소송목적의 값을 정한다.[2)]

나) 一部判決 및 병합형태의 釋明 이러한 두 가지 형태의 병합은 모든 청구가 하나의 소로써 불가분적으로 결합된 것이므로 변론을 분리하여 일부판결을 함은 불가능하다.[3)]

원고가 동일피고에 대하여 2개 이상의 사법상 청구권을 주장한 경우에 예비적 병합과 선택적 병합 중 어느 것인지 불명한 때에는 법원은 석명권을 행사하여 밝혀야 하나 원고의 청구를 기각하는 경우에는 원고의 청구 전부를 판단하여야 되므로 그 점을 밝히지 아니하여도 위법이 아니다.[4)]

다) 原告敗訴判決을 할 경우

(i) 선택적 병합의 경우에는 여러 청구 중 이유 있는 청구 하나를 인용하면 그것으로 족하나 원고를 패소시키려면 각 청구를 모두 기각하는 판결을 하여야 한다. 제 1 심에서 패소한 원고가 항소심에서 비로소 청구를 선택적으로 병합한

---

1) 대판 1966. 6. 28. 66 다 711.

2) 方 108면, 李英 54면.

3) 통설이다. 그리고 대판 1998. 7. 24. 96 다 99(선택적 병합). 그런데 선택적 병합의 경우에 일부판결을 할 수 있다는 견해도 있고(姜 367면), 예비적 병합의 경우에 주위적 청구만을 기각하는 일부판결을 할 수 있다는 견해도 있다.

4) 대판 1962. 6. 21. 62 다 212.

경우에도 제1심에서 기각된 청구를 먼저 심리할 필요는 없고 어느 하나의 청구를 선택하여 심리할 수 있으며 그 결과 그 청구가 이유 있다고 인정될 경우에는 원고청구기각의 제1심 판결을 취소하고 이유 있는 청구를 인용하는 주문을 선고하여야 한다.[1)]

(ii) 예비적 병합의 경우에 주위적 청구를 인용할 때에는 예비적 청구에 대하여 심판할 필요가 없으나,[2)] 이를 기각한 뒤에는 예비적 청구에 대하여 심판하여야 한다.[3)] 다만 예비적 병합에서 주위적 청구를 기각하고 예비적 청구를 인용할 때에는 그와 같은 취지를 모두 주문에 표시하여야 한다.

(iii) 예비적 병합이나 선택적 병합의 경우에 원고를 패소시키면서 예비적 청구나 다른 청구에 대하여 판결을 누락한 경우에는 어떻게 할 것인가. 판례는 판단유탈로 보면서 원고가 항소하면 누락된 부분도 항소심으로 이심된다고 한다.[4)] 학설은 판단유탈에 준하여 구제하자는 견해와 재판누락이므로 추가판결을 함이 옳다는 견해로 나뉘어 있다.[5)]

라) 抗訴審의 審判

(i) 선택적 병합의 경우에 한 개의 청구를 인용한 판결, 그리고 예비적 병합의 경우에 주위적 청구를 인용한 판결은 전부판결이며, 이에 대하여 피고가 항소하면 제1심에서 심판하지 아니한 청구까지 모두 항소심으로 이심되어 그 심판대상으로 된다.[6)] 이 경우 항소심에서 원심판결을 취소하고 인용되었던 청구를 배척할 때에는 제1심에서 심판되지 아니하였던 청구는 항소심이 스스로 심판하여야 할 것이다(취소자판설).[7)] 이러한 해석에 대하여는 잔여청구가 제1심에서 심판받을 기회를 상실한다는 불이익을 들어 반대하는 견해도 있다.[8)] 그러나 선택적 병합과

1) 대판 1993. 10. 26. 93 다 6669.
2) 대판 1972. 9. 26. 72 다 1177.
3) 독일의 판례·통설은 주위적 청구만을 기각하는 일부판결을 할 수 있다고 한다. BGH NJW 1971, 1316; MDR 1972, 603; Rosenberg/Schwab/Gottwald §96 Ⅳ 3 b; Stein/Jonas/Leipold(21. A.) §301 Rn. 12.
4) 대판 1998. 7. 24. 96 다 99; 대판 2000. 11. 16. 98 다 22253; 대판 2002. 9. 4. 98 다 17145.
5) 판단유탈설에는 李時 667면, 鄭/庾863-864면, 田 722면, 김홍 869면. 반면 선택적 병합의 경우에 한하여 추가판결설을 취하는 견해로 姜 367면. 한편 판단누락이 아니고 재판누락이지만 예비적 병합의 특성상 심리의 불가분성에 위반된 위법한 판결이므로 상소의 대상이 된다고 보는 견해로 胡 806면.
6) 대판 2010. 5. 27. 2009 다 12580.
7) 方 330면, 李英 242면, 金/姜 657면, 鄭/庾 864면, 姜 368면 등은 모두 취소자판설에 따른다.
8) 상소법원은 예비적 청구에 대하여는 심판할 수 없다고 하는 독일의 견해로는 Merle, Zur eventuellen Klagehäufung, ZZP 83, 447ff.; MünchKommZPO/Rimmelspacher §536 Rn. 28; Stein/Jonas/Grunsky(21. A.) §536 Rn. 11, §537 Rn. 10.

예비적 병합에 있어서의 청구들은 서로 사실관계를 공통으로 하는 관련청구이거나 견련관계가 있으므로 실질적으로는 제 1 심에서도 심리가 되었다고 볼 수 있고, 따라서 심급이익이 박탈되었다는 반대이유는 형식논리에 불과하다고 보아야 할 것이다.[1)]

(ii) 예비적 병합의 경우에 주위적 청구를 기각하고, 예비적 청구를 인용한 판결에 대하여 피고만 항소한 경우에는 상소심의 심판범위는 불복신청의 범위에 한하므로(제407조 I) 항소심도 예비적 청구에 대해서만 심판할 수밖에 없다.[2)] 그러나 원고가 기각된 주위적 청구에 대하여 부대항소를 한 경우에는 그러하지 아니하다.

마) 抗訴審에서 選擇的 併合을 한 경우 제 1 심에서 청구가 기각되어 원고가 항소한 다음 항소심에서 청구를 선택적으로 병합한 경우 법원은 어느 하나의 청구를 선택하여 심리할 수 있고, 제 1 심에서 기각된 청구를 먼저 심리할 필요는 없으며, 어느 한 개의 청구를 심리한 결과 그 청구가 이유 있다고 인정될 경우에는 제 1 심 판결을 취소하고 이유 있다고 인정되는 청구를 인용하는 주문을 선고하여야 한다.[3)]

Ⅱ. 請求의 變更(訴變更)

1. 總 說

소의 변경이라고 하면 소의 3요소인 법원·당사자 및 청구의 각 변경을 포함하여 널리 생각할 수도 있다. 그러나 법원의 변경은 이송(제34조)에서 다루고 있으며, 당사자의 변경은 소송절차의 중단(제233조 이하), 선정당사자선정(제53조), 소송승계(제81조), 당사자의 추가 또는 경정(제68조, 제260조, 행소 제14조, 가소 제15조, 민조 제17조) 등 법률상 규정이 있는 경우에 그곳에서 다룬다. 그러므로 소의 변경은 법원과 당사자의 동일성을 유지하면서 청구(소송물)를 변경하는 경우를 가리킨다(제262조). 전통적으로 청구변경을 금지하였으나 실체법체계의 정교한 발달로 말미암아 소송법에서도 그 변경을 허용하게 되었고 다만 그 변경의 한계를 긋는 기준으로서 몇 가지 요건을 설정하고 있다.

---

1) 대판 1992. 9. 14. 92 라 7023도 수개의 청구가 선택적으로 병합된 경우에 항소심이 제 1 심에서 심판되지 아니한 청구를 임의로 먼저 선택하여 심판할 수 있다고 한다.

2) 대판 1995. 1. 24. 94 다 29065; 대판 1995. 2. 10. 94 다 31624. 그러나 주위적 청구도 이심되므로 피고는 주위적 청구를 인낙할 수 있고(대판 1991. 11. 26. 91 다 30163), 그 경우에는 예비적 청구를 심판할 필요가 없으므로 사건은 그대로 종결된다(대판 1992. 6. 9. 92 다 12032).

3) 대판 1993. 10. 26. 93 다 6669.

2. 概　念

청구의 변경은 원고가 소송계속 후 동일피고에 대한 종래의 청구를 신청구로 교환하여 제기하거나 종래의 청구에 신청구를 추가로 병합하는 것을 뜻한다. 그러므로 청구변경은 원고가 소송계속 후 소장의 기재사항인 청구취지나 청구원인을 변경함으로써 이루어진다. 다만 신소송물론은 청구취지의 변경을 중심으로 이해한다.

1) 請求趣旨의 변경

가) 청구취지의 변경은 원칙적으로 청구의 변경이 된다. 그러므로 청구원인은 불변인 채 소의 종류를 바꾸어 소유권에 기한 건물명도청구를 건물소유권확인청구로,[1] 지분이전등기청구를 공유물분할청구로,[2] 광업권의 공유지분권확인청구를 광업권처분으로 인한 손해배상청구로,[3] 소유권행사방해금지청구를 소유권확인청구로[4] 변경함은 청구의 변경이 된다. 이처럼 구하는 판결형식의 변경뿐만 아니라 심판대상을 바꾸는 경우, 예컨대 경작권확인청구를 소유권확인청구로 변경하거나,[5] 대지인도청구에 대지상의 철조망철거청구를 추가하는 경우[6]도 청구의 변경이 된다.

나) 심판범위의 변경을 초래하는 청구의 확장과 감축의 경우에 이를 법 제262조의 청구의 변경으로 볼 것인가에는 다툼이 있다.

(i) 청구의 확장에는 수량이나 금액만을 증가시키는 양적 확장[7]과 질적 확장이 있을 수 있다. 후자의 예로는 확인청구를 이행청구로, 장래의 이행의 소를 현재의 이행의 소로, 상환이행청구를 무조건의 이행청구로, 연대채무자로서의 지급청구를 독립채무자로서의 지급청구로 바꾸는 경우이다. 통설은 청구의 확장을 소의 추가적 변경이라고 보는 데 반해서 이를 이행명령의 상한의 변동일 뿐 청구변경이 아니라는 반대설이[8] 있다.

(ii) 청구의 감축에도 양적 감축과 질적 감축이 있을 수 있다. 청구의 감축이

---

1) 대판 1966. 1. 25. 65 다 2277.
2) 대판 1960. 7. 28. 59 민상 676.
3) 대판 1962. 1. 31. 61 민상 310.
4) 대판 1962. 12. 20. 62 다 1659.
5) 대판 1962. 12. 20. 62 다 1659.
6) 대판 1962. 2. 28. 61 민상 656.
7) 대판 1963. 12. 12. 63 다 689는 수량적 확장이 소의 변경에 해당한다는 취지이다. 계쟁물을 1필지 토지의 일부에서 전부로 확장한 예로는 대판 1997. 4. 11. 96 다 50520.
8) 李英 243면 참조. 다만 이 설도 청구의 감축은 소의 일부포기가 아니라 일부취하로 본다.

청구변경이 아니라는 점에는 의문이 없으나 감축된 한도에서 소의 일부취하로 볼 것인가 일부포기로 볼 것인가가 문제이다. 원고의 의견에 따르되 그 의사가 불명시에는 일부취하로 봄이 원고에게 유리하다.[1]

다) 청구취지의 변경과 구별할 것은 청구취지가 불명한 경우에 이를 명확하게 하기 위하여 보충 또는 정정하는 것이다. 따라서 청구취지정정신청은 청구변경이 아니므로 그에 필요한 요건을 갖추지 아니하여도 허용된다.[2]

2) 請求原因의 변경

가) 청구취지는 그대로 두고 청구원인을 이루는 사실관계를 바꾸는 경우에는 청구의 변경에 해당된다.[3] 예컨대 약속어음금청구를 원인관계로 바꾸거나,[4] 매매대금청구를 소비대차에 의한 대여금청구로 바꾸는 경우이다.

나) 청구원인에서 사실관계는 동일한데 법률적 관점만을 바꾼 경우, 예컨대 불법행위청구를 계약불이행청구로 바꾸는 경우에 구 소송물이론은 청구의 변경이 있는 것으로 보는 데 반하여 신소송물이론은 공격방법의 변경으로 본다.[5]

다) 청구의 변경은 공격방법의 변경과 다르다. 원고가 경합하는 여러 개의 권리 중 어느 하나를 주장하였다가 다른 것으로 바꾸는 것이 아니라 동일한 권리를 그대로 주장하면서 이를 이유있게 뒷받침하는 주장을 바꾸는 경우에는 공격방법의 변경에 불과하다. 판례는 사해행위취소청구를 하면서 원고가 자기를 등기청구권자 또는 손해배상채권자라고 주장하였다가 별개의 금전채권자라고 주장한 것은 청구변경이 아니라 공격방법의 변경이며,[6] 가등기에 기한 본등기청구에 있어 그 등기원인을 매매예약완결이라고 주장하면서 위 가등기의 피담보채권을 처음에는 대여금채권이라고 하다가 나중에는 손해배상채권이라고 주장한 것은 청구의 변경이 아니라고 하였으나,[7] 소유권이전등기청구사건에서 등기원인을 대물

---

1) 李英 234면, 方 218면, 李時 669면, 鄭/庾 870면. 대판 1983. 8. 23. 83 다카 450. 이에 대하여 원고의 소송수행을 필요 이상으로 제한하게 된다는 이유로 반대하는 견해로 胡 809면.

2) 판례는 건물의 구조·평수·지번·동수 등을 변경하거나(대판 1963. 5. 9. 63 다 131) 건물의 일부철거를 추녀부분의 철거로 바꾸는 경우(대판 1969. 5. 27. 69 다 347)를 소의 변경이라는 전제하에서 청구기초의 변경이 없다는 이유로 허용하였으나, 이는 청구취지정정으로 받아들이는 것이 타당하다. 동지 李時 680면, 鄭/庾 870면.

3) 대판 1996. 2. 27. 95 다 45224는 청구의 기초에 변경이 없는 범위 내에서는 가압류이의절차에서도 신청이유의 피보전권리를 변경할 수 있다고 한다.

4) 대판 1965. 11. 30. 65 다 2028.

5) 후술 청구의 기초의 동일성에 관한 설명 참조.

6) 대판 1964. 11. 24. 64 다 564.

7) 대판 1992. 6. 12. 92 다 11848.

변제에서 양도담보로,[1] 분재에서 증여로 바꾸는 것[2]은 청구의 변경이라고 보는데, 이는 의문이다.[3]

3. 請求變更의 모습

1) 交換的 變更

가) 槪 念 교환적 변경은 구 청구에 갈음하여 신청구를 제기하는 청구변경이다. 판례도 종래의 청구취지나 청구원인을 철회하고 새로운 청구취지나 청구원인을 진술하는 청구의 변경을 가리킨다고 한다.[4] 예컨대 목적물의 인도청구를 전보배상금청구로, 또는 소유권에 기한 건물명도청구를 소유권확인청구로 바꾸는 경우가 그것이다.

나) 性 質 교환적 변경은 신청구의 추가적 병합과 구 청구의 취하가 결합된 것으로 본다.[5] 다만 피고가 본안변론을 했거나 준비서면을 제출한 경우에 청구의 변경에 동의했으면 구 청구의 취하에도 동의한 것으로 되어 취하의 효력이 발생하나, 피고가 동의하지 아니하면 구 청구도 신청구와 함께 법원에 계속된다는 견해가 있다.[6] 그러나 판례와 일부 견해는 교환적 변경의 경우에도 변경 전후의 청구기초사실의 동일성에 영향이 없으므로 피고의 동의 없이도 취하의 효력이 발생한다고 한다.[7] 다만 청구의 교환적 변경이란 구 청구를 취하하고 신청구만을 유지한다는 것이므로 그 신청구가 적법한 소임을 전제로 하여 구 청구가 취하된다고 할 것이다.[8] 또한 구 청구가 부적법한 것이라 하여도 하자를 치유하기 위하여 적법한 청구로 교환적 변경을 함은 허용되어야 할 것이다.[9]

---

1) 대판 1959. 12. 10. 58 민상 614.
2) 대판 1969. 1. 21. 68 므 43.
3) 특히 말소등기청구소송에서는 등기원인을 공격방법이라고 보면서 이전등기청구소송에서는 등기원인의 변경을 소변경이라고 하는 판례의 태도는 의문이다. 同旨 李時 620면.
4) 대판 1969. 5. 27. 68 다 1798.
5) 同旨 李英 245면, 金/姜 662면, 李時 620면, 姜 371면. 대판 1977. 11. 10. 87 다카 1405; 대판 2003. 1. 24. 2002 다 56987. 이에 대하여 소의 교환적 변경이란 민사소송법이 인정하는 고유의 독자적인 제도로서, 다른 제도를 끌어들여 구청구의 취하가 포함되었다고 볼 필요가 없다는 견해로 胡 813면.
6) 金/姜 662면, 李時 671면, 姜 371면.
7) 대판 1970. 2. 24. 69 다 2172; 方 336면, 鄭/庾 877면도 同旨. 한편, 청구의 변경을 독자적인 제도로 보는 입장에서도 법 제262조에서 피고의 동의를 요구한 바 없기에 결론은 동일하다. 胡 814면.
8) 대판 1975. 5. 13. 73 다 1449.
9) 대판 1966. 11. 29. 66 다 1729.

2) 追加的 變更

가) 槪 念 추가적 변경은 구 청구를 유지하면서 별개의 청구를 추가하는 경우이다. 이 경우는 청구의 후발적 병합에 해당하기 때문에 청구의 병합요건(제253조)을 갖추어야 한다. 단순병합·선택적 병합 및 예비적 병합의 형태로 소의 추가적 변경이 이루어진다.

나) 法院의 조치 추가적 병합에 의하여 단독판사의 사물관할을 넘는 경우에는 합의부로 이송할 것이나 지법단독판사에 변론관할이 생길 수도 있다.

청구변경신청서의 내용이 불명한 때에는 재판장은 교환적 변경인지 추가적 변경인지의 여부, 추가적 변경이라면 단순병합·선택적 병합·예비적 병합의 어느 것인지를 석명하여야 한다.[1]

4. 請求變更의 要件

청구변경을 인정하는 이유는 제기된 소만으로써는 분쟁을 실질적으로 해결하기에 불충분하므로 청구를 변경하여 종래의 심리결과를 이용하게 하는 것이 소송경제상 합리적이라는 이유에서 출발된 것이다. 그러나 피고측에서 보면 응소함에 불안스럽고, 특히 항소심에서의 청구변경은 제 1 심이 생략되어 심급의 이익을 잃을 염려도 있으므로 이러한 원·피고간의 대립된 이해관계를 조화하기 위하여 청구의 기초가 바뀌지 아니하고, 소송절차를 현저히 늦어지게 하지 아니하는 한도에서만 청구변경을 허용하는 것이 우리 법의 기본태도이다(제262조).

1) 訴訟이 事實審에 係屬하고 辯論을 종결할 때까지(변론 없이 한 판결의 경우에는 판결을 선고할 때까지) **할 것**(제262조 I) 소장이 피고에게 송달되기 전이면 소송계속이 없으므로 원고는 자유로이 소장을 변경하여 청구를 추가 또는 교환할 수 있다.

항소심에서도 청구변경의 요건이 구비되면 상대방의 동의 없이도 이를 할 수 있다.[2] 이는 반소의 경우와 다른 점이다. 그러나 제 1 심에서 전부승소한 원고가 청구변경만을 목적으로 항소하는 것은 항소이익이 없으므로 허용되지 아니한다. 항소심에 이르러서 청구변경을 허용함은 피고에게 제 1 심의 심급이익을 잃게 하므로 위헌이 아닌가 하는 논의도 있으나, 청구의 기초의 동일성을 유지하는 한도

1) 대판 1994. 10. 14. 94 다 10153; 대판 1995. 5. 12. 94 다 6802; 대판 2003. 1. 10. 2002 다 41435.
2) 대판 1984. 2. 14. 83 다카 514.

내에서 이를 허용한다는 점에서 보면 실질적으로 심급의 이익을 잃게 하는 것이 아니다.[1] 항소심에서의 청구변경은 부대항소의 형식으로 할 수 있는 것이나, 요건이 구비되는 한 직접 청구를 변경하여도 무방하다.[2] 그러나 제1심에서 인용한 청구를 항소심에서 다른 청구와 교환적 변경을 하고 나서 다시 이를 예비적으로 청구함으로써 추가적 변경을 하면 종국판결선고 후에 소를 취하한 것을 다시 재소하는 것이 되므로 이러한 청구변경은 부적법하다.[3] 상고심에서는 변론이 열린다 하여도 청구변경을 할 수 없다.[4]

2) 請求의 기초가 바뀌지 아니할 것

가) 請求基礎의 同一性의 개념 신청구와 구 청구가 그 기초에 있어서 동일할 것이 요구된다. 청구기초의 동일성이 무엇을 가리키는가에 대하여는 크게 나누어 이익설과 사실설이 대립되어 왔다. 이익설은 청구를 법률적 주장으로 구성하기 전의 사실적인 이익분쟁자체를 가리킨다고 하고,[5] 사실설은 소의 목적인 권리 또는 법률관계의 발생을 낳게 하는 근본적 사회현상인 사실[6] 혹은 신청구와 구청구의 사실자료 사이에 심리의 계속적 시행을 정당화할 정도의 공통성을[7] 청구의 기초라고 보는 입장이다. 그 외에 양설을 절충적으로 포함하는 병용설[8]도 있으나 이들은 관념적 논쟁일 뿐 큰 차이는 없다.

청구의 기초를 사건을 동일하게 인식시키는 기본적 사실이라고 이해하면, 그 같은 사실자료가 공통되는 경우에 청구의 변경을 허용할 수 있다.

나) 請求基礎에 변경이 없는 경우 판례는 청구변경에 해당한다는 것을 전제로 하여 청구의 기초에 변경이 없는 경우로서 첫째, 청구원인은 동일한데 청구취지만을 변경한 경우, 예컨대 동일원인에 의한 수량적 확장청구,[9] 소유권이전

---

1) 대판 1961.12.14. 61 민상 253.
2) 대판 1969.10.28. 68 다 158.
3) 대판 1967.10.10. 67 다 1548.
4) 법률심인 상고심에서는 청구취지나 청구원인의 정정도 허용되지 아니한다는 대판 1992.2.11. 91 누 4126; 대판 1995.5.26. 94 누 7010; 대판 1996.11.29. 96 누 9768; 대판 1997.12.12. 97 누 12235 참조.
5) 李英 244면, 金/姜 664면. 김홍 877면. 대판 2009.3.12. 2007 다 56524; 대판 2012.3.29. 2010 다 28338, 28345 등은 동일한 생활사실 또는 동일한 경제적 이익에 관한 분쟁에서 단지 해결 방법을 달리하고 있는 경우에 청구기초의 동일성을 인정하고 있는바 이는 이익설에 가까운 태도로 해석된다.
6) 方 333면.
7) 李時 672면.
8) 鄭/庾 873면.
9) 대판 1963.'1.412. 63 다 689; 대판 1984.2.14. 83 다카 513.

등기말소청구에 가옥명도청구를 추가하는 경우,[1] 건물명도청구에서 소유권확인청구로 바꾸는 경우[2]에는 청구의 기초에 변경이 없다고 한다. 둘째, 양청구 중 한 편이 다른 편의 변형물이거나 부수물인 경우, 예컨대 소유권이전등기청구를 이행불능으로 인한 전보배상청구로 바꾸는 경우,[3] 가옥명도청구에서 임료상당의 손해금을 추가하는 경우[4]에도 청구의 기초에 변경이 없다. 셋째, 양청구가 동일내용의 급여나 법률관계의 형성을 목적으로 하지만 법률적 구성만을 달리한 경우, 즉 동일한 금원을 소비대차에 기하여 청구하다가 준소비대차로 바꾼 경우,[5] 어음금청구를 그 원인채권인 보험료청구로 바꾼 경우,[6] 근로기준법에 의한 해고수당금청구를 소취하를 조건으로 한 합의에 기하여 청구하는 경우,[7] 소유권이전등기말소를 원인무효를 이유로 하여 청구하다가 명의신탁해지를 원인으로 하여 청구하는 경우[8] 등은 양청구의 기초가 동일한 경우이다. 넷째, 동일한 생활사실이나 경제적 이익에 관한 분쟁인데 그 해결방법을 달리하는 경우,[9] 예컨대 어음금청구를 하다가 어음의 위조작성을 이유로 한 사용자책임으로서의 손해배상청구를 하는 경우,[10] 압류 및 전부명령의 불허를 구하다가 예비적 제 1 차 청구로 압류 및 전부명령무효확인청구와 예비적 제 2 차 청구로 불법집행으로 인한 손해배상청구로 바꾸는 경우,[11] 직접매수를 이유로 소유권이전등기청구를 하다가 채권자대위권에 기하여 소외인에게 이전등기를 하라는 청구로 바꾼 경우,[12] 근저당설정등기말소청구와 강제집행불허청구를 하다가 항소심에서 경락방지를 위하여 변제공탁된 금원을 피고가 수령하여 갔다는 것을 이유로 부당이득반환 및 손해배상청구를 추가한 경우[13] 등은 청구의 기초에 변경이 없는 경우로 판단된 바 있다.

다) 請求基礎에 變更이 있는 경우 판례가 청구의 기초에 변경이 있다고

1) 대판 1960. 5. 26. 59 민상 279.
2) 대판 1966. 1. 25. 65 다 2277.
3) 대판 1965. 1. 26. 64 다 1391.
4) 대판 1964. 5. 26. 63 다 973.
5) 대판 1964. 10. 20. 64 다 957.
6) 대판 1966. 3. 22. 65 다 2635.
7) 대판 1965. 10. 19. 65 다 1144.
8) 대판 1998. 4. 24. 97 다 44416.
9) 대판 1988. 8. 23. 87 다카 546; 대판 1994. 6. 14. 92 다 23377.
10) 대판 1966. 10. 21. 64 다 1102.
11) 대판 1966. 1. 31. 65 다 218.
12) 대판 1971. 10. 11. 71 다 1805.
13) 대판 1994. 6. 14. 92 다 23377.

한 경우로는 약속어음금청구와 전화가입명의변경청구 사이[1] 또는 점유권을 원인으로 한 철조망철거와 경작방해금지청구를 경작권을 원인으로 한 철거와 경작방해금지청구로 바꾸는 경우[2] 또는 체납처분인 압류처분의 취소청구를 압류해제신청에 대한 보류처분의 취소청구[3]로 바꾼 경우 등을 들 수 있다. 점유의 소를 본권의 소로, 또는 그 반대로 변경하는 경우에도 청구의 기초에 변경이 있다고 볼 것이다.

라) 要件欠缺의 請求變更 청구기초의 동일성 요건이 흠결된 청구변경도 피고가 그에 동의하거나 이의하지 아니하면 이를 허용할 것인가에 관하여 학설이 대립한다.

공익적 요건설은 청구기초의 동일성이라는 요건은 변경 전의 소송자료가 변경 후의 소송에 이용될 것을 고려하기 위한 요건으로서 소송절차를 지연시킬 염려가 있는 청구변경은 불허한다는 취지와 종합하여 고려하면 공익적 강제요건이므로 피고의 응소에 의하여 보정되지 아니한다고 한다.[4]

사익적 요건설은 청구기초의 동일성이란 피고의 방어의 곤란을 막자는 사익적 요건이므로 피고의 동의나 응소가 있으면 그 흠결이 치유된다고 보는 입장이다.[5] 판례는 청구기초의 변경에 대하여 피고가 이의를 하지 아니하고 판결을 받은 때에는 소송절차에 관한 이의권을 상실한다고 하여[6] 사익적 요건설에 따르고 있다. 사익적 요건설이 타당하다.

3) 訴訟節次를 현저히 遲延시키지 아니할 것 구 청구에 대한 심리가 거의 종료된 경우에는 청구기초에 변경이 없어도 신청구의 심판에 종전의 소송자료를 거의 이용할 수 없고 새로운 심리를 필요로 하는 한 소송경제를 고려하여 청구변경을 불허하고 차라리 별소에 의하도록 하여야 한다.[7] 변론종결 후 판결선고 전에 청구의 변경을 신청하거나 제2심 최종변론기일에 이르러 새로운 청구를 추가하는 경우가 그 예이다. 판례도 2회에 걸쳐 상고심으로부터 환송된 후 항소심 변론종결시에 이르러 신청한 청구변경은 절차를 현저히 지연시키는 경우라고 하

1) 대판 1964. 9. 22. 64 다 480.
2) 대판 1960. 2. 4. 58 민상 596.
3) 대판 1979. 5. 22. 79 누 37.
4) 方 335면.
5) 李英 244면, 金/姜 664면, 李時 674면, 鄭/庾 784면, 姜 373면, 김홍 879면. 한편 胡 821면은 제1심에서는 사익적 요건으로 볼 것이나 항소심에서는 달리 볼 것이라고 한다.
6) 대판 1982. 1. 26. 81 다 546; 대판 1992. 12. 22. 92 다 33831.
7) 따라서 새로운 청구의 심리를 위하여 종전의 소송자료를 대부분 이용할 수 있는 경우에는 소송절차를 지연케 함이 현저하다고 할 수 없다. 대판 1998. 4. 24. 97 다 44416.

였다.[1] 소송절차를 현저히 지연시키지 아니할 요건은 공익적 요건이므로 피고가 이의하지 아니한다고 하여 청구변경이 허용되는 것은 아니다.

5. 請求變更의 方式

청구의 변경은 새로운 소의 제기와 같기 때문에 원고의 서면신청으로 청구취지나 청구원인을 변경하도록 함이 소송절차의 명확하고 신속한 진행에 도움이 될 것이다. 그러나 판례는 일찍부터 청구원인의 변경은 변론에서 구술로 하여도 위법이 아니라고 하였고,[2] 청구취지의 변경을 서면으로 하지 아니하고 송달도 아니한 경우라도 피고가 이의하지 아니하면 소송절차에 관한 이의권 상실로 치유된다고 한다.[3] 그러므로 청구취지의 변경은 서면에 의하여야 하고 이 서면은 상대방에게 송달되어야 한다는 법 제262조 2항과 3항의 규정은 판례에 의하여 대폭 완화된 결과가 된다.

6. 請求變更에 관한 裁判

1) **訴訟要件의 職權調査** 청구변경을 신청한 경우에 그 적부는 소송요건이므로 직권으로 이를 조사하여야 한다. 만일 청구변경이 아니고 청구취지의 정정이나 공격방법의 변경에 불과하면 심리를 속행하고, 당사자간에 다툼이 있으면 중간판결(제201조)이나 종국판결의 이유에서 판단할 것이다.

2) **請求變更의 요건에 흠이 있는 경우** 청구의 변경에 해당되지만 그 요건에 흠이 있으면 법원은 직권 또는 상대방의 신청에 따라 변경불허결정을 하여야 한다(제263조). 불허결정은 중간적 결정으로 하든지 종국판결의 이유에서 판단하든지 법원의 재량이다. 불허결정에 대한 독립된 불복방법은 없고[4] 종국판결에 대한 상소로써 다툴 수 있다. 청구기초가 바뀌게 되므로 청구변경을 불허하여야 할 경우에 이를 불허하는 판단을 함이 없이 구 청구에 대하여 본안판단을 함은 위법이다.[5] 항소심이 제 1 심의 청구변경불허결정을 부당하다고 보면 원결정을 취소하고 청구변경을 허용한 후 신청구에 대하여 심리를 개시할 수 있다.[6]

---

1) 대판 1964. 12. 29. 64 다 1025.
2) 대판 1961. 10. 9. 60 민상 531.
3) 대판 1972. 11. 28. 71 다 1668; 대판 1982. 7. 13. 82 다카 262.
4) 대판 1992. 9. 25. 92 누 5096.
5) 대판 1960. 2. 4. 58 민상 596.
6) 同旨 李時 678면, 鄭/庾 878면, 姜 375면.

3) 請求變更의 요건을 갖춘 경우 청구변경이 적법하다고 인정될 때에는 법원은 따로 이를 허가한다는 뜻의 재판을 할 필요가 없으며, 교환적 변경의 경우에는 바로 신청구에 대하여, 그리고 추가적 변경에 있어서는 일반의 청구병합과 같이 심리하면 된다. 청구변경을 허가하는 조치에 대하여는 불복신청을 할 수 없다고 볼 것이다.[1]

4) 請求變更을 간과한 경우 교환적 변경의 경우 신청구를 간과하고 구 청구에 대하여만 판결한 때에는 취하되어 소송계속이 없는 구 청구에 대하여 판결하였으므로 내용적 효력이 없는 무효의 판결로서 상소할 필요가 없음이 원칙이다. 그러나 무효판결의 외관을 제거하기 위하여 상소할 수 있겠고 신청구는 원심에 계속중이므로 추가판결을 해야 한다. 추가적 변경을 간과하여 어느 한 청구만을 판결한 경우에는 이는 상소의 대상이 되고 판결하지 아니한 청구는 원심에 계속중이므로 추가판결을 해야한다. 다만 추가적 변경에 의하여 신청구를 추가적으로 병합시킨 경우에 신청구를 간과하였다면 원판결의 파기사유가 된다는 것이 판례이다.[2]

5) 抗訴審의 判決主文 사건이 항소법원에 계속중 원고가 청구를 교환적으로 변경하고 항소법원이 신청구를 배척하여야 할 경우에 항소법원은 그 신청구에 대하여 원고의 청구를 기각한다는 주문표시를 하여야 하며, 그 주문표시가 제1심 법원의 그것과 일치한다 하여도 항소기각의 주문을 표시하는 판결을 해서는 안된다.[3]

Ⅲ. 中間確認의 訴

1. 意義 및 制度的 趣旨

중간확인의 소라 함은 소송계속중 본래의 청구에 대한 판단과 선결적 관계에 있는 법률관계의 존부에 관하여 계속중인 소에 병합하여 제기되는 확인의 소를 말한다(제264조 I). 예컨대 가옥명도판결에는 그 선결적 관계에 있는 소유권의 존재에 대해서는 기판력이 발생하지 아니하므로 소유권의 존부에 관하여 기판력 있는 판결을 받고 싶으면 가옥명도소송의 계속중에 소유권확인청구를 중간확인의 소로

1) 李英 246면, 金/姜 667면, 李時 678면, 鄭/庾 878면, 姜 376면, 胡 824면. 반대 方 338면.
2) 대판 1989. 9. 12. 88 다카 16270.
3) 대판 1974. 5. 28. 73 다 1796; 대판 1997. 6. 10. 96 다 25449, 25456.

써 제기하면 편리하다. 이 같은 선결적인 법률관계는 종국판결의 이유 중에서 판단되는 것이지만, 그렇게 되면 기판력이 생기지 아니하므로(제216조 I) 기판력 있는 판단을 받기 위하여 별소를 제기하여야 하는 번거로움을 피하고, 기존소송절차에서 선결문제에 관한 다툼을 한꺼번에 해결하는 동시에 그에 대한 기판력 있는 판단도 얻을 수 있는 길이 중간확인의 소이다.

2. 性　　質

원고가 제기하는 중간확인의 소는 청구의 확장 내지 소의 추가적 병합에 해당되고, 피고가 제기하는 중간확인의 소는 본래의 청구와 당연히 관련성을 갖는 반소의 일종이다. 법 제264조 1항의 법문의 해석상 피고도 중간확인의 소를 제기할 수 있다고 보는 것이 형평상 타당하다. 중간확인의 소는 공격방어방법이 아니고 소이므로 종국판결의 주문에 기재하여 판단하여야 한다.

3. 提起要件

1) 法院에 계속중인 소송에서 본래청구의 先決問題인 權利 또는 法律關係의 확인을 구할 것

(i) 중간확인의 소도 확인의 소의 하나이므로 확인의 이익과 요건이 필요하다. 그러므로 선결적 법률관계의 존부에 관하여 당사자간에 다툼이 있으면(계쟁성) 대체로 즉시확정의 이익이 있다고 할 것이다.

(ii) 사실관계나 과거의 권리 또는 법률관계는 선결성이 있다고 하더라도 중간확인의 소의 대상이 될 수 없다.[1)]

(iii) 본래의 청구를 판단하기 위한 선결적 법률관계이면 족하고[2)] 원고가 주장한 것이든 피고가 항변으로 주장한 것이든 무방하다. 예컨대 이자청구소송에서의 원본채권이나 등기말소청구소송에서의 소유권 등이 이에 해당한다. 본래의 청구에 대한 선결적 관계는 중간확인판결이 있을 때까지 현실적으로 존재하여야 하며(현실설) 단지 당사자가 주장하는 것만으로는 결정할 수 없다. 그러므로 본래의 소가 취하 또는 각하되거나 확인의 대상으로 된 법률관계에 대하여 판단함이 없이 청구기각이 된 경우에는 선결적 관계에 서지 않게 되므로 중간확인의 소는 부적법각하되어야 한다. 다만 통상의 확인의 소로서의 확인의 이익이 인정되면 독립

1) 대판 1966. 2. 15. 65 다 244.
2) 대판 1984. 6. 26. 83 누 554, 555.

된 소로서 심판하여야 할 것이다.[1)]

2) 소송이 事實審에 계속하고 辯論終結 전일 것 법률심인 상고심에서는 제기할 수 없으나 항소심에서는 상대방의 동의가 없어도 중간확인의 소를 제기할 수 있다. 왜냐하면 이 소의 대상인 법률관계는 본래의 청구와 관련성을 가지거나 그 일부로서 제1심에서 본래의 청구에 대한 심판과정에서 사실상 판단된 것이므로 제1심이 생략되었다고 하더라도 실질적으로는 상대방의 심급이익을 해치는 것이라고 볼 수 없기 때문이다. 이 점이 반소와 다르다(제412조).

3) 中間確認의 청구가 다른 법원의 專屬管轄에 속하지 아니할 것 토지관할에 관하여는 대체로 관련재판적(제25조)에 의하여 수소법원에 관할이 있을 것이다. 사물관할에 관하여서는 본소 및 중간확인의 소의 소송물가액을 합산하여 합의부의 사물관할에 속하는 것이면 소의 전부를 합의부로 이송하여야 한다.

중간확인의 소가 다른 법원의 전속관할에 속하는 경우에는 이를 부적법각하함이 원칙이나 그것이 독립한 소로서 취급될 수 있으면 분리하여 전속관할법원으로 이송하여야 할 것이다.

4) 中間確認請求가 본래의 訴와 同種의 訴訟節次에서 심리될 수 있을 것

예컨대 소유권확인청구소송이 계속중 신분관계가 선결적 법률관계로서 당사자간에 다툼이 있더라도 이는 가사소송법상의 절차에 의할 것이므로 중간확인의 소를 제기할 수 없다. 그런데 판례는 행정처분의 효력이 민사소송의 선결문제가 되는 경우에는 민사소송절차에서 행정행위무효확인청구를 할 수 있다는 입장이다.[2)]

4. 訴訟節次

중간확인의 소를 제기하는 것은 소송계속중의 신소제기이므로 서면에 의하여야 하고(제264조 II), 이를 상대방에게 송달하여야 한다(제264조 III).

중간확인의 소가 제기되면 병합요건을 심리하여 보고 이에 흠결이 있으면 독립의 소로서 취급될 수 없는 한 부적법각하하여야 한다. 중간확인의 소는 단순한 공격방어방법은 아니므로 중간판결은 할 수 없고, 이에 대하여 판결하기에 성숙한 경우에 변론을 분리하여 일부판결을 할 수 없는 바는 아니나 전부판결에 의하

---

1) 方 339면, 金/姜 672면, 李時 681면, 鄭/庾 891면, 姜 382면, 胡 828면. 대판 2008. 11. 27. 2007 다 69834, 69841.

2) 대판 1966. 11. 29. 66 다 1619. 同旨 李時 682면, 胡 829면. 반대 김홍 888면.

여 동시에 재판하여야 마땅하다.

피고가 제기하는 중간확인의 소는 실질상 반소에 해당하므로 특별수권이 필요하나(제91조 Ⅱ[1]) 원고가 이를 제기하는 경우에는 소의 추가적 변경에 해당하므로 별도의 수권이 필요 없다.[1)]

Ⅳ. 反 訴

1. 意義와 制度的 趣旨

반소란 소송계속중 피고가 원고에 대하여 본소의 소송절차에 병합하여 제기하는 새로운 소를 말한다(제269조). 반소는 본소피고가 계속중인 소송절차를 이용하여 적극적으로 제기하는 소이므로 피고에 의한 청구의 추가적 병합이고 이에 의하여 동일소송절차 내에서 여러 개의 청구가 다루어진다.

반소제도는 상호견련사건을 동일절차에서 함께 심판함으로써 i) 별소를 제기하는 것보다 소송경제를 도모하는 것이 되고, ii) 본소와 반소의 재판을 통일할 수 있으며, iii) 원고로부터 소구당하고 있는 피고에게도 동일절차를 이용하여 새로운 소의 제기를 허용함이 당사자 쌍방을 공평하게 대우하게 된다는 견지에서 인정된다.

원고는 소제기시부터 원시적으로 각종 청구를 병합할 수 있을 뿐만 아니라, 후발적으로도 소의 교환적·추가적 변경을 할 수 있는 데 반하여 피고는 오직 반소로써 대응할 수 있는 것이다. 더구나 피고가 항소심에서 반소를 제기함에 있어서는 원고의 동의를 요하지만(제412조 Ⅰ), 원고는 피고의 동의 없이 자유롭게 청구의 변경을 할 수 있으므로 공평의 이상에서 볼 때 원고우대적인 민사소송법하에서는 반소제도만이 민사분쟁의 소극적 당사자인 피고에게 실질적으로 부여된 이익주장의 기회라고 볼 수 있다.

2. 反訴와 本訴에 대한 防禦方法의 차이

1) 반소는 소송계속중 독자적 신청을 하여 판결을 구하는 소이므로 본소의 기각을 위한 방어방법과 다르다. 예컨대 매매로 인한 물건인도청구의 본소에서 피고가 물건인도의무는 대금지급의무와 동시이행관계에 있다는 취지의 항변을 제출하였다면 이는 본소에 대한 방어방법을 제출한 것이 되지만, 피고가 적극적

1) 李時 682면, 鄭/庾 893면, 姜 383면, 김홍 890면. 반대 胡 830면은 어느 경우에나 특별수권이 필요 없다고 한다.

으로 반소채권인 매매대금지급을 소로써 구하면 반소가 된다. 또한 대여금청구소송에서 피고가 반대채권으로 대등액에서 상계하고 잔액채권에 대하여 이행을 청구함은 반소이다.

2) 반소에는 본소의 방어방법, 즉 본소에 대한 반대신청 이상의 적극적 내용이 포함되어야 하고 반소청구의 내용이 본소청구기각을 구하는 정도에 그치면 반소청구로서 유지될 수 없다. 즉 동일채권 또는 소유권의 존재확인청구의 본소에 대하여 그에 대한 부존재확인을 구하는 것은 중복소송이 되어 허용되지 아니한다.[1] 또한 채권부존재확인의 본소제기후 동일채권의 이행을 구하는 반소를 제기한 경우 적법하게 제기된 본소가 그 후 피고의 반소로 인하여 소송요건의 흠결이 생겨 부적법하게 되는 것은 아니라는 것이 판례이다.[2] 한편 판례는 어떤 채권에 기한 이행의 소에 대하여 동일 채권에 관한 채무부존재확인의 반소를 제기하는 것은 그 청구의 내용이 실질적으로 본소청구의 기각을 구하는 데 그치므로 부적법하다는 것이다.[3]

3) 반소는 공격방어방법이 아니므로 소장을 제출하여야 하고 판결주문에서 판단하여야 하며, 반소를 시기에 늦어서 제기하였거나(제149조) 또는 변론준비절차중에서 제기하지 아니하더라도(제285조) 실권적 제재는 받지 아니한다. 차임감액청구권(민 제628조)과 같은 사법상 형성권은 독립된 방어방법으로 주장하면 되고, 독립된 소로써 제기할 성질이 못된다.[4]

3. 反訴의 모습

1) **單純反訴** 단순반소는 본소청구의 운명과는 관계 없이 피고가 본소의 소송계속을 이용하여 원고에게 제기하는 반소를 가리킨다. 반소는 수동적 당사자인 피고가 능동적 당사자로 그 지위를 바꾸어 원고에 대하여 제기하는 것이므로 당사자가 아닌 보조참가인이, 또는 보조참가인에 대하여 반소를 제기할 수 없다. 그러나 당사자와 동일한 지위를 가진 참가인(제79조, 제81조)을 상대로는 반소를 제기할 수 있다.[5] 공동소송의 경우에는 그 일부만이 반소의 당사자로 되어도 무방하다.

---

1) 대판 1964. 12. 22. 64 다 903, 904.
2) 대판 1999. 6. 8. 99 다 17401.
3) 대판 2007. 4. 13. 2005 다 40709, 40716.
4) 대판 1968. 12. 26. 68 다 1902, 1903.
5) 대판 1969. 5. 13. 68 다 656, 657, 658.

피고가 제기하는 중간확인의 소는 특수한 반소이며 가집행선고가 실효된 경우의 지급물의 반환청구(제215조 Ⅱ)도 본질상 반소이다.

2) **豫備的 反訴** 단순반소 외에 예비적 반소도 허용된다.[1] 이는 본소의 인용 또는 기각에 대비하는 일종의 조건부반소이나 이러한 유형의 반소는 심리중 조건의 성부가 명확하게 되어 소송절차의 불안정을 초래하지 아니하므로 허용된다. 예컨대 원고가 매매대금지급을 청구하고 있는 경우에 피고가 본소가 인용될 때에 매매목적물의 인도를 청구하는 경우, 또는 원고가 이혼의 소를 제기한 경우에 피고가 본소가 기각되는 때에 배우자로서 부양료청구를 함과 같은 것이다.

예비적 병합의 경우에는 주위적 청구와 예비적 청구간에 법률상 양립할 수 없는 배타적 관계가 있음을 요함에 대하여 예비적 반소는 본소청구와 법률상 양립할 수 있는 청구도 가능하고, 반소 자체를 예비적 병합의 형식으로 제기하는 것도 가능하다.

3) **再 反 訴** 반소에 대한 재반소는 명문의 규정이 없으므로 논란이 있다. 그러나 법문상 금지규정이 없고 견련관계에 있는 소송을 일거에 해결할 수 있는 이점이 크다는 견지에서 보면 재반소는 허용되어야 할 것이다.[2] 예컨대 원고가 매매대금지급청구를 함에 대하여 피고가 상계항변을 하고 상계가 부적법하여 배척되는 경우에 대비하여 반대채권의 지급청구를 하였는바, 원고가 다시 반대채권의 발생원인이 되는 계약의 무효를 구하는 재반소를 하는 경우이다.

4) 공동소송인 상호간의 반소(cross-claim)와 제3자 반소(Third party claim)는 미국법과 같은 명문의 규정이 없으므로 허용되지 아니한다.[3] 전자는 공동소송인 상호간에 본소의 청구와 관련되는 부담부분이나 손해배상청구를 하는 경우이고, 후자는 피고와 제3자가 함께 반소원고로서 또는 피고가 원고와 제3자를 함께 묶어 반소피고로서 제기하는 모습이다. 다수당사자간의 소송관계를 법에서 어느 범위까지 허용할 것인가의 문제이나 반소를 꼭 본소의 양당사자간에만 인정할 필요는 없으므로 적극적으로 도입을 검토해 볼 필요가 있다.

---

1) 대판 1969. 3. 25. 68 다 1094, 1095.

2) 方 344면, 李英 251면, 金/姜 676면, 李時 686면, 鄭/庾 884면, 姜 385면, 胡 794면. 대판 2001. 6. 15. 2001 므 626, 633.

3) FRCP 제13조(g)(h).

4. 反訴의 要件

1) 反訴提起時 本訴가 계속중이고 事實審辯論終結前일 것(제269조 I)

(i) 본소의 소송계속은 반소의 제기요건일 뿐 그 존속요건은 아니므로 반소가 적법하게 제기된 뒤에는 본소가 각하·취하[1] 또는 청구의 포기·인낙·화해 등의 사유로 그 계속을 이탈하여도 반소에는 영향이 없다. 다만 반소가 예비적 반소일 경우에는 본소의 청구가 인용되거나 기각됨에 의하여 반소도 당연히 소멸하므로 당사자의 반소취하, 또는 법원의 반소각하 등의 조치는 필요없게 된다.[2] 소송계속 전 또는 변론종결 후에 제기된 반소는 부적법하나 소송계속이 있는 이상 본소청구의 성질, 내용 또는 적법 여부는 불문한다.

(ii) 법률심인 상고심에서는 신소의 제기가 인정되지 아니하므로 반소도 제기할 수 없다. 다만 가집행선고실효시의 지급물반환청구(제215조 II)는 상고심에서도 제기할 수 있다.[3]

(iii) 항소심에서 반소는 상대방의 심급의 이익을 해할 우려가 없는 경우 또는 상대방의 동의 또는 응소가 있는 경우에 제기할 수 있다(제412조).[4] 항소심에서의 반소제기에 동의하는 경우가 드물어 피고는 부득이 별소를 제기할 수밖에 없었으나 상대방의 동의를 요구함은 그의 심급의 이익을 보호하기 위한 것이므로 그 이익을 해할 우려가 없다면 그 동의 여부와 관계 없이 항소심에서의 반소제기를 허용하여 이를 활성화하려는 판례[5]와 보조를 맞춘 것이다. 그러므로 중간확인의 반소 및 본소와 청구원인을 같이하는 반소, 제1심에서 이미 제출한 변론과 관련된 반소,[6] 항소심에서 추가된 예비적 반소의 경우[7] 등에는 이러한 제한을 받지 아니한다.

1) 대판 1970. 9. 22. 69 다 446.

2) 대판 1991. 6. 25. 91 다 1615, 1622.

3) 대판 1980. 11. 11. 80 다 2055.

4) '반소기각'의 답변만으로는 제412조 2항 소정의 "이의 없이 반소의 본안에 관하여 변론을 한 때"에 해당하지 아니한다는 대판 1991. 3. 27. 91 다 1783, 1790 참조.

5) 대판 1996. 3. 26. 95 다 45545.

6) 대판 1974. 5. 28. 73 다 2031, 2032 판결은 반대. 다만 반소청구의 기초를 이루는 실질적인 쟁점에 관하여 제1심에서 본소의 청구원인 또는 방어방법과 관련하여 충분히 심리된 경우에는 상대방의 동의 없이도 항소심에서 반소를 제기할 수 있다는 것으로 대판 1997. 10. 10. 97 다 7264, 7271, 7288, 7295, 7301; 대판 1999. 6. 25. 99 다 6708; 대판 2005. 11. 24. 2005 다 20064.

7) 대판 1969. 3. 25. 68 다 1084.

2) 反訴請求가 本訴請求 또는 本訴의 防禦方法과 서로 관련이 있을 것

가) 相互關聯性의 뜻

(i) 상호관련이란 본소와 반소 사이에 소송물 또는 그 대상이나 발생원인에 있어서 법률상 또는 사실상 공통성이 있다는 것을 의미한다. 반소에 대한 심리도 본소와 함께 동일절차에서 한꺼번에 이루어지는 이상 상호관련성을 요구함으로써 무제한으로 청구를 병합할 가능성을 봉쇄하고, 변론과 증거조사를 공통으로 실시하여[1] 소송의 복잡화, 심리의 지연 및 중복과 재판의 저촉을 피할 수 있게 된다. 이는 청구변경에서 청구기초의 동일성을 요구하는 것과 같은 취지이다.

(ii) 반소의 요건인 상호관련성은 청구변경의 요건인 청구기초의 동일성보다 심리대상간의 관련성이 약하므로 항소심에서의 청구변경은 상대방의 동의를 요하지 아니하나 반소의 경우에는 동의를 요한다. 반소의 상대방이 갖는 심급이익을 보호하자는 뜻이다.

(iii) 상호관련성의 요건은 소제기시에 갖추어야 되고, 이 요건이 흠결되면 부적법각하할 것이나 보완, 또는 소송절차에 관한 이의권 상실에 의하여 하자는 치유된다. 그러므로 사익적 요건이다. 미국의 민사소송법은 상호관련성의 요건을 자유화하여 반소청구가 본소청구와 상호관련성이 있는 경우에는 강제반소(compulsory counterclaim)를 제기할 것이고, 관련성이 없는 경우에도 임의반소(permissive counterclaim)를 제기할 수 있다고 한다.[2] 우리 법의 운영에 참고가 될 것이다.

나) 本訴請求와 법률상 상호관련성이 있는 경우

(i) 본소와 반소가 그 청구원인이 동일할 때, 즉 매매계약의 소극적 확인청구의 본소에 대하여 피고가 그 매매계약의 적극적 확인을 구하면서 매수한 목적물의 인도를 청구하는 반소를 제기하는 경우가 그것이다.

(ii) 본소청구와 반소청구 사이에 청구원인이 동일하지 아니하더라도 그 발생원인이나 대상 등 주된 부분이 법률상 또는 사실상 공통된 경우, 예컨대 소유권확인청구의 본소에 대하여 임차권확인을 반소로 구하는 경우 등이 그것이다.

다) 본소의 방어방법과 법률상 상호관련성이 있는 경우란 반소청구가 본소청구의 항변사유와 대상이나 발생원인에 있어서 사실상 또는 법률성 공통성이 있다는 뜻이다. 본소의 방어방법과 관련된 반소는 그 방어방법이 반소제기당시 현실적으로 적법하게 제출되어 있어야 한다.

---

1) 대판 1962. 6. 7. 62 다 143.

2) FRCP 제13조 (a)(b).

판례를 보면 소유권에 기한 가옥명도의 본소에 대하여 피고가 유치권의 항변을 하면서 피담보채권의 지급을 반소로 청구하는 경우에는 그 항변사유와 내용 또는 발생에 있어서 관련을 갖는다고 한다. 소유권에 기하여 피고명의의 건물소유권이전등기말소청구를 하는 원고의 본소에 대하여 피고가 만일 건물소유권에 관한 소유권이전등기가 말소된다 하더라도 그 대지소유권에 기하여 건물철거를 구하는 예비적 반소를 제기한 경우에는 본소와 반소는 서로 관련이 있다고[1] 하였고, 임대차종료를 원인으로 한 건물명도청구의 본소와 건물소유자인 원고의 단수 및 단전으로 인한 손해배상청구를 반소로 제기한 경우는 양청구가 목적물 또는 발생원인에 있어서 서로 관련이 있으며,[2] 대지소유권에 기한 건물철거의 본소청구에 대하여 대지소유권을 매매에 의하여 취득하였으나 소유권이전등기를 받지 못한 피고가 전소유자 등을 대위하여 원고의 소유권을 다투고, 그 이전등기말소를 청구하는 반소는 그 청구는 물론 그 방어방법에 있어서도 관련되어 있다고 한다.[3] 점유회복의 본소가 제기된 경우 피고가 본권에 기한 반소를 제기할 수 있다.

3) 反訴請求가 소송절차를 현저하게 遲延시키지 아니할 것　현재 반소가 본래의 제도적 취지와 달리 소송지연의 수단으로 악용됨에 비추어 이와 같은 공익적 요건을 추가하였다(제269조 I). 청구변경의 경우와 같다.

4) 反訴가 다른 법원의 專屬管轄에 속하지 아니할 것　반소는 원래의 관할과 관계 없이 본소계속법원에 제기할 수 있는 점이 특색이다. 단독사건의 심리 중 피고가 합의부에 속하는 반소를 제기한 경우에는 법원은 직권 또는 당사자의 신청으로 본소와 반소를 합의부에 이송하도록 하였다(제269조 II). 그러나 이는 전속관할을 무시하는 규정이 아니므로 본소가 단독판사의 전속관할에 속한 경우에는 반소만 분리하여 이송할 것이다. 또한 이 규정은 강행규정이 아니므로 사물관할에 관하여 변론관할이나 합의관할이 성립하는 경우에는 이를 존중하여야 할 것이다(제269조 II 단). 단독관할이 지속적으로 확대되어 사물관할의 개념이 희박해지는 경향과 실무상 피고는 소송지연의 목적으로 반소를 제기하고 원고는 이를 합의부로 이송하기를 원치 않는 사례가 많으므로 반소에 관하여 변론관할의 요건을 갖춘 때에는 단독판사가 심판하고 원고가 관할위반의 항변을 한 때에만 합의부로 이송

1) 대판 1962. 11. 1. 62 다 307.
2) 대판 1967. 3. 28. 67 다 116, 117, 118.
3) 대판 1971. 12. 14. 71 다 2314, 2315.

한다는 취지이다.

5) 反訴는 本訴와 同種의 訴訟節次에 의할 것　　반소는 계속중인 본소와 병합심리되어야 하므로 본소와 동종의 소송절차일 것이 요구된다. 청구병합의 경우와 같다. 보전절차·독촉절차·행정소송·가사소송 등은 통상의 민사소송과는 이종의 절차임이 명백하나 강제집행상의 소송절차는 통상의 소송절차이다. 소송절차의 동종 여부는 직권조사사항이므로 소송절차에 관한 이의권의 대상이 아니다.

5. 反訴의 절차

반소에는 본소에 관한 규정이 준용된다(제270조). 따라서 반소장기재사항, 붙여야 할 인지, 소장제출, 소제기의 효력발생시기, 송달, 기간준수의 효력, 반소요건의 심사 등에 관하여는 본소에 관한 규정에 의하여야 한다. 다만 본소와 반소의 목적이 동일한 소송물인 때에는 반소장에 본소인지액의 차액만을 붙인다는 특례가 있다(민인 제 4 조 II).

6. 反訴에 대한 심판

1) 본소가 단독사건인 경우에 피고가 반소로 합의사건에 속하는 청구를 한 때에는 법원은 직권 또는 당사자의 신청에 따른 결정으로 본소와 반소를 합의부에 이송하여야 한다. 다만 반소에 관하여 변론관할이 성립된 경우에는 그러하지 아니하다(제269조 II).

2) 반소요건에 흠결이 있는 경우에는 이를 부적법각하하기 보다는(각하설) 그것이 일반적 소송요건을 갖추는 등 독립의 소로서의 요건을 구비한 경우에는 별개독립의 소로서 심판하여야 한다(분리심판설).[1] 반소는 본소와 병합하여 심판함이 원칙이고, 이 경우에는 1개의 전부판결을 한다. 1개의 전부판결로 된 이상 어느 한 쪽에 대하여 항소를 하게 되면 전체의 확정은 차단되고 잔부까지 이심된다. 법원은 필요에 의하여 변론을 분리할 수 있으며(제141조), 어느 한 편이 재판할 수 있을 정도로 성숙되면 일부판결도 할 수 있다.

3) 본소가 취하된 때에는 피고는 원고의 동의 없이 반소를 취하할 수 있다(제271조). 그러나 본소가 부적법각하된 경우에는 원고의 동의가 있어야 반소취하의

1) 대판 1968. 11. 26. 68 다 1886, 1887은 각하설.

효력이 생긴다.[1)]

4) 피고가 원고의 본소청구가 인용될 경우를 대비하여 조건부로 반소를 제기한 경우, 원고의 본소청구를 기각하는 경우에는 반소청구에 관하여 판단할 필요가 없다.[2)]

5) 예비적 반소에서 본소와 반소 모두 각하된 경우에는 피고는 항소하지 아니하고 원고만이 항소하였다 하여도 반소청구도 심판대상이 된다.[3)]

제2절 共同訴訟

I. 共同訴訟의 意義

1. 制度的 趣旨

공동소송제도는 많은 이해관계인들을 동일소송절차에 관여시켜 한꺼번에 심판함으로써 소송경제와 재판의 모순저촉을 방지하자는 취지에서 인정된 것이다. 그러므로 공동소송은 일정한 요건(제65조)이 갖추어진 경우에 한하여 인정된다. 근대적 민사소송제도가 마련되었던 초기에는 개인주의사상이 풍미하였으므로 분쟁의 개별적 해결원칙에 따라 1인의 원고 대 1인의 피고간의 단일소송을 원칙적 모습으로, 그리고 공동소송을 예외적 모습으로 설정하였다. 그러나 오늘날 사회조직 및 경제활동이 복잡해짐에 따라 다수의 이해관계자가 관여하는 분쟁형태가 늘어나고 있으므로 이와 같은 새로운 현상을 수렴하여 다수당사자 소송관계에 관한 새로운 모형의 창설과 이론의 개발이 시급하다. 이같은 전통적인 공동소송형태는 그 요건 등 여러 면에서 맞지 아니하여 오늘날의 집단분쟁의 해결을 위한 방법으로서는 무력하다. 따라서 분쟁에 관여된 당사자가 많을 때 이를 어떤 기준하에 어떤 형태로 소송절차에 끌어들여서 해결할 것인가 하는 다수당사자소송의 제도적 정비는 중요한 연구과제이다. 이는 주로 당사자가 분쟁에 관하여 가지는 이익의 구체적 내용, 당사자의 의사 및 당사자 상호간의 관계에 따라 분쟁해결의 일회성과 소송능률을 저해하지 아니하는 범위 내에서 규

1) 대판 1984. 7. 10. 84 다카 298.

2) 대판 1991. 6. 25. 91 다 1615, 1622.

3) 대판 2008. 3. 13. 2006 다 53733, 53740. 同旨 김홍 899면. 이에 대하여 피고가 재판결과에 승복하여 항소나 부대항소를 하지 않음에도 항소심이 심판을 하는 것은 처분권주의 위반이므로 예비적 반소가 본소와 합일확정소송이 아닌 한 심판대상이 아니라는 견해로 李時 686면.

정해야 할 문제인데, 민사소송법은 공동소송과 소송참가, 그리고 당사자의 변경만을 규정하고 있다.

2. 槪 念

공동소송은 소송에 있어서 대립당사자의 일방 또는 쌍방의 머릿수가 여럿인 복합적 소송형태이다. 공동소송은 이처럼 당사자가 여럿인 경우이므로 소의 주관적 병합이라고도 하며, 여러 개의 청구가 병합된 소의 객관적 병합(제253조)에 대응한다.

공동소송인지의 여부는 당사자의 수에 의하여 결정되므로 그 중 1인을 당사자로 선정하여 소송하는 경우는(제53조) 단독소송이며, 법 제52조의 법인 아닌 사단의 경우에도 당사자로 되는 것은 사단 자체이지 그 모든 구성원들이 아니므로 공동소송으로 되지 아니한다. 또한 회사에 공동대표가 있다거나 법정대리인이 여럿 있더라도 당사자는 법인 또는 본인이므로 공동소송으로 되지 아니한다.

Ⅱ. 共同訴訟의 發生原因

1. 原始的 發生

공동소송이 원시적으로 발생하는 경우는 처음부터 여러 명의 원고가, 또는 여러 명의 피고에 대하여 소를 제기하는 때에 생긴다. 이것이 소의 고유한 주관적 병합의 경우이다.

2. 後發的 發生

공동소송은 소송계속 후 후발적으로도 발생하는바, 필수적 공동소송인의 추가(제68조), 승계참가(제81조), 소송인수(제82조), 공동소송참가(제83조), 또는 일당사자의 소송을 여러 명이 승계한 경우(제233조 이하)가 그것이다. 그 밖에 법원이 변론의 병합을 명하여(제141조) 다수청구를 한꺼번에 심판할 경우(상 제188조, 제240조, 제328조 Ⅱ, 제376조 Ⅱ, 제430조), 또는 제 3 채무자에 대한 추심소송에서 피고가 원고측에 참가하지 아니한 채권자를 공동원고로 소환하도록 신청한 경우(민집 제249조 Ⅲ) 등에도 공동소송이 후발적으로 발생한다.

Ⅲ. 共同訴訟의 종류

공동소송의 종류는 각 공동소송인 상호간의 관계 여하, 다시 말하면 그들간의 관계가 밀접하여 합일확정을 필요로 하는지를 기준으로 통상공동소송과 필수적 공동소송으로 나누고, 필수적 공동소송은 합일확정의 필요가 실체법적 근거에서 발생하는가 절차법적 근거에서 발생하는가에 따라 고유필수적 공동소송과 유사필수적 공동소송으로 나눌 수 있다.

공동소송 ─┬─ 통상공동소송
　　　　　└─ 필수적 공동소송 ─┬─ 고유필수적 공동소송
　　　　　　　　　　　　　　　└─ 유사필수적 공동소송

1. 通常共同訴訟(普通共同訴訟, 單純共同訴訟 또는 偶然共同訴訟)

1) 意　義

각 공동소송인과 상대방간의 청구는 별개·독립된 것이므로 각별의 소에 의하여 따로 해결되고 소송결과도 달라질 수 있지만 그들 청구 상호간에 법 제65조 소정의 관련성이 있으므로 당사자가 원하면 동일소송절차 내에서 공동으로 소송수행을 할 수 있는 경우이다. 이 경우에는 공동소송인의 수만큼 청구병합이 생기지만 각 공동소송인과 상대방과의 사이에서 판결결과가 일률적으로 될 필요가 없는 공동소송이다. 공동소송으로 하면 여러 개의 청구에 대한 심리와 증거조사가 공동으로 이루어져서 심리편의와 소송경제를 도모할 수 있는 장점이 있으나, 공동소송으로 할 것인지 여러 개의 단독소송으로 할 것인지는 원고의 선택에 달려 있다.

이러한 공동소송은 독립적 공동소송 또는 단순공동소송이라고도 하는바, 독일법에서 유래한 공동소송의 기본형태로서 실무상 대부분을 차지한다.

2) 要　件

가) 主觀的 要件　원고는 소를 제기함에 있어서 공동소송으로 할 것인가 또는 각별로 독립한 여러 개의 단독소송으로 할 것인가를 자유로 선택할 수 있다. 만일 그가 공동소송으로 제기하려면 여러 명의 당사자를 하나의 소송절차에 관여시키게 되므로 이를 정당화하고 법원과 상대방을 곤란하게 만들지 아니할 공통성 내지 관련성이 그들간에 존재하여야 한다. 이를 주관적 요건이라고 하여 법이 정하고 있다(제65조). 그리하여 법 제65조는 소송의 목적이 당사자간에 다음과 같은 요건을 갖추면 공동소송으로 됨을 열거하고 있고 판례[1]도 전적으로 이에 따른다.

---

1) 대판 1959. 5. 22. 57 민상 180.

(i) 權利共通 또는 義務共通의 경우 수인의 공유자(민 제262조), 합유자(민 제271조, 제704조), 불가분채권(무)자(민 제409조, 제411조), 연대채무자(민 제413조), 공동상속인(민 제1006조), 공동수탁자(신탁 제45조 I) 사이처럼 권리나 의무가 공통인 경우, 또는 수인에 대한 상대방의 권리주장이 내용상 동일한 경우, 예컨대 수인의 피고에 대한 동일소유권의 확인청구[1]와 같은 것이 여기에 해당한다 하겠다.

(ii) 사실상 또는 법률상 發生原因이 共通인 경우 동일불법행위에 기한 여러 피해자의 손해배상청구, 주채무자와 보증인에 대한 지급청구, 1개의 계약에 기하여 여러 명이 권리자 또는 의무자인 경우, 건물을 공동으로 불법점유하는 수인에 대하여 건물소유자가 명도를 청구하는 경우, 양도를 무효라고 하여 양수인과 전득자를 상대로 각각 등기말소를 청구하는 경우 등과 같이 공동소송인과 상대방과의 각 소송의 청구를 이유 있게 하는 원인사실의 주요부분이 일치하는 관계에 있으면 족하다.

(iii) 權利義務와 그 사실상 또는 법률상 發生原因이 同種인 경우 이 경우는 법 제65조 전문보다 널리 소송의 목적이 되는 권리나 의무가 같은 종류의 것으로서 사실상 또는 법률상 동종의 원인에 기인하기만 하면 소송의 목적이나 발생원인에 관하여 실체적 관련을 요하지 아니하는 경우이다. 예컨대 수인에 대한 주금납입청구, 동일한 보험계약상의 청구, 여러 명의 건물임차인에 대한 임료청구, 상인이 판매대금을 여러 명에게 청구하는 경우, 어음의 발행인 및 배서인에 대한 어음금지급청구 등이 이에 해당할 것이다.

(iv) 기타 法律이 특히 인정한 때 민사집행법 제48조 1항 단서, 동법 제252조 2항 등이 그 예이다.

나) 客觀的 要件 공동소송은 각 공동소송인과 상대방간에 각별의 청구가 존재하여 청구병합을 수반하므로 소의 객관적 요건(제253조)도 구비하여야 한다. 그러므로 병합되는 각 청구가 같은 종류의 소송절차에서 심리될 수 있어야 하고 수소법원에 각 청구에 대한 공통의 관할권이 인정되어야 한다. 행정소송(동법 제10조 II)과 가사소송(동법 제14조)의 경우에는 피고 이외에 제 3 자를 상대로 한 관련청구를 병합시킬 수 있다.

다) 倂合要件의 調査 주관적 병합요건은 상대방의 이의가 있는 경우에 조사할 것이고, 객관적 병합요건은 직권으로 조사하여야 한다. 주관적 병합요건을 흠결한 경우에 상대방이 이의하지 아니하면 적법한 소로서 심리할 수 있으나 소

1) 方 193면, 金/姜 685면.

송절차에 관한 이의권이 행사되면 그 부분만 변론을 분리하여 심리할 수 있다. 소송요건의 존부에 관하여는 각 공동소송인마다 별개로 조사하여 이를 흠결하면 그 공동소송인에 관한 부분만을 각하 또는 이송할 것이다.

3) 審 判－共同訴訟人獨立의 原則

가) 原則과 根據 통상공동소송은 원래 각별로 해결되어야 할 여러 개의 청구가 편의상 동일한 소송절차에 병합된 모습이다. 따라서 심리의 병합만 이루어질 뿐 소송절차의 진행과 소송자료의 통일은 기대할 수 없다. 즉 민사소송의 대원칙인 사적 자치의 원칙에 터잡은 변론주의가 지배하게 되므로 본래부터 각 당사자가 가지고 있던 자주적 해결권이 다른 공동소송인의 존재 때문에 제한이나 간섭을 받을 수 없는 것이다. 그 결과 공동소송인 가운데 한 사람의 소송행위 또는 이에 대한 상대방의 소송행위와 공동소송인 중 1인에 관한 사항은 특별한 경우를 제외하고는 다른 공동소송인에게 영향을 미치지 아니한다(제66조). 또한 공동소송인은 독립하여 공격방어방법을 제출하고 각기 주장을 달리하여도 무방하다.[1] 이를 공동소송인독립의 원칙이라고 하는데 통상공동소송을 심판하는 기본원칙이다.

나) 具體的 內容

(i) 訴訟要件의 개별심사 공동소송의 소송요건은 공동소송인별로 개별적으로 심사한다. 그리하여 어느 1인에게 요건이 흠결되었음이 밝혀진 경우에는 소송 전부를 부적법 각하하지 아니하고 당해 소송인에 한해서 각하한다.

(ii) 當事者地位의 독립성 각 공동소송인은 자신의 소송관계에 있어서만 당사자이다. 그러므로 통상공동소송인이 다른 공동소송인의 대리인 또는 대표자가 되거나 공동소송인 상호간, 예컨대 공동피고인 주채무자와 보증인간에 보조참가의 법률상 이해관계가 있는 때에는 보조참가가 허용된다. 또한 자기의 주장사실에는 관계가 없고 다른 공동소송인의 이해에 관계 있는 사항에 대하여는 증인능력이 있다고 할 것이다.[2] 다만 공동소송인은 자신의 소송과 이해관계가 있는 사항에 관하여 다른 공동소송인을 위하여 증인이 될 수 없다. 왜냐하면 공동소송인 간에는 어느 정도 증거공통의 원칙이 적용되므로 결국 자기의 주장사실에 대하여 증인이 되는 결과가 되기 때문이다. 이러한 경우에는 당사자신문절차에 의하여야 할 것이다.

(iii) 訴訟資料의 불통일 공동소송인 가운데 한 공동소송인의 소송행위는

1) 대판 1982. 11. 23. 81 다 39.
2) 同旨 李時 697면, 鄭/庾 900면.

다른 공동소송인에게 영향을 미치지 아니한다. 예컨대 청구의 인낙, 포기, 화해, 자백,[1] 소취하[2] 등과 같은 불리한 소송행위를 하거나 부인, 항변제출, 상소제기 등과 같이 유리한 소송행위를 하더라도 그 자신의 소송에 대해서만 효력이 생기고 다른 공동소송인에 대하여는 아무런 효력이 미치지 아니한다.

(iv) 訴訟進行의 불통일　　절차진행에 있어서 통일을 기할 필요가 없으므로 공동소송인 가운데 한 사람에게 생겨난 사항은 다른 공동소송인에게 영향이 없다. 그러므로 한 공동소송인에게 기일이나 기간의 해태 또는 중단·중지의 사유가 생기더라도 그 해당자의 소송관계에서만 응분의 효과가 발생할 뿐 다른 공동소송인에게는 영향이 없는 것이다.

(v) 判決結果의 불통일　　공동소송인 간에는 심리통일이 법률상 보장되어 있지 아니하나 법원이 변론의 분리를 명하지 아니하는 한(제141조) 동일소송절차에서 동일기일에 변론이나 증거조사절차를 일괄하여 실시하므로 사실상 분쟁사실이 공통으로 확정되고 통일적 재판이 이루어지는 것이 보통이다. 따라서 병합심리가 된 이상 1개의 전부판결을 내림이 원칙이다. 다만 각 공동소송인이 적극적으로 다른 주장을 하고 소송진행의 정도가 달라서 1인의 공동소송인의 청구에 관하여 판결을 내릴 단계에 이르렀으면 그 부분만 분리하여 일부판결을 할 수도 있는 만큼(제200조) 판결의 확정이 구구하게 될 가능성이 있다. 즉 소송자료가 모든 공동소송인에게 공통되지 아니하므로 판결결과도 각각 달라질 수 있다.[3] 공동소송인 가운데 한 사람이 한 상소 또는 1인에 대한 상소에 의하여 당연히 다른 공동소송인에 관하여도 판결의 확정차단 및 이심의 효력이 생기는 것은 아니다.[4] 또한 각 공동소송인에 대한 판결의 상소기간은 별개로 진행하므로 각 공동소송인에 대한 판결송달일이 다르면 상소기간의 만료시점도 달라진다.

공동소송인 간의 소송비용부담에 관하여는 특칙이 있다(제102조).

다) 共同訴訟人獨立의 原則의 限界　　우리 법은 공동소송을 넓게 인정하는 입법례로서 청구가 같은 종류의 것이고 사실상 또는 법률상 같은 종류의 원인에서 생겨난 경우(제65조 후문)까지 포함하고 있다. 이러한 제65조 후문의 경우에는 선정당사자를 뽑을 수도 없고, 또한 제25조 2항의 관련재판적 규정이 준용되지 아니

1) 대판 1968. 5. 14. 67 다 2787.
2) 대판 1970. 7. 28. 70 다 853, 854.
3) 대판 1975. 4. 22. 74 다 1310; 대판 1991. 4. 12. 90 다 9872.
4) 따라서 공동소송인의 일부만이 상소를 제기한 경우에 피상소인은 이외의 다른 공동소송인에 대하여 부대상소를 제기할 수 없다. 대판 1994. 12. 23. 94 다 40734.

하므로 공통된 관할법원을 못찾을 수도 있다. 설사 공통된 관할법원을 찾아 공동소송으로 제기하였다 하더라도 판결의 결론이 구구해질 가능성이 높다. 예컨대 채권자 원고가 주채무자를 상대로 한 대여금청구소송에서 패소하고 보증인을 피고로 한 소송에서는 승소한 경우와 같이 실체관계에서 모순된 판결이 내려질 수 있다.

그러나 권리나 의무가 공통인 경우 또는 동일한 사실상 및 법률상 원인에서 생긴 경우와 같이 청구간의 상호관계가 아주 밀접한 경우에는 아무리 공동소송인 독립의 원칙이 적용된다 하더라도 그 결론이 각각 다르게 내려져서는 공동소송제도의 취지를 몰각하게 된다. 그러므로 이러한 경우에 공동소송인 전원에게 동일한 결론을 이끌어 낼 수 있도록 공동소송인 간에 증거공통의 원칙과 주장공통의 원칙의 적용을 주장함으로써 공동소송인독립의 원칙을 다소 제한 내지 수정하려는 움직임이 있다.

(i) 證據共通의 原則　　병합심리를 하는 경우에 공동소송인 중 1인이 제출한 증거로부터 얻은 증거조사결과는 다른 공동소송인의 원용에 관계 없이 그를 위해서도 유리하게 판단될 수 있고 다툼 있는 관련사실에 관하여 공통된 증거자료가 될 수 있다는 입장이다. 다만 공동소송인 중 1인이 자백한 경우와, 공동소송인간에 이해상반되는 경우(예컨대 여러 대의 차량충돌로 일어난 교통사고에서 피고들이 서로 상대방의 과실로 사고가 발생했다고 주장하는 경우)에는 이 원칙이 배제될 것이나 그 나머지 경우에는 증거공통의 원칙이 적용되면 사실인정에 관하여 서로 다른 결론의 도출이 방지될 수 있을 것이다.[1]

(ii) 主張共通의 原則　　공동소송인 중의 1인이 사실에 관한 주장이나 항변을 하면 이것이 다른 공동소송인에게도 이익이 되는 경우에는 다른 공동소송인의 원용에 관계 없이 공동으로 주장한 것으로 취급하려는 입장을 주장공통의 원칙이라고 한다. 이 원칙을 적용하는 근거로서는 공동소송인 간에 보조참가의 이익이 인정되는 때에는 1인이 한 소송행위는 비록 보조참가신청이 없더라도 타인의 보조참가인으로서 한 것으로 취급하려는 견해, 공동소송인 중의 1인이 어떤 주장을 하면 다른 공동소송인이 이와 저촉되는 행위를 적극적으로 하지 않

1) 제4편 제2장 Ⅱ. 3. 2) 참조. 方 198면, 李英 126면, 金/姜 688면, 韓 276면, 李時 698면. 한편, 胡 847면은 증거공통의 원칙은 대단히 비법률적인 이론이라고 하면서 증거불충분의 경우에 법원의 보충적인 직권증거조사의 결과로 증거공통의 결과가 실현되는 결과에 불과하다고 하여 원칙적으로는 부정하는 입장을 취하고 있다. 대결 1959. 2. 19. 4291 민항 231은 공동소송에 있어서 증명 기타의 행위는 다른 당사자에게 영향이 없다고 판시하여 증거공통의 원칙을 부정하는 입장으로 해석된다.

는 한 공통된 주장을 한 것으로 보자는 견해, 그리고 법 제67조를 유추적용하여 그 주장이 다른 공동소송인에게 이익이 되는 경우에는 그들에게도 효력이 미치는 것으로 보자는 견해 등이 있다.[1] 이에 대하여 공동소송인 중의 1인이 상대방의 주장사실을 다투는 등 다른 공동소송인에게 유리한 행위를 한 경우라도 다른 공동소송인이 원용하지 않는 한 그에 대한 효력이 미치지 아니한다는 부정설이 있다.[2] 통상공동소송에는 주장공통의 원칙은 적용되지 아니한다는 부정설이 판례의 입장이다.[3]

(iii) 結　論　　증거공통의 원칙과 주장공통의 원칙을 공동소송에 적용하고자 하는 이 같은 논의는 결국 논리적으로 동일결론에 도달해야 할 공동소송이 공동소송인 각자가 독립적으로 소송수행을 한 결과 다르게 되는 경우를 방지해 보려는 시도이다. 그러나 현행법의 해석으로는 증거자료와 소송자료를 공동소송인간에 공동으로 취급함은 다소 무리이고, 법원의 소송지휘권 및 석명권의 적절한 행사와 변호사대리의 원칙의 도입 등으로 이 같은 불합리한 예외적 현상을 극소화할 수밖에 없을 것이다.

2. 必須的 共同訴訟(合一確定共同訴訟)

1) 意　義　　필수적 공동소송은 소송의 목적인 권리 또는 법률관계가 공동소송인 모두에게 법률상 합일적으로 확정되어야 할 공동소송이다(제67조 I). 즉 소송물에 관하여 법률상 이해관계가 있는 자가 모두 공동소송인이 되어야 하고 이들과 상대방간에 소송의 승패가 합일적으로 확정되어야만 하는 경우로서, 독일 보통법시대 중기 이후에 합유단체를 둘러싼 소송으로부터 발달해 온 공동소송형태이므로 합일확정공동소송이라고도 한다.

2) 法律的 合一確定의 必要　　공동소송의 원칙적 모습은 통상공동소송이지만 예외적으로 재판의 합일확정이 요구되는 필수적 공동소송이 있다. 그 이유는 당사자는 여럿이라 할지라도 이 다수당사자간의 청구는 하나밖에 없기 때문이다. 그리고 이러한 판결의 합일확정의 필요는 단순히 사실상 또는 이론상 요구되는 것만으로는 부족하고, 판결이 구구해서 기판력이 서로 저촉되면 안되는 법률

1) 方 198면, 李時 699면, 姜 198면 이하.
2) 李英 98면, 金/姜 688면, 김홍 907면.
3) 대판 1991. 4. 12. 90 다 9872; 대판 1994. 5. 10. 93 다 47196. 따라서 의제자백이 된 피고들과 원고의 주장을 다툰 피고들 사이에서 동일한 실체관계에 대하여 서로 배치되는 내용의 판단이 내려질 수 있다는 것으로는 대판 1997. 2. 28. 96 다 53789.

상의 필요이어야 한다.

이 같은 법률상 합일확정의 필요는 실체법적으로 권리 또는 법률관계의 실체법적 성질 또는 절차법적으로 소송의 목적론으로부터 결정될 것이다. 민사소송법은 원래 당사자처분권주의를 기반으로 하고 있으므로 공동소송에 있어서도 각자의 자백, 인낙, 취하, 주장, 입증 기타 행위는 행위자 및 법원을 구속할 뿐이고, 다른 당사자에게는 영향을 주지 아니함이 원칙이다(제66조). 이런 관점에서 보건대 필수적 공동소송은 실체법상의 이론을 기준으로 하기보다는 민사소송법상 재판의 효력범위에 관한 것이므로 심판상 부득이한 경우가 아니면 이에 해당하지 아니한다고[1] 할 것이다.

3) 種　類

가) 固有必須的 共同訴訟

(i) 意　義　　소송의 목적인 권리 또는 법률관계에 관하여 반드시 여럿이 공동원고가 되어 소를 제기하거나 또는 반드시 공동피고로서 제소당하여야 하고 소송의 목적이 그들 모두에 대하여 합일적으로만 확정될 것을 요하는 공동소송이다. 즉 공동소송인 모두가 원고 또는 피고가 되지 아니하면 본안판결의 전제요건으로서의 당사자적격에 흠이 생기게 되므로 소를 부적법각하할 수밖에 없는 경우의 공동소송이다.

(ii) 區別基準　　고유필수적 공동소송인가 여부를 구별하는 경우에는 실체법상 소송물에 대한 관리처분권의 귀속 여부를 기준으로 삼는 관리처분권설이 다수설이다.[2] 즉 고유필수적 공동소송의 경우에는 통상공동소송의 경우와는 달리 청구가 하나뿐이고 그 청구에 대한 관리처분권(소송수행권 포함)이 공동소송인 모두에게 불가분적으로 귀속되어 있으므로 그들이 빠짐없이 당사자로서 소송수행을 하여야 하고, 판결에 의하여 확정되는 법률관계는 동일하여 각 공동소송인은 소송에 의한 운명을 같이한다. 이에 대하여 순전히 소송법적 관점에서 분쟁의 1회적 해결의 실효성, 모순된 판결의 회피, 관계자의 이해관계 등을 고려하여 구별하자는 견해와 실체법적 관점과 소송법적 관점을 모두 함께 고려하여야 한다는 견해[3]도 있다. 소송법적인 관점은 기준이 불명확한 문제가 있으므로 관리처분권설이 타당하다.

1) 대결 1959. 2. 19. 58 민항 231은 필수적 공동소송의 개념을 자세하게 설명하고 있다.
2) 方 199면, 李時 700면, 姜 200면, 김홍 908면.
3) 金/姜 689면, 鄭/庾 904면.

ⅲ 固有必須的 共同訴訟의 예 소송수행권을 공동행사해야 되는 고유필수적 공동소송의 각 경우를 보자.

민사소송의 경우: ① 소송물에 관한 소송수행(실시)권을 여럿이 합유한 경우, 즉 복수의 제 3 자가 선정당사자(제53조)나 파산관재인(통도 제355조) 등이 되어 소송담당을 하는 경우가 있다. ② 실체법상의 권리관계를 合有하는 관계상 그 합유물에 대한 소송실시권도 공동으로 행사하여야만 하는 경우, 예컨대 합유인 조합재산에 속하는 권리에 관한 소송,[1] 공동광업권(광업 제19조 VI, 제34조)을 목적으로 하는 소송,[2] 수탁자가 여럿이 있는 경우의 신탁재산에 관한 소송(신탁 제45조), 하천부근공작물신축허가를 공동으로 받은 사람들의 하천점용권에 관한 소송,[3] 공동매립면허에 관한 소송,[4] 주류제조면허의 공동면허명의자 중 1인으로부터 면허를 양수한 자의 면허취소신청 및 보충면허신청절차이행청구소송[5] 등과 같이 여럿이 공동으로서만 어떤 권리나 이익을 관리 처분할 수 있는 때에 가능하다. ③ 실체법상의 권리관계를 총유하는 경우, 예컨대 법인 아닌 사단의 권리의무에 관한 소송에서 대표자가 없어서 그 구성원 모두가 당사자로 된 때에도 동일하다.[6]

가사소송의 경우: ④ 가사소송의 경우 제 3 자가 부부를 공동피고로 하여 제기하는 혼인무효 또는 취소소송(가소 제24조 II),[7] 제 3 자가 양친자를 공동피고로 하여 제기하는 입양무효 또는 취소소송(가소 제24조, 제31조), 제 3 자가 생존중의 부모 및 자를 공동피고로 하여 제기하는 친자관계부존재확인소송,[8] 제 3 자가 제기하는 친족회결의무효의 소(민 제972조),[9] 부를 정하는 소(민 제845조, 가소 제27조) 등도 고유필수적 공동소송이다.

행정소송의 경우: ⑤ 타인간의 권리관계에 변동을 초래할 목적으로 제기하는 형성의 소 또는 이에 준하는 확인의 소도 권리관계의 주체인 자가 모두 당사자가 되어야 하는 고유필수적 공동소송이다. 수용대상토지의 소유자 등이 이의

---

1) 대판 1967. 8. 29. 66 다 2200; 대판 1983. 10. 25. 83 다카 850.
2) 대판 1966. 10. 4. 66 다 1079; 대판 1995. 5. 23. 94 다 23500.
3) 대판 1964. 3. 31. 63 누 158.
4) 대판 1969. 11. 25. 65 다 1352; 대판 1991. 6. 25. 90 누 5184. 다만 면허취소처분의 취소는 합유권리인 면허권에 대한 보존행위이므로 각자 단독으로 청구할 수 있다는 대판 1972. 5. 23. 72 누 9 참조.
5) 대판 1993. 7. 13. 93 다 12060.
6) 대판 1969. 11. 25. 65 다 1352.
7) 대판 1965. 10. 26. 65 므 46.
8) 대판 1970. 3. 10. 70 므 1.
9) 대판 1955. 6. 30. 54 민상 121.

신청의 재결(토지수용 제75조의 2)에 대하여 행정소송을 제기하는 경우 이는 재결청과 기업자를 공동피고로 하는 필수적 공동소송이다.[1]

나) 類似必須的 共同訴訟

(i) 意 義 이는 반드시 공동소송의 형태를 갖추지 아니하더라도 본안판결을 구할 수 있지만 우연히 일단 공동소송이 된 이상 그 판결은 각 당사자에 대하여 법률상 합일적으로만 확정되지 않으면 안되는 공동소송을 가리킨다. 따라서 이를 우연필수적 공동소송이라고도 부른다. 즉 소송수행권자가 여러 명이 있되 사건의 성질상 그들이 모두 당사자가 되어야 할 필요는 없고 그 중 일부만이 소송을 수행하더라도 그 재판의 효력이 당연히 그들 모두에게 미치는 관계에 있는 경우에만 예외적으로 인정되는 필수적 공동소송이다. 이런 경우에는 단독소송에 의하더라도 당사자적격이 유지되지만 법률상 그 청구에 대한 판결의 효력이 어차피 소송법상 당사자 이외의 제3자에게도 확장되기 때문에 그 제3자가 공동소송인이 된 이상 그들간에 구구한 판결을 내릴 수 없게 된다. 여기에서 제3자에게도 미치는 판결의 효력이라고 함은 기판력·집행력·형성력 및 판결의 반사효가 미치는 경우까지를 포함하는 것으로 새긴다.[2]

(ii) 類似必須的 共同訴訟의 例 여러 명이 제기하는 회사합병무효의 소(상 제236조), 회사설립무효·취소의 소(상 제184조), 주주총회결의취소의 소(상 제376조), 주주총회결의무효 또는 부존재확인의 소(상 제380조), 주주총회부당결의의 취소·변경의 소(상 제381조), 여러 명의 주주에 의한 대표소송(상 제403조), 여럿이 제기하는 혼인무효·취소의 소(가소 제24조), 여러 명의 채권자가 공동하여 채권자대위권에 의한 소를 제기하고 있는 경우,[3] 여러 명의 압류채권자가 공동하여 추심소송을 하고 있는 경우(민집 제252조) 등을 들 수 있다. 필수적 공동소송의 대부분은 유사필수적 공동소송의 모습을 띤다.

다) 共同所有關係에 관한 訴訟

(i) 공유는 1개의 소유권이 분량적으로 분할되어서 여러 사람에게 속하는 것이고 처분권이 공동으로 귀속되었다고 말할 수 없는 경우이다(민 제262조, 제264조). 공유물에 관한 권리의 주장은 '전체의 공유관계'로서의 공유권의 주장과 각 공유권의 '지분권' 또는 보존행위(민 제265조 단)의 주장으로 나누어 전자에 관한 소송은 언제나 공

1) 대판 1993. 5. 25. 92 누 15772.

2) 반대 姜 203면.

3) 대판 1975. 8. 19. 74 다 2229; 대판 1991. 12. 27. 91 다 23486.

동으로 제기하여야 하는 데 반하여, 후자에 관한 청구는 단독으로도 할 수 있다.

첫째, 공유관계의 주장에 관한 판례를 보면 공유관계에 기한 방해배제를 구하는 경우 각자의 지분권에 의하여도 청구할 수 있을 것이나, 공유자가 만일 공유관계 자체에 의거하여 방해제거를 청구하였을 경우에는 필수적 공동소송으로 된다고 한다.[1] 또한 수인이 공동으로 부동산을 매수하여 그 목적물 전체에 대한 권리취득의 등기절차를 청구하는 경우는 필수적 공동소송이라고 한다.[2] 그러나 여러 명의 채권자가 가등기에 기한 본등기청구를 하는 경우는 일률적으로 단정할 수 없다. 종전에는 이를 필수적 공동소송으로 보았으나 최근 전원합의체 판결에서 그 입장을 제한적으로 변경하여[3] 경우에 따라 통상공동소송으로 볼 수 있다고 밝혔다.

한편 판례는 분할전 공동상속재산[4]을 공유로 보아 통상공동소송관계로 취급하므로[5] 공동상속인은 각자 독립하여 소를 제기하거나 취하할 수 있다.[6]

둘째, 공유자간의 각종 청구는 이들을 대체로 보존행위로 보아 단독으로 할 수 있다고 함이 판례이다. 예컨대 탈취된 공유물의 인도청구는 보존행위에 해당하므로 공유자가 단독으로 할 수 있다.[7] 또한 공유물 전부에 대한 방해배제청구,[8] 지분권확인청구,[9] 공유지분의 등기청구,[10] 공유부동산에 대한 불법등기의 말소청

1) 대판 1961. 12. 7. 60 민상 306, 307. 민법학자들도 대부분 판례를 지지한다.

2) 다만 대판 1960. 7. 7. 4292 민상 462는 공유자 각자가 그 취득하였던 지분만에 대하여 지분의 취득등기를 청구하는 시는 타 공유자와 관계없이 각자 단독으로 청구할 수 있다고 보고 있다.

3) 대판(전) 2012. 2. 16. 2010 다 82530은 수인의 채권자가 공동으로 매매예약완결권을 가지는 관계인지 아니면 채권자 각자의 지분별로 별개의 독립적인 매매예약완결권을 가지는 관계인지는 매매예약의 내용에 따라야 하는데, 공동명의로 담보가등기를 마친 수인의 채권자가 각자의 지분별로 별개의 독립적인 매매예약완결권을 가지는 경우에는, 채권자 중 1인이 단독으로 자신의 지분에 관한 청산절차를 이행한 후 소유권이전의 본등기절차 이행을 구할 수 있다고 보았다.

4) 공동상속재산에 관하여 민법 제1006조와 일본민법 제898조는 공유로 규정한다. 그러나 일본학설은 이를 합유로 보고 이에 관한 소송을 필수적 공동소송으로 해석한다. 독민법 제2032조는 이를 합유라고 규정하므로 이에 관한 소송이 필수적 공동소송으로 된다고 함은 자연스러운 논리이다.

5) 대판 1964. 12. 29. 64 다 1054; 대판 1978. 11. 14. 78 다 712 등.

6) 대판 1965. 2. 24. 64 다 1401, 1402, 1403.

7) 대판 1974. 9. 30. 74 다 537. 다만 결론에는 찬성하지만 그 이유를 보존행위의 이론으로 설명하지 아니하고 불가분채권의 이론으로 설명하거나 지분권의 성질에서 구하는 견해도 있다(이러한 법리들에 관하여는 윤재식, "공유자 사이의 공유물의 보존행위," 오당박우동선생화갑기념논문집, 민사재판의 제문제(1994), 8권, 155면 이하 참조).

8) 대판 1991. 1. 15. 88 다카 19002,19019; 대판 1994. 3. 22. 93 다 9392, 9408.

9) 대판 1970. 7. 28. 70 다 853, 854.

10) 대판 1964. 12. 29. 64 다 1054.

구,[1] 공유물에 대한 불법행위로 인한 손해배상청구[2] 등도 공유자가 단독으로 할 수 있다고 한다.

셋째, 제3자가 공유자들을 상대로 소를 제기하는 경우, 예컨대 제3자의 공유자들에 대한 소유권확인 및 소유권보존등기말소청구,[3] 또는 공유자들을 상대로 한 소유권이전등기청구는 필수적 공동소송이 아니며,[4] 공유물인도 내지 철거소송도 공유자 각자에 대하여 그 지분권의 한도 내에서 인도 또는 철거를 구하는 것이라는 이유로 필수적 공동소송이 아니라는 것[5]이 판례이다.

넷째, 공유자간의 내부관계를 보면 지분권은 다른 공유자의 지분에 의하여 일정한 비율로 제한을 받는 점을 제외하면 하나의 독립한 소유권과 같은 것이므로 공유자 상호간에는 다투는 공유자만을 상대로 소를 제기할 수 있다. 다만 공유물분할의 소는 법원의 구체적 자유재량에 의하여 분할이라는 법률관계의 형성을 내용으로 하는 형식적 형성의 소로서[6] 공유자전원이 소송당사자로 되어야 하는 필수적 공동소송이다.[7]

요컨대 공유재산에 관한 소송은 원칙적으로 각 공유자가 독립하여 제기할 수 있으나 다만 공유자들이 공유관계 자체에 기하여 제기하는 방해배제청구와 소유권이전등기청구, 공유물분할청구 및 지적재산권이 공유일 때의 심판청구(특 제139조, 상표 제82조, 디자인 제72조, 실용 제35조) 따위는 예외적으로 고유필수적 공동소송이다.

공유관계에 관하여 고유필수적 공동소송의 범위를 판례와 같이 좁게 인정하면 상반된 판결 때문에 집행불능이나 부당집행의 혼란이 일어나고 법원과 당사자(특히 피고)의 재판부담이 무거워지게 된다. 반면에 고유필수적 공동소송의 범위를 확대하면 이견을 가지는 공유자의 소송상 지위가 부당하게 침해될 염려가 있다. 그러므로 이를 어디까지 인정할 것인가는 공유에 관한 실체법의 규정(민 제262조 이하)을 충실하게 존중하는 선에서 해답을 찾아야 할 것이다. 그러나 판례의 태도는 문제가 있다.

1) 대판 1966. 4. 19. 66 다 415; 대판 1996. 2. 9. 94 다 61649.
2) 대판 1979. 1. 30. 78 다 2088 등.
3) 대판 1972. 6. 27. 72 다 555.
4) 대판 1965. 7. 20. 64 다 412; 대판 1994. 12. 27. 93 다 32880, 32897.
5) 대판 1969. 7. 22. 69 다 609.
6) 대판 1969. 12. 29. 68 다 2425; 대판 1981. 3. 24. 80 다 1888.
7) 공유물분할소송이 항소심 계속중 당사자인 공유자의 일부 지분이 제3자에게 이전되었고, 그 제3자가 당사자로 참가하지 않은 상태에서 변론이 종결된 경우에 고유필수적 공동소송인 공유물분할소송은 적법하지 않다(대판 2014. 1. 29. 2013 다 78556).

(ii) 총유관계인 경우에는 대표자가 없으면 모두가 당사자가 되어야 하는 고유필수적 공동소송임은 법인 아닌 사단의 경우에 이미 본 바와 같다. 그러므로 부락민들의 총유재산인 임야에 관한 소송은 권리능력 없는 사단인 부락 자체의 명의로 하거나 또는 부락민 모두가 당사자가 되어 제기할 수 있고, 부락민 모두가 당사자가 된 경우에는 필수적 공동소송이 된다.[1] 교회가 분열된 경우에 종전 교회의 재산은 분열 당시 교인들의 총유에 속하고 일방이 타방의 교회건물에 대한 사용수익을 배제할 수 없다고 함이 판례이다.[2] 그러나 이 경우에는 종전 총유단체인 교회재산은 분열 후의 두 개의 총유단체인 각 교회의 공유로 되며 공유지분은 각 교회의 세례교인의 수에 따라 정하는 것이 타당하다는 견해도 있다.[3]

(iii) 합유관계인 경우에는 원칙적으로 고유필수적 공동소송이다. 그러므로 주류공동제조면허명의자의 상호관계는 민법상의 조합으로서 합유적 관계에 있고, 합유재산에 관한 소송은 고유필수적 공동소송에 해당하는 것이므로 주류공동제조명의자의 1인으로부터 면허를 양수한 자는 공동면허명의자 모두를 상대로 하여야만 면허취소신청과 보충면허신청절차의 이행을 소구할 수 있지, 양도인만을 상대로 하여서는 그 이행을 소구할 수 없다.[4] 그러나 합유물에 대한 보존행위에 대한 소송은 각자가 할 수 있고[5] 조합채무의 이행을 구하는 소송은 일부 조합원만을 피고로 하여도 된다.[6] 부동산의 합유자 중 일부가 사망한 경우에는 합유자간에 특약이 없는 한 사망한 합유자의 상속인은 합유자로서의 지위를 승계하는 것이 아니므로 해당 부동산은 잔존 합유자의 합유로 귀속된다. 한편 공동명의예금채권자들의 은행 상대의 예금반환청구의 소는 그 예금이 동업자금예금인 경우에는 필수적 공동소송이나, 동업 이외의 목적의 공동예금일 때에는 그러하지 아니하다.[7]

4) 必須的 共同訴訟의 審判 필수적 공동소송인 상호간에는 원칙적으로

---

1) 대판 1994. 5. 24. 92 다 50232.
2) 대판(전) 1993. 1. 19. 91 다 1226.
3) 대판(전) 1993. 1. 19. 91 다 1226 소수의견.
4) 대판 1993. 7. 13. 93 다 12060.
5) 대판 1972. 5. 23. 72 누 9.
6) 대판 1969. 12. 23. 69 다 1053.
7) 대판 2004. 10. 14. 2002 다 55908; 대판 2008. 10. 9. 2005 다 72430 등 참조. 동업 이외의 특정 목적으로 예금을 공동명의로 한 경우에 은행에 대한 지급청구만은 공동반환의 특약에 의하여 공동명의예금채권자들 모두가 공동으로 하여야 한다는 판례의 입장을 공동반환특약부 분할채권설로 부르는 견해로 김홍 915면.

법 第67조가 적용되고 심리의 병합, 소송자료의 통일, 소송절차진행의 통일을 도모하여 소송행위 상호간의 모순저촉을 방지하고 동일내용의 판결을 합일적으로 확정한다.

그러나 필수적 공동소송이라 하여도 공동소송인 간의 판결을 통일하기 위한 한도 내에서만 합일확정공동소송이므로 이 때문에 소송행위까지 언제나 공동으로 해야 하는 것은 아니다.

가) 訴訟要件의 調査 소송이 통상공동소송이냐 필수적 공동소송이냐는 원고가 주장한 사실을 기준으로 하여 법원이 직권으로 조사하면 된다. 공동소송인 모두가 당사자로 되었는지는 변론종결시를 기준으로 하여 요건이 흠결되었으면 고유필수적 공동소송의 경우에는 전소송을 부적법각하할 것이고,[1] 유사필수적 공동소송의 경우에는 소송요건을 갖추지 못한 당사자의 부분만을 분리하여 일부각하할 수 있을 것이다.

나) 누락된 必須的 共同訴訟人의 追加 고유필수적 공동소송인 가운데 일부가 누락된 경우라도 소송경제상 제1심 변론을 종결할 때까지 원고의 신청에 따라 결정으로 원고 또는 피고의 추가를 허가할 수 있다(제68조 I 본). 이는 소위 소의 주관적·추가적 병합을 인정한 것이다. 필수적 공동소송이 아닌 한 소송 도중에 피고를 추가하는 것은 허용될 수 없다.[2] 다만 원고의 추가는 그 추가될 자의 동의가 있어야만 허가결정을 할 수 있고 이러한 결정에 대하여는 이해관계인은 원고의 동의가 없었음을 사유로 하는 경우에만 즉시항고를 할 수 있다. 이 즉시항고에는 집행정지의 효력이 없다(제68조 IV). 공동소송인의 추가결정이 있게 되면 처음 소가 제기된 때에 추가된 당사자와의 사이에 소가 제기된 것으로 본다(제68조 III). 당사자 모두에게는 허가결정의 정본을, 그리고 추가된 당사자에게는 허가결정의 정본과 소장부본을 송달하여야 한다. 원고의 추가신청을 기각한 결정에 대하여는 즉시항고를 할 수 있다(제68조 V).

다) 訴訟資料의 統一

(i) 공동소송인 중 1인의 소송행위는 모두의 이익을 위하여서만 그 효력이 있다(제67조 I). 그러므로 한 사람이 다투면 모두가 다툰 것으로 되고, 유리한 증거방법을 제출하면 모두가 유리한 상태가 된다. 상소는 이익되는 소송행위이므로 1인의 항소나 상고는 모두를 위하여 판결의 확정차단과 이심의 효력을 발생시킨

1) 대판 1966. 10. 4. 66 다 1079.
2) 대판 1993. 9. 28. 93 다 32095.

다.[1] 여기서 모두의 이익이란 소송 전체를 통하여 모두가 승소판결을 받는 데 유익한 경우를 뜻한다.

그리고 불리한 소송행위, 예컨대 자백·청구의 포기·인낙·화해 등은 공동소송인 모두가 일치하여 한 경우가 아니면 모두를 위하여 그 행위 본래의 효과가 생기지 아니한다. 다만 자백이나 인낙 등이 그 본래의 효과는 안 생기더라도 공동소송인의 그러한 사실상의 진술을 전연 부존재시할 수 없는 만큼 법원이 이를 당사자변론의 전취지로서(제202조) 사실인정의 자료로 삼는 것을 막을 수는 없을 것이다. 또한 고유필수적 공동소송에서 1인에 의한 소취하[2]나 재판상 화해는 효력이 없으나 유사필수적 공동소송의 경우에는 공동원고 중 1인의 취하가 가능하다고 할 것이다.[3]

(ii) 공동소송인 중 1인에 대한 상대방의 소송행위는 그 이익되는 여부를 막론하고 공동소송인 모두에 대하여 효력이 있다(제67조 II). 피고가 공동원고의 1인에 대하여 어떤 소송행위를 하면 원고 모두에 대하여 그 소송행위의 효력이 생긴다. 법 제67조 2항은 공동소송인 중 1인에 대한 상대방의 소송행위의 효력을 규정한 것이므로 법원의 공동소송인에 대한 소송행위에는 적용이 없으며 따라서 법원은 각 공동소송인에 대하여 각기 소송행위를 하여야 한다. 그러므로 소환과 송달은 공동소송인 모두에게 하여야 한다.[4]

(iii) 공동소송인이 기일에 결석하면 그 불리한 효과는 다른 공동소송인에게 미치지 아니하고 오히려 공동소송인 중의 1인이 기일에 출석하여 변론을 하고 일정 기간중에 특정한 소송행위를 하면 모두의 이익이 되므로 나머지 공동소송인이 결석하거나 기간을 해태하여도 그에 따른 의제자백, 쌍불취하 등 불이익을 입지 아니한다(제148조, 제268조, 제284조 참조). 그러나 해태자는 결석한 그 기일에 출석한 다른 공동소송인의, 또는 이에 대한 상대방의 소송행위 및 해태한 기일에 한 행위의 효력을 받아야 한다. 비록 그 행위가 해태자에게 불이익이 되는 경우라도 효력이 미친다고 보아 공동소송인 1인의 결석으로 인하여 소송이 지연됨을 방지하여야 할 것이다.[5]

---

1) 대판 1996. 12. 10. 96 다 23238.
2) 대판 1996. 12. 10. 96 다 23238.
3) 유사필수적 공동소송인 중의 1인이 상대방과 재판상 화해를 할 수 있다는 설도 있으나 (方 203면) 부정하여야 할 것이다.
4) 대판 1955. 9. 8. 55 민상 221.
5) 方 203면. 이에 대하여 출석한 자의 유리한 행위만이 다른 결석한 공동소송인에게 효력을 미친다는 반대설로는 李時 709면, 鄭/庾 909면, 姜 206면.

라) 訴訟節次進行의 統一

(i) 법원의 소송행위, 즉 기일의 지정·변경, 절차의 중지 또는 소환과 송달 등은 공동소송인 모두에게 하여야 한다.

(ii) 변론 및 증거조사는 공통된 기일에 실시한다.

(iii) 공동소송인 중 1인에게 소송절차의 중단·중지의 이유가 있는 때에는 이는 모두에게 효력이 미친다(제67조 Ⅲ).

(iv) 상소기간은 각 공동소송인에 관하여 개별적으로 진행되나(제396조, 제425조) 모두에 대하여 상소기간이 만료하지 아니하는 한 공동소송인 중 1인의 상소는 모두를 위하여 효력이 생긴다(제67조 Ⅰ). 그리하여 상소기간만료자의 상소라도 미만료자의 상소로서 효력이 있으므로 결국 상소기간도 공동소송인 모두에 대하여 만료된 때에 비로소 만료된다. 공동소송인 중 1인이 상소를 제기하면 상소를 제기하지 아니한 다른 공동소송인은 상소심당사자의 지위를 가지게 되나 상소인이 되는 것은 아니어서[1] 상소심의 심판범위는 실제로 상소한 자의 상소취지에 의하여서만 정하여진다. 상대방이 공동소송인 중 1인에 대하여 상소를 제기하면 공동소송인 모두에 대하여 효력이 있다(제67조 Ⅱ). 무능력자가 필수적 공동소송의 1인으로 된 경우에 법정대리인이 무능력자를 대리하여 상소를 제기함에는 친족회의 동의(민 제950조 [4])가 있어야 하지만 다른 공동소송인의 상소에 의하여 무능력자가 상소심당사자가 되는 때에는 법정대리인은 친족회의 동의를 요하지 아니한다(제69조).

(v) 변론의 분리는 필수적 공동소송의 성질상 허용될 수 없으며 합일확정의 필요상 일부판결은 할 수 없고, 종국판결은 모두에 대한 1개의 전부판결이어야 한다. 일부판결을 한 경우에는 추가판결을 하기보다 상소에 의해서 이를 시정하여야 한다.

(vi) 소송비용은 패소시에는 필수적 공동소송인들의 연대부담으로 하여야 할 것이고,[2] 승소시에는 연대채권으로 보아 공동소송인간의 내부문제로 처리할 것이다(제102조).

3. 理論上 合一確定訴訟

1) 意　義　　법률상으로는 합일확정의 필요가 없으나 논리상 또는 이

1) 대판 1995. 1. 12. 94 다 33002는 상고하지 않은 피고를 단순히 '피고'라고만 표시하고 있다.

2) 대판 1993. 4. 23. 92 누 17297은 필요적 공동소송에 있어서 상고비용을 상고한 피고에게만 부담시킨 경우이다.

론상 공동소송인 간에 판결이 구구할 수 없는 공동소송이다. 합일확정의 필요가 실체법이거나 절차법이거나 간에 법률상으로는 요구되지 아니하므로 결국 통상 공동소송에 불과하지만 공동소송인 간의 관계가 단독소송을 여러 개 병합한 경우보다 더욱 긴밀하기 때문에 공동소송으로 제기되어 판단되는 이상 논리적으로 상호 모순된 판결이 내려질 수 없는 경우이다.

2) 理論上 合一確定訴訟의 例

가) 동일부동산에 대한 소유권이전등기가 여러 명에게 순차로 경료된 경우에 그 원인무효를 이유로 한 소유권이전등기의 순차말소청구는 목적과 수단의 관계에 있으므로 모두에 대하여 승소하지 아니하면 일부승소한 자에 대한 등기조차 말소할 수 없게 되어 있다(부등 제171조).[1)]

나) 동일어음의 여러 명의 배서인에 대하여 상환청구를 하는 경우 또는 채권질권자가 채무자와 제 3 채무자를 공동피고로 하여 질권확인을 구하는 경우, 공동점유물의 인도를 구하는 경우[2)] 등과 같이 공동소송인의 또는 이에 대한 각 청구가 동일한 권리의무의 주장이거나, 동일한 사실상 또는 법률상 원인에 기인하는 경우에는 그 한도에서 각 청구에 관하여 논리상 모순되는 판단이 내려질 수 없다.

3) 性質 및 審判 이론상 합일확정소송을 필수적 공동소송으로 보는 견해도 있으나, 판례는 2인을 공동피고로 하여 소를 제기한 경우에 원고의 양피고에 대한 청구가 목적과 수단의 관계에 있는 때에는 언제나 통상공동소송이 된다고 한다.[3)] 이렇게 되면 공동소송인 상호간의 공격방어방법의 차이 때문에 소송결과가 달라질 수 있음은 불가피하다.[4)] 이 같은 소송을 준필수적 공동소송으로 보지 아니하고 통상공동소송으로 보면 근대적 소송법이 제정되던 시대의 개인주의적 이념에 충실하여 본래부터 각 당사자가 갖는 분쟁의 자주적 해결권을 확보해주기는 한다. 그러나 판결의 모순을 방지하기 위해서는 공동소송인 독립의 원칙을 어느 정도 완화하여 증거공통의 원칙과 주장공통의 원칙을 인정해야 할 것이다.

---

1) 대판(전) 1990. 11. 27. 89 다카 12398 은 소유권자는 진정한 등기명의의 회복을 위하여 중간등기명의인들을 상대로 차례로 그 등기의 말소를 구할 필요 없이 최종등기명의인을 상대로 직접 이전등기를 청구할 수 있다고 한다.

2) 대판 1966. 3. 15. 65 다 2455.

3) 대판 1961. 11. 16. 60 민상 766, 767; 대판 1971. 2. 9. 70 다 232.

4) 대판 1991. 4. 12. 90 다 9872.

Ⅳ. 豫備的·選擇的 共同訴訟(訴의 主觀的·豫備的 併合)

1. 意 義

예비적 공동소송이란 수인의 또는 수인에 대한 청구가 논리상 양립할 수 없는 관계에 있으나 어느 것이 인정될 것인가를 판단하기 어려운 경우에 공동소송의 형태로서 각 청구에 순서를 정하여 심판을 신청하는 경우이다. 소의 주관적·예비적 병합이라고도 한다. 예컨대 먼저 갑을 피고(주위적 피고)로 삼아 청구하고 갑에 대한 청구(제1차적 청구)가 기각될 경우를 대비하여 을을 피고(예비적 피고)로 하여 제2차적 청구(예비적 청구)를 제기하는 경우, 또는 원고가 손해배상을 청구하면서 먼저 공작물점유자를 주위적 피고로 하고 이의 인용을 해제조건으로 하여 그 소유자를 예비적 피고로 삼는 경우이다. 종래에는 주로 피고측의 경우를 논의하여 왔으나 원·피고 양측에 이와 같은 주관적·예비적 병합이 이론상 가능하다. 원고측의 주관적·예비적 병합의 예로는 제1차적으로 채권의 양수인이 원고로서 채무자에게 이행을 청구하고 양도가 무효로 될 것을 대비하여 제2차적으로 양도인이 원고로서 청구하는 경우를 들 수 있다.

2. 適法 論議

이러한 청구는 소의 객관적·예비적 병합의 경우와 대비하여 그 적법 여부에 관한 논의가 있었다. 원래 조건을 붙이는 소송행위는 소송절차의 안정성 때문에 허용되지 아니한다. 다만 예비적 신청은 주된 청구의 인용을 해제조건으로 하는 만큼 조건의 성부가 소송심리중에 밝혀지므로 소의 객관적·예비적 병합은 절차의 불안정을 초래하거나 상대방의 입장을 불리하게 하지 아니한다는 이유에서 일반적으로 인정되어 있다. 그러나 소의 주관적·예비적 병합을 허용할 것인가에 관하여는 견해의 대립이 있었다.

1) 否 定 說 i) 소의 주관적·예비적 병합의 경우에 예비적 피고(앞에서 든 예의 을)로서는 자기에 대한 청구의 당부의 판단이 있을 것인가가 오직 제1차적 피고(앞에서 든 예의 갑)에 대한 청구의 판단결과에 좌우되고 을의 응소활동이 자기 의사에 관계없이 종료되는 등 예비적 피고의 소송상 지위는 몹시 불공평·불안정을 면할 수 없다. 이 점은 피고가 응소한 뒤에 소취하를 하려면 피고의 동의를 얻어야 하는 제266조 2항과도 균형을 잃는다. ii) 뿐만 아니라 소의 주관적·예비

적 병합의 경우에는 공동소송인독립의 원칙이 적용되는 결과 제 1 차적 청구가 인정되면 주위적 피고만 상소할 수 있고 예비적 피고에 대해서는 아무런 판단이 없으므로 그는 상소할 길이 없으며 그 부분의 소송계속은 원심에 남게 된다. 또 상소심에서 주위적 피고에 대한 청구가 기각되어 확정되면 원고는 예비적 피고였던 자를 상대로 새로운 소를 제기할 수밖에 없는데 이 경우 원고청구가 동일한 결론에 도달할는지 보장이 없다. 이렇게 되면 이 제도는 상소와의 관계에서 재판의 불통일을 초래할 수 있다. iii) 택일적 관계에 있는 채무자를 상대로 청구하는 경우 그 중 하나를 피고로 삼고 나머지에 대해서는 소송고지를 하면 재판의 불통일이 방지되므로 절차를 복잡하게 만들고 피고를 일방적으로 불안하게 만드는 해제조건부소송을 인정할 필요가 없다고 한다. 종래의 판례의 입장이다.[1] 학설은 팽팽한 대립을 보이고 있었다.[2]

2) **肯 定 說** 소의 주관적·예비적 병합은 소의 객관적·예비적 병합을 인정하는 점에 대응하여 이를 인정하는 것이 심판의 모순·저촉을 피하고 분쟁의 신속·경제·통일적 해결에 도움이 된다고 한다.[3] 즉 피고를 특정하기 어려운 경우에 원고에게 패소위험부담을 방지하고 분쟁의 일회적 해결을 도모할 수 있게 하는 등 여러 가지로 유리한 소송상 지위와 편의를 확보해 준다. 이러한 소의 병합이 인정되지 아니하면 의무의 주체가 택일적 관계에 있는 분쟁에서 원고가 주위적 피고와 예비적 피고에게 모두 패소하는 모순이 발생할 수 있고, 주위적 피고에 대한 소송결과를 보고 예비적 피고에 대하여 소를 제기한다면 그 사이에 소멸시효가 완성될 위험도 있으며, 한편 예비적 피고가 될 자의 입장에서도 소송 밖에 위치함으로써 방어기회를 잃는 등 불리한 경우도 적지 아니하다. 따라서 실체상의 권리의 모습을 소송에 반영하여 분쟁을 신속하고 통일적으로 해결하며 원고의 이익보호를 위하여 이를 인정할 필요가 있다. 또한 긍정설 중에는 부정설이 지적하는 피고지위의 불안정과 재판의 모순이라는 문제점을 극복하기 위하여 독립당사자참가유추적용설,[4] 보조참가 또는 소송고지에 관한 규정을 유추적용하자는 참

1) 대판 1982. 3. 23. 80 다 2840; 대판 1984. 6. 26. 83 누 554, 555; 대판 1993. 5. 11. 92 수 150; 대판 1996. 3. 22. 95 누 5509; 대판 1997. 8. 26. 96 다 31079.

2) 부정설로는 金洪奎, 민사소송법(제 6 판), 661면; 鄭東潤, 민사소송법(제 4 전정판), 899면; 胡 862면.

3) 方 194면, 李時 711면, 姜 209면, 韓 256면, 田 802면, 李在性, "주관적·예비적 병합의 소의 적부," 사법행정 1973년 10월호, 11월호.

4) 李時 711면.

가적효력유추설,[1] 필수적 공동소송의 특칙을 준용하려는 준필요적 공동소송설 등이[2] 주장되고 있었다.

3. 要　件

1) 분쟁의 모순없는 일회적 해결과 원고의 이익보호를 위하여 위에 언급한 긍정설의 입장이 수용되었다. 그리하여 공동소송인 중 일부의 청구가 다른 공동소송인의 청구와 법률상 양립할 수 없거나 공동소송인 중 일부에 대한 청구가 다른 공동소송인에 대한 청구와 법률상 양립할 수 없는 경우에 이러한 청구들을 병합하여 하나의 소(공동소송)로써 제기할 수 있고, 그 병합은 예비적 또는 선택적으로 할 수 있게 되었다. 그 결과 당사자는 1개의 소송절차로 그 중 누가 의무관계의 주체인지를 합일확정해 주도록 요구할 수 있게 된 것이다. 즉 실무상 채무자가 회사인지 또는 그 대표자 개인인지 확정하기 어려운 경우가 많고 이러한 경우 원고는 대개 양자를 공동피고로 삼아 소송에 끌어드리는 것이 현실이므로 이러한 현실을 반영한 것이다.

2) 법률상 양립불가능이란 양 피고에 대한 청구가 청구 자체로 보아 승패를 달리하는 관계라는 뜻이다. 법률상 양립불가능의 원인은 법률상의 것이거나 또는 사실상 원인에 기인한 것이거나 불문한다. 즉 동일한 사실관계에 대한 법률적인 평가를 달리하여 두 청구 중 어느 한 쪽에 대한 법률효과가 인정되면 다른 쪽에 대한 법률효과가 부정됨으로써 두 청구가 모두 인용될 수 없는 관계에 있는 경우나, 당사자들 사이의 사실관계 여하에 의하여 또는 청구원인을 구성하는 택일적 사실인정에 의하여 어느 일방의 법률효과를 긍정하거나 부정하고 이로써 다른 일방의 법률효과를 부정하거나 긍정하는 반대의 결과가 되는 경우로서, 실체법적으로 서로 양립할 수 없는 경우뿐만 아니라 소송법상으로 서로 양립할 수 없는 경우를 포함한다.[3] 민사소송법 제70조 1항 본문이 규정하는 '공동소송인 가운데 일부에 관한 청구'를 반드시 '공동소송인 가운데 일부에 관한 모든 청구'라고 해석할 필요는 없으므로, 주위적 피고에 관한 주위적·예비적 청구 중 주위적 청구부

1) 이 설은 일본에서 유력하게 주장되었으나 분쟁을 일회적으로 신속하게 해결하기에는 부적절하고, 소송고지에 시효중단의 효력이 없어서 문제가 있다는 비판이 있다. 田 786면 참조.

2) 姜 209면 이하, 韓 256면.

3) 대결 2007. 6. 26. 2007 마 505. 동 결정은 아파트입주자대표회의 구성원 개인을 피고로 삼아 제기한 동대표지위 부존재확인의 소의 계속중에 아파트입주자대표회의를 피고로 추가하는 주관적·예비적 추가가 허용된다고 본 사례이다.

분이 인용되지 않는 경우, 그와 법률상 양립할 수 없는 관계에 있는 예비적 피고에 대한 청구를 인용하여 달라는 취지로 결합하여 예비적 공동소송의 소를 제기할 수 있다.[1)]

3) 후발적 병합에 의한 예비적 공동소송도 가능하다.

4) 예비적 공동소송은 원고가 피고측을 병합하는 경우뿐만 아니라 원고측의 주관적·예비적 병합도 인정될 수 있다. 그러나 원고가 예비적 병합이 된 경우는 실무상 그 예가 흔하지 아니할 뿐만 아니라, 후술 독립당사자참가 중 권리주장참가(제79조 1항 전단)와 유사하므로 권리자합일확정소송은 그것을 이용하면 좋을 것이다. 그러므로 제70조는 피고들을 예비적으로 병합하여 채무자를 합일확정할 필요가 있는 경우에 이용되도록 규정하고 있다.

5) 각 피고에 대한 청구가 법률상 양립하지 않는 경우에도 원고가 선택적 병합을 원한다면 꼭 원고로 하여금 그 심판순서를 정하도록 요구할 필요는 없을 것이므로 주관적·선택적 병합(선택적 공동소송)도 가능하다고 본다. 이 경우 어느 한 피고가 자백하거나 패소가 확실하게 되면 심리는 종결되고 다른 피고에 대해서는 원고패소판결을 하게 될 것이다. 이하 편의상 예비적 공동소송의 경우를 서술한다.

4. 審理方法

1) 긍정설의 입장을 택하는 경우 피고의 지위가 불안정해지고 상소에 있어서 재판의 불통일이 생길 수 있으므로 이를 최소화하기 위하여 그 심리방법으로서 공동소송인 간에는 필수적 공동소송에 관한 제67조 내지 제69조를 준용한다(제70조 I). 이 경우에는 공동소송인독립의 원칙의 적용을 배제하여 소송자료와 소송진행의 통일을 도모한 것이다. 예비적 공동소송에서 필수적 공동소송의 규정을 준용하도록 한 것은 공동소송인들에 관한 각 청구가 법률상 양립할 수 없는 경우에 이들 청구를 일거에 통일적으로 해결하기 위한 도구적인 의미에서의 합일확정을 위한다는 이유일 것이다. 공동소송인들 사이에 승패를 달리할 수 없다는 의미에서의 합일확정을 구하는 필수적 공동소송의 경우와는 본질을 달리한다. 예비적 공동소송은 세 당사자 사이에 동일한 법률관계를 둘러싼 분쟁을 한꺼번에 통일적

---

1) 대판 2009. 7. 9. 2009 다 14349. 동 판결에서는 부진정연대채무의 관계에 있는 채무자들을 공동피고로 하여 이행의 소가 제기된 경우, 일방에 대한 채무가 변제 등으로 소멸하면 타방의 채무도 소멸하게 되어 그 공동피고에 대한 각 청구가 법률상 서로 양립할 수 없는 것이 아니므로 예비적 공동소송이 될 수 없다고 한다.

으로 해결하기 위하여 공동소송인독립의 원칙이 적용되지 않는 독립당사자참가의 경우에 보다 접근한다고 볼 수 있다. 공동소송인들간에 이해가 상반되는 한도에서는 독립당사자참가에서 필수적 공동소송이 준용되는 것처럼 예비적 공동소송에서의 청구들간에 모순 없는 판단을 전제한다는 의미를 가지게 된다.

2) 모든 공동소송인에 대한 청구에 관하여 빠짐없이 판결을 하여야 한다(제70조 II). 즉 예비적 병합인 이상 주위적 피고에 대한 청구가 기각되는 경우에 예비적 피고에 대한 판결이 내려짐은 당연하나, 주위적 피고에 대한 청구를 인용하는 경우에도 예비적 피고에 대한 청구를 판단할 것인가의 문제에 대하여 긍정한 것이다. 이는 부정설의 전제가 주위적 피고에 대하여 승소한 경우에는 예비적 피고에 대하여 판결하지 않는다는 것이므로 예비적 당사자의 소송수행노력을 사장시키지 않는다는 취지에서 모든 공동소송인에 관한 청구에 대하여 판결하도록 한 것이다. 그러나 이러한 규정으로 인하여 양피고에 대한 판결이 항상 존재하게 되므로 결과적으로 예비적 공동소송은 각 피고에 대한 두 개의 무조건적 소의 병합이고, 항상 판결을 받게 되는 예비적 청구는 해제조건부 소송이라고 볼 수 없게 된다.

3) 상소한 경우 필수적 공동소송의 규정을 준용하므로 분리확정은 금지되고, 상소기간, 상소심에서의 예비적 피고의 지위 등은 필수적 공동소송의 경우와 동일하다.[1] 또 원고가 제1심에서 주위적 피고에게 패소하고 예비적 피고에게 승소한 사안에서 원고는 주위적 피고에 대하여 패소하였다는 이유로 상소하고 예비적 피고도 자신에 대한 청구의 인용에 불복하여 상소한 경우에 원고는 주위적 피고에 대한 자기의 청구가 이유 있음을 주장하는 동시에 예비적 피고의 불복은 이유 없음을 주장하여야 하는데 이는 원고에게 상호모순되는 주장을 강요하는 결과로 된다.

4) 주관적·예비적 병합에 있어서는 원고, 주위적 피고 및 예비적 피고 사이에 이해관계가 상호 대립되어 독립당사자참가의 3면소송의 모습과 유사하므로 소송자료와 재판진행을 통일하기 위한 필수적 공동소송의 특칙을 준용하도록 하되, 청구의 포기·인낙, 화해 및 소의 취하의 경우에는 개별적으로 각자의 소송물을 처분할 수 있도록 필수적 공동소송에 관한 조문을 준용하지 아니한다(제70조 I 단). 그런

1) 부진정연대채무의 관계에 있는 채무자들을 공동피고로 하여 이행의 소가 제기된 경우 공동피고에 대한 각 청구는 법률상 양립할 수 없는 것이 아니므로 예비적·선택적 공동소송이 아니므로 필수적 공동소송에 관한 민사소송법 제67조가 준용되지 않아 상소로 인한 확정차단의 효력도 상소인과 그 상대방에 대해서만 생긴다(대판 2012. 9. 27. 2011 다 76747).

데 원고가 독자적으로 소취하나 청구의 포기를 하는 것은 별문제가 없으나 피고가 소송물의 처분에 관여하는 청구의 인낙이나 화해의 경우에는 문제가 있다. 피고 중의 1인이 인낙하면 이는 유효하고 이에 의하여 예비적 공동소송은 해소되어 원고와 나머지 피고와의 소송관계로 잔존한다. 그러나 인낙에 의하여 원고는 소송을 통하여 얻고자 하는 목적을 달성했음에도 불구하고 소송관계가 남아 있게 되는 결과로 된다. 화해의 경우에도 비슷한 문제가 생길 수 있다.

주위적 당사자에 관한 청구에서 우선적으로 승소판결을 받아야 한다는 원고의 의사는 존중되어야 할 것이다. 그러나 이해관계가 상반된 공동소송인들 사이에서의 모순 없는 분쟁의 해결이라는 예비적 공동소송의 입법취지에 반하는 결과가 초래되는 경우, 청구의 인낙 혹은 화해의 효력은 인정되지 않을 수 있다.[1)]

V. 訴의 主觀的·追加的 併合

1. 意　義

이는 당사자의 의사에 의하여 소송계속중 후발적으로 공동소송이 성립하는 경우이다. 소송계속중 제 3 자가 스스로 당사자로서 소송에 가입하거나 기존소송의 당사자가 제 3 자에 대한 소를 추가적으로 병합함으로써 공동소송이 되는 형태이다.

현행법상으로는 승계인의 소송참가(제81조)와 소송인수(제82조), 공동소송참가(제83조) 및 추심의 소를 제기당한 제 3 채무자가 원고 이외의 채권자에 대하여 제기하는 소환신청(민집 제249조 Ⅲ)이 있고, 널리 보면 고유필수적 공동소송에서 누락된 공동원고 또는 공동피고를 추가하는 경우(제68조)도 소의 주관적·추가적 병합의 예라고 할 수 있다.

2. 適 法 性

논의의 핵심은 위에 든 바와 같이 법이 명문으로 인정하는 소의 주관적·추가적 병합은 문제가 없으나 변론의 병합이나 명문의 규정이 없는 경우에도 원고 또는 피고의 의사에 의하여 소의 주관적·추가적 병합을 인정할 수 있겠느냐 하는

1) 대판 2008. 7. 10. 2006 다 57872에서는 예비적 공동소송에서 일부 공동소송인에 대한 관계에서 조정에 갈음한 결정이 확정되었다면 재판상 화해와 동일한 효력이 원칙적으로 발생하여 그 공동소송인에 관하여 소송관계는 분리확정되지만, 조정에 갈음하는 결정에서 분리확정을 불허하거나 그 결정에서 정한 사항이 공동소송인들에게 공통되는 법률관계를 형성함을 전제로 이해관계를 조절하는 경우 등에는 조정내용대로의 분리확정은 인정되지 않는다고 판시하였다.

것이다.

1) **否定說** 임의적 당사자변경의 일종인 소의 주관적·추가적 병합을 허용하는 것은 남소를 조장하고 확정된 당사자간에 계속하는 소송절차의 안정을 해친다고 한다.[1] 따라서 법도 이를 허용하는 경우에는 요건을 엄격히 규정하고 있으며 판례도 명문의 규정이 없는 한 이 같은 소송형태를 불허한다.[2]

2) **肯定說** 이 같은 소송형태를 인정하면 원고가 소를 제기한 기회에 그 소송절차를 이용하여 관련 분쟁을 단번에 해결함으로써 심판의 중복과 재판결과의 모순을 방지할 수 있어 소송경제와 편의를 도모할 수 있다고 한다.[3]

3) **批 判** 우리 법은 선진국의 입법이나 학설에 비하여 지나치게 임의적 당사자변경을 엄격하게 규제하고 있다고 하겠다. 또한 소의 주관적·추가적 병합을 불허하더라도 변론의 병합에 의하여 동일한 목적이 달성될 수 있고 이를 허용함이 심판의 중복과 재판결과의 모순을 방지하고 관련분쟁을 한꺼번에 해결함으로써 소송경제를 달성할 수 있으므로 긍정설에 찬성한다. 당사자의 가입 또는 확장은 세계적 추세라고 하겠다. 다만 앞에서 고찰한 소의 주관적·예비적 병합이나 소의 주관적·추가적 병합을 인정하려는 취지는 결국 근대 민사소송법의 기본원칙인 분쟁의 개별적 해결의 원칙이 초래하는 불편과 중복을 극복해 보려는 시도이나 이를 무제한 허용하면 오히려 소송지연 내지 복잡화를 초래하므로 일정한 제한이 필요할 것이다.

---

1) 胡 860면, 김홍 945면.

2) 대판 1967.10.4. 67 다 780; 대판 1980.7.8. 80 다 885. 다만 대판 1998.1.23. 96 다 41496은 대표이사가 개인 명의로 소를 제기한 후 회사를 당사자로 추가하면서 개인 명의의 소를 취하한 경우 당사자추가신청은 부적법하다고 하면서도, 제1심 법원이 당사자추가신청을 받아들이고 피고도 그에 동의하였으며 종전 원고인 대표이사 개인이 이를 전제로 소를 취하하게 되어 제1심 제1차 변론기일부터 새로운 원고인 회사와 피고 사이에 본안에 관한 변론이 진행된 다음 제1심에서 본안판결이 선고되었다면, 이는 마치 처음부터 원고 회사가 피고에 대하여 별도의 소를 제기하여 본안판결을 받은 것과 마찬가지라고 할 수 있으므로, 소송경제의 측면에서나 신의칙 등에 비추어 그 후에 당사자추가신청의 적법여부를 문제삼을 수 없다고 한다. 대표이사가 개인명의로 소를 제기한 후 그 개인을 회사로 당사자표시를 정정한 부적법한 당사자표시정정신청이 문제된 대판 2008. 6. 12. 2008 다 11276에서도 같은 취지의 판결이다. 위 두 판결들에서는 명문의 규정이 없지만 원고경정을 제한적으로 허용한다고 볼 수 있다.

3) 李英 117면, 李時 720면, 金/姜 698면, 鄭/庾 919면, 姜 254면 이하.

제 3 절 訴訟參加

제 1 관 訴訟參加 總說

I. 訴訟參加의 意義와 種類

소송참가라 함은 타인간에 소송이 계속중에 제 3 자가 자기의 법률상 지위를 보호하기 위하여 그 소송에 개입함으로써 일방당사자의 승소를 보조하거나 또는 스스로 당사자가 되어 종래의 당사자에 대하여 자기의 청구를 내세우면서 소송수행을 하는 경우를 뜻한다.

소송참가는 참가인과 그 상대방과의 사이에 소송상 청구가 있어서 당사자로서 참가하는 당사자참가와 이미 계속중인 타인 간의 소송당사자의 어느 한편의 승소보조를 위하여 참가하는 보조참가로 분류된다. 보조참가는 다시 제71조 이하에서 규정하는 보조참가와 타인간의 소송결과 그 판결의 효력을 받으므로 그 일방을 보조하기 위한 공동소송적 보조참가(제78조)로 구별되며, 당사자참가는 권리귀속이나 권리침해를 주장하여 권리자로서 참가하는 독립당사자참가(제79조)와 소송의 목적이 당사자 일방과 제 3 자간에 합일적으로만 확정될 경우에 참가하는 공동소송참가(제83조)로 구별된다. 좁은 의미에서 소송참가라고 하면 위에 분류한 참가형태만을 뜻하나, 우리 법은 나아가서 소송계속중 소송물인 권리의무의 이전으로 말미암아 새로이 당사자적격을 취득하게 된 양수인이 소송에 가입하는 소송승계(제81조, 제82조)와 소송계속중 당사자로부터 그 소송에 참가할 수 있는 제 3 자에게 그 소송계속사유를 통지하는 소송고지(제84조)를 포함하여 이들을 모두 소송참가에서 규정하고 있다.

또한 소송참가의 모습은 또한 일정한 제 3 자를 계속중인 소송의 당사자가 끌어들이는 강제참가와 제 3 자가 자발적으로 타인간의 소송에 관여하는 임의참가로 나눌 수 있다. 소송인수(제82조)와 추심소송에 있어서의 참가(민집 제250조)는 전자의 모습에 속하고, 소송고지를 제외한 그 나머지 참가형태들은 후자에 속한다. 이 밖에도 행정소송법상 제 3 자의 소송참가(제16조)와 행정청의 소송참가(제17조) 등이 있으나 민사소송법상의 참가와는 다르다.

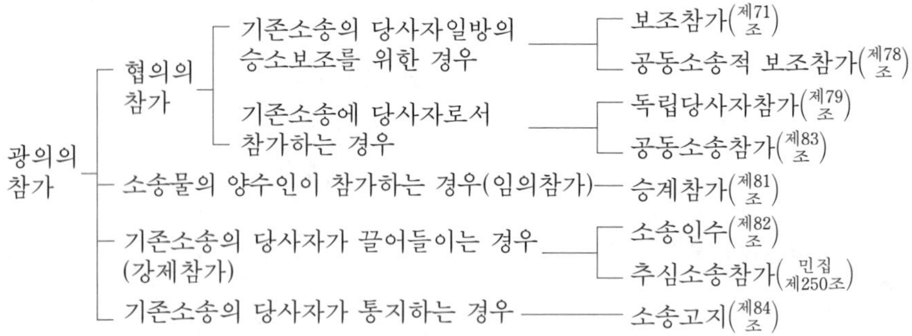

Ⅱ. 訴訟參加의 制度的 趣旨

이러한 소송참가형태 중 어느 것을 이용하느냐 하는 것은 소송에 참가하려는 자의 지위와 참가이익 여하에 따라서 결정되어야 할 것이다. 참가제도는 소송에 관한 이해관계자에게 균등하게 다툴 기회를 부여하고, 이에 따라서 부수적으로 소송경제를 도모할 수 있으므로 대체로 공평과 경제의 이상을 달성하기 위하여 마련되었다고 할 수 있다. 그러나 한편 참가제도를 통하여 판결의 효력을 확대하고 동일사건에 관련된 분쟁을 한꺼번에 해결함은 유익하지만, 소송이 그만큼 복잡해지고 지연되거나 소송기능이 비능률화된다고 하는 비판도 있을 수 있다.

	보조참가	독립당사자 참가	공동소송 참가	소송고지	승계참가	인수참가
의의	§71	§79	§83	§84	§81	§82
요건	1. 당사자 능력 2. 소송계속 3. 고유요건 (법률상 이해관계)	1. 좌동 2. 좌동 3. 참가이유: 권리귀속, 권리침해	1. 좌동 2. 좌동 3. 합일확정	1. 좌동 2. 좌동 3. 고지자 및 피고지자	1. 좌동 2. 좌동 3. 소송물 승계인의 권리참가	1. 좌동 2. 좌동 3. 법원에 의한 제 3 자의 소송인수
방식 및 절차	§72, 73, 74, 75	§72, 79, 80	§72, 83 Ⅱ	§85	§79, 81	§82
효과	§76	§67, 79Ⅱ		§86	§81	§80, 81

제 2 관 補助參加

I. 補助參加의 槪念

1. 意義와 沿革

보조참가란 타인 간에 소송이 계속중 그 소송결과에 대하여 법률상 이해관계 있는 제 3 자가 일방당사자의 승소를 보조하기 위하여 그 소송에 참가하는 경우이다(제71조). 예컨대 매수인 원고가 매도인을 상대로 하자담보책임을 소구하는 경우에 매도인이 패소하면 그에게 물건을 공급한 자가 구상청구를 당할 것이므로 매도인의 승소를 위하여 보조참가하는 경우이다. 참가한 제 3 자를 보조참가인 또는 종당사자라고 하고, 보조를 받게 되는 기존소송의 원고나 피고를 피참가인 또는 주당사자라고 한다.

보조참가제도는 로마법에서 연원하여 그 후 각 법계에서 발전시켜 왔는데, 우리 제도는 독법에서 계수한 것이다. 그러나 영미법에서도 Intervention 제도가 일찍부터 발달되어 당사자 아닌 자의 권익을 보호하기 위한 참가를 허용하는 점이 보조참가와 비슷하다.

2. 性 質

보조참가인은 자기명의와 비용으로 자기의 이익을 지키기 위하여 피참가인의 소송에 관여하여 소송행위를 하며, 자기를 위하여 대리인을 선임할 수도 있는 당사자에 준한 자이다(보조참가인의 독립성). 그러나 소송상 자기의 권리를 주장하여 피참가인의 상대방에 대하여 자기의 청구를 하는 자가 아니고 피참가인의 승소를 위하여 소송에 참가함에 불과한 자[1]라는 점에서 소송당사자가 아니며(보조참가인의 종속성), 당사자의 명의하에 당사자를 위하여 소송행위를 하는 대리인과도 구별된다.

II. 補助參加의 要件

1. 當事者能力과 訴訟能力

보조참가인은 스스로 참가하여 소송행위를 하고 판결의 참가적 효력을 받는 사람이므로 당사자능력과 소송능력을 구비하여야 한다. 다만 소송무능력자도 법

1) 대판 1967. 2. 28. 66 다 1265.

정대리인에 의하여 보조참가를 할 수 있다.

2. 他人간의 訴訟의 係屬

1) 타인간의 소송에 참가하는 것이므로 참가하고자 하는 소송의 당사자 이외의 자만이 참가할 수 있고, 보조참가인이 상속, 기타 사유에 의하여 피참가인으로 된 때에는 보조참가는 소멸한다. 그러므로 소송당사자는 자기 또는 상대방의 보조참가인이 될 수는 없으나 통상공동소송인의 1인이 다른 공동소송인이나 그 공동소송인의 상대방의 승소를 위하여서도 보조참가를 할 수 있다.[1] 제3자의 소송담당의 경우에는 실체상의 권리주체는 당사자가 아닌 제3자의 지위에 서게 되므로 보조참가를 할 수 있다. 따라서 해난구조료지급채무자는 선장이 수행하는 소송에, 그리고 상속인은 상속재산관리인 또는 유언집행자가 수행하는 소송에 보조참가를 할 수 있다. 다만 당사자의 법정대리인은 당사자에 준하므로 보조참가인이 될 수 없다.

2) 소송계속중이라 함은 피참가인에 대한 판결절차가 진행중임을 뜻하므로 제1심, 항소심, 상고심을 불문하며, 상소의 추후보완(제173조)이나 재심의 소에 의하여 판결절차를 재개할 경우에도 보조참가가 가능하다. 또한 소의 제기로부터 소장이 피고에게 송달된 후에는 그 종료시까지 소송의 어느 단계에서든지 참가할 수 있다.

다만 참가시기와 계속중인 소송의 정도에 따라 보조참가인이 할 수 있는 소송행위에 제약이 있을 수 있다. 예컨대 법률심인 상고심에서 참가하면 사실상의 주장이나 증거의 제출은 할 수 없게 된다(제76조 I 참조).

보조참가를 할 수 있는 소송절차는 판결절차를 뜻하므로 파산절차나 강제집행절차에는 참가할 수 없으나 독촉절차와 가압류·가처분절차의 경우에는 지급명령에 대한 이의신청에 의하여(제472조 I), 또는 이의나 취소신청에 의하여 판결절차로 이행하므로 보조참가가 허용된다. 그러나 대립당사자구조를 가지지 못하는 결정절차에 있어서는 제3자는 재항고인을 위하여 보조참가신청을 할 수 없다.[2]

---

1) 피고보조참가인을 상대로 한 이행청구가 부적법하다는 것에는 대판 1989. 2. 28. 87 다 496.

2) 대결 1973. 11. 15. 73 마 849; 대결 1994. 1. 20. 93 마 1701. 同旨 方 206면, 金/姜 722면. 이와 반대로 결정절차에서도 보조참가가 가능하다는 설은 李時 742면, 姜 218면, 鄭/庾 935면, 胡 857면, 김홍 962면.

3. 參加理由

1) 訴訟結果에 대한 법률상 이해관계

가) 判決主文의 판단사항 보조참가의 이유로서 소송의 결과, 즉 본안판결의 결론에 관하여 보조참가인이 법률상 이해관계를 가질 것이 요구된다. 그 의미에 관하여 통설과 판례는[1] 판결주문으로 판단되는 소송물인 권리관계의 존부(제216조 I)와 인과관계가 있는 경우를 가리키고, 판결이유에서 판단되는 법률상 또는 사실상의 사항을 뜻하지 아니한다고 한다. 즉 소송의 승패에 의하여 참가인의 법률상 지위가 직접 영향을 받는 관계에 있어야 한다. 그러므로 예컨대 채권자와 주채무자간의 소송에는 보증인이 보조참가를 할 수 있으나 동일교통사고로 인하여 손해배상청구소송을 하는 경우에 여러 피해자는 서로 공동소송인은 될지언정 어느 한 피해자의 소송결과에 대하여 다른 피해자들은 이해관계가 없으므로 보조참가를 할 수 없다. 이에 대하여 소송결과에 대한 이해관계를 판결이유 중의 판단에 대한 이해관계에까지 확대하자는 소수설이 있다.[2] 이 같은 견해를 취하면 동일교통사고의 어느 한 피해자가 다른 피해자의 손해배상청구소송에 보조참가할 수 있게 된다.

나) 判決의 效力 제3자가 소송의 결과에 대하여 이해관계가 있다고 함은 판결의 기판력이 직접 그 제3자(참가인)에게 미치는 경우는 물론 그 판결에 의하여 그 제3자의 사법상 또는 공법상의 법률관계 또는 법률상 지위에 영향을 주는 경우를 가리킨다.

판결의 효력(기판력)이 직접 제3자에게 미치는 경우로는 변론종결 후의 승계인, 당사자를 위하여 목적물을 소지한 자(제218조 I), 파산관재인의 소송에 있어서의 파산자 등과 같이 제3자의 소송담당의 경우의 실체적 권리주체, 선정당사자소송에 있어서의 선정자와 같이 타인을 위하여 당사자가 된 자가 있는 경우에 그 타인(제218조 Ⅲ), 회사소송에 있어서 판결의 효력을 받는 원고 이외의 발기인, 주주나 사원(상 제190조), 가사소송에 있어서 판결의 효력을 받는 제3자(가소 제21조 I), 행정소송이나 선거소송에 있어서 판결의 효력을 받는 제3자 등을 들 수 있다.

그러나 판결의 기판력을 받는 자는 뒤에 보는 바와 같이 보조참가가 아니라도 공동소송적 보조참가 또는 공동소송참가 등의 방식에 따라 참가인의 권익을

---

1) 李時 743면, 金/姜 723면, 鄭/庾 936면, 胡 900면. 대결 1958. 11. 20. 57 민항 161; 대판 1982. 2. 23. 81 누 42.

2) 姜 220면, 田 795면.

주장할 기회가 있는 만큼 보조참가가 절실하게 요청되는 경우는 결국 참가인의 법적 지위가 본소송의 승패에 논리적으로 의존관계에 있는 경우이다. 즉 판결에서 확정되는 법률효과를 직접 받거나 또는 그러한 판결의 존재 자체가 제3자의 법적 지위를 기속하는 경우, 즉 판결의 사실효 또는 반사효가 미치는 경우라고 할 수 있다. 예컨대 채권자와 보증인 간의 소송에 있어서 주채무자 또는 연대채권자의 1인과 채무자간의 소송에 있어서 다른 연대채권자, 임차인과 소유자간의 임대차계약존부에 관한 소송에 있어서 전차인도 피참가인이 패소하면 어떠한 청구를 당할 지위에 있으므로 보조참가할 법률상 이해관계가 있다고 하겠다.

2) **法律上 利害關係** 소송결과에 대한 이해관계는 법률상의 것이어야만 한다.[1] 그러므로 소송결과가 법률상 자기의 권리의무와 직접적으로 연결되어야 하고 사실상, 감정상 또는 경제상의 이해관계만으로는 부족하다. 예컨대 당사자 일방이 패소하여 가옥을 명도하면 자기가 부양의무를 지게 될 우려가 있다던가,[2] 원고인 회사가 패소하면 회사재산의 감소로 인하여 보조참가인의 이익배당이 줄어드는 이해관계[3] 등은 법률상의 이해관계가 아니다. 소송결과에 의하여 영향을 받는 제3자의 법률상 지위는 신분법상의 지위이거나 공법상 지위이거나 관계 없으므로 형사상 소추를 받을 우려가 있는 자도 참가의 이익이 있으며,[4] 행정처분의 무효확인 또는 취소소송에서 행정청이 패소하면 연고권을 상실할 염려가 있는 자는 행정청에 보조참가할 이익이 있다.[5]

4. 訴訟節次를 현저하게 지연시키지 아니할 것

보조참가는 소송절차를 현저하게 지연시키지 아니하는 경우에 한하여 신청할 수 있도록 요건을 강화하였다(제71조). 이는 타인 간에 계속중인 소송에 대한 심리가 거의 완결된 단계에서 다수자가 보조참가신청을 함으로써 초래되는 소송지연을 방지하려는 취지이다.

---

1) 대판 1979. 8. 28. 79 누 74; 대결 1992. 7. 3. 92 마 244; 대판 1997. 3. 25. 96 후 313, 320; 대판 1997. 12. 26. 96 다 51714; 대판 2000. 9. 8. 99 다 26924.
2) 대결 1958. 11. 20. 57 민항 161.
3) 대판 1961. 12. 21. 61 민상 222.
4) 同旨 方 207면.
5) 대결 1961. 3. 8. 61 민재항 28; 대판 1969. 9. 23. 69 누 82.

5. 다른 소송상 수단의 존재

법률상의 이해관계를 보호하기 위하여 다른 소송상의 수단이 존재하는 경우, 예컨대 독립당사자참가나 공동소송참가를 할 수 있는 때에도 보조참가를 함에는 지장이 없다.

Ⅲ. 補助參加의 節次

1. 參加申請

1) 申請方式 참가신청은 서면 또는 말로[1] 하며, 참가취지와 참가이유를 밝혀 참가하고자 하는 소송이 계속된 법원에 제기하여야 한다(제72조 Ⅰ). 서면으로 신청하는 경우에는 소정인지를 붙여야 하고,[2] 그 등본을 양쪽 당사자에게 송달하여야 되므로(제72조 Ⅱ) 당사자의 수만큼 부본을 제출하여야 한다. 말로써 신청하는 경우에는 법원사무관의 면전에서 진술하고, 이를 기재한 조서가 작성 송달되어야 한다(제161조). 참가신청은 상소의 제기[3] 또는 지급명령에 대한 이의신청 등 참가인이 할 수 있는 소송행위와 동시에 할 수 있다(제72조 Ⅲ).[4]

2) 申請法院 소송이 계속중인 법원에 신청하는 것이므로 상급심에 계속중이면 그 상급심에 신청하여야 하나, 판결송달 후 상소제기 전이면 항소에 관하여는 제 1 심 법원에, 상고에 관하여는 원심법원에 참가신청을 하여야 한다. 지급명령에 대하여 이의신청과 동시에 하는 참가신청은 지급명령을 발한 법원에, 재심의 소를 제기하려고 하는 때에는 관할법원(제453조)에 참가신청을 한다.

3) 參加趣旨와 參加理由 참가의 취지라 함은 참가한 소송 및 어느 당사자를 돕기 위하여 참가하느냐 하는 표시인바, 보조참가인 취지를 명시할 필요는 없다. 참가이유라 함은 보조참가의 권익을 구체적으로 명백하게 하는 사정을 뜻한다.

4) 申請의 取下 보조참가인은 언제든지 피참가인이나 상대방의 동의

---

1) 특히 대판 1960. 5. 26. 59 민상 524는 독립당사자참가 후 참가인이 피고에 대한 청구를 취하하고 나서 참가의 유지에 관한 진술을 한 것은 보조참가의 신청을 한 것으로 본다는 흥미로운 판결이다. 이른바 소송행위의 전환이론을 채택한 것이다.

2) 대결 1969. 10. 18. 69 마 683은 보조참가하는 경우 나라(국)도 인지를 붙여야 한다고 한다.

3) 대판 1994 .4. 15. 93 다 39850(제 1 심에 관여하지 아니한 보조참가인이 참가신청과 동시에 항소를 제기한 경우).

4) 대판 1981. 9. 22. 81 다 334는 공시송달방법에 의하여 패소한 피고를 위하여 보조참가신청을 하면서 동시에 제기한 추완항소가 적법하다고 한다.

없이 신청을 취하할 수 있고, 취하하면 보조참가인의 종전 소송행위는 처음부터 하지 아니한 것으로 된다. 그러나 신청을 취하하더라도 참가에 의한 판결의 참가적 효력(제77조)을 면하지 못하며, 참가인이 취하 전에 한 소송행위는 피참가인이 이를 원용하면 취하에 관계 없이 그 효력을 보유한다(제75조 Ⅱ 유추).

2. 參加許可 여부에 대한 裁判

1) 訴訟要件의 심사 참가신청의 유효요건으로서의 일반적인 소송요건(참가인의 당사자능력이나 소송능력 등)은 법원이 직권조사하여 처리할 것이다.

2) 당사자의 異議申請

(i) 제3자가 보조참가신청을 한 경우에 양 당사자(대개는 피참가인의 상대방)는 참가의 방식 또는 이유에 관하여 이의할 권리를 보유한다. 그러나 언제든지 이의할 수 있다고 하면 소송경제에 반하므로 당사자가 참가에 대하여 이의 없이 변론하거나 변론준비기일에서 진술한 때에는 이의신청권을 상실한다(제74조). 다만 즉시 이의를 한 이상, 그 후 당사자가 변론을 하였다 하여도 특단의 사정이 없는 한 이의신청권을 잃지 아니한다.[1)]

(ii) 이의는 참가이유 또는 참가방식에 관한 것이어야 한다. 판례도 참가에 대한 이의는 참가이유인 사실을 부인하는 데 그칠 뿐이므로 예컨대 참가인의 대리인의 소송대리권흠결의 항변은 참가이의가 아니라고 한다.[2)]

(iii) 당사자는 명시적 또는 묵시적으로 이 권리를 포기할 수도 있다. 예컨대 피참가인이 소송고지(제84조)를 한 때에는 미리 이의권을 포기한 것으로 보아야 하므로 피고지인의 참가신청에 대하여 이의할 수 없다.

3) 參加理由의 疎明과 직권심사

(i) 원래 보조참가의 특별요건에 관하여는 당사자가 참가에 대한 이의신청을 하지 않는 한 법원이 스스로 조사할 필요가 없다. 왜냐하면 보조참가의 허부는 본안심리의 파생적 사항에 불과하기 때문이다. 당사자의 이의가 있으면 법원은 비로소 참가인의 소명을 들은 뒤 참가의 허가여부에 관하여 결정으로 재판을 한다(제73조 Ⅰ).[3)]

---

1) 대결 1964.9.22. 63 두 2.

2) 대결 1953.3.17. 52 민항 2.

3) 제1심에 관여하지 아니한 보조참가인이 참가신청과 동시에 항소를 제기한 경우, 피참가인 또는 그 상대방으로부터 이의가 없는 이상 항소심법원으로서는 항소의 적법요건인 항

(ii) 그런데 법원은 직권으로 참가인에게 참가이유를 소명하도록 명할 수 있다. 그리하여 참가이유가 있다고 인정되지 아니하는 때에는 참가를 허가하지 아니하는 결정을 하여야 한다(제73조 2항). 이는 당사자의 이의가 없는 경우에도 법원이 직권으로 보조참가의 이유를 심사하여 이를 각하할 수 있도록 새로 규정함으로써 소송지연을 방지하고 무익하거나 무관한 보조참가신청을 봉쇄하고자 하는 취지이다. 이는 종래에 참가이유도 없이 사실상 소송대리의 목적으로 보조참가신청을 한 경우에도 상대방당사자가 이의를 하지 못하여 보조참가제도가 변호사대리의 원칙을 잠탈하는 편법으로 이용되어온 점과 참가이유는 인정되지만 재판을 지연 또는 방해할 목적으로 보조참가신청을 하는 점을 해결하기 위하여 개정한 것이다.

4) 異議申請에 대한 決定과 그 效果

(i) 참가허부에 대한 법원의 결정에 대하여는 참가인 또는 당사자는 즉시항고를 할 수 있다(제73조 III). 참가허부의 재판을 종국판결로써 하여도 무방하고, 이런 경우에는 그 판결에 대한 상소의 방법으로 불복할 수 있다.[1] 참가허부재판이 확정되기까지 소송절차는 중지되지 아니하므로 참가인은 참가불허재판이 확정될 때까지 소송행위를 할 수 있다(제75조 I).

(ii) 참가신청이 적법한 것으로 확정되면 그 효력은 신청 당시에 소급하고, 그 때까지 보조참가인이 한 소송행위는 유효하게 된다. 그러나 참가가 부적법하다는 재판이 확정되면 그 때까지 보조참가인이 한 소송행위는 효력을 잃는다. 다만 소송경제상 당사자가 보조참가인이 한 소송행위를 원용하면 각하결정확정 후에도 효력을 보유하도록 규정한다(제75조 II). 일단 허가된 보조참가는 취하되지 아니하는 이상 소송종료시까지 존속하며, 제 1 심의 보조참가인은 상급심에 있어서도 보조참가인의 지위에 서게 된다.

(iii) 원래 이의가 없으면 법원이 참가이유를 소명하도록 요구하지 않는 한 재판할 필요가 없으므로 법률상 이해관계가 없는 제 3 자가 보조참가할 수 있는 가능성이 있다.

소권의 존부를 가려보기 위하여 보조참가인의 참가요건의 구비 여부를 직권으로 조사할 필요는 없다. 대판 1994. 4. 15. 93 다 39850.

1) 대판 1961. 12. 21. 61 민상 222.

Ⅳ. 補助參加人의 訴訟上 地位

1. 訴訟上 地位의 양면성

보조참가인은 자기의 법률상 이해관계를 보호하기 위하여 타인의 소송을 돕는 이중성이 있다. 즉 그는 당사자로부터 파생되지 않는 독자적 권능으로 소송에 관여하는 자라는 점에서 독립성이 있는 동시에, 타인의 소송을 돕는다는 점에서 종속성이 있다. 보조참가인은 그 독립적 지위를 강조하면 당사자에 가까워지고 종속적 지위를 부각시키면 당사자의 보조자에 불과하게 된다.

1) 補助參加人의 獨立的 地位

가) 보조참가인은 주된 당사자로부터 독립된 권능을 가지고 소송에 관여하므로 당사자와 별도로 그에 대하여 기일의 소환, 소송서류의 송달[1] 등을 하여야 하며, 그에 대한 소환을 하지 아니한 경우에는 변론기일을 개시할 수 없고, 소환하지 아니한 채 변론을 하는 등 보조참가인에게 변론기회를 부여함이 없이 판결을 선고함은 위법이다.[2] 그리고 기일에 보조참가인이 출석하면 피참가인인 당사자가 결석하더라도 피참가인을 위하여 기일을 준수한 것으로 된다.

나) 본소송의 판결이 참가인의 명의로 내려지지는 아니하나 참가인은 자기의 명의와 계산에서 참가하므로 참가에 의하여 생긴 소송비용은 일반규정에 의하여 부담하여야 한다(제103조).

다) 참가인은 항상 피참가인의 동의 없이 참가신청을 취하할 수 있고 원칙적으로 피참가인을 승소시키는 데 필요한 모든 소송행위를 할 수 있다.

2) 補助參加人의 從屬的 地位

가) 보조참가인은 피참가인과 협력하여 소송에 관여하는 점에서는 당사자와 같으나, 참가에 의하여 진정한 당사자가 되어 독립한 자기의 청구를 하는 것은 아니고 피참가인의 소송에 개입하여 부수적으로 그의 승소보조를 위한 소송수행을 한다는 점에서 당사자에 종속된 지위를 가진다. 그러므로 보조참가인은 증인이나 감정인이 될 능력이 있다.

나) 보조참가인에게 사망 등 소송절차중단사유(제233조, 제234조, 제235조)가 생겼다고 하여 소송이 중단되는 것은 아니라고 함이 보조참가의 취지에 비추어 타당하다.[3] 이렇

1) 대결 1968. 5. 31. 68 마 384.
2) 대판 1964. 10. 30. 64 누 34.
3) 대판 1995. 8. 25. 94 다 27373.

게 해석하면 참가인에게 중단사유가 발생함으로 말미암아 참가인이 입는 불이익은 法 제77조를 준용하여 참가인과 피참가인 간에 해결하여야 할 것이다.

2. 補助參加人이 할 수 있는 訴訟行爲

1) 原 則 참가인은 소송에 관하여 공격·방어·이의·상소(제390조, 제422조, 제439조, 제442조), 그 밖의 모든 소송행위를 자기의 명의로 할 수 있으며(제76조 I 본), 그 행위는 피참가인이 한 것과 동일한 효과를 발생한다. 이러한 행위는 예시적이므로 피참가인의 소송행위에 부수 또는 갈음하여 피참가인을 승소시키는 데 필요한 일체의 소송행위를 할 수 있다. 그러나 보조참가의 목적상 참가인이 할 수 있는 소송행위에는 일정한 한계가 있다.

2) 補助參加人의 訴訟行爲의 한계

가) 참가인은 참가 당시의 소송정도에 따라야 하므로 참가당시에 피참가인이 할 수 없는 행위는 참가인도 할 수 없다(제76조 I 단). 예컨대 상고심에서 보조참가한 사람이 새로운 주장을 하거나 증거신청을 한다든지, 피참가인이 본안변론을 하여 변론관할이 생긴 후(제30조) 참가인이 관할위반의 항변을 하는 경우(제411조 참조) 또는 당사자가 실기한 공격방어방법(제149조, 제286조)이나 중간판결에서 이미 판단된 쟁점(제201조)을 참가인이 제출하는 경우 등은 허용될 수 없다.

나) 보조참가인의 상소제기기간은 피참가인의 상소제기기간 내이어야 하고,[1] 피참가인이 상고를 제기한 경우는 보조참가인은 피참가인을 위하여 정하여진 기간 내에 상고이유서를 제출하여야 한다.[2] 참가인의 상소제기를 불허하더라도 그 경우에는 참가인에 대한 참가적 효력이 배제되어 그에게 특별히 불리할 것이 없기 때문이다. 그런데 판결이 보조참가인에게 적법하게 송달되지 아니한 경우에는 보조참가인의 실질적 지위면에서 보아 피참가인의 상소기간마저 진행되지 아니한다는 견해도 있고 피참가인의 상소기간이 만료되었다고 하더라도 참가인은 자기의 상소기간 내에는 독자적으로 상소할 수 있다는 견해[3]도 있다.

다) 참가인은 피참가인의 소송행위에 어긋나는 소송행위를 할 수 없다(제76조 II). 그러므로 피참가인이 자백,[4] 상소권의 포기[5] 등을 하였다면 이와 반대되는 참가

1) 대판 1969. 8. 19. 69 다 949.
2) 대판 1962. 3. 15. 61 행상 145.
3) 姜 223면.
4) 대판 1981. 6. 23. 80 다 1761.
5) 대판 2010. 10. 14. 2010 다 38168.

인의 소송행위는 무효이다. 또한 참가인이 증인신청 기타 소송행위를 한 뒤 피참가인이 지체 없이 이를 철회하거나 이와 어긋나는 행위를 하면 참가인의 행위는 효력을 발생하지 아니한다.[1] 어긋난다 함은 이와 같이 쌍방의 소송행위가 시간의 선후를 불문하고 적극적으로 모순 저촉되는 경우를 뜻하므로 피참가인이 아무런 적극적 태도표명이 없는 경우에 한 참가인의 행위를 피참가인의 의사에 반한 것으로 보아 무효라고 할 수는 없다. 따라서 피참가인이 상소를 하지 않는 경우 참가인이 상소하여 판결의 확정을 차단할 수 있다. 또한 보조참가인의 증거신청행위가 피참가인의 소송행위와 어긋나지 아니하고 그 증거들이 적법한 증거조사절차를 거쳐 법원에 현출되었다면 법원이 이러한 증거에 터잡아 피참가인에게 불이익한 사실을 인정할 수도 있다.[2]

라) 참가인은 피참가인에게 불리한 행위, 예컨대 청구의 포기·인낙, 재판상의 화해, 자백, 상소권의 포기 또는 피참가인이 제기한 상소의 취하 등은 할 수 없다고 보는 것이 보조참가의 성질상 타당하다.[3] 피참가인이 자백한 때에는 자백의 취소는 별문제로 하고 자백된 사실을 다툴 수 없다. 참가인이 자백한 경우에 피참가인이 그 사실에 관하여 명백하게 다투지 아니하면 결국 의제자백이 성립된다(제150조).

마) 참가인은 피참가인의 승소보조행위만을 할 수 있으므로 소송 자체를 처분 또는 변경하는 소의 취하, 소의 변경,[4] 청구의 확장·감축, 반소나 중간확인의 소의 제기행위 등은 참가인이 독자적으로 할 수 없다. 또한 보조참가인은 소의 변경과 같이 기존의 소송형태를 변경시키는 행위도 할 수 없으므로 별개의 청구원인에 해당하는 새로운 재심사유를 주장하여 이를 추가할 수 없다.[5]

바) 참가인은 피참가인을 보조하여 소송행위를 할 수 있으나 소송수행에 필요하다고 하여 피참가인이 가진 사법상의 권리를 행사할 수 없다. 이 점이 당사자가 선임한 소송대리인과 다르다. 따라서 실체법상(예컨대 민 제404조, 제418조 II, 제434조) 이러한 권능이 보조참가인에게 주어져 있는 경우에만 참가인은 피참가인의 채권자로서 이러한 권리를 대위행사하거나 다른 채권자의 반대채권으로서 상계할 수 있다. 다만 피참가인이 그가 가진 사법상의 권리를 재판 외에서 행사하였으나 그가 이와 같은 사실을 소송상 주장한 바 없을 때에는 참가인은 당연히 이를 원용하여 주장할 수

1) 대판 1966. 12. 20. 66 다 1834.
2) 대판 1994. 4. 29. 94 다 3629.
3) 자백에 대하여는 반대견해가 있으나(李英 102면), 법 제67조 1항과의 균형상 참가인이 스스로 자백을 할 수 없는 것이다.
4) 대판 1989. 4. 25. 86 다카 2329.
5) 대판 1992. 10. 9. 92 므 266.

있다. 이에 대하여 참가인이 피참가인의 형성권이나 항변권 등의 사법상 권리를 행사할 수 있다고 하더라도 피참가인은 언제나 이와 어긋나는 행위를 함으로써 자기의 지위를 옹호할 수 있는 만큼 참가인의 독자적 이익을 위하여 이러한 권리행사를 인정하여도 무방하다는 견해[1)]도 있다.

그리고 보증인(민 제433조)이나 합명회사의 무한책임사원(상 제214조)이 보조참가인이 된 경우에는 주채무자나 합명회사에 발생한 원인에 의한 권리불발생 또는 권리소멸의 항변권을 행사할 수 있고, 주채무자나 합명회사가 이러한 항변권을 포기하였더라도 참가인인 보증인이나 사원에게는 효력이 없다.

V. 參加人에 대한 判決의 효력(參加的 效力)

1. 參加人에 대한 判決의 효력에 관한 제77조의 뜻

확정판결의 기판력 및 집행력의 주관적 범위는 당사자간에만 미치는 것이 원칙이므로(제218조 I, 민집 제25조 I 단) 판결의 효력이 당사자 이외의 제 3 자에게 확장되는 특수한 경우(제218조 II; 가소 제21조; 상 제190조, 제859조 II; 파 제152조, 제223조; 회정 제96조 등) 이외에는 참가인에게 미치지 아니한다고 함이 옳을 것이다.

그런데 법 제77조가 본소송의 판결이 참가인에게도 효력이 미친다고 규정한 것을 둘러싸고 그 의미에 관하여 견해의 대립이 있다. 즉 참가인에게도 기판력이 확장되어 그 효력이 미친다는 뜻으로 보는 기판력설(판결효력설)과 법 제77조의 입법취지 및 재판의 효력이 배제되는 경우가 있음에 비추어 참가인과 피참가인간에만 발생하는 판결의 특수한 효력을 규정한 것이라는 참가적 효력설(통설, 판례)[2)] 그리고 참가인과 피참가인 사이에는 참가적 효력이 미치고 참가인과 피참가인의 상대방 사이에는 기판력 또는 쟁점효가 미친다고 하는 신기판력설[3)]이 대립한다.

1) 金/姜 726면. 그 이외에 참가인이 권리행사를 한 경우에 피참가인이 지체없이 이의를 제기하지 않으면 묵시적으로 추인한 것으로 보자는 견해로는 姜 225면.

2) 대판 1972. 2. 29. 70 다 617; 대판 1988. 12. 13. 86 다카 2289.

3) 姜 227면 이하.

2. 參加的 效力의 人的(主觀的) 範圍

1) **參加的 效力說** 법 제77조의 취지는 피참가인의 패소를 막기 위하여 참가인에게 협력을 허용하는 이상 피참가인인 당사자가 패소한 때에는 패소책임을 참가인과 피참가인 간에 분담시키는 것이 공평하다는 생각에 입각한 것이다. 그러므로 본소송의 판결의 기판력은 소송당사자간에만 미치고 참가적 효력은 피참가인(앞의 그림에서는 피고)과 보조참가인 또는 소송고지를 받은 자간에 발생한다는 것이다. 그리하여 피참가인이 패소한 경우에 참가인과 피참가인 간에 후일 서로 그 패소판결의 책임을 부당하게 전가할 수 없도록 구속하자는 것이다. 예컨대 피참가인인 보증인이 보증채무청구소송에서 패소한 후 이에 보조참가한 주채무자가 후일 보증인으로부터 구상청구를 받은 경우에 보증인의 패소판결이 부당하다고 다투면서 전에 제출할 수 있었던 소송자료나 증거자료를 제출할 수 없다는 것이다.

2) **旣判力說** 기판력설에 의하면 민사집행법 제25조 1항 단서가 집행력의 적용배제를 규정함에 비추어 제77조가 뜻하는 재판의 효력이란 기판력을 가리키는 것이며 보조참가가 있는 재판의 기판력은 원·피고간, 피참가인(앞의 그림에서는 피고)과 참가인 간 및 참가인과 피참가인의 상대방(앞의 그림에서는 원고) 상호간에도 미친다고 한다.

3) **新旣判力說** 참가적 효력설이 참가인과 피참가인의 상대방간에 아무 효력이 안생긴다고 하는 것은 그들간에 행하여진 절차상 공방에 비추어 부당하므로 이들간에는 기판력 내지 쟁점효가 생기고 참가인과 피참가인 간에는 참가적 효력이 생긴다는 입장이다.

4) **批 判** 기판력은 법적 안정성의 요청에서 인정되는 효력이므로 법 제77조가 기판력의 주관적 범위의 확장을 규정한 것이라면 그 적용배제사유를 규정한 점을 설명하기 어렵고, 또한 참가인과 피참가인의 상대방간에는 기판력이 발생할 이유가 없다.[1] 민사집행법 제25조 1항 단서에 판결의 집행력이 보조참가인에게 미치지 아니한다는 규정도 법 제77의 판결의 효력이 기판력이 아니라는 것을 나타내는 주의규정이지, 참가인에게도 기판력이 미치는 점을 전제로 하여 특별히 집행력을 배제한다는 취지가 아니다. 뿐만 아니라 참가인이 할 수 있는 소

1) 대판 1965. 7. 20. 65 다 39..

송행위를 제한하면서 그에게 기판력을 미치게 한다는 것도 논리상 모순이므로 기판력설과 신기판력설은 부당하고 결국 참가적 효력설이 타당하다.

5) 旣判力과 參加的 效力의 차이점 양효력의 차이점은 첫째, 기판력은 법적 안정성의 요청에서 유래하므로 피참가인의 태도에 의하여 배제되지 아니하지만 참가적 효력은 보조참가인이 소송수행상 제약을 받은 경우에는 형평상 그 효력이 배제되고, 둘째, 기판력은 피참가인의 승패에 불구하고 효력이 생기지만 참가적 효력은 참가인과 피참가인간의 패소책임분담의 문제이므로 피참가인이 패소한 경우에 한하여 발생하며, 셋째, 참가적 효력은 보조참가인과 피참가인간 그리고 소송고지를 받은 소외의 제3자에게도 미치며, 판결이유 중의 판단에도 미치지만 기판력은 원칙적으로 소송당사자에 한하여 효력이 미치고 주문에 포함된 것에 한하여 효력이 있고, 넷째, 기판력은 획일적으로 발생하므로 당사자의 소송수행상 고의·과실에 의하여 효력이 좌우되지 아니하나 참가적 효력은 참가인이 충분히 소송수행을 할 수 없는 경우에까지 책임을 부담시키는 것이 공평에 어긋난다고 하여 효력이 미치지 아니하는 경우가 있고, 다섯째, 법적 안정성은 공익적 요청이므로 기판력은 직권조사사항이지만 참가적 효력은 당사자의 주장을 기다려서 고려하면 되는 항변사항이다.

3. 參加的 效力의 物的(客觀的) 範圍

판결의 참가적 효력은 참가인과 피참가인 간에서 판결주문에 포함된 부분뿐만 아니라, 판결이유 중의 사실인정이나 권리존부의 판단 또는 법적 효과의 판단에도 미치므로[1] 참가인에게 미치는 판결의 참가적 효력은 기판력보다 넓다. 즉 기판력설이 주장하는 바와 같이 소송 그 자체의 판결주문에서 판단된 사항에만 미치는 것이 아니라 판결이유 중의 판단은 물론 판결의 사실적·법률적 기초에까지 미치며, 그러한 판결을 가져오게 한 선례의 구성요소를 포함한다.[2] 그러므로 가옥의 매수인 병(피고)에 대하여 그 소유자임을 주장하는 갑(원고)이 가옥명도 및 등기말소를 청구한 경우에 매도인 을이 병을 위하여 보조참가를 한 사안에서 법원이 가옥의 소유자는 갑이고, 을은 소유권도 없이 자의로 병에게 가옥을 매도한 것이라는 사실을 인정하면서 병을 패소시켰다면 그 후 병이 을을 상대로 한 손해배상청구소송에서는 을이 소유권을 취득하지 못하였음에도 불구하고 병에게 매

1) 대판 1966.6.7. 66 다 357.
2) 부가적 또는 보충적인 판단이나 방론 등에는 미치지 않는다. 대판 1997.9.5. 95 다 42133.

도한 것이라는 판결이유 중의 판단이 을과 병간을 구속한다. 이에 대하여 기판력설은 판결은 피참가인, 그 상대방 및 참가인의 3자간에 판결주문에 포함된 부분에 한하여 그 효력이 미친다고 하나 부당하다.

4. 參加的 效力의 排除

참가인이 참가적 효력을 받는 취지가 피참가인과 소송수행의 공동책임(패소책임)을 부담함에 있는 것이므로 참가인이 충분히 소송수행을 할 수 없었던 경우까지 패소책임을 물을 수 있도록 참가적 효력을 미치게 한다면 형평의 관념에 반한다. 따라서 다음 세 경우에는 참가적 효력이 배제된다.

1) 참가인이 참가 당시의 소송정도로 보아 소송행위를 유효하게 할 수 없거나(제76조 I 단), 참가인이 한 소송행위가 피참가인의 행위에 어긋나서 효력이 없는 경우(제76조 II)에는 참가적 효력이 배제된다(제77조 1호). 예컨대 상고심에서 참가한 경우에는 참가인이 판결의 사실인정에 구속되지 아니하며, 참가인이 사실을 부인했으나 피참가인이 자백했기 때문에 부인의 효력이 생기지 아니하는 경우에도 참가적 효력은 배제되며, 참가인이 그 사실을 부인하였음에도 불구하고 피참가인이 인낙한 경우[1]에도 동일하다.

2) 被參加人이 참가인의 訴訟行爲를 방해한 경우(제77조 2호) 예컨대 참가인의 증인신청을 철회하였거나 참가인이 제출하려고 하는 증거를 피참가인이 숨긴 경우에는 참가적 효력이 배제된다.

3) 被參加人이 참가인이 할 수 없는 訴訟行爲를 故意나 過失로 하지 아니한 경우(제77조 3호) 예컨대 참가인은 몰랐으나 피참가인만이 알고 있었던 증거를 고의 또는 과실로 제출하지 아니하였거나, 참가 전에 피참가인이 제출하여야 할 공격방어방법을 시기에 늦게 제출하였기 때문에 각하된 경우에는 참가적 효력이 배제된다. 반대로 피참가인이 할 수 없었던 소송행위를 참가인이 고의·과실로 인하여 하지 아니한 것을 주장하여 피참가인은 참가적 효력을 면할 수 있다.

그리고 이러한 참가적 효력을 확장하여 무능력자와 그 법정대리인 또는 제3자의 소송담당의 경우에도 유추적용할 것이라는 견해가 있다.[2] 그리하여 법정대리인이나 소송담당자가 잘못 수행한 소송의 결과 입은 손해배상청구를 후일 무능

1) 대판 1988. 12. 13. 86 다카 2289.
2) 方 216면. 반대 견해로는 李英 226면, 李時 751면, 鄭/庾 946면.

력자 본인이나 권리귀속주체가 제기할 경우 법정대리인이나 소송담당자에게 참가적 효력을 미치게 하자는 취지이나 참가신청도 없는 보조참가를 인정하는 결과가 되어 부당하다.

Ⅵ. 共同訴訟的 補助參加

1. 意 義

공동소송적 보조참가라 함은 판결의 기판력이 참가인과 피참가인의 상대방 간에 미치는 경우의 보조참가를 뜻한다(제78조). 즉 참가하지 아니하더라도 기판력을 받게 되는 제 3 자가 보조참가하는 경우이므로 그는 법 제77조의 보조참가보다 강력한 소송수행권을 인정받게 된다. 이렇게 되면 피참가인과 참가인의 법률관계를 필수적 공동소송관계에 있는 것으로 보아 양자간의 소송수행에는 법 제67조와 제69조가 준용된다. 기판력을 받는 제 3 자는 공동소송참가(제83조)를 할 수도 있으나 그가 당사자적격이 없는 경우에는 피참가인을 위하여 보조참가를 할 수 있으며, 이러한 경우 참가인의 소송수행상 지위가 피참가인과의 사이에 필수적 공동소송관계에 있으므로 공동소송적 보조참가에 해당한다. 학설과 판례가 인정하던 참가형태인데 참가인의 이익을 충실하게 보호하기 위하여 법개정을 통하여 명문화되었다.

2. 共同訴訟的 補助參加가 인정되는 경우

본소송의 확정판결의 기판력이 피참가인과 그 상대방(본소의 양당사자) 외에 보조참가인에게 미치는 경우에 이러한 참가가 성립한다. 비록 조문상 기판력이 미치는 경우라는 표현을 쓰고 있으나 이는 아래에 열거한 바와 같이 제 3 자의 소송담당의 경우 기판력을 받는 권리의 귀속주체는 물론 판결의 대세효가 미치는 경우까지 포함하는 것으로 해석하여야 할 것이다. 대세효는 기판력의 확장이라기보다 형성력의 효과이므로 조문의 문리해석을 고집하면 대세효가 미치는 경우는 공동소송적 보조참가가 허용되지 않는 것으로 오해할 요지가 있다.

1) 제 3 자의 소송담당에 의하여 소송담당자가 받는 판결의 효력이 참가인에게 미치는 경우(제218조 Ⅲ), 예컨대 통합도산법상의 파산관재인(통도 제359조),[1] 관리인(통도 제78조), 대표소송을 하는 주주(상 제403조), 선장(상 제859조 Ⅱ), 채권질권자(민 제353조), 유언집행자(민 제1101조), 채권자대위권을 행사하는 채권자(민 제404조),[2] 선정당사자(제53조), 채권에 관한 추심명령

1) 파산재단에 관한 소송의 판결의 실질적 이익귀속주체인 파산자는 당사자적격이 없기 때문에 보조참가를 할 수밖에 없고, 이 경우의 참가는 공동소송적 보조참가로 된다.

2) 채권자가 대위권행사로 제 3 자를 상대로 제기한 소송의 확정판결의 효력은 채무자가 대

을 얻은 집행채권자(민집 제232조) 등이 수행한 판결의 효력을 받는 실질적 권리귀속주체가 보조참가를 한 경우이다.

2) 각종 형성의 소, 즉 가사소송, 회사관계소송,[1] 선거소송 등에 있어서의 형성판결은 일반 제3자에게도 효력이 미치므로(가소 제21조, 商 제190조, 제376조 II, 제380조, 제381조 II, 제430조) 판결의 효력을 받는 제3자는 법 제83조의 공동소송참가를 할 수 있다. 그러나 출소기간을 도과한 뒤에는 보조참가만이 가능할 것이고, 이러한 보조참가는 공동소송적 보조참가가 된다.

3) 행정소송의 판결도 대세적 효력을 가지므로[2] 제3자에게 효력이 미친다(행소 제29조). 따라서 그러한 제3자가 보조참가를 하더라도 위 소송의 목적인 법률관계는 그 제3자와 피참가인 간에 합일적으로 확정되어야 하므로 공동소송적 보조참가로 보아 필수적 공동소송의 법리에 따라 처리하여야 한다.[3] 그러므로 피고인 행정청을 위하여 보조참가를 하면 처분행정청이 받는 확정판결의 기판력은 보조참가인에게 미친다.[4]

3. 共同訴訟的 補助參加人의 地位

1) 공동소송적 보조참가에 관하여는 법 제67조와 제83조를 준용해야 할 것이므로 참가인은 필수적 공동소송인에 준한다. 따라서 참가인은 피참가인의 행위와 어긋나는 일체의 소송행위를 할 수 있고(제67조 I 참조), 저촉되는 행위를 아니하였다는 것을 이유로 하여 참가적 효력을 받는 것을 거부할 수 없다. 다만 공동소송적 보조참가는 그 성질상 필수적 공동소송 중에서 유사필수적 공동소송에 준한다 할 것이므로 원고가 소를 취하함에 다른 공동소송인의 동의를 받을 필요가 없다.[5]

2) 참가인에 관하여 소송절차의 중단·중지사유가 발생한 때에는 소송절차는 중단 또는 중지된다(제67조 III).

위권에 의한 소제기를 알았을 경우에는 그에게도 효력이 미친다는 대판(전) 1975. 5. 13. 74 다 1664에 의하면 채무자는 원고인 대위채권자를 위하여 공동소송적 보조참가를 할 이익이 있다. 대위소송이 소송담당이 아니라 자기의 대위권을 행사하는 것이므로 채무자는 공동소송적 보조참가를 할 수 없고, 통상의 보조참가를 할 수 있다는 견해도 있다(胡 909면).

1) 주주대표소송에 있어서 회사가 원고 측에 참여하는 경우를 공동소송적 보조참가가 된다는 견해로는 李時 753면. 그러나 본래 대표소송으로 다투는 이익의 실질적 주체는 회사이고 원고 주주가 회사의 권리를 대위행사하는 것에 불과하므로 이 경우는 공동소송참가가 된다고 보아야 할 것이다. 同旨 김홍 980면.

2) 대판 1969. 4. 15. 68 다 1087.

3) 대판 1952. 8. 19. 52 행상 4.

4) 대판 1969. 1. 21. 64 누 39.

5) 대판 2013. 3. 28. 2011 두 13729.

3) 공동소송적 보조참가인은 판결의 송달을 받은 다음날로부터 기산하여 자신의 상소기간이 경과되기 전에는 피참가인의 상소기간이 경과되더라도 적법하게 상소할 수 있다. 또한 피참가인이 상소권을 포기하거나 상소를 취하하더라도 참가인은 유효한 상소를 할 수 있고,[1] 재심의 경우도 같다.[2]

4) 그러나 위와 같은 특례를 제외하고는 공동소송적 보조참가인도 결국 보조참가인이고 완전한 당사자가 아닌 만큼 보조참가의 효력규정이 준용된다. 그러므로 참가하는 때의 소송정도에 따라야 하고 본소의 소송절차를 변경하는 행위 등은 할 수 없다. 다만 증거조사의 경우에는 당사자신문을 해야 한다.

제 3 관 獨立當事者參加(權利者參加)

I. 獨立當事者參加의 意義 및 沿革

1. 意 義

1) 槪 念 독립당사자참가란 타인 간에 소송이 계속중 제 3 자가 소송의 목적의 전부나 일부가 자기의 권리임을 주장하거나 소송결과에 의하여 권리침해를 받을 것을 주장하면서 당사자의 양쪽 또는 한쪽을 상대방으로 하여 당사자로서 그 소송절차에 참가함을 말한다(제79조). 이 참가에 의하여 참가인은 본소당사자의 소송수행을 견제하여 자기에게 불리한 판결이 내려짐을 방지하는 동시에 양당사자에 대한 자기의 청구를 관철하기 위한 소송수행상 지위와 기회를 부여받는다.

2) 다른 參加와의 구별 i) 독립당사자참가는 참가인이 본소송의 당사자와 대등한 소송상 주도권을 가지면서 개입하는 독립적인 참가이고, 당사자로서의 참가이므로 종전 당사자의 일방의 승소를 보조하기 위하여 소송에 참가함에 불과한 보조참가(제71조)나 공동소송적 보조참가(제78조)와 다르다.

ii) 참가인이 본소송의 원고 또는 피고와 대립하는 독립적 지위에서 참가하므로 소송의 목적이 종전 당사자의 일방과 제 3 자에 대하여 합일적으로 확정될 경우에 그 제 3 자가 공동소송인으로서 참가하는 공동소송참가(제83조)와 구별된다.

3) 制度的 趣旨 이 제도는 i) 분쟁의 개별적 해결원칙에서 생기는 폐단을 지양하고 본소송의 목적과 일정한 관련을 가지는 제 3 자로 하여금 본소송에

1) 대판 1967. 4. 25. 66 누 96.
2) 대판 1970. 7. 28. 70 누 35.

참가하여 그 소송을 이용할 수 있는 기회를 충분히 줌으로써 참가인의 법률상 및 사실상의 지위를 보호하려는 한편, ii) 3파전으로 정립하여 벌어지는 여러 당사자간의 분쟁을 한꺼번에 통일적으로 해결함으로써 상호 모순되는 판결을 방지하여 공평과 경제이상을 실현하기 위하여 인정된 것이다.

그러므로 독립당사자참가의 해석과 운용은 한편으로는 동일한 법률문제에 관한 분쟁을 합일적으로 해결하여 참가인의 이익도 고려하려는 공평·경제의 이상과 다른 편으로는 참가를 넓게 허용함으로 인하여 본소 당사자가 가지는 분쟁의 신속한 해결이라는 이익을 해친다는 점을 적절히 조화시키는 선에서 이루어져야 한다.

2. 沿　革

개인법리에 강한 로마법에서는 소송당사자란 대립하는 원·피고에 한하고 판결의 효력도 당사자간에만 발생하므로 참가가 인정되지 아니하였음에 반하여, 단체법리에 강한 게르만법에서는 모든 이해관계인의 참가가 자유로이 허용되었다.

특히 법 제79조 1항 전문의 경우는 연혁적으로 게르만법의 영향을 받아 성립된 것이 아닌가 추측된다. 이와는 달리 법 제79조 1항 후문의 경우는 프랑스 민사소송법 제474조 이하의 확정된 사해판결에 대한 제 3 자 취소의 소(la tierce opposition)와 임의참가(intervention volontaire)의 계보를 이어받은 것으로 보인다. 제 3 자 취소의 소는 이미 선고된 판결에 대한 사후회복방법임에 대하여 임의참가는 타인간에 계속하는 소송결과에 의하여 자기의 이익이 위태로워질 염려가 있는 경우에 그 소송에 개입하여 자기이익을 옹호하는 적극적 예방수단인바, 이 두 가지가 일본 구 민사소송법에 도입되었다가 전자는 개정을 통하여 삭제되고(日本 舊民訴 제483조), 후자만이 남아 법 제79조에서 권리주장참가와 함께 규정되었다.

3. 比較法的 考察

1) 美　國　　미국에는 소송참가(Intervention), 권리자확인소송(Interpleader), 그리고 제 3 당사자를 끌어들이는 소송(Impleader) 등 널리 세 가지의 권리자참가제도가 있다.[1)]

(i) 소송참가(Intervention)는 제 3 자가 자신에게 불리한 소송이나 자신의 청구를 손쉽게 다툴 수 있는 소송에 참가함을 허용하여 스스로를 보호할 수 있는 소

1) 미국의 다수당사자소송관계의 기초적 문헌으로는 Developments in the Law: Multiparty Litigation in the Federal Courts, 71 Harv. L. R. 877-998(1958).

송절차인데, 미국 연방민사소송규칙이 규정한다.[1)]

(ii) 권리자확인소송(Interpleader)은 책임은 있으나 여러 명의 청구인 중 누구에게 책임을 져야 되는지 모르는 의무자(stakeholder)가 자기가 책임을 져야 되는 상대방 권리자가 누구인가를 확인받기 위하여 소송에 개입하는 참가형태이다.[2)] 15세기 이후 형평법에서 발달한 것으로 이중으로 책임추궁을 당하는 것을 방지하려는 데에 목적이 있다. 이 참가는 후술하는 독일법상의 주참가 또는 참칭권리자참가와 유사한 데 결국 공동소송의 한 모습이다.

(iii) 제 3 당사자 인입소송(Impleader)은 보통법과 형평법에서 두 갈래로 발달해 온 여러 가지 소송참가방법의 개선책으로서 근세에 도입되었다.[3)] 소송의 우회를 피하고 하나의 소송에서 단일한 사실관계로부터 발생하는 모든 분쟁을 공평·신속하고 경제적으로 해결하기 위하여 이용된다. 즉 기존소송의 당사자의 일방이 별소로써 자기의 청구를 해결하는 대신 계속중인 소송에 제 3 자를 제 3 당사자(the third party)로서 끌어들이면(implead) 제 3 당사자소송(the third party action)이 된다. 예컨대 손해배상책임을 추궁당하는 피고(A)가 자기의 책임보험의 보험자(B)를 끌어들이면 피고인 동시에 제 3 당사자 원고인 A에 대하여 보험자 B는 제 3 당사자 피고(the third party defendant)가 되어 소송에 개입하게 되고, 이처럼 참가하게 된 제 3 당사자 피고 B는 또다시 그 자신이 원고가 되어 제 4 당사자 피고(예컨대 재보험자) C를 소송에 끌어들이는 등 동일한 절차가 반복될 수 있다. 본소송의 원고도 역시 똑같은 절차를 취할 수 있으니 특히 반소를 제기당한 본소원고는 이 반소에 관한 자기의 책임을 전가할 수 있는 자를 제 3 당사자 원고로서 개입시킬 수 있는 것이다. 제 3 당사자소송은 배상, 대위변제, 분담액, 담보의 불이행 등에 대한 청구를 주장하는 데에 주로 이용되고 있으나 미국법원은 impleader의 허용 여부에 관하여 광범위한 재량권을 가지며 제 3 당사자청구는 주청구와 동일한 이론적 기초를 필요로

1) 미국 연방민사소송규칙(The Federal Rules of Civil Procedure: 약칭 FRCP) 제24조 참조. 이러한 참가에는 권리참가(intervention of right)와 재량참가(permissive intervention)의 두 가지 형태가 있다. 전자는 법률이 소송에 참가할 무조건적인 권리를 부여하거나, 소송물에 대한 이해관계를 가진 제 3 자가 자신의 이익이 기존소송 당사자에 의하여 적절하게 대표되지 아니하면 소송의 결과 실제상 그의 이익을 해치거나 방해할 염려가 있는 경우에 허용되는 참가이고, 후자는 법률이 소송에 참가할 조건적 권리를 부여하거나 참가인의 청구 또는 항변이 계속중인 본소송과 법률문제나 사실문제를 공통으로 하는 경우 또는 본소송의 당사자의 청구나 항변이 법령에 근거하는 때에 그 법령 등을 집행하는 공무원이나 기관이 참가하는 경우에 허용된다.

2) FRCP 제22조 참조.

3) FRCP 제14조 참조.

하지 아니한다. 이는 제3당사자피고와 본소원고간에 아무런 직접적인 청구가 없고 제3자가 임의로 참가하는 것이라기보다 본소송의 당사자가 끌어들인다는 점에서 독립당사자참가와는 다르지만 뒤에 말하는 독일법상의 지명참가와 유사하다.

2) 獨 逸 독일 민사소송법(ZPO)에는 우리 법 제79조에 대응하는 독립당사자참가제도는 존재하지 아니하나 소송참가의 절에 주참가(ZPO 제64조), 보조참가(ZPO 제66조), 공동소송적 보조참가(ZPO 제69조), 소송고지(ZPO 제72조), 참칭채권자참가(ZPO 제75조) 및 지명참가(ZPO 제76조)를 규정하고 있다.

(i) 주참가(Hauptintervention)는 타인 간에 계속중인 소송의 목적의 전부 또는 일부를 자기를 위하여 청구하는 제3자(참가인)가 본소송의 당사자쌍방을 공동피고로 제기하는 독립의 소이다. 이 주참가는 이와 같이 제3자가 제기하는 별개의 소이므로 이 참가로 인하여 본소의 소송절차와 병합된다고 할 수 없고, 형식은 참가라 하더라도 주참가한 원고는 본소에 관하여 전연 당사자의 지위를 취득하는 것이 아니므로 제3자와 본소의 당사자간에 판결의 통일을 기할 수 없다. 따라서 진정한 의미의 소송참가라 할 수도 없고 실제로는 공동소송의 한 모습에 불과한 것이다. 이 참가는 독일실무에서도 별로 활용되지 아니하며, 일본을 거쳐 우리나라 의용민사소송법에 계승되었다가 현행법에서 삭제되었다.

(ii) 참칭권리자참가(Praetendentenstreit)는 자칭채권자와 채무자간에 채권에 관한 소송이 계속중 제3자가 자기를 위하여 이 채권을 청구하는 경우이다. 이 때에는 채무자가 채무 자체는 다투지 아니하고 이를 변제하려고 하나 누구에게 해야 하는지 알 수 없어서 이중변제의 위험에 놓이게 되지만, 공탁을 하고 소송에서 탈퇴하는 것이 보통이다.

(iii) 지명참가(Urheberbenennung)는 예컨대 물건의 점유자라고 하여 피소된 자가 자기는 자주점유자가 아니고, 임대차·임치 등과 같은 점유매개관계를 이유로 타인을 위하여 점유하고 있다고 주장하여 본안심리 전에 간접점유자에게 소송을 고지하고 원고에게 그를 지명함으로써(본인지명) 소송에 출석시킬 것을 신청하는 경우이다. 이리하여 제3자가 피고의 주장대로 소송을 인수하면 피고는 소송에서 탈퇴할 수 있다.

II. 獨立當事者參加訴訟의 構造

독립당사자참가는 이미 계속중인 타인간의 소송에 제3자가 당사자로서 개입하여 3인의 당사자가 鼎立하는 세모꼴의 모습을 취하므로 이러한 소송구조를 전통적인 대립 2당사자주의에 비추어 어떻게 파악할 것인가 하는 점과 법 제67조가 제79조에서 준용되는 근거를 어떻게 이해할 것인가 하는 두 가지 관점에서 심한 학설대립이 있다.

이 참가소송의 구조를 어떻게 보느냐에 따라 ① 참가인은 본소송당사자의 청구와는 별개의 독립한 청구를 하여야 하는가, ② 그 청구는 본소송의 당사자 쌍방에 대하여 할 것인가, 그리고 ③ 참가인이 제기하는 신소는 본소송과 어떠한 관계에 서는가 하는 세 가지 점에 관하여 서로 다른 결론에 도달하게 된다.

1. 共同訴訟說

로마법 이래 2당사자주의의 기본원칙하에서 참가소송을 파악하여 참가인은 참가 후 본소송의 당사자 일방과 공동소송으로 되며 따라서 법 제67조는 참가인과 피참가인간에 준용된다고 보는 입장이다. 즉 참가인은 자기의 독자적인 청구를 하여 본소송 당사자의 일방과 공동소송인이 되고 따라서 피참가인과 상대방간의 청구 및 참가인과 피참가인의 상대방간의 청구를 합일적으로 확정하기 위하여 참가인과 피참가인간에 법 제67조가 준용된다는 것이다.

그러나 이 설에 따르면 법 제83조의 공동소송참가와는 참가이유가 다를 뿐 소송구조는 동일하게 되어 독립당사자참가를 특별히 규정한 의미가 없어지며, 참가인과 피참가인간의 관계가 법 제83조의 참가에 있어서는 협동관계인데 비하여 법 제79조의 참가에서는 서로 대립·견제하는 관계에 있는 점에 비추어 보아도 부당하다.

2. 主參加倂合訴訟說

(T字型訴訟說 또는 2個訴訟倂合說)

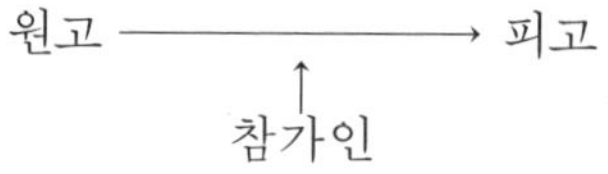

이 설은 참가소송의 구조를 참가인이 본소송의 당사자 양쪽을 공동피고로 하여 제기하는 참가소송과 본소송과의 두 개가 T자형으로 병합된 것으로 파악한다. 그리고 법 제67조가 준용되는 이유로서는 주참가병합소송에 있어서 여러 개의 소송의 판결은 각 당사자간에 법률상 합일확정의 필요는 없다 하더라도 청구가 동일사실관계나 법률관계를 기초로 하고 있기 때문에 논리상 모순되는 판결을 할 수 없다는 것이다.

이 설은 2개소송이 병합된다고 보는 결과, 그 판결은 따로따로 각 소송의 당사자에게만 기판력이 발생할 것이므로 기판력이 미치지 아니하는 당사자가 생기게 되고, 그에 따른 다툼이 발생할 여지가 있게 되어 3당사자간의 분쟁을 통일적으로 해결하려는 독립당사자참가제도의 취지에 맞지 아니한다.[1] 더구나 주참가소송은 구 민사소송법 제60조에 규정된 바 있었으나 이것이 폐지된 지금에는 입론의 여지가 없을 것이다.

3. 3個訴訟併合說

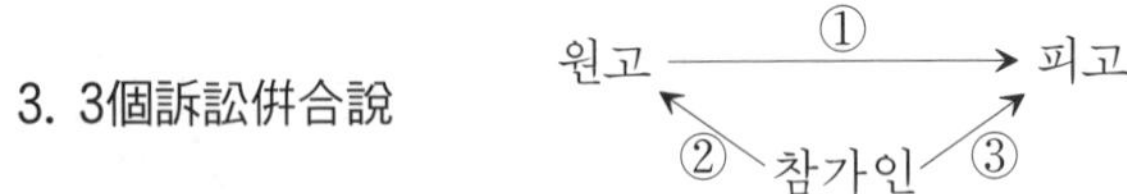

이 설은 동일소송물에 관하여 세 개의 소송, 즉 ① 본소, ② 참가인 대 원고 및 ③ 참가인 대 피고의 3개 소송이 병합심리된다고 하고, 세 개의 소송간에 동일소송물에 관하여 모순 없는 통일적 판결을 하기 위하여 공동입장에 있는 당사자간에 법 제67조가 준용된다고 한다.[2] 그러나 독립당사자참가는 참가인이 본소송의 당사자의 소송수행을 견제하면서 당사자 양쪽에 대한 자기의 청구를 관철하려는 것이므로 3개소송병합설로서는 이러한 구조를 설명하기 어렵고, 세 개의 소송이 동일소송물에 관하여 병합심리된다는 점만으로는 바로 법 제67조가 준용된다는 근거를 설명할 수 없다.[3]

4. 3面訴訟說(3當事者訴訟說)

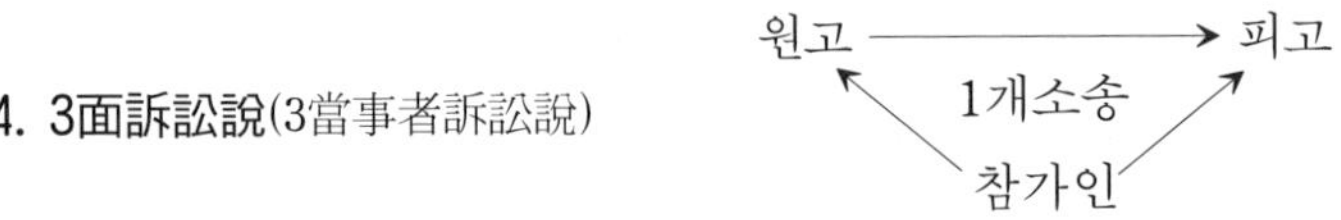

이 설은 전통적인 대립 2당사자소송구조를 지양하여 그 예외로서 원고·피고·참가인의 3당사자간에 상호 대립하여 3면적인 1개의 소송이 성립한다고 한다. 그리고 법 제67조가 준용되는 이유는 상호 대립·견제하는 관계에 있기 때문에 그들간의 분쟁을 한꺼번에 모순 없이 해결하기 위해서는 2당사자간에 다른 당사자를 제외하고 해결할 수 없다는 데에 근거한다고 한다.[4] 이 설은 독립당사자참가소송의 세 당사자는 각자 독자적 입장에서 소송에 관여하여 대립·견제하는 관계에 있다는 실질을 솔직히 인정하는 것이 타당하고, 전통적인 2당사자주의구조

1) 方 227면, 金/姜 739면.
2) 胡 918면.
3) 李時 761면은 3개소송병합설의 재검토를 역설한다. 또한 吳容鎬, "독립당사자참가소송의 심판에 관하여," 사법논집 제9권, 11면 이하.
4) 方 228면, 李英 113면, 金/姜 740면, 韓 314면, 鄭/庾 957면, 姜 236면.

로 환원하여 설명하려고 함은 무리라고 한다.

그러나 이 설에 가해지는 비판으로는 로마법을 주류로 하는 현재의 판덱텐식 실체법체계하에서 소송의 목적인 모든 사법관계는 권리와 의무의 대립 형식으로 구성되어 있으므로 모든 분쟁은 그것이 비록 다면적인 것이더라도 결국 법률상 권리자와 의무자의 대립으로 분해되는데 3면적 법률분쟁을 인정하는 것은 비유적인 의미밖에는 없고, 독립당사자참가소송을 3면적인 1개의 소송으로 본다면 본소나 참가신청을 가분적으로 취하함을 허용하기 어려우며, 1개의 소송임에도 불구하고 상소기간이 개별적으로 계산되는 근거를 설명하지 못한다고 한다.[1]

5. 批　　判

판례는 우선 독립당사자참가의 소송구조에 관하여 공동소송설을 취할 여지가 없음을 명시하고 있고,[2] 경우에 따라서는 3당사자간에 존재하는 3개의 청구를 논리적으로 모순저촉 없이 해결하여야 한다고 판시하여 3개소송병합설을 취한 듯한 표현도 더러 있으나,[3] 주류적 태도는 3면소송설을 확고하게 유지하고 있다.[4] 당사자참가소송에 있어서는 3당사자간의 분쟁을 1개의 판결로써 합일적으로 해결하여야 하므로 3당사자 중 한 쪽이 승소하면 다른 두 당사자는 모두 패소하게 된다. 또한 법 제67조를 준용하는 점에 비추어 3자간에 판결의 기판력이 저촉되어서는 안 되며, 당사자참가를 하려면 3당사자간에 각각 모순 없이 합일확정되어야 할 청구가 있어야 하므로 참가인은 원·피고 각자를 상대로 양립할 수 없는 자기의 청구를 함이 원칙이고 소의 이익이 있어야 한다. 3당사자가 정립하여 상호 배척·대립견제하는 관계에 있음을 그대로 반영하는 3면소송설이 법 제67조의 준용근거를 가장 적절하게 설명한다고 볼 수 있다.

Ⅲ. 獨立當事者參加의 要件(제79조 Ⅰ)

1. 他人간에 訴訟이 계속중일 것

1) **他 人 間** 　본소송은 타인간의 소송이어야 하므로 본소송의 당사자가 아닌 자만이 독립당사자참가를 할 수 있다. 본소송의 보조참가인은 당사자가 아

1) 李時 761면.
2) 대판 1971. 11. 15. 71 다 1774, 1775.
3) 예컨대 대판 1964. 6. 30. 63 다 734; 대판 1965. 10. 5. 65 다 1575.
4) 대판 1975. 5. 13. 74 다 1850, 1851; 대판 1980. 7. 22. 80 다 362, 363; 대판 1992. 8. 18. 90 다 9452, 9469.

니므로 독립당사자참가를 할 수 있고, 참가하면 보조참가는 종료한다.[1] 또 독립당사자참가를 하면서 예비적으로 보조참가를 하는 것은 허용되지 않는다.[2] 통상공동소송의 공동소송인은 다른 공동소송인과 상대방과의 소송에 당사자참가를 할 수 있다.

2) 參加할 수 있는 訴訟節次의 종류 타인간에 소송, 즉 판결절차가 계속중이어야 한다. 따라서 강제집행절차, 증거보전절차, 제소전화해절차, 공시최고절차, 중재절차는 제외된다. 독촉절차의 경우에는 양론이 있으나,[3] 지급명령에 대한 채무자의 이의신청 전에는 대립되는 판결절차는 없으므로 참가할 수 없지만, 이의신청 후에는 판결절차로 이행하므로 참가가 가능하다. 보전처분절차 중 보전처분집행절차는 강제집행절차와 동일하게 참가가 불허되지만 보전처분명령절차는 판결절차에 준한 것으로서 적극적으로 해석한다.

3) 參加할 수 있는 訴訟의 형태 법원에 계속하는 소송은 이행소송, 확인소송, 형성소송 또는 재심의 소[4]임을 불문하며, 본소송이 반소이거나 중간확인의 소이거나, 또는 공동소송이거나 당사자참가소송이더라도 이론상 참가가 가능하다.

판례는 본소송이 독립당사자참가소송인 경우에 참가를 하면 중첩적 독립당사자참가가 성립된다고 하면서도 참가인 상호간에는 하등 소송관계가 성립되지 아니한다고 하였다.[5] 그 뒤 동일한 본소의 소송당사자를 상대로 여러 명이 순차로 각각 당사자참가를 하고 참가인간에는 아무런 청구를 안 하는 경우에는 여러 개의 독립당사자참가소송이 성립하며 각 참가소송은 각기 그 소송관계인간에는 판결이 합일적으로 확정되어야 할 관계에 있으나 어느 참가인 대 다른 참가인과 그 소송당사자간에는 합일적 판결을 할 법률상의 필요가 없다고 하였다.[6] 그러나 독립당사자참가의 제도적 취지는 원·피고와 참가인간의 소송관계를 합일적으로 확정시키고자 하는 것이므로 참가인이 차례로 여럿인 경우 제2의 참가인이 원·피고 이외에 제1의 참가인과도 합일적으로 해결하고자 하는 때에는 각 참가인 상호간에도 소송상 청구를 할 수 있고, 그런 경우에는 그들 상호간에도 소송관계

1) 대판 1993. 4. 27. 93 다 5727, 5734.
2) 대판 1994. 12. 27. 92 다 22473, 22480.
3) 소극설은 方 220면.
4) 다만 이 경우 판례는 재심대상판결에 재심사유가 있음이 인정되어 본안소송이 부활되는 단계를 위하여 독립당사자참가를 하는 것이라고 한다. 대판 1994. 12. 27. 92 다 22473, 22480.
5) 대판 1958. 11. 20. 58 민상 308, 309, 310, 311. 즉 4면소송은 인정할 수 없다는 취지이다.
6) 대판 1963. 10. 22. 62 다 29.

가 성립한다고 보아야 할 것이다. 즉 중첩적 참가를 통한 4면소송도 가능하다는 것이다. 그래야만 어느 참가인이 원·피고와 결탁하여 자백·포기·인낙·화해 등이 이루어지더라도 다른 참가인이 이를 방지할 수 있을 것이기 때문이다.[1]

행정소송에 있어서의 독립당사자참가는 행정소송의 특수성에 비추어 허용되지 아니하며,[2] 회사관계소송의 경우에도 공동소송적 보조참가는 별론으로 하더라도 독립당사자참가는 허용될 수 없다.

4) 參加할 수 있는 審級 본소가 계속하는 심급은 1심, 2심을 불문한다.[3] 그러므로 제 1 심 판결선고 후 상소의 제기와 동시에 참가할 수도 있고, 사실심변론종결 후 변론재개신청과 동시에 참가함도 무방하다.[4] 다만 변론재개 여부는 사실심법원의 직권에 관한 사항이므로 변론을 재개하지 아니하면 참가신청은 부적법하게 될 것이다. 상고심에서도 독립당사자참가가 가능한가에 대하여 양론[5]이 있으나 독립당사자참가는 신소제기의 실질을 가지고 있는데, 법률심인 상고심에 있어서는 사실심리를 아니하므로 참가는 허용될 수 없다.[6]

2. 參加理由가 있을 것

참가이유로서 타인간의 소송의 목적의 전부 또는 일부가 참가인의 권리라고 주장하거나(권리귀속의 주장), 소송결과에 의하여 권리가 침해된다고 주장(권리침해의 주장)해야 한다. 분설한다.

1) 積極的 權利參加(제79조 I 전문)── 權利主張參加

가) 參加가 인정되는 경우 이 경우는 제 3 자가 소송목적의 전부 또는 일부가 자신의 권리임을 주장하여 참가하는 경우에 성립된다.[7] 그러므로 소송의

1) 同旨 金容晋, "권리참가인간의 소송관계," 법조 11권 8호, 50면 이하.
2) 대판 1957. 10. 11. 57 행상 63; 대판 1970. 8. 31. 70 누 70, 71.
3) 대판 1961. 12. 23. 60 민상 578, 579; 대판 1969. 12. 20. 69 다 1986, 1987.
4) 반대입장은 李石善, "독립당사자참가에 관한 연구(3)," 사법행정 1976년 2월호, 22면.
5) 李英 110면, 李時 762면, 金/姜 743면, 鄭/庾 964면, 姜 238면 이하 등의 적극설은 상고심이 원심판결을 파기환송한 경우에는 사실심리가 이루어져 그 당사자간에 모순 없는 판결을 할 수 있으므로 상고심에서도 참가신청을 허용하되, 다만 상고기각·각하의 경우에는 이를 부적법 각하할 것이라고 하여 상고심의 파기환송 후의 이익을 강조하나 이는 상고이유가 있을 것을 조건으로 하는 참가를 인정하는 결과가 되고, 상고심 자체로서는 참가이익이 없음을 자인하는 것이다.
6) 同旨 方 220면, 김홍 990면. 그리고 대판 1977. 7. 12. 76 다 2251; 대판 1994. 2. 22. 93 다 43682, 51309 판결 등.
7) 대판 1961. 12. 7. 60 민상 306, 308은 적극적 권리참가를 허용한 예이다.

목적인 권리를 양수하였거나, 처음부터 권리 자체가 제3자에게 귀속되고 있는 경우 또는 본소 원고의 청구에 우선하는 권리를 가진 경우에는 참가를 할 수 있다. 뿐만 아니라 원고의 이행청구권에 대하여 질권을 가진 것을 주장하여 자기에게로의 이행을 청구하는 경우와 같이(민 제353조 I) 주장된 권리관계 그 자체를 다투지 아니하더라도 원고의 청구와 충돌하는 것이라면 참가를 할 수 있다.

소송물인 권리 또는 법률관계의 종류는 불문하며 물권, 채권 또는 상속권임을 가리지 아니한다. 따라서 토지임차인이 소유권자를 대위하여 제기한 건물철거 및 토지인도청구에 대하여 임대차계약의 해제를 이유로 임대인이 자기에게로의 이행을 청구하는 경우, 소유권에 기한 건물명도청구소송 중 제3자가 원고에 대하여는 소유권확인을, 피고에 대하여는 소유권자로서 임료청구를 하는 경우, 또는 매매무효를 이유로 한 소유권이전등기말소청구소송의 피고(매수인)로부터 이미 소유권을 양수한 자가 원고에 대하여는 소유권이전등기청구권존재확인을, 피고에 대하여는 이전등기청구를 하는 경우에도 참가는 받아들여질 것이다.

참가인이 주장하는 권리는 그 취득시기가 소송계속 전후인가를 불문하지만 제3자가 소송의 계속중에 당사자 한쪽으로부터 소송의 목적인 권리를 양수함에 따라 법 제79조에 의한 참가를 하는 경우에는 실질적으로는 참가에 의하여 소송을 승계하는 경우이므로(제81조) 후술한다.

소송계속중 상속이나 회사합병에 의하여 소송의 목적인 권리를 취득한 자는 수계의 방법으로 종전당사자의 지위를 승계하는 것이므로(제241조, 제244조) 당사자참가를 하지 못한다. 제3자가 소송목적의 전부나 일부에 관하여 예비적으로 자기의 권리임을 주장하여 하는 당사자참가는 허용될 수 없다고 할 것이다.

나) 不動産二重讓渡와 獨立當事者參加 권리귀속을 주장하여 참가하는 경우에 특히 문제로 되는 것은 부동산의 이중양도에 관한 것이다. 부동산이 이중으로 양도되고 등기가 이행되지 아니한 경우, 매수인 중 1인이 먼저 소유권이전등기청구의 소를 제기하였을 때 다른 매수인이 권리주장참가를 하여 자기의 권리를 구제받을 수 있는가. 판례는 때로는 실체법적인 부동산물권변동의 형식주의를 이유로 하거나[1] 또는 참가소송에 준용되는 합일확정에 의한 소송법상의 효력면에서[2] 또는 양자의 이유를 모두 내세워서[3] 등기를 경료하지 못한 자의 권리주장

1) 대판 1966. 7. 19. 66 다 896.
2) 대판 1967. 4. 4. 66 다 814, 815, 816.
3) 대판 1969. 3. 25. 68다 2435, 2436.

참가는 부적법하다는 태도로 일관한다. 또한 본소송의 원·피고에 대하여 유효하게 대항할 수 없는 경우에는 참가인의 청구는 결국 기각될 운명에 놓일 것이라는 점을[1] 이유로 한다. 판례의 취지는 참가인의 청구가 원·피고 쌍방에 대하여 실체법상 이유 있을 것을 요구하는 것이라고 생각된다. 형식상 별개의 청구가 있더라도 어느 한 쪽에 대한 소송이 소의 이익이나 확인의 이익이 없는 경우에도 독립당사자참가를 허용하지 않는다. 그러나 이 같은 판례의 태도는 법 제79조 1항 전문이 소송목적이 자기의 권리라고 주장하기만 하면 족한 것으로 규정하고 있을 뿐 결코 참가인의 권리주장이 원·피고에 대하여 실체법상 유효하게 대항할 수 있는 법률상 이유가 있을 것을 요구하지 아니한다는 점을 간과한 것이다.

판례의 태도는 계쟁물이 부동산인 경우에는 실질적으로 독립당사자참가의 길을 봉쇄하는 결과가 되고,[2] 공부에 의한 공시방법을 갖출 필요가 없는 권리귀속에 관한 다툼에 한하여 권리주장참가를 인정하게 되는 데 불과하다는 비판을 면치 못한다.[3] 그러므로 부동산 2중양도의 경우에 참가인이 등기를 마치지 못했더라도 권리주장참가를 할 수 있고, 때로는 사해방지참가도 허용함이 바람직하다.[4] 다만 종래 참가인이 주장하는 권리가 본소의 원·피고 모두에게 대항할 수 있는 대세적 권리가 아닌 한 참가신청은 부적법하다는 판례의 태도가 다소 완화되는 것인지는 불분명하나 최근에는 참가인이 주장하는 권리가 등기청구권과 같은 채권적 권리인 경우에도 독립당사자참가를 허용하는 판결을 낸 바 있다.[5] 타당한 태도이나 좀더 적극적 자세가 필요하다고 본다.

2) 詐害防止參加(제79조 I 후문) — 權利侵害主張

참가인이 본소송의 결과에 의하여 권리가 침해된다고 주장하면서 하는 참가이다. 사해방지참가는 민법상의 채권자취소권(민 제406조) 및 통정허위표시의 무효규정(민 제108조 I)과 함께 부동소송을 방지하는 제도적 장치인 만큼 이러한 관계규정의 유

1) 이 후자의 이유는 참가 후에 행하여지는 본안판결의 문제이고, 참가 그 자체의 적법요건은 아니므로 판례는 이 문제를 혼동하고 있다.

2) 同旨 李時 764면.

3) 대판 1969. 12. 26. 67 다 1744, 1745, 1746.

4) 同旨 李英 111면. 반대 胡 923면, 김홍 996면.

5) 이는 원고와 참가인이 서로 다른 채권적 청구권을 주장하는 것이 아니라 하나의 채권적 청구권이 서로 자신에게 있다고 주장하여 각 청구가 양립할 수 없는 관계에 있는 경우이다. 대판 1988. 3. 8. 86 다 148, 149, 150. 이 판결에 대하여는 車漢成, "평석," 민사판례연구 제11권, 391면 이하 참조. 대판 1991. 12. 24. 91 다 21145, 21152; 대판 1995. 6. 16. 95 다 5905, 5912; 대판 1996. 6. 28. 94 다 50595, 50601도 같은 취지이다.

기적이고 종합적인 해석과 운용이 요청된다.

법 제79조 1항 후문의 '권리침해'가 보조참가의 요건인 '소송결과에 관하여 법률상 이해관계가 있다는 것'보다는 직접적이고 좁은 개념이라는 점에는 이론이 없으나, 구체적으로 어떠한 경우가 권리침해에 해당되는가에 관하여는 견해의 대립이 있다.

가) 판결효력승인설은 참가인의 법률적 지위가 논리적으로 소송물인 권리관계의 존부에 걸린 것만으로는 부족하고 본소송의 판결의 효력(기판력)이 당사자 양쪽과 참가인간에 미치는 경우이거나 적어도 참가인이 당사자에게 내려진 패소판결을 승인하지 않으면 안 되는 반사적 효력[1]을 받을 관계상 그 소송을 방치하면 판결의 효력에 의하여 참가인의 권리가 침해될 경우에 한하여 참가가 허용된다고 한다.[2] 소송의 개별적 해결의 원칙을 유지하기 위하여 판결의 효력을 매개체로 한 권리의 침해를 엄격하게 한정하는 입장이다.

나) 사해의사설은 법 제79조 1항 후문의 입법취지가 사해소송의 방지에 있으므로 당사자간의 소송이 사해적인가, 다시 말하면 당사자의 사해의사의 존부에 따라 독자적으로 권리침해의 기준을 삼아야 된다고 하는 입장이다. 이 설이 다수설[3]의 입장이다.

한편 사해의사설이 내세우는 주관적 요건인 사해의사를 엄격하게 고집하는 경우에 생길 수 있는 부작용이나 제3자의 권리구제의 지장을 염려하는 나머지 그 요건의 완화 내지 객관화를 도모하는 견해도 있다. 그리하여 사해소송방지에 기초를 두되 당사자의 사해의사의 존재가 객관적으로 판명될 수 있는 경우에는 보조참가의 이익의 유무와는 별도로 사해방지참가를 허용하자는 입장이 그것이다.[4]

---

1) 반사적 효력이란 판결의 기판력을 받지 않는 제3자가 그 판결을 받는 소송당사자의 법적 지위에 실체법상 의존관계에 있기 때문에 그 판결로 확정된 권리관계의 존부에 의하여 영향을 받는 것이다. 이는 대립당사자 이외의 제3자에게 확정판결의 효력을 인정하는 명문규정이 없는 경우에도 당사자간의 기판력에 의한 구속력이 그와 의존관계에 있는 제3자의 법적 지위에 반사적으로 영향을 미치느냐의 문제인바, 기판력에 권리변경적 효력을 인정하는 실체법설에서는 당사자의 법적 지위와 의존관계에 서는 제3자도 확립된 판결의 내용을 승인하지 않으면 안된다고 하나 반사효의 개념을 부정하고 이를 소송법상의 효과인 기판력의 확장으로 이해하는 견해도 있는 등 아직 확립된 이론은 없다. 전차인이 임차인의 패소판결의 반사효를 받게 된다는 예는 일본의 경우 지지를 받지 못하였고(日最裁 昭 29. 1. 22), 독일법원은 합명회사의 채권자에 대한 패소판결의 효력을 사원에 대하여 인정하고 있는 것이 발견된다(RG 102, 301, 303).

2) 方 221면, 李英 111면, 韓 318면.

3) 李英 111면, 金/姜 742면, 李時 765면, 鄭/庾 962면, 姜 241면, 胡 924면, 김홍 1000면.

4) 李石善, "독립당사자참가에 관한 연구(4)," 사법행정 1976년 3월호, 16면.

다) 이해관계설은 가장 넓게 독립당사자참가요건을 인정하려는 방향에서 본소송의 판결효를 받는 경우에 한하지 아니하고 참가인의 권리 또는 법률상 지위가 본소송의 소송물인 권리관계의 존부를 그 논리적 전제로 하고 있는 관계상 참가인이 본소송의 판결로부터 사실상 권리침해를 받지 않을 수 없는 경우에도 독립당사자참가를 허용할 것이지만 보조참가의 이해관계보다는 좁게 해석할 것이라고 한다.

라) 檢 討 판례는 분명치는 아니하나 사해의사설에 입각한 듯한 표현을 하고 있다.[1] 그리하여 사해의사가 객관적으로 인정되어 소송의 결과가 제 3 자의 권리 또는 법률상 지위를 침해할 우려가 있는 경우에는 사해방지참가를 인정한다.

각 학설에 따라 결과가 어떻게 달라지는가를 보자. 원인무효를 이유로 하여 소유권이전등기말소청구를 하는 소송에서 피고로부터 저당권설정등기를 받은 제 3 자가 참가한 경우에 이해관계설에 의하면 독립당사자참가가 허용될 것이나, 판결효력승인설에 의하면 이 경우에 저당권자는 자기의 권리가 논리적으로 소송의 목적인 권리관계의 존부에 걸려 있을 뿐 그 소송의 판결의 효력은 저당권자에게 미치지 아니하며, 따라서 소송결과에 의하여 법률상 직접적으로 권리를 침해당하는 경우가 아니므로 보조참가할 이해관계가 있음은 별론이고 독립당사자참가는 허용되지 아니한다. 임차인을 상대로 가옥명도소송을 하는 경우에 전차인의 지위도 역시 판결효력승인설에 의하면 보조참가를 할 수 있음에 불과할 것이다.

생각건대 상법 제406조가 주주의 대표소송에 있어서 사해판결이 확정된 경우에 재심의 소를 인정하는 이외에는 당사자끼리 전격적으로 부동소송을 해버린 경우에 대한 실정법상의 구제책이 없으므로[2] 판결효력승인설의 입장보다는 다소 완화하여 권리침해요건을 넓게 인정할 필요가 있다. 또한 사해의사의 입증은 대단히 어려운 일이나 그러한 의사가 객관적으로 인정될 수 있는 경우에는 소송결과에 따라 권리가 법률상 또는 사실상 침해될 가능성이 있는 자는 사해방지참가를 할 수 있어야 할 것이다. 다만 사해의사설이 제도적 취지에 맞고 이론적으로 무리가 없는 견해이긴 하나 사해의사에 대한 입증곤란으로 인하여 실무상 사해방

---

1) 대판 1982. 12. 14. 80 다 1872, 1873; 대판 1990. 7. 13. 89 다카 20719, 20726; 대판 1991. 12. 27. 91 다 4409, 4416; 대판 1996. 3. 8. 95 다 2795, 22801; 대판 2001. 8. 24. 2000 다 12785 판결에서는 「사해의사를 갖고 있다고 객관적으로 인정되고, 그 소송의 결과 제 3 자의 권리 또는 법률상의 지위가 침해될 염려가 있다고 인정되는 경우」에 사해방지참가를 할 수 있다고 한다.

2) 일본 구 민사소송법 제483조가 사해판결확정 후에도 제 3 자에게 재심의 소에 의한 취소를 인정하였던 것과 비교하면 현행법은 제 3 자의 권리구제에 미흡하다고 하겠다.

지참가의 길이 봉쇄될까 두렵다.

요컨대 이러한 참가를 활성화하기 위하여 판결효력승인설의 적용을 어느 정도 완화하여야 할 것인바, 그 정도의 문제는 본소당사자와 참가인간에 존재하는 분쟁의 통일적 해결의 필요성과 상당성에 따라 목적론적 해석을 해야 할 것이다.

3. 參加人은 本訴의 當事者의 양쪽 또는 한 쪽을 상대방으로 하여 독립한 自己의 請求를 할 것

1) 參加의 취지 독립당사자참가는 원고, 피고 및 참가인간의 분쟁을 한꺼번에 해결하려는 제도이므로 참가인은 당사자의 양쪽 또는 한쪽에 대하여 각각 그들의 청구와 논리적으로 양립되지 아니하는 자기의 청구를 하여야 한다.[1)]

법 제79조 1항 전문의 권리주장참가에 있어서는 원고청구와 상반되는 자기의 권리를 적극적으로 주장할 것을 필요로 하며, 단지 본소송당사자의 청구에 대한 기각만을 구하는 것으로는 부족하다. 그리고 후문의 사해방지참가에 있어서는 원고의 소송을 부인하는 소극적 주장 또는 이것과 모순되는 적극적 주장을 하면 된다.

2) 片面的 參加의 허가 여부 결정

가) 學 說 독립당사자참가에 있어서 참가인은 언제나 원·피고 쌍방을 상대방으로 하여야 하며, 편면적 참가신청은 허용될 수 없다는 것이 판례의 일관된 입장이었다.[2)] 그러나 학설은 견해의 대립이 있었다.[3)]

---

1) 대판 1993. 4. 27. 93 다 5727, 5734; 대판 1998. 7. 10. 98 다 5708, 5715. 다만 사해방지참가의 경우에는 참가인의 청구가 본소청구와 양립될 수 있어도 무방하다는 것이 판례의 입장이다. 대판 1990. 4. 27. 90 다카 25274, 25281; 대판 1990. 7. 13. 89 다카 20719, 20726; 대판 1996. 3. 8. 95 다 22795, 22801.

2) 그 동안 판례는 참가인이 당사자 양쪽에게 청구를 하지 않으면 참가가 부적법하다는 태도를 유지하여 왔다(예컨대 대판 1965. 3. 16. 64 다 1691, 1692). 또한 참가인의 청구가 본소청구와 양립할 수 있는 경우(대판 1993. 4. 27. 93 다 5727, 5734), 참가인의 양당사자에 대한 청구가 서로 아무 관련성이 없거나 별개의 원인에 의한 경우(예컨대 대판 1970. 11. 30. 68 다 2356, 2357), 청구가 그 주장 자체에 의하여 성립할 수 없는 경우(예컨대 대판 1995. 6. 9. 94 다 9160, 9177; 대판 1997. 6. 27. 95 다 40977, 40984), 당사자에게 참가청구의 상대방이 될 적격이 없는 경우(피고적격이 없는 경우로는 대판 1968. 9. 17. 68 다 1289, 1290 참조. 그리고 원고적격이 부인된 경우로는 대판 1974. 9. 24. 74 다 199, 200 참조), 또는 형식상 별개의 청구가 존재하여도 당사자에 대한 참가인의 청구가 이중소송금지에 저촉된다든가, 당사자가 참가인의 청구를 인낙함으로써 당사자 일방이 참가인의 청구를 인낙하더라도 독립당사자 참가의 심판에는 제67조가 준용되는 결과 불리한 소송행위인 인낙으로서의 효력이 생기지 아니하나 결국 참가인의 청구가 소의 이익이 없는 경우(예컨대 대판 1971. 11. 23. 71 다 1563, 1564; 대판 1980. 12. 9. 80 다 1775, 1776 등)에는 참가가 부적법하다는 것이 판례의 태도이다.

3) 이 문제는 주장하는 학자에 따라 그 내용과 표현방식도 다양한데, 편면적 참가를 준독립

쌍방필요설은[1] 3당사자간에 분쟁을 합일적으로 해결하기 위한 소의 이익이 있는 한 당사자 양쪽을 상대방으로 하여 참가신청을 하여야 하며, 당사자 한쪽을 상대로 청구한 때에는 독립당사자참가라기보다 신소의 제기와 변론의 병합 내지 추가적 공동소송으로 보아야 된다고 했다. 일방허용설은[2] 판례에 반대하면서 개정 전 법 제72조 1항은 '당사자로서 참가'할 수 있다고 규정했을 뿐 '당사자 양쪽을 피고'로 하라는 규정은 없으므로 다투는 당사자만을 상대로 하여 참가함도 문리해석상 가능하다는 것이었다.

나) 檢 討 당사자참가에서 언제나 원·피고 양쪽을 상대방으로 하여야 하는가(양면적 참가), 또는 한쪽만을 상대방으로 청구하는 것도 허용할 것인가(편면적 참가)에 관한 논의는 독립당사자참가의 소송구조를 어떻게 볼 것인가에 따라 당연히 그 결론이 도출되는 것이라기보다는 민사소송에 있어서 후발적인 다수당사자소송을 어느 범위까지 인정하고 어떻게 규율할 것인가 하는 문제와 관련되므로 이는 결국 소송정책의 문제라고 생각된다.

무릇 독립당사자참가의 신청은 당사자 양쪽을 상대방으로 하는 것이 본래의 모습이기는 하나 참가의 이익이 있는 한 편면적 참가를 통하여 분쟁을 일거에 해결할 수 있게 하였다. 그리하여 편면적 참가에도 법 제67조를 준용하여 절차와 판결의 통일을 도모하게 되었다. 법개정으로 인하여 종래의 판례는 변경되었고 앞으로 독립당사자참가제도의 활성화가 기대된다.

4. 一般的 訴訟要件을 갖출 것

1) 重複提訴禁止에 저촉되지 아니할 것(제259조) 이것은 독립당사자참가도 사실상 신소의 제기인 이상 당연히 필요한 요건이다. 문제는 채권자대위권에 기한 본소송에 채무자가 독립당사자참가를 할 수 있느냐이다. 채권자대위소송을 채권자가 채무자를 위하여 하는 법정소송담당의 하나로 보아 법 제218조 3항에 의하여 기판력이 언제나 채무자에게 미친다고 보면[3] 대위소송의 목적인 권리에 관

당사자참가라고 명명하고 참가인과 그 청구를 다투지 않는 당사자간에는 당연히 보조참가 관계가 있는 것으로 취급하여야 한다는 주장도 있었다. 이 문제에 관한 학설대립을 잘 정리한 국내문헌으로는 吳容鎬, "독립당사자참가에 관한 연구," 서울대 법학석사논문, 1977, 95-106면.

1) 方 224면, 金祥 225면.

2) 金/姜 745면, 李時 766면, 鄭/庾 963면, 姜 242면, 胡 925면, 金容晋, "독립당사자참가의 요건," 판례연구집 1집, 서울변호사회편, 252면.

3) 대판(전) 1975.5.13. 74 다 1664에서 전원합의체판결의 소수의견.

하여 채무자가 별소를 제기하는 것은 중복제소금지에 저촉될 것이다.[1] 그러나 판례는 채무자가 소송계속사실을 알았을 경우에는 판결의 효력이 미친다고 선언하였으므로 채무자가 소제기사실을 안 때에만 중복제소금지에 저촉된다고 볼 것이다.[2] 이에 관하여는 대위소송을 대위형법정소송담당이라고 하여 여타의 흡수형법정소송담당과 구별하고, 채무자가 별소에 의하면 이중제소로서 부적법하더라도 당사자참가에 의하면 심판중복에 의한 불경제, 기판력의 저촉가능성 및 피고의 응소의 번잡이라는 염려가 없고, 3자간에 합일확정을 할 수 있으므로 이를 긍정할 것이라는 입장도 있다.

2) 參加人의 청구는 本訴請求와 同種의 節次에서 심판될 수 있을 것

판례는 피고에 대하여 행정소송법 제3조 제2호 소정의 당사자소송의 대상인 공법상의 의무이행을 구하는 독립당사자참가신청은 본소청구와 동종의 절차에서 심판될 수 없는 것이어서 부적법하다고 한다.[3]

Ⅳ. 參加의 節次

1. 參加申請

1) 申請方式 참가신청의 방식은 보조참가의 신청(제72조)에 준한다(제79조 Ⅱ). 참가신청은 신소제기의 실질을 가지므로 서면(제248조)으로(소액사건의 경우에는 구술로도 할 수 있음. 소액 제4조) 당사자 쌍방에 대한 참가취지와 이유를 밝혀 본소가 계속중인 법원에 신청하여야 하며, 참가신청서에는 소장과 동액의 인지를 붙여야 한다(민인 제6조). 신청은 참가인으로서 할 수 있는 소송행위와 동시에 또는 단독으로 할 수 있으며, 참가신청의 서면 또는 조서의 등본은 당사자 쌍방에게 송달하여야 한다.

당사자가 상소하지 아니할 때에는 참가인은 상소제기와 동시에 참가신청을 할 수도 있다.[4]

2) 雙方代理 여부 참가에 의하여 세 당사자는 대립·견제하는 지위에

1) 그런데 대판 1974. 1. 29. 73 다 351은 대위소송의 판결의 효력은 채무자에게 미치지 아니한다는 전제를 취하면서도 대위소송계속중 채무자가 다시 제3채무자에 대하여 동일한 소송을 제기한 사안에서 이 소송은 중복제소금지에 저촉된다고 판시하였다. 이러한 판례의 태도가 이론적으로 모순이라는 비판은 李在性, "채권자대위소송과 중복소송," 법률신문, 1975. 2. 17.

2) 대판(전) 1975. 5. 13. 74 다 1664.

3) 대판 1995. 6. 30. 94 다 14391, 14407.

4) 대판 1978. 11. 28. 77 다 1515.

서기 때문에 동일인이 본소송당사자의 일방의 소송대리인이면서 참가인의 대리인을 겸함은 쌍방대리가 된다(변 제24조 [1]). 그러나 쌍방대리가 되어 무효이더라도 본인이 미리 허락하였거나 추인하면 유효로 된다고 할 것이다. 판례도 후술하는 승계참가(제81조)의 경우에는 원고와 참가인이 서로 이해가 대립되는 관계에 있다고 할 수 없으므로 원고소송대리인이 참가인의 소송행위를 대리하여도 쌍방대리금지에 저촉되지 아니하나,[1] 독립당사자참가에 있어서는 세 당사자가 서로 대립되는 관계이므로 동일인이 그 중 양당사자를 대리함은 허용되지 아니한다고 한다.[2]

3) 참가신청서를 제출하면 참가인의 청구에 대한 시효중단과 기간준수의 효력이 생기며(제265조), 참가소송의 계속에 의하여 중복제소금지의 효과가 발생하고(제259조), 본소송의 당사자가 참가인을 상대로 반소를 제기함도 가능하다.[3]

2. 當事者의 異議申請

독립당사자참가에 대하여 본소의 당사자는 이의를 신청할 수 없다고 본다.[4] 독립당사자참가는 보조참가와 달리 신소의 제기이므로 상대방이 이의함은 무의미하고, 참가요건의 존부는 직권조사사항이기 때문이다. 그러나 독립당사자참가는 타인간의 소송에 개입하는 특수한 소제기이므로 참가인의 개입에 중대한 이해관계를 가지는 본소의 당사자가 이의를 한 때에는 단지 직권발동을 촉구하는 것이 아니라 그 이의에 기하여 선결문제로서 참가의 적부를 판단함이 소송경제상 바람직하므로 이의신청을 할 수 있다는 반대설이 있다.[5]

V. 參加訴訟의 審判

1. 訴訟要件과 參加要件의 調査

1) **訴訟要件** 참가신청이 있으면 우선 참가인의 청구가 소송요건을 구비하였는가에 관하여 직권으로 조사하여 이의 흠결이 있을 때에는 판결로써 참가를 부적법각하하여야 한다(제219조).

---

1) 대판 1969. 12. 9. 69 다 1578.
2) 대판 1965. 3. 16. 64 다 1691, 1692.
3) 대판 1969. 5. 13. 68 다 656, 657, 658.
4) 同旨 李時 768면, 鄭/庾 965면, 姜 245면, 胡 929면.
5) 方 225면, 金/姜 746면.

2) 參加要件

(i) 참가요건은 본소송당사자의 이의가 없더라도 직권조사사항이고, 참가요건이 흠결되면 참가신청은 변론을 경유하여 부적법 각하되어야 한다. 다만 판례는 참가요건에 흠이 있어 참가가 부적법한 경우 참가인의 본소송당사자에 대한 청구를 취하하여 당사자 어느 한쪽의 보조참가로 전환시킬 수 있다고 한다.[1)]

(ii) 독립당사자참가가 참가요건에 흠이 있어 부적법하지만 참가신청 자체는 독립의 소로서의 요건을 구비한 때에도 언제나 판결로써 각하할 것인가는 다소 의문이다. 원래 참가요건은 본소에다가 참가인의 청구를 병합시켜 독립당사자참가소송으로서 법 제67조를 준용하기 위한 요건이므로 참가요건에 흠이 있어서 독립당사자참가로 취급될 여지는 없지만 본소송당사자를 상대로 한 신소제기의 실질을 구비한 경우에는 각하하기보다 이미 계속된 본소에 병합시켜서 공동소송의 형식으로 심리함이 소송경제상 타당하다.[2)]

2. 參加訴訟의 本案審判

1) 原　則　　독립당사자참가의 심판에는 3당사자간의 대립·견제관계를 한꺼번에 통일적으로 해결하기 위하여 필수적 공동소송에 관한 법 제67조가 준용된다(제79조 II). 다만 필수적 공동소송에 있어서는 공동소송인간의 협동관계를 소송수행에 반영하는 기술로서 동조가 적용됨에 대하여 독립당사자참가소송에서는 원고와 참가인의 청구취지로 보아 어떤 당사자도 자기를 제외하고 다른 2인만으로써 자기에게 불리하게 소송이 수행됨을 저지·견제할 필요가 있어서 이 같은 배척관계를 절차에 반영시키고자 이를 응용하는 관계이다.

2) 訴訟資料의 統一　　이러한 관계에 법 제67조가 준용되는 결과 2당사자간의 소송행위는 다른 1인에게 불이익한 한 2당사자간에서도 효력이 발생하지 아니한다(제67조 I). 따라서 예컨대 피고가 원고청구에 관하여 자백이나 인낙, 화해 또는 상소취하를 하여도 참가인이 다투는 한 그 효력이 없다.[3)] 판례는 독립당사

1) 대판 1960. 5. 26. 59 민상 524.

2) 同旨 李時 769면, 金/姜 746면, 鄭/庾 966면, 姜 245면, 胡 928면. 이에 대하여 독립당사자참가소송은 소송 중의 소로서 병합요건 또는 참가요건을 갖추지 아니한 경우에는 원칙적으로 부적법하므로 각하하여야 한다는 견해로 김홍 1003면.

3) 즉 당사자 일방이 참가인의 청구를 인낙하더라도 독립당사자참가의 심판에는 제67조가 준용되는 결과 불리한 소송행위인 인낙으로서의 효력이 생기지 아니한다는 뜻이다. 그러나 이러한 소송행위가 이루어진 것을 전연 부존재시할 수 없으므로 이것이 변론의 전취지(제202조)로서 사실인정의 자료로 채택되거나 법관의 심증형성에 영향을 줄 가능성은 배

자참가소송에서 참가피고인 원고의 소송행위는 같은 참가피고인 피고를 위하여도 효력이 있으므로 피고가 참가인의 주장사실을 분명히 다투지 아니하여도 원고가 이를 다투면 피고에 대한 관계에서는 자백한 것으로 볼 수 없다고 하며,[1] 참가인의 소송행위는 원고주장을 자백하는 피고에 대해서도 효력이 있다고 한다.[2] 3당사자 중 어느 1인에 대한 상대방의 소송행위는 전원에 대하여 효력이 있다(제67조 Ⅱ).

3) 訴訟進行의 統一

(i) 3당사자간에 심리의 보조를 맞추고 소송자료를 공통하게 해야만 통일적 판결을 할 수 있으므로 기일은 3당사자간에 공통하게 하여야 하며, 변론을 분리할 수도 없다.[3] 따라서 당사자 중 1인이 기일지정신청을 하면 전소송에 대하여 기일을 지정하여야 한다.

(ii) 1인에 관하여 중단·중지사유가 생기면 전 소송이 정지된다(제67조 Ⅲ).

(iii) 독립당사자참가신청 각하재판이 확정됨으로써 2당사자간의 소송으로 환원된 경우에 참가인이 제출하였던 증거방법은 당사자가 원용하지 아니하는 한 증거판단을 할 필요가 없다.[4] 또 증거를 제출한 참가인의 참가신청이 부적법 각하되어도 이미 법원이 실시한 증거방법에 의하여 얻어진 증거자료의 효력에는 아무 영향이 없다.[5]

(iv) 다만 상소기간은 각자 별도로 진행된다.

4) 1개의 全部判決 본안의 종국판결은 3당사자간의 청구에 관한 1개의 전부판결만이 허용되고 일부판결이란 있을 수 없다.[6] 이를 간과하고 일부판결을 한 경우에도 판결을 누락하였다고 하여 추가판결을 할 것이 아니고,[7] 판결 전체가 위법한 것으로서 상소심에 의한 취소의 대상이 된다. 그러므로 제 1 심이 일부판결을 한 때에는 항소심은 이를 취소하여 환송하여야 한다.[8]

소송비용은 한 당사자가 승소하면 다른 두 당사자가 부담하고(제102조, 제103조), 패소당사자간에는 적극적 당사자가 부담한다.

척할 수 없다.

1) 대판 1955. 2. 17. 54 민상 145.
2) 대판 1957. 2. 28. 56 민상 662.
3) 대판 1995. 12. 8. 95 다 44191.
4) 대판 1962. 5. 24. 61 민상 251, 252.
5) 대판 1971. 3. 31. 71 다 309, 310.
6) 대판 1964. 6. 30. 63 다 734; 대판 1995. 12. 8. 95 다 44191.
7) 대판 1981. 12. 8. 80 다 577; 대판 1991. 3. 22. 90 다 19329, 19336.
8) 대판 1961. 11. 16. 60 민상 718.

3. 終局判決에 대한 上訴

1) 敗訴當事者中 일방만의 上訴 3당사자 중 1인이 승소하면 나머지 2인은 반드시 패소하는 관계이므로 패소당사자가 모두 상소를 하면 문제가 없으나 그들 중 일방만이 상소한 경우에는 상소심으로의 이심범위와 심판범위가 다투어진다.

가) 上訴審으로의 移審範圍

(i) 學 說

① 移 審 說 독립당사자참가소송에 있어서는 합일확정의 필요상 종국판결에 대하여 패소자의 일방이 상소하면 전판결의 확정이 차단되고 모든 당사자의 소송이 상소심에 이심된다는 입장이다.

② 分離確定說 참가인이 본안판결을 받아 패소한 경우 그가 불복하지 아니하고 다른 패소당사자만 상소를 제기한 경우에는 전소송관계가 이심되는 것이 아니라 참가인의 패소부분은 분리확정되는 것이라는 입장이다.

③ 3당사자간의 합일확정의 필요에 비추어 이심설이 타당하다. 다만 참가인이 참가신청각하판결을 받고도 불복상소를 하지 아니한 때에는 다른 패소당사자의 상소에도 불구하고 참가인에 대한 판결부분은 분리확정되며,[1] 참가부분은 이탈되어 본소로 되돌아온다.[2]

(ii) 判 例 판례는 제 1 심에서 각각 일부패소한 원고와 참가인은 항소를 아니하고 전부패소한 피고들만이 원고만을 피항소인으로 표시하여 항소한 경우에 패소하고서도 불복하지 아니한 부분은 어느 누구의 불복도 없으므로 상소심의 심판대상이 안 되며[3] 상소하지 아니한 패소당사자에 대한 관계에 있어서의 3면소송부분은 상소기간도과로써 종료된다고 하여 분리확정설을 취한 바 있다.[4] 그러나 그 후 판례는 제 1 심이 계쟁건물이 원고소유임을 인정하여 원고의 피고에 대한 청구를 인용하는 한편, 참가인의 원·피고에 대한 청구를 전부기각한 데 대하여 전부패소한 참가인은 항소를 제기하지 아니하고(부대항소도 아니하였음) 피고만이 원고를 상대로 항소한 사안에서 항소심은 제 1 심 판결 중 피고가 불복한 피고패소부분만을 심판대상으로 심리하여 피고의 항소를 기각한 경우에 이 원심판결은 참가인의 입장에서 볼 때 자기가 불복을 아니하였던 제 1 심 판결보다 자기

1) 대판 1992. 5. 26. 91 다 4669, 4676.
2) 대판 1972. 6. 27. 72 다 320.
3) 대판 1974. 2. 12. 73 다 820, 821.
4) 대판 1974. 6. 11. 73 다 374, 375.

에게 더 불리한 판결이라고 볼 수 없으므로 참가인은 이에 대하여 불복상고할 이익이 없다고 판시하여 상고하지 아니한 참가인의 판결부분이 이심되어 상소심의 심판대상이 된다는 이심설을 취한 바 있다.[1] 요컨대 판례의 태도는 분리확정설과 이심설 사이에서 일관되고 있지 아니하지만 분리확정설의 입장을 취한다면 독립당사자참가의 소송구조를 합일확정의 필요상 3면소송으로 보는 입장과 꼭 일치하는 것은 아니다.

나) 上訴審의 審判範圍와 不利益變更禁止 항소심의 심판은 항소 또는 부대항소에 의하여 불복신청된 한도에서 행하여지는 것이 원칙이다(제407조, 제415조). 그러나 독립당사자참가의 경우에는 패소자의 한쪽만의 항소에 의해서도 3자간의 전소송이 이심되어 언제나 다른 패소자와 상대방간의 제 1 심 판결부분까지도 항소심의 심판대상으로 되므로 일반적으로 다른 패소자에게 이익으로(따라서 항소인에게 불이익으로) 변경하는 것도 가능하다.[2] 다만 항소심에서 스스로 불복을 신청한 항소인에게 불이익하게 원판결을 변경할 수 있는 근거에 관하여는 3자간의 분쟁을 합일확정하려고 하는 독립당사자참가의 목적으로부터 상소심의 대원칙인 불이익변경금지 원칙에 대한 예외가 인정되는 것이라고 할 수밖에 없다.

2) 上訴審에 있어서 3당사자의 지위 3당사자 중 1인이 승소하면 나머지 2인은 패소하는 관계이므로 2인의 패소당사자 모두가 승소자를 상대방으로 하여 상소하면 문제가 없으나, 문제는 1인만이 상소하여 전소송관계가 이심되는 때에는 상소하지 아니한 나머지 1인이 상소심에서 어떤 지위에 서는가이다.

가) 上訴人說 패소한 2당사자는 승소당사자에 대하여 공동소송에 유사한 관계가 있다고 보아 법 제67조 1항의 준용에 의하여 패소당사자의 한쪽이 상소하면 이는 유리한 소송행위로서 다른 쪽에도 효력이 미치므로 상소하지 아니한 나머지 패소당사자도 상소인이 된다고 한다.[3]

나) 被上訴人說 3당사자는 상호대립·견제관계에 있기 때문에 법 제67조 2항의 준용에 의하여 패소당사자의 일방이 상소하면 다른 2당사자에 대하여 상소의 효력이 발생하여 이들은 피상소인이 된다고 본다.[4]

---

1) 대판 1981. 12. 8. 80 다 577; 대판 1991. 3. 22. 90 다 19329, 19336.

2) 대판 2007. 12. 14. 2007 다 37776, 37783에서는 이와 같은 결론에 참가인의 참가신청이 적법하고, 합일확정의 요청상 필요할 경우일 것을 요건으로 한다.

3) 대판 1964. 6. 30. 63 다 734.

4) 方 233면, 李英 114면; 李在性, "독립당사자참가소송과 민사소송법 제67조의 준용," 변호사 7집, 162면.

다) 相對的 二重地位說 3자간의 청구를 합일적으로 해결해야 하는 독립당사자참가에 있어서는 2당사자대립구조하에서의 통상의 상소심당사자에 관한 이론을 수정하여 상소인적 지위와 피상소인적 지위를 겸유한 특수한 상대적 이중지위를 인정할 것이라고 한다.[1)]

라) 上訴審當事者說 독립당사자참가소송의 합일확정의 필요상 상소를 하거나 제기당하지도 아니한 패소자도 그에 대한 판결부분의 확정이 차단되고 상소심으로 이심됨에 그치므로 그는 결국 상소인도 피상소인도 아닌 단순히 상소심당사자에 불과하다고 한다.[2)]

마) 檢 討 생각건대 상소인설은 상소의 의사가 없는 자를 상소인으로 봄으로써 실제로 상소한 패소자 일방이 단독으로 상소를 취하할 수 없게 되는 어려움이 있을 뿐만 아니라, 상소비용의 부담 및 상소기각시의 판결주문 등의 문제에 불합리가 생기게 된다. 피상소인설은 3면소송설 지지자가 대부분 찬성하는 견해이다. 그러나 이에 의하면 경우에 따라서는 피상소인으로 할 이익이 없는 전부패소자를 피상소인으로 하는 것이 되어 상소에는 형식적 불복이 필요하다는 통상의 상소이론에 반하게 되고, 실제로 상소한 패소자의 한쪽의 상소를 인정하는 경우 상소도 아니하고 상소의 상대방으로도 되지 아니한 타패소자도 상소비용을 부담하여야 하는 불합리가 생길 수 있다. 상대적 이중지위설은 상소인설과 피상소인설이 가지는 결함을 모두 가지고 있다고 하겠다.

이 문제는 독립당사자참가에 있어서 상소이론을 어떻게 구성하고 또 그 관계에서 위 패소당사자에게 어떠한 절차관여를 인정할 것인가의 문제로 귀착된다. 그렇다면 이와 같은 상소하지 아니한 패소당사자의 지위는 필수적 공동소송에서 패소한 공동소송인 중의 1인이 상소한 경우에 상소하지 아니한 타공동소송인의 상소심에서의 지위와 유사할 것이다. 그리하여 상소를 제기한 패소당사자 일방만이 상소인으로 되고 상소도 아니하고 상소의 상대방으로도 되지 아니한 패소당사자는 합일확정의 필요상 상소심에서 상소인도 피상소인도 아닌 상소심당사자가 된다고 보아야 하지 않을까. 이러한 자는 상소유지의 주도권이 없는 대신 상소인 또는 피상소인으로서의 의무도 부담하지 아니하는 특수한 지위를 가질 것이다. 따라서 이 자도 상소심에 소환되고, 필요하면 당사자신문이 행하여질 수 있으나

1) 金/姜 742면.

2) 李時 772면, 鄭/庾 969면, 姜 248면, 胡 934면, 김홍 1006면. 대판 1981. 12. 8. 80 다 577은 피항소인설을 배척하면서 "항소심에서의 당사자"라는 표현을 쓴다.

패소시에는 상소비용을 부담하지 아니하며, 상소심은 실제로 상소한 패소당사자의 상소취지에 나타난 불복범위를 그 심판대상으로 하여 3자간에 모순 없는 판결을 하여야 할 것이다.

VI. 2當事者訴訟으로의 還元

1. 參加의 取下 또는 却下

1) **參加取下와 상대방의 同意** 참가인은 소의 취하에 준하여 참가신청을 취하할 수 있다. 그러나 본소의 당사자가 본안에 관하여 변론한 때에는 참가인의 청구의 취하에는 그 청구의 상대방인 당사자의 동의가 필요하다(제266조 II). 그리고 일방의 청구만을 취하하는 경우에도 본소의 취하에 준하여 그 청구의 상대방인 당사자뿐만 아니라 타방 당사자의 동의가 필요하다.[1] 참가인의 청구가 취하 또는 각하되면 본소송만이 잔존한다. 이 경우에 참가인이 제출하였던 증거방법은 당사자가 원용하지 아니하는 한 그 효력이 없다 할 것이므로 증거판단을 할 필요가 없다.[2] 제 1 심 계속중에는 참가신청을 취하하더라도 다시 참가할 수 있으나 상소심에서 취하한 후에는 다시 참가하지 못한다(제267조 II).

2) **參加申請의 却下** 참가신청이 판결로 각하된 후, 이에 대하여 상소한 경우에도 참가의 적부에 관한 판결이 확정될 때까지 본소에 관한 판결을 미룰 필요는 없다.[3]

2. 本訴의 取下 또는 却下

1) **本訴取下와 상대방의 同意** 참가인의 참가 후에도 원고는 본소를 취하할 수 있으며, 법원은 본소가 부적법하면 이를 각하할 수 있다. 다만 참가인은 3자간의 각 청구에 대하여 논리적으로 모순 없이 재판을 받아야 할 본소유지의 이익이 있으므로 그 본소취하에는 본소피고뿐만 아니라 참가인의 동의도 필요하다.[4] 본소원고가 소를 변경하는 경우에 참가인도 소를 변경할 필요가 생기면 청구기초에 변경이 없는 경우에는 허용할 수 있다. 청구의 기초를 달리하는 경우라도 피고의 동의가 있으면 현저하게 소송을 지연시키지 아니하는 한도에서 소의

---

1) 同旨 胡 938면.
2) 대판 1966. 3. 29. 66 다 222, 223 참조. 그러나 대판 1971. 3. 31. 71 다 309, 310 은 반대.
3) 대판 1976. 12. 28. 76 다 797.
4) 대결 1972. 11. 30. 72 마 787.

변경이 가능하다고 본다. 이 경우에도 본소원고는 본소피고의 동의뿐만 아니라 참가인의 동의까지 필요로 한다고 볼 것이다.

2) **本訴取下 후의 訴訟形態** 본소가 취하 또는 각하된 후에는 소송이 참가인의 원·피고에 대한 공동소송의 형태로 남는지, 본소의 계속이 소멸되는 만큼 모든 소송관계는 전면적으로 끝나는지에 관하여는 견해가 나뉜다.

가) **共同訴訟殘存說** 이 설은 중간확인의 소·반소 등의 경우에 본소가 취하 또는 각하되어도 일반적인 소변경 또는 반소로서의 병합요건이 구비되는 한 독립한 소로서 남게 되는 법리와 마찬가지로 본소의 취하나 각하에 의하여 본소의 계속이 소멸되어도 참가신청을 본소 당사자를 상대로 한 신소를 병합제기한 것으로 보는 만큼 참가인의 원·피고 양쪽에 대한 공동소송으로 남게 된다고 한다. 그리고 만일 항소심에서 참가한 경우에 본소가 소멸되었으면 참가인의 원·피고에 대한 공동소송을 제1심 관할법원으로 이송할 것이라고 한다.[1]

나) **全訴訟關係終了說** 이 설은 본소가 취하 또는 각하되면 독립당사자참가소송은 그 애당초의 소송목적을 상실하게 되므로 이 참가소송은 소멸하고 한 덩어리가 되었던 3면소송은 종료한다고 한다.[2]

다) **檢 討** 전설은 3면소송설을 취하는 학자들에 의하여 지지를 받지만 독립당사자소송의 구조를 3면소송으로 보면서 공동소송잔존설을 취하는 것은 논리적으로 일관된 입장이 아니다. 후설은 본소송이 취하 또는 각하되면 '타인간에 소송이 법원에 계속중'이라는 참가의 제1요건이 소멸하므로 이에 따라 모든 소송관계가 끝난다고 하는 논리적 일관성은 있으나, 이 설에 따르면 원고가 자기 자신의 것이 아닌 참가인의 적법한 소부분까지도 자기 마음대로 처분하는 결과가 되어 부당하게 된다. 논리적 일관성은 없으나 소송경제의 관점에서 보아 공동소송잔존설에 찬성한다.

3. 本訴當事者의 訴訟脫退

1) **意 義** 제3자가 참가함으로써 본소송의 원고 또는 피고가 당사자로서 소송에 더 머물 필요가 없게 된 때에는 그 소송에서 탈퇴할 수 있다(제80조). 이는 다툼없는 당사자의 쓸데없는 소송수행을 생략하여 소송관계를 간명하게 하

1) 方 229면, 金/姜 750면, 李時 773면, 鄭/庾 971면, 姜 249면, 胡 823면, 김홍 1008면. 대판 1964.6.30. 63 다 734; 대판 1991.1.25. 90 다 4723.
2) 李英 114면, 韓 325면. 대결 1972.11.30. 72 마 787; 대판 1966.2.15. 65 다 2442.

기 위한 것이다. 탈퇴는 자기소송에 있어서의 주장을 포기하고 참가인 대 상대방 간의 소송의 해결에 의존하겠다는 조건부 청구의 포기(본소원고가 탈퇴한 때) 또는 인낙(본소피고가 탈퇴한 때)에 유사한 성질을 가진 것으로 볼 수 있다.[1] 예컨대 피고가 채무의 존재 자체는 시인하지만 진정한 채권자가 원고인지 갑인지 몰라서 원고청구를 다투고 있을 때 甲이 참가하였다면 피고는 소송에서 탈퇴할 수 있다. 소송탈퇴는 실제상 권리주장참가(제79조 I 전)에만 적용이 있고 사해방지참가에서는 참가인의 참가취지로 보아서 본소송당사자의 탈퇴란 생각하기 어렵다.[2]

2) 相對方 當事者 및 參加人의 承諾 법 제80조는 소송탈퇴에는 상대방의 승낙이 필요하다고 규정하므로 소송탈퇴에는 본소의 상대방의 승낙만으로써 족하다는 견해가 대부분이지만,[3] 참가인의 승낙까지도 필요하다는 입장도 있고,[4] 소송탈퇴는 아무의 승낙도 필요없이 자유로 할 수 있다는 입장도 있다. 생각건대 제80조의 입법취지는 상대방의 승낙을 얻게 함으로써 탈퇴에 의하여 상대방이 입을지도 모르는 불측의 손해를 방지하자는 배려일 것이다. 탈퇴자는 어차피 판결의 효력을 받으므로(제80조 단) 탈퇴가 예기치 못한 손해를 끼칠 염려는 없는 만큼 법 제80조의 문구에 따라 본소의 상대방의 승낙을 얻으면 족하다고 본다.

3) 脫退節次 탈퇴나 이에 대한 법 제80조의 동의는 서면으로 함이 보통이나 기일에는 구술로써 할 수 있다. 유효한 탈퇴를 하면 본소송은 소멸하고 탈퇴자는 잔존하는 소송의 제3자가 되며, 따라서 그 소송에 대하여 증인이 될 자격이 있다. 탈퇴에 관하여 당사자간에 다툼이 있는 경우에는 법원은 변론을 열어 이 점에 관한 재판을 하고, 탈퇴가 무효이면 소송을 속행하여 본안판결 중에서 이러한 취지를 판단하면 될 것이다.

법 제80조에 의한 탈퇴는 참가가 유효하게 된 경우에만 허용되는 것이나 소의 취하와 달리 장래에 향하여 효력을 발생하는 데 그친다. 법정대리인(제56조 II) 또는 소송대리인(제91조 II)이 탈퇴를 함에는 특별수권이 있어야 한다.

탈퇴자가 탈퇴 전에 한 소송행위는 탈퇴 후에도 당연히 효력을 잃지 아니하

1) 方 230면, 李英 115면. 대판 2011.4.28. 2010 다 103048. 이에 대하여 최근 탈퇴는 남은 두 당사자에게 일종의 소송담당을 시키고 물러난 것으로 해석하는 소송신탁설 내지 소송담당설을 주장하는 견해는 李時 774면, 김홍 1011면 참조.

2) 胡 937면. 반대 金/姜 752면, 李時 775면, 鄭/庾 971면, 姜 250면, 김홍 1010면.

3) 方 230면, 金/姜 752면, 李時 775, 鄭/庾 971면, 姜 250면. 李石善, "독립당사자참가에 관한 연구(6)," 사법행정 1976년 5월호, 25면.

4) 대결 1972.11.30. 72 마 787.

고 법원은 참가인의 원용을 기다릴 필요 없이 탈퇴자에 관한 소송자료를 참작할 수 있다고 할 것이다.

4) **脫退者에 대한 判決의 효력** 판결은 탈퇴한 당사자에 대하여도 그 효력이 미친다고 규정되어 있으나(제80조 단), 이 효력의 내용이 명료하지 아니하여 견해의 대립이 있다. 참가인과 잔존당사자간의 판결은 탈퇴자에 대하여 참가적 효력을 가진다는 설, 참가인과 잔존당사자간의 기판력이 탈퇴자에게 미치고 집행력까지는 미치지 아니한다는 설, 그리고 참가인과 잔존당사자간의 판결은 탈퇴자에 대하여 기판력을 미칠 뿐만 아니라 집행력도 생긴다는 설이 그것이다.

독립당사자참가의 제도적 취지를 탈퇴에도 관철시켜서 탈퇴를 인정한 실익을 확보하려는 관점에서는 기판력 이외에 집행력을 포함한다는 통설이 가장 타당하다. 참가인과 잔존당사자간의 판결은 소송탈퇴를 둘러싼 3자간의 분쟁을 한꺼번에 합일확정하려는 독립당사자참가의 목적을 달성하기 위한 범위 내에서 법 제80조에 의하여 탈퇴자에 대하여 기판력이 미치고, 필요에 따라 집행력까지 발생하는 것이라고 보아야 하기 때문이다. 그런데 이와 같이 탈퇴자에 대하여 집행력까지 인정하는 경우에 무엇이 채무명의가 되는지 성문법상 명백하지 아니하다. 참가인과 잔존당사자간의 판결주문에 탈퇴자의 이행의무도 선고하는 것이 가장 타당하며, 그러한 경우에는 그 선고가 채무명의가 된다고 할 것이다.[1]

제4관 當事者의 變更

I. 當事者變更의 분류

당사자의 변경이 일어나는 경우에는 소송계속중 분쟁주체로서의 지위(당사자적격)가 기존당사자로부터 제3자에게로 이전됨에 따라 새로운 주체인 제3자가 당사자가 되어 종래의 소송관계 및 당사자의 지위를 이어 받는 소송승계와 당사자적격을 승계하지 않는 임의적 당사자변경이 있다.

소송승계에는 소송계속중 사망 등의 원인으로 분쟁주체인 지위가 포괄적으로 승계되는 당연승계(제233조 이하)와 계쟁물의 양도 등 승계원인이 발생하여 새로이 분

1) 이 점에 관하여는 탈퇴시 탈퇴조서를 인낙조서 또는 포기조서로서 작성하여 놓고, 잔존당사자간의 판결을 조건성취의 증명으로(제480조) 취급하여 집행문을 부여할 때에 처리할 것이라는 견해와 패소판결과 탈퇴할 때의 변론조서와의 양자를 가지고 채무명의로 할 것이라는 견해도 있으나 모두 이론상 무리한 견해이다.

쟁주체로 된 자가 기존 소송관계를 특정적으로 이어 받는 좁은 의미의 소송승계(참가승계와 인수승계)가 있다.

Ⅱ. 任意的 當事者變更

1. 意義 및 制度的 趣旨

1) 意 義 임의적 당사자의 변경은 소송계속중 기존소송의 당사자를 교체하거나 추가하는 경우를 총칭한다. 즉 당사자의 의사에 의하여 종전의 원고나 피고에 갈음하여 제 3 자를 가입시키거나 종전의 당사자에 추가하여 제 3 자를 가입시키는 것이다. 그런데 좁은 의미의 임의적 당사자변경은 당사자의 교체만을 뜻한다.

2) 趣 旨 일단 주어진 소송기회에 관련자를 모두 절차에 관여시켜 한꺼번에 분쟁을 해결하고 융통성 있는 소송운영을 도모한다는 취지이다. 만일 이 같은 당사자변경을 불허하면 공동소송인의 일부가 누락된 경우에는 별소를 제기하여 후일 변론을 병합시킬 수밖에 없고, 당사자적격자를 오인하여 제소한 경우에는 이를 취하하고 새로운 소를 제기하여야 하는 불편이 따르게 된다.

3) 現 行 法 임의적 당사자변경에 대하여 종래의 판례는 당사자의 동일성을 해치고 소송상 혼란을 초래하므로 당사자의 동일성이 유지되는 당사자표시정정은 허용하되 임의적 당사자변경은 허용할 수 없다고 하였다.[1] 그러나 가사소송(동법 제15조)이나 행정소송(동법 제14조)에서는 피고를 잘못 정한 채 제척기간 또는 출소기간을 도과하면 원고의 피해는 돌이킬 수 없는 경우가 있으므로 일찍부터 피고의 경정을 법이 명백히 허용하고 있다. 민사소송의 경우에는 판례와 반대로 학설상으로만 이를 허용하여야 한다는 주장이 있었으나 민사소송법은 누락된 고유필수적 공동소송인의 추가(제68조)와 피고경정을 허용하는 개정을 하였다(제260조). 전자는 당사자의 추가의 경우이고 후자는 당사자의 교체의 경우이다. 그러나 제68조와 제260조는 당사자의 변경을 모두 원고의 주도로 제 1 심 변론종결 전까지만 허용하는 제한적 개정을 한 것이다.

---

1) 대판 1957. 5. 25. 56 민상 612, 613(법인의 대표자를 당사자로 변경함을 불허); 대판 1970. 3. 10. 69 다 2161(제소 후 원고를 갑에서 을로 변경함을 불허); 대판 1980. 7. 8. 80 다 885(원고의 추가불허); 대판 1991. 6. 14. 91 다 8333(새로운 당사자를 상고인으로 추가함을 불허); 대판 1996. 3. 22. 94 다 61243(단체의 대표자 개인을 단체 자체로 바꾸는 것은 불허) 등.

2. 本 質

임의적 당사자변경의 경우 신당사자가 구 당사자의 소송상 지위를 그대로 승계하는 것은 아니므로 구 당사자의 소송수행결과는 당연히 신당사자를 구속하는 것은 아니다. 따라서 법원은 신당사자에 대하여 새로이 변론절차를 열어야 하는데 이렇게 되면 소송계속을 이용하여 당사자변경을 할 수 있도록 허용한 취지가 상당히 몰각되고 만다. 따라서 임의적 당사자변경의 본질에 관한 논의는 결국 어떻게 하면 종전 당사자의 소송수행결과가 신당사자에게도 효력이 미친다고 할 수 있을지의 이론구성에 관한 문제이다.

1) **訴의 變更이라는 說** 임의적 당사자변경을 소변경(제262조 참조)의 하나로 보아 종전 당사자의 소송수행결과는 신당사자와의 관계에서도 효력이 있다고 한다. 그러나 임의적 당사자변경은 신구당사자간에 동일성이 없는 경우이므로 신구당사자에게 그대로 효력이 미친다는 주장에는 무리가 있다.

2) **新訴提起와 舊訴取下의 併合說** 임의적 당사자변경을 새 당사자에게는 신소의 제기이고 탈퇴하는 구당사자에게는 구소의 취하라는 두 가지 소송행위의 복합이라고 파악한다. 우리나라의 다수설이다.[1] 누락된 공동소송인의 추가를 신소의 제기로 보아 소급효를 인정하는 규정(제68조 Ⅲ)과 피고경정허가결정이 내려진 경우에는 종전의 피고에 대한 소는 취하된 것으로 보는 규정(제261조 Ⅳ)에 비추어 우리 법은 이 설에 입각하고 있다고 하겠다. 그러나 당사자의 변경을 신소제기라고 보는 한 이는 제2심에서는 허용할 수 없게 되고 신구당사자간에 소송의 연속성이 단절된다.

3) **特殊行爲說** 임의적 당사자변경을 당사자변경을 생기게 할 목적으로 이루어진 특수한 '단일행위로 파악하여 그 요건과 효과를 별도로 정하자는 견해이다.[2] 요컨대 구 당사자의 소송수행결과를 그대로 신당사자에게 미치게 하려는 시도이다.

3. 누락된 必須的 共同訴訟人의 追加(제68조)

1) 고유필수적 공동소송에서 공동소송인으로 될 자를 일부 누락한 채 제소

1) 李英 117면, 金/姜 762면, 李時 781면. 김홍 1023면은 복합설이 입법을 통해 채택되었다고 한다.
2) 胡 943면.

하여 당사자적격이 갖추어지지 아니한 경우 제 1 심 변론종결시까지 원고의 신청에 따라 누락된 원고 또는 피고를 추가하는 소의 주관적·추가적 병합의 한 형태이다.[1)]

2) 추가된 당사자는 종전의 당사자와 공동소송인이 되므로 이 경우 공동소송의 요건을 갖추어야 한다.

3) 추가되는 당사자는 원고측이거나 피고측이거나 상관없으나 원고의 추가에는 추가될 신당사자의 동의를 얻어야 한다(제68조 I 단). 이는 그의 소송물에 대한 처분권을 존중하려는 의도이다.

4) 공동소송인의 추가도 새로운 소의 제기이므로 신청서에 추가될 당사자, 법정대리인 및 추가신청이유를 기재하여 제출하며, 법원은 이에 대하여 결정으로 허가여부에 관하여 재판을 한다(제68조 I). 허가결정서의 정본은 모든 당사자에게 송달하고 신당사자에게는 이외에 소장부본도 함께 송달하여야 한다(제68조 II). 허가결정에 대하여서는 오직 추가될 원고의 동의 없음을 이유로 하는 경우에 한하여 이해관계인이 즉시항고를 할 수 있다(제68조 IV). 그리고 추가신청기각결정에 대하여서는 즉시항고가 가능하다(제68조 V).

5) 필수적 공동소송인의 추가가 허용된 경우에는 처음의 소가 제기된 때에 추가된 당사자와의 사이에 소가 제기된 것으로 본다(제68조 III). 따라서 각종 소장제출의 효과가 소급하여 발생하며 종전의 필수적 공동소송인의 소송수행결과는 동의한 신당사자에게도 효력이 미친다.

4. 被告의 更正(제260조)

1) **意義 및 同意要件** 원고가 피고를 잘못 지정한 것이 분명한 경우에는 제 1 심 변론종결시까지 원고의 신청에 따라 피고적격자로 교체하는 것을 허용하는 소의 주관적·추가적 병합의 한 형태이다.[2)] '피고를 잘못 지정한 것이 분명

---

1) 필수적 공동소송이 아닌 사건에 있어서 소송 도중에 피고를 추가하는 것은 허용될 수 없다. 대판 1993. 9. 28. 93 다 32095.

2) 이미 고유의 의미의 종중인 것으로 확정된 원고 문중의 성격을 종중 유사의 단체로 변경하거나(대판 1994. 5. 10. 93 다 10866), 원고종중이 자신이 갑을 공동선조로 하는 종중이라고 주장하다가 갑의 후손인 을을 공동선조로 하는 종중이라고 주장하거나(대판 1994. 10. 11. 94 다 19792; 대판 1996. 11. 26. 96 다 32850), 권리능력 없는 사단인 부락의 구성원 중 일부가 제기한 소송에서 원고의 표시를 부락으로 정정하는 것(대판 1994. 5. 24. 92 다 50232)은 원고를 별개의 실체를 갖는 당사자로 임의로 변경하는 것으로서 허용될 수 없다 할 것이다.

한 때'라고 함은 청구취지나 청구원인의 기재내용 자체로 보아 원고가 법률적 평가를 그르치는 등의 이유로 피고지정이 잘못되었거나 법인격의 유무에 관하여 착오를 일으킨 것이 분명한 경우 등을 말하고, 피고로 되어야 할 자가 누구인지를 증거조사를 거쳐 사실을 인정하고 그 인정 사실에 터잡아 법률 판단을 해야 인정할 수 있는 경우는 이에 해당하지 않는다.[1] 다만 피고가 이미 본안에 관한 준비서면을 제출하거나 변론준비기일에서 진술 또는 변론을 한 뒤에는 그의 동의를 받아야 한다(제260조 I 단). 피고가 경정결정서를 송달받은 날로부터 2주일 안에 이의하지 아니하면 동의한 것으로 본다(제260조 Ⅳ).

2) 節 次 피고의 경정은 신소의 제기와 구소의 취하의 실질을 가지므로 신청서면에 경정 전후의 피고, 법정대리인, 경정신청사유를 기재하여 제1심 법원에 제출하여야 한다. 이 서면은 상대방에게 송달하여야 하나 종전의 피고에게 소장부본이 송달되기 전이면 그럴 필요가 없다(제260조 Ⅲ).

3) 申請에 대한 裁判 원고의 경정신청에 대하여 제1심 법원은 변론종결시까지 결정으로 허가 여부의 재판을 하고 이를 피고에게 송달하여야 한다. 다만 피고에게 소장부본이 송달되지 아니한 경우에는 그러하지 아니하다(제261조 I). 경정허부에 대한 결정정본은 피고는 물론 원고에게도 송달할 필요가 있으므로 입법상 실책으로 보인다. 그러나 경정신청을 허가한 경우에는 허가결정의 정본과 소장부본을 새로운 피고에게 송달하여야 한다(제261조 Ⅱ). 경정허가결정에 대하여는 피고의 동의가 없음을 이유로 하는 때에 한하여 즉시항고를 할 수 있을 뿐 달리 불복할 수 없으므로(제261조 Ⅲ) 피고경정신청을 한 원고가 그 허가결정의 부당함을 내세워서 불복하더라도 이는 항소심법원의 판단대상으로 되지 아니한다(제392조 단).[2] 피고경정신청을 기각한 결정에 대하여는 통상항고를 제기할 수 있다.[3]

4) 效 果 경정허가결정이 확정된 때에는 종전의 피고에 대한 소는 취하된 것으로 본다(제261조 Ⅳ). 따라서 구 피고에 대한 심리는 더 이상 할 수 없다. 경정된 피고에 대한 소제기의 효과, 시효중단이나 기간준수의 효과는 경정신청서제출시에 발생한다. 신피고가 경정에 동의하였거나, 신피고가 실질적으로 구 소송절차에 관여하여 왔으므로 구 피고의 소송수행이 신피고의 그것과 동일시될 때에는

1) 대결 1997. 10. 17. 97 마 1632.
2) 대판 1992. 10. 9. 92 다 25533.
3) 대결 1997. 3. 3. 97 으 1.

원용이 없더라도 구 피고의 소송수행결과가 신피고에게도 효력이 미친다고 할 것이다.[1)]

Ⅲ. 參加의 一形態로서의 訴訟承繼

1. 總 說

1) 訴訟物讓渡에 관한 立法例 소송계속중 소송물의 양도가 있는 경우에 이를 어떻게 처리할 것인가에 관하여 역사적으로, 그리고 입법례에 따라 여러 가지 다른 입장이 있다. 로마법시대에는 소송의 엄격한 형식성을 유지하기 위하여 소송물의 양도를 철저히 봉쇄하는 양도금지주의를 취하였다. 그러나 경제거래가 복잡하고 빈번해짐에 따라 소송은 시간이 많이 걸리는 만큼 소송물의 양도를 무작정 금지하게 되면 불합리하므로 점차 양도를 허용하게 되었으며, 이에 따라 근세 각국은 각각 다른 입장을 채택하게 되었다.

가) 當事者恒定主義 소송계속중 당사자가 소송물을 양도하는 것을 허용하는 대신 이러한 양도는 소송에 아무런 영향이 없고 양도인이 끝까지 당사자로서 소송을 수행하며 그 판결의 효력은 소외 소송물의 양수인에게 미친다고 한다(ZPO 제265조). 독일법의 입장이다. 이 주의는 소송절차의 간명과 안정을 가져오긴 하나 소송물의 실체상의 주체가 아닌 양도인이 무성의하게 소송수행을 하는 경우에는 승계인에게 불측의 손해를 입힐 염려가 있다.

나) 別訴主義 변론종결 전에 소송물양도가 있으면 원고패소판결로서 끝맺고 승계인과 상대방간에 별소에 의하도록 하는 방법을 취한다. 이에 의하면 소송물양도시까지 이루어진 소송절차를 헛수고로 만드는 결점이 있으므로 피고측의 소송물양도에 대하여는 양도금지 가처분의 길이 마련되었으나, 원고측의 양도를 방지할 방법이 없어서 당사자평등의 원칙에 반하였다. 구 일본법의 입장이다.

다) 訴訟承繼主義 실체법상의 소송물양도의 효과를 소송수행권능과 결합시킴으로써 소송물의 양도에 따라 양수인을 소송당사자로 가입시켜 양도인인 당사자의 소송상 지위를 승계시키는 입장이다. 우리 민사소송법은 이 입장에 따르고 있다.

2) 訴訟承繼主義와 補完對策 소송승계주의를 따를 경우에는 실체관계의 주체가 바뀌었음을 상대방이 알아채고 승계절차를 취하지 않는 한 소송수행결

---

1) 李時 784면, 鄭/庾 996면.

과로 받은 판결은 무용지물이 되고 따라서 승계인을 상대로 다시 소송을 해야 하는 불경제가 있다. 건물명도청구소송중 피고가 제 3 자에게 몰래 점유승계하고 빠져나가면 원고의 피고에 대한 승소판결이 집행할 수 없게 되는 경우가 전형적이다. 따라서 승계인의 상대방을 보호하는 방법으로서 부동산에 관한 소송의 경우에 이용될 수 있는 예고등기제도(부등 제4조), 피고적격을 항정하기 위한 처분금지가처분 또는 점유이전금지가처분 등 가처분제도 그리고 당사자가 변론종결시까지 승계사실을 숨기면 변론종결후에 승계가 있는 것으로 추정하는 제도(제218조 II) 등이 마련되어 있다.

3) 訴訟承繼의 意義와 種類

가) 意 義 소송승계라고 함은 소송계속중에 소송의 목적인 권리관계의 변동으로 새로운 승계인이 종전 당사자의 한쪽을 대신하여 또는 이와 병행하여 당사자가 됨으로써 그 소송상 지위를 승계함을 말한다. 즉 소송계속중 소송물에 관한 당사자적격이 종전 당사자로부터 새로운 승계인에게 이전됨으로써 종전 소송상태를 그대로 승계하는 것이다. 여기에서 승계라고 함은 일신전속권이 아닌 것으로서 소송물인 권리관계 자체(예컨대 건물철거청구권)의 양도뿐만 아니라 그 권리관계가 귀속되는 물건(예컨대 건물)이 양도된 경우도 포함한다.

나) 種 類 소송승계에는 i) 당사자의 사망 등의 포괄적 승계원인의 발생과 동시에 법률상 당연히 발생하는 당사자변경으로서 당연승계가 있고, ii) 소송물의 양도 등 특정승계원인의 발생으로 인하여 당사자의 신청으로 일어나는 당사자변경인 소송승계가 있다. 후자에는 참가승계(적극적 소송승계)와 인수승계(소극적 소송승계)가 있는데 우리 법은 이들을 소송참가의 한 종류로서 규정하고 있다. 참가승계(제81조)는 소송계속중 소송물이 개별적인 당사자의 행위(예: 계쟁물양도)에 의하여 이전되는 경우에 승계인이 자발적으로 소송승계를 하는 경우이고, 인수승계(제82조)는 반대로 본소의 당사자가 승계인을 강제로 계속중인 소송에 끌어들이는 경우이다. 이 두 가지를 협의의 소송승계라고 한다. 당연승계(제233조 이하)는 소송절차의 진행에 관한 것으로서 법이 정한 당사자적격의 변동사유(예컨대 사망, 합병)가 발생하기만 하면 당사자가 원하는 여부를 막론하고 법률상 당연히 절차가 중단되었다가 수계되는 현상이 일어나게 되어 있으므로 이는 협의의 소송승계와 다르다. 이 곳에서는 참가승계와 인수승계만을 다루고, 당연승계는 소송중단의 경우에서 설명하기로 한다. 소송승계를 인정함은 소송경제와 승계인의 보호에 주목

적이 있으므로 승계인은 본소제기시부터 이룩된 소송상태를 이어받아 자기에게 유리하게 소송수행을 할 수 있게 된다.

2. 承繼參加

1) **意 義** 소송계속중 그 소송목적인 권리 또는 의무의 전부 또는 일부를 승계하였음을 주장하고 법 제79조의 규정에 따라 소송에 참가하는 경우이다(제81조).[1] 소송물의 양도는 매매나 채권양도와 같은 당사자의 임의처분에 기인하는 것에 한하지 아니하고, 경매나 전부명령과 같은 집행행위에 기인한 이전, 행정처분에 의한 이전 또는 대위와 같은 법률상의 이전을 포함한다. 상고심에서는 승계참가가 허용되지 않는다.[2]

원래 우리 법은 권리를 승계한 자의 참가를 승계참가로, 의무를 인수한 자를 기존소송의 당사자가 강제로 끌어들이는 경우를 인수참가로 규정하고 있었다. 그러나 권리와 의무는 상대적 개념이므로 법 제81조와 제82조는 상호표리를 이루며, 권리승계인의 자발적 참가가 없는 경우에도 본소송의 당사자가 이를 끌어들일 수 있고, 의무승계인도 자진하여 참가할 수 있는 것이다.[3] 따라서 개정법은 권리승계인이나 의무승계인을 가릴 것 없이 자진 참가신청을 하여 승계할 수 있도록 양조문의 울타리를 터놓았다.

2) **獨立當事者參加와의 비교** 승계참가(제81조)나 인수승계(제82조)도 타인간에 계속중인 소송에 참가하는 것이므로 소송참가이기는 하다. 그러나 소송물을 양도한 당사자가 소송에서 탈퇴하는 대신 권리승계인 또는 의무승계인이 종전 당사자의 지위를 그대로 승계하여 당사자가 되는 것이므로 종전 당사자의 지위를 승계하지 아니하는 보조참가나 독립당사자참가와 다르다. 또한 승계참가의 경우에 소송물을 양도한 당사자가 탈퇴하지 아니하면 그 심판에 법 제67조가 준용되는 점은 독립당사자참가와 비슷하지만, 전 당사자의 지위의 승계가 이루어지는 점에서 독립당사자참가와 차이가 있다. 그런데 권리 또는 의무승계인이 자발적으로 승계참가를 하려면 제79조의 독립당사자참가의 형식을 갖추어야 하는 만큼(제81조) 종전 당사자의 양쪽 또는 한쪽을 상대로 자기의 청구를 하여야 하며, 다만 권리양도인이 상대방의 승낙을 얻어 소송에서 탈퇴하면 소송이 참가인에게 완전하게 승

1) 승계참가를 한 것이라고 볼 수 없는 경우로는 대판 1989. 7. 25. 88 다카 26499.

2) 대판 1995. 12. 12. 94 후 487.

3) 대판 1983. 9. 27. 83 다카 1027; 대판 2002. 12. 10. 2002 다 48399.

계되지만 소송물을 양도한 후 그대로 당사자로서 잔류하는 경우에는 이들 3자간에 3면소송관계가 성립하고, 따라서 실질상 독립당사자참가와 다름이 없다는 견해가 있다.[1)]

판례는 승계참가를 독립당사자참가의 하나로 보아서 승계참가에 있어서도 종전 당사자 일방만을 상대로 편면적 참가신청을 하면 이는 부적법하다고 하는 경우[2)]도 있고, 반대로 독립당사자참가와 승계참가는 소송구조상 차이가 있으며, 권리양도 후 탈퇴신청을 하였으나 상대방의 동의가 없어서 탈퇴하지 못한 경우에는 권리양수인과 양도인간에는 아무런 청구가 필요 없으므로 독립당사자참가와 같은 3면소송관계는 성립될 여지가 없다고도 한다.[3)]

생각건대 소송물의 일부만이 양도된 경우 또는 전부양도 후에도 승계인과 양도인간에 권리의 귀속에 관한 대립이 있어서 탈퇴를 하지 못하는 경우에는 독립당사자참가와 다름이 없는 3면소송이 성립할 것이다. 그러나 전부양도의 경우에 승계인과 양도인간에 다툼이 없되, 상대방의 동의가 없어서 형식상 당사자로 잔류되어 있는 때에는 3자간의 대립배척관계는 성립되지 아니하며[4)] 편면적 참가도 가능하다.[5)] 또 종전 원고의 대리인이 원고승계참가인의 소송행위를 대리하였다 하더라도 쌍방대리금지원칙에 어긋나지 아니한다.[6)]

3) 承繼參加의 效力　권리 또는 의무의 승계인이 소송에 참가한 때에는 시효중단이나 법률상 기간준수의 효력이 본소송이 제기된 때로 소급하여 발생한다.[7)] 승계인은 참가 당시의 소송상태를 승계하기 때문이다.

소송승계가 이루어지면 승계인과 상대방간에 종전의 소송상태를 기초로 하여 소송이 진행되므로 적극적으로는 중간판결의 효력이나 구당사자신문의 효과, 그 밖의 이미 제출된 사실관계나 증거관계로부터 생기는 효과를 받게 되며, 소극적으로는 전 당사자가 실기한 공격방어방법, 자백 또는 소송절차에 관한 이의권 상실의 효과도 받게 된다. 본소송의 당사자인 원고와 피고가 승계참가인을 상대로 반소를 제기할 수 있음은 독립당사자참가의 경우와 같다.[8)]

---

1) 方 235면.
2) 대판 1965. 3. 16. 64 다 1691, 1692.
3) 대판 1969. 12. 9. 69 다 1578.
4) 대판 1975. 11. 25. 75 다 1257, 1258.
5) 대판 1976. 12. 14. 76 다 1999.
6) 대판 1991. 1. 29. 90 다 9520, 9537.
7) 대판 2003. 2. 26. 2000 다 42786.
8) 대판 1969. 5. 13. 68 다 656, 657, 658.

3. 引受參加(引受承繼)

1) **意　義**　　제3자가 소송계속중 그 소송목적인 권리 또는 의무를 승계한 경우에 법원이 당사자의 신청에 따라 그 제3자로 하여금 그 소송을 인수하여 참가하게 하는 경우이다(제82조).[1] 즉 소송당사자가 승계인을 소송에 강제적으로 끌어들여서 소송을 인수하게 하는 제도이다. 그러나 전술한 바와 같이 이 경우도 이해관계 있는 의무승계인의 자발적 소송인수는 물론 권리양수인의 강제적 소송인수도 인정된다. 그러므로 승계참가와 인수참가는 승계인이 권리자인가 의무자인가에 따른 구별이 아니라 승계인이 자발적으로 참가하는가, 아니면 당사자에 의하여 강제로 끌어들여지는가의 차이라고 볼 수 있다.

2) **要　件**

가) 인수참가는 소송이 계속중 제3자가 그 소송목적이 된 권리 또는 의무를 승계한 경우에 한하여 가능하며,[2] 소송계속 전 또는 판결확정에 의하여 소송이 종료한 후에는 할 수 없다. 다만 소제기 전 또는 소송계속중에 채무자의 피고적격을 항정하기 위하여 채권자는 처분금지 또는 점유이전금지가처분을 할 수 있다(민집 제300조). 일단 판결이 확정되면 확정판결의 기판력과 집행력이 변론종결 후의 승계인에게 미치므로(제218조 I) 변론종결 후의 승계는 문제가 되지 아니한다.

나) 인수참가는 상고심에서는 할 수 없다고 본다. 판결의 효력이 사실심변론종결 후의 승계인에게 미치므로 인수는 사실심변론종결시까지 허용하면 족할 것이기 때문이다.

다) 판례는 소송당사자가 제3자로 하여금 그 소송을 인수하도록 끌어들이기 위하여서는 그 제3자에 대하여 인수소송의 목적인 의무의 이행을 구하는 경우에만 허용된다고 한다.[3] 그런데 소송물양도에서의 소송승계인을 변론종결 후의 승계인(제218조)에 준하여 취급해야 한다는 통설·판례와는 달리 소송물양도에서의 소송승계인의 범위를 변론종결 후의 승계인의 그것보다 넓게 보아서 승계인의 신청구가 구 청구와 다르더라도 쟁점이 공통되고 종전의 소송자료를 이용할 수 있으며 분쟁의 유효적절한 해결을 기대할 수 있는 경우에는 인수참가를 허용할 것이라는 견해가 있다.[4] 이를 추가적 인수라고 한다. 별소를 제기하게 만드는 것보

1) 채무승계인이 소송인수를 한 예로는 대판 1955. 6. 2. 55 민상 36 참조.
2) 대판 1965. 7. 6. 65 다 671.
3) 대판 1971. 7. 6. 71 다 726.
4) 姜 268면 이하.

다 추가적 인수를 허용함이 경제적이다.

라) 소송목적인 권리 또는 의무의 승계라 함은 실체법상 권리의무 자체 또는 권리의무가 귀속되는 물건의 승계를 통하여(일반승계 제외) 당사자적격의 이전이 있는 경우를 포괄적으로 의미한다. 그러므로 채무인수는 면책적 인수뿐만 아니라 중첩적 인수 또는 채무자교체에 의한 경개 등도 포함하며, 이러한 채무인수에 국한되지 아니하고 더 널리 인적·물적 청구권에 대한 의무도 포함된다. 따라서 물권적 청구권 또는 등기청구권에 관한 이행소송중 소송의 목적물을 양수한 자는 법 제82조의 승계인이라고 할 수 있다. 다만 판례는 단순히 소송의 목적된 부동산에 대한 점유를 승계한 것만으로는 소송목적인 채무를 승계한 경우에 해당하지 아니한다고 한다.[1] 그리고 매매계약 등 채권적 청구만을 기초로 하여 청구하는 경우, 예컨대 매수인이 매도인을 상대로 매매물건의 인도를 청구하는 소송의 계속중 매도인으로부터 그 물건을 양수한 자는 본조의 승계인이 아니다.[2] 그 이유는 매수인이 매매계약에 기하여 목적물의 인도를 구하는 것은 매도인에 대한 것이므로 물건의 소유권이나 점유권이 제3자에게 이전된 경우에 그 양수인이 인도의무까지 인수한 특별한 경우를 제외하고는 일반적으로 이 자에 대하여 직접 매도인에 대한 인도청구권을 주장할 수 없기 때문이다. 그러나 소송물인 권리관계가 물권적 청구권인가 채권적 청구권인가를 따지기보다는 점유나 등기승계인은 승계적격자로 보아야 할 것이다.

마) 사해행위취소소송(민 제406조)이 계속중에 수익자로부터 목적재산을 전득한 자가 법 제82조의 의무승계인에 해당하는가는 채권자취소권의 효과에 대하여 어느 학설을 취하느냐에 따라서 달라진다. 채권설을 취하면 수익자 또는 전득자는 목적물의 소유권을 반환할 채무를 지는 데 불과하므로 전득자는 수익자의 일반승계인이 아닌 한 법 제82조의 승계인에 해당하지 아니한다. 그러나 물권설에 따르면 취소의 효과를 물권적으로 보는 만큼 전득자는 목적물의 반환청구에 대하여 물적 승계인이기 때문에 법 제82조의 적용이 있다고 본다. 민법학자들은 취소의 효과가 상대적이라는 데에 대부분 가담하지만, 소송경제의 관점에서는 수익자로부터 목적재산을 전득한 자도 의무승계인으로 보는 것이 바람직하다.

1) 대결 1970. 2. 11. 69 마 1286.

2) 채권적 청구권에 기한 부동산소유권이전등기소송 계속중 부동산을 양수하거나 저당권을 취득한 자에 대한 소송인수신청은 부적법하다. 대결 1983. 3. 22. 80 마 283 참조.

3) 節 次

가) 當事者의 申請 인수참가는 승계인이 자발적으로 참가하지 않는 한 당사자가 그를 강제적으로 끌어들어야 하므로 원칙적으로 당사자의 신청이 필요하다. 이 경우 법원이 당사자에게 승계인의 소송인수신청을 하도록 촉구하는 등의 석명의무까지 지는 것은 아니라고 함이 판례이다.[1] 그러나 소송승계제도의 통일적 운영을 위하여 인수신청을 할 수 있는 자는 본소송의 원고는 물론,[2] 피고(채무양도인)와 소송물인수인도 포함되어야 한다.[3]

나) 引受申請과 裁判 인수신청은 인수범위와 이유를 명백히 하여 서면 또는 구술로써 할 수 있다. 이와 같은 소송인수신청이 있으면 법원은 양당사자와 제3자를 심문하여야 한다. 이는 적격승계원인사실에 대하여 일응의 심증을 얻기 위한 것이다.

법원의 인수결정은 고지에 의하여 효력이 발생하며(제221조), 소송인수명령을 받은 제3자는 당연히 그 소송의 당사자가 되어 그 때부터 채무양도인의 소송상 지위를 승계하고 인수신청인과의 사이에 소송이 속행된다. 인수를 명하는 결정은 인수인의 적격을 인정하여 이를 당사자로 취급하는 중간적 재판이므로 이 결정에 대한 불복은 종국판결과 함께 할 수 있으나 독립한 항고는 할 수 없다.[4]

인수신청의 요건에 흠결이 있거나 인수의 사실이 인정되지 아니하면 인수신청을 각하하는 결정을 한다. 이 결정에 대하여는 항고할 수 있다(제439조).[5] 소송계속 중에 소송목적인 의무의 승계가 있다는 이유로 하는 소송인수신청이 있는 경우 신청의 이유로서 주장하는 사실관계 자체에서 그 승계적격의 흠결이 명백하지 않는 한 그 신청을 인용해야 하며, 그 승계인에 해당하는가의 여부는 피인수신청인에 대한 청구의 당부와 관련하여 판단할 사항으로 심리한 결과 승계사실이 인정되지 않으면 청구기각의 본안판결을 하면 되는 것이지 인수참가신청 자체가 부적법하게 되는 것은 아니다.[6]

4) 效 力

가) 訴訟上 地位의 承繼 소송인수를 명하는 결정이 내려지면 인수인은

1) 대판 1975. 9. 9. 75 다 689.
2) 李英 120면.
3) 同旨 方 237-238면.
4) 대결 1981. 10. 29. 81 마 357; 대결 1990. 9. 26. 90 그 30.
5) 따라서 이는 상고심법원의 판단대상이 되지 않는다. 대판 1995. 6. 30. 95 다 12927.
6) 대판 2005. 1. 27. 2003 다 66691.

당연히 소송당사자가 되고 권리 또는 의무를 양도한 당사자가 그 때까지 소송수행을 하여 이룩한 소송상태를 그대로 승계하는 점, 그리고 당사자의 인수인에 대한 청구에 대하여 시효중단이나 기간준수의 효력이 제소시에 생기는 점은 승계참가의 경우와 같다.

면책적 채무인수의 경우라 할지라도 채무양도인이 탈퇴하지 아니하는 한 본소송 및 인수인과 원고간의 소송이 존재하며 양도인과 인수인 간에는 공동소송인의 관계가 성립된다. 그러나 법 제79조의 적용이 없으므로 필수적 공동소송관계에 서는 법 제83조의 공동소송적 당사자참가와 구별된다.

나) 債務讓渡人의 脫退 면책적 채무인수라 하더라도 소송인수결정에 의하여 당사자적격이 없어지므로 양도인이 상대방의 승낙을 얻어서 탈퇴할 수 있다. 이 경우 인수인의 동의는 필요 없다고 볼 것이다.

소송인수인과 상대방간의 판결의 효력은 탈퇴자에게도 미친다. 이 판결의 효력이 기판력 및 집행력인 점과 탈퇴의 효력의 내용은 승계참가의 경우와 같다.

제5관 共同訴訟參加

I. 意義 및 制度的 趣旨

공동소송참가라 함은 소송의 목적이 한 쪽 당사자와 제3자에게 합일적으로 확정될 경우, 즉 판결의 기판력이 제3자에게도 미치는 경우에 그 제3자가 그러한 한 쪽 당사자의 공동소송인으로서 그 소송에 참가하는 형태를 말한다(제83조). 이 경우의 참가인도 자기명의로 소송을 하고 판결을 받는 당사자로서 참가하는 것이므로 그 성격은 공동소송적 당사자참가라고 할 수 있다.

공동소송참가인이 피참가인인 한 쪽 당사자와 필수적 공동소송관계에 서는 점은 공동소송적 보조참가와 같으나, 후자의 참가인은 보조참가인이므로 소송수행에 한계가 있는 점이 공동소송참가인과 다르다. 공동소송참가는 별소를 제기하거나 공동소송적 보조참가를 하기보다 직접 계속중인 소송에 당사자로서 참가하여 소송경제를 도모하려고 하는 경우에 이용할 수 있다.

II. 要 件

1. 他人간에 訴訟이 法院에 계속중이어야 한다

이 경우는 소의 종류와 소송절차의 종류를 불문한다. 고유필수적 공동소송에는 법 제83조의 적용이 있을 수 없다는 견해는 제 1 심에 계속중인 때에 한하여 소의 추가적 병합을 인정하는 데 대하여, 필수적 공동소송 전반에 걸쳐 공동소송참가가 가능하다는 견해는 항소심 또는 상고심에서도 참가할 수 있다고 한다.[1] 판례는 항소심에서는 참가할 수 있으되,[2] 상고심에서는 할 수 없다[3]는 입장을 취한다.

2. 合一確定

소송의 목적이 한 쪽 당사자와 제 3 자에게 합일적으로 확정될 경우이어야 한다.

1) 제83조의 합일확정요건은 타인 간의 소송의 판결의 효력이 한 쪽 당사자와 제 3 자에게 미치는 경우이다. 즉 법 제67조의 필수적 공동소송의 경우를 말하며, 고유필수적 공동소송이거나 유사필수적 공동소송이거나를 가리지 아니한다.

2) 그런데 고유필수적 공동소송이란 공동소송인으로 되어야 할 자가 모두 원고 또는 피고로 되어야 하고, 그 중 일부가 누락되어 있으면 당사자적격 자체의 흠결로서 부적법 각하되어야 하는 관계이므로 고유필수적 공동소송의 경우에는 누락된 일부 공동소송인의 공동소송참가란 이론상 처음부터 생각할 여지가 없다는 견해가 있다.[4] 그러나 필수적 공동소송에 있어서 당사자적격의 문제는 소제기요건은 아니고 변론종결시를 표준으로 하여 판단할 문제이고, 당사자적격에 흠이 있다고 하여 부적법각하로 일관함은 소송경제에 반하므로 누락된 일부 고유필수적 공동소송인의 추가신청과 그에 대한 허가결정을 함으로써 소의 부적법성은 치유된다고 볼 수 있다(제68조 참조).

3) 판례는 부부의 한 쪽만을 피고로 한 혼인무효확인의 소에 상대방이 되지 아니한 부부의 다른 한 쪽이 참가하거나, 주주의 1인이 제기한 회사관계소송(상 제190조, 제240조, 제376조, 제380조, 제381조, 제430조, 제530조 II, 제603조)에 다른 주주가 제소기간 내에 당사자로서 참가할 수 있으며, 특허심판에 참가한 이해관계인도 공동소송참가인이라고 한다.[5] 또한 민사집행법 제249조에 의한 추심의 소에서 집행력 있는 정본을 가진 모든 채권자는 공동소송인으로서 원고측에 참가할 수 있다(민집 제249조 II).

4) 타인 간의 소송의 판결의 효력이라 함은 기판력이고 반사적 효력이 미치

1) 方 240면.
2) 李英 116면.
3) 대판 1962. 6. 7. 62 다 144; 대판 2002. 3. 15. 2000 다 9086.
4) 대판 1961. 5. 4. 59 민상 853.
5) 대판 1973. 10. 23. 71 후 14. 상법 제404조 제 1 항에서 규정하고 있는 회사의 참가도 공동소송참가이다. 대판 2002. 3. 15. 2000 다 9086.

는 경우는 포함되지 아니한다.

3. 參加人도 스스로 當事者適格을 가져야 한다

공동소송참가를 하는 제3자는 별소를 제기할 수도 있으나, 그에 대신하여 공동소송참가를 하는 것이므로 자기 스스로도 소를 제기할 수 있는 권능을 구비해야 한다. 그러므로 타인의 권리 또는 법률관계에 대하여 소송수행권을 갖는 자가 소송을 제기한 경우 그 판결의 효력은 그 타인에게도 미치지만(제218조 Ⅲ) 이러한 소송의 계속중 그 타인이 공동소송참가를 하는 것은 허용되지 아니한다. 이 경우 그 타인은 당사자적격이 없으며, 그 타인에게 공동소송참가를 허용함은 중복제소금지에도 저촉되기 때문이다. 그러므로 어음의 추심위임배서인, 파산자, 선정자, 회사관계소송에서 출소기간을 도과한 주주 등은 공동소송적 보조참가를 할 수밖에 없다.

Ⅲ. 節 次

참가신청의 방식에는 법 제72조가 준용된다(제83조 Ⅱ). 신청서에는 어떠한 판결을 구하며, 어느 당사자의 공동소송인으로 참가하는지 참가취지를 밝히고 참가이유로서 소송의 목적이 어느 당사자와 합일적으로 확정될 관계이고 그 근거는 무엇인지를 소명하면 될 것이다. 참가신청은 공동소송인으로서 할 수 있는 소송행위와 함께 하거나, 참가신청과 함께 상소를 제기할 수도 있다.

참가신청은 일종의 소제기이므로 이에 대하여 당사자가 이의를 신청할 수 없다. 다만 법원은 당사자의 이의가 없더라도 직권으로 참가의 적부를 심사하여 요건을 갖추지 못한 때에는 중간판결 또는 종국판결로써 각하할 수 있다. 이 경우 공동소송참가의 요건을 못갖추더라도 공동소송적 보조참가 또는 단순보조참가요건이 인정되면 소송행위의 전환으로 보아 그러한 참가를 인정할 수 있다.

Ⅳ. 效 力

참가가 받아들여지면 한 쪽 당사자와 참가인은 필수적 공동소송관계에 서므로 법 제67조가 적용된다. 본조의 참가가 있으면 소송당사자의 수가 증가할 뿐이고, 참가 전후를 통하여 사건의 동일성이 상실되는 것은 아니다.

제 6 관 訴訟告知

I. 意 義

1. 槪 念

소송고지는 소송계속중 당사자가 소송참가를 할 이해관계 있는 제 3 자에게 일정한 방식(제85조)에 따라 소송계속사실을 통지하는 것이다(제84조). 이와 같은 통지를 통하여 피고지자에게 참가하여 자신의 이익을 옹호할 기회를 줌과 동시에 고지자는 소송법상 인정되는 고지의 효과(제86조)를 얻을 것을 목적으로 하는 제도이다.

소송고지는 단순한 소송계속사실의 통지이며 참가의 최고 또는 청구와 같은 의사통지는 아니다. 따라서 소송고지는 당사자의 권능일 뿐 의무는 아니므로 고지 여부는 고지자의 자유이다. 다만 민사집행법 제238조의 추심의 소를 제기하고 채무자에게 고지하는 경우 및 대표소송에 있어서의 고지(상 제404조 II)는 소송고지의무가 부여되어 있는 경우이고, 비송사건절차법에 의한 재판상 대위신청의 허가는 법원이 직권으로 채무자에게 고지해야 한다(비송 제84조 I). 회사관계소송의 공고의무(상 제187조)나 채권자대위권행사의 통지의무(민 제405조)도 소송고지의 일종이다. 민사집행법 제249조의 추심의 소에서 채권자에게 공동소송참가를 명령하도록 신청함은 소송고지는 아니지만 명령을 받은 채권자에게 판결의 효력을 미치게 하는 이익이 있다.

2. 制度的 趣旨

소송고지는 로마법상 追奪擔保에 의한 손해배상청구권의 요건으로서 인정되었던 것에 기원한다. 오늘날에는 당사자 자신이 패소하더라도 제 3 자에게 담보책임을 추궁하거나 배상청구를 할 수 있는 경우 또는 제 3 자로부터 배상청구를 당할 염려가 있는 경우에 그가 참가하지 아니하더라도 고지에 의하여 나중에 소송판단(주문과 이유)에 어긋나는 주장이나 항변을 못하도록 하는 데에 이용된다. 그러므로 제 3 자가 매수인을 상대로 하자담보책임(민 제570조 이하)을 추궁하는 경우에 매수인은 매도인에게 소송고지를 해 둠으로써 매수인이 패소한 때에 매도인에게 담보책임을 추궁할 수 있으며, 채권자로부터 피소된 보증인이 주채무자에게 소송고지를 하면 보증인이 패소한 경우에 주채무자에 대한 구상청구에 대하여 주채무자는 채무의 부존재를 다툴 수 없게 된다. 미국에서는 소송고지보다도 더 강력하게 기존소송에 피고지자를 상대로 직접 청구하여 한꺼번에 분쟁을 해결하는 제 3 당사자소송(The Third Party Practice)을 운영한다.

Ⅱ. 要 件

1. 타인간에 소송이 계속중이어야 한다. 제3자에게 소송참가의 기회를 주기 위한 것이기 때문에 판결절차(독촉절차 포함)가 국내법원에 계속중이면 족하고 상고심에 계속중이라도 무방하다.

2. 고지를 할 수 있는 자는 계속중인 소송의 당사자, 보조참가인(제71조), 당사자참가인(제79조, 제83조), 승계 및 인수참가인(제81조, 제82조), 선정당사자(제49조) 및 이러한 자로부터 소송고지를 받은 자(제84조 Ⅱ)이다. 법률상 고지의무자(민집 제238조, 상 제187조, 제404조 Ⅰ, 비송 제84조, 민 제405조)가 불고지하면 손해배상책임을 지는 것은 별론, 소송진행에는 영향이 없다.[1]

3. 고지를 받을 수 있는 자는 당사자 이외의 소송참가할 수 있는 제3자이다. 소송고지는 고지에 의하여 피고지자에게 참가적 효력을 미치게 하는 실익이 있으므로 참가할 수 있는 제3자라 함은 주로 고지자를 위하여 보조참가를 할 이해관계인을 가리킨다. 소송의 상대방에 대하여는 고지할 수 없으나 그 보조참가인에게는 고지할 수 있다.

참가의 자격이 없는 자에게 소송고지를 하면 고지의 효과가 생기지 않으며, 동일인이 당사자 양쪽으로부터 이중으로 소송고지를 받더라도 양당사자 중 패소자와의 사이에 참가적 효력이 생긴다.

Ⅲ. 節 次

1. 소송고지를 함에는 그 이유와 소송정도를 적은 서면을 법원에 제출해야 하는데(제85조 Ⅰ), 고지이유에는 고지원인과 피고지자가 참가하여야 할 이유를 법률상 구체적으로 표시하여야 한다. 소송정도는 소송제기일시와 현재 진행중인 심급과 절차를 표시한다. 소송고지서를 받은 법원은 그 방식의 준수 여부를 조사하고 방식에 맞지 아니할 때에는 보정을 명할 수 있다. 고지방식의 잘못은 피고지자의 소송절차에 관한 이의권이 포기 또는 상실되면 치유된다(제151조).

2. 법원은 이 소송고지서를 피고지자[2] 및 상대방당사자에게 송달하여야 한다(제85조 Ⅱ). 공시송달에 의할 수도 있다. 고지비용은 소송비용에 산입하지 아니한다.

---

1) 同旨 方 163면. 그러나 반대는 李時 757면, 鄭/庾 950면, 胡 910면, 김홍 983면.

2) 대판 1962. 2. 8. 61 민상 259는 소송고지서를 피고지자에게 송달하지 아니하였다고 하여도 본안판결에 영향이 있는 위법은 아니라고 한다.

Ⅳ. 效 果

1. 訴訟法上의 效果

1) 소송고지서가 송달되면 피고지자가 참가하지 아니한 경우라도 참가할 수 있었을 때에 참가한 것과 마찬가지로 법 제77조의 판결의 효력을 받는다(제86조). 소송고지는 피고지자에게 참가할 의무를 지우는 것이 아니므로 불참가한 피고지자에게 기일통지 등을 할 수는 없으나,[1] 참가하지 아니하더라도 참가적 효력이 미친다는 취지이다. 그러므로 피고지자는 후일 고지자와의 소송에서 전소판결의 기초가 된 사실상과 법률상 판단과 상반되는 주장을 할 수 없다. 고지자가 패소한 때에는 고지에 포함된 이해관계의 범위 내에서 그 소송의 판결 중 법률상 또는 사실상의 판단을 원용할 수 있다.

2) 피고지자는 참가할 수 있었을 때 이후에는 참가를 하지 아니하더라도 참가한 것으로 간주되어 참가적 효력을 면할 수 없으나, 그 때까지 또는 그 이후에도 법 제77조에 규정된 참가적 효력의 배제사유가 발생하였다면 참가적 효력을 받지 아니한다. 피고지자와 고지자간에 이해가 대립되는 쟁점에 관하여는 피고지자가 참가를 안한 경우에도 참가적 효력이 미치지 아니한다.[2]

2. 實體法上의 效果

민법상 소송고지는 시효중단사유가 아니나(민 제168조), 어음법 제70조 3항 및 제80조와 수표법 제51조 및 제64조는 상환청구권에 대하여 소송고지로 인한 시효중단을 규정한다.

그러나 고지자가 소송고지를 함은 자기가 패소하면 피고지자에게 청구할 의도로써 하는 경우이므로 이러한 경우에는 소송고지에 적어도 최고의 효과(민 제174조)를 인정하여야 할 것이며. 당해 소송이 계속중에는 최고에 의하여 권리를 행사하고 있는 상태가 지속하는 것으로 보아야 한다.[3] 민법 제174조에서 말하는 6월의 기간은 법원에 계속중인 당해소송의 종료 후 6월 이내에 재판상의 청구 등 절차를 취하면 소송고지의 최고로서의 효력은 보지되는 것이라고 할 것이다.[4]

---

1) 대판 1962. 4. 18. 61 민상 1195.
2) 대판 1986. 2. 25. 85 다카 2091; 대판 1991. 6. 25. 88 다카 6358.
3) 대판 2009. 7. 9. 2009 다 14340.
4) 同旨 鄭/庾 953면, 姜 233면.

제7관 各種 訴訟參加形態間의 轉換

소송참가형태 중 어느 것을 선택하여 참가할 것인가는 참가하려는 자의 소송상 지위에 따라 결정될 것이다. 예컨대 독립당사자참가를 하였으나 사해의 점이 입증되지 아니하였으되, 채권보전의 필요는 있어서 법률상 이해관계가 인정될 경우에 보조참가로 전환하여 소송을 진행할 수 있는지, 또는 공동소송참가를 하였으나 참가인이 당사자적격이 없는 것으로 판명되었으되 법률상 이해관계가 있을 경우에 공동소송적 보조참가로 전환할 수 있는지, 또는 보조참가를 신청한 경우에 공동소송적 보조참가로 해석하여 처리할 수 있는지 등은 명문의 규정이 없어서 견해가 대립될 수 있다.

생각건대 소송경제와 참가인의 보호를 위하여 적극적으로 해석하여야 할 것이다. 판례도 독립당사자참가신청 후 참가취지를 일부취하한 경우에 보조참가의 신청이 있는 것으로 해석하며,[1] 대세적 효력이 인정되는 행정소송에서 한 보조참가를 공동소송적 보조참가로 처리한 것이[2] 보인다.

1) 대판 1960. 5. 26. 59 민상 524.
2) 대판 1952. 8. 19. 52 행상 4.

제 ⑥ 편

上訴審節次

제 1 장 上訴에 관한 總說

I. 上訴의 意義와 目的

1. 上訴의 槪念

상소는 당사자 그 밖의 소송관계인이 상급법원에 대하여 하급법원이 자기에게 불이익하게 내린 미확정재판의 취소나 변경을 구하는 불복신청방법이다.

민사소송법상 상소에는 제 1 심 판결에 대한 불복신청인 항소, 제 2 심 판결에 대한 불복신청인 상고 및 결정·명령에 대한 상소로서 항고, 항고법원의 결정에 대한 불복신청으로서 재항고가 있다.

상소가 제기되면 사건은 하급심에서 상급심으로 옮겨지고 재판의 확정이 차단된다. 상소는 소송종료 후 새로운 절차에 의하여 구제를 하는 것이 아니고, 재판확정 전에 한번 더 재심리해 줄 것을 바라는 불복신청이므로 확정판결에 대한 불복신청인 재심(제451조), 준재심(제461조) 또는 특별항고(제449조)나, 별개의 절차에서의 심판을 구하는 제권판결에 대한 불복(제490조), 중재판정취소의 소(중재 제13조) 등과 구별된다. 뿐만 아니라 상급법원에 대한 불복신청인 점에서 동일심급 내의 재판에 대한 불복인 각종 이의, 지급명령에 대한 이의(제469조 II), 보전처분에 대한 이의(민집 제283조, 제301조) 등과도 다르다.

2. 上訴의 目的

상소제도는 가끔 일어날 수 있는 오판 내지 구체적 정의에 부합하지 아니하는 재판결과를 상급법원의 다른 법관의 재심사에 의하여 시정하도록 해서 첫째, 사법에 대한 국민의 신뢰와 당사자의 권리구제를 확보하고, 둘째, 법령의 해석과 적용에 있어서 전국적 통일을 기함을 목적으로 한다.

상소를 어느 경우에 어느 범위까지 허용할 것인가는 상소의 목적과 각국의 입법정책, 법원구조 및 사법현실을 고려하여 결정할 문제이다. 대륙법계 국가는 2심급의 사실심과 1심급의 법률심으로 된 구조를 가지고 있으나, 영미법국가에서는 판결의 신속한 확정과 적정재판의 이상의 틈바구니 속에서 판결의 재심사(Review)를 엄격히 규제하였으므로 사실심은 제1심에 한한다. 원래 보통법에서는 오심영장(Writ of Errors)에 의하여 법률적 잘못만을 시정하던 제한적 방법이 있었고, 형평법에서는 상소(Appeal)에 의하여 사건을 사실심법원에서 상급법원으로 완전 이송하여 새로이 심판하는 방법이 있었다. 형평법상의 상소제도는 원래 대륙법에서 기원한 것으로서 법률문제뿐만 아니라 사실인정에 관한 것도 모두 재심판하게 된다. 오늘날 영미법상의 상소제도는 주로 형평법상의 그것을 근대화한 것이지만 상소심이 새로운 심판을 하는 것은 아니다.

Ⅱ. 上訴의 一般的 要件

1. 總 說

1) 上訴要件의 의의 당사자가 제기한 상소를 적법한 것으로 보아 법원이 이를 수리하여 본안심리를 하는 데 필요한 요건을 상소요건이라고 한다. 또한 하급심에서 불리한 종국판결을 받은 당사자가 요건을 갖추어 상소할 수 있는 지위를 그 권능의 면에서 보아 상소권이라고 한다.

2) 上訴要件의 조사 상소요건은 ① 상소가 허용된 재판에 불복이 있어서(상소의 대상적격) ② 상소의 당사자적격을 가진 자가(상소의 당사자적격) ③ 일정한 기간 내에(상소기간) 법정방식에 따라(상소제기방식) 제기하여야 하고, ④ 상소의 이익(상소인이 원재판에 의하여 입는 불이익)이 있어야 한다. 그리고 소극적 요건으로서 ⑤ 상소장애사유(예컨대 불상소합의, 상소권의 포기 등)가 없어야 함은 물론이다.

상소의 형식적 요건의 구비 여부는 상소를 제기한 때를 기준으로 판단하여 이를 못 갖추어 부적법하면 각하하게 되고, 상소가 적법하더라도 본안심리결과 이유가 없으면 기각된다. 상소의 이익유무나[1] 상소권의 포기 등 상소장애사유는 변론종결시를 기준으로 판단하게 된다. 상소요건은 소송요건으로서 직권조사사항이다.

어떤 재판에 대하여 상소가 허용되고(제390조~제392조, 제422조, 제439조~제442조, 제444조) 어떤 종류의 상소방법에 의할 것인가는 소송법의 규정에 따르게 되며, 따라서 법률이 인정하지 아니하는 상소 또는 허용되지 아니하는 재판에 대한 상소는 모두 부적법 각하된다. 다만 법률이 인정하지 아니하는 상소인지의 여부는 전체의 취지로 보아 당사자의 진의를 탐지하여 판단할 것이다. 당사자는 적합한 불복신청방법을 선택하여야 하

---

1) 대판 1983. 10. 25. 83 다 515는 상소이익을 상소제기시를 기준으로 조사하여야 한다고 한다.

고 이를 잘못하면 부적법하게 되지만 법원은 신청서의 표제에 구애받지 말고 신청취지를 살펴서 될 수 있는 대로 적법한 것으로 취급하여야 한다.

3) 方式에 어긋난 裁判에 대한 불복방법 방식에 어긋난 재판(예컨대 판결로 재판할 것을 결정으로 했거나 그 반대의 경우)에 대한 불복신청의 방법에 관하여 우리 법은 실질주의(객관설)보다 형식주의(주관설)를 취하고 있으므로 원심이 실제로 한 재판에 대한 상소의 방법에 의해야 한다. 예컨대 법원이 판결로 판단할 사항을 결정으로 판단한 경우에 당사자의 불복신청방법은 항소가 아니고 항고이다(제440조). 실제로 선고한 재판이 무엇인지 불명한 경우에는 재판사항의 내용에 따라 결정할 일이다. 그러나 당사자를 두텁게 보호하기 위해서는 그가 어떤 상소방식을 선택하더라도 적법한 상소로 취급해야 할 것이다(선택설).[1)]

판결이 내려졌더라도 그 내용상의 효력이 발생되지 아니하는 무효판결은 형식적으로 확정되기 전이면 통상의 상소에 의하여 취소를 구할 수 있고, 확정된 후에는 집행문부여에 대한 이의신청을 하거나, 경우에 따라서는 새로운 소를 제기할 수도 있다.

2. 上訴의 對象適格

1) 上訴適格 상소할 수 있는 재판은 종국적 재판이므로 종국판결이면 일부판결이거나 추가판결이더라도 상소의 대상이 된다. 항소심에서의 환송판결·이송판결은 종국판결이므로 독립하여 상고할 수 있다.[2)]

2) 上訴不適格 i) 선고가 없는 재판은 그 재판의 송달이 있더라도 상소의 대상이 되지 아니한다.[3)] ii) 중간적 재판은 종국판결과 함께 상소심에서 심판을 받으므로 독립하여 상소의 대상이 되지 아니한다. iii) 소송비용재판이나[4)] 가집행선고도 본안재판과 같이 하지 않는 한 독립하여 상소할 수 없다(제391조, 제425조, 제443조). iv) 비판결은 상소할 수 없으나 무효인 판결은 상소할 수 있다. 허위주소에 의한 피고의 의제자백으로 편취된 판결은 피고에게 판결정본이 유효한 송달되지 아니한 미확정판결이므로 어느 때나 상소의 대상이 된다.[5)] v) 상소 이외의 불복방법이 있

1) 同旨 李時 800면, 김홍 1049면.
2) 대판(전) 1981. 9. 8. 80 다 3271.
3) 대결 1983. 3. 29. 83 스 5.
4) 대결 1991. 12. 30. 91 마 726. 따라서 본안의 상소가 이유가 없는 경우에는 소송비용의 재판에 대한 불복은 허용되지 아니한다. 대판 1998. 11. 10. 98 다 42141.
5) 대판(전) 1978. 5. 9. 75 다 634 등.

는 재판은 상소의 대상이 아니다. 상소 이외에 판결의 경정(제211조),[1] 추가판결의 대상이 되는 재판누락,[2] 또는 이의에 의하여 다투어야 할 경우(예컨대 조서기재에 관한 다툼)에는[3] 상소할 수 없다.

3. 上訴의 當事者適格

상소가 가능한 종국적 재판에 대한 불복신청인을 상소인, 그 상대방을 피상소인이라고 하는데, 불이익한 재판을 받은 하급심의 당사자나 당사자참가인(제79조, 제83조)·보조참가인 그리고 변론종결 후 중단된 소송절차에서 적법하게 수계한 자(제243조)[4] 또는 가사소송의 당사자로 된 제3자나 검사(가소 제27조)는 적법하게 상소할 수 있다.

4. 上訴提起方式과 期間

상소는 i) 상소장에, ii) 법정기재사항(당사자와 법정대리인, 원재판의 표시, 원재판에 대한 상소의 취지)을 기재하여, iii) 상소기간 내에, iv) 원법원에 제출하여야 한다.[5] 원법원에 접수된 때가 상소기간 준수 여부의 표준시가 된다.[6] 상소이유는 상소장의 법정기재사항이 아니므로 상소장에 기재하지 아니하여도 무방하다. 다만 상고의 경우에는 소정기간 내에 상고이유서를 반드시 제출하여야 한다(제427조).

상소기간은 항소와 상고의 경우에는 판결정본의 송달을 받은 날로부터 2주일이고(제396조, 제425조), 즉시항고의 경우에는 재판의 고지가 있은 날로부터 1주일이며(제444조), 통상항고는 재판의 취소를 구할 이익이 있는 한 언제나 제기할 수 있다.

5. 上訴의 利益

1) 意　義　　상소의 이익이란 하급심 재판에 대하여 상소를 제기함으로써 그 불복의 당부에 관하여 상소심의 재판을 구할 필요를 상소인의 이익으로 본 것이다. 이는 소의 이익, 즉 권리보호의 이익에 대응하는 개념으로서 쓸데없는

---

1) 대판 1978. 4. 25. 78 다 76.
2) 대판 1996. 2. 9. 94 다 50274
3) 대판 1981. 9. 8. 81 다 86.
4) 수계신청이 부적법한 경우에는 항소도 역시 부적법한 것으로 된다는 판례로는 대판 1971. 2. 9. 69 다 1741.
5) 항소제기기간의 준수 여부는 항소장이 제1심 법원에 접수된 때를 기준으로 하여 판단한다. 대결 1992. 4. 15. 92 마 146.
6) 대결 1992. 4. 15. 92 마 146; 대결 1996. 10. 25. 96 마 1590.

상소권의 행사를 억제하는 기준으로서 작용한다.

2) **判斷基準에 관한 學說** 하급심 재판에 대한 상소를 제기하기 위해서는 이 재판이 상소인에게 불이익한 경우에 한하는바, 상소이익의 유무를 판정하는 기준에 관하여는 견해의 대립이 있다.

가) 형식적 불복설은 원심에서의 당사자의 청구와 그에 대하여 내려진 판결주문을 비교하여 전면적으로 인용되었는지의 여부를 기준으로 상소이익의 유무를 판단한다. 통설[1]과 판례[2]의 입장으로서 가장 명확하고 타당하다. 이 설에 의하면 재판이 당사자에게 불이익한지의 여부는 판결주문을 중심으로 판단함이 가장 명확하므로 청구의 전부를 인용한 판결에 대하여는 피고만이 상소할 수 있으며 청구의 전부를 기각한 경우에는 원고만이 상소의 이익이 있다.

나) 실질적 불복설은 상소심에서 원판결보다 실체법상 더 유리한 판결을 받을 가능성이 있으면 상소의 이익이 있는 것으로 보는 입장이다. 따라서 하급심에서 전부 승소한 당사자도 보다 더 유리한 판결을 구하기 위하여 상소할 수 있다.

다) 절충설은 재판절차란 원고의 신청이 있어야 개시되는 것이므로 원고에 대하여는 형식적 불복설에 의하고 피고에 대하여서는 실체적 불복설에 의하여 상소이익의 유무를 가리자는 입장이다.

라) 신실질적 불복설은 실체법상 유리한 판결가능성을 기준으로 할 것이 아니라 기판력을 포함한 판결의 효력이 미치는 여부를 기준으로 한다는 견해이다. 그리하여 원판결이 그대로 확정되면 기판력 등 판결의 효력에 있어서 불이익하게 되는 경우 상소의 이익을 인정할 수 있다고 한다.

3) **上訴利益의 유무에 대한 判斷**

(i) 당사자가 전부승소한 경우에도 속심주의하에서는 항소심에서 청구를 확장변경하거나 반소를 제기하여 더 유리한 판결을 받을 가능성이 있으므로 항소의 이익이 있다는 견해도 있으나 부당하다. 다만 묵시적 일부청구의 경우에는 전부승소자라도 잔부청구를 위한 항소를 할 수 있다고 보는 견해가 있다.[3]

---

1) 方 633면, 李英 311면, 金/姜 797면, 李時 806면, 鄭/庾 763면, 김홍 1054면. 대판 2003. 7. 22. 2001 다 76298; 대판 2008. 12. 24. 다 2008 다 51649 등. 다만 형식적 불복설을 따르는 경우에도 예외적으로 기판력 그 밖의 판결의 효력 때문에 별도의 소의 제기가 허용될 수 없는 경우는 실질적 불복설에 의하여야 한다는 견해가 다수설이다.

2) 대판 1997. 12. 26. 97 다 22676; 대판 1998. 11. 10. 98 두 11915. 상소의 이익이 없는 상소를 받아들인 원심의 위법을 지적한 판례로는 대판 1973. 9. 25. 73 다 565 참조.

3) 李時 807면. 김홍 1055면. 대판 2010. 11. 11. 2010 두 14534는 묵시적 일부청구의 경우에,

(ii) 승소한 당사자는 판결이유 중의 판단에 불복이 있다 할지라도 상소의 이익이 없다.[1] 다만 예비적 상계의 항변이 이유 있다고 하여 승소한 피고는 원고의 소구채권의 부존재를 이유로 승소한 경우보다 불이익하므로 상소의 이익이 있다.[2]

(iii) 원고의 예비적 청구를 인용한 판결은 그 주위적 청구를 배척한 판결이므로 원고는 주위적 청구의 기각에 대하여, 피고는 예비적 청구의 인용에 대하여 상소할 수 있다.[3] 그러나 선택적 청구의 경우에 하나만을 인용하는 판결이 있는 경우에는 피고만이 상소할 수 있다.

(iv) 소송요건의 흠결을 이유로 부적법 각하한 소송판결은 원고에게는 물론 피고에게도 원고가 동일소송물에 관하여 적법한 소를 제기할 수 있는 한 불이익하다고 볼 수 있다. 따라서 양당사자 모두 상소할 수 있다. 그러나 원심의 소각하판결이 위법이지만 본안에 들어가서 판단하더라도 결국 원고청구가 이유가 없는 경우라면 원고만이 상고한 사건에서 원판결을 파기하여 원고에게 더욱 불리한 판결을 할 수 없으므로 원심판결을 유지하여야 한다.[4]

(v) 제 1 심 판결에 대하여 불복하지 아니한 당사자는 그에 대한 항소심의 판결이 제 1 심 판결보다 불리한 바 없으면 상고의 이익이 없다.[5] 또한 상소로써 자신에게 오히려 불리한 사유를 주장하는 경우도 상소의 이익이 없다.[6] 판례는 제 1 심 판결 후 당사자 사이에 그 주문을 기초로 하여 상호간의 권리의무를 확정·정산하여 이행한 경우에는 항소의 이익이 없다고 한다.[7]

6. 上訴障碍事由

1) 不上訴의 合意

가) 意　義　　불상소합의는 일정한 법률관계에 기인한 소송을 미리 제

판결이 일단 확정되면 잔부청구를 할 수 없으므로 이러한 경우는 제 1 심에서 전부승소한 원고라도 나머지 부분에 관하여 청구를 확장하기 위하여 항소할 수 있다고 한다.

1) 대판 1992. 3. 27. 91 다 40696; 대판 1993. 12. 28. 93 다 47189; 대판 2003. 7. 22. 2001 다 76298.

2) 同旨 李時 807면. 대판 2002. 9. 6. 2002 다 34666.

3) 대판 1985. 4. 23. 84 후 19.

4) 대판 1993. 7. 13. 93 다 3721; 대판 1994. 9. 9. 94 다 8037. 또한 소를 각하한 항소심판결에 대하여 원고가 소를 각하할 것이 아니라 청구를 기각해야 한다는 주장을 상고이유로 할 수는 없다는 판례로는 대판 1990. 12. 7. 90 다카 24021.

5) 대판 1988. 11. 27. 87 다카 414, 415.

6) 채권자대위소송에서 피보전채권이 인정되지 아니할 경우 소를 부적법각하할 것이 아니라 청구를 기각하여야 한다는 주장은 자신에게 오히려 불리한 사유를 주장하는 것이므로 상고이유로 받아들일 것이 못된다는 판례로는 대판 1990. 12. 7. 90 다카 24021.

7) 대판 1995. 9. 5. 95 다 17908, 17915.

1 심에 한정하기로 하는 당사자간의 소송법상 계약이다. 이는 합의관할에 관한 법 제29조 2항과 동일한 법리에 의한 것이다(제390조 II). 다만 이 합의는 제 1 심 판결 선고 전에 성립되는 것이 제 모습이고, 재판외의 소송행위이므로 서면으로 할 것이다(제58조 I, 제90조 I 참조).[1] 다만 직권탐지주의가 적용되는 사건은 당사자가 임의로 처분할 수 있는 권리관계가 아니므로 심급제도의 생략의 합의가 인정될 수 없다고 본다.

나) 效 果 불상소합의가 있으면 당초부터 상소권이 발생하지 아니하며(상소권의 포기가 아님) 따라서 판결선고와 동시에 제 1 심 판결이 확정된다. 다만 비약상고의 합의, 즉 상고할 권리를 유보하고 항소만 하지 않기로 하는 합의(제390조 I 단)를 한 때에는 그러하지 아니하다. 불상소합의에도 불구하고 상소한 경우에는 상대방의 이의가 없더라도 직권으로 조사하여 부적법각하해야 한다.[2] 이 합의는 취소 또는 해제할 수 있으나 판결선고 후에는 할 수 없다.

2) 上訴權의 抛棄(제394조)

가) 意 義 상소권의 포기는 상소권자가 이를 불행사한다는 의사를 법원에 대하여 표시하는 단독소송행위이다. 상소권을 포기함에는 상대방의 동의를 요하지 아니하며, 당사자는 판결선고 전에 소송 외에서 상소권포기계약을 체결할 수도 있다.

나) 時 期 상소권의 포기는 상소제기 전이든 후이든 상관없으나 판결선고 전에 상소권의 포기가 가능한가는 다투어진다. 상소권은 판결이 내려져야 비로소 발생하는 만큼 판결선고 후에라야 이를 포기할 수 있다는 것이 통설이나[3] 판례는 판결선고 전에도 포기할 수 있다는 입장이다.[4]

다) 抛棄不可 보조참가인은 상소를 포기할 수 없고, 필수적 공동소송인 중 1인의 상소포기는 효력이 없다. 또한 판결의 효력이 제 3 자에게 미치는 경우에는(대세효) 제 3 자의 당사자참가의 기회를 뺏는 결과가 되므로 상소권을 포기할 수 없다.[5] 다만 당사자의 대리인이 상소권을 포기하려면 특별수권이 필요하다

1) 판례도 불상소합의는 소송당사자에 대하여 상소권의 사전포기와 같은 중대한 소송법상의 효과가 발생하게 되는 것으로서 반드시 서면에 의해야 하며, 그 서면의 문언에 의해 당사자 쌍방이 상소를 하지 않는다는 취지가 명백하게 표현될 것을 요한다고 한다(대판 2007. 11. 29. 2007 다 52317, 52324).

2) 판례와 반대로 불상소합의를 항변사항으로 보는 견해로는 鄭/庾 764면, 胡 618면.

3) 李英 313면, 李時 804면, 鄭/庾 765면, 姜 733면.

4) 예컨대 경락허가결정선고전의 항고권포기가 무효가 아니라는 대결 1966. 1. 19. 65 마 1007 참조.

5) 대판 1970. 7. 28. 70 누 35.

고 해석한다(제56조 Ⅱ, 제91조 Ⅱ, Ⅲ).

라) 節 次 상소권의 포기는 상소제기 전에는 원심법원에, 그리고 상소제기 후에는 상소법원에 서면으로 하여야 하고 이 서면은 상대방에게 송달하여야 한다(제395조 Ⅰ).

마) 效 果 상소권을 포기하면 그와 동시에 판결이 확정된다. 상소권을 이미 포기한 당사자가 상소하면 이는 직권으로 부적법 각하된다. 다만 상소를 포기하였더라도 상대방의 상소에 부대하여 상소를 제기할 수는 있다(제403조). 상소제기 후의 포기는 상소취하의 효력도 있다(제395조 Ⅲ).

3) 上訴權의 喪失 상소는 판결이 송달된 날로부터 2주일 내에 제기하여야 한다(제396조 Ⅰ). 이 기간은 불변기간이다(제396조 Ⅱ). 이 기간 내에 상소를 제기하지 아니하면 상소권은 상실된다. 다만 상소기간의 도과에 관하여 추후보완이 허용되는 경우가 있다(제173조). 그러나 판결정본의 송달이 전연 무효인 경우에는 상소기간이 진행될 수 없으므로 상소행위의 추후보완 문제는 생길 여지가 없고,[1] 오히려 판결선고 후 송달 전의 상소제기가 될 것이다(제396조 Ⅰ 단).

판결의 송달방법에 관하여 하자가 있는 경우에는 소송절차에 관한 이의권의 포기 또는 상실에 의하여 치유되지 아니한다고 함이 판례이다.[2] 판결송달 후 경정결정이 있었다고 하더라도 상소기간은 판결이 송달된 때로부터 기산한다. 판결송달 후 어느 당사자에 대한 사망, 그 밖의 중단사유가 발생한 때에는 소송절차는 중단되므로 상소기간은 소송절차의 수계사실을 통지한 때 또는 소송절차를 다시 진행한 때부터 전체기간이 새로이 진행된다(제247조 Ⅱ). 그러나 상소에 관한 특별수권을 가진 소송대리인이 있는 때에는 중단되지 아니하고 기간도 진행한다.

상소기간은 원래 당사자마다 따로 진행되지만 필수적 공동소송의 경우에는 1인의 상소는 전원에 대하여 효력이 있다. 보조참가인은 기간 내라고 할지라도 피참가인의 기간도과 후이면 독자적으로 상소할 수 없다.

Ⅲ. 上訴의 效力

1. 移審의 效力

상소가 제기되면 이심의 효력이 있으므로(제400조) 사건은 상소법원으로 옮아가

1) 대판 1970. 7. 24. 70 다 1015.
2) 대판 1972. 5. 9. 72 다 379.

서 계속하게 된다. 적법한 상소에 대해서는 상소심은 불복신청범위 내에서 사건을 심리하고 원심재판의 당부를 판단하여 상소기각, 파기자판 또는 취소환송하여야 한다.

1) **移審의 效力의 客觀的 範圍**──上訴不可分의 原則 재판의 일부에 대하여 상소를 한 경우라도 불복신청범위에 관계 없이 그 재판 전부에 대하여 판결확정차단의 효력과 이심의 효력이 발생한다. 이를 상소불가분의 원칙이라고 한다.

(i) 통상공동소송의 경우에는 실질적으로 판결이 여러 개가 존재하는 것이므로 공동소송인 중 1인의 상소는 다른 사람에게 영향이 없으나 필수적 공동소송이나 독립당사자참가소송에서[1] 1인이 상소한 경우에는 패소한 다른 당사자에게도 상소의 효력이 미친다. 이처럼 상소불가분의 원칙의 적용으로 이심의 범위와 상소심의 심판범위가 일치되지 아니한다. 이는 상소인의 의사를 존중하여 심판범위를 정함과 동시에 원심재판의 일체성을 중시하여 당사자로 하여금 재판 전체를 공격할 수 있게 하기 위한 것이다. 따라서 상소인은 변론종결시 까지는 상소신청의 범위를 확장할 수 있고 피상소인도 부대상소를 할 수 있다(제403조).

(ii) 여러 개의 청구에 대하여 1개의 전부판결로써 재판한 경우, 그 중 일부청구에 대해서만 상소하여도 다른 청구에 대하여도 함께 이심의 효력이 생기므로 피상소인은 다른 청구에 대하여도 부대상소를 할 수 있다.[2] 예컨대 가옥명도 및 손해배상청구 중 패소한 손해배상청구부분에 대하여 상소를 한 경우에는 승소한 가옥명도 부분은 불복의 대상이 되어 있지 아니하므로 상소심의 심판범위가 될 수 없으나 승소부분도 패소부분과 같이 상소심에 이심되고 그 확정이 차단된다.[3] 원심에서 주위적 청구를 인용하고, 예비적 청구는 판단이 없을 때 이 판결에 대하여 상소가 제기되면 주위적 청구와 부종적 일체성을 이루는 예비적 청구도 같이 이심되어 상소심에서 주위적 청구가 배척되면 예비적 청구가 그 심판대상으로 된다.[4] 선택적 병합의 경우에 한 청구를 인용한 판결이 상소되면 다른 청구도 모두 이심된다. 본소와 반소가 하나의 판결로 판단된 경우 어느 한쪽의 판단에 대하여

1) 대판 1975.6.24. 73 다 448, 449 참조. 그러나 독립당사자참가소송에서 1인의 상소에 의하여 항상 전소송이 이심되는 것이 아니라 패소자가 그대로 물러가면 상소인이 자기의 권리행사에 지장이 생길 염려가 있는 경우에만 전소송이 이심되고 그렇지 아니한 경우에는 그 패소자에 대한 관계부분은 분리확정되며 이심되지 아니한다는 견해도 있다. 李在性, 민사재판의 이론과 실제 I, 59면(1976) 이하.

2) 대판 1971.12.21. 71 다 1499.

3) 대판 1966.6.28. 66 다 711.

4) 대판 1968.9.6. 68 다 1312.

상소가 되면 다른 청구도 이심된다.

2) 移審의 效力의 主觀的 範圍 상소심에 있어서의 소송계속은 원심재판을 받은 당사자(그 포괄승계인)로서 그 재판에 불복한 당사자와 상대방 사이에만 발생한다. 따라서 사망한 자를 피고로 표시하여 제소하였다가 제1심에서 그 상속인들을 당사자로 표시정정하는 과정에서 누락됨으로써 제1심 판결을 받지 아니한 상속인에 대하여는 항소심에 소송계속이 없는 것이므로 이를 당사자표시정정의 방법에 의하여 당사자로 추가할 수 없다.[1)]

2. 確定遮斷의 效力

상소는 재판의 확정을 차단하는 효력이 있으므로(제498조) 원칙적으로 재판에 기한 기판력·형성력·집행력의 발생을 방지하는 효력이 있다. 통상항고의 경우에는 원결정의 확정을 차단하는 효력은 있지만 집행력의 발생을 막는 효력은 없으므로 별도의 집행정지의 조치를 요한다(제448조). 즉시항고의 경우에는 원판결의 확정을 막는 효력은 있으나, 그 결정·명령은 고지로서 효력이 생기고 즉시항고가 있는 때에 그 집행력의 발생이 차단됨에 지나지 아니한다. 그런데 판결에 가집행선고가 있으면 재판의 확정과 관계 없이 집행력이 생기고 상소에 의하여 정지되지 아니한다. 다만 상소법원은 당사자의 신청에 의하여 담보를 제공하게 하거나 제공하지 아니하게 하고 강제집행의 일시정지를 명할 수 있고, 담보를 제공하게 하고 강제집행의 실시를 명하거나 실시한 강제처분의 취소를 명할 수 있다(제501조, 제500조).

3. 上訴審의 訴訟物

상소심의 소송물은 제1심의 소송물과 동일하다. 그러므로 상소심 법원에서는 현재 시점을 기준으로 원판결의 당부를 판단하여야 한다. 즉 원판결 선고 후 사정변경이 생겼을 경우 제1심 당시에는 위법이 없었다 하더라도 현재 기준으로 잘못이 있다면 원판결을 취소할 수 있다.

1) 대판 1994.11.4. 93 다 31993.

제 2 장　抗訴審節次

제 1 절　抗訴의 槪念

I. 抗訴의 意義

항소는 항소심법원에 대하여 제 1 심의 종국판결의 취소나 변경을 구하고자 제기하는 불복신청이다(제390조 I). 그리하여 지방법원 단독판사 또는 합의부의 제 1 심판결이 항소에 의하여 제 2 심 법원으로 옮아가서 심리가 계속된다. 불복이유에 관하여는 사실문제이거나 법률문제이거나 제한이 없고, 잘못된 재판으로부터 당사자의 권리를 보호하는 데 주목적을 두는 절차이다.

II. 抗訴審의 構造

항소심의 구조에 관하여는 입법례에 따라서 세 가지 형태로 구별된다.

1. 覆審主義

이는 항소심이 제 1 심의 심리와 관계 없이 새로이 재판하는 구조이다. 이는 사실심재판을 다시 한번 반복하는 입장이므로 당사자에게 항소심에서 새로운 소송자료를 제출할 수 있는 변론의 경신권을 무제한 인정한다. 이러한 소송구조하에서는 당사자들이 항소심으로 미루고 제 1 심에서는 충실한 소송자료의 제출을 게을리 하게 된다.

2. 事後審主義

이는 제 1 심 판결의 절차 및 내용에 잘못이 없는지를 제 1 심에서 제출된 소송자료의 범위 내에서 재검토하는 입장이다. 영미법국가의 제 1 심 중심주의가 이에 해당한다.

3. 續審主義

이는 제 1 심의 소송자료를 토대로 하여 심리를 속행함과 동시에 다시 변론을 열어 변론의 갱신권이 부여된 당사자가 제출한 새로운 소송자료를 종합하여 제1심 판결의 사실인정 및 법률적용의 잘못을 시정하는 주의이다.

변론의 갱신권이 무제한 인정되면 복심이고, 이를 제한하거나 인정하지 아니하면 사후심 또는 제한항소주의가 되며, 속심은 복심주의와 사후심주의의 절충형태이다.

4. 우리나라의 경우

우리나라의 항소심은 원판결의 당부를 사실의 면에서 심사하는 사실심이며 제1심의 심리절차와 소송자료를 바탕으로 하면서 이에 다시 당사자가 제출하는 새로운 자료를 추가하여 제1심 판결의 당부를 판단하는 속심적 구조를 가지고 있다. 독일, 일본이나 우리나라와 같은 속심주의하에서는 당사자의 제1심 경시풍조와 소송지연을 초래할 우려가 있으므로 법 제147조, 제149조 및 제285조를 적절히 활용하여 갱신권을 제한할 필요가 있다. 그러나 사실심의 중심은 어디까지나 제1심이므로 궁극적으로는 이를 철저히 강화하고 사후심주의로 전환하는 방향으로 이끌어 가야 할 것이다. 원래 사실심인 제1심과 법률심인 제2심의 2심제도로 운영하다가 법률심으로 몰려드는 사건을 거르기 위하여 항소심을 나중에 창설하여 이를 철저한 사후심으로 운영하는 미국의 상소심제도는 우리에게 타산지석이 될 것이다.

제2절 抗訴提起의 方式과 效力

I. 抗訴提起의 方式

1. 抗訴狀의 提出

항소의 제기는 항소장에 법정사항을 기재하고(제397조 II), 제1심 소장에 붙였던 인지액의 1.5배를 붙여(民印 제3조) 판결이 송달된 날로부터 2주일 내에 원심법원인 제1심 법원에 제출하여야 한다(제397조 I). 원심법원제출주의를 취하므로 항소장을 항소법원에 제출하면 원심법원으로 이송하여야 할 것이다. 이 경우 항소기간의 준수 여부는 항소장이 원심법원에 송부된 때를 기준으로 한다는 것이 판례이다.[1] 일단 판결이 선고되면 그 송달 전에도 항소를 제기할 수 있다(제396조 I 단).

1) 대결 1985. 5. 24. 85 마 178.

2. 抗訴狀의 記載事項

항소장에는 당사자와 법정대리인 및 제 1 심 판결의 표시와 그 판결에 대한 항소취지를 기재하여야 하는바(제397조 II), 대체로 어떠한 항소취지인가를 인식할 수 있는 정도이면 충분하고 불복의 내용과 범위까지 기재할 필요는 없다.[1] 따라서 불복의 과정은 변론시에 진술하면 된다.[2] 준비서면에 관한 규정은 항소장에도 준용되므로(제398조) 항소장에 불복범위와 이유를 기재하면 준비서면을 겸하게 된다. 항소장의 부본은 직권으로 피항소인에게 송달하여야 한다(제401조). 항소장에 흠결이 없는 경우에는 원심법원 사무관은 이것이 제출된 날로부터 2주일 내에 항소기록에 항소장을 붙여 항소법원에 보내야 한다(제400조).

3. 裁判長의 抗訴狀審査權

1) **原審 裁判長의 심사** 　항소장이 원심법원에 제출되면 재판장은 이에 대하여 필요적 기재사항(제397조 II)을 기재한 여부와 소정인지를 붙인 여부를 심사하여 그 흠결이 있는 경우에는 항소인에게 상당기간을 정하여 보정할 것을 명하여야 하며(제399조 I), 그 기간 내에 보정이 없는 경우와 항소기간을 도과한 것이 명백한 경우에는 명령으로 항소장을 각하하여야 한다(제399조 II). 이 항소장각하명령에 대하여는 즉시항고를 할 수 있다(제399조 III). 항소법원으로의 항소기록 송부기간은 항소장이 각하되지 아니한 때에는 그 제출된 날로부터 2주일이고, 항소장의 흠을 보정하도록 명한 때에는 그 흠이 보정된 날로부터 1주일 안에 하여야 한다(제400조 II).

2) **抗訴審 裁判長의 심사** 　항소장이 항소기록과 함께 항소심으로 송부되면 항소심 재판장도 또다시 이를 심사한다. 흠이 보정되지 아니한 항소장을 원심재판장이 간과한 경우와 항소장 부본이 주소불명으로 송달불능이 된 때에는 항소심 재판장이 항소인에게 상당한 기간을 정하여 보정하도록 명하여야 하고(제402조 I), 이에 불응한 때와 기간 도과를 간과한 때에는 항소심재판장이 명령으로 이를 각하한다(제402조 II).[3] 여기에서 '상당한 기간'이라 함은 항소인이 상대방의 주소를 알아내어 보정하거나, 상대방의 주소를 조사하여 보았으나 알 수 없어서 공시송달을

---

1) 대판 1994. 11. 25. 93 다 47400.

2) 대판 1978. 3. 28. 77 다 1809, 1810.

3) 항소장의 송달비용이 예납되지 않은 경우에도 보정을 명할 수 있고, 그 기간 내에 보정이 없는 경우에는 항소장각하명령을 할 수 있으나(대결 1995. 10. 5. 94 마 2452), 항소심 재판장이 항소인에게 자신의 주소를 보정할 것을 명하고 이에 따른 보정이 없다고 하여 명령으로 항소장을 각하할 수는 없다(대결 1995. 5. 3. 95 마 337).

신청하는 데 필요한 적절하고도 합당한 기간을 말한다.[1] 이 각하명령에는 즉시항고를 할 수 있다(제402조 III).

다만 항소장의 흠결이 간과된 채 상대방에게 송달되고 항소심의 변론이 개시된 후에는 재판장의 명령으로 항소장을 각하할 수 없다. 보정명령에는 불복할 수 없으므로[2] 이에 대한 불복방법은 보정명령에 불응하여 항소장각하명령을 받은 후 이에 대하여 즉시항고하는 길이 있다.[3] 보정명령에 불응하여 항소장각하명령이 있은 후 보정하더라도 각하명령의 효력에 영향을 주지 아니한다.[4]

결국 항소장은 원심재판장과 항소심재판장에 의하여 두 차례 심사되는 셈이나 소송촉진과 항소심의 부담을 덜어 주고 항소장 원심법원 제출주의와 맞추기 위하여 원심재판장의 항소장심사권을 명문화한 것이다.

II. 抗訴提起의 效力

항소가 제기되면 제 1 심 판결의 확정을 차단하는 효력과 사건의 계속을 제 1 심에서 항소심으로 옮기는 이심의 효력이 생기는바,[5] 양효력의 범위는 일치한다. 이 효력의 범위는 항소불가분의 원칙에 의하여 제 1 심 판결 전부에 미치므로 항소인은 항소심변론종결시까지 불복신청의 범위를 확장할 수 있다. 형사유죄판결에 대한 상소의 제기가 있는 때에는 이와 동시에 선고된 배상명령도 확정이 차단되고 형사사건과 함께 상소심에 이심된다(특례법 제33조 I).

III. 附帶抗訴

1. 意義 및 制度的 趣旨

부대항소는 항소권이 없는 피항소인이 항소인의 항소에 의하여 개시된 소송절차에 부대하여 원판결에 대한 불복을 신청함으로써 항소심의 심판범위를 자기에게 유리하게 확장하는 피항소인의 신청이다(제403조). 제 1 심에서 일부패소한 양당사자가 독립하여 각각 항소를 하면 2개의 항소절차가 개시되므로 부대항소의 문제는 일어나지 않는다. 그런데 어느 당사자가 항소권의 소멸이나 포기 등으로 말

1) 대결 1991. 11. 20. 91 마 620, 621.
2) 대결 1969. 12. 19. 69 마 500.
3) 대결 1971. 3. 4. 71 마 89.
4) 항소장각하명령의 적부판단시기는 당해 항소장각하명령을 한 때라는 대결 1968. 4. 19. 67 사 89.
5) 제 6 편 제 1 장 III. 참조.

미암아 독립하여 항소할 수 없게 된 경우라도 상대방이 제기한 항소에 편승해서 원판결 중 자기에게 불이익한 부분의 변경을 구하는 신청을 할 수 있는 것이다.

부대항소제도가 인정되는 이유는 독립하여 항소를 한 자는 그 항소에 의하여 사건의 전부에 대한 이심의 효력이 생기므로 변론종결시까지 언제나 항소범위를 확장할 수 있는 데 반하여, 피항소인은 항소권포기 또는 항소기간도과 등의 사유로 전연 불복을 못한다고 하면 가혹하므로 공평상 피항소인에게도 불복신청을 할 길을 터준 것이다. 다만 부대항소는 주된 항소에 종속적인 것이므로 주된 항소가 취하되거나 각하되면 그 효력을 상실한다(제404조).

2. 本 質

부대항소의 본질에 관하여는 항소라고 하는 항소설과 일종의 본안에 관한 공격적 신청이라고 보는 비항소설이 대립한다. 이는 전부승소한 당사자도 부대항소를 할 수 있느냐 하는 항소이익의 문제와 관련된다. 항소설은 제1심에서 전부승소한 당사자는 부대항소를 할 수 없다는 입장을 취하고, 비항소설은 부대항소는 항소가 아니므로 항소의 이익을 필요로 하지 아니하며 전부승소한 당사자도 부대항소를 함으로써만 항소심에서 청구의 변경이나 반소를 제기할 수 있으며, 이렇게 함으로써 원판결보다 유리한 판결을 구할 수 있다고 한다. 통설과 판례는 비항소설이다.[1)]

3. 適法要件

1) 상대방과의 사이에 주된 항소가 적법하게 계속하고 있어야 한다. 그리고 부대항소의 대상으로 삼는 판결은 주된 항소의 목적인 종국판결과 동일하여야 한다.

2) 피항소인이 항소인을 상대로 제기하여야 한다. 그러므로 쌍방이 각각 독립하여 주된 항소를 한 경우에 그 일방은 상대방의 항소에 대하여 서로 부대항소를 할 수 없다. 이 경우에는 당사자가 각각 항소심판범위를 확장할 수 있는 지위에 있기 때문이다. 부대항소인으로 되는 자는 원칙적으로 제1심 판결에서 일부 패소판결을 받은 당사자이지만 전부승소한 피항소인도 부대항소에 의하여 불이익변경금지의 원칙을 배제하고 청구확장이나 반소 등을 통하여 자기에게 유리한

---

1) 方 641면, 李時 825면, 金/姜 810면, 鄭/庾 778면, 姜 737면, 韓 749면. 대판 1980.7.22. 80 다 982.

판결의 변경을 구할 수 있다.[1] 그러므로 제 1 심에서 원고가 전부 승소하여 피고만이 항소한 경우에 원고는 항소심에서도 청구취지를 확장할 수 있고 이는 부대항소를 한 것으로 의제된다.[2] 피항소인의 대리인은 반소로써 새로운 청구를 제기하거나 이에 응소하는 경우를 제외하고는 부대항소를 할 수 있고, 항소인의 소송대리인은 부대항소에 대하여 응소할 수 있는 권한이 있다.[3] 주된 항소의 각하 또는 기각이 되지 아니할 것을 조건으로 하는 예비적 부대항소도 가능하다.

3) 부대항소는 항소심의 변론종결 전에 하여야 한다(제403조). 항소장이 피항소인에게 송달되기 전에도 부대항소를 할 수 있다. 그러나 주된 항소가 취하 또는 그 밖의 사유로 항소법원의 계속을 떠난 뒤거나 항소심의 변론종결 후에는 부대항소를 제기할 수 없다. 다만 종결된 변론이 재개된다든가 상고심에서 파기환송되어 다시 항소심에 계속중인 때에는 부대항소를 할 수 있다.

4) 부대항소는 항소기간도과 또는 항소권의 포기에 의하여 자기의 항소권이 소멸된 후에도 할 수 있으나(제403조), 부대항소권까지 포기하면 그러하지 아니하다.

4. 方 式

부대항소는 항소에 관한 규정에 의한다(제405조). 항소장에 준하는 인지를 붙여(민인규 제26조) 부대항소장을 제출하여야 한다. 부대항소장이라고 표제를 붙이지 아니하고 준비서면이라고 기재하였더라도 청구취지변경신청으로 청구가 확장되어 그것이 피고에게 불리하게 되는 한도에서 부대항소를 한 취지로 볼 수 있다.[4]

5. 效 力

1) **부대항소와 不利益變更禁止의 原則** 적법한 부대항소를 하면 항소심판의 범위가 확장된다. 본래 항소심의 심판범위는 불복신청의 범위에 국한되므로 항소인만 불복신청한 경우에는 항소인에게 원심판결보다 불이익한 변경을 할 수

---

1) 판례는 전부승소한 당사자가 청구확장을 하기 위하여는 반드시 부대항소의 절차에 따라야 할 필요는 없다는 태도인데(대판 1969. 10. 28. 68 다 158. 참조) 이는 전부승소한 당사자가 청구확장을 위하여 상소할 수 없다는 통설과 어긋나는 감이 있다. 다만 다른 한편 제 1 심에서 전부승소한 당사자가 항소심에서 청구를 확장변경한 것은 결국 부대항소를 한 취지로 본다는 판례로는 대판 1967. 9. 19. 67 다 1709.

2) 대판 1992. 12. 8. 91 다 43015; 대판 1995. 6. 30. 94 다 58261; 대판 2003. 9. 26. 2001 다 68914.

3) 方 642면.

4) 대판 1993. 4. 27. 92 다 47878.

없다(제407조 I). 이를 불이익변경금지의 원칙이라고 한다. 그런데 부대항소를 하면 항소법원의 심판범위가 그만큼 확장되는 결과 항소인에게 원심판결 이상의 불이익한 판결이 가능해진다.

그러나 부대항소는 항소가 취하 또는 각하된 때에는 그 효력을 잃으므로(제404조 본) 항소인은 독자적으로 항소를 취하해 버림으로써 언제든지 원판결 이상의 불리한 결과를 피할 수 있다.

2) **獨立附帶抗訴** 부대항소가 제기된 후에 주된 항소가 취하 또는 각하되더라도 부대항소가 독립한 항소로서 요건을 구비한 때에는 독립의 항소로 보아 부대항소의 효력을 잃지 아니하도록 한 것이 독립부대항소이다. 부대항소가 독립한 항소로서의 적법요건을 완비하였는지의 여부에 관하여 다툼이 있으면 변론을 열어 요건존부를 검토한다. 다만 항소기간 내에 제기한 부대항소는 독립항소로 간주한다(제404조 단).

제 3 절 抗訴審에 있어서의 審判

I. 抗訴審의 審判

1. 審判範圍와 對象

1) 재판장의 항소장 심사에서 방식과 기간이 준수된 것으로 인정되는 경우에는 항소법원은 항소의 적법요건에 관하여 직권조사하여 처리한다. 조사결과 부적법한 항소로서 그 흠을 보정할 수 없는 경우에는 바로 판결로써 항소를 각하한다. 흠을 보정할 수 없는 경우로는 판결선고전에 제기한 항소,[1] 항소의 이익이 없는 항소,[2] 불항소합의에 불구하고 제기한 항소,[3] 사망자를 상대로 한 판결에 대한 항소[4] 등을 들 수 있다.

2) **抗訴審判의 對象**

(i) 항소요건을 갖춘 경우에는 항소법원은 불복의 당부(항소이유유무)를 심리한다. 불복신청의 이유 및 범위가 항소장의 필요적 기재사항이 아니라고 하여 명

1) 대판 1957. 5. 2. 56 민상 647.
2) 대판 1979. 8. 28. 79 다 1299.
3) 대판 1980. 1. 29. 79 다 2066.
4) 대판 1986. 7. 22. 86 므 76.

시되지 아니한 때에는 석명하여 그 범위를 명확히 하여야 한다.[1)]

(ii) 항소를 제기하면 항소불가분의 원칙에 의하여 제 1 심 판결에서 심판한 모든 청구가 이심되지만 심판범위는 불복범위에 한정된다.

(iii) 제 1 심에서 심판하지 아니하고 빠뜨린 청구부분은 이심되지 아니하므로 추가판결의 대상이 될지언정 항소심의 심판대상이 되지 아니한다.

(iv) 항소심에서도 중간확인의 소, 반소, 청구변경, 일부취하 등이 가능하므로 그 심판범위는 변론종결시까지 축소 또는 확대될 수 있다. 또한 부대항소에 의하여 확장되는 수도 있다. 입법론으로는 능률적이고 집중적인 심리를 위하여 항소이유서의 제출을 강제할 필요가 있을 것이다.[2)] 항소인은 항소장에 제 1 심 판결을 표시하고 그 판결에 대한 항소의 취지를 기재하면 충분하므로 원판결에 대한 불복범위의 기재는 당사자의 의사에 달려있다. 따라서 항소심법관은 항소인의 불복의 요점을 알지 못한 채 변론에 들어가므로 집중심리에 장애를 준다. 따라서 항소이유서제도를 도입하여야 할 것이다.

2. 제 1 심 변론의 續行과 辯論의 更新

1) 辯論의 更新節次 변론은 형식상으로는 새로운 것이지만 실질적으로는 제 1 심 변론의 속행이므로 당사자는 불복신청의 심판에 필요한 한도에서 제 1 심의 변론결과를 진술하여야 한다(제407조 II). 이를 변론의 갱신이라고 하는데 동일심급에 있어서 법관의 경질이 있는 경우에 당사자가 종전의 변론결과를 진술하여야 하는 것(제204조)과 같은 이유에 따른 것이다. 다만 증인의 재신문(제204조 III)이 임의적인 점만이 차이이다. 제 1 심에서 한 변론, 증거조사, 그 밖의 소송행위는 항소심에서도 그 효력이 있으며(제409조),[3)] 제 1 심의 변론준비절차는 항소심에 대하여도 유효하다(제410조).

2) 辯論의 結果 이는 당사자의 주장, 공격방어방법, 증거조사의 결과 등 모든 소송자료를 포함한다. 변론의 결과는 불가분적이므로 일부만을 분리하여 진술할 수도 없고,[4)] 당사자의 이러한 진술이 없이 제 1 심 소송자료에 의하여 판결하였다면 위법이다.[5)] 또한 제 1 심 변론결과의 진술은 보고적 의미를 가지므로

1) 대판 1996. 7. 18. 94 다 20051.
2) ZPO 제519조 참조.
3) 대판 1996. 4. 9. 95 다 14572.
4) 대판 1954. 5. 27. 53 민상 235.
5) 대판 1960. 6. 3. 59 민상 805.

당사자 쌍방이 분담하든지 당사자의 일방이 출석하여 모두 하든지[1] 재판장의 소송지휘에 의하여 자유로 정할 수 있다.

3) 辯論의 更新權　항소심에서는 제 1 심의 소송자료를 전제로 함과 동시에 다시 변론을 열고 새 자료를 추가하여 변론종결시를 기준으로 원판결의 당부를 판단하게 된다. 그러므로 당사자는 제 1 심 변론결과의 진술에 이어 변론종결시까지 종전의 주장을 보충·정정하거나 새로운 공격방어방법을 제출할 수 있다(제408조, 제146조). 이를 당사자의 갱신권이라 한다. 다만 제 1 심에서 변론준비절차를 거치면서 쟁점정리와 집중심리를 했으므로 무변론판결이 항소된 경우가 아니면 변론준비절차 종결로 인한 실권적 효과가 항소심에서 발생한다. 따라서 제 1 심에서 적법하게 각하된 공격방어방법은 항소심에서 다시 제출할 수 없고, 항소심에서 새로운 공격방어방법의 제출은 시기에 늦은 것으로서 각하될 것이다(제149조).

종래 항소심의 속심적 운영의 결과 직접 증거조사를 아니한 항소심에서 새로 사실인정을 하므로 실체적 진실의 발견에 비효율적이고, 남상소로 인하여 권리구제와 소송완결이 지연되며, 제 1 심에 심리가 집중되지 아니하고, 형사소송의 사후심적 운영과 균형이 맞지 않는다는 비판이 있다. 그러므로 항소심을 사후심으로 전환함이 필요하다. 그러기 위해서는 제 1 심을 다루는 사실심법관의 노련한 기량의 발휘를 통한 효율적이고도 적정한 집중심리, 국민의 제 1 심에 대한 신뢰 및 변호사강제주의의 도입이 전제되어야 한다. 개정법에서는 필요적 변론준비절차를 도입하여 제 1 심에서의 심리의 충실을 도모하고자 한다. 그러나 그 줄거리는 항소심의 속심적 성격을 유지하면서 갱신권을 어느 정도 제한하는 방법을 택하였다. 그러나 제 1 심 중심주의를 관철하기 위해서는 독일법(동법 제527~531조)과 일본법(동법 제301조)을 참조하여 항소심에서의 갱신권을 대폭 제한하는 방향으로 나가야 할 것이다.

3. 管轄違反

제 1 심 법원이 이미 종국판결을 하고 나면 관할을 잘못 인정하였다 하더라도 전속관할에 관한 것이 아닌 한 당사자는 항소심에서 제 1 심 법원의 관할권에 관하여 다툴 수 없다(제411조). 이는 소송경제의 요청에 따른 제한이다. 판례는 지방법원 본원 합의부가 단독판사의 판결에 대한 항소사건을 심판하는 도중에 지방법원 합의부의 관할에 속하는 소송이 새로 추가되거나 그러한 소송으로 청구가 변경된

1) 대판 1957. 6. 20. 57 민상 102.

경우에도 추가되거나 변경된 청구에 대하여 그대로 심판할 수 있다고 한다.[1]

Ⅱ. 抗訴審에서의 審判範圍의 變更

1. 訴의 變更

청구기초에 변경이 없고 소송을 현저하게 지연시키지 않는 이상 항소심에서도 소의 교환적 변경이 허용된다(제408조, 제262조).[2] 이러한 소의 변경에서 문제점은 새로운 청구에 관하여 피고가 제1심에서의 심판받을 기회를 상실하는 불이익을 입는다는 것인데, 청구기초가 동일하여 이미 제출된 사실자료가 그대로 그 후의 심리의 기초가 될 수 있고 사실심리범위가 제1심의 경우와 대체로 동일하다면 실질적으로 심급의 이익이 무시된다고 볼 수 없다. 따라서 실질적으로 신소인 신청구에 대하여 제1심으로 심판하면 되고 구 청구에 대한 제1심 판결을 취소하거나 항소기각을 할 수 없다. 판례는 피고의 항소로 인한 항소심에서 소의 교환적 변경이 이루어진 경우 제1심 판결은 그러한 변경에 의한 구소취하로 실효되므로 항소심의 심판대상은 신청구로 바뀌어지고 따라서 항소심이 사실상 제1심으로 신청구에 대하여 재판하는 것이 되므로, 그 뒤에 피고가 항소를 취하한다 하더라도 그 취하는 그 대상이 없어 아무런 효력을 발생할 수 없고,[3] 구청구에 대한 제1심 판결의 존재를 전제로 하여 원판결취소 또는 항소기각을 할 수 없다.[4]

제1심이 소송판결을 한 경우에는 항소심에서 소의 변경을 허용할 만한 소송자료가 없을 것이나 추가된 청구의 심리를 위하여 종전의 소송자료를 이용할 수 있는 경우에는 소의 변경을 허용할 수 있다. 제1심 판결이 정당하여 항소는 기각할 것이나 추가된 청구에 대해서 심리의 여지가 있는 때에도 마찬가지이다.[5]

2. 反　訴

1) 相對方의 同意　원고의 소변경에 대응하여 제1심 피고도 항소심에서 반소를 제기할 수 있다(제412조 I). 이 경우에는 법 제269조의 요건을 구비하여야 하고, 상대방인 제1심 원고의 동의가 필요하다. 반소의 경우에는 청구 또는 방어방법과 견련된 것만으로는 사실심리의 범위가 동일하다고 하기 어려운 만큼 반소

1) 대판 1992. 5. 12. 92 다 2066.
2) 대판 1969. 12. 26. 69 다 406.
3) 대판 1995. 1. 24. 93 다 25875.
4) 대판 1997. 6. 10. 96 다 25449 · 25456.
5) 金柱祥, "민사항소심의 심판대상과 심판범위," 사법논집 5집, 336면.

를 무조건 인정하면 심급의 이익을 박탈할 우려가 소변경의 경우보다 크므로 반소를 제기할 때에는 상대방의 동의를 얻도록 한 것이다. 상대방이 이의를 제기하지 않고 반소의 본안에 관하여 변론을 한 때에는 반소제기에 동의한 것으로 본다(제412조 Ⅱ).

항소심에서 상대방의 동의 없이 제기한 반소는 그 자체가 부적법한 것이므로 별소로 다루어 관할법원에 이송할 것이 아니라 판결로서 각하하여야 한다.[1] 제1심 피고가 피항소인인 경우 항소인의 동의를 얻어 항소심에서 반소를 제기하였다 하더라도 항소가 각하 또는 취하한 경우에는 반소도 당연히 소멸된다고 본다.

2) 審級의 利益을 해할 우려가 없는 경우 상대방의 심급의 이익이 침해될 우려가 없는 경우에는 상대방의 동의가 필요 없으므로 중간확인의 반소, 가집행으로 인한 원상회복 및 손해배상의 청구 또는 반소청구의 기초에 변경이 없고 소송절차를 현저히 지연시키지 아니하는 경우 등에는 반소피고의 동의 없이 반소청구를 할 수 있다. 또한 반소가 항소심에 계속되고 있는 때에 상대방의 동의 없이 그 반소가 인용되지 아니할 것을 조건으로 예비적 반소를 추가할 수 있다.[2] 항소심에서의 반소에 동의하는 상대방이 거의 없으므로 심급의 이익을 해칠 우려가 없으면 상대방의 동의를 필요로 하지 않도록 하여 항소심에서의 반소제기를 활성화하려는 취지이다.

3. 被告의 更正

항소심에서는 피고의 경정이 허용될 수 없다. 다만 입법론으로는 다수당사자의 소송관계를 어디까지 허용할 것인지 검토해 볼 만한 가치는 있을 것이다.[3]

4. 請求의 減縮(一部取下) 또는 擴張

항소심에서도 원고는 청구를 부분적으로 감축 또는 취하할 수 있다. 이 경우에는 그 부분은 소급하여 소송계속이 없었던 것으로 되므로 그 한도 내에서 제1심 판결은 실효되고 항소심의 심판범위는 줄어든다. 이 때 제1심 판결을 유지하려면 그대로 항소기각을 하여야 하나[4] 집행범위가 불분명해지므로 주문에 청구

1) 대판 1965. 12. 7. 65 다 2034, 2035.
2) 대판 1969. 3. 25. 68 다 1094, 1095.
3) 예컨대 FRCP 제19조-제21조 및 미국 Federal Rules of Appellate Procedure 제43조 참조.
4) 대판 1979. 12. 11. 79 다 828.

감축의 표시가 포함되어야 할 것이다.[1]

제1심에서 전부승소한 원고도 피고가 항소하였을 때에는 부대항소에 의하지 아니하고 청구취지확장으로 새로운 청구를 할 수 있다. 이는 신소제기의 실질을 가지므로 이 부분에 대하여도 주문에서 판단을 표시하여야 한다. 다만 이로 인하여 피고에게 더 불리하게 되는 한도에서 부대항소를 한 취지로 보아야 한다.[2] 그러므로 새로 확장된 청구는 항소의 취하 또는 각하에 의하여 그 효력을 상실한다.

Ⅲ. 抗訴審의 終局判決

항소심에서도 중간적 재판(제201조)을 할 수 없는 것은 아니나 항소나 부대항소에 의한 불복에 대하여는 종국판결로 완결하여야 한다. 이 종국판결에는 항소사건의 일부를 해결하는 일부판결과 전부를 동시에 완결하는 전부판결이 있으며, 내용상으로는 제1심 판결의 당부의 심판에 들어감이 없이 항소를 부적법각하하는 소송판결과 제1심 판결의 당부에 관하여 판단하는 본안판결이 있다. 본안판결의 모습에는 항소기각판결(제414조)이 있고, 항소를 인용하여 원판결을 취소하는 경우에는 자판함이 원칙이지만 환송하거나(제418조) 또는 관할법원에 이송하는 경우(제419조)가 있다.

항소법원의 판결서에는 제208조 소정의 사항을 반드시 기재하여야 하는바, 그 이유가 제1심의 그것과 일치할 때에는 제1심 판결을 인용할 수 있다. 다만 판결이유기재를 생략하여 제208조 제3항 본문에 따라 작성된 경우에는 그러하지 아니하다(제420조).

항소심의 판결선고는 기록수리일로부터 5개월 안에 하여야 한다(제199조). 이는 소송촉진을 위한 훈시규정이다. 항소심에서 소송이 완결된 뒤 상고가 제기되지 아니하고 상고기간이 끝난 때에는 법원사무관 등은 판결서 또는 제402조의 규정에 의한 명령의 정본을 소송기록에 붙여 제1심 법원에 보내야 한다(제421조).

1. 抗訴却下判決

1) 항소요건에 흠이 있는 부적법한 항소는 그 흠을 기간 내에 보정이 없거나 항소제기 당시 항소기간을 도과한 경우 등과 같이 흠을 보정할 수 없는 경우에는 변론 없이 판결로 항소를 각하할 수 있다(제413조). 다만 권한 없는 자가 제기한 항소

1) 同旨 李時 830면. 대판 1992. 4. 14. 91 다 45653.

2) 대판 1991. 9. 24. 91 다 21688.

라도 추인될 여지가 있으므로 이에 대한 보정명령 없이 바로 항소를 각하함은 위법이다.[1]

2) 제 1 심의 소각하판결에 대하여 항소법원이 부적법하다고 한 각하이유는 잘못이지만 본안이 이유 없다고 판단하는 경우에는 어떻게 할 것인가. 판례는 소각하판결보다 청구기각판결이 항소인(원고)에게 더 불리하여 허용될 수 없으므로 항소기각할 수밖에 없다는 항소기각설이다.[2] 그러나 이 경우 항소를 기각하면 잘못된 소각하판결을 확정시키는 부당한 결과가 초래되므로 소각하판결의 경우에는 불이익변경금지의 원칙에 어긋나지 않는다는 전제하에 제 1 심 판결을 취소하고 청구를 기각할 수 있다는 청구기각설이 있다.[3] 생각건대 심급의 이익을 고려하면 원판결취소 후 청구를 기각할 것이 아니라 특별한 사정이 없는 한 제 1 심 판결을 취소환송하여야 할 것이다.[4]

2. 抗訴棄却判決

1) 항소법원은 변론을 거쳐 심리하고 당사자가 제출한 새로운 공격방어방법을 참작하여 판단한 결과 제 1 심 판결을 정당하다고 인정한 때에는 항소 또는 부대항소를 기각하여야 한다(제414조 I).

2) 제 1 심 판결의 이유가 정당하지 않은 경우에도 다른 이유에 따라 그 판결이 정당하다고 인정되는 때에는 역시 항소를 기각하여야 한다(제414조 II). 즉 제 1 심 판결이 소송절차에 어긋나고 법률해석을 잘못한 경우라도 결과가 동일하거나 항소심변론종결 당시의 자료에 의하여 제 1 심 판결이 정당화될 때에는 판결의 기판력에 영향이 없으므로 원판결을 유지하고 항소를 기각하여야 한다는 뜻이다.

3) 다만 항소심이 제 1 심 판결과 동일한 결론에 이르게 되는 때에도 피고의 상계항변을 받아들여 원고청구를 기각하는 경우에는 상계항변이 갖는 기판력의 객관적 범위가 다르기 때문에(제216조 II) 항소기각판결만으로는 안 된다. 따라서 상계항변을 인정하는 여부에 대하여 제 1 심 판결과 다른 판단을 하게 될 때에는 일단

1) 대판 1967. 1. 31. 66 다 2395.

2) 대판 1995. 7. 11. 95 다 9945; 대판 1996. 12. 6. 96 누 6417 등. 이 설에 따르는 입장으로는 金/姜 823면.

3) 원심판결을 취소하고 청구기각판결을 선고하여야 한다는 청구기각설로는 姜 750면, 鄭/庾 787면, 胡 637면, 김홍 1077면. 독일의 판례·통설은 청구기각설을 취하고 있다. BGH NJW 1989, 393, 394; MünchKommZPO/Rimmelspacher §536 Rn. 22; Rosenberg/Schwab/Gottwald §139 II 2 e; Jauernig/Hess §72 VIII; Stein/Jonas/Althammer §528 Rn. 20.

4) 同旨 李時 839면도 기본적으로 환송설이다.

제1심 판결을 취소하고 다시 청구기각판결을 하여야 한다.[1] 예컨대 금전지급청구소송에서 예비적 상계의 항변을 받아들여 원고청구를 기각한 판결에 대하여 피고가 주된 변제항변이 배척되었음을 이유로 항소한 경우에 그 항변이 이유 있다고 하여 승소판결을 하려면 주문은 제1심 판결과 동일하지만 기판력이 미치는 객관적 범위가 달라지므로 단순한 항소기각이 아니라 원판결을 취소하고 청구기각판결을 하여야 한다는 뜻이다.

4) 항소기각판결은 제1심 판결에 대한 불복신청이 이유 없음을 뜻하므로 상고가 없는 한 이 판결에 의하여 제1심 판결도 그 범위 내에서 확정된다. 기판력의 표준시는 항소심변론의 종결시이고 강제집행에 있어서는 제1심 판결이 채무명의가 된다.

5) 원판결의 일부는 정당하고 나머지는 부당한 경우에는 정당한 부분에 대한 항소는 기각하고 부당한 부분에 관한 원판결은 취소하여 자판하여야 한다.

3. 抗訴認容判決

1) 原判決取消 항소법원은 항소가 이유있을 때, 즉 제1심 판결을 정당하지 아니하다고 인정한 때(제416조)와 제1심 판결의 절차가 법률에 어긋날 때(제417조)에는 이를 취소하여야 한다.

첫째, 제1심 판결의 당부는 항소심변론종결시를 기준으로 하여 판단할 것이므로 항소심에서 새로 제출된 자료에 비추어 부당한 경우에도 취소한다. 제1심 판결의 일부만이 부당한 때에는 그 부분만을 취소한다. 판결의 일부취소의 경우에 항소심의 주문례는 각 경우마다 다를 것이나 원판결의 일부를 취소한다는 주문대신 원판결을 변경한다는 문언을 쓰고 그 다음에 종국적으로 변경되는 내용의 주문을 다시 쓰는 것이 실무이다.[2]

둘째, 제1심 판결의 절차가 법률에 어긋난 때라 함은 제1심 판결의 성립과정에 흠이 있어 그 존재 자체에 의심이 있을 때를 뜻한다. 예컨대 판결의 성립(제204조, 제208조)이나 선고(제205조, 제206조)에 관한 위법을 포함하므로 기본적 변론에 관여하지 아니한 법관이 내린 판결,[3] 법 제206조의 규정에 위반하여 판결원본에 의하지 아니하

1) 方 647면, 李英 321면, 金/姜 824면, 李時 834면, 姜 744면.

2) 주문례에 관하여 상론한 글로는 李在性, "항소심에 있어서의 민사판결주문례에 관한 연구," 소송과 경매의 법리, 431면 이하 및 金祥源, "민사판결의 주문에 관한 고찰," 사법논집 제3집, 310면 이하 참조. 그리고 항소를 일부 인용하는 경우 취소주문례가 원칙이나 변경주문례도 허용된다는 대판 1992. 11. 24. 92 다 15987, 15994 참조.

3) 대판 1971. 3. 23. 71 다 177.

고 판결을 선고한 경우[1]를 들 수 있다. 제 1 심 판결이 취소되면 제 1 심에 있어서의 소에 대한 법원의 응답이 없어지므로 항소법원은 다음과 같은 조치를 취해야 한다.

가) 自 判 항소법원이 제 1 심 판결에 갈음하여 스스로 재판하는 것이다. 제도적으로 상고심판결은 상고이유가 있으면 파기환송함이 원칙적 모습이고 파기자판은 예외이지만, 항소심의 경우에는 항소가 이유 있을 때에는 취소자판함이 원칙이고 취소환송은 예외적이다. 사실심인 항소법원으로서는 원칙적인 조치이다.

나) 還 送

(i) 必須的 還送과 그 例外 항소법원이 원법원으로 하여금 변론과 재판을 하도록 사건을 제 1 심 법원에 되돌려 보내는 조치이다. 소를 부적법 각하한 제 1 심 판결을 취소한 경우에는 제 1 심에서 소에 대한 본안심리가 이루어진 바 없으므로 당사자의 심급의 이익을 보호하기 위하여 반드시 제 1 심 법원으로 환송하여야 한다(제418조). 이를 필수적 환송이라고 한다. 이 경우 파기자판함은 위법이다.[2] 그러나 예외적으로 제 1 심에서 본안판결을 할 수 있을 정도로 심리가 되었거나, 당사자의 동의가 있는 경우에는 소송촉진을 위하여 파기자판할 수 있게 하였다(제418조 단).[3]

(ii) 任意的 還送의 可否 이 같은 필수적 환송 이외에 그 이외의 사유로 원판결을 취소할 경우에도 사건을 제 1 심 법원으로 환송할 수 있는가가 문제로 되는데, 이것이 임의적 환송의 문제이다. 구법하에서는 임의적 환송에 관한 명문의 규정(구 제389조 I)이 있어서 가능하였으나 항소법원은 취소자판을 원칙으로 하고 제 1 심으로 환송함에 따른 소송지연을 방지한다는 취지에서 이것이 삭제된 현행법하에서는 임의적 환송의 길은 봉쇄되었다 할 것이다. 그러나 학설로서는 이러한 입법의 변천에도 불구하고 합리적 이유가 있는 경우에는 임의적 환송이 가능하다는 견해가 많다.[4] 현행법의 해석론으로는 다소 무리가 아닐까.[5]

(iii) 還送의 效果 제 1 심 법원은 항소심판결이 취소이유로 한 법률상 및 사실상 판단에 기속되므로 이와 다른 판단이나 조치를 할 수 없다(법조 제 8 조).

1) 대판 1960. 3. 17. 58 민상 862.

2) 대판 1980. 3. 11. 79 다 1161.

3) 따라서 원고의 불복신청 범위가 소각하의 제 1 심 판결을 취소하고 제 1 심 법원에 환송한다는 것이어도 항소법원은 본안판결을 할 수 있다. 대판 1997. 7. 25. 96 다 47494, 47500.

4) 方 648면, 李英 322면, 金/姜 821면, 韓 744면.

5) 李時 836면, 鄭/庾 785면, 姜 745면.

다) 移 送 전속관할위반을 이유로 제1심 판결을 취소한 때에는 항소법원은 판결로 사건을 관할법원에 이송하여야 한다(제419조). 이 경우에는 종전의 제1심 법원에서 한 소송절차는 모두 취소된 것으로 보며 이송받은 법원은 절차를 새로 개시하여야 한다. 전속관할위반 이외의 관할위반은 항소심에서 주장할 수 없다(제411조).

2) 第1審 判決變更의 한도

가) 不利益變更禁止의 原則

(i) 意 義 항소가 제기되면 제1심 판결에서 심판된 청구 전부가 항소심에 이심되지만 항소법원의 심판은 당사자처분권주의의 원칙상 당사자가 항소 또는 부대항소로서 불복한 범위에 한한다. 이 범위를 넘어서는 원판결이 부당하다고 하더라도 불복이 없으면 이를 취소·변경할 수 없다. 이를 불이익변경금지의 원칙이라고 한다(제415조 본). 또한 당사자의 변경신청범위를 넘어서 그에게 유리한 재판도 할 수 없다(이익변경의 금지).[1] 그러므로 예컨대 금 1,500만원의 대여금청구소송에서 제1심이 1,000만원만을 인용한 경우에 피고의 항소를 심리한 결과 금 1,500만원 전부에 관한 소비대차성립이 인정된다고 하더라도 그저 피고의 항소를 기각할 수 있을 뿐이고, 원고청구를 기각한 금 500만원의 부분을 취소하여 전액인용의 판결을 할 수 없다.[2] 또한 같은 예에서 원고가 일부패소부분에 관하여 항소한 경우에 설사 청구금액 전액이 이유 없음에 귀착하더라도 항소기각을 할 수 있을 뿐이고, 원판결을 취소하고 원고청구를 전부기각할 수는 없다.[3]

여러 개의 청구에 대한 1개의 판결에 대하여 항소인이 그 중 하나의 청구에 대해서만 불복한 경우에도 불복이 없는 다른 청구에 대하여 불이익변경금지의 원칙이 적용된다.

(ii) 判決理由의 不利益變更 제1심 판결의 이유를 변경하는 것은 판결주문에는 영향이 없으므로 당사자에게 불이익한 변경을 할 수 있다. 그러므로 채무부존재를 이유로 기각한 원고의 대여금청구를 항소심에서 변제를 이유로 하여

---

1) 대판 1994. 12. 23. 94 다 44644; 대판 2001. 4. 27. 99 다 30312.

2) 대판 1967. 2. 28. 66 다 2633.

3) 대판 1983. 12. 27. 83 다카 1503. 소유권이전등기의 등기원인을 증여에서 매매로 경정하는 경정등기이행을 구하는 소에서 등기의무자가 없다는 이유로 소의 이익이 없어 소를 각하한 원심판결에 대하여 경정을 원하는 등기원인이 달라 원고 청구를 기각하여야 했으나, 원고만이 상고하여 불이익변경금지의 원칙상 원고에게 더 불리한 청구기각의 판결을 선고할 수 없어 원고의 상고를 기각한 판결로는 대판 2013. 6. 27. 2012 다 118549.

항소기각하는 것은 무방하다. 그러나 제 1 심에서 피고의 상계항변을 받아들여 원고청구를 기각하는 판결에 대하여 원고의 항소를 심리한 결과 항소심에서 소비대차의 성립을 부정하면서 원고청구기각을 하면 원고로서는 상계에 이용된 반대채권소멸의 이익을 상실하게 되므로 원고에게 제 1 심 판결 이상의 불이익을 주는 것이어서 부당하다. 또 피고의 상계항변을 인용한 제 1 심 판결에 대하여 피고만이 항소하였는데, 항소심이 피고의 상계항변을 판단함에 있어 제 1 심이 자동채권으로 인정하였던 부분을 인정하지 않으면 불이익변경금지의 원칙에 반한다.[1] 동시이행의 판결에 있어서는 원고가 그 반대급부를 제공하지 아니하고는 판결에 따른 집행을 할 수 없어 비록 피고의 반대급부이행청구에 관하여 기판력이 생기지 아니하더라도 반대급부의 내용이 원고에게 불리하게 변경된 경우에는 불이익변경금지 원칙에 반하게 된다.[2]

나) 例　外

(i) 불이익변경금지의 원칙은 처분권주의와 동일한 기초에 서는 것이므로 변론주의에 의한 제한을 받지 아니하는 분야에는 그 적용이 없다. 따라서 직권탐지주의에 따르는 절차나 직권조사사항에 관하여는 원판결을 전부 취소할 수도 있다.[3] 이외에도 소송비용재판이나 가집행선고에 관하여는 당사자의 신청이 없더라도 재판할 수 있다.[4]

(ii) 경계확정소송과 같은 형식적 형성소송 또는 공유물분할소송의 경우에도 불이익변경금지원칙의 적용이 없다.

(iii) 독립당사자참가소송에서 패소하였으되 상소하지 아니한 당사자의 패소부분은 이미 고찰한 바와 같이 판결의 합일확정의 필요상 불이익변경금지의 원칙이 적용되지 아니한다.

(iv) 불이익변경금지의 원칙은 항소심에서 상계에 관한 주장이 인정된 때에도 적용이 없다(제415조 단). 이는 예비적 상계항변이 항소심에서 비로소 이유 있다고 판단될 때에는 제 1 심 판결 중 원고승소 부분까지 취소하여 그의 청구를 모두 기각

1) 대판 1995. 9. 29. 94 다 18911.

2) 대판 2005. 8. 19. 2004 다 8197.

3) 따라서 대판 1995. 7. 25. 95 다 14817은 수개의 청구 중 일부만을 인용한 제 1 심 판결에 대하여 원고만이 항소를 제기한 경우 원고승소부분의 청구에 대하여 확인의 이익의 유무를 조사하여 그 소를 각하하여도 불이익변경금지의 원칙에 반하지 않는다고 한다.

4) 따라서 가집행선고가 붙지 않은 제 1 심 판결에 대하여 피고만이 항소한 항소심에서 항소를 기각하면서 가집행선고를 붙여도 불이익변경금지의 원칙에 위배되지 않는다. 대판 1991. 11. 8. 90 다 17804; 대판 1998. 11. 10. 98 다 42141.

할 수 있다는 뜻이다.

4. 假執行宣告

항소법원은 제 1 심 판결에 대한 불복신청이 없는 부분에 한하여 당사자의 신청이 있으면 결정으로 가집행선고를 할 수 있다(제406조 I). 이 재판에 대하여는 불복신청을 할 수 없으나, 가집행선고의 신청을 기각하는 결정에 대하여는 즉시항고를 할 수 있다(제406조 II).

항소기각판결을 하면서 가집행선고를 할 때에는 제 1 심 판결에 대하여 붙인다. 그러므로 이때 집행권원이 되는 것은 제 1 심 판결이다. 다만 실제상 항소기각의 경우라도 항소심에서 원판결을 변경하여 구체적인 이행판결이 있는 경우에는 항소심판결이 집행권원이 된다.

제 4 절 抗訴의 取下

I. 意 義

항소의 취하는 항소인이 일단 제기한 항소신청을 철회하는 소송행위이다. 취하에 의하여 항소제기가 없었던 것으로 되어 제 1 심의 종국판결이 유효하게 존재하게 된다. 따라서 제 1 심에서부터 소송계속을 소멸하게 하는 소의 취하와 다르고, 형식적으로 항소심절차를 종료시키는 소송절차상의 행위이므로 실질적으로 항소권의 포기와도 다르다. 항소를 취하했더라도 항소기간 만료 전이면 다시 항소를 제기할 수 있는데[1] 이 점이 확정적으로 항소를 부적법하게 하는 항소권의 포기와 다르다. 항소의 취하는 항소법원에 대한 의사표시이므로 재판 외에서 피항소인에 대하여 취하의 의사표시를 하였다 하더라도 당연히 항소취하의 효력이 있는 것은 아니며, 피항소인이 소송상 이를 주장하면 항소의 이익이 없는 것으로서 항소는 각하된다.[2]

II. 要 件

1. 항소는 항소심의 종국판결의 선고가 있기 전에는 언제든지 취하할 수 있

1) 대판 1991. 4. 23. 90 다 14997.
2) 대판 1965. 4. 13. 65 다 15.

다(제393조 I).[1] 상고심의 파기환송판결로 인하여 사건이 다시 항소심에 계속한 때에도 그 항소심의 종국판결이 있기까지는 언제나 항소를 취하할 수 있다. 소의 취하가 종국판결이 확정될 때까지는 판결선고 후에도 가능한 것과 다른 점이다(제266조 I). 소의 취하처럼 판결선고 후의 항소취하를 허용하면 부대항소로 인하여 제1심 판결보다 불리한 판결을 받은 항소인이 마음대로 항소를 취하하여 보다 유리한 제1심 판결을 확정시킬 수도 있기 때문이다.

2. 항소의 취하는 항소인이 항소심법원에 대하여 항소에 의한 심판요구를 철회하는 단독소송행위이므로 피항소인이 항소기각의 신청을 하였거나 부대항소를 한 후에도 그의 동의를 요하지 아니한다.[2] 또한 항소취하의 의사표시는 법원에 도달함으로써 취하의 효과가 발생되므로 그 의사표시에는 조건을 붙일 수 없고, 또 그 의사표시가 법 제451조 1항 5호의 재심사유에 해당되는 남의 행위로 인하여 이루어진 것이 아닌 이상 설사 그것이 사기·강박·착오 등 하자를 내포한 것이라 하더라도 이를 이유로 취소나 무효를 주장할 수 없다.[3]

3. 항소는 항소불가분의 원칙에 비추어 일부취하를 할 수 없다. 다만 항소심에서 일부판결이 있은 후, 그 잔존부분에 관한 항소는 이를 전부 취하할 수 있다. 통상공동소송에 있어서 공동소송인의 1인의 또는 1인에 대한 항소의 취하는 가능하다.

4. 항소취하를 할 수 있는 자는 항소인에 한한다. 필수적 공동소송의 경우에 항소의 취하는 그 전원이 또는 그 전원에 대하여 하지 아니하면 효력이 없다. 보조참가인이 항소를 제기한 후에는 피참가인에 의한 항소취하가 없는 한 보조참가인 스스로 항소를 취하하여도 그 효력이 없다. 독립당사자참가에 있어서 패소당사자가 모두 항소하였다가 그 중의 1인이 취하한 경우에는 그 취하의 효력이 없으나, 패소당사자 중 1인만이 항소하였다가 취하한 경우에는 항소가 소급하여 소멸한다고 볼 것이다.[4]

1) 대판 1995. 3. 10. 94 다 51543. 이에 대하여 상대방의 동의가 없는 한 항소를 취하할 수 없다고 하는 소수설로는 林俊浩, "환송 후 항소심에서의 항소취하와 상대방의 동의," 郭潤直先生 古稀紀念 민법학논총·제2, 768면 참조.
2) 대판 1971. 10. 22. 71 다 1965.
3) 대판 1980. 8. 26. 80 다 76.
4) 同旨 李時 822면.

Ⅲ. 取下의 方式

항소취하의 방식에는 소취하에 관한 법 제266조 3항 내지 5항의 규정이 준용된다(제393조 Ⅱ). 따라서 취하행위는 서면으로 하여야 하나 변론 또는 변론준비절차에서 구술로 할 수도 있다. 소장 송달 후 취하한 경우에는 취하서를 상대방에게 송달하여야 한다. 구술로 취하하는 경우에 상대방이 결석한 때에는 변론 또는 변론준비절차의 조서등본을 송달하여야 한다. 취하의 효력발생시는 취하서를 법원에 접수한 때이다.[1)]

Ⅳ. 取下의 效果

항소가 취하된 경우에는 처음부터 항소가 제기되지 아니한 것으로 되어 항소의 효과가 소급적으로 소멸하고 이로써 항소심절차가 종료한다(제267조 Ⅰ, 제393조 Ⅱ). 따라서 원판결은 확정된다. 부대항소가 있은 후에 항소를 취하하면 그 부대항소도 역시 실효되지만, 그 부대항소가 항소의 요건을 갖춘 때에는 독립한 항소로 간주되어 그 효력이 지속된다(제404조 단).[2)]

Ⅴ. 取下의 擬制

양쪽 당사자가 항소심의 변론기일에 2회에 걸쳐 출석하지 아니하거나 출석하더라도 변론하지 아니한 때에는 1개월 안에 기일지정신청이 없거나 기일지정신청에 의하여 정한 기일에 불출석한 때에는 항소취하가 있는 것으로 본다(제268조 Ⅰ, Ⅱ, Ⅲ).

민사사건이 상소심에 계속중 재난에 의하여 사건기록이 멸실되었을 경우에 상소인이 6개월 내에 소장 또는 상소장의 부본 및 사건계속의 소명방법을 제출하지 아니하였을 때에는 상소가 취하된 것으로 본다(법원재난임조법 제3조).[3)]

---

1) 대판 1980. 8. 26. 80 다 76.

2) 민사소송법 제393조가 부대항소인의 동의없는 항소인의 항소취하를 허용함으로써 부대항소인이 항소심재판을 받을 권리를 침해한 것인지 여부 등에 관하여, 헌법재판소는, 환송 후 항소심에서 항소인이 임의로 항소를 취하하여 결과적으로 부대항소인인 청구인이 항소심 판단을 다시 받지 못하게 되었다고 하더라도 이는 부대항소의 종속성에서 도출되는 당연한 결과이므로 이것 때문에 항소심의 재판을 받을 청구인의 권리가 침해된 것으로 볼 수는 없다고 보았다(헌재(전) 2005. 6. 30. 2003 헌바 117).

3) 대판 1971. 5. 31. 71 다 752.

제 3 장 上告審節次

제 1 절 上告一般

I. 上告의 意義와 對象

상고는 원칙적으로 항소심의 종국판결에 대하여 대법원에 상소하는 것으로서 원심판결이 적법하게 확정한 사실을 전제로 법률적 관점에서 원심판결의 당부에 관한 판단을 구하는 불복신청이다.

고등법원이나 지방법원 합의부가 제 2 심으로서 선고한 종국판결이 상고의 대상이 된다(제422조 I). 다만 당사자간에 사실관계에 관하여 별로 다툼이 없어 법률판단만 받아보기로 비약상고의 합의가 있는 경우에는 제 1 심 판결에 대하여 상고할 수 있다(제390조 I 단).

고등법원을 제 1 심으로 하는 특허법원의 판결(특허 제186조 I)과 중앙해난심판원의 재결에 대한 소(해심 제74조 I)에 대하여도 상고할 수 있다. 이같이 모든 분쟁사건의 최종적 법률판단을 대법원에 집중시켜 획일적 사법국가주의를 택한 것이(법조 제14조) 대륙법계에 속하면서도 우리나라가 가진 제도적 특색이다.

II. 法律審으로서의 上告審

상고심은 원심의 사실인정(Fact-finding)을 전제로 하여 원판결의 당부를 법률적 측면에서만(Legal Review) 심사한다. 당사자도 상고심에서 새로운 사실상의 주장을 하거나, 새로운 증거를 제출하여 원심의 사실인정을 다투거나, 원심에서 한 자백을 취소할 수 없다.[1] 상고심에서는 새로운 청구나 소의 변경도 허용되지 아니한다. 다만 직권조사사항인 소송요건, 상소요건, 재심사유, 원심의 소송절차위배 등에 관하여 판단함에는 새로운 사실을 참작할 수 있고, 필요한 증거조사도 할 수 있으며 당사자는 새로운 주장과 입증을 할 수 있다.

1) 대판 1998. 1. 23. 97 다 38305.

Ⅲ. 上告制度의 목적과 上告制限

1. 上告制度의 목적

1) 法令解釋의 전국적 통일과 당사자의 權利救濟 우리나라의 상고심은 주로 독일법을 계수하여 법령해석의 전국적 통일과 적정재판을 통한 당사자의 권리구제라는 두 가지 목적을 동시에 달성하고자 하는 것으로 이해된다. 왜냐하면 대법원이 원판결을 부당하다고 인정할 때에는 이를 파기함은 물론 필요한 경우에는 스스로 종국적 판결을 하여(자판) 구체적 사건에 대한 올바른 판단을 할 수 있기 때문이다. 그런데 우리나라에서는 법률의 위헌 여부에 대한 심사만이 헌법재판소에 속하고 그 밖에 일체의 사건이 대법원에 최종적으로 귀일되도록 하고 있다는 점에서 당사자구제의 목적과 함께 재판권의 통일적 행사를 통한 법령해석의 통일에 더 중점을 둔 듯한 감이 있다.

상고제도의 목적이나 방향은 각국의 입법정책 및 사법정책의 문제이나, 대법원은 그 본래적인 임무가 법령해석의 통일을 통하여 법률문화를 창달하고 무엇이 법인가를 최종적으로 선언하며 한 나라의 사법정책을 펼쳐 나아가는 데 있다고 생각된다. 따라서 대법원은 제3의 사실심이 아니라 전원합의체의 의견표시를 통하여 최고 법해석자로서 사법부의 나아갈 길을 밝혀 사실심 법원의 재판을 올바르게 인도하면서 통일된 법해석을 통하여 국민생활의 법적 안정성과 예측가능성을 보장하여야 한다. 이와 아울러 정당한 당사자의 권리구제에도 소홀함이 없어야 한다. 물론 대부분의 분쟁에 대해서는 유능하고 친절한 사실심에서 올바른 판단을 얻어낼 수 있는 것이므로 대법원에 의한 당사자의 구체적 권리구제는 예외적으로 된다.

2) 上告制限의 필요성 나라마다 대체로 판결에 영향을 미친 법령위반만을 상고이유로 삼으면서 동시에 최소상고이익액의 법정, 원법원에 의한 상고허가제, 상고법원에 의한 예심제 또는 재량수리제 등을 내세워 최고법원의 사무경감을 도모하려는 현저한 경향이 있다. 왜냐하면 대법원의 재판을 현실적으로 받아야만 헌법상 국민의 재판받을 권리가 보장된다는 논리는 세계 어느 나라에서도 받아들여진 바 없고, 재판의 상대성에 비추어 어떤 사건이 어떤 방법으로 법원의 재판을 받도록 하는 것이 공정하고도 효율적인가는 입법정책의 문제에 속하기 때문이다.[1)]

1) 헌재(전) 1992. 6. 26. 90 헌바 25; 헌재(전) 1995. 1. 20. 90 헌바 1.

정당한 상고이거나 무익한 상고(Frivolous Appeal)이거나 간에 대법원에 쇄도하는 상고사건을 모두 동등한 시간과 노력을 투입하여 심리하여야만 국민의 헌법상 재판을 받을 권리를 보호하는 것이라는 논리가 있다. 형식적으로는 이렇게 하는 것이 모든 국민에게 평등한 사법서비스를 제공하는 것처럼 보이지만 이는 최고법원의 한정된 인적·물적 자원(Resources)을 산술적으로 배분함으로써 결과적으로 그만한 배려를 받을 자격이 없는 사건의 심리에 자원이 낭비되고 실질적 평등에 어긋나는 것임은 분명하다(자원의 효율적 이용론).

또한 무분별한 상고의 허용은 상고를 제기하는 본인에게 시간끌기 이외에는 아무런 득이 없는 것은 물론 상대방 당사자의 신속한 권리구제에도 막대한 지장을 주고, 대법원의 법률심으로서의 기능과 법률문화창달의 선도자의 역할을 마비시켜왔으며, 대법원의 깊이 있는 판단을 받아야 할 사건이 그 사건의 중요성에 부응하는 심리를 받지 못하게 되어 마침내 대법원에 대한 신뢰마저도 무너지고 만다. 여기에 남상고를 걸러내는 장치가 필요하고 이 장치가 제대로 기능을 발휘하여야만 법령해석의 통일과 정당한 당사자의 권리구제라는 상고제도의 목적과 최고법원의 기능이 제대로 달성될 수 있는 것이다.

2. 上告制度에 관한 立法例

1) **프 랑 스** 상고제도의 존재의의가 법령해석의 전국적 통일과 재판권의 통일적 행사에 있는 전형적 입법례는 프랑스의 경우이다. 프랑스의 대법원인 Cour de Cassation(파기원)은 허가에 의하여 올라온 사건의 법률문제만을 사후심사하고, 불복신청된 재판을 파기하는 것을 주기능으로 하지만, 사건이 파기환송되어도 환송받은 하급심법원은 이에 구속받지 아니하며 원심판결에 대한 집행정지의 효력이 인정되지 않는 것이 원칙이다. 따라서 사실상 2심제로 인식되고 있으며 예외적으로 상고허가가 된 사건의 경우에도 패소한 상고인이 상고신청을 남용한 것으로 판단되는 경우에는 과태료와 손해배상을 부담하는 수도 있다.

2) **獨 逸** 독일의 상고법원의 경우에도 물론 법령위반만이 상고이유가 될 수 있고 상고이유서를 제출해야 한다. 상고제도의 목적에 대하여는 논란이 있으나 법령의 해석·적용을 전국적으로 통일하고 당사자의 권리구제의 목적을 동시에 달성하려고 한다. 또한 간이법원사건과 보전처분사건의 이심제, 가격에 의한 항소 및 상고제한, 일정한 상고액 이하의 사건에 대한 상고허가제 및 일정액

초과의 상고사건에 대한 수리상고제 등을 도입하여 국가최고법원이 담당하는 사건수를 줄이도록 노력하고 있다.

3) 日 本 일본의 경우도 기본적으로 독일의 상고제도를 이어받았고 간이법원사건이나 보전처분사건의 이심제 등 여러모로 최고재판소에의 무분별한 상고를 억제하고 있고, 우리 법이 10년간 운영하였던 허가상고제를 도입하였다.

4) 美 國 미국 연방대법원도 상고사건의 구체적 법률문제를 심리하여 당사자의 권리보호에 중점을 두기보다는 소송기록의 이송명령신청(petition for writ of certiorari)의 심사를 통하여 중요한 법률문제를 내포한 사건에 한하여 극히 선별적으로 상고를 허가하고 이에 대한 법률판단을 통하여 법창조기능을 수행하고 있다. 대법원은 사건의 상고적합성을 주로 판단하는 certiorari 심사과정을 도입하여 20세기 초까지 폭주된 업무량에서 헤어나게 되었다. 그리하여 권리로서 상고할 수 있는 사건의 종류도 극히 제한되어 있는 데다가 대부분의 경우에는 상고허가신청이 있다고 하더라도 그것이 상고법원이 다루어야 할 만큼 법률적으로 중요한 사건인지 여부를 결정하는 예비적 단계에서 대부분 탈락되고 마는 것이다. 주대법원의 경우에도 대부분 상고의 재량수리제를 택하고 있다.

5) 英 國 영국의 최고법원인 귀족원(House of Lords)은 입법부의 상원인 동시에 사법부의 최고법원이며 귀족원의장은 내각의 일원이 되므로 3권통합의 좋은 예가 된다. 그러나 상고를 하기 위해서는 원심법원 내지 상고법원의 허가를 필요로 한다는 제한을 가하고 있는데, 귀족원 내의 심사위원회에서 대부분의 상고허가신청이 기각되고 만다. 그리하여 상고법원은 당사자의 구체적·개별적 권리구제보다 법창조의 기능을 담당하고 있다.

제2절 上告理由

상고심은 원판결의 당부를 법률적인 면에서만 심사하는 사후심이라고 볼 수 있다. 이와 같이 상고심은 원심의 사실인정을 기초로 원판결이 법령에 위반된 여부만을 심사하므로 원판결에 대한 불복뿐만 아니라 법령위반을 상고이유로서 주장하여야 한다. 법은 제423조에서 일반적 상고이유로서 법령위반을, 그리고 제

424조에서 절대적 상고이유로서 여섯 가지를 열거하고 있다. 법령위반을 상고이유로서 주장하려면 이를 위하여 따로 상고이유서를 제출하여야 한다.

"상고심절차에 관한 특례법"상의 심리불속행제도는 민사소송법상의 상고이유에 해당하는 중대한 법령위반의 범위를 더욱 엄격하게 제한하여 상고 자체를 억제하는 제도가 아니라 당사자에 의하여 주장된 상고이유가 특례법상의 일정한 사유에 해당되지 아니한다고 판단될 때에는 상고법원이 더 이상 심리를 진행하지 아니하고 이유를 붙이지 아니한 채 상고기각판결을 한다는 취지이다.

I. 一般的 上告理由

상고는 판결에 영향을 미친 헌법·법률·명령 또는 규칙의 위반이 있음을 이유로 하는 때에 한하여 이를 할 수 있다(제423조). 이는 판결의 결론에 도달함에 있어서 관계법령의 해석 및 구체적 사실인정에 있어서의 법령적용에 잘못이 있고 그것이 판결에 영향을 미친 경우에는 일반적으로 법령위반이 되어 상고할 수 있게 된다는 뜻이다.

1. 憲法違反

원판결이 헌법에 위반되었다는 것은 결국 법률·명령·규칙이나 처분이 위헌무효임에도 불구하고 이를 전제로 심판한 경우가 대부분일 것이다. 대법원의 위헌법률심사권은 헌법재판소로 이관되었으므로 법률이 헌법에 위반되는 여부가 재판의 전제가 된 경우에 법원이 그 위반됨을 인정할 때에는 직권 또는 당사자의 신청에 의한 결정으로 헌법재판소에 제청하여 그 심판에 의하여 재판한다(헌 제107조 I). 명령·규칙·처분이 헌법이나 법률에 위반되는 여부가 재판의 전제가 된 때에는 대법원은 이를 최종적으로 심사할 권한을 가진다(헌 제107조 II). 그러므로 하급심에서 이미 헌법재판소의 위헌여부결정에 의하여 판결한 경우에는 동일한 사유의 위헌여부는 상고이유로 되지 아니할 것이고, 하급심에서 헌법재판소의 결정이 없는 경우에만 헌법위반을 주장하여 상고할 수 있으며, 이 경우 대법원은 헌법재판소의 심판에 따라 재판한다. 지금까지 민사사건의 상고심재판에서 적용법률의 위헌여부가 문제된 경우는 매우 적으며, 금융기관의 연체대출금에 관한 특별조치법 제 4 조[1]와 소액사건심판법 제 3 조[2]는 위헌이 아니라고 판시된 바 있다.

---

1) 대결 1968. 11. 23. 68 마 1127.

2) 대판 1975. 6. 10. 74 다 1333.

2. 法令違反

1) 法令의 의미 법령위반의 법령이란 헌법·법률·명령·규칙에 한정되지 아니한다. 법률은 국내성문법, 관습법,[1] 우리나라가 가입비준한 조약, 준거법으로 된 외국법을 포함한다. 명령·규칙은 대통령령 이하의 명령, 대법원규칙, 자치단체의 조례와 규칙 등이다. 정관·학칙·약관·단체협약 등은 관습법화되지 아니한 이상 여기에 포함되지 아니한다.[2] 경험법칙은 법규도 아니고 이의 취사·적용은 원래 사실심의 전권에 속하는 것이기는 하나 경험칙 또는 상식이나 논리법칙에 반하는 사실인정을 법령위반과 동일시하여 상고이유로 삼아 왔던 것이 일반적 견해이다.[3] 일반관습은 경험칙에 준하여 다루는 것이 일반적이다.[4]

2) 法令違反의 의미

가) 판결이 법령에 위반된다는 뜻은 여러 가지가 있다. 우선 법령적용의 잘못과 법령해석의 잘못을 포함한다. 법령적용의 잘못은 상고이유가 되지 아니하는 사실인정의 잘못과 구별하여야 하나 쉬운 일은 아니다. 사실인정의 잘못은 사실문제인데, 예컨대 구체적 사실이나 의사표시의 존부, 증거가치의 평가, 법원이나 행정관청의 재량사항 등이 그것이다. 이에 반하여 인정된 사실에 대한 법률평가, 사실추정, 의사표시의 해석 등은 모두 법률해석문제이므로 상고이유로 된다.

나) 법령위반의 형태는 원판결의 청구의 당부에 관한 법률판단이 부당한 경우(판단상의 과오)와 그 전제가 되는 소송절차에 있어서 위법한 처리가 있는 경우(절차상의 과오)를 포함한다. 전자, 즉 법원의 판단과정에서 실체법의 해석·적용을 그르친 경우는 비교적 용이하게 식별할 수 있을 뿐만 아니라 당연히 상고이유로 되나 법원도 당사자가 주장하는 상고이유에 구속됨이 없이 법률판단의 잘못을 직권으로 조사하여야 한다(제434조). 이를 상고이유불구속의 원칙이라고 한다.

다) 그런데 후자, 즉 소송법규위반의 경우란 변론주의의 위반, 석명의무의 위반, 심리미진 등인데 이는 법 제424조에서 특히 열거한 것을 제외하면 반드시 판결에 영향을 미쳤는지가 명백하지 아니하다. 따라서 상고법원이 이러한 법령위반 여부를 심사할 수 있는 범위는 직권조사사항이 아닌 한 상고인이 불복신청을

1) 예컨대 법정지상권에 관한 대판 1971. 1. 26. 70 다 2576 또는 유수사용권에 관한 대판 1968. 1. 23. 66 다 1995 참조.
2) 반대의 입장으로는 李時 847면.
3) 경험법칙을 전문적 경험법칙과 상식적 경험법칙으로 나누어 후자에 위반된 경우에만 상고이유가 된다는 견해는 方 427면.
4) 대판 1977. 11. 2. 76 다 1124.

한 한도에서 조사할 수 있다(제431조). 다만 훈시규정이나 백지조항적 규정에의 저촉, 그리고 소송절차에 관한 이의권이 포기 또는 상실된 임의규정위반 등은 상고이유가 되지 아니한다. 증거채부 및 사실인정은 사실심법관의 전권에 속하므로 논리법칙 또는 경험칙에 위배되지 아니하는 한 상고이유로 할 수 없다.

라) 판결에 법령위반이 있다 하더라도 그것이 판결에 영향을 미치지 아니하면 상고이유로 되지 아니한다. 즉 법령위반과 판결간에는 인과관계가 있어야 한다. 그 의미는 원심에 법령위반이 없었다면 원심판결의 결론이 달라질 가능성이 있었을 때에 상고이유가 된다는 뜻이다.[1] 소액사건의 경우에는 판례위반 그 자체가 상고이유로 된다(소액 제3조 [2]).

마) 상고심은 상고심판결시를 기준으로 객관적인 법령위배가 있는지를 판단하는 것이므로 항소심판결이 현재 효력이 있는 신법에 위배되고 있으면 법령위반으로서 상고이유가 된다. 다만 이 경우에도 신법이 소급효가 없을 때에는 구법에 의하여야 할 것이다.

3. 法律問題와 事實問題

상고심은 법률심이므로 사실문제(Question of Fact)는 상고이유로 될 수 없음은 물론이다. 그러나 법률문제(Question of Law)와 사실문제의 구별은 어려울 때가 많으므로 상고심이 법률문제의 범위를 확대해석하여 심판하면 원심의 사실인정에 간섭하는 결과가 되고 사실문제의 범위를 확대해석하여 심판하면 법령의 해석·적용을 부당하게 회피하는 결과가 된다. 전자의 예가 경험칙과 석명의무에 관한 것이라 할 수 있고, 후자의 예가 현저한 사실의 문제이다. 대법원은 사실심의 석명의무해태에 대하여 광범위하게 상고이유를 인정하는 태도이나, 판결문에 있어서의 표현은 몹시 애매하다.

판례가 일반적 상고이유로서 가장 빈번하게 언급한 것을 보면 실체법규에 관한 해석·적용상의 잘못, 소송법규위반, 일반적 경험법칙이나 수리법칙위반, 증거에 의하지 아니한 사실인정, 애매모호하거나 부족하거나 또는 모순되는 증거에 의한 사실인정, 유일한 증거방법의 각하 또는 불조사, 증거판단의 잘못, 채증에 관한 경험칙 위배 또는 쟁점이나 특단의 사정에 관한 심리미진, 석명권행사 또는 석명의무불이행 또는 당사자의 주장이나 항변 또는 증거에 관한 판단유탈 등을

1) 同旨 李時 850면; 沈重瑨, 민사상고제도에 관한 연구(건국대 박사학위논문, 1993), 49면 이하. 반대: 姜 755면.

들 수 있다.

Ⅱ. 絶對的 上告理由

판결이 소송법규에 위반되었더라도 그것이 판결의 결론에 영향을 주었는지는 명백하지 못한 경우가 많으므로 법 제424조는 매우 중대한 절차법위반의 몇 가지를 규정하여, 이 경우에는 언제나 판결의 결론에 영향을 미치는 것으로 한다. 이를 절대적 상고이유라고 하는데 이는 당사자의 권리보호, 재판에 관한 신뢰보호와 법질서유지를 위하여 꼭 필요하다고 여겨지기 때문이다. 뒤에 살피는 재심사유(제451조 I)는 당연히 상고이유로 된다.[1)]

1. 法律에 따라 判決法院을 구성하지 아니한 때(제424조 I [1])

판결법원이 법원조직법과 민사소송법에 의하여 구성되지 아니한 경우를 의미하므로 법관경질 후 적법한 갱신절차 없이 후임법관에 의하여 내려진 판결은 본호에 해당한다.[2)] 그러나 실제로는 대법원이 법원조직법 제7조 1항 3호의 절차를 거치지 아니하고 사실상으로 판례를 변경한 경우도 보이고,[3)] 반드시 변론갱신이 없더라도 당사자가 최종변론기일에 소송관계를 표명하고 변론하였다면 변론갱신의 효과가 있는 것으로 본다.[4)]

2. 法律에 따라 判決에 관여할 수 없는 判事가 판결에 관여한 때(제424조 I [2])

법률상 당연히 직무집행에서 제척되는 법관(제41조), 기피신청이 이유 있다는 재판이 확정된 법관(제43조), 상고심에서 파기된 원심판결에 관여한 법관(제436조 Ⅱ) 또는 변론에 관여하지 아니한 법관(제204조)이 여기에 속한다. 판결관여라 함은 판결의 평결 및 판결원본의 작성에 관여하는 것을 뜻하며, 판결의 선고에만 관여하는 것은 제외된다.[5)]

---

1) 同旨 金/姜 838면, 李時 850면, 鄭/庾 796면. 다만 재심사유는 당해 사건에 대한 것이어야 하고 당해 사건과 관련한 다른 사건의 재심사유는 당해 사건의 상고이유로 삼을 수는 없다. 대판 2001. 1. 16. 2000 다 41349.

2) 대판 1970. 2. 24. 69 다 2102.

3) 그렇지 아니한 경우라고 판단된 경우로는 대판 1973. 11. 27. 67 사 14.

4) 대판 1966. 10. 25. 66 다 1639.

5) 대판 1962. 5. 24. 61 민상 251, 252.

3. 專屬管轄違背(제424조 I [3])

전속관할은 신속 또는 적정의 공익적 요구에 기하여 인정된 것이므로 그 위반에 관하여 직권으로 조사하여야 한다. 임의관할위반은 상고이유로 되지 아니한다(제411조).

4. 法定代理權, 訴訟代理權 또는 대리인의 訴訟行爲에 特別授權의 흠이 있는 때(제424조 I [4])

소송무능력자인 당사자의 법정대리인이라고 하는 사람에게 법정대리권이 없거나 소송대리인이라고 칭하는 자에게 소송대리권이 흠결된 경우[1] 또는 법정대리인 또는 소송대리인이 특별수권행위(제56조 II, 제91조 II)를 함에 필요한 수권이 없거나 무능력자가 소송행위를 하고 또 상대방의 소송행위에 응한 경우(제55조) 등이다. 이러한 대리권의 하자는 대리되지 아니한 당사자는 물론 그 상대방도 상고이유로서 주장할 수 있다. 그러나 상고심의 판결이 내릴 때까지 추인이 있거나 권한이 있는 대리인이 본안에 대한 변론을 하면 유효하게 되어 상고이유로 되지 아니한다. 성명모용소송에 있어서 피모용자도 본호를 준용하여 상고할 수 있다.[2] 또한 소송절차의 중단 중 변론을 종결하여 판결한 경우와 변론기일에 그 책임을 돌릴 수 없는 사유로 당사자가 불출석하였음에도 불구하고 그대로 판결을 한 경우에도 당사자가 변론에 관여하여 공격방어방법을 제출할 기회를 빼앗긴 점에서는 마찬가지이므로 본호가 준용된다고 본다.[3]

5. 辯論을 公開하는 규정에 어긋난 때(제424조 I [5])

헌법 제109조와 법원조직법 제57조의 규정에 위배하여 변론 또는 판결의 선고를 공개법정에서 하지 아니한 경우를 가리킨다. 그러므로 수명법관에 의하여 수소법원 밖에서 증인신문, 현장검증, 기록검증 등을 비공개로 한 경우에는 본호에 위반되지 아니한다.[4] 국가의 안전보장 또는 안녕질서를 방해하거나 선량한 풍

---

1) 대판 1962. 1. 31. 61 민상 517, 518은 변호사법 제16조 2호(현 제24조)에 저촉되는 경우에 그 변호사가 소송을 대리함은 적법한 소송대리권이 없는 자가 소송을 대리하는 것과 마찬가지로 본다.

2) 대판 1964. 11. 17. 64 다 328.

3) 피항소인이 항소장부본부터 공시송달받아 귀책사유 없이 출석하지 못한 상태에서 항소심의 변론기일이 진행됨으로써 제 1 심에서 의제자백에 의한 승소판결을 받은 피항소인이 자신의 주장에 부합하는 증거를 제출할 기회를 상실하여 당사자로서 절차상 부여된 권리를 침해당한 경우에도 본호가 유추적용된다고 하는 것으로는 대판 1997. 5. 30. 95 다 21365.

4) 대판 1971. 6. 30. 71 다 1027.

속을 해할 염려가 있는 때에는 비공개로 할 수 있으나(헌 제109조; 法組 제57조I), 그러한 염려의 유무는 원심법원의 자유로운 판단에 의한다. 공개에 관한 사항은 변론조서의 필요적 기재사항이므로(제153조) 조서에 공개한 취지의 기재가 없으면 공개된 사실을 인정하기 어려울 것이다.

6. 判決에 理由를 밝히지 아니하거나 理由에 모순이 있는 때(제424조 I [6])

판결에는 이유를 기재하여야 하므로(제208조) 이유불기재, 일부누락, 이유모순 또는 이유불명시 등은 본호에 해당한다. 주문의 정당성을 인정할 수 있는 한도에서 당사자의 주장과 공격방어방법에 관하여 판단을 하여야 하므로 판단유탈을 하거나,[1] 설시한 이유가 주문과 불일치하거나 또는 불명확하여도[2] 이유불비가 될 것이다. 사실인정을 어떤 증거에 의하였는가를 표시하지 아니하면 이유불비이나, 개별적 증거취사에 관한 이유설시를 생략한 경우는 본호에 해당되지 아니한다. 증거조사의 결과와 변론의 전취지를 종합하여 사실을 인정한 경우에 변론의 전취지가 무엇인지 기록과 대조하여 자명하여지는 경우에는 이유불비로 되지 아니하나 처분문서를 배척하고 그 반대사실을 인정함에 있어서 합리적 이유설시가 없으면 이유불비로 될 것이다.[3]

주문을 유지할 수 없을 만큼 중요사항에 관한 이유가 앞뒤가 맞지 아니하면 이유모순이 된다. 이유불비와 이유모순은 판례에서도 혼용되고 있고 채증법칙의 위배가 아니면 심리미진, 나아가서 이유불비의 위법이라는 표현도 간혹 보이지만, 대체로 판결주문 자체와 그 주문에 이르게 된 이유의 설시에서 모순이나 불충분이 있는 것으로 보면 된다. 다만 당사자의 주장이나 항변에 대한 판단은 반드시 명시적으로만 하여야 하는 것이 아니고 묵시적·간접적인 방법으로도 할 수 있다.[4]

---

1) 청구를 전부 기각하면서 예비적 청구의 원인에 대하여 심리판단을 하지 아니한 경우는 판단유탈이나(대판 1970.9.29. 70 다 1664), 판단유탈이 판결결과에 영향이 없는 경우는 파기사유가 되지 아니한다(대판 1981.6.9. 80 다 1073). 또한 직권조사사항에 관한 당사자의 주장은 직권발동을 촉구하는 의미밖에 없으므로 법원이 이에 관하여 판단하지 않았다고 하여 판단유탈의 상고이유로 삼을 수 없다(대판 1994.8.12. 93 다 52808; 대판 1997.1.24. 96 다 32706).

2) 예컨대 대판 1978.6.27. 78 다 448.

3) 예컨대 대판 1970.12.24. 70 다 1630 참조.

4) 대판 1995.3.3. 92 다 55770.

Ⅲ. 上告審節次에 관한 特例法上의 審理不續行制度

1. 上告審節次 改善立法의 변천

대법원의 재판권에 관한 법원조직법 제14조와 상고이유에 관한 법 제423조, 재항고이유에 대한 법 제442조 등을 종합해 보면 우리나라는 상고제한에 대한 효과적 배려가 거의 없이 최고법원의 재판권에 관하여 대륙식 포괄주의를 취하고 있었다. 또한 그 동안의 재판실무를 보면 법률문제에 한하여 상고할 수 있다는 법률규정에도 불구하고 대부분 한풀이식 상고가 대법원에 쇄도하였다. 당사자는 "판결에 영향을 미친 헌법·법률·명령 또는 규칙의 위반"의 내용을 넓게 해석하여 실제로는 사실인정을 다투면서도 이를 법령위반으로 주장하는 경우가 대부분이었고, 대법원은 사실문제에 관한 상고이어서 기각할 수 있는 많은 경우에도 하급심 판결에 대한 불신 때문에 기록을 모두 검토한 후에 그에 대한 응답을 해온 것이 사실이다.

폭주하는 상고건수로 인하여 최고법원의 기능이 마비될 정도에 이르자 그 동안 이를 개선하려는 노력이 반복되었다. 특히 1980년 말에 통과된 소송촉진등에관한특례법은 상고이유를 헌법위반과 대법원판례위반으로 한정하고 중대한 법령위반이 있는 경우에는 대법원의 허가를 받아서 상고할 수 있도록 하는 획기적인 상고제한조치를 취한 바 있다(동법 제11조, 제12조). 그러나 1990년 민사소송법 개정시에 재야 법조계를 중심으로 허가상고제는 헌법상 국민의 재판받을 권리를 제한한다는 반론에 부딪혀 국회에서 이를 폐지하였다. 그러나 곧 대법원의 업무량이 너무 과중하게 되자 1993. 10.에 발족한 사법제도발전위원회에서 건의한 바를 토대로 1994년 상고심절차에관한특례법을 통과시키고, 남상고를 여과할 수 있는 제도로서 상고심리불속행제도를 도입하였다. 그러나 이 제도도 역시 당사자와 대리인들의 지지를 받지도 못하고 남상고에 대한 효과적인 억제책도 아니어서 최고법원이 불필요한 상고를 효과적으로 거르는 데에 도움을 주지 못하고 있다.

2. 上告審理不續行制度

1) 趣 旨 민사소송법 제423조에 규정된 일반적 상고이유에 해당하지 아니하면서도 마치 이에 해당하는 것처럼 주장하는 쓸데없는 상고가 무분별하게 제기됨으로써 대법원의 업무과중은 물론 소송제도가 갖는 공익적 요청에도 부응하지 못하는 결과를 초래하여 왔음은 이미 언급한 바 있다. 이에 대응하기 위하

여 1994년 상고심절차에관한특례법이 제정되었다. 이 법은 당사자가 주장하는 상고이유에 중대한 법령위반사항이 포함되어 있지 아니하다고 판단되는 때에는 그 주장내용의 구체적 당부에 관한 심리를 더 이상 계속하지 아니하고 판결로 상고를 기각할 수 있도록 하는 심리불속행제도를 도입하여 남상고를 걸러낼 수 있게 하였다.[1] 그러나 원심판결과 상고이유서의 대조만으로 중대한 법령위반사유를 가려내는 것이 아니라 원심판결의 소송기록을 송부받아 일일이 검토한 후 심리속행 여부를 가리게 되어 있으므로 대법원의 업무부담경감에 얼마나 실효성이 있을지 의문이다.

2) 適用範圍

가) 對物的 適用範圍 이 특례법의 적용범위는 민사소송·가사소송·행정소송·특허소송의 상고·재항고·특별항고사건(동법 제2조, 제7조) 및 가압류·가처분사건(동법 제4조 Ⅱ)으로 한정된다. 다른 법률에 의하여 민사소송법이 준용되는 경우를 포함하여 민사소송법 규정이 이 특례법의 규정에 저촉되는 경우에는 특례법의 규정이 우선하여 적용된다(동법 제3조).

나) 時間的 適用範圍 심리불속행사유로 인한 상고기각판결은 원심법원으로부터 상고기록을 송부받은 날로부터 4월 이내에만 가능하며, 4월이 지난 경우에는 더 이상 심리불속행을 이유로 한 상고기각판결을 할 수 없다(동법 제6조 Ⅱ). 대법원 내에서 상고사건의 신속한 처리를 도모하고 당사자의 기대를 어느 정도 보호하기 위한 규정이다. 그러나 이 기간을 도과한 경우에는 심리불속행사유로 인한 상고기각판결로서 무익한 상고를 간단히 처리할 수 없게 된다.

3) **審理續行事由** 상고이유에 중대한 법령위반사항이 포함되어 있지 아니한 때에는 심리를 속행하지 아니하고 상고기각판결을 하되, 예측가능성과 법적 안정성을 도모하기 위하여 대법원의 판단대상인 법령해석에 관한 중요사항에 해당하는 사유가 무엇인지를 구체적으로 열거하고 있다. 즉 상고이유에 관한 주장이 다음의 사유를 포함하지 아니한다고 인정되는 때에는 더 나아가 심리를 하지 아니하고 상고기각판결을 한다(동법 제4조 Ⅰ).

(i) 원심판결이 헌법에 위반하거나 헌법을 부당하게 해석한 때

(ii) 원심판결이 명령·규칙 또는 처분의 법률위반 여부에 대하여 부당하게 판

---

1) 상고심절차에관한특례법 제4조 제1항 및 제3항과 제5조 제1항 및 제2항의 합헌성에 관하여는 헌재(전) 1997. 10. 30. 97 헌바 37, 95 헌마 142·215, 96 헌마 95 참조.

단한 때

(iii) 원심판결이 법률·명령·규칙 또는 처분에 대하여 대법원판례와 상반되게 해석한 때

(iv) 법률·명령·규칙 또는 처분에 대한 해석에 관하여 대법원판례가 없거나 대법원판례를 변경할 필요가 있는 때

(v) 제 1 호 내지 제 4 호 외에 중대한 법령위반에 관한 사항이 있는 때

위의 4가지 사유는 중대한 법령위반의 예시이므로 그 외의 중대한 법령위반이란 법령해석의 통일이나 중요한 실체법·소송법상의 문제를 포함하고 있을 경우, 그리고 원판결을 그대로 유지하면 정의와 형평에 어긋나는 경우를 의미할 것이다.[1] 종래에 심리미진, 채증법칙위반, 경험법칙위반 등을 상고이유가 되는 법률위반으로 보는 대법원의 태도는 그것이 아주 중대하거나 현저한 위반이어서 그대로 원심판결이 확정되면 당사자에게 중대한 불이익을 초래할 경우에 한하여 상고이유로 받아들여야 될 것이다.

(vi) 민사소송법 제424조 제 1 항 제 1 호 내지 제 5 호의 사유가 있는 때

이유불비·이유모순을 제외한 제 424조 소정의 각 절대적 상고이유를 가리킨다. 상고이유에 관한 주장이 위에 열거한 각 호의 사유를 포함하고 있는 경우에도 그 주장 자체로 보아 이유가 없는 때, 또는 원심판결과 관계가 없거나 원심판결에 영향을 미치지 아니하는 때에는 심리불속행을 이유로 한 상고기각판결을 한다(동법 제 4 조 III). 그리고 가압류·가처분에 관한 판결에 대하여는 상고이유에 관한 주장이 위의 (i)호 내지 (iii)호의 사유만을 심리속행사유로 제한하고 그 이외의 경우에는 상고기각판결을 한다(동법 제 4 조 II). 왜냐하면 보전처분에 관한 판결은 본안판결시까지의 잠정적인 성격의 것으로서 그 신속한 확정이 필요하기 때문이다.

4) 節　次

(i) 상고심리불속행제도하에서는 모든 사건에 대하여 일단 자유로운 상고가 가능하고 일반상고절차에 변경이 없다. 이처럼 모든 상고를 접수한 결과 상고가 특례법 제 4 조 1항 각호 또는 3항 각호에 해당하지 아니한다고 인정하는 경우에는 대법관 3인 이상으로 구성된 소부(동법 제 6 조 I)에서 심리를 더 이상 하지 아니하고 본안판결로서 상고기각판결을 할 수 있다.

(ii) 심리속행사유는 원심법원으로부터 상고기록을 송부받은 날로부터 4월 내

1) 同旨 李時 858면.

에 대법원이 직권으로 조사해야 할 사항이다. 속행사유에 해당하지 아니하면 심리불속행기각판결을 해야 하며 이는 소송판결이다.

(iii) 심리불속행으로 인한 상고기각판결(동법 제4조)과 상고이유서를 제출하지 않음으로 말미암은 상고기각판결(제429조)의 경우에는 이유를 기재하지 아니한다(동법 제5조 I). 또한 이러한 기각판결은 선고를 요하지 아니하며 상고인에게 송달됨으로써 효력이 생긴다. 송달은 판결원본을 교부받은 법원사무관이 즉시 영수일자를 부기·날인한 후 당사자에게 송달하는 방법에 의한다(동법 제5조 II, III).

5) 許可上告制와의 비교 1990년에 폐지된 허가상고제도의 경우에는 권리상고가 아닌 한 별도의 허가를 받아야 상고할 수 있었고, 상고허가를 받은 후에도 인지를 덧붙이고 상고허가신청이유서와 별도의 상고이유서 제출 등 절차가 번잡하였으며, 상고허가신청은 이유를 붙이지 아니한 본안 전 결정으로서 언제나 이를 기각할 수 있었다. 또한 일단 상고허가신청을 받아들인 후에도 본안에 대하여 상고기각을 하는 경우와 이유를 붙이지 아니하는 상고허가신청기각결정에 대한 불만이 거세어져서 허가상고제는 1980년대에 10년간 채택되었다가 폐지한 지 4년 만에 상고심리불속행제도로 대치된 것이다.

IV. 少額事件의 上告 및 再抗告理由

1. 趣 旨

소액사건에 관한 상고 및 재항고이유는 소액사건심판법 제3조에 의하여 두 가지로 제한되어 있다. 즉 i) 소액사건에 대한 지방법원본원합의부의 제2심 판결이나 결정·명령에 관하여 법률·명령·규칙 또는 처분의 헌법위반 여부와 명령·규칙 또는 처분의 법률위반 여부에 대한 판단이 부당한 때(동법 제3조 [1]), 그리고 ii) 대법원 판례에 상반되는 판단을 한 때(동법 제3조 [2])이다.

이는 통상 민사사건의 경우 일반적 법령위반이 상고이유가 되도록 규정한 제423조 및 제424조에 대한 특칙으로서 소액소송물가액과 이에 대한 분쟁해결비용과의 균형상 실질적으로 상고의 길을 거의 봉쇄한 것이다. 이러한 상고이유제한은 위헌이 아니라는 것이 판례이다.[1]

1) 대판 1975. 6. 10. 74 다 1333; 헌재(전) 1992. 6. 26. 90 헌마 25; 헌재(전) 1995. 10. 26. 94 헌바 28.

2. 上告 및 再抗告理由(소액 제 3 조)

1) **少額事件에 대한 地方法院 本院合議部의 제 2 심 판결이나 결정·명령에 관하여 법률·명령·규칙 또는 처분의 憲法違反 여부와 명령·규칙 또는 처분의 法律違反 여부에 대한 판단이 부당한 때** 이는 요컨대 하위법규가 상위법규에 위반되었는지 여부에 대한 판단이 부당한 경우를 가리킨다. 법률의 위헌 여부가 재판의 전제가 되는 경우에는 헌법재판소에 심판을 제청하여 그 결과에 따라 재판하고, 명령·규칙·처분의 위법 여부는 대법원이 최종적으로 판단한다. 여기의 처분은 행정처분을 뜻하고 법원의 판결을 포함하지 아니한다.

2) **大法院判例에 相反되는 판단을 한 때** 여기에서 말하는 대법원판례라 함은 당해 사건에 적용될 법령해석에 관하여 대법원이 이미 내렸던 판단을 가리킨다.[1] 그러므로 법률의 위헌 여부에 대한 헌법재판소의 판단 및 하위법의 상위법위반 여부에 대한 대법원 판례뿐만 아니라 일반민사사건과 똑같이 대법원의 선례에 상반되는 판단을 하여 판결결과에 영향을 미친 경우를 포함한다.[2] 다만 판례에 상반하여도 방론(dictum)이나 가정적으로 부가설시한 견해는 상고이유가 못된다.[3]

이 상고이유는 법령해석의 통일을 위하여 현재 살아 있는 판례에 어긋나는 판단을 한 경우를 뜻하므로 문제되는 대법원판례를 상고이유에 구체적으로 명시하여야 하고(민소규 제85조)[4] 막연하게 채증법칙위반 등을 기재하면 아무런 기재도 없는 것으로 보아(소심규 제 2 조 후단) 상고가 기각될 수밖에 없다. 판례위반이 있더라도 대법원이 종전 판례를 변경하여 원심판결을 유지함이 상당하다고 인정할 때에는 상고를 기각한다. 다만 원심판결이 그 판결 이후에 성립된 대법원판례에 반하는 경우도 판례위반에 해당된다.[5]

1) 대판 1991. 10. 22. 91 다 23240, 23257; 대판 1994. 9. 13. 94 다 15097.
2) 대판(전) 1977. 9. 28. 77 다 1137; 대판 1989. 5. 9. 88 다 4775.
3) 대판 1990. 12. 11. 90 다 5283.
4) 원심법원이 상반된 해석을 한다함은 법령조항에 관한 대법원의 정의(定義)적 해석과 반대되는 해석을 하거나 반대되는 해석을 전제로 당해 사건에 그 법령조항의 적용여부를 판단한 경우를 말한다. 대판 2004. 5. 13. 2004 다 6979.
5) 대판 1985. 4. 9. 84 다카 768.

제3절 上告의 提起

상고와 상고심의 소송절차는 특별한 규정이 없으면 항소심에 관한 규정이 준용된다(제425조). 따라서 상고제기의 방식(제396조~제402조), 부대상고(제403조~제405조) 및 상고의 취하와 포기(제393조~제395조)에 관하여도 항소에 준하여 생각할 수 있다.

상고의 경우에는 민사소송법의 소정절차에 따라 원심법원에 상고장을 제출한 후 원심재판장의 상고장에 대한 심사를 거쳐 대법원에 기록과 함께 송부되고 당사자가 별도로 제출한 상고이유서와 함께 대법원의 판단을 받게 된다. 대법원은 상고요건 및 심리속행사유를 심사한 후 상고이유의 심리에 들어간다.

I. 上告狀의 제출

상고장은 필요적 기재사항을 적고(제397조 II, 제398조), 불복신청의 범위를 명확히 한 다음(제431조), 소장에 붙인 인지액의 2배(민인 제5조)를 붙여 판결이 송달된 날로부터 2주일의 상고기간 안에(제396조, 제425조) 원심법원에 제출하여야 한다. 이 밖에 필요한 비용을 예납하여야 한다. 당사자가 합의한 때에는 제1심 판결에 대하여 바로 상고할 수 있다.

II. 裁判長의 上告狀 審査權

상고장이 원심법원에 제출되면 그 재판장은 필요적 기재사항의 기재 유무와 법률의 규정에 의한 소정인지를 붙인 여부, 또는 상고장의 송달이 불능한 경우 등 그 형식상 불비가 있는 때에는 상고인에게 보정을 명하고 이에 불응하면 명령으로 상고장을 각하한다(제399조, 제425조). 기간경과 후의 상고에 대해서도 상고장 각하명령을 한다. 이 명령에 대하여는 즉시항고를 할 수 있다(제399조 III, 제425조). 원심재판장이 위의 흠결을 간과한 경우에는 상고장을 송부받은 상고심재판장이 명령으로 상고장을 각하한다(제402조, 제425조).

III. 訴訟記錄의 送付와 接受通知

상고장이 원심법원에 제출되면 흠결이 없는 한 그 법원사무관 등은 그 날로부터 2주일 내에 상고기록에 상고장을 붙여 상고법원에 보내야 한다(제400조, 제425조). 상고

법원의 사무관 등은 원심법원의 사무관 등으로부터 소송기록을 받은 때에는 지체 없이 당사자 쌍방에게 접수통지를 하여야 한다(제426조). 상고장이 적법하다고 보면 그 부본을 피상고인에게 송달하여야 한다(제400조, 제425조).

Ⅳ. 上告理由書의 提出

1. 上告理由書 提出强制

상고장에 상고이유를 기재하지 아니한 때에는 소송기록 수리통지를 받은 날로부터 20일 안에 상고이유서를 제출하도록 강제하고 있다(제427조). 상고사건의 신속한 처리를 위한 목적이 있고 또한 상고심은 사실조사를 아니하고 법률문제를 심리하므로 서면심리를 통하여 쉽게 조사할 수 있도록 상고이유서를 요구하는 것이다. 상고이유서는 피상고인의 수에 6통의 부본을 더하여 제출하게 하며, 이를 제출받은 법원은 지체 없이 상대방에게 송달함으로써 방어준비의 기회를 주어야 한다. 상고인이 기간 내에 상고이유서를 제출하지 아니한 때에는 상고법원은 변론 없이 상고기각판결을 하여야 한다(제429조). 이 경우 판결에는 이유를 기재하지 않아도 되고 선고 없이 상고인에게 송달됨으로써 효력이 발생한다(상고특 제 5 조). 다만 직권으로 조사할 사유가 있는 때에는 예외로 한다(제429조 단).

2. 提出期間經過 후의 上告理由補充書 제출

이 기간 경과 후에 상고이유보충서를 제출한 때에는 그 기재사항이 이미 제출된 상고이유서에서 주장한 사항을 석명·보충한 것이거나, 기간경과 후 새로운 상고이유가 발생하였거나 직권조사사항이라면 별론, 그 이외에 새로운 주장을 포함하고 있을 때에는 그 새로운 주장은 적법한 상고이유가 될 수 없고, 그에 대하여 심판할 필요가 없다.[1]

판례는 20일의 상고이유서 제출기간이 불변기간이 아니므로 기간도과 후 추후보완신청을 할 수 없다고 한다.[2] 그러나 이처럼 해석하면 재심 이외에는 당사자를 구제할 길이 막히게 되어 법 제173조와 견주어 볼 때 균형이 맞지 아니하므로 이를 불변기간적 성격을 가진 것으로 보자는 설[3]이 있으나 기간경과 후라도 상고기각판결이 있기 전에 상고이유서의 제출이 있으면 그 기간의 신장을 인정하

1) 대판 1993. 5. 14. 93 다 3943.
2) 대판 1998. 3. 27. 97 다 55126.
3) 方 665면, 金/姜 844면.

여 상고이유서를 적법한 것으로 처리하자는 입장이 타당하다.[1)]

3. 記載程度

어느 정도로 상고이유가 기재되어 있으면 그 적법요건을 충족한 것인지는 일률적으로 말하기 어려우나 상고이유서 제출강제의 목적에 비추어 결정할 문제이다.[2)] 어느 경우에나 상고이유는 상고장 또는 상고이유서 자체에 기재하여 주장할 것이고 다른 준비서면 등을 인용할 수 없다.[3)]

상고이유서에는 원판결의 법령위배부분과 구체적 위배사유, 법령의 조항이나 내용, 절차위반사실, 절대적 상고이유의 경우에는 해당조항과 이를 구성하는 사실, 판례위반의 경우에는 구체적 위반판례 등을 명시하고 상고인이 기명날인하여야 한다. 이같이 명시하여 이유기재를 하지 아니하면 상고이유를 제출하지 아니한 것으로 취급된다.[4)]

V. 附帶上告

부대항소에 관한 법 제403조가 그대로 준용되는 결과 피상고인은 상고에 부대하여 원판결을 자기에게 유리하게 변경하기 위하여 부대상고를 할 수 있다. 다만 상고심이 법률심인 점에 비추어 보면 제 1 심에서 자기의 청구가 기각되었는데도 이에 대한 항소나 부대항소를 하지 않았다가 항소심에서 상대방의 항소를 기각하는 판결이 선고된 경우에는 제 1 심에서 기각된 청구의 인용을 구하는 것이라 하더라도 부대상고를 제기할 수 없다.[5)]

상고심은 항소심과는 절차구조상 차이가 있는 만큼 항소심의 변론종결시에 대응하는 상고심에 있어서의 부대상고를 제기할 시기는 상고이유서 제출기간만료시라고 볼 것이고,[6)] 더구나 피상고인은 상고장의 송달과 소송기록 수리통지를 받게 되어 있음을 볼 때 그의 부대상고에 있어 소송기록 수리통지를 받은 날로부터 20일 내에 부대상고장과 그 이유서를 제출해야 한다.[7)] 그러나 상고인의 상고

1) 李英 327면, 李時 855면, 鄭/庾 799면, 姜 761면, 韓 770면. 대판 1980. 6. 12. 80 다 918.
2) 대판 1971. 3. 23. 71 므 5.
3) 대판 1993. 11. 12. 93 누 11159.
4) 대판 1997. 12. 12. 97 누 12235; 대판 1998. 3. 27. 97 다 55126.
5) 대판 1993. 12. 28. 93 다 50680.
6) 대판 1995. 11. 14. 94 다 34449: 대판 2000. 1. 21. 99 다 50538; 대판 2007. 4. 12. 2006 다 10439.
7) 대판 1997. 4. 11. 97 다 5053; 대판 1998. 7. 24. 97 누 20335.

이유와 동일한 이유로 원판결의 변경을 구하는 경우에는 그 후라도 무방하다는 견해도 있다.[1)]

제 4 절 上告法院의 審理

I. 上告事件의 審理

1. 上告理由書와 答辯書의 送達

상고인으로부터 상고이유서의 제출을 받은 상고법원은 지체 없이 그 부본이나 등본을 상대방에게 송달하여야 한다(제428조 I). 이는 상대방에게 방어의 기회를 주기 위한 배려이다. 그러므로 상대방은 그 송달을 받은 날로부터 10일 안에 답변서를 제출할 수 있다(제428조 II). 답변서가 제출되면 그 등본이나 부본도 상고인에게 송달하여야 한다(제428조 III).

2. 上告審의 審理方法과 範圍

1) 審理方法 상고법원은 원칙적으로 상고장·상고이유서·답변서, 그 밖의 소송기록 등 서면심리를 원칙으로 하고 변론을 열어 판결하는 경우는 오히려 드물다(제430조 I). 기본적으로 임의적 변론절차이다. 그러나 소송관계를 분명하게 하기 위하여 필요한 경우에는 특정한 사항에 관하여 변론을 열어 참고인의 진술을 들을 수 있다(제430조 II). 상고심의 심리에 있어서 법리상 치열한 공방이 이루어지거나 특히 이해관계가 첨예하게 대립하고 국가 전체에 큰 영향을 미치는 중요한 사건에 관하여 변론을 열어 참고인, 주로 전문학자의 진술을 청취할 수 있는 근거를 마련한 것이다. 이는 성질상 석명처분의 일종이다. 상고심에서 변론을 여는 경우 한쪽 당사자가 출석하지 아니할 때에는 법 제148조(진술간주)가 적용될 것이나,[2)] 당사자쌍방불출석에 의한 상소취하간주규정의 적용 여부에 관하여는 긍정설[3)]과 부정설[4)]의 대립이 있다. 상고심은 임의적 변론이므로 쌍방불출석에 의한 불이익을 주는 것은 조리에 맞지 아니하기 때문에 부정설이 타당하다.

---

1) 方 666면, 姜 761면.
2) 同旨 金/姜 848면. 반대 입장은 李時 863면, 鄭/庾 803면.
3) 方 669면.
4) 李英 329면, 金/姜 848면, 李時 863면, 鄭/庾 803면, 姜 761면.

2) **審理範圍** 상고심에서도 변론의 범위에 관한 법 제407조가 법 제425조에 의하여 준용되지만 상고심은 법률심이므로 법 제407조 2항은 준용이 없다. 또한 법 제407조 1항에 관하여도 상고심의 조사범위에 대하여 법 제431조가 있는 관계상 그 한도에서 제약이 따르게 된다. 요컨대 상고법원은 상고이유로서 주장한 사항에 대하여 그 불복신청의 한도 내에서 원판결의 당부를 조사하고(제431조)[1] 만일 그 결과 판결을 변경할 경우에는 그 한도 내에서 하여야 한다(제407조, 제425조). 그러므로 청구병합의 경우 하나의 청구에 대하여 불복신청을 하면 불복하지 아니한 다른 청구까지 모두 이심되지만 심판대상은 불복한 청구에 한정된다. 다만 직권조사사항은 그 공익적 성격에 비추어 이러한 제약을 받지 아니하고 조사할 수 있다(제434조). 중요한 직권조사사항으로서는 당사자적격, 소의 이익, 청구병합요건, 상소요건 등과 같이 소송요건의 존부, 절차에 관한 강행법규준수 여부, 사안에 적용할 실체법규의 해석·적용의 잘못 등을 들 수 있다. 또한 판례는 상고심 계속 중에 소의 이익을 상실하는 것도 조사할 수 있다고 한다.[2] 직권조사사항에 관한 사실확정은 상고심이 사실관계를 탐지하고 그 판단에 필요한 증거를 수집하여서 한다.[3]

3) **上告審 當事者의 訴訟行爲** 원심판결이 적법하게 확정한 사실은 상고법원을 기속하므로(제432조) 상고심에서는 새로운 공격방어방법을 제출할 수 없고 증거조사를 할 필요가 없다. 법원도 새로이 소송자료를 수집하여 사실인정을 할 수 없다. 상고심에서는 반소, 중간확인의 소, 당사자참가신청[4] 또는 소의 변경도 할 수 없다. 또한 원심에서 한 자백을 취소할 수도 없다.[5] 다만 가집행선고의 실효로 인한 원상회복신청(제215조)은 할 수 있다. 그리고 비약상고의 경우에는 상고법원은 원심판결의 사실확정이 법률에 어긋난다는 것을 이유로 하여 그 판결을 파기하지 못한다(제433조). 이 경우에는 당사자가 사실인정에 관한 2심제도를 버리고 제1심 법원의 판정에 따르기로 합의한 것이기 때문이다.

Ⅱ. 上告事件에 대한 判決

상고심은 기록송부를 받은 날로부터 5개월 안에 불복신청의 범위 내에서 종국판결을 하여야 하며(제199조) 부대상고가 없는 한 상고인에게 원판결 이상으로 불

1) 대판 1996. 2. 9. 95 재다 229.
2) 대판 1995. 10. 17. 94 누 14148; 대판 1996. 2. 23. 95 누 2685; 대판 2003. 1. 10. 2002 다 57904.
3) 대결 1975. 5. 23. 74 마 281 참조.
4) 同旨 대판 1977. 7. 12. 76 다 2251. 적극설로는 李英 110면.
5) 대판 1998. 1. 23. 97 다 38305.

이익한 재판을 할 수 없다. 상고심판결은 선고와 동시에 확정된다. 상고심도 소의 취하, 청구의 포기·인낙·화해 등의 사유로 종료될 수 있음은 물론이다.

1. 上告却下判決

상고가 상고요건을 갖추지 못하여 부적법한 경우에는 변론 없이 상고각하판결을 한다(제413조, 제425조). 상고권이 없거나 방식에 위배한 상고의 경우 등이 그 예이다.[1] 이는 상고심재판장이 하는 상고장각하명령과는 다르다.

2. 上告棄却判決

상고가 이유 없다고 인정될 때에는(제414조, 제425조) 상고기각의 판결을 하여야 한다. 원판결이 상고이유에서 주장한 대로 부당한 경우에도 다른 이유에 의하여 결과적으로 정당하다고 인정할 때에는 상고기각을 하여야 한다. 또한 상고인이 기간 내에 상고이유서를 제출하지 아니한 때에도 같다(제429조). 그런데 이 경우에는 법 제429조의 규정에도 불구하고 상고기각이 아니라 상고각하판결을 하여야 된다는 설이 있다.[2] 상고이유서에 병합된 여러 개의 청구 중 하나에 대해서만 위법·부당함을 주장하고 다른 청구에 대해서는 상고이유의 명시가 없으면 그 부분에 관한 한 상고이유서의 제출이 없는 것으로 보고 상고기각을 하여야 한다.[3]

상고이유서를 제출하지 아니하여 상고기각판결을 해야 하는 경우에는(제429조) 그 판결에 이유를 붙이지 아니할 수도 있고(상고특 제5조 I), 그 판결은 선고를 요하지 아니하며 상고인에게 송달됨으로써 효력이 생긴다(동법 제5조 II).

3. 上告認容判決(原判決의 파기)

상고가 이유 있다고 인정될 때에는 원심판결을 파기하여 환송 또는 이송의 판결을 함이 원칙이고(제436조) 특별한 요건을 갖춘 때에 한하여 파기자판한다(제437조). 법 제418조와 비교하면 항소심의 경우와는 원칙과 예외가 뒤바뀌어 있다.

1) 破棄還送 또는 移送(제436조)

가) 破棄還送 또는 移送 상고법원은 상고를 이유 있다고 인정한 때에

1) 제 1 심 판결에 대하여 상고를 하면서 비약상고의 합의에 관한 서면을 제출한 바 없다면 상고는 부적법한 것으로서 그 흠결을 보정할 수 없는 경우에 해당한다. 대판 1995. 4. 28. 95 다 7680.

2) 方 669면.

3) 대판 1980. 7. 8. 80 다 597.

는 원심판결을 파기하여 사건을 원심법원에 환송하거나 동등한 다른 법원에 이송하여야 한다(제436조 I). 파기하면 사실심리를 필요로 하기 때문이다. 원심법원에 환송함이 원칙이고(비약상고의 경우에는 제1심법원으로 환송), 원심판결에 관여한 판사는 환송되어 온 재판에 관여할 수 없기 때문에(제436조 III) 그 결과 판결법원을 구성할 수 없는 경우에는 사건을 동등한 다른 법원으로 이송하게 된다(예컨대 제주지법합의부 판결을 파기하여 광주지법합의부로 이송).

나) 破棄의 對象判決 상고심이 사건을 파기환송 또는 이송하는 경우에 파기의 대상이 되는 것은 원심판결이지 제1심 판결이 아니다. 다만 소를 각하하였거나 전속관할의 규정에 위반된 제1심 판결을 유지한 원심판결을 파기할 때에는 대법원이 스스로 제1심 판결을 취소하여 이를 제1심 법원으로 환송(제418조) 또는 이송(제419조)하여야 한다.

다) 一部破棄의 適否 1개의 판결의 일부에 대해서만 상고이유가 있을 때에는 그 부분만 파기환송하여야 하고 이것이 환송후 심판대상이 된다. 그 외에 상고기각부분, 파기자판부분 및 불복신청이 없는 부분은 선고로써 확정된다.[1] 그러나 합일확정의 필요가 있는 필수적 공동소송(제67조)이나 독립당사자 참가소송(제79조)의 경우에는 판결의 일부에만 위법이 있어서 그 부분을 파기할 때라도 나머지 부분도 함께 파기환송하여야 한다. 주위적 청구가 기각되고 예비적 청구가 인용된 원심판결이 상고된 경우 주위적 청구에 대한 기각판결이 위법이라면 이 부분은 물론 예비적 청구에 대한 판결부분도 함께 파기환송하여야 한다. 이 경우 만일 피고의 예비적 청구에 대한 상고가 이유 있어 파기환송하였다면 예비적 청구부분만이 원심법원에 계속된다.[2]

라) 還送 또는 移送判決의 羈束力

(i) 羈束力의 意義와 趣旨 환송받은 법원은 상고법원이 파기의 이유로 한 사실상과 법률상의 판단에 기속된다(제436조 II 後, 법조 제8조).[3] 즉 하급심은 그러한 상고법원의 판단을 재판의 기초로 삼아야 된다는 뜻이다. 기속력은 동일사건에 대하여 상고법원과 환송받은 법원간에 견해의 대립이 있는 경우 사건해결을 불가능하게 하므로 이를 방지하기 위하여 인정된 효력이다.

(ii) 羈束力의 性質 파기환송판결의 판단이 하급심을 기속하는 이유는

1) 대판 1960. 9. 22. 60 민상 103, 104.

2) 대판 1969. 12. 30. 69 다 295.

3) 대법원의 제2차 환송판결과 제3차 환송판결의 판단이 서로 저촉되는 경우 제3차 환송판결을 받은 항소심을 기속하는 대법원판결은 제3차 환송판결이다. 대판 1991. 8. 23. 90 누 7760.

심급제도의 본질에서 찾는 것이 일반적이다. 그러나 기속력의 성질에 관하여는 파기환송판결의 기판력의 작용으로 보는 종국판결설(기판력설), 옛 판례처럼 환송받은 하급심의 절차는 상급심절차의 계속이므로 환송판결을 중간판결로 보아 그 효력이 하급심을 기속한다는 중간판결설 및 현재의 판례처럼 파기환송판결의 기속력을 법이 심급제도의 본질상 특수하게 인정하는 효력이라고 하는 특수효력설[1]이 대립된다. 이 기속력은 기판력과는 달리 판결이유 중의 판단에도 생기고 당해사건의 소송절차 내에서만 작용하므로 심급제도의 효율적 운영을 위한 특수한 절차 내의 효력이라고 보는 것이 옳다.

(iii) 羈束力의 範圍　　기속력의 주관적 범위는 당해 사건에 관하여 환송을 받은 하급심은 물론 그 후 그 하급심판결이 다시 상고된 경우에는 상고법원도 앞서 스스로 파기이유로 한 것에 구속되며, 그 심판에서 이와 다른 견해를 취할 수 없다.[2] 이를 자기기속의 원칙이라고 한다. 다만 환송판결의 기속력은 재상고심의 전원합의체에는 미치지 아니한다.[3]

기속력의 객관적 범위는 당해 사건에 관하여 원심판결의 판단을 부당하다고 하여 파기이유로 한 점에 대해서만 생기며[4] 파기이유와 논리필연적인 관계가 있는 법률상의 판단에는 기속력이 생기나[5] 그러하지 아니한 판단, 즉 부수적으로 지적한 사항은 파기이유에 덧붙여 설시되어 있어도 기속력이 없다.[6]

(iv) 事實上의 判斷　　기속을 받는 사실상의 판단이란 상고심은 법률심이므로 오로지 상고심에서 직권조사사항에 관한 사실상의 판단,[7] 상고심이 절차상 위법이 있다고 판단함에 있어서 인정된 사실,[8] 그리고 재심사유에 관한 사실상의

1) 대판(전) 1995. 2. 14. 93 재다 27, 34에서 대법원은 환송판결을 중간판결이 아니라 종국판결이라는 입장으로 판례변경을 하였고, 이미 대판(전) 1981. 9. 8. 80 다 3271은 제 2 심의 환송판결을 종국판결로 보았다. 尹一泳, "환송판결의 구속력," 사법논집 제 1 집, 305면; 李在性, "소부에서 한 판례변경과 판결의 기속력," 평석집(Ⅳ), 112면. 李時 866면, 金/姜 854면, 鄭/庾 810면, 姜 764면. 종전의 대법원판례와 배치되는 소부의 판결도 기속력이 있다는 것으로는 대판 1995. 8. 22. 94 다 43078.

2) 대판(전) 1981. 2. 24. 80 다 2029; 대판 1987. 2. 24. 85 후 132.

3) 대판 2001. 3. 15. 98 두 15597.

4) 대판 1976. 12. 28. 76 다 2557. 따라서 환송판결이 파기이유로 삼은 사실상 및 법률상의 판단이 항변에 관한 석명권불행사로 인한 심리미진 내지 판단유탈인 경우, 환송판결의 기속력은 위 항변에 대한 조사·심리라는 절차상의 점에 대하여만 발생하는 것이지 그 항변이 실체법상 이유 있는지 여부에 대하여서까지 발생하는 것은 아니다. 대판 1998. 10. 9. 97 누 1198.

5) 대판 1991. 10. 25. 90 누 7890; 대판 2012. 3. 29. 2011 다 106136 등. 李時 867면, 鄭/庾 811면, 姜 765면.

6) 대판 1997. 4. 25. 97 다 904; 대판 1997. 7. 22. 96 다 37862.

7) 대판 1987. 8. 25. 86 다카 2930; 대판 1996. 9. 20. 96 다 6936.

8) 대판 1964. 6. 30. 63 다 1193.

판단을 가리키고 본안의 쟁점사실에 대한 판단을 뜻하지 아니하는 것으로 풀이한다.[1] 따라서 환송받은 법원은 본안에 관하여는 새로운 자료에 기하여 새로운 사실을 인정할 수 있다.[2]

(v) 法律上의 判斷 기속을 받는 법률상의 판단이란 구체적 사건에 적용할 법규, 관습법 또는 경험칙의 유무 및 해석·적용에 대한 판단이나 구체적 사실에 대한 법률적 평가판단 및 당사자의 의사표시의 내용에 대한 해석을 의미한다.[3] 환송판결의 하급심에 대한 법률상 판단의 기속력은 그 파기의 이유로서 원심판결의 판단이 적당치 못하다는 소극적인 면에서만 발생한다.[4]

(vi) 羈束力의 消滅 그러나 상고심의 파기이유가 된 판단의 기속력이 소멸되는 경우가 있다. 첫째, 환송 후 항소심에서의 심리에서 새로운 주장이나 입증이 제출되어 기속력 있는 판단의 기초가 된 사실관계에 변동이 생긴 경우,[5] 둘째, 환송 후 법령변경이 있는 경우, 셋째, 환송 후에 상고심의 판례변경이 있은 경우에는[6] 그 기속력은 소멸된다.

마) 還送(移送)받은 法院에서의 심판 환송 또는 이송된 사건은 그 판결선고와 함께 환송 또는 이송받은 법원에 당연히 계속한다. 그런데 원판결에 관여했던 법관은 그 재판에 관여할 수 없으므로(제436조 III) 법관이 바뀐 셈이 되어 당사자는 먼저 변론결과를 진술(변론의 갱신절차)하여야 한다(제204조 II). 환송을 받은 법원은 파기이유로 한 사실상과 법률상의 판단에 기속받는 이외에는 어느 것에도 구속됨이 없이 자유로운 심증에 의하여 새로이 증거취사와 사실인정을 할 수 있다. 법원의 심리도 꼭 파기이유로 된 사항만에 한정하여 할 것이 아니라[7] 사건 전반에 걸쳐서 할 수 있으므로 환송판결에 나타나지 아니한 사항에 대하여는 환송 전의 원심판결과 다른 판단을 할 수도 있고,[8] 파기이유로 되지 아니한 사항에 대한 판단으로서 판결하기에 충분하면 파기이유로 된 사항에 대한 판단을 생략할 수도 있다.[9]

그리고 환송 또는 이송받은 법원은 환송 또는 이송된 부분에 한하여 사건을

1) 대판 1991. 4. 23. 90 다 13697; 대판 2000. 4. 25. 2000 다 6858.
2) 대판 1982. 12. 14. 80 다 1072; 대판 1983. 11. 8. 82 누 73.
3) 대판 1963. 8. 31. 63 다 681.
4) 대판 1996. 1. 26. 95 다 12828.
5) 대판 1994. 9. 9. 94 다 20501; 대판 1997. 2. 28. 95 다 49233.
6) 同旨 李時 867면.
7) 대판 1970. 5. 26. 69 다 239.
8) 대판 1987. 10. 13. 87 누 418.
9) 대판 1970. 5. 26. 69 다 239.

심리하기 위하여 새로 변론을 열어야 하므로 환송 또는 이송받은 항소심 절차는 실질적으로 종전변론의 재개속행에 불과하다. 따라서 당사자는 그 변론종결시까지 반소제기, 항소범위변경, 소변경, 부대항소 등을 할 수 있을 뿐만 아니라 새로운 공격방어방법도 실기한 것이 아닌 한 이를 제출할 수 있다.[1] 따라서 판결결과는 환송 전 판결주문과 같아지거나[2] 도리어 상고인에게 불리한 결과가 생길 수도 있다.[3] 아무튼 환송취지에 따른 판결이면 그 결론이 환송 전 원심의 그것과 동일하다고 하여도 기속력에 관한 규정을 어긴 것이 아니다.[4]

환송 전 항소심의 대리인의 대리권은 환송에 의하여 부활한다는 것이 판례이나[5] 당사자와 대리인 간의 신뢰관계가 이미 소멸되었음에 비추어 부정함이 옳다. 환송 전 원심판결 중 재산상 손해부분에 관한 원고패소부분에 대한 파기이유가 여러 개의 손해항목 중 하나에 관한 판단을 유탈했다는 것인 경우 환송 후 원심의 심판범위는 그 손해항목부분이 아니라 재산상 손해 중 원고패소부분 전부이다.[6]

2) **破棄自判** 상고법원은 예외적으로 [1] 확정한 사실에 대한 법령적용이 어긋난다 하여 판결을 파기하는 경우에 사건이 그 사실을 바탕으로 재판하기 충분한 때, 또는 [2] 사건이 법원의 권한에 속하지 아니하거나 그 밖의 소송요건의 흠결을 이유로 하여 원판결을 파기하는 때에는 스스로 종국판결을 하여야 한다(제437조). 즉 원심이 확정한 사실은 적법하지만 법령의 해석과 적용을 그르쳤기 때문에 원판결을 파기하여야 할 경우, 다시 사실심리를 할 필요가 없을 정도라면 무익한 절차를 반복하지 않기 위하여 자판하여야 하는 것이다. 또한 사건이 법원의 권한에 속하지 아니함이 당사자의 주장에서 보아 뚜렷하면 원판결을 파기하여 스스로 소를 각하하여야 한다.

대법원이 파기자판하는 경우는 흔하지 아니하지만 원심판결을 파기하여 자

1) 대판 1984. 3. 27. 83 다카 1135, 1136.
2) 대판 1990. 5. 8. 88 다카 5560; 대판 1996. 1. 26. 95 다 12828.
3) 대판 1982. 9. 28. 81 다카 934.
4) 대판 1983. 11. 8. 82 므 16.
5) 대판 1984. 6. 14. 84 다카 744.
6) 대판 1992. 10. 13. 91 다 27624, 27631. 다만 손해배상 사건의 소극적 손해에 관한 원고패소 부분만 파기환송된 경우 환송 후 원심의 심판 범위는 소극적 손해에 관한 원고 패소 부분과 환송 후 원심에서 확장된 부분에 한정되고, 환송 전 원심판결 중 원고들 승소 부분은 확정되므로 원심으로서는 이에 대하여 심리를 할 수 없다. 대판 1998. 4. 14. 96 다 2187.

판하는 모습으로는 원판결 파기 후 항소를 각하 또는 기각하는 경우, 원판결 파기 후 제 1 심 판결도 취소하고 소를 각하하거나 청구를 인용 또는 기각하는 경우, 그리고 이미 언급한 바와 같이 제 1 심 법원 또는 전속관할법원으로의 환송 또는 이송하는 경우 등이 있을 수 있다.

3) 假執行의 宣告 상고법원은 원심판결 중 불복신청이 없는 부분에 관해서는 당사자의 신청에 따라 결정으로 가집행의 선고를 할 수 있다(제435조). 즉 제 2 심 판결이 재산상의 이행판결에서 가집행선고를 붙이지 아니하였고 피고가 상고심에서 다투지 않는 부분에 대하여 당사자의 신청이 있는 경우에 가집행선고를 할 수 있는 것이다. 하급심에서 승소한 자가 상소의 차단효에 의하여 집행이 지연됨을 방지하자는 뜻이다. 다만 제 1 심 또는 제 2 심에서 불복신청이 없는 부분에 대하여 담보를 조건으로 하는 가집행선고가 이미 붙여진 때에 상고심은 이를 무조건의 가집행선고로 변경할 수 없다. 가집행선고부 제 1 심 판결의 일부취소를 의미하는 항소심판결이 상고심에서 파기된 경우 일부실효된 가집행선고의 효력은 부활한다.[1] 제 1 심에서 가집행선고가 붙은 패소의 이행판결을 선고받고 항소한 당사자는 항소심에서 민사소송법 제215조 제 2 항의 재판을 구하는 신청을 하지 아니하고 제 1 심의 본안판결을 바꾸는 판결을 선고받아 상대방이 상고한 경우에는 상고심에서 위와 같은 신청을 하지 못한다.[2]

1) 대판 1992. 8. 18. 91 다 35953.
2) 대판 2003. 6. 10. 2003 다 14010.

제 4 장 抗告節次

제 1 절 抗告의 意義와 種類

I. 抗告의 槪念과 趣旨

1) 항고는 판결 이외의 재판인 결정과 명령에 대한 독립한 불복신청방법으로서의 상소이다. 이는 상급법원에 원재판의 당부를 구하는 점에서 상소와 비슷하나 간이·신속한 결정절차에 의하고 법이 특히 인정한 결정·명령에 한하여 인정된다. 항고는 특정한 결정·명령에 대하여 동일심급의 법원에 불복하는 경우인 이의(제138조, 제441조, 제470조, 민집 제283조, 제301조)와 다르다.

2) 항고제도는 소송절차가 진행됨에 따라 생겨나는 절차상의 파생적 다툼을 종국판결의 상소시까지 기다려서 상소와 함께 심리하면 복잡해지므로 별도로 간이한 절차를 베풀어 신속하게 처리함을 목적으로 한다. 또한 종국판결에 이르지 아니하는 한 그에 대한 상소의 기회가 없는 결정·명령(제254조, 민집 제15조) 또는 종국판결이 내린 뒤에 생긴 사항에 관한 결정·명령(제110조, 제113조, 제211조) 및 제 3 자에 대하여 부수적으로 내려진 결정·명령(제311조, 제326조, 제317조 Ⅱ, 제347조 Ⅱ) 등에 대하여도 독립한 불복의 길을 열어서 소송의 간편·신속 및 경제에도 합치하고 항소나 상고를 제기할 수 없는 제 3 자, 예컨대 증인 등에게 재판의 시정을 구할 수 있도록 한다. 항고는 민사소송절차에서는 부수적 결정에 대한 불복신청이지만 강제집행절차, 도산절차, 보전절차, 비송절차 등에서는 독립한 결정에 대한 불복신청이다.

3) 입법례를 보면 독일에서는 통상사건에 관하여 최고법원에 대한 항고는 원칙적으로 금지되고, 일본의 경우에도 최고법원은 특별항고사건에 대하여서만 재판권을 가지지만, 우리나라의 경우에는 민사소송법상 특별항고(제449조)는 물론 재항고(제442조) 사건 전부를 다루게 되어 있어 대법원의 항고사건에 대한 심판권이 무척 광범위하게 되어 있다. 현행법상으로는 남항고를 방지하기 위하여 경락허가결정에 대한 항고를 제기함에 있어서 경락대금의 10분의 1에 해당하는 현금 또는 법원이 인정한 유가증권을 보증으로 공탁하게 하는 경우가 있을 뿐이다(민집 제130조 Ⅳ, 제275조).[1]

1) 금융기관의 연체대출금에 관한 특별조치법 제 5 조의 2에서도 같은 취지로 10분의 5에 해

그런데 상고심절차에관한특례법에서는 민사·가사·행정(특허포함)소송의 재항고 및 특별항고가 남용됨을 방지하기 위하여 심리불속행제도(동법 제4조)를 도입하였다(동법 제7조).

Ⅱ. 抗告의 種類

1. 通常抗告·卽時抗告

이것은 성질에 의한 구별이다. 통상항고는 불복신청기간이 정하여진 바 없고, 원재판의 취소를 구할 이익이 있는 한 언제나 제기할 수 있는 항고인 데 대하여, 즉시항고는 속결의 필요상 재판고지일로부터 1주일이라는(제444조) 불변기간[1]을 두고 그 제기에 의하여 당연히 집행정지의 효력(제447조)이 생기는 항고로서 법에 명문의 규정이 있는 경우에만 허용되는 예외적 모습이다. 만약 조문에 즉시항고를 할 수 있다는 규정이 있으면(제39조, 제47조, 제73조, 제107조, 제110조, 제121조, 제125조, 제133조, 제211조, 제214조, 제254조, 제302조, 제311조, 제317조, 제326조, 제348조, 제351조, 제360조, 제363조, 제366조, 제370조, 제372조, 제406조, 제471조, 제471조, 民執 제15조, 제128조, 제299조 등) 즉시항고이고, 그 이외에는 통상항고이다. 양자는 항고제기에 의한 집행정지의 효력(제447조), 소송행위의 추후보완(제173조) 및 부가기간(제172조) 등에 관한 규정의 적용을 달리한다. 특별법상 2주일의 즉시항고기간을 규정한 경우도 있다(가소 제43조 Ⅴ, 파 제103조 Ⅱ, 화의 제7조 Ⅱ, 회정 제11조).

강제집행절차에 관한 재판에 대하여는 특별한 규정이 있는 경우에 한하여 즉시항고를 할 수 있고(민집 제15조) 이 같은 즉시항고에는 집행정지의 효력이 없다(민집 제15조 Ⅵ). 따라서 집행법원의 집행행위에 대한 불복은 명문의 규정이 있는 경우에만 즉시항고를 제기할 수 있고, 집행법원의 재판중 이의에 대한 재판과 같이 관념적 판단작용을 중심으로 하는 재판이 즉시항고의 대상이 된다.[2] 그 외에 구체적 집행행위로서의 재판에 대하여는 이의를 할 수 있다.

2. 最初의 抗告·再抗告

항고는 심급에 따라 제1심에서 내려진 결정·명령에 대한 항고를 최초의 항고라고 하고, 이에 대한 항고심의 결정에 대한 불복과 고등법원 또는 항소법원의 결정·명령에 대한 불복을 재항고라고 한다(제442조).

당하는 금전의 담보공탁을 요구하고 있었으나 위헌판결이 내려졌다. 헌재(전) 1989. 5. 24. 89 헌가 37, 96 결정.

1) 1주일의 즉시항고기간이 평등권과 적정한 재판을 받을 권리를 침해하는 것은 아니다. 헌재(전) 1998. 8. 27. 97 헌바 17.

2) 대결 1966. 10. 27. 66 마 940.

최초의 항고에는 항소의 규정이 준용되며 재항고에는 민사소송법상 상고의 규정과 상고심절차에관한특례법의 규정이 준용된다(제443조).

3. 特別抗告 · 一般抗告

불복을 신청할 수 없는 결정이나 명령에 대하여 재판에 영향을 미친[1] 헌법 또는 법률의 위반이 있음을 이유로 하는 때에 한하여 대법원에 불복할 수 있는 항고가 특별항고이고(제449조), 그렇지 아니한 항고를 일반항고라고 부른다. 특별항고는 재판확정 후의 불복이므로 재심과 비슷한 비상불복수단이고 상소는 아니며, 불복을 할 수 없을 뿐만 아니라 이의신청 그 밖의 여하한 방법으로서도 통상의 불복신청방법이 없는 결정 · 명령에 대해서만 특별항고가 가능하다. 특별항고에는 상고심절차에관한특례법이 준용되어 특별항고이유가 중요한 법령위반에 해당하지 아니하는 경우에는 심리를 불속행할 수 있다(상고특 제7조).

제 2 절 抗告의 對象

성질상 상소할 수 있고 법률이 항고를 인정한 결정 · 명령에 한하여 항고할 수 있다. 항고의 대상이 되는 재판의 적격성, 즉 어떤 재판에 관하여 항고할 수 있는지에 관하여는 포괄적으로 규정하는 경우(제439조, 제440조, 민집 제15조)와 개별적으로 규정하는 경우(제39조, 제73조, 제121조, 제254조 Ⅲ)가 있다.

I. 抗告를 許容하는 경우

1. 訴訟節次에 관한 신청을 기각한 決定 · 命令(제439조)

소송절차에 관한 신청이란 사건심리의 본안내용에 직접 관계 없는 사항으로서 소송절차에 관한 법원의 재판, 그 밖의 행위를 요구하는 신청을 가리킨다. 이는 관할이나(제28조) 기일지정신청(제165조), 소송인수(제82조) 또는 수계신청(제243조), 담보취소신청(제125조), 공시송달신청(제194조), 증거보전신청(제377조), 가압류 · 가처분신청(민집 제279조, 제301조) 등을 기각한 결정이나 명령이다. 다만 소송에 관한 신청을 기각하는 재판이라도

1) 특별항고의 경우 단순히 법률 위반의 사유만으로 원심결정을 파기할 수는 없다. 대결 2010. 1. 14. 2009 그 196.

변론의 재개·분리·병합의 신청(제141조, 제142조)과 같이 당사자에게 신청권이 없고 직권발동을 촉구하는 의미밖에 없는 신청에 대해서는 당사자는 항고할 수 없다. 또한 소송절차에 관한 신청을 기각한 재판만이 항고의 대상이고, 인용한 명령·결정에 대하여는 항고할 수 없다.[1] 다만 법률이 이 같은 재판에 의하여 불이익을 받는 상대방이나 이해관계인을 보호하는 취지에서 항고를 인정하는 경우(제39조, 제73조 Ⅱ, 제110조 Ⅲ, 제133조)에는 그러하지 아니하다. 소송절차의 개시나 진행과 관계 없는 판결경정신청기각결정에 대하여는 항고할 수 없으나[2] 부적법각하한 결정에 대하여는 항고할 수 있다.[3]

필요적 변론을 거친 재판(예컨대 증거신청의 각하결정, 실기한 공격방어방법의 각하결정 등)은 종국판결과 함께 불복할 수 있으므로 항고의 대상이 되지 아니한다.[4]

2. 方式違背의 決定·命令(제440조)

결정이나 명령으로 재판할 수 없는 사항에 대하여 그러한 방식으로 재판한 때에는 항고로서 취소를 구할 수 있다(제440조). 이와 반대로 결정으로 재판할 사항에 대하여 판결로서 재판한 경우에는 항소로써 불복을 할 수 있을 것이다.

3. 특히 抗告가 허용된 決定·命令

이 경우에는 거의 즉시항고이며, 또한 강제집행절차에 관한 결정·명령에도 특별한 규정이 있는 경우(민집 제16조 Ⅳ, 제62조 Ⅷ, 제72조 Ⅰ, 제230조 Ⅳ)에는 즉시항고를 할 수 있다(민집 제15조).

Ⅱ. 抗告할 수 없는 決定·命令

1. 법률이 특히 불복신청을 금지하고 있는 경우(제28조 Ⅱ, 제47조 Ⅰ, 제337조 Ⅲ, 제465조 Ⅱ, 제468조, 제501조, 민집 제214조 Ⅱ, 헌재법 제41조 Ⅳ)

2. 항고 이외의 불복신청방법이 인정되는 경우(제469조, 제470조, 민집 제283조, 제301조)

3. 대법원의 재판[5]

4. 수명법관이나 수탁판사의 재판 또는 재판장이 합의체의 일원으로서 내린 명령 등에는 수소법원에 이의신청(이를 준항고라고 함)을 할 수 있을 뿐이고(제441조),

---

1) 대결 1981.10.29. 81 마 357.
2) 대결 1966.7.26. 66 마 579.
3) 대결 1974.1.31. 73 마 995.
4) 同旨 李時 871면.
5) 대결 1984.2.7. 84 그 6.

수소법원이 내린 이의에 대한 재판만이 항고의 대상이 된다(제441조 Ⅱ).

재판장의 명령에 대하여 항고할 수 있는 것은 소장 또는 상소장의 각하명령(제254조 Ⅲ, 제402조, 제425조)과 같이 재판장이 독립의 재판기관으로서 한 경우에만 할 수 있고, 재판장이 합의체의 일원으로서 한 경우에는 소속법원에 대하여 이의를 할 수 있을 뿐이다(제135조, 제136조).

제 3 절 抗告提起의 方式과 效力

I. 抗告提起의 方式

항고권자는 원재판에 의하여 불이익을 받은 자로서 소송당사자, 보조참가인, 그 밖의 제 3 자이고, 이들이 항고기간 안에 방식을 준수하여 원심법원에 불복신청을 하여야 한다. 즉 항고는 항소장에 준하여 작성된 항고장에 소정의 인지를 붙이고(민인 제11조) 보증제공이 요구되는 항고의 경우(민집 제130조 Ⅴ)에는 이를 증명하는 서류를 첨부하여 원심법원에 제출하여야 한다(제445조). 항고를 구술로 할 수 있는 경우도 있다(파 제104조, 화 제11조 Ⅰ).

Ⅱ. 抗告提起의 效力

1. 裁判의 更正

항고가 제기되면 원심재판에 대한 기속력이 배제되어 원심법원은 스스로 항고의 당부를 심사할 수 있고 만일 항고가 이유 있다고 인정하는 경우에는 스스로 그 재판을 경정하여야 한다(제446조). 이를 재도의 고안이라고 하는데 거의 이용되지 아니한다. 이 곳에서 말하는 경정은 단순한 오기·위산의 경정, 재판의 탈루뿐만 아니라 재판의 취소·변경도 포함한다. 이는 상소심절차를 생략한 채 간이·신속하게 사건을 처리하고자 하는 것이다. 다만 특별항고의 경우 그 성질상 원심법원은 경정결정을 할 수 없고 기록을 그대로 대법원에 송부하여야 한다.[1] 법령위반은 물론 사실인정의 잘못도 시정할 수 있고 이에 필요하면 변론을 열거나 당사자를 심문하고 새로운 사실과 증거를 조사할 수도 있다. 경정결정을 하면 그 한도에서 항고절차는 종료된다. 경정결정에는 별도의 항고가 허용된다. 원심법원의 경정결정이 취소되면 이것이 없는 상태로 환원되고 당초의 항고가 존속한다고 함이 판례

1) 대결 2001. 2. 28. 2001 그 4.

이다.[1] 다만 어느 경우에도 주문에 영향이 없는 이유만의 경정은 허용될 수 없다.

2. 執行停止

즉시항고가 제기되면 일단 발생한 집행력이 정지된다(제447조). 통상항고에 있어서는 당연히 집행정지의 효력이 있는 것은 아니고 항고법원 또는 원심법원이 항고에 관한 결정이 있을 때까지 원심재판의 집행을 정지하거나 필요한 처분을 명할 수 있으므로(제448조) 이 같은 집행정지의 재판은 신청 또는 직권으로 할 수 있다.

Ⅲ. 抗告審의 審判

1. 片面的 不服節次

항고절차는 편면적 불복절차로서 판결절차와 같이 엄격한 당사자대립구조를 가지지 아니하므로[2] 반대의 이해관계인이 없는 경우도 있고, 결정으로 완결할 사건이므로 심리도 변론을 열어서 할 필요가 없다. 또한 항고장을 상대방에게 송달하여야 하는 것도 아니다.[3] 항고법원은 항고에 관하여 변론이 없는 경우에는 재량으로[4] 항고인, 그 밖의 이해관계인을 심문할 수 있다.

2. 抗訴審節次의 準用

항고법원의 소송절차에는 그 성질에 위배되지 아니하면 항소심에 관한 규정이 준용된다(제443조 I). 따라서 항고법원의 심판범위는 불복신청의 한도에서 할 것이고(제407조, 제443조), 항고심의 재판이 있기까지 항고인은 언제든지 속심인 항소심에서와 마찬가지로 새로운 사실과 증거 등 소송자료를 제출할 수 있고 불복신청범위를 확장 또는 변경할 수 있다. 항고권자는 항고를 취하 또는 포기할 수 있으며, 항고절차에서도 보조참가나[5] 부대항고가 허용된다.

3. 抗告法院의 裁判

항고법원은 항고가 항고요건을 불비한 경우에는 이를 부적법 각하하고, 항고

1) 대결 1968. 7. 30. 68 마 756.
2) 대결 1966. 8. 12. 65 마 743 참조.
3) 대결 1997. 11. 27. 97 스 4.
4) 대결 1971. 2. 6. 70 마 920; 대결 2001. 3. 22. 2000 마 6319.
5) 보조참가를 인정한 예로는 대결 1962. 6. 21. 61 민재항 472. 그러나 반대 취지의 판례로는 대결 1973. 11. 15. 73 마 849.

의 이유가 없거나 원재판이 결과에 있어서 정당하다고 인정되는 경우에는 항고를 기각하여야 한다(제414조, 제443조). 항고가 이유 있다고 인정되는 때에는 원재판을 취소할 것이며, 사정에 따라서는 사건을 원심법원에 환송할 수 있다. 원판결에 관여한 법관도 환송 후의 재판에 관여할 수 있다.[1)]

제 4 절 再 抗 告

I. 意 義

재항고는 항고법원의 결정과 고등법원 또는 항소법원의 결정·명령에 관하여 재판에 영향을 미친 헌법·법률·명령 또는 규칙에 위반됨이 있음을 이유로 하는 때에 한하여 대법원에 제기하는 항고이다(제442조). 따라서 고등법원이 항고사건에 관하여 항고법원의 입장에서 내린 명령·결정뿐만 아니라, 고등법원이 최초로 한 결정·명령도 여기에 포함된다.

II. 對 象

항고법원이 항고를 부적법각하하였거나 이유 없다고 하여 기각결정을 한 경우와 항소법원의 결정·명령(법조 제14조 2호)은 대법원에 재항고할 수 있다.

항고를 이유 있다고 하여 인용하고 원판결을 취소한 때에는 상대방이나 불이익을 받은 이해관계인은 그 내용이 항고에 적합한 경우에 한하여 재항고를 할 수 있고,[2)] 법이 그 재판에 대하여 항고를 허용하고 있지 아니한 때에는 재항고를 할 수 없다. 예컨대 기피신청각하 또는 기각결정에 대하여 항고법원이 원결정을 취소하고 기피가 정당한 이유가 있다고 하는 결정(제47조)을 한 때에는 불복신청을 할 수 없으므로 재항고는 허용되지 아니한다.

재항고가 즉시항고인가 통상항고인가도 항고심의 재판내용에 따라 판단할 것이다. 최초의 항고가 즉시항고인 경우, 이를 각하 또는 기각한 결정에 대한 재항고도 즉시항고이다. 항고심이 원재판을 취소·변경한 때에는 새로운 재판의 내용에 따라 어느 항고로서 불복할 것인가가 정하여진다.

---

1) 대결 1975. 3. 12. 74 마 413.

2) 항고법원이 항고를 기각한 결정에 대하여는 그 재판을 받은 항고인만이 재항고를 할 수 있고, 타인은 그 결정에 이해관계가 있다고 할지라도 재항고할 수 없다. 대결 1992. 4. 21. 92 마 103.

Ⅲ. 節 次

재항고와 이에 관한 소송절차에는 민사소송법의 상고의 규정이 준용된다(제443조 Ⅱ). 재항고장을 원심법원에 제출하여야 한다. 재항고이유서는 재항고기록의 접수통지를 받은 날로부터 20일 내에 제출하여야 하나 재항고이유서의 제출은 즉시항고의 경우에만 강제된다.[1] 다만 재항고에는 상고심절차에관한특례법이 준용되므로(동법 제7조) 재항고이유가 중요한 법령위반에 해당하지 아니하는 경우에는 심리불속행으로 이유를 붙이지 아니한 결정으로 기각한다(동법 제4조).

제5절 特別抗告

Ⅰ. 意 義

특별항고라 함은 불복할 수 없는 결정이나 명령에 대하여 재판에 영향을 미친 헌법위반을 이유로 대법원에 하는 항고이다(제449조). 이는 재판확정 후 통상불복수단이 없는 경우에 이용되는 비상불복수단이므로 통상적인 의미의 상소가 아니다.[2] 명령·규칙·처분의 최종적인 위헌심사권이 대법원에 있으므로 통상불복방법으로는 다툴 수 없는 재판이라 하여도 예외적으로 위헌 여부가 문제될 때에는 대법원의 판단을 받게 하는 제도이다.

명문의 규정으로 불복신청이 허용되지 아니하는 결정·명령은 물론이고 해석상 불복신청이 인정되지 않는 경우도[3] 포함된다.[4] 위헌제청신청기각결정은 특별항고의 대상이 아니다.[5]

결정이나 명령과 같은 절차상의 파생적 사항에 대한 판단의 잘못에 대하여 특별항고라는 비상한 구제수단을 두어야 할 것인가는 의문이다.

Ⅱ. 特別抗告理由

불복할 수 없는 결정이나 명령에 재판에 영향을 미친 헌법위반이 있거나, 재

1) 同旨 方 678면, 李英 339면.
2) 대결 1989. 11. 6. 89 그 19.
3) 대결 1980. 10. 15. 81 스 13.
4) 대법원의 결정·명령에 대해서는 특별항고를 제기할 수 없다. 대판 1992. 10. 20. 92 재루 21.
5) 대결 1993. 8. 25. 93 그 34.

판의 전제가 된 명령·규칙·처분의 헌법 또는 법률의 위반 여부에 대한 판단이 부당하여야 한다(제449조 I). 이는 종전에 불복할 수 없는 결정·명령도 거의 모두 불복을 허용한 남용을 시정하기 위하여 특별항고이유를 축소한 것이다. 그리고 그러한 위반이 있는지 여부는 그 결정이나 명령 당시의 헌법이나 법률의 규정을 기준으로 판단하여야 한다.[1] 결정이나 명령에 대하여 재판에 영향을 끼친 헌법 위반이 있다고 함은 결정이나 명령의 절차에 있어서 헌법 제27조 등에서 규정하는 적법한 절차에 따라 공정한 재판을 받을 권리가 침해된 경우를 포함한다고 볼 수 있다.[2]

Ⅲ. 節 次

재판의 고지가 있은 날로부터 1주일의 불변기간 내에 원법원에 신청한다(제449조 II, III). 특별항고에는 그 성질에 반하지 않는 한 민사소송법의 상고에 관한 규정(제450조)과 상고심절차에관한특례법의 규정(동법 제4조, 제7조)을 준용한다. 특별항고의 제기는 원재판의 집행을 정지시키는 효력이 없으나 원심법원 또는 대법원은 집행정지에 관한 가처분을 명할 수 있다(제450조, 제448조). 특별항고이유가 중대한 법령위반 등의 사유에 해당하지 아니하는 경우에는 대법원은 심리불속행으로 이유를 붙이지 아니한 결정으로 재항고를 기각한다(상고특 제4조, 제7조).

특별항고에 의하여야 할 재판을 일반항고의 대상으로 착각하여 항고를 제기하는 경우에는 이를 특별항고로 보아 접수법원은 대법원으로 기록을 송부하여야 한다.[3] 제1심 판결에 기한 강제집행을 항소심판결선고시까지 정지한다는 결정의 취소를 구하는 특별항고 제기 후 항소가 취하된 경우, 그 특별항고는 아무런 실익이 없다.[4]

---

1) 대결 1989. 11. 6. 89 그 19.
2) 대판 2004. 6. 25. 2003 그 136.
3) 대결 1982. 5. 11. 82 마 41.
4) 대결 1995. 10. 17. 95 그 44.

제 7 편

再審節次

제 7 편　再審節次

제 1 절　再審의 意義 및 性質

I. 意　　義

재심은 확정된 종국판결에 대하여 기판력에 따른 효력을 유지할 수 없는 중대한 흠이 있는 경우에 판결법원에 대하여 그 판결을 취소하고 소송을 판결 전의 상태로 회복시켜 다시 재판할 것을 구하는 비상한 불복신청방법이다. 이는 확정판결이 담고 있는 하자가 너무도 중대한 경우에 기판력에 따르는 법적 안정성보다 당사자의 권리구제라는 구체적 정의를 도모하려는 제도이다. 이러한 경우에도 모두 재심을 청구할 수 있는 것이 아니라 제한적으로 열거된 재심사유에 해당하는 경우 재심기간 내에 소의 형식에 의하여 확정판결의 취소를 구하는 것이다.

II. 性　　質

재심은 확정된 종국판결의 효과(기판력)를 제거함을 청구의 내용으로 하므로 미확정판결에 대한 불복방법인 상소와 다르고, 확정판결의 취소를 구하므로 소송법상 형성의 소이며, 원소송사건에 부수하는 불복의 소이다. 재심의 소는 판결확정 후 동일심급에 의한 심사를 구하는 것으로서 확정차단 및 이심의 효력이 없다는 점에서 상소라기보다 일종의 이의라고 하겠다. 그러나 재심은 판결 전의 사유를 들어 확정판결의 소급적 취소를 구하는 점에서 확정판결을 취소하는 것이 아니라 사후의 사유에 의한 집행력의 소멸을 구하는 청구이의의 소(민집 제44조)와도 다르다. 재심은 판결 전의 절차와 자료의 하자를 그 이유로 삼는 것이므로 판결후의 상소제기의 장애를 이유로 하는 상소의 추후보완(제173조)과도 다르다.

III. 再審의 訴의 訴訟物

재심의 소는 단순히 본안소송의 속행심리를 요구하는 것이 아니라 확정판결의 취소청구와 구 소송의 심판청구의 두 단계로 구성된 형성의 소이므로 그 소송물도 이 두 가지로 구성되는 것으로 보아야 한다. 이것이 소송상의 형성소송설로서 통설과 판례이다. 그런데 확정판결의 취소청구부분을 둘러싸고 재심사유별로 소송물이 별개라는 구소송물론과 재심소송의 소송물은 하나의 확정판결의 취소를 구하는 법적 지위의 주장이고 재심사유는 공격방법에 불과하다는 신소송물론으로 나누어진다.[1] 이에 대하여 본안소송설은 재심의 소의 소송물을 구소송의 소송물 한가지로 구성된다고 본다.[2]

제2절 再審의 訴의 要件

I. 再審의 對象適格

1. 재심의 소는 확정된 종국판결(제451조 I 본), 파산채권에 관한 채권표의 기재(파 제259조)에 대하여 제기할 수 있다. 그 외에 확정된 종국판결과 동일한 효력이 인정되는 청구의 인낙·포기·화해조서(제220조),[3] 민사조정조서(민조 제29조), 가사조정조서(가소 제59조 II), 제소전 화해조서(제386조), 조정서(소보 제45조 IV) 또는 즉시항고로 불복을 신청할 수 있는 결정이나 명령이 확정된 경우에 재심사유(제451조 I)가 있는 때에는 재심의 소를 제기할 수 있다(제461조). 이를 준재심이라 한다.

2. 확정된 종국판결인 이상 전부판결·일부판결 또는 본안판결·소송판결을 불문하나 중간적 재판[4]에 대하여는 독립하여 재심의 소를 제기할 수 없다. 미확정판결은 재심의 대상이 되지 아니하므로 후에 확정되어도 적법한 재심의 소로 되지 아니한다.[5] 다만 판례는 재심의 대상이 되는 '확정된 종국판결'이란 당해 사건에 대한 소송절차를 최종적으로 종결시켜 그것에 하자가 있다고 하더라도 다시 통상의 절차로는 더 이상 다툴 수 없는 기판력이나 형성력, 집행력을 갖는 판결을 뜻하므로 대법원의 환송판결은 중간판결의 특성을 갖는 것이어서 '실질적으로 확정된 종국판결'이 아니라고 한다.[6] 적법한 송달이 없는 판결은 확정된 것이 아니므로 재심의 대상이 되지 아니하며 사망자를 상대로 한 판결은 당연무효로서[7] 이에 대해서는 재심의 소를 제기할 필요가 없다.

---

1) 金/姜 873면, 李時 883면.
2) 鄭/庾 830면.
3) 대판 1968. 10. 22. 68 므 32.
4) 대판 1971. 6. 8. 71 사 43.
5) 대결 1983. 6. 8. 83 모 28.
6) 대판(전) 1995. 2. 14. 93 재다 27, 34.
7) 대판 1982. 12. 28. 81 사 8.

3. 동일사건에 관하여 여러 개의 확정판결이 있을 때, 즉 제 1 심의 종국판결에 대하여 항소를 각하하는 항소심판결이 있고, 이 항소심판결에 대하여 상고기각의 상고심판결이 있다면 동일사건에 관하여 심급을 달리하는 3개의 확정종국판결이 존재한다. 이 확정판결에 대하여 각각 재심사유가 있다면 원칙적으로 따로 재심의 대상이 된다. 다만 항소심에서 항소기각의 본안판결을 한 경우에는 제 1 심 판결은 재심의 대상이 되지 아니하며 항소심판결만이 그 대상이 된다(제451조 Ⅲ). 그러나 재심청구를 병합하여 제기한 경우에는 상급법원이 재심사건 전부에 관하여 관할권이 있다(제453조 Ⅱ 본). 이는 재심재판의 모순 저촉을 피하고, 당사자의 편의를 도모하자는 취지이다. 다만 항소심판결과 상고심판결에 각각 독립된 재심사유가 있는 때에는 예외로 한다(제453조 Ⅱ 단). 즉 동일한 사건에 대하여 심급을 달리하는 법원이 항소심법원과 상고심법원인 때에는 항소심법원에 대한 재심의 소까지 상고심법원이 심리하는 것은 아니다. 상고심법원에서 항소심의 재심사건을 심리하여 재심사유가 있다고 판단하고 재심의 목적인 본안청구의 당부에 관하여 심리할 필요가 있다고 인정되면 원판결을 파기하고 다시 항소심법원에 환송하여 심리하도록 해야 되므로 이는 소송경제에 반한다. 따라서 동일사건의 항소심판결과 상고심판결에 각각 독립한 재심사유가 있는 때에는 그 심리구조가 다른 위 각 법원에 재심의 소를 제기할 수 있는 것이다.

Ⅱ. 再審의 當事者適格

1. 原告適格

1) 확정판결의 기판력에 의하여 불이익을 받은 자가 제기할 수 있으므로 재심원고로 되는 자는 전소송의 당사자로서 전부 또는 일부 패소한 자이다.

2) 변론종결 후의 일반승계인은 물론 채권양수인과 같은 특정승계인도[1] 당사자적격이 있다. 그러나 당사자 또는 그 승계인을 위하여 청구의 목적물을 소지하는 자(제218조 Ⅰ)는 확정판결의 효력을 받게 되나, 이 효력의 배제를 구할 이익이 없으므로 당사자적격이 없다.

3) 제 3 자의 소송담당의 경우에는 그 확정판결의 효력을 받는 다른 사람(제218조 Ⅲ), 즉 권리귀속주체도 소송물에 관하여 소송을 할 수 있는 권능이 있는 이상 재심의 소를 제기할 수 있다.[2] 예컨대 선정당사자가 받은 판결에 대하여 선정자는 재심

1) 대판 1997. 5. 28. 96 다 41649.

2) 대판 1987. 12. 8. 87 재다 24.

원고의 적격이 있다.

4) 판결의 효력이 제 3 자에게 미치는 경우에는 판결의 취소에 대하여 고유의 이익을 가지는 제 3 자는 재심의 소를 제기할 수 있다. 이 경우에는 독립당사자참가의 형식에 의하며(제79조), 본소의 당사자를 공동피고로 할 것이다.

5) 필수적 공동소송(제67조)의 확정판결에 대하여 필수적 공동소송인측에서 재심의 소를 제기하는 경우 1인이 재심의 소를 제기하면 다른 공동소송인 전원이 당연히 재심원고가 된다. 전소송의 보조참가인은 물론 보조참가를 할 이익이 있는 자는 참가신청과 함께 재심의 소를 제기할 수 있다.

6) 주주의 대표소송의 경우(상 제436조)와 행정소송의 경우(행소 제31조)에는 재심사유와 재심제소권자가 일반재심의 소와 다름을 주의하여야 한다. 가사소송에 있어서 상대방이 될 자가 사망한 경우에는 검사가 당사자적격을 갖는다.[1)]

2. 被告適格

재심피고로 될 자는 원칙적으로 확정판결의 승소한 당사자이다. 그가 사망한 때에는 일반승계인을 피고로 한다.

Ⅲ. 再審의 利益

전부승소한 당사자는 재심의 소를 제기할 이익이 없다.[2)] 이는 상소의 이익에 준하는 것이므로 자세한 것은 상소의 이익에 관한 설명이 그대로 타당하다.

제 3 절 再審事由

I. 再審事由와 訴訟物

구 소송물론에 입각한 판례에 의하면 법 제451조 1항에서 한정적으로[3)] 열거한 11개의 재심사유는 각기 독립된 청구원인이 되므로 재심소송의 소송물은 재심사유에 따라 별개이다.[4)] 그러므로 하나의 소로서 2개 이상의 재심사유를 주장한 경우에는 확정판결의 취소라는 재심취지는 하나이고, 예비적 병합이나 선택적 병

1) 대판 1992. 5. 26. 90 므 1135.
2) 대판 1993. 4. 27. 92 다 24608.
3) 대판 1990. 3. 13. 89 누 6464.
4) 대판 1970. 1. 27. 69 다 1888.

합의 형태로 청구가 병합되어 있는 것이라고 할 수 있다.[1] 어느 한 가지 사유를 들어 재심의 소를 제기하였다가 패소판결이 확정되었다 하더라도 다른 재심사유가 있는 경우에는 그 사유로써 다시 재심의 소를 제기할 수 있다.[2] 재심의 소를 제기한 후 재심사유를 변경함은 소의 변경과 같으므로 재심기간의 준수도 각 재심사유를 주장한 때를 표준으로 한다.[3] 주장된 사유가 법에 열거된 재심사유에 해당하지 아니한 때에는 재심의 소는 부적법각하된다.[4]

그러나 신소송물론의 입장에서 보면 각개의 재심사유의 주장은 재심청구를 이유 있게 하는 공격방법일 뿐이고 그 주장마다 별개의 재심청구가 있다고 볼 수 없다. 따라서 여러 개의 재심사유를 하나의 소로써 주장하더라도 청구병합이 되는 것은 아니며 제소 후의 재심사유의 변경은 소의 변경에 해당하지 아니한다.[5]

Ⅱ. 再審事由와 絶對的 上告理由(補充性)

재심사유를 절대적 상고이유와 견주어 보면 법 제451조 1호 내지 3호의 사유는 법 제424조 1호, 2호, 4호와 동일한 중대한 절차위반사유이다. 그러나 제424조 3호와 5호는 재심의 대상으로는 되어 있지 아니하며, 제424조 6호(이유불비)는 법 제451조 9호에서 판단의 누락으로 그 범위를 한정하고 있다. 재심사유는 모두 절대적 상고이유가 될 것이므로 결국 당사자가 상소를 제기할 수 있는 시기에 재심사유의 존재를 안 경우에는 상소에 의하여 이를 주장하도록 하고, 상소로서 주장할 수 없었던 경우에 한하여 재심의 소에 의한 비상구제를 인정한다는 뜻이 된다. 따라서 당사자, 법정대리인 또는 상소권한 있는 소송대리인[6]이 재심사유를 상소에서 주장하여 기각된 경우,[7] 당사자가 재심사유가 있음을 뚜렷이 알고 있음에도 불구하고 이를 이유로 하여 상소하지 아니하거나[8] 또는 상소를 하면서도 그 사유를 주장하지 아니한 경우에는 판결확정 후 이를 이유로 하여 다시 재심의 소를 제기할 수 없다(제451조 I 단).[9] 법 제451조 1항 단서는 이처럼 재심의 소의 보충성을 선언한 규정

1) 대판 1962. 5. 24. 59 행재 2.
2) 대판 1970. 1. 27. 69 다 1888.
3) 대판 1992. 10. 9. 92 므 266.
4) 대판 1996. 10. 25. 96 다 31307.
5) 金/姜 873면, 李時 888면.
6) 대판 1968. 6. 18. 67 다 1067.
7) 대판 1971. 3. 30. 70 다 2688.
8) 대판 1991. 11. 12. 91 다 29057.
9) 대판 1993. 11. 9. 93 다 39553.

이다.[1] 여기서 당사자가 상소에 의하여 그 사유를 주장하였다고 함은 가벌행위에 관하여 규정한 제451조 1항 4호 내지 7호의 경우에는 그 가벌행위와 함께 동조 2항의 사실도 내세워야 한다는 뜻이다.[2] 소액사건의 경우에는 재심사유가 상고이유가 될 수 없으므로(소액 제3조) 재심의 소의 보충성은 완전히 배제되었다고 하겠다.[3]

Ⅲ. 再審事由에 대한 個別的 考察

재심사유 1호 내지 3호 및 11호는 중대한 절차위반이므로 판결내용에 영향을 미친 여부와 관계 없으나 그 나머지 사유는 판결주문에 영향을 미칠 가능성이 있어야 한다.

법 제451조 1항에서 열거하는 재심사유 11가지를 각각 설명하기로 한다.

1. 法律에 따라 判決法院을 構成하지 아니한 때(제451조 I [1])

판결법원구성의 위법은 제424조 1항 1호의 절대적 상고이유와 같다. 이 같은 중대한 절차위반이 판결내용에 영향을 미친 여부는 불문한다.

판결법원은 법원조직법 및 민사소송법의 규정에 따라 구성되어야 한다. 대법원이 종전의 판례를 변경하고자 할 때에 대법관 전원의 3분의 2 이상의 합의체에서 심판하지 아니하고 3인의 대법관만으로 구성된 합의체에서 재판하면 본호에 해당된다.[4] 또 기본변론에 관여하지 아니한 법관이 판결에 관여한 때에도 본호에 해당된다.[5] 법관의 경질 후 적법한 변론경신절차를 거치지 아니한 채 경질 후의 법관이 한 판결도 본호에 해당할 것이나 당사자가 최종변론기일에 소송관계를 표명하고 변론하였다면 변론경신의 효과가 생긴다 함은 이미 언급하였다.

2. 法律上 그 裁判에 관여할 수 없는 法官이 재판에 관여한 때(제451조 I [2])

본호도 제424조 1항 2호의 절대적 상고이유와 같다. 그러므로 제척사유가 있

1) 대판 1986. 11. 11. 86 므 96.
2) 대판 1977. 6. 28. 77 다 540은 그러한 사유를 주장하였다고 볼 수 없는 경우이다.
3) 同旨 李時 889면, 胡 982면.
4) 대판(전) 1982. 6. 28. 81 사 9; 대판(전) 1995. 4. 25. 94 재다 260. 심리불속행한 대법원판결은 원심판결이 대법원판례와 상반되게 해석하여 판결에 영향을 미친 바가 없고 또한 대법원판례를 변경할 필요가 있지 않다고 판단한 취지가 포함된 것이므로 대법원의 종전의 의견을 변경한 경우에 해당하지 않는다. 대판 1997. 6. 13. 97 재다 94. 하급심법원이 유사사건의 대법원판례와 다른 견해를 취하여 재판한 경우는 이에 해당하지 않는다. 대판 1996. 10. 25. 96 다 31307.
5) 대판 1972. 10. 31. 72 다 1570.

는 법관(제41조), 기피신청이 이유 있다는 재판이 확정된 법관(제43조),[1] 또는 상고심에서 파기된 원심판결에 관여한 법관(제436조 Ⅲ)이 재판에 관여한 경우는 본호에 해당된다. 그러나 재심사건에서 그 재심대상으로 삼고 있는 원재판은 법 제41조 5호의 전심재판이라 할 수 없고, 따라서 재심대상으로 되어 있는 원재판에 관여한 법관이 그 재심사건의 재판에 관여하였다 하더라도 제척사유에 해당되거나 본호의 재심사유에 해당된다고 할 수 없다.[2]

3. 法定代理權, 訴訟代理權 또는 대리인이 訴訟行爲를 하는 데에 필요한 授權에 흠이 있는 때(제451조 I [3])

(i) 본호의 대리권 흠결도 제424조 1항 4호의 절대적 상고이유와 같으나 이 경우에는 중대한 판결기초의 잘못으로서 판결주문에 영향을 미칠 가능성이 있어야 한다. 본호를 적용함에는 무권대리인이 단지 소송에 관여한 것만으로는 영향이 없고 본인을 위하여 실질적인 소송행위를 하고 확정판결의 기본변론을 하였거나 소송대리권의 흠결로 인하여 본인이나 그의 소송대리인이 실질적 소송행위를 할 수 없었던 경우이어야 한다.[3] 그러므로 소송서류가 무권대리인에게만 송달된 채 판결이 확정되었더라도 그로 말미암아 그의 소송대리인이 그에 대응하여 공격방어방법을 제출하는 등의 실질적인 소송행위를 할 기회가 박탈당하지 아니하였다면 그 사유를 재심사유로 주장할 수 없다.[4] 또한 변호사가 소송대리인인 경우에 변호사법상 직무집행금지규정(변 제24조)에 위반하여 한 소송행위는 적법한 소송대리권이 없으면서 소송을 대리한 것과 마찬가지이나[5] 상대방의 이의가 없는 이상 소송행위는 소송법상 완전한 효력이 발생한다.[6] 이러한 대리권의 흠결은 적법한 추인(제60조, 제97조)이 있으면 재심사유로 되지 아니한다(제451조 I [3] 後).

---

1) 기피원인이 있는 법관은 해당되지 않는다. 대판 1993. 6. 22. 93 재누 97.

2) 대판 2000. 8. 18. 2000 재다 87.

3) 대판 1994. 1. 11. 92 다 47632.

4) 대판 1992. 12. 22. 92 다 259. 마찬가지의 이유로 대판 2007. 7. 12. 2005 다 10470에서는 다수자 사이에 공동소송인이 될 관계에 있기는 하지만 주요한 공격방어방법을 공통으로 하는 것이 아니어서 공동의 이해관계가 없는 자가 선정당사자로 선정되었음에도 법원이 그러한 선정당사자 자격의 흠을 간과하여 그를 당사자로 한 판결이 확정된 경우, 선정자가 스스로 당해 소송의 공동소송인 중 1인인 선정당사자에게 소송수행권을 수여하는 선정행위를 하였다면 비록 그 선정당사자들의 사이에 공동의 이해관계가 없었다고 하더라도 그러한 사정은 제 3 호의 재심사유에 해당되지 않는다고 한다.

5) 대판 1971. 5. 24. 71 다 556.

6) 대판 1969. 12. 30. 69 다 1899.

이 사유는 대리권의 흠결이 있는 쪽의 당사자를 보호하기 위한 제도이므로 그 상대방이 재심사유로 삼기 위해서는 그러한 사유를 주장함으로써 이익을 받을 수 있는 경우로 제한된다.[1]

소송대리권의 흠결에 관한 입증책임은 재심원고에게 있다.[2]

(ii) 본호에 해당하는 예를 들면 본인의 의사와 무관하게 대리인이 선임된 경우,[3] 소송대리인의 위임장(제90조)을 위조한 경우[4] 또는 법정대리인의 자격증명서(제58조)가 제출되지 아니한 경우, 법정대리인 또는 소송대리인이 특별수권이 없는 경우(제56조 II, 제91조 II)[5] 또는 특별대리인(제62조)의 선임 없이 소송을 수행한 경우[6] 참칭대표자를 대표자로 표시하여 소를 제기하여 그 앞으로 소장부본 등이 송달되어 의제자백 판결이 선고된 경우[7] 등을 들 수 있다. 그 밖에도 대표이사가 주주총회의 특별결의사항에 관하여 그 결의 없이 제소전화해를 한 경우[8]에는 특별수권의 흠결로서 본호에 해당된다. 법원이 선임한 부재자재산관리인이 법원의 허가 없이(민 제25조 참조) 재판상 화해를 한 경우에도 같다.[9] 또한 우체국 집배원의 배달 착오로 상고인이 소송기록접수통지서를 송달받지 못하여 상고이유서 제출기간 내에 상고이유서를 제출하지 못함으로써 상고가 기각된 경우[10]도 대리권 흠결에 준하여 재심사유에 해당한다.

(iii) 부재자재산관리인이 없는 부재자를 상대로 하여 판결을 받은 경우에는 적법한 송달이 없어서 판결이 확정된 바 없으므로 본호에 해당되지 아니하여 재심의 소를 제기할 수 없으나[11] 판결선고 후 선임된 재산관리인은 이러한 판결에 대하여 상소를 제기할 수 있다.[12]

(iv) 가장된 피고의 주소에 서류를 송달한 후 소송행위를 하여 판결을 받은 경우에 판례는 서류송달을 받을 권한이 있는 자에 대한 송달이 아니어서 미확정판

---

1) 대판 1983. 2. 8. 80 사 50; 대판 2000. 12. 22. 2000 재다 513.
2) 대판 1996. 12. 23. 95 다 22436.
3) 대판 1974. 5. 28. 73 다 1026.
4) 대판 1977. 1. 11. 76 다 333.
5) 대판 1993. 10. 12. 93 다 32354.
6) 대판 1965. 9. 7. 65 사 19.
7) 대판 1999. 2. 26. 98 다 47290.
8) 대판 1980. 12. 9. 80 다 584.
9) 대판 1968. 4. 30. 67 다 2117.
10) 대판 1998. 12. 11. 97 재다 445; 대판 2001. 12. 14. 2001 재두 132.
11) 대판 1968. 11. 19. 68 다 1735; 대판 1968. 9. 17. 68 다 1358.
12) 대판 1967. 7. 6. 65 다 853.

결임을 전제로 판결송달 전의 상소에 의하여 구제받을 수 있으므로 재심을 청구할 것이 아니라고도 하고(항소설)[1] 경우에 따라서는 대리행위를 함에 필요한 수권의 흠결이 있는 자가 소송서류의 송달을 받고 소송행위를 한 경우로 보아 본호에 해당한다고 한다(재심설).[2] 재심설의 입장에 따른 판례는 후술하는 바와 같이[3] 폐기되었다.

(v) 姓名冒用訴訟에 있어서의 피모용자는 적법하게 대리된 바 없으므로 본호에 의하여 재심의 소를 제기할 수 있다는 것이 판례이다.[4] 소송에 관여할 기회가 없었던 피모용자에게 판결의 효력이 미친다고 함은 불합리하지만 피모용자로서는 현실적으로 존재하는 확정판결을 무시할 수 없는 만큼 재심청구라는 가장 강력한 수단을 주어야 하기 때문이다. 그러나 성명모용소송의 경우에 대리권흠결을 이유로 재심을 청구할 수 있다는 판례는 성명모용에 의하여 내려진 판결은 피모용자에게 송달될 리 없고 따라서 판결은 아직 확정되지 아니하였으며 이러한 미확정판결에 대한 재심청구란 있을 수 없다는 또 다른 고려 때문에 그 이용범위가 줄어들고 만다. 결국 본호의 재심사유는 대리인의 특별수권 흠결시에 가장 잘 이용될 수 있을 것이다.

4. 裁判에 관여한 法官이 그 사건에 관하여 職務에 관한 죄를 범한 때(제451조 I [4]).

5. 刑事上 處罰을 받을 남의 행위로 말미암아 自白을 하였거나 판결에 영향을 미칠 攻擊 또는 방어방법의 제출에 妨害를 받은 때(제451조 I [5])

형사상 처벌을 받을 행위는 형법 및 다른 형사특별법상의 형사범죄행위를 뜻하며, 남이란 상대방 또는 제3자를 말한다. 남의 범죄행위로 인한 자백이나 공격방어방법의 제출방해와 불리한 판결간에 인과관계가 있어야 한다. 이 경우 직접적 원인이 된 경우에 한하고 간접적 원인이 된 경우에는 재심사유가 되지 못한다.[5]

소재가 분명한 상대방을 소재불명이라고 법원을 속여서 공시송달을 허가받아 상대방의 불출석을 기화로 승소판결을 얻은 경우 또는 상대방의 주소를 거짓

1) 대판 1968. 9. 17. 68 다 1358.
2) 대판 1970. 12. 22. 70 다 2326(이 판례가 취했던 재심설은 대판(전) 1978. 5. 9. 75 다 634에 의하여 폐기되었음).
3) 후술 법 제422조 1항 11호의 재심사유에 관한 설명 참조.
4) 대판 1964. 3. 31. 63 다 656. 이에 대하여 소송에 관여할 기회를 박탈당한 경우는 대리권의 흠결과 달리 무효로 보아야 한다는 견해로 胡 985면.
5) 대판 1993. 11. 9. 93 다 39553.

으로 표시하고 주소에서 가장송달을 받은 후 변론기일에 불출석하여 자백한 것으로 법원을 오신시켜 승소판결을 받은 경우 등이[1] 본호에 해당한다. 또한 타인의 행위로 인하여 공격방어방법의 제출이 직접 방해된 경우에도 그 주장·답변·항변 또는 증거방법 등이 판결에 영향이 있는 경우라야 한다.[2] 범죄행위로 인하여 정당한 자료의 제출을 방해당한 당사자의 변론권의 보호를 목적으로 하기 때문이다.

6. 판결의 證據가 된 文書, 그 밖의 物件이 僞造되거나 變造된 것인 때(제451조 I [6])

문서는 공문서·사문서·여음, 그 밖의 유가증권 등을 가리지 아니하며 그 밖의 물건이란 공인 또는 사인, 경계표 등으로서 그것이 위조 또는 부정사용된 경우이다. 이처럼 위조 또는 변조된 것이 판결의 증거로 되었다 함은 재심의 대상이 된 판결이유에 의하여 그 증거를 사실인정의 자료로 삼고 있는 경우를 뜻한다.[3] 허위공문서작성이나[4] 공정증서원본불실기재도[5] 포함한다. 간접사실을 인정하는 자료로 쓰여진 경우도 포함한다.

위조 또는 변조한 자가 유죄판결을 받았다는 등 법 제451조 2항의 요건이 구비되어야 본호에 해당된다. 그러므로 허위공문서작성의 간접정범에 해당하는 범죄는 처벌되지 아니하므로 재심사유가 되지 아니한다.[6] 또한 사문서에 담긴 내용의 전부 또는 일부가 사실과 다를 뿐 그 작성명의가 사실과 부합되는 경우(사문서의 무형위조),[7] 당사자의 허위진술이 변론조서에 기재된 경우도[8] 본호의 위조나 변조에 해당하지 아니한다. 지급명령서에 첨부된 서증이 위조된 것이라고 하더라도 지급명령은 채권자의 신청에 의하여 증명의 유무를 고려함이 없이 내려지므로 확정된 가집행선고부 지급명령에 대한 재심사유로 삼을 수 없다.[9]

---

1) 전자의 예로는 대판 1997.5.28. 96 다 41649, 후자의 예로는 대판 1970.1.27. 69 다 1888. 이 경우 가장송달을 받은 자는 사기죄로 징역형이 선고되었다.
2) 문서의 반환거부도 본호에 해당한다는 것에 대판 1985.1.29. 85 다카 1430.
3) 대판 1992.11.10. 91 다 27495; 대판 1997.9.26. 96 다 50506.
4) 대판 1982.9.28. 81 다 557.
5) 대판 1997.7.25. 97 다 15470.
6) 대판 1975.5.27. 74 다 1144.
7) 대판 1995.3.10. 94 다 30829, 30836, 30843.
8) 대판 1965.1.28. 64 다 1337.
9) 대판 1969.12.9. 69 다 1637.

7. 證人·鑑定人·通譯人의 거짓 진술 또는 당사자신문에 따른 당사자나 法定代理人의 거짓진술이 판결의 증거가 된 때(제451조 I [7])

(i) 증인 등의 거짓진술이 판결의 증거가 된 때라 함은 그 증인 등이 직접 그 재심대상이 된 소송사건을 심리하는 법정에서 거짓으로 진술한 경우를 가리킨다.[1] 따라서 그 증인 등이 다른 사건에서 거짓진술을 하고, 그 거짓진술의 증인신문조서가 재심대상이 된 판결에서 서증으로 제출되어 이것이 증거로 채택된 경우,[2] 주요 사실의 인정과 관계없는 경우,[3] 판결이유에서 가정적, 부가적으로 인용된 경우[4]까지 포함하지는 아니한다. 다만 거짓진술 등이 판결주문의 이유가 된 사실인정의 자료가 되었을 뿐만 아니라 만일 그 거짓진술을 참작하지 아니하였더라면 다른 판결을 하였을 개연성이 있는 경우를 포함한다.[5]

(ii) 이 경우에 사실인정의 자료로 제공되었다 함은 그 거짓진술이 직접적인 증거가 된 때뿐만 아니라 대비증거로 사용되어 간접적으로 영향을 준 경우도 포함되며, 거짓진술 등이 판결에 영향을 미쳤는지 여부의 판단자료로서는 재심대상 판결에서 원용된 증거에 한하지 않고, 재심소송에서 조사된 새로운 증거들까지 종합하여 판단하여야 한다.[6]

(iii) 본호의 사유는 사실인정에 관한 것인 만큼 여기서 재심대상인 판결은 상고심의 판결이 아니고, 그 증인 등을 채택한 사실심의 판결이며,[7] 증인 등이 법 제451조 2항의 요건을 충족한 때에 재심사유가 된다.

(iv) 재심사유 4호 내지 7호는 처벌받을 행위에 대하여 유죄판결이나 과태료의 재판이 확정된 때 또는 증거흠결 이외의 이유로 유죄나 과태료의 확정판결을 할 수 없을 때에 한하여 재심의 소를 제기할 수 있다(제451조 II). 이를 증거확실성의 원

---

1) 대판 1979. 8. 21. 79 다 1067.

2) 대판 1992. 6. 12. 91 다 33179, 33186; 대판 1997. 3. 28. 97 다 3729. 그러나 판지에 반대하는 견해로는 李在性, 민사재판의 이론과 실제 Ⅲ, 344면. 한편 법원이 관련된 두 사건을 병행심리하면서 두 사건에 대한 증인으로 한 사람을 채택하여 동시증언을 하였고, 그 중 하나의 사건에 관한 증언이 위증으로 확정된 경우라도 그 증인의 위증은 그 사건에 대해서만 재심사유가 될 뿐이고 동시에 진행된 다른 사건에 있어서는 재심사유가 될 수 없다는 것이 판례이다. 대판(전) 1980. 11. 11. 80 다 642; 대판 1993. 6. 11. 93 므 195; 대판 1998. 3. 24. 97 다 32833 참조.

3) 대판 1988. 1. 19. 87 다카 1864; 대판 2001. 5. 8. 2001 다 11581.

4) 대판 1983. 12. 27. 82 다 146.

5) 대판 1995. 8. 25. 94 다 27373; 대판 1997. 9. 30. 96 다 32539; 대판 1998. 2. 27. 97 다 38152.

6) 대판 1995. 4. 14. 94 므 604; 대판 1997. 12. 26. 97 다 42922.

7) 대판 1964. 12. 1. 64 다 1151.

칙이라고 한다. 증거불충분의 이유로 불기소·무죄가 된 경우 이외에는 가벌성과 함께 유죄의 확정판결을 얻지 못할 사정, 예컨대 범인의 사망, 심신장애, 사면, 공소시효의 완성,[1] 기소유예[2] 등의 사유를 재심원고가[3] 입증하면 된다.[4] 이 경우 소재불명으로 인한 기소중지결정이나[5] 무혐의불기소처분은[6] 포함되지 아니한다.

8. 判決의 기초가 된 民事나 刑事의 판결, 그 밖의 裁判 또는 行政處分이 다른 재판이나 行政處分에 따라 바뀐 때(제451조 I [8])

판결의 기초가 되었다 함은 재심대상판결을 한 법원이 다른 재판이나 행정처분에 법률적으로 구속되는 경우는 물론 다른 재판 등의 판단사실을 채택하여 사실인정을 한 경우를 포함한다.[7] 예컨대 재심대상판결의 사실인정의 기초가 된 형사판결이 뒤에 변경되었거나[8] 판결의 결론을 내리는 데 기초가 된 행정처분이 뒤에 취소된 경우이다.[9]

여기서 재판이라 함은 민사 또는 형사판결, 비송재판, 가사심판, 가압류·가처분결정, 경락허가결정 등을 모두 포함한다. 또 사실인정의 자료가 되었다고 하는 것은 그 재판 등이 확정판결의 사실인정에 있어서 증거자료로 채택되었고 그 재판 등의 변경이 확정판결의 사실인정에 영향을 미칠 가능성이 있는 경우를 말한다.[10]

판결의 변경이라 함은 재심에 의한 변경이나 그 외에 상소·이의·항고, 그

---

1) 범인의 사망, 사면, 공소시효의 완성을 든 것으로 대판 1995. 8. 25. 94 다 27373; 대판 1998. 3. 24. 97 다 32833: 대판 2006. 10. 12. 2005 다 72508.

2) 대판 1967. 6. 27. 66 다 330.

3) 대판 1982. 9. 14. 82 다 16.

4) 方 687면.

5) 대판 1989. 10. 24. 88 다카 29658.

5) 대판 1985. 11. 26. 85 다 418.

7) 대판 1982. 5. 11. 81 후 42.

8) 대판 1980. 1. 15. 79 누 35; 대판 1993. 6. 8. 92 다 27003.

9) 대판(전) 1981. 11. 10. 80 다 870; 대판 2001. 12. 14. 2000 다 12679.

10) 대판 1996. 5. 31. 94 다 20570. 그리하여 판례는 검사의 불기소처분은 재심대상판결에 법률적으로 구속력을 미치는 것이 아니고, 검사의 불기소처분에는 확정재판에 있어서의 확정력과 같은 효력이 없어 일단 불기소처분을 한 후에도 공소시효가 완성되기까지 언제라도 공소를 제기할 수 있는 것이므로, 일단 불기소처분되었다가 후에 공소가 제기되었거나, 나아가 그 기소된 형사사건이 유죄로 확정되었다 하여도 종전의 불기소처분이 소급적으로 변경된 것으로 보기 어려우므로 재심사유가 있다고 할 수 없다고 한다. 대판 1998. 3. 27. 97 다 50855.

밖의 방법으로 변경되어도 좋다. 행정처분의 변경은 재판기관에 의하건 행정청에 의하건 무방하나 판결확정 후에 확정적[1]·소급적으로 변경되어야 한다.[2] 그러나 법령이나 판례의 변경[3] 또는 행정처분이 당연무효인 경우는[4] 포함되지 아니한다.

9. 判決에 영향을 미칠 중요한 事項에 관하여 判斷을 누락한 때(제451조 I [9])

판단의 누락이란 당사자가 주장한 공격 또는 방어방법의 판단 또는 당사자가 법원에 직권조사사항의 조사를 촉구한 경우에 그 판단을 판결이유 중에 명시하지 아니하고, 그 때문에 판결주문에 영향이 있는 경우이다.[5] 따라서 판결이유 중에 판결에 영향이 있는 직권조사사항의 판단을 빠뜨린 경우라 하더라도 당사자가 그 조사를 촉구하지 아니한 때에는 재심사유가 되지 아니한다.[6] 당사자 주장을 배척한 근거를 낱낱이 설명하지 아니하였거나[7] 판단근거의 개별적 불설시,[8] 또는 그 판단내용의 잘못은[9] 판단의 누락이 아니다. 청구의 일부에 대한 판단의 누락은 재판의 누락(제212조)이 되어 추가판결의 대상이지 재심사유는 되지 아니한다. 또 상고심절차에관한특례법 소정의 심리불속행사유에 해당한다는 이유로 상고를 기각한 재심대상판결에는 상고이유에 대한 판단의 누락이 있을 수 없다.[10] 한편 적법한 기간 내에 제출된 재항고이유서가 어떠한 사정에 의하여 기록에 편철되지 아니하여 대법원이 재항고이유서를 제출하지 않았다는 이유로 재항고이유에 관하여 판단하지 않은 채 재항고를 기각한 경우 판단유탈이 있다.[11]

판단의 누락의 유무는 판결서의 이유에 의하여 판단되므로 상소를 아니하거나 상소하고서도 당사자가 판단의 누락을 주장하지 아니하면 대체로 이를 알고도 주장하지 아니한 것으로 인정할 것이다.[12] 헌법재판소는 판단의 누락이 헌법재판

1) 대판 1987.12.8. 87 다카 2088.
2) 대판 1994.11.25. 94 다 33897.
3) 대판 1987.12.8. 87 다카 2088.
4) 대판 1977.9.28. 77 다 1116.
5) 대판 1990.11.27. 89 재다카 26. 적법한 기간 내에 상고이유서가 제출되었으나 그 제출이 없다는 이유로 상고를 기각한 경우도 판단유탈에 해당한다. 대판 1998.3.13. 98 재다 53; 대판 2004.9.13. 2004 마 660.
6) 대판 1982.12.29. 82 사 19.
7) 대판 1991.12.27. 91 다 6528, 6535; 대판 2000.11.24. 2000 다 47200.
8) 대판 1998.2.24. 97 재다 278.
9) 대판 1995.12.22. 94 재다 31.
10) 대판 1995.11.28. 95 재다 212; 대판 1996.2.13. 95 재누 176.
11) 대결 2000.1.7. 99 재마 4.
12) 대판 1993.11.9. 93 다 39553; 대판 2010.4.29. 2010 다 1517.

소법 제68조 1항 소정의 헌법소원의 재심사유가 되지 못한다고 한다.[1]

10. 再審을 제기할 判決 이전에 선고한 確定判決에 어긋나는 때(제451조 I [10])

본호의 판결효력의 저촉은 동일한 당사자간에 동일내용의 사건에 관하여 선고된 두 개의 확정판결의 기판력의 충돌을 해결하기 위한 것이다.[2] 판결의 전후는 선고가 아니라 확정에 의하여 결정된다. 전에 선고한 확정판결이라 함은 전에 확정된 기판력 있는 본안의 종국판결을 뜻한다. 재심대상판결의 기판력이 그보다 먼저 확정된 판결의 기판력과 저촉되는 경우이어야 하므로 뒤에 확정된 판결과 저촉되는 때에는 재심사유가 되지 아니한다.[3]

기판력의 충돌을 회피하는 것이 목적이므로 동일한 당사자가 각각 판결의 효력을 받는 경우(제218조)라야 한다. 그러므로 당사자를 달리하는 다른 사건에서 선고된 확정판결이 그 내용에 있어서 같은 종류에 속하는 확정판결과 저촉되는 경우를 뜻하지 아니한다.[4]

동일내용의 사건이라 함은 소송물이 같다는 뜻인데[5] 구 소송물이론에서는 청구원인을 달리하면 상호 저촉되지 아니한다고 한다.[6]

기판력의 충돌은 국내의 확정판결 상호간은 물론 기판력 있는 외국판결(제217조), 화해조서, 청구의 포기 및 인낙조서(제220조), 조정조서(민조 제29조), 중재판정(중재 제12조) 등의 상호간에도 있을 수 있다. 다만 기판력의 객관적 범위에 관한 해석이 어려운 만큼 기판력의 저촉 여부의 판단도 곤란한 경우가 많을 것이다.

11. 當事者가 상대방의 住所 또는 居所를 알고 있었음에도 있는 곳을 잘 모른다고 하거나 주소나 거소를 거짓으로 하여 소를 提起한 때(제451조 I [11])

본호 전단은 당사자가 상대방의 주소 등을 알면서도 소재불명이라고 법원을 기망하여 송달불능이 되게 한 다음 소송서류의 공시송달에 의한 진행으로 승소판

---

1) 헌재(전) 1995. 1. 20. 94 헌아 4; 헌재(전) 1995. 1. 20. 93 헌아 1; 헌재(전) 1998. 3. 26. 98 헌아 2; 헌재(전) 1998. 5. 28. 87 헌아 1.

2) 대판 1985. 4. 27. 85 사 9. 재심원고의 청구가 기각된 이유와 설명이 다를 수 있다고 하더라도 전후의 두 판결이 모두 재심원고의 청구를 기각한 것이라면 서로 저촉된다고 할 수 없다. 대판 2001. 3. 9. 2000 재다 353.

3) 대판 1981. 7. 28. 80 다 2688.

4) 대판 1994. 8. 26. 94 재다 383; 대판 1998. 3. 24. 97 다 32833. 확정판결이 대법원판례에 상반되는 판단을 한 것은 재심사유가 될 수 없다. 대판 1993. 6. 22. 93 재누 97.

5) 대판 1987. 4. 14. 86 사 38; 대판 1990. 3. 9. 89 재다카 140.

6) 대판 1989. 12. 26. 88 재누 116.

결을 받는 경우(공시송달에 의한 판결편취)를 뜻하고, 본호 후단은 당사자가 상대방의 주소 등을 알면서 거짓주소로 하여 소를 제기하고 피고가 아닌 제 3 자로 하여금 소송서류를 수령토록 하여 마치 상대방이 송달을 받고도 불출석한 듯이 법원을 기망하여 자백간주에 의한 판결을 편취한 경우이다.

본호의 사위판결은 재심사유 5호 후단(판결에 영향을 미칠 공격방어방법의 제출이 방해된 때)에도 해당되지만, 그 경우에는 범죄행위에 대한 유죄의 확정판결 등이 있어야 함에 대하여 이 경우에는 형사재판의 확정 없이도 바로 재심사유로 삼을 수 있으므로 확정판결의 부당편취에 대한 직접적 구제책이 된다.

본호는 3호의 대리권흠결 등 사유 및 5호 후단의 공격방어방법의 제출방해사유와의 관계에서 많은 문제점을 제기한다.

첫째, 본호의 사유가 성립하는 것은 다른 재심사유와의 관계상 상대방의 주소 등을 알고 있으면서 소재불명이라고 하여 공시송달의 방법으로 판결을 받은 경우뿐이라고 할 것이다.[1] 제소 당시부터 소재불명이거나 피고의 주소에 소장부본과 소환장 등을 송달하게 하여 송달불능이 되게 한 후 공시송달을 신청하는 경우를 포함하지만, 적법한 송달이 되어 소송진행중 송달불능이 되고 공시송달절차가 취해진 경우는 본호에 해당하지 아니한다. 애당초부터 제소사실을 몰랐던 상대방을 구제하자는 것이 본호의 취지이기 때문이다.

둘째, 재판장이 일단 공시송달신청을 받아들여서 효력이 발생하면 그 효력은 부인할 수 없다는 것이 확립된 판례인데[2] 공시송달에 의한 소송진행으로 내려진 판결을 상소의 추후보완에 의하여 구제할 수 있는가. 판례가 공시송달의 경우에 추후보완을 허용함은 이미 본 바이다. 그러므로 상대방의 주소를 알면서 주소불명이라고 하여 법원을 기망하여 공시송달방법으로 소송이 진행되었다면 그 상대방은 본호에 의하여 재심을 신청할 수 있음은 물론 소송행위의 추후보완에 의하여(제173조) 상소를 제기할 수도 있다는 해석론이 있다.[3] 판례도 같은 취지이다.[4] 이처럼 당사자의 택일적 처리를 긍정함이 당사자의 이익을 보호하는 길이므로 판례의 견해에 찬성한다. 다만 재심을 택하면 그 제척기간에 걸릴 수도 있고(제456조 참조), 상소의 추후보완방식을 취하면 이러한 제한은 없으나 제 2 심부터 개시되므로 한 심급이 생략되는 불이익이 있다.

1) 대판(전) 1978. 5. 9. 75 다 634.
2) 대결(전) 1984. 3. 15. 84 마 20.
3) 朴禹東, "민사재심의 소와 그 재판," 법조 1970년 5월호, 57면 이하.
4) 대판 1980. 7. 8. 79 다 1528; 대판 1985. 8. 20. 85 므 21.

셋째, 상대방의 주소를 알면서도 거짓의 주소로 송달되게 하고 결국 자백간주를 통한 판결편취의 경우에는 가장된 주소에 송달한 것은 피고에게 판결의 송달이 있었다고 볼 수 없고 따라서 판결은 미확정이며 이 판결에 대한 항소기간도 진행을 개시하지 아니한 것으로 보아야 할 것이므로 항소의 대상이 될 뿐 본호에 의한 재심청구는 할 수 없다는 것이 판례이다.[1]

제 4 절 再審訴訟節次

I. 再審管轄法院

재심의 소는 당사자가 취소를 구하는 판결을 한 법원의 관할에 전속한다(제453조 I). 따라서 재심원고가 관할권 없는 법원에 재심의 소를 제기한 경우에는 전속관할법원으로 이송할 것이다(제34조).

항소심에서 항소기각의 본안판결을 한 경우에는 속심주의의 결과 사건을 전면적으로 재심판한 것이 되므로 제 1 심 판결에 대하여는 재심을 인정할 필요가 없다(제451조 Ⅲ).[2] 만일 이 경우에 당사자가 잘못하여 제 1 심 법원에 재심의 소를 제기한 때에는 제 1 심 법원은 이를 항소심법원으로 이송하여 구제해야 한다.[3] 또한 재심사유 중 사실인정 자체에 관한 것, 즉 서증의 위조·변조(제451조 I [6])나 거짓진술(제451조 I [7]) 등을 재심사유로 하는 때에는 상고심판결을 대상으로 재심의 소를 제기할 수 없고 사실심법원의 판결에 대하여 재심의 소를 제기하여야 한다.[4] 이 경우 상고심법원에 재심소장을 제출하였다면 이송하여야 할 것이다.[5]

제 1 심의 종국판결에 대하여 항소각하판결을 한 때에는 동일사건에 대하여 두 개의 확정판결(제 1 심 판결과 항소심판결)이 있게 되는데 여기에 각각 재심사유가 있으면 각 사유를 주장하여 해당 법원에 재심의 소를 제기할 수 있다. 다만 재심청구를 병합하여 제기하는 경우에는 편의상 항소심법원이 통일적 관할권을 갖

1) 대판(전) 1978. 5. 9. 75 다 634는 재심설을 버리고 항소설로 입장을 변경하였다.
2) 대판 1974. 8. 30. 74 다 795.
3) 대판(전) 1984. 2. 28. 83 다카 1981; 대결 1995. 6. 19. 94 마 2513.
4) 대판 1984. 4. 16. 84 사 4.
5) 대결 1994. 10. 15. 94 재다 413; 대결 2002. 12. 9. 2001 재마 14. 다만 재심대상인 항고심 심결의 관할 심판소인 특허청 항고심판소에 제기하여야 할 재심의 소를 대법원에 잘못 제기한 경우 법원간의 이송을 전제로 한 민사소송법의 규정을 유추적용할 수 없어 재심의 소는 부적법하다. 대판 1994. 10. 21. 94 재후 57.

는다(제453조 II). 그러나 항소심판결과 상고심판결에 각각 독립된 재심사유가 있는 때에는 그러하지 아니하다(제453조 II 단).

II. 再審提起期間

1) 재심의 소는 당사자가 판결확정 후 재심사유를 안 날로부터 30일의 불변기간 내에 제기하여야 한다(제456조 I, II).[1] 또 재심사유의 존재를 알지 못하였다 하여도 재판확정 후 또는 재심사유 발생 후 5년을 지나면 재심의 소를 제기하지 못한다(제456조 III).[2] 이 기간은 제척기간이고 불변기간이 아니므로 추후보완이 허용될 수 없다(제456조).[3] 제456조 1항의 출소기간이 경과한 이상 3항의 제척기간의 경과 여부에 관계 없이 재심의 소를 제기할 수 없다.[4] 다만 대리권의 흠결[5] 및 기판력의 저촉(제451조 I [10])을 이유로 하여 제기할 때에는 소제기의 제한이 없이 정당한 이익이 있는 한 재심의 소를 제기할 수 있다(제457조).

2) 소송대리인에 의하여 소송이 진행된 경우에는 판결정본이 소송대리인에게 송달된 때로부터 기산한다.[6] 여러 개의 사유를 주장하여 재심의 소를 제기한 경우에는 재심기간은 개개의 재심사유마다 이를 안 때로부터 기산된다.[7] 재심사유를 안 날은 판결법원구성의 위법(제451조 I 1호)과 판단의 누락(제451조 I 9호)의 경우에는 판결정본이 송달된 때이고,[8] 4호 내지 7호의 가벌적 행위를 재심사유로 하는 경우에는 동조 2항의 유죄판결이 확정되거나 증거흠결 이외의 사유로 유죄의 확정판결을 할 수 없음을 안 때이다.[9]

---

1) 불변기간의 준수 여부는 직권조사사항이라는 것에 대판 1989. 10. 24. 87 다카 1322.

2) 5년의 제척기간의 기산일은 그 사유가 발생한 때부터이다. 예컨대 피의자의 사망, 공소권의 소멸, 사면 등의 사실이 재심대상판결의 확정 후에 생긴 때에는 위 사유가 발생한 때부터 기산하여야 한다(대판 1995. 5. 26. 94 다 37592). 다만 이러한 사유가 재심대상판결 전에 생겼을 때에는 그 판결확정시부터 제척기간이 진행된다(대판 1988. 12. 13. 87 다카 2341).

3) 대판 1988. 12. 13. 87 다카 2341.

4) 대판 1996. 5. 31. 95 다 33993.

5) 다만 특별수권의 흠결의 경우는 포함되지 않는다는 판례로는 대판 1993. 10. 12. 93 다 32354; 대판 1994. 6. 24. 94 다 4967.

6) 대판 2000. 9. 8. 2000 재다 49.

7) 대판 1990. 12. 26. 90 재다 19.

8) 대판 1993. 9. 28. 92 다 33930.

9) 대판 1994. 1. 28. 93 다 29051; 대판 1996. 5. 31. 95 다 33993. 이 경우 검찰청법상의 항고절차나 형사소송법상의 재정신청절차를 거친 경우에는 항고나 재정신청에 대한 결정이 있었던 것을 안 날, 즉 그 결정의 통지를 받은 날에 재심사유를 알았다고 본다. 대판 1997. 4. 11. 97 다 6599. 대판 1994. 12. 9. 94 다 38960은 국가를 상대로 한 소송의 증인이 허위증언에 대한 유죄판결을 받아 이것이 확정되자 대법원이 그 판결결과를 대검찰청에 통지

Ⅲ. 再審의 訴의 提起方式과 效果

1. 訴의 提起方式

재심의 소는 재심소장에 원판결의 등본을 첨부하여(민소규 제91조) 관할법원에 제출하여 제기한다. 재심의 소송절차에는 그 성질에 위반하지 아니하면 각 심급의 소송절차에 관한 규정을 준용한다(제455조).

재심소장에는 당사자와 법정대리인, 재심대상인 판결의 표시와 그 판결에 대한 재심취지 및 재심의 이유를 적어야 한다(제458조). 재심사유는 특정되어야 하며 이것이 재심의 소의 청구원인이 된다. 1인의 재심원고가 여러 개의 재심사유를 주장하여 확정판결의 취소를 구하는 경우처럼 소의 객관적 병합도 있을 수 있고 공동소송판결에서 여러 명의 공동소송인의 재심의 소를 병합할 수도 있다.

재심의 소를 제1심 법원에 제기하는 경우에는 다른 청구와의 병합도 가능하다.[1] 재심피고는 부대재심에 의하여 자기에게 유리하도록 원판결의 취소를 구할 수 있고, 반소를 제기할 수도 있다. 재심의 소에 독립당사자 참가도 가능하다.

2. 訴提起의 效果

재심소장을 제출함으로써 그 재심사유에 대한 기간준수의 효력이 생긴다. 그러나 다른 재심사유에는 미치지 아니하므로 새로운 재심사유를 추가·변경하면(제459조 Ⅱ) 그 때에 그 사유에 대한 기간준수의 효력이 생긴다. 재심의 소를 제기하였다고 하여 당연히 확정판결의 집행력을 정지시키는 것은 아니므로 당사자의 신청이 있으면 법원은 담보를 제공하게 하거나 또는 제공 없이 강제집행의 일시정지를 명할 수 있고, 또 담보를 제공하게 하고 강제집행의 실시를 명하거나 실시한 강제처분의 취소를 명할 수 있다. 담보 없이 하는 정지는 그 집행에 의하여 보상할 수 없는 손해가 있음을 소명한 때에 한하여 인정되며 이러한 재판은 변론 없이 할 수 있고, 이 재판에 대하여는 불복을 신청할 수 없다(제500조).

Ⅳ. 審判節次

재심은 확정판결의 취소와 본안에 대한 새로운 심판이라는 이원적 소송물로

하였다면 국가로서는 그 유죄판결이 확정된 사실을 그 결과를 통지받음으로써 그 때 알았다고 보아야 할 것이라고 한다.

1) 반대 판례로는 대판 1971. 3. 31. 71 다 8.

구성되어 있으므로 엄밀하게 말하면 재심의 심리도 두 단계로 구성된다. 그러므로 재판장에 의한 소장심사를 거치고 나면, 법원은 먼저 재심의 소의 적법성(소의 요건)에 관한 심리를 하고, 둘째, 소의 적법요건이 갖추어 진 경우에는 재심사유의 존부를 가릴 것이며, 셋째, 재심사유가 있다고 판단되면 본안에 관한 심리에 착수하게 된다.

1. 訴狀審査

재심소장도 재판장에 의하여 심사되며 흠결이 있으면 보정을 명하고 기간 내에 보정이 없으면 소장이 각하된다(제254조).

2. 訴의 適法性

일반소송요건과 재심의 소의 적법요건을 직권으로 조사하여 심리하고, 요건 흠결이 있으면 보정을 명하고 보정을 아니하거나 불가능한 경우에는 판결로 소를 각하한다.[1)]

3. 再審事由의 存否

가) 재심의 소의 심리는 그 대상인 확정판결이 있은 심급의 성질에 따라 하게 된다. 상고심에서도 재심사유의 존부에 관하여서는 사실심리를 할 수 있고 직권으로 사실을 탐지하는 것도 무방하다. 따라서 청구의 포기·인낙이 허용되지 아니하고 자백의 구속력이 없으며 자백간주의 규정(제150조 I)도 배제된다.[2)] 요컨대 재심사유의 존부를 심리함에는 직권탐지주의에 의한다. 확정판결의 취소 여부를 당사자처분권주의에 맡길 수 없기 때문이다.

나) 재심의 소가 기간경과 후의 것이거나 재심사유를 구성할 수 없는 것이면 그 소는 부적법 각하된다. 재심의 소를 제기함에 있어서 재심청구가 인용될 것을 전제로 당초의 청구를 교환적으로 변경하는 경우 재심의 소가 부적법하다면 소의 교환적 변경에 대하여는 따로 판단할 필요가 없다.[3)] 재심사유가 없는 것으로 판

---

1) 재심의 소가 적법한 법정의 재심사유에 해당하지 않는 사유를 재심사유로 주장하였거나 재심제기기간이 경과된 후에 주장된 재심사유를 바탕으로 하여 제기된 경우 그 재심의 소는 부적법하다는 대판 1996. 10. 25. 96 다 31307. 재심의 소가 요건불비로 소각하판결을 받을 것이 명백한 경우 그 본안의 전제가 되는 법률은 위헌제청의 대상이 되지 못한다는 대결 1990. 11. 28. 90 마 866.

2) 대판 1992. 7. 24. 91 다 45691.

3) 대판 1993. 4. 27. 92 다 24608.

명된 경우에는 종국판결로 재심의 소를 기각하여야 한다.[1] 반면 소가 적법하고 재심사유가 인정될 때에는 재심으로서 불복이 된 원판결에서 심판된 본안청구의 당부에 관한 심리로 넘어간다.

다) 종전에는 재심의 소의 심리에 있어서 재심사유의 존부와 본안의 당부에 관한 심리절차가 구분되어 있지 아니하였으므로 통상 두 가지 심판대상에 대하여 함께 심판하고 있었다. 그러나 이 같은 심리방식은 재심사유가 부인되는 경우에는 본안에 관한 심리도 무익한 것으로 되어버리므로 개정법은 재심에 관한 심판절차를 분리하였다. 그리하여 재심소송절차에서 재심의 소의 적법성 여부와 재심사유의 존부에 대한 심리 및 재판을 따로 떼어 본안에 대한 심판보다 먼저 시행할 수 있게 하고, 이 경우에 재심사유가 있다고 인정되는 때에는 중간판결을 한 뒤 본안에 대하여 심판하도록 규정하였다(제454조). 다만 판단누락과 같은 재심사유의 심리는 본안심리와 구분하기 어렵기도 하므로 재심사유의 내용이나 심리의 난이도에 따라 재판의 분리여부를 법원의 재량에 일임하였다.

4. 本案審判

재심사유가 이유 있으면 본안심판에 들어간다. 즉 재심 이전의 상태로 돌아가 전소송의 변론의 재개속행이 되는 것이다. 따라서 변론의 갱신이 필요하다. 종전의 소송절차는 재심사유의 하자가 없는 한 모두 효력을 지속한다. 재심법원이 사실심이면 당사자는 새로운 주장이나 공격방어방법을 제출할 수 있다.[2] 다만 대리권의 흠결을 이유로 한 재심사유가 인정되어 심리하는 경우에는 소장의 송달부터 다시 하여야 할 것이다.

본안의 변론과 재판은 재심청구이유의 범위 안에서 하여야 한다(제459조 I). 위증 등 형사상 처벌받을 행위에 관하여 유죄의 확정판결이 있어 재심사유의 존재가 인정되고 본안심리에 들어갈 때에도 재심법원은 그 유죄판결의 내용에 반드시 구속을 받는 것은 아니다.[3]

5. 終局判決

재심이 신청된 확정판결이 부당하다고 인정한 때에는 재심법원은 당사자가

---

1) 대판 1990. 12. 7. 90 다카 21886. 법원은 재심소장의 기재만으로 그 주장의 재심사유가 존재하는지 여부를 심리하여 재심의 소를 배척할 수도 있다. 대판 2000. 8. 18. 2000 재다 87.

2) 대판 1965. 1. 19. 64 다 1260.

3) 대판 1975. 2. 25. 73 다 933; 대판 1983. 12. 27. 82 다 146.

취소를 구하고 있는 범위 내에서 원판결을 취소하고 이에 갈음하는 판결을 한다. 이 판결은 재심대상판결을 소급적으로 취소하는 형성판결이다.

재심사유가 있어 본안에 대하여 심리한 결과 그 판단의 결론이 원판결과 일치하는 때에는 재심청구를 기각하여야 한다(제460조). 이는 법 제414조 2항과 같은 취지이다. 그러나 재심은 판결확정 후의 불복신청이므로 미확정판결에 대한 상소와는 달리 기판력의 표준시가 변경된다는 점에서 재심사유가 있더라도 원판결과 결론이 동일하면 재심청구를 기각하여야 한다는 데 대하여 반대하면서 원판결을 취소하고 확정판결과 동일내용의 새로운 판결을 선고함이 타당하다는 견해가 있다.[1] 그러나 이러한 해석은 명문의 규정에 반하므로 재심청구를 기각하되 기판력의 표준시만 재심의 소의 변론종결시로 이동되는 것으로 본다.[2] 판례도 재심사유는 있다고 인정하면서도 재심대상판결의 변론종결 후의 사유를 이유로 재심청구를 기각한 경우 그 기판력의 표준시는 재심대상판결의 변론종결시가 아니라 재심판결의 변론종결시라고 한다.[3] 재심의 경우에도 부대재심이 제기되지 않는 한 재심원고에 대하여 원래의 확정판결보다 불이익한 판결을 할 수 없다.[4]

제5절 準再審

I. 意 義

준재심이라 함은 확정판결과 동일한 효력을 가지는 각종 조서 및 즉시항고로 불복을 신청할 수 있는 결정·명령으로서 확정된 것에 재심사유가 있을 때에 재심의 소에 준하여 이를 취소하는 절차이다(제461조).

II. 調書에 대한 準再審

1. 소송상 화해조서, 청구의 포기·인낙조서(제220조)·조정조서[5]·제소 전 화해조서[6] 등은 확정판결과 동일한 효력이 있으므로 재심의 소에 준하여 재심을 제기할

1) 方 696면, 李英 347면.
2) 同旨 金/姜 887면, 李時 901면, 鄭/庾 847면, 姜 796면.
3) 대판 1993. 2. 12. 92 다 25151.
4) 대판 2003. 7. 22. 2001 다 76298.
5) 대판 1968. 10. 22. 68 므 32.
6) 대판 1992. 11. 27. 92 다 8521; 대판 1998. 10. 9. 96 다 44051.

수 있고, 이에 대하여 사법상의 무효·취소사유가 있다고 하여 별소로서 화해 등 무효확인의 소나 기일지정신청을 통하여 그 화해 등의 무효를 주장할 수 없다.[1] 이처럼 규정한 이유는 기판력이 인정되는 화해조서 등의 무효·취소를 이 같은 방법으로 쉽게 주장할 수 있게 하면 법적 안정성의 요청에 어긋나고, 특히 소송상 화해 등의 성질을 소송행위설의 입장에서 파악하는 경우에는 준재심을 청구하여 그 효력을 다투게 하는 것이 논리적으로 타당하기 때문이다.

2. 조서에 대한 재심은 소의 방식으로 제기하여야 하고 확정판결에 대한 재심의 소의 소송절차가 준용된다(제461조, 제451조-제460조). 그러나 확정판결을 전제로 규정된 재심사유가 모두 화해 등에 준용되는 경우는 실제상 드물고 가장 빈번한 예는 제소전 화해에서 당사자 일방의 소송대리인에게 대리권이나 화해에 관한 특별수권이 없다는 경우이다.

3. 조서에 대한 준재심은 판결절차에 의하여 심판하여야 한다. 재심법원은 재심사유가 있는 경우에는 조서를 취소하고 부활된 소송을 자판하여야 한다. 다만 제소 전 화해조서를 취소하는 판결이 내린 경우에는 화해불성립으로 되고(이 경우에는 부활되는 소송이 없다)[2] 화해로 인하여 생긴 모든 법률효과가 소멸된다.[3] 그 취소판결 송달 후 당사자는 2주일 안에 제소신청을 할 수 있을 것이다(제388조 Ⅲ). 조정에 갈음하는 결정조서가 당사자에게 송달되어 소정의 기간 내에 이의신청이 없는 등 재판상 화해와 동일한 효력이 발생한 경우, 조정에 갈음하는 결정은 수소법원이 당해 사건의 사실인정과 판단 외에도 여러 사정들을 모두 참작하여 하는 것으로서 조정에 갈음하는 결정조서에 이유가 기재되어 있지 않은 경우 그 결정조서에 대한 준재심사유가 있는지 여부는 판결에 대한 재심에 비하여 엄격하게 판단하여야 한다.[4]

Ⅲ. 決定·命令에 대한 準再審

즉시항고로 불복을 신청할 수 있는 결정·명령이 확정된 경우에도 재심사유가 있으면 재심의 신청을 제기할 수 있다. 이는 종국판결과는 관계 없이 독립하여 확정하는 결정·명령에 대하여 재심사유가 있는 경우에 그 구제를 위하여 재심을

1) 대판 1990. 12. 11. 90 다카 24953.
2) 대판 1962. 10. 18. 62 다 490.
3) 대판 1996. 3. 22. 95 다 14275.
4) 대판 2005. 6. 24. 2003 다 55936.

인정한 것으로서 소장각하명령(제254조 Ⅲ), 상소장각하명령(제402조, 제425조), 소송비용에 관한 결정(제111조, 제114조, 제115조), 과태료의 결정(제363조, 제370조 Ⅰ) 또는 매각허가여부의 결정(민집 제130조) 등이 그 예이다. 이러한 준재심신청은 신청의 대상이 된 결정·명령과 같은 절차에 따라 결정의 형식으로 심판한다.

제 8 편

簡易訴訟節次

제 1 장　少額事件審判節次

제 2 장　督促節次

제 3 장　刑事賠償命令節次

엄격한 민사소송절차에 비하여 훨씬 간이한 소송절차가 여러 가지 법률에 마련되어 있다. 소액사건심판법상 소액사건심판절차, 민사소송법상 독촉절차, 그리고 소송촉진등에관한특례법상 배상명령절차 등이 그것이다. 소액사건과 독촉사건은 모두 금전 그 밖의 대체물의 지급을 목적으로 하는 채권을 대상으로 한다. 그러나 전자는 쌍방심문에 의한 판결절차인 데 비하여 후자는 일방심문에 의한 판결절차의 선행절차이다. 이 중에서 독촉사건과 배상명령신청사건은 그 이용이 저조하나, 소액사건은 서민생활의 분쟁으로서 제1심 민사본안사건의 절대과반수를 차지하고 있으므로 가장 중요하다.

제 1 장 少額事件審判節次

I. 少額事件의 範圍

1) 소액사건(Small Claims)이란 지방법원 및 동지원의 관할사건 중 대법원규칙으로 정하는 민사사건(소액 제 2 조 I)인데 소액사건심판규칙은 소송물가액이 2,000만원을 초과하지 아니하는 금전 그 밖의 대체물이나 유가증권의 일정한 수량의 지급을 목적으로 하는 제 1 심 민사사건이라고 규정하고 있다(동규칙 제 1 조의 2). 그러므로 부동산 등 특정물에 관한 청구는 소가가 2,000만원 이하라도 소액사건이 아니다. 다만 주택임대차보호법상의 보증금반환청구사건은 소송물값의 다과를 불문하고 소액사건에 준한다(동법 제13조).

2) 소액사건심판법의 적용을 받기 위하여 채권을 분할하여 일부청구를 함은 허용되지 아니한다(소액 제 5 조의 2). 절차진행 중 여러 개의 소액사건을 법원이 병합하여 그 합산액이 소액사건의 범위를 초과해도 소제기시에 결정된 소액사건임에 변함이 없다.[1)]

3) 소액사건심판절차는 상고제한규정(소액 제 3 조)을 제외하고는 민사소송법에 규정된 제 1 심 판결절차에 대한 특별절차이다(제 1 조). 그러므로 항소된 이후에는 통상절차에 따른다. 소액사건은 당사자가 조정을 신청하거나 제 1 심 수소법원이 필요하다고 인정한 경우에는 이를 민사조정에 회부할 수 있음은 일반민사사건의 경우와 같다(민조 제 2 조, 제 6 조).

4) 소액심판은 지방법원 단독판사가 관할하지만, 시·군법원의 경우에는 시군법원판사의 배타적 사물관할에 속하게 하여 벽지에 사는 지역주민들의 편의를 도모하고 있다(법조 제 7 조 IV, 제33조, 제34조).

II. 履行勸告制度

1) 이는 소액사건에 대하여 간이한 해결과 당사자의 법정출석의 번거로움을 덜어주고자 변론에 의한 소송절차에 회부하기에 앞서 행하는 임의적 전치절차이다. 법원은 소액사건이 제기된 경우 특별한 사정이 없으면 원고가 제출한 소장부

---

1) 대판 1992. 7. 24. 91 다 43176.

본을 첨부하여

2) 피고에게 원고의 청구취지대로 이행할 것을 권고하는 취지의 결정을 한다(소액 제5조의 3 I). 이행권고결정에는 피고가 이의신청을 할 수 있다는 것과 그 결정의 효력을 부기해야 한다.

3) 법원사무관 등은 결정서등본을 피고에게 송달한다. 공시송달(제179조 이하)이나 우편송달(제173조)에 의하지 않고(소액 제5조의 3 III) 통상의 송달방법에 의하여 송달불능이 되는 경우에는 소송절차에 회부하기 위하여 지체없이 변론기일을 지정한다(소액 제5조의 3 IV).

4) 결정서등본의 송달을 받은 피고는 2주일의 불변기간 안에 서면에 의한 이의신청을 할 수 있다. 피고가 기간 안에 이의신청을 하면 이행권고결정은 실효되므로 법원은 지체없이 변론기일을 지정해야 한다. 부득이한 사유로 위 기간 안에 이의신청을 할 수 없었던 경우에는 이의신청의 추후보완이 허용된다.

5) 피고가 이행권고결정의 송달을 받고도 기간 안에 이의신청을 안하거나 이의신청기각결정이 확정된 때, 그리고 이의신청이 취하된 때에는 이행권고결정은 확정판결과 동일한 효력을 갖는다. 이 경우 법원사무관 등은 결정서정본을 원고에게 송달해야 한다(소액 제5조의 7). 이렇게 되면 소송절차를 거치지 아니하고 소액사건심판절차는 종료된다.

6) 확정된 이행권고결정은 확정판결이 갖는 효력 중 기판력을 제외한 나머지 효력인 집행력 및 법률요건적 효력 등 부수적 효력이 인정된다.[1] 피고는 청구이의의 소를 제기함에 있어서 이행권고결정 이전의 발생사유를 이의사유로 하여도 상관없다(소액 제5조의 8).

III. 少額事件審判의 節次上 簡易化된 特則

소송절차의 기술적 엄격성과 난해성을 완화하여 간이한 절차, 신속한 재판, 비용이 절약되는 재판을 도모하고, 소액사건이 대부분 본인소송인 현실에 비추어 법원이 후견적 기능을 발휘할 필요가 있어서 여러 가지 절차상 특례를 규정하고 있다.

1. 提訴方式에 관한 特則

소장에 의한 제소 이외에 구술제소(소액 제4조)와 당사자 쌍방의 임의출석에 의한 소제기(소액 제5조) 등 두 가지 방식을 인정한다. 민사소송법 제248조의 소장제출주의

1) 대판 2009. 5. 14. 2006 다 34190.

에 대한 특칙이다. 이는 소장작성의 기술성을 고집하지 아니하여 소송절차 대중화를 위하여 바람직한 특칙인데, 특히 임의출석에 의한 소제기는 직장에 얽매인 분쟁당사자들이 퇴근 후 시간약속에 의한 자진출석으로 소액절차를 개시할 수 있게 길을 열어 준 제도이다. 미국의 경우와 달리 임의출석제가 활용되지 않는 것은 안타까운 일이다.

2. 訴訟代理에 관한 特則

소액사건에서는 변호사가 아니라도 당사자의 배우자·직계혈족·형제자매 또는 호주는 법원의 허가 없이 소송대리인이 될 수 있다(소액 제8조 I). 민사소송법 제87조에 대한 특례이다. 이러한 소송대리인은 당사자와의 신분관계 및 수권관계를 서면으로 증명하여야 한다. 다만 수권관계에 대해서는 판사의 면전에서 구술로 진술하고 법원사무관 등이 이를 조서에 기재한 때에는 따로 이를 증명할 필요가 없다(소액 제8조 II).

3. 1회 審理의 原則

소액사건은 신속처리를 위하여 소의 제기가 있으면 판사는 지체 없이 변론기일을 지정해야 하고 가능한 한 1회의 변론기일로 심리를 종결하도록 해야 한다(소액 제7조 I, II). 이 같은 목적을 달성하기 위하여 지체 없는 소장송달(소액 제6조), 기일 전의 입증촉구(소액 제7조 III) 및 최초의 기일소환장에 의한 사전준비촉구와 증거신청방식의 고지(소심규 제5조 I) 등을 규정하여 변론의 집중을 도모하고 있다.

4. 審理節次에 관한 特則

1) 판사는 필요한 경우에는 근무시간 외 또는 공휴일에도 개정할 수 있도록 함으로써(소액 제7조의 2) 직장인들의 편의를 도모하고 있다. 기일은 필요하면 일요일 그 밖의 일반휴일이라도 지정할 수 있으나(제166조) 휴일 등의 송달의 경우(제190조)와 비교해보면 역시 민사소송법 제166조의 특칙이다.

2) 법원은 소장, 준비서면 그 밖의 소송기록에 의하여 청구가 이유 없음이 명백한 경우에는 구술주의(제134조 I)의 예외로서 서면심리에 의한 무변론 청구기각(소액 제9조 I)을 할 수 있고, 判事更迭時에도 직접주의(제204조)의 예외로서 변론갱신을 생략할 수 있으며(소액 제9조 II), 조서기재도 생략할 수 있다(소액규 제11조, 민소 제28조 I 단). 조서는 당사자의 이의가 있는 경우를 제외하고 판사의 허가가 있는 경우에 그 기재를 생략할

수 있으나 변론방식에 관한 규정의 준수와 화해·인낙·포기·취하 및 자백에 대하여는 기재를 생략할 수 없다(소액 제11조).

3) 원격영상재판에관한특례법에 의하여 직접출석이 어려운 경우 재판관계인이 동영상과 음성을 동시에 수신하는 장치를 구비한 다른 원격지의 법정에 출석하여 재판을 진행할 수 있다(동법 제2조). 법관이 상주하지 않는 지역의 당사자에게 편의를 제공하고자 하는 취지이다.

5. 證據調査에 관한 特則

1) 판사는 필요시 직권증거조사를 할 수 있으나(소액 제10조 I) 그 증거조사의 결과에 관하여는 당사자의 의견을 들어야 한다(동 제10조 I 단). 직권증거조사의 보충성을 폐지하였다.

2) 소액사건은 본인신문의 경우가 많으므로 판사직접신문제(소액 제10조 II)를 채택하여 교호신문제(제327조)를 갈음하였다. 그러나 이 경우 당사자는 판사에게 고하고 보충신문을 할 수 있다(동 제10조 II 단).

3) 구술신문제(제331조, 제340조)의 예외로서 증인·감정인 등에 대한 서면신문제를 채택하였다(소액 제10조 III, 동규칙 제6조). 서면신문제는 출석시키기 힘든 대부분의 증인 등에 의한 절차지연의 요인을 제거하고 제출된 서면에 대한 상대방의 이의 기회를 봉쇄하여 신속한 심리를 위하여 도입된 것으로서 공정증서에 의한 증언제도(제310조)의 특칙이다.

6. 判決宣告에 관한 特則

소액사건은 변론종결 후 즉시 판결을 선고할 수 있으므로(소액 제11조의 2 I) 보통 2주일의 판결선고기간을 둔 민사소송법 제207조의 특칙이 된다. 판결이유요지의 구술설명(소액 제11조의 2 II)과 판결이유기재의 생략(소액 제11조의 2 III)을 통하여 즉시 판결선고의 목적을 달성하게 하였다. 이는 민사소송법 제206조 및 제208조에 대한 특칙이다.

7. 上告 및 再抗告의 制限

소액사건에 대한 지방법원 본원합의부의 제 2 심 판결이나 결정·명령에 대해서는 [1] 법률·명령·규칙 또는 처분의 헌법위반 여부와 명령·규칙 또는 처분의 법률위반 여부에 대한 판단이 부당한 때와 [2] 대법원 판례에 상반되는 판단을 한 때[1]

1) '대법원판례에 상반되는 판단을 한 때'라 함은 구체적인 당해 사건에 적용할 법령의 해석

에 한하여 상고 또는 재항고할 수 있게 하였다(소액 제 3 조). 따라서 하위법규의 상위법규위반과 대법원판례위반 이외에 민사소송법상의 일반법령위반(제423조, 제424조)은 상고이유가 되지 아니한다. 이는 사실상 2심제를 채택한 것인데 많은 입법례도 이와 같고 위헌적 차별이 아니다.

Ⅳ. 少額事件審判制度에 대한 批判

소액사건심판절차는 영미의 Small Claims Court 제도를 받아들여서 서민간의 소액분쟁을 법원의 주도하에 신속하게 해결하려는 특수간이재판절차이다. 민사소송법상의 법적 요건과 기술적 형식에 얽매이지 아니하도록 하면서 법을 모르거나 경제적으로 어려운 대다수 국민과 시간에 쫓기는 직장인들의 편의를 고려하여 그들간의 일상생활상의 소규모 분쟁을 법원의 공정한 사법 서비스를 통하여 신속하고 저렴하게 해결해 줌을 목적으로 한다. 소송의 민주화 내지 대중화에 기초를 제공하고 재판제도에 대한 국민의 인식을 좌우하는 중요한 제도라고 할 수 있다.

소액사건을 이처럼 특별하게 취급하는 제도는 영국에서 기원하여 20세기 초에 미국으로 보급된 것인데, 현재 미국의 거의 모든 주가 독립법원(Small Claims Court)이나 기존 법원조직의 일부로 하여금 경제적 약자의 소송수행의 편의를 위하여 소액사건을 전담하게 한다. 대체로 사물관할이 1,000달러 미만이고 소장작성은 일정한 양식을 기입하거나 법원사무관 등이 대서해 주며, 우편이나 전화에 의한 송달이 허용되고, 본인소송수행의 편의를 위하여 퇴근시간 후의 개정도 가능하며, 엄격한 절차는 대부분 생략된 채 법원의 직권주의적 운영하에 시간과 비용을 최대한도로 줄이는 선에서 처리하고, 상소가 금지되거나 대폭 제한되는 점이 특색이다.

우리나라의 경우에는 소액사건의 사물관할이 2,000만원으로 다른 나라보다 높게 설정되어 있는 관계로 소액사건이 제 1 심 민사본안사건의 거의 3분의 2까지 육박하고 있는 실정이므로 소액심판제도의 중요성은 아무리 강조해도 부족하다. 그러나 그 동안의 운영을 분석해 보면 몇 가지 문제점을 지적할 수 있다.

첫째, 소액사건의 사물관할이 너무 고액이라고 생각된다. 물가상승에 따라 꾸준히 가액을 상향조정하였으나 이를 너무 올리면 서민간의 작은 경제적 분쟁의 해결이 전체적으로 복잡해지고 늦어진다.

에 관하여 대법원이 내린 판단과 상반되는 해석을 한 경우를 말한다. 대판 1994. 9. 13. 94 다 15097; 대판 1996. 12. 6. 96 다 26671; 대판 1997. 12. 26. 96 다 51714.

둘째, 이 제도는 원래 법률구조제도와 더불어 사법에 의한 사회적 정의를 실현하려는 취지를 가지고 출발하였으나 현재의 운영실태를 보면 도리어 소액법원이 점차 대기업의 서민을 상대로 한 소액채권, 예컨대 상품판매대금채권, 할부금채권 등을 추심해 주는 대행기관으로 전락해 가는 감이 있다.

셋째, 소액사건과 같은 서민사회의 경미한 분쟁을 효율적으로 해결하기 위해서는 절차의 간소화 및 탄력적 운영에 계속 노력해야 하고 무엇보다도 서민들이 법원을 무서워 하지 아니하고 쉽게 접근할 수 있도록(Accessibility) 서민생활 속에 파고드는 사법봉사가 요청된다. 이를 위해서는 지속적인 계몽과 지도, 간이법원이나 시군법원의 확대, 원격영상재판의 활용, 임의출석제의 활용, 조정제도와의 연계운영 등 여러 가지 개선책을 마련하여야 할 것이다.

넷째, 승소판결을 받은 당사자가 또다시 집행기관에 찾아가야만 하는 이원적 재판체제, 즉 판결과 집행이라는 2단계 경유에 대한 특례를 베풀어서 소액사건을 위한 즉각적인 이행확보수단을 강구하여 소액심판제도의 실효성을 높일 필요가 있다.

제 2 장 督促節次

제 1 절 督促節次의 제도적 의의

1) 독촉절차라 함은 금전 그 밖의 대체물이나 유가증권의 일정수량의 지급을 목적으로 하는 청구권에 관하여 채무자가 다투지 않을 것으로 예상될 경우 채권자에게 통상의 판결절차보다 간이 신속 저렴하게 집행권원을 얻게 하는 절차이다.

2) 채권자가 강제집행을 통한 만족을 얻기 위해서는 일일이 이행의 소를 제기하여 승소판결에 대한 집행권원을 얻어야 한다. 그러나 채무자가 채권 존부에 관하여 다투지 않는 경우에는 손쉽고 값싼 절차에서 채무명의를 얻게 하는 약식절차가 독촉절차이다. 즉 지급청구권을 소송물로 하는 특별간이소송절차이고 판결절차에 선행하는 대용절차이다.

3) 이러한 간이절차는 채권자의 신청에 의하여 채무자를 심문함이 없이 일방적 서면심리로서 지급명령을 발하는 절차이다. 따라서 채무자에게 회복할 수 없는 손해를 끼치는 일이 없도록 이 절차의 대상이 되는 청구를 일정한 것에 한정하고(제462조), 채무자의 이의신청 등 일정한 사유가 있으면 판결절차로 이행할 수 있도록 하며(제472조), 채무자의 이의가 없거나 이의신청이 취하·각하된 경우 지급명령은 확정되어 집행권원으로 된다(민집 제56조).

4) 독촉절차는 법원의 분쟁해결절차 중 가장 간단하고, 비용이 싸며, 당사자가 법정에 출석할 필요가 없는 편리한 절차이다. 그럼에도 불구하고 독촉사건은 감소해 가는 추세에 있다. 그 원인은 지급명령 후 채무자의 이의신청에 의하여 소송으로 이행되면 결국 시일과 비용이 절약되지도 않는 데 비하여 처음부터 소송을 제기하여도 비교적 신속하게 처리되면서 가집행선고가 붙여지고 있고 소액사건심판법에 의하여서도 동일한 지급청구권에 대하여 신속한 처리가 가능하기 때문인 것으로 분석된다.

제2절 支給命令의 申請

I. 支給命令을 신청할 수 있는 請求(支給의 目的物)

지급명령을 신청할 수 있는 청구는 금전, 그 밖의 대체물이나 유가증권의 일정한 수량의 지급을 목적으로 하는 것이어야 한다(제462조 본). 지급목적물은 공증인이 작성한 공정증서에 의하여 강제집행을 할 수 있는 경우(민집 제56조 [3]) 및 소액사건(소송물가액은 별론)의 경우와 같다. 따라서 청구금액이나 수량의 많고 적음은 불문하며 청구발생원인은 불문한다.

피징발자의 국가에 대한 징발보상청구권[1] 또는 직원의 공법인에 대한 급여금청구권도[2] 지급명령의 대상이 된다. 금전인 경우에는 내국통화이건 외국통화에 의한 금액이건 불문한다. 대체물이나 유가증권의 일정수량의 경우에는 목적물의 개성이 문제되지 않는 청구이어야 한다. 청구권의 발생원인은 묻지 아니하나, 청구권이 이행기에 있어야 하고 조건부 또는 기한미도래의 청구이면 지급명령의 대상이 안 된다. 지급명령은 대한민국에서 공시송달에 의하지 아니하고 상대방에게 송달할 수 있는 경우라야 한다(제462조 단). 송달에 시간이 많이 걸리면 독촉절차의 신속성에 반하기 때문이다.

II. 管轄法院

독촉절차는 청구가액에 불구하고 지방법원 단독판사 또는 시·군판사의 직무관할이며, 토지관할은 채무자의 보통재판적이 있는 곳이나 근무지의 특별재판적(제7조) 또는 사무소·영업소의 특별재판적소재지(제12조)를 관할하는 지방법원에의 전속관할이었으나 여기에 거소지 또는 의무이행지의 특별재판적(제8조), 어음·수표지급지의 특별재판적(제9조), 불법행위지의 특별재판적(제18조) 소재지를 추가하여 그 전속관할을 확대하였다(제463조). 독촉절차는 간이신속하게 채무명의를 얻는 방법이므로 그 활성화를 위하여 전속관할의 인정범위를 넓힌 것이다.

관할의 표준시기는 지급명령을 신청한 때(제464조, 제33조)이며, 전속관할이 없는 법원에 지급명령을 신청하면 그 신청은 각하된다. 제31조는 적용이 없기 때문이다. 다만 법원이 전속관할의 규정에 위반하여 지급명령을 발한 경우에도 당연히 무효라

1) 대판 1970. 3. 10. 69 다 18.
2) 대판 1967. 11. 14. 67 다 2271.

고 할 수 없으며, 채무자는 이에 대하여 이의신청을 하여 불복할 수밖에 없다.

Ⅲ. 支給命令의 申請과 裁判

1. 申請方式

독촉절차는 채권자의 지급명령의 신청에 의하여 개시된다. 그 신청에는 그 성질에 어긋나지 아니하면 소에 관한 규정이 준용된다(제464조). 따라서 그 신청은 관할법원에 서면 또는 구술로 하여야 하며, 신청서에는 당사자, 법정대리인 및 청구를 특정하기 위한 청구취지와 원인을 표시하여야 한다(제249조). 또한 소장에 붙일 인지액의 반액을 신청서에 붙여야 한다(민인 제7조 Ⅱ). 여러 개의 청구 또는 여러 명의 채무자에 대한 채권을 병합하여 지급명령을 신청할 때에는 청구의 병합에 준하고 소송물가액은 그 청구들의 합산액이 된다.

지급명령신청의 변경, 절차의 승계, 취하 등에 관하여도 소에 관한 규정이 준용된다. 지급명령신청이 접수되면 재판상의 청구로서 시효중단의 효력이 생긴다(제265조, 민 제172조).

2. 申請에 대한 裁判

1) 申請書 審査 신청서의 심사와 보정 및 불보정시의 신청서 각하 등(제254조)은 소장의 경우와 동일하다. 일방심문주의에 의한 절차인 점에 비추어 신청서등본은 상대방에게 송달하지 아니한다.

2) 却下하는 경우

가) 지급명령의 신청이 신청요건(제462조)을 갖추지 못하였으면 결정으로 이를 각하한다. 첫째, 독촉절차의 적용요건(제462조)에 반하거나 중복신청한 경우 또는 기한미도래의 채권이나 조건부 채권을 청구의 내용으로 하거나 예비적 청구를 하는 경우에는 신청을 각하하여야 한다(제465조 Ⅰ 전). 둘째, 지급명령을 발하여도 송달불능이 되면 보정을 명할 수 있으나 그 후 보정을 안하거나 송달불능이 되면 신청을 각하한다. 다만 지급명령이 단 한번 송달불능이 되었다고 하여 보정명령을 발함이 없이 신청을 각하함은 위법이다.[1)]

나) 채무자의 보통재판적이 있는 곳의 지방법원이나 근무지, 거소지 또는 의무이행지, 어음·수표지급지, 사무소·영업소 소재지, 불법행위지의 관할법원이 아

---

1) 대판 1986. 5. 2. 86 그 10.

닌 법원에 지급명령의 신청이 있은 때에는 이를 각하하여야 한다(제465조 I 전).

다) 지급명령의 신청취지에 의하여 그 주장 자체가 이유 없음이 명백한 때에도 신청을 각하하여야 한다(제465조 I 전). 이 경우에 채권자가 그 이유 있음에 대하여 증명 또는 소명을 할 필요가 있는 것은 아니다. 청구의 일부에 대하여 지급명령을 할 수 없는 때에는 그 일부에 대한 신청을 각하한다(제465조 I 후).

지급명령의 신청을 각하한 결정에 대하여는 불복을 신청하지 못한다(제465조 II). 지급명령이나 그 각하결정에는 기판력이 생기지 아니하므로 채권자는 다시 지급명령을 신청하거나 소를 제기할 수 있기 때문이다.

3) 支給命令을 하지 아니하여 訴訟移行하는 경우(제466조)——訴提起申請制度

가) 지급명령을 정상적으로 송달하지 못할 경우 지급명령신청을 각하하여 다시 소송을 제기하게 한다면 당사자는 이중의 시간과 비용을 허비할 수 있다. 따라서 채권자는 법원으로부터 채무자의 주소를 보정하라는 명령을 받은 경우에는 소제기신청을 할 수 있다(제466조 I). 아울러 법원도 지급명령을 공시송달에 의하지 않고는 송달할 수 없거나 외국으로 송달하여야 할 경우에는 직권에 의한 결정으로 사건을 소송절차에 부칠 수 있다(제466조 II). 이 결정에는 불복할 수 없다(동조 III). 이는 이미 실무에서 실시해 온 소제기신청제도를 입법으로 보완한 것이다.

나) 당사자의 소제기신청(제466조 I) 또는 법원의 소송절차에 부치는 결정을 한 경우(제466조 II)에는 지급명령을 신청한 때에 소가 제기된 것으로 본다(제472조 I).

다) 소송이행에 따른 후속절차는 제473조에 규정된 바와 같다.

4) 支給命令을 發하는 경우 지급명령신청이 이유 있다고 인정되면 법원은 채무자를 심문함이 없이(제467조) 지급명령을 발하며 당사자에게 송달하여야 한다(제469조 I).

지급명령에는 당사자, 법정대리인, 청구취지와 원인을 기재하고 채무자가 지급명령이 송달된 날로부터 2주일 내에 이의신청을 할 수 있음을 부기하여야 한다(제468조).

지급명령은 송달에 의하여 효력이 발생하며 채무자가 이의를 신청하면 그 범위안에서 효력을 잃는다(제470조).

제 3 절 支給命令에 대한 債務者의 異議

I. 異議申請의 意義

1) 지급명령은 채무자를 심문함이 없이 발하는 것이므로 채무자에게 지급명령에 대한 이의신청을 할 수 있도록 하고 있다(제468조, 제469조 II). 이의신청은 절차의 신속을 위하여 적정이상을 희생당한 채무자에게 주어진 유일한 불복방법으로서 독촉절차를 통상의 판결절차로 이행시켜 변론과 판결을 구하는 신청이다.

2) 지급명령에 대하여 이의신청이 없거나 이의신청을 취하하거나, 각하결정이 확정된 때에는 지급명령은 확정판결과 같은 효력이 있다(제474조). 그러나 확정된 지급명령에도 기판력은 인정되지 않는다.[1] 확정판결에 관한 청구이의사유를 변론이 종결된 이후로 한정하는 것(민집 제44조 II)과 달리 지급명령에 관한 청구권의 불성립 또는 무효 등의 사유를 주장하는 청구이유사유는 지급명령발령 전에 생긴 청구권의 불성립이나 무효 등의 사유를 그 지급명령에 관한 청구이의의 소에서 주장할 수 있다(민집 제58조 III).

II. 債務者의 異議申請의 方式

채무자는 지급명령을 발한 법원에 대하여 지급명령이 송달된 날로부터 2주일 이내에(제468조) 서면 또는 구술로 불복취지를 표시하여 신청한다. 이의신청서에 일부변제사실을 이의사유로서 기재하여도 이것은 이의의 요건이 아니므로 변론기일에서 주장하지 아니하면 그 효력이 없다.[2] 지급명령의 일부에 대한 이의도 무방하다.

2주일의 이의신청기간은 불변기간이므로(제470조 II) 이의신청기간을 도과한 것이 체무자에게 귀책사유가 없을 경우에는 채무자가 비용과 입증책임을 부담하는 청구이의의 소 대신에 이의신청의 추후보완제도를 이용할 수 있다.

지급명령이 있은 후 채무자에게 송달되기 이전에 이의신청을 해도 무방하다. 지급명령의 결정원본을 법원사무관에게 교부한 때에 지급명령이 외부에 대한 관

1) 대판 2009. 7. 9. 2006 다 73966.
2) 대판 1970. 12. 22. 70 다 2297.

계에서 성립한다고 볼 것이기 때문이다.[1)]

Ⅲ. 異議申請의 效力과 訴訟으로의 履行

채무자가 지급명령을 송달받은 날부터 2주일의 불변기간 내에 이의신청을 한 때에는 지급명령은 그 범위 내에서 효력을 잃는다. 이의신청의 적법 여부를 조사하여 이의신청이 방식에 어긋나거나 기간경과 등으로 부적법한 것으로 인정되면 법원은 결정으로 이의신청을 각하하며, 이 결정에 대하여는 즉시항고를 할 수 있다(제471조).

지급명령에 대한 적법한 이의신청이 있는 때에는 지급명령을 신청한 때에 이의 있는 청구목적의 값에 관하여 소가 제기된 것으로 본다(제472조 Ⅱ).

Ⅳ. 訴訟履行 후의 後續措置(제473조)

1) 지급명령을 발한 법원은 채권자에게 상당한 기간을 정하여 소를 제기하는 경우 소장에 붙여야 할 인지액에서 소제기신청 또는 지급명령신청시에 붙인 인지액을 뺀 액수의 인지를 보정하도록 명하여야 한다(제473조 Ⅰ). 채권자가 이 재정기간 내에 인지를 보정하지 아니한 때에는 법원은 결정으로 지급명령서를 각하하여야 한다. 각하결정에는 즉시항고할 수 있다(동조 Ⅱ).

2) 인지가 보정되면 법원사무관 등은 바로 소송기록을 관할법원에 보내야 한다. 이 경우 사건이 합의부의 관할에 해당되면 법원사무관 등은 바로 소송기록을 관할법원 합의부에 보내야 한다(동조 Ⅲ). 그리하여 법원은 변론기일을 지정하여 통상의 판결절차에 따라 심리하게 된다. 소송으로 이행된 뒤에 이의신청이 부적법함이 드러난 경우에는 절차의 안정을 위하여 단독판사가 이의의 적법함을 인정하면 이것이 본안소송을 심판하는 법원을 구속한다고 본다.[2)]

3) 소송으로의 이행 후 독촉절차의 비용은 소송비용의 일부로 한다(제473 Ⅳ).

Ⅴ. 異議申請의 取下

일반적으로 채무자는 이의신청각하결정 전이나 소송에 이행하기까지는 자유로이 이의신청을 취하할 수 있을 것이다(제474조). 그러나 지급명령에 대하여 적법한 이의신청이 있으면 이의의 범위 내에서 지급명령이 실효되고(제470조), 지급명령을

1) 대결 1969. 12. 8. 69 마 703.

2) 同旨 李時 918면, 鄭/庾 1014면.

신청한 때에 소를 제기한 것으로 간주되므로(제472조 II), 이의신청을 취하할 수 있느냐는 문제이다. 이의신청각하결정 전 또는 지방법원이 이의신청을 적법한 것으로 인정하여 독촉기록을 관할법원에 송부하기까지 채무자는 이의신청을 취하할 수 있고, 그 이후에는 이의신청의 취하에 의하여 지급명령의 효력을 부활시킬 수 없을 것으로 본다. 또한 채무자는 이의신청을 취하하는 대신 청구를 인낙할 방법도 있으므로 소극설이 타당하다.[1] 즉 독촉법원이 이의신청을 적법한 것으로 인정하여 지급명령이 신청된 때에 소가 제기된 것으로 보아 기록을 관할법원에 송부한 후에는 그 이의신청을 취하할 수 없다고 해석하여야 한다. 그렇지 아니하고 적법한 이의신청을 함으로써 지급명령이 그 효력을 잃고 관할법원에 소로서 계속되고 있는 중에도 그 이의신청의 취하를 허용한다면 채무자가 되풀이하여 이의신청을 함으로써 도리어 채권자를 괴롭힐 수도 있을 뿐만 아니라 이의신청으로서 독촉절차를 종료시키고 이의신청취하로서 독촉절차를 확정시키려는 법의 취지에도 어긋나기 때문이다.[2]

제 4 절 電子督促節次

독촉절차에서의 전자문서이용 등에 관한 법률(이하 "전자독촉법"이라 함)에서는 민사소송법 제462조에 의한 지급명령을 신청하고자 하는 자에게 전산정보처리조직을 이용하여 전자문서로 작성하여 제출하도록 허용하며, 지급명령의 신청 및 독촉절차의 신청인과 법원사이에서 소송상 서류의 송달 등에 있어서 특칙을 정한다. 동 법이 정하는 특칙이외의 사항에 관하여는 민사소송법이 정하는 일반적인 독촉절차에 관한 규정이 적용된다. 위 특별법에 따라 컴퓨터 등 정보처리능력을 갖춘 장치에 의하여 전자적인 형태로 작성하여 제출된 전자문서는 민사소송법에 따라 제출된 서류와 같은 효력을 인정된다(전자독촉법 제 3 조 II). 전산정보처리조직을 이용하여 제출된 전자문서는 전산정보처리조직에 전자적으로 기록된 때에 접수된 것으로 본다(전자독촉법 제 5 조 I). 법원은 전산정보처리조직이 이용되는 절차에서 지급명령서 등의 서류를 전자문서로 작성할 수 있다(전자독촉법 제 6 조). 신청인은 법원에 제출하는 전자문서에 전자서명법 제 2 조 제 3 항이 정하는 공인전자서명을 하여야 하며, 법원사

1) 同旨 方 712면, 李英 353면.
2) 대판 1977. 7. 12. 76 다 2146, 2147.

무관 등은 지급명령서 등의 서류를 전자문서로 작성하는 경우에 전자정부구현을 위한행정업무등의전자화촉진에관한법률 제2조 제6호에 따른 행정전자서명을 하여야 한다(전자독촉법 제7조). 법원사무관 등은 신청인에게 전산정보처리조직을 이용하여 신청인이 동의하지 않는 경우를 제외하고 전자적으로 지급명령서 등의 서류를 송달할 수 있다(전자독촉법 제8조 Ⅰ). 법원사무관 등은 신청인에게 송달하여야 할 지급명령서 등의 서류를 전산정보처리조직에 입력하여 등재한 다음 그 등재사실을 전자적으로 통지해야 한다(전자독촉법 제8조 Ⅱ). 송달받을 자가 등재된 전자문서를 확인한 때에 송달된 것으로 보는데, 그 등재사실을 통지한 날부터 2주 이내에 확인하지 아니하는 때에는 등재사실을 통지한 날부터 2주가 경과한 날에 송달된 것으로 본다(전자독촉법 제8조 Ⅱ, Ⅲ). 전산정보처리조직의 장애로 인하여 전자적 송달이 불가능하거나 그 밖에 대법원규칙이 정하는 경우에는 민사소송법에 따라 송달할 수 있다(전자독촉법 제8조 Ⅳ). 이와 같은 독촉절차에서도 지급명령의 피신청인에게 지급명령서 등의 서류는 신청인에 의해 제출된 전자문서를 출력하여 일반적인 독촉절차에서와 같이 민사소송법에 따라 송달해야 한다.

제5절 電子訴訟節次

전자소송이란 소장을 비롯한 소송서류가 전자문서의 형태로 작성, 제출, 관리, 열람, 보존되는 소송방식을 말한다. 2010년 3월 24일 제정되어 시행중인 민사소송등에서의 전자문서이용등에 관한 법률은 형사소송을 제외한 모든 소송절차와 비송절차에 전자문서를 도입한다. 특허법 제9장이 적용되는 특허소송절차에서 시작되었고, 2011년 5월 2일 민사본안소송에, 2012년 1월 2일 민사보전소송으로 그 적용이 단계적으로 확장되었고, 2014년 4월 28일부터는 회생·파산사건에도 전자소송이 적용된다. 법원의 전산정보시스템을 이용하여 전자문서를 서류로 접수하고, 전자적 방법으로 송달하며 재판서도 전자문서로 작성·송달한다. 송달할 전자문서를 전자소송시스템에 등재한 후 그 사실을 이메일, 휴대전화 문자메시지 등으로 송달받을 자에게 통지한다.[1] 사건기록도 전자문서화되며, 전자문서

1) 송달받을 자가 전자소송시스템에서 전자문서를 확인하면 송달처리된다. 통지일로부터 1주일이 지날 때까지 송달확인하지 않으면 통지일로부터 1주일이 지나면 송달된 것으로 본다(전자 제11조).

에 의한 증거조사를 이용할 수 있다.

당사자나 소송대리인은 대법원이 운영하는 전자소송홈페이지(http://ecfs.scourt.go.kr)에 접속하여 사용자등록과 전자소송에의 동의절차를 거쳐서 각종 소송서류를 제출하며, 신용카드결제, 계좌이체 등의 방식으로 인지액·송달료를 납부한다. 소송절차에서의 각종 통지와 상대방 문건을 문자메시지, 이메일로 통지받고 홈페이지에서 확인할 수 있으며, 사건기록을 사무실이나 집에서 무료로 열람하고 다운로드할 수 있다. 당사자들이 원하는 경우 전자소송에의 동의절차를 통해 전자소송절차가 이용되는 것이므로, 전자소송절차의 시행으로 이제까지의 전통적인 소송절차가 없어지지 않는다.[1] 그러나 전자소송에 일단 동의하면 해당 소송에서는 이후 종이서류를 제출할 수 없고, 전자문서로 변환하여 소송서류를 제출할 의무가 부과된다.

전자소송절차는 IT기술의 획기적 발전에 따른 국민의 사법서비스 요구수준의 변화에 순응하는 제도이다. 동 절차는 민사소송 등의 정보화를 촉진하고 신속성, 투명성, 효율성을 높여 국민의 권리실현에 이바지하리라 기대된다.

1) 따라서 편면적으로 전자소송절차가 진행될 수 있다.

제 3 장　刑事賠償命令節次

I. 意　　義

이는 제 1 심 또는 제 2 심의 형사공판절차에서 소송촉진등에관한특례법 제25조 1항에 규정된 범죄에 관하여 유죄판결을 선고할 경우에 법원이 직권 또는 피해자나 그 상속인의 신청에 의하여 피고사건의 범죄행위로 인하여 발생한 물적 피해, 치료비 손해나 위자료의 배상을 명하는 것을 가리킨다(특례법 제25조 I). 이 제도는 형사소송에 부대하여 인정되는 이른바 부대사소로서 범죄와 그로 인한 손해에 관한 소송을 병합 심리하여 민형사재판간의 모순저촉을 피하면서 범죄로 인한 손해를 간이 신속하게 배상해 줌을 목적으로 한다.

배상명령의 신청은 집행력을 구하는 데 그치므로 엄밀한 의미의 소는 아니나 소의 제기와 동일한 효과가 있다.

배상명령에는 피고인과 피해자간에 합의가 없는 경우의 배상명령(특례법 제25조 I)과 합의된 손해배상액에 대한 배상명령(특례법 제25조 II)이 있다. 전자가 원칙적 모습이지만 일정한 범죄에 한정되고, 후자는 예외적 모습으로서 유죄판결에서 어떤 범죄로 인한 손해라도 합의된 배상액의 배상을 명할 수 있고(특례법 제25조 II) 피고사건에 대하여 유죄판결을 선고하지 아니하는 경우에도 명할 수 있다(특례법 제33조 II, III).

이 제도는 피해액에 대한 제한 없이 범죄로 인한 피해를 형사공판절차에서 일반적으로 배상받을 수 있게 하여 민형사사건의 엄격한 분화의 추세에 역행하는 감이 있고, 너무나 무리하게 제도를 도입한 감이 있다. 실무상으로도 잘 활용되고 있지 아니하다.

II. 要　　件

형사피고인과 피해자간에 합의하지 아니한 경우의 배상명령의 요건은 다음과 같다.

첫째, 제 1 심이나 제 2 심의 형사공판절차에서 일정한 범죄에 관하여 유죄판결을 선고할 경우이어야 한다. 일정한 범죄는 상해(형 제257조 I), 중상해(형 제258조 I, II), 상해치사(형 제259조 I), 폭행치사상(형 제262조, 단 존속치사상죄 제외), 과실사상의 죄(형 제26장), 절도와 강도죄(형 제38장),

사기와 공갈죄(형 제39장), 횡령과 배임죄(형 제40장), 손괴죄(형 제42장)를 가리킨다(특례법 제25조 I). 이와 같은 범죄에 관하여 유죄판결을 선고하는 경우에 한하므로 무죄·면소·공소기각의 재판을 할 때에는 배상명령을 할 수 없다(특례법 제33조 II).

둘째, 피고사건의 범죄행위로 인하여 직접적인 물적 피해, 치료비 손해 혹은 위자료가 발생하였어야 한다.

셋째, 피해자의 성명과 주소의 불명, 피해액의 불특정, 피고인의 배상책임의 유무나 그 범위의 불명, 형사공판절차의 현저한 지연우려 또는 형사소송절차에서 배상명령을 하는 것이 상당하지 아니하다고 인정한 때에는 배상명령을 할 수 없다(특례법 제25조 III).

넷째, 범죄사건으로 인하여 발생한 피해에 관하여 민사소송 등 다른 절차에 의한 손해배상청구가 계속되지 아니하여야 한다(특례법 제26조 VII). 이미 채무명의를 갖고 있으면 배상신청의 이익이 없다.[1]

Ⅲ. 節 次

1. 申請의 方式(제26조)

1) 배상명령은 직권으로도 할 수 있으나 신청권자의 신청을 요한다(제25조 I). 신청권자는 피해자 또는 그 상속인으로서 신청은 제 1 심 또는 제 2 심의 형사공판 변론종결시까지 형사사건이 계속된 법원에 할 수 있다.

2) 신청은 서면 또는 구술로 할 수 있다. 신청서에는 특례법 제26조 3항에 규정된 사항을 기재하고 신청인 또는 그 대리인이 서명날인하여야 하며 여기에는 필요한 증거서류를 첨부할 수 있다. 신청서에는 인지를 붙이지 아니한다(특례법 제26조 I 단). 신청서부본은 지체 없이 피고인에게 송달하여야 한다(특례법 제28조). 피해자가 증인으로 법정에 출석한 때에는 구술로 배상을 신청할 수 있고 이 때에는 공판조서에 신청취지를 기재한다(특례법 제26조 V).

3) 신청인은 법원의 허가를 받으면 그 배우자·직계혈족·형제자매 또는 호주에게 배상명령신청에 관한 소송행위를 대리하게 할 수 있다(특례법 제27조 I).

2. 申請의 效力

배상명령의 신청은 민사소송에 있어서의 소제기와 동일한 효력이 있다(특례법 26조 VIII). 따라서 시효중단과 기간준수의 효력이 있다. 그러나 배상명령에는 기판력이 발생

1) 대판 1982. 7. 27. 82 도 1217.

하지 아니하므로 배상명령을 신청한 다음 별소로 민사소송을 제기한다 하더라도 중복제소에 해당되지 아니한다. 신청인은 배상명령이 확정될 때까지 언제라도 신청을 취하할 수 있다(특례법 제26조 Ⅵ).

3. 裁判節次

1) 배상신청이 있는 때에는 신청인에게 공판기일을 통지하여야 하며 신청인이 기일에 불출석한 때에는 그 진술 없이 재판할 수 있으므로(특례법 제29조) 배상명령절차에는 민사소송법상 기일해태로 인한 자백간주, 쌍불취하 등의 제재가 따르지 아니한다.

2) 신청인은 공판절차를 현저히 지연시키지 않는 범위 내에서 재판장의 허가를 받아 소송기록열람, 피고인 또는 증인의 신문 그 밖에 필요한 증거제출이 가능하다(특례법 제30조 Ⅰ).

3) 신청이 부적법한 때 또는 그 신청이 이유 없거나 배상명령을 함이 상당하지 아니할 때에는 결정으로 각하한다(특례법 제32조 Ⅰ). 다만 별도의 결정이 아니고 유죄판결의 선고와 동시에 각하할 때에는 유죄판결의 주문에 표시할 수 있다(특례법 제32조 Ⅱ). 각하재판에 대한 불복은 허용되지 아니하며 다시 동일한 배상신청을 할 수 없다(특례법 제32조 Ⅲ). 별도의 민사소송 등 권리구제의 길이 있기 때문이다.

4) 배상명령은 유죄판결선고와 동시에 하여야 하며(특례법 제31조 Ⅰ), 금전지급을 명하되 배상의 대상과 금액을 유죄판결의 주문에 표시해야 한다. 배상명령에는 이유를 기재하지 아니한다(특례법 제31조 Ⅳ). 배상명령에는 가집행선고를 붙일 수 있으며 이 경우에는 민사소송법 제213조 3항, 제215조, 제500조 및 제501조의 규정을 준용한다(특례법 제31조 Ⅳ). 배상명령을 한 때에는 유죄판결의 정본을 피고인과 피해자에게 지체 없이 송달하여야 한다(특례법 제31조 Ⅴ).

4. 上 訴

피고인이 유죄판결에 대하여 상소를 제기하면 배상명령에도 그 효력이 미쳐서 확정차단과 이심의 효력이 생긴다(특례법 제33조 Ⅰ). 따라서 상소심에서 원심의 유죄판결을 취소하고 무죄, 면소 또는 공소기각의 재판을 한 때에는 배상명령을 취소하여야 하며 취소주문을 내지 아니하여도 취소한 것으로 본다(특례법 제33조 Ⅱ). 다만 상소심에서 유죄판결을 유지하더라도 배상명령이 잘못된 경우에는 이것만 따로 취소·변경할 수 있다(특례법 제33조 Ⅳ). 제1심 판결을 취소하면서 그 주문에 배상명령에 대하여

언급이 없음은 판결에 영향을 미친 공판절차의 위법이다.[1]

피고인은 배상명령에 대해서만 불복할 수 있으며 그 불복방법은 상소제기기간 안에 형사소송법 제405조, 제406조, 제410조에 의한 즉시항고를 하면 된다(특례법 제33조 V). 그러나 신청인은 일부인용의 재판에 대하여 불복할 수 없다(특례법 제32조 III).

5. 效 力

확정된 배상명령 또는 가집행선고 있는 배상명령이 기재된 유죄판결서의 정본은 강제집행에 관하여는 집행력 있는 민사판결의 정본과 동일한 효력이 있다(특례법 제34조 I). 따라서 집행력만 있고 기판력은 없다. 그러므로 배상명령에 의하여 인용한 금액을 초과하는 부분에 대해서는 별소에 의한 손해배상청구가 가능하다(특례법 제34조 II).

배상명령에 대한 청구이의의 소는 형사지방법원의 소재지를 관할하는 민사지방법원을 제 1 심 판결법원으로 하며(특례법 제34조 III), 이 같은 소의 제기시에는 민사집행법 제44조 2항의 예외로서 변론종결 전에 생긴 사유를 가지고도 이의사유로 삼을 수 있다(특례법 제34조 IV).

1) 대판 1984. 6. 26. 83 도 2998.

제 9 편

公示催告節次

제 9 편 公示催告節次

제 1 절 公示催告節次의 意義 및 性質

1) 공시최고란 법원이 당사자의 신청에 의하여 불특정 또는 불분명한 상대방에 대하여 권리 또는 청구의 신고를 최고하고, 그 신고가 없는 경우에는 실권의 효과가 발생할 수 있다는 취지의 경고를 붙여 공고하는 재판상의 최고를 말하며, 이러한 최고를 발하고 미리 경고된 실권의 효과를 제권판결로서 선고하는 절차이다.

2) 민사소송법상의 공시최고는 법률이 인정한 때에 한하여(제475조) 할 수 있다. 법률이 인정하는 경우로는 세 가지가 있다. 첫째, 실종선고를 위한 공시최고이고(가소 제 2 조 I 나(1) 라류 3호, 부재선고등에관한특조법 각 참조), 둘째, 등기·등록의 말소를 위한 공시최고이며(부등 제167조, 선박등 제 5 조, 광등령 제64조, 어등령 제68조, 특허등령 제47조, 실용등령 제 4 조, 의장등령 제 5 조, 상표등령 제10조 등), 셋째, 증권·증서의 무효선고를 위한 공시최고로서, 도난·분실·멸실된 증권 또는 증서의 무효의 선고가 있는 제권판결로서 그 증권 등의 소지에 갈음하는 효력을 인정하여 권리행사를 가능하게 한 것이다(제492조).

3) 민사소송법규정은 증권 등에 대하여 공시최고절차에 의한 무효선고를 실체법이 허용하고 있음을 전제로 하여 그 절차면을 규정한 것이다. 민법은 각종 지시채권, 무기명채권, 그리고 지명소지인출급채권에 관하여 공시최고절차에 의하여 제권판결을 받음으로써 무효로 할 수 있게 하고 있고(민 제521조), 상법은 금전·물건, 그 밖에 유가증권의 지급을 목적으로 하는 유가증권에 관하여 민법규정을 적용하도록 함과 동시에(상 제65조) 주권에 관하여 제권판결을 인정하고 있다(상 제360조).

4) 공시최고절차는 권리자로 하여금 권리행사의 길을 터주기 위하여 사법상 법률관계의 형성에 법원이 협력하는 것이고, 대립당사자간의 법률관계를 확정 또는 실현하는 것이 아니므로 본질상 비송사건이다. 그러나 형식상 민사소송법에 편입되어 있으므로 이 법의 관계규정이 적용되며, 비송사건절차법의 적용이 있는 것은 아니다.

제2절 公示催告節次와 裁判

I. 專屬管轄法院

공시최고절차는 법률에 다른 규정이 있는 경우를 제외하고는 실권될 권리자의 보통재판적 있는 지방법원 단독판사의 사물관할에 전속한다(제476조 I 본). 다만 등기 또는 등록을 말소하기 위한 공시최고는 그 등기·등록을 한 공공기관이 있는 곳의 지방법원에 신청할 수 있다(제476조 I 단).

도난·분실 또는 멸실된 증권, 그 밖에 상법 또는 다른 법률(민 제521조; 상 제65조, 제360조)에 무효로 할 수 있다고 규정한 증서의 무효선고를 청구하는 공시최고절차의 경우(제492조)에는 그 증권이나 증서에 표시된 이행지의 지방법원의 관할에 전속한다(제476조 II 본). 그러므로 어음과 수표의 경우에는 그 지급지(어 제1조[5], 제2조 III; 수 제1조 [4], 제2조 II, III), 화물상환증의 경우에는 그 도착지(상 제128조 II [1], 제126조 II [2]), 창고증권에 있어서는 그 보관장소(상 제156조 II [3]) 등이 이행지에 해당된다. 다만 증권 등에 이행지의 표시가 없는 때에는 그 발행인의 보통재판적 있는 지방법원의 관할에 전속하고 그 법원이 없을 때에는 발행인의 발행 당시에 보통재판적이 있던 곳의 지방법원의 관할에 전속한다(제476조 II 단).

II. 공시최고의 申請과 裁判

공시최고는 서면신청에 의하여 개시된다. 신청서에는 신청이유와 제권판결을 구하는 취지를 밝혀야 한다(제477조 I). 동일법원에 여러 개의 공시최고신청이 있는 때에는 시간과 비용 등을 절약하고 당사자의 편의를 도모하기 위하여 이를 병합할 수 있다(제477조 III).

법원은 직권으로 신청서의 인지, 관할, 신청서의 기재사항 등의 형식적 요건과 신청을 허용하는 증서인지의 여부, 신청인에 대한 신청권의 유무 등 실질적 요건을 변론을 경유하지 아니하고 조사하여야 한다. 형식적 요건이 흠결된 때에는 보정을 하도록 하고, 이에 불응시에는 명령으로 공시최고신청서를 각하하여야 한다. 공시최고의 허부에 대한 재판은 신청인을 심문한 다음 결정으로 한다. 불허결정에 대하여는 즉시항고를 할 수 있다(제478조 I).

III. 공시최고의 實施

공시최고의 신청을 허가한 때에는 법원은 공시최고를 하여야 한다(제479조 I). 공시최고에는 신청인의 표시, 권리 또는 청구의 신고를 공시최고기일까지 하여야 한다는 최고, 신고를 하지 아니하면 실권될 사항, 그리고 공시최고기일을 기재하여야 한다(제479조 Ⅱ).

공시최고는 대법원규칙으로 정하는 바에 따라 공고하여야 한다(제480조). 신문공고 등도 그 효율성과 경제성을 감안하여 신축적으로 운영할 필요가 있고 정보통신매체를 이용하는 등 다양한 공고방법을 도입할 필요가 있으므로 공시최고의 공고방법을 대법원규칙에 위임한 것이다. 공시최고기간은 공고가 끝난 날부터 3개월 뒤로 정하여야 한다(제481조). 3개월보다 장기로 하는 것은 무방하다. 법원이 공시최고의 공고를 하지 아니하거나 법률에 정한 방법으로 공고를 하지 아니한 때(제490조 Ⅱ [2]) 또는 공시최고기간을 지키지 아니한 때(제490조 Ⅱ [3])에는 제권판결에 대한 불복의 소의 사유가 된다.

Ⅳ. 申 告

공시최고신청의 이유로 주장한 권리 또는 청구를 다투는 자는 그 취지 및 자기의 권리 또는 청구의 신고를 하여야 한다. 그 신고는 공시최고에 표시된 공시최고기일까지 하여야 하나, 그 기일이 종료한 후에도 제권판결 전에 권리 또는 청구의 신고를 하여 실권을 방지할 수 있다(제482조).

공시최고신청이유로 주장한 권리 또는 청구를 다투는 신고가 있는 때에는 법원은 그 권리에 관한 재판의 확정시까지 공시최고절차를 중지하거나 신고한 권리를 유보하고 제권판결을 하여야 한다(제485조). 은행에 지급제시를 하거나 어음·수표금 지급청구소송을 제기한 것은 권리나 청구의 신고가 아니다.[1)]

Ⅴ. 除權判決

1. 審理節次

1) 공시최고기일에는 공시최고신청인과 권리신고인 등이 출석하여야 한다. 신청인은 공시최고기일에 출석하여 그 신청의 원인과 제권판결을 구하는 취지를 진술하여야 한다(제486조). 이로써 제권판결의 신청에 대한 변론이 개시되는 것이다. 변론에는 공시최고신청인과 권리신고인, 그 밖의 이해관계인의 관여를 예정하고 있으나, 대부분 상대방이 없으므로 대립당사자를 전제로 하는 통상소송의 변론과 다르게 진행될 경우가 많을 것이다.

1) 대판 1983. 11. 8. 83 다 508; 대판 1983. 11. 8. 83 다카 1705.

2) 법원은 신청인의 진술이 있은 후에 제권판결의 신청이 이유 없다고 인정한 때에는 결정으로 신청을 각하하여야 하고, 이유 있다고 인정한 때에는 제권판결을 선고하여야 한다(제487조 I). 제권판결의 신청을 각하한 결정이나 제권판결에 부가한 제한 또는 유보에 대하여는 즉시항고를 할 수 있다(제488조). 법원은 제권판결의 요지를 대법원규칙이 정하는 바에 따라 공고할 수 있다(제489조). 신문공고의 효율성과 경제성을 감안하고 다양한 공고방법을 도입할 필요가 있으므로 대법원규칙에 일임하였다. 법원은 이러한 재판 전에 직권으로 사실을 탐지하도록 명할 수도 있고(제487조 II), 석명을 구하거나 증거조사를 할 수 있다. 이 경우 통상의 소송에서와 같은 자백이나 자백간주는 법원을 구속하지 아니한다.

결국 공시최고절차에 있어서의 법원의 심리는 공시최고의 신청에 대하여 공시최고를 발할 것인가의 여부를 결정하는 단계와 공시최고기일에 이르러 제권판결의 신청이 있는 때에 제권판결을 내릴 것인가의 여부를 결정하는 단계로서 이루어진다.

3) 공시최고신청은 언제나 취하할 수 있다. 또한 신청인이 공시최고기일에 불출석하거나 기일변경신청이 있는 때에는 법원은 공고 없이 2개월의 기간 내에 새로운 기일을 지정할 수 있는바(제483조), 신청인이 이 신기일에 불출석한 때에는 공시최고신청을 취하한 것으로 본다(제484조).

2. 效　　力

제권판결은 판결로 그 권리를 유보하는 자 이외에 권리자가 없음을 확정하며 이해관계인이 가질 수 있는 권리를 소멸·변경시키는 형성적 효력을 가진다. 그러나 신청인이 소지인이라는 사실이나 증서의 내용까지 확정하는 것은 아니다. 이 판결은 선고에 의하여 확정되며, 제490조 2항에 열거된 사유가 없는 한 상소나 재심을 청구하지 못한다.

VI. 除權判決에 대한 不服의 訴

1. 意　　義

1) 제권판결에 대하여는 원칙적으로 상소를 할 수 없으므로 선고와 동시에 형식적 확정력이 생긴다. 그 이유는 불특정 또는 미지의 이해관계인에게 상소권을 주면 오랜 기간 판결의 확정이 방해되어 신청인의 권리행사를 필요 이상으로 저해하게 되기 때문이다. 다만 일정한 사유(제490조 II [1]-[8])가 있는 때에는 일정한 기간 안

에 불복을 신청할 수 있도록 하여 제권판결의 효력을 소급적으로 소멸하게 하고 있다. 불복의 소는 제권판결의 효력을 배제하는 판결을 구하는 형성의 소이다.

2) 제권판결에 대한 불복의 소는 불복사유와 불복기간이 법정되어 있는 등 재심의 소와 비슷하다. 그러나 차이점은 i) 부활되는 종전의 소송이 없고, ii) 통상의 판결절차에서 성립한 판결에 대한 것이 아니라 증권상실자의 일방적 관여로 이루어지는 판결에 대한 것이며, iii) 반대의 이해관계자에게 판결을 송달하지 않으므로 그에 대하여 통상의 상소절차를 이용하게 하는 것이 불합리하기 때문에 별도로 불복방법을 마련하고 있는 점에서 재심의 소와는 차이가 있다.

2. 節　次

1) 제권판결에 대한 불복의 소의 피고는 공시최고 신청인이고, 원고는 권리 또는 청구의 신고의 최고를 받은 이해관계인이다. 불복의 소는 최고법원의 전속관할에 속한다(제490조 II).

2) 불복의 소는 통상의 소송절차에 따라 행하여지므로 소의 일반적 요건을 갖추어야 한다. 소송경제와 판결의 모순저촉을 피하기 위하여 불복의 소에 다른 민사상의 청구를 병합하여 심리할 수 있다.[1)]

3) 불복의 소에서 판단되는 것은 원고가 실질적 권리자인가의 여부가 아니고 불복의 소가 법 제490조에 제한적으로 열거된 형식적 불복사유에 해당하느냐의 여부이다. 소제기가 적법하여 본안판결에 들어가서 심리한 결과, 불복신청의 사유가 없다고 인정한 때에는 원고의 청구를 기각하며, 있다고 인정한 때에는 판결로써 제권을 취소하여야 한다.

3. 不服事由(제490조 II)

1) **法律上 公示催告節次를 許可하지 아니할 경우일 때** 이 같은 경우라 함은 일반적으로 이를 인정하는 법률상 규정이 없는 경우이며(예컨대 공시최고의 대상이 아닌 지가증권을 공시최고한 경우 등), 제권판결이 추상적 적법성을 지니고 있는 한 개별적 공시최고절차 안에서 한 사실인정의 부당성이나 법령위반 등의 경우는 포함되지 않는다.[2)] 법 제492조 1항에서 증서의 무효선언을 위한 공시최고의 대상으로 삼고 있는 증서가 도난·분실된 것이 아니라 횡령·편취당한 것임이

1) 대판 1989. 6. 13. 88 다카 7962.
2) 대판 1989. 5. 23. 88 다카 16409.

공시최고 신청서 기재에 의하여 명백한 경우 이는 구체적·개별적 절차안에서 법원이 증서가 도난·분실된 것으로 사실을 오인한 것이 아니라 추상적·일반적으로 공시최고를 인정할 법률상의 근거가 없는 것으로서 법 제490조 2항 1호의 사유에 해당한다.[1] 그리고 약속어음을 소위 '네바다이'당한 후 약속어음을 사기당하였음을 공시최고신청의 이유로 하여 제권판결을 받은 경우에도 본조 2항 1호의 불복사유가 된다.[2]

2) 公示催告의 公告를 하지 아니하거나 법률이 정한 方法으로 공고를 하지 아니한 때

3) 公示催告期間을 지키지 아니한 때

4) 판결을 한 判事가 法律에 따라 職務執行에서 除斥된 때

5) 專屬管轄에 관한 규정에 어긋난 때

6) 權利 또는 請求의 신고가 있음에도 법률에 어긋나는 판결을 한 때

당해 공시최고절차에서 적법한 권리 또는 청구의 신고가 있음에도 불구하고 법원이 공시최고절차를 중지하거나 그 권리를 유보하여 제권판결을 하지 아니하고 무조건의 제권판결을 하면[3] 본호의 사유에 해당한다.

7) 거짓 또는 不正한 方法으로 除權判決을 받은 때 이는 당사자의 피해를 구제하고자 1990년 법개정시에 신설된 사유로서 엉터리 사취계를 내는 등 도난이나 분실사실이 없이 허위신고를 하여 제권판결을 받은 경우 등이 이에 해당한다.[4] 또 증권 등의 전소지인이 그 소지인을 알면서도 소재를 모르는 것처럼 공시최고신청을 하고 제권판결을 받은 경우도 이에 해당한다.[5]

8) 법 제451조 1항 4호 내지 8호의 再審事由가 있는 때 이는 법관·당사자·법정대리인·증인·감정인·통역인 그 밖의 제3자 등 널리 재판관여자의 가

1) 대판 1989. 7. 11. 87 다카 2445.
2) 대판 1991. 2. 26. 90 다 17620.
3) 대판 1968. 6. 18. 68 다 607.
4) 법원을 기망하여 수표의 제권판결을 얻는 것은 수표소지인에 대한 불법행위가 된다. 대판 1989. 6. 13. 88 다카 7962.
5) 대판 1997. 7. 25. 97 다 16985. 다만 공시최고신청인이 비공식적 경로를 통하여 소지인임을 주장하는 자로부터 연락을 받고 나서도 공시최고신청을 하여 제권판결을 받은 경우에는 본호의 불복사유에 해당하지 않는다고 하는 것으로 대판 1996. 8. 23. 96 다 23900.

벌적 행위로 인하여 제권판결을 한 경우를 가리킨다. 본호도 역시 1990년 법개정 시에 신설된 경우이다.[1)]

4. 提訴期間

불복의 소는 원고가 제권판결이 있음을 안 날로부터 1개월의 불변기간 또는 제권판결선고일로부터 3년 내에 제기하여야 한다(제491조). 다만 법 제490조 2항 4호, 7호, 8호의 사유를 이유로 하는 경우에는 원고가 그 사유가 있음을 안 날로부터 기산한다.

제 3 절 證券의 無效宣告를 위한 公示催告의 特則

I. 序 說

지금까지 검토한 법 제475조 이하의 공시최고에 관한 일반적 규정은 유가증권의 무효선고를 위한 공시최고 외에 등기·등록의 말소를 위한 공시최고에도 적용된다. 이외에 실종선고를 위한 공시최고에 관하여는 가사소송법 및 동규칙 제53조 내지 제59조에서 특별규정을 베풀고 있다. 본절에서 다루고자 하는 민사소송법 제492조 이하는 유가증권의 무효선고를 위한 공시최고절차에 관한 특별규정이다.

유가증권은 권리와 증권이 결합되어 있는 것이나 증권(종이조각)은 권리를 표창하는 수단이지 권리 그 자체는 아니다. 따라서 증권을 상실하더라도 권리자체를 상실하는 것은 아니지만 증권이 선의의 제 3 자에게 취득되는 경우가 있을 것이므로 증권의 점유상실자로 하여금 증권 없이도 증권상의 권리를 행사하게 하면 선의취득자를 해칠 염려가 있다. 그리하여 증권을 상실한 경우의 구제책은 공시최고절차에 의하여서만 증권을 무효로 하고 증권의 재발행을 청구할 수 있도록 하였다.

1) 제권판결을 이유로 어음금청구를 기각한 원심판결 후에 그 제권판결을 취소하고 어음에 대한 공시최고신청기각판결이 선고되어 확정되었다면 원심판결에는 법 제422조 1항 8호의 위법이 있고 동조 1항 단서에 비추어 이러한 위법은 상고이유가 된다. 대판 1991. 11. 12. 91 다 25727.

Ⅱ. 公示催告의 대상인 有價證券

1) 현행법은 공시최고를 허용할 수 있는 증권에 관하여 완비된 규정이 없다. 민법 제521조는 멸실한 증서나 소지인의 점유를 이탈한 증서에 관하여 공시최고를 허용하고 지시채권에 관한 이 규정을 무기명채권에 준용하도록 하고 있다(민 제524조). 이와는 별도로 상법 제65조에서는 금전·물건 또는 유가증권의 지급을 목적으로 하는 유가증권에 민법규정을 적용하도록 하고 있으며, 상법 제360조는 주권에 대하여 공시최고절차를 통하여 무효로 할 수 있게 하고 주권상실자는 제권판결을 얻지 않고는 회사에 대하여 주권의 재발행을 청구할 수 없도록 하고 있다. 그러므로 유가증권의 성질을 가진 대부분의 증권이 공시최고의 대상이 된다고 본다. 예컨대 약속어음·환어음·수표·화물상환증·창고증권·선하증권·사채권·주권 등이 그것이다.

2) 이러한 증서의 도난·분실·멸실이 공시최고신청의 실질적 요건이므로 증서의 소지를 상실하였더라도 만일 그 증서에 대한 다른 소지인이 밝혀지면 그에 대하여 증권의 반환을 청구할 수 있을 뿐 공시최고를 할 수 없다. 또 공시최고를 신청할 수 있는 경우란 소지인 및 그를 위하여 점유하고 있는 직접점유자가 그 의사에 기하지 아니하고 점유를 상실한 경우에 한하므로 사기·강박 당한 경우와 같이 스스로 상대방에게 증서의 점유를 이전한 경우와 같은 때에는 공시최고를 허용할 수 없다.[1)]

Ⅲ. 公示催告申請權者

1) 무기명증권 또는 배서로 이전할 수 있거나 약식배서 있는 증권 또는 증서에 관하여는 최종소지인이, 그리고 그 밖의 증서에 관하여는 그 증서에 의하여 권리를 주장할 수 있는 자가 공시최고절차의 신청을 할 수 있다(제493조). 증서에 의하여 권리를 주장할 수 있는 자란 증서상 권리의 실질적 귀속자가 아니라 상실 당시 그 증서상의 이익을 주장할 수 있는 형식적 자격을 가진 자를 가리킨다.

2) 어음이나 수표의 발행인으로서 기명날인한 자가 그 작성 후 교부 전에 도난·분실한 경우 발행인은 그 증권의 최초인 동시에 최종소지인이라고 볼 수 있으므로 공시최고를 신청할 수 있다. 백지어음을 도난·분실·멸실한 경우에도 마찬가지이다. 입질된 주권(상 제338조)을 상실한 경우 형식적 자격으로만 따지면 질권자만

1) 대판 1989. 7. 11. 87 다카 2445.

이 공시최고신청권을 가질 것 같으나 질권설정자인 주주도 주주명부의 기재에 따른 권리보호상 질권자와 함께 공시최고의 신청권이 있다고 볼 것이다.

3) 공시최고를 허가함에는 유가증권을 상실하지 아니하였더라면 그 증권에 의하여 권리를 행사할 수 있는 최종소지인의 증권이 도난·분실 또는 멸실되었음을 요건으로 하므로 공시최고의 대상인 증권에는 위조된 것은 포함되지 아니한다.[1] 따라서 위조수표발행인의 명의를 모용당한 자는 공시최고의 이익이 없다. 또 증권의 유치권자도 그 점유를 상실하면 유치권도 상실되므로(민 제328조) 공시최고의 신청권이 없다.

Ⅳ. 證券의 無效宣告를 위한 特則

1. 公示催告申請에 관한 特則

공시최고를 신청함에는 신청이유와 제권판결을 구하는 취지를 서면으로 명시하여(제477조) 관할법원(제476조)에 제출하여야 한다. 이 때 증서의 제출과 함께 소명하여야 한다. 그리하여 신청인은 도난·분실 또는 멸실된 증서의 등본을 제출하거나 증서의 존재 및 증서의 중요한 취지를 충분히 알 수 있게 함에 필요한 사항을 제시하여야 하고, 증서의 도난·분실·멸실 등에 관한 사실과 그 밖에 공시최고절차를 신청할 수 있는 이유가 되는 사실을 소명하여야 한다(제494조). 대체로 신문지상의 분실공고나 지급은행의 미지급확인증명이 보통의 소명방법이 된다.

2. 公示催告에 관한 特則

1) 이 공시최고에는 공시최고기일까지 권리 또는 청구의 신고를 할 것과 증서를 제출할 것을 최고하고, 이를 게을리하면 실권으로 증서무효의 선고가 있을 것을 경고하여야 한다(제495조). 증서의 소지를 확인하기 위하여 증서제출을 요구하는 것이 일반적 공시최고와 다르다.

2) 공시최고신청 후 제권판결이 있기까지 공시최고신청과 공고는 어떠한 효과를 발생하는가에 대하여 법률에 명문의 규정이 없다.

가) 신청인은 권리행사를 하지 못하고 제권판결시까지 기다려야 하므로 채권자로 하여금 채무의 목적물을 공탁하게 하거나 변제기가 도래한 채무는 상당한 담보를 제공하여 변제하게 할 수도 있다.

---

1) 대결 1970. 11. 24. 70 마 694.

나) 한편, 증권의 소지자가 공시최고기일까지 권리 또는 청구의 신고를 아니하면 증권이 제권판결에 의하여 무효로 선고되지만, 그는 그 때까지는 공시최고사실의 지·부지를 불문하고 권리를 행사할 수 있다. 자기앞수표의 경우에 전소지인으로부터 은행에 대하여 분실 또는 도난신고가 있었거나 공시최고신청이 있었다 하더라도 발행인의 수표소지인에 대한 상환의무에는 영향이 없다고 함이 판례이다.[1] 공시최고 중에 증권을 선의취득할 수도 있다.

3. 除權判決에 관한 特則

제권판결에서는 증권 또는 증서의 무효를 선고하여야 한다(제496조). 이 제권판결의 형식적 확정력에 따라 증권이 무효로 되는 소극적 효력과[2] 신청인이 증권 또는 증서에 의하여 의무를 부담한 자를 상대로 증서에 의한 권리를 행사할 수 있는 적극적 효력(제497조)이 장래에 향하여 발생하게 된다.

증서가 무효로 되는 소극적 효력은 증서를 소지하고 있던 권리자가 그 증서상의 권리를 행사할 수 없게 되어 권리와 증권과의 결합이 분리된다는 뜻이다. 증서에 의한 권리를 행사할 수 있는 적극적 효력은 제권판결이 있으면 신청인은 증서의 소지가 없더라도 증서를 소지하는 것과 같은 형식적 자격를 부여받는 것이므로 증서의 점유에 갈음하여 효력을 가진다는 뜻이다. 따라서 신청인을 실질적 권리자로 확정하는 것은 아니다.[3] 그러므로 증서에 의하여 의무를 부담한 자는 제권판결을 얻은 자에게 권리가 없음을 입증하여 그 권리행사를 거부할 수 있다.

4. 除權判決取得者와 善意取得者와의 관계

제권판결선고 전에 상실된 증권에 대한 선의취득자가 있는 경우에 제권판결취득자(본래의 권리자)와 선의취득자 중 누구를 더 보호할 것인가에 대하여 논의가 있다.

1) **除權判決取得者優先保護說** 우선 증권상실 후 공시최고기간중에 권리 또는 청구의 신고를 하지 아니한 때에는 제권판결에 의하여 선의취득자의 권리는 본래의 권리자인 제권판결을 얻은 자와의 관계에서 예외적으로 실질적 권리

1) 대판 1964. 9. 8. 64 다 464.
2) 대판 1979. 3. 13. 79 다 4.
3) 대판 1990. 4. 27. 89 다카 16215.

도 부정된다고 보는 견해이다.[1] 이는 권리신고를 게을리한 선의취득자보다 시간과 비용을 소비한 공시최고신청인을 더 보호할 필요가 있다는 취지일 것이다.

2) 善意取得者優先保護說 앞의 견해와는 정반대로 유가증권의 유통보호에 중점을 두어 선의취득자를 제권판결취득자보다 우선하여 보호하여야 한다는 입장이다.[2]

3) 制限的 善意取得者 優先保護說 제권판결 전에 적법하게 권리를 행사한 선의취득자만은 제권판결취득자에 앞서 보호할 필요가 있을 것이므로 비록 공시최고법원에 권리신고를 아니하였다 하더라도 제권판결 이전에 선의취득자가 그 증권상의 권리를 적법하게 행사한 것이 증명된다면 그 권리는 우선적으로 보호되어야 할 것이라는 입장이다. 이 견해가 타당하다.[3] 그리고 예컨대 주권의 경우 명의개서가 있었다든가, 수표의 경우 지급인인 은행이 제 3 자로부터 이득상환청구를 받고 그 채무를 이행한 것과 같은 때에는 제권판결의 효과는 문제되지 아니한다.[4]

백지어음은 제권판결을 얻었다 하더라도 어음 요건의 보충이 없으므로 어음상의 권리행사는 불가능한 만큼 제권판결을 얻는 목적은 상실된 어음이 제 3 자의 손에 선의취득되고, 이 자에 의하여 백지가 보충된 후 행사됨을 방지하는 것이다. 백지어음에 대한 제권판결의 취득자가 그 권리를 행사하기 위하여서는 종래의 발행인으로부터 어음의 재발행을 받아 백지를 보충한 뒤 어음금청구권을 행사할 수 밖에 없다. 사실 주권의 경우(상 제360조)와 달라 어음 등의 유가증권에 관하여는 재발행을 청구할 명문의 근거는 없으나 백지어음의 경우에도 완성어음의 소지인이 어음을 상실한 경우와 비교하여 균형상 재발행청구권을 인정하여야 할 것이다.[5]

---

1) 대판 1976. 6. 22. 75 다 1010. 주권의 경우에 이 설에 따르는 李哲松, 회사법강의, 330면 참조.

2) 鄭/庾 102면은 대판 1969. 12. 23. 68 다 2186 등은 제권판결의 소극적 효력을 말한 것에 불과하므로 대법원이 제권판결취득자우선보호설을 취하고 있다는 주장은 받아들이기 어렵다고 한다. 주권의 경우에 선의취득자우선보호설에 따르는 鄭燦亨, 제12판 상법강의(하), 415면(2010, 박영사). 어음·수표의 경우에 선의취득자우선보호설에 따르는 崔基元, 제 5 증보판 어음·수표법, 52면(2008, 박영사) 참조.

3) 同旨 朴禹東, "제권판결취득자와 선의취득자와의 관계," 법조 제26권 8호, 76면.

4) 대판 1965. 8. 24. 65 다 1245.

5) 대판 1998. 9. 4. 97 다 57573은 백지어음의 제권판결취득자는 발행인에 대하여 백지부분에 대하여 어음 외의 의사표시에 의하여 보충권을 행사하고 그 어음금의 지급을 구할 수 있다고 한다.

事項索引

[ㅊ]

共著者 主要略歷

宋 相 現(송 상 현)
서울출생
서울대학교 법과대학 졸업
서울대학교 사법대학원 법학석사
고등고시 행정과(제14회) 및 사법과(제16회) 합격
미국 Tulane대학교 LL.M.
영국 Cambridge대학교 비교법 Diploma
미국 Cornell대학교 S.J.D.
독일 Hamburg대학교(1974-1975)와
　미국 Harvard대학교(1978-1979)에서 각 1년간 연구
미국 New York대학교 석좌교수(Inge Rennert Distinguished Professor),
　Harvard대학교 법대 및 여러 나라 법대 한국법 교수 각 임명
서울대학교 법과대학 교수 및 학장역임(정년퇴직)
사법시험위원, 변리사시험위원, 입법고시위원 역임
현재 네덜란드 헤이그 소재 국제형사재판소(International Criminal Court) 소장
　서울대학교 법과대학 명예교수

朴 益 煥(박 익 환)
청주출생
서울대학교 법과대학 사법학과 졸업
서울대학교 대학원 법학석사
사법시험 제32회 합격
사법연수원 제22기 수료
미국 UCLA LL.M.
독일 Hamburg소재 외국사법 및 국제사법을 위한 Max-Planck-Institut에서
　방문교수로 연구(2005 가을학기)
법무법인 남산 및 법무법인 수호에서 각 변호사로 근무
인하대학교 법과대학 조교수 및 부교수 역임
사법시험위원, 행정고시위원 역임
현재 경희대학교 법학전문대학원 교수(민사소송법, 지적재산권법 담당)

신정 7 판

민사소송법

초판발행 1990년 2월 25일
전정판발행 1993년 10월 20일
재전정판발행 1995년 3월 30일
신정판발행 1997년 3월 20일
신정 5 판발행 2008년 4월 20일
신정 6 판발행 2011년 3월 20일
신정 7 판인쇄 2014년 3월 25일
신정 7 판발행 2014년 4월 5일

지은이 송상현/박익환
펴낸이 안종만

편 집 김선민·나경선
기획/마케팅 조성호
표지디자인 최은정
제 작 우인도·고철민

펴낸곳 (주) 박영사
서울특별시 종로구 평동 13-31번지
등록 1959. 3. 11. 제300-1959-1호(倫)
전 화 02)733-6771
f a x 02)736-4818
e-mail pys@pybook.co.kr
homepage www.pybook.co.kr
ISBN 979-11-303-2598-9 93360

정 가 47,000원